Sandra Richter

Eine Weltgeschichte der deutschsprachigen Literatur

SANDRA RICHTER

Eine
Weltgeschichte
der deutsch-
sprachigen
Literatur

C. Bertelsmann

Verlagsgruppe Random House FSC® N001967

1. Auflage
© 2017 by C. Bertelsmann Verlag, München,
in der Verlagsgruppe Random House GmbH,
Neumarkter Str. 28, 81673 München
Umschlaggestaltung: Büro Jorge Schmidt, München
Bildredaktion: Dietlinde Orendi; Annette Mayer
Satz: Uhl + Massopust, Aalen
Druck und Bindung: CPI books GmbH, Leck
Printed in Germany
ISBN 978-3-570-10151-3

www.cbertelsmann.de

Meinen Töchtern

Inhalt

I.

Prolog: Weltliteraturgeschichte als Geschichte der Literaturen weltweit

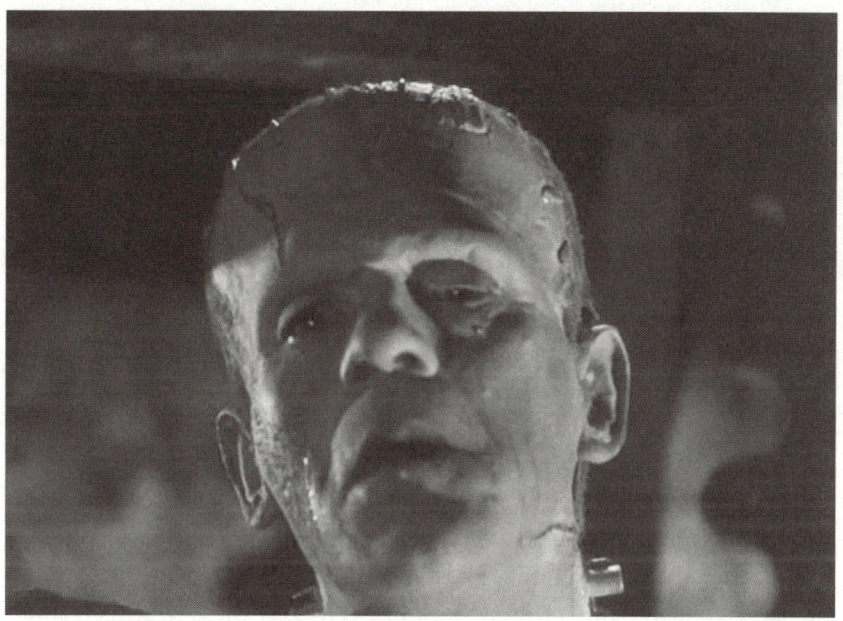

Boris Karloff als das Monster im Film »Bride of Frankenstein« (1935)

Wenn Monster weinen

Zufällig entdeckt Frankensteins Monster in einem Lederkoffer Goethes *Werther* und liest. Es reagiert bestürzt auf die Geschichte von Liebe, Eifersucht und Selbstmord. Der vielschichtige Briefroman wird ihm »eine nie versiegende Quelle für Nachdenken und Verwunderung«.[1] Werther erscheint dem Monster als »göttliches Wesen«;[2] sich selbst hält es für hässlich. Über den Tod Werthers notiert die Kreatur mitfühlend, dass sie »den Ansichten des Helden« zuneigte und sein Ende »beweinte, ohne es richtig zu verstehen«.[3] Zwar kann das Monster das Gelesene nicht deuten und einordnen, vielmehr ahmt es Werther lesend nach. Es nimmt das Buch aber gerade deshalb »als Freund« wahr, lernt »Verzagtheit und Düsternis« zu ertragen,[4] lässt sich für die eigenen Gefühle und die Gefühle anderer sensibilisieren.

Den Wissenschaftler Viktor Frankenstein motiviert anderes: wissenschaftlicher Ehrgeiz und Ruhmsucht. Der junge Mann will seinen Homunkulus erschaffen. Beim Studium in Ingolstadt lernt er Chemie und Labortechnik kennen. Als Schöpfer seines Monsters erscheint er wie eine moderne Version von Famulus Wagner aus Goethes *Faust*. Doch schlampt Frankenstein bei der Erfindung seiner Kreatur. Sie lebt zwar, gefällt aber nicht. Er überlässt das Geschöpf sich selbst, weigert sich, ihm eine Monsterfrau für die Liebe im Geiste Werthers zu schaffen, flieht vor der eigenen Schöpfung. Frankensteins Monster mordet, um seinen Erfinder zu strafen. Im Kampf gegen seinen Dämon, den Exzess seiner Wissenschaft und seines Ehrgeizes, stirbt Frankenstein. Das Monster tötet sich in Anbetracht seiner bösen Taten selbst.

Wie kommt die Autorin Mary Shelley (geb. Mary Godwin, 1797–1851) dazu, einen solchen Thriller zu schreiben? Shelley selbst gibt Hinweise: Den Sommer 1816 verbrachte sie mit einer Gruppe Gleichgesinnter am Genfer See, bei Kälte und Dauerregen, vor einem finsteren, von Blitzen durchzuckten Jura-Gebirge, in der Nähe der calvinistischen Stadt Genf, deren Regierung einst den kontroversen Denker Jean-Jacques Rousseau vertrieb.[5] Um die Finsternis zu bannen und sich die Zeit zu vertreiben, las man Geistergeschichten, wohl auch Schillers *Geisterseher* und einiges von Goethe.[6] »Die Erzählungen regten in uns einen spielerischen Wunsch an, sie nachzuahmen«, erinnert sich Shelley.[7] Auf diese Weise entstand *Frankenstein, or: The modern Prometheus* (1818), ein Meisterstück der englischen Schauerromantik. Im Sinne einer epochalen Versuchsanordnung stellt Shelleys Roman zwei Texte Goethes gegeneinander – *Faust* und *Werther*. Wie nebenbei erneuerte sie damit den *Werther*-Kult der Elterngeneration: Shelley war die Tochter der Frauenrechtlerin Mary Wollstonecraft (1759–1797) und des anarchistischen Sozialreformers William Godwin (1756–1836) gewesen. Ihnen galt *Werther* als Hauptbuch der Emanzipation von der ständischen Ordnung und als Fibel für die Liebe. Aus der Sicht von Shelleys Eltern sollte *Werther* seine Leser Liebe und Unglück zugleich spüren lassen, um sie zu Menschen zu erziehen.[8]

Mit der *Werther*-Lektüre des Monsters zitiert Shelley diesen *Werther*-Kult nicht nur, sondern erklärt den Kampf um Liebe und Anerkennung zu einem zentralen Beweggrund jeder Kreatur. Zugleich wird der *Werther*-Kult zur kritischen Folie, vor deren Hintergrund sich »das Monster Mensch« im frühen 19. Jahrhundert bewähren muss. In *Frankenstein* kehren sich die Verhältnisse um: Hier ist der Mensch schlecht und egoistisch, das Monster hingegen bessert sich durch Lektüre und wird durch menschliches Unvermögen zum Mörder. Als neuer Werther, als einsame, melancholische Außenseiterfigur, geht es für seine Gefühle bis zum Äußersten. Frankensteins Monster ist beides: Produkt und Opfer eines Gefühlskults, den der Mensch ebenso wenig kontrollieren kann wie die moderne Wissenschaft.

Das Beispiel der *Frankenstein-Werther*-Geschichte führt ins Zentrum des vorliegenden Buches. Sie greift jene Fragen auf, die es motivieren: Ist die *Werther*-Begeisterung in England einmalig oder typisch? Wie kommt es zu einem derartigen und lang anhaltenden Kult um deutschsprachige Literatur? Warum ist sie außerhalb der deutschsprachigen Provinzen überhaupt von Bedeutung? Welche Rolle spielen europäische und globale Literatur- und Kulturtraditionen (hier der Briefroman, die viel beschworene Entdeckung des Menschen und seiner Gefühle) in diesem Zusammenhang? Was tragen Übersetzungen, produktive Aneignungen, interessierte Individuen und Gruppen zur Wahrnehmung und Bearbeitung deutschsprachiger Werke außerhalb ihrer Sprachkulturen bei? Wo lassen sich Knoten und Netzwerke ausmachen, die solche Wahrnehmung und Bearbeitung beschleunigen – oder auch verhindern? Welche Werke faszinieren das große Publikum, welche nur kleine Expertenzirkel – oder hängt das Leserinteresse gar nicht vom Werk selbst ab? Gibt es tatsächlich so etwas wie ästhetische Werte oder anthropologische Konstanten, die Bestand haben, Menschen aller Weltgegenden berühren? Oder ist es gerade der Umsturz ästhetischer Werte in einem Werk, der nachhallt, weil er provoziert und zu immer neuen Deutungen Anlass gibt?

Weltliteratur und Weltgeschichte deutschsprachiger Literatur

Die Frage nach der Wahrnehmung von Literatur außerhalb eines bestimmten Sprach- und Kulturraums scheint paradox: Durch ihre ästhetische Form, ihre Einmaligkeit, ihren Anspruch, Texte und Leser gleich welcher Herkunft anzusprechen, überwindet Literatur die Grenzen ihrer Sprache und Kultur.[9] Literatur ist per se multikulturell, transnational, extraterritorial.[10] Sie betätigt sich als von Raum und Zeit weitgehend unabhängige Seismografin einer sich schnell verändernden Welt.[11] Mit Aristoteles gesprochen: Literatur hebt konkrete Ereignisse und individuelle Gefühle im ästhetisch Allgemeinen auf.

Zugleich aber entsteht Literatur nicht in einer ästhetischen Eigenwelt, sondern unter bestimmten Voraussetzungen der Produktion: in Freiheit oder unter Zwang, in einem oder mehreren Sprachsystemen, vor dem Hintergrund kultureller Erfahrungen. Literatur trifft auf interessierte Agenten, Verleger, Kritiker, Übersetzer, Leser – oder auf Desinteresse und Ablehnung. Literatur bewegt sich in einem Spannungsfeld zwischen dem eigenständigen Kommunikationsraum Literatur einerseits, konkreten Räumen und Zeitläuften andererseits, seien sie lokal oder global.[12] Das vorliegende Buch will Literatur aus diesem Spannungsfeld heraus begreifen.

Ein solcher doppelt angelegter Literaturbegriff muss den Wandel der Literatur in den Blick nehmen: Bis ins 18. Jahrhundert hinein galt Literatur noch nicht im heutigen Sinne als fiktional und frei. Unter »Literatur« verstand man alles Geschriebene. Erst im ausgehenden 18. Jahrhundert entwickelte sich ein moderner Literaturbegriff, der Literatur als autonome Kunst bestimmte. Durch die Postmoderne, der zufolge alles Literatur ist, wurde er wieder aufgelöst. Literatur lässt sich daher nur mehr aus dem Gebrauch ihres Begriffs verstehen. Je nach Epoche zählen Reiseberichte, die drei Gattungen Prosa, Drama und Lyrik ebenso dazu wie Comics oder Filmskripte.[13]

Darüber hinaus hat sich im Laufe der Literaturentwicklung eine besondere Spielart herauskristallisiert: die »Weltliteratur«. Aus der Faszination für die neuen infrastrukturellen Möglichkeiten des literarischen Geschäfts seit dem beginnenden 19. Jahrhundert prägten August Ludwig Schlözer, Christoph Martin Wieland und Johann Wolfgang von Goethe den Begriff. Goethe meinte damit alles weltweit Gelesene. Weltliteratur war aus seiner Sicht eine notwendige und meistens, jedoch nicht immer, angenehme Folge der Moderne und ihrer Kommunikationsformen.[14] Aus Anlass einer französischen Übersetzung seiner botanischen Werke schrieb er begeistert:

Dieß sind die unmittelbaren Folgen der allgemeinen Weltliteratur; die Nationen werden sich geschwinder der wechselseitigen Vorteile bemächtigen können. Mehr sag ich nicht, denn das ist ein weit auszuführendes Capitel.[15]

Weltliteratur verbreitete sich schnell. Goethe zufolge tendiert sie dazu, Werke durch Übersetzungen zu verbessern, lesbarer, allgemeiner zu machen.

Die Nachwelt hat aus Goethe-Zitaten wie dem obigen versucht, Theorien und unterschiedliche, einander widersprechende Begriffe von »Weltliteratur« abzuleiten. Die Spannbreite reicht von der Vergesellschaftung der Weltliteratur zum »Gemeingut«[16] bei Karl Marx und Friedrich Engels bis hin zur ideologischen Schändung des Begriffs durch die Nationalsozialisten. Die Nazis wollten der Welt ihre Literatur als »Weltliteratur« auferlegen und scheiterten, erfreulicherweise. Nach dem Zweiten Weltkrieg zerfiel die Weltliteratur-Debatte in mindestens zwei Lager. Ihre Argumente sind noch heute bedeutsam:[17] Das optimistische Lager, nach 1945 vertreten durch den Berner Literaturwissenschaftler Fritz Strich,[18] entdeckt in der Weltliteratur Verständigungs-, Demokratisierungs- und Pluralisierungspotenziale.[19] Im pessimistischen Lager hingegen klagt man Weltliteratur – im Anschluss an Erich Auerbach, der vor den Nazis nach Istanbul floh – als Verschleierungsdiskurs an. Demnach verdeckt der erhabene Begriff »Weltliteratur« nur, dass angloamerikanische Literatur den Markt dominiert und andere Werke nach ihrem Muster verfertigt werden.[20] Weltliteratur erscheint als kommerzielle Strategie für den möglichst lukrativen Verkauf von Übersetzungsrechten.[21] Infolge des globalen Wettbewerbs werden nur große Literaturen nach angloamerikanischem Modell überleben, prophezeien Skeptiker.[22]

Eine solche erhitzte Debatte verdeckt ihrerseits ein Problem. Der Begriff der Weltliteratur ist ein Koloss, der an der eigenen Gewichtigkeit krankt: Aus dem Normativen, sei es ästhetisch oder ethisch, kommt man nicht heraus, wenn man von Weltliteratur spricht. »Weltliteratur« benennt ein großes Versprechen, nämlich zu wissen, was zu einem global anerkannten Kanon gehört. Einlösen lässt sich dieses Versprechen jedoch kaum. Vielmehr weckt es Aufmerksamkeit und regt das Gespräch über solche Literatur an, die man für »Weltliteratur« halten könnte. Der rätselhafte Altersstil Goethes, der aus obigem Zitat spricht, hat seinen Charme: »Mehr sag ich nicht«, so heißt es dort über »Weltliteratur«, typisch für den späten Goethe. Der scheinbar unbescheidene Titel des vorliegenden Buches will in diesem Sinne verstanden sein: Es handelt bewusst nicht von »Weltliteratur«, schreibt keine »Geschichte der deutschsprachigen Weltliteratur«, sondern will beobachten, wie deutschsprachige Literatur in der Welt wahrgenommen wird. Anhand von Fallbeispielen und ausgewählten Erzählungen legt dieses Buch deshalb eine – und nur *eine* – Weltgeschichte der deutsch*sprachigen* Literatur vor.

Denn will man ihrer Vielschichtigkeit und Wunderlichkeit nachspüren, lässt sich »Weltliteraturgeschichte«[23] am besten als Geschichte der Literaturen in der Welt erzählen. Wenn hier von der »Welt« die Rede ist, dann ist damit jenes nie vollständig beschreibbare Gebilde gemeint, das aus evolutionären Prozessen entstand und auf das Menschen in moralischer, politischer, ökonomischer und ästhetischer Absicht einzuwirken suchen. Hier interessiert ein bestimmter Ausschnitt dieser Welt:[24] die bemerkenswerte Neigung des Homo sapiens zur Literatur, auch oder vor allem zu solcher, die er nicht oder nur in Übersetzung versteht. Die vorliegende Geschichte will Verbreitungsformen und Verbreitungswege für Literatur mustern, nahezu weltweit. Ästhetische und ethische Wertungen werden ihr zum Gegenstand: als Momente, die Arten und Weisen der Wahrnehmung von Literatur anleiteten und noch heute anleiten.

Ein solcher globaler Blick auf die Literaturgeschichte in einer Sprache ist in vieler Hinsicht neu. Trotz der mitunter weltweiten Verflechtungen von Literatur war Literaturgeschichte bislang vor allem eine nationale Angelegenheit: Seit dem 19. Jahrhundert – im Zusammenhang mit der Erfindung der Nationen – schrieb man die Geschichten der französischen, englischen, amerikanischen, italienischen, spanischen oder deutschen Literaturen innerhalb der jeweiligen Sprach- und Landesgrenzen oder verglich große Texte aus einzelnen Nationalliteraturen. Solche Literaturgeschichten sind problematisch: Im 19. und frühen 20. Jahrhundert waren sie als Repräsentationsgeschichten für die eigene Nation auf bestimmte pädagogische Ziele getrimmt und entsprechend eng geführt. Im Zentrum deutscher Literaturgeschichten beispielsweise stand die Weimarer Klassik, vermeintlich der Höhepunkt der deutschen Nationalliteratur. Grenzüberschreitende Literatur fiel durch das Suchraster: Welcher Romanist interessierte sich schon für frankophone Protestanten in Deutschland, welcher Germanist für deutschsprachige Religionsfanatiker, die ihren Glauben in Amerika frei auszuüben hofften und selbst komponierte Hymnen sangen?

Außerdem überfordert die globale Dimension von Literatur ihre Leser. Wer könnte Literatur in allen Weltsprachen zur Kenntnis nehmen, ihre Vorbilder, Verbindungen und Ähnlichkeiten, Wahrnehmungs- und Deutungsgeschichten angemessen einschätzen? Und doch lohnt der Versuch, es einmal anders zu probieren als üblich – ein Versuch, der selbstverständlich auch auf Hilfe von Übersetzern, Kritikern, Wissenschaftlern, kurz: auf das Urteil anderer angewiesen ist. Dieses Buch will sich dem bekannten und unbekannten Anderen nähern. Es riskiert das Scheitern am Unmöglichen – bewusst, weil es, so meine Überzeugung, das Risiko wert ist.

Das Hybrid »Deutschsprachige Literatur«

Mit ihrer späten Formierungsphase und ihrer kontroversen politischen Geschichte wirft schon die Kennzeichnung »Deutschsprachige Literatur« Fragen auf. Nach bibliothekarischem Standard zählen die Literaturen Deutschlands, Österreichs, deutscher Teile der Schweiz und historisch auch das Elsass dazu.[25] Je nach Epoche sind deutschsprachige Drucke außerhalb dieser Gebiete einzubeziehen: Schriften aus Pommern, Schlesien, dem Baltikum, Prag als zeitweiliger Kaiserresidenz,[26] den Ländern des Exils. Auch werden Texte von Autoren in Betracht kommen, die – wie etwa Elias Canetti – der Nationalität nach weder schweizerisch, österreichisch noch deutsch sind. Deutschsprachige Literatur entfaltet sich regional, interregional,[27] international, global.[28] So betrachtet fällt sie völlig aus dem nationalen Rahmen: Sie ist weder groß noch klein,[29] kennt kein Zentrum, aber zahlreiche Peripherien.[30]

Diese regionale und nationale Vielfalt spiegelt sich in den sprachlichen Ausdrucksformen dieser Literatur. Die Sprache Goethes etwa war zunächst das Hessische. Wenn es im *Urfaust* heißt: »Ach, neige / Du Schmerzensreiche«,[31] dann reimt sich das eben nur, wenn man die Endungen mit weichem hessischem »sch« als »neische« und »Schmerzensreische« ausspricht. Dialekte begeistern jedoch in erster Linie eingeborene Sprecher. Außerhalb der durch Dialekt geprägten Gruppe ist er hinderlich, wie das Beispiel alemannischer Dichter zeigt: Von ihnen ist heute nur noch Johann Peter Hebel (1760–1826) bekannt, und zwar wegen seiner auf Hochdeutsch verfassten Kalendergeschichten. Einsprachigkeit (Monoglossie) und Monokultur erweisen sich dennoch historisch als unzureichende Vorstellungen.[32] Schon als Literatur von Ländern in Mittellage und mit zahlreichen Anrainerstaaten entsteht deutschsprachige Literatur auch aus anderen Literaturen und aus einem kulturell wie sprachlich vielschichtigen lokalen Kontext; sie ist mehr- und anderssprachig.[33] Wohin gehört beispielsweise die französischsprachige Literatur der nach 1685 ins Alte Reich geflüchteten Hugenotten – in die deutsche Literatur- und Kulturgeschichte oder in die französische? Solche Mehrsprachigkeit gilt besonders für die Schweiz: Heute spricht man in neunzehn der sechsundzwanzig schweizerischen Kantone Deutsch. Doch ist die Bevölkerung der anderen Landessprachen mehr oder minder mächtig. Die Geschichte dieser Literaturen kann ohne die jeweils anderen nicht geschrieben werden.[34] In der Folge hat die Geschichte deutschsprachiger Literatur an der Geschichte vieler anderer Literaturen Anteil, und umgekehrt schreiben diese anderen Literaturen an der Geschichte deutschsprachiger Literatur mit.[35]

Die hybride Angelegenheit »deutschsprachige Literatur« kennt eine weitläufige Wahrnehmungs- und Deutungsgeschichte,[36] technisch gesprochen: eine weitläufige Rezeptions- und Adaptationsgeschichte, der ich nachspüren will. Beides lässt sich nicht strikt trennen: Wahrnehmen meint immer auch deuten und aneignen, und nur graduell kristallisieren sich eigenständige Umbesetzungen eines Textes oder Sujets heraus. Um solchen Umbesetzungen auf die Spur zu kommen, gilt es, Texte aus ihrem bekannten Umfeld herauszulösen und Einblicke in ganz unterschiedliche ästhetische Kosmen zu eröffnen. Viele davon sind unbekannt, speziell wenn wir auf die arabische oder chinesische Rezeption deutschsprachiger Literatur blicken. Eine Weltgeschichte deutschsprachiger Literatur wird Geber- und Nehmerliteraturen in Betracht ziehen müssen, sofern man sie überhaupt auseinanderhalten kann. Autoren, Agenten, Übersetzer, Verlage, Leser, die Höfe, speziell kulturell aktive Herrscherinnen und Hofdamen,[37] Politiker, Kulturvermittler aller Art sorgten und sorgen für Literaturkontakte. Goethes weltweite Wahrnehmung etwa speist sich auch aus seinem Interesse an der literarischen Welt sowie aus seinem Versuch, Dialogpartner »großer« Dichter und Denker weltweit zu werden. Und gerade in der Gegenwart sind multilaterale kulturelle Prozesse von Bedeutung für die Literaturentwicklung.[38] Für die allermeisten Autoren sind nicht nur deutschsprachige Werke von Belang; Anregungen empfangen sie gerade aus anderen Literaturen. Man denke an Durs Grünbein, der antike Muster aufgreift, an Felicitas Hoppe, die auch die mittelalterlichen Welten des Phantastischen im

Blick hat, an Hans Magnus Enzensberger, der Texte des schwedischen Schriftstellers Lars Gustafsson übersetzt, oder an Herta Müller, die mit einer globalen Dissidentenszene Kontakt hält. Aus persönlichen, institutionellen, politischen oder ökonomischen Verbindungen und Abneigungen entstehen unter Umständen reziproke, translokale und zirkuläre Austauschprozesse,[39] mitunter aber auch Konkurrenz und Konflikt mit literarischen Mitteln.

Entsprechend lässt sich auch nicht einfach vorab ein Modell für die Beschreibung der Wahrnehmung und Verbreitung deutschsprachiger Literatur festlegen. Der Blick auf andere Literaturen und Kulturen verstärkt diese Einsicht: Literaturen außerhalb Europas kennen andere Chronologien als die europäische.[40] So spricht man etwa für das Indien des späten 18. Jahrhunderts von einer »Renaissance«.[41] Und eher zufällig beginnt die chinesische Moderne etwa zeitgleich mit der Klassischen Moderne in Deutschland. Die chinesische Moderne aber speist sich zunächst aus der Auseinandersetzung mit dem kulturell avancierten Japan und – vermittelt über die japanische Faszination für Europa – aus deutscher Literatur, jedoch derjenigen des 18. Jahrhunderts. Sie erhält in China eine besondere symbolische Bedeutung: Ihre Erzählungen stehen – wie Goethes *Werther* – für eine neue soziale und kulturelle Bewegung, die sich gegen das alte ständische China und zugleich gegen das als allzu fortschrittlich wahrgenommene Japan wendet.[42] So eingesetzt, polarisiert Literatur. Häufig aber und langfristig entsteht daraus das Gegenteil: ein produktives Sich-Abarbeiten an kontrovers diskutierten Texten, ein gemeinsamer Symbolvorrat, so unterschiedlich die jeweiligen Weltanschauungen auch sind. Dabei ist erstaunlicherweise gleichgültig, ob ein Text durch die Zensur verboten wird oder nicht. Er lebt trotz oder gerade wegen des Verbots weiter und gehört Jahrzehnte später oft zum Bildungskanon.

Denn es liegt weniger am Text selbst, wie er wahrgenommen und gedeutet wird, als an seinen Lesern, ihren Interessen und Deutungsgewohnheiten. Rezeptionsgeschichten sind immer auch Geschichten der Entstellung und Abwandlung. Wer »die Welt« in den Blick nehmen will, um solche Geschichten zu erzählen, dem zerfällt die Geschichte deutschsprachiger Literatur notwendigerweise in ihre Translationen, ihre Verschiebungen und Umbesetzungen. Solche Formen der Aufnahme bis hin zur bloßen Anspielung können in immer entfernterer Stufe von Inter- und Metatexten, in höherer Potenz also, vorkommen – bis der Ursprung unkenntlich ist. Und zugleich ist die Rückkehr ins Ursprungsland möglich, eine Rückkehr, vielleicht bloß von Elementen des Ausgangstextes, die weitere Texte anregt. Diese Weltgeschichte der deutschsprachigen Literatur schreibt deshalb auch eine Geschichte der Auflösung ihres Gegenstands – aus der sich wiederum Neues entwickelt.

Kanonische Texte bieten dabei wichtige Kristallisationspunkte. Um sie herum entstehen epochal bemerkenswerte Wahrnehmungen deutschsprachiger Literatur, die sich vor der Folie der jeweils anderen Kultur entfalten.[43] Wie veränderlich dieser andernorts wahrgenommene deutschsprachige Kanon aber ist, zeigt schon die Auswahl der Werke, die – etwa durch sogenannte Weltliteraturanthologien – für ein großes globales Publikum zugänglich gemacht werden:[44] Einigen gelten Goethe (*Faust*), Annette von Droste-Hülshoff (*Der Heidemann, Im Grase*), Franz Kafka (*Die Verwandlung*) als besonders lesenswert.[45] Andere verweisen auf Friedrich Schiller (*Wallenstein*),[46] Heinrich Böll, Esther Dischereit, Peter Handke, Thomas Mann und Christa Wolf,[47] auf Gotthold Ephraim Lessing oder Botho Strauß.[48] Wieder andere wollen die wichtigsten Abenteuerdichter oder die wichtigsten Dichterinnen (unter anderem die deutschsprachigen) weltweit versammeln.[49]

Vermittlerkulturen entfalten ihr Eigenleben und machen »große Texte« erst zu solchen. Sie ergeben sich aus einem »Modus des Zirkulierens und Lesens«.[50] Ohne seine Leser, Aus- und Umdeuter wäre Salomon Gessners *Tod Abels* nicht geworden, was er ist: der erste deutschsprachige Bestseller des 18. Jahrhunderts, den sich noch die englischen Romantiker in ihren eigenen Texten über Kain und Abel aneigneten. Es gilt, Bücher-Biografien und Prozesse der »Bibliomigrancy«, der Wanderung von Büchern, nachzuzeichnen.[51] Große Bücher und Autoren werden dabei zu Paten der kleinen – und umgekehrt: ohne Max Brod kein Kafka. Vergleiche wie derjenige von Theodor Fontanes *Effi Briest* mit Gustave Flauberts *Madame Bovary* helfen zu ermitteln, welcher Rang deutschsprachiger Literatur im globalen Konzert tatsächlich zukommt: derjenige einer großen Symphonie oder einer Zwischenaktmusik.[52]

Übersetzen, übertragen, umbesetzen

Wie aber lässt sich literarischer Austausch möglichst dicht beschreiben? Es beginnt mit Rezensionen und Übersetzungen, und vor allem Letzteres ist kompliziert. Das Übersetzen von Literatur birgt besondere Risiken, da es um fiktionale, bildhafte, mitunter auch dunkle und verrätselnde Rede geht. Literatur ist, streng genommen, ebenso wenig übersetzbar wie die Begriffe »Polis« oder »Kitsch«, die an ihre Umgebung gebunden sind.[53] Im literarischen Text gibt es nicht einfach eine Aussage, die in einer anderen Sprache bloß zu vermitteln wäre, wenn – mit Walter Benjamin – auch vielleicht darauf zu hoffen wäre. Vielmehr sind Sprache, Form und Struktur selbst Teil des zu übertragenden Werkes.[54] Zahllose Lyrikübersetzungen und Lyrikanthologien des 19. Jahrhunderts etwa entstellten ihre Ausgangstexte, um sie an die eigenen Sprachen und Ausdrucksweisen anzupassen.[55] Friedrich Schleiermacher wies auf Probleme wie diese hin und fragte nach der ethischen und ästhetischen Angemessenheit der Übersetzung »des Fremden«. Übersetzungen haben ihre eigene Geschichte. Eine verbindliche Ethik des literarischen Übersetzens gibt es schon deshalb bis heute nicht, nur vage Normen.[56]

Aber zugleich wäre Literatur außerhalb der Grenzen ihrer Sprache ohne Übersetzung nichts oder wenig. Übersetzen bedeutet Empathie für anderes, Brücken bilden, Umdeuten, Aneignen vor einem bestimmten sprachlichen und kulturellen Hintergrund. Im Idealfall verstehen sich Übersetzer als Hüter der Sprachkultur, Botschafter einer anderen Literatur und Künstler aus eigenem Recht.[57] Als solche wissen Übersetzer um die Bedeutung ihrer Leistung für die Geber- und Nehmerliteratur – wie etwa im Fall der jüdischen: Übersetzer ermöglichten durch ihre Tätigkeit nach und nach eine eigene jiddische und hebräische Literatur, die auch deutschsprachige Autoren und Texte in übertragener und umgedeuteter Weise einschließt.[58] Solches »Lesen aus zweiter Hand« kann produktiv sein, aber mitunter auch als »Babel in zweiter Potenz« erscheinen.[59] Übersetzen bedeutet interpretieren und umgekehrt[60] oder weitergedacht: Übersetzen ist nicht mehr und nicht weniger als eine spezifische Art von Kommunikation,[61] eine mehr oder minder kreative Äußerung aus Anlass einer anderen.[62]

Übersetzungen erweisen sich als wichtige Indizien für eine Weltgeschichte der deutschsprachigen Literatur. Sie bilden Knoten des Literaturkontakts, deuten auf heiße und kalte Phasen des wechselseitigen literarischen Austauschs hin. Mit Übersetzungen gewinnt ein Werk (oder Autor) jenseits der Grenzen seiner Sprache Sichtbarkeit. Übersetzungen wecken Aufmerksamkeit für ein Werk, rufen, da sie der Qualität des Originals selten genügen, Neuübersetzungen hervor. Außerdem stoßen Übersetzungen, welcher Qualität auch immer, in aller Regel produktive Aneignungen an. Diese können unterschiedliche Gestalt annehmen, sich

eher locker auf ein Werk beziehen oder sich entschieden mit ihm auseinandersetzen – in der Form von Um- und Neudichtungen oder in der
Form von Anspielungen auf ein Werk. Die vorliegende Weltgeschichte
deutschsprachiger Literatur beruht auf beidem: dem Indiz und der kulturellen Größe »Übersetzung« ebenso wie auf auffälligen Zeugnissen der
Wahrnehmung und Aneignung, Shelleys *Frankenstein* etwa.

Grafik und Methode

Anders als Verkaufszahlen von Büchern, die meistens unzuverlässig sind,
lassen sich Übersetzungen und neu aufgelegte Übersetzungen quantitativ einigermaßen erfassen und nach Sprachen, Druckorten und Konjunkturen sortieren. Diese wertvollen Daten geben Aufschluss über die
Topografie,[63] das Publikum und den Verlauf des Interesses an bestimmten Werken. Statistiken und Konjunkturgrafen, Karten, Grafiken und
Tabellen helfen, die Weltgeschichte deutschsprachiger Literatur am Beispiel ihrer Übersetzungen abzubilden und zu erfassen.[64] Die hier vor-
gestellten Daten sind selbst erhoben und geprüft – ein Umstand, der im
Zeitalter der im Internet leicht verfügbaren Erhebungen ohne gesicher-
ten Quellenbestand betont werden muss.[65] Quantitative Daten verkomplizieren die Untersuchung und runden sie zugleich ab: Einerseits erzeugen sie Scheinobjektivität. Was wissen wir, wenn wir wissen, dass August
von Kotzebue den Zahlen nach zu den meistgelesenen und meistinsze-
nierten Autoren um 1800 zählte? Sein Werk traf den Lesergeschmack,
aber ist es – verglichen mit demjenigen Goethes, Schillers und anderer
Autoren – auch ästhetisch bedeutsam?[66] Jede Zahl, jede Karte und jede
Grafik bedarf der prüfenden Betrachtung, der wägenden Beschreibung
und vor allem des Blicks auf die Texte, für die sie steht. So korrespon-
dieren die Druckorte einer Übersetzung nicht unbedingt mit ihrer Sprache: Beispielsweise erschien eine spanische Übersetzung von Heinrich
Heines *Buch der Lieder* im Jahr 1885 in New York, weil sie in ihrem
Herkunftsland Venezuela der Zensur unterworfen war. Auch bilden sich
Cluster um die großen Hauptstädte. Dort sitzen die Verlage, und die
nötige Infrastruktur durch Verkehrswege, Post und Vervielfältigungs-
möglichkeiten ist gegeben. Die Übersetzer aber lebten und leben auch
andernorts – wie beispielsweise der Goethe-Freund Thomas Carlyle
(1795–1881) im entlegenen schottischen Craigenputtock.
  Gedruckte und ungedruckte Korrespondenzen der Autoren und

Übersetzer, benachbarte neue Texte oder Textentwürfe, Notizen der Drucker, Verleger und Lektoren, Leserzeugnisse und Literaturkritiken geben Einblick in das, was an deutschsprachiger Literatur faszinierte, und lenken den Blick im Sinne rekursiver Verstärkung oft auch auf diese zurück. Die *Historia von D. Johann Fausten* verhalf Christopher Marlowe zu seiner *Tragical History of Doctor Faustus* und regte Goethe an, das Sujet aufzugreifen. Solche literarischen Evergreens stiften nicht nur ein gemeinsames europäisches, sondern auch ein globales literarisches Erbe.

Um ein möglichst vielschichtiges Bild davon zu erzeugen und Überlieferungen transparent zu machen, bedarf es unterschiedlicher und gemischter Methoden: Wer einen einzelnen Text untersucht, betreibt »close reading«, muss Kontexte erschließen, Intertexte ermitteln, Metatexte deuten. Wer darüber hinaus Textgruppen oder globale Rezeptionen betrachten will, benötigt außerdem quantitative Daten zur Größe dieser Textgruppe und ihrer Rezeption.[67] Solches Verfahren lässt sich »reading with the workflow« nennen: Es setzt unterschiedliche Daten miteinander ins Verhältnis, verbindet »close reading« mit quantitativer Analyse, arbeitet mitunter auch mit technischen Formen der Aufbereitung großer Datenmengen. Erst aus diesem Zusammenspiel erschließen sich Geschichten des Um- und Überschreibens, des Verstehens und Missverstehens. Texte erscheinen dabei wie Palimpseste, wie die vielfach neu überschriebenen Manuskriptrollen der Antike und des Mittelalters: Das Original, falls es dies je gab, ist – wie in Shelleys *Frankenstein* – durch neue Textschichten, Rezeptionen der Rezeption und Text gewordene Literaturgeschichten überlagert.

Zugleich aber fällt auf, dass einige Texte im Gedächtnis bleiben und andere nicht. Die erinnerten Texte sind zumeist aus bestimmten Gründen außergewöhnlich und lösen sich deshalb aus ihrem Textnetzwerk. Solche Texte lassen sich in andere Kulturen transponieren und trotzdem wiedererkennen. Dieses Wiedererkennen aber ist voraussetzungsreich: Die indische Aneignung von Rilkes *Duineser Elegien* durch Amitav Ghosh (*The Hungry Tide*, 2004) setzt – neben Rilkes Text selbst – weitere Kenntnisse voraus. Europäische Leser aber sind mit den literarischen Traditionen Indiens zumeist nicht vertraut. Annäherung an den fremden Text ist hier das erste, wenn auch nicht das letzte Ziel.[68] Solche Annäherung steht unter dem Vorbehalt der Unkenntnis. Eine Weltgeschichte deutschsprachiger Literatur ist deshalb auch eine Geschichte von Wissenslücken, von historischen und aktuellen Missverständnissen – und sie ist selbst nicht vor solchen Wissenslücken und Missverständnissen gefeit.

Weltgeschichte als Flickwerk aus Fallbeispielen

Um der Wahrnehmung deutschsprachiger Literatur jenseits der Ländergrenzen auf die Spur zu kommen, Fehl- und Missdeutungen zu vermeiden, wüsste man gern mehr über die faktische Verbreitung solcher Literatur in öffentlichem und privatem Besitz, über Reaktionen der Leser – ob sie staunten, weitererzählten oder gähnten. Ersteres lässt sich infolge der Digitalisierung von Bibliotheksbeständen immer besser herausfinden. Für Letzteres fehlt das Material, sieht man von Briefen oder Tagebucheinträgen prominenter Leser ab. Um möglichst viel und dichtes Material vorstellen zu können, konzentriert sich diese Weltgeschichte auf frühe Phasen der Rezeption eines literarischen Werkes, die seine nachfolgende Wahrnehmung oft langfristig prägen, und behandelt die späteren Phasen nur dann ausführlich, wenn es Besonderes zu berichten gilt.

Im Ergebnis dieses Buches steht eine Literaturgeschichte auch der Freunde, Leser, Übersetzer, Kritiker, Schauspieler, Regisseure, Comiczeichner. Solche Literaturgeschichte entwickelt sich unter anderem ex negativo: aus der Geschichte der Zensur, die in der Regel frühzeitig ahnte, was im Land und außer Landes gelesen wurde – gefährliche Texte nämlich. Im Mittelpunkt steht die Literatur zweiter, dritter, vierter Stufe: Hybridliteratur, die Wahrnehmungs- und Darstellungsformen nationaler Kulturen traktiert, »code switching« betreibt, also zwischen Zeichen und Verständigungsformen aus unterschiedlichen Kulturen wechselt, »global scripts«, globalisierte Erzählmuster und flottierendes literarisches Material wie bestimmte Sprachbilder oder Topoi aufnimmt.

Eine Weltgeschichte der deutschsprachigen Literatur kann folglich nur Flickwerk aus Fallbeispielen vorstellen. Ein großer Überblick lässt sich allenfalls ansatzweise bieten. Deshalb will dieses Buch die Aufmerksamkeit auf besonders sehens- bzw. lesenswerte Szenarien lenken, die Aufschluss über Bedeutung und Randständigkeit deutschsprachiger Texte in der Welt geben. Ziel ist es, Dimensionen und Richtungen aufzuweisen, mit einem gewissen Sinn für das davor, danach und das zeitgleich Vorkommende.[69] Vollständigkeit ist angesichts der Materialfülle nicht zu erwarten. Vielmehr erzählt das Buch besonders reizvolle, bedeutsame oder unbekannte Fallgeschichten und verbindet damit Thesen zur Entwicklung von Aneignungsprozessen: So konzentriert sich das Kapitel über die frühneuzeitliche Literatur auf den Prosaroman *Fortunatus*, durch den deutschsprachige Literatur auf die Bühnen Europas und der Welt gelangte. Es erörtert Austauschprozesse zwischen Schlesien und den Niederlanden, um das Entstehen christlicher und bürgerlicher Literatur in Mitteleuropa nachzuvollziehen. Das Kapitel zum 18. Jahrhundert rückt Gessner und Lessing, die auch durch den zunehmenden Literaturtransfer zwischen frankophoner, russischer, anglophoner und deutschsprachiger Welt bekannt wurden, in den Mittelpunkt. Im Weimar des ausgehenden 18. Jahrhunderts beförderte man die »Weltgeltung« der solchermaßen etablierten deutschsprachigen Literatur und suchte die Kommunikation mit »den Großen« Europas. Das 19. Jahrhundert hingegen kannte eine Vielfalt von Austauschprozessen, die im Ausgang aus dem Säkulum auch die arabische, türkische und chinesische Welt einschließen. Heine faszinierte Leser weltweit und wurde zum bekanntesten deutschsprachigen Autor nach Goethe. Das Kapitel zum frühen 20. Jahrhundert nimmt die schreibenden Kultfiguren der Klassischen Moderne als globale Ikonen wahr. Aus den Autoren der 1930er- und 1940er-Jahre hingegen wurden Exilanten, die sich in den Kulturen und Literaturen der aufnehmenden Länder erst orientieren mussten, ihrer Sprache und ihres Publikums beraubt. Nach 1945 fanden Exil, »Innere Emigration«, die Literaturen Österreichs, der Schweiz und der beiden Deutschlands nicht ohne Weiteres zueinander. Deutschsprachige Literatur wurde zum Medium der Resozialisierung in eine gewandelte Weltordnung und eine demokratische Kultur. Nach 1989 erschien deutschsprachige Literatur als Teil kosmopolitischer Literaturentwicklungen: Neben globalen Bestsellern wie Patrick Süskinds *Parfum* (1985), Daniel Kehlmanns *Die Vermessung der Welt* (2005) oder Bernhard Schlinks *Der Vorleser* (1995)[70] entstanden interkulturelle Texte, die das Miteinander in Europa und darüber hinaus produktiv werden lassen.

Diese Entwicklung ist weder logisch noch notwendig, und sie lässt sich auch nicht in populäre Schemata von Blütezeit und Verfall pressen. Im Gegenteil: Das Eine gibt, so scheint es, dem Anderen die Hand – und schließt auch das Gegenteil nicht aus. Der Weg in diese literarische Vielfalt, das parallele, räumlich und zeitlich versetzte Neben-, Mit- und Gegeneinander, dauerte Jahrhunderte. Er begann mit der Etablierung des Deutschen als Kultursprache.

Aus der Formierungsgeschichte, 750–1450

Die Formierungsgeschichte deutschsprachiger Literatur soll in ihrer Vielfalt schlaglichtartig angedeutet werden, um Bedingungen und Muster ihrer Entwicklung herauszuarbeiten. Deutschsprachige Literatur bildete sich im frühen Mittelalter heraus. Die Bevölkerung im Großreich der Franken verständigte sich in südgermanischen, altniederdeutschen oder altsächsischen Dialekten, nachträglich mit dem Sammelbegriff »Althochdeutsch« zusammengefasst. Eine Schriftsprache gab es nicht. Man kommunizierte mündlich, abgesehen von Runen, die vor allem sakralen Zwecken dienten. Schriftkultur fand in den alten Sprachen statt, auf Griechisch und Latein, getragen und befördert durch die Kirche und die Höfe. Die Geschichte deutschsprachiger Schriftstücke begann mit ihren Hilfsmitteln, mit Wörterbuch und Glossar:[71] Das älteste umfangreiche Schriftstück dieser Art ist der spätlateinische *Codex Abrogans* (764–783). Er führt über dreitausend althochdeutsche Wörter auf, doch ist seine altbairische Urfassung nur in altalemannischer Umarbeitung erhalten. Ein bezeichnendes Schicksal: Texte wurden von Sprachraum zu Sprachraum, von Region zu Region weitergereicht.[72]

Althochdeutsche Schriftzeugnisse entstanden aus dem Kulturkontakt. Literatur im etwas engeren Sinne folgte im 9. Jahrhundert mit dem *Hildebrandslied* über den gleichnamigen Krieger, dem *Heliand*, der über das Leben Jesu berichtet, dem *Muspilli*-Gedicht, das, möglicherweise nach dem Vorbild der nordischen Ragnarök-Sage, vom Schicksal der Menschen nach dem Tod erzählt. Wer vor dem Jahr 1000 schrieb, arbeitete überlieferte Sagen aus dem heimischen oder nördlichen Kulturkreis um oder schrieb biblische Geschichten in Versen auf – zu Ehren Gottes und seiner irdischen Stellvertreter.

Nach und nach wurde die mittelhochdeutsche Literatur (ca. 1050–1350) Teil einer »homogenen europäischen Repräsentationskultur«.[73] Sie legitimierte sich aus der biblischen Idee, dass göttliche und weltliche Herrschaft untrennbar waren und ein Weltreich das andere ablöste. »Translatio imperii« nannten die Kirchenväter diese Idee.[74] Der Personenverbandsstaat war typisch für diese Repräsentationskultur. Leibeigenschaft, Vasallentum, Schutz- und Überwachungsfunktionen der Sippe zählten zu seinen Hauptmerkmalen. Nächstenliebe galt als Tugend dieses Gemeinwesens, Verbrüderung der Mitglieder als sein Ideal. Die Literatur trug zur Stabilisierung dieser Kultur bei und richtete sich vornehmlich an die Höfe, in ihrer sakralen Form auch an die Klöster. Am Hof entstand Literatur für bestimmte soziale Anlässe: den Ausritt, das Essen oder das Fest. Spielleute ließen moralische Schwänke, Fabeln, biblische Geschichten, Farcen, Pantomimen für ihr höfisches Publikum hör- und sichtbar werden.[75] Ihre Verschriftlichung aber geschah zumeist erst später durch Schreiber.[76]

Einem gängigen Urteil zufolge deutete mittelhochdeutsche Literatur, und zwar solche höfischer Herkunft, vornehmlich altfranzösische Vorlagen um, erwies sich als aufnehmende Kultur.[77] Zwar ist es auch möglich, dass einzelne Motive aus dem germanischen Sagenschatz zunächst ins Französische eingewandert sind, dort transformiert und literarisch zurückgespiegelt wurden. Zuverlässige Belege aber fehlen.[78] Möglicherweise erklärt sich die relative Rückständigkeit der germanischen Gebiete daraus, dass es dort lange dauerte, bis sich außerhalb von Kirche und Klöstern eine eigenständige Kultur entwickelte. Nach dem Vorbild der französischen Literatur jedenfalls variiert der höfische Roman mittelhochdeutscher Zunge zwischen 1180 und 1300 die Artussage. Der *Eneit* (um 1190) Heinrichs von Veldeke und der *Erec* (um 1180) Hartmanns von Aue gelten als erste Texte dieser Gattung; ihre Fortsetzung finden sie in Wolframs von Eschenbach *Parzival* (1200–1210), Gottfrieds von Straßburg *Tristan* (um 1210), dem *Wigalois* Wirnts von Grafenberg (um 1210), dem *Willehalm von Orlens* aus der Feder Rudolfs von Ems (um 1235) und vergleichbaren Texten.

Wer französische Vorlagen adaptierte, ahmte sie jedoch nicht sklavisch nach. Hartmanns *Erec* etwa speist sich der Handlung nach aus Chrétiens de Troyes *Erec et Enide* (ca. 1160), und auch der Konversationsstil des *Erec* lässt sich aus Versuchen der Übersetzung und der Aneignung der französischen Vorlage erklären.[79] Hartmann schreibt eine Art Entwicklungsroman vor der Erfindung desselben: Erec, ein junger Ritter am Artushof, kämpft um seine verlorene Ehre und die schöne Enite. Er gewinnt, heiratet Enite, wird Herrscher an dem Hof, der zuvor seinem Vater gehörte, vernachlässigt über die Liebe jedoch seine Herrscherpflichten. Erec wird verspottet und muss erneut Bewährungsproben bestehen, wie es zeitgemäß heißt: »aventiure« suchen. Die treue Ehegattin begleitet ihn. Sie hilft ihm, Liebe und Herrschaft in ein ausgewogenes Verhältnis zu setzen. Als angesehenes Herrscherpaar leben sie in Freuden.

Auch Wolframs *Parzival* beruht vermutlich auf einem Text Chrétiens, dem *Perceval* (ca. 1180/90), wenn Wolfram gleichwohl einen fiktiven

»Kyot« als Quelle erfindet. Das Ergebnis ist so eigenwillig wie eigenständig: Im Mittelpunkt der Geschichte steht wiederum die Entwicklung einer männlichen Hauptfigur. Parzival wird, obwohl adlig geboren, von der Mutter im Waldidyll, fernab vom Hof, erzogen. Er bleibt einfältig und einsam. Gegen den Willen der Mutter gelangt der schöne und kräftige Junge an den Artushof, verstößt aufgrund der fehlenden Sozialisation gegen Regeln und Etikette des Ritterstands, scheitert an seinen Aufgaben und hat nur vage Vorstellungen von Gott. Dennoch erlangt ausgerechnet er, der Einfältige, die Herrschaft über den Gral. Wolframs *Parzival* ist, verglichen mit Chrétiens *Perceval*, um ungefähr 15 700 Verse länger, figurenreicher und wie Chrétiens Text mit großer Fabulierkunst verfasst – und dennoch blieb der Text jahrhundertelang nur für die Leser und Hörer des Mittelhochdeutschen zugänglich.

Erst die belgische und französische Mediävistik der 1930er-Jahre übersetzte *Erec* und *Perceval*; die angloamerikanische Mediävistik zog nach. Vielleicht ist die internationale Wahrnehmung der höfischen Romane auch aufgrund der späten Übersetzung ein akademisches Phänomen geblieben. Das Nibelungenlied erweist sich unter den vergleichbaren Texten als Ausnahme.[80] Seit der ersten englischen Übertragung aus dem Jahr 1814 erlebte es eine sensationelle Verbreitung von Moskau bis Lima, von New York bis Hiroshima.[81] Doch war es nicht nur das Nibelungenlied selbst, das international Begeisterung auslöste, sondern auch Richard Wagners »Ring« regte das Publikum dazu an, die Nibelungensage in diesem Dokument nachzulesen.[82]

Führt man sich literarische Entwicklungen jenseits des höfischen Romans vor Augen, wird das Bild noch komplexer. Werdegang und Texte des Ministerialen Thomasîn von Zerclaere (1186–1238) aus Friaul belegen eine relative Durchlässigkeit der mittelalterlichen Kultur. In seinem Lehrgedicht *Der welsche Gast* (ca. 1215/16) beschreibt er sich selbst als Fremden und erörtert die Mischung der Sprachkulturen: des Italienischen, Provenzalischen, Französischen und Mittelhochdeutschen.[83] Thomasîn positioniert sich als Antipoden des aus seiner Sicht zu kirchenkritischen Walther von der Vogelweide. Außerdem klagt Thomasîn expansive und antideutsche Tendenzen in Ungarn an.[84] Mit seinem Gedicht trägt er zur Stabilisierung ebenso wie zur Selbststilisierung der höfischen Elite seiner Zeit bei. Er will Kenntnisse vermitteln, ethische und moralische Normen mitteilen, Verhaltensweisen für das höfische Leben festhalten und zur Einübung derselben anleiten. Bei Thomasîns

11

S wer vntvgenden an gesir .
D er streitt ainn reutterleichen strit
J a haizz ich daz niht reutterschaft .
D az ain man bricher ainn schaft .
D az ist reutterschaft gar .
S wann man der vntvgende schar .
A vf di erde bestrewet nider
v nde lat sev niht avf chomen wider .
ls ich ev vor han gesait
D er vntvgende schar ist prait .
J ch han ev gezalet gar .
D i vntvgent vnder schar .
S wer mit den vier scharen streiten sol .
D er bedarf gotes helfe wol .
N v tv war edel reutter tv .
S i reitent allenthalben zv .
h ohvart reitet darst war .
Z e wderist an der ersten schar .
v nchevsche narr am brinnent sper .
t rge ist gewaffent mit vner .
t rachait ist mit boeshait .
vom havbet vnz an di fvzze geschlait .
D en vieren volger gar ir her .
N v wer dich edel reutter wer .
J r schal sol dich niht schrechen
D v solt dein tvgen wechen .
D az si dich waffen gegen in .
D en vanen sol dir geben der sin
D az dv deiner tvgende her .
B elauten chvnnest wol zewer .
D az swert nim dy vome reht .
D az dv daz chrvmpe machest sleht .

Thomasîn von Zerclaere, »Der welsche Gast« (A),
Universitätsbibliothek Heidelberg, Bayern [Regensburg?], um 1256,
Cod. Pal. germ. 389, fol. 116r.

31

welschem Gast handelt es sich um das erste Lehrgedicht in deutscher Sprache überhaupt und außerdem um das erste reich illustrierte Gedicht dieses Typs.[85] Allegorische und symbolische Malereien, die den Handschriften des *welschen Gastes* beigegeben sind, zeigen das höfische Personal in seinen Rollen, wie auf diesem Codex beim Turnier.

Doch die Geschichte der wechselseitigen literarischen Wahrnehmung war noch vielschichtiger und von längerer Dauer, als der Blick auf die höfischen Romane oder auf Tomasîns *welschen Gast* ahnen lässt. Manche Erzählungen der Antike fanden sich vielerorts als gesunkenes oder aktiv gehaltenes Kulturgut wieder: Die Schlaraffenlanderzählung etwa entsprang wohl schon den Erzählungen vom Goldenen Zeitalter (Hesiod, Herodot) und von der Insel der Seligen (Lukan). Lange Zeit wurde sie nur mündlich überliefert – und dabei erheblich verändert. Seit dem 13. Jahrhundert erst kannte man die Schlaraffenlanderzählung auch in schriftlicher Form und dies in zahllosen Versionen und Sprachen, unter anderem aus wiederentdeckten antiken Quellen.[86] Im Jahr 1819 publizierten die Brüder Grimm eine dieser Versionen als deutsches Märchen.

War mittelhochdeutsche Literatur also durch die Nachahmung des frankophonen Vorbilds, Kulturmischung und das Neuerzählen antiker Stoffe gekennzeichnet, so gab diese Literatur im 14. und 15. Jahrhundert ein heterogenes und sich schnell wandelndes Bild ab: Aus dem Mittelhochdeutschen entwickelte sich das Frühneuhochdeutsche mit seinen regionalen Varianten und unterschiedlichen Druckersprachen. Ein kulturelles Zentrum wie Rom, Paris oder London fehlte. Das Alte Reich war politisch gespalten und wenig handlungsfähig. Schon im ausgehenden 13. Jahrhundert hatte sich die Alte Eidgenossenschaft verselbstständigt; Österreich entwickelte sich innerhalb des Heiligen Römischen Reiches zu einer eigenen Einheit, obwohl sein Oberhaupt zumeist auch Kaiser des Reiches war. Die Bindung der Literatur an Hof und Kloster löste sich auf, weil die durch Handel zu Bedeutung und Wohlstand gekommenen Städte ein literarisches Eigenleben entwickelten. Universitäten, die seit der zweiten Hälfte des 14. Jahrhunderts nach italienischem, französischem und englischem Vorbild in Wien (1365), Heidelberg (1386), Köln (1388), Erfurt (1389), Basel (1460) und andernorts gegründet wurden, brachten ihrerseits Literatur und vor allem Absolventen hervor, die ihren Lohn mit Wort und Feder verdienen wollten. Sie beförderten die Rede- und Schriftkultur ihrer Zeit.

Im 14. Jahrhundert setzte eine »Überlieferungsexplosion« des zuvor vornehmlich mündlich und in wenigen Manuskripten Erhaltenen ein:[87] Das bislang oft genutzte teure Pergament wurde durch billigeres Papier ersetzt und mithilfe neuer Techniken bedruckt. Nicht nur die Kirchen und die Höfe, sondern auch betuchte Bürger konnten sich dadurch Druckwerke leisten. Nachdem zuvor nur wenige Textgattungen existierten, vervielfältigten sie sich, wohl auch durch entsprechende Nachfrage: Märendichtung, Utopien, Endzeitvisionen, Sammelhandschriften, Summen und Kompendien hatten Konjunktur.[88] Im 15. Jahrhundert kamen Kleinformen wie das (schon aus dem 13. Jahrhundert bekannte) Städtelob, Bier- und Weingrüße und Fastnachtsspiele sowie die weltliche Prosa, etwa Streitgespräche wie Johannes von Tepls *Ackermann aus Böhmen* (entstanden um 1400, gedruckt 1460), hinzu.

Zunehmend entwickelten sich Texte, deren Herkunft mehr oder minder eindeutig einem Sprachraum und einem Autor zuzuordnen war. Mochten sie sich auch aus dem europäischen Erzählungs- und Bilderschatz speisen, so bereicherten sie diesen doch zusehends um eigene Geschichten. Seit ungefähr dieser Zeit erst geriet deutschsprachige Literatur häufiger über ihre Sprachgrenzen hinaus und wird damit in besonderem Maße Gegenstand dieser Literaturgeschichte, die sich als Geschichte ihrer Wahrnehmungen, Deutungen und Aneignungen versteht.

II.

Exportgut: Deutschsprachige Literatur als heiße Ware, 1450–1700

»Barbaren« mit Esprit

Seit Beginn der Frühen Neuzeit um 1450, Jahrhunderte nach ihrer Erfindung, wurde Literatur in deutscher Sprache zum Exportgut. Sie war begehrt, umstritten, verboten – und entfaltete sich trotzdem oder gerade aufgrund des Verbots. Die »Barbaren«, wie italienische Humanisten die Völker jenseits der Alpen seit Cornelius Tacitus' *Germania* (ca. 98–104 n. Chr.) nannten, erwiesen sich gerade nicht als kulturlos.[1] Mit Tacitus mochten die Humanisten bei den Germanen Ehrlichkeit, Treue, Genügsamkeit, starke Frauen, »Genossin[nen] in Mühen und Gefahren« suchen und dem dekadenten Rom einen Sittenspiegel vorhalten.[2] Tatsächlich erlangte deutschsprachige Literatur in besonderer Weise aufgrund einer Moral und Religion Aufmerksamkeit, die auf eine eigene Kirche und Kultur in der Nachfolge Roms zielte.

Die Drucktechnik schuf die Voraussetzungen dafür.[3] Denn nur mit ihrer Hilfe konnten die versprengten deutschsprachigen Völker Kenntnis von den neuen Lehren erlangen: Mit der Erfindung des Papiers im 14. Jahrhundert gründeten sich Schreibwerkstätten, die schon vor der Erfindung des Buchdrucks Werke in kleiner Zahl vervielfältigten. Bald folgte der Holzdruck und schließlich um 1450 der Buchdruck mit beweglichen Lettern, erfunden von Johannes Gensfleisch (um 1400–1468), der den Wahlnamen »Gutenberg« nach seinem Mainzer Wohnsitz wählte. Seine Erfindung erlaubte es, kostengünstig und schnell zu drucken. In der Folge vermehrte sich der Bestand der schriftlichen Zeugnisse rasant. Im Alten Reich entstanden schon bis in das Jahr 1500 mehr als sechzig Buchdruckereien.

Alphabetisierungskurse waren en vogue, weil die Bevölkerung die neuen Druckwerke auch lesen wollte.[4] Im Jahr 1524 regte Martin Luther mit seiner Schrift *An die Ratsherren aller Städte deutschen Landes, dass sie christliche Schulen aufrichten und halten sollen* darüber hinaus an, eine allgemeine Schulpflicht einzuführen. War die Beherrschung der Schrift zuvor nur einer kleinen gelehrten Schicht gegeben, die sich auf Latein verständigte, so bildete sich an den neu gegründeten Universitäten ein akademisch geschultes Publikum heran. Vor allem oberrheinische Städte des 16. Jahrhunderts wie Basel, Freiburg, Colmar und Straßburg öffneten sich für die europäische Renaissance mit ihren zahlreichen Spielarten. Literatur orientierte sich fortan auch an den Produktionsbedingungen des Drucks:[6] Einblattdrucke, später Flugblätter oder Flugschriften genannt, und lehrhafte Kleinformen hatten Konjunktur. Embleme verbanden Text und Bild, um religiöse und moralische Lehrsätze zu veranschaulichen. Sie entwickelten sich zu einer europäischen Sinnbildkunst. Schon in der zweiten Hälfte des 16. Jahrhunderts war der Luxusgegenstand Buch zum »Massenprodukt« für den täglichen Gebrauch geworden.[5]

Druckwerke wurden schnell zu ökonomischen Faktoren. Es wurde nach- und umgeschrieben, erweitert, in heutiger Sprache: plagiiert. Verlage druckten, druckten nach, mit und ohne Genehmigung durch den Schreiber oder den Verlag, der die erste Auflage verantwortete. Das Urheberrecht war noch nicht erfunden; den Verlagen gebührte das Recht am Text und der Erlös durch seinen Verkauf. Vom Schreiben hingegen konnte niemand leben. Verkaufserfolge waren von der Performance der Buchhändler auf den Märkten, von Stegreiftheatern und Bänkelsängern abhängig: Nur wer mit Stimme, Gestik und Mimik, mit priesterlichem Ernst oder Komik für seine papierne Ware begeistern konnte, schlug sie auch los. Erfolgreiche Verlegersortimenter, Druckerverleger und Buchbinder operierten bald schon über die Grenzen des Alten Reiches und der Eidgenossenschaft hinaus: Anton Koberger (ca. 1440–1513) aus Nürnberg beispielsweise unterhielt für seinen Vertrieb vor allem religiöser und gelehrter (lateinischer) Schriften Kontakte nach Venedig, Amsterdam und Paris. Seit dem 16. Jahrhundert versprach der Überseehandel neue Absatzgebiete.[7]

Doch stiegen die Menge der gedruckten Bücher und der Buchverkauf nicht einfach linear an: Der Dreißigjährige Krieg hatte Einbrüche sowohl in der Druckproduktion als auch im Tauschgeschäft zur Folge.[8] Wie im Mittelalter, so zerfiel auch die deutschsprachige Literatur der Frühen Neuzeit in persönliche und regionale Netzwerke, die sich nur punktuell überschnitten und oft bloß durch die gemeinsame Sprache verbunden waren.[9] Lange, durch Zölle und Mauten kostspielige, durch Währungsdifferenzen, hohe Posttarife und Reklamationen aufwendige Bestell- und Liefervorgänge behinderten den Handel mit der ohnehin kleinen Käuferschicht von Gelehrten, Bürgern und Adligen. Auch der Fernhandel gestaltete sich zunächst schwierig: Im Osten bekämpfte die orthodoxe Kirche weltliche Literatur.[10] Mönche versteckten selbst religiöse Bücher hinter Klostermauern, um ihnen den mystischen Zauber nicht zu rauben.[11] Aber auch in die westlichen Kolonien gelangten Bücher nur schwer. Der spanische König hatte die Einfuhr von Romanen nach Mexiko im Jahr 1531 per Dekret verboten.[12] Dennoch zog es deutschsprachige Drucker bald nicht nur nach Spanien, sondern auch nach Neuspanien, und die »gefährlichen Bücher« wurden in Kisten und Weinfässern in die Kolonien geschmuggelt. Beim Transport der heißen Ware halfen die »nahen Fremden«,[13] die Juden.[14] Als »Hofjuden« wie Joseph Süß Oppenheimer (1698–1738) hatten sie Einfluss, waren Alchemisten, Geheimwissenschaftler, Kreditgeber und Lieferanten, auch von gedrucktem Gut.[15] Allen Hindernissen zum Trotz: Deutschsprachige Literatur fand zunehmend jenseits des Schlagbaums statt.

Die »neue« Literatur selbst hatte nicht bloß »negatorische Kraft« gegenüber bisherigen Normen und Denkweisen, wie prominente Intellektuelle meinten.[16] Vielmehr entwickelte sie sich organisch aus dem Spätmittelalter heraus, ja, gehörte ihm selbst noch an. Epochenbrüche sind hier wie so oft Fiktion, selbst wenn die Humanisten einen solchen Bruch in ihrem Kampf gegen die Scholastik herbeiwünschten. Sie reisten durch Europa, schrieben einander Briefe, gründeten Gesellschaften, um sich zu treffen. Petrarca etwa betrachtete Johannes von Neumarkt (ca. 1310 bis 1380), den Kanzler Kaiser Karls IV., Bischof und Mitbegründer des böhmischen Humanismus, als seinesgleichen. Wanderhumanisten wie Peter Luder (1415/16–1472) pendelten zwischen dem Alten Reich und Italien.[17] Enea Silvio Piccolomini (1405–1464, später: Papst Pius II.) kam als Sekretär verschiedener Bischöfe zum Basler Konzil, war als Manuskriptjäger in nördlichen Klosterbibliotheken unterwegs und ließ sich im Jahr 1442 von Friedrich III. in Frankfurt zum Dichter krönen. Conrad Celtis (1459–1508) gab die *Germania* des Tacitus heraus und betrachtete die Germanen als würdige Nachfolger der Römer, im Politischen wie im Poetischen. Er folgte dabei der biblischen Lehre von der »Translatio imperii«.[18] Sie besagt, dass ein Weltreich das andere ablöst, und so sah

Celtis die Germanen als neue Macht im Aufstieg begriffen. Die neuen und zunehmend selbstbewussten Literaturen auch des Alten Reiches entwickelten sich ihrerseits aus ungleichgewichtigen Parallelbewegungen: aus dem Neulatein der Humanisten und aus den volkssprachlichen mittelalterlichen Traditionen.

Damit veränderte sich auch die soziale Schichtung der Schreiber, später Autoren genannt. Akademiker wollten mit der Feder, als Diplomaten, Bibliothekare oder Professoren, ihr Geld verdienen. Wer wie Johann Michael Moscherosch (1601–1669) oder Hans Jakob Christoffel von Grimmelshausen (1622–1676) nur die Lateinschule besucht hatte, wurde Hauslehrer, Verwalter, Apotheker und schrieb nebenbei. Als der Adel an Bildung aufholte, erweiterte sich das Spektrum der Schreiber erneut. Sprachgesellschaften wie die »Fruchtbringende Gesellschaft« (1617 bis 1680) und Moscheroschs »Aufrichtige Tannengesellschaft« (1633–1670) versammelten führende Köpfe des Reiches, die im Nebenamt Verse schmiedeten. Ihre Mitglieder reagierten auf die politische und konfessionelle Zerklüftung sowie den steigenden Kommunikationsbedarf an den Höfen und im städtischen Bürgertum des Alten Reiches:[19] Sie übten sich in zivilem Verhalten und gaben einander allegorische Namen wie »der Träumende« (für Moscherosch), um positive Charaktereigenschaften hervorzuheben und negative zu mäßigen. Um die deutsche Sprache als Literatursprache zu empfehlen, übertrugen sie Fremdwörter ins Deutsche, dichteten, schrieben Grammatiken und Poetiken.

Altes und Neues existierte nebeneinander: Schwankliteratur, Meistersang und Kirchenlied wurden fortgeschrieben. Der Prosaroman des 16. Jahrhunderts aber, romantisch auch »Volksbuch« genannt,[20] löste die höfisch-heroische Versepik ab: Auf mittelalterliche und zeitgenössische Stoffe zugreifend, erzählen Prosaromane Aufstiegs- und Liebesgeschichten. Des hohen Tons der Verse und des erhabenen Stils bedienen sie sich nicht mehr. Vielmehr widmen sich Prosaromane Adligen ebenso wie Unterschichten, predigen moralisches Handeln und Affektkontrolle, und dafür bedarf es mittlerer oder niederer Ton- und Stillagen.[21] Moralsatirische Texte wie Sebastian Brants *Narrenschiff* (1494) und das *Lob der Torheit* (1509) des Erasmus von Rotterdam gehören ebenso dazu wie der anonym erschienene *Fortunatus* (1509), *Till Eulenspiegel* (1515), Johann Spies' *Historia von D. Johann Fausten* (1587) und das *Lalebuch* (1597), seit der zweiten Ausgabe besser bekannt als Schwankroman *Die Schiltbürger* (1598). Prosaromane bieten moralische und historische Exempelgeschichten, illustriert mit Holzschnitten: eine attraktive Kombination, die sie zu ersten deutschsprachigen Bestsellern machte. Ihre Figuren, Erzählmuster und Topoi strahlten aus, selbst nach Hollywood.

Vorreformation goes Hollywood: Sebastian Brants *Narrenschiff* (1494) und Katherine Anne Porters *Ship of Fools* (1962)

Sebastian Brants *Narrenschiff* (Basel 1494) zählt zu den ersten weitläufig und langfristig wahrgenommenen Texten seiner Zeit. Es wurde von der katholischen Kirche zensiert,[22] dennoch oder gerade deshalb bis 1519 insgesamt sechzehnmal aufgelegt und vielfach raubgedruckt.[23] Sebastian Brant (1457–1521) war zum Zeitpunkt der Veröffentlichung Dekan der Baseler Juristischen Fakultät gewesen und machte Karriere.[24] Im Jahr 1500 wurde er Jurist und Stadtschreiber in Straßburg und publizierte fleißig.

Brants *Narrenschiff* prägte die frühneuzeitliche Narrenliteratur mit aus, wie sie schon aus den mittelalterlichen Spielmannsepen, beispielsweise *Salman und Morolf* (auch: *Salomon und Markolf*), bekannt ist: Hier wird der listenreiche und »närrische« Markolf (auch: Morolf) zur Gegenfigur seines Bruders, des weisen Königs Salomon (auch: Salman). Morolf schreckt vor keiner Obszönität zurück und verspottet Salomon selbst, als dieser den vermeintlichen Tod der Gemahlin betrauert. Auch vor dem Hintergrund dieser Überlieferung gilt Brant die Narrheit als Ausdruck einer Welt, in der alle Regeln und Gesetze, alle Selbstbeschränkungen bezüglich der Moral und der Ernährung außer Kraft gesetzt sind. Es regieren Sünde und Todsünde. Sein *Narrenschiff* erweist sich als moraldidaktisches »Programm […] der Narrenbelehrung«.[25]

Hundert Narren nehmen per Schiff Kurs auf ein Land mit dem sprechenden Namen Narragonien. Sie kochen Narrenbrei und führen Narrentänze auf. In hundertzwölf Kapiteln mit hundertdrei Holzschnitten exerzieren sie Laster wie Ehebruch, Habsucht, Prasserei, Völlerei und Selbstgerechtigkeit vor. Ihr fehlerhaftes Handeln prangern sie damit selbst satirisch an. Die Moralsatire läuft jedoch nicht einfach darauf hinaus, Religion und Kirche als Autoritäten für das eigene Leben anzuerkennen oder den Regierenden den Spiegel vorzuhalten. Vielmehr diskreditiert der Auftritt eines flegelhaften Heiligen mit dem sprechenden Namen Sankt Grobian beide Einrichtungen. Eine andere Figur weist den

Sebastian Brant: *Daß Narrenschyff ad Narragoniam*. In fine gedruckt zu Krüttlingen uff den samstag Bartholomei, Im jor nach christi geburt tusent vierhundert vier vnd nüntzig, Titelholzschnitt

Weg zur wahren Moral: der Weise, den Brant dem Narren als positive Gestalt entgegensetzt. Er bildet sich aus der Lektüre der antiken Philosophie, speziell der Stoa, und der Bibel; den Narren auf dem gleichnamigen Schiff und den Lesern soll er künftig als Vorbild dienen.

Holzschnitte im Text ermöglichten ein leichtes Verständnis und begünstigten die Verbreitung des *Narrenschiffs*. Möglicherweise hat Brant sie selbst entworfen. Einige meinten sogar, Albrecht Dürer könnte die Linien für die Schnitte ins Holz gerissen haben. Doch wäre es auch denkbar, dass unterschiedliche Personen in verschiedenen Werkstätten zusammenarbeiteten.[26] In jedem Fall trugen die Holzschnitte – und die Fama von der möglichen Fertigung aus Dürers Hand – dazu bei, die Allegorie des Narren in das kulturelle Gedächtnis einzubrennen.

In der Folge erschienen zahlreiche Aneignungen des Textes in anderen Sprachen. Die erste, die Übertragung ins Lateinische aus dem Jahr 1497 durch Brants Schüler Jacob Locher (1471–1528), verbreitete sich in ganz Europa und diente – neben der deutschen Ausgabe – als Vorlage für zahlreiche volkssprachliche Übersetzungen.[27] Allein in französischer Sprache wurden zwei unterschiedliche Übersetzungen gleich mehrfach aufgelegt.[28] Produktive Aneignungen wie die *Nef des dames vertueuses* (1503) durch den gelehrten Arzt Symphorien Champier,[29] Predigtzyklen und die satirischen Schriften des elsässischen Franziskaners Thomas Murner erschienen binnen kurzer Frist. Murner deutete den Narren religiös und kirchenpolitisch zum Schelmen um: In seiner *Schelmenzunft* (1512), die nicht mehr nur vom im Prinzip harmlosen Narren, sondern eben vom Schelmen, dem Verbrecher, handelt, betrachtet er »Satire als Mittel der Teufelsaustreibung«.[30]

468 Jahre nach Brant stach das nächste Narrenschiff in See. Die amerikanische Journalistin und Autorin Katherine Anne Porter (1890–1980) hatte sich der Narrenzunft angenommen. Als »Roman, auf den eine ganze Generation gewartet hat« bezeichnet die *New York Times* ihren Roman *Ship of Fools* (1962).[31] Porter gibt Brants Text, den sie im Jahr 1932 in Basel las, im Vorwort ausdrücklich als Inspirationsquelle an.

> Als ich dann über meinen Roman nachzudenken begann, beschloss ich, dieses fast universale, einfache Sinnbild zu übernehmen: das Schiff dieser Welt auf seiner Fahrt in die Ewigkeit. Es ist keineswegs neu – schon vor Sebastian Brant war es ein altbewährtes Symbol. Aber es drückt genau das aus, was ich sagen will: Ich bin ein Passagier auf diesem Schiff.[32]

Seit 1941 hatte Porter an dem Buch gearbeitet und sein Erscheinen immer wieder hinausgezögert, weil es ein epochales Werk werden sollte. Der Roman stellt die bekannte und vielfach kulturhistorisch aufgeladene Allegorie von der Schiffsreise des Lebens in sein Zentrum. Aus Brants hundert Narren wird bei Porter eine übersichtliche Schar elitär auf dem Oberdeck des Dampfers »Vera« reisender, zumeist deutscher Gäste nebst überwiegend deutscher Besatzung. Hinzu kommen sechshundert Arbeiter, die auf kubanischen Zuckerplantagen tätig waren und aufgrund des zusammengebrochenen Zuckermarkts auf dem Unterdeck von Veracruz nach Deutschland verschifft werden. Die Passagiere des Oberdecks behandeln diese Arbeiter wie Tiere. Der deutsche Schiffsarzt Dr. Schuman wandelt zwischen den Welten. Er verliebt sich in die rauschgiftsüchtige Condesa, die aus politischen Gründen aus Kuba verbannt wurde. Der bucklige Zwerg Karl Glocken gehört mit dem jüdischen Diamantenhändler Julius Löwenthal zu den Außenseiterfiguren. Im Speisesaal sitzen sie gemeinsam mit Wilhelm Freytag, der mit seiner in Deutschland lebenden jüdischen Frau nach Mexiko emigrieren will, am Katzentisch. Am Kapitänstisch reichen die Ober statt Narrenbrei opulente Mahlzeiten. Flamenco und gängige Tanzmelodien der Zeit ersetzen Brants Narrentänze.

Die spezifischen und doch abstrakten Laster Brants löst Porter zugunsten eines Potpourris von Individualcharakteristiken auf, in denen sich gleichwohl soziale und nationale Stereotype spiegeln. Vom 22. August bis zum 17. September 1931 dauert die Überfahrt der »Vera«, und die Passagiere sehen dem säbelrasselnden Nazi-Deutschland mit gemischten Gefühlen entgegen. Germanen- und Nazi-Parodien ziehen sich wie rote Fäden durch das Geschehen: La Condesa beschwert sich über den typisch deutschen Kohlgeruch an Bord. Siegfried Rieber, der eine Zeitschrift für Damenmode herausgibt, zählt nicht nur zu den entschiedenen Verfechtern nationalsozialistischer Ideen, sondern erweist sich auch als Hasser anderer Ethnien. Für die Tierwelt hingegen hegt er mehr Verständnis. Selbst Bulldogge Bébé, die am erlauchten Tisch sitzt, stört ihn nicht. Ihre Herrchen, das Ehepaar Hutten, sind deutsch und pflegen zu ihrem Hund ein ebenso intimes Verhältnis wie Hitler zu seiner Schäferhündin Blondi. Als ein Baske aus dem Unterdeck Bébé vor dem Ertrinken rettet und selbst dabei umkommt, ohne dass das Oberdeck trauert, wird eine weitere Kluft zwischen den Reisenden auf dramatische Weise deutlich: die soziale, die quer durch die Nationen und Ethnien geht.

Der Roman nutzt die Motivik des Schiffs, auf dem sich die Passagiere zwangsläufig nahekommen, um am Ende doch wieder allein zu sein. Wilhelm Freytag erläutert das klaustrophobische Element: »[D]ie meisten Leute, dachte er, benehmen sich auf einer Schiffsreise genauso wie an Land, und dafür hat man auf einem Schiff einfach keinen Platz.«[33] Das Schiff ist Ausdruck der sich ausbildenden modernen Luxusgesellschaft: ein Raum des Übergangs, der einen Querschnitt durch alle Schichten bietet. Bedingt durch die räumliche Enge, spitzt sich das soziale Panorama zu. Anders als in einem Hotel kann man jedoch nicht entfliehen. Es gibt immer nur das Schiff, das, sofern man den Ozean überqueren will, unumgänglich ist.

Von Brants Erzählungen aber bleibt nicht mehr als Titel und Prinzip. Wie jede Allegorie lässt sich auch diejenige des Narrenschiffs unendlich umdeuten und erweitern. Im Mittelpunkt von Porters Roman stehen einzelne Figuren mit ihren Gefühlen, Gedanken und Lebensgeschichten. Sie scheitern entweder an ihren eigenen Begierden, an ihrem Unvermögen, an gesellschaftlicher Diskriminierung oder an einer Mischung aus alledem. Die Schiffsreise erlaubt zu verdichten, die Gefühle und Schicksale der Figuren zu zeigen und auf die Probe zu stellen.

Der Roman begeisterte und bestätigte die ungebrochene Aktualität der Narren-Allegorie: Im Jahr 1965 kam *Ship of Fools* unter der Regie von Stanley Kramer (1913–2001) in die Kinos. Vivien Leigh spielte dort als geschiedene Mary Treadwell ihre letzte Rolle. Simone Signoret war La Condesa, Lee Marvin der frühere Basketballspieler Bill Tenny, Oskar Werner Schiffsarzt Schumann, Michael Dunn Zwerg Glocken, und Heinz Rühmann gab den Diamantenverkäufer mit deutschem Akzent, verständnisvollem Lächeln und hartnäckiger Freundlichkeit. Anders als im Buch aber wird der Zwerg Glocken im Film zu einer verschmitzten Erzählerfigur. Schon durch seine Größe ist er als Beobachter und Außenseiter markiert. Er rahmt das Geschehen durch seine Kommentare. Im Sinne der Allegorie des »Narrenschiffs« lautet der wichtigste und erste:

My name is Karl Glocken and this is a ship of fools! I'm fool. You'll meet more fools as we go along. This tub is packed with them. Emancipated ladies and ballplayers. Lovers. Dog Lovers. Ladies of joy. Tolerant Jews. Dwarfs. All kinds. And who knows – if you look closely enough, you may even find yourself on board.[34]

»Ship of Fools«, Regie und Produktion: Stanley Kramer, 1965, Filmplakat

Bei Porter und im Film geht die Sache für beinahe alle Insassen der »Vera« schlecht aus: Passagiere des Oberdecks trauern verpassten Karrieren nach, fliehen vor dem Alter, ruinieren sich und ihre Partnerschaft durch Alkohol und Affären. Ein junges Künstlerpaar trennt sich im Lauf der Reise. Eine spanische Zarzuela-Truppe aus dem Unterdeck träumt vom großen Erfolg, der ihr in Mexiko nicht zuteilwurde. In Not und Enge wird einem Arbeiterpaar ein Kind geboren, dessen Zukunft unsicher ist. Die moralische Lehre im Sinne Brants und der Exempelliteratur fehlt jedoch. In Hollywood trägt sie nicht mehr, und sie lässt sich auch nicht mehr auf einfache Prinzipien bringen wie in Brants Prosaroman. Moderne Menschen können ihre eigenen Verhaltensweisen allenfalls am so unterhaltsamen wie negativen Fallbeispiel beobachten und – vielleicht – korrigieren, sofern sie es überhaupt wünschen, und nicht sehenden Auges das nächste Narrenschiff besteigen.

Druckernetzwerke und wandernde Theatergruppen

Doch nicht nur das *Narrenschiff*, sondern auch andere Prosaromane wanderten, und zwar weit und dauerhaft: *Eulenspiegel* beispielsweise kursierte vor allem durch Netzwerke von flämischen und deutschen Druckern in England. Unter dem Titel *Howleglas* wurde der Prosaroman um 1519 erstmals auf Englisch in Antwerpen von Jan van Doesborch gedruckt; spätere Versionen erschienen bei dem Londoner Drucker William Copland zwischen 1547 und 1568.[35] Dabei veränderte sich der Text erheblich: Von den fünfundneunzig Historien der ersten deutschsprachigen Ausgabe blieben nur sechsundvierzig erhalten, um eine Zusatzhistorie ergänzt.[36] Der Erfolg gab der Umarbeitung recht: Adlige, Ministeriale, Kaufleute, Gelehrte aus dem Umfeld von Sir Thomas More und ein gewisser Captain Cox, ein belesener Steinmetz und Baumeister, lasen *Howleglas*.[37]

Neben den Druckern verbreiteten Theaterautoren und Schauspieler die Prosaromane, jedoch wiederum in veränderter Form: Wandernde Theatergruppen entdeckten in den Texten Material für ihre Stücke, schrieben sie um, brachten sie auf die Bühne – und in veränderter Form kamen ihre Geschichten zurück in den Druck. Dabei waren die englischen Theatergruppen besonders wichtig: Sie halfen, deutschsprachige Bühnen zu professionalisieren.[38] Anders als italienische und französische Theatergruppen gebrauchten die englischen bald die deutsche Sprache

und wurden damit im Alten Reich beliebt. Tanz, Clownereien, Pantomime und psychologisierende Ausdrucksweisen gehörten zu ihren Spielformen, ähnlich übrigens wie bei den niederländischen Truppen.[39] Englische Theatergruppen richteten sich an alle sozialen Schichten und trugen
so zur Entwicklung eines nicht nur didaktischen, sondern auch unterhaltsamen Theaters im Alten Reich bei. Zugleich zog es deutsche Theatergruppen in andere Länder, etwa nach Russland:[40] Bereits Mitte des
17. Jahrhunderts gab es am Hof von Zar Aleksej I. eine Belustigungs-
kammer mit deutschen Possenreißern und Zauberkünstlern. Im Jahr
1672, dem Geburtsjahr des späteren Zaren Peter I., eröffnete im Auftrag seines Vaters Aleksej I. das erste russische Theaterhaus unter anderem mit Schauspielern und Dekorateuren aus dem Alten Reich: Pastor
Johann Gottfried Gregorii (1631–1675) aus der Nemeckaja sloboda, der
deutschen Vorstadt Moskaus, brachte den Artaxerxes-Esther-Stoff auf
die Bühne,[41] und zeitgleich versuchte Nikolai von Staden, in Kurland,
Schweden und Preußen Musiker, Tänzer und Komödianten anzuheuern.
Die Vorstellungen in der Sloboda waren lang und an mitteleuropäischen
Komödienstoffen orientiert, doch selbst der Zar soll ihnen aufmerksam
gefolgt sein.

Auch andernorts betätigten sich Herrscher als Mäzene des Theaters,
regten kulturelle Cross-overs an und alimentierten sie: Als der braun-
schweigische Herzog Heinrich Julius erstmals englische Komödianten in
Dänemark sah, bat er sie umgehend an den Wolfenbütteler Hof. Thomas
Sackville (1536–1608) kam im Jahr 1592 mit seiner Truppe – und offenbar begann eine rege Auseinandersetzung zwischen dem Herzog und
ihm. Der Herzog schrieb selbst Dramen, die von den Engländern inspiriert waren, integrierte die komische Figur Jan Bouset in seine Stücke
und ließ sie von Sackvilles Truppe spielen.[42] Ungefähr zeitgleich experimentierte der späte Nürnberger Meistersinger Jakob Ayrer (1543/44 bis
1605) mit englischen Schauspielen und adaptierte Thomas Kyds *Spanish
Tragedy* (entstanden 1582–1592) im Knittelvers.[43] Umgekehrt nahmen
sich die Engländer deutschsprachiger Texte an. Zu ihrem Repertoire gehörten elisabethanische Dramen von Kyd, Christopher Marlowe, Shakespeare, dem notorisch verschuldeten Theaterautor und Gelegenheits-
dichter Thomas Dekker (ca. 1572–1632) sowie biblische Stoffe (Esther,
Susanne, Daniel in der Löwengrube).[44] Die berühmtesten Textvorlagen
englischer Theatergruppen entstammten Prosaromanen, die in Übertragungen aus dem Alten Reich nach England gekommen waren. Dazu

zählten das Faust-Drama von Marlowe (Uraufführung in London 1589) und das Fortunatus-Spiel von Dekker (Uraufführung 1599).[45]

Glück und Lob der Königin: *Fortunatus* (1509) und Thomas Dekkers *Old Fortunatus* (1599)

Der Prosaroman *Fortunatus*, der um 1490 geschrieben und im Jahr 1509 anonym in Augsburg gedruckt wurde (Autor war vielleicht der Nürnberger Priester Stephan Fridolin), erzählt eine Familiengeschichte. Drei Generationen von Glücksrittern folgen aufeinander: Großvater Theodorus verarmt aufgrund seines luxuriösen Lebensstils in seiner zypriotischen Heimatstadt Famagusta. Fortunatus, das Glückskind im wörtlichen Sinne, verlässt Famagusta, um den Wohlstand der Familie wiederherzustellen, reist durch fast ganz Europa, zu den ägyptischen Sultanen und nach Indien. Er dient dem Herzog von Flandern und einem Londoner Kaufmann, wird des Mordes angeklagt, flieht und trifft Fortuna, die »junkfrau gewaltig des glücks«.[46] Der christlichen Tradition folgend, ist die antike Gottheit des Glücks der göttlichen Vorsehung (Providenz) untergeordnet und erscheint als einfache Frau.[47] Sie bietet Fortunatus sechs Gaben an: Weisheit, Reichtum, Stärke, Gesundheit, Schönheit und ein langes Leben. Fortunatus entscheidet sich für Reichtum und erhält einen Säckel, der unbegrenzte Mengen Geldes produziert.

Die Entscheidung für den Reichtum ist moralisch eigenwillig und gefährlich, entspricht sie doch nicht den zeitgenössischen Tugendlehren. Aber Fortunatus lernt, seine Gabe zu gebrauchen: Er zollt seiner Gönnerin jährlich Tribut, indem er eine arme Jungfrau zu ihrer Hochzeit reich beschenkt, kehrt nach Famagusta zurück, zeugt zwei Söhne, reist, erhält ein Wunschhütlein, das ihn unsichtbar machen und an ferne Orte zaubern kann.[48] Erst die Söhne ruinieren seinen gewagten Lebensentwurf: Der lethargische Ampedo überlässt seinem egoistischen und ehrgeizigen Bruder Andolosia Säckel und Wunschhütlein. Andolosia wiederum will Agrippina, die Tochter des englischen Königs, zur Frau gewinnen, aber die hat es nur auf seine Güter abgesehen. Zwei Grafen bringen Andolosia um; Ampedo stirbt aus Kummer. Ein kurzer Absatz präsentiert die Moral der Geschichte: Fortunatus hätte sich von der Jungfrau des Glücks Weisheit und nicht Reichtum erbitten sollen. Auf diese Weise hätte er ohnehin Reichtum und außerdem Frieden erlangt.

Der Text lebt von seinem amoralischen Experiment. Im Ergebnis steht

Wie ein iüngling geporen auß dem künigreych Cipern / mit namen Fortunatus in fremdän landen in armut und ellend kam. *Fortunatus*, Augsburg 1509, Titelholzschnitt

ein unterhaltsamer Reise- und Abenteuerroman ebenso wie eine Exempelgeschichte, die neostoisch Selbstbeherrschung empfiehlt. Das Beispiel des Fortunatus lässt erahnen, dass Moral und Reichtum miteinander einhergehen könnten. Im Grunde kehrt *Fortunatus* die gängige Morallehre um: Aus Reichtum folgt auch Weisheit, denn wer den Reichtum wahren will, beherrscht sich selbst, protzt und prasst nicht, sondern verhält sich anständig. Der auf dem Titel befindliche Holzschnitt aus der Werkstatt von Jörg Breu dem Älteren (ca. 1475–1537) zeigt die wesentlichen Protagonisten der Erzählung in ihrer moralischen Größe: Fortunatus sitzend, das Wunschhütlein auf dem Kopf, den Säckel in der Hand, die Söhne kniend und stehend. Der sittlich gemäßigte Patriarch aber kann seinen Nachwuchs nicht zähmen.

Fortunatus wurde wenige Jahrzehnte nach seinem Erscheinen durch den Nürnberger Meistersinger Hans Sachs zur *Tragedia mit 22 personen, der Fortunatus mit dem wunschseckel [...]* (1553) umgeschrieben. Sie folgt dem Original, führt aber neue Protagonisten wie den »ehrnholdt« ein und lässt alle Figuren im Knittelvers sprechen. Bis zum Ende des 17. Jahrhunderts wurde der populäre Prosaroman in viele Sprachen übersetzt,[49] darunter das Englische. Die erste erhaltene englische Übersetzung erschien in London 1582; hundert Jahre später, im Jahr 1682, tauchte sie erstmals in Amerika auf, im Katalog eines Bostoner Buchhändlers.[50]

In England machte *Fortunatus* als Komödie oder »morality play« Karriere.[51] Für Theaterimpresario Philip Henslowe und seine Truppe, die Admiral's Men, schrieb Dekker die *Pleasant Comedie of Old Fortunatus*. Das Stück wurde am 27. Dezember 1599 vor Königin Elizabeth aufgeführt und im Jahr 1600 in einer überarbeiteten Fassung publiziert.[52] Anders als im Prosaroman lässt Dekker Fortuna als Göttin auftreten, die mit den Königinnen Laster und Tugend kämpft. Prolog und Epilog führen in die allegorische Handlung ein. Sie wird von den Figuren »Eccho« und »Shadow« begleitet. Fortunatus selbst tritt im Stück als gealterter Bettler auf und erlangt durch Fortunas »Lotterie« Reichtum.[53] Fortuna ist von »Unterlingen« umgeben: einem Schneider, einem Tischler, einem Mönch, Schäfern, Nymphen und Herrschern wie Friedrich Barbarossa, Sultan Bayezid und Heinrich V.[54] Fortunatus pflanzt zum Dank für Fortunas Gabe einen Baum für die Tugend, einen anderen für das Laster; dem türkischen Sultan stiehlt er das Wunschhütlein – und stirbt überraschend während eines Satyrspiels. Wie im Prosaroman erben seine

Söhne den Säckel und das Wunschhütlein, aber die Geschichte konzentriert sich fast vollständig auf Andolosias (hier: Andolocias) Werben um die englische Königstochter Agrippina, seinen Misserfolg und den Tod der Söhne. Der englische König Athelstane aber, der sich mit Agrippinas Hilfe Fortunatus' Güter ergaunert hat, wird zum Diener der Göttin Fortuna. Er muss versprechen, sich tugendhaft zu verhalten und die Güter nur zum Wohle Englands einzusetzen. Die Tugend gewinnt den Wettstreit mit dem Laster. Über Tugend, Laster und Fortuna regiert die tatsächliche Herrscherin Englands: Königin Elizabeth, vor der die beiden Allegorien abschließend niederknien. Das »morality play« ist auch ein politisches Stück. Es nutzt die englische Handlung des Prosaromans zum Zweck des Herrscherlobs.

Aneignungen verbessern die Originale nicht notwendigerweise, wie *Old Fortunatus* zeigt. In ihnen geht es mitunter schlichter zu. Dekker setzt traditionelle Spielformen ein und vereindeutigt die ambivalente Botschaft des Prosaromans. Durch die wandernden Theatergruppen der Folgezeit aber gewinnt der Fortunatus-Komplex eine neue Vielfalt. Er gelangt auf diese Weise auch zurück ins Alte Reich – in veränderter Form, als eine Mischung aus Prosaroman und »morality play«, dargeboten wiederum auf Deutsch. John Greens Theatergruppe führte einen solchen Fortunatus mindestens zweimal auf: 1608 in Graz und 1626 in Dresden.[55] Der Text, der diese Aufführungen ungefähr wiedergibt oder ihnen zugrunde lag, erschien anonym im Jahr 1620 als *Comoedia von Fortunatu und seinem Seckel und Wünschhütlein, darinnen erstlich drei verstorbene Seelen als Geister, darnach die Tugend und Schande eingeführet werden* (1620).[56] Heute vermutet man, dass Friedrich Menius (1593/1594–1659), Student der Universität Greifswald, später als Professor in Dorpat der Häresie angeklagt, das Stück geschrieben oder besser: aufgeschrieben hat.[57]

Es handelt sich um mehr als eine bloße Kompilation aus dem Prosaroman und Dekkers *Old Fortunatus*.[58] Die *Comoedia* nimmt Dekkers Plot in Kurzform auf, gebraucht aber das Sprachmaterial des Prosaromans; sie nimmt die allegorischen und panegyrischen Spielelemente zurück: Ein verarmter Fortunatus trifft in den bretonischen Wäldern auf die Jungfrau Fortuna aus dem Prosaroman. Drei Geister toter Seelen erläutern die negative Wirkung von Fortunas Glücksgaben am eigenen Beispiel. Pickelhering, als komische Figur mit dem sprechenden Namen »gepökelter«, also »eingesalzener Fisch«, ein typisches Element der

Wanderbühnen, sorgt für Zwischenspiele. Fortunatus stirbt früh. Andolosia wird wie in der deutschen Fassung von zwei Grafen umgebracht, und der trauernde Ampedo verbrennt das Wunschhütlein. Am Schluss triumphiert der englische König, der über eine tugendhafte und von Fortuna begünstigte Welt regiert.

Die Komödie zeigt, wie Texte und Theaterelemente in Europa zirkulierten und sich wandelten. Und die Fortunatus-Version der greenschen Truppe ist nicht einmal die einzige bekannte ihrer Art: Das sogenannte »Kasseler Fortunatusdrama« bietet eine ähnliche Kreuzung von deutschen und englischen Texten und Theaterformen. Es beruht auf Hans Sachs' Komödie, verbindet sie mit dem Prosaroman und Dekkers Old Fortunatus.[59] Das »Kasseler Fortunatusdrama« ist nur im Manuskript erhalten und diente möglicherweise tatsächlich als Spielvorlage für englische Truppen, die in der Dekade von 1610 bis 1620 im Kasseler Ottoneum-Theater ihre Künste zeigten.[60]

Doch auch hier endet die Geschichte der Fortunati nicht. Um 1800 entdeckten die Romantiker die Erzählung erneut und auf ihre je eigene Weise:[61] Adelbert von Chamisso arbeitete schon zu Beginn des 19. Jahrhunderts an einem Dramenfragment Fortunati Glücksekel und Wunschhütlein. Ein Spiel, das jedoch erst nach seinem Tod im Jahr 1895 publiziert wurde. Aufbauend auf einer französischen Fassung des Prosaromans, schrieb Ludwig Uhland das Gedicht Fortunat und seine Söhne (1814–1816). Ludwig Tieck veröffentlichte nicht nur Fortunat. Ein Märchenlustspiel in zwei Teilen (1815), sondern auch Menius' Komödie. In seiner Sammlung Deutsches Theater (Band II, 1817) stellte er sie als deutschen Originaltext vor. Dieser Umstand lässt schmunzeln. Tieck war sich des gemischten kulturellen Ursprungs seiner Vorlage entweder nicht bewusst oder wollte nichts davon wissen.

In England ereignete sich eine vergleichbare Fortunatus-Renaissance: Charles Lamb, Schriftsteller und Lebensphilosoph (1775–1834), entdeckte Dekkers Komödie in den Old English Plays (1814) des liberalen Literaturkritikers Charles Wentworth Dilke. Sein berühmter Kollege William Hazlitt pries Old Fortunatus in seinen Lectures on the Dramatic Literature of the Age of Elizabeth (1819) als lebendiges und lustiges Stück. Der Komponist Henry Rowley Bishop brachte die Komödie Fortunatus and his Sons (1819) in Covent Garden auf die Bühne – mit Musik und der glücklichen Hochzeit von Andolocia und Agrippina. Jahrzehnte später eroberten Fortunatus-Pantomimen die Bühnen. Der Journalist und Bohemien Edward Litt Laman Blanchard (1820–1889) schrieb *Little King Pippin. Harlequin Fortunatus and the magic purse and wishing hat. Grand comic Christmas Pantomime* (1875). Sie wurde nicht nur im Londoner Drury Lane Theatre, sondern um Weihnachten 1875 auch in der Melbourne Opera aufgeführt. Zu ihren Besuchern zählten auch deutsche und englische Abenteurer, die in der australischen Goldrauschzeit ihr Glück suchten. Vielleicht erinnerten sie sich an die Fortunatus-Geschichte. Es verwundert vor dem Hintergrund solch reicher und vielseitiger Austauschgeschichte nicht, dass »Stoffkontaminationen« des Fortunatus-Komplexes bis nach China, in die Mongolei und ins östliche Asien reichen.[62]

Die Romantik gab dem Fortunatus-Stoff viel von seiner Ambivalenz zurück, und umgekehrt projizierten die Romantiker ihre Vermutungen über Literatur und Theater »des Volkes«, sei es des englischen oder deutschen, zurück auf die Fortunatus-Texte. Sie begeisterten sich für die Elemente des Wunderbaren und die allegorischen Darstellungsformen. Die Kreuzungen unterschiedlicher Erzähl- und Theatertraditionen vernachlässigten sie, wohl bewusst. Doch waren es gerade die paneuropäischen Zirkulationen, die Fortunatus über die »longue durée« der Geschichte am Leben hielten und für neue Fortunatus-Ereignisse sorgten. Fortunatus war längst ein interkultureller Text, ein Text- und Performance-Netzwerk aus flottierenden ästhetischen Elementen geworden. Er verschwand erst aus dem kulturellen Gedächtnis, als ihm neue Glücksuchende Konkurrenz machten: die Pariser Bankiers, deren Schicksal Honoré de Balzac und Émile Zola erzählten, die Kaufmannsfamilien deutscher Industrieromane, denen Thomas Manns *Buddenbrooks* das Sterbeglöckchen läuteten, die »Großen Gatsbies«, von denen amerikanische Romane schwärmten. Um 1900 gab es zu viele Fortunati, und auf sie passte die moralische Exempelerzählung aus dem 16. Jahrhundert nicht mehr.

Unter Kannibalen: Landsknecht Hans Staden schreibt über Brasilien

Auch Südamerika kannte seine Glücksucher und vom Glück Versuchten. Es wurde frühzeitig literarisch entdeckt, weit vor Alexander von Humboldts berühmten Expeditionen. Finanziert wurden diese frühen Entdeckungen vor allem von den Kaufmannsfamilien der Fugger und Welser, und zwar aus eigennützigem Zweck: um Edelhölzer, Edelmetalle und Sklaven nach Europa zu exportieren.[63] Das Schreiben darüber, eine Mischung aus Kosmologie, Reisebericht und früher Ethnografie, kam schon im 16. Jahrhundert in Mode: Philipp von Hutten (1505–1546), Hauptmann einer Expedition der Augsburger Welser-Gesellschaft, berichtete unter dem Titel *Zeitung aus India* anonym von seinen Venezuela-Aufenthalten und der Suche nach Gold in den Jahren 1535 bis 1538 und 1541 bis 1546.[64] Zu den eindrucksvollsten schriftlichen Zeugnissen, die auch in den betroffenen Ländern Aufmerksamkeit fanden, zählen die Historien des Handelsagenten und Hauptmanns Nikolaus Federmann (1506–1542) sowie diejenigen der Landsknechte Ulrich Schmidel (1510 bis 1580/81) und Hans Staden (1525–1576). Bei ihren Historien handelt es sich in gewisser Weise um eine Variante der Prosaromane, jedoch mit Wahrheitsanspruch.

Staden, der portugiesischen Siedlern gedient hatte, veröffentlichte über seine beiden Reisen nach Brasilien eine *Wahrhaftige Historia und Beschreibung eyner Landtschafft der Wilden Nacketen, Grimmigen Menschfresser-Leuthen in der Newenwelt America gelegen* (1557). Das Buch war die erste ausführliche Darstellung Brasiliens überhaupt. Sein Druck erzielte zwar nicht den Erfolg des *Narrenschiffs*, war aber doch bei einem größeren Publikum beliebt.[65] Zugleich erweist sich der Text als Kompilation, als eine Mischung von Bekenntnis- und Erbauungsbuch, Abenteuergeschichte, Reisebericht und Legendendichtung, gelenkt durch einen christlichen Erzähler, der nicht in jeder Hinsicht mit der Figur Stadens identisch ist, aber diese wie in einem inneren Monolog immer wieder zur Geltung bringt. Schlichte Holzschnitte, vermutlich von Staden skizziert und von unterschiedlichen Vorzeichnern und Holzschneidern realisiert, veranschaulichen die Szenerie, auch in ihrer Brutalität.

Staden ordnete die Ereignisse aus der Retrospektive. Seine *Wahrhaftige Historia* erschien im Jahr 1557 in Marburg, während er selbst in Coburg das Salpetersieden lernte, um nach dem Dienst als Landsknecht sein Auskommen zu finden. Mit teils verblüffender Sachkenntnis und in schlichter Sprache berichtet er über Brasilien.[66] Im Zentrum der *Wahrhaftigen Historia* stehen zum einen die brasilianische Flora und Fauna, die Süßkartoffeln und die auf Kapokbäumen wachsende Wolle, die im Vergleich zum Alten Reich großen Fledermäuse und anderes Getier. Den zweiten Schwerpunkt bildet die Anthropophagie, der Kannibalismus.[67] Stadens Begegnung mit dem Kannibalismus liest sich wie ein Abenteuerroman. Der Autor ist selbst Objekt des Geschehens:[68] Als Landsknecht gelangt er im Jahr 1547 nach Brasilien und wird auf seiner Rückfahrt nach Europa von Tupinambá-Indianern gefangen genommen. Er überlebt seine neunmonatige Gefangenschaft mit Glück, schauspielerischem Geschick und Einfühlung in die Ängste und Gebräuche der Indianer.[69] Staden vermag es, sich während einer Seuche, die die Indianer heimsucht, so geschickt in Szene zu setzen, dass er als Prophet und Heiler des Häuptlings gilt. Er beschreibt, wie die Indianer weniger privilegierte Mitgefangene töten und verspeisen. Die Anthropophagie erklärt er aus »haß und neid«; es gehe um die absolute Auslöschung des Feindes, die im Tötungsritual angesprochen und durchexerziert wird.[70]

Im Jahr 1592 erschien eine lateinische Fassung der stadenschen *Historia* in einer Übertragung durch den Helmstedter und Wolfenbütteler Bibliothekar Johann Adam Lonicer (1557–1610/11), gedruckt in der Offizin von Johann Theodor de Bry (1561–1623). Der Häresie beschuldigt, war der Protestant de Bry aus dem katholischen Lüttich nach Frankfurt geflohen, hatte die Tiefdruck-Buchillustration mitbegründet und gemeinsam mit seinen Söhnen in einem sich globalisierenden Unternehmen zu einer opulenten Ikonografie der Welt beigetragen. Ihre fein ausgearbeiteten Kupferstiche gaben fernen Ländern ein Angesicht. Parallel zu anderen großen, reich mit Kupferstichen versehenen Drucken der Reiseliteratur nahm de Bry Stadens *Historia* in eine dreiteilige Dokumentation zu den Amerikas auf.[71] Die Publikation belegt und verstärkt die Bedeutung von Stadens Text, indem sie diesen in der Weltsprache Latein darbietet und reich illustriert. De Bry erörtert in seinem Vorwort, warum er Stadens Text so prunkvoll ausgestattet hat: Man lerne aus Stadens *Historia* unerhört viel über die Religion, Sitten und Dummheiten der Indios.[72] Der gelegentlich missionarische Duktus von Stadens Text,[73] der die Einordnung des Geschilderten bereits vorgibt, begünstigte den Druck auf Latein.

Auf de Brys Kupferstichen werden aus der schlichten ländlichen Umgebung der stadenschen *Historia* komplexe Inszenierungen: Die Indios werden reich geschmückt, in der für de Brys Reisedrucke charakteristischen Üppigkeit und in großen, tanzförmigen Formationen gezeigt. Man sieht Zäune und Kochgerät. Die Brutalität der Darstellung steht derjenigen der Holzschnitte aus der deutschen Ausgabe in nichts nach, im Gegenteil: Schon die Holzschnitte der deutschsprachigen Staden-Ausgabe geben die kannibalistischen Rituale wirklichkeitsnah wieder. Aber

Opfer und Täter wirken wie Marionetten mit schemenhaftem Gesichtsausdruck. Auf de Brys Kupferstichen hingegen erblickt man Muskelfasern, Blut und schmerzverzerrte Grimassen. Auch der Anteil, den die Bilder an Stadens *Historia* haben, erhöht sich.[74] Durch Bildgeschichten wie diese stabilisierte sich eine christliche Welt gleich welcher Konfession, und aus solchen Geschichten bezog sie religionspolitische Impulse. Stadens Bericht über den Kannibalismus in Brasilien rechtfertigte im Auge der Kolonisatoren Übergriffe auf Territorium und Leben der südamerikanischen Ureinwohner.

Als dieses Szenario der Vergangenheit angehörte, setzt die lateinische Fassung der stadenschen *Historia* eine neue Welle der Staden-Rezeption in Gang – unter modernem Vorzeichen: Im 19. Jahrhundert sagte sich Brasilien von den portugiesischen Kolonisatoren los. Als wollte man noch einmal an die düstere Vorgeschichte des Landes erinnern, entstanden eine französische (1837), eine englische (1874) und eine portugiesische Ausgabe des Staden-Textes (1900), die ihrerseits nach der französischen Übersetzung gefertigt waren.[75] Der Deutsche Lehrerverein in São Paulo gründete sogar ein Institut, das nach Staden und einem naturforschenden Brasilienreisenden des 19. Jahrhunderts, Carl Friedrich Philipp von Martius (1794–1868), benannt ist: das Institut Martius-Staden. Es widmete sich – zeitgemäß – dem brasilianisch-deutschen Kulturaustausch, der Geschichte der Einwanderung nach Brasilien aus den deutschsprachigen Ländern und der kulturellen Zusammenarbeit mit vergleichbaren Instituten in Lateinamerika. Darüber hinaus würdigte die brasilianische Moderne Staden als Zeitzeugen des Kannibalismus. Die Anthropophagie erschien nun nicht mehr als Merkmal eines bestimmten Indianerstamms, sondern kennzeichnete das historische Brasilien schlechthin. Cândido Portinari (1903–1962), ein bedeutender brasilianischer Maler, entwarf für einen amerikanischen Verlag entsprechende Staden-Bilder, die sich an Brys Illustrationen orientierten.[76] Diese Bilder galten jedoch als zu drastisch, wurden nicht publiziert und erst spät wiederentdeckt. Bis heute in Brasilien beliebt ist hingegen ein Kinderbuch, das den Nachwuchs mit der von Europäern problematisierten brasilianischen Geschichte vertraut macht: Die *Aventuras de Hans Staden* von Monteiro Lobato (1927) erzählen Stadens Erlebnisse in der Form einer Abenteuergeschichte und mit Bildern von Luiz Maia.

So viel Prominenz wurde den anderen schreibenden Südamerikareisenden nicht zuteil. Der Ulmer Bürgersohn Nikolaus Federmann war als

Monteiro Lobato: Aventuras de Hans Staden. Illustrações Luiz Maia.
São Paulo 1927, Cover

Handelsagent und Feldhauptmann der Welser nach Venezuela unterwegs
und veröffentlichte seine *Indianische Historia* im Jahr 1557. Er starb im
Gefängnis von Valladolid, von den Welsern unter anderem wegen Ver-
tragsbruch und Unterschlagung verklagt und von der Inquisition als Lu-

theraner verdächtigt. Besser erging es einem weiteren Landsknecht und späteren Ratsherrn, nämlich Ulrich Schmidel aus Straubing, der über Gebiete im heutigen Argentinien, Paraguay und Bolivien schrieb und Staden noch überbot:[77] Seine *Wahrhaffte Historie einer wunderbaren Schiffahrt* von 1534 bis 1554 (1599) vermerkt nicht nur die historisch nicht belegte Anthropophagie der »epikuerisch« lebenden Tupi-Guarani-Indios,[78] sondern auch den Kannibalismus unter den Weißhäutigen. Die Spanier äßen aus Hunger tote Menschen, notiert Schmidel, als wollte er dies durch eine Notlage entschuldigen.[79] Reisebeschreibungen solcher Art stillten den Hunger des europäischen Publikums nach Exotik, Sensationen und Selbstbestätigung im christlichen Glauben. Den Brasilianern erzählten die Historien Landesgeschichte, gefärbt durch den Blick der Kolonialmächte. Erzählungen wie diese waren ambivalent, spitzten sie doch die Anthropophagie rhetorisch zum Merkmal Brasiliens zu und eröffneten zugleich die Möglichkeit, sich damit versöhnlich zu befassen: Staden und Schmidel hatten schließlich beide überlebt.

Die Reformation(en) als literarische Bewegung(en) Mitteleuropas

Die Spaltung der Kirche beförderte den missionarischen Eifer auch in den Heimatländern. Spätestens seitdem Martin Luther im Jahr 1517 seine fünfundneunzig Thesen veröffentlicht hatte, konkurrierten und kooperierten die verschiedenen Konfessionen miteinander oder existierten auch einfach nebeneinanderher.[80] Es ging ihnen um die Seelen der Gläubigen und Ungläubigen im Alten Reich, in Europa, Nordamerika und den Kolonien. Die Reformation war ein germanisch-romanischer[81] ebenso wie ein innergermanischer und globaler Kulturkampf gewesen. In der Auseinandersetzung mit sich selbst, den Frömmigkeitskulturen des 14. und 15. Jahrhunderts, anderen Kulturen und Glaubensformen schärfte das Christentum sein Selbstverständnis, schliff es aber zugleich ab und glich es den lokalen, auch indigenen Bedürfnissen an.[82] Religiöse Bilder, Theater und Literatur spielten dabei eine besondere Rolle: als Mittel der Werbung und Erklärung, als Begleitmedien, Vermittlungsformen und Waffen gegen den »Feind« des eigenen Glaubens oder die »Ungläubigen«.

Tatsächlich veränderte die Reformation mit ihren Polemiken und Verwerfungen den Charakter der Literaturreformen, wie sie aus Italien, Spanien, Frankreich, den Niederlanden und England bekannt waren. Denn seit dem Erscheinen der fünfundneunzig Thesen war Luther »der produktivste, meistgekaufte und meistgelesene Reformationsschriftsteller«.[83] Im Jahr 1521 übertrug er in nur elf Wochen das Neue Testament aus dem griechischen Text der Erasmus-Edition in das für ihn charakteristische Deutsch. Es speiste sich aus der Wettiner Kanzleisprache, die sich als Schriftsprache von den zeitgenössischen Dialekten zu emanzipieren suchte, und ostmitteldeutschen Sprachvarianten: Volksnahe Kraftausdrücke wie »Bluthund« und »Lästermaul« waren den Menschen abgelauscht, für sie, den mündlichen Vortrag, das angeregte laute und leise Lesen verfertigt. Nur zwei Jahre später war Luthers Neues Testament bereits zwölfmal nachgedruckt.[84] Zwischen 1524 und 1532 folgte das Alte Testament – mithilfe von Philipp Melanchthon (Philipp Schwartzerdt, 1497–1560), dem böhmischen Reformator Caspar Cruciger dem Älteren (1504–1548) und Luthers reformatorischem Weggefährten Johannes Bugenhagen (1485–1558) angefertigt. Schon im Jahr 1533 besaß jeder zehnte Haushalt im Alten Reich eine Luther-Bibel. Bis heute ist sie der meistverbreitete und meistübersetzte Text in deutscher Sprache.

Die großen Humanisten äußerten sich jedoch nur zurückhaltend, was die Sache Luthers betraf. Melanchthon wirkte als Mittelsmann. Möglicherweise fürchteten die Humanisten, dass religiöser Streit die Gelehrtenrepublik dominieren könnte, wenn sie sich auf die reformatorischen Anliegen einließen. Luthers Schriften aber halfen, das Schreiben in der einen deutschen Hochsprache überhaupt erst zu entwickeln. Literatur war damals vornehmlich »Gebrauchsliteratur« gewesen:[85] Nur fünf bis zehn Prozent der Bevölkerung konnten überhaupt lesen – und dies wohl nur schlecht. Durch die neuen religiösen Bewegungen nahm die Publikation solcher Druckwerke zu. Flugschriften mit Holzschnitten waren eine beliebte Vermittlungsform für Informationen aller Art. Von der Satire über das Drama bis zum sogenannten Sendbrief, also einem öffentlichen Brief, der in der Form eines Flugblatts verteilt wurde, fand sich dort in Kurzform alles, was die Laien interessieren konnte oder sollte.

Mit religiöser Polemik gingen unterschiedliche reformatorische und antireformatorische Gruppierungen auf Menschenfang. Jenseits der Landesgrenzen wirkten Luther-Freunde wie Bugenhagen, der die Reformation in Dänemark sowie im Norden und Osten des Alten Reiches vorantrieb. Caspar Helth (um 1520–1574), wohl aus Siebenbürgen, studierte in Wittenberg. Als Buchdrucker und Reformator veröffentlichte er unter anderem eine Bibelübersetzung und Luthers kleinen Katechismus in ungarischer Sprache, wechselte aber 1559 ins calvinistische Lager. Der französische Humanist Louis de Berquin (1490–1529) hingegen, Sekretär des Königs Franz I., gab für Luther sogar sein Leben hin: Erasmus von Rotterdam machte ihn mit den Lehren des Reformators bekannt, und im Jahr 1523 übersetzte er Luthers *De votis monasticis*. Mehrfach von der Sorbonne der Ketzerei angeklagt und nicht willens, sein Bekenntnis zum Luthertum zu widerrufen, wurde er im Jahr 1529 zum Tode verurteilt und hingerichtet.

Gegen den neuen Glauben, gegen Luther und andere Reformatoren, erhielt Brants Narrenallegorie polemische Funktion. Thomas Murner trat für Reformen in der katholischen Kirche ein. Sein Gedicht *Von dem großen Lutherischen Narren* (1522) illustrierte mit seinen 4800 Versen und zahlreichen Holzschnitten, welche Irrlehren Luther verbreitete, wenn er aus demselben Reformwillen eine neue Kirche zu gründen suchte. Murners Hauptargument zielte darauf, eine geeinte Kirche zu bewahren. Im Fall einer Spaltung fürchtete er den Verfall des Christentums.

Doch auch innerhalb des Protestantismus gab es Zwist: Die eine Reformation spaltete sich in viele Reformationen. Ulrich Zwingli aus Zürich, Heinrich Bullinger aus dem Aargau und Johannes Calvin aus Genf stritten mit Luther um den »wahren« Protestantismus, um die Sakramenten- und die Prädestinationslehre. Heterodoxe wie der Befreiungstheologe Thomas Müntzer, der sich in seinem *Prager Manifest* (1521) gegen Luthers Bibelglauben wandte, sahen in der Heiligen Schrift nur eine Quelle religiöser Erfahrungen. Auch die Straßburger Täufergemeinde, die Sozinianer und Anhänger des Häretikers Miguel Serveto y Reves (1511–1553), die gleichermaßen aus dem religiösen Untergrund kamen, argumentierten kritisch gegen Luther. Den Täufern war Luther nicht radikal genug. Sie stellten die Gläubigen hingegen in die Nachfolge Christi und betrachteten die Kirche als Bruderschaft. Andere wiederum, die Sozinianer und Serveto, leugneten die Dreieinigkeit und zweifelten grundsätzlich am Christentum.

Aber nicht überall reagierte man auf den entlaufenen Mönch Luther, auf Zwingli oder Calvin: Russland etwa blieb von Religionspolemik und Kirchenstreit weitgehend unberührt, obwohl es durchaus kulturelle Kontakte gab. Infolge der Erfindung des Buchdrucks und der Eroberung von Konstantinopel durch die Türken orientierte sich Russland zunehmend nach Westen: Anfang des 16. Jahrhunderts gab der Nowgoroder Erzbischof Gennadij einen Bibeldruck aus einem vorlutherschen Muster in Auftrag.[86] Vor allem im Laufe des 17. Jahrhunderts entstanden außerdem sogenannte Lubok, Einblattdrucke, die Flugblätter und Motive aus dem Alten Reich aufgriffen.[87] In erster Linie dienten sie missionarischen Zwecken, verbreiteten aber auch anderes, die Rübezahl-Geschichte und den Schwank von den Sieben Schwaben beispielsweise. Zusammen mit Spielkarten auf Moskauer Märkten angeboten, dienten diese Drucke der geselligen Unterhaltung. Patriarch Ioakim verbot deshalb den Verkauf. Jenseits der orthodoxen Länder und Regionen aber wurde der Streit um die »wahre Religion« bis ins 18. Jahrhundert hinein (und in der orientalischen Welt bis heute) zu einem zentralen Motiv und Strukturmerkmal der Literatur. Religiöse und weltliche Erbauung gingen hier, anders als in Russland, miteinander einher. In der Frühen Neuzeit ließ sich die Literaturentwicklung immer auch auf die Frage zurückführen, wie es die jeweiligen Autoren mit der Religion hielten.

Literarischer Protestantismus: Polen, Schlesien und die Niederlande

Das Sprach- und Völkergemisch in Polen und Schlesien erwies sich als Schmelztiegel sowohl für religiöse Kontroversen als auch für Literatur.[88] Im 15. Jahrhundert bildete die katholische Jagiellonen-Universität zu Krakau ein erstes Zentrum: Der Franziskaner Thomas Murner, der gelehrte Autor Heinrich Bebel (1472–1518), den es bald zu Sebastian Brant nach Basel verschlug, der katholische Theologe und Luthergegner Johann Eck (1486–1543) sowie Conrad Celtis studierten hier. Celtis gründete die Sodalitas litteraria Vistulana, die »Literarische Gesellschaft der Weichsel«, die Literatur und Wissenschaft in der Region voranbringen wollte, schrieb Gedichte auf Polen und schilderte seine amourösen Erlebnisse mit einem polnischen Mädchen in seinen *Quattuor libri amorum* (1502).

Aufgrund des starken Katholizismus blieb der Protestantismus in Polen ein Randphänomen: Aus der nachfolgenden Studierendengeneration nahm nur Jan Łaski (auch: Johannes a Lasco, 1499–1560) seine kritischen Impulse auf, ging zum Studium nach Italien und zu Erasmus von Rotterdam, war mit Melanchthon und Zwingli befreundet. Von 1540 bis 1555 war er Superintendent in Emden, reformierte die ostfriesische Kirche, leitete zwischenzeitlich Flüchtlingskirchen in London und Frankfurt und half, die protestantische Sache in Polen voranzutreiben, jedoch mit mäßigem Erfolg. Zwar wurden Polnisch und Litauisch im Jahr 1544 als gleichberechtigte Kirchensprachen neben dem Lateinischen zugelassen; erste Übersetzungen der Bibel, von Luthers Katechismus, von Konfessionsschriften, Postillen und Gesangbüchern folgten, aber Polen blieb katholisch. Die reformatorische Bewegung in Polen ging dennoch weiter und reichte bis in das 17. Jahrhundert hinein.

Trotzdem und aufgrund der engen politischen Verwicklungen vor, während und nach dem Dreißigjährigen Krieg war das Lob Polens unter den Schlesiern ein beliebter Topos. Wer über Polen schrieb, besang den jeweils amtierenden Herrscher: Martin Opitz verfasste ein *Lobgedicht an die königliche Majestät zu Polen und Schweden* (1636) und ein Lobgedicht auf Władysław IV. Wasa (1635),[89] den er als vorbildlichen Herrscher pries. Simon Dach huldigte dem polnischen König aus Anlass eines Besuchs in Königsberg (1635);[90] Christian Weise widmete dem minderjährigen Václav II. ein Drama (1686).[91] Andreas Gryphius veröffentlichte seine Lissaer Sonette (1637) erstmals im polnischen Lissa; sein Drama *Piastus* (1660) behandelt die Piastendynastie und stellt den ersten polnischen Piastenherrscher als charismatischen Patriarchen dar. Johann Peter Titz veröffentlichte ein *Jubellied zur Feier der zweihundertjährigen Zugehörigkeit Preussens zu Polen* (1654). Daniel Caspar von Lohenstein, der in seinem Arminius-Roman (1689/1690) die Geschichte des deutschen Helden Hermann schrieb, verehrte den letzten Piastenherzog Georg Wilhelm I.

Schlesien hingegen zerfiel in katholische und protestantische, autoritäre und vergleichsweise libertäre Kreise, die einander jedoch bekannt waren und spätestens im Dreißigjährigen Krieg zusammenarbeiteten: In Krakau unterwarfen sich die Drucker der Zensur; das preußische Königsberg hingegen kristallierte sich als Zentrum des protestantischen Verlagswesens heraus. Akademien und Gymnasien in Beuthen (bis 1628), Raków (bis 1638) und Lissa (bis 1658) übernahmen die humanistische Bildung. Sie ermöglichten die Diskussion protestantischer oder heterodoxer Überzeugungen. In Beuthen lehrte unter anderen der umtriebige Philosoph und Arzt Caspar Dornau (1577–1632). Martin Opitz (1597–1639), Autor, Diplomat und »Erfinder« der deutschen Dichtkunst, zählte zu seinen Schülern, und auch der gelehrte Pädagoge Johann Amos Comenius (1592–1670) hatte eine Beuthener Vergangenheit. Protestantische Studierende aus Schlesien zog es ins nahe gelegene Leipzig oder gleich in die Niederlande, speziell nach Leiden, wo im Jahr 1575 der Lehrbetrieb begonnen hatte. Seit 1597 waren die ersten Schlesier dort eingeschrieben; ungefähr achthundert von ihnen studierten während der Gegenreformation in den Niederlanden.[92] Diese frühe Bildungsmigration endete erst im Jahr 1742, als Schlesien an das protestantische Brandenburg-Preußen fiel und protestantische Universitäten aufbauen konnte.

Am Beginn des 17. Jahrhunderts standen die Leidener Philologen Caspar Barläus (1584–1648), Gerhard Johannes Vossius (1577–1649) und Daniel Heinsius (1580–1655) bei schlesischen Studenten hoch im Kurs. Bei ihnen oder anderen niederländischen Kollegen studierten Ludwig von Anhalt (1579–1650), der Gründer des Dichter-, Gelehrten- und Herrscherzirkels »Fruchtbringende Gesellschaft«, sowie die Gelehrten und Autoren Johann Laurenberg (1590–1658), Julius Wilhelm Zincgref (1591–1635), Martin Opitz, Robert Roberthin (1600–1648), Georg Philipp Harsdörffer (1607–1658), Paul Fleming (1609–1640), Christian Hofmann von Hofmannswaldau (1616–1679), Andreas Gryphius (1616–1664), Johann Peter Titz (1619–1689), Johannes Scheffler (Angelus Silesius, 1624–1677), Christian Knorr von Rosenroth (1636–1689), Daniel Morhof (1639–1691), Philipp von Zesen, Daniel Caspar von Lohenstein (1635–1683), Hans Aßmann von Abschatz (1646–1699) und viele andere mehr.[93] Niederländische Autoren wurden zu ihren Vorbildern: Gryphius orientierte sich mit seinen Trauerspielen *Leo Armenius* (1650) und *Catharina von Georgien* an Joost van den Vondel (1587–1679).[94] Der bürgerliche Autor Jacob Cats (»Vader Cats«, 1577–1660) war beliebt, weil er schlicht und einfach schrieb. Barthold Feind (1678–1721) widmete ihm deshalb in einer Art Feldzug gegen den opulent dichtenden Lohenstein eine deutsche Gesamtausgabe (1710–1712).

Philipp von Zesen (1619–1689) gründete seine geheimnisvolle »Deutschgesinnte Genossenschaft« nach niederländischen Vorbildern. Sie existierte jedoch vor allem in seinem Kopf, denn viele Mitglieder wussten nichts von ihrer Mitgliedschaft. Zesen hatte lange in Amsterdam gelebt, dort die Pracht der Bürgerhäuser, die Kronleuchter und venezianischen Gemälde kennengelernt und sich in seinem *Adriatischen Rosenmund* (1645), dem ersten Originalroman des 17. Jahrhunderts, davon beeindrucken lassen. Seine Sammlung religiöser Lyrik (1653) widmete er der niederländischen Universalgelehrten, Malerin und Kupferstecherin Anna Maria van Schurmann (1607–1678). Goldmacher wie Johann

Joachim Becher und Friedrich Gifftheil, dichtende und denkende Pilger aus dem Alten Reich wie der Sozinianer Jeremias Felbinger und der Freigeist Friedrich Breckling interessierten sich neben den Errungenschaften niederländischer »academia« für heterodoxe Zirkel in Leiden und Amsterdam. Sofern sie Moraltheologisches oder Religionskritisches zum Inhalt hatte, fand Literatur in den Niederlanden schnell Übersetzer. Quirinus Kuhlmanns spiritualistische Werke etwa wurden von 1673 bis 1678 in Leiden gedruckt, wo er zeitweise lebte, bevor es ihn bis nach Moskau verschlug, wo ihn der lutherische Pfarrer der deutschen Vorstadt als Ketzer denunzierte. Zincgrefs Werke erschienen als *Duytsche Apophthegmata* (1669 in Amsterdam) und verbreiteten sich rasch; Johann Rists *Galathea* (1556), eines der im Alten Reich beliebtesten Liederbücher, fand in niederländischer Übersetzung schnell auch dort ein Publikum.[95] Nur Romane schienen den Verlegern zu lang, zu weltlich, zu stark durch Lokalkolorit geprägt und also unverkäuflich.[96] Infolge der regen Austauschbewegungen bilanziert Morhof forsch: »Die Poeterey der Niederländer [...] ist von der Teutschen nicht unterschieden / ja sie ist selbst Teutsch.«[97]

Martin Opitz: Der »deutsche Malherbe« und die Begründung der Dichtkunst im Alten Reich

Dass die Verhältnisse komplizierter waren, lässt sich unter anderem am Werk von Martin Opitz ablesen. Geboren in Bunzlau und an der Pest in Danzig gestorben, gilt er als Begründer der sogenannten Schlesischen Dichterschule. Er war rastlos in Mittel- und Nordeuropa unterwegs, auch zwangsläufig durch den Krieg und wechselnde Anstellungen. Nach dem Abschluss am Beuthener Gymnasium studierte er in Heidelberg Philosophie und Jura. Durch Kontakte zu dem engagierten Philologen Matthias Bernegger (1582–1640), Hochschullehrer in Straßburg, zu Geheimrat Georg Michael Lingelsheim (1556–1636), zu Zincgref, zu dem späthumanistischen Satiriker Balthasar Venator (1594–1664) und dem Geschichtsprofessor Jan Gruter (1560–1627) bildete sich Opitz weiter. Die Kriegsereignisse verschlugen ihn an die Universität Leiden, wo er sich mit Daniel Heinsius anfreundete. Er übersetzte dessen *Lof-sanck van Iesus Christus* (*Lobgesang Jesu Christi*, 1620) als eine Summe religiöser und philosophischer Weisheit, an die alle Christen glauben konnten. Nur ein Jahr später floh Opitz jedoch nach Jütland und nahm kurz darauf eine Stelle am Akademischen Gymnasium im siebenbürgischen Weißenburg an.[98] Er schrieb Gedichte über die Region (*Zlatna*, 1623) und kehrte im Jahr 1623 nach Schlesien zurück. Drei Jahre später wurde er Rat des Herzogs zu Breslau, besuchte Wien, ein Trauergedicht auf den verstorbenen Erzherzog Karl im Gepäck, und trat im Jahr 1626 als Sekretär in den Dienst Karl Hannibal von Dohnas, der die schlesische Gegenreformation anführte. Dieser Tätigkeit ging Opitz offenbar mit gemischten Gefühlen nach, wie sein *Trostgedichte in Widerwärtigkeit des Krieges* (1633) belegt. Es ging ihm um die gemeinsamen Grundlagen des Christentums und um Frieden zwischen den Konfessionen. Er war – mit einem Begriff der Zeit – Ireniker, ein religiöser Friedensstifter, und zugleich doch auch ein Protestant, der auf den Niedergang der Katholiken hoffte.

In Dohnas Auftrag besuchte Opitz zahlreiche bedeutende europäische Höfe,[99] darunter Warschau und Prag sowie Paris,[100] wo man ihn später als »deutschen Malherbe« bezeichnete.[101] Opitz lernte dort neben anderen den reformierten Juristen Hugo Grotius (1583–1645) kennen, der wie er einen irenischen Standpunkt vertrat. Opitz übersetzte dessen für die Versöhnung der Religionen zentralen Traktat *De veritate religionis christianae* (*Über die Wahrheit der christlichen Religion*, 1631), arbeitete nach Dohnas Vertreibung aus Schlesien erneut für die protestantischen Herzöge, suchte in Danzig als schwedischer Agent, sein Auskommen zu finden und wurde im Jahr 1636 von König Władysław IV. Wasa von Polen, dem er ein Lobgedicht gewidmet hatte, zum Sekretär und polnischen Hofhistoriographen ernannt. Opitz selbst begegnete als Politiker und Autor unterschiedlichen regionalen und kulturellen Einflüssen; in seinem Werk, das dadurch europäische Dimension gewann, verarbeitete er sie.

In seinem *Aristarch* (1617) und seinem *Buch von der Teutschen Poeterey* (1624) entwickelte Opitz ein umfassendes nationalhumanistisches Bildungsprogramm.[102] Im *Buch von der Teutschen Poeterey*, einer Art Pamphlet mit viel Polemik gegen die vermeintlichen Kritiker der Dichtkunst, sucht er Metrik und Verslehre für deutschsprachige Texte überhaupt erst zu begründen. Dabei fasst er jedoch vor allem zusammen, spitzt zu und systematisiert, was sich bereits aus romanischen und niederländischen Vorlagen entwickelt hatte:[103] Heute zu Unrecht vergessene Gelehrte und Autoren wie Heinrich Hudemann, Martin Ruarus, Johann Plavius, Tobias Hübner, Dietrich von dem Werder, Johann Engerd und auch: Jakob Regnart, Christoph von Schallenberg sowie Theobald Hock hatten bereits mit unterschiedlichen Versmaßen experimentiert, oft begleitet von Musik. Aus Antwerpen und Amsterdam stammende Flugblätter unbekannter Autoren stellten deutschsprachige Alexandriner, Sonette und Oden vor. Opitz seinerseits wählt aus diesen Versuchen und der eigenen Dichtungspraxis das Überzeugende aus, plädiert für einen natürlichen Wortakzent, wendet sich gegen Fremdwörter und unreine Reime. Als bevorzugte Versform gilt ihm der Alexandriner. Mit knappen Verweisen bezieht sich Opitz auf die antiken Poetiken und hebt – mit Horaz – die Unterhaltungs- und Belehrungsfunktion der Poesie hervor.

Doch Opitz beließ es nicht dabei. Nach dem *Buch von der Teutschen Poeterey* und bis zu seinem Tod befasste er sich mit Psalterdichtung und Psalmübersetzungen, im 17. Jahrhundert ein religiös und literarisch ausgesprochen bedeutsames Vorhaben. Psalterdichtungen und -übersetzungen lebten vom europäischen Austausch. Wer Psalme übersetzte oder adaptierte, las den Genfer Psalter und seine Übertragungen, lieferte Vorlagen für Kirchenlieder, Vertonungen und weitere Übersetzungen in andere Sprachen. Paul Melissus Schede hatte bereits im Jahr 1572 eine Übersetzung des ersten Psalter-Drittels vorgelegt, in erhabenem Stil und mit dem Ziel, die deutschsprachige Orthografie und Metrik zu reformieren. Eine vollständige Übersetzung des Psalters erschien nur ein Jahr später, verfertigt durch Ambrosius Lobwasser (1515–1585) im Knittelvers.[104] Nach seiner Versreform nahm Opitz die vorherigen Psalterübersetzungen als überholt wahr und versuchte im Jahr 1637 selbst, die Psalme unter Beibehaltung der französischen Melodien zu vertonen.[105] Möglicherweise hatten ihn auch die Piastenherzöge mit der Neuübersetzung beauftragt. Opitz führt achtunddreißig Übersetzungen des Psalters an, die er aber vermutlich nicht selbst eingesehen hat. Er schrieb in irenischer Absicht und mit dem Ziel, der heiligen Überlieferung gerecht zu werden – und wurde damit Vorbild für andere Psalterübersetzer.

Doch galt für die Psalterübersetzungen ebenso wie für Opitz' Poetik, seine Gedichte und seine Übertragung von Senecas *Troerinnen* (1625), dass sie sich außerhalb des Alten Reiches schwertaten. Man war angesichts des Krieges, der vor allem Flugschriften hervorbrachte,[106] froh, wenn längere Texte überhaupt den Drucker erreichten. Obwohl Opitz als Diplomat weit herumkam, blieb er als Dichter eine Größe des Alten Reiches, speziell seiner protestantischen Gebiete. Denn auch das Alte Reich hatte sich bibliopolitisch geteilt: Die vielen Reformprogramme der Sprachgesellschaften einten vor allem den protestantischen Norden des

Landes; Straßburg und die katholischen Gebiete folgten ihren eigenen poetischen Gepflogenheiten und Gesetzen.[107] Einflussreiche norddeutsche Gelehrte wie Daniel Georg Morhof (1639–1691) und Gottfried Wilhelm Leibniz (1646–1716) werteten die »oberdeutsche« Literatur auch deshalb ab, weil sie in Konkurrenz zu ihr schrieben und die eigene Literaturregion privilegieren wollten. Wie bei Opitz hatte die Orientierung am niederländischen Vorbild Konsequenzen: Es ging darum, ein protestantisches und bürgerliches Literaturprogramm durchzusetzen – im eigenen konfessionspolitischen und irenischen Interesse.

Opitz' »Schüler« hingegen emanzipierten sich von der regionalen Bindung ihrer Literatur und allzu strikten Programmatiken. Sie schafften es mitunter, weit hinaus in die Welt zu gelangen. Der Arzt und Schriftsteller Paul Fleming (1609–1640) beispielsweise reiste im Gefolge von Herzog August Friedrich von Schleswig-Holstein-Gottorf nach Moskau und Persien. In Russland schrieb er nicht nur seine *Teütschen Poemata* (postum 1642), sondern trug zugleich zur Entstehung der russischen weltlichen Dichtung bei.[108] Der russische Dichter Aleksej Romančukov (1. Hälfte d. 17. Jhdt.) nämlich begleitete die holsteinische Gesandtschaft. Seine Treffen mit dem schreibenden Diplomaten Adam Olearius (1599–1671) und Fleming brachten die sogenannte »prikaznaja poėzija« hervor, die »behördliche Dichtung« des 17. Jahrhunderts.

Ein europäischer Schelmenroman in deutscher Sprache: Hans Jakob Christoffel von Grimmelshausens *Abenteuerlicher Simplicissimus Teutsch* (1668)

Der politischen und konfessionellen Zersplitterung zum Trotz einte der Traditionsbestand aus den mittelalterlichen Gattungen Städteliteratur, Fastnachtsspiel und Reisebericht die Literaturregionen des Alten Reiches. Außerdem tauchten neue paneuropäische Gattungen auf. Einige Beiträge dazu kamen auch aus dem deutschen Sprachraum: die Kosmografie etwa, die – wie in Sebastian Münsters viel übersetzter *Cosmographia* (1544) – Reisebericht und Sachwissenschaft vermengt. Die grobianische Literatur seit Friedrich Dedekinds lateinischer Versdichtung *Grobianus* (1549) fand sogar in russischen Geschichten über Trinker und derbe Landsknechte ihren Widerhall.[109]

Oft aber erwies sich der deutsche Sprachraum als aufnehmende Kultur für europäische Trends, deren exakter Ursprung nur schwer zu ermitteln ist: Die Jedermann-Dramen entwickelten sich aus englischen *Everyman*-und niederländischen *Elckerlijc*-Stücken. Utopische Literatur seit Thomas Mores gattungsprägendem Werk *Utopia* (1516)[110] zählte ebenso dazu wie Parodien von Ritterromanen: François Rabelais arbeitet in *Les horribles et épouvantables faits et prouesses du très renommé Pantagruel, roi des Dipsodes, fils du grand géant Gargantua* (1532–1564) mit der grotesken Körperlichkeit ihrer grobianischen Helden; in Johann Fischarts *Affentheurlich Naupengeheurlicher Geschichtklitterung* (1575) finden sie ihr eigenständiges deutsch- und zugleich mehrsprachiges Gegenstück.[111] Auch Schelmenromane wie der anonym erschienene *Lazarillo de Tormes* (1554) und Mateo Alemáns *Guzmán de Alfarache* (1599–1604) sowie Charles Sorels *Francion* (1662) schrieben europäische Literaturgeschichte. Sie knüpften an die seit Sebastian Brant und Thomas Murner zirkulierenden Narren- und Schelmengeschichten an. Doch individualisierten sie die Narren- und Schelmenfiguren und nahmen von christlichen Sünden- und Lasterregistern Abstand. Aus ihren Schelmen sprach nunmehr »die Wahrheit«. Sie erlaubten, Missstände am eigenen Exempel aufzuzeigen und die Zensur zu umgehen: Was eine soziale Randfigur wie der Narr oder Schelm anklagte, war anscheinend vom strengen moralischen und religiösen Urteil ausgenommen.

Unter den deutschsprachigen Schelmenromanen löste Hans Jakob Christoffel von Grimmelshausen solche Anklage in seinem *Abenteuerlichen Simplicissimus Teutsch* (1668) besonders geschickt: Er griff auf die Theatermetapher des Barock zurück. Sie ließ die ganze Welt als Theater erscheinen und ihre Figuren wie auf einer Bühne unterschiedliche Rollen annehmen. Am Beispiel seines Simplicissimus führt Grimmelshausen seine Leser durch die Fronten des Dreißigjährigen Krieges, nicht nur im Alten Reich, sondern auch in Frankreich, und fragt immer wieder, was der Mensch sei. Ein Monstrum auf dem Holzschnitt-Titel der Erstauflage illustriert die Anforderungen an die Zeitgenossen: Das eigentümliche Wesen erweist sich als Mischung von Tier und Mensch, von Bacchus, Satyr und Teufel. Es kennt sich aus mit Kriegshandwerk, weiß zu genießen und zu scherzen und sich zahlreicher Masken zu bedienen, um in immer wieder andere Rollen zu schlüpfen.

Menschsein heißt im *Simplicissimus* monströs zu sein oder der Welt zu entsagen. Grimmelshausens Erzähler fragt deshalb, ob ein Mensch mehr ist als seine Rollen und die Projektionen, die ihn begleiten. Er will wissen, ob der Mensch lernfähig ist und ob er überhaupt aushalten kann, was ihm zugemutet wird, lebensweltlich wie ästhetisch. Unter Rückgriff auf verschiedenste Wissensgebiete der Zeit und mit viel Exotik, Geschichten vom Eigentümlichen und Wunderbaren ferner, oft bloß imaginierter Länder gibt Grimmelshausen widersprüchliche Antworten: Friedenshoffnung und der schon alltäglich gewordene Kampf um das eigene Leben ringen miteinander; die Wollust des jungen Simplicissimus steht der Askese des alten entgegen. Aus der satirischen Anklage mit ihrem moraltheologischen Lösungsangebot entsteht ein ambivalenter, fast schon moderner Text.

Ähnlich deutungsoffen wie der Roman selbst ist sein Textbestand. Der *Simplicissimus* wurde vielfach nachgeahmt: auf Flugblättern und in der Form von Kalendern. Bis ins 19. Jahrhundert war deshalb strittig, ob das sechste Buch (die »Continuatio«) noch zum Roman gehörte und ob vielleicht sogar weitere Texte hinzuzuzählen sind. Außerdem ergänzten andere Romane Grimmelshausens, darunter *Trutz Simplex oder Ausführliche und wunderseltzame Lebensbeschreibung der Ertzbetrügerin und Landstörzerin Courasche* (ca. 1669) sowie *Der seltzame Springinsfeld* (1670), den sogenannten »Simplicianischen Zyklus«, der eigentlich kein Zyklus ist.

Trotz dieser Popularität des Romans im Alten Reich lässt sich von einer Rezeption über dessen Grenzen hinaus kaum sprechen. Deutschsprachige Romane des 17. Jahrhunderts spiegeln Weltoffenheit, aber die Welt interessierte sich nicht für sie, schon aus ökonomischen Gründen. Lohensteins *Arminius*-Roman kostete acht Reichstaler, also das Monatsgehalt eines einfachen Beamten der Zeit; Grimmelshausens *Simplicissimus* war mit einem halben Reichstaler zwar deutlich billiger, aber noch immer unerschwinglich für das Gros der Bevölkerung,[112] von einem Transport über die Schlagbäume nach Frankreich oder in die Niederlande ganz zu schweigen. Europa blieb eine inländische Fiktion. Georg Daniel Speer (1636–1707), der die osteuropäischen Länder von seinen Reisen gut kannte, vergrößert den Bezugsraum des *Simplicissimus* vor diesem Hintergrund: Sein *Ungarischer und dacianischer Simplicissimus* (1683) spielt auf dem Balkan, weist Polen eine bedeutsame Rolle zu und erweitert so immerhin den Horizont seiner deutschsprachigen Leser.[113]

Erst an der Epochenschwelle zum 20. Jahrhundert wurde Grimmelshausens *Simplicissimus* übersetzt. Wie im Fall mittelalterlicher Romane blieben solche Übersetzungen akademische Übungen: Eine erste gekürzte Übersetzung ins Dänische unternahm der dänische Literaturhistoriker Erhard Frederik Winkel Horn (1845–1898) im Jahr 1897. Fünfzehn Jahre später folgte eine englische Übersetzung durch Reverend Alfred Thomas Scrope Goodrick (*The adventurous Simplicissimus*, 1912).[114] Nach und während der Weltkriege entstanden, auch aufgrund der Kriegsthematik, je eine spanische (1920), französische (1925), russische (1925), italienische (1928), niederländische (1939) und eine schwedische Übersetzung (1944). Seit den 1960er-Jahren gewann der Text zumindest in den europäischen Ländern etwas mehr Bekanntheit mit bis zu drei Auflagen pro Jahr. In Asien tauchten nur sporadisch Übersetzungen auf: erstmals im kriegszerstörten Japan 1948, in China ab 1984. In den 1960er-Jahren feierte der Brasilien-Emigrant und Kulturvermittler Anatol Rosenfeld (1912–1973) in seinen viel gelesenen *Letras Germânicas* zwar den 300. Geburtstag »eines großen Romans«.[115] Im Ausland aber blieb dieser Roman einem kleinen, spezialisierten Publikum vorbehalten. Hier wie dort dokumentiert seine Wahrnehmung, dass Literatur in der Frühen Neuzeit ihre paneuropäischen Trends kennt. Deutschsprachige Aneignungen derselben scheiterten schon deshalb an den europäischen Buchmärkten, weil dort bereits Ähnliches in eigener Sprache vorlag.

Hymnen auf den Glauben: Siedler in Amerika – von Franz Daniel Pastorius bis zu Justus H. C. Helmuth

Einige Kulturschaffende sagten sich auch deshalb von Europa los, weil sie meinten, dort in Traditionen, fest gefügten Denk- und Glaubensformen zu ersticken. Im ausgehenden 17. Jahrhundert verließen radikalreligiöse Autoren das Alte Reich, um sich in Amerika anzusiedeln. Sie suchten Freiheit für ihre Religion, betrieben Kulturexport im großen Stil und begründeten eine neue Literatur zwischen den Kulturen:[116] die deutsch-amerikanische Literatur.[117] Der Jurist Franz Daniel Pastorius (1651–1719) zählte zu ihren ersten Vertretern. Die Literatur der Siedler war durch Sachprosa, Hymnik und Elegik, radikalpietistische, reformierte, mennonitische oder mystische Überzeugungen sowie die kritische Auseinandersetzung mit Amerika, dem Land der Glaubensfreiheit und Religionstoleranz, geprägt. Schon bald gründeten ihre Träger eigene Druckereien, die ihre Literatur verlegten und durch den Druck in Fraktur einen Wiedererkennungswert erzielten.[118] Zu den ersten Druckerzeugnissen zählte eine deutsche Bibel (1743, Nachdrucke 1763, 1776), verlegt von Christoph Saur in Germantown, einem kleinen Ort außer-

Vernon Park, Philadelphia; Wortlaut der Inschrift: »In Erinnerung an die Landung der ersten deutschen Kolonisatoren am 6. Oktober 1683 Franz Daniel Pastorius, Dirk Hermann Abraham op den Graeff Tuenes Kunders, Lenert Arens, Reinert Tisen, Wilhelm Strepers, Jan Lensen, Peter Keurlis, Jan Siemens, Johann Bleikers, Abraham Tuenes und Jan Lueken mit ihren Familien«

halb Philadelphias.[119] Er publizierte auch das berühmt gewordene *Neu-eingerichtete Gesangbuch* (1762) der schlesischen Schwenckfeldianer, die 1734 nach Pennsylvania gekommen waren.[120] Man schrieb in deutscher Sprache – und diese wäre, hätte sich Benjamin Franklin nicht für das Englische entschieden, beinahe auch Amtssprache Amerikas geworden. Aber so spricht man heute nur noch vereinzelt, etwa unter den Amischen, »Pennsylvania Deitsch«.[121]

Pastorius selbst hatte in Altdorf studiert und war in Frankfurt am Main in Kontakt mit dem radikalpietistischen Zirkel um Johann Jakob Schütz (1640–1690) gekommen.[122] In Pennsylvania betätigte er sich als Gründervater der Kolonie »Germanopolis«, kaufte Land, schloss Verträge und protokollierte seine Tätigkeit genau. Schon im Jahr 1688 begann er, mit anderen Siedlern gegen die Sklaverei zu protestieren – ein Protest, der durch gute Kontakte zum Gouverneur von Pennsylvania Gehör fand. Zunehmend aber war Pastorius als Lehrer und Publizist tätig, leitete die Quäkerschule, veröffentlichte ein Lehrbuch des Englischen und schrieb. Anders als andere Siedler, die sich auf religiöse Dichtung konzentrierten, reüssierte Pastorius in vielen Genres, darunter Epigramme, Hymnen, alle Arten von Versdichtung über zahlreiche Gegenstände – von der Botanik bis zur Religion. Selbst Humor war dem engagierten Siedler nicht fremd. Einer seiner Verstexte beginnt selbstreflexiv, ironisch und rhythmisch wohl bewusst klappernd: »When I solidly do ponder, / How Thoughts wander; I must wonder, / And for Shame exclaim / Mine are ranging up and down.«[123] Pastorius schrieb auf Deutsch, Niederdeutsch, Niederländisch, Latein, Griechisch, Englisch, Französisch. Seine Produktion sammelte er vor allem in einem großen Folioskript unter dem Titel *The Beehive* (1696–1719). Schon vor der berühmten *Bienenfabel* (1705, 1723, 1729) des niederländischen Arztes Bernard Mandeville gebrauchte Pastorius dieses Motiv. Es sollte auf ein emsiges Leben hinweisen,[124] ohne die kritischen Untertöne, die bei Mandeville hörbar sind. Pastorius' Gedichte gehören seit den 1960er-Jahren zum Kanon der »poetae minores« im Amerika des 17. Jahrhunderts. Sie stehen neben denjenigen von Anne Bradstreet (1612–1672), der ersten in Amerika veröffentlichten englischen Autorin.[125]

Über den Ozean folgten weitere Generationen von Dichtern und Mystikern: Die Amischen, die den reformatorischen Täuferbewegungen in den Niederlanden, dem Alten Reich und der Schweiz entsprangen, stellen die bis heute bekannteste Gruppierung dar. Als Abspaltung der Mennoniten zogen sie im Jahr 1693 unter ihrem Ältesten Jakob Ammann (daher der Namen »Amisch«) nach Amerika. Anders als die übrigen täuferischen Gruppen beriefen sie sich vor allem auf den Apostel Paulus, indem sie bis heute meinen, »in dieser Welt, aber nicht von dieser Welt zu sein«.[126] Ein kritisches Verhältnis zur Technik, zu Fortschritt, Kultur und Bildung, aber auch zur Literatur war die Folge. Gleichwohl hat sich seit dem 19. Jahrhundert eine amische Literatur entwickelt – für Amische, verlegt in amischen Verlagen wie der Herald Press (Pennsylvania). Sie stammt von vormals Amischen, die das Leben in der Glaubensgemeinschaft schildern, oder von Autoren gleich welcher Herkunft, die »Amish Romances« schreiben. Die Handlung lassen sie mehr oder minder zufällig unter den Amischen spielen und nutzen Kulisse und Klischees der Sekte.[127]

Unter den protestantischen Sekten gab es jedoch auch zahlreiche kleinere und frühzeitig literarisch aktive: Der pietistische Theologe Johannes Kelpius (1667–1708), geboren in Rumänien, studierte in Altdorf, hing den Ideen Jakob Böhmes an und gehörte zum Kreis um den chiliastischen Mathematiker, Astronomen und Kirchenkritiker Johann Jacob Zimmermann (1642–1693).[128] Kelpius, der sich als Nachfolger Zimmermanns verstand, emigrierte mit seinen Anhängern, der »Society of the Woman in the Wilderness«, im Jahr 1694 nach Pennsylvania. Rituale, Meditation, Zölibat, astrologische Weissagungen und spartanische Umstände bestimmten das Leben der Gruppe. Ihren Namen bezog sie aus einer mystischen Lesung der Offenbarung (12,6): »Und das Weib entfloh in die Wüste, wo sie einen Ort hat, bereitet von Gott, daß sie daselbst ernährt würde tausend zweihundertundsechzig Tage.« Kelpius meinte, den Stein der Weisen gefunden zu haben, und glaubte an Seelenwanderung. Als Komponist war er talentiert und einflussreich. Er erborgte seine Stoffe unter anderem aus Christian Knorr von Rosenroths *Neuem Helicon* (1684), schrieb aber auch selbst zahlreiche Hymnen. Die amerikanischen Nachlebenden gedachten seiner als eines kunstreligiösen Unikums: George Lippard (1822–1854) erzählte von *Paul Ardenheim, the Monk of Wissahikon* (1848). John Greenleaf Whittier (1807–1892), ein Quäkerdichter, erwähnt Kelpius in seinem Gedicht *Pennsylvania Pilgrim* (1872) namentlich – und kritisch. Er stellt ihn in schlichten Versen als einen verrückten Zauberer dar, dessen Visionen sonst niemand teilt und teilen kann.[129]

Um Kelpius' Sekte beizutreten, war der exzentrische Johann Conrad Beissel (1691–1768), ebenfalls Hymnendichter und Komponist, im Jahr

1720 nach Amerika gekommen. Aber er traf nur noch wenige Anhänger an. Beissel gründete deshalb seine eigene Gemeinschaft: das semi-mönchische »Camp of Solitary« mit Frauen- und Männerkloster im pennsylvanischen Ephrata, das Pietismus, Chiliasmus und Baptismus mischte. Die Mitglieder der Gemeinschaft lebten vegetarisch und zölibatär, pflegten die Schreib- und Druckkunst.[130] Die Gebete des Meisters wurden handschriftlich kopiert, ausgeschmückt und im gruppentypischen Druck in Frakturschrift überliefert. Beissels Gemeinschaft zerfiel kurz nach der Amerikanischen Revolution und ging im Baptismus auf, aber als dichtender Mystiker hatte er ein langes Nachleben: Er gehört zur Population von Thomas Manns *Doktor Faustus*. Dort erscheint Beissel, historisch durchaus treffend, als Komponist geistlicher Hymnen, der – im Vorfeld des Serialismus – ein neues Notensystem erfand.

Im 18. und 19. Jahrhundert hielten die literarisch beflissenen und Literatur erzeugenden Siedlungsbewegungen an: Auch die »Harmony Society« (1785–1847), die sich aufgrund der Verfolgung durch die lutherische Kirche aus Württemberg nach Amerika begeben hatte, brachte mystische Hymnen hervor.[131] Ihr Gründer Johann Georg Rapp (1757 bis 1847) bezog seinen Glauben aus ähnlichen Quellen wie die Siedler zuvor: aus Jakob Böhme, Paracelsus, dem radikalen Pietismus, Emanuel Swedenborg und Justinus Kerners Schriften über das Schlafwandeln und Geistersehen. Ihrem Namen suchten die Harmoniten alle Ehre zu machen: Sie waren Pazifisten, betrachteten Napoleon als Antichrist, erzogen ihre Kinder nicht in der Schule, sondern zu Hause, wo sie nicht »verbildet« werden sollten. Größtenteils lebten sie zölibatär und verzichteten auf das Rauchen von Tabak, um sich für die kommende Ankunft Jesu und das Millennium zu reinigen. Trotz dieser puristischen Lebensweise schätzten die Harmoniten bildende Kunst, Theater und – im Zusammenhang mit Reiseliedern und der Hymnologie – Musik, die göttliche Sphärenharmonie erzeugen sollte. Solche Harmonie ruhte auf solidem ökonomischem Fundament, auf der »göttlichen Ökonomie« des neuen Jerusalem. Die württembergischen Handwerker, unter ihnen Winzer, Schneider, Schuh- und Hutmacher, waren außerordentlich erfolgreich. Sie verkauften ihre Güter und – nicht zuletzt – Whiskey auf einem Markt, der auf sie gewartet zu haben schien. Unter anderem deshalb erwarb der Industrielle und Sozialreformer Robert Owen (1771–1858) eine ihrer ersten Siedlungen für sein kurzlebiges moralisches und ökonomisches Experiment der »Gemeinschaft der Gleichen«.[132]

Die Harmony Society lieferte den Stoff für mehrere Romane amerikanischer Schriftsteller. Marguerite Vivian Young (1908–1995) etwa, eine Nachfahrin von John Knox, deren Familie mystischen Vorstellungen zuneigte, besuchte New Harmony (Indiana) im Jahr 1937, da ihre Mutter und ihr Stiefvater dort lebten. Sie blieb sieben Jahre lang, wohl aus Begeisterung, aber auch, um die Gemeinschaft für ihren Roman *Angel in the Forest* (1945) zu studieren. Bildreich malt sie ein idyllisches Panorama: Eine ächzende Fähre, mit der man über den Wabash-Fluss nach New Harmony gelangt, bestimmt das erste Bild. Von Frauen, die staubig und dreckig von den Feldern kommen, um möglichst gute, haltbare Stoffe für ihre Kleidung zu kaufen, erzählt das letzte. Sinclair Lewis' epochaler Amerika-Satire *Babbitt* (1922), auf die Young in ihrem Roman ebenso oft anspielt wie auf Rousseau und Rapps Bekenntnisse, stellt sie ein gutes, utopisches Amerika entgegen: eines, in dem Konsum und Karriere keine Rolle spielen. Die Tendenz zur Verklärung der Utopie ist dabei offenkundig, aber Zweifel sind erlaubt: *Angel in the Forest* erzählt von der Übersiedlung der Harmoniten nach Amerika, der Gemeindegründung und der »zweiten Utopie«, der Gründung von Owens utopischer Gemeinschaft aus den Harmoniten heraus und ihrer Entwicklung bis hin zu Owens Sohn, dem überzeugten Spiritualisten Robert Dale Owen (1801–1877). Im Jahr 1865 entwarf er, wie der Roman erzählt, eine erste Version des »Fourteenth Amendment to the United States Constitution«. Es sah die Abschaffung der Sklaverei vor und sprach Amerikanern afrikanischer Abstammung alle Bürgerrechte zu. Doch dieser amerikanische Traum kennt seinen Alb: Robert Dale wurde an seinen spiritualistischen Vorstellungen irre, so will es der Roman,[133] und verstarb bald. Youngs Roman jedoch wurde zu einem vielfach preisgekrönten Standardwerk der utopischen Literatur.

Der Trend zur Hymnik unter deutschsprachigen Siedlern hielt an, gleich ob sie, wie Justus Heinrich Christian Helmuth (1745–1825),[134] Pfarrer der lutherischen Kirche in Philadelphia oder Radikale waren.[135] Wem das Rühmen Gottes nicht genügte, der missionierte und fasste den eigenen religiösen Eifer in Verse: Der Gründer und Bischof der Herrnhuter Brüdergemeine etwa, Graf Nikolaus Ludwig von Zinzendorf (1700–1760), wollte die amerikanischen Ureinwohner zwischen 1741 und 1743 zu seiner Deutung des Christentums bekehren. Er schrieb zahlreiche Poeme über Amerika, die dort jedoch nicht wahrgenommen wurden.[136]

Versucht man abschließend eine Zusammenfassung der europäischen und globalen Wahrnehmung deutschsprachiger Literatur des 16. und 17. Jahrhunderts, fällt Bekanntes, aber auch bislang so nicht Gesehenes ins Auge: Wer in der Frühen Neuzeit Literatur anderer Zunge las, konnte sich Mußestunden leisten, war religiös oder politisch motiviert oder schlicht auf gute Unterhaltung aus. Groteske und grobianischer Witz kamen ebenso gut an wie Visionen anderer Welten. Deutschsprachiges war im Ausgang aus der neulateinischen Gelehrtenkultur des 16. Jahrhunderts zunächst populär. Durch Druckereien und ihre Netzwerke entstanden – mit Homi K. Bhabha – »dritte Räume« in den Niederlanden, England, Frankreich und der Schweiz: offene kulturelle Bereiche, die zwischen vergleichsweise klar begrenzten Kulturen oder Reichen, den ersten und zweiten Räumen also, lagen. Holzschnitte und Übersetzungen halfen bei der Vermittlung von Druckwerken in die höfischen und bürgerlichen Kreise Europas. Anderssprachigkeit gehörte als Verständigungsform dazu. Theatergruppen sorgten für eine paneuropäische Kultur der Gesten und Gebärden und ein Netzwerk von Theatertexten, die es im 19. Jahrhundert bis nach Australien und China schafften. Historien über Südamerika hingegen zirkulierten auch deshalb zwischen den Kontinenten, weil sie Neues und Kontroverses wie den Kannibalismus in anschaulicher und spannender Form schilderten. Ihre Lektüre war kirchenpolitisch, wirtschaftlich und anthropologisch folgenreich.

Die Religion trieb die Literatur ihrerseits voran: Ohne die europäischen Reformation(en) wäre deutschsprachige Literatur nicht geworden, was sie ist. Aus religiösen Impulsen entstanden ein charakteristisches Schriftdeutsch und der global am weitesten verbreitete Text in deutscher Sprache: die Luther-Bibel. Psalm- und Lieddichtung ebenso wie religiöse Polemik banden deutschsprachige Literatur in europäische Kulturbewegungen ein. Der Dreißigjährige Krieg mit seinen religiösen und politischen Verwerfungen aber zerstörte literarische Verbindungen und schuf nur brüchige neue. Im Alten Reich war es während des Krieges schwierig, überhaupt anderes als Flugschriften in den Druck zu befördern. Die Kampfhandlungen, Papiermangel und religiöse Streitigkeiten entzogen den Autoren nicht selten ihre Publikationsmöglichkeiten. Noch Jahrzehnte nach Kriegsende war der Literaturkontakt über den eigenen Schlagbaum hinaus erschwert. Was im Alten Reich – wie der Schelmenroman Grimmelshausens – groß war, schien andernorts klein oder wurde gar nicht erst entdeckt. Hell leuchtete das Vorbild Frankreichs auf, das seine Sprache vereinheitlicht und in der Auseinandersetzung mit der Antike klassische Poetiken entwickelt hatte. »Belles infidèles«, mehr oder minder eigenständige Übertragungen zumeist antiker Werke in die Volkssprachen, hatten Konjunktur.[137] Mithilfe niederländischer, französischer und englischer Vorbilder, durch Sprachgesellschaften und Poetiken wie Martin Opitz' *Buch von der Teutschen Poeterey* versuchte deutschsprachige Literatur, an die europäischen Sprach- und Literaturentwicklungen anzuschließen. Doch bedurfte es zumeist anderer und etablierter Sprachen, um jenseits der deutschsprachigen Länder zu wirken: im 16. Jahrhundert des Lateinischen oder Englischen, im 17. Jahrhundert des Lateinischen oder Französischen.

Andernorts aber wirkte, was im Alten Reich aneckte: Die radikalreligiösen Siedler verließen ihre Heimat, um an der amerikanischen Ostküste auch kulturell Wurzeln zu schlagen. Sie errichteten ihre Kulturen, wurden wegen ihrer mystischen Vorstellungen kritisch beäugt, für ihren wirtschaftlichen Erfolg, ihre Druckkunst aber bewundert. Werke wie diejenigen von Pastorius fanden Eingang in den amerikanischen Kanon. Die dichtenden Siedler unterschieden sich mental in einer Hinsicht von ihren in Mitteleuropa verbliebenen Zeitgenossen: Wie die Humanisten setzten Autoren und Gelehrte im Reich auf die Nachfolge der Alten, verstanden sich als Erben antiker Dichtung und orientierten sich an den Autoritäten der Nachbarländer. Neues galt als Wiederentdeckung des Überlieferten. Die Siedler hingegen vertrauten zwar auf überlieferte mystische Vorstellung, mussten sich aber mit tatsächlich Neuem auseinandersetzen. Sie mussten auf existenzielle Anforderungen in unbekanntem Terrain reagieren, ihre Gemeinschaft zu etablieren und zu festigen suchen. Doch auch in Europa wurde das kulturelle, religiöse und politische Erbe bald brüchig. Die literarischen Entwicklungen der Folgezeit waren von einem Schwanken zwischen der Orientierung an Altem und Neuem, Bekanntem und Unbekanntem, Offenbarung und Vernunft, Autorität und Eigenständigkeit gekennzeichnet.

III.

Die Entdeckung der Außenwelt als Innenwelt, 1680–1770

Im Ausgang des 17. Jahrhunderts galt es, das in der Welt Gesehene, Gehörte, Erlebte zu vertiefen. Die Innenwelt der Außenwelt stand auf dem Programm. Sie zu durchdringen und zu bessern war ein wesentliches Ziel zahlreicher Bewegungen des 18. Jahrhunderts. Literatur und Philosophie, Mission und Handel waren Mittel und Ausdrucksformen in einem Kampf um das universelle Wohl der Menschheit.[1]

Unterschiedliche Bewegungen und Motive gingen dabei miteinander einher, verstärkten sich wechselseitig, gerieten in Konflikt: Aufklärung, Gegenaufklärung und Empfindsamkeit erscheinen heute als zwei Seiten derselben Medaille. Predigte die Aufklärung Vernunft, so korrigierten die anderen diese »menschliche Hybris«. Die Gegenaufklärung erinnerte an Gottes Allmacht, vermutete überall mystische Kräfte; die Empfindsamkeit wandte sich den durch Vernunft unkontrollierbaren Gefühlen und Begierden der Menschen zu.[2] Aus den Debatten in und zwischen diesen Bewegungen entstand eine umfassende Idee vom Individuum. Denker des 18. Jahrhunderts suchten den Menschen nicht mehr vordringlich nach seinem gesellschaftlichen Stand zu beschreiben, sondern ihn als Ganzen zu erfassen. Es galt, seine Möglichkeiten auszuloten und ihn in seine Umgebung einzufügen. Man gestand ihm Geschmack, Geist, körperliche Regungen, natürliche Neigungen zu, verordnete ihm aber auch Pflichten gegenüber sich selbst, den Nächsten, den (reform-)absolutistischen Höfen und den Bürgergesellschaften.[3]

Schriftsteller versuchten, das lesende Individuum auf ihren Wegen zu erreichen: Große Druckwerke wie Wörterbücher und Enzyklopädien bereiteten das Wissen der Zeit auf.[4] Periodika, Monats- und Wochenschriften, schließlich auch Tageszeitungen sorgten für Information und Unterhaltung.[5] Das Theater entwickelte sich zum Treffpunkt und Sozialisationsort für Bürgertugenden.[6] Zugleich bildete sich ein enger Literaturbegriff heraus, der aus der Vielfalt der Publikationen, der »Litteratur« (mit doppeltem t), das ästhetisch Besondere in Wort und Schrift herausfilterte. Ihr Inhalt galt nun zunehmend nicht mehr als wahr, sondern als erfunden, als fiktional und – gemessen an der Wirklichkeit – wahrscheinlich. Je nach ästhetischer Vorliebe sollte Literatur unterhalten, verstören, aufrütteln, begeistern oder bilden. Nach ihrer Erfindung durch Martin Opitz zu Beginn des 17. Jahrhunderts entstand deutschsprachige Literatur im Laufe des 18. Jahrhunderts ein weiteres Mal neu und ungefähr in der Gestalt, wie sie heute diskutiert wird. Mit dieser Selbstbehauptung der Literatur als eigenständiges Medium wuchs auch die Zahl der Rezensionen, Übertragungen und Adaptationen.[7]

Erheblichen Anteil an diesen Entwicklungen hatte das Bürgertum, das aus Akademikern, Prinzenerziehern, Hofmeistern, Beamten, Geistlichen, Kaufleuten und gebildeten Gattinnen bestand. Sie trafen sich in Sozietäten und Akademien, in Bibliotheken, Salons, Cafés und Clubs. An den aufstrebenden Universitäten stritt man über die »richtige Aufklärung«. Diese »konkurrierenden Aufklärungen« (»competitive Enlightenments«) machten die deutsche Szene mit ihren scharfen Polemiken und feurigen Apologetiken für das Ausland interessant.[8] Auch die Höfe widmeten sich dem neuen Denken und Schreiben – um die Lebensumstände in ihren Territorien zu verbessern und den mitunter adelskritischen Feind zu studieren.[9] Die Schicht der Leser und Autoren wuchs. Letztere lebten nicht selten in prekären Verhältnissen, hatten sie doch kaum Rechte und Verdienstmöglichkeiten.[10] Als entlaufene Pfarrerssöhne, die sie häufig waren, glaubten sie an eine neue weltliche Religion: die Literatur.[11]

Das Verhältnis der gedruckten lateinischen zu den deutschen Büchern veränderte sich zunehmend zugunsten der deutschen (1714 waren es zweimal so viele deutsche Bücher wie lateinische, 1735 dreimal so viele).[12] Der auf deutschsprachige Drucke konzentrierte Leipziger Buchmarkt hatte sich wohl auch aufgrund dieser Dynamik im Vergleich zu Frankfurt stärker entwickelt und kommerzialisiert.[13] In Leipzig konnten Wechsel aus allen Ländern skontiert werden. Durch den Tauschhandel bildeten sich internationale Netzwerke unter den Buchhändlern. Auslandskorrespondenten organisierten Buchbestellungen für alle europäischen Länder,[14] wobei Frankreich und die Niederlande schon aufgrund der räumlichen Nähe prominent vertreten waren.[15]

Neben Leipzig ermöglichten auch die norddeutschen Handelszentren Hamburg, Lübeck, Berlin, Breslau und Königsberg Verlegern aus dem Alten Reich, der Schweiz und dem Habsburgerreich Geschäftsbeziehungen über die Grenzen der deutschsprachigen Territorien hinaus:[16] in den Ostseeraum, nach Kurland, Livland, Polen, in die westlichen russischen Provinzen und seit Ende des 18. Jahrhunderts auch nach Nordamerika.[17]

In der zweiten Hälfte des 18. Jahrhunderts kam es zur »bibliopolitischen Teilung« des Alten Reiches:[18] Im protestantischen Norden wurde immer mehr schöne Literatur verlegt – bis sie 83,9 Prozent der Buchproduktion ausmachte; im Süden waren es hingegen nur 8,9 Prozent.[19] Erst nach dem Ende der Napoleonischen Kriege im Jahr 1806 holte der Süden auf. Stuttgart entwickelte sich zum wichtigsten südlichen Verlagsort. Hier war der Verleger Johann Friedrich Cotta (1764–1832) tätig, der ab 1798 zu Goethes privilegiertem Handelspartner und Mäzen wurde.

Verlage produzierten mehr und mehr Bücher, große schwere und tragbare kleine, Taschenbücher oder Almanache. Lesemöbel kamen in Mode; die eigene Bibliothek wurde Statussymbol und Bildungsbeweis. Kommerzielle Leihbibliotheken stillten den Lesehunger des wachsenden Publikums; Lesegesellschaften reagierten auf das Bedürfnis nach Austausch über die Lektüre.[20] Aus dem intensiven Lesen und Memorieren weniger, vor allem moralischer und religiöser Bücher wie der Bibel wurde das extensive Lesen auch von Unterhaltungsliteratur oder Romanen, die allerdings als moralisch anrüchig galten.

Doch wie kam es überhaupt zur Ausbildung einer solchen deutschsprachigen Literatur? Der Weg dorthin führte seit dem ausgehenden 17. Jahrhundert über die Nachahmung der französischen Sprache, Literatur, Philosophie und Bühnenkunst. In der zweiten Jahrhunderthälfte wurde das französische Modell durch das englische ersetzt, bis man sich nach 1770, auch durch die rege Szene von Sturm und Drang, Weimarer Klassik und Romantik, zunehmend konkurrenzfähig fühlte.

Wie die deutsche Literatur aus der französischen entstand

Zur Regierungszeit Friedrichs des Großen, 1740–1786, war Französisch die Sprache der Politik, der Diplomatie, der Höfe und der Bürger, die auf sich hielten.[21] »Der erste Diener des Staates« war dem Französischen

Adolph von Menzel: Die Tafelrunde in Sanssouci, 1850 (1945 verbrannt)

besonders zugeneigt. Er unterhielt drei Bibliotheken, um immer und überall lesen zu können: auf Sanssouci, im Berliner Schloss, während seiner Feldzüge. Die meisten Bücher besaß er in französischer Sprache: die Philosophen von der Antike bis zur Gegenwart, Staats- und Kriegsgeschichte, Geschichten und Memoiren großer Männer.

Friedrich II. sprach mehr mit der exilierten französischen Radikalaufklärung, mit Voltaire und Julien Offray de La Mettrie, als mit deutschen Dichtern und Denkern seiner Zeit.[22] Adolph von Menzel (1815–1905), einer der bedeutendsten realistischen Maler des 19. Jahrhunderts, erfasste die Szenerie des mittleren 18. Jahrhunderts im Bild. Es zeigt Friedrichs Ritter der Tafelrunde – eine besondere Gesellschaft aus ranghohen Angehörigen der preußischen Armee, allesamt Träger des Schwarzen Adlerordens, die zugleich literarisch aktiv und Mitglieder der Akademie der Wissenschaften waren, unter französischen Schriftstellern und Philosophen. Friedrich II. sitzt in der Mitte, bescheiden zuhörend, ein Literat unter seinesgleichen. Rechts von ihm diskutiert Voltaire mit engagiert vorgerecktem Kopf. Er wendet sich über den Tisch hinweg zu Francesco Graf von Algarotti, einem italienischen Kunsthändler, Schriftsteller, Günstling Voltaires wie Friedrichs und Verfasser des philosophischen Romans *Newtonianismo per le dame* (1737). Algarotti wiederum reckt den Kopf in Richtung von Voltaire. Alle anderen scheinen der Diskussion angeregt zu folgen: Unter ihnen befinden sich der mehrsprachige, gebildete und selbst schreibende General von Stille (zwischen dem König und Voltaire), Marquis d'Argens (rechts vom König), Direktor der Philosophisch-Historischen Klasse der Akademie und Kammerherr, Lordmarschall George Keith (ganz links im Bild), der mit vielen Schriftstellern persönlich bekannt war und Rousseau auf Geheiß des Königs mit Naturalien unterstützte, sowie der gebildete Feldmarschall James Keith (rechts von Algarotti).

Nur Friedrichs kampferprobter Generalleutnant Graf Friedrich Rudolf von Rothenburg und La Mettrie diskutieren offenbar andere Themen. Sie wenden sich einander am anderen Tischende zu und positionieren sich damit als Abweichler des illustren Zirkels. Prächtig gekleidete Diener sorgen hin- und hereilend für das leibliche Wohl der Runde. Getafelt wird zu Mittag, in hellem Licht. Über der Tafel ist reichlich Luft für Esprit; der Raum wirkt groß und weit. Die Fenster zum Park, in die kultivierte Natur, stehen offen. Einer von Friedrichs Lieblingshunden, den Windspielen, kommt grazil unter dem Tisch hervor. Europa trifft sich in Sanssouci, signalisiert Menzels Gemälde. Oder mehr: Sanssouci ist Europa, jedenfalls in militärischer, literarischer und philosophischer Hinsicht. In diesem Preußen à la française regieren – ganz natürlich und kreatürlich – Disziplin und Heterodoxie, Staatsgläubigkeit und Esprit. Preußen ist als besseres Frankreich mit einem Schuss Italo- und Anglophilie gedacht: als gelebte Utopie des 18. Jahrhunderts.

Voltaire gab den Ton an. Er bezog vor allem in den 1750er-Jahren wirkungsmächtig Position – auch gegen eine bestimmte Traditionslinie deutscher Philosophie und Literatur: die systemphilosophische, vertreten von Gottfried Wilhelm Leibniz und später von Christian Wolff. Die Gründe dafür waren fundamental: Voltaire ging von anderen ontologischen und erkenntnistheoretischen Annahmen aus als Leibniz und Wolff. Er verstand sich als gemäßigter Skeptiker, der auf die konkrete Wahrnehmung der Welt und auf die »gesunde Vernunft« der Menschen setzte. Hinzu kamen äußere Anlässe, die den Blick auf die Ungereimtheiten der Welt lenkten: das Erdbeben von Lissabon und der Siebenjährige Krieg. Vielleicht spielten auch Liebeshändel eine Rolle: Voltaires langjährige Gefährtin, die Marquise du Châtelet, interessierte sich nämlich für Wolffs Philosophie und dessen Kreise, was den mit Wolff konkurrierenden französischen Meisterdenker störte. In *Candide oder der Optimismus* (1759) kritisiert er verschiedene Spielarten systemphilosophischen Denkens: den »Cambridge Platonism«, der sich gegen mechanistische und atheistische Vorstellungen aussprach und das Christentum neoplatonisch rechtfertigte, den als Kern der Philosophie von Leibniz und Wolff verstandenen sogenannten Optimismus und die Physikotheologie, die Gott im Makro- und Mikrokosmos der Natur erblickte.[23]

Voltaires Polemik weist argumentative Schwächen auf, beeindruckte das denkende und schreibende Europa aber dennoch. Im Alten Reich verstärkte sich die Front der Anti-Wolffianer. Sie setzten skeptisch auf eine dem Leben nähere Philosophie, gelegentlich mit christlichen Zügen, und ahmten den satirischen philosophischen Roman à la Voltaire nach: Texte wie Johann Karl Wezels Anti-Entwicklungsroman *Belphegor oder die wahrscheinlichste Geschichte unter der Sonne* (1776) attackieren Leibniz und Wolff mit Voltaires Mitteln. Diese Art von Literatur erzählt Negativgeschichten; sie persifliert, parodiert – und stellt sich selbst mit dem Anspruch, Mensch und Leben genauer und angemessener zu beschreiben, an die Stelle der Philosophie.

Doch ist dies nur ein später Seitenast einer an sich längeren und verzweigten Geschichte – einer Geschichte mit vornehmlich einseitigen Impulsen: Seit der zweiten Hälfte des 17. Jahrhunderts, vor allem aber seit den 1680er-Jahren, begeisterte man sich in den deutschsprachigen Territorien für französische Literatur. Französische Autoren stritten über die Legitimität des antiken Erbes und über die Eigenständigkeit der Moderne. Weltläufigkeit, der galante kulturdiplomatische Auftritt und Redegewandtheit – diese Merkmale beeindruckten die scheinbar tumben Teutonen.

Im Alten Reich und der Schweiz strömte französische Literatur aber nicht einfach so über die Grenzen. Vielmehr entwickelten sich Mittler-kulturen: die frankophone Mode an den europäischen Höfen und die Kultur der französischen Protestanten, der sogenannten Hugenotten, denen sich auch französisch sprechende Schweizer beigesellten. Vor allem seit der Revokation des Ediktes von Nantes im Jahr 1685 flohen die Hugenotten aus ihrer Heimat, weil das Bekenntnis zum Protestan-tismus in Frankreich von nun an mit schweren Strafen belegt war. Bran-denburg-Preußen entwickelte sich zum beliebten Zufluchtsort, denn das im selben Jahr verabschiedete Edikt von Potsdam versprach Steuerfrei-heit und gewerbliche Privilegien. Es kamen nicht nur Handwerker, Leh-rer und Pastoren, sondern auch Gelehrte und Mediziner, die bald unter anderem die Berliner Akademie bereicherten und also das breitere Um-feld für Friedrichs spätere Tafelrunde bildeten.

Umgekehrt transportierten die Hugenotten aus dem Alten Reich, der Habsburgermonarchie und der Schweiz nach Frankreich oder in die frankophone Welt, was ihren eigenen literarischen Vorlieben ent-sprach. Europäische Netzwerke entstanden, getragen durch die geflohe-nen französischen Protestanten und ihre ungefähr vierzig Journale, die zum kommunikativen Mittelpunkt der sich herausbildenden Öffentlich-keit wurden.[24] Anders als Max Weber es für die protestantischen Sekten in Amerika beschrieb, betrieben die Hugenotten gerade *keine* »inner-weltliche Askese«.[25] Vielmehr verhielten sie sich den Künsten und ihren Ausdrucksweisen gegenüber aufgeschlossen.

Zu den bedeutendsten Persönlichkeiten unter den französischen Flüchtlingen zählte Pierre Bayle (1647–1706), der in eine Hugenotten-familie hineingeboren wurde und bald aus Frankreich floh. Er wurde durch seinen *Lettre sur la comète de 1680 / Brief über den Kometen von 1680* (1682), seine Zeitschrift *Nouvelles de la République des Lettres / Neues aus der Gelehrtenrepublik* (1684–1687) und nicht zuletzt durch das umfangreiche, skeptische *Dictionnaire historique et critique / His-torisches und kritisches Wörterbuch* (I, II, 1695/96; I–IV, 1702) bekannt. Bayle wandte sich gegen den Aberglauben, plädierte für eine rational fundierte Moral und einen ebensolchen Staat. Die Religion nahm er aus dem Bereich der Vernunft aus. Sie galt ihm als geoffenbarte Wahrheit, als etwas, das im Gemeinwesen zu tolerieren war. Das *Dictionnaire* spielt Auffassungen wie diese durch – mit Pro und Kontra, in kurzen und lan-gen, ernsten und amüsanten Fußnoten, die mitzulesen waren, wollte man den Gehalt des jeweiligen Eintrags erfahren.

Zu den ersten und bekanntesten Imitatoren Bayles gehörte Christian Thomasius (1655–1728), Philosoph und Jurist. Er war einer der kontroversesten Köpfe der Zeit, polemisierte gegen alles Scholastische, bezweifelte die Existenz des Teufels, wollte die Hexenprozesse abschaffen, gründete die Reformuniversität Halle mit. Als »Bayle Deutschlands« (»le Bayle de l'Allemagne«), wie es im Zentralorgan der Hugenotten,[26] der *(Nouvelle) Bibliothèque Germanique*, aus dem Jahr 1760 heißt, ging er in die frankophone Denkgeschichte ein.[27] Am 31. Oktober, also dem Reformationstag des Jahres 1687, kündigte Thomasius, programmatisch auf Luthers vermeintlichen Thesenanschlag Bezug nehmend, am Schwarzen Brett der Leipziger Universität eine deutschsprachige Vorlesung an: *Discours Welcher Gestalt man denen Frantzosen im gemeinen Leben und Wandel nachahmen solle* war sie überschrieben. Thomasius hielt sie in weltlicher Kleidung. Die Kollegen protestierten, denn üblicherweise hatte man auf Latein und im Talar zu lesen.

Für seine Hörer – künftige Staatsdiener, Privatsekretäre, Diplomaten und Richter – entwickelt Thomasius in seiner Vorlesung eine eigene galante, aufklärerische und zugleich elitäre Geschmackslehre. Er beschreibt die im Alten Reich grassierende Mode französischer Kleider, Speisen, Sitten und Sünden – nicht ohne parodistischen Zug und mit Verweis auf erotische Verwicklungen mit Krankheitsfolge, die sogenannte »französische Krankheit«.[28] Thomasius führt diese Mode auf den überlegenen, im Vergleich zum teutonischen besser kultivierten französischen Geschmack zurück. Er empfiehlt, die Franzosen vor allem in dieser Hinsicht nachzuahmen, um einen eigenen »guten Geschmack« auszubilden. Geschmack gilt ihm als Naturgabe, Urteilsvermögen, Habitus und Distinktionskriterium des »homo politicus«. Thomasius nimmt den »frankophonen Diskurs« zur Kenntnis und wird auch in Frankreich wahrgenommen, wenngleich eher flüchtig. Zeitgleich etablierten sich durch die umtriebigen Schriftsteller Christian Hofmann von Hofmannswaldau (1616–1679), Benjamin Neukirch (1665–1729) und Christian Friedrich Hunold (genannt »Menantes«, 1680–1721) galante Ausdrucksweisen in der deutschsprachigen Literatur. Autoren wie diese wollten sich vom gelehrten Schreiben lösen und dem Individuum zu seinem »schönen« Ausdruck verhelfen.

Die zweite Erfindung der deutschen Literatur: Johann Christoph Gottscheds frankophone und polnische Freunde

Der »Literaturpapst des 18. Jahrhunderts«, der Leipziger Philosoph und Schriftsteller Johann Christoph Gottsched (1700–1766), empfahl sich in anderer Weise durch eine Kombination frankophoner und deutschsprachiger Denk- und Schreibtraditionen: Er verband den Rationalismus von Gottfried Wilhelm Leibniz und Christian Wolff mit der galanten Frankophonie. Die deutschsprachige Literatur begründete er damit ein weiteres Mal neu.

Gottsched gehörte dem Zirkel der Aletophilen, der »Wahrheitsliebenden«, an.[29] Er versammelte die Anhänger Wolffs, darunter Französisch-Reformierte wie Jean Henri Samuel Formey (1711–1797), den umtriebigen Sekretär der Berliner Akademie und Mitherausgeber zahlreicher Monatsschriften. Die Aletophilen halfen, Wolffs Rationalismus mit dem französischen Denken und Schreiben in Einklang zu bringen. Nach dem Vorbild von Algarottis *Newtonianismo per le dame* schrieb Formey einen philosophischen Roman mit dem Titel *La belle Wolfienne* (1741–1743; *Die schöne Wolffianerin*, 1741/1742).[30] Hier führt eine schöne Dame in die Philosophie Wolffs ein, um die schwere Kost zu versüßen. Zwar gibt Formey das Unterfangen auf, als es philosophisch zu kompliziert wird. Aber er nimmt doch immerhin galante Darstellungsweisen des skeptischen und radikalaufklärerischen Lagers auf, um die rationale und vermeintlich weltfremde Philosophie Wolffs zu empfehlen. Gottsched handelte ähnlich. Zu seinen Vorbildern zählten auch Bayle und Thomasius. Gemeinsam mit dem Leipziger Juristen Paul Gottfried von Königslöw, seiner Frau Luise Adelgunde Victorie Gottsched (geb. Kulmus, 1713 bis 1762) und seinen Schülern veröffentlichte Gottsched unter anderem eine Übersetzung von *Peter Baylens historischem und kritischem Wörterbuch* (1741–1744).[31]

Gottscheds Œuvre lebte von der eklektischen Nachahmung: vom eigensinnigen Aufnehmen und neu Zusammenstellen des bereits Gedachten, Geschriebenen und Übertragenen. Literatur ist aus seiner Sicht der Moralphilosophie untergeordnet und an klassischen Regeln orientiert. Vorbilder und Bezugstexte dafür entstammten sowohl dem Vereinigten Königreich als auch dem westlichen Nachbarland: Gottscheds moralische Wochenschriften *Vernünftige Tadlerinnen* (1725/26) und

85

der *Biedermann* (1727–1729) waren dem *Tatler,* dem *Spectator* und dem *Guardian* abgeschaut. Sie zielten auf den Menschen in seinen Alltagssituationen, wollten belehren und unterhalten. Darüber hinaus bezog sich Gottsched auf den großen französischen Streit über die richtige Auslegung der Antike, die »querelle des anciens et des modernes«. Gottsched vermittelte zwischen den Vertretern einer antikisierenden und modernisierenden Antike-Adaptation, attackierte den »Schwulst«[32] des 17. Jahrhunderts und zimmerte sich seinen sogenannten Klassizismus, der so klassizistisch gar nicht war.[33]

Gottscheds Monatsschriften *Beyträge zur critischen Historie der deutschen Sprache, Poesie und Beredsamkeit* (1732–1744) und *Das Neueste aus der anmuthigen Gelehrsamkeit* (1751–1762) folgten den Maßgaben der Journale, wie sie sich seit dem *Journal des Savants* (seit 1665) und der *Nouvelle de la République des Lettres* (1684–1718) ausgebildet hatten.[34] Gottscheds Journale rezensierten in großer Zahl französische Tragödien und Komödien, die auf den Bühnen des Alten Reiches, der Habsburgermonarchie und der Schweiz dominierten, weil es vergleichbare Dramen in deutscher Sprache noch nicht in großer Zahl gab. Voltaires Dramen und La Mettries Schriften erfuhren dabei erhebliche Kritik. Gottsched und seine Anhänger kämpften mit publizistischen Mitteln gegen die radikale französische Aufklärung.

Direkten Kontakt unterhielt Gottsched demgegenüber zu Bernard le Bovier de Fontenelle, dem Sekretär der Französischen Akademie, übersetzte zahlreiche seiner Werke, darunter die *Entretiens sur la pluralité des mondes* (1686) / *Gespräche von mehr als einer Welt* (1698) und die *Digression sur les anciens et les modernes* (1688) / *Abhandlung der Frage vom Vorzuge der Alten oder Neuern im Absehen auf Künste und Wissenschafften* (1730). Der »Modernist« Fontenelle sprach der Gegenwart ihr eigenes Existenzrecht zu. Gottsched knüpfte daran an. Er wollte aktuelle Irrtümer mithilfe der Vernunft und zugunsten seiner Sicht der Antike schleifen.[35] Wie Nicolas Boileau, so zielte auch Gottsched darauf, Literatur als vernünftige und moralische Angelegenheit an Maßstäben der Klarheit und Angemessenheit auszurichten, ohne dabei das »ingenium«, die individuelle Begabung, zu vergessen.[36] Ähnlich wie Pierre Corneille ging es Gottsched um eine wahrscheinliche und moralisch anständige Darstellung.[37] Zentral für solche Anlehnungen und Abgrenzungen aber war das in der *Critischen Dichtkunst* (1730) formulierte Ziel: das Ausbilden von Geschmack durch Lektüre, das Anschauen von Schauspielen und das Kritisieren des Gelesenen oder Gesehenen. Geschmack gilt dabei als eine Mischung von Naturgabe und Übung, die sich mit Verstand trainieren lässt: Geschmack ist dann gut, wenn er mit den ästhetischen und moralischen Regeln übereinstimmt.[38]

Gottscheds Frau Luise Adelgunde Victorie Kulmus unterstützte ihren Ehegatten bei der Geschmacksbildung. Ihr Wille zu eigenständigem Schreiben ist umstritten: Offenbar mied sie den Kontakt zu Frauen, die sich, wie Christiana Mariana von Ziegler, als eigenständige Gelehrte oder Dichterinnen begriffen. Doch zugleich schrieb die Gottschedin Briefe an ihre Freundin Dorothea Henriette von Runckel, die für den Druck geändert und »ent-emanzipiert« wurden, um die Verfasserin nicht als allzu eigenständige Gelehrte auftreten zu lassen.[39] Auch publizierte die Gottschedin selbst, und zwar über durchaus »männliche« Themen: Ihre Typenkomödie *Die Pietisterey im Fischbein-Rocke* (1736), inspiriert durch *La Femme docteur ou la Théologie [janséniste] tombée en quenouille* (1730) von Guillaume-Hyacinthe Bougeant, zählt zu den bekanntesten ihres Genres und behandelt die Auswüchse des zeitgenössischen Pietismus. Die Gottschedin bezieht für den lutherisch geprägten Protestantismus Position. Bezeichnenderweise hielt man das Stück zunächst für ein Werk des Hamburger Pastors Erdmann Neumeister (1671–1756). Es wurde somit nicht nur einem männlichen Autor zugetraut, sondern besaß auch erhebliche Sprengkraft: Bei Neumeister schlugen Anhänger des Pietismus gar die Fenster ein.

Außerdem hatte Luise Adelgunde Victorie Französisch und Englisch gelernt; sie übersetzte Texte aus diesen Sprachen ins Deutsche. Darunter waren zum einen Arbeiten der gelehrten Damenwelt. Die Gottschedin veröffentlichte Madeleine-Angélique Poisson dame Gabriel de Gomez' (1684–1770) *Triomphe de l'Éloquence* (1730) unter dem Titel *Triumph der Beredsamkeit* (1735) und Madame Françoise de Graffignys *Cénie: pièce nouvelle, en cinq actes* (1750) als *Cénie oder Die Großmuth im Unglücke* (1753). Zum anderen übersetzte die Gottschedin Lustspiele aus Männerhand, darunter Philippe Néricault Destouches' *Le Dissipateur* (1736) / *Der Verschwender* (1741), Voltaires *Alzire, ou Les Américains* (1736) / *Alzire, der Verschwender* (1741), Alexander Popes Spottgedicht *The Rape of the Lock* (1712) / *Der Lockenraub* (1744) und gelehrte Texte wie Bischof François de Salignac de La Mothe-Fénelons (1651–1715) *Lettre à l'Académie* (1716) / *Brief an die Akademie* (1742). Schon vor diesem Hintergrund scheint es nur angemessen, dass Formey im Jahr

1767 eine Eloge auf die Gottschedin verfasste, wie sie ansonsten nur männlichen Gelehrten zuteilwurde.[40] Eine Eloge auf ihren Ehegatten aber schlug Formey aus.[41] Ihr Verhältnis war seit jeher durch Konkurrenz und Eigensinn gekennzeichnet gewesen.[42]

Durch die Übersetzungs- und Vermittlungstätigkeit der Gottscheds kannte und würdigte man das Paar auch in Frankreich. Dabei half der persönliche Kontakt. Friedrich Melchior Grimm (1723–1807), Diplomat in Paris und Schüler Gottscheds, besprach die Dramen seines Lehrers für das französische Publikum. Darüber hinaus pries der europaweit bedeutsame Kritiker Louis Riccoboni (1676–1753), Direktor der italienischen Komödie in Paris, Gottscheds *Sterbenden Cato* als epochales Trauerspiel.[43]

Gottscheds entschiedene philosophische Position begünstigte die Verbreitung solcher Werke: Élie Catherine Fréron (1718–1776), ein bekannter Gegner Voltaires und der französischen »philosophes«, lobte die Gottscheds schon wegen des gemeinsamen intellektuellen Feindes in den höchsten Tönen. Die Gottschedin pries er gar als Sappho und Françoise de Graffigny Deutschlands. Er stellte sie in eine Reihe mit der wichtigsten griechischen Dichterin und der weithin bekannten französischen Schriftstellerin, Philosophenfreundin und Salonière.[44] Voltaire hingegen nahm Gottsched die Kritik nicht krumm, sondern wollte sich mit ihm gegen den gemeinsamen Feind, den katholischen Mathematiker, Astronomen und Philosophen Pierre-Louis Moreau de Maupertuis (1698–1759), verbünden. Maupertuis, der auch aufgrund von Voltaires Empfehlung Präsident der Berliner Akademie und Günstling des Königs geworden war, hatte das Prinzip der kleinsten Wirkung entdeckt. Doch gab es in der Folge Streit um diese Entdeckung: Der eigensüchtige Maupertuis hatte sich ungeschickt gegen den Vorwurf verteidigt, so originell sei seine Entdeckung nicht, denn schon Leibniz habe Ähnliches herausgefunden. Voltaire stellte Maupertuis daraufhin mit einem vernichtenden Pamphlet bloß. Ein Kampf um Anerkennung und um die Zuneigung des Herrschers entbrannte. Am 23. Dezember 1752 wurden alle Exemplare von Voltaires Pamphlet auf Befehl von Friedrich II. öffentlich verbrannt.[45] Maupertuis hatte gesiegt. Gottsched aber übersetzte die Streitschriften ins Deutsche und verhielt sich zum Fall Maupertuis ebenso ambivalent wie viele gelehrte Zeitgenossen.

Ausländische Studierende pilgerten zu Gottsched, so etwa der später durch seine Biografie Samuel Johnsons bekannt gewordene schottische

Schriftsteller James Boswell (1740–1795).[46] Im Jahr 1764 traf Boswell Formey, der ihm wie ein »Witzbold und eitler Fant« vorkam.[47] Gottsched hingegen erscheint bei Boswell als glorreicher Neuerfinder der deutschen Sprache.[48] Für besonders wichtig hält er Gottscheds Grammatik *Grundlegung einer Deutschen Sprachkunst* (1748), die sich der Sprachreinigung und -pflege verschrieb. Tatsächlich war es dieses Werk Gottscheds, das wohl auch für den Deutschunterricht am häufigsten aufgelegt und übersetzt wurde: Hundertdreißig Ausgaben und Übersetzungen, vom Französischen über das Russische und Polnische bis ins Serbokroatische, sind erhalten.[49]

Für Polen gilt das positive Urteil über die Gottscheds sozusagen en gros:[50] Seit König August II. und seiner Gattin Christiane Eberhardine, Markgräfin von Brandenburg-Bayreuth (1671–1727), die beide das Luthertum unterstützten, entwickelte sich in Polen auch eine protestantische Kultur.[51] In den 1730er- und 1740er-Jahren studierten junge Polen in großer Zahl im nahen protestantischen Leipzig. Kinder aus einflussreichen polnischen Familien wurden Gottsched und der Gottschedin zur Erziehung überlassen. Dabei spielte Letztere vielleicht sogar die entscheidende Rolle: Vater Kulmus war Königlich Polnischer Leibarzt in Danzig mit entsprechenden Verbindungen in die polnische Noblesse gewesen. Auch die wolffsche Philosophie stiftete Kontakte und half der Verbreitung des gottschedschen Ruhmes auf: Die Aletophilen suchten nach polnischen Freunden im Kampf gegen die pietistischen Gegner Wolffs. Vor allem der polnische Hofrat und Hofmedikus Lorenz Christoph Mizler de Kolof (1711–1778), der die einflussreiche Zeitschrift *Monitor* herausgab, machte sich in Polen zum Anwalt der wolffschen Sache. Er propagierte Gottscheds philosophisches Lehrbuch *Erste Gründe der Weltweisheit* (1733) und veranlasste im Jahr 1760 eine Übersetzung des Textes. Gottsched wurde als Advokat einer naturkundlich und sozial orientierten, literarisch begeisterungsfähigen Aufklärung bekannt: Er erklärte die Lehren des Kopernikus, klagte Sklaverei und Leibeigenschaft in Polen an und korrespondierte mit dem Bischof und Büchernarren Józef Andrzej Załuski (1702–1774) über das polnische Theater.

Über Polen aber gelangte Gottscheds Werk kaum hinaus: In Russland blieb es, abgesehen von der Grammatik, nur einem kleinen Kennerkreis bekannt, wiewohl einige seiner Schüler (Johann Georg Lotter, Gerhard Friedrich Müller, Johann Gottfried Reichel, Jacob von Staehelin) in Russland reüssierten und Gottscheds theoretische Werke ins Russische übertrugen.[52] Gründe dafür lagen zum einen in Gottscheds Anti-Zarismus. Diesen teilte er mit den meisten polnischen Freunden, so auch mit Załuski, der dafür Jahre in einem russischen Gefängnis verbrachte. Zum anderen galt Gottsched als vergleichsweise radikal.[53] Er setzte sich beispielsweise für die Epigramme, Satiren und theoretischen Schriften des umstrittenen und kirchenkritischen Frühaufklärers Fürst Antioch Dmitrijewitsch Kantemir (1708–1744) ein.[54] Gottsched war nicht einfach der verzopfte Kritiker und Autor aus Leipzig gewesen, den deutschsprachige Autoren für seinen Klassizismus und Rationalismus bekämpften, sondern ein streitbarer Kopf, dem es um Philosophie und Literatur ging. Als solcher war er dem Zarenhof suspekt. So gespalten die russische Aufklärung aber auch war – jenseits des kontroversen Gottsched wurden deutschsprachige Literatur und der Wolffianismus im Zarenreich rege wahrgenommen.[55]

Religion, Natur und Sittlichkeit: Albrecht von Haller, Christian Fürchtegott Gellert und Friedrich Gottlieb Klopstocks *Messias* in Frankreich und Russland

Die Verbindungen zwischen deutschsprachiger, frankophoner und russischer Literatur waren in der ersten Hälfte des 18. Jahrhunderts enger, als man heute ahnt: An den Höfen Russlands las man oft auch Deutsch. Darüber hinaus wurden zahlreiche russische Bildungseinrichtungen von deutschsprachigen Lutheranern oder Pietisten geleitet. Martha Skawronskaja beispielsweise, die spätere Zarin Katharina I. (1684–1727), war Pflegetochter und Magd des lutherischen Probstes Ernst Glück (1654 bis 1705) gewesen,[56] der das erste Moskauer Gymnasium eröffnete. Darüber hinaus studierte Michail Vasil'evič Lomonosov (1711–1765), später »Erfinder der russischen Wissenschaft« genannt, in den 1730er-Jahren bei Wolff in Marburg. Nach Vorbildern wie denjenigen des Petersburger Hofdichters Gottlob Friedrich Wilhelm Junker (1705–1746) und des schlesischen Autors Johann Christian Günther (1695–1723) entwarf Lomonosov eine neue russische Verslehre.[57] Als Rektor des Gymnasiums unter dem Dach der Sankt Petersburger Akademie der Wissenschaften, wo man bis zu diesem Zeitpunkt auf Deutsch lehrte, schaffte er das Deutsche allerdings ab. Im Jahr 1758 stellte er den Lehrbetrieb auf Russisch um.

Vergleichsweise früh, in den 1720er- und 1730er-Jahren, gerieten deutschsprachige Romane und Dramen in den Blick des russischen Publikums. In Petersburg gab es in den 1730er- und 1740er-Jahren deutsche Theateraufführungen, und am Hof von Zarin Anna Ivanovna (1693 bis 1740), die sich zur Alleinherrscherin erklärte und den deutsch-baltischen Adel protegierte, übersetzte der russische Autor Vasilij Kirillovič Tred'jakovskij (1703–1769) vieles aus dem Deutschen. Außerdem fand, was ins Französische übertragen wurde, seinen Weg nicht nur nach Paris und auf die französischen Buchmärkte, sondern auch nach Russland. Das gilt vor allem für vier Autoren des frühen 18. Jahrhunderts: Albrecht von Haller, Christian Fürchtegott Gellert, Friedrich Gottlieb Klopstock und Salomon Gessner.

In seinem *Versuch Schweizerischer Gedichte* (1732) schwärmt Haller von der Alpenwelt, schildert die Berge, Pflanzen und Tiere mit Liebe zum Detail. Ihre Einwohner erscheinen als kauzig und liebenswert zugleich. Aus der Anschauung der Natur preist Hallers Sprecher Gott, seine Allweisheit, Allgüte und Allmacht – ganz ähnlich, wie es zuvor schon der vielseitig interessierte Hamburger Autor Barthold Heinrich Brockes unternommen hatte. Zugleich aber setzte sich Haller mit den Fragen auseinander, die auch Voltaire beschäftigten: ob Gott angesichts des Übels in der Welt denn tatsächlich so allweise, allgut und allmächtig sei, wie das Christentum es annimmt. Haller bejahte die Frage. Sein *Versuch Schweizerischer Gedichte* entsprach dem Zeitgeschmack und half den Lesern, Glauben und Glaubenszweifel miteinander zu versöhnen. Hallers *Versuch* erschien im Jahr 1750 in zwei französischen Ausgaben: in Prosaübersetzungen *(Poësies choisies de M. de Haller)*, verfertigt von dem Berner Schriftsteller und Mäzen Vincenz Bernhard von Tscharner (1728–1778), und in versifizierter Form von Tscharners Hand unter dem Titel *Poésies de Monsieur de Haller*, veröffentlicht in Zürich. Fréron nannte Haller, den er – wohl aufgrund seiner Kritik an Popes Rationalismus – als englischen Dichter wahrnahm, »le Pope de l'Allemagne«.[58] In der Schweiz wie in England galt Haller als Autor und Anwalt der Natur, der Einfachheit, des Gefühls, der Bilder, der Vernunft und der Religion zugleich.[59] Dabei unterschlug man die existenziellen Züge und die philosophischen Probleme von Hallers Kampf mit der Frage nach der Glaubhaftigkeit des Glaubens. Die Vereinfachung aber half der Verbreitung: Auf Grundlage der französischen Übersetzungen fand Hallers Lyrik seit 1761 ihren Weg ins Russische. Lomonosov, der Schriftsteller, Freimaurer und Sprachreformer Nikolaj Michajlovič Karamzin (1766–1826) – sie alle lasen Haller.[60]

Neben Haller waren Gellerts (1715–1769) Publikationen Export-schlager des 18. Jahrhunderts. Wie Haller, so huldigte auch er Natur, Religion und Vernunft zugleich, konzentrierte sich aber auf Fragen des ethischen und moralischen Zusammenlebens auf Erden. Gellert korre-spondierte mit der gelehrten Welt, rezensierte für Zeitschriften wie das berühmte *Journal étranger* (1754–1762), für das auch Tscharner und der Göttinger Gelehrte Abraham Gotthelf Kästner (1719–1800) schrieben. Reisende Theatergruppen wie diejenige Carl Gottfried Seuerlings brach-ten Stücke Gellerts bis nach Schweden.[61] Gellerts *Fabeln und Erzählun-gen* (1746) / *Fables et contes* (1750) galten als so großer Erfolg, dass sie im Jahr 1754 in einer neuen und besseren Übersetzung – parallel zur französischen Übersetzung von Gellerts *Leben der schwedischen Grä-fin von G**** durch Formey erschienen. Madame de Graffigny machte Gellert in den Salons bekannt: Sie pries ihn als deutschen Jean de La Fontaine, als Fabeldichter nach französischem Geschmack, und lobte die natürliche Harmonie seiner Darstellungen. Seine Dramen waren für den französischen Geschmack leicht einzuordnen, orientierte er sich doch an den Komödienautoren Pierre Carlet de Marivaux, Philippe Néricault Destouches und Pierre-Claude Nivelle de La Chaussée.[62] Entsprechend begierig las man Gellerts Werke und fragte weitere Übersetzungen nach: Im Jahr 1766 übertrug der Deutschlehrer Michael Huber (1727–1804) aus Niederbayern, der für die *Gazette littéraire de l'Europe* schrieb, die gellertschen Fabeln erneut. Aufklärer wie der Fréron-Freund Claude-Joseph Dorat (1734–1780) fabulierten à la Gellert.

Auch in Russland war Fabeldichtung beliebt. Am Zarenhof schätzte man ihre ausgleichende, Religion, Moral und Staat versöhnende Hal-tung.[63] Russische Leser kauften Gottlieb Konrad Pfeffel (1736–1809)[64] ebenso wie Gellert. Aleksandr Petrovič Sumarokov (1717–1777), ein äußerst produktiver klassizistischer Schriftsteller, veröffentlichte Gel-lerts Fabeln auf Russisch in Zeitschriften und schrieb zwischen 1762 und 1769 eigene, an Gellert angelehnte Fabeltexte; er betrachtete sich wie Gellert als Sittenlehrer seiner Leser. Ivan Ivanovič Chemnicer (1745 bis 1784), in Russland geborener Sohn eines deutschen Arztes und Schrift-stellers, ließ sich von Sumarokov anregen. Dabei passte Chemnicer nicht nur alltägliche Details von Gellerts Fabeln an die russische Lebenswelt an, sondern arbeitete auch deutlicher als Gellert in Fabeln wie *Der Arme und der Reiche* ständische Konflikte heraus.

Gellerts Werk wurde zum Scheidepunkt zwischen der konservativen (oder moderaten) und der radikalen Aufklärung in Russland.[65] Das Autorenschicksal von Aleksandr Nikolaevič Radiščev (1749–1802), der auf Geheiß von Katharina der Großen in Leipzig als Kommilitone Goethes Jura studierte, zeugt davon. Radiščev besuchte Gellerts Vorlesungen und zählte zu den ersten russischen Gellert-Entdeckern. Bald jedoch schloss sich Radiščev der radikalen französischen Aufklärung an. Durch sein Engagement gegen die Zarin erregte er deren Missfallen, und sie verbannte ihn aus Russland. Die Regentin aus dem Hause Holstein-Gottorf aber war nicht nur machtbewusst, sondern ihrerseits auch ehrgeizig und belesen. Gellerts Werke schätzte sie und nahm sich an seinen Lustspielen sogar selbst ein Beispiel. Im Jahr 1788 veröffentlichte sie ihre Lustspiele bei Friedrich Nicolai.

Im Alten Reich und in der Schweiz entstanden um die Jahrhundertmitte bald neue literarische Bewegungen. Die Wochenschrift *Neue Beyträge zum Vergnügen des Verstandes und Witzes* (auch: *Bremer Beyträge*, 1744–1759) versammelte neben Gellert und Klopstock die schreibende Jugend, die der gottschedschen Vernunftliteratur den Kampf angesagt hatte. Klopstock publizierte die ersten Gesänge seines ekstatischen Heldenepos über den *Messias* (1748–1772) ebendort. Mit seinem *Messias* brachte der Autor pietistischer Herkunft Neues in die zeitgenössische Literatur: Bibeldichtung im Rhythmus des Hexameters – das hatte es in deutscher Sprache bislang nicht gegeben. Klopstock schilderte das Leiden Jesu am Kreuz, seine Seufzer, die Wunden, das Blut, sodass es den Lesern Wirklichkeit wurde. Ihnen sollte auf diese Weise besonders anschaulich werden, dass Christus für sie gestorben war und als Mittler Gottes galt. Zugleich aber legte Klopstock mit seiner »heiligen Poesie« die Grundlage für die freie Versdichtung der Folgezeit: für Goethe, Schiller und Hölderlin, die ein dirigistisches Versregime ablehnten.

Der schweizerische Schriftsteller und Gottsched-Gegner Johann Jakob Bodmer ließ kurz nach dem Erscheinen der ersten Gesänge des *Messias* eine französische Übersetzung anfertigen und veröffentlichte sie im *Journal helvétique* (1748). Tscharner übertrug dieselben Gesänge im Jahr 1750 erneut ins Französische. Eine Übersetzung jagte die nächste. Da Klopstocks Werk nun einmal in der galanten Sprache verfügbar war, nutzte der Philosoph Johann Georg Sulzer (1720–1779), ein in Berlin lebender Schweizer und Mitglied der Berliner Akademie, die Gelegenheit, um Friedrich II., den der deutschen Dichtung abgeneigten Herrscher, für Klopstock zu gewinnen. Sulzers Erfolg war mäßig, zu sehr

haftete Klopstock in den Augen des preußischen Herrschers das teutonische Element an. Anders stand es in Frankreich selbst: Anne Robert Jacques Turgot, Baron d'Aulne (1727–1781), Ökonom, Salonlöwe
und späterer Generalkontrolleur der französischen Finanzen, begeisterte
sich für die Gesänge und pries Klopstock als denjenigen Dichter, der die
deutschsprachige Poesie vom Reimzwang befreite. Auch eine russische
Übersetzung folgte bald (1785–87). Erbauungsschriftsteller wie Michail
Matveevic Cheraskov (1733–1807) bemühten sich, den Messias in ihrer
Sprache zu besingen. Zugleich aber bereitete der *Messias* einer biblischen
Erzählung den Boden, die zum ersten deutschsprachigen Bestseller des
Jahrhunderts werden sollte.

Archetypische Schuld: Salomon Gessners
Tod Abels (1758) als europäischer Bestseller

Der literarische Held adliger und bürgerlicher Eliten Mitteleuropas hieß
Salomon Gessner (1730–1788) und war ein schweizerischer Tausend-
sassa: Autor und Maler, in seiner Jugend Mitglied der naturschwärme-
rischen Dienstags-Compagnie, Idylliker, Ehemann der Verlegertochter
Judith Heidegger, seit 1761 Teilhaber des Verlags Orell & Comp. (später:
Orell Gessner Füssli), seit 1763 künstlerischer Leiter einer Porzellan-
und Fayence-Manufaktur, seit 1765 Mitglied im Rat der Stadt Zürich.
Im Jahr 1780 gründete er die *Zürcher Zeitung*, die spätere *Neue Zürcher
Zeitung*.

Im Werk Gessners nimmt *Der Tod Abels* (1758) als biblisches Epos
eine Sonderstellung ein, war Gessner bislang doch vor allem für idyl-
lische Kleinformen bekannt geworden. *Der Tod Abels* aber möchte seinem Publikum Größeres zumuten. Schon die Form der fünf Gesänge im
hohen Stil mit zahllosen Ausrufen und wohlgesetztem Schweigen zeigen
es an: Gessner will eine biblische Gestalt in ihrem moralisch verwerf-
lichen Handeln mithilfe der zeitgenössischen Lehre von den Gefühlen
und Erregungszuständen verstehen. Er will die Beweggründe Kains in
seiner Darstellung psychologisch und ästhetisch nachvollziehen. Gessner schildert den Brudermörder und sein Opfer mit all dem Vokabular
des Leidens, Jammerns und Schauerns, das im mittleren 18. Jahrhundert
zur Verfügung stand. Vor Brutalität scheut Gessner nicht zurück: Sein
Kain schwingt die Keule gegen den Abel, zerschmettert ihm den Kopf.
Was bleibt, ist der Blick der Vergebung, der aus den starren Augen Abels

spricht. Gessner stellt allzu schlichte theologische Urteile infrage: Die Bibel wird zur Fabel. Kain erscheint als Name des Bösen und Widerständigen, das jedem Menschen eignet. Kain und Abel, so die Botschaft, könnten Zeitgenossen sein. Ihr Drama wiederholt sich täglich in jedem Liebes- und Familiendrama.

Gessners Werk wurde in vierzehn Sprachen übersetzt, in Studierstuben ebenso wie von Kurtisanen, in Nord- ebenso wie in Südeuropa, in Palästina wie in Amerika,[66] auf Neugriechisch und auf Walisisch gelesen.[67] Schnell brachte Gessner es zu Bekanntheit in Paris – vor allem dank des Gottsched- und Klopstock-Übersetzers Michael Huber. Sein *Mort d'Abel* erschien bereits im Jahr 1761 in Paris und nur ein Jahr später bei Friedrich Nicolai in Berlin.

Hubers Übertragung löste einen bis in die zweite Hälfte des 19. Jahrhunderts anhaltenden Boom von *Tod Abels*-Übersetzungen vor allem in Europa und Russland aus.[68] Der offenbar begeisterungsfähige Turgot zählte zu Hubers Schülern, und tatsächlich pries Eleve Turgot nicht nur Klopstock, sondern auch Gessner. Marie Jeanne, Gräfin Dubarry (1743 bis 1793), eine bürgerliche Mätresse König Ludwigs XV. und damit Objekt eines der größten Skandale in der amourösen Geschichte des Königshauses, soll geweint haben, als sie den *Tod Abels* las.[69] Diderot und Rousseau verfielen Gessner regelrecht. Wohl als Teil einer Werbekampagne, hatte Rousseau den Vorabdruck der ersten gessnerschen Idyllen-Sammlung erhalten; er bewunderte Gessners poetische Darstellungen von Tugend und Empfindsamkeit.[70] Rousseaus eigener Traum von einem paradiesgleichen Naturzustand entstammte auch Gessners Schäferwelt, und wie Gessner im *Tod Abels*, so suchte er in *Le Lévite d'Éphraïm* (1762) einen biblischen Stoff zu behandeln.

Eine ähnliche Gessner-Begeisterung brach im Russland der 1770er-Jahre aus, obwohl die erste russische Übersetzung von seinem *Tod Abels* erst im Jahr 1781 erschien. Vermutlich nahm man den Text wie üblich in der französischen Übersetzung oder auf Deutsch wahr. Katharina II. stiftete gleich zwei Gessner-Medaillen, und in den Jahren 1802/3 erschien eine Gessner-Werkausgabe. In Italien, wo der Autor Pietro Metastasio (1698–1782) den *Tod Abels*-Stoff bereits zu einem Libretto (1732) verarbeitet hatte, gehörte Gessner mit seinen Idyllen und dem (aus dem Französischen)[71] ins Italienische übersetzten *Tod Abels* (1776) zur Grundlagenlektüre eines geselligen Kreises von Bibelkritikern, Gräzisten und Orientalisten um den Gräzistik-Professor Giovanni Cristofano

Amaduzzi (1740–1792) und Kardinal Stefano Borgia (1731–1804).[72] Borgia war unter anderem für den Index der verbotenen Bücher zuständig. *Der Tod Abels* gehörte aus seiner Sicht nicht dort hinein, im Gegenteil: Gessners Epos entsprach dem, was man sich auch im Vatikan als erneuerte biblische Erzählung vorstellen konnte. Die wichtigste italienische Geschichte der deutschen Literatur, die schon im Jahr 1779 in Neapel erschien, gesteht Gessner deshalb einen Sonderplatz unter den Autoren der Zeit zu.[73] Er gilt somit als der große Erneuerer der Geschichte des Bösen im christlichen Gewand.

Hubers Übersetzung weckte auch andernorts, vor allem in England, die Begeisterung für Gessner. Neuerzählungen der biblischen Stoffe waren hier seit John Miltons *Paradise Lost* (1667) populär, und Gessners Epos gehörte dazu. In den 1760er-Jahren zählte Gessner zu den wenigen überhaupt in England bekannten deutschen Autoren. Er trug zur Entdeckung zeitgenössischer deutschsprachiger Literatur auf der Insel bei. Auch das englische (in Teilen aus dem Adel des europäischen Festlands stammende) Königshaus hatte daran seinen Anteil: Zum einen schickte es seine Sprösslinge gern zum Studium an die Göttinger Universität, speziell zu dem anglophilen Universalgelehrten Georg Christoph Lichtenberg, der als eine Art informeller Tutor englischer Adliger fungierte.[74] Zum anderen interessierten sich einige Mitglieder des Königshauses ausdrücklich für die Literatur des Alten Reiches und der Schweiz. Zwar hatte Mary Collyer (1716–1762) für ihren englischen *Death of Abel* (1761) vor allem Hubers französische Version übertragen. Aber sie widmete ihr Werk der gebildeten, aus Mecklenburg kommenden Königin Charlotte, was offenbar half:[75] Collyers Übersetzung wurde seit 1761, dem Jahr der Heirat Charlottes mit Georg III. und der Krönung beider, achtzehnmal aufgelegt. Gessner erschien danach als einfacher Mann aus einem idyllischen Bergland, der sich eines großen religiösen Themas in mitreißender Form annimmt. Klopstocks *Messias* und Bodmers *Noah* wurden im Vereinigten Königreich unter ähnlichem Vorzeichen bekannt, und wieder spielte der germanisierte Hof als Adressat von Widmungen eine Rolle.

Gessners englische Wahrnehmung hielt lange an. Noch in den 1780er-Jahren meinte Karl Philipp Moritz nach einer Englandreise, dass der *Tod Abels* als nahezu einziges deutsches Buch sogar in kleinen Buchläden auf dem Land zu finden sei.[76] Die eigentliche Sensation ereignete sich jedoch nach Moritz' Reise: *Der Tod Abels* wurde zu einem Hauptbuch der englischen Schauerromantik.

Samuel Taylor Coleridge (1772–1834), Philosoph, Autor und Mitbegründer der englischen Romantik, diskutierte Gessners Gedichte in seinen Briefen, kritisierte Gessners subtilen Stil, übersetzte Gessner aber gleichwohl und imitierte sein dramatisches Prosaepos. Coleridge legte nicht nur einen eigenen *Death of Cain* (1828) vor, sondern bearbeitete das Thema des Bösen und der Schuld auch in seiner für die Zeitgenossen verwirrenden, allzu sublimen und »deutschen« Dichtung *The Rime of the Ancient Mariner* (1798).[77] Coleridge geht es dort um archetypische Schuld, um das Verhältnis von Naturgewalt und göttlichem Gebot, um die Ausgrenzung des Bösen, Nicht-Erklärbaren und um Erbsünde. Das balladenhafte Gedicht erzählt von einem alten Seefahrer, dessen Schiff in existenzieller Not auf dem Eismeer der Antarktis treibt. Ohne Grund erschießt er einen vorbeifliegenden Albatros. Die Tat steht symbolisch für den Unglauben des Mörders, für seine Zweifel an Gott und der Schöpfung – und erst das Tieropfer lehrt Einsicht. Die Mannschaft aber büßt seine Tat mit dem Tod. Er selbst ist auf ewig verdammt.

Beeindruckt von Coleridge und Gessner und doch bereit, mit beiden zu konkurrieren, verfasste George Gordon Lord Byron (1788–1824) einen weiteren *Cain* (1821).[78] Sein Kain erscheint als moderner Titan: als Herausforderer Gottes und seiner orthodoxen Gläubigen. Sie werden von Abel repräsentiert, Kains fanatischem Bruder, der mit Kain wie üblich rituell opfern will – und der selbst Opfer wird. Kain erschlägt Abel nicht aus Eifersucht, sondern geleitet durch Luzifer. Das Kainsmal ist hier nicht Auszeichnung des Bösen, sondern Merkmal der Unsterblichkeit. Kain hatte sie sich einst gewünscht, aber aus Einsicht in seine Schuld wird sie ihm zur Höllenstrafe. Byrons Blankversdrama spitzt die Kain-Geschichte schärfer und radikaler zu als Gessner und Coleridge, wäre aber ohne beide nicht möglich gewesen: Er stellt die Lehre von der Erbsünde infrage, rechtfertigt den gefallenen und strebenden Menschen gegen Gott. In *Cain* aber hallt nicht nur *Der Tod Abels* und Coleridges *Ancient Mariner* nach, vielmehr klingt auch noch ein anderes Werk an: Goethes *Faust*, der Lord Byron über alle Maßen faszinierte,[79] auch, aber nicht nur wegen des Teufelspakts, den er hier auf seinen Kain überträgt.

Byron und Coleridge konnten bereits auf eine große Bekanntheit von Gessners *Tod Abels* vertrauen, auch über Europas Grenzen hinaus. Was im Alten Reich populär war – Haller, Gellert, Klopstock und eben Gessner – erreichte seit den 1770er-Jahren amerikanische Zeitschriften.[80]

Die vier dies- und jenseits des Atlantiks beliebten Autoren behandelten die religiösen und philosophischen Themen der Zeit in moderater und vernünftiger (Haller, Gellert), formal neuer und schauerlicher Darbietung (Klopstock, Gessner). Allesamt aber zielten sie auf Versöhnung mit dem Bösen, und erst die romantischen Bewegungen arbeiteten das Skandalöse und Ungeheuerliche daran heraus.

Heute sind Gessner und seine Zeitgenossen in der literarisch interessierten Öffentlichkeit weitgehend vergessen. In der Folge scheint das deutschsprachige 18. Jahrhundert in der anglophonen Welt erst mit Lessing, in der frankophonen Welt mit dem Sturm und Drang interessant zu werden. Vor dem Hintergrund der Geschichte ist diese Einschätzung ebenso schief wie eine weitere: die vergleichsweise geringe Beachtung der Juden. An den rasanten Kultur- und Literaturentwicklungen des ausgehenden 18. Jahrhunderts hatten sie erheblichen Anteil. Sie kannten die deutschsprachigen Literaturen des 18. Jahrhunderts gut. Bezeichnenderweise zählte Gessners *Tod Abels* zu den ersten Texten, die schon in den Jahren 1811 und 1816 ins Hebräische übersetzt wurden. Seit dem ausgehenden 18. Jahrhundert bemühten sich Juden zunehmend um eine eigene kulturelle Repräsentanz, nahmen die Impulse der Aufklärung auf und setzten eigene, ließen sich romantisch bewegen und forderten ihre Gastgeber mehr oder minder deutlich auf, sich zu ihnen zu bekennen.

Die nahen Anderen: Jüdische Autoren im Alten Reich

Im Jahr 1790/91 hatte die revolutionäre Assemblée nationale, die französische Nationalversammlung, den Juden das Bürgerrecht gewährt. Im Alten Reich hingegen lebten die jüdischen »Gäste« zumeist in Ghettos und waren nur gelegentlich mit Schutzbriefen ausgestattet. In Österreich behalf man sich zwar mit Toleranzpatenten, aber hier wie auch in der Schweiz galten für Juden nicht die gleichen Rechte wie für christliche Landsleute. Berlin hieß der Sehnsuchtsort, das neue Jerusalem (Salomon Maimon), wo die jüdische Lehre gefördert wurde.[81] Andernorts bildeten die Juden zwangsläufig eine eigene Gruppe. Die Haskalah, die »jüdische Aufklärung«, versammelte reformerisch gesinnte Glaubensbrüder;[82] in ihren Zirkeln entstand die seit dem 19. Jahrhundert sogenannte deutsch-jüdische Literatur.[83] Jüdische Ärzte wie Marcus Herz (1747–1803) und David Veit (1771–1814) sowie die Philosophen Salomon Maimon (1753–1800) und Lazarus Bendavid (1762–1832) trugen zu

98

Karl Philipp Moritz' literarisch bedeutsamem *Magazin zur Erfahrungs-seelenkunde* (1783–1793) bei.[84]

In Gesellschaften wie dem »Tugendbund« oder der »Mittwochsge-sellschaft« trafen sich Juden und Christen, um Freundschaft auch unter den Anhängern verschiedener Religionen zu leben.[85] Zu den Mitgliedern des Bundes zählten unter anderen Henriette Herz, die schöne Gattin des philosophierenden Arztes Herz, und ihr Verehrer Wilhelm von Hum-boldt.[86] Salons nach französischem Vorbild galten als weibliches Metier. Jüdinnen erwarben Französischkenntnisse, genossen eine vergleichs-weise freie und säkulare Bildung, wurden früh verheiratet und führten das Haus, während die Männer Hebräisch lernten und in die Synagoge gingen. Der Salon brachte Männer und Frauen unterschiedlicher Her-kunft zusammen. Nicht nur Intellektualität, sondern auch Erotik und Heiratsabsichten sorgten für Dynamik unter den Salonbesuchern. Hen-riette Herz' Teegesellschaften und Rahel Levins Salons zählten zu den berühmtesten Einrichtungen der beschriebenen Art.[87] Jüdisches war aus den Salons verbannt. Hier stellte man sich als mondäne Kulturnation vor, schrieb Briefe, präsentierte Publikationen, las Goethe, der sich in *Dich-tung und Wahrheit* (1811) so distanziert über die Frankfurter Judengasse geäußert hatte und erst in Weimar Kontakt zu den jüdischen Kaufleuten Jacob und Israel Julius Elkan fand.[88] Goethes *Wilhelm Meister* wurde zu einem der meistdiskutierten Bücher in den Salons, wobei die judenkriti-schen Bemerkungen entweder überlesen oder nicht als störend empfun-den wurden. Der Salon war eben weniger gesellschaftliche Utopie als ein »begrenztes Experiment«.[89]

In den Salons brodelte es unterschwellig. Zwar dienten sie einer Kom-munikation, die zumeist von der Herkunft ihrer Teilnehmer absah, aber das Verhältnis von jüdischer und christlicher Kultur stand auch hier in-frage. Johann Gottfried Herder (1744–1803), ehemals Prediger in Riga, dann Generalsuperintendent in Weimar, wollte das Judentum zu einer mehr oder minder weltlichen Staatsreligion umformen. Er träumte vom »deutsche[n] Staatsbürger jüdischer Konfession«.[90] Da ihm sprachliche und mentale Eigenheiten allerdings etwas bedeuteten,[91] setzte er nicht auf Konversion, sondern auf Akkulturation. Die Juden sollten in jene Mensch-heit hineingebildet werden, die Herder vorschwebte, um zum Wohl des Staates zu wirken. Vor diesem Hintergrund beurteilte Herder den von den Juden betriebenen und aus seiner Sicht zerstörerischen Handel ebenso kri-tisch wie ihre Literatur. Sie galt ihm als bibelfern und unkünstlerisch.

Der schweizerische Schriftsteller Johann Kaspar Lavater (1741–1801), ein reformierter Pfarrer, der die Physiognomik begründete, bezog eine aggressivere Position. Er zielte auf die Konversion der Juden zum Christentum. Im Jahr 1763, mit dreiundzwanzig Jahren gerade ordiniert, begab er sich auf eine Bildungsreise nach Norddeutschland, unter anderem zu Moses Mendelssohn (1729–1786), Philosoph, Geschäftsführer einer Seidenfabrik, Jude und in religiösen Fragen bewusst zurückhaltend.[92] Ihre Begegnung war folgenreich und mündete in die sogenannte Lavater-Mendelssohn-Debatte ein. Sie schlug Wellen: Lavater hatte bei seinem Besuch irrigerweise den Eindruck gewonnen, Mendelssohn könnte möglicherweise vom Judentum abfallen. Sechs Jahre nach seinem Besuch veröffentlichte Lavater seine Übersetzung von Charles Bonnets *Palingénésie philosophique* (1769), die Summe von Bonnets naturkundlichen Erkenntnissen, christlichen und apologetischen Überlegungen. Lavater widmete sie Mendelssohn, um ihn herauszufordern. Bonnet argumentierte, dass die Juden eines Tages durch göttliche Vorsehung in den Schoß der überlegenen, durch Gottes Sohn begründeten christlichen Kirche »zurückkehren« würden.[93] Lavater wollte Mendelssohn mit dem öffentlichen Akt der Widmung entweder zur Widerlegung von Bonnets Thesen über die Wiedergeburt der Welt oder zur Konversion bewegen. Mendelssohn antwortete als guter Aufklärer: Alle Gerechten würden erlöst, da ihr Ziel identisch sei.[94]

Die Kontroverse zwischen Lavater und Mendelssohn fand bildkünstlerisch im 19. Jahrhundert ihren treffenden Ausdruck. Moritz Daniel Oppenheim (1800–1882) aus der Hanauer Judengasse, der erste professionelle jüdische Maler in Deutschland, nahm sich des Themas an. »Lavater und Lessing bei Moses Mendelssohn« heißt das Bild aus der Bibliothek der Familie Mendelssohn, Spandauer Straße 68 in Berlin, das durch Lithographien weithin bekannt wurde. Der Besuch Lavaters und Lessings wird als eine Begegnung von Gleich und Gleich dargestellt.[95] Mendelssohns Freund Lessing steht zwischen beiden und tritt damit als Mittler, Zeuge und Richter in einer Person auf. Die linke Seite des Bildes erscheint trotz seiner triangulären Anlage stärker als die rechte: Mendelssohn und Lessing begeben sich in skeptische Position zu Lavater, der durch seine zu Mendelssohn geneigte Körperhaltung, die Berührung des Gegenübers, den vorgestreckten Fuß wie ein fanatischer Missionar wirkt. Sein Stab lässt ihn als Wanderprediger erscheinen, der keinen Weg scheut, um für seine Gesinnung ins Feld zu ziehen. Lessing steht be-

Moritz Daniel Oppenheim: Lavater und Lessing bei Moses Mendelssohn, 1856 (The Magnes Collection of Jewish Art and Life, Berkeley/Ca.)

zeichnenderweise symmetrisch zum Stab. Lavater zitiert aus einem kleinen Buch, vielleicht seiner Bonnet-Übersetzung, die gegen Mendelssohns gewichtigen Folioband optisch zurückfällt.[96] Lavater wirkt wie ein Eindringling in den jüdischen Haushalt, der sich durch das Handwaschbecken, die Mesusa an der Tür und den hebräischen Segensspruch über der Tür zu erkennen gibt. Der ungebetene Gast stört das freundschaftliche Miteinander Mendelssohns und Lessings; sie mögen sich beim Schachspiel vergnügt haben. Die bescheiden nach unten schauende Hausdame, vielleicht Mendelssohns Ehefrau Fromet, wird das Engagement Lavaters ihrerseits durch das Servieren von Getränken beenden.

Die fiktive Szene ist leicht zu deuten: Lavaters Missionsversuch scheitert nicht nur an der Weisheit Mendelssohns, sondern auch an Lessings Beistand. Lavaters Verhalten wirkt aggressiv, deplatziert, überheblich. Ganz im Sinne des Bildes wählt Lavater in einem Brief aus dem Jahr 1786 gegenüber Friedrich Heinrich Jacobi (1743–1819), dem Mitbruder im radikalchristlichen Geiste, harte und beleidigende Worte über Mendelssohn: Kleingeistig und borniert sei und bleibe der Jude.[97]

Mendelssohn war ein Politikum: Im Jahr 1763 war er von Marquis d'Argens zum »Außerordentlichen Schutzjuden« erklärt worden. Im Jahr 1771 schlug ihn Sulzer als Mitglied für die königliche Akademie der Wissenschaften in Berlin vor. Mendelssohn wurde auch tatsächlich gewählt, aber der nur scheinbar tolerante König Friedrich II. bestätigte die Aufnahme nicht.[98] Europaweit hingegen wurde Mendelssohn als »John Locke der Deutschen« gefeiert.[99] Er repräsentierte das aufgeklärte Judentum, das um seine Anerkennung kämpfte. Für die Haskalah zählte er zu den Ikonen der Bewegung, sowohl in der Auseinandersetzung mit der christlichen Öffentlichkeit als auch im Kampf gegen orthodoxe Rabbiner.[100] Doch veränderte sich dieser Mendelssohn durch Lavaters öffentliches Engagement. Mendelssohn empfand seinen eigenen Versuch, durch vorbildhaftes Verhalten zu wirken, als unzureichend. Privatim bezog er nun immer stärker zu religiösen Fragen Stellung. Seine Sichtweise entpuppte sich als schwieriger Balanceakt. Auf der einen Seite standen radikale Einsichten der natürlichen Theologie. Diese glaubte, dass Religion mit Mitteln der Vernunft erkennbar sei. Auf der anderen Seite überzeugten der Glauben an das mosaische Gesetz, das Dasein Gottes, die Existenz der Vorsehung und die über jede Textkritik erhabene Verbindlichkeit.

Bibel der Humanität: Lessings *Nathan* (1779)

Lessing stellte den guten Juden nach Mendelssohns Vorbild in den Mittelpunkt seines Dramas *Nathan der Weise*.[101] Die bislang vorherrschende Darstellung des Juden als Shylock, als böser Jude im orientalischen Gewand, erhielt auf diese Weise ein positives Gegenbild. Doch ist Nathan der Idealmensch schlechthin; seine Religion spielt im Drama eine zwar handlungstreibende Rolle. Aber über sein Judentum sagt Lessing wenig.[102]

Vielmehr legte Lessing sein Stück als eine philosophische und religiöse Auseinandersetzung mit literarischen Mitteln an. Das hatte auch rechtliche Gründe: Wegen der religiös umstrittenen Veröffentlichung der *Fragmente eines Wolfenbüttelschen Ungenannten* verbot Herzog Karl von Braunschweig (1713–1780) Lessing im Jahr 1778, über religiöse Themen zu publizieren. Lessing hatte Texte des Hamburger Gelehrten Hermann Samuel Reimarus veröffentlicht, der wichtige christliche Glaubensgrundsätze, darunter den Wunderglauben, die Glaubhaftigkeit der Apostelberichte, die Gottessohnschaft und Auferstehung Christi, anzweifelte. Dem Herzog missfiel dieser Angriff auf das Christentum.

Die Dramenform ermöglichte es Lessing, seine Anliegen trotz des Publikationsverbots weiterzutreiben. Er hatte Chancen und Grenzen der Dramenform in seinen Lust- und Trauerspielen lange erprobt, als Kritiker und Theoretiker bedacht, sich gegen Gottsched und die Orientierung an der französischen Klassik ebenso wie gegen die Radikalaufklärung gewandt.[103] Schon in seinem berühmten 17. Literaturbrief vom 16. Februar 1759, einem der wichtigsten Dokumente für die neuen literarischen Bewegungen seit der Mitte des 18. Jahrhunderts, greift Lessing Gottsched mit Verve an: Lessing attackiert Gottscheds französierende deutsche Dichtkunst, seine »kunstlosen« Übersetzungen französischer Texte, seine dem französischen Modell abgeschaute Regeltreue, sein am Geschmack der Höfe orientiertes Theater. Gottsched hielt sich an die Ständeklausel, die Regel, dass im Drama nur Kaiser, Könige oder andere Figuren der höheren Stände auftauchen sollten. Lessing hingegen löst die Ständeklausel auf. Er wirbt für die Orientierung an den Engländern, namentlich an Shakespeare.[104] Ohne diesen Bruch mit der ständischen Ordnung und die Abweichungen von den aristotelischen Regeln hätte *Nathan* mit seinem Changieren zwischen Tragödie und Komödie nicht entstehen können.

In Lessings »Dramatischem Gedicht« geht es um die natürliche Religion und um die Frage, ob sich Menschen, gleich welchen Glaubens (oder auch, wenn sie Heiden sind), moralisch verhalten können. Entsprechend bringt Lessing alle Religionen der Kreuzzugszeit auf die Bühne: das Judentum Nathans, das Christentum in seinen radikalen und milden Spielarten (Patriarch, Daja, Klosterbruder), den Islam in einer höfischen Form (Sultan, Sittah) und in Gestalt des Derwisches, des asketischen

Sufis Al-Hafi. Zwar arbeitet sich Lessing an religiösen und kulturhistorischen Stereotypen wie dem Juden als Händler und Geldverleiher ab, aber Ziel ist die Überwindung ebendieser Stereotype. Dabei erstaunt neben der Figur des weisen jüdischen Kaufmanns diejenige der staatsklugen und religionshistorisch gebildeten Muslima Sittah. Sie ist die Schwester des Sultans, kritisiert das Christentum als zu idealische Religion und plädiert – ähnlich wie Nathan mit seiner Ringparabel – für eine einzig wahre und eben deshalb menschliche Religion. Sittah und Nathan zeichnen die Linie des Stücks vor: Im Schlusstableau erscheinen alle Figuren des Stücks und damit alle drei großen monotheistischen Religionen geeint. Bande der Verwandtschaft oder Fürsorge einen sie.

Schon in der zeitgenössischen Öffentlichkeit des Alten Reiches entbrannten durch *Nathan* Auseinandersetzungen an vielen Fronten. Orthodoxe Rabbiner ebenso wie traditionell geprägte osteuropäische Juden sahen in dem Drama ein Plädoyer für die Akkulturation der Juden in Herders Sinne. Umgekehrt zensierten katholische Obrigkeiten wie der Erzbischof von Wien, Sigismund Anton Graf von Hohenwart (1730–1820), das Drama wegen der Ringparabel und seiner humanen Darstellung der nichtchristlichen monotheistischen Religionen. In Österreich konnte *Nathan* deshalb bis weit ins 19. Jahrhundert hinein nur als Lesedrama kursieren; inszeniert werden durfte er nicht.[105] Aufklärerisch orientierte Juden hingegen, darunter der Deutsch-Israelische Gemeindebund des 19. Jahrhunderts, erblickten in Lessings Stück eine Bibel der Humanität. Der jüdische Dramatiker Aaron Wolfssohn (1756 bis 1835) äußerte sich deshalb im Jahr 1796 begeistert und meinte, dass Lessing gemeinsam mit Mendelssohn ins Paradies kommen werde.[106]

Die Wahrnehmungs- und Deutungsgeschichte des *Nathan* im deutschsprachigen Raum ist, vielleicht stärker noch als im Falle anderer Texte, mitzudenken, will man seine Rezeption oder auch das bewusste Ignorieren und Missverstehen des *Nathan* jenseits der Ländergrenzen erklären. Denn in der NS-Zeit wurde das Stück zum Politikum: Auch *Nathan* wurde am 10. Mai 1933 auf den Scheiterhaufen verfemter Bücher geworfen, den der Nationalsozialistische Deutsche Studentenbund auf dem Berliner Bebelplatz errichtet hatte. Im Gegenzug arbeiteten sich jüdische und antinationalsozialistische Künstler am *Nathan* ab – in den bekannten Traditionslinien der *Nathan*-Kritik und -Begeisterung: Am 1. Oktober 1933 eröffnete die Bühne des Jüdischen Kulturbunds Berlin mit einer *Nathan*-Aufführung, zu einer Zeit, da die Behörden die jüdische Kultur aus dem deutschen Kulturleben ausschließen wollten.[107] Es erstaunt, dass die Aufführung des *Nathan* überhaupt genehmigt wurde. Julius Bab, dem Leiter des Kulturbundtheaters, warfen jüdische Zirkel vor, mit *Nathan* tolerantes Illusionstheater zu inszenieren. Er verführe die Glaubensgenossen dazu, auf »die guten Deutschen« zu vertrauen. Bezeichnenderweise schloss die Gestapo den Jüdischen Kulturbund am 11. September 1941. Seine Kunstschaffenden wurden ermordet, sofern sie nicht ins Exil gehen konnten oder sich selbst umbrachten.

Wie um das Grauen zu tilgen, spielte das Deutsche Theater im Ostsektor Berlins bei seiner Wiedereröffnung am 7. September 1945 unter der Regie von Fritz Wisten (geb. Moritz Weinstein, 1890–1962) einen neuen *Nathan*. Wisten war einer der bekanntesten Regisseure des Kulturbundtheaters gewesen. Zuletzt hatte er dort im Jahr 1933 den umstrittenen *Nathan* auf die Bühne gebracht. Die Inhaftierung im Konzentrationslager Sachsenhausen hatte Wisten überlebt. Bei der Neuaufführung von 1945 hatten sich Umfeld und Publikum jedoch radikal gewandelt: Auf den Besucherstühlen nahmen nun Soldaten der Besatzungsmächte Platz – und der später einflussreiche Literaturkritiker Marcel Reich-Ranicki (1920–2013), der den Krieg versteckt überlebt hatte und für die polnische Geheimpolizei tätig war.[108]

Was im Jahr 1945 als kulturhistorischer Paukenschlag zur Neubegründung von Kultur in Deutschland gedacht war, geriet jedoch bald zu leerer Toleranzdramatik.[109] Im Jahr 1981 machte der kontroverse Regisseur Claus Peymann dem toleranten *Nathan* auf der Bühne des Bochumer Theaters den Garaus; sein Nathan wendet sich an einen überlebensgroßen Lessing, der seinem Drama nichts mehr abgewinnen kann. Die Überbietung Peymanns folgte zehn Jahre danach: *Nathans Tod* (Uraufführung im Lessingtheater Wolfenbüttel, 1991) nannte der ungarisch-jüdische Regisseur George Tabori seine Nathan-Variationen. Hier stirbt, wer auf Toleranz setzt. Taboris Nathan geht an der eigenen Hoffnung auf die Menschheit zugrunde, weil seine real existierenden Mitmenschen ihr zuwiderhandeln.

Diese Resonanz war nicht vorhersehbar. Nach dem Erscheinen des *Nathan* (1779) blieb es zunächst vergleichsweise still um das Stück. In den Jahren 1779/80 erschienen zwei Übersetzungen, eine in Den Haag, eine ohne Ortsangabe auf Finnisch. 1781 folgte eine englische, um 1800 eine dänische Übersetzung. Der Text wurde offenbar vor allem als philosophisches Lesedrama mit kontroversem religiösem Gehalt wahrgenommen und mitunter bewusst missachtet. Die erste französische Übersetzung lag bezeichnenderweise erst im Jahr 1805 vor. Von einer gewissen Konjunktur der *Nathan*-Übersetzungen lässt sich überhaupt erst für die Jahre 1867 bis 1869 sprechen, wo insgesamt acht nicht-deutschsprachige, vor allem englische Auflagen (Druckorte: Leipzig, New York, London), eine niederländische (Zeist) und eine polnische Auflage (Lipsk) gedruckt wurden. In der Folgezeit wurden pro Jahr bis zu zwei Übersetzungen aufgelegt, mit einem erneuten Höhepunkt von 1965 bis 1967, als drei englische (New York, London) und zwei hebräische Übertragungen (Tel Aviv), sowie je eine französische (ohne Ortsangabe), estnische (Tallinn), schwedische (Stockholm) und rumänische (Bukarest) erschienen. Von 2012 bis 2014 hatte *Nathan* erneut Konjunktur, vermutlich aufgrund der zunehmenden Bedeutung der Religionsfrage: Auf Englisch erschienen sieben *Nathan*-Auflagen (Memphis/Tennessee), auf Französisch zwei (ohne Ortsangabe), auf Polnisch (Warschau), Italienisch (Mailand), Niederländisch (Amsterdam) und Litauisch (Vilnius) je eine. Der Verbreitungsgrad des Dramas reicht heute von Europa bis Russland, in die Türkei, Ägypten, nach Amerika, Israel, Indien und China. Das Gros der Übersetzungen stammt aus Mitteleuropa und Amerika: Elf Prozent der Übersetzungen wurden in London, weitere elf Prozent in New York und acht Prozent in Paris gedruckt.

Nathan: In Israel unerwünscht, in der islamischen Welt fast unbekannt

Auf israelischen Bühnen wurde *Nathan* nicht nur wegen der NS-Zeit und der Desillusionierung über das kulturelle Deutschland zum unerwünschten Text, sondern auch, weil sich die orthodoxen Gegner des Dramas langfristig durchsetzten. Doch begann die Geschichte hoffnungsfroh: Mit der Haskalah ging auch die Übersetzung deutschsprachiger Werke ins Jiddische oder Hebräische einher. Jiddische und hebräische Literatur entstand in zunehmend großer Zahl. Mendelssohn spielte als wohl wichtigster Denker eine große Rolle, Lessing war einer der Bezugsautoren.[110] *Nathan* galt als »Magna Charta« eines vernunftgebildeten Judentums.[111] Lessings *Nathan* zählte zu den ersten, im Zusammenhang mit der Haskalah übersetzten Werken überhaupt. Von Odessa bis New York und Tel Aviv erschienen vier hebräische und drei jiddische Übersetzungen sowie eine deutsche Nacherzählung in hebräischer Schrift (Ashkenasit), verfasst von dem Wiener Publizisten Ludwig Porges im Jahr 1871.[112] Im Jahr 1856 legte ein Mannheimer Reformrabbiner namens M. Berliner eine erste Teilübertragung ins Bibelhebräische vor, deutete *Nathan* als messianischen Text und empfahl die Hauptfigur als Heilsbringer für die Juden. Sie sollten in einem toleranten Leben, wie es die Haskalah empfahl, ihre Zukunft sehen.[113] Die übrigen Übersetzungen bestätigen die tolerante Tendenz. Abraham Baer Gottlober (1810–1899), ein einflussreicher und aufklärerisch gesinnter Gelehrter, ein sogenannter Maskil, warnt in seinem hebräischen *Nathan* (Wien, 1874) vor Judenhass, verlegt die Handlung in die Phase der Judenverfolgung unter Zar Aleksandr II. und erblickt in Lessings Geschichte das »Licht« für die Glaubensgemeinschaft. Der Theaterautor Jitzchak Goyde (1868–1925), dessen jiddischer *Nathan* unter dem Pseudonym B. Gorin in Warschau erschien, hielt Lessings Text sogar für einen Lobgesang auf die Juden, da Nathan als mustergültiger, sittlich nahezu vollkommener Mensch erscheint.

Zionisten der ersten Stunde hingegen kritisierten *Nathan*. Sie verkehrten manche positiv gemeinte Äußerung über Lessings Drama in ihr Gegenteil: Der Leipziger Rabbi Abraham-Meir Goldschmidt (1812–1889) hatte einmal optimistisch gesagt, Lessing befreie Juden von dem Phantasma, ein eigenes Land zu brauchen, und weise ihnen Deutschland als Vaterland zu. Zionisten wie Theodor Herzl (1860–1904), Max Nordau (1849–1923) und David Wolffsohn (1856–1914) erklärten diese Sichtweise für töricht und naiv.[114] Sie behaupteten das Gegenteil, zielten auf einen eigenen Judenstaat und sahen im *Nathan* einen hemmenden, problematischen, antizionistischen Text aus der Zeit vor der Erfindung des Zionismus.[115] In Israel selbst gab es, da sich die dorthin emigrierenden jüdischen Kulturschaffenden mit der kritischen Sicht auf *Nathan* anfreundeten, nur eine Aufführung des Dramas im Nationaltheater Habimah (1966). Die Produktion kam beim Publikum nicht an, obwohl ihre Protagonisten das Stück und seinen Kontext gut kannten.[116] Die Zuschauer vermissten eine kritische Sichtweise auf den guten Juden, der so wenig jüdisch schien. Wurden überhaupt deutsche Dramen gespielt, bevorzugte das israelische Theater weniger die Klassiker als solche Stücke, die stereotyp auf jüdische Eigenarten anspielten, Richard Beer-Hofmanns *Jacobs Traum* (1918) und Karl Gutzkows *Uriel Acosta* (1847) etwa,[117] oder solche, die, wie die Dramen Bertolt Brechts, wenig damit zu tun hatten.[118]

Vielleicht auch aufgrund der guten jüdischen Hauptfigur, erlangte *Nathan* in der islamischen Welt trotz seiner offensiven Thematisierung des Islam und trotz drei verzeichneter arabischer Übersetzungen und einer türkischen kaum Bekanntheit. Zwar weiß man von Stücken aus dem Libanon, die das Inzest-Motiv aufnehmen,[119] aber ein Bezug zu Lessings Text lässt sich nur vermuten. Auch Aufführungen sind nur wenige bezeugt, darunter eine auf Anregung des äthiopischen Goethe-Instituts (1993)[120] und eine andere aus dem überwiegend muslimischen Karachi in Pakistan (1994/95). Sie entstand angesichts der Machtergreifung durch eine Truppe religiös motivierter Rebellen und kreiste um das Toleranzgebot:[121] Alle drei großen monotheistischen Religionen wurden voneinander abgeleitet, um ihre wechselseitige Abhängigkeit zu betonen – ein reizvoller Ansatz, der bislang gleichwohl keine Nachahmer gefunden hat.

Europa: Humanitätsdrama mit wenig Publikum

Auch in Europa zählt Lessings *Nathan* zwar zum Kanon der Dramenliteratur (für die Lektüre), nicht aber zu den großen Bühnenerfolgen. Gründe dafür liegen in seiner vorbehaltlosen Akzeptation des Judentums und des Islam sowie in Lessings streitbarer Persönlichkeit, seiner Polemik, auch gegen die Autoren anderer Länder. Obwohl Lessing in seinem Drama tolerantes Denken darbietet, wie es sonst nur in John Lockes *Letter concerning toleration* (1689) und Voltaires *Traité sur la tolérance* (1763) zu finden ist,[122] interessierte man sich im europäischen Ausland vor allem für seine *Minna von Barnhelm* (1763). Offenbar faszinierten die Darstellungen des militärischen Preußens und der klugen Frau das Publikum und gefielen besser als Lessings Einlassungen zur Religions- und Moralgeschichte.

In Frankreich dominierte die Theatertradition der französischen Klassik mit ihrer Neigung zum Regelhaften, die Lessing harsch kritisierte. Der von Lessing geschätzte Diderot wurde erst spät akzeptiert, und so schlugen sich die Probleme der Wertschätzung auch auf seinen deutschen Repräsentanten nieder. Zwar lobt Madame de Staël Lessings *Nathan* als schönstes Stück des Autors. Sie schätzt ihn jedoch eher als Philosophen und Kritiker. In der weitläufig rezipierten Literaturgeschichte von Fernand Mossé (1892–1956) ist Lessing als »Vorklassiker« rubriziert;[123] *Nathan* gilt als (zu) provokantes religiöses Ideendrama.[124]

Erst in der zweiten Hälfte des 20. Jahrhunderts passierte es: Theaterpraxis und Drameninterpretation in Frankreich durchliefen eine »einsteinsche Revolution« (Bernard Dort). Fremde Theatertraditionen wie das brechtsche Theater, verspätet auch Diderot und das bürgerliche Trauerspiel, trafen jetzt auf ein neues Interesse, das sich mit einer Kritik der französischen Klassik verband.[125] In diesem Zusammenhang kam auch Lessings *Nathan* in den Blick. Im Jahr 1987 inszenierte der bekannte Regisseur Bernard Sobel (*1935), der mehrere Jahre im Berliner Ensemble unter Helene Weigel gearbeitet hatte, das Stück erstmals auf der Pariser Vorortbühne Théâtre de Gennevilliers. Ein Jahr darauf schaffte es das Drama sogar in die Presse: Justizminister Robert Badinter hatte die Abschaffung der Todesstrafe in Frankreich bewirkt, unterstützt von Präsident François Mitterrand. Ein Theatermagazin titelte unter Anspielung auf Mitterrands Wahlkampfparole »die ruhige Kraft«: »Nathan le Sage ... et François le Tranquille«.[126] *Nathan* war für die politische Bühne entdeckt worden. Die Bildungseinrichtungen zogen bald nach: Im Jahr 1999/2000 wurden *Nathan* und die *Erziehung des Menschengeschlechts* in das Programm der Éducation nationale (Agrégation), also in den Kanon des französischen Lehr- und Studienbetriebs, aufgenommen.

Im Vereinigten Königreich stellte sich die Situation aus anderen Gründen ähnlich dar. Auch hier fand *Nathan* lange, bis ungefähr hundertfünfzig Jahre nach seinem Erscheinen, wenig Anklang, obwohl der Münchhausen-Autor Rudolf Erich Raspe (1736–1794) ihn bereits kurz nach seinem Erscheinen ins Englische übersetzte.[127] *Nathan* galt weniger als Drama denn als philosophischer Dialog. Theatermacher, Schauspieler und Publikum interessierten sich bis ungefähr 1800 vornehmlich für August von Kotzebues Rührstücke und später auch für die Weimarer Autoren.[128] In den Niederlanden verhinderte noch im frühen 20. Jahrhundert das Urteil des bedeutenden Philologen Theodorus Cornelis van Stockum (1887–1969) eine positive *Nathan*-Rezeption: Er meinte, Lessing wolle gegen jede Religion polemisieren.[129] Nur jüdische Kulturbünde in den Niederlanden versuchten sich in der NS-Zeit an *Nathan*-Aufführungen, um auf die durch NS-Deutschland verschütteten Ideale hinzuweisen.[130]

Anders verhielt es sich in Norwegen – dort wurde *Nathan* im Jahr 1863 erstmals aufgeführt.[131] In Osteuropa, speziell in Südosteuropa, wo man mit religiösen Problemen zu kämpfen hatte, erblickte man im *Nathan* ein literarisches Rollenmodell. Eine der ersten Auslandspremieren fand in der Tschechoslowakei statt, wo *Nathan* als Gedankendrama mit prekärem religiösem Inhalt galt.[132] In Armenien begeisterte man sich überhaupt für Lessing: Der Publizist Grigor Azruni (1845–1892) bezeichnet ihn in der Zeitschrift *Mschak* (1881) als »Weltgenie«.[133] Im Jahr 1872 erschienen Ausschnitte einer *Nathan*-Übersetzung, im Jahr 1877 der vollständige armenische Text. Von besonderem Interesse war die Frage der Toleranzlehre und der Umgang mit anderen Religionen, die sich im überwiegend christlichen, aber auch islamischen Armenien mit besonderer Dringlichkeit stellte.[134] Solch begeisterter Umgang war allerdings auch in Südosteuropa nicht selbstverständlich, wie ein anderes Drama zeigt: Um 1900 schrieb der rumänische Jude Ronetti Roman (1853–1908), der zwischen ca. 1869 und 1874 in Berlin Medizin studierte, sein Stück *Manasse*.[135] Es handelt von Zwistigkeiten innerhalb des sich assimilierenden sowie des orthodoxen Judentums und von der Diskriminierung der Juden durch die Christen. Im Mittelpunkt des recht schlicht gebauten Textes steht eine Art Anti-Nathan: ein orthodoxer Jude, der sich gegen assimilatorische und tolerante Tendenzen sperrt. Er will verhindern, dass seine Enkelin einen Christen heiratet. Manasse versucht, den Christen mit Geld zu bestechen, um ihn von der Hochzeit abzubringen. Das Paar bleibt bei seinem Entschluss. Manasse stirbt an gebrochenem Herzen – ein Fanal des Judentums ebenso wie der Hoffnung auf die eine humanitäre Religionsfamilie.

Blickt man weiter nach Osten, dann bestätigen sich die Muster der Nicht- oder bloß geringen Wahrnehmung des *Nathan*. Ab 1935 zählte Lessing im russisch orientierten Osteuropa zu den Vorläufern des sozialistischen Realismus.[136] *Nathan* aber spielte dabei nur eine untergeordnete Rolle. Er war erst im Jahr 1875 ins Russische übersetzt worden – fast hundert Jahre nach der Übertragung von *Emilia Galotti* durch Karamzin (1788). Überhaupt verbot die Zensur die Aufführung vieler Dramen Lessings wegen ihrer Radikalität. Der unter den Vorzeichen der Revolution akzeptable Lessing galt in Russland als Kritiker des Bürgertums und als Dramentheoretiker, aber seine Äußerungen über den Menschen und seine Religionen erschwerten es, sein gesamtes Œuvre unter sozialistischem Vorzeichen zu beerben.

Die Amerikas: *Nathan* als religiöse und ideologische Waffe

Die Amerikas hingegen erreichte der Streit über den einen einfachen Glauben für alle Menschen vergleichsweise schnell: Lessing war schon vor dem Amerikanischen Bürgerkrieg eine bekannte Größe gewesen, spätestens seit Edward Payson Evans' (1831–1917) Übersetzung der Biografie *G. E. Lessing: Sein Leben und seine Werke* (1859) aus der Feder des liberalen Professors Adolph Stahr.[137] Evans war Presbyterianer, hatte in Göttingen moderne Sprachen studiert und sich vom liberalen Gedankengut des mittleren 19. Jahrhunderts anstecken lassen. Frühzeitig begeisterten sich auch Unitarier für den deutschen Autor: Octavius Brooks Frothingham (1822–1895), ein unitarischer Minister und Transzendentalist der zweiten Generation sowie Gründer der Free Religious Association, verstand *Nathan* seinem theologischen Gehalt nach als mittlere Position zwischen Vernunftreligion und Vernunftkritik. Die Gegner der Unitarier, vor allem die Autoren der Zeitschrift *The Spirit of the Pilgrims* (1830), warnten vor Lessing als dem Feind der Orthodoxie, ja der Religion schlechthin. William Cleaver Wilkinson (1833–1920), Pfarrer, Professor, freier Schriftsteller und Verfasser eines *Classic German Course in English* (1891), lehnte die vernunftreligiösen und toleranten Elemente des »gefährlichen« *Nathan* ab.[138] *Nathan* wurde zum Zankapfel der unterschiedlichen religiösen Gruppierungen in den USA.

Religionspolitisch brachte erst der Zweite Weltkrieg diese Gruppierungen dazu, Lessings *Nathan* als Streitschrift für ein gemeinsames spirituelles Erbe anzunehmen: Im Dezember 1941 waren die USA in den Krieg eingetreten. Die »Tribüne für freie deutsche Literatur und Kunst«, die Autorenabende, Goethe-Feiern und anderes Veranstaltete, bemühte sich, eine kulturelle und politische Einheitsfront gegen die Hitlerei aufzubauen, Amerikaner und deutsche Emigranten zusammenzuführen.[139] Das Theater spielte dabei eine wichtige Rolle. Im Mittelpunkt der artistischen Propaganda stand Lessings *Nathan*. Er wurde zweimal inszeniert: einmal als Exilstück in kleinem Rahmen in Erwin Piscators Studio Theatre der New School of Social Research (New York) am 11. März 1942 unter der Regie von Theodor Tagger (Pseudonym: Ferdinand Bruckner, 1891–1958),[140] ein zweites Mal auf dem Broadway, vor großem Publikum.

Bruckner hatte Zeitstücke wie *Krankheit der Jugend* (1928) und *Die Rassen* (1934) verfasst, kannte die jüdische Theatertradition, war jedoch Atheist oder Agnostiker. Den *Nathan* arbeitete er für die anti-nazistische Exilbühne zu einer jüdisch-christlichen Komödie mit klarem Feindbild und Happy End um:[141] Erstens strich er die Figuren Sittah und Al-Hafi, ließ also das islamische Moment weitgehend verschwinden. Zweitens erklärte er den Patriarchen zur Repräsentationsfigur des Nationalsozialismus; er erscheint als rassistischer Hetzer. Drittens tilgte Bruckner die familiäre Genealogie und schrieb die Liebesgeschichte von Recha / Rahel und dem Templer in Hollywoodmanier um. Die Vereinfachungen bescherten *Nathan* großen, nicht nur propagandistischen Erfolg.[142]

Auch in Südamerika, genauer: in Argentinien, diente *Nathan* als ideologische Waffe. Argentinien wurde zum Siedlungsort sowohl für faschistische als auch für antifaschistische Emigrantengruppen, weil es bis zum 27. März 1945 nicht in den Krieg gegen Nazi-Deutschland eingetreten war. Diese beiden Gruppierungen äußerten sich in der Form von Presseorganen und auf der Bühne: Das nationalistische beziehungsweise nationalsozialistische Deutsche Theater fand in der aus Berlin unterstützten *La Plata Zeitung* sein Organ; die Freie Deutsche Bühne (Gründer: Paul Walter Jacob, 1905–1977) hielt antifaschistisch dagegen.[143] Das Deutsche Theater stimmte mit einer Produktion aus dem Jahr 1934 in den *Minna von Barnhelm*-Kult des Nationalsozialismus ein und feierte den Sieg des neuen Deutschland. Nach dem Krieg hingegen meinten beide Seiten, *Nathan* könnte der wechselseitigen Verständigung helfen und unter den deutschstämmigen Gruppen Argentiniens Beziehungen herstellen. Im Jahr 1956 brachte die nun sogenannte Deutsche Bühne, die als Nachfolgerin der Freien Deutschen Bühne aus Bonn subventioniert wurde, erstmals einen deutschsprachigen *Nathan* in Südamerika auf die Bühne. Der Schauspieler und Radiomoderator Jacques Arndt (*1914), der über Uruguay nach Argentinien emigriert war, führte Regie bei dieser ansonsten recht konventionellen Aufführung. Sie versuchte, was zuvor unmöglich schien, nämlich die ideologischen und religiösen Emigrantengruppen in einem Zuschauerraum zu versammeln.

Vor dem Hintergrund dieser kontroversen Geschichte des *Nathan* ist es naheliegend, dass Hannah Arendt, Exilantin und bekennende Jüdin, das Stück für ihre Rede bei der Entgegennahme des Lessing-Preises der Freien und Hansestadt Hamburg im Jahr 1959 zum Hauptbezugspunkt wählte. Arendt war angesichts der Preisverleihung ambivalent zumute. Sie war im Jahr 1933 aus Deutschland geflohen und galt nun gerade dort als Meinungsführerin.[144] Als Kritikerin der Assimilation unternimmt sie mit ihrer Rede beinahe Paradoxes:[145] Zum einen unterläuft sie Lessings Humanitätspathos, indem sie auf die Verschiedenheit der Menschen aufgrund ihrer Religionen hinweist. Alles andere wäre ein »groteskes und gefährliches Ausweichen vor der Wirklichkeit«, vermerkt sie.[146] Zum anderen aber bewahrt sie Lessings Humanitätspathos auf diese Weise. Sie rettet »Lessings Menschlichkeit« im Blick auf sein polemisches Eintreten für den Menschen und seinen Mitleidsbegriff: Der Mensch ist die bedrohte, von Irrlehren verführte Kreatur, die es »objektiv« vor solchen Lehren zu bewahren gilt.[147]

Lessings *Nathan* scheidet die Wasser des Idealischen. Seine Rezeption erlaubt zu prüfen, wie die Formel von der Menschheit und historisch konkrete Menschen zueinander stehen. Das Ergebnis fällt zugunsten von Lessings *Nathan* aus: Wer, wenn nicht der polemische, kirchenkritische, orthodoxiefeindliche Freund Mendelssohns hätte gewusst, dass Mensch nicht gleich Mensch ist. In diesem Sinne waren und sind Leser und Öffentlichkeiten weltweit bereit gewesen, sich auf Lessings Menschheitsexperiment einzulassen oder hätten es, wie etwa in Japan, wo es im 19. Jahrhundert viele Kirchen und Glaubensgruppen gab, gern getan: Mori Ôgai (1862–1922), ein berühmter Militärarzt und Autor, der von 1884 bis 1888 in Deutschland studierte,[148] griff in seinem Vorwort zur ersten Lessing-Biografie in Japan aus dem Jahr 1892 Goethes Wort auf: »Ein Mann wie Lessing täte uns not.«[149] Doch blieb dieser japanische Lessing aus; seine Rezeption in Japan war »gescheitert«.[150]

Von arabischen und türkischen Lesern bleibt *Nathan* noch zu entdecken. In diesem Sinne wartete Ilija Trojanow anlässlich der Hamburger Lessingtage 2010 mit einer zeitgemäßen Lektüre des *Nathan* auf. Er betonte den plurikulturellen Ursprung der Parabel, verfolgte ihre Genesen über Boccaccios *Decamerone*, die *Gesta romanorum* und die *Disciplina clericalis* (1115) und hielt ein flammendes Plädoyer für die »Ressource Vielfalt«.[151] Nicht Verstehen um jeden Preis, sondern wechselseitige Anerkennung ist demnach das Ziel: Vielfalt lässt sich – mit *Nathan* – nur dann leben, wenn man den anderen und die andere in all ihrer Unterschiedlichkeit annimmt, mit all der Zuneigung, die Lessings Schlusstableau im Drama zu bieten hat.

Steigender Literaturexport: Friedrich Nicolai und Christoph Martin Wieland

Der Befund der zögerlichen Rezeption jenseits der Landesgrenzen trifft nicht allein auf Lessing, sondern auf einen erheblichen Teil deutschsprachiger Literatur des 18. Jahrhunderts zu: Bis in die 1760er- und 1770er-Jahre tat sich wenig. Im Laufe der folgenden Dekaden aber nahmen die Zahl der Übersetzungen aus dem Deutschen und das Interesse an diesen Texten kontinuierlich zu, wie sich beispielhaft am niederländischen Literaturmarkt zeigen lässt: Waren es 1750 durchschnittlich zehn übersetzte Titel pro Jahr, so stieg die Zahl bis 1840 auf circa hundert Titel pro Jahr an.[152] Die Vermehrung und Verbesserung von Hilfsmitteln wie Grammatiken und Wörterbücher half dabei. Viele Übersetzer kaprizierten sich auf einen Autor, besonders gern auf die viel gespielten Dramenautoren August von Kotzebue und August Wilhelm Iffland.[153]

Bis um 1800 blieb die frankophone Kultur das wesentliche Transmissionsinstrument deutschsprachiger Literatur. Zeitschriften wie das *Journal étranger* (1754–1764), die *Gazette littéraire* (1778–1779), das *Journal littéraire* (1893–1956), der *Spectateur du Nord* (1797–1802) und die *Archives littéraires de l'Europe* (1804–1808) widmeten sich dem gesamten literarischen Spektrum. Hinzu kamen Anthologien wie die *Choix des poésies allemandes* (Michael Huber, 1776) und die berühmte *Bibliothèque universelle des romans* (1775–1789), die Nikolaj Ivanovič Novikov (1744–1818), ein bedeutender russischer Aufklärer und Drucker, mit seiner *Biblioteka nemeckich romanov* (»Bibliothek der deutschen Romane«) prompt nachahmte. Die heute kanonischen Bewegungen wie der Sturm und Drang oder die Weimarer Klassik waren dabei nicht ausschlaggebend. Vielmehr spielten Kontakte zwischen einzelnen Autoren, die öffentliche Wertschätzung eines Werkes im Alten Reich, die Ähnlichkeit zur eigenen Literatur und historische Ereignisse oder Persönlichkeiten wichtige Rollen. Einen besonderen Ehrentitel erhielt der heute fast vergessene Johann Elias Schlegel (1719–1749), Jurist, Dramenautor und Professor in Dänemark, für seine Tragödien *Les Troyennes* und *Arminius*. Die Kritiker nannten ihn nämlich »le Corneille de l'Allemagne«.[154]

Die politische und religiös spannungsreiche Situation des vorrevolutionären Frankreich führten zur Gründung von frankophonen Druckereien im Ausland. Sie ließen aufklärerische Literatur in großem Stil übersetzen. Zu den wichtigsten von ihnen zählt die »Société typographique de Neuchâtel«, die sich in der preußischen Enklave niedergelassen hatte und den in Frankreich verfolgten Autoren und Druckern Asyl und Produktionsstätten bot.[155] Die »Société« publizierte zahlreiche Übersetzungen aus dem Deutschen, unter anderem Moritz von Thümmels Prosagedicht *Wilhelmine* (1764), Friedrich Nicolais *Das Leben und die Meinungen des Herrn Magister Sebaldus Nothanker / La Vie et les opi-*

nions de maître Sebaldus Nothanker (1774, 1777), Wielands *Der Goldne Spiegel / Le miroir d'or* (1774) und – dieser frühe Bestseller darf auch hier nicht fehlen – Gessners *Der Tod Abels / La Mort d'Abel* (1785).[156] Die »Société« arbeitete vergleichsweise modern: Sie hielt Kontakt zu Scouts wie dem Frankfurter Buchverkäufer Johann Conrad Deinet (1735–1797). Er sollte Werke für den mittleren französischen Lesergeschmack auswählen. Um diesem Geschmack zu entsprechen, durften Übersetzer ihre Werke bearbeiten, kürzen, ummodellieren.

Friedrich Nicolai (1733–1811) und Christoph Martin Wieland (1733 bis 1813) zählten zu den Autoren, die schon vor Goethe und Schiller im Ausland rege wahrgenommen wurden. Der Mendelssohn-Freund Nicolai war dabei im Vorteil, nimmt man den Literaturbetrieb der Zeit in den Blick:[157] Er gab die *Allgemeine Deutsche Bibliothek* heraus, die wichtige Diskussionen der Aufklärung zusammenführte und erst in den beginnenden 1780er-Jahren durch Literaturzeitschriften und Fachjournale der sich neu formierenden Wissenschaften abgelöst wurde.[158] Auch reiste Nicolai viel und knüpfte Kontakte.[159] In seiner Funktion als Herausgeber interessierte er sich professionell für das französische Theater,[160] englische Literatur,[161] für Vorgänge in Russland.[162] Sein *Sebaldus Nothanker* wurde aber nur durch einen Trick zum Erfolg. Die schleppend verkaufte erste Auflage wurde im Jahr 1779 nämlich mit einem neuen Titel gedruckt: *L'intolérance ecclésiastique, ou les malheurs d'un hétérodoxe (Die kirchliche Intoleranz oder Unglücke eines Heterodoxen)*. Unter diesem Titel schlug das Buch ein, da sich »ganz Paris« mit Voltaires religiös kontroversen Ansichten befasste und der neue Titel dazu passte. Auf Französisch kam der Text auch erneut zu deutschen Lesern. Die frankophilen Snobs, die das Buch karikiert, wollten Nicolai erst auf Französisch zur Kenntnis nehmen.[163] Sie bestätigten auf diese Weise ihre eigene Karikatur.

Der weniger umtriebige Wieland erhielt den prekären Ehrentitel »Voltaire allemand«. Seine Werke gefielen den Druckern der »Société« wegen ihrer Ironie, der Kritik an den Schwärmern, also radikalen Christen oder Anhängern anderer mystischer Bewegungen, und der Neigung zu philosophischen und politischen Sujets besonders. Übersetzt wurden neben dem *Goldnen Spiegel* auch *Peregrinus Proteus / Pérégrinus Protée* (1795), die *Abderiten / Abdérites, suivis de la Salamandre et de la Statue* und *Aristipp / Aristippe et ses contemporains* (beide 1802).[164] Wielands Romane hatten aber noch einen weiteren Vorzug: Durch ihre Auseinandersetzung mit politischen Fragen sprachen sie auch die Herrscher und ihr Gefolge an. Ranghohe Beamte am Hof von Zarin Katharina II. subskribierten die *Geschichte des Agathon*. Am Beispiel des Agathon erörtert Wieland geistreich, witzig und anzüglich die Sozialisation eines Schwärmers zum »homo politicus«. Übersetzungen des Werkes erschienen seit Ende der 1770er-Jahre in der Zeitschrift *Utrennij svet* bei Novikov.[165] Im Jahr 1789 traf Wieland in Weimar Karamzin, der vor allem an ihm und Herder, weniger an Goethe und Schiller interessiert war.[166] In England las Königin Charlotte, vor der Heirat Sophie Charlotte, Herzogin zu Mecklenburg, den *Goldnen Spiegel* ihren Töchtern sogar selbst vor, weil sie sich für die hintersinnige Klugheit des Werkes begeisterte.[167] Erst spät aber, nämlich in den 1820er-Jahren, erreichte die Wahrnehmung Wielands das englische Publikum: In der *Foreign Quarterly Review* (1828) erschien eine lange Rezension von Wielands *Sämmtlichen Werken* (1824–27). William Taylor of Norwich (1765–1836), einer der ersten englischen Literaturkritiker, der Deutsch lernte und sich für deutschsprachige Literatur in England verwandte,[168] übersetzte Bürgers *Lenore* (1796), Lessings *Nathan* (1791), Goethes *Iphigenie* (1793) und Wieland. So hölzern diese Übersetzungen auch waren – Taylor of Norwich entfachte nicht nur Walter Scotts Begeisterung für Bürgers Texte,[169] sondern ermöglichte darüber hinaus einen regelrechten Wieland-Kult im Zirkel der Damen de Boinville. Auch der seit 1810 Deutsch lernende Percy Bysshe Shelley (1792–1822) verkehrte in den Jahren 1813/14 mit den Damen des Zirkels. *Agathon* galt ihnen als säkulare Bibel. Cornelia Turner, die von Shelley verehrte Tochter de Boinville, war ihm offenbar eine Lehrerin der von Wieland ironisch dargestellten platonischen Liebe gewesen.[170]

Auch in Amerika fand Wielands Werk schon vor der englischen Übersetzung in Regierungskreisen Gehör: John Quincy Adams (1767–1848), der spätere sechste Präsident der Vereinigten Staaten, lebte Ende des 18. Jahrhunderts in Berlin. Auf seinen Reisen traf er Wieland, der großen Eindruck auf ihn machte. Er imponierte ihm mit seiner heiteren Philosophie und spielerischen Einbildungskraft, der alles leicht und harmonisch erschien.[171]

Wieland, auch bekannt durch Johann Kaspar Riesbecks viel gelesene Reiseberichte *Travels through Germany, in a Series of Letters* (1787),[172] wurde in Amerika sogar zum Gegenstand von Literatur: Charles Brockden Brown (1771–1810), einer der wichtigsten Romanautoren des ausgehenden 18. Jahrhunderts, veröffentlichte seinen zweiten Roman unter dem Titel *Wieland* (1798). Vermutlich war er durch Christoph Martin Wielands Kritik an den Schwärmern inspiriert. Brown erzählt von religiösem Fanatismus und Mord. Ein Eiferer namens Wieland ermordet seine Frau und seine Kinder. Die Schwester des Mörders, Clara Wieland, legt in der Form eines Briefromans Zeugnis davon ab, wobei sie vieles nur aus zweiter Hand weiß. Den Fall des Bruders erklärt sie aus der schwärmerischen Familiengeschichte – einer Geschichte, deren Konfliktpotenzial dem amerikanisch-deutschen Religions- und Kulturtransfer entspringt: Der Vater der Geschwister, Wieland der Ältere, entstammt einer sächsischen Adelsfamilie, der auch (was in mehrfacher Hinsicht historisch schief ist) der unter gleichem Namen bekannte deutsche Autor angehört. Wie dieser, so ist der Vater musisch begabt und schwärmerisch veranlagt. Als Waise wird er jedoch einem Kaufmann in Pflege gegeben und kompensiert sein karges weltliches Leben mit einem entschiedenen Bekenntnis zur Schwärmerei. Dieses bringt ihn, ähnlich wie Zinzendorf, in die Neue Welt (genauer: nach Philadelphia), galt es doch dort, Heiden zu missionieren.

Vater Wieland entwickelt sein eigenes religiöses System und stirbt einen mysteriösen, für die Kinder gespenstischen Märtyrertod. Sie finden ihn mit Wundmalen, als hätte er am Kreuz gehangen. Claras Bruder erleidet einen folgenreichen Schock: Dem in seiner Jugend scheinbar rationalen, doch schwärmerischen Bruder fehlen »richtige Vorstellungen von moralischer Pflicht«.[173] Schwärmerei zieht sich wie eine mentale Erbkrankheit durch die Familie. Mit *Wieland* legt Brown eine Mischung aus Geisterseherliteratur, Schauerroman und amerikanischer Schwärmergeschichte vor. Er kannte Schillers *Der Geisterseher. Aus den Memoires des Grafen von O*** (1787/89), hatte Wielands *Geheime Geschichte des Philosophen Peregrinus Proteus* (übersetzt London 1796) gelesen. Browns Figuren handeln wie Peregrinus Proteus, der dem Großvater Geistergeschichten vorliest und dadurch inspiriert wird, nach Idealisten, Schwärmern, kurz: Freunden der Geister zu suchen. Browns Roman erweist sich aber auch als realistisches Gegenstück zu Wielands Romanen. Eine Gelegenheit, der Schwärmerei zu entfliehen, gibt es hier nicht.

Als Kritiker der Schwärmerei geht Wieland auch in andere Werke amerikanischer Autoren ein: Washington Irving (1783–1859) bezeichnet ihn als wichtigen Lebensphilosophen.[174] Edgar Allan Poe (1809–1849) las Wielands Anti-Schwärmerroman *Peregrinus Proteus* und warnte vor den

»reformistischen Halbgöttern«, die sich als Teufel herausstellen, weil sie die Menschen überfordern.[175]

So ähnlich ihre Romane auch in mancher Hinsicht sind – die Bekanntheit von Nicolai und Wieland war Unterschiedlichem zu verdanken: Meister in Witz und Ironie waren beide, und beide bedienten das Interesse an der Kritik der Schwärmer, gleich welcher Couleur. Doch Wielands Leser suchten in seinen Romanen noch mehr: nämlich Bildungsgeschichten für den Mann von Stand, der sich hochfliegenden religiösen und politischen Ideen öffnen wollte, ohne die soziale Ordnung zu gefährden. Diderots *Rameaus Neffe*, ein Schlüsselroman des 18. Jahrhunderts, greift solche Lebensentwürfe kritisch auf.

Schlüsselroman des 18. Jahrhunderts: Denis Diderots *Rameaus Neffe* (1761–1774/1805) und was Goethe daraus lernte

Diderots moralphilosophischer Dialog *Rameaus Neffe* zeichnet das Leben als Albtraum. Die Geschichte liest sich wie eine Schatzsuche, eine Detektivgeschichte und ein Schlüsselroman des 18. Jahrhunderts zugleich, auch aufgrund seiner trinationalen Publikationsgeschichte: Der finanziell klamme Diderot hatte seine Bibliothek und einige Skripte bereits im Jahr 1765 an Zarin Katharina II. verkauft und nach Sankt Petersburg transportieren lassen. Dieser Umstand war in Leipzig, Berlin und andernorts bekannt, da Diderot auf der Reise von Frankreich nach Russland auch in Leipzig Station machte und – wie Mendelssohn schrieb – auf den Straßen Atheismus predigte.[176] Unter Diderots russischem Nachlass war auch die Abschrift eines bislang unveröffentlichten Manuskripts mit dem Titel *Le Neveu de Rameau*. Der Zufall wollte es, dass es einen deutschen Autor, der bislang im Schatten Goethes gestanden hatte, gleichfalls an den Hof der Zarin verschlug: Friedrich Maximilian Klinger (1752 bis 1831), Offizier im Marinebataillon des russischen Thronfolgers Paul I. Klinger fand die Abschrift und bot sie dem Verleger Johann Friedrich Hartknoch (Riga) zur Publikation an. Dieser lehnte ab, offenbar in Unkenntnis der Bedeutung des Textes. Wilhelm von Wolzogen (1762–1809), Diplomat, Schwager und Studienfreund Schillers, brachte die Abschrift nach Weimar. Schiller ordnete den Text Diderot zu, und Goethe übersetzte die französische Abschrift ins Deutsche. Sie erschien im Jahr 1805 bei Georg Joachim Göschen.

Im Text begegnet ein Philosoph (»Ich«) dem fingierten Neffen (»Er«) des bekannten Komponisten Jean-Philippe Rameau: dem talentierten, jedoch kaum mit der Gunst von Publikum und Kundschaft bedachten Klavier- und Gesanglehrer Jean-François Rameau (1716–1777). Der Philosoph, der üblicherweise flanierend in Gedanken schwelgt, lädt den ominösen Neffen zum Gespräch in das Café de la Régence ein. Jean-François Rameau erscheint als beinahe groteske Figur: Eine blühende Einbildungskraft wohnt in seinem »festen Körperbau«.[177] Er malträtiert sich selbst und stört seine Umwelt mit »ungewöhnliche[r] Lungenstärke«, von der er ununterbrochen Gebrauch macht.[178] Rameaus Neffe ist nicht nur das Sprachrohr, sondern auch der Laut-Sprecher einer hemmungslosen, kynischen, materialistischen und hedonistischen Gesellschaftskritik. Mit Hobbes gilt ihm der Mensch als des Menschen Wolf. Aber anders als Diogenes nimmt er nicht mit einem asketischen Außenseiterdasein in einer Tonne vorlieb. Vielmehr sucht er das Rampenlicht, scheut die Arbeit und erwartet von der reichen Gesellschaft, die er so verachtet, alle Arten von Genuss und Bewunderung. Er betrachtet sich selbst als verkanntes Genie, abhängig von seinen Schülern und Gönnern, gescheitert am Günstlingswesen von Paris. Rameaus Neffe exemplifiziert die Laster, die er schonungslos kritisiert, an sich selbst. Er ist ein wandelnder Sittenroman, ein »Theophrast, La Bruyère und Molière«,[179] der jedem infam und rücksichtslos die Leviten liest.

Das »Ich« bezeichnet Rameaus Neffen ungehalten als »Kotseele«.[180] Der Philosoph hält menschenfreundlich dagegen. Vergeblich versucht er, den streitsüchtigen Musiker davon zu überzeugen, dass er sich zum eigenen Nutzen und zum Wohl der Gesellschaft zuvorkommender verhalten solle. Philosophisch ruft das »Ich« zu diesem Zweck eine abgemilderte Form der Theodizee auf: Es verteidigt das Schlechte und Böse auf Erden als notwendig, um das Vortreffliche zu erkennen. Das Streben danach erweist sich als seine Hauptmotivation. Rameaus Neffen aber ist die beste aller Welten gleichgültig. Mit dieser Auffassung behält »Er« das letzte Wort. Das »Ich« hingegen will sich durch schöne Handlungen über das Schicksal erheben – fast schon goethesch, denkt man an *Wilhelm Meister*. Wilhelms Begeisterung für die Tat entspricht derjenigen des diderotschen »Ich«.

Rameaus Neffe streift nicht nur zentrale anthropologische Fragen des 18. Jahrhunderts, das Verhältnis von Genie und Mitmenschen etwa, sondern testet auch die Crème de la Crème der intellektuellen Frankophonie.

Jenseits von Rameau selbst, der als Inkarnation des egoistischen Genies entlarvt wird, reicht das Personal des Werkes von Fréron und Voltaire über Schauspielerinnen, Salonières und Schachspieler bis hin zu Jeanne-Antoinette Poisson, Marquise de Pompadour (1721–1764), der berühmten Maitresse Ludwigs XV.

Goethe verfertigte für den Leser seiner Übersetzung ein kommentiertes Namensverzeichnis. Indem er die literarischen Wertungen Diderots durch eigene ergänzt, wird er gewissermaßen zum Koautor des Dialogs: Fréron etwa gilt Goethe als »Niveleur«, als geistvoller, jedoch nicht genialer Mann, der sich selbst überschätzt, zum Kritiker aufwirft und alles »Große« auf sein Niveau herunterstimmt.[181] Goethe erweist sich mit diesem Urteil als Kenner der Pariser Szene: Er hält Diderots Text für eine Reaktion auf Charles Palissots Lustspiel *Die Philosophen* (1760), das die Philosophen allesamt als intellektuelle Rattenfänger verdammt. Tatsächlich greift Diderot den Autor dieser Satire mit satirischen Mitteln an und erörtert dialogisch die Bedeutsamkeit der Moralphilosophie. Sie scheitert an dem talentierten Schmarotzer Jean-François Rameau, der mit Palissot nahezu identisch zu sein scheint.

Rameaus Neffe ist ein Motto aus den Satiren des Horaz vorangestellt. Frei übersetzt bedeutet es: »Geboren unter dem Unstern aller Wandlungsgötter« (»Vertumnis, quotquot sunt, natus inquis«).[182] Horaz spielt damit auf eine Geschichte von Aufstieg und Fall an: Vertumnus galt bei den Etruskern als oberste Gottheit und erfuhr in der Folge einen vielfachen Wandel – bis er schließlich der Gott des Wandels und des Zufalls selbst wurde. So betrachtet, erscheint *Rameaus Neffe* entweder als eine Allegorie des zufälligen Glücks, das diesem oder jenem grundlos zuteilwird, oder als eine Allegorie der wankelmütigen Persönlichkeit, die sich selbst am nächsten ist, aber keinen moralischen Prinzipien gehorcht. Fährten der Interpretation wie diese zeigen, dass der Roman in mehrfacher Hinsicht ein Schlüsselroman seines Zeitalters ist: eine groß angelegte Revision seiner Moralphilosophie, ein literarisierter Test seiner moralischen Literatur, eine Geschichte über die Kardinalthemen »Genie« und »Geselligkeit«, eine Realsatire auf die Pariser Hautevolee mit einer zeittypischen interkulturellen Publikationsgeschichte. Aus dem Kontrast von »Ich« und »Er« muss sich der aufgeklärte Leser ein Urteil über diesen Text bilden. Die Wahrheit liegt vermutlich stärker aufseiten des geselligen »Ich« als aufseiten des »Er«, der wie eine Karikatur wirkt.

Goethe seinerseits nimmt *Rameaus Neffe* nicht nur als Schlüsselroman, sondern auch als Handlungsanweisung ernst. *Rameaus Neffe* regt ihn zum Vergleich mit der Situation im Alten Reich an und hilft, die eigene Position zu bestimmen: Anders als in Paris, wo »Ich« und »Er« eng nebeneinanderleben, ist der Mann von Genie aus Goethes Sicht in den zersplitterten Territorien des Alten Reiches in einer komfortablen Lage. Kritik verfliegt hier schnell wie »Staubwolken«.[183] Sie belästigt »den gesetzten Mann«, der durch »Ernst und Redlichkeit« beeindruckt, auf seinem Weg nur kurzfristig, hält ihn aber nicht auf.[184] Goethe singt das Lob der Kleinstadt und des Landlebens.

✳

Dieser Vergleich von kreativen Infrastrukturen und Praktiken bleibt im Weimar des frühen 19. Jahrhunderts nicht ohne Folgen. Er passt in ein Szenario, das Hoffnungen auf Großes weckt: auf eine Weltliteratur, die nicht den Hauptstädten der Welt, sondern der »Provinzialisierung Europas« entstammt. Diese »Provinzialisierung« war Ergebnis und Folge der kulturellen Bewegungen im Alten Reich und seiner Nachbarn im 18. Jahrhundert. Hier konkurrierten kleine Fürstenhöfe miteinander. Sie unterhielten, auch durch Heiratskontrakte, Beziehungen nach Russland, England und in andere europäische Staaten. Ein Teil der höfischen Elite Europas sprach neben Französisch auch Deutsch, wollte sich der akademischen und literarischen Erträgnisse des Heimatlands auch im neuen Herrschaftsgebiet versichern. Bürgerliche Leserschichten hingegen waren, wenn sie nicht Deutsch lernten, auf Übersetzungen aus dem Französischen oder in ihre jeweiligen Landessprachen angewiesen. Ihre Verfasser, adlige Damen und Herren oder in prekären Verhältnissen lebende Publizisten, arbeiteten deutschsprachige Texte für die aufnehmenden Kulturen bereits mehr oder minder elegant auf. Journale verbreiteten und kritisierten Originale, Übersetzungen, Adaptationen. Beherrschten zunächst biblische Versepen, Dramen, Lustspiele, Fabeln und Naturlyrik mit ihren moralischen und religiösen Anliegen das literarische Feld des 18. Jahrhunderts, so veränderte sich das Bild im letzten Viertel des 18. Jahrhunderts zusehends: Schwärmerkritik, weltlicher Roman und elitäre Selbststilisierung faszinierten die europäischen und amerikanischen Leser. Sie entwarfen sich allmählich als Weltbürger, reisten, lasen und bildeten sich.

IV.

Kleine Welt ganz groß, 1770–1830

In den Dekaden von 1770 bis 1830 zeigte sich eine kleine Stadt in den östlichen Provinzen des Alten Reiches als besonders weltoffen. Weimar wurde zum Sehnsuchtsort nicht nur des literarischen Europas, sondern des lesenden Universums: ein beabsichtigter und geplanter Exportschlager, gefördert durch Herzog Karl August von Sachsen-Weimar-Eisenach und unterstützt durch die heimische Kulturindustrie. Der umtriebige Schriftsteller, Geschäftsmann und Mäzen Friedrich Justin Bertuch (1747–1822) initiierte die Weimarer Zeichenschule mit, gründete eine Fabrik für Kunstblumen sowie das Landes-Industrie-Comptoir, in dem Künstler, Drucker und Kartografen gemeinsam tätig waren, und veröffentlichte mit seinem *Journal des Luxus und der Moden* (1787–1812) die erste europäische Illustrierte. Durch das *Journal* bewarb und vermarktete er seine Waren.[1] Seine *Allgemeine Literatur-Zeitung* (1785–1849; später: *Jenaische Allgemeine Literatur-Zeitung*) fand zahlreiche Abonnenten und verhalf auch der lokalen Literaturproduktion zu einem großen Publikum.

Melancholisch und hintersinnig zugleich sinniert der unbekannte Bildungstourist Elihu G. Holland in dem bekannten New Yorker Magazin *Knickerbocker* über die vergangene Glorie. Er weiß um die ideellen und materiellen Grundlagen der künstlerischen Idylle an der Ilm: »Ye Athens of the German realm, / Where GOETHE, WIELAND, SCHILLER dwelt, / Where KARL AUGUST, in generous pride, / To high-born genius favors dealt«, heißt es in seinem hymnischen Gedicht *To Weimar* (1859).[2] Holland reimt »dwelt« (»verweilten«) auf »dealt« (»gehandelt«), spannt die ästhetische Muße und die geschäftige Ökonomie zusammen. Der Erfolg Weimars und seiner Kultur entsprang tatsächlich nicht dem Rückzug in die Provinz, sondern dem Gegenteil: dem Aufeinandertreffen bemerkenswerter Kulturschaffender unterschiedlicher Herkunft, die sich den neuen Entwicklungen öffneten. Die stetige Geldnot des kleinen Fürstentums und der Wunsch, sich unter den zahlreichen anderen Fürstentümern hervorzutun, befeuerten das Unterfangen. Bildung war zur neuen Religion derer geworden, die sich solche leisten konnten, und Weimar hatte das Geschäft mit ihr entdeckt. Selbst wenn man, wie Goethe, am liebsten in Europa blieb, zwischen Rom, Karlsbad, Frankfurt und Weimar das Leben genoss – Bildung erlaubte die geistige Reise in die Welt, selbst in der Provinz.

Madame de Staëls *De l'Allemagne* (1813) als Einstiegsdroge – aber Goethe erst nach einer »Bouteille Champagner«

Unter den zahlreichen europäischen Bildungstouristen war eine berühmte und wohlhabende Dame: Anne Louise Germaine de Staël-Holstein (1766–1817), Tochter des Genfer Bankiers Jacques Necker (der unter Ludwig XVI. Finanzminister Frankreichs war) und Pariser Salonière. Kaiser Napoleon hatte sie wegen ihrer Kritik an seiner Politik aus der Landeshauptstadt verbannt. Um nicht in der französischen Provinz zu versauern, erkundete sie das Nachbarland im Osten, unter anderem das bürgerliche Frankfurt. Die Stadt sagte ihr wegen ihrer eher materiell ausgerichteten Lebensform und ihrer humorlosen Bewohner nicht zu, die geistreiche Catharina Elisabeth Goethe ausgenommen. Bald zog es de Staël in den Wohnort von Catharina Goethes Sohn, das höfische Weimar mit seiner kulturell anregenden Atmosphäre. Die sagenumwobene französische Adelige, die sich gern in Gestalt der starken Hauptfigur ihres zweiten Romans *Corinne* (1805/06) malen ließ, gab hier wie dort Anlass für Tratsch und Zwistigkeiten: Achim von Arnim interessierte sich so sehr für die weltgewandte Dame, dass seine Gattin Bettina eifersüchtig wurde und sich selbst für ihre mangelnde Großzügigkeit schalt.[3]

Ihre Erfahrungen, Lektüren und Informationen verarbeitete Madame de Staël zu einem ausgesprochen wirkungsmächtigen Buch: *De l'Allemagne* hieß es, war 1810 abgeschlossen worden, erschien aber wegen der französischen Zensur im Jahr 1813 auf Englisch bei Byrons Londoner Verleger John Murray.[4] Ein Jahr später folgte die Pariser Drucklegung des französischen Manuskripts. Zeitgleich setzte der aus Frankreich geflohene Kant-Anhänger Charles de Villers die deutsche Ausgabe von

François Gérard: Corinne au Cap Misène, 1819–1821
(Musée des Beaux-Arts, Lyon)

De l'Allemagne in Leipzig ins Werk. Der polarisierende Inhalt des Buchs löste heftige Diskussionen aus – in England, Frankreich, Italien, Amerika und Deutschland. Schon deshalb wurde es zu einer literarischen Einstiegsdroge für all diejenigen, die sich mit den »Weltautoren« aus Weimar befassen wollten.

De Staëls Urteil über die teutonischen Lande klingt nach Tacitus und seiner ambivalenten Beschreibung der nordischen Barbaren: Sie schwärmt von gallischer Regeltreue, Rationalität, Klarheit und Geselligkeit und kontrastiert diese Eigenschaften mit germanischer Ernsthaftigkeit, Ehrlichkeit, Tiefe und Metaphysik, mit »Unabhängigkeitssinn und Biederkeit«.[5] Erst bei näherer Lektüre ergibt sich ein differenziertes Bild, und dies ist den »belles-lettres«, der schöngeistigen Literatur, zu verdanken. Preußen gilt de Staël als »Vaterland des Gedankens«,[6] Norddeutsch-

125

land als Hort von so vielen beeindruckenden Universitäten, dass selbst England das Nachsehen hat. Überhaupt zeigt sich die adlige Dame von der Bildung auch der niedrigen Stände überrascht: Sogar Gastwirte und Zollbeamte läsen französische Literatur, und selbst das ländliche Bayern ließ sich durch die Münchener Akademie kultivieren.

Das Größte aber erschien klein: der Weimarer Musenhof. »Durch Lektüre und Studium nannte man das Weltall sein eigen und entschlüpfte durch die Weite des Denkens den engen Grenzen der bestehenden Verhältnisse«,[7] fabuliert de Staël fasziniert und nimmt jene Begeisterung für die Welt auf, wie sie auch die Weimarer Autoren auszeichnete. Doch ausgerechnet den Weltautor schlechthin schätzt sie nur unter einer Voraussetzung: »Überhaupt mag ich Goethe nicht, wenn er nicht eine Bouteille Champagner getrunken hat.«[8] Goethe aber bemühte sich mit und ohne Alkohol um den Gast. Er schrieb Madame de Staël durchaus charmant und mehrfach. In diesen Briefen stellt er sich als Einsiedler dar, freut sich, dass sie sich für seine »kleinen Sachen« (»mes petites choses«) interessiert, grüßt de Staëls Lebensgefährten Benjamin Constant (1767 bis 1830),[9] ermuntert sie, mit dem taciteischen Klischee spielend, möglichst bald »Ihre Bemerkungen über uns ehrliche Deutsche« zu veröffentlichen.[10]

Literarisch aber vertraute de Staël dem Urteil ihrer Berater und Freunde: Wilhelm von Humboldt (1767–1835) war Hauslehrer der Kinder de Staëls. August Wilhelm Schlegel (1767–1845), bekannt als Kritiker allzu klassizistischer Antike-Imitation,[11] stand ihr dreizehn Jahre lang zur Seite und folgte ihr als Hauslehrer in die Schweiz, nach Italien und Frankreich. Er machte aus den kulturgebundenen,[12] lokalen deutschsprachigen Romantiken europäische Phänomene.[13] Albertine Necker de Saussure, eine Cousine Madame de Staëls, übertrug seine *Vorlesungen über dramatische Kunst und Literatur* (1809–1811) ins Französische (1814), tilgte die Spitzen gegen Racine, Corneille und Molière und schrieb Schlegels Überlegungen zugunsten der klassischen Tragödie um, worauf prompt eine italienische Fassung der französisierten *Vorlesungen* (1817) folgte.[14] Friedrich Schlegel (1772–1829) beteiligte sich am europäischen Geistesprojekt des Bruders; er half de Staël beim Verständnis der Transzendentalphilosophie. Auch der englische Jurist, Publizist und Bildungstourist Henry Crabb Robinson (1775–1867), ein Vermittler idealistischen Denkens in den angloamerikanischen Sprachraum,[15] versuchte, de Staëls Interesse dafür zu wecken.[16] Crabb Robinson war mit dem

Schiller-Biografen Thomas Carlyle (1795–1881) und berühmten Autoren wie Samuel Taylor Coleridge und Walter Scott (1771–1832) gut bekannt. In England trug Crabb Robinson erheblich zum Ruhm deutschsprachiger Philosophie und Literatur bei. Im Jahr 1804 traf Crabb Robinson mehrfach mit Madame de Staël und Constant zusammen, besorgte Blätter von Privatlektionen und Ähnliches,[17] um die wenig idealisch gestimmte Dame für den Idealismus zu begeistern.[18]

De l'Allemagne zeichnet ein literarisches Panorama, in dessen Zentrum Weimar steht. Die Entwicklung deutschsprachiger Literatur läuft geradewegs darauf zu – womit de Staël bereits den Weg vorzeichnet, den deutschsprachige Literaturgeschichten ab etwa 1830 wieder und wieder abschreiten sollten.[19] Weil die Regierungen ihre Autoren so wenig zum Schreiben ermunterten, diagnostiziert de Staël, entstand deutsche Literatur spät. Das *Nibelungenlied* gilt als erster großer Wurf. Die Literatur der Galanten (Hagedorn, Gellert) straft de Staël als pseudofranzösisch ab. Erst Haller und Lessing (»Seine Anschauungsweise ist deutsch, seine Ausdrucksweise europäisch«[20]) können mithalten. Klopstock und Wieland erscheinen als glanzvolle Begründer einer neuen deutschen Literatur – und doch heißt es über Wieland, den Meister des anzüglichen Schreibens, abschätzig: »[...] bei aller Anerkennung für Wieland als einen großen Meister muß man doch wünschen, daß er keine Schüler finde«.[21]

De Staël geizt nicht mit derart harschen Urteilen, lobt aber auch: Iffland gilt ihr als größter deutscher Autor, Goethe als universaler Geist und Formkünstler, Schiller als Dichter des Gewissens und wunderbarer Charakter. Schauspiel und Drama schätzt de Staël insgesamt als unterentwickelt ein: Sie lobt Lessing als Erfinder der Bühne im Alten Reich. Doch seine Attacke gegen die französische Klassik und seine Allianz mit Diderot verzeiht sie ihm nicht. Auch de Staël präsentiert sich als Anhängerin des französischen Dramas. Selbst Schiller, dem aus ihrer Sicht besten Dramatiker, fehle es aufgrund seiner Neigung zum Traurigen und Monotonen an »Weltton«.[22] *Maria Stuart* mit seiner klaren staatspolitischen Frage erscheint ihr als konzeptionell bestes Stück, *Wallenstein* von Stoff und Anlage her als wichtigstes nationales Drama. Doch Constant wusste Schiller leicht zu übertrumpfen: In seinem *Wallstein* (1809) schrieb er »Schillers Trilogie zu einer Tragödie von französischer Form und Regelmäßigkeit« um.[23] Tatsächlich hatte Constant nicht nur das Personal von Schillers Drama erheblich reduziert und die Rollen verändert, sondern auch zahlreiche Übersetzungen und Nachahmungen des französischen *Wallstein* inspiriert – etwa Pierre-Chaumont Liadières *Wallstein* (1829).[24] Diese Darstellungen de Staëls passen ins Bild – anders als ihre Neigung zu Jean Paul, der so gar nicht regelorientiert schrieb und einen grotesken Humor pflegte. Seine *Rede des toten Christus vom Weltengebäude herab, daß kein Gott sei* (1796) zitiert sie in *De l'Allemagne* in einer umgearbeiteten Übersetzung von Villers. *De l'Allemagne* lässt den Albtraum von Jean Pauls Erzähler als zentrales Manifest deutschsprachiger Literatur erscheinen: als Manifest über den Verlust des Glaubens, der keine Probleme löst, sondern neue schafft.[25]

Madame de Staël bietet ein übersichtliches Deutschland in anschaulicher Form. Sie findet Germanen-Klischees des Tacitus in der zeitgenössischen Wirklichkeit wieder. Ihr Urteil über die Literatur der teutonischen Nachbarn ist klar: Sofern sie dem europäischen, also dem französischen Mainstream folgen, taugt die Sache etwas. Iffland und Klopstock schneiden auch deshalb besser ab als Wieland oder Goethe, und Jean Paul erscheint als vorbildlicher Autor. Moralische Abweichungen vom guten Ton ahndet die Salonière streng. Die Rezeption von *De l'Allemagne* aber ist paradox – oder jedenfalls widerspricht sie den Absichten der Autorin: De-Staël-Leser interessierten sich vor allem für die Literatur, die von der Autorin als moralisch dubios gebrandmarkt wurde. Von Unanständigem ließen sich die Zeitgenossen besonders reizen.

Ein Skandalroman schreibt Geschichte: Goethes *Leiden des jungen Werthers* (1774)

Ein Text aber schied die Wasser der Rezeption: Goethes *Leiden des jungen Werthers*, im Jahr 1774 bei Johann Friedrich Weygand, dem Verleger des Sturm und Drang, publiziert. Monetär betrachtet, bedeutete der *Werther* für seinen Autor ein Verlustgeschäft, aber er brachte Ruhm und den erhofften Durchbruch, auch außerhalb der Grenzen des Alten Reiches. Schon sein kontroverser Gegenstand, die Geschichte von verbotener Liebe und Selbstmord, war dazu angetan. Doch erst die Darbietungsform machte daraus jenes ästhetisch reizvolle Werk der noch nicht einmal erfundenen Weltliteratur: einen Text, der die vergleichsweise heile Welt des europäischen Briefromans infrage stellte.[26]

Ein fingierter Herausgeber veröffentlicht Briefe des jungen Rechtspraktikanten Werther an dessen Freund Wilhelm. Werther ist unglücklich in die bereits liierte Lotte verliebt. *Die Leiden des jungen Werthers* erzählt die Geschichte der an den Standesschranken und an zeitüblichen Moralvorstellungen scheiternden schwärmerischen Liebe. Sie löst eine todbringende Melancholie aus. Werther erschießt sich. Verweise auf andere Texte unterstützen das Charakterbild des sensiblen Werther, eines neuartigen Figurentypus, geboren aus der Verve des Sturm und Drang: Werther versteht Griechisch, Latein, Gälisch und Englisch. Seine Lektüren spiegeln seine Seelenzustände. Homer *(Odyssee)* und Klopstock *(Die Frühlingsfeier*, 1759) begleiten die Liebe zu Lotte, der fiktive Autor Ossian *(Gesang von Selma)*[27] flankiert den Todeswunsch.[28] Die Bibel, Märchen, Oliver Goldsmiths *Vicar of Wakefield* (1766), Jean-Jacques Rousseaus *Émile* (1762), Edward Youngs *Night Thoughts* (1742), kunsttheoretische und theologische Abhandlungen sowie Lessings *Emilia Galotti* – Werther las die Szene des Mordes an Emilia in seiner Todesnacht – konturieren die literarische Seelenlandschaft. Unlogische Wendungen (etwa die Anfangssentenz: »Wie froh bin ich, daß ich weg bin«), Leerstellen (wie der unkommentierte Ausruf »Klopstock!«), lange und abgebrochene Sätze lassen den Gang der Handlung hin zum schlimmstmöglichen Ende ahnen.[29]

Wie kein zweiter Text seiner Epoche weckte Goethes *Werther* nicht nur Emotionen, sondern erlaubte es einem größeren Publikum, die eben erst errichtete Grenze zwischen Fiktionalität und Wirklichkeit wieder einzureißen.[30] Das im Entstehen begriffene Lesepublikum ersetzte Erbauungsliteratur durch fiktionale Texte wie den *Werther*. Seine an religiösen Gattungen geschulten Wahrnehmungs- und Deutungsgewohnheiten übertrug es auf die Literatur: Heilserwartungen leiteten die Lektüre an.[31] Man suchte eine Lehre im Roman, diskutierte ihn wie Sachprosa, die Auskunft über die Pflichten gegenüber Gott, der Gesellschaft und sich selbst gibt. Andere schätzten *Werther* als dramatische Erzählung über eine tödliche Ménage-à-trois. Die lesende Jugend identifizierte sich mit Werther, Figur und Erscheinungsbild wurden zum Kult-Phänomen. Die Jugend erprobte neue Rollenmuster und suchte sich von einer noch ständisch und mithilfe der Heiratspolitik organisierten Gesellschaft abzugrenzen. Wer die »Werther-Tracht« trug, bestehend aus gelber Hose, blauer Weste und braunen Stiefeln, signalisierte seine Ansteckung mit dem »Werther-Fieber«. Gerüchte von »Werther-Selbstmorden« machten die Runde, doch brachten sich vermutlich nur wenige Zeitgenossen infolge der Lektüre um. Zu diesen Ausnahmen zählte Julius von Lindau (1754–1776), ein verarmter und unglücklich verliebter Adliger. Er starb im Amerikanischen Unabhängigkeitskrieg und wurde als »Werther im Waffenrock« durch Johann Kaspar Lavaters Gedicht *An einen Schwerleidenden* (1776) literarisch bekannt.

Goethe selbst erklärte die explosive Wirkung seines Romans aus dem Kairos, dem besonderen Zeitpunkt seiner Veröffentlichung:

> Die Wirkung dieses Büchleins war groß, ja ungeheuer, und vorzüglich deshalb, weil es genau in die rechte Zeit traf. Denn wie es nur eines geringen Zündkrauts bedarf, um eine gewaltige Mine zu entschleudern, so war auch die Explosion, welche sich hierauf im Publikum ereignete, deshalb so mächtig, weil die junge Welt sich schon selbst untergraben hatte, und die Erschütterung deswegen so groß, weil ein jeder mit seinen übertriebenen Forderungen, unbefriedigten Leidenschaften und eingebildeten Leiden zum Ausbruch kam.[32]

Werther zündelte am Herzen der Leser, indem er verbotene Gefühle und ihre Folgen beschreibt. Auf den *Werther* folgten die Wertheriaden, die Anti-Werther und Parodien wie Friedrich Nicolais *Die Freuden des jungen Werthers* (1775), ihrerseits oft Bestseller.[33] Werther wurde zum Typus, Symbol und Mythos, gleich ob in Prosa, Lyrik oder Drama, Tragödie oder Komödie.[34] Und offenbar entflammten nicht nur deutschsprachige Leser, sondern Freunde der Literatur weltweit dafür. Sie reagierten allesamt ähnlich: Mit Begeisterung und heißem Herzen verschlangen die Jungen und revolutionär Gesinnten den Roman. Die Erfahrenen und Moralinsauren reagierten mit Kritik oder Geringschätzung. Für Goethe wurde aus dem *Werther* eine Fortsetzungsgeschichte wider Willen, ein belastendes Erbe zu Lebzeiten: Angesichts der Kritik auch bedeutender Zeitgenossen wie Nicolai oder Lessing befürchtete er, seine Reputation als Autor könne Schaden nehmen. Seine Wertheriana, zahllose Texte mit *Werther*-Bezug nach dem Erscheinen desselben, waren die Folge: Goethe bearbeitete den eigenen Text grobianisch und schwankhaft. Werther erscheint als empfindsamer »Probierhengst«, um die vom Gatten gelangweilte Gattin zu verzücken und auf den ehelichen Geschlechtsakt vorzubereiten.[35] In einer zweiten Fassung aus dem Jahr 1787 entschärfte Goethe seinen *Werther*-Roman erheblich. Die Entschärfung begünstigte zum einen seine Rezeption innerhalb des deutschsprachigen Raums und stieß die *Werther*-Industrie, darunter die Verfertigung von Meissener Porzellan mit einschlägigen Motiven, erst so recht an. Zum

Werther-Porzellan: Deckeltasse mit Untertasse nach französischen Vorlagen –
Klavierszene und Pistolenübergabe. Meißen, um 1790. Porzellan, bemalt und
vergoldet. Tasse: Höhe 6,8 cm, 10,5 cm mit Deckel, Durchmesser 7,7 cm.
Untertasse: Höhe 3 cm, Durchmesser 8 cm. Schwertermarke mit Stern im
Unterglasurblau, in Gold »S« am Rand der Tasse. Privatbesitz[36]

anderen ließ sich der entschärfte *Werther* auch außerhalb des deutschsprachigen Raums leichter verkaufen – sofern die *Werther*-Rezeptionen
nicht schon längst über den Text Goethes hinausgegangen waren.

In seinen klassischen Texten, den *Römischen Elegien* (1795/1800) und
den *Venezianischen Epigrammen* (1790), wird der Roman dem Autor
schon historisch: »Glücklich bin ich enflohn! sie [die Geliebte] kennet Werthern und Lotten / Kennet den Namen des Mannes der sie sich
eignete kaum«, heißt es in den *Römischen Elegien*.[37] Goethes Sprecher
taucht (wie der Autor selbst) undercover in der Hauptstadt Italiens auf
und genießt die nicht-konventionelle Liebe abseits des prekären Ruhms.
Die *Venezianischen Epigramme* wirken weniger versöhnlich. Sie erlauben dem Sprecher keine Ausflucht, keine *Italienische Reise*, sondern
konfrontieren ihn mit einem sensationslüsternen Europa. Die Namen
Werther und Lotte rufen Goethes Skandalroman auf:

Hat mich Europa gelobt, was hat mir Europa gegeben?
Nichts! Ich habe, wie schwer! meine Gedichte bezahlt.

Deutschland ahmt mich nach, und Frankreich mochte mich lesen.
England! freundlich empfingst du den zerrütteten Gast.
Doch was fördert es mich, daß auch der Chinese
Malet, mit ängstlicher Hand, Werthern und Lotten auf Glas?[38]

Mit zwei rhetorischen Fragen und drei Exklamationen klagt der Sprecher die Mitwelt an: Der Ruhm nützt ihm nichts, weder unter monetä-
rem noch unter kreativem Aspekt. *Werther* bringt weltweit nur schlechte
Imitationen, Kunsthandwerk hervor.

»Werther-Syndrom« um 2000?

Goethes eigene Auseinandersetzung mit *Werther* spiegelt die bis in die
1820er-Jahre anhaltende Aktualität des Romans. Sie lässt sich auch durch
die Konjunktur der *Werther*-Übersetzungen auf dem Buchmarkt belegen.[39] Ausgehend von den Übersetzungen der 1774er-Version verstärkte
sich das Interesse am Text aus dem Jahr 1787. Zwischen 1792 und 1793
erschienen mehr als sechs *Werther*-Übersetzungen pro Jahr, vor allem
in London, Paris und Amsterdam. Im Verlauf des 19. Jahrhunderts entstanden neue Übersetzungen außerhalb Europas und bekannte wurden
neu und oft mehrfach aufgelegt. Zwischen 1985 und 1987 ist eine Spitze
der Konjunktur von *Werther*-Übersetzungen mit im Schnitt mehr als
elf aufgelegten Übersetzungen pro Jahr (in der Mehrzahl in Budapest,
Mailand und Spanien) zu verzeichnen. In den Jahren 1991 bis 2001 sind
es sogar im Schnitt mehr als zwölf Auflagen pro Jahr. Sie erschienen in
Paris, London, Budapest, Zagreb, Prag, Istanbul, Spanien (vor allem dem
Baskenland) und Portugal.

Ulrich Plenzdorfs Aktualisierung *Die neuen Leiden des jungen W.*
(1972) kann dafür nicht mehr verantwortlich gemacht werden, auch
wenn sie Goethes *Werther* erneut in Erinnerung rief. Vielmehr scheinen die Reformbewegungen Ost- und Südosteuropas seit den 1980er-
Jahren auch literarisch zu greifen. Für die Konjunktur um 2000 spielt
außerdem ein weiteres Phänomen eine Rolle, für das der amerikanische
Soziologe David Philipps im Jahr 1974 den Begriff »Werther-Syndrom«
prägte.[40] Er bezeichnet damit Selbstmorde, die im Zusammenhang mit
der Berichterstattung über Werther-Selbstmorde verübt wurden, also
eine Art medial bedingte Kettenreaktion: Ausbrüche von Melancholie mit Todesfolge. Das »Werther-Syndrom« galt schon dem zeitge-

nössischen Publikum als ansteckend. Vor solcher Ansteckung warnen Psychologen noch heute, und zwar mit Blick auf den Terror:[41] Jugendliche, denen der eigene Selbstmord nicht mehr genügt und die andere mit in den Tod reißen wollen, leiden an einer verschärften Variante des »Werther-Syndroms«. Bei ihnen handelt es sich sozusagen um radikale Werther-Figuren, auch wenn Goethes Text längst durch andere Blaupausen für das eigene Selbstmordattentat ersetzt ist.

Goethes Roman wurde durch »neue Werther« überlagert.[42] Die Wahrnehmungen und Veränderungen des Textes folgen einem typischen Verlauf: Wer zeitlich und räumlich benachbart über *Werther* schreibt, ihn kritisiert, übersetzt, adaptiert, bleibt zumeist nah am Text. Wer hingegen zeitlich und räumlich entfernter ist, greift oft schon auf andere Übersetzungen und Adaptationen zurück, eignet sich den Text aus dem Blickwinkel der je eigenen Literatur und Kultur an, nimmt einzelne Merkmale heraus, transformiert, deutet um – so lange, bis nur noch wenig Original-*Werther* bleibt.

Die kartografische Auswertung der Erscheinungsorte von *Werther*-Übersetzungen lässt dabei auf unterschiedliche Rezeptionsbedingungen des Textes schließen: Waren bis 1850 fast nur Europa, vor allem die Niederlande, Frankreich, England und die Schweiz sowie Nordamerika als Knotenpunkte der *Werther*-Wahrnehmung und -Bearbeitung bedeutsam, so erweiterte sich der geografische Horizont, den *Werther* eröffnete, zusehends: Um die Mitte des 19. Jahrhunderts übersetzte und las man auch in Russland, der Türkei, Ägypten, Pakistan, China, Südkorea, Japan, Brasilien und Mexiko *Werther*. Dabei verband sich mit dem *Werther* oft nicht nur ein Epochenwandel von einer stark reglementierten hin zu einer weniger reglementierten, moderneren Gesellschaft, sondern auch ein Wandel der Ethik und des Gattungssystems. Weil das Individuum mit seinen Gefühlen, Vorlieben und Abneigungen ins Zentrum des Interesses rückte, durfte, ja musste es sich auch literarisch äußern: Gleich ob durch Lyrik oder Drama – das Individuum sprach über sich. Die Gattung Roman, die noch im 18. Jahrhundert per se als amoralisch galt, wurde zu einem Ausdrucksmittel für diese Rede über Menschliches und Zwischenmenschliches.

In den allermeisten Ländern, speziell den mittel- und nordeuropäischen sowie in Nordamerika, stieß *Werther* auch deshalb auf erhebliche Gegenwehr, weil dieser soziale, ethische und literarische Veränderungsprozess verstörte. Abwehr und Aneignung des *Werther*

lassen sich besonders gut am Beispiel der Niederlande veranschaulichen: Ähnlich wie das Alte Reich auf eine Ethik der Mäßigung und
der Selbstkontrolle eingeschworen, ging *Werther* in der öffentlichen
niederländischen Diskussion der Jahre 1775 bis 1785 beinahe unter.[43]
Rhijnvis Feiths *Julia* (1783) hingegen, eine Mischung aus Rousseaus
Julie, ou la nouvelle Héloïse und *Werther*, lenkte die Aufmerksamkeit auf Goethes Text.[44] Feith (1753–1824), ein prominenter Aufklärer und Lokalpolitiker, erzählt die Geschichte der beiden Liebenden
Julia und Eduard, denen der Vater der jungen Frau die Heiratserlaub-
nis verweigert. Eduard liest *Werther*, identifiziert sich mit der Hauptfigur, doch bringt nicht er sich um, sondern Julia tötet sich. Eduard
beweint sie sein Leben lang. Ungefähr im Jahr 1787 war *Werther* auch
durch *Julia* in den Niederlanden so bekannt, dass sich im Jahr 1793 eine
neue Übersetzung lohnte und der Text bis zum Jahr 1795 zu einem der
meistdiskutierten Bücher wurde.[45]

Die niederländischen Leser spalteten sich in drei Gruppen: Zahlreiche
Kritiker wandten sich gegen das Buch und stempelten es zum moralischen Negativexempel ab. Zu diesen Kritikern gehörte auch der Philosoph und Schriftsteller Frans Hemsterhuis (1721–1790). Er schrieb Fürstin Amalie von Gallitzin, genannt Diotima, gleich zwei Briefe darüber.
Hemsterhuis kannte sie aus der Zeit, die sie mit ihrem Mann, dem russischen Gesandten, in Den Haag verlebte, bevor sie im Jahr 1779 nach
Münster zog. Hemsterhuis gehörte – wie übrigens auch Friedrich Heinrich Jacobi und Johann Georg Hamann – zum Kreis der Fürstin und
wollte Rationalismus und Sensualismus vereinen. Ein erster Brief an
Diotima vom 1. Dezember 1789 beginnt mit der Lektüre des *Werther*.
Hemsterhuis ist von der Menschenkenntnis des Autors fasziniert, beklagt aber eine allzu große Nähe des Romans zu Edward Youngs melancholischen *Night Thoughts*. Im zweiten Brief entpuppt sich Hemsterhuis
als begeisterter Leser. Er nimmt Werther identifikatorisch wahr, »sogar
manchmal zu sehr«.[46] Hemsterhuis will dem Publikum solche Gefühls-
nöte und Gewissenskämpfe ersparen. Er rät, das Buch vor dem Publikum
zu verbergen, da es größten Schaden anrichten könne. Doch kaufte und
verschlang eine schweigende Leserschaft den Text – ohne Rücksicht auf
den eigenen Seelenzustand. Nur wenige avantgardistische Interessenten
wie der gelehrte Schriftsteller und Politiker Joannes Lublink de Jonge
(1736–1816) nahmen *Werther* als Kunstwerk ernst, das den zeitgenössischen Sentimentalismus so distanziert wie innig zu betrachten erlaubte

und mehrfache Brüche mit eingespielten Lese- und Deutungskonventionen provozierte.

Weltfremdheit, Weltferne und Gefährdung der lesenden Welt – so lauteten die Vorwürfe einer großen Zahl niederländischer Rezipienten. Ganz anders sah man es schon frühzeitig in Italien. Hier erschien *Werther* als Weisheitsschule, als Geheimbuch der selbst ernannten elitären Spitzen der Gesellschaft: der moralisch anspruchsvollen Orden. Die italienische Erstausgabe *Werther, opera di Sentimento del Dottor Goethe / Werk nach der Empfindung Doktor Goethes* (1781) erschien im schweizerischen Graubünden,[47] übersetzt von Gaetano Grassi, herausgegeben von Tommaso Francesco Maria de Bassus (1742–1815) aus einer adeligen Puschlaver Familie. De Bassus war als junger Mann zu seinem vermögenden Großvater nach Ingolstadt gezogen, hatte sich mit dem Ingolstädter Professor Adam Weishaupt (1748–1830) sowie dem damaligen Freimaurer und baldigen Illuminaten Freiherr Adolph Knigge (1752–1796) angefreundet und zur Gründung des Illuminatenordens im Jahr 1776 beigetragen. Fünfundzwanzigjährig kehrte er nach Puschlav zurück. De Bassus wollte die Illuminaten und Freimaurer zusammenführen und unternahm dies mit publizistischen Mitteln. In Bayern kaufte er eine Druckerpresse und verpflichtete Giuseppe Ambrosioni als Fachmann für den Druck. Wichtigstes Buch der Druckerei war der *Werther*.

Die Lektüre des italienischen *Werther* inspirierte, verbunden mit einiger Begeisterung für Rousseau, das italienische Nationalepos *Ultime Lettere di Jacopo Ortis / Letzte Briefe des Jacopo Ortis* (1802). Der Autor, ein junger Napoleon-Bewunderer namens Ugo Foscolo (eigentlich Niccolò Foscolo, 1778–1827), kämpfte gegen die österreichische Besatzung und für die Einheit Italiens; in seinem Roman parallelisiert er den Verlust von amouröser und patriotischer Liebe.[48] Dieser Parallelismus findet im Argentinien der 1830er-Jahre seine Fortsetzung, wo der romantische Autor Esteban Echeverría (1805–1851) sowohl den *Werther* als auch die kastilische Übersetzung von Foscolos Roman las und zu einem eigenen Text mit dem Titel *Cartas a un amigo / Briefe an einen Freund* (1835) verarbeitete.[49] Die italienische *Werther*-Rezeption hatte eine globalisierte Kettenreaktion erzeugt.

Noch im ausgehenden 19. Jahrhundert blieb das Patriotismus-Motiv der post-wertherschen Geschichten prominent: Ludwig Jacobowskis Roman *Werther der Jude* (1898) appelliert an seine Glaubensbrüder und -schwestern, sich zu assimilieren.[50] Damit stieß der Roman zugleich das

Interesse für den »Urtext« neu an: Seit 1910 (sowie kurz danach, 1911 und 1922) wurde der *Werther* ins Jiddische und nur ein Jahr später, also 1911 ins Hebräische übersetzt (dann wieder 1962, 1994, 2000). Die Beispiele zeigen, dass *Werther*-Geschichten ihr Eigenleben führten, sich aber zugleich noch auf den Text bezogen, den sie als ihren Urtypus begriffen – so vergessen, verstellt durch Vorbehalte und überlagert durch ähnliche und andere Geschichten er auch sein mochte. *Werther* steht für ein komplexes Netz von Textbeziehungen. Französische und englische Netzknoten erweisen sich dabei als besonders stark.

Vom revolutionären Pistolenroman zum Hauptbuch der Liebe links des Rheins

Napoleon verehrte Goethes *Werther*. Um 1785, als sechzehnjähriger Leutnant in Auxonne, las er den Roman wohl zum ersten Mal. Seitdem führte er ihn in seiner Feldbücherei mit und setzte sich angeblich weitere sechs Male mit dem Roman auseinander. Möglicherweise identifizierte sich Napoleon mit Werther und seiner Revolte gegen die Standesschranken: Die korsische Familie Buonaparte, die auf der Insel zum Kleinadel gehörte, galt auf dem französischen Festland nicht als adelig. Wie andere Bürgersöhne (und Werther) kämpfte der junge Napoleon um Ansehen und Karriere. Bei seinem Treffen mit Goethe im Jahr 1808 erzählte er, inzwischen Kaiser der Franzosen, dem Autor von seiner Bewunderung für den Text und beeindruckte ihn durch seine scharfsinnige Kritik. Der genaue Inhalt des Gesprächs ist bis heute ungeklärt. Mit gutem Grund lässt sich aber vermuten, dass Napoleon den Finger in eine Wunde des Romans legte. Sie deutete zugleich auf ein autobiografisches Problem seines Autors hin:[51] Möglicherweise kritisierte Napoleon, dass Werther nicht ernsthaft um Lotte warb, als sie noch nicht mit Albert verheiratet, sondern bloß verlobt war. Werther blieb passiv und litt an der Welt, »den Verhältnissen« und seiner Liebe, ohne tatsächlich etwas ändern zu wollen. Goethe selbst hatte in seinem Verhältnis zu seiner Lotte, der Wetzlaer Amtmannstochter Charlotte Buff, ebenso die Konsequenzen gescheut wie seine Figur. Hüllte er, der ansonsten so umsichtig niederschrieb, was ihm begegnete, sich über das Gespräch mit Napoleon vielleicht deshalb in Schweigen?

Wer die *Werther*-Begeisterung Napoleons und seiner französischen Zeitgenossen verstehen will, sieht mehr als bürgerlichen Aufstiegswil-

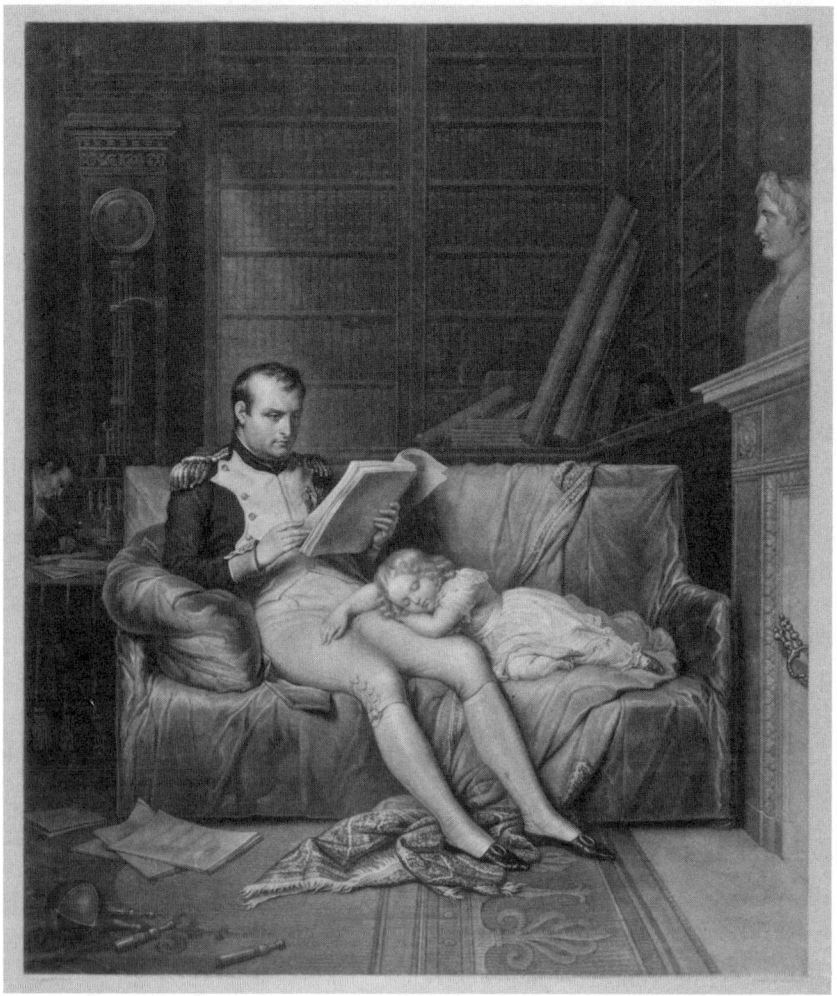

Napoleon I. Bonaparte und sein Sohn. Schabblatt von Alexandre
Vincent Sixdeniers nach einem Gemälde von Carl von Steuben,
frühes 19. Jahrhundert

len am Werk: In Frankreich war man durch Rousseaus *Nouvelle Héloïse*
sowohl mit dem Briefroman als auch mit dem Sujet verbotener Liebe
vertraut. *Werther* übte mit seinen komplexen Verbindungen von beidem
einen besonderen Reiz aus, wenngleich Kritiker wie Melchior Grimm
und Jean-François de La Harpe (1739–1803) über die Melancholie und
Monotonie des Romans klagten.[52]

Zwei Phasen der *Werther*-Rezeption in Frankreich lassen sich unterscheiden:[53] Die erste begann ungefähr im Jahr 1776, kurz nach dem Erscheinen des deutschen Originals, und endete ungefähr 1797, noch in der Revolutionszeit. In diesem Zeitraum erschienen siebzehn Ausgaben des *Werther* auf Französisch. Die ersten Übersetzungen, vornehmlich »belles infidèles«, also Texte, die das Original nicht abzubilden, sondern eigenständig nachzubilden suchten, kamen aus der Schweiz und dem Elsass. Sie wurden fast zeitgleich in den Jahren 1776 und 1777 gedruckt: Der erste anonym veröffentlichte Versuch geht auf Baron Karl Siegmund von Seckendorff (1744–1785) zurück. Eine zweite Ausgabe wurde in Maastricht von dem Frankoschweizer Georges Deyverdun (1734 bis 1789), dem Erzieher eines preußischen Markgrafensohns, mit Vignetten des bekannten Berliner Malers und Grafikers Daniel Chodowiecki veröffentlicht und bis nach Amerika verkauft.[54] Unter dem Pseudonym »M. Aubry« des dritten Übersetzers verbirgt sich vermutlich Woldemar Friedrich Graf von Schmettau (1749–1794), ein deutscher Adliger, der in den 1770er-Jahren in Paris lebte. Wie im Alten Reich, so folgten auch in Frankreich Wertheriaden auf dem Fuß: Boulevardkomödien, Werther-Parodien und *Werther et Charlotte* (1792), ein Lustspiel in Prosa, lösten den *Werther* aus dem elitären Medium Buch heraus und brachten ihn für ein größeres Publikum auf die Bühnen.

Im Jahr 1791 geschah eine folgenreiche Umdeutung: Ein gewisser Pierre Perrin legte eine ungewöhnliche Adaptation vor, die umgehend ins Englische übersetzt wurde und dort auf ein Umfeld von Schauergeschichten über Charlotte und Werther traf.[55] In Perrins *Werthérie* wird Werther weiblich – ein Umstand, der die Werther-Geschichte in ihrem Verlauf, ihren Problemhorizonten, Erzählweisen und nachfolgenden Aneignungen erheblich verändert.[56] Werthérie, ein siebzehnjähriges Mädchen, bringt sich wegen des Familienvaters Hertzberg um. Sie schreibt achtundsiebzig Briefe an ihre Freundin Sophie aus der Klosterschule, die ihrerseits mäßigend auf die echauffierte junge Dame einzuwirken sucht. Dabei erweist sich Werthérie keineswegs als naiv. Bevor sie Hertzberg trifft, notiert sie so verspielt wie desillusioniert: »[…] die Männer sind dem Hund unterlegen.«[57] Der Mensch (oder, genauer: der Mann) gefällt nur sich selbst – diese Einsicht gibt der Erzählung die Richtung vor. Der Aufenthalt auf dem Land, die Einsamkeit und eingeschränkte Gesellschaft der Mutter sowie der reizenden Madame Ornesti und ihrer bösen Schwester lässt Werthérie grübeln: »Die Landkrankheit hält mich gefangen«, notiert sie selbstdiagnostisch.[58] Sie fühlt sich allein mit ihrem Hund Médor und einem Cembalo. Da verspricht der Besuch Hertzbergs – nomen est omen – Ablenkung. Durch den überraschenden und frühzeitigen Tod der Mutter zur Waise geworden, bleiben Werthérie nur ihre Gefühle für den verheirateten Mann. Er lädt sie – durchaus egoistisch auf das eigene Vergnügen bedacht – zu seiner Familie nach Basel ein und will sie nicht wieder ziehen lassen.

Die Rousseau lesende Werthérie wird Zeugin und Gegenstand einer dubiosen Parallelgeschichte: Frau Hertzberg, der die Zuneigung des Ehegatten zu dem jungen Gast nicht verborgen bleibt, nimmt Werthérie in ein Irrenhaus mit. Dort lebt »die Verrückte von Didon«, die einstmals in Hertzberg verliebt gewesen ist, mangels eigenen Vermögens jedoch nicht als Ehepartnerin infrage kam. Ein Auftritt der »Verrückten« löst Werthéries todbringende Melancholie aus, befördert auch durch die Lektüre von Youngs *Night Thoughts*. Selbst die Flucht nach Zürich hilft nicht mehr. Mit zitternder Hand verfasst Werthérie Abschiedsbriefe an Sophie und Madame Ornesti. Das Zimmermädchen findet die Tote in einem Wald, blutüberströmt und schneebedeckt, die Abschiedsbriefe in den Taschen. Médor wird erschossen; Werthérie erhält ein Grab mit der Widmung: »Die Liebe hat sie getötet.«[59]

Diese ungewöhnlich psychologische, bis ins pathologische Extrem gehende Schauergeschichte entspricht Goethes *Werther*, jedoch aus weiblicher Sicht: *Werthérie* handelt von einer sensiblen und gebildeten Frau. Sie trifft auf eine ausschließlich materiell orientierte Schicht, repräsentiert durch einen egoistischen Mann, der die Wehrlosigkeit des Waisenkinds ausnutzt. Die Verrückte von Didon, Werthérie und Hertzbergs Gattin werden gleichermaßen zu seinen Opfern: schön, gebildet, sich ihrer eigenen Zwangslage bewusst und doch handlungsunfähig. Es erstaunt, dass dieser raffinierte Text bald in Vergessenheit geriet.

Die zweite Phase der *Werther*-Rezeption im französischen Kaiserreich kannte beides: *Werther*-Begeisterung und *Werther*-Angst. Besonders produktiv für die Aufnahme des *Werther* – wie der Werke Goethes überhaupt – waren französische Adlige im Exil. De Staël etwa äußerte sich begeistert über *Werther*. Sie hielt den Roman für eine hervorragende Beschreibung der »Krankheiten der Einbildungskraft« und stieß damit die europäische und amerikanische Rezeption neu an.[60] Im Jahr 1804 bewirkte ein Übersetzerstreit ein hohes Niveau der Übersetzung. Es ist nicht nur durch Imitationen des *Werther*-Stils, sondern auch in der kritischen wechselseitigen Kenntnisnahme der Beteiligten dokumentiert:

Henri de La Bédoyère (1782–1861) warf den Vorläufer-Übersetzungen vor, alle Albernheiten des Ausgangstextes bewahrt zu haben.[61] Die Adelskritik Goethes gehörte für ihn dazu. Als konsequenter Royalist tilgte er sie in seiner Übersetzung. Viele Jahrzehnte blieb seine *Werther*-Version dominant, denn selbst Pierre Leroux (1797–1871), Saint-Simonist und Gründer der Zeitschrift *Le Globe* (1824–1832), bot wegen mangelnder Deutschkenntnisse mit seinem französischen *Werther* nichts Besseres.

Werther diffundierte schnell in die französische Literatur- und Kulturlandschaft hinein, und durch das Französische fand er Eingang in andere Kulturen, etwa die portugiesische.[62] In Frankreich verkörperte Werther Sensibilität und Unruhe einer empfindsamen, obrigkeitskritischen Jugend: François-René Vicomte de Chateaubriands Amerikareisender *René* (1802) leidet unter wertherschem Weltschmerz und sucht sein Heil in der Idylle eines Indianerstamms. Benjamin Constants *Adolphe* (1816), Student der Universität Göttingen und voller Sehnsucht nach Liebe, riskiert eine ähnliche Dreiecksbeziehung wie Werther. Alphonse de Lamartines Erzähler stellt seinen *Raphaël* (1849) in die Fußstapfen von *Werther* und Chateaubriand.[63] Alfred de Musset hingegen lässt seinen Protagonisten Octave in seiner *Confession d'un enfant du siècle / Beichte eines Kindes seiner Zeit* (1836) vorwurfsvoll über Goethe, den Autor des Suizidromans *Werther* und des *Faust*, der überhaupt »bösesten Menschenfigur der Literaturgeschichte«, klagen:

> Aber sage mir, du, edler Goethe, durchbrach denn keine trostreiche Stimme mehr das fromme Rauschen von Deutschlands alten Wäldern? Du, für den die schöne Poesie die Schwester der Wissenschaft war, durftest du nicht die Genugtuung erleben, dass sie selbst in der unsterblichen Natur eine heilkräftige Pflanze für das Herz ihres Günstlings finden? Du, der du ein Pantheist warst, ein Dichter gleich denen des alten Hellas, ein Liebhaber geheiligter Formen, konntest du nicht etwas Honig in jene schönen Gefäße tun, die du zu schaffen verstandest, der du nur zu lächeln brauchtest, damit sich sofort die Bienen auf deinen Lippen niederließen![64]

In der Lebensbeichte von de Mussets Octave spiegelt sich vieles: nicht nur die enttäuschte Liebe des Autors zu George Sand, sondern ein ganzes Jahrhundert voller Enttäuschungen. Eine davon hieß Goethe. Der

Autor spendete seinem Leser keinen Trost, sondern bot nur düstere Geschichten.

Ging das literarische Interesse am »düsteren« *Werther* in Frankreich auch seit den 1830er-Jahren zurück – populär waren nun *Faust* und E. T. A. Hoffmanns Erzählungen –, so erlebte der Roman eine zweite Wahrnehmungs- und Deutungsgeschichte in der Oper: Jules Massenet schrieb mit *Werther* (1886) seine eindrücklichste Partitur. Wegen eines Brandes in der Pariser Opéra Comique fand die Uraufführung im Jahr 1892 allerdings in der Wiener Hofoper statt, bevor das Stück ein Jahr später auch in Paris gezeigt werden konnte. Gleich, ob Roman oder Oper – *Werther* hat sich in das kulturelle Gedächtnis dies- und jenseits des Rheins nach 1850 weniger als revolutionärer Pistolenroman denn als Hauptbuch der Liebe eingegraben. Gustave Flaubert, ein begeisterter *Werther*-Leser und -Bearbeiter,[65] schwärmt in seinen *Lehrjahren des Herzens* (1869) halb ironisch: »Wie gut verstehe ich, daß Werther an Lottes Butterbroten keinen Anstoß nahm!«[66]

Kein Mann ohne *Werther* – keine Frau ohne Bildung: Was englische Autorinnen empfehlen

In England jedoch musste man Sensibilität erst lernen. Mary Shelleys Monster aus *Frankenstein; or, the Modern Prometheus* (1818) steht als beinahe schon parodistisches Pars pro Toto für die Kreatur, die ihr Gefühl noch entwickeln muss. Werther hingegen galt als vorbildlich sensibilisierter Mann. Alle anderen Männer versagten emotional im Vergleich mit Goethes Helden.[67] Schon Jane Austen und ihre Zeitgenossinnen sahen in Rousseaus *Émile* und im *Werther* Lehrbücher für die Sozialisation des Gefühls, und Shelleys Mutter, die Schriftstellerin und Frauenrechtlerin Mary Wollstonecraft, hatte *Werther* ähnlich verstanden, der Legende nach gerade an dem Tag, als ihre Tochter geboren wurde.[68] Zwar interessierten sich englische Autorinnen in erster Linie für Charlotte und stellten diese in ihren Adaptionen als sensible Heldin, Kokotte, Femme fatale und Vampirin,[69] als reine und vernünftige Liebende dar,[70] aber auch der effeminierte Held Werther erhielt Aufmerksamkeit.

Anna Seward (1742–1809), eine romantische Autorin, genannt der »Schwan von Lichfield«, empfahl Müttern, ihre Söhne den *Werther* lesen zu lassen, um sie zu erweichen:[71] Sewards Gedicht *Written in the Blank Page of the Sorrows of Werther* (1792) beschwört die glückliche Liebe als Ergebnis der sensibilisierenden Lektüre, des »cathartic mourning«.[72] Dabei tritt der Begriff der Sympathie geballt auf: als »sympathetic grief«, »soft compassion«, »generous sympathy«, die der Leser erwirbt und für sein Liebesleben einsetzen soll. »O! live to love, and not to mourn like him!«, lautet der Schlussappell.[73] Jane Austen nimmt diese Forderung in *Love and Friendship* (ca. 1792) auf: Ihre Heldin Laura lehnt den Verlobten einer Freundin ab, weil er Goethes *Werther* nicht gelesen hat und deshalb zu verhärtet für eine solche Verbindung sei.[74] Für Frauen folgt daraus umgekehrt eine Warnung. Seward spricht sie aus: Das sensible Geschlecht sollte nicht noch sensibler werden und Goethes Roman meiden.[75]

Diese Faszination für die Sensibilität kennt ihre Geschichten und Gegengeschichten: Kein anderes Werk deutscher Sprache wurde in den letzten Jahrzehnten des 18. Jahrhunderts so häufig ins Englische übersetzt wie *Werther*. Im Jahr 1779 erschien die erste englische Übersetzung aus dem Französischen unter dem Titel *The Sorrows of Werter. A German Story*. Im Jahr 1786 folgte die erste direkt aus der Originalsprache übersetzte englische Version *Werter and Charlotte. A German Story*. Doch die Kritik äußerte sich skeptisch: Das Tory-Organ *Critical Review* beklagte die mangelnde Moral des Werkes und die vermeintliche Verteidigung des Selbstmords.[76] *The Analytical Review* bedauerte das Gefallen am Elend. *The London Magazine* hingegen äußerte mehr Verständnis für die Leser und verteidigte den Publikumsgeschmack gegen die strengen Kritiker.[77]

Dem englischen Publikum gefiel der *Werther* so gut, dass es für ungezählte Wertheriaden offen war: Allein in den letzten beiden Jahrzehnten des 18. Jahrhunderts erschienen achtundzwanzig einschlägige Gedichte, sechs Romane und ein Drama.[78] Zu den herausragenden Texten gehörte die Blankvers-Tragödie *Werter* (1785) von Frederic Reynolds (1764 bis 1841), die mit großem Erfolg lange auf englischen Bühnen aufgeführt wurde.[79] Das Drama begann in der Provinz, nämlich in Bath: Reynolds war hoffnungslos in eine junge Dame aus dem englischen Hochadel verliebt; er erkannte sich in Werther und die junge Dame in Charlotte wieder. Sein Stück ließ er zuerst in ihrem Hause aufführen. Doch die Angebetete fror, die Mutter störte mit Bravo-Rufen, und der Hausherr warf Reynolds ob des wertherschen Selbstmords aus dem Haus. Der missglückten Uraufführung folgten zahlreiche geglückte Darbietungen einer verkürzten Fassung, unter anderem in den Jahren 1785/86 am Covent

Garden Theatre und ab 1796 in Amerika – in New York, Philadelphia, Boston und Charleston. Doch endet auch diese Fassung doppelbödig: Charlotte sinkt auf Werthers sterbenden Körper, schildert sein Sterben mit dem Vokabular der Schauerromantik (»Seine Augäpfel rollen! Er zittert in seinem Leichentuch«) und bekennt sich zu ihrer Liebe.[80] Sebastian, Werthers Freund, gebührt das letzte Wort: eine Ermahnung an alle, die Fassung zu bewahren.»Der Selbstmord allein ist von Gnade ausgeschlossen«, lautet der unversöhnliche Schluss.[81]

Die englischen Romantiker zeigten sich früh von *Werther* und seinen Adaptationen beeindruckt und griffen den Text ihrerseits kreativ auf: Robert Southey etwa schrieb vermutlich schon während seiner Zeit an der Westminster School (1787–1792) ein von *Werther* inspiriertes Sonett und berichtete später von der großen Verunsicherung durch Rousseau und Goethes Roman. Spätestens seit 1811 war Percy Bysshe Shelley mit *Werther* vertraut.[82] Verleger Thomas Jefferson Hogg (1792–1862) versuchte, aus Shelleys *Werther*-Begeisterung Geld zu machen: Shelley schrieb einen Brief an Hogg, in dem er dessen Absicht beklagte, eine Affäre mit seiner Frau Harriet einzugehen – und Hogg publizierte den Brief als eine Fortsetzung des *Werther*. Er tauschte den Namen Harriet gegen Charlotte und gab das Ergebnis als gefundenes Manuskript aus. Shelley selbst veröffentlichte *Alastor, or The Spirit of Solitude* (1816), eine Art Wertheriade mit einem empfindsamen Protagonisten, der den Tod als Weg in die Freiheit auffasst.

Den Autorinnen bot *Werther* eine Folie der Auseinandersetzung mit der eigenen sozialen Stellung. Sie nutzen sie in beinahe schon feministischer Absicht: In dem anonym erschienenen Roman *Eleonora: From the Sorrows of Werther, A Tale* (1785) tauschen Werther und Charlotte die Rollen.[83] Eleonora schreibt an ihre Freundin Maria, bevor sie sich wegen ihrer unglücklichen Liebe zu Werther umbringt. Hier steht die sentimentale Dame im Vordergrund, deren Schicksal und Verhalten in pädagogischer Absicht beklagt wird. Lady Eglantine Wallace (ca. 1754–1803) kritisiert Charlotte ebenfalls. In ihrem einschlägigen Gedicht *The Ghost of Werther* (1787), schon im Titel ein Verweis auf die Literatur der Wiedergänger, greift Werthers Geist Charlotte an: »Du hieltest es für Tugend, die Natur zu verneinen«, lautet seine zentrale Anklage.[84] Ihr sei es nur um die Maximierung ihres Lebensgenusses gegangen, analysiert der Geist und beschreibt sie in der Terminologie der Materialismuskritik als kokette »animal machine«.[85] Charlotte erscheint Werthers Geist, durch den Lady Eglantine Wallace selbst spricht, in doppelter Hinsicht als problematisch, kapriziös und egoistisch, zerstört sie doch »Frieden« und »Vertrauen« des Ehemanns und »spielt mit den Leidenschaften des Geliebten«.[86] Lady Eglantine Wallace weiß ein Gegenmittel: »liberal education« für das weibliche Geschlecht.[87] Was bislang nur den Männern zukam, ist aus ihrer Sicht auch für die Damenwelt vonnöten, damit sie Verhaltensweisen wie diejenigen Charlottes als unangemessen zu analysieren und zu vermeiden lernt.

Der »homo sentimentalis« Werther wird seinerseits schon ein Jahr später zur Lachnummer im bürgerlichen Erziehungsprogramm. Charlotte Smith (1749–1806) ruft mit *Emmeline* (1788) satirische Umdeutungen des *Werther* auf den Plan: Werther erscheint hier als negative Figur, als egoistischer Anti-Held, typisch für viele junge Männer der Zeit. Im Ausgang aus der Romantik bewährt sich diese Wahrnehmungs- und Darstellungstendenz in allen Gattungen: *The Sorrows of Werther*, ein burleskes Stück, wird im Jahr 1818 in Covent Garden aufgeführt. Hier walzt Werther mit Charlotte und schießt sich in den Hut statt in den Kopf.[88] *Werther*-Burlesken wie diese finden ihren Niederschlag im viktorianischen Gedicht: in William Makepeace Thackerays *Sorrows of Werther* (1852/53). Thackeray hatte sich während einer Weimar-Reise im Jahr 1830 bei allerlei Lektüre mit Goethe vergnügt, und als späte Reflexion auf die fröhlichen Stunden entstand ein komisches Gedicht, in dem sich refrainartig alles um das Schneiden von Brot und Butter dreht.[89] Kreuzreim, drei- bis vierhebige Verse und zahlreiche semantisch schiefe Parallelismen zu »butter« traktieren *Werther* auf ihre Weise. Werther und Lotte erscheinen als Opfer der eigenen Sensibilität und Sentimentalität, als Wesen ohne Unterleib, nicht fähig zu einem befriedigenden Leben im Rahmen bürgerlicher Vorstellungen.

Wegen und trotz solcher komischer Darstellungen behauptete *Werther* seinen Platz im literarischen Kanon: Der Goethe-Freund Thomas Carlyle pries *Werther* als repräsentativen Roman des Zeitalters und kontrastierte ihn mit *Wilhelm Meister*.[90] Während *Werther* die Frage nach den Möglichkeiten und Grenzen sensiblen Lebens aufwirft, bietet *Wilhelm Meister* aus Carlyles Sicht die Lösung, da er Tätigkeit als Lebensprinzip beschreibt. *Werther*-Motive auf Teetassen und Fächern signalisierten die Normalisierung und Kanonisierung des umstrittenen Textes. Im England des 19. Jahrhunderts war er beides: kontrovers und zugleich Inventar des bürgerlichen Lesezimmers.

Gefährliche Leidenschaft:
Inzesttabu und Roman in Nordamerika

In Amerika war *Werther* jedoch nicht so leicht in die gerade erst entstehenden literarischen Deutungsmuster einzuordnen wie in den europäischen Ländern mit ihren literarischen Traditionen. In Übersee löste der Roman eine eigenständige, von England unabhängige Literatur mit aus. Auch nach Amerika war *Werther* vergleichsweise schnell gelangt, sodass die Jahre 1784 bis 1809 als Hochphase der Rezeption gelten können.[91] Schon im Jahr 1784 wurde die erste amerikanische Edition veröffentlicht; in den letzten zwei Dekaden des 18. Jahrhunderts variierten sieben Gedichte und drei Romane das Sujet.[92] Der wichtigste dieser Romane, William Hill Browns (1765–1793) *Macht der Sympathie oder Der Triumph der Natur / The Power of Sympathy: or, The Triumph of Nature* (1789), gilt sogar als erster amerikanischer Roman überhaupt.[93] Brown kannte bereits die erste englische Übersetzung des *Werther*. In *The Power of Sympathy* behält er die prinzipiellen Figurenkonstellationen und die Form des Briefromans bei, deutet *Werther* aber zugunsten einer Art *Romeo und Julia*-Geschichte um. Sie bezieht sich auf das Inzesttabu und ruft die zeitgemäße Melancholie-Topik auf.

Harrington, Browns Werther aus dem amerikanischen Landgut Belleview, kann seine Geliebte Harriet nicht heiraten, weil sie, wie sich zu spät herausstellt, seine Halbschwester ist. Harrington berichtet seinem moralisierenden Freund Worthy in Briefen von seiner Zuneigung zu dem melancholischen Waisenmädchen, das nicht standesgemäß ist und dem er für den Beischlaf eine elegante Wohnung kaufen will. Die Liebe aber lässt den durchtriebenen jungen Mann aus besseren Kreisen verstummen. Er verfällt Harriet oder »der Macht der Sympathie« so sehr,[94] dass er sie heiraten will. Die aufgeklärte High Society debattiert die Zuneigung des jungen Paares zueinander ebenfalls in Briefen. Eine gewisse Mrs Holmes, die seit Langem mit allen Protagonisten bekannt, aber nicht verwandt ist, klärt Harringtons Schwester Myra über die verwandtschaftlichen Verhältnisse auf. Harringtons Vater nämlich hatte sich einem mittellosen Mädchen namens Maria gegenüber so verhalten, wie Harrington es ursprünglich Harriet gegenüber plante, und ebenjene Tochter Harriet mit ihr gezeugt. Harriet stirbt aus Kummer über diese Nachricht, Harrington folgt ihr aus freien Stücken. Bei seinem Selbstmord liegt Goethes Roman aufgeschlagen neben ihm. Zu lesen ist dort Selmas Lied aus den fiktiven Dichtungen Ossians, das den Verfall Werthers ankündigte.

Der Sprache nach erinnert *The Power of Sympathy* an Shakespeares Drama *Romeo und Julia*. Vor allem die gereimten Schlussverse, in denen die Geschichte moralisch auf den Punkt gebracht wird, rücken den Roman in die Nähe des Shakespeare-Textes:»Hier ruhen ihre Köpfe, übergeben an Mutter Erde, / Diejenigen, die einem gemeinsamen Vater ihre Geburt verdanken, / Eine unbekannte Vereinigung. Natur hat den Vorsitz, / Und Sympathie verbindet, wen das Schicksal scheidet.«[95] Der Text aber ruft die werthersche Problemstellung auf: Zwei sensible junge Menschen verfallen einander. Die Natur spricht für und zugleich gegen sie. *The Power of Sympathy* kommt zu einem klaren moralischen Schluss: Der Natur lässt sich offenbar nicht entgehen; der Erzähler brandmarkt das Verhalten von Harringtons und Harriets Vater als kriminell. Auch die ständische Heiratsordnung trägt nicht mehr. Sie gefährdet die Ruhe und den Selbsterhalt einer sich modernisierenden Gesellschaft. Liebe zwischen den sozialen Ständen ist zu entkriminalisieren, schon um der Gefahr des Inzest vorzubeugen.

Anders als in England ebbt die Produktion der Wertheriaden in Amerika trotz Browns Roman schnell ab.[96] Beliebt jedoch wird Goethes *Werther* (als Lektüre mit sich geführt oder beim Selbstmord aufgeschlagen) als Todeszeichen, so jedenfalls will es die Legendenbildung.

Selbstmord als Skandalon: »Werther-Seuche« in Russland und Osteuropa

Auch in Russland stand *Werther* für Tod. Dem Text war wie vielen anderen deutschsprachigen Texten zunächst nur eine Karriere im literarischen Untergrund beschieden. Im Jahr 1800 verbot Zar Paul I. die Einfuhr ausländischer Bücher vollständig, da man den Einfluss der französischen Aufklärung in kulturellen und politischen Fragen fürchtete.[97] Doch wurde das Verbot nicht überall in gleicher Weise durchgesetzt: Erbitterten Konfrontationen von Zensoren und Buchhändlern in Riga stand die eher liberale Zensur Sankt Petersburgs entgegen.[98] Als Direktor des Deutschen Theaters in Sankt Petersburg befand sich August von Kotzebue im Kreuzfeuer der Auseinandersetzung.[99] Dank der begeisterten Aufnahme seiner Rührstücke durch das russische Publikum und der Hilfe des russischen Autors und Historikers Nikolaj Michajlovič

Karamzin (1766–1826) konnte sich Kotzebue als Autor und Theatermann auch in Moskau einen Namen machen, was auf Europa zurückstrahlte.[100] Im Jahr 1812 reiste Madame de Staël persönlich nach Sankt Petersburg, um ihr Deutschland-Buch dort vorzustellen. Im Jahr 1820 erschien es auszugsweise in der Zeitschrift *Syn otečestva*.[101] Es revitalisierte das Interesse vieler Leser an deutschsprachiger Literatur und zugleich an der eigenen. De Staël und – etwas später – Friedrich Wilhelm Joseph Schelling gaben den Takt für die Rezeption deutschsprachiger Literatur und Kultur in Russland vor: Man las das Nibelungenlied, Goethe, Schiller, August Wilhelm Schlegel, Jean Paul, Ludwig Uhland, Ludwig Tieck, Jacob und Wilhelm Grimm.

Bezeichnenderweise wurde von Goethe zunächst nur *Clavigo* (1780) ins Russische übersetzt.[102] Doch im Zusammenhang mit den ersten französischen und englischen Übersetzungen des *Werther* entstand auch *Der russische Werther. Eine halbwahre Geschichte (Rossijskij Verter*, 1801) von Michail Suškov (1775–1792). Suškov entstammte einer prominenten Familie. Er schrieb viel und Kritisches, aber die Zensur machte die Publikation seines *Werther* unmöglich. Suškov selbst nahm seine Wertheriade so ernst, dass er sich nach ihrer Verfertigung im Jahr 1792 (wie sein Protagonist) erhängte. Einige Jahre nach Suškovs Tod veröffentlichte sein Bruder den kurzen Roman.[103]

Wesentliche Strukturelemente wie die Herausgeberfiktion, die sich von der »unverständlichen Kaltblütigkeit« des schreibenden siebzehnjährigen Mannes distanziert,[104] den monologischen Briefroman, Themen wie die Kritik an der Kirche und an einer allzu starren ständischen Gesellschaft übernahm Suškov aus Goethes Text, gewichtete sie aber neu.[105] Anders als Goethe parodiert er das Landleben, bezieht Militär, Alkoholmissbrauch und Glücksspiel in seine Sichtung der zeitgenössischen Gesellschaft ein. Zu diesem Zweck verbindet Suškov Pavel Jur'evič L'vovs *Russische Pamela* (1789) und Rousseaus *Nouvelle Héloïse* mit *Werther*. Fünfunddreißig Briefe im Abstand von drei bis vier Tagen schickt Suškovs Werther seinem beschwichtigend auf ihn einwirkenden Freund (wie bei Goethe). Der gesamte Roman umfasst damit einen Zeitraum von fünfeinhalb Monaten und schließt – wie *Werther* – mit einem Erzählerkommentar.

Bescheiden vermerkt Suškovs Werther, das Imitat sei notorisch schwächer als das Original und außerdem schnell und spontan heruntergeschrieben.[106] Er kultiviert das Selbstbild eines einsamen und feinfühligen

Autors mit allzu ausgeprägter Phantasie und Leidenschaft. Es handelt sich um einen »philosophischen Kopf«, den die moralisierende russische Literatur anwidert und der im Gegenzug die fehlende Moral auf dem Land anklagt: Bei billigem Likör und mit Honig gesüßtem Wodka feiern die Landrichter und Zahlmeister im *Russischen Werther* ihren unmenschlichen Umgang mit den Bauern. Sie treiben sie guten Gewissens in den Ruin. Gelangweilt streift Suškovs Werther durch die Wiesen und Wälder, immer bereit, sich zu verlieben, wie ein flüchtiges Techtelmechtel mit einem Landmädchen zeigt, das er zur Puppe degradiert. Kaum zwei Wochen später überfällt ihn die Liebe zur russischen Lotte, die Maria heißt, und die er zu Venus, zum »vollkommenste[n] Individuum« überhaupt, stilisiert.[107] Die Selbstdiagnose folgt umgehend: »Ich bin krank, völlig krank, und nicht einmal ein Mensch im Fieber hat meine Glut.«[108] Maria erwidert Werthers Liebe, obwohl sie bereits vergeben ist. Das Paar, das nicht zusammenkommen kann, schreibt sich Briefe und trifft sich für zärtliche Stunden. Bald darauf reist Maria ab. Alle Versuche Werthers, die eigene Liebe durch Karriere und Ruhmsucht, Alkohol und Glücksspiel abzutöten, scheitern. Ähnlich wie in Goethes Text, macht der als gefährlich empfundene und doch gesuchte Umgang mit Maria Werthers Abgrenzungsversuche zunichte. Den Weg in den Tod schlägt Suškovs Werther zielstrebiger ein als derjenige Goethes: Auch der russische Werther liest in der Todesstunde, allerdings nicht *Emilia Galotti*, sondern Joseph Addisons *Cato* (1713) – ein Symbol des Widerstands gegen die Monarchie: Addisons Protagonist konsultiert in seiner letzten Nacht Platons Dialog *Phaidon*, der seinerseits vom Tod des Sokrates handelt. Nach dem Vollzug des Selbstmords erhält der Freund einen Abschiedsbrief, ebenso wie einen Brief an Marias Ehemann, in dem Werther seine Unschuld beteuert. Seine Hinterlassenschaft stiftet der russische Werther den unterdrückten Armen.

Wie Goethe, so zielt auch Suškov auf eine Kritik der ständischen Gesellschaft. Der russische Werther ist nicht nur – wie bei Goethe – ein empfindsamer und leicht zu beeindruckender junger Mann, sondern ein reflektierter, bissiger Kritiker der Verhältnisse, ein kluger Selbstbeobachter, dem die Lust am Weiterleben gründlich vergeht und dem die Liebe zu Maria beinahe zum Vorwand wird, um sich zu erhängen. Es hätte auch jede andere junge Frau sein können, die das Herz des Protagonisten mit suizidalen Folgen entflammt. Anders als Goethes Werther aber leidet derjenige Suškovs an Ennui, Langeweile und Weltekel. Er stirbt als typischer Vertreter eines aufstrebenden Bürgertums, als gebildeter, jedoch unvermögender Zeitgenosse einer undurchlässigen Gesellschaft.

Der Ennui bleibt das große Thema der russischen Literatur, sofern sie sich an Richardsons *Pamela*, Goethes *Werther* und Byrons so arroganten wie verträumten Anti-Helden orientiert. Aleksandr S. Puškins Versroman *Evgenij Onegin* (1825–1833, vertont von Pëtr Il'ič Čajkovskij, 1878) steht als herausragendes Exempel dafür und leitet zugleich eine realistische Wende der russischen Werther-Imaginationen ein. Onegin, ein Petersburger Dandy mit Landgut, hält sich nicht für ehe- und familientauglich. Auf dem Land gerät er unter Jugendliche, die sich für deutschsprachige Literatur und Richardson begeistern, wie Puškin ironisch vermerkt. Dem für Onegin entflammten Bücherwurm Tatjana, die ihm brieflich ihre Liebe gesteht, hält er eine Standpauke über ihr unangemessenes Verhalten. Mit Tatjanas Schwester Olga flirtet Onegin beim Tanz – eine herbe Enttäuschung für ihre Jugendliebe, den dichtenden Lenskij. Er fordert den Widersacher zum Duell und bezahlt mit seinem Leben. Jahre später treffen sich Onegin und Tatjana zufällig wieder. Onegin verliebt sich in die nun verheiratete Dame von Rang und schreibt einen Bekennerbrief, demjenigen Tatjanas ähnlich. In Erinnerung an seine arrogante, abweisende Lektion lehnt sie ihn ab, obwohl sie ihn noch immer liebt. Das Schicksal Tatjanas ähnelt demjenigen ihrer Mutter, die als junge Stadtschönheit eine Vernunftehe auf dem Land einging und bei Čajkovskij das Lob der Gewohnheit singt. Onegins Weltschmerz und »Spleen« sind Außenseiterphänomene einer sich konsolidierenden Gesellschaft. Hier kannte und brauchte offenbar jeder eine jugendliche, romantische Sturm-und-Drang Phase, die sich an Lebenserfahrungen abschleift und sich im ehelichen Alltag mit einem akzeptablen Partner, vielleicht auch einer »guten Partie«, normalisiert. Unliebsame Dreieckskonstellationen, Selbstmorde und die Ansteckung mit dem »Werther-Syndrom« werden so langfristig vermieden.

In Osteuropa fiel die *Werther*-Rezeption noch schwerer als in Russland: Zwar wurden in Polen beizeiten die ersten französischen *Werther*-Übersetzungen gelesen,[109] aber fast durchgängig kritisch beurteilt. Als literarische Seuche, ansteckend und schädlich für das Volk, straften Publizisten wie Piotr Świtkowski (1744–1793) die Begeisterung für *Werther* ab; sie bevorzugten aufklärerische und didaktische Literatur. Das Publikum las polnische Wertheriaden wie Maria Czartoryska Wirtemberskas *Malwina czyli Domyślność* (1816) aber trotzdem, und seit den

1820er-Jahren äußerten sich anonyme Rezensenten auch positiv über den Gefühlskult. Kazimierz Brodziński (1791–1835) verfertigte im Jahr 1821 eine erste polnische Übersetzung nach der entschärften *Werther*-Ausgabe von 1787. Drei Monate später war das Buch bereits ausverkauft. Noch später gelangte der *Werther* nach Serbien. Schriftlich dominierte hier das Kirchenslawische, und aufklärerische Tendenzen entfalteten sich in Anbetracht der machtvollen orthodoxen Kirche vergleichsweise spät. Doch Vuk Karadžić (1787–1864), der »Herder Serbiens«, besuchte Goethe in Weimar und bereitete den Boden für die Rezeption seiner Werke in Serbien. Im Jahr 1844 erschien die erste Übersetzung des *Werther*; bis 1932 wurde der Roman noch zweimal übersetzt.[110] Und doch war *Werther* schon zuvor bekannt. Goethes Text nämlich war bereits gewandert und hatte unter anderem in Ungarn Nachahmer auf den Plan gerufen. Mihailo Vitković (1778–1829) bot mit *Spomen Milice* (1816) die serbische Fassung von *Fannis Nachlass* (*Fanni hagyományai*, 1875), einer Erzählung des empfindsamen ungarischen Autors József Kármán:[111] Im Rahmen einer Brieferzählung mit Herausgeberfiktion schildern Kármán / Vitković das Schicksal von Milica, die wie Lotte ihre Mutter verloren hat, und der Baron T…ić seine Aufwartung mit einer Lesung aus Gessners Idyllen macht.[112] Das Ende ist erwartbar destruktiv, wobei ein Element von *Romeo und Julia* aufscheint und erotische Szenen John Clelands Roman *Fanny Hill* (1749) aufrufen: Milicas Vater und ihre Stiefmutter mischen sich in die Liebe der beiden ein, sodass Joca Milica verlässt und diese vor Gram stirbt.

Unter den eigenständigen serbischen Goethe-Adaptationen ragt der *Verter* (1888) von Laza K. Lazarević (1851–1891) heraus.[113] Lazarević, ein Neurologe und Psychiater, der in Berlin unter anderem bei Rudolf Virchow und Hermann von Helmholtz studiert hatte, war literarisch als der »serbische Turgenev« bekannt. Er hatte Nikolaj Vasilievič Gogols *Aufzeichnungen eines Wahnsinnigen* (1870) übersetzt und die psychologische Geschichte beziehungsweise den psychologischen Roman in Serbien eingeführt. *Verter* passte in dieses Bild: Der Goethe-Text verband nach Lazarević psychische, ökonomische und soziale Probleme und war daher besonders reizvoll. Zugleich aber erscheint *Verter* als Prototyp von Lazarevićs psychologischem Schreiben: Während einer Kur trifft die verheiratete Marija ihre Jugendliebe Janko. Trotz aller Zuneigung distanzieren sie sich voneinander, denn sie erkennen beide, dass ihre Liebe ins Unglück führen muss. Der verträumte – und in dieser Hinsicht Werther

»Lotte«-Kaugummi, berühmt unter dem Werbeslogan
»Die/Der Geliebte deines Mundes«

ähnliche – Janko entgeht so dem Tod. Wie viele Figuren Lazarevićs
wächst er an Verlust, Entsagung und Niederlage.[114]

Wie man unmögliche Liebe versüßt: Werther-Café und Lotte-Schokolade in Japan

Bei aller Varianz ähnelten sich die Problemlagen der *Werther*-Rezeption
in Europa, Amerika und Russland. In Asien jedoch traf Goethes Text
auf andere literarische Traditionen, Erwartungshaltungen und auf kreative Autoren, die sich *Werther* vor dem Hintergrund vielfach gefilterter
Textwahrnehmungen aneigneten.

Im sich modernisierenden Japan fand *Werther* neue und sinnliche Be-
arbeitungsformen: Aus der Begeisterung für Goethes Roman eröffneten
Cafés mit Namen »Werther«. Shin Kyukho (alias Shigemitsu Takeo), ein
in Japan tätiger Koreaner, war so begeistert von Goethes Text, dass er
seine heute wiederum in Südkorea angesiedelte Süßigkeitenfirma im Jahr
1948 »Lotte« taufte.[115] Die kulinarische Bearbeitung entstand aus einer
ernsten und lang anhaltenden Auseinandersetzung mit Goethes Text. Zu
ihr gehören auch in Japan Berichte über Werther-Selbstmorde. Sandalen
eines solchen Selbstmörders zeugen davon; sie sind im Goethe-Museum
in Tokio ausgestellt.

Trotz der zahlreichen strukturellen Schwierigkeiten von Übertragungen aus dem Deutschen ins Japanische – die Ich-Form beispielsweise ist
im Japanischen nur mit Rollenbezeichnungen wiederzugeben – wurde
der *Werther* mehr als vierzigmal in Ausschnitten oder vollständig neu
übersetzt.[116] Dabei handelt es sich bei diesen Übersetzungen zunächst

um Tertiärversionen oder Quartärversionen des Originaltextes, erstellt aus englischen Übersetzungen, ersten japanischen Übertragungen sowie, möglicherweise, der deutschsprachigen Quelle. Thomas Carlyle, den man in Japan frühzeitig las, spielte dabei eine wichtige Rolle. Nicht selten übernahmen Literaturkritiker seine Kriterien und Urteile.[117]

Mori Ôgai (1862–1922), ein Militärarzt, der von 1884 bis 1888 in Deutschland studierte,[118] Goethes *Mignon, Heidenröslein* sowie *Götz von Berlichingen* übertrug und *Werther* in einer japanischen Zeitschrift vorstellte, trieb die Popularisierung des *Werther* in Japan durch eine ins Japanische übersetzte Leseprobe aus dem Jahr 1889 voran.[119] *Werther* war en vogue. Schon die Wahl des Stils entschied über die Art und Weise der Wahrnehmung: Wollte man *Werther* lyrisch und getragen verstehen, als Ausdruck eines sensiblen Individuums und im hohen Sprachstil, oder als Zeugnis einer modernen und säkularen Zeit, die eine andere, zeitgemäße Sprache erforderte?[120] Unter jungen Japanern und Intellektuellen entstand ein regelrechter *Werther*-Kult, speziell unter den Schriftstellern, die für die Zeitschrift *Bungaku-Kai* (*Die literarische Welt,* 1893–1895) schrieben. Sie bekannte sich zum sogenannten »Wertherismus«, einer pessimistischen Stimmung, verbunden mit Protest gegen die etablierte Kultur und gegen den Rationalismus. Diese Revolution der Herzen wurde in Japan auch »Romantik« genannt.

Um ein großes Publikum anzusprechen, bot Toyokichi Hata, ein Bewunderer Goethes, seine *Werther*-Übersetzung (1914) seit 1917 kostengünstig im Taschenbuch an.[121] Die Goethe-Hagiografie beflügelte die Wahrnehmung des *Werther*: Takagi Isaku veröffentlichte 1893 die erste Goethe-Biografie auf Japanisch, gestützt auf englische Vorbilder.[122]

Es verwundert nicht, dass *Werther* auf diesem langen Weg auch in der Literatur ankam: Natsume Sōsekis *Kokoro* (1914), ein Klassiker der japanischen Literatur zwischen Naturalismus und Idealismus, zählt zu den Kardinalbeispielen. Der Autor kannte *Werther*. Auch sein Text gehört (im zweiten Teil) der – in Japan etablierten – Gattung Briefroman an. *Kokoro* handelt von einer komplexen Dreiecksbeziehung mit unparteiischem Beobachter. Dieser Beobachter, ein junger Student, erzählt von einem älteren Mann, dem beeindruckenden, von ihm respektvoll sogenannten »Meister Sensei«, den er am Strand traf. Das Verhältnis beider zueinander bestimmt den Roman. Es handelt sich um eine Art umgekehrten *Werther*: Sensei erscheint als Albert, als der Ehemann im Dreiecksverhältnis zweier Männer und einer Frau.

Selbst Student, hatte der sogenannte Sensei, von seinem Onkel um das Familienvermögen betrogen, bei einer Witwe gelebt und einen seiner Räume an seinen bedürftigen Freund »K« untervermietet. Beide verliebten sich in die Tochter der Witwe, und K beging Selbstmord, da Sensei zuerst und erfolgreich um die Hand der jungen Frau anhielt. Der Sensei klagt sich dafür an, erblickt in sich dieselben Begierden wie bei dem verhassten Onkel. Seine Ehe bleibt kinderlos. Das Ehepaar lebt zurückgezogen, und der Sensei gilt als Misanthrop. Einmal im Monat besucht er das Grab seines einstigen Widersachers K, um der »Sündhaftigkeit der Menschen« zu gedenken.[123] Meister Sensei begeht Selbstmord, wie sein Konkurrent. Der Student wird dem Sensei zum Beichtvater für sein misslungenes Lieben und Leben. Er empfängt auch seinen Abschiedsbrief.

Verglichen mit *Werther,* erweist sich *Kokoro* strukturell als noch komplexer: Nicht nur die enttäuschte individuelle Begierde, sondern auch Schuldzuweisungen, das Böse im Selbst, sind Thema dieses Romans, der östliche und westliche Schreib- und Verhaltenstraditionen verbindet. Er kehrt *Werther*-Schemata um und reflektiert über die japanische Moderne, die Meiji-Ära (1868–1912). Der Sensei inszeniert seinen Selbstmord als »Treuetod« im Sinne des vormodernen und feudalistischen Japan.[124] Soldaten wählten damals diesen Tod, um ihrem Kaiser zu folgen und eine rigide, durch die Moderne abgelöste Wertordnung zu bekräftigen. Im Roman hingegen erscheint der Treuetod als Zitat einer vergangenen Ära, die hier individualistisch missbraucht wird, um das eigene Ungenügen zu überdecken. Der Roman zeigt damit auch, dass der neuen Ära die Werte und Konventionen fehlten, um Konflikte wie denjenigen aus *Kokoro* zu lösen. Melancholisch beklagt der Roman die Vereinzelung auch derer, die es vermeintlich geschafft haben.

Die *Werther*-Rezeption bedeutete in Japan nicht unbedingt ein Aufbegehren gegen etablierte Normen und Codices. Dominant ist etwas anderes: der Schmerz über das eigene Versagen und das Gefühl der Schuld, Teil einer verruchten Gesellschaft zu sein, an deren Veränderung sich nicht denken lässt. Café, Schokolade und Kaugummi machen diese Wahrnehmungs- und Deutungsformen des *Werther* dem Publikum schmackhaft.

Revolte aus Liebe: Chinesische Werthers, die 4.-Mai-Bewegung und Umbrüche in der arabischsprachigen Welt

Anders als im modernen, auf Disziplin gegründeten Japan gipfelte die *Werther*-Begeisterung in China tatsächlich in revolutionären und patriotischen Bewegungen. *Werther* wurde dort zum Lebensbuch der Revolte. Bis heute stellt Goethes Roman das meistgelesene deutsche Buch in China dar, gefolgt nur von Theodor Storms *Immensee* (1849).[125]

Erste Zeugnisse der *Werther*-Faszination gehen auf das Jahr 1903 zurück und entstammen einer von dem berühmten Übersetzer Zhao Bizhen (1873–1956) aus dem Japanischen übertragenen Goethe-Biografie.[126] Solche *Werther*-Darstellung erweist sich als Quartärrezeption: Die chinesische Goethe-Wahrnehmung beruhte auf einer japanischen Biografie. Diese wiederum speist sich aus englischen Übersetzungen und Materialien zu Goethe. Darunter liegt, als verdeckte Schicht, das deutschsprachige Original.[127] Ausgehend von diesem frühen japanisch-chinesischen Wechselspiel, wurde *Werther* in der Umbruchzeit zwischen 1915 und 1925 zum Politikum. Die 4.-Mai-Bewegung, die erste politische Protestbewegung in China, war hier besonders wichtig. Sie richtete sich zum einen gegen den Versailler Vertrag, der japanische Ansprüche in China unterstützte, zum anderen wollte sie eine neue, westliche, demokratische und liberale Kultur in China befördern. Japan galt in dieser Hinsicht als überlegen, als modernster asiatischer Staat. *Werther* zu lesen bedeutete, sich mit dieser neuen Kultur zu identifizieren und zugleich von Japan abzugrenzen. Ein Kult um Liebe und Gefühl sollte helfen, mit den familiären und gesellschaftlichen Konventionen wie der konfuzianischen Heiratstradition zu brechen, städtisch und libertär zu leben.

Im Jahr 1922 erschien die erste vollständige chinesische Übersetzung des *Werther* durch den bekannten Dichter Guo Moruo (1892–1978). Sie löste zwar kein Werther-Fieber, aber doch erhebliche Begeisterung aus, wurde vielfach kritisiert, im Jahr 1926 von Guo selbst verbessert und neu aufgelegt.[128] Guo übersetzte den Titel hintersinnig als *Die Leiden des jugendlichen Werther*:[129] »Shao Niao« meinte zur Zeit der 4.-Mai-Bewegung einen jungen Menschen – noch keinen Erwachsenen, vielmehr ein unschuldiges, romantisches Wesen mit aufrichtigem Naturell. Aufgrund seiner Jugendlichkeit war Werthers Handeln entschuldbar.

Guo zog gleichwohl Verbindungen vom Sturm und Drang zur Bewegung des 4. Mai, begründete sein Interesse am *Werther* aus dem Übergang vom Feudalismus zur Moderne, stellte sich in die Tradition Goethes.[130] Gemeinsam mit Tian Han (1898–1968) und Zong Baihua (1897–1986) bildete Guo ein Freundestrio, das durch seinen Briefwechsel unter dem Titel *Kleeblatt* (1920) bekannt war.[131] Im Zentrum des Briefwechsels steht, was junge Menschen in China interessierte: Theater, Liebe, Ehe – und Goethe. Tian vergleicht den gemeinsamen Briefwechsel mit demjenigen Werthers und hofft, dass das *Kleeblatt* ähnlich wie Goethes Roman ein regelrechtes Fieber unter den jungen Lesern auslösen könnte.[132] Guos *Werther*-Übersetzung steht in engem Zusammenhang mit dem *Kleeblatt*. Er experimentierte mit neuen Erzähl- und Existenzformen. So bekannte er öffentlich, mit einer christlichen japanischen Krankenpflegerin zu leben, obwohl er verheiratet war. Bekenntnisse dieser Art waren in Mode und bildeten beinahe schon eine literarische Gattung. Über den *Werther* ging man im Umkreis des *Kleeblatts* weit hinaus. Es setzte um, was Werther und Lotte verwehrt blieb, nämlich die Liebe. Schon deshalb gab es Konflikte, in die auch der *Werther* einbezogen war. Selbst das *Kleeblatt* distanzierte sich immer wieder von Goethes Text, um sich ihm und der damit verbundenen Kritik an der traditionellen Moral doch wieder anzunähern.[133]

Jenseits der offenkundigen sozialen und politischen Konflikte zwischen den weltanschaulichen Parteiungen Chinas führte der *Werther* zu einer literarischen Innovation: dem chinesischen Briefroman, den es so zuvor nicht gab. Texte wie diese orientierten sich mehr oder minder am *Werther*. Häufig stand eine unglückliche Liebe im Mittelpunkt, verbunden mit Kritik an der zeitgenössischen Gesellschaft und der Korruption – und das Ganze endete mit dem Selbstmord eines sympathischen, aber nicht lebensfähigen Protagonisten.[134] Hinzu kam eine Fülle von direkten Nachdichtungen des *Werther* aus den 1920er-Jahren, adaptiert an die chinesischen Umstände.

Einige davon wirken wie chinesische Nationalepen, die auf der *Werther*-Geschichte aufbauen. In der Erzählung *Versinken* (*Chenlun*, 1921)[135] erfindet beispielsweise Yu Dafu (1896–1945) einen namenlosen zwanzigjährigen chinesischen Studenten aus einer privilegierten und traditionsreichen Familie. Er fühlt sich einsam, ist hypochondrisch und melancholisch, möglicherweise auch manisch-depressiv. Die Handlung ist auf einen Tag verdichtet, nämlich den 22. September des Revolutionsjahres 1916: Nachdem der Student ein College amerikanischer Missionare durchlaufen hat, geht er auf Anraten des konventionell chinesisch erzogenen Bruders nach Japan. In Tokio studiert er zunächst Literatur, dann Medizin, fühlt sich den japanischen Kommilitonen unterlegen – durchaus zu Unrecht, wie der Text erkennen lässt. Auch mit der gerade entdeckten Sexualität will es nicht recht gelingen. Der chinesische Student hegt Schuldgefühle, weil er die sechzehnjährige Tochter seines Gastwirts liebt. Er besucht Prostituierte, und sie verachten ihn. Seine Minderwertigkeitskomplexe projiziert er auf sein schwaches Heimatland. Er stellt es sich als Geliebte vor, die Empfindungen enttäuscht und sich dem Begehren entzieht. Aus dieser Überzeugung heraus predigt er seinen Landsleuten. Er zitiert William Wordsworth, Heinrich Heine, Ralph Waldo Emerson, Henry David Thoreau und Friedrich Nietzsche. Unerfüllte Liebe und die Unfähigkeit, die Anforderungen des modernen Lebens in der Fremde zu verarbeiten, treiben ihn in den Freitod. Der Konflikt zwischen Tradition und Moderne, wie er sich in Goethes *Werther* bereits findet, tritt in Ya Dafus Erzählung in gesteigerter Form hervor: Den chinesischen Zeitgenossen stand die Anschauung der Moderne durch die japanischen Nachbarn direkt vor Augen. Man bewunderte und kritisierte den japanischen Fortschritt, suchte nach einer eigenen Position.

Wie die europäischen Wertheriaden, so kennen auch die chinesischen Versionen Umbesetzungen der Geschlechterrollen. In Lu Yins (auch: Huang Lu-yin, Huang Yin, 1899–1934) Kurzgeschichte *Ein Menschenleid* (*Huoren de Bei'ai*, 1922) sucht die Protagonistin Ya Hsia ideale Liebe und Wahrheit. Sie scheitert an enttäuschtem Idealismus und ertränkt sich in einem See.[136] Guos eigene Wertheriade *Ye Luotis Grab* (*Ye Luoti zhi mu*, 1924) hingegen arbeitet mit der aus *Werther* bekannten Figurenkonstellation.[137] In *Ye Luotis Grab* geht es um eine unglückliche Liebe, die an ehelicher Moral scheitert und mit dem Selbstmord des Protagonisten endet. Ye ist seit Kinderzeiten verliebt in seine ältere verheiratete Schwägerin, und sie erwidert seine Liebe. Doch stirbt sie im Kindbett. Er bekämpft seinen Kummer mit Brandy und stirbt zwei Tage später aus ungeklärter Ursache.[138] Ye ist nicht einfach ein schwärmerischer Idealist, der für eine bessere Welt zugrunde geht, sondern vielmehr ein verliebter, ja besessener Mann, den die eigene Kindheitsphantasie nicht loslässt.

Wahrnehmungs- und Darstellungsformen wie diese mögen Mao Dun (1896–1981) in *Mitternacht* (*Ziye*, 1933) dazu inspiriert haben, Goethe abfällig »Frauenliebling« zu nennen und als verweichlichten Charakter zu schildern. Mao Dun signalisierte damit auch das Ende der 4.-Mai-Euphorie, in die er selbst einmal eingestimmt hatte und die mit dem Japanisch-Chinesischen Krieg von 1941/42 endgültig beendet war. Literatur hatte von nun an Ausdruck der Kommunistischen Partei zu sein. *Werther* taugte dafür nicht. Wie Guo, so war auch Mao Dun Kommunist, allerdings einer, der sich politisch noch stärker engagierte und nach Ämtern strebte. Im Jahr 1949 wurde er Kulturminister unter Mao Zedong. Erst nach der Kulturrevolution im Jahr 1976 fand *Werther* als Ausdruck des leidenden Selbst wieder Anerkennung.[139]

In vergleichbaren sozialen Umbruchsituationen anderer Länder spielte der *Werther* eine ähnliche Rolle als Lebensbuch der Revolte oder der Reform, je nachdem, wie solche Bewegungen verliefen. So ließe sich über die arabischsprachigen *Werther*-Freunde eine ganz ähnliche Geschichte erzählen: Mit der Übertragung erster deutschsprachiger Texte ins Arabische entwickelten sich in intellektuellen Kreisen der 1910er- und 1920er-Jahre kleine Emil-Ludwig- und Stefan-Zweig-Wellen.[140] Im Jahr 1919 erschien die erste arabische Übersetzung von Goethes *Leiden des jungen Werther(s)*.[141] In einem Vorwort zu einer späteren Beiruter Ausgabe durch den gelehrten Publizisten Aḥmad Ḥ. Az-Zayyāt (1885 bis 1968) empfiehlt der bekannte Intellektuelle Ṭāhā Ḥusayn (1889–1973) Goethes Roman als vorbildliche Lektüre in einer sozialen, kulturellen und ästhetischen Umbruchphase. Az-Zayyāt und Ḥusayn vergleichen den Sturm und Drang mit mentalen Neuorientierungen im arabischen Orient und seiner Literatur. Speziell von der den *Werther* lesenden arabischen Jugend versprechen sie sich eine ästhetische und soziale Revolte.

Werther hatte also Effekte, und zwar nahezu weltweit. Dabei lässt sich – mit Blick auf die lange Dauer seines Nachlebens – nicht einmal mehr feststellen, was »wirklich *Werther*« ist und wo Verweise bloß aus dem Ungefähren gesetzt werden. Der Roman steht für einen nicht standesgemäßen Ausbruch des Gefühls, für jugendlichen Drang, der sich in der »intimen« Form des Briefromans Bahn bricht und dabei über das von seinem Umfeld gewünschte Ziel hinausschießt. Er bedeutet Selbst- und Fremdgefährdung. Wo *Werther* ist, ist Modernes: Wille und Möglichkeit, sich mit solchen Gefährdungen auseinanderzusetzen. Doch ist Modernes nicht unbedingt gleichbedeutend mit einer spezifischen Epoche, sondern zeigt vielmehr in allen Zeiten und an allen Orten Freiheitsgrade an. Zugleich ist es möglich, dass *Werther* parallel in unterschiedlichen Stufen vorkommt: im Goethe-Original mit seinen beiden Versionen, mehr oder minder elaborierten Übersetzungen und Aneignungen, die sich ihrerseits oft auf spezifische Übersetzungen, Adaptationen und *Werther*-Varianten beziehen. *Werther* erscheint damit als globales Palimpsest eines so emotionalen wie ästhetischen Aufbruchs: als ein Text, der durch Schichten seiner Wahrnehmung und Aneignung so weit überschrieben wird, dass er selbst nur mehr vage durchscheint.

Friedrich Schillers *Räuber* (1781): Gründungsdokument der esperantistischen Bewegung

Goethe spaltete die Gemüter, Schiller hingegen erfreute sie. So jedenfalls wollen es die Bonmots über das Autorenduo, wie sie in der westlichen Welt kursierten. Schiller galt als der beliebte idealistische Autor, der Freiheitsfreund mit historischem Bewusstsein. In Frankreich schätzte man ihn seit der Mannheimer Uraufführung der *Räuber* im Jahr 1782 mehr als Goethe und spielte seine Stücke oft. Am 26. August 1792 ernannte die Nationalversammlung Schiller für seine Verdienste um Freiheit und Humanität sogar zum französischen Ehrenbürger. In Russland hingegen, bei Katharina II., riefen seine als zu liberal empfundenen Schriften Ablehnung hervor. Ihr war Schiller seit den 1780er-Jahren durch seinen russischen Förderer Karamzin, aus Publikationen in russischen Zeitschriften und durch die Freimaurer verhasst.[142] Die Zarin wollte keine Schiller-Stücke auf der Bühne sehen, sodass der Autor in Russland erst in ihren letzten Lebensjahren und vor allem nach ihrem Tod 1796 gelesen werden konnte. Doch trifft Ähnliches auch andernorts zu, selbst in Westeuropa und Amerika. So einfach war es mit der Beliebtheit Schillers nicht.

Schiller wurde zwar hier wie dort geschätzt: als der Dichter eines besseren Deutschland bei den Juden, die sich einer humanistischen Moderne zugehörig fühlten und Schiller als idealistischen Autor schlechthin glorifizierten; zugleich aber auch bei den Nazis, die den Juden schon deshalb im Jahr 1933 die Schiller-Lektüre verbieten wollten.[143] Hans Fabricius, Anwärter auf höhere Ämter in der Justiz und Innenpolitik des NS-Systems, pries *Schiller als Kampfgenossen Hitlers* (1932). Selbst Schillers Schreibtisch wurde durch einen Nachbau für das Lager Buchenwald zum NS-Symbol.[144] Den Nazis gefiel der Patriotismus aus *Wilhelm Tell*, der freiheitliche und soziale Impetus aus den *Räubern*. Sogar antisemitische Züge sahen sie bei Schiller am Werk, nämlich in der geschichtsphilosophischen Vorlesung *Die Sendung Moses* vom Sommer 1790.[145] Doch findet man dort das Gegenteil: Schiller beschreibt die »300jährige Vernachlässigung« der Juden in Ägypten.[146] Er schildert, wie sie durch »barbarische Behandlung« Aussatz entwickelten und einen »Staat im Staat« bildeten.[147] Schiller leitet daraus einen Weg »per aspera ad astra« ab, einen Weg aus dem Staub zu den Sternen, den die Juden beschreiten. Die Entstehung der ersten monotheistischen Religion erklärt er als Emanzipation aus ägyptischer Knechtschaft. Schiller bezeichnet Moses als Ägypter und Hebräer zugleich, erörtert, wie er ägyptische Mystik und griechische Philosophie kombinierte und sein leidendes Volk »unter der Fahne eines göttlichen Feldherrn« nach Palästina führte.[148]

Ähnlich wie Schillers Vorlesung dienten seine *Räuber* den Nazis bloß als Vorwand, um ihn als Antisemiten misszuverstehen. Unzufrieden mit ihrer mutlosen, philisterhaften Zeit, phantasieren sich Hauptmann Karl Moor und Moritz Spiegelberg, der beredte, doch feige Erfinder der Räuberbande, kämpferische Zustände herbei. Spiegelberg, der selbst beschnitten ist, ohne bekennender Jude zu sein, schlägt vor, es kollektiv zu werden:

> Wir lassen ein Manifest ausgehen in alle vier Enden der Welt und zitieren nach Palästina, was kein Schweinefleisch ißt. Da weis ich nun durch triftige Dokumente, Herodes, der Vierfürst, sei mein Großahnherr gewesen, und so ferner. Das wird ein Viktoria abgeben, Kerl, wenn sie wieder ins Trockene kommen und Jerusalem wieder aufbauen dörfen [sic].[149]

Der Vorschlag entsteht aus Langeweile und Überdruss in einer Schänke. Es handelt sich um nicht mehr als ein symbolisches Zitat, das eine der großen Auseinandersetzungen der Menschheitsgeschichte in Erinnerung ruft. Spiegelberg führt seinen Vorschlag mit messianischem Eifer aus,[150] unterläuft ihn aber zugleich rhetorisch, indem er anzeigt, dass er Unrealistisches plant. Die Dokumente, die er vorweisen will, gibt es nicht. Der Verweis auf die Juden bedient sich der Klischees; er erscheint als eine groteske und alkoholisierte Phantasie.

Schillers Drama um einen Familien- und Gesellschaftskonflikt, das zwei rivalisierende Brüder gegeneinander ins Feld schickt und jeden auf seine Weise verlieren lässt, hat es in sich. Es thematisiert zentrale Probleme der Zeit: marodierende Räuberbanden, Erbstreitigkeiten und Familienkonflikte, fragt nach Recht und Unrecht. Im Drama konkurrie-

ren zwei Söhne um das Erbe ihres Vaters und um dieselbe Frau – mit töd-
lichem Ausgang für drei Protagonisten. Dem Unbewussten weist Schiller
erhebliche Bedeutung bei der Entwicklung dieses Konfliktes zu, arbeitet
mit einer offenen Dramenstruktur ohne feste Ordnung von Raum, Zeit
und Handlung. Ganz ähnlich wie bei Goethes *Werther* war öffentlicher
Streit über diesen Kardinaltext des Sturm und Drang absehbar.

Wenn *Die Räuber* eine Rezeption außerhalb der deutschen Provinzen
erfuhren, dann blieb diese in den 1780er-Jahren zumeist anonym. Verglichen mit *Werther* oder *Faust*, fällt die Zahl der Übersetzungen deutlich geringer aus: Die erste Übertragung ins Niederländische durch einen
anonymen Übersetzer erschien im Jahr 1789 in Utrecht. Sie blieb zunächst ein Unikat. Erst einige Jahre später folgten englische Übersetzungen (1792, 1793), eine russische (1793) und eine französische (1794/95),
die das Original allesamt entschärften.[151] Für die Jahre 1799/1800 lässt
sich von einem ersten Höhepunkt bei geringer Stückzahl sprechen, da
nun eine schwedische (1799), drei englische (1799, 1800, 1800), eine französische (1800) und eine dänische (1801) Ausgabe veröffentlicht wurden. Im 19. Jahrhundert wurden *Die Räuber* nur selten aufgelegt. Dabei sticht vor allem die späte Rezeption im politisch zerrütteten Italien
heraus: Zwar war Schiller hier seit den 1790er-Jahren bekannt, aber erst
1798 kam es zu Bühnenpräsentationen der *Räuber* in den französisch besetzten Städten Mailands.[152] Im Jahr 1832 erschien die erste italienische
Übersetzung des Dramas durch einen unbekannten Übersetzer in dem
schweizerischen Landstädtchen Capolago. Bei Autoren wie Foscolo
löste sie Begeisterung aus.[153] Andere Rezeptionen entsprechen bekannten Mustern: In Dänemark wird Schiller um 1800 bereits durch die rege
Salonkultur wahrgenommen.[154] Auf die Bühne gelangen *Die Räuber* jedoch hier – ebenso wie in Schweden und Norwegen – erst im Verlauf des
19. Jahrhunderts.[155]

Seit den 20er-Jahren des 20. Jahrhunderts schlägt der Graph stär-
ker aus: Schillers Text wurde in Paris, Tirana, Kaunas, Kairo, Madrid,
Barcelona und Buenos Aires übersetzt. Im Jahr 1942 fällt Sofia – neben
Paris – mit je zwei Übersetzungen als Druckort auf. Zahlenmäßig sind
die *Räuber*-Übersetzungen in den Jahren 1958 bis 1960, der politischen
Tauwetter-Periode nach Stalins Tod, auf dem Höhepunkt. In diesem
Zeitraum erscheint der Text auch in Istanbul, Kiew, Tallinn, Bratislava,
Peking und auf Tschechisch ohne Ortsangabe. Seitdem werden ungefähr
zwei Übersetzungen jährlich aufgelegt. Zu den am häufigsten gedruck-

ten Übersetzungen zählen diejenigen von Alexander Fraser Tytler, Lord Woodhouselee (1747–1813), Professor für Universalgeschichte und Antike in Edinburgh, zugleich Richter der Streitkräfte in Schottland.[156] Sie war durch einen Vortrag initiiert worden, den der englische Jurist und Autor Henry Mackenzie (1745–1831), ein in den gelehrten Zirkeln der Stadt aktiver Gegner der Französischen Revolution, im Jahr 1788 in der Royal Society Edinburghs gehalten hatte. In dem Vortrag ging es unter anderem auch um Schiller. Lord Woodhouselee wollte gegen Mackenzie auf soziale Missstände aufmerksam machen. Seine Übersetzung der *Räuber* erschien auch in New York und regte in England wie in Amerika seit Mitte der 1790er-Jahre eine Welle von *Räuber*-Darbietungen auf der Bühne an.[157] Auch Raymond Dhaleines (1899–1980) französische Übersetzung (1942/1961/1968/2002) und diejenige (1966/1987/1990/1996/2010) der Serbin Alka Škiljan (1920–2010), die während einer Phase politischer Entspannung in Serbien entstand, wurden vielfach aufgelegt. Schon bald setzten Komisierungen ein, die Schillers Drama den kritischen Impetus nahmen; sie vermischten *Die Räuber* mit Stücken Kotzebues und mit *Werther*.[158]

Zu den großen Überraschungen auf dem Markt der *Räuber*-Aneignungen aber zählt ein anderer Text: Ludwik Lejzer Zamenhofs Esperanto-Version *La Rabistoj*. Die Entwicklung des Esperanto um 1887 stand im Zusammenhang mit anderen Plansprachen wie Volapük (1879), Latine sine flexione (1903), Ido (1907), Occidental-Interlingue (1922) und Interlingua (1951). Esperanto überlebte die Konkurrenz, vielleicht weil es leicht lesbar ist, auf einer einfachen Phonologie und Orthografie beruht sowie neue Kombinationen und Begriffsbildungen erlaubt.[159] Zamenhof (1859–1917), der Erfinder des Esperanto, war ein polnischer Augenarzt gewesen, der unter dem Pseudonym »Doktor Esperanto«, zu Deutsch also: »Doktor Hoffender«, arbeitete. Er wollte in seiner Jugend ein russischer Dichter werden, bis ihn die Pogrome des Jahres 1881 von dieser Idee abbrachten. War er Anfang der 1880er-Jahre noch Zionist gewesen, kehrte er sich 1885 davon ab, denn das nationalistische Unterfangen behagte ihm nicht mehr. Vielmehr sah er die Juden in einer möglichst entnationalisierten Welt am besten aufgehoben. Die neutrale Plansprache Esperanto war Teil seines Plans für die Entwicklung einer solchen Welt. Schon 1895 geriet Zamenhof daher mit der russischen Zensur in Konflikt.[160]

Um seine Ideen in die Tat umzusetzen, erfand Zamenhof eine eigene

L. L. Zamenhof beim Esperanto-Weltkongress, 1908 in Dresden,
Saal des Vereinshauses, Zinzendorfstraße 17

Bewegung: diejenige der Esperanto-Vereinigungen. Sie sollten eine
internationale, neutrale Sprache entwickeln und auf diese Weise auch
eine ebensolche Weltanschauung vermitteln. Er nannte diese Weltanschauung nach dem pazifistischen Rabbi Hillel (*um 110 v. Chr.) zunächst »Hillelismus« und verstand sie als eine Art weltliche Religion.
Als Reaktion auf Kritik an jüdischen Elementen des »Hillelismus«
tilgte er die religiösen Bezüge und präsentierte seine Anschauung unter dem Titel »Homaranismo«.[161] Diese »Lehre von der Menschheit«
war universalistisch und humanistisch angelegt und vertraute auf einige
wenige Grundsätze: den Glauben an ein höheres Wesen, das zahlreiche Religionen nebeneinander erlaubte. Zamenhof übersetzte die Bibel, um eine Auseinandersetzung mit den vorliegenden Glaubensformen zu ermöglichen. Sodann widmete er sich Klassikern wie Homers
Ilias, Shakespeares *Hamlet,* Goethes *Iphigenie* und *Faust.*[162] *La Rabistoj* veröffentlichte Zamenhof bei Hachette in Paris, pünktlich zu einem
der ersten Esperanto-Weltkongresse, der 1908 in Dresden stattfand.
Auf die erste Auflage folgten bis in das Jahr 2004 hinein vier weitere
(1908/²1924/³1928/⁴1964/⁵2004). Das Erscheinen und die vielfachen

Auflagen lassen *La Rabistoj* als ein Gründungsdokument der esperan-
tistischen Bewegung erscheinen: als temperamentvolles homaranisches
Bekenntnis zu der von Schiller gepriesenen Menschheit.[163]

Universalien und Urbanität: Wie der Begriff der Weltliteratur aus der Welt-Begeisterung entstand (Schlözer, Wieland, Goethe)

Werther, Die Räuber und ihre kritische wie begeisterte Aufnahme
zeigten: Um 1800 war es an der Zeit, über das nachzudenken, was die
»Menschheit« literarisch ausmachte und wie darüber zu schreiben sei,
jenseits der Standesschranken, der moralischen Gebote und rechtlicher
Regeln. Dieses Denken und Schreiben aber ließ sich nicht auf den kleinen Raum eines mitteldeutschen Herzogtums begrenzen, ging es doch
um den Menschen »an sich«. Es war gleich, ob sein real existierendes
Gegenstück in Europa oder auf einem anderen Erdteil lebte. Je nach
Temperament maßen sich die deutschen Zeitgenossen des ausgehenden
18. und frühen 19. Jahrhunderts an, Universalien menschlichen Fühlens,
Denkens und Handelns zu formulieren. Dies geschah in bester Absicht:
um die Menschen zu beglücken, die man zu charakterisieren trachtete.
»Freude, schöner Götterfunken« war das Credo, um es mit Schillers *Ode
an die Freude* (frühe Fassung 1785) auszudrücken: Gottgleich sei der
Mensch, von Moden, Vermögen, Stand unabhängig, liebend, versöhnlich, hilfreich, siegreich, durch Forscherdrang geleitet, gerecht, solida-
risch »für die beßre Welt«, deren Eintreffen Gottvater spätestens im Jenseits gewährleistete.[164]

Die »Welt«, die bessere Welt, die Welt, die es zu erforschen und zu
verstehen galt, wurde zur intellektuellen Herzensangelegenheit der
»Weltbürger« in den Provinzen des Alten Reiches.[165] Sie prägten Begriffe
wie »Weltmarkt« und »Weltall« und nannten sich – mit Lessing – »Freimaurer« oder – mit Wieland – »Kosmopoliten«.[166] Solche Selbstbeschrei-
bung allerdings verpflichtete zu nichts. Sie blieb humanitäres Postulat.[167]
Man konnte wie Schiller »Universalgeschichte« schreiben, ohne sich für
die Belange der betroffenen Menschheit zu engagieren. Weltbürgertum
ließ sich vom Schreibtisch aus praktizieren, im Salon, in einer Jagdge-
sellschaft oder unter Kurgästen im mondänen Karlsbad. Daran änderten auch die Napoleonischen Kriege der Jahre 1792 bis 1815 nichts. Im
Gegenteil: Bündnisse und Gegenbündnisse, Germanophilie und Fran-

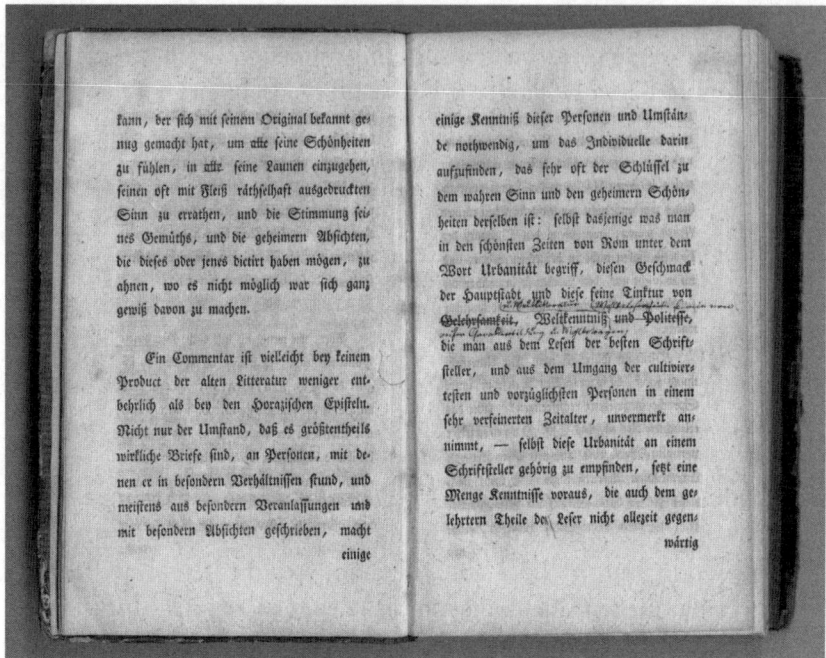

Horazens Briefe. Aus dem Lateinischen übersezt und mit historischen Einleitungen und anderen nöthigen Erläuterungen versehen von C. M. Wieland. Erster Theil, neue verbesserte Ausgabe. Leipzig 1790, unpag. [S. 11]

kophobie verstärkten das militärische, ökonomische und kulturelle Interesse an Freunden und Gegnern.

»Weltliteratur« gehörte dazu. Der Göttinger Gelehrte August Ludwig Schlözer (1735–1809) notierte den Begriff erstmals schriftlich, und zwar in seiner Dissertation zur isländischen Literaturgeschichte (1773).[168] Er gebraucht den Begriff so, als wäre er bereits eingeführt und selbstverständlich. Die bis dato unbekannte isländische Literatur des Mittelalters empfiehlt er »der gesammte[n] Weltlitteratur« und stellt sie mit der hebräischen, arabischen, russischen und chinesischen auf eine Stufe.[169] »Weltliteratur« meint hier offenbar Bildungsdokumente, Zeugnisse von intellektuellem Rang, vielleicht sogar ästhetischer Qualität für die Kulturgeschichte der Menschheit.

Wieland, der wie Goethe im Jahr 1806 daran beteiligt war, Weimars Kulturschätze vor dem Zugriff der Grande Armée Napoleons zu schützen, zählte zu den Ersten, die die Bedeutung der Literatur für die Zivilisation auf den Punkt brachten. Wieland fügte seinen Begriff von Weltliteratur als Korrektur in sein Handexemplar der Übersetzung von *Horazens Briefe[n]* (1790) ein.[170] Da Wieland im Jahr 1813 starb, muss sein Eintrag in der Horaz-Edition älter sein, doch lässt er sich nicht genau datieren.

Wieland schätzte Horaz, ja, er identifizierte sich sogar mit ihm, denn er erblickte in den Texten des römischen Vorbilds den Versuch, Skepsis und Harmoniestreben auszugleichen und elegant der Grazie zu huldigen – ähnlich, wie er es selbst anstrebte. Um die Urbanität der Römer zu erklären, ersetzt Wieland den ursprünglich im Text verwendeten Begriff »Politesse« handschriftlich durch »Weltlitteratur«. Er meinte mit Weltliteratur die großen Werke der Alten – nicht die Volkslieder, die Herder in den Jahren 1778/79 zur Einsicht in die Humanität auch der wenig gebildeten Menschen empfahl.[171] Seinen Begriff der Weltliteratur verbindet Wieland mit einer Eloge der Urbanität und Kultiviertheit Roms im Augusteischen Zeitalter. Bereits Zeitgenossen verklärten es zur Ära des Musengotts Apolls. Was damals geschrieben wurde, erscheint den Zeitgenossen um 1800 als Weltliteratur und setzt zum Verständnis »Weltkenntniß« voraus. Voraussetzung dieser Literatur ist der Schmelztiegel der weltläufigen Stadt und ihrer Einwohner: die Begegnung der Großen – man denke nur an die Dichter Vergil, Horaz und Ovid – auf engem Raum, zu politischen Anlässen, geprägt durch große Reden und die republikanische Tradition.

Im Vergleich damit allerdings fällt auf, dass Literatur und Kultur im ausgehenden 18. Jahrhundert mit infrastrukturellen Problemen zu kämpfen hatten: Es gab nicht mehr die eine Hauptstadt, sondern viele und – speziell im Alten Reich – zahlreiche kleine Städte, die gleichwohl Weltgeltung beanspruchten. Wie ließ sich unter solchen Bedingungen noch Weltliteratur schaffen?

Was folgte, wirkt wie eine Antwort auf diese Frage. Zum einen bemühte sich Herzog Karl August von Sachsen-Weimar-Eisenach selbst aktiv darum, wichtige Informationen aus kulturellen und politischen Zentren Europas aus erster Hand zu erhalten. Er beauftragte Mittelsmänner für Kulturdiplomatie. Seit 1814 stand er mit dem deutschen Übersetzer in der englischen Staatskanzlei in Verbindung. Mit ähnlichem Ansinnen reiste der Herzog im Jahr 1817 nach Mailand, wo er unter anderem Gaetano Cattaneo, der im Münzwesen arbeitete und gut vernetzt war, ersuchte, ihn über Neues zu unterrichten.[172] Zum anderen erweiterte Goethe sein Lesespektrum zur selben Zeit und dachte ebenfalls über die Chancen und Grenzen der sagenumwobenen Weltliteratur nach. Bevorzugt tat er dies allerdings im intimen Kreis, was das Weltläufige der Angelegenheit beinahe konterkariert. Im Jahr 1814 schenkte Cotta Goethe die selbst verlegte Übersetzung des *Diwans des Mohammed Schemsed-din Hafis* durch den Orientalisten Joseph von Hammer-Purgstall. Goethe entwickelte auch dadurch ein so großes Interesse an der arabischen Literatur, am Koran und seiner poetischen Sprache, dass der *West-östliche Divan* entstand (1819).[173] Fast zeitgleich erkundete er lesend und mitunter auch übersetzend weitere Weltregionen: In seiner Zeitschrift *Über Kunst und Alterthum* (1816–1832), zunächst der Rhein-Main-Gegend gewidmet, rezensierte Goethe seit den späten 1820er-Jahren Literatur aus Frankreich, Italien, England und anderen, auch kleineren Ländern wie Litauen und Serbien.[174] Seit etwa 1815 interessierte er sich für China und die chinesische Literatur, auch um der China-Mode des Rokoko reizvollere Formen der ästhetischen Auseinandersetzung entgegenzustellen.[175] Im Jahr 1827 veröffentlichte er Alterswerke wie die *Chinesisch-deutschen Jahres- und Tageszeiten*.

Doch expandierte Goethes weltliterarische Neugier nicht einfach. »Europäische, d.h., Weltliteratur«, heißt es in einem Schema für seine Zeitschrift *Über Kunst und Alterthum* aus den Jahren 1829/30, womit der Kreis erstaunlich eng gezogen ist, bedenkt man Goethes Interesse an China und der arabischen Welt.[176] Seine Faszination für die eine Literatur ersetzte nicht selten diejenige für eine andere. Die ägyptischen, chinesischen, indischen und arabischen Literaturen erschienen zwar nicht mehr als bloße »Curiositäten«, aber auch als nicht musterbildend und nicht so verbindlich wie die griechische Antike.[177] Und Afrika blieb bei Goethe weitgehend eine Terra incognita. Die innereuropäische Perspektive dominierte, geöffnet für Entlegenes und Exotisches.[178]

Am 15. Januar 1827 notiert Goethe in sein Tagebuch: »An Schuchardt diktirt bezüglich auf französische und Welt-Literatur«.[179] Am 31. Januar 1827 teilt er seine Überlegungen im kleinen Kreis mit, im Rahmen eines Tischgesprächs mit seinem Vertrauten Johann Peter Eckermann, Oberbaudirektor Coudry, Professor Riemer und Hofrat Meyer.[180] Weltpolitisch war man zu diesem Zeitpunkt einigermaßen unbehelligt: Nach den Karlsbader Beschlüssen gingen Metternich und seine Gefolgsleute zwar energisch gegen Bürger vor, die der Demagogie verdächtig waren, aber ansonsten war es vergleichsweise ruhig. Am griechischen Freiheitskampf, dem politischen Großereignis der Zeit, beteiligten sich die Deutschen allenfalls als Zuschauer. Enthusiastisch ob der entspannten Weltlage und der vielen reizvollen Texte aus aller Herren Länder, appellierte Goethe an die Autoren und das Publikum: Die »Epoche der Welt-Literatur ist an der Zeit und jeder muß jetzt dazu wirken, diese Epoche zu beschleunigen«.[181]

An Herders Begeisterung für das Volk und das Volkstümliche anknüpfend, spricht Goethe von »Volkspoesie« als »Welt- und Völkergabe«, die Menschen mit ihren Sitten und Gebräuchen bekannt macht, zivilisiert und kultiviert.[182] Solche Literatur gehört der »ganzen Menschheit«; sie ist Anlass zum »großen und poetischen Feste«.[183] »Weltliteratur« bedarf der »Volkspoesie«, ist aber von ihr unterschieden. Sie bezeichnet sowohl den durch Reisen, Briefe, Drucke, Übersetzungen und Journale gewachsenen literarischen Austausch als auch die Kommunikation darüber.[184] So verstanden ist Weltliteratur eine Art literarische »Gewerks- und Handelstätigkeit«,[185] ermöglicht durch Schnellpost und Dampfschiffe.[186] Weltliteratur beschleunigt sich, indem sie Themen und Darstellungsformen der Moderne aufnimmt, und wird beschleunigt, weil Autoren, Verleger und Kritiker in immer regerer Verbindung miteinander stehen. Solche Literatur erhält wie ihre Epoche den goetheschen Stempel »velociferisch«:[187] Sie ist schnell, faszinierend – und teuflisch.[188]

Doch wird Weltliteratur erst dann Weltliteratur, wenn man sich wechselseitig wahrnimmt, inspiriert, spiegelt und kritisiert.[189] Goethes Wertschätzung für den jungen Schotten Thomas Carlyle und seine vielfältigen literarischen Kontakte – unter anderem zu Byron – bezeugen, dass es ihm mit diesem Plädoyer für Wechselseitigkeit ernst war.[190] Goethe las Carlyles *Life of Friedrich Schiller* (1825), seine Anthologie deutscher Autoren (*German Romance. Specimens of its chief authors,* Edinburgh 1827), Übersetzungen eigener Werke und derjenigen Jacob Grimms.[191] Er abonnierte »internationale« Zeitschriften wie *Le Globe, La Revue française, Le Temps, L'Eco* und *The Foreign Quarterly Review*.[192] Enthusiastisch schrieb er im Jahr 1828 an Carlyle: »Lassen sie uns der eröffneten Communication immer freyer gebrauchen!«[193]

Spätestens im Jahr 1829 aber wirkte die »anmarschierende [...] Weltliteratur« bedrohlich.[194] Goethe fürchtete literarische Überproduktion und Populismus. Anlass der Klage war Karl von Holteis Liederspiel *Lenore* (1828), das sich an das französische Vaudeville anlehnte. Goethe nannte es ein »neue[s] Quälodram«.[195] Im Jahr 1829 sprach Goethe enttäuscht vom Versagen der deutschen Literatur, die am »Allgemeine[n],

Höhere[n]« ebenso scheitert wie am Konkreten.[196] Bloßer Individualismus sei die Folge. Das emphatische Plädoyer für wechselseitige Spiegelung und Inspiration senkte Goethe zugunsten wechselseitiger kultureller Toleranz ab: Die Nationen sollten »einander wenigstens dulden lernen«.[197] Innerhalb kurzer Zeit wurde Weltliteratur zum Problem, analog zu anderen Entwicklungen der zeitgenössischen Gegenwart. Goethe überführte die Welt-Begeisterung des ausgehenden 18. und frühen 19. Jahrhunderts in Skepsis – in eine moderate, literaturfreundliche und trotz allem neugierige Skepsis.[198]

Weltliteratur in der Literatur: *Faust* – Ausschnitte aus einer langen Geschichte des Bösen

Schon der *Divan* und die China-Schriften zeugen davon, dass Goethe seine Reflexionen über Weltliteratur nicht nur lesend, kritisierend, übersetzend und sprechend, sondern auch literarisch erprobte. Für seine beiden »Lebenswerke«, *Wilhelm Meister* (1795/96, 1821/1829) und *Faust* (*Faust. Eine Tragödie*, hier kurz: *Faust I*, 1808; *Faust der Tragödie zweiter Teil*, hier kurz: *Faust II*, 1832), gilt dies in besonderem Maße. Beide Texte spiegeln die Entwicklung von Goethes Denken über Literatur auf ihre Weise: *Wilhelm Meister* gilt als helle Variante der »veloziferischen« Moderne, *Faust* aber als dunkle.[199] Im Drama zeigen Papiergeld, Krieg und Deichbau, dass die fortschrittsverliebte Moderne dem Untergang geweiht ist. Doch bleibt es nicht dabei.[200] Goethe beschreibt ein riskantes Selbstexperiment des Gelehrten Faust: Dieser überantwortet sich dem Bösen, wird zum Symbol der Verführbarkeit des Menschen durch Magie. Am Schluss des Dramas aber wird er gerettet: Seine Seele steigt gen Himmel. Die Sache geht gut aus, auch für die Moderne und ihre Literatur. Durch das mystische Happy End deutet Goethe die Faust-Figur, die zum Zeitpunkt ihrer Dramatisierung bereits auf eine zweihundertjährige Geschichte zurückblicken kann, erheblich um.

Faust existierte tatsächlich und wurde schon zu Lebzeiten Sagenstoff. In seinem Prosaroman *Historia von D. Johann Fausten dem weitbeschreyten Zauberer und Schwartzkünstler* schildert der Buchdrucker Johann Spies (ca. 1540–1623) Episoden aus dem Leben des Wunderheilers, Alchemisten, Astrologen und Wahrsagers Johann Georg Faust (ca. 1480–1541). Im Mittelpunkt stehen Fausts Studium, seine Faszination für Magie und sein Pakt mit dem Teufel. Faust nämlich betrachtet sich als Geschöpf der Kreatur, der er sich mit Haut und Haar überantwortet hat. Ein letzter Bekehrungsversuch durch einen Mönch fruchtet nicht. Faust wandert in die Hölle – und erscheint als warnendes Exempel.

Wie viele andere Prosaromane, darunter *Eulenspiegel* oder *Fortunatus*, erlebte die *Historia von D. Johann Fausten* eine beeindruckende Rezeptionsgeschichte: Faust wurde zu einer zentralen Erzählung vom mittelalterlichen Europa und zu einer global wahrgenommenen Legende.[201] Erstmals verkauft wurde die *Historia* während der Frankfurter Herbstmesse des Jahres 1587. Es folgten ungezählte Neudrucke, Bearbeitungen, Übersetzungen ins Englische, Dänische, Holländische und Französische (1598, vielfach nachgedruckt: 1603, 1667, 1674), Nach- oder Neudichtungen. Eine erste englische Übersetzung des Volksbuchs ist für das Jahr 1592 unter dem Titel *The English Faust Book* nachgewiesen.[202] Christopher Marlowe fertigte seine *Tragical History of Doctor Faustus* wohl nach diesem Buch, obwohl er schon 1589 mit dem Drama begonnen haben soll, es ca. 1594 beendete und 1604 publizierte. Marlowes *Doctor Faustus* blieb bis ins 18. Jahrhundert die wichtigste Faust-Version. Das kontroverse Schauspiel überhöht den Zauberdoktor zum Rebellen und Helden des Elisabethanischen Zeitalters, und es präsentiert ihn in Dramenform. Zeittypisch ist es in Blankversen verfasst und mit clownesken Szenen versehen. Die Admiral's Men, nach Shakespeares Truppe die wichtigste Theaterformation der Zeit, die auch Thomas Dekkers *Old Fortunatus* auf die Bühne brachte, führte das Stück zwischen 1594 und 1597 vielfach auf und feierte damit große Erfolge. Das Stück enthält die Faust-Geschichte mit ihren wesentlichen Protagonisten: dem Gelehrten Faust und Mephistophilis, der zum Teufel degradiert ist. Er dient Luzifer, dem Prinzen der Teufel. Marlowes Faust schätzt alle Wissenschaft, bis auf die Theologie, die er für nutzlos und unlogisch hält. Vermittelt durch Mephisto, schließt er mit Luzifer ein Geschäft ab, das er mit seinem Blut besiegelt: Er will noch vierundzwanzig Jahre auf der Erde leben, mit Mephisto als persönlichem Diener, und verspricht Luzifer dafür seine Seele. Faust gibt sich ganz dem Bösen hin, begeht Sünden und bereut erst, als es zu spät ist. Seine Seele ist des Teufels.

Marlowes *Doctor Faustus* fand sich auf Flugschriften wieder, wurde zum Puppentheater (1710, Haymarket Theatre, London) umgearbeitet, verbreitete sich in Harlekinaden und Farcen und kam mit den englischen Komödianten nach Deutschland. Aufgeführt wurde *Doctor Faus-*

tus – mehr oder minder frei nach Marlowe – beispielsweise im Jahr 1669 in Danzig, aber auch auf vielen anderen Wanderbühnen.[203] Im 18. Jahrhundert zählte *Doctor Faustus* zum eingespielten Bühnenrepertoire jenseits der klassischen französischen Dramen. Ein Autor begeisterte sich besonders für den traditionsreichen Stoff: Im Jahr 1755 vertraute Lessing seinem Freund Mendelssohn an, dass er an einer neuen *Faust*-Fassung arbeite.[204] In seinem *17. Literaturbrief* (1759) preist er *Faust* als typisch deutsches Sujet, dem Marlowe und die Wanderbühnen englische Züge verliehen haben – für den Kritiker des klassischen französischen Dramas eine ideale Kombination. Lessing skizziert eine Szene: Sein Faust erscheint nicht mehr als negatives Exemplum wie noch bei Marlowe, sondern als ambivalenter Wissenschaftler, Künstler und oberster Zauberer. Selbst die sieben Geister der Hölle, die für die Todsünden stehen, dressiert er in seinem Sinne.

Zwar blieb Lessings Entwurf Fragment, aber Goethe folgte seiner Revision des *Faust*. Er nahm sich des weit gereisten und vielfach bearbeiteten Stoffes mit einer Energie an, die Jahrzehnte anhielt. In den 1770er-Jahren begann er mit der Arbeit, und sie ließ ihn bis kurz vor seinem Tod nicht los. Zu Goethes Lebzeiten war Faust bereits ein »europäischer Charakter« und seine Geschichte ein europäisches Plot mit vielen Facetten und eigenen Theatertraditionen geworden, symbolisch aufgeladen, von zentraler Bedeutung für das Verhältnis von Religion, Mensch und Wissenschaft in der Frühen Neuzeit. Durch Goethes Vorhaben steigerte sich die Bedeutung des Faust-Komplexes erneut. Wenn der Autor des *Werther* einen solch wichtigen Stoff bearbeitete, musste die literarische Welt aufhorchen. Der Anlass für Goethes Drama aber war lokal und wenig hochfliegend gewesen. Es handelte sich um den Prozess gegen die Frankfurter Magd Susanne Margaretha Brandt, die ihr neugeborenes Kind ermordet hatte.

Die Kombination von Gretchen- und Faust-Tragödie, die Verbindung aus gemeiner und elitärer Welt, aus Fleischeslust und geistigem Verlangen, wurde für Goethes *Faust* charakteristisch. Goethe erweiterte und veränderte sein Drama nach und nach: Aus dem *Urfaust* (1772–1775), der noch ohne Teufelspakt und Hexenszenen auskommt, entstand *Faust, ein Fragment* (1788), in dem sich das von Lessing angeregte Wissenschaftlerdrama ankündigt und auch eine erste Hexenszene auftaucht. Die Folgefassung *Faust. Eine Tragödie* (1797) schlägt metadramatische Wege ein. Hier werden nicht nur die Möglichkeiten theatraler Inszenierung, sondern auch die menschheitshistorischen Konsequenzen des Stücks reflektiert. Im Zentrum steht, speziell im *Prolog im Himmel,* der Konflikt zwischen menschlichem Streben und Gottvertrauen, zwischen Erkenntnisdrang, Tat und Irrtum: Gott denkt sich den Menschen als tätiges Wesen; nichts ist ihm so zuwider wie die Faulheit. Deshalb hat er ihm den Teufel, die Verführung zu Neuem, zu Risiko und Sünde, beigesellt, vertraut aber darauf, dass der Mensch diesem Teufel gleichwohl standhalten kann. Der Teufel wettet dagegen. So eingeordnet, erhält der Teufelspakt neue Dynamik. Er wird zum Umschlagspunkt, an dem sich traditionelles christliches Weltbild und säkulare Moderne scheiden. Goethes *Faust* erscheint als Drama und Metadrama an der Epochenschwelle.

Faust I und *Faust II* entwickeln Heinrich Faust zum exemplarischen Menschen weiter. Der alternde, der Welt entfremdete, gleichwohl geachtete Wissenschaftler und Magier setzt sich den Versuchungen Mephistos aus. Für einen glücklichen Moment will er seine Seele geben. Anders als Marlowes Faust macht es Goethes Faust seinem Verführer schwer: Die kleine, allzu menschliche Welt will ihn ebenso wenig begeistern wie die magische: Weder das Gelage in Auerbachs Keller, die Walpurgisnacht noch Fleischeslust führen den höchsten Moment des Glücks herbei, zumal dem begehrten Gretchen ein schreckliches Ende droht. In *Faust II* wenden sich Faust und Mephisto deshalb der großen Welt zu: der Politik und der Ökonomie. Das Duo infernale berät den Kaiser, saniert und zerstört seinen Staat durch die Erfindung des Papiergelds, feiert Karneval. Faust verliebt sich in Helena, zeugt Euphorion, das Symbol der idealen, Südliches und Nördliches vereinenden Dichtung, zieht in den Kampf, setzt sich für ein großes Projekt der Landnahme ein – und erlebt hier endlich seinen höchsten Moment. Der tätige Faust, der sich um das Volk sorgt, das auf freiem Boden frei sein soll, wird gerettet. In einer komischen Szene entführen die Engel Fausts Seele – zum Ärger Mephistos. Ein »Chorus mysticus« preist das »Ewig-Weibliche«, eine Art mystische Kraft.[205]

In seinem »Welt-Drama« verarbeitet Goethe Motive aus der griechischen Antike, der Bibel und aus den Weissagungen des Nostradamus. Das Drama gipfelt in einem »planetary plot«. Es kündigt sich gleich im ersten Teil des *Faust* mit einer eigenwilligen Übersetzung der Eingangsworte »Im Anfang war die Tat!« aus dem Johannesevangelium an.[206] Die Tat ermöglicht Faust den »höchsten Augenblick«. Deshalb heißt es auch über Goethes *Faust,* dass er ein Evangelium der Tat preise. Faust ist durch die Tat nicht mehr Negativexemplum, sondern der moderne Mensch schlechthin – mit all seinen Ambivalenzen. Durch seine Rettung, die zum Himmel aufsteigende Seele, wird er gar zum säkularen Christus. Im Umkehrschluss heiligt *Faust II* die Moderne: Faust bemüht sich um ein rechtes Leben; Abweichungen vom Pfad der Tugend, vom Alten und Hergebrachten erscheinen als problematisch und doch notwendig. *Faust* spiegelt also nicht einfach die dunklen Seiten der Moderne, sondern hebt sie zugleich auf. Wohl auch deshalb schätzte Hegel den *Faust* als »absolute philosophische Tragödie« und stieß seit den 1830er-Jahren eine rege Auseinandersetzung über das Drama unter seinen Anhängern in Europa und Amerika an.[207]

Faust I: Übersetzungen vor und nach der NS-Zeit

Im Laufe des 19. Jahrhunderts gewann vor allem *Faust I* kontinuierlich an Prominenz. *Faust II* stabilisierte die Bekanntheit von *Faust I* und umgekehrt. Dabei entsprechen die Konjunkturen von *Faust II* ungefähr denjenigen von *Faust I*. Doch wird *Faust II* seltener übersetzt, und die Übersetzungen erscheinen seltener. Besondere Spitzen in der Konjunktur der *Faust I*-Übersetzungen sind zunächst für die Jahre 1881/82 festzustellen: Pro Jahr werden über dreiundzwanzig Übersetzungen mit Publikationsschwerpunkten in New York, Boston, Dublin, Paris, London, Kopenhagen, Stockholm, Portugal (Porto, Coimbra), Warschau, Krakau, Lwiw, Moskau und Izmir aufgelegt. *Faust I* hat Europa also schon im 19. Jahrhundert verlassen, es sowohl nach Osteuropa und Russland als auch in das Osmanische Reich geschafft. Um 1900 blieb die *Faust I*-Konjunktur stabil, obwohl oder vielleicht gerade weil viele neue Faust-Texte entstanden. Sie griffen das Faust-Motiv häufig nur auf und setzten es in neue Kontexte. Doch ist der Goethe-Bezug in solchen Fällen – Ausnahmen bestätigen die Regel – verschwommen. Man denke an Oscar Wildes *Bildnis des Dorian Gray* (1891), das Faust in die ästhetische Moderne versetzt, Teufelspakt und Frauenopfer zitiert. Einen ausdrücklichen Bezug auf Goethe aber kennt *Das Bildnis des Dorian Gray* nicht.

In den Jahren 1931 bis 1933 erreichten die Übersetzungen von *Faust I* quantitativ ihren Höchststand: Fast vierzig Übersetzungen wurden pro Jahr aufgelegt, diesmal mit Schwerpunkten in Paris, London, Stockholm, Spanien, Portugal, Italien, Ost- und Südosteuropa (vor allem Polen, Serbien), Moskau, New York, Boston, Rio de Janeiro, Montevideo,

Shanghai und Indien. Mit der NS-Zeit brach die Zahl der publizierten Übersetzungen nicht ein, obwohl dies erwartbar gewesen wäre. In den Jahren 1942/43 etwa waren es über vierzehn aufgelegte Übersetzungen pro Jahr, schwerpunktmäßig in Europa und Amerika. *Faust I* war und blieb aktuell, vielleicht aktueller denn je. Möglicherweise stellte sich das Publikum jene mentalitätsgeschichtliche Frage, die Thomas Mann mit seinem epochalen Werk *Doktor Faustus* (1947) auf den Punkt brachte:[208] was nämlich die Deutschen veranlasste, dem Nationalsozialismus anzuhängen. Mann ging – wie manche Zeitgenossen – davon aus, dass der Teufelspakt eine »tief-altdeutsche Versuchung« war,[209] die das Land vor allem in den 1930er-Jahren erfasst hatte. Zu dieser Annahme verleitete ihn Goethe selbst. Im Gespräch mit Eckermann hatte Goethe nämlich verlauten lassen, die Deutschen machten sich »durch ihre tiefen Gedanken und Ideen, die sie überall suchen und überall hinlegen, das Leben schwerer als billig«.[210] Das gedoppelte »[Ü]berall« verdeutlicht die Tragweite dieser Wahrnehmung. Die Deutschen entkommen, nach Goethe, ihrer Tiefe nicht, und sie belasten alles und jeden damit. Mann stilisiert *Faust* auch vor dem Hintergrund dieses Zitats zum verführerischen deutschen »Urbuch«.

Die Variationen des Faust-Komplexes seit den 1940er-Jahren sind Legende, um nur einige zu nennen: Da sind unter anderen Paul Valérys so charmante wie drastische Dramenskizzen unter dem Titel *Mon Faust* (1941). Hier will der gerettete Faust nicht nur Fräulein »Lust« seine Lebensgeschichte diktieren, sondern auch Mephisto verführen. *Faust* erscheint als »never-ending story«, deren gutes Ende mit dem Verlust metaphysischer und religiöser Gewissheiten zusehends unwahrscheinlicher geworden ist. Das strukturelle Merkmal der vom Bösen angezogenen männlichen oder weiblichen Hauptfigur erweist sich dabei als zentrales, allerdings immer verschwommener werdendes Wiedererkennungsmoment. Denn alles andere – die Wahl der Gattung, die Kombinationen mit anderen Texten und Kontexten – obliegt der Variation. So könnte man am Beispiel von Michel Tourniers *Le Roi des Aulnes* (1970) zeigen, wie der Autor, selbst ein Thomas-Mann-Experte, Goethes *Faust* und seine *Erlkönig*-Ballade mit Thomas Manns *Doktor Faustus* verbindet. Denn mit Abel Tiffauges und seinen Tagebucheintragungen erfindet Tournier die Serenus-Zeitblom-Konstellation und in dem frühreifen genialen Nestor, der in den Flammen stirbt, die Faust-Figur neu.

Parallel zu solchen Faust-Aneignungen erscheinen nach wie vor zahlreiche *Faust I*-Übersetzungen. In den Jahren von 1948 bis 1950 werden im Durchschnitt fast neunundzwanzig Übersetzungen pro Jahr publiziert, hauptsächlich in Paris, London, Edinburgh, Spanien, Italien, Prag, Budapest, Sofia, der Türkei, Israel, Shanghai und Tokio. In den Jahren 1998/99, dem vorläufig letzten »peak« der *Faust I*-Übersetzungen, sind es noch neunzehn Publikationen, diesmal zahlenmäßig verteilt vor allem auf Paris, London, Barcelona, Mailand, Warschau, Belgrad, Sofia, Vilnius, Minsk, Riga, Sankt Petersburg, New York, Rio de Janeiro, Seoul, Jakarta, Taipeh, Damaskus und Abu Dhabi. Am Beginn der Publikation von *Faust* war eine solche Erfolgsgeschichte nicht vorhersehbar, im Gegenteil.

Gefährlich, amoralisch und unübersetzbar: Konkurrenz um den englischen *Faust*

Trotz Goethes spannungsvoller Darstellung der sich modernisierenden Welt waren inländische und ausländische Zeitgenossen Goethes *Faust* zunächst nicht gewogen. Ähnlich wie Coleridge und Wordsworth urteilte Madame de Staël kritisch:[211] Im *Faust I* werde die Hölle anstelle der Moral gesetzt. »Er [*Faust*] mag als Werk der geistigen Fieberglut oder als Erzeugnis des Überdrusses an der Vernunft betrachtet werden, auf alle Fälle ist zu wünschen, daß dergleichen Produktionen nicht wiederkehren.«[212]

Auch dominierten andere Autoren die Bühnen. In England waren zwischen 1798 und 1800 zwar nahezu hundert Übersetzungen deutschsprachiger Dramen pro Jahr entstanden, aber bis zu neunzig davon stammten von Kotzebue und nur wenige von Lessing, Goethe und Schiller.[213] Erst nach und nach entstand ein Bewusstsein für die ungleichgewichtige Rezeption Kotzebues im Vergleich zu Goethe und Schiller.[214] Das Problem war wie bei de Staël weniger die Form als die Moral: Vielen Kritikern des *Monthly Magazine,* der *Critical Review* und der *North American Review* galten Wieland, Goethe und Schiller als unmoralisch und vulgär. Wie *Werther,* so zählte auch *Faust* im Ausland zu den amoralischen Werken, die deutsche Literatur bei den bürgerlichen und adligen Lesern in Misskredit brachten.[215] Nur moralisch unorthodoxe und ästhetisch ambitionierte Kreise wagten sich an *Faust* heran – bis er schließlich zum kanonischen Literaturgut wurde. Dabei standen immer wieder dieselben Elemente des *Faust* im Mittelpunkt: das Dilemma des begabten Mannes und der Pakt mit dem Bösen. Die Gretchen-Tragödie hingegen schien nicht unbedingt als Teil der *Faust*-Saga und wurde gesondert behandelt. *Faust*-Übersetzungen waren zahlreich und konkurrierten schon im 19. Jahrhundert miteinander: Der des Deutschen im Jahr 1815 noch weitgehend unkundige Shelley versuchte sich bereits an einigen Szenen in Prosa. Sie blieben aufgrund ihrer deutschen Satzstellung schwer nachvollziehbar. Im Jahr 1822 ließ Shelley, nun offenbar des Deutschen mächtig, eine vitale und überzeugende Übersetzung des Prologs und der »May-Day-Night« in Versform folgen. Im Jahr 1830 legte Carlyle nach, dicht gefolgt von Crabb Robinson.[216] Zu den am häufigsten aufgelegten und gelesenen Übersetzungen aber zählten andere: diejenige des irischen Juraprofessors John Anster (1793–1867), die in den Jahren 1835 *(Faust I)* und 1864 *(Faust II)* erschien und eher eine »Paraphrase« ist.[217] Anster geht so frei mit dem Original um, dass die Übersetzung die Länge des Originals um ein Drittel übersteigt. Seine Übertragung wurde neunzehnmal aufgelegt, ähnlich wie Anna Swanwicks Version des *Faust*, die achtzehn Auflagen erlebte.

Anna Swanwick (1813–1899), eine frühe Feministin, Unitarierin und Schriftstellerin, setzte sich für die Hochschulbildung von Frauen ein und lehrte in Cambridge und Oxford, ohne offiziellen Posten allerdings. Sie hatte in Berlin Deutsch gelernt und neben anderen dramatischen Werken Goethes und Schillers auch den *Faust* (I, 1850/ II, 1878) übersetzt. Ihre versifizierte Übersetzung mit Illustrationen von Moritz Retzsch gilt noch heute als eine der besten, ja schönsten und wurde vor allem im Zirkel ihrer literarischen Freunde Crabb Robinson, Alfred First Baron Tennyson (1809–1892), Robert Browning (1812–1889) und James Martineau (1805–1900) gelesen.[218]

Die am stärksten kanonisierte Übersetzung jedoch stammt von dem US-amerikanischen Schriftsteller und Diplomaten Bayard Taylor (1825–1878).[219] Taylor wurde vom pennsylvanischen Buchdruckerlehrling zum Gesandten der Vereinigten Staaten in Berlin. Er war nach Europa, Afrika, Indien, China und Japan gereist und veröffentlichte darüber Berichte. Als Redakteur der *New York Tribune* schrieb er über den Goldrausch in Kalifornien; im Frühjahr 1853 begleitete er Commodore Matthew Calbraith Perry auf einem der sogenannten Schwarzen Schiffe, die die Öffnung Japans gegenüber Amerika erzwangen. Taylors Verbindungen in den Deutschen Bund waren zeitlebens eng, zumal er Maria Hansen, die Tochter eines Astronomen aus Gotha, geheiratet hatte. Sie übersetzte Schriften, Reiseberichte, Dramen und Romane ihres Ehegatten ins Deutsche. Ob sie an seiner *Faust*-Übertragung Anteil hatte, ist nicht geklärt. Besagte Übertragung erschien in den Jahren 1870/71, ist im Versmaß des Originals gehalten und wurde zwanzigmal aufgelegt. Sie brachte Taylor auch nach Weimar: Wielands Enkelin hatte ihn 1873/74 eingeladen, damit er eine Vorlesung über amerikanische Literatur hielt, und stolz trug er vor den Enkeln Karl Augusts, Goethes, Schillers, Herders und Wielands vor.[220]

»Große Männer« und einige ungewöhnliche Frauen identifizierten sich so sehr mit Goethes Dramenfigur oder Goethe selbst, dass sie dem Text übersetzend einige Sorgfalt angediehen ließen. Das gilt auch für den englischen Schriftsteller und Juristen Adam Hayward (1801–1884), der im Jahr 1833 die erste vollständige Prosa-Übersetzung des *Faust* privat druckte. Der konservative Hayward war eine politische Figur seiner Zeit, gehasst, geliebt und in Satiren verspottet. Er nahm an den Diskussionen der London Debating Society teil, wurde in den Athenaeum Club gewählt, kannte zahlreiche Juristen, Schriftsteller und Politiker im In- und Ausland, schrieb für die Zeitschriften *Foreign Quarterly*, *Quarterly Review* und *Edinburgh Review*. Deutschland hatte Hayward vielfach besucht und dort Christiane von Goethe, Karl August Varnhagen von Ense, Ludwig Tieck, Adelbert von Chamisso und Friedrich de la Motte Fouqué getroffen. Carlyle gefiel Haywards *Faust*-Übersetzung so gut, dass er sie als beste seiner Zeit rühmte, und offenbar löste diese Übersetzung eine regelrechte *Faust*-Manie auch im englischen Publikum aus.[221] In der Folge galt das Drama als »unübersetzbare[s] Gedicht, das jeder Engländer übersetzt«.[222]

Nervöse Fäuste in der englischen Schauerromantik und ihre Parodie

Die englischen Romantiker waren im *Faust*-Fieber, wie Mary Shelleys *Frankenstein* eindrucksvoll zeigt: Goethes Drama inspirierte die Schauerromantik. Percy Bysshe Shelley war fasziniert von *Faust*, las den Text mehrfach, unter anderem mit den befreundeten Dichtern John Gisborne (1770–1851) und Lord Byron. Byron nannte Shelley nach gemeinsamer Lektüre – und Shelleys lautem Lesen des Mephisto-Parts über die biblische Schlange – spielerisch »die Schlange«.[223] *Faust* nahmen sie als schillerndes Ideendrama im Kontext von Rousseaus *Nouvelle Héloïse* wahr.[224] Aus der Lektüre entstanden Nachahmungen und eigenständige Werke: Shelleys *Alastor, or The Spirit of Solitude* (1816) etwa ist wie Faust wissensbegeistert. Seine Geister vermengen Goethes Erdgeist und Mephisto.[225]

Auch Byron war von *Faust* beeindruckt. Er konzipierte sein Drama *Manfred* (1817) nach einer Stegreiferzählung der *Faust*-Geschichte durch einen Freund, den britischen Schriftsteller Matthew Gregory Lewis (1775–1818), in der von Mary Shelley beschriebenen Autorenrunde am Genfer See 1816.[226] Lewis hatte sich schon im Studium für Herder und den Sturm und Drang begeistert und im Jahr 1791 Wieland, Goethe, Schiller und Kotzebue besucht. Byrons *Manfred* beginnt ähnlich wie Goethes Drama mit einem langen gereimten Monolog der Hauptfigur, die sich – gut schauerromanisch – in einer rauen Alpenlandschaft mit gespenstischem Schloss befindet. Faust und Manfred empfinden ihr Wissen als Last, die Wissenschaft als weltfremde Tätigkeit von Lebensmüden. Faust giert nach dem »höchsten Augenblick«, nach Selbsterfüllung oder Selbstaufgabe. Manfred hingegen sehnt sich nach Vergessen, Selbstvergessenheit, ohne Besonderes erleben zu wollen. Für Faust ist Verliebtheit eine Option unter anderen; Manfred aber fällt schon angesichts einer schönen Frau in Ohnmacht. Sie verschwindet und erfüllt sein Begehren nicht. Er will sich töten, wird aber von einem Gämsjäger davon abgehalten und trifft eine Fee, der er an einem Wasserfall seinen Weltschmerz offenbart. Göttin Nemesis ermöglicht ihm das Gespräch mit seiner toten Geliebten Astarte. Sie prophezeit, am kommenden Tag werde sein Leid enden – was auch geschieht, nach geheimnisvollen Experimenten. Manfred entgeht der Hölle durch seine hartnäckige Weigerung hinabzusteigen. Wohin seine Seele gerät (»he is gone«), bleibt offen – ein Verweis vielleicht auf Marlowes *Doctor Faustus*?[227] Byrons *Manfred* erscheint als nervöser Faust, den keine Tat rettet, kein Glaube an ein »Ewig-Weibliches«. Als typischer »Byronic hero« fällt er der eigenen Lebensmüdigkeit zum Opfer.

In den 1820er-Jahren bricht in England eine »Faust-Manie« aus, die sich in dramatischen und vor allem parodistischen Adaptationen äußert.[228] Sie beginnen mit dem anonymen Stück *Doctor Faustus and the Black Demon; or, The Seven Fairies of the Grotto* (1824); einen Höhepunkt erfahren sie in *Faust, a serio-comic poem* (1834). Der aus der Satirezeitschrift *Punch* bekannte Autor und Karikaturist Alfred Henry Forrester (Pseudonym Alfred Crowquill) schrieb und zeichnete es. Er gibt

vor, nach vielen zahmen Übersetzungen des »wild poem« den wahren
Geist des Stücks freizulegen.[229] Forrester persifliert den Geniegedanken
als »teutonic inspiration«.[230] Er will sein Genie unter anderem durch das
Essen deutscher Wurst und das Rauchen einer deutschen Meerschaum-
pfeife wecken. Das Ergebnis erweist sich als *Faust*-Parodie, garniert mit
Karikaturen. Bis in das Jahr 1887 folgen vierundzwanzig Parodien unterschiedlicher Art: Burlesken, Extravaganzen, Pantomimen und musikalische Komödien. Sie heißen – in der Tradition der englischen Schau-
erliteratur – *Faust; or, The Demon of the Drachenfels* (Henry Plunkett
Grattan, 1842) oder *Faust; or, The Fiend of the Volcano* (Charles Stan-
field James, 1849) und vermengen üblicherweise *Faust I* und *II*. Ein besonders umsichtiger Parodist nimmt sogar *Faust III* hinzu: Der für seine
Leistungen im komischen Drama geadelte Francis Cowley Burnand war
von Friedrich Theodor Vischers Parodie *Faust. Der Tragödie dritter Teil*
(1862) so begeistert, dass er den Text in seinem Stück *Very Little Faust
and More Marguerite* (Charing Cross Theatre, 1869) verarbeitet: Faust
erscheint hier als Lehrer einer Schulkasse ungezogener Kinder, unter
ihnen Gretchen. Er begehrt sie, und sie lässt sich auf ihn ein, weil sie auf
sein Geld aus ist. Gretchen wird überhaupt oft zur Antipodin Fausts und
zur Hauptfigur auf englischen Bühnen. Sir William Schwenck Gilbert,
Librettist und Komponist komischer Opern, schreibt schlussendlich mit
Gretchen (1879) die Apotheose der Frankfurter Magd.[231]

Metaphysisches Amerika:
Faust als transzendentalistische Kultfigur

Parallel zu solchen Parodien und Kontrafakturen wuchs die Achtung
vor *Faust*: In den 1860er- bis 1890er-Jahren betrachtete man den Text im
Vereinigten Königreich als Drama, das wie kaum ein zweites den Zeitgeist verkörperte. Unter Intellektuellen galt *Faust* nunmehr als »eine
Art *Göttliche Komödie* des neuen Zeitalters«:[232] Das Evangelium der Tat
wurde zum Ideal der Epoche. Zur Anerkennung des *Faust* in der englischsprachigen Welt trug ein gigantisches Epos von vierzigtausend Versen bei, das Goethes Text weiterentwickeln wollte: Philip James Baileys
Festus (1839). Bailey (1816–1902) war studierter Jurist, aber hauptberuf-
lich Autor gewesen. Bei *Festus* handelt es sich um sein Lebenswerk. Von
1839 bis 1889 hat der Text elf Auflagen erlebt, die Bailey allesamt um-
arbeitete. *Festus* bietet eine religiöse Variante des goetheschen *Faust* in

der Form ekstatischer Poesie mit endlosen Dialogen und allegorischen Überhöhungen. Festus widmet sein Werk Gott und inszeniert sich als Poeta vates, als sehender Dichter. Er geht den Teufelspakt ein, um Gott und sich selbst zu schauen.[233] Nicht die innerweltliche Tat, sondern kosmische Einsicht ist das Ziel, das Festus von Goethes Faust unterscheidet.

Diese kosmische Neigung faszinierte englische Autoren wie Tennyson, Browning und die amerikanische Schriftstellerin Margaret Fuller (1810–1850). Sie begeisterten sich für *Festus*: für seine Kritik materialistischer Weltanschauungen und die Verehrung Gottes.[234] Der amerikanische Autor Henry Wadsworth Longfellow (1807–1882) ahmte den Text in *The Golden Legend* (1851) nach, und sogar James Joyce verarbeitete die 1877er-Version von *Festus* in der Figurenkonzeption von Stephen Dedalus aus *Ulysses* (1922).[235] Elf Raubdrucke in England und dreißig Raubdrucke in den USA belegen die Beliebtheit des *Festus* im angloamerikanischen Sprachraum. In Amerika wurde der Text zum verbreitetsten Werk neben der Bibel. *Festus* und *Faust* gehören in Amerika zusammen.

Die gründliche Beschäftigung mit Goethes *Faust* begann in Amerika mit einer Vorlesung Longfellows aus dem Jahr 1838. Longfellow, mittlerweile Professor am Harvard College, war wie viele Zeitgenossen nach Europa gereist, hatte im Selbststudium Deutsch gelernt, sich für Goethe und seine Werke begeistert. Diese Begeisterung übertrug sich auf die sogenannten Transzendentalisten der 1820er- und 1830er-Jahre, eine Gruppe reformerisch gesinnter Intellektueller. Neben Fuller gehörten der Gruppe unter anderen die Schriftsteller Amos Bronson Alcott (1799–1888), Ralph Waldo Emerson (1803–1882), Henry David Thoreau (1817–1862), Walt Whitman (1819–1892) und Alcotts Tochter Louisa May Alcott (1832–1888) an. Zwar richteten sich die Transzendentalisten gegen den Unitarismus, wie er an der Harvard Divinity School gelehrt wurde, entwickelten ihn aber zugleich weiter: Sie suchten – gemäß ihres Namens – das spirituelle Erleben von Göttlichkeit, kritisierten jede Form der institutionellen Vermittlung des Glaubens als korrumpierend, vertrauten auf das Gute im Menschen, zugleich aber auch – in Weiterentwicklung des Unitarismus – auf ihre Vernunft und ihr Gewissen. Swedenborgs mystischer Spiritualismus, die Bibelkritik Herders und Schleiermachers, Kant und Fichte, Carlyle, die englischen Romantiker und Madame de Staël zählten (neben indischen und indianischen spiritualistischen Quellen) zu den Autoren, auf die sich die Transzendentalisten hauptsächlich beriefen. Um ihre idealistische Religion zu leben und zu verbreiten, gründeten sie einen Club in Boston und eine Zeitschrift, die Leser im ganzen Land erreichen sollte: *The Dial. A Magazine for Literature, Philosophy and Religion*. Bereits im Jahr 1841 erschienen dort Beiträge zu *Faust* und *Festus*.

Emerson, Amos Bronson Alcott und ihre Freunde erhoben Faust zur Kultfigur. Emerson begeisterte sich vor allem für die umfassende Bildung, die Goethes Drama spiegelte; Alcott hingegen sympathisierte mit Mephisto.[236] In *Representative Men* (1850), zu denen auch Goethe zählt, thematisiert Emerson die Spannung zwischen Goethes provinzieller Existenz in Weimar und seinem weltläufigen Werk. Emerson bewundert speziell den zweiten Teil des *Faust* und dort insbesondere die Helena-Szenen. Ihn beeindruckten die moderne Gelehrsamkeit und der »internationale[n] Verkehr der gesamten Weltbevölkerung«.[237] »Das Wunder des Buches ist seine erhabene Intelligenz. […] Die Griechen sagten, dass Alexander bis zum Chaos gelangt sei; Goethe ging, erst vor Kurzem, ebenso weit; und einen Schritt weiter zögerte er und brachte sich sicher zurück.«[238] Emerson verehrte Goethe und stellte ihn in eine Ahnenreihe mit dem griechischen Herrscher Alexander dem Großen. Mehr noch: Er erhob ihn über Alexander. Goethe eroberte in Emersons Vorstellung geistiges Gebiet, gefährliches Gelände und kehrte beizeiten weise um, um sich selbst zu schützen.

Emerson wie Alcott lasen Goethes *Faust* in Swanwicks Übersetzung, die sie als zeitgemäß und treffend wahrnahmen, vielleicht auch aufgrund der intellektuellen und politischen Reputation der Übersetzerin. Frauen standen bei den Transzendentalisten hoch im Kurs, und das Geschlechterverhältnis war ein wichtiges Thema in ihrem Club. Fuller preist Goethe in *Woman in the Nineteenth Century* (1855) als einen Mann, der von starken Frauenfiguren umgeben war, angefangen bei seiner Mutter bis hin zu Charlotte von Stein. Fuller selbst identifizierte sich mit Ottilie aus den *Wahlverwandtschaften*.[239] Sogar Goethes scheinbar schwachen literarischen Frauenfiguren gewinnt sie positive Seiten ab. So schreibt sie über die jungenhafte Mignon aus *Wilhelm Meister*: »der feinste Ausdruck, der je dem gegeben wurde, was ich das lyrische Element der Frau nannte«.[240] Makarie erscheint als »eine reine und perfektionierte Intelligenz in weiblicher Form verkörpert«.[241] Fuller bezeichnet Gretchen als »liebenswertes kleines Mädchen mit reinem Instinkt und unwissendem Geist«.[242] In ihrer Reinheit ist sie, wie Fuller andeutet, mit der Mater

Plakatwerbung für Mephisto Cigars, D-H Cigar Label 1897

Gloriosa des zweiten Teils verbunden – ein Ansatz, der zeigt, welche Bedeutung Weiblichkeit im spirituellen Universum der Transzendentalisten einnehmen konnte.

Faust und sein Autor wurden im englischen Sprachraum nach und nach kanonisch. Der britische Essayist und Publizist Thomas De Quincey (1785–1859) veröffentlichte schlecht informierte, aber leicht lesbare und für den Geschmack des Publikums bekömmliche Porträts Goethes und Schillers – zunächst in einschlägigen Magazinen und schließlich in der *Encyclopædia Britannica*.[243] Anthologien und Etui-Bibliotheken, also taschenbuchförmige Sammlungen, eroberten den Markt. Hier erschienen die bald sogenannten deutschen Klassiker von Christian Fürchtegott Gellert bis Friedrich Schiller in zwölf Sprachen (auf Englisch durch Carl Joseph Meyers Bibliographisches Institut: 1850–1857). Um Goethe entbrannte ein regelrechter Unterbietungswettbewerb zwischen dem amerikanischen Buchhändler Friedrich Wilhelm Thomas und Goethes Hausverlag Cotta: Im Jahr 1854 warf Thomas eine günstige sechsbändige Ausgabe auf den Markt, die 10,20 $ kostete. Für Cottas zweibändige Edition hingegen musste man 20 $ entrichten. Der Cotta-Verlag senkte schnell Druckqualität und Preis, sodass eine neue sechsbändige Ausgabe nur 6 $ kostete.[244] Doch die stereotypen Klassiker-Editionen dienten oft eher Repräsentations- oder Bildungszwecken. Sie verstaubten in den Regalen bildungsbeflissener Leser. Nur *Fausts* Mephisto schaffte es ins Trivialgenre der Zigarrenwerbung. Beim »Tabackgenuss«, so offenbar die Botschaft, darf der Mann all seine dämonischen Triebe und Bedürfnisse ausleben.

Faust-Lithographien und Opern

In Frankreich waren und blieben das Böse, Leidenschaft und Exzesse hingegen Sache der »Hochkultur«. Ferdinand Victor Eugène Delacroix (1798–1863), einer der wichtigsten französischen Maler seiner Zeit, ließ sich von den düsteren Seiten des *Faust* inspirieren. Im Jahr 1827 fertigte er siebzehn Lithographien zu Goethes Drama.[245] Er bestückte damit die dritte Auflage der ersten vollständigen französischen Übersetzung von *Faust I* durch den jungen Libertin Frédéric-Albert-Alexandre Stapfer (1802–1892).[246]

Die Lithographie gegenüber zeigt Mephistopheles, der über den nächtlichen Himmel fliegt. Er kommentiert sein Gespräch mit Gott: »Von Zeit zu Zeit seh ich den Alten gern und hüte mich mit ihm zu brechen.«[247] Mephistopheles erscheint mit traditioneller Teufelsfratze und Adlerschwingen, funkelnden Augen und athletischem, antikisierendem Körperbau wie ein mächtiger Nachtmahr. Seine Finger und Zehen wirken wie Krallen, die Grenze von Mensch und Tier auflösend: ein geflügelter und individualisierter Diener der Hölle, der vor durchwölktem Nachthimmel sein Unwesen treibt, ein bedrohliches Bild, schon beinahe »gothic«. Goethe zeigte sich von dieser und den anderen Lithographien begeistert:

> Herr Delacroix [...] ist ein großes Talent, das gerade am *Faust* die rechte Nahrung gefunden hat. [...] Und wenn ich nun gestehen muß, daß Herr Delacroix meine eigene Vorstellung bei Szenen übertroffen hat, die ich selber gemacht habe, um wie viel mehr werden nicht die Leser alles lebendig und über ihre Imagination hinausgehend finden![248]

Delacroix, so attestiert Goethe mehrfach, hat *Faust* besser verstanden als er selbst und dieses Verständnis in seinen Lithographien, die Rohes und Zartes verbinden, zum Ausdruck gebracht.[249] Doch waren die Zeitge-

De temps en temps j'aime à voir le vieux Père,
Et je me garde bien de lui rompre en Clisière.

Eugène Delacroix: Méphistophélès dans les aires, Tafel 1 (gegenüber S. 14) in:
Johann Wolfgang von Goethe, Faust. Paris 1828

nossen, darunter de Staël und ein Rezensent des *Globe*, weniger begeistert: Wild schienen die Lithographien zu sein, romantisch, ja grotesk.[250]
Tatsächlich hallten Delacroix' in der Folgezeit vielfach imitierte und
parodierte Lithographien auch in der Rezeptionsgeschichte des *Faust*
nach. Stapfers texttreuer *Faust* hingegen erhielt bald durch denjenigen

von Gérard de Nerval (1808–1855) Konkurrenz.[251] Nerval, ein »poète maudit«, einer der sogenannten »verfemten Dichter« des 19. Jahrhunderts, der sich später an einer Pariser Laterne erhängte, bot eine kongeniale Übertragung. Eckermann notiert am 3. Januar 1830, dass die nervalsche Übersetzung Goethe besonders inspirierte: »Im Deutschen, sagte er, mag ich den *Faust* nicht mehr lesen, aber in dieser französischen Übersetzung wirkt alles wieder durchaus frisch, neu und geistreich.«[252] Anders als im Fall des *Werther* gab dieses Rezeptionszeugnis dem Autor etwas zurück. Mehr noch: Erst die Übersetzung stimulierte die Relektüre, und vielleicht beförderte sie auch die Verschriftlichung von *Faust II*.

Auf französischen Bühnen des 19. Jahrhunderts wurde Faust in unterschiedlicher Gestalt Dauergast. Das Repertoire reichte vom Verdammten bis zum Dandy, den die Langeweile plagt.[253] Aus dem Drama wurde eine Oper. Ende der 1820er-Jahre, noch während seines Studiums am Pariser Konservatorium, las Hector Berlioz (1803–1869) Nervals *Faust*-Übersetzung und betrachtete auch die Lithographien von Delacroix. Nach eigenem Bekunden begleitete ihn der Goethe/Nerval in allen Lebenslagen, und er verarbeitete das Buch in den Jahren 1828/29 zu einer Schauspielmusik mit dem Titel *Huit scènes de Faust*.[254] Goethe, dem Berlioz seine Entwürfe schickte, leitete sie an seinen Freund, den Musiker, Professor, Komponisten und Dirigenten Carl Friedrich Zelter (1758–1832), weiter. Doch gefielen sie diesem nicht, sodass sich auch Goethe nicht dafür verwandte. Der Stoff ließ Berlioz trotzdem nicht los. Quasi unvermeidlich entstand *La damnation de Faust* (1846). Berlioz schrieb das Libretto der dramatischen Legende gemeinsam mit dem Schriftsteller Almire Gandonnière (1814–1863). Die vier Teile verlegen die Handlung an andere Orte (unter anderen in die ungarische Puszta, die mit dem berühmt gewordenen Rákóczi-Marsch bedacht wird), akzentuieren die Gretchen-Szenen mit der Ballade vom König in Thule und einem surrealen Schluss, der Gretchen unter Harfenklängen in den Himmel führt. Berlioz' Faust ähnelt Byrons *Manfred* mehr als Goethes Figur. Er ist ein nervöser Held aus dem Geist des Ennui, der Langeweile und der Sattheit an einem als wenig erfüllend betrachteten Leben. Faust, der mit Margarete sein Glück zu finden meinte, verliert sie und ist des Teufels. Anders als die goethesche Figur wird der Berlioz-Faust nicht gerettet, sondern – wie der Titel schon sagt – verdammt.

Nach Berlioz, dessen *Damnation* modellbildend wurde, versuchten sich viele Komponisten am *Faust*:[255] Charles Gounod erfand Faust als

Liebenden und erzählt eine intime Geschichte (1859). Arrigo Boito widmet sich *Mefistofele* (1868), und Ferruccio Busoni setzt die Reihe mit
dem *Lied des Mephistopheles aus Goethes Faust* (1919) fort.

Elisha Ben Abuya: ein Apostat als jüdischer Faust

Aus dem ost- oder mitteleuropäischen Bereich kamen die aschkenasi-
schen Juden ins Alte Reich. Auch durch die Oper waren sie über die
deutschen, französischen und russischen *Faust*-Rezeptionen informiert.
Faust wurde zu einem ihrer Kardinaltexte. Noch die Auswanderer der
sogenannten fünften Alija, der Auswanderungswelle von 1932 bis 1938,
hatten ihn im Gepäck. Das war nicht selbstverständlich, denn sie wussten um Goethes distanzierte Einstellung zur Frankfurter Judengasse
ebenso wie darum, dass er nur gebildete, assimilierte Juden schätzte.[256]
Die Gründe für die außergewöhnliche *Faust*-Begeisterung vor allem dieser Juden lagen zum einen in Goethes Text, zum anderen in seiner Aneignung durch die jüdische Kultur selbst: Schon der jüdische Orientalist Michael Friedländer (1833–1910) hatte versucht, Goethes Drama,
das sich so intensiv mit den Heiligen Schriften auseinandersetzt, mit
dem Buch Kohelet in Verbindung zu bringen. Das Buch Kohelet bietet Sprüche und Lehren eines anonymen Predigers. Es geht von einer
pessimistischen Sicht aus, in der die Welt verderbt und vergänglich erscheint. Im Jahr 1865 veröffentlichte der aus Galizien stammende jüdische Schriftsteller Max Letteris (Meir ha-Levi Letteris, 1800–1871) seine
hebräische Version *Ben Abuja. Goethes Faust. Eine Tragödie. In einer
hebräischen Umdichtung* und trieb diese Verbindungen noch weiter.

Letteris transponiert die Orte, Rituale, Feste, Verweise und den Plot
aus *Faust I* so, dass sie, wenn auch mit gelegentlichen Widersprüchen,
vor dem Hintergrund des Judentums Sinn ergeben. Bei seinem Text handelt es sich um eine Mischung aus wörtlicher Übersetzung und eigenem
Drama. Aus der Walpurgisnacht beispielsweise wird die Nacht der Erinnerung an die Zerstörung Jerusalems durch Nebukadnezar, aus dem
Blocksberg die Wüste mit dem Dämon Asasel und so fort. Die weit-
reichendste Umbesetzung aber betrifft die Hauptfigur des Dramas,
die einen bekannten hebräischen Namen trägt: Elisha Ben Abuja (ca.
*70 v. Chr.) war ein schriftgelehrter Kenner des Religionsgesetzes und
späterer Apostat gewesen.[257] Er ersetzt den deutlich jüngeren christlichen
Faust. Über Ben Abujas Abfall vom Glauben finden sich in den talmudi-

schen Schriften mehrere Vermutungen: Die einen spekulieren, er sei im Rahmen seiner Studien zu tief in das mystische und gnostische Denken eingedrungen, andere glauben, dass ihn die Ermordung seines Freundes Rabbi Akiba durch einen römischen Henker an Gottes Gerechtigkeit zweifeln ließ. Von seinen Zeitgenossen jedenfalls wurde Ben Abuja deshalb mit dem Namen »Acher«, der »Andere« oder »Abtrünnige«, belegt. Nur Rabbi Meir, Ben Abujas Schüler, hielt zu seinem früheren Lehrer, versuchte mehrfach und noch am Sterbebett, ihn zur Umkehr zu bewegen, rettete sein Grab vor Vernichtung – und Ben Abuja vor Bestrafung im Jenseits. Letteris sah in Ben Abuja einen Doppelgänger des goetheschen Faust. Ben Abujas Konflikt mit dem Glauben deutete er analog zu demjenigen des weltabgewandten Gelehrten Faust, der die Scholastik für die Erfahrung des »höchsten Augenblicks« hinter sich zu lassen gewillt war.

Die Szenenfolge des goetheschen *Faust* hat Letteris weitgehend beibehalten und in das Hebräisch der Bibel übertragen.[258] Rabbi Meir, hier Nehorai genannt, übernimmt die Rolle von Fausts ehrgeizigem Famulus Wagner. Wie in der jüdischen Legende, so rettet er die Seele des Lehrers. Als Mephistopheles tritt der nun sogenannte Mephiteufel auf; mit ihm schließt Ben Abuja seinen Pakt. Fortan wird Ben Abuja von den bösen himmlischen Mächten »der Andere« genannt, was die Schuld von ihm selbst ablenkt. Letteris' Erzähler hält seinen Epilog in der Form eines epischen Gedichts, das über den goetheschen *Faust* weit hinausgeht. Er kombiniert Dantes *Divina Commedia*, die Prometheus-Geschichte und den Talmud mit der Ben-Abuja-Legende:[259] Nehorai betet ein Jahr lang für seinen Lehrer und büßt für ihn.[260] Gott schenkt ihm Gehör. Die Tore des Himmels öffnen sich, und Na'ama, das Gretchen des hebräischen *Faust*, entführt den Geliebten in den Himmel. Im Schlussbild nimmt Letteris Gottes Bund mit Noah auf, um das Judentum als Religion Gottes zu bekräftigen:

> Das ganze Volk im Tempel hatte Tränen in den Augen
> Gottes Gnade ergoss sich in ihre Herzen wie Wasser;
> So erschien am Himmel ein Regenbogen
> Und auf Elischas Grab erblühte eine Lilie.[261]

Letteris' *Ben Abuja* wurde unter den Maskilim, den aufgeklärten und gelehrten Juden, schnell populär, weil der Text zwei kulturelle Traditionen mischt, die jüdische und die deutsche, und zugleich eine moderne Interpretation für Glaubenszweifel anbietet. Ben Abuja erschien nicht mehr nur als Apostat oder tragische Figur, sondern als Zeitgenosse und Personifikation gebildeter jüdischer Zeitgenossen.[262] Sein Beispiel zeigte, dass ein legitimes und intensives Interesse an den heiligen Texten und ihrer Konfrontation mit der zeitgenössischen Wirklichkeit zur Abkehr vom Glauben führen konnte. Zugleich belegte Letteris' Text, dass sich in hebräischer Sprache ebenfalls aktuelle, für eine breitere Leserschaft (und nicht nur für die Gelehrten) attraktive Literatur schreiben ließ.

Mit seinen vielfältigen Deutungsangeboten wurde *Ben Abuja* zu einem literarischen Grundsatzdokument der jüdischen Gemeinden, das Kontroversen hervorrief. Bezeichnenderweise fand Letteris seinen ersten Gegner in Peretz ben Mosche Smolenskin (1842–1885). Dieser wortgewaltige jüngere Gelehrte beförderte mit seiner auf Hebräisch erscheinenden Monatsschrift *Morgenröte* die jüdische Aufklärung, die Haskalah, und den Zionismus gleichermaßen. Smolenskin betrachtete Elisha Ben Abuja als jüdischen Freiheitskämpfer, Nationalisten und starken Charakter. Der schwache, christliche und verführbare Faust fiel dagegen ab.[263] Smolenskin wandte sich gegen eine Verbindung beider Legenden, die ihm als unübersetzbar erschienen, und sprach Letteris' jüdischdeutscher Emanzipationsgeschichte jegliche Legitimität ab. Durch seine Polemik trug er jedoch wider Willen zur Kanonisierung des faustischen Ben Abuja im Rahmen der kontroversen Geschichte von Haskalah und Zionismus zugleich bei.[264]

Im Jahr 1900 erschienen erste jiddische Exzerpte aus dem *Faust* und Kritiken des Werkes durch den Jules-Verne Übersetzer, Literatur-Exporteur und Zionisten Abner Tannenbaum (1848–1913).[265] Ein Jahr später legte der Autor Moshe Hermalin (1865–1921) die erste vollständige jiddische Übersetzung vor und blieb dafür eng am Text des Originals.[266] Neun Jahre später publizierte der weitgehend unbekannte Leon Kuperman (1883–1949) seine Übertragung ins Jiddische, preist – im Sinne von Letteris – die »dramatische Erzählung« *Faust* als Werk der Weltliteratur und als Inspirationsquelle für jüdische Literatur.[267] Diese zugleich weltliterarische und auf die jiddische Literatur reflektierende Sichtweise schien sich durchzusetzen: Chaim Zhitlowsky (1865–1943), einer der bedeutendsten Übersetzer aus dem Deutschen ins Jiddische und zugleich ein wichtiger Protagonist der jüdischen Sozialreform, stellt den *Faust* neben das Buch Hiob und Dantes *Göttliche Komödie*.[268]

Die jüdische Geschichte des *Faust* aber ist weder abgeschlossen noch abzuschließen. Eine erste hebräische Übersetzung des *Faust* erschien während der Shoah, im Jahr 1943. Zwar hatte der umstrittene zionistische Autor und Übersetzer Ya'akov Cahan (1881–1960) seinen hebräischen *Faust* schon zehn Jahre zuvor beendet, wollte aber wohl gerade zu diesem prekären Zeitpunkt an eine deutsche Kultur erinnern, die von den Zeitläuften vernichtet zu werden drohte. Er übersetzte Goethes Drama in biblisches Hebräisch – mit entsprechend pathetischer Wirkung.[269] Seiner Ausgabe hatte er fünf der drastischen *Faust*-Illustrationen von Delacroix beigegeben, um das Wilde, Groteske und Tragische des *Faust* im Bild anschaulich werden zu lassen.

Auch diese kontroverse Publikation hat vielleicht dazu beigetragen, dass erst im Jahr 1975 (²1985) die nächste hebräische Übersetzung des *Faust* erschien – eine melodische Übertragung, an der Jizchak Kafkafi (1911–1985) vierzig Jahre lang gearbeitet hat.[270] Die große Versöhnung mit Goethes *Faust* unternahm Nitza Ben-Ari, Preisträgerin des ersten Deutsch-Hebräischen Übersetzerpreises (2015), im Jahr 2006. Sie bietet einen vergnüglichen *Faust*, dem seine religiöse und ideologische Geschichte nichts mehr anhaben kann.[271]

Brasilianischer Allemanismo, ein homosexueller Teufel und Manuel Antônio Álvares de Azevedo

In Brasilien erhielt die schwere und ideologische Geschichte des *Faust* schon frühzeitig eine moderne Leichtigkeit. Hier allerdings ereigneten sich Verführungen anderer Art. Die Romantik fand in Brasilien etwa dreißig Jahre später statt als in Deutschland. Sie speiste sich auch aus der Wahrnehmung der Weimarer Klassik und der deutschen Romantik. Beide fielen in Brasilien wie nahezu überall außerhalb der deutschsprachigen Länder gleichermaßen unter »Romantik«. Goethes und Schillers Werke wurden beizeiten übersetzt, und speziell die Übersetzung des *Faust* ist bis heute Gegenstand der Diskussion. Die Spannbreite reicht von traditionellen und möglichst wortgetreuen Übersetzungen bis hin zu kreativen Aneignungen oder »Transkreationen«. Der international bekannte Autor Haroldo de Campos (1929–2003) etwa spricht für seine *Faust*-Übersetzung von einer »mephistofaustischen Transluziferation«.[272]

Die »Schule von Recife«, eine brasilianische Kultur- und Wissensbewegung des 19. Jahrhunderts, beförderte die Aneignung deutschsprachiger Literatur. Gründer dieser Bewegung war der Philosoph, Jurist und Literaturkritiker Tobias Barreto de Meneses (1839–1889). Barreto und seine Mitstreiter reagierten auf die Unabhängigkeitserklärung Brasiliens gegenüber Portugal im Jahr 1822 und versuchten, das Land kulturell und wissenschaftlich zu modernisieren. Daher befassten sie sich auch mit Ideen des Germanismo oder Allemanismo. Bernardo Taveira Júnior (1836–1892), ein polyglotter Professor und Autor, gab Anthologien heraus, so etwa die *Poesias alemãs* (1875) mit Gedichten von Goethe, Schiller und Uhland.

Der narrative und zeitkritische Dialog *Macário* (postum 1855), ein phantastisches Stück des früh verstorbenen »schwarzen Romantikers« Manuel Antônio Álvares de Azevedo (1831–1852), bezeugt die produktive Rezeption von Goethes *Faust* in diesem Zusammenhang. Der Student Macário kritisiert die vulgäre Poesie seiner Zeit. Er diskutiert mit Satan über den Verfall der Sitten. Aus der Literatur will Macário beweisen, dass die Welt sittlich gut ist. Zu diesem Zweck zitiert er unter anderem die Sinnsuche von Faust herbei. Satan behauptet das Gegenteil und sympathisiert mit Mephisto. Die Einlassungen Satans haben auch ein sexuelles Motiv: Er begehrt Macário und nimmt damit homosexuelle Anspielungen auf, wie sie schon in Goethes Drama angelegt sind.[273] Macário schließt einen Pakt mit Satan – und scheitert am Beweis der besseren Welt. Er lässt sich auf eine Orgie ein und fährt zur Hölle: In der Schlussszene des Dialogdramas gehen Satan und Macário Arm in Arm. Satan redet beschwörend auf das begehrte Menschlein ein: »Was für ein Leben! Ist es nicht so? Es gibt Menschen, für die das Leben viel sanfter ist als für andere. Der Wein ist wie das Opium, er ist der Fluss des Vergessens... Der Rausch ist wie der Tod...«[274] Macário aber hat sich dem Fürsten der Hölle längst verschrieben und entgegnet verzückt: »Schweig. Lass uns zuhören.«[275] Er gibt sich Satans und der eigenen Begierde hin, offenbar beglückt. Álvares de Azevedo, im Alter von zwanzig Jahren verstorben und daher fast ein Mythos in der brasilianischen literarischen Geschichtsschreibung, wollte eine dramatische Konzeption entwickeln, die dem goetheschen Theater ähneln sollte: »etwas, wie sich dies Goethe erträumt hat«.[276] Mit *Macário* hat er einen Meta-Faust verfertigt, ein reflexives Sittengemälde São Paulos um die Mitte des 19. Jahrhunderts.

Doch auch andere bedeutende brasilianische Autoren lasen *Faust*. Joaquim Maria Machado de Assis (1839–1908) etwa zitiert in seinen realistischen Romanen *Dom Casmurro* (1899), *Memorial de Aires* (1908) sowie

189

Esaú e Jacó (1904) direkt aus Goethes Drama. Exilanten der 1930er- und 1940er-Jahre riefen Goethe in Erinnerung, indem sie seine Neigung zu Brasilien herausarbeiteten: Ernst Feder (1881–1964), ein jüdischer Publizist, dem es schnell gelang, im Exilland Fuß zu fassen, behauptete, dass sich Goethe außerhalb Europas am meisten für Brasilien interessierte.[277] Seine Belege entstammen sowohl dem Werk Goethes – dem *Liebeslied eines Wilden* und dem *Todeslied eines Gefangenen* (1782) – als auch biografischen Dokumenten. Tatsächlich ließ sich Goethe von dem Naturwissenschaftler und Brasilien-Reisenden Johann Baptist von Spix die brasilianische Geografie erklären, betrachtete Gemälde mit Brasilien-Bezug, fragte von Spix nach seiner Expedition über das Land aus, erwarb Edelsteine, Mineralien, Münzen.[278] Feder unterbreitete den Exilanten damit ein literarisches Identifikationsangebot: Wer Goethe als seinen Landsmann betrachtete, konnte ebenso gut Brasilianer wie Deutscher sein und in Brasilien getrost seine Heimat finden. Im Gegenzug empfahl Feder Goethe mit diplomatischer Geste als Mittelsmann: als verständigen Brasilien-Liebhaber, dessen Nachfolger dem Land nicht übelwollen konnten.

Der Teufelspakt aber hatte sich in der brasilianischen Literatur längst verselbständigt. Hundert Jahre nach *Macário* machte ein Roman von sich reden, der auf beinahe jeder Seite mit dem faustischen Teufelspakt kokettiert: João Guimarães Rosas *Grande Sertão: Veredas* (1956), oft als wichtigster brasilianischer Roman des 20. Jahrhunderts bezeichnet. Rosa war von 1938 bis 1942 Vizekonsul Brasiliens in Hamburg gewesen, hatte unter anderem Goethes Haus in Weimar besucht, *Faust* und Thomas Manns *Doktor Faustus* gelesen.[279] Riobaldo, die Hauptfigur seines Romans, ist ein Faust und doch keiner. Er verdingt sich freiwillig als Gelegenheitsarbeiter (»jagunço«) auf Landgütern in der »großen Sertão«, dem wenig fruchtbaren Zentralbrasilien. Die Arbeiter sind untereinander zerstritten, und Riobaldo wird Anführer einer siegreichen Bande. Den Menschen sieht er grundsätzlich vom Teufel bestimmt, verstanden als innerer Dämon: »[D]er Teufel wirkt im Innern des Menschen, in seinen Eingeweiden, und dann ist der Mensch entweder böse, oder er hat Pech.«[280] Aus der Selbstsicht des Protagonisten stehen dem Menschen zwei wenig attraktive Lebenswege offen. Doch das Schicksal eröffnet eine dritte Möglichkeit: Durch ein überraschendes Testament wird Riobaldo selbst Großgrundbesitzer. Er tritt als langatmiger Erzähler wie Zeitblom auf und erscheint zugleich als Faust in höherer Potenz, modern und Leverkühn ähnlich. So eng der intertextuelle Bezug auf Manns *Doktor Faustus* allerdings ist – der Schluss unterscheidet sich gravierend davon. Der Dämon vernichtet Riobaldo nicht. Überhaupt leugnet Riobaldo die Existenz des Teufels.[281] Aus seiner Sicht – und wohl auch aus der Sicht seines Autors – hat der Mensch in der »großen Sertão« sein Schicksal selbst in der Hand.

Teufelspakt mit Dame: *Faust* und Faustinnen in der arabischen und türkischen Literatur

Türkische und arabische *Faust*-Freunde sahen es kaum anders. In der Türkei zeichnete sich seit den letzten Jahrzehnten des 19. Jahrhunderts ein wachsendes Interesse an Goethe generell ab.[282] Es war eine Spätfolge der reformistischen Tanzimat-Periode (1839–1876), in der Intellektuelle nach humanistischen Strömungen in der eigenen Kultur zu fahnden begannen. Sie nahmen sich das revolutionäre Frankreich zum Vorbild. Goethe tauchte zunächst nur gelegentlich auf, vor allem im Werk des aristokratischen, doch liberalen Autors und Übersetzers Namık Kemal (1840–1888).[283] Ungefähr hundert Jahre später aber leitete Erziehungsminister Hasan Ali Yücel (1897–1961) eine humanistische Bildungsreform ein, die sich bis in die Dörfer erstrecken sollte. Goethe erhielt dabei die Rolle eines Kulturbotschafters post mortem. Yücel selbst hatte Goethe in Frankreich entdeckt, die erste Goethe-Monografie auf Türkisch geschrieben und dafür die Goethe-Medaille der Goethe-Gesellschaft erhalten.[284] Goethe galt Yücel als Universalgenie und »ganzer Mensch«. *Faust* wurde ihm zum kardinalen Werk, das ein allumfassendes Bildungsideal präsentierte. Yücel identifizierte Faust dabei vorschnell mit Goethe. Er konzentrierte sich auf die klassische Phase des Autors (1786–1832) und versuchte damit, der Goethe-Rezeption der Folgezeit die Richtung vorzugeben. Diese aber blieb ambivalent, denn türkische Intellektuelle vermissten in Goethes Schriften den revolutionären Geist.

Noch heute gibt es keine vollständige türkische Goethe-Ausgabe.[285] Doch konkurrierten Übersetzer und Exegeten seit der Tanzimat-Periode um den *Faust*. Er zählt zu den meistübersetzten literarischen Werken in der Türkei. Im Jahr 1904 erschien die erste Übersetzung der »Zueignung« durch Ali bey Huseynzade (1864–1940), 1926 die erste Übersetzung von *Faust I* in Buchform durch Galip Bahtiyar Göker (1881–1945). 1932 publizierte bey Huseynzade das dreifache Präludium »Zueignung«,

»Vorspiel auf dem Theater« und »Prolog im Himmel«. Danach ging es, angeleitet durch Yücels pro-goethesche Kulturpolitik, Schlag auf Schlag: 1935 übertrug Seniha Bedri Göknil (1901–1973) *Das Spiel vom Doktor Faust von Goethe*. Der Schauspieler Paul Mederow hatte es aus Goethes beiden *Faust*-Dramen für die knappe Inszenierung auf der Bühne entwickelt, und in der Türkei galt die Inszenierung der Übersetzung im Istanbuler Stadttheater 1936 als türkische Uraufführung des *Faust*. Kurz vor Beginn des Zweiten Weltkriegs, im Jahr 1939, veranstaltete das türkische Erziehungsministerium einen Wettbewerb für eine türkische Neuübersetzung des Dramas. Mit ihr begann im Jahr 1941 die Buchreihe »Sammlung von Übersetzungen der Klassiker aus der Weltliteratur im Auftrag des Erziehungsministeriums«. Doch damit nicht genug: Im Jahr 1949 eröffneten alle Stadt- und Staatstheater in der Türkei ihre Saison mit dem aus dem Original übersetzten *Faust* – zu Ehren von Goethes 200. Geburtstag.

In der arabischsprachigen Welt war Goethe schon durch den *West-östlichen Divan* (1819) noch populärer als in der Türkei. *Faust* bot arabischsprachigen Lesern ebenfalls eine zwar europäisch geprägte, aber doch transferierbare Wahrnehmungs- und Deutungswelt. Auch im Islam kennt man die Problematik des Gläubigen, der seinen Gott herausfordert und mit dem Teufel (Iblis) kämpft. *Faust*, der zunächst durch die französischen Kolonialherren im Mittelmeerraum auftauchte, löste vielfältige, spielerische, philosophische und politisierende Aneignungen des Dramas aus.[286] Der libanesische Übersetzer Ṭāyus ʿAbduh (1864–1926) übersetzte *Faust* im Jahr 1909 erstmals ins Arabische, worauf neun weitere Übersetzungen folgten. Sie regten zahlreiche Adaptationen an, unter denen diejenigen von Taufiq al-Ḥakīm (1898–1987) herausragen. Er studierte in den Jahren von 1925 bis 1928 vor allem in Paris, verschlang dort Leibniz, Kant, Goethe, Hegel, Nietzsche, Heine und Zweig auf Französisch. Marlowes *Doctor Faustus* kannte al-Ḥakīm aus dem Puppentheater; Max Reinhardts Aufführung des goetheschen *Faust* sah al-Ḥakīm in Salzburg (1936). Das Drama wurde ihm zu einem lebensprägenden Musterstück. Viele seiner Werke spielen darauf an.[287]

Gewitzt und charmant gestaltet sich al-Ḥakīms Erzählung *Die Frau, die über den Teufel triumphierte* (1953), 1970 ins Deutsche übersetzt und in der DDR erschienen.[288] Al-Ḥakīm erzählt bildreich vom Teufelspakt einer einfachen, armen und hässlichen Frau, die Einsamkeit, »Kälte und Entbehrung« gewöhnt ist.[289] Sie träumt wie Faust in *Faust I* von irdischen Vergnügungen, von Schönheit und Liebe und ruft Satan an, der ihr erscheint »wie einstmals dem gelehrten Faust.«[290] Die alte Frau überantwortet sich dem Teufel, um das Begehrte zehn Jahre lang auskosten zu dürfen, und unterschreibt den Teufelspakt, faust-gleich, mit ihrem Blut. Vor Ablauf der Frist aber trickst die clevere Frau den Teufel aus: Sie erwidert auf sein Ansinnen, dass ihre Seele nun endgültig ihm gehöre, sie müsse folgerichtig auch die geistigen Freuden genießen und für ihre Sünden büßen. Als Asketin begibt sie sich auf eine zweimonatige Pilgerreise, findet das gesuchte Glück, besteht jedoch in beklemmend ehrlicher Weise darauf, ihren Teufelspakt einhalten zu müssen.

Al-Ḥakīm ahmt den Witz der Schlussszenen aus *Faust II* nach: Mephisto beschwert sich, von Himmel und Hölle enttäuscht, darüber, dass die Engel ihm sein Unterpfand geklaut haben. Tatsächlich erweisen sich al-Ḥakīms Engel als Schlingel im Dienst der höheren Ordnung. Pakte und Verträge nehmen sie nicht ernst. Sie lesen allein in der reinen Seele der Frau. Gerade weil sie ihren Teufelspakt nicht verleugnet, kommt sie in den Himmel. »Was für eine Logik!«, beschwert sich Satan, der einsehen muss, dass die Frau ihn »übertölpelt« hatte, indem sie »die Tugend ein Vergnügen nannte.«[291] Die Frau aber wirkt wie ein Anti- und Meta-Faust zugleich, verkörpert das Ewig-Weibliche aus *Faust II*, auf das Goethes Figur hofft und das per se über den Teufel siegt. Dieses religiöse Märchen besticht, da es Witz, Ehrlichkeit, Einsicht und Weiblichkeit wirkungsvoll verbindet – und es bezieht sich direkt auf die letzte Szene von *Faust II*. Es nimmt den versöhnlichen Schluss des Goethe-Dramas zum Ausgangspunkt für seine eigene ironische Wendung. Bei al-Ḥakīm wird der Teufel durch Klugheit und die himmlischen Mächte geschlagen.

Andere Autoren versetzen *Faust* entschieden in die Moderne: Der jemenitisch-ägyptische Autor Ali Ahmad Bakathir (1910–1969) etwa erzählt in seinem *Neuen Faust* (1967, postum 2001 veröffentlicht) vom Kampf des Faust um Gretchen, sein privates Glück. Der ägyptische Schriftsteller Hamid Ibrahim hingegen widmet seinen *Neuen Faust* (1986) dezidiert der Politik: Er handelt von Aufbegehren und Unterdrückung, von Revolte, Reform und Diktatur. Sein Faust ist bereits in der Hölle angekommen. Er steht stellvertretend für reformistische bürgerliche Intellektuelle. Sie haben sich der Revolution gegen die Diktatur verweigert und müssen dafür leiden.[292]

Die forsche Aneignung des *Faust* in der islamischen Welt erstaunt: Ihre Autoren greifen Fausts Dilemma und den Pakt mit dem Teufel souverän auf und treiben die Geschichte in witziger, kulturell und politisch ernster Form voran. Faust wird dabei umstandslos einer der ihren. Andere Kulturen aber, die nicht den drei monotheistischen Religionen angehören, rangen und ringen stärker mit *Faust*. Sie versuchten, parallele Vorstellungen von Himmel, Hölle und Tat in ihren Kulturen aufzuspüren und *Faust* in ihre Bildwelten hineinzudeuten. Solche Deutungen fielen in der chinesischen, aber auch in der indischen oder der thailändischen Kultur besonders schwer.[293] *Faust* ist und bleibt aufgrund seiner religiösen und philosophischen Grundproblematik vielleicht das Drama Goethes, das sich am leichtesten in monotheistischen Regionen aufnehmen lässt.

Faust-Mangas in Japan

In Japan gelingt die Aneignung *Fausts* dennoch, obwohl von Monotheismus hier nur für eine christliche Minderheit die Rede sein kann. Der Weg führt über die japanischen Comics, die sogenannten Mangas. Sie speisen sich aus westlichen und östlichen Stilelementen: dem Holzschnitt, der Kunst der Edo-Zeit, amerikanischen Comics. Figuren nach dem Kindchenschema mit Kulleraugen und bunten Haaren sind für Mangas besonders charakteristisch – eine Darstellungsform, die mit Blick auf den Faust-Stoff verblüfft.

Doch als im Jahr 1950 das erste *Faust*-Manga erschien, war *Faust* in Japan schon so bekannt, dass der Text bereits eine eigene Übersetzungs- und Deutungstradition aufwies. Im Jahr 1904 erschien die erste Übersetzung von *Faust I* durch Carlyle-Übersetzer Takahashi Gorô; im Jahr 1910 erzählte Nitobe Inazô (1862–1933) *Faust I* für die japanischen Leser nach.[294] Nur drei Jahre danach publizierte der schon durch seine Arbeit am *Werther* bekannte Mori Ôgai eine erste Gesamtübersetzung des *Faust*,[295] wobei er sich für eine Übersetzung in gesprochenem Japanisch und damit für ein größeres Publikum entschied. Er übertrug den *Faust* relativ frei, dichtete hinzu, um für Verständnis zu sorgen, setzte auf wiederholende Passagen, ja Refrains, um rhythmisiertes Lesen zu ermöglichen.[296] Faust, so viel stand fest, war ein eigentümlicher deutscher Gelehrter, ein Prototyp, den man als Unikum in die japanische Kultur hineinholen durfte.

Genau dies tat – in der Form eines narrativen und visuellen Kultur-Patchworks – Osamu Tezuka (1928–1989), Zeichner und »Pionier des

Osamu Tezuka: Faust. Tokio:
Asahi Shimbun Publishing 1950,
Cover

Manga«. Er veröffentlichte eine ganze *Faust*-Trilogie. Sie zeigt, wie zentral Figur und Thema selbst in der Populärkultur Japans waren und sind. Sein erster *Faust*-Comic (1950), den Tezuka mit gerade einundzwanzig Jahren veröffentlichte, mischt Goethes *Faust I* und *Faust II* mit traditionell japanischem Bildmaterial ebenso wie mit Hollywood-Ikonen.[297] Faust, als Micky Maus kostümiert, repräsentiert das Zerrbild des American Dream. Gretchen erscheint als japanisch-amerikanische Prinzessin in Daisy-Optik. Ein Gott hat ihr vorhergesagt, dass sie einem Mann namens Faust begegnen und ihn zum Himmel führen werde. Die weibliche Rolle ist hier wie in den nachfolgenden Comics grundlegend verändert. Im zweiten *Faust*-Comic aus dem Jahr 1971 erscheint Mephisto als schöne Frau mit Namen Sudama. Sie verliebt sich, dem Gesetz der Hölle widersprechend, in Ichirui-Hanri. Sein Name ist aus einem akustischen Wortspiel von Heinrich und Faust zusammengesetzt. Durch ihre Liebe befreit Sudama Fausts Seele – eine ungewöhnliche Entwicklung, die nur im nicht-christlichen Raum denkbar ist.

Ganz anders stellt derselbe Zeichner die Faust-Geschichte vierzig Jahre später dar. Die Kritik an der Moderne hält in seine Mangas Einzug: No future, Angst vor einem Atomkrieg, Waldsterben und Kapitalismus hinterlassen ihre Spuren. Tezukas *Neo-Faust* (1988/89) befasst sich mit

195

den Gefahren der Wissenschaft und der Hybris des Menschen.[298] Mary Shelleys *Frankenstein* bietet die Inspirationsquelle für diesen *Neo-Faust*, in dem das Böse dem Labor und kapitalistischen Phantasien entspringt. Faust tritt wie üblich als alter Gelehrter, der Teufel jedoch wechselweise als Biochemiker Ichinoseki und als Barbarella, als moderne Allegorie der Sünde auf. Am Boden des Labors leuchtet ein Pentagramm. Apokalyptische Bilder und Geschichten säumen die Autoreflexionen über die Bildwelten und Narrative des *Faust*. Er wird in der Bildgeschichte zum Exempel für den verführbaren Menschen. Bei aller Skepsis und Kritik ist das Ende geradezu goethesch: Fausts Seele wird gerettet, wobei Tezuka offenbar lange mit dem Schluss haderte und den Untergang der Menschheit trotz der Rettung Fausts für gewiss hielt.

Quartärlektüren, von Ratten zerfressen: *Faust* in China

Ausgehend von der Entdeckung des *Faust* in Japan erschien der Text auch in China. Doch war seine Übertragung viel komplizierter als diejenige des *Werther*. Wie in anderen asiatischen Kulturen war der fehlende Monotheismus ein Hauptgrund. Für zentrale faustsche Vorstellungen wie »Teufel« und »Tat« gab und gibt es keine direkten chinesischen Gegenstücke. Auch war die Mystik im Text, selbst wenn sie, wie die Elfenszene in *Faust II*, chinesische Elemente enthält, im Kommunismus unpopulär.[299] Darüber hinaus galt *Faust* – anders als *Werther* – als das allzu gelehrte Werk eines bürgerlichen Autors mit Adelstitel.[300] So entspann sich im Jahr 1922 die Diskussion, ob man Werke wie *Faust* überhaupt ins Chinesische übertragen sollte. Der berühmte Autor und Funktionär Mao Dun wollte seine Kollegen überreden, sich ausschließlich der Gegenwartsliteratur zu widmen, um die Massen zu erziehen.

Konkurrierende Zugänge zu *Faust*, selbst im Goethe freundlich gesinnten Lager, verdeutlichten die Brisanz des Textes: Chen Quan (1903 bis 1969) betrachtete Goethes Drama als radikal idealistischen Text: »Faust ist so ein Mensch, der sich nie mit der Welt und dem Leben zufriedengibt, der sich unaufhörlich anstrengt und sich einsetzt, der ohne die geringste Rücksicht vorgeht, der von starken Emotionen erfüllt ist, der romantische Züge besitzt.«[301] Feng Zhi (1905–1993) hingegen wollte *Faust* für den Kampf der Chinesen gegen Japan als ideologisches Instrument nutzen.[302] Danach findet im *Faust* ein Kampf zwischen einem positiven und einem negativen Geist statt: Faust steht für den positiven Part Chinas, Mephisto für den negativen Part, der Japan zugedacht war.

Guo Moruo ordnet sein Interesse am *Faust* in die antijapanische 4.-Mai-Bewegung und ihre Folgen ein: Es ging um die Moderne in ihrer Vielgestalt und den Weg von einem traditionellen Menschenbild zu einem neuen. Guo übersetzte auch *Faust* frühzeitig, gleich im Anschluss an seine Arbeit am *Werther*. In seinem Nachwort zu seiner jedoch erst 1928 veröffentlichten Übersetzung erzählt er vom traurigen Schicksal seiner allerersten Übersetzungsbemühungen: Er habe sich schon als Medizinstudent in Japan 1919 dem Prolog im Himmel gewidmet, das Ergebnis in einer Zeitschrift veröffentlicht und im Jahr 1920 eine *Faust I*-Übersetzung fertiggestellt.[303] Es blieb ihm aber keine Zeit, sich um die Publikation zu kümmern. So lag das sorgsam abgeschriebene Manuskript in einem Schrank, wo er es Monate später vorfand – von Ratten zerfressen. Das feine, weiche japanische Papier hatte den Tieren zum Nestbau gedient, und nicht einmal Fragmente ließen sich rekonstruieren.[304] Guo brauchte fast zehn Jahre, bis er die Übersetzung neu erstellt hatte und sie im Jahr 1928 publizieren konnte. Die Übersetzung von *Faust II* – orientiert an japanischen Übertragungen, der Übersetzung Bayard Taylors und der 1935 in Shanghai veröffentlichten Übersetzung des Deutschlehrers Zhōu Xué Pǔ (auch Chow Hsio P'u, 1900–1983) – erschien zusammen mit *Faust I* im Jahr 1947.[305]

Aus dem christlichen Teufel des *Faust* wurde ein »èmó«, ein buddhistischer Dämon, der Buddha den Weg versperrt, als Ausdruck auch gebräuchlich für eine Person, die jemanden schädigt oder tötet.[306] Faust erscheint als exemplarischer Mensch: als Mensch, der nach einem besseren Leben strebt und mit den Grenzen des Machbaren und Menschenmöglichen konfrontiert ist. Guo verlangt von seinem Faust mehr als nur die goethesche Landnahme. Sein Faust ist erst zufrieden, wenn die Herrschaft der wenigen Mächtigen endet und durch Demokratie, durch die Selbstbestimmung des Volkes ersetzt ist. In seinem Vorwort aus dem Jahr 1947 erklärt Guo den Kollektivismus zum Ziel. Er deutet das »Ewig-Weibliche« in dieser Weise um und führt es als Macht des Kollektivs gegen die alte Ordnung des Feudalismus ins Feld.[307]

Anders als *Werther*, der per se als revolutionärer Text galt, bedurfte *Faust* in China des politischen Bekenntnisses. Guos Übertragung erweist sich dabei nicht als Einzelfall, sondern nur als prominentestes Ergebnis einer Reihe zeitgleicher und ähnlicher Übersetzungsversuche.[308] Doch blieb die Kommunistische Partei Chinas skeptisch: Das komplexe Spätwerk des adligen Goethe schien den Genossen als zu gelehrt und individualistisch. Während der Kulturrevolution, die das kulturelle Erbe Europas ohnehin als Gift für die Massen betrachtete, wurden *Faust*-Übersetzungen als Altpapier in Papierfabriken abgeliefert oder verbrannt.[309] Nach der Kulturrevolution und vor allem in den 1980er-Jahren erstarkte das Interesse am mittleren und späten Goethe erneut, vornehmlich aus ästhetischen, aber auch aus ideologischen Gründen: *Faust* wiederzuentdecken bedeutete, an die alte Ordnung vor der Kulturrevolution anzuknüpfen, alles radikal Politische und Politisierte abzustreifen, sich ästhetischen Traditionen und individuellen Fragen zuzuwenden, für die das Kollektiv vielleicht doch keine hinreichende Lösung anbot.[310]

✳

Goethes *Faust* entwickelte jenseits der jeweiligen Rezeptionen in einer Sprache ein multikulturelles Eigenleben, auch im Film sowie in der Rock- und Popmusik: Für sein Musical *Faust* (1995) beispielsweise ließ sich der US-amerikanische Songwriter Randy Newman von Goethes Drama und John Miltons *Verlorenem Paradies* (1667) inspirieren.[311] *Faust* scheidet Andersartiges und Gemeinsames in besonderer Weise: Wer den Teufelspakt veranschaulicht, das Streben und die Tat als Ziele des Menschen begreift, der bekennt sich zu einem Weltbild, das dem Menschen eine aktive Rolle bei der Gestaltung seines Glücks zuweist – und seine Fähigkeiten kritisch testet. Nicht überall kam ein solches Weltbild gut an.

Die kontroverse Wahrnehmungsgeschichte des *Faust* und Goethes unterschiedliche Fassungen, die *Historia* und Marlowes Drama *Doctor Faustus* lassen das literarische Feld »Faust« als besonders unübersichtlich erscheinen. Ähnlich wie bei *Werther* gilt: Mit zunehmender räumlicher, zeitlicher und kultureller Distanz nimmt der direkte Bezug auf *Faust* ab. *Faust* wird in andere Texte und Kulturen integriert, wobei Faust-Neuerungen auch die Wiederauflage und Neuentdeckung von Goethes Texten zur Folge haben können. Verschiedenes gleichen Ursprungs existiert parallel, erkennbar nur durch einzelne Merkmale, im *Fall* Werthers ebenso wie im Fall *des Faust* angeleitet durch moralische Skandale: Bei *Werther* ist es der Selbstmord aus Liebe, bei *Faust* ergänzen sich Teufelspakt und Gretchen-Tragödie. Strukturelle Merkmale kommen hinzu, sind aber eher äußerlich und – wie die Gattungsvarianz der *Werther*-und der *Faust*-Bücher zeigt – zufällig, von den Darstellungsabsichten der Rezipienten und Autoren abhängig: Die Herausgeberfiktion des *Werther* entfällt oft, während der Brief als Signal erhalten bleibt. *Faust* hingegen mag in der Form von Drama, Prosa oder Lyrik auftreten – man erkennt den sehnsüchtigen Abenteurer wieder, sei er eine Frau, ein Mann oder ein Transgender-Wesen.

Der Vergleich beider Goethe-Texte zeigt aber noch etwas: *Werther* beförderte epochalen Wandel oder wurde jedenfalls immer dann gelesen, wenn sich Gesellschaft, Ethik und Gattungssystem änderten. Gleich, ob es sich um das vorrevolutionäre Mitteleuropa oder um China während der 4.-Mai-Bewegung handelte – *Werther*, der Zeitgeist und die Entwicklung neuer Romanformen gingen miteinander einher. Selbst der sogenannte erste amerikanische Originalroman, William Hill Browns *The Power of Sympathy*, speiste sich zu einem erheblichen Teil aus Goethes kontroversem Frühwerk. Nationalliteraturen entstanden eben nie nur aus sich selbst, sondern aus dem literarischen Zusammenspiel. *Faust* hingegen setzte gewissermaßen am anderen Ende an als *Werther*: Das Drama hält bereits modernisierten Gesellschaften den Spiegel vor.

V.

Ideale, wirkliche und fremde Welten, 1830–1890

Am Beginn des 19. Jahrhunderts sollten Ideen Wirklichkeit werden. Philosophen konkurrierten um das überzeugendste System, das nichts Geringeres als die Welt erklären sollte: Die neue ideale Wirklichkeit konnte – post-rousseauistisch – einem guten paradiesischen Urzustand gleichen, dem die Zivilisation als feindlich galt. Oder sie konnte – mit Kant – transzendentalistisch ins Ich verlegt und im Sinne von Selbstbesserungsarbeit gedacht werden. Mit Hegel und den Frühsozialisten hingegen betätigte sich die studierende Jugend politisch. Sie gebrauchte die hegelsche Denkformel vom Umschlag der Quantität in Qualität zu revolutionären oder reformerischen Zwecken: Jetzt war es genug mit dem alten Regime, mit dem Restaurationsdenken und der Zensur, lautete die einhellige Meinung. Autoren, Burschenschaftler und Turner gingen den neuen Bewegungen voran. Sie belegten das Nationale positiv, sahen in Literatur und Theater Ausdrucksformen des Volkes, das es auch mit ästhetischen Mitteln zu befreien galt. Drucken, Reisen, Revoluzzen hieß der Dreiklang des jungen 19. Jahrhunderts.

Infrastrukturelle Veränderungen ermöglichten die Verbreitung von Philosophien, Philosophemen und Literatur: Die – neben Postkutsche und Schiffen – seit 1835 durch das Deutsche Reich fahrende Eisenbahn verbilligte und beschleunigte den Transport von Büchern. Neue Techniken wie die Stereotypie, ein besonders effizientes Verfahren der Herstellung von Druckplatten, später auch der Steindruck senkten die Preise für ihre Vervielfältigung. Die Regierungen aber setzten der revolutionären Phantasie durch Zensur und Verfolgung Grenzen. Seit den 1820er-Jahren gingen die sogenannten Vormärzler, im angloamerikanischen Bereich »Forty-Eighters« genannt, deshalb ins Exil nach Paris, London, Schweden, in die Schweiz und die Vereinigten Staaten. Als dreißig Jahre später

der erste demokratische Versuch im Deutschen Bund, die Paulskirchen-
versammlung, misslang, zogen sich auch politisch umtriebige Köpfe im
Land zurück. Sie wandten sich mehr oder minder konsequent der Literatur zu und nahmen von ihren politischen Ambitionen Abstand.

Zeitgleich veränderte sich der Buchmarkt. Er reagierte auf das wachsende Interesse an den Kulturen und Literaturen der Welt, was sich in
Periodika wie dem *Magazin für die Literatur des Auslandes* (1832–1915,
später *Magazin für die Literatur des In- und Auslandes*) niederschlug.
Der Literaturbetrieb professionalisierte und differenzierte sich weiter
aus. Anthologien hatten Konjunktur. Allein im Jahr 1853 erschienen auf
einmal zwei Anthologien deutscher Lyrik in englischer Sprache. Alfred
Baskervilles *The Poetry of Germany* beispielsweise legt neben Gängi-
gem – Ernst Moritz Arndt, Adelbert von Chamisso, Joseph von Eichen-
dorff, Ferdinand Freiligrath, Emanuel Geibel, Johann Wolfgang von
Goethe, Heinrich Heine, August Heinrich Hoffmann von Fallersleben,
Friedrich Gottlieb Klopstock, Friedrich Schiller und Ludwig Tieck –
auch Texte von Autorinnen in Übersetzung vor. Annette von Droste-
Hülshoffs *Das vierzehnjährige Herz* und *Die junge Mutter* allerdings
vermitteln ein Bild der Autorin, das bloß dem viktorianischen Zeitgeschmack entsprach und ihrem Œuvre nicht gerecht wird.[1]

Aus dem romantischen und revolutionären Bemühen um die deutsche Sprache, Literatur und Kultur, das sich auch in solchen Anthologien
ausdrückt, entstand eine neue Wissenschaft: die Germanistik. Sie entwickelte sich parallel zu den anderen Nationalphilologien des 19. Jahrhunderts, war aber mit ihrer Zuständigkeit für die diversen deutschsprachigen Provinzen und ohne kulturelles Zentrum selbst keine »richtige«
Nationalphilologie. Die Wissenschaft von der deutschen Sprache entfaltete sich in Gesprächen über grundlegende Orientierungen von Ästhetik
und Poetik, auch über die Literaturen der Antike, Frankreichs, Englands
und Italiens. Literarische und wissenschaftliche ebenso wie politische
Logiken gaben den Takt der Wissenschaftsentwicklung vor: Nicht zufällig wurden auch moderate Vormärzler auf Germanisten-Stellen im Deutschen Bund befördert. Sie hatten sich literarisch und wissenschaftlich
einschlägig profiliert – und konnten auf diesem Weg auch politisch eingebunden werden. Radikale Vormärzler hingegen gingen ins Ausland.
Hier dominierte das kulturpolitische, wirtschaftliche und wissenschaftliche Interesse am Deutschen, und die sogenannte Auslandsgermanistik
erfüllte in hohem Maße eine kulturvermittelnde Funktion für die betei-

ligten Länder. Die »Auslandsgermanistik« schrieb ihre eigenen bikulturellen Geschichten.

Jenseits der Nationalphilologie: Die sogenannte Auslandsgermanistik

Hatte die Universität Göttingen im 18. Jahrhundert Studierende vor allem aus England und Osteuropa angezogen, so wurde die Humboldt-Universität zu Berlin mit ihrer Vereinigung und Professionalisierung von Forschung und Lehre zum Vorbild zahlreicher Universitäten des 19. Jahrhunderts. Zu ihnen zählte die im Jahr 1826 gegründete London University (heute: University College London), die als säkulare Alternative zu den religiösen Traditionsuniversitäten Oxford und Cambridge galt.[2] Während die Gründung von Universitäten zumeist von Regierungen ausging, entstanden die Auslandsgermanistiken des 19. Jahrhunderts aber auch aus der Aktivität der exilierten radikalen Revolutionäre. In der Folge entwickelten sich diese Germanistiken anders, radikaler als im Deutschen Bund.[3] Sie bevorzugten Autoren wie Goethe, Schiller, Heine und lehnten den Kanon der populären antirevolutionären Autoren, unter ihnen August von Kotzebue, entschieden ab.

Die Londoner Germanistikszene entwickelte sich zum ersten »melting pot« der revolutionären Auslandsgermanistik. Mit Ludwig von Mühlenfels (1793–1861), der im Jahr 1828 »Professor of German Language and Literature« an der Universität London wurde, begann die Geschichte der britischen Germanistik. Der Burschenschaftler wurde in Berlin wegen staatsgefährdender Umtriebe verhaftet, aber von dem Berichterstatter der durch die Regierung beauftragten Kommission, keinem Geringeren als dem Juristen und künstlerischen Multitalent E.T.A. Hoffmann, für unschuldig befunden. Von Mühlenfels floh und erhielt im schwedischen Exil den Ruf nach London. Andere Londoner Protagonisten ereilte ein ähnliches Schicksal, unter ihnen Gottfried Kinkel (1815–1882), Theologe und Schriftsteller. Im Jahr 1852, nach einer Agitationstour durch Amerika, wurde Kinkel am Hyde Park College zum Professor für Literaturgeschichte ernannt. Er gründete die deutschsprachige Zeitung *Hermann* (1859–1870, als *Londoner Zeitung* bis 1914 weitergeführt), hielt im Auftrag der Regierung kunsthistorische Vorträge im South Kensington Museum, half so, die englische Kunstgeschichte mitzubegründen, und initiierte den elitären »Deutschen Verein für Wissenschaft und

Kunst« (1869). Kinkels weitläufige Tätigkeit zeigt, dass im sich entwi-
ckelnden Feld der Auslandsgermanistik nicht nur Literatur, sondern alle
Künste und vor allem auch die Politik eine Rolle spielten.

Typischerweise interessierten sich die Traditionsuniversitäten erst
später als die akademischen Einrichtungen der Hauptstadt für Germanisches, aber sie betrieben dieses Interesse mit akademischer Professiona-
lität: Im Jahr 1907 rief die Universität Oxford den Lehrstuhl des »Taylor
Professor of the German Language and Literature« ins Leben, benannt
nach dem Architekten Robert Taylor. Zwei Jahre später vermachte die
Londoner Schröder Bank, deren Gründer aus Hamburg stammten, der
Universität Cambridge einen Stiftungsbeitrag für die Einrichtung des
»Schröder Professorship of German«. In Schottland hingegen ist erst
für das Jahr 1926 eine erste Germanistik-Professur verzeichnet, die Otto
Schlapp (1859–1939) an der Universität Edinburgh ausfüllte. Irland
gründete seine Germanistik in den 1930er-Jahren: Maximilian Friedrich
Liddell (1887–1968), der sich für die Emanzipation Irlands von der eng-
lischen Krone einsetzte, wurde zum ersten »Professor of German« am
Trinity College Dublin.

Amerikanische Gelehrte und Politiker hingegen fühlten sich auch im
19. Jahrhundert vor allem von Göttingen angezogen, vielleicht, weil Benjamin Franklin die University of Pennsylvania nach dem Vorbild Göt-
tingens aufbauen wollte.[4] Doch bereiteten akademische Pilgerreisen nach
Deutschland amerikanischen Müttern Kummer. Es ging die Fama, dass
deutsche Studierende ohne Maß tränken und sich duellierten.[5] Im Jahr
1817 begab sich dennoch, beeinflusst von der Lektüre Madame de Staëls
De l'Allemagne, ein bemerkenswertes Quartett auf eine »pélérinage
académique« nach Göttingen und zu Goethe nach Weimar. Die Gruppe
bestand aus George Bancroft (1800–1891), später Botschafter der Vereinigten Staaten in Berlin, Joseph Cogswell (1786–1871), später Harvard-Professor sowie Herausgeber der *New York Review*, Edward Everett (1794–1865), später Präsident der Universität Harvard, und George
Ticknor (1791–1871), später ebenfalls Harvard-Professor und Berater
des Präsidenten Thomas Jefferson.

Als die abenteuerlustigen Studenten in die USA zurückkamen, trafen sie auf den revolutionären Turner und Burschenschaftler Karl Follen
(1796–1840). Aus seiner Heimatstadt Gießen war er zunächst nach
Frankreich, sodann in die Schweiz und schlussendlich in die Vereinigten
Staaten geflohen. Im Jahr 1825 erwirkten Bancroft, Cogswell, Everett

und Ticknor Follens Anstellung als Deutschlehrer in Harvard, womit der Deutschunterricht (und bald darauf der durch Follen ins Leben gerufene Sportunterricht) begann. Dank steigender Nachfrage und großer studentischer Begeisterung für Goethe, Fichte, Hegel, Kant und Schiller expandierte das germanophile Unternehmen.[6] Für den politisch reaktionären Kotzebue allerdings hatten Follen und andere Vormärzler nichts übrig: Follens Freund Karl Ludwig Sand hatte Kotzebue 1819 in Mannheim ermordet. In Boston wurden seine Stücke zwar noch oft gespielt, sodass sie auf amerikanischen Bühnen ein Quasi-Monopol hielten. An der Universität aber suchte Follen seine Studierenden vom geringen ästhetischen Wert dieser Stücke zu überzeugen und predigte den Kanon von Sturm und Drang, Romantik und Weimarer Klassik. Ticknor, seine professoralen Kollegen Henry Wadsworth Longfellow (1807–1882) und James Russell Lowell (1819–1891) setzten sich ihrerseits nicht nur aus politischen Gründen, sondern auch aus literarischem Interesse für deutschsprachige Literatur und Philosophie ein.[7] Im Jahr 1897 gründete die Universität Harvard ihr »Department of Germanic Languages and Literatures«.[8] Die junge amerikanische Germanistik schlug – dem Geist ihrer Gründer entsprechend – zunächst liberale und mitunter revolutionäre Töne an, was sich jedoch bald ändern sollte.[9]

Andere Länder kannten, bedingt durch kulturelle Nähe und politischen Konflikt, eine mindestens ebenso wechselvolle Germanistikgeschichte. Sie begann in den meisten Ländern Europas zwischen 1850 und 1920, wobei Krakau sein Interesse an der Germanistik früh (1850/51), Oslo dagegen erst spät institutionalisierte (1917). Sieht man von Japan ab, wo es bereits seit 1864 einen Germanistik-Professor gab (Hiroyuki Katō, 1836–1916, zunächst am Institut Kaiseisho in Edo, ab 1868 in Tokio), begeisterte man sich jenseits von Europa und Amerika erst zu Beginn des 20. Jahrhunderts für deutschsprachige Literatur und Wissenschaft.

In einem Fall waren die wissenschaftspolitischen Kontakte sehr direkt und wirkungsmächtig, nämlich in Thailand.[10] Ein Sohn des westlich orientierten Herrschers Chulalongkorn, Prinz Rangsit Prayurasakdi, Fürst von Chai Nat (1885–1951), Beamter und von 1946 bis 1950 Prinzregent des jungen Königs Bhumibol Adulyadej, ging in Heidelberg zur Schule und legte im Jahr 1905 am Gymnasium Martineum in Halberstadt sein Abitur ab. Für das Wintersemester 1905/1906 immatrikulierte sich Rangsit im Fach Kameralistik (Staatswirtschaftslehre) an der Ruprecht-

Karls-Universität Heidelberg; im Sommersemester 1908 schrieb er sich für Philosophie ein. Er interessierte sich für Charakterkunde, freundete sich mit dem Psychiater Arthur Kornfeld an, heiratete eine Heidelbergerin und pflegte auch nach der Rückkehr nach Thailand im Jahr 1914 Heidelberger Kontakte. Prinz Rangsit baute das thailändische Hochschulsystem auf – eine Aufgabe, mit der man den Deutschlandreisenden gern betraute. Aus der Royal Medical School und dem Chulalongkorn's Civil Service College entstand die Chulalongkorn University, die erste Institution dieser Art auf thailändischem Boden. Rangsit plante große Teile der ökonomischen, verwaltungstechnischen und fachlichen Struktur der Universität; er schlug die Einrichtung von Studiengängen wie Landwirtschaft, Wirtschaft und Archäologie vor.

Der Prinz besaß eine kleine deutschsprachige Bibliothek, die sich heute, durch einen Umzug dezimiert, als Schenkung in der Deutschabteilung der Chulalongkorn University befindet. Der Bestand ist stark restaurierungsbedürftig – und aufschlussreich: Der vielseitig interessierte Rangsit hatte sich nicht nur die übliche Lehrlektüre zugelegt, sondern auch in Literatur investiert: in Sagen des klassischen Altertums (gesammelt von Gustav Schwab, 1909), das Nibelungenlied (Ausgabe von Hans Friedrich Blunck, 1934), Märchen, Goethe (*Hermann und Dorothea*), Schiller (*Sämtliche Werke*, Cotta o. D.), Kleist (nahezu vollständig), Gustav Freytag (*Soll und Haben, Die Ahnen, Das Nest der Zaunkönige*), Wilhelm Buschs *Lustige Bildergeschichten und allerlei Humore*, Karl Mays *Gesammelte Reiseerzählungen*, Heimatgeschichten (zum Beispiel Julius Wolff, *Das Recht der Hagestolze*, 1909; Ludwig Thoma, *Meine Bauern*, 1937), Abenteuergeschichten (Friedrich Meister, *Die drei Kapitäne*, 1899), historische Romane, die heute nahezu unbekannt sind (darunter Georg Ebers, *Serapis*, 1885), und Literaturgeschichten (Max Koch, *Geschichte der deutschen Literatur*, 1900; Robert König, *Deutsche Literaturgeschichte*, 1893). Darüber hinaus interessierte sich der Prinz für zeitgenössische Philosophie (Hans Driesch, Theodor Lipps, Wilhelm Windelband), Psychologie (Friedrich Jodl, *Lehrbuch der Psychologie*, 1908), Biographik (unter anderem Kaiser Wilhelm II., *Aus meinem Leben 1858–1888*, 1928), Staatstheorie (Georg Jellinek, *Die Lehre von den Staatenverbindungen*, 1882), das Bildungswesen (Friedrich Paulsen, *Das deutsche Bildungswesen in seiner geschichtlichen Entwickelung*, 1906) sowie Kulturgeschichte und Völkerkunde (Jacob von Falke, *Costümgeschichte der Culturvölker*, o. D.). Rangsit legte sich darüber hinaus

Reiseliteratur (Zahlreiches von Sven Hedin), Enzyklopädien, Hand- und Wörterbücher zur Pädagogik, Medizin und Krankenpflege, Technik und Kunst zu.

Idealistischer Schlüsselroman: Thomas Carlyles *Sartor Resartus* (1833/34, 1836)

Die versprengten Fürstentümer des Alten Reiches und des Deutschen Bundes boten internationalen Studierenden beides: eine lebendige philosophische und literarische Szene, die durch die Autoren Weimars und unter dem Etikett des Idealismus berühmt geworden war, und eine sich immer stärker professionalisierende Wissenschaft. Provinzialität, Zurückgezogenheit und Wahrheitssuche standen hier in einem eigentümlichen Spannungsfeld. Ein Roman machte diese eigentümliche Kombination besonders populär. Spott und Begeisterung gingen hier ein besonderes Doppelspiel ein.

Das besagte Musterbuch über die »kuriosen Deutschen« trägt den Titel *Sartor Resartus*. Es stammt von Goethes Briefpartner, dem Schiller-Biografen und Essayisten Thomas Carlyle, selbst eine bemerkenswerte Figur: demokratisch gesinnt, germanophil, mit Jane Welsh in einer intellektuellen Ehe aufs Liebevollste zerstritten. Er befürwortete die Sklaverei, war ein Anhänger von Genie, Heldentum und dem Recht des Stärkeren, als solcher auch Stichwortgeber Nietzsches ebenso wie der Durchhalteliteratur im Ersten Weltkrieg. Auf dem schottischen Landsitz Craigenputtock befasste er sich mit dem Guten, Wahren, Schönen und beschloss, dagegen anzuschreiben. Ironisch heißt es im Vorwort: Während die Franzosen und Engländer mit den Revolten der Zeit kämpften, könnte »der Deutsche« ruhig auf seinem »wissenschaftlichen Wachturm« stehen und dem Universum predigen.[11] Carlyle attackiert und preist damit den Idealismus, worunter er eine komplizierte Philosophenreligion versteht. In ihrem Namen waren deutschsprachige Gelehrte und Autoren bereit, vom Nützlichkeitsdenken ihrer Zeit abzusehen, ganz auf den Geist zu setzen und sich dafür in die Provinz zurückzuziehen. Dieser Gedanke und die Einsatzbereitschaft faszinierten Carlyle.

Sartor Resartus, der »wiedergeschneiderte Schneider«, wie Carlyle pleonastisch titelt, parodiert deutschsprachige Gelehrsamkeit und Literatur im Sinne einer autofiktionalen Autoren- und Gelehrtensatire. Es handelt sich zugleich um Exempelliteratur: um Literatur über einen Menschentypus, die aus dem Bezug auf andere Texte entstanden ist. In jean-paulscher Manier zitiert Carlyle die eigene Biografie, *Fortunatus*, Jonathan Swifts *A Tale of a Tub* (1704), Laurence Sternes *Tristram Shandy* (1759 bis 1767), Wieland, Goethe, Schiller, Novalis, Jean Paul, Kant, Hegel, Oken, Fichte.[12] Ähnlich wie in *Tristram Shandy* obliegt dem Leser die Suche nach der Wahrheit. Ein fiktiver englischer Herausgeber von *Fraser's Magazine* kritisiert das Werk exzessiv. Der Roman schließt mit fiktiven Werbeanzeigen des solchermaßen traktierten Textes. Tatsächlich beschickte Carlyle *Fraser's Magazine* in den Jahren 1833 und 1834 mit dem Text. Er erschien dort in der Form eines Fortsetzungsromans.

Der Titel von Carlyles so exotischem wie zeittypischem Werk erschließt sich aus dem ominösen Text, den sein fiktiver Rezensent zu begutachten hat: Er handelt von einer Philosophie der Kleidung, verfasst von einem hinterwäldlerischen deutschen Universalgelehrten namens Diogenes Teufelsdröckh. Dem Namen nach ein Kyniker und ein Teufel zugleich,[13] lehrt der Protagonist als Professor das große Ganze und Allgemeine. Er balanciert zwischen der »kynischen«, zweiflerischen, skeptischen Seite des Diogenes und der diabolischen des »Teufelsdröckh«. Der Rezensent hält Teufelsdröckhs Philosophie der Kleidung für einigermaßen absurd und unphilosophisch. Davon, dass der schwäbische Philosoph Friedrich Theodor Vischer (1807–1887), der sich auf Jean Paul ebenso wie auf Hegel bezog und in parodistischer Absicht einen *Faust III* (1862) schrieb, tatsächlich Jahrzehnte später einen knappen kulturkritischen Essay über *Mode und Cynismus* (1878) veröffentlichen würde, konnte er noch nichts ahnen. Professor Teufelsdröckh schreibt lang, umständlich und unförmig, »weder ruhig noch klar«, meint der Rezensent kritisch.[14] Mit demselben Federstrich lobt er aber selbst – seinerseits unbeständig – die Tiefe des Buches.

Teufelsdröckhs Philosophie der Mode will keine simple Philosophie von Ursache und Wirkung sein. Vielmehr präsentiert sie sich als eine Art Phänomenologie: Tatsachen werden aus der Beobachtung von Kleidung, Stil und Material geschlossen, und zwar ihrem »*Werden*« nach historisch abgesichert und zugleich spekulativ, im Blick auf ihr »*Wirken*«.[15] Teufelsdröckh geht es um die Natur des Menschen, die mit Kleidung unmittelbar zusammenhängt: »Der Mensch ist ein Werkzeug-gebrauchendes Tier […], wofür Kleidung nur ein Beispiel gibt.«[16] Kleidung also verweist auf den ursprünglichen Charakter des Menschen als »*Handthierendes Thier*«, was ihn von den Tieren unterscheidet.[17] Carlyle legt Teufelsdröckh diese Aussage zu dem Zeitpunkt in den Mund, da Charles Darwin mit der HMS Beagle nach Südamerika reist und die evolutionäre Position des Menschen infrage steht. An der Kleidung sollte man den Menschen laut Teufelsdröckh erkennen und ihm einen herausgehobenen Platz in der Schöpfungsordnung zuweisen.

Der Mensch interessiert sich schon deshalb vor allem für den Menschen.[18] Folgerichtig will der fiktive Autor die Philosophie Teufelsdröckhs aus seiner Biografie erklären. Sie bezieht ihre Impulse sowohl aus den *Leiden des jungen Werthers* als auch aus *Faust* und *Wilhelm Meister.* Gegenüber Goethe beansprucht sie Eigenständigkeit.[19] Der Verleger-Erzähler stellt die Biografie aus Teufelsdröckhs Fragmenten und einem Brief von »Hofrath Heuschrecke« zusammen.[20] Im idyllischen Städtchen Entepfuhl von der gläubigen Mutter zu einem einfachen und gutgläubigen Christen erzogen, glaubt Teufelsdröckh an die Tugenden und Talente eines jeden. »Bread studies (*Brodzwecke*)« sind dem jungen Spiritualisten aus bürgerlichem Hause fremd, und so eckt er immer wieder bei seinen Lehrern, Mitschülern, Professoren und Kommilitonen an.[21] Die *Leiden des Teufelsdröckh (Sorrows of Teufelsdröckh)* spitzen sein Elend am Fall einer von vornherein zum Scheitern verurteilten Liebesepisode zu. Sie verweist sowohl auf Goethe und Novalis als auch auf eine Geschichte aus Carlyles Leben: Blumine, die Göttin der Blumen, wird zu Teufelsdröckhs Idol. Sie aber wehrt seine Liebe ab und heiratet den britischen Aristokraten Towgood.

Der Herausgeber, der sich ohne Unterlass über die Nähe der *Sorrows* zu Goethes Buch beschwert, freut sich, dass Teufelsdröckh aus dieser unrühmlichen Episode spirituell gestärkt hervorgeht. Er durchläuft eine Konversion, ironisch gebrochen, geschildert im Schema von Hegels Dialektik.[22] Seine These ist verknappt mit *Das ewige Nein (Everlasting No)* überschrieben. Danach erscheint die Welt als Wüste, die es abzulehnen gilt. Die Antithese, das Stadium der Gleichgültigkeit, erweist sich als Reaktion und als Übergangsstadium zur Synthese: dem *Ewigen Ja (Everlasting Yea).* In einer ironischen Tour de force durch den Idealismus preist Teufelsdröckh das Ideale im Alltäglichen und Gegenwärtigen. Er nennt es mit Lothario aus *Wilhelm Meister* das »America« eines jeden.[23] Konsequent schreitet sein Philosophieren zu einem »Natural Supernaturalism« fort. Die Gelenkstelle hin zu diesem Supernaturalismus bildet das Symbol. Carlyle lässt Teufelsdröckh, ironisch ummantelt, einen Ansatz zu einer Symboltheorie entwickeln, wie sie schon im

Heidelberger Umfeld bei Friedrich Creuzer (1771–1858) auftauchte und bei Ernst Cassirer (1874–1945) und C. G. Jung (1875–1961) in je eigener Form entfaltet wird:[24] Kleidung wird in *Sartor Resartus* zu einem Symbol, das es erlaubt, transzendentalistische Überlegungen in Raum und Zeit zu verankern. Mehr noch – und verballhornt: »Alle Symbole sind tatsächlich Kleidungsstücke [...]; alle Formen, wodurch sich der Geist dem Sinn zeigt, entweder äußerlich oder durch die Einbildungskraft, sind Kleidungsstücke [...].«[25] Folgerichtig wird der Dandy zum besten Vertreter, ja Prediger und Helden von Teufelsdröckhs Philosophie. Im Dandyismus mit seinen Glaubensgrundsätzen zum Sitz von Mänteln und Hosen findet Teufelsdröckhs Philosophie ihre Anhänger. Wer auf die Passform des Gewands achtet, gehört dazu.

Carlyle wendet sich mit *Sartor Resartus* und seiner ironisch gebrochenen, sardonischen Begeisterung für das der Welt entrückte Geistige gegen den Utilitarismus und die radikalen politischen Bewegungen seiner Zeit.[26] Er prüft die idealistische Alternative, folgt dabei Mustern der Schwärmer-Kritik, wie sie von Wieland her bekannt sind, und verlegt sie in einen englischen (Anti-)Bildungsroman des 19. Jahrhunderts: Diogenes Teufelsdröckh erprobt Spiritualismus oder Idealismus am eigenen Exempel. Die Sozialisations- und Bildungsversprechen spirituellen Denkens und idealistischer Philosophie wirken, weil sich Diogenes Teufelsdröckh nicht als teutonische Witzfigur verlachen lässt, sondern in seiner schrillen Widerborstigkeit ernst genommen werden muss.

Carlyle greift das Bildungsvorhaben der Weimarer Klassik, seine romantische Kritik daran und den Idealismus in gleicher Weise auf, wie auch sein späteres Werk *On Heroes and Hero Worship and the Heroic in History* (1841) zeigt: Hier preist er die »großen Männer«, die Geschichte schrieben. Carlyle empfiehlt sie als fleischgewordene supernaturalistische Ideen und entwickelt einen quasi-religiösen Heldenkult. Nietzsches Übermensch ist ohne Carlyles Heldenlob undenkbar. Cassirer sah in Carlyles Denken und Schreiben sogar bereits den nationalsozialistischen Heldenkult des 20. Jahrhunderts angelegt.[27]

Sartor Resartus seinerseits löste Verstörung und Faszination aus.[28] Sie reicht bis hin zu dem autobiografischen Roman *The Education of Henry Adams* (1918). Er weist einen jungen, elitären Bostoner als »den neuen Teufelsdröckh« aus.[29] Außerdem erinnert James Joyces Roman *Finnegans Wake* (1939) an Carlyles Satire;[30] Jorge Luis Borges bewunderte sie schon als junger Mann.[31] Unter den Zeitgenossen aber war vor allem der transzendentalistische Club in Boston von *Sartor Resartus* begeistert, was auch die Bedeutung von Carlyles Text für Henry Adams erklärt. Im September 1836 fand nicht nur das erste Treffen des Transcendental Club in Boston statt, sondern das Jahr wurde auch durch ein publizistisches Ereignis gekrönt: Durch Vermittlung von Ralph Waldo Emerson konnte Carlyles Text in Boston erstmals als Roman erscheinen. Für Emerson, seine Freunde Margaret Fuller und Henry David Thoreau ebenso wie für seine Gegner, unter ihnen Nathaniel Hawthorne (1804–1864) und Edgar Allan Poe (1809–1849), wurde *Sartor Resartus* mit all seinem Witz und seiner Polemik zum Kardinaltext über den Idealismus ebenso wie über die deutschsprachige Literatur der Zeit.

Bettina von Arnim als Kultfigur der amerikanischen Transzendentalisten

Die Transzendentalisten wussten, wie sie *Sartor Resartus* zu lesen hatten. Sie waren Germanistik-Studenten vor der Erfindung der amerikanischen Germanistik gewesen:[32] Schon im Jahr 1817 entlieh Emerson die Übersetzung von Klopstocks *Messias* durch Mary Collyer (1763) aus der Boston Library Society.[33] Elf Jahre später, im Jahr 1828, las er in der Harvard College Library Goethes *Wilhelm Meisters Lehrjahre* im Original. Emerson, George Ripley (1802–1880), Amos Bronson Alcott, Theodore Parker (1810–1860), James Freeman Clarke (1810–1888) und Margaret Fuller hörten Vorlesungen an der Divinity School bei Follen und Ticknor. Gemeinsam mit Longfellow und Lowell, die beide auch Literatur schrieben, trugen die Transzendentalisten das Interesse am Germanischen in eine breitere Öffentlichkeit. Der Besuch bei Goethe wurde zum Pflichtprogramm amerikanischer Kulturtouristen. Auch William Emerson (1801–1868), den Bruder von Ralph Waldo Emerson, zog es nach Weimar, wo er von Goethe über den Zustand Amerikas befragt wurde. Fuller, die als Frau eigentlich nicht studieren durfte, verdiente ihren Lebensunterhalt als Lehrerin, Leiterin von Diskussionsgruppen und Schriftstellerin; sie brachte ihren transzendentalistischen Clubkollegen Deutsch bei. Seit den 1820er-Jahren lasen und diskutierten sie deutschsprachige Literatur (Lessing, Wieland, Schiller, Herder, Novalis, Bettina von Arnim, Humboldt, Jung-Stilling) und Philosophie (Spinoza, Kant, Jakob Böhme, Fichte, Schelling) auf Empfehlung der *Edinburgh Review* oder der *Foreign Review* so weit als möglich im Original.

Auch aus der Rezeption von Idealismus und Romantik entwickelte sich Boston in den 1830er-Jahren zum Zentrum reformatorischer Gruppen. Sie kämpften gegen die Sklaverei, für die Emanzipation der Frauen, besuchten mesmerische Experimentierabende, trugen Reformkleidung, versuchten sich in Vegetarismus, dem Backen von Gesundheitskeksen, Kaltwasserkuren und sozialen Experimenten, wie sie in Thoreaus *Walden* (1854) dokumentiert sind. Ralph Waldo Emerson stellte dem idealistischen Europa das kommende Amerika entgegen und sah im »Yankee« die führende »Rasse«.[34] In ihrer Zeitschrift *The Dial. A Magazine for Literature, Philosophy and Religion* veröffentlichten die Transzendentalisten zahlreiche Beiträge über deutschsprachige Literatur und Philosophie. Auch inspiriert von Carlyle, handelte der erste Band von Jean Paul (1840). Goethe wurde zum permanenten und heftig umstrittenen Gegenstand; zumeist war Fuller, die auch eine metrische Übersetzung von *Torquato Tasso* erarbeitete, für Goetheana zuständig. Sie besprach *Faust* und sein metaphysisches Gegenstück *Festus* (1841) ebenso wie *Egmont* (1842). Ralph Waldo Emerson äußerte sich über Uhland und Schelling (1842), Follen, Swedenborg, Goethe und Schiller (1843), Charles Timothy Brooks rezensierte Freiligrath (*The Emigrants, The Moorish Prince*, 1844).

Besondere Begeisterung löste Bettina von Arnim aus. Schon Follen war mit ihrem Werk vertraut gewesen und hatte Kontakte zu ihrem jugendlichen Geliebten Philipp Hössli (1800–1854) unterhalten. Dieser verehrte Follen seinerseits und besuchte ihn in der Schweiz.[35] Margaret Fuller sah in Bettina von Arnim eine Seelenverwandte. Enthusiastisch las sie ihre Werke, widmete sich ihrer Beziehung zu Goethe und der Korrespondenz mit Karoline von Günderrode. Ralph Waldo Emerson waren Bettina von Arnims Werke seit 1838 bekannt. »Wonderful Bettina!«, ruft er in seinem Tagebuch am 7. Juli 1839 aus.[36] Er preist ihren Mutterwitz und ihre Naturbegeisterung, die mitunter schon Naturreligiosität war. Alcotts Tochter Louisa May Alcott (1832–1888) imitierte von Arnim und las ihre Korrespondenz mit Goethe. Sie erklärte Ralph Waldo Emerson zu ihrem Goethe, schrieb ihm Briefe, hinterließ wilde Blumen auf seiner Türschwelle und sang unter seinem Fenster Mignons Lied.[37]

Fuller war beeindruckt von Bettina von Arnims Verwegenheit, ihren Klettereien, ihren Fahrten durch den nächtlichen Wald, mit einer Pistole bewaffnet, ihren reiterischen Eskapaden, ihrer eigensinnigen »self culture«.[38] Zwar schätzte sie Günderrode, aber der Mut von Arnims imponierte ihr. Enthusiastisch plädiert Fuller in ihrem Buch *Woman in the Nineteenth Century* (1855) für die Emanzipation der Frau. Sie attackiert kanonisch gewordene Frauenbilder mit den Mitteln der Kontrafaktur wie etwa durch die Umkehrung des berühmten Zitats »Schwachheit, dein Name ist Weib« (1. Akt, 2. Szene) aus Shakespeares Hamlet in »Schwachheit, dein Name ist Mann«.[39] Fuller sinniert, nur der Mann sei tatsächlich schwach. Sie vertauscht die Rollen von Orpheus und Eurydike. Aus ihrer Sicht dienen solche Umkehrungen beiden Geschlechtern. Es geht ihr um nichts Geringeres als um eine Reform der Geschlechterkulturen, darum, dem Citoyen der Französischen Revolution eine Citoyenne gegenüberzustellen – mit den gleichen Rechten und Pflichten. Dabei würdigt Fuller die bisherige Leistung Europas und spricht Amerika eine besondere Aufgabe zu: Europa habe die geistige Kultur der Menschen verbessert, Amerika müsse sich jetzt um das »große moralische Gesetz« kümmern.[40] Zu diesem Zweck verklärt Fuller auch die germanische Kultur. Sie liefert den historischen Beleg für ein emanzipatorisches Frauenverständnis:

Deutschland muss keine hohe Meinung der Frau erwerben; sie war dieser Rasse eingeboren. Die Frau war dem teutonischen Krieger die Priesterin, die Freundin, die Schwester – in Wahrheit: eine Weib. [...] Die Idee der Frau ist in ihrer Literatur in größerer Höhe und Tiefe ausgedrückt als andernorts.[41]

Fullers mythisches Teutonen-Bild beschwört Tacitus' *Germania* und fügt sich in das naturverbundene Denken der Stärke ein, wie es der Transcendental Club pflegte. Deutsche Frauen und Männer erscheinen ihr in dieser verklärenden Perspektive als »rassisch« und historisch gleichberechtigt, anders als andernorts. Neben Bettina von Arnim steht Goethe in dieser Traditionslinie. Alle seine Frauenfiguren – von Gretchen bis Makarie – erscheinen ihr vollkommen befriedigend, als noble Seelen den Männerfiguren gleichgewichtig entworfen. Fuller preist Goethe auch deshalb als »große[n] Apostel der Individualkultur« und vergleicht seine Anthropologie mit derjenigen des französischen Frühsozialisten Charles Fourier.[42] Dabei wandelt sie auch auf den Spuren Bettina von Arnims. Diese trat für die Sache der Juden und der Frauen ein und begeisterte sich – bei allem Adel und Royalismus – für die Frühsozialisten. Fourier setzt auf Institutionen, die den Menschen zu guten Taten befähigen, Goethe kehrt diesen Ansatz um: Der tatkräftige Mensch erst schafft die Institutionen. Fuller positioniert sich zwischen beiden, sympathisiert aber mit Goethe.

Das Beispiel Bettina von Arnims zeigt ein weiteres Mal, dass die Romantik mehr als eine lokale Veranstaltung überschaubarer Freundeskreise war. Eine besondere Rolle spielte dabei in diesem Fall die Weiblichkeit: Von Tacitus bis zu den Romantikerinnen schrieb sich das Vorurteil von den starken teutonischen Kameradinnen fort. Bettina von Arnim bediente dieses Klischee sogar in gewisser Weise. Die amerikanisierte von Arnim war eine Feministin avant la lettre.

Anti-Transzendentalisten als Anti-Idealisten: Nathaniel Hawthorne

In Amerika jedoch war der Transcendental Club schnell als träumerischer Haufen verschrien, der allzu viele Impulse aus dem Land der Teutonen empfing. Poe und vor allem Nathaniel Hawthorne zählten zu den wichtigsten Kritikern des Clubs. Poe taufte die Transzendentalisten in seiner Erzählung *Never Bet the Devil your Head* (1841) »Frogpondians« (nach dem Teich im Park Boston Common), griff ihren »selbstzufriedenen Mystizismus« und die transzendentalistische Zeitschrift *The Dial* an. Hawthorne war zwar selbst ein eifriger Leser und Adept von Goethe, Tieck, Hoffmann und Chamisso,[43] widmete den Transzendentalisten und ihren deutschen Vorbildern aber gleich zwei Satiren: *The Celestial Railroad / Die himmlische Eisenbahn* (1843) und *The Blithedale Romance* (1852). Beide karikieren das utopische Experiment der Zeitgenossen.

Die *Himmlische Eisenbahn* parodiert und imitiert vielerlei: den Puritanismus, der in der Form von John Bunyans *The Pilgrim's Progress* (1678) zur Vorlage des Textes wird, den (blinden) Glauben an die Wissenschaft, den Katholizismus und den Transzendentalismus. Anders als beim späten Hawthorne, erscheint der Puritanismus hier zwar allzu etabliert und verzopft, streng und unmodern, aber trotzdem trägt nur er: Denn der Glaube an die Wissenschaft wirkt menschenfeindlich. Katholizismus und Transzendentalismus neigen ohnehin der Schwärmerei zu. Der Transzendentalismus verspricht eine anstrengungslose und freudvolle Reise in ein himmlisches Dasein. Diese Reise mit der »himmlischen Eisenbahn« allerdings ist gefährlich, sie wird durch einen Riesen empfindlich gestört. Er stammt bezeichnenderweise aus Deutschland und wird »Riesen-Transzendentalist« (»Giant Transcendentalist«) genannt.[44] Dieser Gigant spricht nicht nur eigentümlich und phrasenhaft unverständlich, sondern fängt auch Reisende und mästet sie, um sie zu verzehren. Der Transzendentalismus erscheint als Idealismus: als das ultimative Böse in groteskem Gewand. Er verführt seine Gläubigen zum Tode.

The Blithedale Romance, vielleicht Hawthornes Hauptwerk, treibt die Kritik am Transzendentalismus noch weiter. Das Buch ironisiert unter anderem seine eigenen Erlebnisse auf der von Transzendentalisten geführten Brook Farm im Jahr 1841. Die Brook Farm heißt im Roman Blithedale, und hier entfaltet sich eine komplexe Geschichte zahlreicher Wahlverwandtschaften unter den Vorzeichen von tranzendentalistischer Legendenbildung und Symbolik, von Zauberei und Lüge. Es handelt sich um eine Enthüllungs- ebenso wie um eine Ernüchterungsgeschichte. Miles Coverdale, die nicht immer zuverlässige, sanfte und verträumte Erzählerfigur, eine Reinkarnation von Hawthorne selbst, will die Welt verbessern und zieht deshalb auf die Blithedale Farm. Er wird zum teilnehmenden Beobachter der Farm-Community. Verliebt in die junge, blasse Priscilla, fühlt er sich zugleich angezogen von der älteren Zenobia, einer schönen, wohlhabenden und tugendhaften Dame, die Fuller ähnelt, und Hollingsworth, einem Sektierer, der an die Erlösung der Sünder glaubt, und Blithedale für seine Zwecke benutzt. Er könnte auf Ralph Waldo Emerson ebenso wie auf Bronson Alcott und Horace Mann verweisen.

Aus dem Verwirr- und Verwechslungsspiel, in dem außerdem eine geheimnisvolle verschleierte Wahrsagerin auftaucht, kristallisieren sich nach und nach die tatsächlichen Beziehungsverhältnisse der Bewohner heraus: Coverdale entlarvt die verschleierte Dame als Priscilla. Ein gewisser Professor Westervelt, dessen Verhältnis mit Zenobia Coverdale in einem Hotel beobachtet, steuert ihren magischen Zauber. Hollingsworth wiederum, dem nachgesagt wurde, er werde sich mit Zenobia verbinden, ist in Priscilla verliebt. Sie entscheidet sich für ihn und gegen Coverdale. Old Moodie, der Coverdale Geschichten aus Blithedale erzählt, entpuppt sich als Fauntleroy, ein vormals reicher und skandalumwitterter Mann, zugleich Vater von Zenobia und Priscilla.

In der Nähe eines Felsens, der nach einem mystischen Apostel Eliot den Namen Eliot's Pulpit trägt, genießt die derart verwobene Blithedale-Community die Ruhe und streitet doch. Eifersucht, Sympathie und Antipathie überlagern sich. Man debattiert über Frauenrechte, besser: Coverdale setzt sich gegen Zenobia und Hollingsworth für ebendiese Rechte ein. Vergleichbares geschieht bei einem Streit über die Zukunft, der den Bruch zwischen Coverdale und Hollingsworth hervorruft. Zenobia ihrerseits fühlt sich von Coverdale entlarvt, kündigt ihren Selbstmord an und geht wie Ophelia in den Fluss. Als Geist verfolgt Zenobia Coverdale. In Blithedale aber geht das Leben weiter.

The Blithedale Romance erweist sich als amerikanische Gothic Novel, als Text über die Schattenseiten von Schwärmerei und Idealismus – eines hier abstrakt dargestellten, viele Facetten annehmenden Idealismus, der nur mehr Ideologie ist. Am Ende stehen Unglaube, Enttäuschung, Einsamkeit. Dem guten, idealistischen Coverdale bleibt nur die realistische Einsicht, dass zu viel Idealismus der Moral schadet. Hawthorne erzählt im bekannten Muster der Schwärmerromane, die durch den Wieland-Roman von Charles Brockden Brown bekannt waren, von den Fallstricken weltfremder Philosophie.[45] Wie die Schwärmerei Wielands Helden ernüchterte, so widerspricht der gelebte Idealismus den Idealen Coverdales. Selbst unter den Intellektuellen Amerikas hatte es der Idealismus offenbar schwer. Gründe dafür lagen im Idealismus selbst, aber auch in seinen Adepten, und diese kamen seit Beginn des 19. Jahrhunderts in steigender Zahl nach Amerika.

Flucht aus dem alten Europa: Karl Postl alias Charles Sidon / Charles Sealsfield und die politischen Amerika-Emigranten des 19. Jahrhunderts

Der Import des Idealismus und seiner Spielarten hielt an. Deutsche Exilanten brachten ihre intellektuellen Hypotheken mit in das gelobte Land jenseits des Atlantiks, vor allem in der Form von Büchern. Im Wesentlichen handelte es sich dabei zwar um Bibeln, Liederbücher, Sprachlehrbücher, ABC-Bücher, Rechenbücher, Medizin- und Arzneibücher, Kinderbücher, Biografien (unter anderem über George Washington, Benjamin Franklin, Napoleon), Reiseliteratur, Bienen-, Pferdezucht-, Weinanbau- und Hebammenbücher, Kirchenordnungen und Kalender, aber mitunter war auch Spirituelles oder gar Idealistisches darunter.[46] Noch im Jahr 1830 kam keine gebildete deutsche Familie ohne Bibliothek in die USA, auch, um Freunden und Gastgebern Bücher zu schenken.[47] Der Bericht des *Börsenblattes für den deutschen Buchhandel* von 1852 zählt neunundsiebzig deutschsprachige Buchhandlungen, siebenundneunzig deutschsprachige Druckereien und hundertzweiundfünfzig deutschsprachige Periodika in Nordmerika.[48]

Seit den 1820er-Jahren nahm der Import schwärmerischen Denkens zu, diesmal in der Form freimaurerischer und politischer Schriften. Das Revolutionsfieber rief eine neue Auswanderungswelle hervor, wobei die Auswanderer der Vormärz-Zeit (»die Grünen«) mit den religiösen Siedlern des ausgehenden 17. und des 18. Jahrhunderts (»den Grauen«) in der Regel wenig anfangen konnten und sich ihnen intellektuell überlegen fühlten. Die Vormärzler waren in Gesangvereinen, Frauenvereinen, Freimänner-, Freidenker- und Lesevereinen organisiert; sie turnten für die Revolte, verehrten Präsident Thomas Jefferson und beteiligten sich an der Gründung der Republikanischen Partei, die sich gegen die Sklaverei wandte.[49] Die »Gießen Emigration Society«, gegründet im Jahr 1833, brachte viele von ihnen, darunter Friedrich Münch, Karl und Paul Follen, nach Amerika. Einer ihrer wichtigsten Verleger hieß Johann Georg Wesselhöft (1804–1859).[50] Er war von seinen Onkeln Friedrich Frommann und Carl Wesselhöft, die ein enges Verhältnis zu Goethe pflegten, in Jena zum Buchhändler ausgebildet worden. Der junge Wesselhöft zog nach Philadelphia, lernte den Juristen und Mitbegründer der amerikanischen Politikwissenschaft Francis Lieber (1800–1872), Karl Follen und George Ticknor kennen, beförderte einen Bildungsverein, einen Männerchor und einen Gesangverein mit, profitierte vom Handel mit Büchern über Homöopathie und entwickelte ein Verlagsprogramm, mit dem er allerdings weniger politische Lehren als vielmehr Bildung zu verbreiten suchte.

Wer außerdem politisch informiert sein wollte, musste Zeitung lesen, das Medium der ausgewanderten Revolutionäre. In vielen amerikanischen Städten gab es mehrere Zeitungen und Zeitschriften in deutscher Sprache: Der *Anti-Pfaff* (1843–1845) des Polemikers Heinrich Koch, eines Schülers Charles Fouriers, Albert Brisbanes und Robert Owens,[51] ist das wohl radikalste und – nomen est omen – kirchenkritischste Beispiel darunter. Hinzu kamen Zeitungen wie der *Pittsburgh Courier* (1855–1860), Monatsschriften wie *Der Bürgerfreund* (Philadelphia 1847–1848) und *Atlantis. Monatsschrift für Wissenschaft, Politik und Poesie* (Buffalo 1857) sowie die *Jahrbücher der Deutsch-Amerikanischen Turnerei* (New York 1894). Agitationsschriften und Pamphlete kursierten, darunter Friedrich Wilhelm Schulz' *Frag- und Antwortbüchlein an den deutschen Bürgers- und Bauersmann über allerlei, was im deutschen*

Vaterland besonders Not tut (1819) und Philipp Jakob Siebenpfeiffers *Bote aus Westen*, später *Westbote* (1831); beide waren nach dem Vorbild von Büchners *Hessischem Landboten* angelegt.

Für die amerikanische Politik wurden die Radikalen unbequem, weil sie Amerika als Keimzelle einer neuen Weltrepublik betrachteten. Doch kannibalisierten sich die Revolutionäre gegenseitig: So begab sich etwa Gottfried Kinkel, knapp dem Gefängnis entronnen, ins Londoner Exil geflohen und als dichtender und gelehrter »Märtyrer der Revolution« bekannt, in den Jahren 1851 und 1852 nach Amerika. Er schrieb ein vierzehnseitiges Pamphlet *An das Volk von Amerika* (1852), um Geld für eine deutsche Anleihe zu sammeln.[52] Diese sollte die Revolution unterstützen und später durch den erneuerten Staat zurückgezahlt werden. Zeitgleich aber sammelte auch die Konkurrenz: Kinkels Londoner Gegner Joseph Fickler (1808–1865) und Amand Goegg (1820–1897) gründeten den »Amerikanischen Revolutionsbund für Europa« mit ähnlichen Zielen, und der Ungar Lajos Kossuth (1802–1894) versuchte, die Amerikaner für seinen Freiheitskampf gegen Österreich zu gewinnen.[53] Kinkel jedoch gab die ihm überlassenen Gelder nie für den politischen Kampf frei; sie gingen als »Nibelungenschatz« der sozialdemokratischen Partei in die Geschichte ein.

Unter der Literatur der Forty-Eighters ist das Drama eher zu vernachlässigen, sieht man von einigen märchenhaften Stücken (Ernst Anton Zündt, 1819–1897) und den Sozialdramen Wilhelm Rosenbergs (*1850) ab.[54] Es fehlte an Bühnen für Deutsch-Amerikanisches. Lyrik hingegen ließ sich leichter publizieren: Theodor Körners Anthologie *Leyer und Schwert* (1814) und Freiligraths *Wohlfeile vollständige Original-Ausgabe* (1861) sowie seine *Gedichte* (1867) gehörten zur Grundausstattung eines Exilantenhaushalts. Versanthologien boomten diesseits wie jenseits des Atlantiks.[55] August und Conrad Marxhausen legten mit dem *Deutsch-Amerikanischen Dichterwald* (1856) eine Pionieranthologie für deutsch-amerikanische Dichtung auf;[56] ihre Autoren hießen Wilhelm Benignus (1861–1931), Caspar Butz (1825–1885), Eduard Dorsch (1822–1887), Martin Drescher (1863–1920), Georg Edward (1869–1969), Max Hempel (1863–1906), Ernst Otto Hopp (1841–1910), Pedro Ilgen (1869–1943), Konrad Krez (1828–1897), Konrad Nies (1862–1922), Heinrich Armin Rattermann (1832–1923) und Robert Reitzel (1849–1898). Die exilierten Lyriker bedienten sich kraftmeiernder Ausdrücke, priesen Flüchtlinge wie Karl Follen, Francis Lieber und den utopistischen Pfarrer Friedrich Münch (1799–1881, Pseudonym »Far West«).[57]

Einige Autoren, darunter Krez, publizierten eigenständige Lyrikbände. Darüber hinaus ist anzunehmen, dass ungezählte Privatdrucke auch in Übersetzung kursierten. So übertrug etwa der Archäologe und Numismatiker Henry Phillips jr. (1838–1895) aus Philadelphia spanische und deutsche Gedichte und gab sie im Jahr 1878 ausdrücklich nur für den privaten Gebrauch heraus.[58] Der Grund dafür mag sowohl in ästhetischen Vorbehalten und dem Willen zur Ausbildung einer poetischen Gruppenkultur als auch im kontroversen Charakter dieser Sammlung gelegen haben: Sie enthält neben zahlreichen Gedichten von Emanuel Geibel auch solche Heinrich Heines. Mit Heine aber waren die Verleger, auch Campe selbst, bei der Verbreitung über den Ozean vorsichtig gewesen, denn die Zensur Preußens und Österreichs erachtete sein Werk, die *Reisebilder* ausgenommen, für problematisch.

Unter den Romanen der zeitgenössischen Gegenwart waren Historienromane (unter anderem von Carl Franz van der Velde), Räuberpistolen-, Schauer- und Geisterromane (unter anderem von Carl Heun, Pseudonym Heinrich Clauren, Friedrich Gustav Schilling, Friedrich August Schulze) sowie Liebesgeschichten besonders beliebt. Christian August Vulpius' *Rinaldo Rinaldini, der Räuber-Hauptmann*, im Jahr 1820 gedruckt bei Carl August Bruckmann in Reading (Pennsylvania), wurde zu einem der größten Erfolge überhaupt.[59] Der Verleger Ludwig Schreck gab eine ganze *Bibliothek von Ritter-, Räuber- und Criminal-Geschichten* (Leipzig 1839–1841) heraus. Mit seinen *Mystères de Paris* (1842/43) stiftete Eugène Sue die Vorlage für *Die Geheimnisse von Philadelphia* (Anonym von August Gläser, 1850) und Ludwig von Reitzensteins *Geheimnisse von New Orleans* (1854). Friedrich Armand Strubberg (Pseudonym Armand, Farnwald) schrieb Abenteuergeschichten; Karl Ludwig Häberlin (Pseudonym H. E. R. Belani, *Die Auswanderer nach Texas*, 1841) und Therese Albertine Louise Robinson (Pseudonym TALVJ, *Die Auswanderer*, 1852) verfassten Emigrantenprosa, die mit Reinhold Solgers revolutionärer Antwort auf Gustav Freytags *Soll und Haben* (*Anton in Amerika*, St. Louis 1856) ihren literarischen Höhepunkt fand. Malvina Doris Elisabeth Lampadius (Pseudonym Gretchen Licht) nahm sich der Afroamerikaner und Indianer an. Friedrich Gerhard veröffentlichte eine *Deutsch-Amerikanische Gartenlaube* (1864–1870) im Stile ihres weithin gelesenen deutschsprachigen Gegenstücks.[60]

Viele dieser Autoren und Texte waren so schnell vergessen, wie sich die Emigranten assimilierten. Es verwundert kaum, dass nur einige Rückkehrer überhaupt noch einen randständigen Platz in Literaturgeschichten fanden. Carl Anton Postl (1793–1864) aus dem österreichischen Poppitz zählte zu den Ausnahmen. Im Jahr 1814 wurde er dort zum Priester geweiht; im Jahr 1825 begab er sich auf eine erste Reise in die USA, auch als Agent des Verlegers Cotta, der in Amerika keine eigene Niederlassung unterhielt. Postl lebte inkognito als protestantischer Geistlicher in Pennsylvania und New Orleans, kehrte 1826/27 zurück, veröffentlichte unter dem Namen Charles Sidon seinen Reisebericht *Die Vereinigten Staaten von Nordamerika, nach ihrem politischen, religiösen und gesellschaftlichen Verhältnisse betrachtet* bei Cotta (1827) und empfahl sich Kanzler Metternich vergeblich als Geheimagent. Postls / Sidons Rache folgte auf dem Fuß, in der Form eines kritischen Reiseberichts mit dem Titel *Austria as it is, or sketches of continental courts, by an eye-witness* (Anonym, London 1828) über Metternichs Österreich. Als Reiseberichterstatter in amerikanischer Sache gibt sich Postl / Sidon objektiv. Er beschreibt amerikanische Eigenheiten im Detail: Essgewohnheiten, Verkehrsmittel, Klima, Produkte. Wechselseitige Vorurteile wie diejenigen vom »honest German« und vom kleinlichen, jüdischen, spitzbübischen »Yankee« stellt er kritisch dar.[61] Gleichwohl zeigt er sich als Unterstützer des amerikanischen Präsidenten Andrew Jackson, der widerständige Indianer bekämpfte und die Rechte der Indianer sowie ihre Jagdgebiete beschnitt. Auch die Sklaverei befürwortete Postl / Sidon.

Weitere Amerikaaufenthalte bescherten Postl / Sidon die US-amerikanische Staatsbürgerschaft. Im Jahr 1858 aber ließ er sich in der Schweiz nieder und starb wenig später – als »Charles Sealsfield, Bürger von Nord Amerika«.[62] Postl / Sidon / Sealsfield schrieb auf Deutsch und Englisch,[63] verfasste neben Reiseberichten und Reportagen auch Erzählungen. Seine Publikationen gerieten zwischen die Fronten englisch-amerikanischer Auseinandersetzungen, so etwa im Jahr 1828, als die Londoner *Quarterly Review* seitenweise negative Amerika-Darstellungen aus Postls / Sidons *The United States of North America* zitierte.[64]

Im Jahr 1829 erschien der erste amerikanische Roman des Autors, der sich seitdem als Charles Sealsfield ausgab, in Philadelphia: *Tokeah; or, The White Rose*, noch im selben Jahr nahezu unverändert unter dem Titel *The Indian Chief; or, Tokeah and the White Rose. A Tale of the Indians and Whites* auch in London gedruckt.[65] Eine umgearbeitete deutsche Übersetzung unter dem Titel *Der Legitime und die Republikaner. Eine Geschichte aus dem letzten amerikanisch-englischen Krieg* veröffentlichte Sealsfield anonym bei Orell, Füssli & Comp. (1833). *The Indians of the Fall's Valley. Or, The Foundling Maid* (Anonym, 1825),[66] François-René de Chateaubriands *Les Natchez* (1826) und James Fenimore Coopers *The Last of the Mohicans. A Narrative of 1757* (1826),[67] standen Pate für diese historische Abenteuergeschichte über die Schlacht von New Orleans. Hier siegte Jackson, unterstützt von Bauern und Plantagenbesitzern.

Doch erweisen sich nicht die Schlacht, sondern das Verhältnis von Indianern und Weißen und eine romantische Liebe unter weißen Adligen als Hauptthemen von *Tokeah*. Es geht um Kindsraub: Rosa, die titelgebende weiße Rose, Tochter eines spanischen Aristokraten, fällt als Baby auf der Flucht aus New Orleans den Oconees in die Hände und wächst bei ihrem Häuptling Tokeah auf. Dieser zeigt sich als weitsichtiger und melancholischer Indianer,[68] als erstaunlich ambivalente, humane und wilde Figur zugleich.[69] Als vierzehnjähriges Mädchen rettet Rosa gemeinsam mit ihrer indianischen Halbschwester Canondah dem adligen Weißen Arthur Graham das Leben. Der junge Soldat kämpfte gegen Jean Lafitte, den sogenannten »Piraten des Saltlake«, der Indianer und Weiße gleichermaßen bedrohte, wurde verletzt und von den Indianern freundschaftlich aufgenommen. Zurück bei den Weißen, wird er verdächtigt, zum »rothäutigen« Feind übergelaufen zu sein, und ins Militärgefängnis gesteckt. Tokeah und sein künftiger Schwiegersohn, der Komantschen-Häuptling El Sol, ersuchen den zuständigen General – er ist mit Jackson mehr oder minder identisch – persönlich, ihren »Bruder« freizulassen. Sie entwickeln ein neues Verständnis von einem bikulturellen Amerika: von einem Amerika, das sich Weiße und Indianer teilen. Beide Populationen unterscheiden sich nur nach ihren Lebensformen. Die Weißen sind sesshaft, und die Indianer bleiben Nomaden, die ihren Büffelherden nachjagen. Nur in der Form einer solchen Parallelgesellschaft könne Frieden entstehen, meinen die beiden Indianerhäuptlinge – unter Zustimmung des Generals. Die deutsche Fassung *Der Legitime und die Republikaner* hingegen sieht ein von Weißen regiertes Amerika vor.

Die amerikanische Fassung von *Tokeah* versöhnt Amerika, die deutsche polarisiert. In beiden Texten aber deutet Sealsfield die blutigen Auseinandersetzungen mit den Indianerstämmen erstaunlicherweise nur an. Dem amerikanischen Publikum waren die brutalen Indianerkriege

(1813/14), an denen verschiedene indianische Stämme ebenso wie die Armee der Vereinigten Staaten beteiligt waren, gegenwärtig.[70] Sealsfield setzt moralisch integre Indianer dagegen. El Sol nämlich könnte auch ein weißer Adliger sein. Über den Komantschen-Häuptling heißt es: »[D]er junge, edel aussehende Mann, dessen Kleidung und Verhalten eher den militärischen Charakter einer zivilisierten Nation als der Indianer [verriet].«[71] El Sol gehört zur regierenden Elite, hebt sich von seinem Volk ab und gleicht sich, der Wahrnehmung des Generals zufolge, der weißen Zivilisation an. Die schöne, wilde Rose ihrerseits darf Arthur tatsächlich heiraten, begegnet ihrem Vater wieder und wird als Adlige europäischer Herkunft vollwertiges Mitglied des weißen Amerika. Der weite Bogen, den der Roman spannt, schließt sich. Sealsfields Indianer bestätigen zum einen die hierarchische Gliederung der Gesellschaften, zum anderen die Überlegenheit der weißen Zivilisation. Durch ihre Noblesse gehören sie aber gewissermaßen dazu. Der Topos vom »tugendhaften Heiden«, der die griechische und römische Antike für die Christen rettete, wird auf die Indianer übertragen. Sie gelten als »edle Wilde«, die allerdings streng unter sich bleiben.

Mit solchen idealisierenden Indianer-Stereotypen wollte Sealsfield einen neuen Romantypus, nämlich den sogenannten »höheren Volksroman«, schaffen.[72] Auf *Tokeah* folgten deshalb ähnliche Texte, durch einige Figuren vage verbunden und schließlich in der Romanpentalogie *Lebensbilder aus der westlichen Hemisphäre* (1843–1846) veröffentlicht. Sealsfield lobt sein Amerika als Agrarstaat, der sich dem Fortschritt verweigert. Er stellt dieses Amerika einem als dekadent empfundenen Europa gegenüber, das Amerika mit den Mitteln des Kapitals in seine Fänge zu bekommen sucht. Zugleich aber erscheint Sealsfields Amerika als autoritäres Gebilde auf der Basis einer Sklavenhaltergesellschaft, also als trügerische Idylle. Einzig der Fragment gebliebene Familienroman *Neue Land- und Seebilder: Die Deutsch-Amerikanischen Wahlverwandtschaften* (1839/40) weicht von diesem Urteil ab, schildert die Vorzüge der Großstadt und bietet eine amüsante New-York-Satire.

Das Werk Sealsfields ist voller Widersprüche: Einerseits neigt der Autor der Utopik und Idyllik zu, andererseits setzt er der autoritären Sklavenhaltergesellschaft nichts entgegen. Vielleicht verbuchte man den Autor in den deutschsprachigen Provinzen auch deshalb, weil seine Aussagen nicht zum europäischen Mainstream passten, als amerikanischen Schriftsteller.[73] Auf dem amerikanischen Buchmarkt aber kam Sealsfield nur zögerlich an, wobei seine idealisierten Indianer ebenso verstörten wie sein teilweise kritisches Amerika-Bild. Der amerikanische Sealsfield war zu einem gewissen Teil auch eine europäische Fiktion. Der Autor positionierte sich vielmehr zwischen den Zivilisationen, setzte auf den Vergleich, versuchte, Politik und Kultur in seinem eigenwilligen Sinne darzustellen.

Der europäische Indianer: Karl Mays *Winnetou* (1893)

In den Augen europäischer Leser hatte Sealsfield vor allem eines geleistet, nämlich erfolgreich mit althergebrachten Indianer-Stereotypen gebrochen – und neue geschaffen. Zu Sealsfields Schülern zählte auch der berühmteste europäische Western-Autor: Karl May (1842–1912), geboren in Sachsen, als Sohn eines armen Webers nicht recht in eine berufliche Laufbahn gelangt und mehrfach wegen Diebstahls inhaftiert. Er belebte Sealsfields Indianer-Klischees in einer bis heute erfolgreichen Indianergeschichte neu. Winnetou, der fiktive Häuptling der Mescalero-Apachen, dessen Name in der Sprache der Weißen »Brennendes Wasser« bedeutet, wird im Laufe dieser Geschichte vom brutalen zum edlen Wilden.[74] Mehr noch: May stellt ihn in seiner dreibändigen Reiseerzählung mit dem Titel *Winnetou, der Rote Gentleman* (1893) als »galant homme« vor.

Mays Erzählweise ist klassisch und personal an Old Shatterhand gebunden, den moralisch guten Westernhelden schlechthin. Er arbeitet als Vermesser einer Eisenbahngesellschaft, die eine Bahnlinie durch Apachengebiet legen will, reitet einen schnellen Rappen und verfügt über zwei effiziente Gewehre. Die Apachen verweigern sich Old Shatterhands Vorhaben dennoch und zunächst friedlich. Ihre Einstellung ändert sich durch den Mord an Klekih-petra (»Weiser Vater«). Es handelt sich um einen deutschen Forty-Eighter, der unter den Indianern in der Wildnis für sein Engagement als Anführer der 1848er-Revolution büßen wollte. Um den Tod des friedliebenden Greises zu rächen, greifen die Apachen zu den Waffen. Ein initialer Kampf, bei dem Old Shatterhand ebenso wie die weißen Jäger- und Fallensteller Sam Hawkens, Dick Stone und Will Parker auf die Seite der Apachen wechseln, lässt Winnetou und Old Shatterhand Blutsbruderschaft feiern. Wie um die Idylle zu komplettieren, kündigt sich ein Familientableau im Stil von Lessings *Nathan* an: Winnetous Schwester Nscho-tschi (»Schöner Tag«) hat sich in den weißen Mann verliebt. Ihr Vater Intschu tschuna (»Gute Sonne«), Häuptling aller Apachen, willigt in die Verbindung ein. Er lässt Old Shatterhand die Bahnstrecke vermessen, um dadurch als Brautvater genug Geld für die Hochzeit und Mitgift zu erwerben. Außerdem will er noch Goldstaub aus dem Nugget-tsil besorgen. Auf dem Weg dorthin aber nimmt das tragische Schicksal seinen Lauf: Der Bandit Santer überfällt die bikulturelle Familie vor ihrer Gründung; er tötet Nscho-tschi und Intschu tschuna.

Die hinterbliebenen Freunde trennen sich, verlieren sich aus den Augen, finden sich wieder und driften auseinander, um ihren Pflichten nachzukommen. Die *Geschichte vom Roten Gentleman* wird zu einer Verfolgungsjagd mit dem Ziel, die Morde zu rächen. Old Shatterhand durchlebt unterschiedliche Episoden: Detektivgeschichten und solche, die im Seefahrer- und Auswanderermilieu spielen. Wie nebenbei erledigt Old Shatterhand einen Konflikt mit dem Ku-Klux-Klan, rettet den jungen Harry aus einer brennenden Ölquelle und schlägt gemeinsam mit Winnetou und Old Firehand die Poncas in die Flucht, weil diese eine Bahnstrecke angreifen wollen. Bei der Suche nach einem Fellhändler treffen sie zufällig auf Santer. Er entkommt ein letztes Mal. Nach allerlei weiteren Episoden wird Winnetou bei dem Versuch, deutsche Auswanderer zu retten, von den Sioux erschossen. Old Shatterhand reitet zu den Apachen, um ihnen die traurige Kunde vom Tod ihres Häuptlings zu überbringen. Er gerät auf Santers Spur – und dieser wird im Dunklen Wasser von jenem Gold begraben, das er immer begehrte. *Winnetou* wird somit zum moralischen Text: Das Schicksal oder die Vorsehung rächt die Sünden des Bösewichts.

An Karl Mays Erzählungen verblüffen die Figurenzeichnung Winnetous ebenso wie die Darstellung der bikulturellen Männerfreundschaft und die symbolische Durchwirkung der Geschichte. Winnetou erscheint tatsächlich als »Gentleman«, mehr noch: als post-idealistischer und seminietzscheanischer Übermensch, der großartig reitet, schießt und zahlreiche Sprachen spricht. Elitär unterscheidet er zwischen Anführern und zweitrangigen Personen, gleich welcher Hautfarbe und Herkunft. Durch die Freundschaft mit Old Shatterhand bessert er sich ebenso wie sein Blutsbruder: Winnetou lernt, auf Rache zu verzichten, sieht man von seinem Verhältnis zu Erzfeind Santer ab. Umgekehrt erfährt Old Shatterhand Verständnis für das Leben der Indianer und ihren Naturkult.

Der oft rituelle und feierliche Ton sowie die eingeflochtenen Philosopheme erhöhen die intellektuelle Tragweite der Geschichte. Es geht um

einen unterhaltsamen kulturellen Dialog mit dem Ziel der wechselseitigen Humanisierung. May schreibt Geschichte um: Hier sind die Indianer den Weißen nicht hoffnungslos unterlegen, im Gegenteil. Sie tragen
ihre Zivilisiertheit in sich; ihre Lebensprinzipien heißen Gerechtigkeit,
Großzügigkeit und Freiheit – und in der Ausübung aller drei sind sie
dem »weißen Mann«, der sich durch seine christliche Moral, die Vergebung der Sünden und den gemäßigten Umgang mit Feindschaft empfiehlt, ebenbürtig.

Obwohl die *Winnetou*-Trilogie ethisch kontrovers und blutig ist,
wurde sie zumeist als Kinder- und Jugendbuch wahrgenommen und bearbeitet, so auch in den USA, wo man lange Zeit meinte, Karl May und
Winnetou nicht zu kennen. Doch lag dies vor allem an den *Winnetou*-
Adaptationen der Kinderbuchautorin Marion Ames Taggart (1866 bis
1945) aus Massachusetts. Sie erwähnen Karl May nur im Untertitel und
weisen Taggart als eigentliche Autorin aus. Seit 1898 veröffentlichte sie
ihre mehrfach aufgelegten *Winnetou*-Texte für ein jüngeres Publikum
im amerikanisch-schweizerischen Verlag der Benziger Brothers. Taggart, eine katholische Konvertitin aus puritanischem Elternhaus, kürzte
Mays Erzählungen, vereinfachte die Erzählstrukturen, setzte auf Tempo,
Spannung und christianisierte Winnetous Tod:[75] Er erhält die Nottaufe
von Old Shatterhand, was den Charakter der Gesamtgeschichte erheblich verändert und die weiße Geschichte als dominant erscheinen lässt.

Ost- und Nordeuropa hingegen nahmen »das Jugendbuch« *Winnetou* schnell auf. Mit dem ungarischen Übersetzer, dem Pfarrer Lajos
Szekrényi (1858–1915), war May sogar persönlich bekannt,[76] und so erschien die erste ungarische May-Auflage schon 1896 in Budapest – mit
der für viele sozialistische Länder typischen Publikationslücke zwischen
1920 und 1960. Sie konnte jedoch bald gefüllt werden: Heute ist May der
deutschsprachige Autor mit den meisten lieferbaren ungarischen Übersetzungen überhaupt. Auf die ungarische Ausgabe folgten dänische (Kopenhagen um 1900 und 1943) und schwedische Ausgaben (Stockholm
1902 und 1943), je eine ukrainische (Lviv 1910), eine polnische (Warschau 1926) und eine tschechische (Prag 1943) Übersetzung. Besonders
häufig erschien *Winnetou* in den Ländern des ehemaligen Jugoslawien.
Zwei slowenische Übersetzungen (1931, 1952/53) glichen den Text an
regionale Lesegewohnheiten an:[77] Der erste Übersetzer, ein Theologe
namens Anton Jehart (1881–1948), milderte die Kritik am Christentum
ab. Der zweite Übersetzer hingegen, Oskar Hudales (1905–1968), ein

Aleksandar Hecl: Vinetu. In: YU Strip Nr. 139/1 (1978)

Kommunist, strich die religiösen Bezüge, tilgte alle Verweise auf Deutsches, schrieb den Text zu einem slowenischen um, und so überlebte *Winnetou* hier die Ära des sozialistischen Realismus. Eine dritte Übersetzung feiert Winnetous Gerechtigkeit und seinen Willen zum Frieden mit den Weißen. Der Apachenhäuptling wird zum Sprecher der stummen Natur sowie der unterdrückten Indianer und prangert die Schuld der westlichen Siedler ex post noch einmal an.[78] Dieser *Winnetou* wandert durch den Zeichner Aleksandar Hecl (1926–1991) und den Science-Fiction-Autor Radmilo Andjelković (*1942) in den serbischen Kindercomic ein.[79] Die Handlung ihres Comics ist stark verkürzt, auf die Actionszenen konzentriert und sprachlich einfach gehalten.

Verfilmungen der *Winnetou*-Trilogie waren zunächst an Joseph Goebbels gescheitert, dem Mays Œuvre nicht passte. Die NS-Rassenideologie akzeptierte keine guten Indianer. Erst in den 1960er-Jahren konnte *Winnetou* im ehemaligen Jugoslawien gedreht werden, wo man der Geschichte infolge der jahrzehntelangen Rezeption wohlgesinnt war. Weltweit sorgten die *Winnetou*-Filme mit Pierre Brice als Winnetou und Lex Barker als Old Shatterhand, die vielfach im Rahmen von Karl-May-Festspielen nachgestellt wurden, für eine neue Welle der Karl-May-Lektüre. Infolge der Verfilmungen, ihrerseits eigenwillige Karl-May-Aneignungen, wurde *Winnetou* weltweit übersetzt oder neu übersetzt: allein in den Jahren 1974/75, einer Spitze der *Winnetou*-Konjunktur, ins Niederländische,[80] Indonesische (Jakarta), Dänische (Kopenhagen), Slowenische (Ljubljana), Finnische (Helsinki), Schwedische (Bromma), Ungarische (ohne Ortsangabe) und Portugiesische (Amadora).

Heute bieten Karl Mays Indianergeschichten Anlass für Debatten über die Identität der indigenen Völker Amerikas. Das Spiderwoman Theater, die erste indianische Schauspieltruppe (gegründet 1976), verbindet indigene Rituale mit westlichem Theater. Zu ihren Glanzstücken zählt die Satire *Winnetou's Snake Oil Show from Wigman City*. Das Spiderwoman Theater dreht Karl Mays Geschichten um: Indianer werden hier nicht an weißen Kulturmustern gemessen, sondern umgekehrt. In ihrer Show bietet das Spiderwoman Theater einen kostspieligen Workshop für Weiße an, die Indianer werden wollen. Das Ergebnis ist alles andere als trivial: Weder werden Mays Texte rundweg abgelehnt noch eingeborene Traditionen glorifiziert; vielmehr geht es um situative, ernste und humorvolle Bearbeitungen von beidem – in der Form eigenständiger Festspiele.[81] Solche Aneignungen sind, wie auch der TV-Dreiteiler *Winnetou – Der Mythos lebt* aus dem Jahr 2016, komplizierte Balanceakte: Sie beruhen auf einer hochgradig mit Klischees beladenen und aus dem Klischee des »edlen Wilden« motivierten Geschichte. Genau diesem Klischee aber gilt es entgegenzuarbeiten, realistischer zu werden und die Figuren zu entheroisieren, will man von *Winnetou* heute noch glaubhaft erzählen.

Heinrich Heine – »Le Parisien de Düsseldorf« und das *Buch der Lieder* (1827)

Wildheit und Natürlichkeit, idealistisch domestiziert, waren auch im Ausgang der Romantik en vogue. Ein Autor stand wie wenige seiner Zeit dafür: Heinrich Heine (geboren als Harry-Haim Heine, 1797–1856), der »letzte Romantiker« und der erste Post-Romantiker zugleich. Im 19. Jahrhundert war er nach Goethe wohl der international bekannteste deutschsprachige Autor gewesen. Seine vielfältigen literarischen Beziehungen ließen sein Werk geradezu als Verkörperung der Idee von »Weltliteratur« erscheinen. In seinen Kreisen wurde diese Idee heftig diskutiert und zum neuen Medium kulturpolitischer Verständigung überhöht.[82] Heine seinerseits war ein bekennender und doch »säkularer Jude«,[83] ein Konvertit,[84] eine Gestalt zwischen den Zeiten,[85] politisch Demokrat, kein Radikaler wie der Republikaner Ludwig Börne.

Die Begeisterung für den politischen und zugleich unpolitischen, ironischen Autor erfasste selbst eine Kaiserin, deren Ehegatte über Österreich und Ungarn herrschte: Elisabeth Amalie Eugenie (1837–1898), besser bekannt als »Sisi«. Sie begriff sich – auch gegen die antisemitischen und antiliberalen Kritiker am Wiener Hof – als Jüngerin Heines, kannte Passagen von Heine-Texten auswendig, fühlte sich vom Geist des »Meisters« beseelt und schrieb Gedichte, als hätte Heine sie ihr in die Feder diktiert.[86] Naturkult, Gewaltmärsche, Segeltörns, von Heine inspirierte Gesellschafts- und Hofkritik waren ihr Ein und Alles. Immer wieder setzte sie sich für die Repräsentanz Heines im öffentlichen Raum ein, stiftete der Stadt Düsseldorf beispielsweise Geld für ein Heine-Denkmal und dichtete einen öffentlichen Spendenaufruf hinzu.[87] Im Jahr 1891 ließ sie auf Korfu, im Park ihrer Villa »Achilleion«, einen neoklassizistischen Heine-Tempel bauen, mit einer 1873 von dem dänischen Bildhauer Louis Hasselriis (1844–1912) gefertigten sitzenden Heine-Skulptur im Zentrum. Nach Sisis Tod machte der deutsche Kaiser Wilhelm II. diesem

Die Villa Achilleion der Kaiserin Elisabeth von Österreich auf der Insel Korfu:
Heine-Tempel: äußere Ansicht, Holzstich, 1892

Heine jedoch den Garaus: Er erwarb die Villa Achilleion und ordnete im Jahr 1909 an, die Skulptur zu entfernen. Sie befindet sich heute in Toulon und steht beispielhaft für die zahlreichen Streitigkeiten um die »Denkmalwürdigkeit Heines«. In der Folge dieser Streitigkeiten fand unter anderem ein ursprünglich für Düsseldorf gedachtes Heine-Denkmal im Jahr 1899 seinen Aufstellungsort in der New Yorker Bronx.[88]

229

Heine aber reiste nicht nur in Stein und post mortem, sondern er floh zu Lebzeiten aus Preußen, um den politischen Anfeindungen und der Zensur zu entgehen. Im Mai 1831 zog er nach Paris, wo man von Madame de Staël beeindruckt war, gegen deren *De l'Allemagne* Heine in den 1850er-Jahren seine *Geständnisse* schrieb.[89] Heines Paris hielt Kotzebue für einen wichtigen Schriftsteller, las – vermittelt durch den Philosophen und Politiker Joseph Marie Degérando (1772–1842) – Kant, Hegel und die Hegelianer. Der Flüchtling Heine arbeitete als Korrespondent für Zeitungen und Zeitschriften,[90] ließ sich beim Französischen unter anderem von dem Bohemien, Vermittler deutschsprachiger Literatur, Theaterautor und Goethe-Übersetzer Gérard de Nerval (1808–1855) helfen. Heine liebäugelte in den 1830er-Jahren mit dem französischen Sozialutopismus und in den 1840er-Jahren mit dem Marxismus.[91] Er war mit George Sand befreundet, verkehrte mit den Publizisten des *Globe,* Musikern wie Hector Berlioz und Frédéric Chopin ebenso wie mit dem populären Verfasser voluminöser Historienromane Alexandre Dumas (1802–1870),[92] ging bei der Hochfinanz ein und aus und unterhielt Kontakt zu den Zirkeln aschkenasischer Juden in Paris.[93] Honoré de Balzac schätzte den »Parisien de Düsseldorf« als jemanden, der deutschen Geist und französische Kritik vereinte. Heine inspirierte ihn zu mindestens einer Figur, nämlich dem Bankier Nucingen.[94]

Doch beobachtete Heine seine Wahlheimat nicht unkritisch; so spottete er über Alfred de Mussets antideutsches Gedicht *Der deutsche Rhein / Le Rhin allemand* (1840). Die Franzosen seien ernsthaft geworden, diskutierten Kant und Hegel, tränken gar Bier.[95] Heines Erbe, Anspielungen auf sein Werk sowie mehr oder minder deutliche Imitate, finden sich bei Léon Valade, Jean Richepin, Maurice Bouchor, Jules Lemaître, Henri Cazalis, Paul Bourget, Marcel Prévost und vor allem dem früh verstorbenen Symbolisten Jules Laforgue.[96]

Heines schillernde Biografie und sein facettenreiches Werk ermöglichten so unterschiedliche Wahrnehmungs- und Aneignungsweisen, dass es schwerfällt, sie mit einer einzigen Person und einem einzigen Werk zu verbinden:[97] Erstens erschien Heine als Lyriker besonderer Qualität und als Autor von Kunstliedertexten. Durch Vertonungen von Felix Mendelssohn Bartholdy, Franz Schubert, Robert Schumann und Richard Wagner erreichen sie bis heute ein großes Publikum.[98] Zweitens nahmen vor allem revolutionär und sozialreformerisch gesinnte Zeitgenossen Heine als einen der ihren wahr und konzentrierten sich dabei vor allem

auf die Prosa. Drittens ordneten bildungsbeflissene Leser Heine retro-
spektiv in einen deutschen literarischen Kanon ein, dem er in seiner Zeit
nicht angehörte. Viertens nahmen jüdische Leser, Kritiker und Übersetzer besonderen Anteil an der Wahrnehmung, Deutung und Umdeutung
Heines, den sie als einen der ihren, als Abtrünnigen oder als Vertreter
eines modernen, säkularen Judentums begriffen.[99]

Heines Sprecher aus den *Reisebildern* (1826) sagt in einem berühmten
Absatz über sich selbst:

> Die Poesie, wie sehr ich sie auch liebte, war mir immer nur heiliges Spiel-
> zeug, oder geweihtes Mittel für himmlische Zwecke. Ich habe nie gro-
> ßen Wert gelegt auf Dichterruhm, und ob man meine Lieder preiset
> oder tadelt, es kümmert mich wenig. Aber ein Schwert sollt ihr mir auf
> den Sarg legen; denn ich war ein braver Soldat im Befreiungskriege der
> Menschheit.[100]

Diese Sätze wurden oft fälschlicherweise mit Heines Selbstbild und seiner Hoffnung auf Nachruhm gleichgesetzt – als ob es Heine vor allem
um den Freiheitskampf einer abstrakten »Menschheit« gegangen wäre,
in dem die Poesie nur Mittel zum Zweck war. Es leuchtet unmittelbar
ein, dass solch eine schlichte Zweck-Mittel-Beziehung nicht zutreffen
konnte. Heines internationale Bekanntheit beruht auf dem *Buch der Lieder*, meint Heine-Kenner Jeffrey L. Sammons demgegenüber kritisch.[101]
Doch wie weit reicht der »Kunstlieder-Heine«, und ist er von den übrigen Heines zu trennen?

Beim *Buch der Lieder* handelt es sich um Heines ersten bedeutenden Gedichtband, der für sein Frühwerk von 1817 bis 1827 repräsen-
tativ ist. Er umfasst in chronologischer Reihenfolge und nach Zyklen
geordnet 237 Gedichte, die zuvor bereits erschienen waren und gelegentlich auch schon übersetzt wurden, so etwa in Dänemark, wo sich
Christian Winther (1796–1876) im Jahr 1825 dem *Lyrischen Intermezzo*
(1823) widmete.[102] Das *Buch der Lieder* wurde im Jahr 1827 in Hamburg
bei Hoffmann und Campe veröffentlicht, obwohl der Verleger sich zunächst weigerte, es zu publizieren. Vielleicht fürchtete er, das Publikum
werde sich nicht für Bekanntes interessieren. Auch schien ihm Heines
Entwicklung hin zu einem desillusionierten, ironischen Dichten vielleicht allzu deutlich.[103] Typisch für das Frühwerk, enthält das *Buch der
Lieder* wenig Politsatire, wiewohl diese auch in Gedichten wie den viel

zitierten *Grenadieren* vorkommt. In ihnen wird die blinde Hörigkeit der Soldaten gegenüber der Obrigkeit angeprangert. Der Nachwelt ist der Text durch Schumanns Vertonung (op. 49, Nr. 1, 1840) im Ohr:[104] Noch aus dem Grab will der Grenadier steigen, um seinen höchst lebendigen Kaiser zu beschützen, für den er starb. Zumeist aber handeln Heines Gedichte von Liebe, vor allem von unglücklicher Liebe. Sie bewegen sich im Spannungsfeld von Ideal und Wirklichkeit, entidealisieren die Welt ebenso wie ein quasi-religiös aufgeladenes Dichtertum und bedienen sich erotischer Anspielungen. Die Zensur fühlte sich entsprechend animiert, den Band skeptisch zu betrachten und seine Obszönität sowie seine vulgäre Ausdrucksweise zu kritisieren.

Gedichtbände dieser Art fanden international nur allmählich Resonanz. Nach der deutschen Publikation des *Buchs der Lieder* passierte erst einmal nichts – anders als im Fall der *Reisebilder* (1826–1831), die in England und andernorts schon seit Ende der 1820er-Jahre aufgelegt wurden.[105] In den Jahren 1856/57 aber wurden zeitgleich drei englische und zwei französische Übersetzungen des *Buchs der Lieder* gedruckt. John E. Wallis, ein ansonsten unbekannter Übersetzer, begründete diese Konjunktur mit der zunehmenden Popularität des Autors. Wallis selbst will das *Buch der Lieder* bereits in den 1840er-Jahren während seines Studiums in Deutschland übersetzt haben. Aber erst jetzt sei Heine auch durch die Verleger »gefragt«, und parallele Übersetzungen steigerten den Marktwert des eigenen Unterfangens.[106] In Philadelphia erschien 1855 eine deutschsprachige Gesamtausgabe im Raubdruck von John Weik, was Heine zwar erboste,[107] aber zugleich seine englische und amerikanische Rezeption beförderte. Denn keine Geringere als die Schriftstellerin George Eliot (1819–1880) veröffentlichte aus Anlass dieses Raubdrucks einen Essay über Heine und den Unterschied von Humor und Witz in der *Westminster Review* (Januar 1856). Humor erscheint ihr als etwas genuin Poetisches, das eine gewisse menschliche Reife voraussetzt. Witz jedoch gilt Eliot als bloße Frucht des wachen Geistes, der ungeachtet auch seiner schändlichen Wirkung zelebriert wird, unter anderem von Voltaire und Heine. Bei allem Lob der heineschen Werke warnt Eliot vor deren Veröffentlichung und plädiert so wohlmeinend wie harsch: »Ehe diese Bände für unreife Geister verfügbar sind, bedürfen sie eines freundlichen Federmessers, um strikte Zensur zu üben.«[108] Auch wegen Eliots Plädoyer preisen Wallis und sein Verleger vor allem das *Buch der Lieder*: Mit diesem Band, der noch nicht so sehr wie spätere Werke vom »bösen

Witz« gezeichnet ist, hat sich Heine aus ihrer Sicht langfristig Ruhm verdient.

Der wechselhafte Konjunkurgraph zum *Buch der Lieder* schlägt in den Jahren 1889/91 mit insgesamt sechs aufgelegten Übersetzungen (eine englische in London und Edinburgh, eine italienische in Florenz, eine französische in Paris, eine walisische ohne Ortsangabe und eine polnische in Solotschiw), 1911/12 mit fünf Übersetzungen (Esperanto in Leipzig, zwei spanische, eine französische und eine italienische, allesamt in Paris gedruckt) besonders aus. Im 20. Jahrhundert führten Jubiläen, der 100. Todestag Heines im Jahr 1956 und der 200. Geburtstag im Jahr 1997, zu diversen Neuausgaben. In den Jahren 1951 bis 1953 entstanden fünf Übersetzungen (eine italienische, gedruckt zugleich in Mailand und Neapel, eine französische aus Paris, zwei spanische aus Buenos Aires und Barcelona und eine hebräische aus Tel Aviv). Die Jahre 1996/97 erreichten mit sechs Auflagen (gleich drei niederländische in Amsterdam, eine schwedische in Stockholm, eine italienische in Pisa und eine spanische in Bogotá) eine hohe Anzahl von Übersetzungen für eine Lyrikausgabe.

Wie man Heine wahrnahm, hing von der jeweiligen literarischen Modernität und politischen Radikalität ab: War die spanische Gesellschaft im 19. Jahrhundert trotz der Bürgerkriege und Bestrebungen, die Kirche zu enteignen, absolutistisch organisiert und katholisch geprägt, so las sie das *Buch der Lieder* als einen Versuch, romantische Begeisterung und Wirklichkeit miteinander zu versöhnen. Erste Übersetzungen durch den liberalen Politiker Eulogio Florentino Sanz (1822–1881) erschienen im Mai 1856 in der Zeitschrift *El Museo universal*. Sanz bietet freie und vereinfachte Übersetzungen, die Heines Schärfe und Ironie tilgen.[109] Gleichwohl stimulierte selbst dieser reduzierte Heine Augusto Ferrán y Forniés (1835–1880), Gustavo Adolfo Bécquer (1836–1870) und Rosalía de Castro (1837–1885),[110] die spanische Lyrik zu modernisieren.

Portugals Heine-Freunde hingegen mieden die als zu süßlich und konservativ begriffene Heine-Aneignung des Nachbarlands und wandten sich konsequent dem französischen Heine in der Vermittlung durch Gérard de Nerval und Saint-René Taillandier zu. Sie begriffen Heine, vor allem denjenigen des *Buchs der Lieder*, als Vertreter »satanischer Dichtung«, in der Humor und Ironie die Weltordnung auf den Kopf stellten.[111] In Venezuela lässt sich eine vergleichbare Tendenz der Heine-Aneignung beobachten, die jedoch politisch an Schärfe gewann: Hier wurde

Heine – neben Edgar Allan Poe – zu einem der Gründerväter moderner Literatur. Juan Antonio Pérez-Bonalde Pereira (1846–1892) publizierte seine Übersetzung des *Lyrischen Intermezzos* bereits 1877; die Gesamtübersetzung des *Buchs der Lieder* mit eigenen Gedichten erschien 1885 im New Yorker Exil.[112] Pérez-Bonalde Pereira distanzierte sich massiv von den ihm bekannten spanischen Übersetzungen, speziell von Sanz, eignete sich Heines Texte eigenständig an, veränderte Reim- und Strophenform und deutete den ironischen Ton Heines ins Tragische und Dramatische um.

Oft erwiesen sich moderate jüdische Zirkel als zentral für das Interesse an Heine: In Kroatien etwa verband sich mit seinem Namen Ende des 19. Jahrhunderts eine aufgeklärte jüdische »Gefühlskultur« der Städte.[113] Die jüdische Literatur Russlands, die mit der amerikanischen eng verbunden ist, kannte eine ähnliche Heine-Begeisterung. Jiddisch schreibende Dichter wie David Edelstadt (1866–1892) lasen das *Buch der Lieder* ebenso wie die *Neuen Gedichte* (1844) und den *Romanzero* (1851).[114] Sie ahmten den »Heine-Ton« nach, die Mischung aus Liebesdichtung, politischer Lyrik und Ironie. In Edelstadts Gedicht *Mein letzter Wille*, zugleich seine Grabinschrift, hallen Heines *Grenadiere* nach:

> Mein Wille und Testament – Oh, guter Freund, wenn ich sterbe, trage unsere Flagge zu meinem Grab, die freie Flagge mit den roten Farben, benetzt mit dem Blut der arbeitenden Menschen, und singe für mich das Lied unter der roten Flagge, das freie Lied, mein Lied des Kampfes, der wie die Ketten des versklavten Christen und Juden klingt; selbst in meinem Grab werde ich mein freies Lied hören, mein Lied des Sturms, sogar dort werde ich meine Tränen für den versklavten Christen und Juden vergießen, und wenn ich die schweren Klänge des letzten Kampfes voll Blut und Leid höre, werde ich von meinem Grab zu den Menschen singen und ihr Herz inspirieren.[115]

Edelstadt tilgt die Ironie aus Heines *Grenadieren*; sein Sprecher erweist sich als überzeugter Freiheitskämpfer, der für sein libertäres Ziel stirbt. Mit »Freiheit« meint er die Glaubensfreiheit der Christen wie der Juden, die er dem Volk »singen« will. Wie viele jüdische Dichter seiner Zeit und der nachfolgenden Generation, die sich mehr oder minder deutlich auf Heine beziehen, so kam auch Edelstadt aus dem russischen Ghetto, war durch die antisemitischen Umtriebe im Zarenreich geprägt, in die Vereinigten Staaten ausgewandert und revolutionär gesinnt. Er gehörte in New York einer anarchischen jüdischen Gruppe an und verdiente sein Geld in den Sweatshops, den »Fabrikhöllen« der Großstadt. Beides, Heine-Kult und »Sweatshop-Poesie«, setzte sich zu Beginn des 20. Jahrhunderts in der modernen jüdischen Autorengruppe »Di Yunge« fort. Ihre Mitglieder kamen im Wesentlichen aus Osteuropa und Russland, fühlten sich der Arbeiterklasse zugehörig und betrieben einen regelrechten Heine-Kult. Gemeinsam mit älteren jüdischen Dichtern wie David Frischmann (1859–1922) trugen sie zur Übersetzung und Kanonisierung der gesammelten Werke Heines in Amerika bei.[116]

In Zirkeln wie diesen vermischte sich der lyrische und politisch linke mit dem religiös geprägten Heine. Die unterschiedlichen Heines waren nicht zu trennen, oder jedenfalls: nicht immer zu trennen. Konservative deutsche Aussiedler attackierten Heine, bis der deutsch-amerikanische Versicherungsunternehmer, Autor und Zeitschriftenherausgeber Heinrich Armin Rattermann (1832–1923) im Jahr 1899 den Lieddichter Heine pries und einen Abend mit der Aufführung von Heine-Liedern gestaltete.[117] Linke Heine-Begeisterte imitierten den politischen Heine. Der liberale Politiker und Publizist Otto Hörth (1842–1935) schrieb sogar, inspiriert durch einen Amerika-Besuch, *Ein neues Wintermärchen*, das im Jahr 1872 in Boston erschien, vielfach gedruckt wurde und auch nach Europa gelangte.[118] Autoren und Intellektuelle wie William Dean Howells, Emma Lazarus, deren Verse die Freiheitsstatue schmücken, Walt Whitman, James Russell Lowell, Mark Twain sowie der Lyriker und Publizist Louis Untermeyer, oft als »amerikanischer Heine« apostrophiert, bewunderten den Autor und übersetzten seine Werke.[119]

Eines aber erstaunt ganz besonders: Das *Buch der Lieder* kannte einen außergewöhnlich begeisterten Leser und Übersetzer, dem man das nicht zugetraut hätte. Die Rede ist von Ezra Pound, Autor der Moderne, Antisemit und Unterstützer des italienischen Faschismus. Seit 1909 erarbeitete er seine Heine-Übersetzungen, die er in *Personae* (1909), *Canzoni* (1911) und *Lustra* (1916/17) publizierte. Sie zeigen Pound als sensiblen Übersetzer, dessen Heine-Reime auf Englisch ähnlich ironisch klingen wie im Original, wenn er auch gelegentlich falsch übersetzte.[120] Pound war vor allem an jenem Aspekt Heines interessiert, der George Eliot einst abgestoßen hatte: seinem Witz und seiner Ironie. Heines Judentum hingegen und auch den politischen Heine blendete Pound aus.

Heine, Schelling und die Folgen:
Germanophilie im Russland der 1820er- und 1830er-Jahre

Während der anstößige Autor Heine im eigenen Land nur einigen etwas galt, las man ihn in Russland früh und mit großer Begeisterung. Nach Byron wurde Heine zum bekanntesten westlichen Autor in Russland, genauer: Er wurde wie ein russischer Dichter wahrgenommen und in den russischen Kanon integriert. Die deutsche und österreichische Zensur konnte nicht nur nichts dagegen ausrichten, sondern sie verstärkte das russische Heine-Phänomen. Verantwortlich dafür war vor allem Fëdor Ivanovič Tjutčev (1803–1873), Autor, Diplomat und seit 1857 Präsident des Komitees für auswärtige Zensur in Petersburg.

Tjutčev übersetzte neben Goethe und Schiller auch Heine, den er im Jahr 1828 persönlich kennenlernte und offenbar als romantischen Autor missverstand. Tjutčev ignorierte Heines Ironie und übertrug bereits im Jahr 1827 *Ein Fichtenbaum steht einsam* in traditionelle und schwerfällige Verse.[121] Er interessierte sich jedoch vor allem für die philosophischen Texte im *Buch der Lieder*, weniger für die Liebesdichtung.[122] Das Gedicht *Heimkehr* mit seiner frevelhaften Reihung von Himmel und Hölle, Gott und Teufel faszinierte Tjutčev besonders. In den 1840er- und 1850er-Jahren, der zweiten großen Rezeptionswelle nach Heines Tod, wurde Heine von allen russischen Lagern verehrt, vielfach und immer freier übertragen, von dem Sozialisten Aleksandr Viktorovich Michajlov, einem frühen Frauenrechtler, für seine eindrücklichen Schilderungen der Frauen gepriesen, von den Slawophilen für seine archaische »Volkssprache« gerühmt.[123] Pëtr Isaevich Veinberg (1831–1908), Heines Biograf und Herausgeber, veröffentlichte seine eigene Lyrik unter dem Pseudonym »Gejne iz Tambova« – »Heine aus Tambov« – und rief damit die Mode ins Leben, dass sich allerlei russische Autoren als »Heine aus …« bezeichneten.[124] Die Heine-Deutungen selbst aber widersprachen sich: Aleksandr Blok (1880–1921) beispielsweise besorgte die Heine-Edition für Maksim Gor'kijs Reihe *Bibliothek der Weltliteratur*, um das Ästhetische und Apolitische an Heines Dichtung herauszuarbeiten, seine Ironie zu betonen, ihn für die Literatur des Symbolismus zu gewinnen.[125] Zugleich aber galt Heine unter den Autoren des deutschen Kanons in Russland als wichtigste Stimme der Revolution.[126]

Die enthusiastische Heine-Rezeption in Russland speist sich aus der Philosophie, wie es sich schon bei Tjutčev ankündigt. Es begann mit der begeisterten Aufnahme von Schellings Philosophie durch russische Literaten der 1820er- und 1830er-Jahre. Sie war einmalig, selbst die Hegel-Rezeption im Russland der 1830er- und 1840er-Jahre oder das Interesse an Schopenhauer konnten nicht mit der Begeisterung für Schelling konkurrieren. Der Moskauer Zirkel der »Weisheitsfreunde« (»Ljubomudry«, das sind Dmitrij Vladimirovič Venevitinov, Vladimir Fëdorovič Odoevskij, Aleksandr Ivanovič Košelev, Ivan Vasil'evič Kireevskij, Nikolaj Aleksandrovič Mel'gunov, Vladimir Pavlovič Titov, Stepan Petrovič Ševyrev und andere) befasste sich schon in den Jahren 1823 bis 1825 mit Schelling. Die »Weisheitsfreunde« gaben die Zeitschrift *Moskovskij vestnik (Moskauer Bote)* heraus, die Übersetzungen von Goethe, Schiller, Jean Paul, Tieck, Hoffmann und Heine veröffentlichte.[127] Wenig später las auch der Stankevič-Zirkel (1932–39, das sind Konstantin Sergejevič Aksakov, Jurij Fëdorovič Samarin, Aleksej Vasiljevič Kolzov, Michail Aleksandrovič Bakunin, Mikhail Nikiforovič Katkov, Vissarion Grigor'evič Belinskij) Schellings Schriften. Einige Mitglieder dieser Zirkel reisten sogar nach Deutschland, um Schelling zu hören und zu treffen. Sie alle verband das Interesse an jener Philosophie, die auch die literarischen Bewegungen der Romantik befeuerte. Durch Schelling wollten sie die Welt als Symbol des Geistes begreifen.[128]

Mit Schellings Augen las man E.T.A. Hoffmann, Tieck, Bettina von Arnim und besonders gern Heine. Die Werke dieser Autoren galten allesamt als Ausdrucksformen eines neuen Geistes, der aus russischer Sicht die deutschsprachigen Länder erfasst hatte. Während Bettina von Arnim aber als ambivalent und allzu eigenwillig wahrgenommen wurde,[129] genossen E.T.A. Hoffmann und Tieck große Sympathie.[130] Um die Tragweite am Beispiel Hoffmanns zu veranschaulichen: Bis 1840 lagen fast alle seine Erzählungen auf Russisch vor, und er war einer der meistgelesenen Autoren in Russland.[131] Antonij Pogorel'skij galt wegen seines komplexen Romans *Der Doppelgänger oder Meine Abende in Kleinrussland* (1828) als der »russische Hoffmann«,[132] Vladimir Fëdorovič Odoevskij als »Hoffmann II«.[133] Puškin, Gogol und Dostoevskij nahmen Figuren, Motive und Plots von E.T.A. Hoffmann auf.[134] In den 1830er-Jahren kamen sogar »Serapionsabende« in Mode, die der Improvisation hoffmanesker Geschichten dienten. Bis in den Symbolismus hinein war E.T.A. Hoffmanns Berliner Lokal »Lutter & Wegner« eine Kultstätte für literaturbegeisterte Russen.

Im weiteren Verlauf des 19. Jahrhunderts aber war die Rezeption deutschsprachiger Literatur weniger schwärmerisch und philosophisch ausgerichtet als im Fall der russischen Romantik-Begeisterung. Der Realismus rückte andere Themen und Bearbeitungsweisen in den Vordergrund, von der Dorfgeschichte bis zum historischen Roman.[135] Zu den weithin, auch in Russland, gelesenen Autoren dieser Gattung zählte ein berühmter Text von Felix Dahn mit dem Titel *Ein Kampf um Rom.*

Die Geburt des Sandalenfilms aus dem historischen Roman des 19. Jahrhunderts: Felix Dahns *Ein Kampf um Rom* (1876)

In den 1950er- und 1960er-Jahren erschütterte eine Serie von bildungslastigen, blutrünstigen und endlos langen Antike-Filmen die Kinos. Zu den ersten seiner Art zählte der auf Shakespeares gleichnamigem Drama beruhende Film *Julius Caesar* (1953); in den Jahren 1968/69 folgte ein zweiteiliger deutscher Streifen mit Starbesetzung: *Kampf um Rom* nach dem Roman von Felix Dahn (1834–1912) unter der Regie von Robert Siodmak, mit Orson Welles als Kaiser Justinian. Bereits als historischer Roman war *Ein Kampf um Rom* ein Bestseller gewesen, der ungezählte Auflagen erlebte. Schon im Jahr 1878 erschien die englische Version *Struggle for Rome*, und im Jahr 1883 wurde der Roman ins Russische übersetzt. Der Text fand sich selbstredend auch in der Bibliothek des thailändischen Prinzen Rangsit. *Ein Kampf um Rom* versprach einen Bildungskrimi und war zugleich ein Professorenroman: Dahn, Professor für Rechtswissenschaften, Autor der *Gartenlaube,* Mitglied diverser Dichterkreise (»Münchner Dichterkreis«, »Tunnel über der Spree«) und des Alldeutschen Verbands, kannte sich aus. Doch hatten seine Schriften eine ideologische Schlagseite: In nationalistischen Bestrebungen und speziell im Kolonialismus erblickte Dahn einen Kulturauftrag an die Deutschen. Sie galten ihm als Ahnen der germanischen Helden, die auf römischen Ruinen eine neue Kultur errichteten.[136]

Angeleitet durch die nationalistische Einstellung des Autors, folgt *Ein Kampf um Rom* zwar den historischen Quellen, speziell der Historiografie des Prokopios von Caesarea, deutet sie aber im Sinne eines völkischen, sozialdarwinistischen Germanenmythos. Fiktionalität schließt dies nicht aus, im Gegenteil: Fiktive Figuren wie Cethegus sollen das Geschilderte beglaubigen. Zwar zeichnet Dahn seine Figuren durchaus komplex, aber Ziel des Romans ist es, Helden aufzubauen und speziell männlichen

»Kampf um Rom«, Regie: Robert Siodmak, 1968, Filmplakat

239

Lesern als Rollenmodelle zu empfehlen. Dekadenzkritik erweist sich als Stilmittel und Hintergrundmusik für einen Roman, der zu den Zeitgenossen sprechen soll. Erzählt wird vom Untergang des Ostgotenreichs zwischen dem Tod Theoderichs des Großen (526) und der Niederlage gegen Ostrom (552). Die Aussage des Romans liegt auf der Hand: Die Römer erscheinen als die Bösen, die Goten beziehungsweise Germanen als die Guten, deren Volk dem tragischen Untergang geweiht ist.

Dahn beschreibt, beginnend mit den letzten Lebenstagen König Theoderichs, ein komplexes Netz von Gegnerschaften: Theoderichs Tochter Amalaswintha wird Theoderichs Nachfolgerin, was seine zweite Tochter Mathaswintha nicht verwindet und zu einer folgenschweren Intrige anstachelt. Darüber hinaus protestieren die Feldherren Hildebrand, Totila, Hildebad, Witichis und Teja gegen die Aussöhnungspolitik der neuen Königin und des römischen Kanzlers Cassiodor. Beide plädieren für eine Vereinigung der Goten mit Ostrom; die Feldherren hingegen wollen ein eigenständiges Gotenreich erhalten. Cethegus aber, der clevere Stadtpräfekt von Rom aus dem Geschlecht der Julier, spielt Goten und Oströmer gegeneinander aus, um Alleinherrscher zu werden und Westrom zu stärken. Er verbindet sich zu diesem Zweck mit Silverius, einem Priester, der Papst werden will. Eine weitere Kriegspartei kommt hinzu: Ostrom unter Kaiser Justinian, der – auch geleitet von seiner ehrgeizigen Gattin Theodora – Zwietracht unter den Goten säen und Amalaswintha töten lassen will.

Die Königin begeht einen strategischen Fehler, indem sie die Herrschaft an ihren Cousin Tehodahad abtritt, den letzten männlichen, jedoch korrupten Nachkommen ihres Geschlechts. Er unterstellt sich und sein Volk den Oströmern, und Amalaswintha wird auf der Flucht umgebracht. Die gotischen Heerführer kämpfen in einem durch Verbündete Justinians erklärten Krieg. Sie setzen ihren König wegen Verrats ab und wählen den tapferen, jedoch schlichten Witichis an seine Stelle. Währenddessen erobert der oströmische Feldherr Belisar Italien, und die Goten müssen fast das gesamte südliche Reich preisgeben. Silverius, inzwischen Papst, will Rom gänzlich den Oströmern überlassen. Doch Präfekt Cethegus schafft es, Belisar auf seine Seite zu ziehen, und profitiert davon, dass sich die Goten selbst schwächen, obwohl sie sich durch eine Vereinigung der Stämme stärken wollten: König Witichis soll Mataswintha heiraten und sich zu diesem Zweck von seiner Frau Rauthgundis lossagen, so der Beschluss. Doch Witichis erklärt Mataswintha, dass es sich nur um eine Zweckehe handelt; die verletzte Nachfahrin des Herrschergeschlechts rächt sich und verrät Cethegus allabendlich die Schlachtpläne der Goten. Witichis' Versuch der Eroberung Roms scheitert. Das Heer ist dezimiert. Ein neuer Feldherr, genannt der blutige Johannes, hält auf Ravenna, die Rückzugsbastion der Goten und zugleich Hauptstadt des Ostgotenreichs, zu, und auch die fränkischen Verbündeten lassen Witichis im Stich. Er wird von Belisar und Cethegus gefangen genommen. Über Ravenna weht nun die Fahne Ostroms.

Der neu gewählte, junge und charismatische Gotenkönig Totila aber feiert dennoch große Erfolge, erobert Norditalien und Rom zurück und bietet Ostrom Frieden an. Justinian lehnt das Angebot ab, wiederum angeleitet von seiner Gemahlin Theodora, und hofft auf einen Geldsegen für einen Gegenangriff. Die Goten greifen ihrerseits Byzanz an; Justinian handelt einen sechsmonatigen Waffenstillstand aus und rüstet zum Gegenangriff, bei dem ihm auch Cethegus zu Hilfe kommt. Totila stirbt bei einer Reiterattacke der persischen Söldner Justinians. Teja, der letzte Gotenkönig, sinnt auf Rückzug. Am Vesuv wird sein Volk jedoch belagert. Ihr Herrscher stirbt in einem dramatischen Zweikampf mit Cethegus, den Justinian seiner Hoffnungen auf Alleinherrschaft beraubt hat. Eine Flotte des »Nordvolks« bringt die überlebenden Goten in ihre sagenumwobene Heimat Thule.

Der Film *Kampf um Rom* stellt den Roman in gekürzter Fassung und weitgehend entideologisiert dar. Seine Produktion war, was nicht weiter verwundert, ausgesprochen teuer, seine psychologische Umsetzung jedoch eher schlicht. Die Presse kritisierte das Opus, die Zuschauer strömten dennoch in Scharen.[137] In China erfuhr der Film schon während der Kulturrevolution 1971 besondere Aufmerksamkeit. *Kampf um Rom*, das ahnten selbst kulturfeindliche Kommunisten, bot reichlich politische Intrigen, auch unterhalb der Gürtellinie. Der Film stieß bei den Spitzen der Kommunistischen Partei auf große Neugier. Lin Biao (1907–1971), stellvertretender Parteivorsitzender und designierter Nachfolger Mao Zedongs, wollte das Opus schnell sehen. In einer Nacht-und-Nebel-Aktion synchronisierten die Shanghai Dianying Zhipianchang (Shanghai Film Dubbing Studio) den Film innerhalb von nur zehn Tagen. Das Unterfangen galt als »vertrauliche Aufgabe von oben« für die »Innere Referenz«, also nur für die Parteielite. Für die Öffentlichkeit und die Vorführung in großen Kinosälen war der Film aus der Sicht der Kader nicht geeignet.[138] Um die Arbeit geheim halten zu können, mussten alle Synchronsprecher während der Produktion im Studio wohnen, der Film wurde neutral »Nr. 17« genannt. Das Vorhaben hatte jedoch ein Nachspiel: Der chinesische Regisseur Jiang Wen (*1963) spielt in seinem Debütfilm *In the Heat of the Sun* (1994) darauf an. In einer Szene schlüpfen Jugendliche ins Kino, um hinter den Erwachsenen »den verbotenen Film« und vor allem die nackten Frauen darin zu erspähen. Als die Jugendlichen erwischt werden, dreht sich eine Krankenschwester, die neben einem General in der ersten Reihe sitzt, um und warnt, der Film sei giftig – schaut aber begeistert zu. Jiangs Film gibt am Beispiel der Synchronisation von *Kampf um Rom* Einblick in die Doppelmoral der chinesischen Kulturrevolution.

Ein unbekannter Nobelpreisträger: Paul Heyse

Es gab und gibt jedoch auch andere Wege als Zensur und Hinterzimmerpolitik in kulturellen Dingen, um Literatur zu internationaler Geltung zu verhelfen. Der Nobelpreis zählt zu den global wirkungsmächtigsten Instrumenten dieser Art. Seine Verleihung wird in den Zeitungen vorab diskutiert. Zahlreiche Institutionen (darunter die Universität Kopenhagen, die Carlsberg-Stiftung und das Wissenschaftskolleg zu Berlin) sind in die Wahl eingebunden, dürfen beraten und vorschlagen. Jedes Jahr stellt sich die Frage, wer den Preis erhält. Dem oder der Glücklichen ist Aufmerksamkeit sicher, da der Preis mit einer gewissen Dignität verbunden ist und neben anderen Auszeichnungen dieser Art in einem besonderen Zeremoniell verliehen wird. Das Testament von Alfred Nobel – zugleich Erfinder des tödlichen Dynamits und Stifter der Nobelpreise zum Wohl der Menschheit – aus dem Jahr 1895 gibt der Verleihung der Nobelpreise für Literatur die Richtung vor. Das Nobelkomitee soll eine Person wählen, »die in einem Feld der Literatur das außergewöhnlichste Werk in idealer Richtung« geschrieben hat.[139] Dieses Kriterium wirkt etwas dunkel und hat vielfache Wandlungs- und Anpassungsprozesse an die Zeitläufte erfahren: Prämiert werden soll, damals wie heute, ästhetisch Besonderes – und im Zweifelsfall solches, das den Menschen bessert.

Aus dem deutschsprachigen Bereich erhielten zunächst erstaunlicherweise Wissenschaftler den Preis: der Historiker Theodor Mommsen (1902) und der Philosoph Rudolf Eucken (1908). Erst als dritter deutschsprachiger Nobelpreisträger wurde im Jahr 1910 ein Autor ausgezeichnet, und der ist heute nur mehr Fachleuten bekannt: Es handelt sich um Paul Johann Ludwig von Heyse (1830–1914), einen Sprössling aus kultiviertem Berliner Professorenhaushalt mit angeborener Eintrittskarte in die Salons und die Kulturszene der Zeit. Frühzeitig kam er in Kontakt mit dem Berliner Dichterkreis »Tunnel über der Spree« (dem unter anderen Adolph von Menzel, Theodor Fontane und Theodor Storm angehörten). Später gründete er den vergleichsweise locker organisierten Dichterbund »Rütli« mit. Heyses »Tunnel«-Kollege Fontane, der seine Epoche auch das »Heysesche Zeitalter« nannte, ist heute jedoch ungleich bekannter als der Verehrte selbst. Dieser setzte sich seinerseits unermüdlich für den wenig begüterten Fontane ein. Vergleichbares gilt für Storm, den der junge Heyse begeistert rezensierte, und für Heyses Briefpartner Eduard Mörike und Gottfried Keller.

Zugunsten des Dichterberufs und des akademischen Fortkommens gab der junge Heyse seine Sympathien für die 1848er-Revolution auf. Er wurde zum liberalen, antiklerikalen Anhänger Bismarcks, der aber auch mit den Unterdrückten und der Sozialdemokratie sympathisierte. Er promovierte in Berlin über den Refrain im provenzalischen Minnesang und reiste mit einem preußischen Staatsstipendium nach Italien – eine Reise, die sich in Tragödien und Novellen wie *L'Arrabbiata* (1853) niederschlug. Heyses gleichfalls berühmter Mentor, Emanuel Geibel, ebnete ihm den Weg nach München. Auf Geheiß von König Maximilian II. wirkte Heyse als dessen Reisebegleiter, als Vorleser der Königin, erhielt eine Professur für romanische Philologie und versuchte sich in einem Auftragsdrama über *Ludwig den Bayern*. Tatsächlich gelang es dem König, der provinziellen Hauptstadt des Agrarstaats durch Berufungen wie diese kulturelles Leben einzuhauchen. Im Jahr 1871 wurde Heyse Mitglied des Bayrischen Maximiliansordens für Wissenschaft und Kunst, 1910 Ehrenbürger der Stadt München, und Prinzregent Luitpold versetzte ihn in den persönlichen Adelsstand. Der Münchner Maler Franz von Lenbach malte Heyse für seine »Potentatengalerie« mit Heiligenschein.

Als kritischer Staatsdichter pendelte Heyse zwischen dem geselligen Leben Münchens und der Dolce Vita Italiens. Er gab gern und häufig größere Gesellschaften, wirkte als Mäzen, Kulturpolitiker (für Autorenrechte, Armenhilfe, Tierschutz und ein Heine-Denkmal), ließ sich von den Damen bewundern und brillierte rhetorisch. Mit ihm verkehrten Gelehrte wie der Kulturhistoriker Wilhelm Heinrich Riehl (1823–1897), ein entschiedener Gegner Richard Wagners, Michael Bernays (1834 bis 1897), einer der ersten ordentlichen Professoren für deutsche Literaturgeschichte, junge Dichter wie Frank Wedekind, Joachim Ringelnatz und viele andere mehr. In München gründete Heyse den Dichterverein »Die Krokodile« mit, dem auch Geibel, Dahn und Riehl angehörten. Dort debattierte man, männerbündisch und weinlaubbekränzt, in einer nur Eingeweihten bekannten Sprache, schrieb nach einem unbekannten Code, pflegte eigentümliche Rituale und Gebräuche wie das Herumtragen eines Pappkrokodils.

Heyse versuchte sich auch, gerade für den Vortrag in solchen Kreisen, im Verfertigen von Balladen und Lyrik, was weniger für die Literatur- als für die Musikgeschichte bedeutsam war. Seine klar gebauten Gedichte zählen zu den am häufigsten vertonten der Zeit. Als literarisch bedeutsam gelten jedoch vor allem seine Novellen und seine Novellentheorie. In der Einleitung zu seinem *Deutschen Novellenschatz* (vierundzwanzig Bände bis 1876) entfaltete er seine sogenannte »Falkentheorie«, die eher eine Beschreibung von Boccaccios *Falkennovelle* ist. Darin geht es um den Effekt des Besonderen, Herausstechenden, Verstörenden in der Novelle im Allgemeinen. Heyses »Theorie« jedoch bleibt so allgemein, dass sie auf beinahe jeden Erzähltext zutrifft.[140] In seinen eigenen Novellen schildert Heyse Herausragendes vor allem mit erotischer Note: Seine Helden erweisen sich als große Liebende.[141]

Von den 1860er-Jahren bis zu Heyses Tod war man zu ihm nach München gepilgert, ähnlich wie seinerzeit zu Goethe nach Weimar. Heyses umfangreiches Werk von ungefähr hundertachtzig Novellen, achtundsechzig Dramen, acht Romanen, Lyrik, Dichterporträts, ungezählten Übersetzungen (vor allem aus dem Italienischen), Anthologien (zum Beispiel *Novellenschatz des Auslandes*, 1872/1903) und Aphorismen begeisterte ganz unterschiedliche Leser: Bildungsbürger, die sich über die klassische Anmutung seiner Texte, ihre Erotik und die Absage an den Naturalismus freuten, aber angeblich auch die Arbeiter, sofern sie lasen. Selbst ins Esperanto wurden Heyses Werke übersetzt.

Heyses Popularität schwand mit dem aggressiv geführten Kampf um literarische Milieus und Stil: Die Münchner Naturalisten der 1880er-Jahre polemisierten in ihrer Zeitschrift *Gesellschaft* gegen die Gründerzeit und die empfundene literarische Stagnation sowie gegen den Ästhetizismus, wie ihn Heyse und sein hauptsächliches Publikationsorgan, die *Gartenlaube*, verkörperten.[142] Sie machten auch vor der Person Heyses nicht halt, degradierten ihn zur Karikatur: zum profitgierigen Halbjuden und Provinzdandy. Trotz dieser Attacken blieb er noch um 1890 einer der meistverlegten deutschen Autoren.

Dazu hatte auch der internationale Freundeskreis des Autors beigetragen. Heyse unterhielt nämlich ein enges Verhältnis zu dem sozialkritischen russischen Autor Ivan Sergeevič Turgenev, der seinerseits sehr bekannt und umtriebig war.[143] In Amerika war Heyse bereits seit den 1860er-Jahren populär, nicht zuletzt durch Blätter wie die *Gartenlaube*, die ein großes, Deutsch lesendes Publikum auch im Ausland erreichten. Bereits im Jahr 1867 druckte die *Tauchnitz Collection of German Authors* neben La Motte Fouqués *Undine Sintram and other tales* (1867) Heyses *L'Arrabiata and other Tales*. Andernorts, etwa in Griechenland, faszinierte vor allem der klassizistische Heyse: Sein Drama *Hadrian* (1865) erhielt einen griechischen Bühnenpreis.

Im Westen aber erhielt Heyse bald Konkurrenz, sodass der Nobelpreis für sein idealisches Künstlertum wie eine nachträgliche Würdigung vergangenen Ruhms wirkt: Bereits in den 1890er-Jahren las man westlich des Rheins naturalistische Autoren. Essays in der dreisprachig, auf Englisch, Französisch und Deutsch erscheinenden Zeitschrift *Cosmopolis* (1896–1898) zeigen es: Die ästhetischen Vorlieben wandelten sich. Literatur sollte nun Wirklichkeit erörtern, alltägliches, nicht ästhetisiertes Leben zeigen. Gerhart Hauptmann, der zwei Jahre nach Heyse den Nobelpreis für Literatur erhielt, wurde zum Antipoden Heyses.[144] Aber erst die nationalistischen Bewegungen der Folgezeit ruinierten Heyses Image. Einerseits griffen die Nazis die naturalistische Heyse-Karikatur auf, andererseits wurde sein Drama *Colberg* (hundertachtzig Auflagen bis 1914) Pflichtlektüre an preußischen Gymnasien, Kultstück der Feiern des Sedantags und schließlich Gegenstand des NS-Durchhaltefilms *Kolberg* (Veit Harlan, 1943/44).

Das Beispiel Heyses zeigt, wie schnelllebig der literarische Geschmack ist, auch oder vielleicht: vor allem jenseits der Grenzen der eigenen Sprache. Denn ist ein Autor dort nicht oft übersetzt und etabliert, so lässt er sich leicht durch einen anderen ersetzen. Aus der Sicht des einheimischen Buchmarkts hätte man dabei nicht gleich an den ästhetischen Gegner denken müssen. Denn zwischen Heyse und Hauptmann stand Theodor Fontane. Sein Werk bildete, so betrachtet, eine Brücke zwischen dem ästhetischen Anspruch des Münchner Freundes und den Wünschen nach Konkretheit, wie sie die Jahrhundertwende hegte.

Theodor Fontanes *Effi Briest* (1894/95) und Paweł Huelles russisch-polnisch-deutsche Liebesbotschaft (2005)

In Goethes *Werther* rufen die Liebenden »Klopstock!«, in Paweł Huelles *Castorp* (2005) lesen sie Fontanes *Effi Briest*. Beide Autoren sind durch eine Landschaft verbunden: Sie schreiben über den Ostseeraum, der historisch in das Deutsche Reich und seit dem Ausgang des Zweiten Weltkriegs in großen Teilen Polen zugehört. Der polnische Schriftsteller Huelle (*1957), der Literaturwissenschaft studierte und in der Pressestelle der polnischen Arbeiterbewegung Solidarność tätig war, blickt als Nachgeborener auf die kulturellen Konflikte der Region. *Effi Briest* ist ihm als Roman über ebenjenen Raum bekannt, über den er schreiben will. Dennoch verwundert der markante Bezug auf Fontanes Text. Er will so gar nicht als geheime Liebesbotschaft taugen. Denn seine »Wirklichkeitsgeschichten«[145] handeln vom ökonomischen und sozialen Niedergang des Adels, vom Land- und Stadtleben, von der Industrie und vor allem vom wenig ersprießlichen Frauen- und Eheleben.

Von 1855 bis 1859 arbeitete Theodor Fontane, geboren in Brandenburg, als Zeitungskorrespondent und Presseagent der preußischen Regierung in London; seit den späten 1880er-Jahren wurde er in der englischen Presse auch als Schriftsteller wahrgenommen, allerdings als einer zweiten Ranges.[146] Fontane las und besprach Walter Scott, William Makepeace Thackeray, H. W. Longfellow, Albert Smith, Gordon Cumming. Doch zeichnete sich hier wie andernorts ein Phänomen ab, das sich wohl nur aus der Dominanz von Realisten wie Flaubert und Dickens in der europäischen Literaturkritik erklären lässt: Fontane begeisterte vornehmlich deutschsprachige Leser und Akademiker, weniger das größere internationale Publikum.[147] Das galt auch für *Effi Briest*. Bis in die 1950er-Jahre hinein wurde der Roman überhaupt nur sporadisch übersetzt. Zwar lobte die englische Presse schon im Jahr 1895 die poetische Kraft des Werkes.[148] Zu den ersten Übersetzungen aber zählten eine russische Übertragung (1897)[149] und die französische Fassung von Michel Delines (1902).[150] Ihre Qualität war umstritten. Für die englische Übertragung von Douglas Parmée (1967) galt Vergleichbares.[151] *Effi Briest*-Übersetzungen litten unter massiven Entstellungen und ungelösten Rätseln wie der Frage, ob Effi blond sei oder nicht.[152]

Frauen geben Fontanes Romanen ihren Namen, gleich ob sie *Stine* oder *Frau Jenny Treibel* (1893) heißen, und Frauen stehen im Zentrum dieser Romane.[153] Der frühe Roman *L'Adultera* (1882) und der spätere Roman *Effi Briest* (1894/95) bilden eine Klammer um Fontanes Werk.[154] In beiden geht es um Ehebruch. Sowohl Melanie von der Straaten aus *L'Adultera* als auch Effi Briest sind mit deutlich älteren Männern verheiratet, zu denen sie aus unterschiedlichen Gründen ein distanziertes Verhältnis pflegen. Effi bewegt sich im Kessiner Landadel, und anders als Melanie interessiert sie sich kaum für Kultur. Als Sympathieträgerin taugt sie nur eingeschränkt, ist sie doch in erster Linie Instrument im Lebensplan ihrer Mutter. Auf schnellen sozialen und ökonomischen Aufstieg bedacht, hatte die Mutter einst Briest, den Vater Effis, geehelicht und den damals weniger angesehenen jungen Geert von Innstetten verschmäht. Der Tochter wünscht sie einen ebenso schnellen Aufstieg und verkuppelt sie mit dem einstigen, mittlerweile ökonomisch und sozial etablierten Verehrer. Doch geht der Plan nicht auf: Zum einen verweigert sich Effi, das leichtsinnige, naive, verwöhnte und wenig gebildete Naturkind, das zugleich Dame der höheren Gesellschaft sein will und sich nach Zerstreuung sehnt. Zum anderen tritt ihr Ehemann als ihr Peiniger und Lehrer auf. Effi verfällt dem »Damenmann« Major Crampas.[155] Sie gibt sich ihm wie ohnmächtig hin.[156] Innstetten erschießt ihn Jahre später aus Rache. Crampas aber war nur eine Laune Effis, ein Zeitvertreib in einer als unglücklich empfundenen Ehe, die im großstädtischen Berlin ihre nur geringfügig erfolgreichere Fortsetzung findet. *Effi Briest* erweist sich als Roman des Übergangs zwischen adligem Landleben und großstädtischer Moderne. Zwischen hierarchischer Gesellschaft und Moderne suchen seine Figuren ihren Ort.[157]

Angesichts der geringen internationalen Wahrnehmung von *Effi Briest* gelingt Huelles Roman eine Sensation, weil er Fontanes Text zu einem gegenwärtigen macht. Huelle nimmt zwei zentrale Merkmale von *Effi Briest* auf: die historische Stellung zwischen den Kulturräumen und das Dreiecksverhältnis. Doch damit nicht genug: Huelles *Castorp* liest sich wie ein Paralleltext zu Thomas Manns *Zauberberg*, denn sein Castorp studiert ab Oktober 1904 wie Hans Castorp in Danzig Schiffbau und trifft dort auf die Welt Fontanes, vermischt mit Günter Grass: Ressentiments gegen die jeweils andere Bevölkerungsgruppe – seien es Polen, Kaschuben oder Russen – sind an der Tagesordnung und spiegeln sich in der sich abzeichnenden Ménage-à-trois, in die Castorp hineingerät. Er beobachtet ein Pärchen, das an der Rezeptionstheke eines Hotels ein

247

Päckchen mit einem Buch ablegt: *Effi Briest*. Alle drei haben sich sofort bemerkt, lassen Gedanken und Gefühle schweifen. Berauscht durch die Luft des Ostens, der einerseits als Kolonie des Deutschen Bundes, andererseits als emotional unsicheres Terrain erscheint, stiehlt Castorp das Päckchen und vertieft sich in Fontanes Roman. Er vermutet in ihm den Schlüssel zu seinem Glück.

Früher hatte er den Text gelangweilt zur Seite gelegt, aber nun gewinnt er für ihn an Brisanz und Spannung. Wider Willen entdeckt er eine ihm unbekannte Landschaft,[158] begeistert sich für die gründliche Komposition des Romans: für die Handlung und Ereignisfolge, die oft durch kleine Details angedeutet wird und in der kein Wort überflüssig ist. Castorp untersucht den »Konstruktionsplan« des Romans,[159] überträgt das Verhältnis von Effi und Crampas auf das unbekannte Pärchen und sieht sich in dubioser Weise in ihrer Geschichte gefangen. »Ganz wie in Fontanes Roman« können hier jederzeit Emotionen explosive Kraft entfalten.[160]

Castrop reist der verehrten Frau nach, einer neunundzwanzigjährigen polnischen Erbin namens Wanda Pielecka. In einem Hotel will er mit ihr Kontakt aufnehmen. Der Roman dient als Mittlerobjekt für das erste Gespräch, denn sie lesen ihn beide. Er schreibt ihr, berichtet vom »hohen Preis«, den er emotional für die Lektüre von Effi bezahlt hat.[161] Doch nahezu zeitgleich wird der dreißigjährige russische Offizier Sergej Dawidow, mit dem die Verehrte eine Affäre hat, von Unbekannten ermordet – eine Anspielung auf das Duell in *Effi Briest*, das mit dem Tod von Crampas endet? Der Bezug bleibt unscharf. Castorp und Pielecka trennen sich. Ein Kuss auf die Stirn ist alles, was bleibt. Seitdem ist Castorp von Schlaflosigkeit geplagt, macht unter ominösen Umständen die Bekanntschaft einer »Tante Esmeralda« und landet im Bordell. Thomas Manns *Doktor Faustus* lässt grüßen. Psychologe Doktor Peter Ankewitz soll es richten, im Verein mit der Lektüre Schopenhauers. Die Resozialisierungsmaßnahmen gelingen: Castorp kehrt gestärkt, wenn auch ungeliebt nach Hamburg zurück. *Effi Briest* aber erweist sich als Schlüsseltext von Huelles Roman und zugleich als das Gegenteil: Jeder Versuch der Parallelisierung gleitet an Fontanes Text ab. Huelle nimmt mit *Effi Briest* vielmehr das komplexe Netz kultureller Deutungen auf, dem Danzig/Gdansk in den Literaturen ausgesetzt war und die das Bild der multikulturellen Landschaft des Ostseeraums geprägt haben.

Dabei kommt *Effi Briest* in einer Hinsicht besondere Bedeutung zu –

als Kontrastfolie ebenso wie als strukturelles Vorbild von *Castorp*. Huelles Roman besticht durch seine genaue Konstruktion. Der vielfach preisgekrönte israelische Schriftsteller Amos Oz (*1939) hat es für Fontanes *Effi Briest* in Worte gefasst: Fasziniert vom Anfang des Romans, beschreibt er die beinahe postkartenhaft kitschige Schilderung des Herrenhauses der Familie Briest. Sie wird zur Abbreviatur des Romans. Die scheinbar unbedeutende Textstelle erfordert genaues Lesen, um ihre Abgründigkeit zu erkennen: Da ist das Schiefe, der Schatten, der als einziges Element das Starre der Szenerie auflöst – und damit zum Sinnbild für den gesamten Roman ebenso wie für Huelles Metaroman *Castorp* wird.[162] Entlang der Landesgrenzen und der ehemaligen Grenze der politischen Blöcke entwickelt Huelles Roman seine Spannung. Schreiben ist hier in besonderem Maße eine soziale Angelegenheit, die getrennte Bilder, Geschichten und Figuren zu etwas Gemeinsamem verweben kann: eine literarische Liebesbotschaft an drei Kulturen, die nicht zueinander kommen.

Wo Intellektuelle Präsidenten treffen: Dichtergesellschaften im Ausland

Über solchen Mangel an Gemeinsamkeit kann sich das literarische 19. Jahrhundert ansonsten nicht beklagen. Geselligkeit stand hoch im Kurs. Dichteten Autoren des 19. Jahrhunderts gern im Verein, so suchten ihre Leser ebenfalls nach einem Ort, an dem sie ihre Lektüreerfahrungen teilen, sich auf die Spuren ihrer Autoren begeben und sich Gleichgesinnten mitteilen konnten. Sie gründeten Dichtergesellschaften: Vereinigungen, denen oft etwas Hagiografisches anhaftete, eine Verehrung der Autoren, denen sie sich widmeten, für deren Werk und in deren Geist man sich treffen, diskutieren und feiern wollte. Speziell in nicht deutschsprachigen Ländern signalisierten die Gründung einer Dichtergesellschaft und die Mitgliedschaft in einer solchen noch mehr: Sie wurden zum Identifikationsmerkmal einer bestimmten Gruppe, die sich von ihrem Umfeld kulturell und sprachlich unterschied. Die Auswahl des Autors bestimmte über die Arten und Weisen der Gemeinschaftsbildung.

Am 28. August 1875 beispielsweise, dem 126. Geburtstag Goethes und zugleich dem 100. Jahrestag seiner Erwägung einer Amerikareise, warteten achttausend hochmögende Personen in Gilmore's Garden (heute: Madison Square Garden) in New York vergeblich auf die An-

249

kunft einer Goethe-Büste.[163] Die Initiative dafür ging vom »Goethe Club of the City of New York« aus. *The Evening Post* hatte am Tag des Ereignisses eigens eine Hommage an Goethe publiziert. Das musikalische Programm reichte von der Ouvertüre aus Beethovens *Egmont* bis hin zu einer für diesen Anlass komponierten Kantate. Sogar George Bancroft, der ehemalige amerikanische Botschafter, der als Student zu Goethe nach Weimar gepilgert war, kam in den Park. Der große Tag war lange vorbereitet worden: Um Goethes Ansehen in Amerika zu mehren, wollten die Clubmitglieder eine Statue des Dichters errichten. Weil Geld fehlte, dämpfte man jedoch die Erwartungen, und aus der Statue wurde eine Büste, die der Künstler Karl Fischer (1802–1865) geschaffen hatte. Doch das Geld reichte noch immer nicht. Kurz vor dem großen goetheschen Doppeljubiläum spendete endlich Philip Bissinger, Clubmitglied und Präsident der German Bank of New York (1864–1900), die fehlende Summe für das gewünschte Objekt. Sein Erwerb und Transport jedoch waren nicht einfach. Fischer hatte die Büste zwischenzeitlich Kaiser Wilhelm I. vermacht, dem sie abzukaufen war. Sodann musste sie nach Hamburg verbracht und auf den Dampfer »Klopstock« verladen werden. Doch dieser nahm in Le Havre so viel Fracht auf, dass auf dem Weg nach New York die Schiffsschraube brach. Erst am 27. August traf er in New York ein und wurde wegen der Überlast verspätet entladen. Die Box mit der Goethe-Büste lagerte zuunterst und konnte erst nach dem Fest in Gilmore's Garden geöffnet werden. Goethes Büste wurde einstweilen im Metropolitan Museum of Art zwischengelagert und Jahrzehnte später, im Jahr 1932, im Bryant Park aufgestellt.

William C. Bryant (1794–1878), Republikaner, Sklavereigegner, Publizist und Autor spätromantischer Werke, und der Übersetzer Bayard Taylor gehörten zu den Bewunderern des goetheschen Werkes in Amerika ausgangs des Transzendentalismus. Sie gründeten besagten Goethe-Club. Am 28. August 1873, Goethes Geburtstag, wurde er offiziell von einem kulturell und politisch schwergewichtigen Komitee ins Leben gerufen. Ihm gehörten – neben Bryant und Taylor – zahlreiche illustre Persönlichkeiten an: unter anderem Theodore Roosevelt (1858 bis 1919), Smith Ely (1825–1911), damals Bürgermeister von New York, Howard Crosby (1826–1891), Präsident der New York University, Weimar-Veteran George Bancroft, Henry Wadsworth Longfellow und Andrew White, Präsident der Cornell University. Mit Bryants Tod zerfiel der New Yorker Goethe-Klub.

Der New Yorker Goethe-Klub war nicht die erste Dichtergesellschaft ihrer Art, aber diejenige mit der größten öffentlichen Wirksamkeit. Obwohl Goethe in Amerika als amoralischer Verführer umstritten gewesen war, bescherte die Goethe-Begeisterung dem Land mehrere lokale Goethe-Klubs und Societies:[164] Bereits im Jahr 1835, nur drei Jahre nach Goethes Tod, entstand die »Goethean Literary Society of Franklin and Marshall College at Lancaster«, Pennsylvania.[165] Anlass waren Debatten unter fortgeschrittenen Studenten. Samuel Reed Fisher, ein Schüler des Theologieprofessors, Hegelianers, Exilanten und Goethe-Verehrers Friedrich August Rauch (1806–1841), gründete die Society. Die Mitglieder legten sich einen strengen moralischen Kodex auf und wollten in Freundschaft verbunden sein. Doch dehnten sie ihre Prinzipien etwas, denn neben Bryant, Taylor, Longfellow und Bancroft gehörten auch kontroverse Persönlichkeiten wie Ralph Waldo Emerson und George Bernard Shaw der Society an. Vier künftige amerikanische Präsidenten, James Buchanan (1791–1868), Rutherford Birchard Hayes (1822–1893), Stephen Grover Cleveland (1837–1908) und Theodore Roosevelt waren mit von der Partie und erfuhren hier ihre literarische und kulturpolitische Prägung. Sie alle wurden bei den wöchentlichen Treffen, wo es um Politik ebenso wie um kulturelle Belange ging, als »Fellow Goetheans« adressiert; ihre Briefe unterzeichneten sie mit »Yours in Goethean Bonds«.[166]

Wer sich Goethe verschrieb, konnte auf Unterstützung eines großen gebildeten Publikums hoffen, so jedenfalls in England der 1880er-Jahre, wo man viele Impulse der Forty-Eighters empfangen hatte:[167] Am 26. Februar 1886 gründete sich in London die »English Goethe Society«, aus Bewunderung für den modernen und moderne-kritischen Autor. Triebkräfte für die Gründung entsprangen hier nicht der Universität, sondern dem Verlags- und Vereinswesen. Die Verleger David Nutt (1810–1863) und Alfred Trübner Nutt (1856–1910), die unter anderem Goethe in England publizierten und enge Kontakte zur Weimarer Goethe-Gesellschaft unterhielten, ergriffen die Initiative.[168] Der erste Präsident der »English Goethe Society«, den man für das Amt gewinnen konnte, schrieb selbst Geschichte: Friedrich Max Müller (1823–1900), der Sohn des Autors Wilhelm Müller, hatte unter anderem bei Friedrich Rückert studiert, war mit Fontane befreundet und lehrte seit 1850 als Sprach- und Religionswissenschaftler in Oxford.[169] Er übertrug das Sanskritattribut »arisch« auf die indogermanische Sprachgruppe, befürwortete die Einführung einer neutralen Kommunikationssprache (wie zum Beispiel Esperanto) und beschäftigte sich mit antiker Mythologie. Müller initiierte Diskussionen über die goetheschen Werke, Rezitationsabende, aber auch kulturpolitische Treffen wie dasjenige aus Anlass des Todes König Edwards VII. Die Society war dem Bekenntnis nach dem Studium aller Belange gewidmet, die Goethe betrafen, erweiterte ihre Aktivitäten aber kulturpolitisch.[170] Dies lag möglicherweise auch an ihren Mitgliedern, unter denen sich neben zahlreichen Vertretern des Hochadels die engagierte Goethe-Übersetzerin Anna Swanwick und der amerikanische Dichter, Harvard-Professor und Diplomat James Russell Lowell befanden.[171]

Wer sich nicht im Namen Goethes versammelte, musste gute Gründe haben. Der mexikanische Heinrich-Heine-Klub entschied sich bewusst für einen anderen Autor, der als politischer Reformer galt. Der Klub existierte nur vom 1941 bis 1946.[172] Er wurde an einem Herbsttag des Jahres 1941 im Haus des Kapellmeisters und Dirigenten Ernst Römer (1893–1974) in der Stadt Mexiko gegründet, sollte dezidiert an das Erbe Heines erinnern, deutschsprachigen Exilanten aus der Tschechoslowakei, Jugoslawien, Ungarn, Österreich und Deutschland eine geistige Heimat bieten sowie Verbindungen zur mexikanischen Kultur ermöglichen.[173] Nach Kriegsende wollten die antifaschistischen, häufig nach links tendierenden Exilanten nach Europa zurückkehren, um dort eine »bessere Welt« aufzubauen. Zu den Hauptakteuren dieses Kreises zählte die Klubpräsidentin Anna Seghers (1900–1983), bereits damals eine berühmte Schriftstellerin. Als aktive Netzwerkerin knüpfte sie Kontakte zu Exilanten in Hollywood ebenso wie zu ihrem kommunistischen Gesinnungsgenossen Pablo Neruda.[174] Römer und Leo Deutsch fungierten als Vizepräsidenten des Klubs. Zu den aktiven Mitgliedern gehörten der Reporter und Autor Egon Erwin Kisch (1885–1948), die Sopranistinnen Rosi Volk und Bruni Falcon (*1921), die kommunistische Regisseurin und Schauspielerin Steffie Spira (1908–1995), Schauspieler und Regisseur Charles Rooner (1901–1954, Pseudonym Ernst Robicek, Ernst Robitschek, Ernst Rooner), Dirigent Carl Alwin (1891–1945), die Pianistin, Komponistin und Professorin Ruth Schönthal (1924–2006), die Schweizer Journalistin Gertrude Duby-Blom (1901–1993) und Walter Janka (1914–1994), gelernter Drucker, Leiter des gemeinsam mit Duby-Blom gegründeten Verlags El Libro Libre und später Leiter des Aufbau Verlags der Deutschen Demokratischen Republik.

Eine kollektiv herausgegebene Abschiedsgabe des Klubs informiert über das Vereinsleben im Mendelssohn-Saal des Musikhauses Schiefer. Hier standen diverse Flügel. Musik gehörte – im Geiste Heines – dazu. Man tanzte Rumba und diskutierte. Die mexikanischen Behörden ließen die Exilanten gewähren und zensierten ihre Publikationen nicht. Für die Abschiedsgabe wählte sich der Klub jene Heine-Sätze, deren Sprecher sich als »Soldat im Befreiungskampf der Menschheit« versteht, zum Motto und unterstrich so die politischen Ziele des Klubs. Zu seinen Themen zählten Hitlers Angriffstaktiken (Vortrag von André Simone, 1942), die Rassenfrage in Mexiko (Egon Erwin Kisch, 1942), die Shoah (Diskussionsabend, geleitet von Simone, 1943), Kriegsverbrechen (Rudolf Fürth-Feistmann, 1943), die europäische Ordnung nach Kriegsende (Simone, 1944 und 1945), die Zukunft der Flüchtlinge (Carmen Otero Gama, 1944) ebenso wie der Kontrast zwischen idealistischer und materialistischer Geschichtsauffassung (László Radványi, 1943). Doch debattierte man nicht nur über Politik und die Rolle der Kunst, las Hölderlin (1941) und Karl Kraus (1945), sondern führte auch Johannes R. Bechers *Hundert Kilometer vor Moskau* (1943), Bertolt Brechts *Dreigroschenoper* (1943) und Georg Büchners *Woyzeck* (1944) auf,[175] spielte in Deutschland verbotene Komponisten wie Arnold Schönberg (1943) und feierte Thomas Mann (1945). Heines Lieder spielten im Klubleben eine besondere Rolle. Anna Seghers hebt hervor: »Den Nazis gelang es nicht, diese Lieder auszutilgen, denn ihre Verse und Melodien waren zu tief verwurzelt.«[176]

Kisch bilanziert positiv: Für ihn war der Heine-Klub und sein lebendiges Miteinander »eine Tat des kollektiven Optimismus«;[177] seine Mitglieder ließen sich ihre Freude an der Kultur durch Hitler nicht rauben, im Gegenteil. Sie stärkten sich im Widerstand. Seghers schließt mit einem kämpferischen Appell an die musischen und politischen Klubmitglieder:

Die endgültige Heimkehr, das ist für viele die Abfahrt, sie ist für alle der entschlossene Wille, mit dem »Wintermärchen« Schluss zu machen. Deutschland darf kein Wintermärchen mehr sein, sondern helle, harte Wirklichkeit. Der Barbarossa muss ausgerottet werden, der sich im Kyffhäuser festgesetzt hat, und mit ihm all die Kobolde, die sich in allen möglichen Gehirnen festgesetzt haben. Das ist eine harte Arbeit: man kann dabei oft allein sein. Man wird sich nie ganz allein fühlen, solange einer den anderen im Herzen verfolgen wird. Einer wird den anderen beobachten, wie weit wir auch von einander getrennt sein mögen.[178]

Die Liste der im nicht deutschsprachigen Bereich gegründeten Dichtergesellschaften jenseits der erwähnten ist lang und aufgrund anhaltender Neugründungen kaum abschließbar. Auch die »Kafka Society of America« (seit 1975), die »Kafka Society of Prague« (seit 1990) und die vielen Thomas-Mann-Gesellschaften (2006 Koreanische Thomas-Mann-Gesellschaft, Seoul; 2012 Det Danske Thomas Mann Selskab, Kopenhagen) zählen dazu.[179] Zudem bezeichnet sich heute fast jede Dichtergesellschaft als »international«. Der Richard-Wagner-Verband International (1865 hervorgegangen aus dem Deutschen Allgemeinen Richard-Wagner-Verein) und die Karl-May-Gesellschaft (gegründet 1969) gehören zu den Dichtergesellschaften mit der beeindruckendsten internationalen Trägerschaft.

1835	*Goethean Literary Society of Franklin and Marshall College at Lancester*, Pennsylvania
1873–1878	*Goethe Club of the City of New York*
1886	*English Goethe Society*, London
1927	*Goethe Society of America*, New York
1931	*The Goethe Society of Maryland and the District of Columbia*, Baltimore – 1949 *Goethe Society of Baltimore, Goethe Society of Washington*, 1957 als *American Goethe Society* mit zwei »Chapters«
1941– 1946	*Heinrich-Heine-Klub*, Mexiko
1948	*Auckland Goethe Society*, Auckland
1963	*Goethe Society of New England*
1966	*American Lessing Society*, Cincinnati, seit 1973 *Lessing Society*
1975	*Kafka Society of America*
1977	*Goethe Society of India*
1977	*New Hesse Society*, Nepal
1980	*International Brecht Society*, Maryland

1990	*Kafka Society of Prague*
2006	*Korean Thomas-Mann-Gesellschaft*
2012	*Det Danske Thomas Mann Selskab*, Kopenhagen

Auswahl repräsentativer Gesellschaften, die sich international dem Erbe deutschsprachiger Dichter widmeten oder noch widmen und außerhalb der deutschsprachigen Länder gegründet wurden.

*

Das 19. Jahrhundert war beides: das Jahrhundert der Nationen und zugleich eine Ära internationaler Annäherung. Nie zuvor war so viel Kontakt nach außen möglich, auch in der Literatur. Damit aber wuchs der Bedarf nach Selbstbestimmung. Man wollte wissen, wer und was man im Konzert der Nationen sei. Für die deutschsprachigen Länder bedeutete dies, dass sie mit Frankreich, England und Russland literarisch enge Austauschbeziehungen eingingen, mit gewissen Höhepunkten: In Frankreich dominierte der Vormärz mit seinen publizistisch aktiven Autoren, in England las man die Klassiker, nahm die Forty-Eighters als kulturell und politisch einflussreich wahr. Russland begeisterte sich für das philosophische Dichten, Amerika winkte aus der Ferne mit seinen Freiheitsversprechen. Deutschsprachige Literatur wurde in eingeweihten Zirkeln nun auch außer Landes gelegentlich in der Originalsprache gelesen. Avancierte Clubs wie derjenige der Transzendentalisten widmeten sich dem Idealismus, Goethe und Bettina von Arnim. Im Westen besetzten Vormärzler akademische Stellen, begründeten die sogenannte Auslandsgermanistik mit und transportierten neben der deutschen Sprache und Literatur auch eine gehörige Portion politischen Idealismus in die Welt. Dieser jedoch polarisierte und rief, beispielsweise im Amerika Hawthornes und Poes, ironische oder parodistische Reaktionen hervor.

Notgedrungen setzten die Juden eine weitere Internationalisierungsbewegung in Gang. Nicht selten hatten sie deutschsprachige Literatur im Gepäck: im Original, in eigener Übersetzung oder schon in einer Form eigenständiger Aneignung. Heine hieß ihr Held – in Russland wie in Amerika, in Frankreich ebenso wie in England. Mit Heine auf den Lippen arbeitete man in den Sweatshops New Yorks oder suchte sich noch hundert Jahre danach in Mexiko auf die kommende Revolution einzustimmen. In der zweiten Jahrhunderthälfte übernahmen große Journale wie die *Gartenlaube* auch international die Verbreitung deutschsprachiger Literatur: Die Familie und das Eheleben waren die großen Themen, mit denen sie den bürgerlichen Haushalt bediente. Dichtende Professoren und Matadore der Dichtervereine wie Dahn versprachen Bildung, nationalideologisch zugerichtet – und doch für den globalen Vertrieb bis nach China geeignet.

Im Ausgang des Jahrhunderts aber hallte anderes nach und setzte auch die emanzipatorischen Bewegungen der Jahrhundertwende in Gang: Der Idealismus trieb in England und Amerika Blüten, die vor allem seit den 1870er- und 1880er-Jahren in die deutschsprachigen Provinzen zurückwucherten. Dies traf auf die Begeisterung für Helden zu, wie sie Carlyle und Emerson auch Goethe und seiner Begeisterung für die Tat entnommen hatten. Nietzsches Begeisterung für den Übermenschen wäre ohne beide undenkbar gewesen. Die Begeisterung für Indianer, wie sie aus Sealsfields Abenteuerromanen und von Karl Mays *Winnetou* bekannt ist, schreibt eine parallele Geschichte. Sie deutete den christlichen Topos vom tugendhaften Heiden zum säkularen und heroischen des edlen Wilden um. Für die Damenwelt galt Vergleichbares: Wäre der Feminismus Hubertine Auclerts und Hedwig Dohms ohne die Vorläuferinnen der ersten Jahrhunderthälfte, ohne von Arnim, de Staël und Fuller möglich gewesen? Oder, mit historischem Weitblick gefragt: Hätte es ohne Tacitus und sein Klischee von den starken Teutoninnen einen Feminismus gegeben?

VI.

Welt im Umbruch, 1890–1930

Alle düsteren Prophezeiungen von Oswald Spengler sind seit dem Zweiten Weltkrieg Wirklichkeit geworden. Keine technologische Leistung kann die Enttäuschung des modernen Menschen lindern, seine Einsamkeit, sein Gefühl der Unterlegenheit, seine Angst vor Krieg, Revolution und Terror. Unsere Generation hat nicht nur ihren Glauben an die Vorsehung, sondern auch an den Menschen selbst verloren, an seine Institutionen und ebenso wie an die Menschen, die ihm am nächsten stehen.[1]

Der Untergang des Abendlandes (1918/1922) hieß das epochale Buch, das seine These schon im Titel verkündet. Oswald Spengler (1880–1936), ein Münchner Privatgelehrter, versuchte darin, Weltgeschichte nach biologischem Muster zu erklären und Zukunft vorherzusagen. Im Ausgang aus dem Ersten Weltkrieg diagnostizierte er, dass das Abendland in der Blütezeit seiner Jahre angekommen und sein Ende absehbar sei. Spenglers düstere Prophetie wurde umgehend zum Bestseller. Autoren wie Thomas Mann und Rainer Maria Rilke lasen den *Untergang*, arbeiteten sich an seinen Überlegungen und Begriffen ab. In seiner oben zitierten Nobelvorlesung aus dem Jahr 1978 bestätigte der jüdisch-amerikanische Autor Isaac Bashevis Singer (1902–1991), der die Welt der Ghettos gut kannte und aus Europa in die USA geflohen war, Spenglers Diagnose. Doch worauf bezieht sich Spengler, und warum schienen seine Erklärungsangebote so passend oder zumindest reizvoll?

Die Zeitläufte zwischen 1890 und 1930 verlangten es Autoren in besonderer Weise ab, sich zu positionieren – zu den Literatur- und Kulturbewegungen des Fin de Siècle mit ihrer viel beschworenen »Umwertung aller Werte«, ihrem Pathos, ihren Gruppenbildungen, ihrem Kampf für Freiheit, gegen die überlieferten Normen von Männlichkeit, Weiblichkeit, Kirche, Bürgertum und Militärstaat. Armut und soziale Deklassierung waren Themen einer Literatur, die sich zwischen mäzenatischer Trägerschaft und professioneller Eigenständigkeit zu entwickeln suchte. Friedrich Nietzsche hieß der Meisterdenker der Zeit – im Westen ebenso wie in Russland.[2] Frauen- und Friedensbewegung, Vertreter von Tierschutz, Vegetarismus und dergleichen traten für ihre Sache ein, wurden gehört und gelesen. Die künstlerischen Avantgarden (Expressionismus, Futurismus und andere »Ismen«) nahmen die Anliegen der emanzipatorischen Bewegungen auf und radikalisierten sie. Sie zielten auf Großes, Universalistisches: auf den Neuen Menschen in einer erneuerten Gesellschaftsordnung, die sie selbst international vernetzt voranzubringen gedachten. Zugleich aber begeisterten sich diese Bewegungen für Stärke, Kraft, Kampf – und Krieg. Es schien, als müsste etwas passieren, das die alte Ordnung schnell und gründlich vernichtete, um eine neue entstehen zu lassen. Spenglers Diagnose fasst dieses existenzielle Gefühl in gewählte Worte, versieht es mit einer scheinbar unumstößlichen naturwissenschaftlichen Erklärung und unterlegt es mit wohltönendem kulturpessimistischem Generalbass.

Im Ausgang des Ersten Weltkriegs lag die Zivilisation in der Tat in Trümmern. Speziell dieser Krieg steht für Anti-Mondialität schlechthin: für massenhaftes Elend, Verlust des Vertrauens in das internationale, ja globale Miteinander. Kunst und Literatur der Folgezeit mussten sich neu orientieren. Sie speisten sich von nun an in hohem Maße aus Krisenerfahrungen.[3] Die Avantgarde war schnell gealtert. Manchem erschien die Literatur nur mehr als nachhinkende Chronistin des Wandels. Bewegungen der 1920er- und 1930er-Jahre wie die Neue Sachlichkeit setzten deshalb moderater an. Ihre Autoren wollten zwar unterhalten, aber sie zielten auf die Menschen mit ihren Bedürfnissen nach erbaulicher Alltäglichkeit, nach Mode und Luxus, und nahmen – Ausnahmen bestätigen die Regel – vom Metaphysischen Abstand. Doch tanzten sie und ihr Publikum auf einem Vulkan, der in den 1930er-Jahren erneut ausbrechen sollte.

Literarischer Imperialismus:
Afrika und die »Kolonialfreunde«

Einer der Treiber der kriegerischen Konflikte seit dem ausgehenden 19. Jahrhundert war der Imperialismus. Er bedeutete die dunkle Kehrseite einer Welt, die als noch nicht letztgültig entdeckt, vermessen und beherrscht galt: einer Welt, die sich zunehmend komfortabel und noch ohne Pass bereisen ließ. Autoren wie der viel gelesene Antisemit Waldemar Bonsels, der von Exotischem faszinierte Autor und Maler Max Dauthendey und der Weltanschauungsschriftsteller und NS-Gegner Hermann Keyserling begaben sich auf Lust- und Bildungsreisen nach Indien, um das britische Kolonialreich zu studieren.[4] Andere zogen Afrika vor, die sogenannten »deutschen Schutzgebiete«.

Der in Kolonialfragen liberale Bismarck lehnte den Erwerb von Kolonien aus Kosten- und Sicherheitsgründen ab. Erst im Jahr 1884 stellte er aus verschiedenen innen- und außenpolitischen Motiven afrikanische Besitzungen deutscher Kaufleute unter den »Schutz« des Deutschen Reiches. Doch war das Schutzversprechen kaum das Papier wert, auf dem es geschrieben stand; die »Schutzherren« hatten günstig Gebiete erworben, die ökonomische, juristische und sprachliche Unkenntnis der indigenen Verhandlungsführer ausnutzend. Das von prokolonialistischen Politikern, Publizisten und Intellektuellen beschworene »Kolonialfieber« der Bevölkerung führte im Jahr 1887 zur Gründung einer Deutschen Kolonialgesellschaft, die sich der Kolonialpropaganda widmete. Die »Kolonialfreunde«, wie sie sich selbst nannten, betonten die (vermeintliche) Überlegenheit der deutschen Kultur gegenüber den indigenen Völkern, rückten die deutsche Afrikapolitik in eine wettbewerbliche Position zu den großen Kolonialmächten.[5] Sie argumentierten sozialdarwinistisch, als ginge es um das Überleben des Stärkeren. Machtpolitik und »weltpolitischer« Ehrgeiz standen dahinter; das britische »Weltreich« galt als Vorbild.

Die Kolonialfreunde waren alles andere als eine harmlose und apolitische Gruppe.[6] Ihre Literatur verbreiteten sie im Mutterland, auch durch populäre Journale wie *Westermanns Monatshefte, Daheim* und *Die Gartenlaube*.[7] Obwohl sich Publizisten solcher Journale vor allem für den exotischen Anteil der Kolonialliteratur interessierten, erhielt diese auch eine eminent politische Funktion. Sie gibt Auskunft über die Einstellungen und Erzählungen, die die Kolonialisten motivierten – und mit denen sie Unterstützer zu gewinnen suchten. Ethisch und ideologisch fallen die fundamentalen Unterschiede zwischen der Kolonialliteratur und der Literatur über andere Exotica ins Auge: Über Südwestafrika schrieben die Autoren unter den Kolonialfreunden anders als Charles Sealsfield oder Karl May über die Indianer Amerikas, Thomas Mann über Brasilien oder Rainer Maria Rilke über Ägypten. Sealsfield, May, Mann und Rilke waren fasziniert von der anderen Kultur und versuchten, sie zu erkunden. Den Kolonialautoren hingegen galt Südwestafrika als Verfügungsmasse; seine Einwohner betrachteten sie als kulturlos und vogelfrei.

Die frühe Phase der Kolonialliteratur ist noch durch Abenteuergeschichten wie Matthias Fiedlers programmatisch sogenannten *Afrikanischen Lederstrumpf* (1890–1893) gekennzeichnet.[8] Prokolonialistische und nationalistische Texte wie Frieda Baronin von Bülows Roman *Tropenkoller* (1896) benennen Probleme des Siedlungswesens: Schmuggel, Alkoholkonsum und den besagten »Tropenkoller«.[9] Siedler, die daran leiden, konterkarieren das Bild vom selbstbeherrschten Kolonisator, wie es in der Nachfolge von Nietzsches Übermenschen entstand. Von Bülows Kritik diente damit auch der Stabilisierung der Kolonien. Sie appellierte an die Politik, Kolonialbeamte und potenzielle Siedler sorgfältig auszuwählen.

Zu den produktivsten Autoren und Herausgebern unter den literarischen Kolonialpropagandisten zählte Emil Sembritzki (* ungefähr 1880), Leiter der Kaiserlichen Gouvernements-Schule zu Viktoria in Kamerun. Im Jahr 1911 erschien sein *Kolonial-Gedicht- und Liederbuch* im Deutschen Kolonial-Verlag. Ein Jahr später wurde *Der Kolonialfreund* als eine regionale Literaturgeschichte publiziert, und noch 1925 folgten die *Deutschen Kolonialklänge und Grenzmarkgesänge*. In seinem *Kolonial-Gedicht und Liederbuch* versammelte Sembritzki Kolonialphantasien auch solcher Autoren, die nie eine Kolonie oder eines der »Schutzgebiete« betreten hatten. Zu ihnen zählt der national gesinnte Professor Felix Dahn, der sich mit einem *Aufruf* in Versform entschieden für die Landnahme und die Überlegenheit der Europäer einsetzt. Sembritzkis Anthologie enthält Huldigungsgeschichten an Kaiser Wilhelm aus unterschiedlichen Landstrichen Afrikas, enthusiastische Eroberungslyrik, Landschaftsdichtung, Kriegslyrik und Pennälerpoesie. Immer wieder beschwört die Sammlung den »deutschen Aar«, der Afrika erobert und über das Wohlergehen des deutschen Westafrikas wacht.

Das Kolonialexperiment jedoch scheiterte binnen weniger Jahre: Tatsächlich warfen die »Schutzgebiete« wenig ab, zudem drohten sie, Konflikte mit den benachbarten Kolonialreichen heraufzubeschwören. Bismarck ließ sie sich im Streit mit England und Frankreich nicht ungern abhandeln. Kaiser Wilhelm II. hingegen kehrte Bismarcks politische Linie um. Er rüstete auf, expandierte, auch in Kolonialbelangen. Gestützt auf sozialdarwinistische Argumente der Deutschen Kolonialgesellschaft – das junge Kolonialreich werde sich jetzt gegen die etablierten Kolonialmächte durchsetzen – und einem pseudohumanistischen, zugleich antimuslimisch zugespitzten Kampf gegen die Sklaverei versuchte der Kaiser, sein Unterfangen zu befördern. Doch waren Aufstände die Folge der forcierten Kolonialisation: Im sogenannten »Araberaufstand« des Jahres 1888 protestierte die sansibarische Bevölkerung gegen die deutschen Kolonialherren. Im Jahr 1897 kämpften die Herero und Nama in Deutsch-Südwestafrika gegen die Großgrundbesitzer, die ihre Stämme drangsalierten, ihr Vieh und ihre Arbeitskraft für sich beanspruchten. Im Jahr 1904 metzelte die deutsche Truppe die indigenen Kämpfer in der Schlacht am Waterberg brutal nieder; ihre Stämme wurden in die Wüste getrieben und fast vollständig ausgerottet. Ein vergleichbarer Völkermord wiederholte sich in den Jahren 1905/06 mit dem sogenannten »Maji-Maji-Aufstand« in Deutsch-Ostafrika.

Eine große Menge heute kaum mehr bekannter Kolonialliteratur entstammt dieser späten Phase des Kolonialexperiments. Als Dokument der kolonialistischen Mentalitäts- und Darstellungsgeschichte dokumentiert sie stereotyp Kadavergehorsam und Überlegenheitsfanatismus: Afrika erscheint als unwirtliches Territorium und existenzielle Herausforderung für eine besonders mutige und brave Truppe. Die Freund-Feind-Linien zwischen Schwarz und Weiß sind klar gezogen; der Genozid an den Herero gilt nicht nur als legitim, sondern als notwendig.[10] Das schließt nicht aus, dass es im Auge der Kolonialfreunde auch »gute« Herero gab und die deutsche Truppe nicht immer perfekt funktionierte. In einer Vielzahl von Gattungen zelebrieren die Kolonisatoren die eigene Weltsicht: Reiseberichte wie diejenigen von Helene von Falkenhausen (*Aussiedlerschicksale. Elf Jahre in Deutsch-Südwest-Afrika, 1893–1904*, 1905) und Lena Haase (*Raggy's Fahrt nach Südwest*, 1910), verfertigt aus Anlass von Diamantenfunden, zählen zu den großen Verkaufserfolgen. Gustav Frenssens afrikanischer Artusroman *Peter Moors Fahrt nach Südwest* (1906) mit seiner klaren Trennung und Bewertung der

Rassen wurde bis in die NS-Zeit vielfach nachgedruckt und neu aufgelegt.[11] Kampfliteratur unterschiedlicher Couleur, oft mehr oder minder autobiografisch wie Paul Reinholds Drama *Im Kampf gegen die Hereros* (1904) und Franz von Bülows *Im Felde gegen die Hereros. Erlebnisse eines Mitkämpfers* (1905), fand Absatz.[12] Abhängig von den Autorengruppen, unterteilbar in Siedler, Missionare, Abenteurer, Soldaten und ihre Partnerinnen, entstanden Lustspiele, Siedlerliteratur, Missionsberichte und so fort.

Zu den eifrigsten Autorinnen dieser Phase gehörte Freifrau Adda von Liliencron (geb. Adda von Wrangel, 1844–1913), Tochter eines Generals, Offiziersgattin und Verfasserin zahlreicher Romane. Von Liliencron gründete den »Frauenbund der Deutschen Kolonialgesellschaft«. Sie sammelte nicht nur Geld für die kolonialen Truppen, sondern appellierte auch an die Frauen, für die Helden im Kolonialkrieg zu stricken: Selbst in Südwestafrika könne es sich empfindlich abkühlen, sodass man »Tuch-, Puls- und Nasenwärmer« brauche.[13] Von Liliencrons Lieder,[14] Anthologien, Erzählungen und dramatische Stücke handeln von Pflichterfüllung für das Vaterland.[15] Sie geben sich regelhaft den Anschein des historisch Verbürgten, modern gesprochen: Dokumentarischen. Zu von Liliencrons Adressaten gehören – neben dem Publikum des Heimatlands – die Soldaten der »Schutztruppe«, die Farmer in Südwest und die Kinder. Ihnen prägte sie kulturelle Stereotype (von den wollköpfigen Kindern, dem rauchenden Häuptling mit der todbringenden Keule, den arbeitenden Frauen der Herero und tapferen deutschen Soldaten) im paargereimten jambischen Pentameter und mit Scherenschnitten ein.[16] Vor allem aber wandte sich von Liliencron an die deutschen Frauen in Afrika. Ihre vorbildliche Siedlerin scheut den Griff zum Gewehr nicht, lässt dem männlichen Helden alle Freiheit und bleibt – mit von Liliencrons Buchtitel – *Getreu bis zuletzt* (1912).[17] Die alltägliche Gewalt gegen die Afrikaner wird systematisch ausgeblendet.[18] Diese erfahren nur dann Anerkennung, wenn sie nicht gegen die Kolonisatoren aufbegehren, sondern für sie arbeiten und ihresgleichen verraten.[19] Literatur erweist sich hier als Form der Rassen- und Rollensozialisation. Von Liliencrons Dramen belegen dies in besonderer Weise: Die Verfasserin ordnet sie nach »Bildern«, typischen Situationen aus dem Leben der Kolonisatoren: der Meldung vom Aufstand, dem Abschied der Freiwilligen von den Angehörigen, dem Gefecht, der Lagerruhe und der Feldpost, die Nachricht aus Deutschland oder der afrikanischen Heimat bringt.[20]

Die Aufstände der Einheimischen behandelt von Liliencron in *Reiter-briefe aus Südwest* (1907). Ihre Publikationsabsicht ist deutlich: Sie will Tapferkeit und Pflichterfüllung der afrikanischen Truppe dokumentieren, erläutert, wie entschieden gegen den »Feind« vorgegangen wird, der hinter jedem Busch lauert, und beschwört die Moral der Kolonisatoren in schlichten Versen.[21] Eingestreute Exotik aber lässt ahnen, dass es der Truppe dabei alles andere als schlecht ging: »Gestern machten uns wieder die springenden Schweinefische und Delphine viel Plaisir«, notiert Unteroffizier L.[22] und lobt das schmackhafte Perlhuhn der Region.[23] Es handelt sich bei den *Reiterbriefen* mehr um ein Erinnerungsbuch als um ein aktuelles Zeugnis. Verluste werden nüchtern rubriziert und nicht weiter reflektiert: »Die Schlacht am Waterberg ist beendet. Leider haben wir manches Opfer zu beklagen. Was weiter kommen wird, weiß ich noch nicht.«[24] Zu fragen steht einzig, wo man sich erneut beweisen kann und wann die Heimkehr ansteht. Marschpläne werden aufgezeichnet, von Liliencrons *Kriegsklänge* (offiziell publiziert 1906) zur »Ermunterung« der Truppe gelesen.[25]

Der Entscheidungskampf am Waterberg (1907) und *Bis in das Sand-feld hinein* (1908) bieten Abenteuer-, Kriegs- und Liebesgeschichten »nach Briefen von Mitkämpfern und mit Benützung der Veröffentlichungen des Generalstabs«.[26] *Der Entscheidungskampf* erzählt von einer tristen Ménage-à-trois, die sich durch den Heldentod am Waterberg in traute Zweisamkeit auflöst: Axel Erhard, ein wenig vermögender Offizier, sucht auf dem »schwarzen Kontinent« sein Glück als Farmer und stürzt sich aus enttäuschter Liebe zu Ruth von Stetten in die Schlacht. Sein Tod beschert ihm Ruhm und ermöglicht ihr eine standesgemäße Vernunftehe mit dem älteren Freiherrn von Axthausen. *Effi Briest* lässt grüßen. *Bis in das Sandfeld hinein* erfreut die deutschen Leser mit einem Happy End: Die befreundeten Unteroffiziere Fahlow und Lund kämpfen im Herero-Krieg in Südwestafrika und erleben parallel beinahe tödliche Gefechte, verlieben sich glücklich in arbeitsame, brave, treue deutsche Mädchen – und triumphieren über die Herero: »Die Hereros hatten aufgehört, ein selbständiger Volksstamm zu sein«, lautet der letzte triumphale Satz des literarisierten Pamphlets.[27] »Vorwärts mit Gott für Kaiser und Reich zu des Vaterlandes Ehre« heißt sein schlichter Appell, der im wahrsten Sinn des Wortes über Leichen geht, über unvorstellbar viele Leichen.[28]

Mit dem Versailler Vertrag im Jahr 1919 musste das Deutsche Reich die sogenannten »Deutschen Schutzgebiete« aufgeben. Ihre literarischen Erzeugnisse, die tatsächlichen oder fiktiven Reisen in das historische oder in ein phantastisches Afrika, verlängerten die Kolonialzeit und die Mentalität der Kolonisatoren allerdings darüber hinaus. Es ist kein Zufall, dass Hans Grimms (1875–1959) Schriftstellerkarriere mit Afrika beginnt: Von seinem Reisebericht *Afrikafahrt West. Von Hamburg nach Swakopmund* (1913) bis hin zu seinem *Deutschen Südwester-Buch* (1929) nimmt die literarische Ideologie ihren Lauf. Der spätere nationalsozialistische Autor und Propagandist der »Herrenrasse« konnte bruchlos an Darstellungen wie diejenigen von Liliencrons anknüpfen.[29]

Wer heute über die Kolonialkriege im südwestlichen Afrika schreibt, weiß um die Problematik des Imperialismus.[30] Auch sie motiviert die Themenwahl und wird im Stil postkolonialer Erzählverfahren bearbeitet: Es geht um Reflexion des Verhaltens der Kolonisatoren, um Mimikry und Parodie seitens der Kolonialisierten, um Annäherung und Abstoßung der Kulturen bis hin zur Konstruktion einer notorisch brüchigen Mittlerkultur. Uwe Timms *Morenga* (1978) beispielsweise bedenkt die Not der Kolonialisierten und den brutalen Willen der Kolonisatoren, sich untertan zu machen, was ihnen aus ihrer Sicht gebührte. Liest man darüber hinaus die Literatur der Kolonialfreunde, fällt die propagandistische Funktion einer Literatur ins Auge, die aus ihren Projektionen lebte, sich der anderen Kultur bloß bediente, um ihre eigene Überlegenheit zu demonstrieren. Der literarische Imperialismus der Kolonisatoren stellt die Kulturen gegeneinander, inszeniert den Kulturkampf – schwarz und weiß. Ihre Texte schreiben ein düsteres Kapitel ins Stammbuch der Weltgeschichte deutscher Literatur – ein Kapitel, das heute in Europa fast vergessen ist, aber in den betroffenen Gebieten nicht ohne Folgen blieb. Im globalen Buchmarkt jedoch kam die Kolonialliteratur kaum an. Hier machten andere Texte von sich reden, darunter Thomas Manns epochaler Roman *Die Buddenbrooks*.

Familienähnlichkeit: Thomas Manns *Buddenbrooks* (1901) in Nişantaş

In Istanbuls Stadtteil Nişantaş wohnt die Geld- und Geisteselite der Stadt. Ihr Auf- und Abstieg, ihre Lieben und Intrigen, Tratsch und Klatsch bieten Stoff für Träume, Albträume – und Literatur. Der Haus- und Hofautor des Viertels, Orhan Pamuk (*1952), erhielt im Jahr 2006 auch für die so charmanten wie ironischen Schilderungen seiner Heimat-stadt den Nobelpreis. Mit erheblicher Verspätung, nämlich erst im Jahr 2011, erschien in Deutschland sein frühes Werk *Cevdet und seine Söhne* (türkisch 1982). Es handelt sich um einen Familienroman, der sich über einen Zeitraum von etwa dreißig Jahren spannt und die Geschichte einer wohlhabenden, doch bald in die Bredouille geratenden Kaufmannsfami-lie aus Nişantaş erzählt. Familienromane haben viele Ursprünge in zahl-reichen Literaturen, und sie weisen schon durch ihr Sujet eine gewisse Ähnlichkeit miteinander auf. Doch gewisse Familienromane haben ihr Genre stärker geprägt als andere, so auch Manns *Buddenbrooks*. Das Werk bezieht sich seinerseits auf skandinavische Familiensagen, deut-sche Kaufmanns- und Künstlerromane, verlegt die Verfallsgeschichte einer Lübecker Kaufmannsfamilie in das literarische Umfeld der Deka-denz um 1900 und schreibt an der »Seelengeschichte des deutschen Bür-gertums« mit.[31]

Pamuk gilt als begeisterter Leser Manns, obwohl Mann in der vor-nehmlich an engagierter Literatur interessierten Türkei wenig populär war.[32] Zwar liegen zwei Übersetzungen der *Buddenbrooks* ins Türkische aus den Jahren 1964 und 2006 vor, aber jenseits dieses Werkes erreichte der bürgerliche Mann türkische Intellektuelle kaum. Im auf 2010 datier-ten Nachwort zu dem Roman *Cevdet und seine Söhne*, der stilistisch noch nicht ganz so geglättet ist wie die späteren Werke Pamuks, gesteht dieser schamhaft die Nähe zu Manns *Buddenbrooks* ebenso wie zu Tols-tojs *Anna Karenina* (1877/78). Von Mann will Pamuk das Schema des Familien- und Kaufmannsromans und die Fokussierung auf einen Ort erborgt haben, von *Anna Karenina* den Anspruch, gleichwohl die ge-samte Gesellschaft abzubilden.[33] Pamuk nimmt seinen Roman aus der Retrospektive als sozialhistorisches Dokument wahr. Es gibt Auskunft über die Militärgesellschaft Istanbuls und die permanent empfundene Bedrohung durch die politische Obrigkeit und die Armee.

Wie Mann, so orientiert sich auch Pamuk an historisch typischen Ent-wicklungen des Istanbuler Bürgertums und erzählt die Geschichte eines Vaters und seiner Söhne, beschränkt sich dabei aber auf zwei Genera-tionen. Der Wandel der türkischen Gesellschaft lässt sich an der Fami-lie ablesen: Aus dem Osmanischen Reich mit seinen feudalen Strukturen hatte Mustafa Kemal zwischen 1923 und 1938 gleichsam über Nacht eine moderne Republik geschaffen, die Religion und Staat als getrennt be-trachtete. Cevdet, der in Pamuks mehrschichtigem Roman als siebenunddreißigjähriger Mann im Jahr 1905 und (in den Jahren von 1936 bis 1940) als über sechzigjähriger Patriarch auftaucht, gehört einer der ersten muslimischen Generationen an, die sich nach der Vertreibung armenischer, griechischer und jüdischer Händler kaufmännisch betätigten. Er gilt als berechnend und überehrgeizig. Um seinen ökonomischen Aufstieg auch sozial zu untermauern, heiratet er Nigan, die Tochter eines spielsüchtigen und geschwätzigen Paşas, in der damaligen Gesellschaftsordnung einer der höchsten Beamten der Türkei. Cevdet scheut für die prunkvolle Hochzeit keine Kosten. Aus der glücklichen Ehe gehen zwei Söhne und eine Tochter hervor. Die Söhne übernehmen später das Geschäft, wofür Cevdet von den alten Paşas heftig getadelt wird. Aus ihrer Sicht gebührt dem ältesten Familienoberhaupt die Übersicht über das wirtschaftliche Wohl der Familie. Tatsächlich geht der Versuch einer Übergabe des Geschäfts an die nachfolgende Generation schief: Osman, der Älteste, zieht erotische Vergnügen wirtschaftlichen Verhandlungen vor, und Refik, der Jüngere, erliegt den Verführungen des Westens. Er gehört einem existenzialistischen Dreierbund an, der sich vor allem um die eigene Befindlichkeit kümmert. Die Scheinidylle der elterlichen Gründergeneration löst sich auf. Erst die Enkelgeneration bemüht sich wieder darum, die Familie und ihre Güter zusammenzufügen: Enkel Ahmet lässt sich vom turbulenten Nişantaş nicht ablenken. Er tritt auf den Balkon und betrachtet das städtische Treiben mit Wohlgefallen. »Dann ging er hinein, um zu arbeiten«, lautet der programmatische Schlusssatz des Romans.[34]

Vielleicht machte gerade die Verbindung aus universeller Weite und lokaler Engführung die Familiengeschichte Manns so attraktiv? Seitens des Verlegers Samuel Fischer (1859–1934) war der Erfolg der *Buddenbrooks* das unerwartete Ergebnis eines Nervenkriegs gewesen: Ein junger und nicht sonderlich bekannter Autor namens Thomas Mann schlug ihm vor, einen Roman von begrenzter Länge zu veröffentlichen. Ein opulentes Werk kam heraus, aber der Autor weigerte sich, es zu kürzen. Mit zwei Bänden und hohem Ladenpreis fand es kaum Leser. Schon wegen seiner Länge wurde es auch von der Kritik nicht geliebt. Sie ordnete es in die Heimatliteratur der nördlichen Gefilde ein, und Mann bescherte das Opus aufgrund seines Zeitkolorits jede Menge Ärger: Der Schlüsselroman des Lübecker Patriziats, der im Jahr 1835 beginnt, eröffnete unerwünschte Einblicke in das Privatleben mancher Zeitgenossen, die sich bei dem Autor darüber beklagten – und den Roman nicht nur zu einem literarischen, sondern auch zu einem gesellschaftlichen Ereignis machten. Die Geschichte des wirtschaftlichen Verfalls,[35] die epidemische Verbreitung des Ehebruchs unter den Buddenbrooks, die Erzählungen über Heiratsschwindler und religiöse Sektierer boten Stoff für Klatsch und Tratsch.[36] In einem Band gedruckt und mit neuem Einband, wurden die *Buddenbrooks* aus dem Jahr 1903 schließlich zu einem modernen Klassiker. Umgehend folgte eine dänische Übersetzung durch den gelehrten Vilhelm Andersen (1864–1953). Er verstand das *Huset Buddenbrook* (1903) als autobiografisches Dokument, als Roman über die Conditio humana unter Bedingungen der norddeutschen Gegenwart.[37]

Außerhalb Europas wurden die *Buddenbrooks* seit den 1920er-Jahren berühmt. In England und den USA kannte man eigene Familien- und Verfallsgeschichten, beispielsweise Edgar Allan Poes Erzählung *The Fall of the House of Usher* (1839) mit ihrer Verschränkung von Künstlerthematik, körperlichem und irdischem Verfall.[38] Aber Mann fand in der Amerikanerin Helen Tracy Lowe-Porter (1876–1963) frühzeitig eine Übersetzerin und Vermittlerin seiner Werke, unter anderem der *Buddenbrooks* (1924). Sie übertrug zwar fehlerhaft, mit geringem Verständnis für Lokalkolorit und kulturellen Kontext, aber viel Gespür für die Erwartungshaltungen amerikanischer Leser. Lowe-Porter amerikanisierte die *Buddenbrooks* und verschaffte ihnen so die Eintrittskarte für den amerikanischen Buchmarkt.[39] Die erste russische Übersetzung des Romans aus dem Jahr 1927 reagierte auf den amerikanischen Erfolg.[40] Sie stellte die Kritik am Bürgertum heraus,[41] um die *Buddenbrooks* als pessimistischen Roman über die kapitalistische Heimat Manns zu präsentieren.[42] Man rang mit Mann: Die offizielle russische Meinung blieb ambivalent bis kritisch. Aus russischer Sicht fehlte Mann trotz seiner präzisen Analyse der Wirklichkeit die richtige ideologische Einstellung.[43] Dass er in der McCarthy-Ära wegen »anti-amerikanischer Umtriebe« verhört wurde, verhalf den *Buddenbrooks* im Jahr 1953 jedoch zu einer neuen Übersetzung ins Russische.

Die frühen Fans der *Buddenbrooks*, darunter der Kritiker Samuel Lublinski ebenso wie Rilke, sollten mit ihrer Begeisterung Recht behalten:[44] Im Jahr 1929 erhielt Mann den Nobelpreis für exakt dieses Werk. Als Mitglied des Nobelpreiskomitees lobte der schwedische Germanist Frederik Böök die *Buddenbrooks* als »unübertroffenen deutschen realistischen Roman im hohen Stil«, als europäischen, ja universellen Roman.[45] Mann dankte und betrachtete den Preis als Ausdruck der »Weltsympathie«, auch mit den Deutschen und ihrer Literatur.[46] Obwohl das Werk mit seinen dialektalen und exophonen Wendungen aus dem Französischen und anderen Sprachen nicht leicht zu übertragen ist, erschienen kurz nach dem Nobelpreis, in den Jahren 1930 und 1931, gleich elf *Buddenbrooks*-Übersetzungen: ins Hebräische (Tel Aviv, Berlin), Ungarische (Budapest), Tschechische (Prag), Dänische (Malmö), Litauische (Kaunas), Lettische (Riga), Norwegische (Oslo), Schwedische (Stockholm), Italienische (Mailand) und Englische (London). In den Jahren 1980/81 wurden acht weitere Übersetzungen publiziert (Schwerpunkte: Oslo, Finnland, Prag, Paris, Budapest, Zagreb, Sofia, Taipeh und Rio de Janeiro), weil Osteuropa sich öffnete, der Norden sich verstärkt für Europas Mitte interessierte und kanonische Texte außerhalb Europas entdeckt wurden. In Summe erweisen sich *Die Buddenbrooks* weltweit als wichtigster Roman Manns.[47]

Ein besonderer Fall begeisterter Rezeption außerhalb Europas spielte sich in Brasilien ab. Mann nämlich galt seit den 1930er-Jahren als Humanist auch brasilianischer Herkunft.[48] Tatsächlich war seine Mutter Julia da Silva-Bruhns im Jahr 1851 in der brasilianischen Küstenstadt Paraty geboren und mit sieben Jahren nach Lübeck umgezogen. Sie kehrt in Manns Texten als schöne Südländerin und Sinnbild der Exotik wieder und wird der nördlichen, rationalen väterlichen Sphäre entgegengestellt. Der biografische Bezug zu dem südamerikanischen Land ermutigte einen brasilianischen Journalisten sogar, Mann anlässlich der Verleihung des Literaturnobelpreises als brasilianischen Schriftsteller zu preisen.[49] *Die Buddenbrooks* erschienen in Brasilien deutlich später, aber fast schon programmatisch im Jahr 1942, als Brasilien Deutschland den Krieg erklärte und die Benutzung der deutschen Sprache in der Öffentlichkeit verboten wurde. Stefan Zweig hatte Mann und seinem Verleger Kontakte zu dem Exilanten Herbert Caro (1906–1991) vermittelt,[50] einem promovierten Juristen,[51] der die *Buddenbrooks* in schlichtes Portugiesisch übertrug.[52] Caro seinerseits betont die »psychologische Tiefe« und den »Reiz exotischer Fremdheit«, den der Roman auf brasilianische Leser ausübt.[53] Seine Übersetzung wurde vielfach nachgedruckt.[54] Dem Autor selbst aber blieb die Einreise in das Herkunftsland der Mutter verwehrt, weil man ihn dort für einen Kommunisten hielt.

Dreiundfünfzig Jahre nach der Verleihung des Nobelpreises an Thomas Mann wurde er in Lateinamerika zum Sündenbock für ein falsches Verständnis des Kontinents: Gabriel García Márquez, Nobelpreisträger des Jahres 1983, grenzte sich bei der Preisverleihung in Stockholm entschieden gegen Mann ab. Er verwahrte sich und seine Kultur gegen den schematischen Gegensatz von Nord und Süd, wie er ihn bei Mann am Werk sah, und betonte die kulturelle Eigenständigkeit Lateinamerikas.[55] »Erfolg bedeutet Missverstehen«, wie Mann selbst im Jahr 1940 lakonisch notierte.[56]

Im *Sturm*: Die internationale Avantgarde und ihre Zeitschriften

Missverständnisse beziehungsweise der tolerante Umgang mit ihnen ermöglichten aber auch internationale Verbindungen: Gerade über die Sprachgrenzen hinaus verstand man sich oft nur halb und meinte, auf das Gleiche zu setzen, obwohl die jeweilige Stoßrichtung der Bewegung eine andere war. Die künstlerischen Avantgarden der klassischen Moderne wollten Publikum und Kunst miteinander ins Gespräch bringen – unabhängig, kritisch und mit dem Ziel möglichst breiter, weltweiter Resonanz.[57] Manifeste, Zeitschriften, Wanderausstellungen, Performances, eigene Bühnen und Verlage waren ihre Medien.[58] Wenn sich die bedeutendste deutschsprachige Zeitschrift in diesem Zusammenhang den Namen *Der Sturm* (1910–1932) gab, dann ist dies wörtlich zu verstehen: Im Sturm, aufrüttelnd, rasant, mit der nötigen Polemik und der Reminiszenz an die Bewegung des Sturm und Drang im Titel (ohne den »Drang«, aber umso dynamischer) wollten ihre Träger die zeitgenössische Kunst- und Literaturszene erobern und alles verändern, was ihnen als träge, verstaubt und allzu etabliert galt. Anders als vergleichbare Zeitschriften wie *Die Aktion* (1911–1932) war *Der Sturm* nicht nur dem Anspruch nach, sondern tatsächlich und in vielerlei Hinsicht international; politisch gab er sich – anders als die linksgerichtete *Aktion* – neutral. Doch im Ersten Weltkrieg war *Der Sturm*, wie Funde im Archiv des Auswärtigen Amts zeigen, eng mit den drei wichtigsten deutschen Geheimdiensten verbunden, sammelte und verbreitete Nachrichten – unter dem Deckmantel der Neutralität und indem er, im Krieg durchaus propagandistisch, die künstlerische Weltgewandtheit des Landes demonstrierte.[59]

Im Ausblick auf die NS-Zeit kehrte sich die politische Richtung um: Der Herausgeber und Tausendsassa Herwarth Walden (1878–1941), Pianist, Komponist, Schriftsteller,[60] Galerist und Verleger, energiegeladen, umtriebig und mehrfach verheiratet, hieß mit bürgerlichem Namen Georg Lewin und stammte aus wohlhabender jüdischer Familie.

Auch viele andere Beiträger des *Sturm* waren Juden. Sie flüchteten, so sie konnten, aus dem Reich. Überläufer wie der *Sturm*-Redakteur Lothar Schreyer (1886–1966) bekannten sich im Jahr 1933 zum Nationalsozialismus. *Der Sturm* wurde schließlich eingestellt.

Im Jahr 1904 gründete Walden den ambitionierten »Verein für Kunst«. Seit 1910 gab er zunächst wöchentlich, ab 1915 monatlich seine Zeitschrift *Sturm* heraus, und im Jahr 1912 zeichneten er und der Sturm-Kreis für künstlerische Großereignisse verantwortlich: für die Wanderausstellung des Blauen Reiters ebenso wie für die erste große Ausstellung der Futuristen in Deutschland, beides gleichermaßen in der Sturm-Galerie. Im Jahr 1914 kamen der Sturm-Verlag, 1916 die Sturm-Kunstschule (unter Georg Muche), 1917 die Sturm-Buchhandlung und 1918 die Sturm-Bühne hinzu, die das neue Theater präsentieren wollte. Sturm-Abende, die vornehmlich der Rezitation von Lyrik dienten, ergänzten das Programm. *Der Sturm* bot ein Forum mit vielen Auftrittsmöglichkeiten. Ihr Herausgeber ist in besonderer Weise Kind seiner Zeit: »Der STURM ist Herwarth Walden«, notieren Waldens Mitstreiter, der Autor August Stramm (1874–1915) und Schreyer.[61] Seinen Künstlernamen verdankte Walden übrigens seiner ersten Frau, Else Lasker-Schüler (1869 bis 1945), und der Inspiration durch Henry David Thoreaus *Walden; or, Life in the Woods* (1854). Damit schließt sich der Kreis zu einer der ersten literarischen und kulturellen Bewegungen, die schon in der ersten Hälfte des 19. Jahrhunderts Avantgarde war: den amerikanischen Transzendentalisten, denen auch Thoreau angehörte.

Der *Sturm* wollte Organ für die verschiedenen Strömungen der Avantgarde sein: für Expressionismus, Dadaismus, Kubismus und Futurismus gleichermaßen. Walden selbst sprach häufig von Expressionismus, meinte damit aber zumeist all diese Strömungen. Mitte der 1910er-Jahre buchstabierten er und seine Mitarbeiter das Programm des *Sturms* aus: Ein überzeitliches Konzept von »Expressionismus« mit universalistischen ästhetischen Werten war das unbescheidene und politisch zu diesem Zeitpunkt schon problematisch gewordene Ziel. Zu den deutschsprachigen Autoren des *Sturm* gehörten damals bekannte und noch wenig bekannte Namen wie Alfred Döblin, Arno Holz und Else Lasker-Schüler, denen sich Künstler wie die Gruppe des Blauen Reiters beigesellten. Bei den nicht deutschsprachigen Beiträgern handelte es sich um Größen des Literaturbetriebs: Da waren die frisch gekürte Nobelpreisträgerin Selma Lagerlöf (1858–1940), der Symbolist und spätere

Surrealist Guillaume Apollinaire (1880–1918) und der norwegische Schriftsteller Knut Hamsun (1859–1952), dessen Werk im Jahr 1920 mit dem Nobelpreis ausgezeichnet wurde. Der niederländische Symbolist Albert Verwey (1865–1937) verkehrte bereits mit dem »Meister« Stefan George, der sich zu diesem Zeitpunkt einer formstrengen und metaphysischen Dichtung verschrieb. Verwey blieb George zwar bis in den Tod verbunden,[62] lebte aber mit seinen Kontakten in andere avantgardistische Kreise literarisch polygam. Im *Sturm*-Umfeld seltener waren so randständige und junge Autoren wie der niederländische Debütant Sjoerd Broersma (1908–1972).

Weltgewandtheit meinte im *Sturm* gelebte Internationalität. Man kommunizierte mithilfe moderner Medien (Telegramm, Telefon) und bewegte sich mit dem Zug oder Auto durch Europa. Schnelligkeit und Vernetztheit waren Trumpf. Hinzu kam ein normatives und ästhetisches Verständnis von Internationalität: die Einsicht nämlich, dass Kunst eine internationale Angelegenheit ist. Vor dem Einsatz zu nationalen und nationalistischen Zwecken war diese Einsicht allerdings nicht gefeit. Die Zeitschrift *Der Sturm* gibt Einblick in diese vielen Dimensionen avantgardistischer Weltgewandtheit.

Schon durch die zahlreichen Kontakte zu nicht deutschsprachigen Schriftstellern wurde der *Sturm* international wahrgenommen. Niederländische Künstler und Autoren begeisterten sich früh für die Zeitschrift. Durch den *Sturm* lernten sie Expressionismus, Futurismus und Kubismus kennen, und umgekehrt konnten sie auch selbst dort publizieren.[63] Apollinaire veröffentlichte als Leitfigur der französischen Intellektuellen nicht nur Artikel und Gedichte im *Sturm*, sondern machte den *Sturm* auch im *Paris-Journal* bekannt. Er vermittelte außerdem den Kontakt zu dem stilistisch wendigen Maler und Schriftsteller Francis Picabia (1879–1953), versprach, für den *Sturm* in Katalogen zu inserieren, und grüßte als »Freund«.[64] Doch nicht immer verliefen solche Kontakte konfliktfrei. Wollte Walden Apollinaire seit 1913 zunehmend durch den frankophonen Schweizer Autor Blaise Cendrars (1887–1961) ersetzen und Lyrik als autonome Kunst präsentieren,[65] so änderte er bald wieder seine Meinung: Cendrars' Gedichte passten nicht mehr in den *Sturm*, seine Artikel aber wohl. Cendrars reagierte verärgert. Für den *Sturm* wollte er überhaupt nichts mehr schicken, weil ihm unklar war, was Walden dafür für geeignet hielt.[66]

In die Kreise der italienischen Futuristen war ähnliches Misstrauen eingekehrt. Im März 1912 begrüßte der Maler und Bildhauer Umberto Boccioni (1882–1916) die Sendung des *Sturm* durch Walden mit großem »Bravo!«[67] Walden hatte futuristische Manifeste abgedruckt. Doch bald erschien der *Sturm* als zu wenig sichtbar. Die italienischen Futuristen beschimpften ihn als laues Lüftchen. Anlass war die erste große Ausstellung der italienischen Futuristen in der Sturm-Galerie im April desselben Jahres. So begeistert die deutschen Träger darüber waren, so wenig amüsiert schienen die italienischen Protagonisten: das Wetter zu schlecht, zu wenig Publikum, zu geringe Einnahmen, kein Vergleich mit den vorherigen Futuristen-Ausstellungen in Paris und London, beschwerten sie sich. Filippo Tommaso Marinetti (1876–1944), ähnlich umtriebig wie Walden, Begründer des italienischen Futurismus und später faschistischer Politiker, eilte daraufhin selbst nach Berlin, um das Publikum futuristisch zu stimmen: Im offenen Wagen fuhr er durch die Hauptstadt, um, mit Flugblättern und Plakaten bewaffnet, eine Werbekampagne für sein Kunstprogramm zu starten.[68] Zugleich pries Marinetti die künstlerischen Werke Waldens, Lasker-Schülers und anderer *Sturm*-Teilnehmer.

Mit dem Verstehen der im *Sturm* publizierten Texte allerdings haperte es: Boccioni jedenfalls sprach kein Deutsch, verließ sich aber umso energischer auf seine Intuition, die ihn Walden gewogen sein ließ, da er doch für die Sichtbarkeit des futuristischen Unternehmens sorgte. Schon im November 1912 stockte das gemeinsame avantgardistische Unternehmen allerdings: Gemäß seines weiten Expressionismus-Begriffs und getrieben durch Gelegenheiten des Kunstmarkts, hatte Walden Futuristen und andere Künstler, darunter Kubisten, gemeinsam ausgestellt. Die italienischen Compagnons reagierten verärgert: Boccioni beschwerte sich und reklamierte Deutungshoheit für alles, was unter dem Etikett des Futurismus angepriesen wurde.[69] Dem Futurismus im engeren Sinne gehörten aus seiner Sicht nur Marinetti, er selbst sowie die Maler Carlo Carrà und Luigi Russolo an. Gleichwohl blieb der Kontakt zwischen Boccioni, Marinetti und Walden rege. Mittlerpersonen wie Theodor Däubler (1876–1934) setzten ihn fort. Däubler suchte im Jahr 1913 Kontakt zu futuristischen Kreisen in Florenz und konnte unter anderem eine Rezension für sein Epos *Das Nordlicht* erwirken.[70] Bald darauf traf er Marinetti, der ihn zum Kronprinzen der futuristischen Bewegung erkor, setzte sich im *Sturm* ebenso wie in der *Aktion* für die Italiener ein und wandelte zwischen beiden Kulturen.

Mit Kriegsbeginn, um 1915, endete die Publikation futuristischer

Texte im *Sturm*. Die Kontakte zu französischen Autoren brachen ab. Niederländische Protagonisten knüpften Kontakte außerhalb des eigenen Landes, umgingen Walden mitsamt seinem Kreis und planten Ausstellungen wie die Amsterdamer Vernissage moderner Künstler zugunsten des russischen Roten Kreuzes (1915). Offenbar wurde der *Sturm* mit seinem nun universalistischen Expressionismus-Programm als Teil der Kriegspropaganda verstanden und – wie etwa bei einer Rede Waldens in der Haager Galerie d'Audretsch (1916) – verspottet.[71] Künstlerischer und militärischer Sturm erschienen als zwei Seiten derselben Medaille. Andere Künstler und Autoren betrieben Gegenpropaganda. Das deutschsprachige Rollenmodell der Avantgarde-Zeitschrift wurde durch neue Periodika ergänzt und ersetzt. In sprachlicher Hinsicht waren diese neuen Zeitschriften radikaler als der *Sturm*: Theo van Doesburgs *De Stijl* (1917–1928), die Amsterdamer *Revue du Feu* (1919), Hendrik Nicolaas Werkmans *The Next Call* (1923–1926) oder die *internationale revue i10* (1927–1929) waren konsequent mehrsprachig angelegt und von vornherein als europäische Zeitschriften konzipiert. Aus politischen Gründen orientierten sie sich an der *Aktion* oder kooperierten mit den pazifistischen *Weißen Blättern* (1913–1920).[72]

Wer trotz des Krieges und des stürmerischen Engagements für die deutsche Seite positiv an den *Sturm* anknüpfte, bestätigte die Regel: Sophie van Leer (1892–1953), Niederländerin und Sekretärin Waldens, veröffentlichte quasi als Überläuferin zwischen 1915 und 1917 im *Sturm* liedhafte Gedichte, und Hendrik Marsman (1899–1940), ein Nietzsche-begeisterter Autor, stritt noch in seinen Texten der Jahre 1922 und 1923 gegen den französischen Kriegsgegner. Formal orientierten sich beide Autoren typischerweise an August Stramm, dem Dichter, der den *Sturm* durch seinen harten, reduktionistischen und substantivierenden Stil geprägt hatte. Die Stramm-Imitation gehört vermutlich zum wichtigsten literarischen Erbe des *Sturm* außerhalb des deutschen Sprachraums. Aus dem Kontakt mit dem italienischen Futurismus entwickelte Postinspektor Stramm seinen charakteristischen Stil.[73] Mit dem schwarzhumorigen Einakter *Rudimentär* (1912) und den in der Folge verfertigten Gedichten wurde dieser Stil zur Marke. Etwa um 1912 kam Stramm mit Walden in Kontakt. Seitdem zählte er zu den produktivsten Autoren des *Sturm*, doch starb er früh, im Kriegsjahr 1915 am Dnepr-Bug-Kanal.[74] Nachahmer hatten sich schon zuvor positioniert: Zu den ersten zählte van Doesburg, der im Jahr 1913 auf Niederländisch in strammscher Manier dichtete und einen Text sogar programmatisch mit *Storm* überschrieb.[75]

Zwar konnten einige internationale Kontakte des *Sturm* in den 1920er-Jahren wiederbelebt werden, erreichten aber nicht das Vorkriegsniveau. Zu den Ausnahmen zählte die Zeitschrift *Zenit (Zenith)*, das wichtigste europäische Avantgarde-Magazin des Balkans. Der Künstler Ljubomir Micić (1895–1971) hatte es im Februar 1921 in Zagreb gegründet; es erschien bis zu seinem Verbot im Dezember 1926. Micić vertrat den Zenitismus, eine dem Futurismus vergleichbare egalitäre, proeuropäische Kraftreligion des Ich aus postnietzscheanischem Geist. Sie suchte sich in einem Künstlermanifest (1921) Geltung zu verschaffen. Der Kontakt zum Sturm-Kreis und anderen deutschsprachigen Künstlern und Schriftstellern war so eng, dass das sechzehnte *Zenit*-Heft vom Juli 1922 fast vollständig in deutscher Sprache erschien. Üblicherweise aber publizierten die Zenitisten mehrsprachig. *Der Sturm* veröffentlichte ihre Beiträge, und umgekehrt schrieben Yvan Goll (1891–1950), Claire Studer-Goll (1890–1977), Georg Kaiser (1878–1945), der Stramm-Imitator und mutmaßliche Erfinder des Lautgedichts Franz Richard Behrens (1895–1977) und Walden für *Zenit*.[76]

Trotzdem war die große Zeit des *Sturm* in den 1920er-Jahren vorbei: Im deutschsprachigen Raum und außerhalb waren auch durch den Ersten Weltkrieg neue künstlerische Allianzen, Zeitschriften und Foren entstanden. Der *Sturm* und andere Avantgarde-Richtungen kannibalisierten sich frühzeitig: DADA in Zürich und den Niederlanden sowie russische und polnische Parallelbewegungen vertraten ihr je eigenes Kunstprogramm.[77] Hinzu kamen private Umstände: Im Jahr 1924 hatte sich Walden von seiner vermögenden zweiten Frau scheiden lassen und ihr die »Sammlung Walden« überschrieben. Künstlerisch musste er neu anfangen. Er engagierte sich politisch für den Kommunismus, die KPD, die Sowjetunion, heiratete eine Russin, die jedoch bald an Tuberkulose starb.[78] 1932 verließ Walden Deutschland angesichts des braunen Mobs. Er ging nach Moskau, wo die Expressionisten spätestens nach 1918 so populär geworden waren, dass russische Autoren, unter ihnen Boris L. Pasternak (1890–1960), Il'ja G. Ėrenburg (1891–1967), Osip E. Mandel'štam (1891–1938) und Vladimir V. Majakovskij (1893–1930), schon über eine Invasion klagten.[79] Tatsächlich wurden Autoren wie Johannes R. Becher (1891–1958), Gottfried Benn (1886–1956), Max Brod (1884–1968), Theodor Däubler, Albert Ehrenstein (1886–1950), Yvan

274

Goll, Walter Hasenclever (1890–1940), Georg Heym (1887–1912), Jakob van Hoddis (1887–1942), Alfred G. H. Henschke alias Klabund (1890 bis 1928), Else Lasker-Schüler, Oskar Loerke (1884–1941), Ludwig Rubiner (1881–1920), René Schickele (1883–1940), August Stramm, Claire Studer-Goll, Ernst Toller (1893–1939), Georg Trakl (1887–1914), Franz Werfel (1890–1945) und Paul Zech (1881–1946) bis in die 1920er-Jahre hinein in Russland gelesen und diskutiert.[80] Becher und andere kamen zuerst als Besucher, dann als Exilanten.[81] Der Exilant Walden aber wurde als Spion verfolgt und verstarb im Jahr 1941 in einem sowjetischen Gefängnis.[82] Die Avantgarde lebte andernorts weiter: seit den 1950er-Jahren als konkrete Poesie der Wiener und Stuttgarter Gruppen,[83] seit 1960 in der Form von Oulipo (französisch: »Ouvroir de Littérature Potentielle«, deutsch: »Werkstatt für Potentielle Literatur«), deren Anliegen es ist, formale Konstruktionsmuster von Texten zu erproben.

Vierländerdichter Rilke und die *Duineser Elegien* (1923)

Ebenso wie Thomas Mann hatte Rilke die avantgardistischen Bewegungen eher am Rande beobachtet. Er war und blieb ein Einzelgänger mit Kontakten in unterschiedliche Zirkel. Sein Interesse richtete sich auf das, was Kultursphären im Innersten zusammenhält: ihr mystisches Geheimnis. Geboren in Prag, wuchs Rilke im kulturellen Schmelztiegel zwischen Österreich, Ungarn, Böhmen und Deutschland auf. Als »poeta touristicus« zog es ihn in damals gerade erst erschlossene Gegenden: in die Alpen bis hinauf in das wallisische Randa genauso wie zu den Pyramiden nach Luxor. Er besuchte die Kirchen Italiens, reiste nach Schweden und begeisterte sich für Skandinavien. Seit 1897 schrieb er auch auf Französisch, in den Jahren von 1923 bis 1925 mit besonderer Intensität.[84] Seit 1900 äußerte er sich, infolge der Verbindung zu der aus Sankt Petersburg stammenden Protestantin Lou Andreas-Salomé (1861–1937), mehrerer Russlandreisen, intensiver Befassung mit der russischen Kultur und Kontakten zu russischen Künstlern wie dem Künstler Leonid Pasternak, dem Bauerndichter Spiridon Drozhzhin und Marina Cvetaeva, auch auf Russisch, ja, verstand sich als Russe.[85] Er verkehrte mit allen Schichten: deutschen Bankiers und vor allem ihren Gattinnen, ägyptischen Schiffern und Fährleuten auf dem Nil, verhielt sich aber skeptisch gegenüber einem Amerika, das er als schnell vergängliche Konsumkultur wahrnahm.

Von besonderer Bedeutung für die Geltung Rilkes ist sein Spätwerk, eine Art dichterisches Vermächtnis mit eigenwilliger Semantik.[86] Es entstand zwischen 1912 und 1922, noch unter dem Eindruck der offenen Welt vor dem Ersten Weltkrieg und trotz des Krieges, der Abschottung von Kulturräumen gegeneinander. Unterbrechungen durch Kriegsdienst und Schaffenskrisen prägten die Verfertigung der *Duineser Elegien*. Ihren Namen verdanken sie dem Ort der ersten Niederschrift: Schloss Duino bei Triest. Üblicherweise werden die *Elegien* als ein Werk des l'art pour l'art betrachtet, aber diese Sichtweise scheint als allzu eng, nimmt man ihren Bezug auf »die Welt« in den Blick: Die *Elegien* leben aus der Dichtung der französischen Moderne, aus Baudelaires Ästhetik des Hässlichen und Schrecklichen, versuchen diese jedoch zu überwinden. Sie lassen sich von der Weltanschauungsliteratur inspirieren und fragen, dialogisch strukturiert, nach den letzten Dingen: nach dem Verhältnis von Diesseits und Jenseits, Leben und Tod, Mensch und Tier.

In der Form der Klage kritisieren die *Duineser Elegien* die Suche der Menschen nach einem kurzfristigen Glück im Hier und Jetzt, nach dem Festhalten an Leben und Besitz.[87] Großes wie den Engel, der Sichtbares in Unsichtbares verwandelt, vermögen Menschen nicht zu fassen, nicht einmal die Liebenden, die Helden, die Akrobaten oder die Kinder können es. Ihnen aber, den Figuren zwischen Leben und Tod, ist vielleicht tiefere Einsicht möglich, so hofft der Sprecher in Rilkes Zyklus. Es scheint, als hallte Rilkes ägyptische Reise nach: die Auseinandersetzung mit dem ägyptischen Totenkult, wonach die Toten unter den Lebenden wandeln. Ähnlich wie dort hebt der Dichter die Grenze zwischen den Sphären auf. Die zehnte Elegie ruft die Pyramiden, die Sphinx und den Nil an. Aus der Klage, die das elegische Distichon anklingen lässt, wird Hymnus. Preisen und Rühmen erscheinen als Aufgaben eines Dichters, des dichtenden Sehers, durch den ein Gott spricht. »Preise dem Engel die Welt«, heißt es emphatisch in der neunten Elegie, so, als gebe der Mikrokosmos immer schon den Blick auf den Makrokosmos frei und als müsse der Mensch diese Erkenntnis nur zulassen, Schicksal wagen, sich selbst bloß als Rad im Kreislauf des Lebens begreifen.

Die *Sonette an Orpheus* (1923), Rilkes umfangreicher später Sonettzyklus, nimmt die Impulse der *Elegien* auf. Orpheus heißt der mythische Sänger, den sie anrufen und dem sie gewidmet sind.[88] Einzelne Motive der *Elegien* werden hier zu Bildern einer neuen Poesie geformt. Sie erscheinen als Wegweiser für einen Gebrauch der Sinne, der im Dienst einer doppelten, einer sichtbaren und einer unsichtbaren Ordnung steht. Anknüpfend an die *Metamorphosen* des Ovid, in denen sich die Figuren von Geschichte zu Geschichte je neu verwandeln, wird auch hier das Wandlungsmotiv zentral: Nichts ist beständig und bleibt; alles ist dem Kreislauf des Lebens unterworfen. Singen, Hören, Tanzen, Fühlen, Schmecken – sinnliche Erlebnisse erscheinen als zentral für diese Poesie, die im rinnenden Wasser (II. Teil, 29. Sonett) ihr Symbol findet. Rilke wäre dabei nicht Rilke, erlaubte er sich nicht hier und da ironische Einwürfe, um den hohen Ton der *Sonette* abzusenken: Sein Sprecher attackiert die Maschine, als wäre sie ein Mensch, der sich Geist anmaßt und sich erdreistet, selbst etwas können, schaffen und zerstören zu wollen (II. Teil, 10. Sonett). Und er amüsiert sich über das Geld, das sich Konsumgüter zulegt, sich in »Seide, Nelken und Pelz« gewandet (II. Teil, 19. Sonett). Rilkes späte Dichtung erweist sich als begeisterte und zugleich ironische Physikometaphysik, die alles vorhandene Kultur- und Glaubensgut mischt, um es der lesenden Welt zur Verfügung zu stellen.

Diese reagierte mit Staunen, Eifersucht und später Anverwandlung der *Duineser Elegien*. Die Verbreitung ihrer fremdsprachigen Fassungen ist ein Phänomen: Erste Übersetzungen erschienen auf Polnisch und Tschechisch im Jahr 1930, und dann passierte lange wenig. Im Jahr 1947 gab es mit fünf aufgelegten Übersetzungen einen kleinen, 1974 mit sechs einen größeren und 1994 mit fünfzehn den größten Peak in der Konjunktur der *Duineser Elegien*. Diese späte Entdeckung kennt keinen besonderen Anlass. Vielmehr galten die *Elegien* allerorten als besonders kompliziert und kaum oder gar nicht übertragbar, folgt man einem konventionellen Übersetzungsbegriff, der das Original im Verhältnis von eins zu eins wiedergeben will. Heute hingegen reicht die räumliche Verbreitung der *Elegien*-Übersetzungen von der amerikanischen Westküste bis nach New York, umfasst Mittel- und Südamerika (Mexiko, Peru, Chile, Argentinien, Brasilien), alle europäischen Länder, das Baltikum eingeschlossen, die Türkei, Libanon, Israel, Russland, Indien, China, Taiwan, Südkorea und Japan.

In Russland zählte Rilke zu den Autoren der Klassischen Moderne, die von Autoren wie Aleksandr Blok (1880–1921), Aleksandr Bisk (1883 bis 1973) und Anna Achmatova (1889–1966) gelesen und mitunter früh übersetzt wurden.[89] Doch änderte sich dies mit der Oktoberrevolution jäh. Unter Stalin galt Rilke als modernistischer, apolitischer Dichter, der der politischen Sache nicht förderlich war. Erst rund fünfzig Jahre später, seit den 1960er-Jahren, entdeckte man ihn allmählich wieder.[90] Aber selbst Bisk, der in den 1960er-Jahren viele Rilke-Gedichte übersetzte, wollte sich einer Übertragung der *Elegien* nicht stellen. Erst nach und nach erschienen einzelne Elegien auf Russisch, unter anderem übersetzt durch die Pianistin Marija Judina (1899–1970), die selbst Mitglied einer halboffiziellen, christlich-orthodoxen Kulturszene war und die *Elegien* vertonen wollte, ohne Erfolg jedoch.[91] Erst im Jahr 1995 übersetzte Vladimir B. Mikuševič (*1936) die zehn Elegien erstmals ins Russische, im Zusammenhang mit einer regelrechten Rilke-Welle, die nach dem Zerfall der Sowjetunion einsetzte. Weitere Neuübersetzungen folgten (zwei in den Jahren 1996 und 1999, fünf nach 2003).[92] Es scheint, als hätte man nur darauf gewartet, sich dem Russland-Freund zu widmen, dessen Werk so gar nicht der Doktrin des sozialistischen Realismus entsprach.[93]

In Südosteuropa sah es ähnlich aus: Rilke war dort zunächst kaum bekannt,[94] und doch schrieb der bulgarische Symbolist Teodor Trajanov (1882–1945) schon im Jahr 1929 sein literarisches Bekenntnis *Einsiedler (Otšelnik)* als eine Hymne auf die *Duineser Elegien* und »in memoriam Rainer Maria Rilke«, der als Christusfigur auftaucht.[95] Rilke galt dabei als Autor und Seher, von dem man sich Einsichten in die Kontroversen der Zeit, in die Modernisierung und Technisierung der Lebensumstände erhoffte. Mit dem Zweiten Weltkrieg brach jedoch auch diese Auseinandersetzung ab und begann erst im Jahr 1969 mit einer Übersetzung der *Duineser Elegien* durch den serbischen Autor Branimir Živojinović (1930–2007) von Neuem.

Rilke erscheint als Faszinosum und zugleich als beinahe hermetisches Phänomen: als Extremwert einer subjektiven, idealischen und zugleich auf Irdisches gerichteten, moralfernen Dichtung. Der Militärarzt Mori Ôgai, der zu den wichtigsten Übersetzern deutschsprachiger Literatur um 1900 und danach ins Japanische gehörte, übertrug zwar Rilke *(Weißes Glück, Das tägliche Leben).* Aber offenbar erfreuten sich Richard Dehmel *(Die Glocke im Meer, Der Schwimmer, Stimme von oben, Der Hahnenkampf)* und Hugo von Hofmannsthal (darunter *Der Tor und der Tod, Ödipus und die Sphinx)* größerer Beliebtheit, waren leichter kommensurabel als Rilke. Erst der jüngere Chino Shôshô (1883–1946) widmete sich wieder der Rilke-Übersetzung; die *Duineser Elegien* veröffentlichte er nach und nach in den Jahren 1927 und 1939.[96] Ähnlich sieht es in Indien aus, wo Rilke erst seit den späten 1970er-Jahren übersetzt wurde. Zugleich wurden die *Duineser Elegien* zu wichtigen Intertexten:

In Amitav Ghoshs Erzählung *The Hungry Tide* (2004) beispielsweise liest eine zentrale Figur die *Duineser Elegien* in Übersetzung, und zugleich fungiert der Text als Referenz und Reaktion auf Phänomene der Entfremdung in Indien.[97]

In Europa und den USA hingegen waren die Reaktionen auf die *Duineser Elegien* schillernd und fanden sich nicht nur in der Literaturkritik, sondern auch in der Form von kritischen Abstoßungsreaktionen und produktiven Adaptationen in der Literatur. Albert Verwey schrieb an den Maler und Grafiker Melchior Lechter (1865–1937), dass er Rilkes Ausdruck des »Seelen- und Sinnenlebens« immer bedeutsam, aber auch distanzgebietend, zwitterhaft, schillernd fand.[98] Verwey zog es erstaunlicherweise mehr zu George hin, obwohl dieser vielen Zeitgenossen im Vergleich mit Rilke als noch distanzierter vorkam und wie ein dichtender Prophet auftrat. Der franko-russische Autor Alain Bosquet (1919 bis 1998) hingegen entschied sich zugunsten Rilkes. Bosquet erblickte im Namen »Rilke« den »Titel eines Halbgotts«, in den *Duineser Elegien* »die abendländische Dichtung schlechthin«, vergleichbar nur mit T. S. Eliots *Waste Land*.[99] In einem Rundfunkvortrag zum 100. Geburtstag Rilkes beschreibt der bekannte italienische Schriftsteller und Germanist Claudio Magris die *Duineser Elegien* als eines der größten Werke der Moderne, als ontologische Dichtung und »Totalität des Seins«.[100] Der Mensch scheint hier neben anderen Kreaturen nur mehr auf. Ähnliche Superlative wie bei Magris finden sich bei dem surrealistischen Autor René Char (1907–1988), der den *Duineser Elegien* existenzielle Bedeutung zuspricht.[101]

Aus Anlass von Rilkes Tod forderte das *Times Literary Supplement* einen englischen Rilke, um seinem Werk auch auf Englisch gerecht zu werden.[102] Edward und Vita Sackville-West nahmen diese Herausforderung für die *Duineser Elegien* an. Ihre Übersetzung erschien im Jahr 1931 in einem von Aristide Maillol und Harry Graf Kessler gestalteten Druck mit Luxuseinband. Der hexametrisierende Rhythmus der *Elegien* aber bleibt ihrem Englisch fremd. Erst James B. Leishman gelang im Jahr 1939 eine bis heute gültige Übertragung, der mehr als zehn weitere Versuche dieser Art folgten.[103] Darüber hinaus konkurrierten anglophone Autoren literarisch um die Rilke-Nachfolge: Wystan Hugh Auden kam Rilke vielleicht am nächsten. Sein sonettförmiges Rilke-Lob *In Time of War* (1938) stellt Rilke als einsamen Dichter dar, der zehn Jahre geschwiegen hat, um in Muzot, dem Tode nahe, ausgehend von der Kriegs-

erfahrung und mit seinem großen Spätwerk, dem Dasein zu einem über-
aus zarten Ausdruck zu verhelfen.[104] Andere Schriftsteller protestierten
gegen diesen enthusiastischen Rilke-Kult. Stephen Spender setzte sich in
mehreren Gedichten aus dem Jahr 1947 kritisch mit Rilke auseinander,
ebenso wie Hamish Henderson (*Elegies for the Dead in Cyrenaica*,
1948). Spender vor allem bemängelte Rilkes »amoralische« Poetisierung
des Todes.[105]

Rilke-Codes: Thomas Pynchon, Designerjeans und ein berühmtes Tattoo

Auch weil Rilkes Werke zu kritischer Diskussion Anlass gaben, dunkel
wirkten, sind sie zu Codes geworden: zu Verweisen auf und Losungs-
worten für Ästhetisches – im weitesten Sinne. »Rilke« ist, was mystisch
klingt, hermetisch und doch sinnlich wirkt, sich ganz der Kunst verschreibt, unbestechlich und visionär erscheint, Antike und Maschinen-
zeitalter, Leben und Tod verbindet, einen Kontrast abgibt zu einer kom-
merzialisierten, hektischen Welt. Gleich welche Rilke-Texte man zitiert,
sie rufen diesen Rilke-Code auf. Wer ihn aufgreift, erscheint als Einge-
weihter einer ästhetischen Religion. Er verschreibt sich einer besonderen
ästhetischen Ernsthaftigkeit, die mit dem Mystischen im Bunde steht.

Der Amerikaner Thomas Pynchon zählt zu den Autoren, die sich des
Rilke-Codes besonders virtuos bedienen. Bereits in *The Crying of Lot 49*
(1965) spielt er auf die Familie Thurn und Taxis an, die zu Beginn der Verfertigung der *Duineser Elegien* zu Gast auf Schloss Duino bei Prinzessin
Marie von Thurn und Taxis-Hohenlohe war.[106] In seinem vielfach ausgezeichneten Roman *Gravity's Rainbow* (1973, deutsch: *Die Enden der
Parabel*, 1981), der das Oszillieren zwischen phantastischen Freiheitsgra-
den und der Bindung an die Kräfte der Natur im Titel trägt,[107] treibt Pynchon seine Verweise weiter.

Gravity's Rainbow nimmt den Ausgang des Zweiten Weltkriegs zum
Anlass für einen Parforceritt durch Amerika, London, Deutschland und
Asien: durch die Bars, durch Berlin, Potsdam, die zerbombten deutschen
Provinzstädte und Ruinen des Nationalsozialismus, die sogenannte
»Zone«.[108] Wirklichkeit und Halluzination gehen Hand in Hand, sind
kaum unterscheidbar, werden durch eine Mischung aus chronologischem
und achronischem Erzählen sowie durch einen Sprecher begünstigt, der
schwer zu greifen ist, sich in rascher Folge Perspektiven der Romanfigu-

ren aneignet und wie in einem Bewusstseinsstrom erzählt. Wo »Jazz tanzen verboten« war und ist, übt man sich in Jitterbug und Foxtrott, singt Sea Chanties und Soldatenlieder, ordinär und obszön. Im Krieg bekämpfen die Soldaten einander ohne Rücksicht auf Verluste und mit aller Brutalität. Danach beäugen sie einander skeptisch, auch wenn sie jetzt zusammenarbeiten müssen. Pynchon versucht, das Aufeinandertreffen der einstigen Feinde sprachlich einzufangen, lässt seine Figuren verwundert wuchtige deutsche Komposita wie »Alpdrücken« und »Kadavergehorsamkeit« aufgreifen, denen kein englischer Ausdruck entspricht.[109] Komposita wie diese gehören zur autoritären Sprache einer Nation, die sich unter den Nazis zur Herrenrasse stilisierte. Rückblicke auf den deutschen Kolonialismus und die Auslöschung der Herero bestärken dieses Bild ebenso wie Ausblicke auf die Volkswagen-Reklame über Los Angeles.

Zugleich aber durchziehen eigenwillige Analogien zwischen Opfern und Tätern, das Aufdecken dubioser Verbindungen von Rüstungsindustrie und I.G. Farben auch zur englischen und amerikanischen Militärindustrie den Roman. Die mit Verweisen auf die griechische Mythologie, die Zahlenmystik der Kabbala, historische und pseudowissenschaftliche Quellen und vieles andere mehr gespickte Handlung wird durch das Sterben, den täglichen Tod zusammengehalten. Er betrifft und beschäftigt alle Figuren.[110] Neue Erfindungen wie die Raketentechnik der Nazis erscheinen als besonderes Faszinosum. Der Roman beginnt und endet mit dem Einschlag einer Rakete. In einer der verstörendsten Szenen startet Captain Blicero, ein SS-Leutnant, ebendiese Rakete »00000« mit »Schwarzgerät« an Bord.[111] Es handelt sich bei dem »Gerät« um einen Menschen, nämlich um Bliceros homosexuellen Sklaven Gottfried, den er damit opfert.

Ausgerechnet der Sadist Blicero, der neben Gottfried auch die niederländische Agentin Katje Borgesius als Sexsklavin hält, zitiert Rilke. Blicero, sadistisch und paranoid wie andere Soldaten, strebt nach jener Wandlung, von der Rilke im zwölften Sonett aus dem zweiten Teil der *Sonette an Orpheus* spricht:

»Wolle die Wandlung«, schrieb Rilke, »O sei für die Flamme begeistert!« Zu Lorbeer werden, zur Nachtigall, zum Wind … es *wollen*, die Überwältigung, die Umarmung, den Sturz in die Flamme, die entgegen wächst und alle Sinne erfüllt … nicht lieben, weil es möglich geworden ist, zu handeln, sondern der Liebe hilflos ausgeliefert sein … Nichts davon bei Katje: kein mottengleicher Sturz. Er muß den Schluß ziehen, daß sie insgeheim die Wandlung fürchtet, sich darauf beschränkt, trivial nur das zu ändern, worauf es am wenigsten ankommt, Ornament und Kleidung, ein diplomatischer Transvestismus im besten Falle, nicht nur, wenn sie Gottfrieds Sachen trägt, sondern selbst dann, wenn sie die traditionelle Uniform des Masochisten anlegt, das Kleidchen des französischen Stubenmädchens, das so wenig zu ihrer hochgewachsenen, langbeinigen Erscheinung, ihrer Blondheit, ihren flügelhaft ausgreifenden Schultern paßt – sie spielt nur damit … spielt mit dem Spiel.[112]

Blicero entnimmt Rilkes Sonett, was ihn antreibt. »Wandlung« und »Flamme«, beides Donnerworte aus dem ersten Vers des Gedichts, inspirieren ihn zu faschistischem Denken und Handeln. Aus der Flamme werden in wildem Assoziationsgang der »Ofen« und die Rakete »00000«.[113] Der Weg dorthin führt über Verkitschung, Übersteigerung und Identifikation mit dem Rilke-Text: Ausgehend von dem zitierten Sonett-Vers, dichtet Blicero wie in Trance weiter, reiht Lorbeer, Nachtigall und Wind wie zu einer Klimax aneinander. Doch tauchen sie in keinem Rilke-Vers gemeinsam auf; der Autor ist sparsam mit solchen poetologisch aufgeladenen Wörtern. Als memoriere Blicero die Botschaft von Rilkes Sonett mit seinem starken Appell an die Sinne, redet er auf sich selbst ein, tatbereit. Abkühlung bringt erst der Gedankensprung zu Katje, die der Flamme widersteht, sich Blicero und seinem Wahn nicht unterordnet, obwohl und weil er sie auf seine perverse Weise liebt. Über ihre Identität ist Blicero sich unsicher, beschreibt sie als Spielerin, die auf Äußeres fixiert ist, rational und kalkuliert handelt. Die Zehnte und letzte der *Duineser Elegien* gibt dem identifikatorischen Leser Blicero entscheidende Impulse:

Denn es wird sich erfüllen, sein Schicksal … nicht auf diese Weise – aber es wird … *Und nicht einmal sein Schritt klingt aus dem tonlosen Los* … Von allen Gedichten Rilkes liebt er die Zehnte Elegie am meisten, fühlt jenes bittere Bier, das dem Trinkenden süß scheint, hinter seinen Augen und Nebenhöhlen prickeln, wenn er an die Verse denkt … der junge Tote, der seine *Klage* umarmt, sein letztes Bindeglied zum schon Verlorenen, und jetzt selbst ihre fast menschliche Berührung hinter sich zurück läßt, für immer, einsam dahinsteigend, endgültig einsam, immer höher hinauf in die Berge des Ur-Leids, über denen grausam fremdartige Sternbilder stehen ... *Und nicht einmal sein Schritt klingt aus dem tonlosen Los ...*[114]

Blicero identifiziert sich mit dem Einsamen, der in der Elegie auf »die Berge des Ur-Leids« steigt und auf den auch der im Zitat erwähnte Vers verweist.[115] Tatsächlich bildet die Zehnte Elegie mit ihren ägyptischen Phantasien, ihrem Changieren zwischen Leid und Glück, Leben, Lebensfreude und Tod eine Art Sub- und Metatext von *Gravity's Rainbow*. Leben und Tod werden hier mythisch verbunden – durch die Motivik und das poetisch zelebrierte Vertrauen in das Prinzip der Metamorphose, das im zitierten Vers aus den *Sonetten an Orpheus* auf den Punkt gebracht ist. Pynchon greift diese Verbindung auf und kritisiert sie, ähnlich wie Spender, indem er sie als verführerisches, böses Denken und Schreiben im Umfeld des Nationalsozialismus ausweist.

Gravity's Rainbow folgt dem Prinzip der Metamorphose: Eines geht ins andere über. Figuren überlagern sich, auch indem sie sich auf Rilke einlassen. Blicero, der seit gefühlt zwanzig Jahren auf Rilkes Berg steigt, befindet sich im Zustand der Agonie. Illusionslos und pessimistisch schildert er die vielen jungen Männer, die sich zu allem gebrauchen lassen und immer Ja sagen, vermisst in ihnen eine existenziell treibende Kraft: »[O]b nur ein einziger von ihnen, von diesem Rohmaterial, die ›Wandlung‹ will? Er bezweifelt es ...«[116] Bliceros Perspektive mischt sich jedoch erstaunlicherweise mit derjenigen eines Herero-Knaben, der eine Gruppe des »Schwarzkommandos« afrikanischer Techniker anführt.[117] Ebendieser Herero-Knabe scheint es zu sein, der über Gott nachdenkt. Blicero nennt ihn mit der Neunten Elegie – reichlich unpassend – »Enzian«: »Bringt doch der Wanderer auch vom Hange des Bergrands / nicht eine Handvoll Erde ins Tal, die allen unsägliche, / sondern ein erworbenes Wort, reines, den gelben und blauen Enzian.«[118] Enzian ist eine rare Pflanze, die sich der Wanderer mühsam erringen muss, und so erscheint auch der Knabe Enzian als rare Figur, als einer der wenigen überlebenden Herero. Er fuhr mit demselben Boot nach Europa, das einst die deutschen Truppen nach Afrika brachte, um den Aufstand der Herero niederzuschlagen:

... [d]er in seinem Köfferchen ein Exemplar der *Duineser Elegien* bei sich trug, die gerade erschienen waren, als er sich nach Südwest einschiffte, ein Abschiedsgeschenk seiner Mutter, noch nach Druckerschwärze duftend, die seinen Schlaf betäubte, während der alte Frachter von Wende-

kreis zu Wendekreis stampfte... bis ihm die Sternbilder, wie die neuen
Sterne des Leidlands, fremd geworden waren und sich die Jahreszeiten
der Erde verkehrt hatten...[119]

Enzian, der die *Duineser Elegien* als Geschenk von seiner Mutter erhalten hat, ist offen für eine mythische Sichtweise. Er betrachtet Gott
als »Schöpfer und Zerstörer«,[120] begibt sich ins »Leidland« Europa,[121]
kämpft für eine andere Sache als Blicero. Er ist gleichwohl von ihm fasziniert, entdeckt Ähnlichkeiten mit sich selbst. Solche Ähnlichkeiten
aber zählen nichts mehr: »All diese Symmetrien waren ein Komfort der
Vorkriegszeit.«[122] Die auf Amüsement gerichtete Nachkriegsgesellschaft
erwähnt die Zehnte Elegie nur mehr ex negativo: Rilke habe ein Gedicht
über »Leid-Stadt« geschrieben, »ein scharfes Gedicht, von einem Deutschen, Mr. Rilke«,[123] notiert der Sprecher: »Aber wir werden's nicht
lesen, denn *wir* fahren nach Glücksstadt.«[124] Der Nachkriegszeit winkt
das entmystifizierte Glück, das kein Leid mehr kennt. »[F]iederige [...]
Rilke-Schnurrer« gehören der Vergangenheit an.[125] Der böse Rilke und
sein Universum sind abgelegt, als gesunkenes und potenziell gefährliches Kulturgut, das Ideologien wie den Nationalsozialismus inspiriert
hat, aber auch seine Gegner zum Kampf animierte.

Gravity's Rainbow präsentiert eine kritische Deutung der *Duineser
Elegien,* die mit ihrem Bezug auf den Zweiten Weltkrieg zugleich weltanschaulichen Zündstoff liefert. Rilke-Codes aber reichen weit über die
Literatur hinaus. Sie finden sich selbst in den Innentaschen von ökologisch ambitionierten Designerjeans wie denjenigen von Bono Vox' Label
Edun (2005).[126]

Auch Filme wie Woody Allens *Another Woman* (1998) ließen sich von
Rilkes Gedichten inspirieren.[127] Vor allem im Zusammenhang mit Szenarien der Initiation tauchen Rilke-Codes auf. An besonders überraschenden Orten erscheinen Rilkes *Briefe an einen jungen Dichter* (1929), ein
wichtiges Dokument für seine Autorpoetik: In Whoopi Goldbergs *Sister
Act 2: In göttlicher Mission* (1993) ermöglichen die *Briefe* einen dramatischen Entschluss.[128] Deloris von Carter, eine erfolglose Sängerin und
Musiklehrerin in einem Nonnenkloster, spricht einer Novizin Mut zu.
Ihre Schülerin Rita Louise Watson nämlich möchte gegen den Willen
ihrer Eltern Sängerin werden. Um Rita zu bestärken, zitiert Deloris aus
dem Gedächtnis aus Rilkes erstem Brief:

Deloris von Cartier: Ich ging zu meiner Mutter, die gab mir dieses Buch. Briefe an einen jungen Poeten. Rainer Maria Rilke. Er ist ein weltberühmter Dichter. Und da war ein junger Mann, der ihm geschrieben hat: »Ich will einmal Schriftsteller werden, bitte geben Sie mir einen Rat.« Und Rilke schrieb an diesen Jungen: »Du darfst nicht mich fragen, ob du Schriftsteller werden sollst. Wenn du frühmorgens aufwachst, und du kannst an nichts anderes als ans Schreiben denken, dann bist du ein Schriftsteller.« Ich möchte Ihnen jetzt dasselbe sagen. Wenn Sie früh am Morgen aufwachen, und sie haben keinen anderen Gedanken als den, dass Sie singen wollen, dann sind Sie eine geborene Sängerin.
(Pause)
Rita Louise Watson: Was bezwecken Sie mit der Geschichte, Schwester? Was wollen Sie damit sagen?
Deloris von Cartier: Lesen Sie das Buch.[129]

Deloris' rilkescher Appell wirkte auch auf eine real existierende und heute weltberühmte Sängerin. Seit 2009 hat der erste Brief aus Rilkes *Briefen an einen jungen Dichter* einen prominenten Platz gefunden: auf Lady Gagas Oberarm. Im Tattoo ist die Briefstelle gekürzt, versifiziert und bekommt dadurch besonderes Gewicht. Ihre Trägerin bekennt sich damit nicht nur zu Rilke (und Whoopi Goldberg), sondern auch zu ihrer Berufung als Sängerin besonderen Kalibers. Die eigensinnige und große Schnörkelschrift unterstreicht die Bedeutung des Zitats:

Prüfen Sie, ob er in der tiefsten Stelle Ihres
Herzens seine Wurzeln ausstreckt, gestehen
Sie sich ein, ob Sie sterben müßten, wenn es Ihnen
Versagt würde zu schreiben. Muss ich schreiben?[130]

Die Trouvaille zeigt, dass der Rilke-Code selbst in der Populärkultur für etwas steht: für ein eingeschworenes Verhältnis zur Kunst und für den Willen, diese Eingeschworenheit weit zu treiben.

Lady Gaga nach einem Konzert in Tokio,
8. August 2009

The Criterion (1922–1939): T. S. Eliot, das intellektuelle Europa und Rudolf Borchardt

Der besondere Kunstanspruch aber motivierte nicht nur Rilkes Schreiben, sondern viele Autoren der Klassischen Moderne – auch im englischsprachigen Raum. Seit den 1920er-Jahren stand ein Periodikum besonderer Art dafür ein: *The Criterion* (»Der Maßstab«, 1922–1939), redaktionell geleitet von T. S. Eliot – ein Parallelunternehmen zu anderen internationalen Zeitschriften wie der *Nouvelle Revue Française* (seit 1909), Emilio Cecchis *La Ronda* (1919–1922), Ford Madox Fords kurzlebiger *Transatlantic Review* (1924)[131] und der dreisprachigen Literatur- und Kunstzeitschrift *transition* (1927–1938).[132] Anders als die Redakteure der *New York Times* sowie vergleichbarer Zeitungen und Zeitschriften, bestritt Eliot die Auswahl der veröffentlichten Artikel allein und publizierte auch selbst ausgiebig in seinem Periodikum, unter anderem sein Opus *The Waste Land* (1922).[133] *The Criterion* erschien vierteljährlich, sollte repräsentativen Autoren der älteren und jüngeren Generationen eine Bühne bieten und rühmte sich, Marcel Proust, Paul Valéry und andere Autoren in England eingeführt zu haben.[134] Doch erstreckte sich der selbst erteilte Kritik-Auftrag nicht allein auf die Literatur, sondern auch auf das intellektuelle Leben Europas und Amerikas, des Westens überhaupt. Nachkriegsdeutschland galt dabei besonderes Interesse: Es war politisch und intellektuell das schwarze Schaf in Europas Mitte. *The Criterion* versuchte, die deutschsprachige Literatur- und Intellektuellenszene auch durch die Schemata von Gruppenbildung, Konflikt und Gegnerschaft zu vermessen.

Gleich im ersten Band des *Criterion* gibt Hermann Hesse die Richtung vor. Er publiziert einen entnervten Verriss zeitgenössischer deutschsprachiger Literatur: »Meine Arbeit war zwar aufschlussreich, aber keine Freude für mich, und ich beabsichtige nicht, sie fortzuführen.«[135] Besagte Literatur erscheint ihm als Dekadenzphänomen. Sie zerfällt in zwei Gruppen: die Gruppe der Imitatoren, die vor allem den Expressionisten Carl Sternheim nachäffen, und die Gruppe der Jüngeren, die – wie der Dadaismus – allein zum Chaos tendiere. Als Gründe für den Verfall identifiziert Hesse die Erfahrung des Weltkriegs und die Psychoanalyse Freuds: »Europa wird heute von der Jugend als ein sehr kranker Neurotiker betrachtet.«[136] In einer Nutzanwendung der Psychoanalyse diagnostiziert Hesse, dass diese Literatur im pubertären Sta-

287

dium stehen geblieben sei, unfähig zu Freude, Humanität und Dienst am Menschen.

Wer, wie Stefan Zweig in seinem Essay über Charles Dickens, mit England-Stereotypen arbeitet, wird im *Criterion* mit harschen Worten abgestraft.[137] Aus den meisten Besprechungen des *Criterion* aber atmet ein antihistoristischer und ästhetizistischer Geist: Der elitäre Romanist Ernst Robert Curtius (1886–1956), ein Bewunderer Prousts, wird gepriesen,[138] Herbert Cysarz' *Literatur-Geschichte als Geisteswissenschaft* (1926) für ihren spekulativen Ansatz gelobt.[139] Politische Einstellungen der Autoren, etwa Heinrich Manns optimistisches Deutschland-Bild, treffen auf besonderes Interesse.[140] Die prinzipielle Position des *Criterion* aber ist apolitisch: Der Diplomat und Kritiker Alec W. G. Randall (1892–1977) pflichtet dem damals populären Autor Walter von Molo (1880–1958) bei, der ein Manifest für die Befreiung eines jungen kommunistischen Dichters kritisiert: Künstlerische Freiheit geht aus von Molos (und Randalls) Sicht nicht mit politischer einher.[141]

Ästhetisch attackiert *The Criterion* den Expressionismus. Ausnahmen bestätigen die Regel: Der zwischen Realismus und Expressionismus stehende Künstler Ernst Barlach (1870–1938) ist von der Schelte ausgenommen.[142] Wie Stefan George, Hugo von Hofmannsthal und Rudolf Borchardt, so wird auch Rainer Maria Rilke im englischen Sprachraum seit den 1920er-Jahren durch *The Criterion* bekannt. Doch ist es eine Bekanntheit ex negativo: Rilke gilt nicht nur als »der beste Repräsentant der deutschen symbolistischen Schule«,[143] sondern auch als Gefährdung für Eliot. Er erblickt in Rilke seinesgleichen. Rilkes Texte will er gar nicht erst lesen, um nicht unproduktiv zu werden.[144]

Das Werk des gelehrten Lyrikers und Übersetzers Rudolf Borchardt hingegen rief keine derartigen produktionsästhetischen Widerstände hervor. Borchardt verschrieb sich der »schöpferischen Restauration« und wandte sich gegen den Verfall der Form. Sein Name taucht im *Criterion* immer wieder auf. Im Jahr 1926 bespricht Randall in *The Criterion* Rudolf Borchardts Anthologie *Ewiger Vorrat Deutscher Poesie*.[145] Randall rühmt Borchardt über alle Maßen, vor allem seine ästhetischen Standards. Er würdigt die Aufnahme der »wahrhaft« patriotischen Dichtungen Walthers von der Vogelweide in die Anthologie ebenso wie den Vorzug, den Borchardt unter den lebenden Autoren Hofmannsthal gewährt. George, so Randall, hätte man zwar auch erwartet, aber dieser wollte bekanntlich nicht in Anthologien erscheinen. Nur ein Jahr später aber spielt George Caffrey, ein armer und heute vergessener Publizist, den Eliot mit der Publikation unterstützen wollte, Borchardt und George im selben Blatt gegeneinander aus. Er widmet Borchardt eine poetologische und zugleich kulturpolitische Werkbiografie. Demnach stehen George und seine »literary sect« auf der problematischen Seite.[146] Borchardt hingegen vertritt die ästhetisch und moralisch gute Literatur. Caffrey baut Frontlinien auf, die sich aus Streitigkeiten zwischen George, seinen Jüngern und Borchardt speisen:

> Borchardts heftige Gegnerschaft zu George, was Geschmacksideale, Lebenssicht, sogar Religion und Politik betrifft, weist auf den Fortschritt eines ungewöhnlich grimmigen Kampfes um intellektuelle Vormacht hin, den man nicht sah, von dem man aber hörte.[147]

Es geht Caffrey um poetologische Entscheidungen: für oder gegen die englische Dichtung. Borchardt las Dante Gabriel Rossetti, Algernon Charles Swinburne und Walter Savage Landor, übersetzte sie auch selbst und verarbeitete ihre Werke in seiner Lyrik. George hingegen erscheint Caffrey als Imitator französischer Literatur, und umgekehrt diagnostiziert er einen antifranzösischen und antirheinischen Affekt Borchardts.

Diese Opposition von romanischer und anglophoner Tradition scheint im *Criterion* jedoch nur kurz auf. In seinem Beitrag aus dem *German Chronicle* warnt der Schweizer Journalist und Paul-Valéry-Übersetzer Max Rychner (1897–1965) vielmehr vor der »Gefahr [eines] fieberhaften Orientalismus«,[148] der im Deutschen Reich herrschte. Er kritisiert die »Orientalisten« Hesse und Spengler ebenso wie den ermordeten Außenminister Walther Rathenau (1867–1922), der auch als Schriftsteller bekannt war und mit metaphysischen Gedanken liebäugelte. Rychner appelliert an die protestantische Kulturtradition und argumentiert im Sinne des *Criterion*, dass das Deutsche Reich zum Westen und nach Europa gehöre. Rychner diagnostiziert dort große ökumenische und spirituelle Potenziale, aber zugleich ein Handlungsdefizit. Europa wird ihm zum neuen Palästina: zum gelobten Land, das es erst zu entdecken und entwickeln gilt. Den Platz des Deutschen Reiches, das er nicht als homogenes, sondern – mit Josef Nadlers Buch über die *Berliner Romantik 1800–1814* (1920) – als komplexes Gebilde begreifen will, sieht er in dessen Mitte:

Konservative Kräfte im besten Sinne sind in Deutschland nicht in Gefahr; aber es scheint mir, dass es nicht nur erlaubt, sondern notwendig ist, eine Deutung des »Westens« vorzulegen, die die deutsche Kulturprovinz einschließt [...].[149]

Aus diesem konservativen Geist heraus sollen Verbindungen der germanischen und romanischen Traditionen das neue Palästina zum Leben erwecken. Der Held auf dem Weg dorthin heißt wiederum Rudolf Borchardt. Seine, Friedrich Gundolfs und Rudolf Alexander Schröders Übersetzungsleistungen gelten Rychner als Belege, dass sich das Deutsche Reich in die gewünschte Richtung bewegt. Rychner versöhnt Borchardt wieder mit dem George-Kreis, indem er ihn mit Gundolf in eine Reihe stellt. Der Autor und Literaturwissenschaftler Gundolf (1880–1931) nämlich war einer der von George am meisten geschätzten Jünger gewesen. Rychner nimmt das Urteil Caffreys auf – und kehrt es um: Borchardt erscheint hier nicht mehr nur als anglophiler deutscher Dichter, sondern – wie Schröder und Gundolf – als europäischer Kosmopolit, der Germanisches und Romanisches vereint.

Die Urteile des *Criterion* hallten nach: So tat man sich in England mit Hölderlin auch deshalb lange schwer, weil *The Criterion* und das *Times Literary Supplement* ihn ablehnten. Zu philosophisch und subjektiv schienen seine Schriften. Erst der Übersetzer und Englisch-Professor Edwin Muir (1887–1959), dichtende Germanisten wie Stephen Spender, Michael Hamburger und Idris Parry sowie der amerikanische Autor und Dozent Delmore Schwartz (*An Hölderlin,* 1954) machten Hölderlin in England bekannt und brachen das alte ästhetizistische Vorurteil auf.[150] Wenige Jahre später entdeckte der gleiche Zirkel einen Autor, an dessen Initiale »K« das Publikum Kafka erkannte.

»Eines Tages wird er weltberühmt sein«: Franz Kafka, kleine und große Literaturen

In seiner semifiktionalen Erzählung *Verloren in Amerika* (1976) erzählt Isaac Bashevis Singer eine Kafka-Anekdote aus dem Schtetl. Sein Ich-Erzähler treibt sich in intellektuellen Kreisen, Schriftstellerclubs und Redaktionen herum, in denen statt Hebräisch Jiddisch gesprochen wird. Singers Erzähler trifft dabei auf den Schauspieler Jacques Levi/Jizchak Löwy (1887–1942):

Er [Levi] sprach oft von Kafka, dessen Namen ich nie gehört hatte. Jacques Levi lief mit Rocktaschen herum, die mit vergilbten Briefen von Kafka vollgestopft waren.
Ich fragte ihn einmal: »Wer ist dieser Kafka?«
Und er sagte mit erhobenem Zeigefinger: »Eines Tages wird er weltberühmt sein.«
Ich hatte weder Lust, das Übel des Versailler Vertrags zu diskutieren, noch die Größe Kafkas, aber Levi und Saks [ein unbekannter Schriftsteller aus Lodz] brauchten jemanden, zu dem sie reden konnten.[151]

Die ironische Distanz des Erzählers zu Kafka ist offenkundig. Sie ergibt sich aus seinem Porträt der Kafka-Fans Löwy, der im Zitat Levi heißt, und Saks, einem nicht identifizierbaren Autor. Löwy verehrt sein Idol so sehr, dass er es in Briefform mit sich herumträgt, oberlehrerhaft mit erhobenem Zeigefinger für ihn missioniert und ihm eine große Zukunft prophezeit. Singers Ich gibt sich desinteressiert. Er betraut sich selbst mit der Rolle des Therapeuten, der den Erzählungen der Leidensgenossen lauscht, gleich, ob sie über Kafka oder den Versailler Vertrag sprechen. Beides steht umstandslos nebeneinander. Kafka erscheint damit als Außenseiter: als einer, den man in den osteuropäischen Ghettos kannte, aber nicht als einen der Gesinnungs- und Leidensgenossen ernst nahm. Er war jüdisch, schrieb aber nicht – wie die Schtetl-Helden Mendele Moicher Sforim, Scholem Alejchem, I. L. Peretz, Schalom Asch oder Aaron Zeitlin – auf Jiddisch.

Kafka wurde dennoch weltberühmt, vielleicht weil er sich eben nicht der »kleinen Literatur« verschrieb – anders als die Autoren, für die Singer in *Verloren in Amerika* Zeugnis ablegt. Hatte Kafka diese »kleine Literatur« durch eine Notiz aus dem Jahr 1911 auch mit erfunden,[152] so gehörte er ihr – Singers Anekdote bestätigt die Diagnose – nur am Rande an: In den Jahren 1910 bis 1913 ließ sich Kafka von jüdisch-deutschen Theatergruppen begeistern, die in Prager Cafés gastierten. Das Jiddische erschien ihm als Sprache gewordene Fiktion von einer anderen (besseren) Welt,[153] von der es mit messianischer Kraft kündet.[154] Doch hielt Kafka das Jiddische – anders als Singer – bloß für einen Jargon, nicht für eine eigene Sprache mit eigener Grammatik.[155] Mit Löwy war Kafka tatsächlich befreundet gewesen. Von ihm erfuhr er vom Leben der polnischen Juden mit ihrer orthodoxen Frömmigkeit, und über ihn lernte er die jiddischen Schriftsteller Sholem Alejchem und I. L. Peretz kennen. Löwy veröffentlichte im Jahr 1934 einen Artikel über Kafka und Max Brod, der Kafka in den Kontext der jüdischen Kulturentwicklung hineinzog, wie es auch Felix Weltsch, Martin Buber und der Verleger Salman Schocken (1877–1959) unternahmen.[156] Max Brod (1884–1968), selbst Schriftsteller, Kritiker, Jude und Zionist, sah in Kafka einen gläubigen Juden, der Literatur schrieb, um seinen Glauben zu vermitteln.

Kafka hingegen las zwar Texte der Haskalah, Salomon Maimon, jüdische Periodika wie *Die Selbstwehr* und *Der Jude* sowie Texte jüdischer (zionistischer) Schriftsteller, lehnte den Zionismus aber ebenso ab wie den chassidischen Wunderglauben.[157] Wenn sich auch Elemente jüdischen Glaubens wie ein spezifischer Humor und talmudische Denkfiguren in seinen Werken finden,[158] so wandten sich Walter Benjamin und sein Freund Gershom Scholem doch schon im Jahr 1934 mit gutem Grund gegen religiöse Kafka-Deutungen, vor allem gegen diejenige Brods. Benjamin und Scholem schilderten Kafka als Autor, der entlaufen ist – aus der Familie, den Gewohnheiten, der sich Isolation und Anfechtungen ausgesetzt sieht, der mit jüdischen Glaubenselementen und Kulturformen arbeitet, ohne eine bestimmte Doktrin zu bestätigen.[159]

Kafkas *Brief an den Vater* ist in diesem Sinne auch Ausdruck einer Krise des westlichen Judentums, wie sie die Prager jüdische Mittelklasse erlebte.[160] Sie feierte jüdische Rituale, etwa Franz Kafkas Bar-Mizwa, kündigte sie aber als »Konfirmation« in einer Synagoge an.[161] Kafkas Vater, ein tschechischer Geschäftsmann jüdischer Herkunft, wollte die nichtjüdische Kundschaft, die wohl auch über die Feier informiert wurde, offenbar nicht verprellen. Von seinem Sohn forderte er eine ähnliche Treue zu jüdischen Riten und Gebräuchen wie den regelmäßigen Besuch der Synagoge ein – was den Sohn erstaunte, verband sich das Judentum für ihn doch eher mit vagen Merkmalen: dem in einer Mischung aus Anziehung und Abstoßung schamhaft zelebrierten Glauben, einer besonderen Bedeutung der Mutter- und Frauenrolle, bestimmten Gesten und Gebärden.[162] Ein solches Judentum formierte sich auch im Angesicht der antisemitischen Bedrohung, wie sie der vierzehnjährige Kafka im Rahmen des »Dezembersturms« von 1897 erlebte, als das Gymnasium, das er besuchte, wegen Vandalismus schließen musste.[163]

Unabhängig von Brod und seiner Herkunft aus der Prager westjüdischen Gesellschaft gilt Kafka heute vielerorts, sieht man vielleicht von Israel ab, als Autor, der sich in keinen literarischen Kontext so recht einordnen ließ und dessen Werk vollkommen abstrakt ist. Kafka erschien als

staatenloser, konfessions-, ort- und zeitloser, als »wahrhaftig« und »red-
lich« gepriesener Autor, der es deshalb zugleich schwer und leicht hatte.
Jeder kann sich Kafkas Werk aneignen. Dokumente der späteren Kafka-
Glorifikation reichen von Übersetzungen, Anverwandlungen aller Art
über die Imitation von Person und Personalstil bis hin zu Kunst, Comic,
Film, Oper und Popmusik.[164] Glorifikation aber bedeutet auch Entstellung. Um solche Entstellungsgeschichten geht es im Folgenden. Sie beginnen mit Kafkas *Schloss*-Fragment.

Kafkas *Schloss* (1926), Max Brod und die Folgen

Kafka besprach sich mit seinem Freund Max Brod über den Fortgang
des Werkes, und möglicherweise war Brods Erzählung *Das große Wagnis* sogar eine Quelle von Kafkas Roman.[165] Nach dem Tod des Autors
gab Brod *Das Schloss* im Jahr 1926 heraus – mit einigen wesentlichen
Änderungen und Zusätzen allerdings. In Kafkas Fragment bemüht sich
K. vergeblich um das Schloss und um einen Auftrag. Er kommt als vermeintlicher oder tatsächlicher Landvermesser – oder doch eher als Land-
streicher – in das zum Schloss gehörige Dorf. Es handelt sich um einen
hochtechnisierten Provinzort mit Telefon im Wirtshaus. Das Schloss teilt
Gnade zu – oder eben nicht. Vom Schloss geht Kontrolle aus – mit allen
Mitteln, nächtlichen Verhören, Telefonanrufen, willkürlicher Zu- oder
Abneigung. K., der andernorts Familie und Beruf hat, müht sich um
Anerkennung durch die im Schloss lebende Obrigkeit, erhält ein wenig
davon, wird erniedrigt, ringt mit dem Schloss, sucht Zugang zu denen,
die über sein Schicksal entscheiden – und scheitert, so legt es der offene
Schluss nahe. Kafkas Schloss erscheint als Flachbau mit undurchsichti-
gen Ablage-, Zuteilungs- und Gratifikationssystemen und einer steilen
Hierarchie von Beamten, die um ihre Karriere kämpfen.

Durch Brod wurde *Das Schloss* zum Dokument jüdischer Theologie.
Das sich auf einem Hügel erhebende, der Hauptfigur K. und den Dorf-
bewohnern unzugängliche Schloss galt Brod als göttliche Instanz.[166]
Brods Interpretation geht jedoch nicht auf: Es wäre wohl blasphemisch
(oder nur mit großem Wohlwollen gegenüber satirischen Darstellungsformen möglich), diese Karikatur einer bürokratischen Anstalt für eine
Versinnbildlichung Gottes zu halten. Auch andere Hinweise schlagen
fehl: Wenn ein vergesslicher Gehilfe des Landvermessers – oder besser:
ein vermeintlicher Gehilfe – Jeremias heißt, dann ist dies kein notwen-

diger Verweis auf den einschlägigen Schriftpropheten der hebräischen Bibel, der dem Volk Israel Umkehr zu Gott predigte und den drohenden Untergang Jerusalems prophezeite. Vielmehr heißt die Figur offenbar nur so. Prophetie mag man ihm ebenso wenig zutrauen wie dem Jüngling Barnabas, dem Boten aus gefallener Familie, der K. Briefe aus dem Schloss übermittelt und von diesem vorgeschickt wird, um das Schloss auszukundschaften. Barnabas, der »Unschuldigste [...] von uns« ist dabei notorisch überfordert.[167] Sein Wort kann nicht ausgelegt werden wie ein »Offenbarungswort«.[168] »Nichts kann verfehlter sein.«, meint K.[169] Mit dem Barnabas aus dem Stamm Levi, der zu den Jüngern Jesu zählte, in Rom gepredigt und in Mailand als Bischof gewirkt haben soll, hat er nichts gemein. Jeremias und Barnabas sind, wollte man sie biblisch deuten, Anti-Propheten, Propheten-Karikaturen. *Das Schloss* erscheint – vielleicht – als satirische Parabel auf die jüdische (oder zionistische) Hoffnung, es möge einen Auftrag und einen Ort geben, an dem alles zum Besten einer kleinen Gemeinschaft eingerichtet wäre.

Tatsächlich wird *Das Schloss* heute zumeist als kritischer, nicht jedoch als sakraler Text aufgefasst. Der Weg dorthin aber führte über die Auseinandersetzung mit Brods Deutung. Brod hatte dafür gesorgt, dass eine religiöse und allegorische Deutung des Textes zunächst als wahrscheinlichste erschien, und zwar annähernd überall, wo er wahrgenommen wurde, gleich ob in Israel oder Serbien. Die Geschichte der Wahrnehmung des *Schlosses* lässt sich als Geschichte des Bejahens oder Abweichens von Brods Deutung erzählen.

In Frankreich, wo mit zwanzig Auflagen diverser *Schloss*-Übersetzungen die größte Zahl derselben auszumachen ist, geriet Kafka bereits in den 1920er-Jahren ins Visier der Intellektuellen.[170] Besonderen Anteil daran hat der Literaturkritiker Alexandre Vialatte (1901–1971), der sich anlässlich eines längeren Deutschlandaufenthalts im Jahr 1925 mit dem Autor beschäftigte. Um 1930 erkannte auch der Verleger Gaston Gallimard die Bedeutung Kafkas, nicht zuletzt, weil er Brod schätzte. Dieser schrieb auf Gallimards Geheiß eine Einleitung zur Übersetzung des Gesamtwerks Kafkas; Vialatte übersetzte und folgte Brods Deutung des *Schlosses* (*Le Château*, 1935, ²1947) in einer eigenwilligen Kombination aus modernem und antiquiertem Vokabular.[171] In den 1980er-Jahren brach die Kafka-Begeisterung in Frankreich erneut aus. Poststrukturalismus und Psychoanalyse hatten ihn als einen Kandidaten entdeckt, an dem sich ihre Denkansätze mit Gewinn verproben ließen. Die Übersetzer nahmen diese Impulse auf. In schneller Folge entstanden neue *Schloss*-Übersetzungen durch Bernard Lortholary (Paris 1984, ²2001) und Georges-Arthur Goldschmidt (Paris 1984). Lortholary studierte an der École normale supérieure in Paris Germanistik. Geschult durch die Lektoren Paul Celan und Elmar Tophoven, berücksichtigte er (anders als Vialatte) die eigenwillige Syntax Kafkas. Goldschmidt,[172] als Sohn jüdischer großbürgerlicher Eltern im Jahr 1928 in Reinbek geboren, floh im Alter von elf Jahren nach Frankreich. Anders als Vialatte und Lortholary interpretierte er Kafkas *Schloss* – von Brod abweichend – psychopolitisch und existenziell als Dokument einer Geschichte des Schreckens.[173] Später schrieben Axel Nesme (2001), Olivier Deprez (2003) und andere die Geschichte der *Schloss*-Übersetzer fort.

Die arabischsprachige, mehr oder minder islamische Welt kannte ihre eigenen Kafka-Wellen. Sie nahmen jedoch von den französischen Übersetzungen und den Diskussionen im Rahmen der französischen Literaturbewegungen ihren Ausgang. Brod spielte dabei keine oder allenfalls eine untergeordnete Rolle. Bereits im Jahr 1939 interessierte sich der linke surrealistische Autor Georges Henein (1914–1973), ein säkularer Angehöriger der christlichen Minderheit in Ägypten, für Kafka.[174] Er betrachtete *Proceß* und *Schloss* parallel: als Formen der Thematisierung von Willkür, der individuellen Erfahrung eines sinnlosen Kampfes, als literarisierte Extremsituationen, als Antizipationen von Shoah und Hiroshima zugleich.[175] Etwas später setzte sich der blinde Seher-Autor Ṭāhā Ḥusayn im Sinne des französischen Existenzialismus mit Kafka auseinander. Sein Kafka war ein enttäuschter Gottsucher und Autor des Absurden. Er stellt sündige Menschen ohne Einsicht in ihre Sünde dar, Menschen, die nur mehr Fremde, Verzweiflung und Ausweglosigkeit kennen. Bis aber arabische Kafka-Übersetzungen entstanden und gedruckt wurden, dauerte es lange. Im Jahr 1971, vierzehn Jahre nach der persischen Übersetzung aus dem Jahr 1957, erschien *Das Schloss* in arabischer Sprache, übertragen von Muṣṭafá Māhir in Kairo. Kafka wird hier zum Camus Prager Herkunft.[176]

In England und den USA hingegen stieß Brods Werben für Kafka wie in Frankreich Ende der 1920er-Jahre auf Gegenliebe: *The Castle* (1930) in der Übersetzung des literarisch aktiven Ehepaares Willa Muir (1890 bis 1970) und Edwin Muir (1887–1959) steht am Beginn einer reichen Rezeptionskette. Die Muirs beschreiben *The Castle* – mit Brod – als religiöse Allegorie und vergleichen es mit John Bunyans baptistischem Erbauungsbuch *The Pilgrim's Progress* (1678), was die Wahrnehmung in eine unangemessen mystische Richtung lenkt. Die zweite Auflage des *Castle* erscheint im Jahr 1945 mit einem Vorwort von Thomas Mann bei Alfred A. Knopf in New York.[177] Mann korrigiert das von den Muirs gezeichnete Bild Kafkas mit viel Wärme und merklicher Begeisterung für den unvollendeten Roman. Er bemüht sich, Kafkas *Schloss* stilkritisch zu deuten, was misslingt: »Für einen Romantiker ist Kafka zu deutlich, zu realistisch, zu sehr dem Leben und dem einfachen, alltäglichen Wirken verbunden.«[178] Für Mann erweist sich Kafka als »religiöser Humorist«,[179] und diese humoristischen Züge liest Mann sowohl aus Kafkas Biografie als auch aus dem *Schloss* heraus: »*Das Schloss* ist durch und durch ein autobiographischer Roman«,[180] notiert er umstandslos. Mann parallelisiert K. und Kafka und erzählt die Geschichte des *Schlosses* als Kampf eines Prager Juden, der litt und kämpfte – gegen eine ignorante Gesellschaft im Allgemeinen und die Bürokratie im Besonderen.[181]

Kurz danach, im Jahr 1946, erschien Wystan Hugh Audens brillanter Aufsatz *K's quest*, der wie Manns Vorwort, wenn auch aus anderen Gründen, gegen den Vergleich des *Schlosses* mit Bunyans *Pilgrim's Progress* argumentiert.[182] Kafkas Romane gehörten allesamt zur alten Gattung der Gralssuche, meint Auden und zeigt, wie Kafka diese Gattung subvertiert. Das Schema der zielgerichteten Suche nach Heil funktioniere bei Kafka eben nicht. Hier sei schon der Held keiner, sein Auftrag unklar, sein Ziel unbestimmt. K. wird zur komischen Figur, die nirgends hingehört und nirgends ankommt. Edwin Muir reagierte auf Audens Einwände und widerrief seine eigene Deutung im Jahr 1949.[183]

Außerhalb dieser Länder und Regionen begann die Rezeption des *Schlosses* zumeist erst Ende der 1940er-Jahre. Seit Kriegsende folgten Übersetzungen des *Schlosses* schnell aufeinander: Tage Aurell publizierte, ausgehend von dem Disput über Brod, die erste schwedische Übersetzung *Slottet* (Stockholm 1946), Vinga Martins veröffentlichte in Brasilien die erste portugiesische Fassung *O castelo* (1946). Kafka war dort durch den Exilanten Otto Maria Carpeaux (1900–1978) bekannt geworden. Er schrieb schon im Jahr 1941 über Kafka und pries die damals wenig opportune literarische Moderne.[184] Widerstandskämpferin Anita Rho (1906–1980) verfertigte die erste italienische Übersetzung *Castello* (Mailand 1949), Guus Sotemann die erste niederländische Fassung *Het slot* (Amsterdam 1950). Der Abgesang auf Brod kam aus Israel: Im Jahr 1955 erschien eine erste hebräische *Schloss*-Übersetzung, auf die 1967 eine neue folgte: Shimon Sandbank (*1933), ein in Israel geborener Komparatist, wandte sich mit seiner Neuübersetzung gegen Brods These von der positiven jüdischen Theologie im Werk Kafkas. Sandbank argumentierte stilkritisch. In Kafkas Parenthesen, Oxymora, Ausdrücken der Unsicherheit wie »freilich«, »allerdings«, »eigentlich«, »eher«, »vielleicht« sieht er keine positive, sondern eine negative Theologie am Werk.[185]

Die asiatischen Länder entdeckten Kafka ebenfalls vergleichsweise früh, nämlich in den 1950er-Jahren.[186] Im Jahr 1956 entstand die erste *Schloss*-Übersetzung in Hongkong (durch Xiong Yingxi), die zweite im Jahr 1970 in Taipeh (von Xiong Ren), die dritte ein Jahr danach in Tokio. Aufgrund von Quellen und Forschungsarbeiten aus den USA war Kafka in Taiwan besonders populär. Dort galt Kafka, beruflich juristischer Mitarbeiter zunächst einer italienischen Versicherungsgesellschaft, später einer Arbeiter-Unfallversicherung, schon seit den 1960er-Jahren als wichtiger Kritiker von Feudalismus und Bürokratie.[187] Von Brod und religiösen Deutungen war hier keine Rede.

Auf dem chinesischen Festland hingegen fiel Kafka unter die dekadenten Autoren der Moderne, vor wie während der Kulturrevolution. Seine Lektüre war verpönt. Nach der Kulturrevolution aber drehte sich der Wind. Auf einem Pekinger Symposion im Jahr 1980 arbeitete Hans Mayer, der Doyen der DDR-Germanistik, Bürokratie-, Kapitalismus- und Klassenkritik bei Kafka heraus, erörterte Symbolismus, Absurdes, Paradoxes.[188] Noch im selben Jahr erschien die erste zentralchinesische Kafka-Übersetzung in Shanghai nach englischen Vorlagen (von Tang Yongkuan, 1925–2007). Fortan erkannten chinesische Intellektuelle ihre Welt in Kafkas Schilderungen grausamer und undurchsichtiger Bürokratien wieder, sahen sich wie seine Figuren in Käfer verwandelt, meinten, durch ihre subjektive Erfahrung besonderen Zugang zu Kafkas Werk zu haben.[189] Der Umstand, dass sich Kafka in einem Brief an Felice selbst symbolisch als »Chinese« beschrieb, beförderte seine Wahrnehmung ebenso wie seine Erzählungen *Beim Bau der chinesischen Mauer* (1917) und *Ein altes Blatt* (1920).[190] In China galt Kafka als Schriftsteller des österreich-ungarischen Reiches mit tschechischen Wurzeln, als internationaler Autor kritischer Humanität und China-Liebhaber.

Mit seiner in China vorgetragenen Kafka-Deutung konnte sich Hans Mayer auf Dekaden von Kafka-Interpretationen im Geiste des sozialistischen Realismus stützen. Im Ostblock wies die Rezeption von Kafka und speziell des *Schlosses* fast immer zwei Phasen auf, und in der Regel spielt Brod dabei keine oder nur eine untergeordnete Rolle: In einer ersten Phase interessieren sich zumeist wenige Intellektuelle für den umstrittenen Autor und sein Werk. In einer zweiten Phase beginnt eine breitere, staatlich erlaubte und sozialistisch-realistisch gefärbte Wahrnehmung, verbunden mit entsprechenden Übersetzungen und ihrem Vertrieb. So entstand die erste tschechische *Schloss*-Version (*Zamek*, Prag 1964) zwar vor dem Prager Frühling, aber doch erst Jahrzehnte nach den Kafka-Darbietungen durch die Journalistin und Kafka-Freundin Milena Jesenská in den 1920er- und 1930er-Jahren.[191] Krzysztof Radziwiłł bot sein bis heute aufgelegtes *Zamek* erst im Jahr 1958 auf Polnisch an, obwohl die Kafka-Rezeption im Land schon in den 1920er-Jahren begonnen hatte.[192] In Russland befasste sich Anna Achmatowa bereits in den 1940er-Jahren mit seinem Werk.[193] Im Jahr 1964 erschienen erste Novellen Kafkas in der Zeitschrift *Inostrannaja literatura* (»Ausländische Literatur«); im Jahr 1965 folgte *Der Proceß*, der vor allem im »Samisdat«, also in selbst angefertigten maschinenschriftlichen Kopien, zirkulierte. Die erste russische Übersetzung *Zamok* stammte zwar aus dem Jahr 1968, war parallel zu Aleksandr Solženicyns Kritik des Gulag verfertigt,[194] aber damals verboten worden. Sie erschien erst im Jahr 1988.

Interpretationen Kafkas unter sozialistisch-realistischem Vorzeichen entwickelten sich beinahe zu einer eigenen Disziplin der Germanistik im Ostblock (und darüber hinaus): Predrag Milojević legte im Jahr 1961 eine erstaunlich frühe serbische Übersetzung *Zamak* vor, passend zur politischen Öffnung des Landes, die auch mit ästhetischen Neuorientierungen jenseits des sozialistischen Realismus einherging.[195] Der slowakische Kommunist und Germanist Eduard Goldstücker und sein Kollege, der französische Reformkommunist Roger Garaudy, setzten das Anliegen anlässlich von Kafkas 80. Geburtstag im Jahr 1963 mit einer raffinierten Deutung fort. Sie erklärten Kafka – ausgehend vom *Schloss*-Roman – zu einem antikapitalistischen Autor. Als sein Thema machten sie die Entfremdung in kapitalistischen Gesellschaften aus. Bis in die 1970er-Jahre blieb die *Schloss*-Konjunktur stabil bei bis zu zwei Übersetzungen pro Jahr. Ende der 1970er-Jahre wurden es sprunghaft mehr, was auch an der beginnenden Öffnung des Ostblocks lag: György Rónay zählt mit seiner ungarischen Übertragung *A kastély* zu den Vorreitern (Budapest, 1979), dicht gefolgt von Vehap Shitas albanischer Übersetzung *Kështjella* (Prishtina, 1980).

In den allermeisten Ländern entstanden mit dem Freiwerden der

Rechte in den 1990er-Jahren neue *Schloss*-Übersetzungen. Eine vorläufige Spitze erreichten die *Schloss*-Übersetzungen im Jahr 2008, bezeichnenderweise mit Schwerpunkten in Moskau, Warschau und Belgrad. Kafkas *Schloss* gilt heute als moderner Klassiker, dem ungezählte Interpretationen zuteilwurden – so viele, dass Susan Sontag Kafka einst in ihrer berühmten Streitschrift *Against Interpretation* (1964) gegen seine Interpreten verteidigte.

»Kafka und kein Ende?«: Neue Kafkas

»Kafka und kein Ende?«,[196] fragte Hans Mayer schon im Jahr 1962. Er spielte auf die Kafka-Mode an, die jedoch gerade erst so recht begann. Die islamische Welt und der kommunistische Osten öffneten sich; parallel dazu setzte die weltweite Konjunktur des Autors ein, der als typisch moderner Mensch erschien, weil er an ebendieser Moderne litt. Gründe dafür sind möglicherweise in dem Umstand zu suchen, dass Kafka und sein Werk ins Kreuzfeuer mehrerer Auseinandersetzungen gerieten: derjenigen um Judentum und Literatur, Faschismus und Shoah, sozialistisch-realistische und moderne Schreibweisen. Nicht umsonst erfand der schillernde irisch-britische Autor Cecil Day-Lewis (1904–1972), Verfasser von Kriminalromanen und sozialkritischer Prosa, später Dichter im Dienst der englischen Krone, den dehnbaren Stilbegriff »kafkaesk«. In einem weiten Sinne sind damit Darstellungsweisen des Absurden gemeint, die Heimliches und undurchschaubare Machtbeziehungen thematisieren. In einem engen Sinne versteht man darunter bestimmte Stilmerkmale Kafkas wie den Gebrauch von Parenthesen, Oxymora und Ausdrücken der Unsicherheit.[197]

   »Kafkaeskes« war und ist Zeitgeist. Der Stilbegriff trifft auf eine Fülle von mehr oder minder deutlichen Kafka-Verweisen durch andere Autoren und auf Textelemente, ungezählte filmische und populäre Adaptationen zu,[198] die mit Kafka und seinem Werk oft nur mittelbar oder auch gar nichts zu tun haben. Mit einer Liste der Autoren, die als »neue Kafkas« gelten, weil sie kafkaesk schreiben beziehungsweise schrieben, ließe sich ein Buch füllen.[199] Solch eine Liste könnte Olav Duun (1876–1939), Samuel Y. Agnon (1888–1970), Sigurd Hoel (1890–1960), Ivo Andrić (1892–1975), André Breton (1896–1966), Georges Bataille (1897–1962), Tarjei Vesaas (1897–1970), Jorge L. Borges (1899–1986), Henri Michaux (1899–1984), Vladimir Nabokov (1899–1977), Nathalie Sarraute (1900 bis 1999), Anna Kavan (1901–1968), Ramón José Sender (1901–1982), Johan Borgen (1902–1979), Hans Christian Branner (1903–1966), Edward Upward (1903–2009), Nathanael West (1903–1940), Graham Greene (1904–1991), Christopher Isherwood (1904–1986), Jean-Paul Sartre (1905–1980), Rex Warner (1905–1986), Samuel Beckett (1906 bis 1989), Artur Lundkvist (1906–1991), Maurice Blanchot (1907–2003), Arturo Serrano Plaja (1909–1979), Eugène Ionesco (1909–1994), Mario A. Lancelotti (*1909), Stephen Spender (1909–1995), Jean-Louis Barrault (1910–1994), María Luisa Bombal (1910–1980), Erik Lindegren (1910 bis 1968), Karl Vennberg (1910–1995), Albert Camus (1913–1960), Julio Cortázar (1914–1984), Claude Mauriac (1914–1996), Saul Bellow (1915 bis 2005), Anna Sebastian (1916–1953), Iris Murdoch (1919–1999), Robert Pinget (1919–1997), Jerome D. Salinger (1919–2010), Alain Robbe-Grillet (1922–2008), José Saramago (1922–2010), Luis Martín-Santos (1924 bis 1964), Jean-Pierre Faye (*1925), Gösta Oswald (1926–1950), Gabriel García Márquez (1927–2014), Yashavant Chittal (1928–2014), Cynthia Ozick (*1928), Zong Pu (*1928), Villy Sørensen (1929–2001), Bilge Karasu (*1930), Philip Roth (*1933), Ferit Edgü (*1936), Václav Havel (1936–2011), Thomas Pynchon (*1937), Marc Estrin (*1939), Jan-Erik Vold (*1939), Gao Xingjian (*1940), W. G. Sebald (1944–2001), Paul Auster (*1947), Haruki Murakami (*1949), Uday Prakash (*1952), Jiang Zidan (*1954), Mo Yan, Hasan Ali Toptaş (*1958), Yoko Tawada (*1960), Ya Hua (*1960) und Sadık Yalsızuçanlar (*1962) umfassen – um nur einige zu nennen. Ihnen allen wird nachgesagt, sich in zumindest einem Werk an Kafka anzulehnen.

Diese Liste ist so eindrucksvoll wie überzogen, so umfassend wie unpräzise. Zu unterschiedlich sind die Aneignungsweisen des kafkaschen Werkes. Beinahe fragt sich, welchem ernst zu nehmenden Schriftsteller Kafka nicht irgendwann als Vorbild diente. Er erscheint als Heiliger und als Prüfstein, an dem sich das jeweilige Werk messen will. Kafka ist ein Extremwert: ein Autor, der für authentische, ästhetisch stark eigensprachliche Wahrnehmungen und Darstellungen der Moderne, für Angst, Entfremdung und Bürokratiekritik steht. Hinzu kommt der metatextuelle Aspekt: der Umstand, dass – wie Walter Benjamin schon betont hat – Kafkas Texte selbst wie Interpretationen erscheinen, als Interpretationen der heiligen Schriften jüdischer Provenienz etwa.

Das Gespräch mit Kafka reicht weit: von der knappen Anspielung auf eine Figur, Motive oder ein Werk Kafkas über stilistische und sprachliche Adaptationen bis hin zu Darstellungen, die Kafkas Werke tatsächlich zum Intertext des eigenen Werkes machen. John Maxwell Coetzee (*1940) etwa, der südamerikanische beziehungsweise australische Nobelpreisträger, hat es in seinem Manuskript-, Archiv- und Literaturroman *Leben und Zeit des Michael K[.]* (1983) schon allein durch das »K« im Titel in raffinierter Weise mit Kafka aufgenommen.[200] Der chinesische Nobelpreisträger Mo Yan (*1955) empfahl sich durch seine so humorvolle wie kafkaeske Novelle *Humor und Spaß* (1991). Hier sieht sich ein chinesischer Kafka-Forscher in einen Affen verwandelt – eine doppelte Anspielung auf *Die Verwandlung* und den *Bericht für eine Akademie*.

Zu den frühesten, kecksten und erstaunlich wenig bekannten direkten Adaptationen aber zählt die Erzählung *Il babbo di Kafka* (»Kafkas Vater«, 1942) von Tommaso Landolfi.[201] Mit seinem Interesse für die Psychologie einer inhumanen Moderne wurde Landolfi auch als »der italienische Kafka« bekannt.[202] Das Etikett erstaunt, bedenkt man Landolfis eigenwilligen und durchaus kritischen Umgang mit Kafka. Er nimmt die spätere Kritik an der Kafka-Manie gleichsam vorweg.[203] In seiner Erzählung kehrt Landolfi nämlich gleich mehrere zentrale Erzählmuster und Motive Kafkas um – in der Form der für Kafka typischen Parabel. Der knappe Text bezieht sich zugleich auf *Die Verwandlung* (1915) und den *Brief an den Vater* (1919). Als wäre es ihm peinlich, von einem einschneidenden Erlebnis zu berichten, ziert sich der Erzähler und kapituliert scheinbar erst, so der spannungssteigernde Kunstgriff, vor dem Insistieren vieler Freunde. Der Erzähler berichtet von einer Verwandlung, nicht von Gregor Samsa, sondern von einer riesigen Spinne, die einen Menschenkopf trägt. Raffiniert fragt er, wie die Freunde mit dem Vieh umgehen würden: das Biest töten, meinen die meisten, so auch die Figur Kafka.

Wie in einem Vexierbild taucht das fiktive Tier auf – mit dem Kopf von Kafkas Vater. »Der künftig große Schriftsteller« zögert nicht:[204] Er bringt das Biest mit dem Kopf der als tyrannisch empfundenen Person brutal zur Strecke, bis Flüssigkeit aus dem Kopf quillt. »Damit dachte Kafka sich für immer befreit zu haben«, kommentiert der Erzähler.[205] *Il babbo di Kafka* imaginiert in Kafka und sein Œuvre ganz andere Impulse und Entwicklungslinien hinein: die Befreiung des Autors von der quälenden familiären Situation, das Auflösen der Bindung an den dominanten Vater, das Umschlagen von Leid in Brutalität, in den äußersten Willen zur Selbstbefreiung, ungeachtet der Folgekosten. Landolfi bietet beides: eine Kafka-Persiflage und ernst gemeinte literarische Spekulation darüber, welches Werk entstanden wäre, hätte Kafka sich tatsächlich aus der Situation befreit, die ihn – auch – zum Schreiben veranlasste und die psychologische oder psychoanalytische Deutungen inspirierte.

Kafka steht als Prager deutscher Autor in einem Umfeld der Mehrsprachigkeit. Zugleich weist Kafkas Werk Schnittstellen zur jüdischen Literatur auf. Darüber hinaus wird er zum Gradmesser künftiger Autorengenerationen: Er verkörpert ein getriebenes, existenzielles Schreiben; sein Werk wird zum authentischen und doch artifiziellen Ausdruck des modernen Menschen schlechthin. Das Judentum, Prag und die Versicherungsgesellschaft – all das verschwimmt zugunsten größtmöglicher Allgemeinheit. Kafka imitiert, wer Literatur als Überlebenselixier betrachtet, genau diese Literaturauffassung parodieren will oder beides. Die Rezeptionsgeschichte Kafkas mit ihren Brüchen und Schüben seit den 1930er-Jahren zeigt, dass Literatur im Fall dieses Autors global existenzielle Funktion erhielt.

*

Anders als die deutschsprachige Literatur vorhergehender Epochen erreichte diejenige des frühen 20. Jahrhunderts überhaupt in hohem Maße ikonische Geltung. Ihre Autorenstile waren ästhetisch besonders: Gleich, ob es sich um Lasker-Schüler, Stramm, George, Hofmannsthal, Rilke oder Kafka handelte – sie gaben sich an ihren Sprachbildern, an typischen Wahrnehmungs- und Ausdrucksweisen zu erkennen. Wer »Engel« sagte, der wähnte sich Rilke nahe; wer auf den unfähigen Gehilfen Jeremias schimpfte, der befand sich in Kafkas Universum. Außerhalb der Grenzen ihrer Sprache waren solche Autoren schwer imitierbar – und vielleicht war gerade dies der Grund für die vielen Imitationen. Wer sich übersetzend oder um- und neu schreibend Literatur aneignen wollte, musste sich seit den Avantgarden und der Moderne in besonderer Weise auf stilistische Eigenheiten einlassen: auf das Pathos der Expressionisten, auf Rilkes Enjambements, das Kafkaeske an Kafka.

Übersetzen erschien als große, mitunter unlösbare Herausforderung: An Rilkes *Duineser Elegien* wagte man sich vor dem Hintergrund konventioneller, an der Abbildung der Originals orientierter Vorstellungen von Übersetzung zunächst nicht heran. Die literarische Adaptation hatte der Übersetzung den Vorzug voraus, frei zu sein von der Bindung an die komplexe Semantik und Struktur des Originals. Wer übersetzen wollte, musste sich vom Original lösen, einen eigenen Ausdruck wagen. So recht gelang dies erst sehr viel später, seit den 1970er-Jahren.

Denn seit dem Ersten Weltkrieg waren Prozesse wechselseitiger Aneignung ins Stocken geraten: Literarische Avantgarden wie der Expressionismus hatten sich durch ihre Kriegstreiberei diskreditiert. Pazifistische Autoren hielten internationale Kontakte aufrecht. Erst seit den 1920er-Jahren stabilisierte sich der wechselseitige Austausch wieder. Journale entstanden, in denen alles Deutsche selbst von ästhetizistisch orientierten Kritikern wie denjenigen aus Eliots *Criterion* argwöhnisch auch auf seine politische Einstellung geprüft wurde. Der Nationalsozialismus zerstörte wieder, was sich mühsam angenähert hatte.

VII.

Heimat als Nazi-Land, Muttersprache als Feindessprache, 1930–1960

Micha Ullmann: Bibliothek. Denkmal. Mahnmal zur Erinnerung an die Bücherverbrennung. Berlin, Bebelplatz 1994/95

Weltliterarischer Imperialismus in Nazi-Deutschland

»Und es mag am deutschen Wesen / Einmal noch die Welt genesen«, lauten zwei vielfach entstellte Verse aus Emanuel Geibels Gedicht *Deutschlands Beruf* (1861).[1] In seinem Text predigt Geibel, einer der meistgelesenen deutschsprachigen Autoren des mittleren 19. Jahrhunderts, Frieden in Europa und Einigkeit der deutschen Staaten unter einem deutschen

305

Kaiser. In der NS-Zeit wurden Geibels Verse zu geflügelten Worten für ein kulturpolitisches Programm. Erhebliche Teile von Kultur und Wissenschaft gerieten zu Ideologie- und Waffenschmieden im Kampf um die weltpolitische und literarische Vorherrschaft. Als »Weltliteratur« galt nun perfiderweise, was dem Germanischen, Nationalen diente; eine antiweltliterarische, imperialistische, dem weltoffenen, freien Diskurs fremde Ideologie bestimmte nationalsozialistische Programmatiken und Praktiken. Der Nationalsozialismus erreichte sein Ziel, was das Territorium des Deutschen Reiches und die im Krieg eroberten Länder betraf: Hier blieb und konnte nur bleiben, wer sich dem Nationalsozialismus verschrieb oder sich in die sogenannte »Innere Emigration« zurückzog. Die Autoren der »Inneren Emigration« kollaborierten mehr oder minder mit dem Regime, litten aber nicht selten auch unter Zwangsmaßnahmen. In der Folge wurde Deutschland (später auch Österreich) zum literarischen Niemandsland, verlor nicht nur den Anschluss an die literarische Welt, sondern diskreditierte sich auch selbst.

Durch den barbarischen Akt der Bücherverbrennung am 10. Mai 1933 erwies sich der Nationalsozialismus von Beginn an als literatur- und kulturfeindlich. Nationalsozialistisch geprägte Studentenorganisationen warfen die Literatur der Avantgarden und der literarischen Moderne ins Feuer: Werke von Vicki Baum waren ebenso darunter wie von Franz Blei, Bertolt Brecht, Lion Feuchtwanger, André Gide, George Grosz, Erich Kästner, Frank Kafka, Gina Kaus, Alfred Kerr, Karl Kraus, Theodor Lessing, Jack London, Erich Maria Remarque, Romain Rolland, Anna Seghers, Kurt Tucholsky, Jacob Wassermann, Stefan Zweig und vielen anderen mehr. Der israelische Künstler und Stuttgarter Professor Micha Ullmann weist mit seinem Denkmal aus den Jahren 1994/95 so plakativ wie umsichtig auf die Bücherverbrennung hin: Die Bibliotheksregale bleiben leer, aseptisch weiß – doch nicht unschuldig; der Bücher-, Wissens- und Geschichtenschatz ist ausgelöscht. Ullmanns Denkmal ist in den Boden des Berliner Bebelplatzes eingelassen, wo das Unheil seinen Lauf nahm. Auf einer Bronzeplatte neben dem Denkmal befindet sich ein treffendes Zitat aus Heinrich Heines Tragödie *Almansor* (1823): »Das war ein Vorspiel nur, dort / wo man Bücher verbrennt, / verbrennt man am Ende auch Menschen.«

Auf die Bücherverbrennung folgten Schreib- und Publikationsverbote, selbst für Autoren wie Gottfried Benn. Der expressionistische Autor war zunächst vom Nationalsozialismus begeistert gewesen, äußerte sich aber zunehmend kritisch über das Regime. Schwarze Listen kursierten. Texte solcher Schriftsteller, die – wie der ungarische Filmkritiker und Autor Béla Balász oder der russische Autor, Journalist und Propagandist Il'ja Ėrenburg – den Nationalsozialismus angriffen, durften nicht mehr nach Deutschland eingeführt werden. Das Referat für Übersetzungswesen in der Abteilung VIII (Schrifttum) des Reichsministeriums für Volksaufklärung und Propaganda wachte über die Einhaltung der Verbote.[2] Im Jahr 1942 verschärfte sich die Lage erneut: Ein *Verzeichnis englischer und nordamerikanischer Schriftsteller* erschien, das 1500 unerwünschte Autoren und Werke aufführte. Zugleich verbreiteten die Nazis »anti-amerikanische« und »anti-kapitalistische« Texte wie Sinclair Lewis' *Babbitt* (1922) und John Steinbecks *The Grapes of Wrath / Früchte des Zorns* (1939) zum Zweck der Propaganda in hohen Auflagen. Ähnlich verhielt es sich mit nordischer Literatur, etwa den Romanen des Norwegers Trygve Gulbranssen (1894–1962) oder des Isländers Gunnar Gunnarsson (1889–1975), die man auch aufgrund ihrer antikapitalistischen Idyllik verehrte.[3]

Jüdische Literaturwissenschaftler wurden ihrer Ämter enthoben und mit dem Tod bedroht. Schergen des NS-Chefideologen Alfred Rosenberg okkupierten den deutschen P.E.N. und wandelten ihn in die »Union nationaler Schriftsteller« um.[4] Die Deutsche Akademie, die Vorläuferin des Goethe-Instituts, engagierte sich vor allem in Südeuropa, bot Sprachunterricht und Volkstümelndes.[5] Auch die Goethe-Gesellschaft war nationalsozialistisch infiltriert; Goebbels erlegte ihr im Jahr 1940 die Aufgabe der »Weltmission« auf.[6] Das »Amt Rosenberg« (1934–1945) war mit seinen unterschiedlichen Dienststellen verantwortlich für Pflege und Weiterentwicklung der NS-Ideologie, von Literatur, Theater und Wissenschaft.[7] Heinrich Himmlers Institut »Ahnenerbe« (1935–1945) übernahm ähnliche Aufgaben wie das »Amt Rosenberg«,[8] konkurrierte mit ihm und radikalisierte dessen Positionen.[9]

Beide Einrichtungen ideologisierten auch Begriff und Praktiken der »Weltliteratur«: Von 1935 bis 1939 erschien im Wiking Verlag – anknüpfend an ein älteres Projekt der Weimarer Republik – eine Zeitschrift mit dem Titel *Weltliteratur*. Sie wurde vom Verlagsleiter Franz Ludwig Habbel herausgegeben und redaktionell von Schriftleiter Hellmuth Langenbucher verantwortet, der im Amt Schrifttumspflege unter Rosenberg tätig war. Das Programm der Zeitschrift war eindeutig: völkisch, nationalsozialistisch, propagandistisch. Einzelne Hefte, unter anderem zu dem Avantgarde-Autor und ehemaligen SPD-Mitglied Paul Ernst und dem späteren Widerständler Werner von der Schulenburg, bestätigten die Regel.[10] Im Jahr 1940 wurde die Zeitschrift unter dem Titel *Die Weltliteratur* (1940–1944) vom Ahnenerbestiftungs-Verlag publiziert, von Verlagsleiter Friedhelm Kaiser herausgegeben und von Hauptschriftleiter Hans Ernst Schneider (1909–1999) betreut. Als Redakteur der Zeitschrift *Die Weltliteratur* trieb Schneider ihre Ideologisierung voran, sodass nur mehr Nationalsozialistisches oder dem Nationalsozialismus Freundliches als Weltliteratur galt.[11] In den Wirren des Kriegsendes nahm Schneider eine neue Identität an, tauchte als Germanist Hans Schwerte wieder auf, promovierte und habilitierte sich, unterhielt Verbindungen zu den alten Bekannten der NS-Zeit, wurde Professor und Rektor der Rheinisch-Westfälischen Technischen Hochschule Aachen, erhielt das Bundesverdienstkreuz – bis er im Jahr 1995 enttarnt wurde.[12] Der Fall Schneider / Schwerte schrieb nicht nur eine traurige Legende ins Stammbuch der Germanistik, sondern durch die Umtriebe des »Amts Rosenberg«, des »Ahnenerbes« und im Besonderen Schneiders war auch der Begriff der Weltliteratur gründlich diskreditiert. Doch das Gros der Wissenschaftler wollte seine Karriere nicht aufgeben, machte im Nationalsozialismus mehr oder weniger mit – und entsorgte die Ideologie nach 1945 wieder, auch durch eine humanistische Revitalisierung des Weltliteratur-Begriffs. Er sollte nun die Völker versöhnen.

Shoah – Vernichtung anderer Welten

Der Nationalsozialismus vernichtete jene Weltsichten und Lebensformen, die ihm nicht passten: diejenigen der Juden, Homosexuellen, Zeugen Jehovas ebenso wie der Gegner des Regimes. Einige Autoren fielen gleich in mehrere dieser Gruppen. Viele von ihnen starben durch die Tötungsmaschinerie der Nationalsozialisten, in Verstecken, Lagern, auf der Flucht.[13] Zu den unmittelbar von Parteigängern des NS-Regimes Ermordeten zählten vor allem politisch engagierte Autoren: Theodor Lessing (1872–1933), Philosoph, Publizist, Pazifist und Zionist, floh nach der Machtergreifung ins tschechische Marienbad und wurde dort hinterrücks von Nationalsozialisten erschossen. Der anarchistische Publizist Erich Mühsam (1878–1934) wurde vermutlich von der SS im KZ Oranienburg exekutiert. Seine Mörder verunglimpften den Toten nach seinem Ableben und sprachen von Selbstmord.

Zahlreiche ideologisch unverdächtige jüdische Autoren schickte man ins Gas. Oskar Wiener (1873–1944) aus Prag, ein Balladendichter, Sammler von Sagen und Schwänken, wurde 1942 nach Theresienstadt deportiert und dort ermordet. Ähnlich erging es der deutsch-jüdischen Kinderbuchautorin Else Ury (1877–1943). Sie schrieb die noch heute gelesenen *Nesthäkchen*-Bücher, die am Beispiel der gut situierten blonden Bürgerstochter Annemarie Braun vom Leben in besseren Verhältnissen erzählen. Ury wurde unmittelbar nach ihrer Ankunft in Auschwitz vergast. Die bedeutende Lyrikerin Gertrud Kolmar (eigentlich Gertrud Käthe Chodziesner, 1894–1943) teilte ihr Schicksal. Jakob van Hoddis (1887–1942) hingegen war in den Augen der Nationalsozialisten mehrfach belastet: Der deutsch-jüdische expressionistische Autor, der für die *Aktion* schrieb, stand zeitweise George nahe und litt an einer zunehmend stärker werdenden Psychose. Seit 1933 war er in einer Psychiatrie für jüdische Patienten untergebracht. Er wurde 1942 deportiert und vermutlich im Vernichtungslager Sobibór umgebracht.

Andere Autoren gingen durch Unterdrückung, Flucht, Inhaftierung und Zwangsarbeit zugrunde. Die jüdische Lyrikerin, Kunsthistorikerin und Georgeanerin Gertrud Kantorowicz (1876–1945) starb im KZ Theresienstadt an einer Hirnhautentzündung. Der radikaldemokratische Publizist Carl von Ossietzky (1889–1938) wurde in der Nacht des Reichstagsbrands verhaftet; er erlag im Moor-Konzentrationslager Esterwegen einer Lungentuberkulose. Der bi- oder homosexuelle Georgeaner, Schriftsteller und Kulturwissenschaftler Percy Gothein (1896 bis 1944) war als politischer Häftling im KZ Neuengamme interniert und starb dort unter ungeklärten Umständen. Die heute als eine der großen Autorinnen der 1920er- und 1930er-Jahre wiederentdeckte Irène Némirovsky (1903–1942) wuchs in Russland als Tochter eines jüdischen Bankiers auf und schrieb nach ihrem Studium an der Sorbonne auf Französisch. Sie lebte in Paris und wollte trotz der Kapitulation Frankreichs nicht fliehen. Sie starb im Krankenbau von Auschwitz. Selma Meerbaum-Eisinger (1924–1942), eine entfernte Cousine Paul Celans, die ein kleines Werk melancholischer Gedichte hinterließ, erkrankte im Arbeitslager Michailowka tödlich an Flecktyphus. Ihre Gedichte gelangten Jahrzehnte später durch Freunde an die Öffentlichkeit, wurden für ihren sensiblen Stil gerühmt und oft vertont. Anne Frank (1929–1945), deren Tagebuch zu den eindrücklichsten Zeugnissen des Leides durch den Nationalsozialismus gehört, ereilte ein ähnliches Schicksal. Nachdem sie sich jahrelang vor den Verfolgern verstecken konnte, wurde sie verraten, verhaftet, zu Zwangsarbeit verpflichtet und starb im KZ Bergen-Belsen an Entkräftung, Spätfolgen zahlreicher Krankheiten, vielleicht auch an Flecktyphus.

Die genannten Namen stehen stellvertretend für viele andere von Nationalsozialisten ermordete oder durch Drangsal zu Tode gekommene Autoren und Publizisten. Selbst Autoren, die fliehen konnten, waren für ihr Leben beschädigt; durch die Zwangsmaßnahmen des Nationalsozialismus erlitten sie nicht selten körperlich oder mental den finalen Todesstoß. Jacob Wassermann (1873–1934), neben Vicki Baum und Stefan Zweig einer der meistübersetzten Schriftsteller des Jahres 1933,[14] starb zwar an einem Schlaganfall, aber diesem ging die Erniedrigung durch die Nazis voraus. Seit der Machtergreifung konnte er nicht mehr in Deutschland veröffentlichen, hoffte auf niederländische Verleger – und darauf, dass sein Publikum ihm trotz widriger Umstände treu blieb.[15] Ernst Toller (1893–1939), Dramatiker der Arbeiterbewegung, politischer Aktivist und Publizist, wurde zwar 1933 ausgebürgert, aber noch im Exil von den Schergen des Regimes verfolgt. Er erhängte sich nach dem Sieg Francos in einem New Yorker Hotel.

Nach dem Nationalsozialismus waren dokumentarische Werke wie H. G. Adlers anthropologische, ethnologische, soziologische Analyse *Theresienstadt 1941–1945. Das Antlitz einer Zwangsgemeinschaft* (1955) an der Zeit. Adler (1910–1988), Schriftsteller, Wissenschaftler, Überlebender Theresienstadts, Auschwitz' und kleinerer Lager, will in seinem vielschichtigen »Gesamtkunstwerk«[16] Zeugnis ablegen.[17] Adler greift auf, was Imre Kertész (1929–2016), Auschwitz-Überlebender, als »Lager-Literatur« bezeichnet hat: Texte, die in Ghetto und KZ versuchten, Kultur zu retten oder zumindest Zeugnis abzulegen.[18] Adler will die Erinnerung an das Grauen lebendig halten und ein Gegenbild zu dem sogenannten Dokumentarfilm *Theresienstadt* (1944/45) schaffen. Der in Theresienstadt internierte Regisseur Kurt Gerron drehte ihn gemeinsam mit Karel Pečený, dem Direktor einer Prager Wochenschaugesellschaft, im Auftrag der Nationalsozialisten. Gerron wollte sich selbst auf diese Weise vor dem Tod im KZ retten, wurde aber nach Ende der Dreharbeiten 1944 in Auschwitz vergast.

Bibliotheken, Verlage und Zeitschriften im Exil

Imre Kertész, H. G. Adler, Jean Améry, Ruth Klüger und viele andere kämpften mit dem Glück und Trauma, überlebt zu haben. Wer beizeiten emigrieren oder ins Exil gehen konnte, litt – und war selbst im Exil vor den Nazis nicht sicher. Der Arm der Verfolger war lang, Spionage üblich. Krankheiten, Heimatlosigkeit, Einsamkeit, Sprachlosigkeit, Verlust von Publikum und Reputation, Depression, manchmal mit der Konsequenz des Selbstmords, prägten das Exil.[19] Es war unfreiwillig, erzwungen durch die neuen Machthaber. Zugleich war es alles andere als selbstverständlich: Man musste Unbekannten vertrauen, in ein fremdes Land gehen, das mitunter ganz zufällig gewählt war, weil es gerade Exilanten aufnahm, erhielt vielleicht nur eine kurzfristige Aufenthaltserlaubnis, musste weiterziehen. Exilierte Autoren betrachteten ihr Exil unterschiedlich – je nach Temperament, den Gestaltungsmöglichkeiten des eigenen Schicksals, den Erfahrungen bei der Emigration, auf der Flucht und in dem Land, das Exil bot.

Wer Zionist war und die Auswanderung nach Palästina – wie die Autoren Arnold Zweig (1887–1968) und Josef Kastein (1890–1946) – lange vorbereitet hatte,[20] der beschrieb sich als »Emigrant« und stand seinem Geburtsland oft ablehnend gegenüber.[21] Die Literatur solcher Autoren wurde zu »Zwischenliteratur«, einem Übergangsphänomen bewusster und gewollter Anpassung an eine andere oder neue Kultur.[22] Emigranten kämpften mit fehlenden Publikations- und Auftrittsmöglichkeiten.[23] Mangelnde Sprachkenntnis verkomplizierte das Schreiben. Ludwig Strauss (1892–1953), 1935 nach Palästina eingewandert, zählte zu den wenigen Autoren, die sich eine zweite Sprache so aneignen konnten, dass sie ihnen – wie Strauss das Hebräische – zur zweiten Literatursprache wurde.[24]

Autoren wie Bertolt Brecht hingegen wollten keine Emigranten sein, sondern Exilanten, Verbannte, aus Not Flüchtende. Sie verließen die Heimat physisch, blieben jedoch geistig dort. Oft aber war der Übergang vom Emigranten zum Exilanten fließend. Wer konnte schon genau sagen, wo er im Geist lebte, ob dies mit Heimaten, fremden Ländern oder Utopien zu tun hatte und ob aus dem Exil mit seinen je eigenen und reizvollen Kulturformen nicht bald eine Heimat wurde und die eigene Akkulturation gelang.[25] Einige Exilanten fühlten sich den Exilländern gegenüber kulturell überlegen und interessierten sich kaum für

ihre neue Heimat.[26] Andere stilisierten das Exil – wie Hermann Broch –
zur ästhetischen Geste:

> Exil hat für den deutschen Dichter stets symbolische Flucht aus der irdi-
> schen Gebundenheit seiner zeit-räumlichen Lokalisierung bedeutet; Exil
> war ihm stets Flucht in seine eigentliche Heimat, in die Heimat des über-
> europäischen Geistes, in den Geist der Humanität, in der sich ihm letzt-
> lich seine Deutschheit verkörperte.[27]

Broch spielt auf George, Rilke, Musil und Thomas Mann an und stellt
die Exilliteratur in die Tradition des europäischen Humanismus, wie er
sich auch in Deutschland niedergeschlagen hat. Zeitweise war Broch mit
Mann befreundet gewesen, hatte aber vergeblich auf dessen Unterstützung bei der Publikation seiner *Schlafwandler* (1930–1932) in Amerika
gehofft: zu intellektuell für den amerikanischen Markt, urteilte Mann darüber.[28] Brochs Haltung zur Exilliteratur aber traf den Zeitgeist einiger
Autoren. Auch Mann begriff Exilliteratur selbst als eigentliche »deutsche Literatur« und warf den daheimgebliebenen Autoren Duldung des
Nationalsozialismus und Mitläuferschaft vor. Der Begriff »Exilliteratur«
taugt folglich nur als Sammelbezeichnung für die Literatur, die unter
Emigranten und Exilanten entstand.[29] Die Opposition gegen den Nationalsozialismus gilt als kleinster gemeinsamer Nenner.

Die 1930er-Jahre kannten drei Wellen der Flucht vor allem jüdischer
und dem Nationalsozialismus gegenüber kritisch eingestellter Autoren:
nach der Machtergreifung im Jahr 1933, nach der Bücherverbrennung
im selben Jahr, 1938 nach der Reichskristallnacht sowie nach Kriegs-
ausbruch 1939. Kurz nach der Wahl Hitlers zum Reichskanzler verließen ungefähr 7600 Gelehrte und Künstler Deutschland,[30] gaben mit der
Flucht ihren Beruf auf, schrieben nur gelegentlich oder zum Broterwerb.
Größtenteils flohen sie in die USA, nach Großbritannien und Palästina,
in kleinerer Zahl nach Nordeuropa, Lateinamerika, Russland, Australien, Neuseeland, Südafrika, Japan und China. Dabei verschoben sich die
Zentren des Exils mit den Kriegsverlusten: Waren anfangs Amsterdam
und Paris zentrale Exilorte, wurden London und die USA seit der Niederlage Frankreichs im Jahr 1940 wichtiger.

So sie konnten, brachten die Exilanten ihre Bibliotheken außer Landes: Der Philosoph Raymond Klibansky schaffte 1933 nicht nur Aby
Warburgs berühmte Bibliothek, sondern auch diejenige des vorma-

ligen George-Jüngers und Literaturwissenschaftlers Friedrich Gundolf nach London.[31] Karl Wolfskehl (1869–1948), Schriftsteller und ebenfalls ein Verehrer Georges, veräußerte seine Bibliothek, um die »Reichsfluchtsteuer« und die »Judenvermögensabgabe« zahlen zu können. Er ließ einen kleinen Bestand seiner Bücher nach Neuseeland verschiffen.[32] Franz Blei (1871–1942), der Essayist, Übersetzer und satirische Autor aus Wien, reiste seinem Bücherschatz nach Portugal nach.[33] Die Bibliotheken der Exilanten prägten das kulturelle Leben und den Buchmarkt im Exilland, wie Arnold Zweig für Haifa bemerkte.[34]

Auch ein Teil des deutschen P.E.N. ging ins Exil: Nachdem der P.E.N.-Club im Deutschen Reich durch die Nationalsozialisten aufgelöst und durch die »Union nationaler Schriftsteller« ersetzt wurde, gründeten schreibende Exilanten im Jahr 1934 das P.E.N.-Zentrum deutschsprachiger Autoren im Ausland. Man residierte in London und ernannte Heinrich Mann zum Präsidenten.[35] Nach dem »Anschluss« Österreichs und der Auflösung des österreichischen P.E.N. durch die Nationalsozialisten eröffneten die österreichischen Exilanten in London ihre eigene »Austrian Group« mit Franz Werfel als Präsident.[36]

Wenige Verlage außerhalb Deutschlands nahmen Werke von Exilautoren in ihr Programm auf, unter ihnen Querido und Allert de Lange in Amsterdam sowie Emil Oprecht in Zürich. Zu den ersten Publikationen dieser Art zählte Else Lasker-Schülers *Hebräerland*. Das Buch erschien im Jahr 1937 bei Oprecht und war sofort nach Erscheinen nahezu weltweit zu kaufen: Selbst in Jerusalemer Buchhandlungen lag es aus, und die Kritiker zermarterten sich die Köpfe über dieses epochale Werk.[37] Als eine der bekanntesten lebenden Exilautorinnen schreibt Lasker-Schüler über ein Land, das von Fiktionen, dem eigenen avantgardistischen Kosmos, ihren Vorstellungen vom »Orientalischen« überlagert und nicht mit dem real existierenden Palästina gleichzusetzen ist.[38] Lobten die einen das Buch als Vereinigung von Zionismus und Menschlichkeit, prangerten die anderen – unter ihnen die kommunistische Exilzeitschrift *Das Wort* – das mangelnde politische Bewusstsein der Autorin an.[39] Das *Hebräerland* gilt deshalb als ambivalenter Versuch, den Exilanten schreibend eine neue Heimat zu eröffnen.

Im Jahr 1936 verlegte Gottfried Bermann Fischer seinen Teil des Fischer Verlags, der vom Nationalsozialismus geächtete Autoren wie Thomas Mann, Hermann Hesse, Carl Zuckmayer und Stefan Zweig publizierte, nach Österreich, 1938 nach Stockholm und schließlich im Jahr

1940 in die USA. Gemeinsam riefen das P.E.N.-Zentrum Mexiko, der Heinrich-Heine-Klub, die Bewegung freies Deutschland und die Acción Republicana Austriaca en México den Verlag El Libro Libre in Mexiko ins Leben – mit einer antifaschistischen und kommunistischen Glaubensgemeinschaft als Beirat und dem gelernten Drucker Walter Janka als Verlagsleiter.[40] Ohne Startkapital konnte der Verlag jedoch kaum die Druckerei, geschweige denn Honorare bezahlen. Erst durch Erfolge wie Anna Seghers' *Siebtes Kreuz* (1942/43) und Theodor Pliviers *Stalingrad* (1946) besserte sich die wirtschaftliche Lage, sodass insgesamt zwanzig Bücher bei El Libro Libre erscheinen konnten. Nach 1945 überlebten jedoch die wenigsten dieser Exilverlage.

Auch der Exilpresse war oft nur ein kurzes Leben beschieden. Unter schwierigen Umständen entstanden in den 1930er- und 1940er-Jahren aber immerhin vierhundert Zeitungen und Zeitschriften, darunter in der Anfangsphase des Exils das *Pariser Tageblatt* (1933–1936 / 1936–1940 als *Pariser Tageszeitung*). Die New Yorker Zeitschrift *Aufbau* (seit 1.12.1934) wurde zum Sprachrohr der politisch engagierten jüdisch-deutschen Emigranten, unterhielt ein Rundfunkprogramm (für politische Reden, Nachrichten, Hörspiele und dergleichen), vermittelte Kontakte und Korrespondenz.[41] Sie war proamerikanisch angelegt, agitierte gegen den Nationalsozialismus, wollte die Exilanten amerikanisieren. Zu ihren Redaktionsmitgliedern zählten Lion Feuchtwanger, Emil Ludwig, Thomas Mann und Franz Werfel, zu ihren Autoren Hannah Arendt, Max Brod, Oskar Maria Graf, Gershom Scholem und Carl Zuckmayer. Linke oder kommunistische Organe, darunter Klaus Manns *Decision* (1941/42) und Stefan Heyms kommunistisches *Volkecho* (1937–1939), ergänzten das publizistische Spektrum des amerikanischen Exils.

Auf eine linke Leserschaft zielten außerhalb Amerikas unter anderem die Zeitschrift *Internationale Literatur* (1931–1945), redaktionell verantwortet von Hans Günther und Johannes R. Becher, *Die Sammlung* (Amsterdam, 1933–1935), herausgegeben von Klaus Mann unter dem Patronat von André Gide, Aldous Huxley und Heinrich Mann, *Das Wort* (Moskau, 1936–1939), herausgegeben von Brecht, Feuchtwanger und Willi Bredel, sowie das *Freie Deutschland* (Mexiko, 1941–1946), redigiert von Bruno Frei und Alexander Abusch. In Südamerika aber war das politische Engagement erschwert. Diese Länder versuchten selbst noch, sich eine stabile politische und ökonomische Ordnung zu geben; politisch engagierte Flüchtlinge betrachteten sie deshalb mit Argwohn.

Gleichwohl entstanden hier Zeitschriften wie das *Argentinische Tageblatt* und das von August Siemsen herausgegebene *Andere Deutschland* (1925–1969). Vergleichsweise wirkungsmächtig waren auch die politisch moderaten oder konservativen *Deutschen Blätter* von Udo Rukser und Albert Theile aus Santiago de Chile (1943–1946), zu denen prominente Autoren wie Günther Anders, Hermann Hesse, Arthur Koestler, Thomas Mann und Stefan Zweig beitrugen.

Stefan Zweig – die Flucht nach Brasilien in einer französischen Graphic novel

Brasilien zählt zu den südamerikanischen Ländern, die sich in den 1930er- und 1940er-Jahren in einer politischen Orientierungsphase befanden. Seit 1918 erlaubte die Regierung Exilanten aus dem deutschsprachigen Bereich, bei Ankunft in brasilianischen Häfen spontan einzuwandern, sofern es sich nicht um Marxisten und Gewerkschaftsmitglieder handelte.[42] Um 1938 setzte eine Welle des Exils ein.[43] Zunehmend aber nationalisierte sich das Land. Durch die faschistenfreundliche Regierung des Diktators Getúlio Vargas wurden die Lebens- und Arbeitsbedingungen für die Exilanten schwierig.

Zwar beschäftigten brasilianische Zeitungen aus Mitteleuropa kommende Exilanten gern, weil sie oft gutes Französisch sprachen. Auch boten Laientheater ein klassisches Programm in deutscher Sprache.[44] An einen Verlag aber, der in deutscher Sprache hätte publizieren können, war nicht zu denken. Nur Ulrich Bechers (1910–1990) *Märchen vom Räuber, der Schutzmann wurde* (1943), die Legende von einem verfolgten Autor, konnte in einer ersten Ausgabe der »Notbücherei deutscher Antifaschisten« in Rio de Janeiro auf Deutsch erscheinen. Wenige Autoren wurden übersetzt, unter ihnen der umstrittene Kriminalautor Frank Arnau (1894–1976). Auch Paul Frischauer (1898–1977) konnte man auf Portugiesisch lesen. Es handelte sich um einen Vertreter jenes Operetten-Wien, das Karl Kraus in der *Fackel* mit Verve angegriffen hatte. Frischauer war außerdem Autor einer Vargas-Biografie, die den Diktator günstig beeinflussen und gegen das NS-Regime einnehmen sollte.[45] Der umtriebige linksbürgerliche Publizist Ernst Feder (1881–1964) wiederum profitierte von seiner Freundschaft mit Stefan Zweig.[46] Feder verfertigte Miniaturen bedeutender Persönlichkeiten im Stil von Zweigs Werken, die auch in Brasilien Leser fanden.

Stefan Zweig selbst schrieb eine Eloge auf Brasilien. In den 1920er-
und 1930er-Jahren war er weltweit, im Westen wie im Osten und auch
in Russland,[47] der am häufigsten aufgelegte deutschsprachige Autor gewesen. Im Jahr 1936 kam er für den P.E.N.-Kongress nach Buenos Aires
und ließ sich von der Magie des Landes anstecken. *Brasilien. Ein Land
der Zukunft*, ein so aktuelles wie utopisches Buch, das Zweig große
Popularität bei den Brasilianern bescherte, erschien im Jahr 1941. Die
hymnische Darstellung in Prosa setzt auf die Zukunft: auf Brasilien als
Land der Möglichkeiten, in rasantem Fortschritt begriffen,[48] größer als
die USA und doch unbekannt, ja verachtet. Zweig wettert gegen den
»europäische[n] Hochmut«,[49] empfiehlt Brasilien geostrategisch als Ge-
genmodell zu Hans Grimms Idee vom »Volk ohne Raum« und der Geo-
politik des Nationalsozialismus.[50] Er preist das Land, das einerseits voller
unbekannter Gefahren wie derjenigen des Kannibalismus' der Urwald-
bewohner, andererseits voller »eingeborener Toleranz« ist.[51] Die rassis-
tischen und bellizistischen Elemente sind an Zweigs Brasilien scheinbar
spurlos vorübergegangen. Überwiegend reagierte die Kritik positiv auf
das Buch, aber ein Vorwurf blieb doch: dass sich Zweig – wie Frischauer – Vargas angedient und dafür möglicherweise sein brasilianisches
Dauervisum erhalten habe.

Doch diese Geschichte wird längst von anderem überlagert: dem Umstand, dass sich Zweig, kaum im brasilianischen Petrópolis angekommen, im Jahr 1942 das Leben nahm, und zwar gemeinsam mit seiner
zweiten Frau, der Sekretärin Charlotte Altmann. Diese »real life story«
gibt so viele Rätsel auf, dass Zweigs Leben Gegenstand einer Biografie,
eines biografischen Romans, einer Graphic novel und eines Films wurde.
Sie alle drehen sich um ein Paradox: dass die Akkulturation ausgerechnet
dem brasilienbegeisterten Zweig missglückte. Zweigs Biograf, der Journalist Alberto Dines, formuliert es in Gegensätzen:

> Er [Zweig] entdeckte ein Paradies, man isolierte ihn in der Hölle. Er bat
> um Anerkennung, man bot Verachtung. Er träumte von Sicherheit, lebte
> unter Observation. Er sehnte sich nach Entsagung, aber es mangelte ihm
> an Voraussetzungen, um eine Randerscheinung zu sein.[52]

Dines meint, dass der Erfinder des brasilianischen Paradieses der Wirklichkeit des Landes, den Enttäuschungen und Missverständnissen nicht
gewachsen war.[53] Zweig wurde deshalb zum Gegenpol eines anderen

berühmten Exilanten, nämlich des Philosophen Vilém Flusser (1920–1991). Dieser floh als junger Mann nach Brasilien und beschrieb seine Entwurzelung als Denkanstoß und Quelle von Kreativität.[54] Doch steht hier mehr als das bloße Lebensalter gegeneinander, wenn das Alter auch im Fall Zweigs eine Rolle spielte, wie Zweigs Freund Romain Rolland orakelte.[55]

Zweigs Memoiren *Die Welt von gestern. Erinnerungen eines Europäers* (1942) bringen Licht ins Dunkel. Mit donnerndem Vokabular beschreibt er die »fast pausenlosen vulkanischen Erschütterungen unserer europäischen Erde«.[56] Sich selbst kennzeichnet er als einen Ahasver des 20. Jahrhunderts – ein Verweis auf die Bedeutung des Judentums für den Kosmopoliten.[57] Dreimal wurde seine Existenz vernichtet: in Wien, in London, wo der mit H. G. Wells, James Joyce, Arthur Koestler und anderen verkehrende Autor der *Maria Stuart* (1935) als »Enemy Alien« galt, und in New York.

> Denn losgelöst von allen Wurzeln und selbst von der Erde, die diese Wurzeln nährte, – das bin ich wahrhaftig wie selten einer in den Zeiten. [...] So gehöre ich nirgends mehr hin, überall Fremder und bestenfalls Gast; auch die eigentliche Heimat, die mein Herz sich erwählt, Europa, ist mir verloren, seit es sich zum zweitenmal selbstmörderisch zerfleischt im Bruderkriege.[58]

Zweig beschreibt sich als körperlich und geistig heimatlos, mehr noch: Er bilanziert, dass seine Versuche, neue Wurzeln zu schlagen, durch Gewalteinwirkung verhindert wurden und werden. Ihm bleibt kein Ort mehr. Politisch kann und will er sich diesen nicht erstreiten. Im wirklichen Leben wie in seiner Biografie zeigte er sich als entschiedener Pazifist,[59] so entschieden, dass er Schriftstellern ihre politische Rolle absprach, Thomas Mann mit seiner Kritik an politischem Einsatz regelrecht quälte und sich mit dem P.E.N. überwarf. Dies hielt Zweig jedoch nicht davon ab, noch im Jahr 1941 mit Klaus Mann über die Gründung einer kostengünstig zu erwerbenden mehrsprachigen Exilzeitschrift nachzudenken.[60] Zweig lobte Manns linke *Decision* und die publizistischen Unternehmungen des Übersetzers Alfredo Cahn in Argentinien als mögliche Vorbilder.[61] Bei aller Bitterkeit über die Zeitläufte klingt der Schluss von Zweigs Memoiren erstaunlich versöhnlich, es sei denn, man nimmt das Plusquamperfekt ernst: »Aber jeder Schatten ist im letzten doch auch ein

Kind des Lichts, und nur wer Helles und Dunkles, Krieg und Frieden, Aufstieg und Niedergang erfahren [sic], nur der hat wahrhaftig gelebt.«[62] Zweigs »Ganzer Mensch« soll und will auch Krieg erlebt haben, aber er ist am Ende angelangt. Der Abschiedsbrief des Autors liest sich wie eine Konsequenz seiner Memoiren: Die Zerstörung der »geistige[n] Heimat Europa« hat ihn mental zerstört, und seine Kräfte sind »durch die langen Jahre heimatlosen Wanderns erschöpft«.[63]

Zweigs Selbstmord lässt sich nur erklären, zieht man Nationalsozialismus und Exil in Betracht. Heimatlosigkeit, der Verlust der eigenen Kreativität, die politische Fehleinschätzung der Vargas-Diktatur, die mangelnde Orientierung in der brasilianischen Publizistik, die Verzweiflung ob des Zweiten Weltkriegs und der Shoah sowie die Angst vor Verfolgung lösten depressive Zustände aus. Feder berichtete von einer vollständigen Veränderung Zweigs seit seiner Ankunft in Brasilien: von Depression, Pessimismus und Suizidgedanken, da der Autor keine Ruhe mehr fand.[64]

In ihrer Graphic novel *Les derniers jours de Stefan Zweig* (2012) / *Die letzten Tage von Stefan Zweig* (2012) versuchen der französische Comiczeichner Guillaume Sorel (*1966) sowie der französische Arzt und Autor Laurent Seksik (*1962), diese Gemütszustände in der Bildsprache des Genres sichtbar zu machen. Graphic novels, die hierzulande nur ein kleines Publikum kennen, sind in Frankreich und Amerika seit Jahrzehnten beliebt und für das Bekanntwerden von Romanen ausgesprochen wichtig. Längst gibt es einen eigenen grafischen Kanon. Aus der deutschen Literatur zählen vor allem mittelalterliche Autoren und Texte dazu: Hildegard von Bingen *O Nobilissima viriditas* und das Nibelungenlied.[65] Eine gewisse Plakativität, große Spannungsbögen und suggestive Bildwelten der Bezugstexte befördern die grafische Darstellung. Im Fall der *Letzten Tage von Stefan Zweig* ist dies in besonderer Weise gegeben. Die Graphic novel beruht auf einem biografischen Roman, und der Autor dieses Romans, nämlich Seksik, wirkte selbst an seiner Bearbeitung mit.

Die deutsche Version des Romans war unter dem blumigen Titel *Vorgefühl der nahen Nacht* (2011) erschienen. Sie handelt wie die Graphic novel von den letzten hundertneunzig Tagen Zweigs: der Zeit vom 15. August 1941 bis zum 23. Februar 1942. Durchaus melodramatisch, aber historisch weitgehend korrekt, hebt Seksik die wichtigsten Stationen und Erfahrungen Zweigs hervor: die Ankunft in Brasilien, den zu-

Laurent Seksik (Text), Guillaume Sorel (Grafik):
The Last Days of Stefan Zweig, Salammbo Press 2014

erst scheinbar gelingenden, doch bald scheiternden Versuch des Einlebens, die positive Nachricht vom Kriegseintritt der USA, gefolgt von den Hiobsbotschaften der Shoah und der Kriegsverluste, dem Gefühl der Heimat- und Sprachlosigkeit. »Er schrieb nur noch, um übersetzt zu werden – ins Englische dank des guten Ben Huebsch bei Viking Press und ins Portugiesische von Abrahão Koogan.«[66] An seiner Biografie Balzacs, mit der Zweig sich Ruhm erwerben wollte, droht er zu scheitern. Politisch billigt er sich keinen Handlungsspielraum zu. Seksiks Zweig meidet die Öffentlichkeit Brasiliens, die ihn für sein Brasilien-Buch ohnehin nur kritisiert. Ein Besuch beim Karneval in Rio endet in Angst vor der Verfolgung durch deutsche Spione. Es scheint Zweig, als tanzten auch hier die braunen Horden. Spätestens, als Singapur an das feindliche Japan fällt, verstärken sich die Selbstmordabsichten. Der selbst geschriebene *Kleist*-Essay von 1925 dient als Blaupause für den eigenen Tod. Kleist hatte sich von seiner Ehefrau Marie von Kleist, der »Herzensfreundin«,[67] getrennt, um mit der jungen, krebskranken Henriette zu leben – und zu sterben. Im Schema der Übertragung erscheint Zweigs erste Ehefrau Friderike als Marie, seine zweite, die schwer an Asthma erkrankte Lotte, als Henriette. Lotte nimmt ihre Rolle bewusst an, um Zweig zu gefallen und als zweite Henriette in die Literaturgeschichte einzugehen.

Der Graphic novel gelingt eine optisch beeindruckende und wenig plakative Darstellung dieses exotischen und dramatischen Stoffes. Grafisch ahmt der Band den mentalen Zustand der Zweigs in morbider Ästhetik nach: die anfängliche Begeisterung für das Paradies Brasilien und die unterschwellige, immer deutlicher an die Oberfläche tretende Rast- und Haltlosigkeit. Seksik nimmt Signalsätze aus dem Roman auf. »Er [Zweig] gehört einer aussterbenden Rasse an: dem *Homo austriaco-judaicus*«,[68] lautet eine der einprägsamsten Selbstaussagen dort. In der Graphic novel wird der Satz zu einer knappen Inhaltsangabe der *Welt von gestern*.[69] Der bildlich einprägsame Karneval ähnelt Bayreuth, dem von Zweig verachteten Spektakel. Auf jeder Seite der Graphic novel findet sich ein Zeichen der Shoah; sie erlaubt kein Innehalten. *Die Welt von gestern* gibt den Takt vor. Versuchte Fluchten aus der Melancholie misslingen; der sechzigste Geburtstag gerät zur Abschiedsfeier. Die Todesszene ist in Pastelltönen gezeichnet; sie verblassen, bis niemand mehr zu sehen ist. Zweig erscheint als ambivalente Figur: nicht als Mahner einer untergehenden Zivilisation, sondern als einer ihrer Profiteure und Helden zugleich, als einer, der noch im Tod sorgsam auf seine Selbstinszenierung achtet.

Zweigs Exilgeschichte inspirierte den vielfach ausgezeichneten und für illustre Preise nominierten Film *Vor der Morgenröte – Stefan Zweig in Amerika* (2016). Jedoch setzt der Film andere Schwerpunkte als der Roman und die Graphic novel: Er kontrastiert den Pazifisten Zweig mit seinem politisch engagierten Schriftstellerkollegen Emil Ludwig in Buenos Aires 1936, erörtert die dubiose Nähe Zweigs zur brasilianischen Regierung, zeigt den Autor entnervt von Bettelbriefen um Unterstützung für Exilanträge und als begeisterten Makler in eigener literarischer Sache. Die brasilianische Zeit aber bleibt im Dunkeln, sieht man von einem Treffen mit Feder und dem Epilog ab, in dem Freunde, Nachbarn, ein Arzt und die Polizei die Todesumstände zu klären suchen und Feder den Abschiedsbrief Zweigs verliest. Zweig erscheint als großartiger und umschwärmter, aber ganz auf sich bezogener Erfolgsautor. Er geht an der Fremde und daran zugrunde, dass ihm das Publikum fehlt.

Zweigs Freitod wirft einen Schatten auf das südamerikanische Exil: Es war aufgrund der Diktatur in Brasilien, den Lebensumständen in Mexiko und andernorts zwar weniger frei und komfortabel als etwa in den USA. Aber es ermöglichte Überleben. Zahlreiche Zeitschriften dokumentieren die lebendige Exilkultur in diesen Ländern. Diese allerdings musste sich in höherem Maße als in den USA an die südamerikanischen Lebensumstände anpassen. Wer publizieren wollte, konnte das nur selten auf Deutsch tun, musste Portugiesisch oder Spanisch lernen, sich in den neuen Märkten zurechtfinden, die auf Exilanten nicht gewartet hatten. Für Zweig selbst war dies keine Alternative.

Rose Ausländer: Bukowinerin, Amerikanerin, »Zigeunerin«

Andere Autoren bekannten sich zur Wanderschaft, unter ihnen Rose Ausländer (1901–1988). In einem einschlägigen Gedicht aus dem Jahr 1979 beschreibt sich ihre Sprecherin als »Jüdische Zigeunerin«,[70] was positiv gemeint ist.[71] Die Autorin selbst stammte aus der Bukowina, dem »Buchenland«, einem Teil der Habsburgermonarchie, nämlich der rumänisch- und deutschsprachigen Region zwischen den Herrschaftsgebieten, die seit 1918 zu Rumänien gehörte. Nach 1924 war Rumänisch dort Staatssprache; in Familien und unter Gebildeten aber wurde

Deutsch gesprochen; auch das Jiddische war gebräuchlich. Zu den bekanntesten Autoren der Region zählten Moses Rosenkranz, Alfred Kittner, Alfred Gong, Ausländer und Paul Celan.[72] Rose Ausländer, eigentlich Rosalie Béatrice Ruth Scherzer, wurde im Jahr 1901 in Czernowitz als Tochter eines jüdischen Kaufmanns aus Sadagura geboren, wuchs in chassidischer Tradition auf, las Heines *Rabbi von Bacharach*, studierte 1919 an der Czernowitzer Universität,[73] unter anderem die Schriften des Spinozisten Constantin Brunner, die sie als Jüdin und Pan(en)theistin auch in religiöser Hinsicht prägten.[74] Sie ging 1921 mit ihrem Kommilitonen Ignaz Ausländer nach Amerika, wo sie in einer Art Bukowiner Enklave lebte, heiratete ihn, publizierte in Minneapolis erstmals ihre Lyrik und nahm die amerikanische Staatsbürgerschaft an. Ihr Verhältnis zu Amerika beschreibt sie als ebenso gespalten wie dasjenige zur Bukowina oder zu Deutschland.

Zahlreiche frühe Gedichte über New York dokumentieren das in der zeitgenössischen Literatur prominente Thema der Großstadterfahrung. Einige davon, etwa *Rose und Schmetterling* (1930), publizierte Ausländer in der *New Yorker Volkszeitung* und dem Wochenblatt *Vorwärts:*[75] *Der Feierabend* (1927) etwa beschreibt, wie die »Menschenwellen« über den Broadway in die »Tiefbahnmassengruft« rollen.[76] Das Chaos der Großstadt, des neuen Babylon, wird durch den regelmäßigen Bau des Gedichts, durch Kreuzreim und fünfhebige Jamben geordnet. Die halbironischen Komposita,[77] die moderne Raum- und Zeitsemantik stechen heraus und werden für die frühe Ausländer stilprägend.

Die Autorin jedoch kehrte im Jahr 1939 wegen der kränkelnden Mutter in die Bukowina zurück. Dort lernte sie ihren Mentor Alfred Margul-Sperber und 1943 auch Paul Celan kennen, den sie 1957 in Paris wiedersehen sollte,[78] beteiligte sich an der literarischen Untergrundkultur[79] und arbeitete an einer Anthologie bukowiner Dichtung mit.[80] Wegen des langen Aufenthalts verlor sie die amerikanische Staatsbürgerschaft, war im Ghetto von Deportation bedroht, wurde von der polnischen Dichterin Hanna Kawas mit Hilfssendungen unterstützt[81] und gelangte im Jahr 1945 schließlich über Marseille nach New York.[82] Ausländers Zyklus *Ghettomotive* (1942–1944) greift diese Erlebnisse auf – unter Bezug auf Hölderlin und Rilke, in Umkehr und Wendung ihrer zentralen Motive: Anders als bei Hölderlin gibt es weder Brot noch Wein *(Ohne Brot und Wein)*; anders als bei Rilke ist kein Engel in Sicht *(Der alles weiß)*.[83] Lyrik, so betonte Ausländer immer wieder, hielt sie am Leben. Ihre lyrischen Hausheiligen hießen Else Lasker-Schüler,[84] Georg Trakl, Annette von Droste-Hülshoff. Sie schrieb versifizierte Dichterporträts über Elieser Steinbarg und Itzig Manger (beide 1939), deren Werke sie auch aus dem Jiddischen übersetzte, begriff Autoren wie diese als Seher, Poesie als eine Art, Gottes Wort zu lesen und zu interpretieren.[85]

Nach dem Krieg legte Ausländer in Amerika die deutsche Sprache ab, die ihr als Idiom des Nationalsozialismus fremd geworden war. Von 1946 bis 1956 schrieb sie ungefähr hundertneunzig englische Gedichte und wagte auch selbst einen Versuch auf Jiddisch.[86] Ihren englischen Stil entwickelte sie nach den Vorbildern T. S. Eliot, E. E. Cummings, Robert Frost, William Carlos Williams und Marianne Moore.[87] Wieder nimmt Ausländer Zeittypisches auf: Sie thematisiert den überstandenen Krieg, die verlorene Unschuld, die Atombombe. Der Ton ihrer Texte aber ist dunkler und abstrakter geworden, sosehr auch Ironie hindurchscheint. Sie neigte – bei ungefähr gleichbleibender formaler Struktur – weniger zu Komposita. Selbst das ästhetisch ambitionierte Gedicht *Abstract painting* lebt vom Endreim und erörtert amüsiert die Fallstricke abstrakten Malens: »and a thousand question-marks behind these lines«, endet der Text hintersinnig.[88]

In der amerikanischen Öffentlichkeit kamen Ausländers englischsprachige Gedichte nicht an. Bei der »New York City Writers Conference at Staten Island« im Jahr 1956 lernte sie jedoch Marianne Moore (1887–1972), Autorin, Redakteurin bei *The Dial* und Mentorin zahlreicher Autoren, kennen. Moore überzeugte Ausländer davon, wieder auf Deutsch zu schreiben. Unabhängig von den Dramen der NS-Zeit, schätzte Moore das Deutsche als seelenreiche Sprache, Ausländers Bildung, ihre Sensibilität und ihren poetischen Erfindungsreichtum, der im Deutschen besser zur Geltung kam als im Amerikanischen.[89] Moore ihrerseits übersetzte Celan und erklärte, von Celan beeindruckt, »omissions«, Auslassungen, zum Merkmal ihrer Dichtung.[90] Ausländer wiederum widmete Moore drei Gedichte: *Abendstern* (1965), *The door / Die Tür. Für Marianne Moore* (1965), *Overmore / Der Ur-Baum* (1957 bis 1963). »Overmore« spielt klanglich auf Moores Nachnamen an. Der Baum deutet den Sefiroth-Baum der Kabbala und die chassidische Vorstellung vom göttlichen Funken (»grain of grace«) an,[91] der allen Dingen innewohnt. Die drei Texte lassen Moores Gegenwart als begünstigend, metaphorisch gesprochen: als hell und licht erscheinen. Auch aus der Auseinandersetzung mit Moore veränderte sich Ausländers Lyrik. Sie schrieb in der Folge nahezu minimalistisch in freien Vers- und Strophen-formen, reimlos, ohne Rücksicht auf die Syntax und bewusst ambi-gue. Im Jahr 1965 kehrte Ausländer nach Europa zurück. Die Exil- und Ghettothemen blieben dabei ebenso erhalten wie der New Yorker Kolo-rit (zum Beispiel in *Harlem*, 1967) – in experimenteller Gestaltung, mit den für Ausländer typischen Komposita, bildhaften Wendungen und Reim-Parodien, Oxymora und rilkeschen Synästhesien (zum Beispiel in *Hunger*, 1967: »Blinder Blick«, »Im Kerker / ich träume / den Apfel«),[92] jüdischen Themen wie in der aktualisierten Legende *36 Gerechte* (1967).

Seit 1957 wurde Ausländer nach und nach auch außerhalb der deutsch-sprachigen Öffentlichkeit bekannt, jedoch nicht auf Englisch, sondern zunächst auf Spanisch. *Andere Zeichen (Otros signos)* beeindruckte die Kritik. Sie las Ausländer durch Celan. Erst durch den Vergleich mit Celan fand Ausländer andernorts Anerkennung.[93] Die Wahrnehmung Ausländers setzte darüber hinaus parallel zur Rezeption anderer Über-lebender wie Nelly Sachs, Ruth Klüger und Victor Klemperer ein.[94] Aus-länder ihrerseits wurden die Werke von Celan und Sachs zu wichtigen Bezugstexten. Nach Celans Tod widmete Ausländer seinem Andenken zwei Gedichte: *In Memoriam Paul Celan* (1974), das in der Form einer Celan-Imitatio gehalten ist, Celan-typische Komposita wie »Schwarz-milch« (zugleich ein eigener Ausländer-Begriff aus der Zeit in der Buko-wina) aufnimmt,[95] und *Paul Celans Grab* (1975), eine Beschreibung sei-ner Grabstätte.[96] Wie Sachs, so thematisierte auch Ausländer die Zeit in besonderer Weise: die verpasste Zeit, die messianische Zeit, hoffte je-doch – anders als Sachs – nicht auf eine transzendentale Gewissheit.[97] In *Pieta. Für Nelly Sachs* (1975) erfindet Ausländer das Bild von einem Schwalbennest im brennenden Haus, als wollte sie Nelly Sachs als hilf-losen Vogel darstellen.[98] Durch die Übersetzer von Sachs, namentlich Otto František Babler (1901–1984) und Zlata Kufnerová (*1935), ge-langten Ausländers Gedichte nach Osteuropa.[99]

Für Ausländer bedeutete ihr Schreiben Überleben, genau wie für Sachs und Celan. Es war meditative Übung und Ausdrucksmedium in der Not. Wie Celan, so standen ihr dafür die Ausdrucksformen und Sprachen der Bukowina mit ihren eigentümlichen Bildwelten zur Verfügung. Aus-länders Schreiben war trikulturell: rumänisch, jüdisch, deutschsprachig. Aus dem großstädtischen Treiben New Yorks gewann es neues Anschau-ungsmaterial. Neue Stile und Strukturen kamen hinzu: Ausländer mag in Amerika zunächst eher eine aufnehmende Autorin gewesen sein, aber sie war doch nicht unbekannt – und kehrte auf dem Umweg der Übersetzung in den 1980er-Jahren auch in die USA zurück.

Paul Celan an und mit Gisèle Celan-Lestrange: Übersetzung, dialogisch *(Schwarzmaut)*

Anders als Ausländer widerstrebte Celan die Zweisprachigkeit im Schreiben. Er glaubte an die Schicksalhaftigkeit der Sprache. Übersetzungen seiner Gedichte stand Celan schon deshalb kritisch gegenüber, korrigierte und untersagte sie. Heute zählt sein Werk gleichwohl zu den meistübersetzten und meistrezipierten lyrischen Werken des 20. Jahrhunderts.[100] Celans Position erstaunt: Er wuchs als Paul Ancel in dem per se mehrsprachigen Gebiet der Bukowina auf, hatte während des Krieges in Tours Medizin studiert, war 1938 nach Berlin gereist, wo er die Reichskristallnacht mit ansehen musste, und war durch ein Lektorat an der École normale supérieure nach Paris gekommen. Seine Lyrik ist voll anderssprachiger und eigenwilliger Ausdrücke. In Erinnerung an den späten Hölderlin etwa nimmt Celan in seinem Gedicht *Tübingen, Jänner* (1961) Hölderlins sinnentleerten Begriff »Pallaksch« auf. Und zugleich schrieb Celan in einer Sprache, in der, so der Autor selbst, jedem Gedicht der »20. Jänner« eingeschrieben ist. Er meinte damit den 20. Januar 1942, also die Wannseekonferenz.[101] Das Reiben an diesem Datum aber war ihm wichtig. Schließlich galt ihm das Schreiben auch als Gespräch mit der im Lager Michailowka getöteten Mutter.

Und doch übersetzte Celan selbst, und zwar aus sieben Sprachen.[102] Seine ersten Übersetzungen waren mehr oder minder lustvoll verfertigte Brotarbeiten, die sich in der Regel eng am Original orientierten: Mihail Lermontov, Anton Čechov und Osip Mandel'štam übertrug Celan aus dem Russischen ins Rumänische, William Shakespeare und Marianne Moore aus dem Englischen ins Deutsche, André Breton, Aimé Césaire und Georges Simenon aus dem Französischen ins Deutsche, David Rokeah aus dem Hebräischen wiederum ins Deutsche.[103] Doch wuchs der Anspruch an die eigene Arbeit schnell, sodass man von einer Übersetzungspoetik Celans sprechen kann. Sie entwickelte sich dialogisch, in Auseinandersetzung mit dem jeweiligen Autor und seinem Werk.[104] Seit 1950 wagt er sich auch an Übersetzungen so komplexer Texte wie Paul Valérys als unübersetzbar geltender *La jeune Parque / Die junge Parze* (1960). Celan weicht stark vom Original ab, setzt Versbrüche und Zäsuren, schreibt das Gedicht in der deutschen Sprache um.[105] In den späten 1960er-Jahren hingegen kehrte er wieder zu wörtlichen Übersetzungen zurück.[106]

Parallel zum Interesse am Übersetzen anderer Werke entstanden Selbst-Übersetzungen. Der Bedarf dafür ergab sich aus dem intimen Gespräch Celans mit seiner Ehefrau Gisèle Celan-Lestrange (1927–1991). Gedichte spielten dabei eine wichtige Rolle. Es war eine Künstlerehe, eine Verbindung zwischen einem Autor und einer Zeichnerin, Malerin, Grafikerin.[107] Celan-Lestrange regte Celan an, eigene Arbeiten ins Französische zu überführen. Sie schreibt am 10. August 1952 auf Französisch an ihren Ehemann, der sie offenbar in der deutschen Sprache unterrichtete:

Sie wissen gar nicht, wie sehr ich mich über die Idee freue, nach meiner Rückkehr Deutsch zu lernen, aber aus einem einzigen Grund, Ihre Gedichte lesen und Sie dadurch noch mehr lieben zu können. Mon Chéri, wollen Sie wirklich alle übersetzen? […] Mon Chéri, unsere Deutschstunden sollen systematisch sein, voll von Deklinationen, Regeln, Vokabeln, und wir müssen das dann durch Verse von Ihnen oder durch andere Verse, die Ihnen gefallen, unterbrechen.[108]

Am 13. August 1952 entgegnet Celan, im Original gleichfalls auf Französisch:

Aber ja, ich werde alle meine Gedichte für Sie übersetzen: ich horche sie auf meinen Spaziergängen schon ein wenig ab, um zu sehen, wodurch sie auf Französisch zum Klingen kommen werden – sie sind gar nicht so störrisch, wie ich geglaubt hatte. Aber Sie werden trotzdem nachsichtig sein, ja? Sagen Sie ja. – Ohne Sie wäre die Welt leer.[109]

Das dreifache »ja« der Briefstelle betont die direkte, auf die Geliebte gerichtete Kommunikation. Celan will ihrem Wunsch entsprechen, ihre Neugier befriedigen. Ungläubig staunt er über die Möglichkeit von Übersetzung. Peripatetisch stimmt er sich ein und nimmt seine Texte wie unwillige, bloß scheinbar störrische Kinder bei der Hand. Doch appelliert er an Celan-Lestranges Wohlwollen; sein Übersetzen der eigenen Texte ist auch ein Akt der Liebe. Für die Publikation waren die Selbst-Übersetzungen allesamt nicht gedacht.[110]

Grund für Celans Sensibilität angesichts von Publikumsreaktionen waren Enttäuschungen. Sie gehen zum einen auf seine Lesung der *Todesfuge* (1945 als *Todestango* in rumänischer Sprache, 1947 als *Todesfuge* in deutscher Sprache publiziert) bei der 1952er-Tagung der Gruppe 47 zurück. Hans Werner Richter hatte Celans Lesung als pathetisch und unzeitgemäß wahrgenommen – mit dem Ergebnis, dass Celan die *Todesfuge* nicht mehr laut vortragen wollte.[111] Zum anderen überschattete die Goll-Affäre seit den 1950er-Jahren Celans Schreiben und Leben:[112] Claire Goll meinte, Celan habe in den Gedichten aus *Mohn und Gedächtnis* ihren Mann Yvan Goll plagiiert. Die Deutsche Akademie für Sprache und Dichtung protestierte zwar gegen diesen sachlichen, persönlichen und antisemitischen Fehlgriff, aber Celan war tief verletzt.[113]

Bei den Selbst-Übersetzungen für die intime Kommunikation mit Celan-Lestrange handelt es sich zunächst um bloße Vokabelübertragungen und Vokabellisten. Aus ihnen werden Interlinearversionen, provisorische und mit Bleistift notierte Paraphrasen für die sogenannte Deutschstunde.[114] Als Selbst-Übersetzer und Deutschlehrer der Ehefrau bleibt Celan dem deutschen Wortlaut und der Gestalt der Texte treu. Anders als in seinen Übersetzungen seit den 1950er-Jahren weicht er wenig vom Original ab. Vielmehr zeigen die Übersetzungen die Eigenheiten der deutschen und französischen Sprache an, wirken wie Kontrastversionen unterschiedlicher Denk- und Schreibkulturen und geben gerade deshalb einen Einblick in die Bedingungen von Autorschaft zwischen den Sprachen.

Solche Autorschaft ist in einem komplexen Sinne bilingual: aus den Möglichkeiten einer Sprache entstanden, die einer anderen verwehrt sind. So erlaubt das Deutsche in besonderem Maß Komposita und Neologismen, scheint geradezu grenzenlos für Wortneubildungen offen, die in irgendeinem Sinn etwas bedeuten oder zumindest Assoziationsspielräume eröffnen. Das Französische legt demgegenüber Wert auf Präpositionen, die Wörter zueinander ins Verhältnis setzen. Im Französischen muss Celan deshalb Nominal- oder Verbalphrasen statt Verben oder Adjektiven wählen und umschreiben, was sich im Deutschen aus dem neuen Wort erschließt. Auch Genitivkonstruktionen fallen im Französischen nicht immer leicht, speziell solche, die den doppelten Genitiv voraussetzen, wie zum Beispiel das Kompositum *Todesfuge*, das »Fuge des Todes« oder eine »tödliche Fuge« meinen kann. Syntax und Sinn der Originale verändern sich durch die Übersetzung.

Für das gemeinsam mit Celan-Lestrange gestaltete Künstlerbuch

Atemkristall (1965) übersetzte Celan seine Gedichte gleichwohl konsequent ins Französische. Es entstand nach einer kreativen Krise Celan-Lestranges, in deren Ausgang sie jedoch im Jahr 1963 das Radieren für sich neu entdeckte.[115] Sie hatte einen eigenwilligen Stil und eine eigene Druckmethode entwickelt, die es erlaubte, Schwarz- und Grauwerte gleichzeitig erscheinen zu lassen.[116] Die gemeinsame Publikation war Gegenstand der Auseinandersetzung. Celan-Lestrange wollte »allein« veröffentlichen.[117] Celan versuchte dennoch, sie zu einem gemeinsamen Werk zu überreden, was ihm auch gelang. In dem gemeinsamen Künstlerbuch *Atemkristall* verfertigten sie Radierung und Gedicht in wechselseitiger Auseinandersetzung. Celan-Lestrange »lebte« mit den Gedichten Celans, woraus aus ihrer Sicht eine »enge Verwandtschaft« von Text und Bild entstand.[118] Das Künstlerbuch *Schwarzmaut* (1969) hingegen dokumentiert in höherem Maße Anziehung und Abstoßung eigenständiger und an anderen Stellen auch unabhängig voneinander publizierter Kunstformen. Was Celan betrifft, so fallen die Künstlerbücher in seine abstrakte Werkphase (seit dem Band *Sprachgitter*, 1959), in der er Probleme der Versprachlichung von Erfahrung thematisiert.[119] Die Texte zu *Schwarzmaut* schrieb Celan im Jahr 1967. Der titelgebende Begriff ist aus dem Band *Fadensonnen* (1968) bekannt;[120] er verweist auf Mandel'štams »Schwarzerde«, auf ein dubioses Zwischenreich, auf Illegales, ein an Heines Liedlyrik erinnerndes Gauner- oder Zigeunerhaftes. Die Radierungen aber entstanden erst nach den Gedichten, im Jahr 1968.

Die Zusammenarbeit für *Schwarzmaut* war von anfänglichem Zweifel begleitet. »Ich weiß [es] wirklich nicht«, notiert Celan-Lestrange gleich zweimal in einem Brief vom 10. Oktober 1967 und meint damit ihre eigenen Möglichkeiten, sich auf Celans Gedichte einzulassen.[121] Der Grund war ein versuchter Doppelmord. Celan hatte Celan-Lestrange und ihren Sohn im Jahr 1965 in der Absicht angegriffen, beide umzubringen.[122] Celan-Lestrange konnte sich und den Sohn jedoch in Sicherheit bringen. Celan und Celan-Lestrange lebten fortan getrennt, sorgten sich aber doch umeinander, interessierten sich füreinander, vermittelten einander Kontakte, Publikations- und Ausstellungsmöglichkeiten. Für ihre Kommunikation spielte die schriftlich fixierte Übersetzung der eigenen Gedichte durch Celan eine wichtige Rolle.[123] Die Übersetzungen signalisieren, wie sehr ihm am zwischenmenschlichen und künstlerischen Dialog mit Celan-Lestrange lag. Celans Gedichte, seine Übersetzungen der eigenen Texte und seine Komplimente für die Radierungen seiner Frau überbrückten die Entfernung, ersetzten das persönliche Gespräch, begünstigten die Arbeit am Text-Bild-Komplex *Schwarzmaut*.

Bei den Gedichten handelt es sich um eine Auswahl des von Celan nolens volens eigenständig geplanten Bandes *Lichtzwang* (1969). Am 8. Januar 1968 schickt er fünf Gedichte *(Treckschutenzeit, Lila Luft, Brunnengräber, Das angebrochene Jahr, Unlesbarkeit)* an Celan-Lestrange. »Ich hoffe, daß sie Dich von selber ansprechen«, schreibt er dazu.[124] Celan-Lestrange antwortet unentschieden. Sie bemüht sich um Radierungen, die den Gedichten »nahe sind, aber ich kann nicht versprechen, ob mir das gelingt«.[125] Celan fährt fort, ihr Texte zu schicken, als Nächstes *Was näht*. Wieder gebraucht er die Formel: »Ich hoffe sehr, daß es Dich ansprechen wird.«[126] Anders als in den 1950er-Jahren bemüht er sich, den Übersetzungen ästhetischen Eigenwert zu verleihen, wohl auch, um die abwesende Celan-Lestrange für seine Texte zu begeistern.

Das »Ansprechen« von Celan-Lestrange geht der Übersetzung voraus. Es vertraut auf den Wortlaut, auf ein vor- und halbsprachliches »Annähern« Celan-Lestranges an die Texte. *Was näht* ruft endlich Celan-Lestranges Begeisterung hervor. »[I]ch mag es sehr«, notiert sie.[127] Aufschlussreich ist dabei ihr Hinweis: »Ich glaube, daß ich ihm [dem Gedicht] ein wenig folgen kann.«[128] Sicher ist sie sich nicht, lässt sich aber auf den Text ein, vollzieht ihn nach und beginnt, das gemeinsame Vorhaben auch zu dem ihrigen zu machen. Die Fremdsprache erscheint dabei nur als ein Aspekt dieses vorsichtigen Annäherns; ein anderer ist der Assoziationsraum, den Celans Gedichte eröffnen. Ermutigt durch Celan-Lestranges positive Reaktion, lässt Celan weitere Gedichte folgen, unter anderem *Muschelhaufen*.[129]

Celan-Lestrange arbeitet seit April 1968 an den Radierungen zu Celans Texten, fürchtet aber, das Niveau derselben zu unterbieten,[130] bezeichnet die Bemühungen um die Annäherung an Celans Gedichte als ihre »einzige und wahre Arbeit«.[131] Monatelang dauert die Befassung damit, das Bearbeiten und Überarbeiten der Druckplatten. Die vorläufigen Ergebnisse scheinen »strenger, herber als die von *Atemkristall*«, und Celan-Lestrange ist unsicher, ob sie bestehen können.[132] Ende Oktober 1968 bittet Celan-Lestrange Celan, ihr zu helfen.[133] Offenbar gelingt im direkten Austausch miteinander, was die Briefe nicht dokumentieren. Bereits am 18. Dezember 1968 kann sich Celan-Lestrange mit der Auswahl der Schrift befassen. Nicht so rund wie in *Atemkristall* soll die Schrift werden, sondern strenger, eckiger, gerader.[134] In den Folgemonaten diskutieren beide Details des Drucks wie die Anordnung von Texten und Bildern.

Den vierzehn Gedichten aus *Schwarzmaut* entsprechen vierzehn Grafiken (zuzüglich eines Frontispizes). Text und Grafik stehen als eigenständige Ausdrucksformen nebeneinander.[135] Die Grafiken illustrieren die Texte nicht, sondern nehmen sie zum Anlass für Werke in einer eigenen Formsprache. Sie mögen Impulse der Gedichte aufnehmen, sind aber nicht nur nicht deckungsgleich mit diesen, sondern autonom. Das Künstlerbuch bietet Anlass, vom einen zum anderen zu blicken, zu lesen, das Auge schweifen zu lassen und über die Utopie eines gemeinsamen Werkes zu sinnieren. Es erweist sich als ein Gegenüber und Miteinander eigenständiger Kunstwelten. Deutungsversuche aus dem Wechselspiel von Text und Bild scheitern nahezu vollständig. Für den Betrachter ist es in der Abstraktheit von Bild und Text vielmehr auf der Oberfläche als »kontrastreiches Objekt« wahrnehmbar.

HÖRRESTE, SEHRESTE, mehr steht nicht zur Verfügung im Künstlerbuch *Schwarzmaut*.[136] Vers für Vers ist das knappe zweite Gedicht des Bandes durch gleichlautende Vokale (e, a und so fort) zusammengehalten. Adressiert ist es an ein »du«. Komposita wie »Bären-Polka« beschreiben die plumpen Tanzbewegungen gewaltiger Tiere im Halbdunkel eines schulischen oder krankenhausartigen Raumes (»Schlafsaal eintausendeins«). Der letzte Vers endet zugleich geschlossen und offen: »Du wirst wieder / er« – nicht du, sondern jemand anders? Das französische Pendant ist ebenfalls in Versen verfasst. Der Wortbedeutung nach bleibt der Text gleich; Rhythmus und Grammatik aber ändern sich: Die französische Fassung beginnt anapästisch (»Restes d'ouï, restes de vues dans / le dortoirmille et un«), bedarf der Präpositionen, um die Komposita wiederzugeben, Strophe zwei klingt daktylisch, vier bis sechs jambisch. Doch fällt ein Signalwort auf: Das Adjektiv »tagnächtlich« wird mit »nuitjournellement« wiedergegeben; Celan versucht, so weit wie möglich der originalen Wortidee ein französisches Gegenstück zu schaffen.

Die Grafik zu *HÖRRESTE, SEHRESTE* ist in hellem, schillerndem Grau gehalten, in das leicht links tendierend Formen eingelassen sind. Diese meist achteckigen Formen unterscheiden sich nach Graustufen. Sie erscheinen wie aus einem größeren Gebilde herausgebrochen, anorganisch, liegen nebeneinander, in der Bildmitte und im linken oberen Viertel übereinander. Sie bilden gleichsam drei Reihen aus. Zum oberen Bildrand hin laufen sie aufeinander zu – als tanzten plumpe Bären

Gisèle Celan-Lestrange: Radierung nach Paul Celan,
»HÖRRESTE, SEHRESTE«

Polka? Hinzu kommt ein größeres fünfeckiges Gebilde im Bildviertel unten links. Alle Gebilde tendieren zur Mitte und in das untere rechte Viertel; sie sind von schmalen Linien durchzogen. Diese stehen für sich und bilden stellenweise netzförmige Strukturen mit kleinen Kreuzen oder größeren Dreiecken aus. Für »Reste« wirken diese Gebilde noch vergleichsweise kohärent. Vielleicht greifen sie die doch positive Schluss-sentenz des Gedichtes auf?

MUSCHELHAUFEN hingegen macht das Radieren als Ritzen selbst zum Thema und schildert – traurig, aber mit dezenter Ironie – einen misslingenden Schaffensprozess. Aus der souveränen Künstlergeste, die sich aus dem Eis zum Feuer aufschwingt, wird Kunstverlust. »[Z]u ihm, dem – nach wessen / Zeichen zu ritzenden? – Feuerstein im Zwergbir-kenhauch«, heißt es in der ersten Strophe, auf Französisch: »vers lui – qui doit être rayé / gravé d'après / le signe de qui? – / le silex (pierre à feu), dans / le souffle du bouleau-nain«.[137] Celan gibt Varianten an, verändert die deutsche Syntax, um die Genitivkonstruktion »nach wes-sen Zeichen« übertragen zu können. Das Kompositum »Zwergbirken-hauch« verweist auf eine Pflanze der Eiszeit, eben die Zwergbirke. Ihr »Hauch« erinnert an Celans Übersetzungen von Werken des schreiben-den französischen Anglisten André du Bouchet und an *Atemkristall*:[138] Der Feuerstein befindet sich in einem Hauch, der ihm von außen ent-gegenkommt, ein leichter Wind offenbar, der die kreative Energie ab-kühlt. Aus dem vergleichsweise regelmäßigen Trochäus der deutschen Fassung werden im Französischen trochäische und anapästische Verse. Celan erfindet im Französischen unbekannte und eigentlich unmögliche Wörter wie »urne cupule« für »Schalenurne«, leistet sich falsche, viel-leicht bewusst falsche Übersetzungen wie »rats« für Lemminge, die doch auch im Französischen »les lemmings« heißen. Die französischen Rat-ten verstärken die Drastik des Textes, das gründliche Versagen an den Umständen, am Werk: »Ungestillt, / Unverknüpft, kunstlos, / stieg das Allverwandelnde langsam / schabend / hinter sich her«, endet die letzte Strophe. »Allverwandelndes« klingt großartig. In Celans Text ist es aber bloß Chronist seiner selbst.

Celans französische Selbst-Übersetzungen sind mehr als nur Überset-zungen; sie können – mitunter begrenzt auf ein Wort, einen Vers – als Auslegungen der eigenen Texte verstanden werden, als dialogische Ausle-gungen, die auf ein konkretes Gegenüber gerichtet sind. Celan-Lestrange lässt sich auf *MUSCHELHAUFEN*, so will es auf den ersten Blick schei-

Gisèle Celan-Lestrange: Radierung nach Paul Celan,
»MUSCHELHAUFEN«

nen, unmittelbar ein: Wirken die drei keilförmigen Gebilde in der Bildmitte und der unteren Hälfte nicht wie Bruchstücke der »Geröllkeule«,
von der im Text die Rede ist? Celan-Lestranges Radierung ist in einem
sich stellenweise verdickenden, wie stockfleckigen Grau gehalten, das in
der unteren Bildhälfte heller, in der oberen dunkler wird. Der obere und
untere Bildrand sind frei von Formen. An anderer Stelle zeichnen sich
zwei Gruppen von Formen ab: erstens größere keilförmige Gebilde. Sie
sind wie die anderen Formen transparent und werden von kleineren Formen unterlegt oder überlagert. Von den drei Gebilden scheinen die beiden
links positionierten am oberen Ende miteinander verbunden. Die zweite
Gruppe umfasst kleine Formen, die Splittern ähneln. Sie sind teilweise parallel angeordnet, sodass sich unterschiedliche Bewegungen im Bild ergeben: von unten links nach rechts oben, von der Mitte dominant nach links
oben, aber auch geradeaus nach oben, und eine kleine Gruppe driftet nach
rechts oben. Etwas abgehoben von den um die Keile sich sammelnden
Splittern findet sich im oberen Bilddrittel beinahe eine Art Querbalken
aus Splittern, die größer und gerader sind als diejenigen in der unteren
Bildhälfte. Sie jedoch sind von nahezu waagerechten oder nach links tendierenden und schmaler werdenden Splittern durchzogen. Ein »Schaben«
kann man hier nicht mehr erkennen, nur Brüche, Unverknüpftes, Kunst-
loses – eine Dynamik, die zerstiebt, vielleicht wie das Gedicht?

Auch nach dem Abschluss von *Schwarzmaut* schickte Celan weitere
Gedichte und Übersetzungen: düstere Texte, mitunter regelrecht konkre-
tistisch, autodestruktiv, aggressiv wie vieles andere im Spätwerk.[139] Ein
gemeinsames Projekt entstand nicht mehr, obwohl auch Celan-Lestrange
Celan Abzüge ihrer Radierungen schickte. Der offenbar letzte erhaltene
Brief Celans an Celan-Lestrange enthält ein Gedicht mit Übersetzung,
ein bestürzendes Dokument. Celan schrieb es, an Celan-Lestrange den-
kend, und schenkte es ihr zum Geburtstag, »unverwandelt, unverändert«.[140] In zwei Strophen beschreibt der Text zwei Bewegungen von unten nach oben, ein doppeltes Sich-Erheben, das von »etwas«, vielleicht
Liebe, motiviert ist. Dem Sprecher hilft es jedoch bloß scheinbar aus der
Umnachtung empor. Das lyrische Gespräch mit Celan-Lestrange hielt
an; der Solipsimus des Gedichts ist ein letztes Mal dialogisch gewendet.
Im Jahr 1970 ertränkte sich Celan in der Seine. Auf seinem Schreibtisch
hinterließ er eine aufgeschlagene Hölderlin-Biografie.

Celan zählt zu den wenigen mehrsprachigen Lyrikern, die ihre eigenen Texte vor allem auf Deutsch verfassten. In seinem Fall war die Ent-

scheidung für die deutsche Sprache rigoroser als bei anderen, bei Rilke etwa, der auch in anderen Sprachen dichtete. In Anbetracht von Celans bikultureller Herkunft und seinem Leben in einer dritten, nämlich der französischen Kultur, erstaunt diese Entscheidung besonders. Schreibt er, den man in Frankreich ebenso wie in England oder den USA längst wahrnahm, auf Französisch, dann nur für den privaten Gebrauch und für Celan-Lestrange. Hier allerdings dient die Mehrsprachigkeit in besonderer Weise der Kommunikation: Sie »spricht« – mit Celans Worten – auch dann noch »an«, wenn Verständigung unmöglich scheint. Mehr noch: Sie ermöglicht, Celan-Lestrange folgend, eine »Annäherung« ihrerseits.

Ein erster Band mit französischen Übersetzungen von Celans Gedichten durch du Bouchet, dessen Werke Celan seinerseits übersetzt hatte, erschien ein Jahr nach Celans Tod. Sein Schicksal und seine Präsenz überlagerten und ermöglichten nicht nur die Bekanntheit von Rose Ausländer, sondern wirkten auch in das Werk einer anderen Autorin hinein, mit der Celan befreundet war: Nelly Sachs.

Nelly Sachs und der halbe Nobelpreis für eine deutschsprachige Stockholmerin (1966)

Wie keine zweite Autorin wurde Nelly Sachs (1891–1970) zur bundesrepublikanischen Briefmarkenikone, zur guten und auch auf offiziellen Dokumenten vorführbaren Jüdin. Doch war sie seit 1952 schwedische

Sondermarke Nelly Sachs, 100 Pfennig, Entwurf: Günter Jacki, Ausgabedatum: 5. November 1991

Nelly-Sachs-Briefmarke,
300 Pfennig, Entwurf: Gerd Aretz,
Oliver Aretz, Ausgabedatum:
1. November 2001

Staatsbürgerin. Erst im Jahr 1960 kam sie einmal zurück nach Deutschland, zur Verleihung des Annette–von-Droste-Hülshoff-Preises. Die Briefmarkendrucke der Jahre 1991, 2001 und 2016 reappropriieren oder ehren die Autorin – je nach Betrachtungsweise. Ähnliches geschah mit anderen Exilanten, denen die deutsche Staatsbürgerschaft in der NS-Zeit aberkannt wurde und die auch nach 1945 bewusst darauf verzichteten. Aus Anlass der Nobelpreis-Zeremonien im Jahr 1966 notierte Sachs selbst lakonisch, unter Verzicht auf den expliziten Verweis auf die Staatsbürgerschaft, aber ihre neue Heimat hervorhebend: »N.S., geb. am 12.10.1891 in Berlin. Am 16. Mai 1940 als Flüchtling mit meiner Mut-

Nelly-Sachs-Briefmarke,
70 Cent, Entwurf: Daniela Haufe,
Detlef Fiedler, Ausgabedatum:
7. April 2016

ter nach Schweden gekommen. Seit 1940 in Stockholm wohnhaft, als Schriftstellerin und Übersetzerin tätig.«[141]

Im Jahr 1966 hatte Sachs gemeinsam mit Samuel Agnon (1888–1970) besagten Preis erhalten – ein geteilter Nobelpreis für eine ähnliche Sache. Anders Österling (1884–1981), der für die schwedische Akademie die Preisrede hielt, sah die Autoren in ihrer Spiritualität und durch den Umstand verbunden, dass sie beide das literarische Erbe des jüdischen Volkes im Wort repräsentierten.[142] Vergleicht man beider Werke, wirken sie jedoch grundverschieden. Tatsächlich ähnelt sich nur ihr Glaubenskontext, von dem die Akademie emphatisch als »Quelle der Inspiration« spricht, ihr Erinnern an die Shoah und ihre Tendenz ins Mystische. Agnon, in Galizien geboren, lebte seit 1907 in Palästina (unterbrochen durch einen elfjährigen Aufenthalt in Deutschland, 1913–1924), publizierte anfangs in jiddischer Sprache, bald aber nur noch auf Hebräisch. Seine Texte sind bekannt für seinen meisterhaften Umgang mit dieser Sprache, seine märchenhaften Darstellungen und seinen nicht selten verletzenden Sarkasmus. Er erhielt den Nobelpreis für seine »markante Erzählkunst mit Motiven aus dem Leben des jüdischen Volkes«.[143]

Im jungen Israel war Agnon tatsächlich eine der wichtigsten intellektuellen Bezugspersonen, eine Autorität, deren Erscheinung – ähnlich wie diejenige Stefan Georges – Gefühle zwischen Ehrfurcht und Furcht hervorrief. Der bekannte und auch in Deutschland vielfach preisgekrönte israelische Schriftsteller Amos Oz (*1939) versucht, der Autorität Agnons mit Anekdoten aus seinem eigenen Leben beizukommen. Er erzählt, wie die Familie den strengen »heiligen Dichter« Agnon besuchte und die Mutter vor Hochachtung beinahe erstarrte. Agnon wurde dem Knaben Amos sympathisch, da er seine Frau als Ebenbürtige schätzte, dokumentiert durch Agnons Gebrauch des seltenen hebräischen Wortes »adonit«, der weiblichen Fassung des hebräischen Wortes »adon« für Herr.[144] Anlässlich der Verleihung des Nobelpreises an Agnon gibt Oz' Sprecher aber einem Taxifahrer das Wort:

»Schau«, meinte der Fahrer in staunender Bewunderung, »nie haben wir etwas von dem [Agnon] gehört, und plötzlich bringt er uns ins Weltfinale. Bloß furchtbar schade, daß das Finale mit einer Frau unentschieden ausgegangen ist.«[145]

Diese Frau erhielt ihre Hälfte des Nobelpreises für ihre »außergewöhnlichen lyrischen und dramatischen Schriften, die Israels Schicksal mit berührender Stärke interpretieren«.[146]

Mit Israel meinte Österling das Volk, weniger den Staat. Sachs gab den Leidenden Stimme, Sprache und Sprachbilder. Österling hebt die Bände *Fahrt ins Staublose* (1961), die szenischen Dichtungen *Zeichen im Sand* (1962) und das Mysterienspiel *Eli* (1950) besonders hervor. Es handelt von einem Jungen, der den Himmel um Hilfe für seine Eltern anruft, weil diese abtransportiert werden, und der dafür von einem deutschen Soldaten erschlagen wird. Sachs bot Versöhnung mit den Mitteln der Mystik und Metaphysik – in moderner poetischer Sprache und indem sie die Gattung des Klagelieds neu belebte. Mehr noch: Sie erprobte in ihrer szenischen Dichtung *Nachtwache* (1961) sogar den Rollentausch zwischen Opfern und Henkern, leuchtete die dunklen Seiten der Menschlichkeit aus. Dieser Rollentausch wurde ihr (ähnlich wie Rose Ausländer) zum Programm: Jeder konnte potenziell beide Rollen einnehmen, so Sachs. Sie wollte von Politischem absehen und auf die prinzipielle Verführbarkeit der Menschen durch Macht hinweisen.[147]

Zum Zeitpunkt der Verleihung des Nobelpreises war aus der unbekannten, in ärmlichen Verhältnissen lebenden Exilantin eine respektierte schwedische Dichterin geworden. Die internationale Anerkennung von Nelly Sachs stand außer Frage: Sie hatte die schwedischen Dichter Johannes Edfelt, Gunnar Ekelöf, Edith Södergran, Ragnar Thoursie, Tomas Tranströmer und Karl Vennberg ins Deutsche übersetzt,[148] im Jahr 1958 den Preis der Swedish Poets Association und im Jahr 1965 den Friedenspreis des Deutschen Buchhandels erhalten. Kurz nach der Verleihung des Nobelpreises wurde ein substanzieller Teil ihres Werkes ins Schwedische und Englische übertragen: Im Jahr 1967 erschien eine repräsentative Auswahl unter dem Titel *O the Chimneys*, übersetzt unter anderem von dem Exilanten, Wissenschaftler und Autor Michael Hamburger (1924–2007), der in W. G. Sebalds *Die Ringe des Saturn* (1995) selbst zur literarischen Gestalt wurde.[149] Die Verleihung des Preises an Sachs ist auch ein Akt der Selbstbeglaubigung einer liberalen schwedischen Kultur. In ihrer »Banquet Speech« erinnert Sachs daran, wie Selma Lagerlöf sie aus NS-Deutschland rettete und sie, in Stockholm angekommen, Freiheit »einatmete«. Mit dem Nobelpreis wurde für sie »ein Märchen Wirklichkeit«, das sie mit dem Gedicht *In der Flucht* nachdenklich feiert.[150]

Diese Entwicklung war am Beginn der schriftstellerischen Tätigkeit von Sachs nicht abzusehen. In gewisser Weise hat das Exil ihre Professionalisierung zwangsbeschleunigt. Als Tochter aus gutem Berliner Hause hatte sie die Erziehung einer höheren jüdischen Tochter genossen: Bildung nicht in den heiligen Schriften, sondern in kulturellen Fragen, in Musik, Tanz und Literatur. Wegen ihrer empfindlichen Psyche war sie mehrfach, als Siebzehnjährige und nach dem Tod ihrer Mutter in den 1960er-Jahren, in psychologischer und psychiatrischer Behandlung gewesen. In Berlin hatte sie kaum Kontakt zur literarischen Szene, sieht man von einem Briefwechsel mit Selma Lagerlöf ab, den Sachs im Alter von fünfzehn Jahren nach der Lektüre von *Gösta Berling* begann. Sachs begeisterte sich gemeinsam mit Freundinnen für Literatur. Die Zeitschrift *Aufbau* druckte ihre Verse; von 1936 bis 1939 stand sie in Kontakt zum Jüdischen Kulturbund und zu der 1943 in Auschwitz umgebrachten Schriftstellerin Gertrud Kolmar. Als Sachs im Mai 1940 den Gestellungsbefehl in ein Arbeitslager erhielt, half ein Empfehlungsschreiben von Lagerlöf, und Sachs konnte mit ihrer Mutter in eine der letzten Passagiermaschinen von Berlin nach Stockholm steigen. In Stockholm las sie Martin Bubers chassidische Erzählungen, studierte mit Lenke Rothman (1929–2008), einer ungarischen Exilantin, die in Auschwitz interniert gewesen war, die Kabbala. Die jüdische Mystik, Märchen und die Dichtungen der Romantik wurden ihr zu wichtigen Bezugstexten,[151] Astralmetaphern und die Suche nach dem Messianischen zu zentralen Elementen ihrer Dichtung.[152] Sachs fragte nach der Möglichkeit religiösen Heils im Zeichen der Shoah.[153]

Diese Frage, der radikale Zweifel und das Schreiben aus existenzieller Unbehaustheit heraus einten Sachs und Celan. Seit 1954 standen sie miteinander im Kontakt; der Jüngere schickte der Älteren seinen Gedichtband *Mohn und Gedächtnis* (1952). Im Jahr 1960 trafen sie sich in Zürich, wovon Celans Gedicht *Zürich, Zum Storchen* (1960) zeugt, und legten gemeinsam Blumen auf Heines Grab in Paris. Sie widmeten sich wechselseitig Gedichte, schenkten sich Wörter und Sätze.[154] Sachs ist in Celans Band *Niemandsrose* (1963) präsent, wenn es um Gottesfragen geht.[155] Sie war in den späten Briefwechsel von Celan und Celan-Lestrange einbezogen, erhielt Gedichte und Radierungen, sollte Kontakte und Ausstellungsorte in Schweden vermitteln.[156] *Muschelhaufen* aus *Schwarzmaut* gemahnt auch an Sachs' spätes Gedicht *Hölle ist nackt aus Schmerz*, das wie Celans Text mit Bildern aus dem Eiszeitalter arbeitet.

Literaturkritik und -theorie versuchten, Sachs und Celan auseinan-
derzutreiben, als gänzlich unterschiedliche Autoren zu verstehen. Für
Theodor W. Adorno wurde Sachs zum literaturtheoretischen Problem,
für Nachgeborene jedoch zum Vorbild. Adornos Verdikt über Lyrik
nach 1945: »Nach Auschwitz ein Gedicht zu schreiben, ist barbarisch«
(1951),[157] spiegelte seine Reaktion auf Lyrik, die er als naiv begriff.[158]
Hans Magnus Enzensberger nahm Nelly Sachs' Gedichte im Jahr 1959
zum Anlass, um Adornos Satz anzugreifen.[159] In den Gedichten von
Nelly Sachs drückten sich, so Enzensberger gegen Adorno, die Opfer
aus, das maßlose Leid.[160] Daraufhin aber griff Adorno Sachs erst recht an,
aber ohne sie zu nennen. Im Blick auf die von Sachs (und Ausländer) aus
Überzeugung aufgelösten starren Opfer-Henker-Dichotomien spricht
Adorno von »trübe[r] Metaphysik«:[161] In Extremsituationen lösten sich
in der Literatur die Grenzen »ganz anheimelnd« auf und verklärten die
Machtverhältnisse, meint Adorno polemisch im Jahr 1962. Erst im Jahr
1966 lenkte er ein und wollte seinen Satz nur als Verdikt gegen solche
Lyrik verstanden wissen, die der Shoah nicht gedenkt. Als Vorbild für
Lyriker der Gegenwart schwebte ihm Celan vor.

Enzensberger setzte sich seit den frühen 1960er-Jahren auch verlege-
risch für Sachs ein und erhielt nach ihrem Tod 1970 die Rechte an ihrem
Nachlass. Er leistete einen wesentlichen Beitrag zur Kanonisierung der
zurückgezogen lebenden Lyrikerin. In seinem Erinnerungsbuch *Tumult*
(2015) berichtet seine Sprecher-Figur von den Besuchen: Er mied prekäre
Fragen, versuchte nicht, ihr Werk zu interpretieren, wollte in ihr nicht
die jüdische Heilige, sondern die kleine, humorvolle Autorin sehen, die
zwar psychisch angeschlagen war, sich aber ablenken ließ, etwa, wenn sie
mit der Nachbarin »heimlich einen Film oder ein Fußballspiel« ansah.[162]
»Das hört sich ziemlich glaubwürdig an«, kommentiert der fiktive Interviewpartner in Enzensbergers Buch.[163] Damit erkennt er die Darstellung
des Sprechers als wahrscheinlich an und stellt zugleich ihren Kontrast
zur üblichen Sachs-Hagiografie heraus.

Sachs galt und gilt tatsächlich als Heilige, der aus absoluter Gutheit die
politische Einsicht fehlt. Doch meinte sie es ernst. Ihre – vorsichtige –
Andeutung, dass in jedem Menschen ein Opfer und ein Henker wohne,
weist anthropologisch in die 1980er- und 1990er-Jahre voraus. Erst zu
diesem Zeitpunkt konnten Autoren und Theatermenschen wie George
Tabori die Rollen von Opfern und Tätern neu beleuchten. Er tat dies weniger mystisch als Sachs, deren Lyrik für Theoretiker wie Adorno damit

eine doppelte Provokation bedeutete. Gleichwohl traf international gerade diese Provokation auf Resonanz. Sachs' mystisches Schreiben galt als eigenständiger Ausdruck einer schwedischen Lyrikerin, die in den Traditionen des jüdischen Volkes schrieb.

Party im Blitz: Elias Canetti in London, W. G. Sebald über den Luftkrieg

Elias Canetti hingegen war ein pessimistischer, düsterer, ja bösartiger Autor,[164] ein großer »Hasser«.[165] An das Gute im Menschen glaubte er nicht. Einen Schimmer positiver Utopie verkörperte aus seiner Sicht allein der Irre: beispielsweise der Sinologe und Bibliomane Peter Kien aus *Die Blendung* (1935), Canettis literarischem Hauptwerk. Kien lebt in seiner 25 000 Bände umfassenden Bibliothek wie ein Höhlenbewohner, eine jean-paulsche Figur, die sich von allen Menschen betrogen und enttäuscht sieht, sich in ihre »Kopfbibliothek« zurückzieht und sich schließlich verbrennt.[166] In den folgenden Jahrzehnten erschien die *Blendung* auf Englisch (1946) und Französisch (1949), bis sie im Jahr 1963 erneut auf Deutsch publiziert werden konnte. Salman Rushdie interpretierte den Text als Menetekel der Bücherverbrennungen in Geschichte und Gegenwart.[167]

Der Staatsbürgerschaft nach war Canetti weder Deutscher noch Österreicher oder Schweizer, sondern bald Engländer geworden. Er schrieb aber auf Deutsch.[168] Im Jahr 1905 wurde er in Bulgarien als Sohn spaniolischer Juden geboren, seine Familie hatte ein weitläufiges europäisches Netz geknüpft. Sie zog im Jahr 1911 nach Manchester, um ihr Glück zu suchen. Nach dem frühen Tod des Vaters siedelte die Mutter mit den Kindern jedoch nach Wien um. Elias Canetti studierte dort Naturwissenschaft, hörte Vorlesungen bei Karl Kraus, wurde zum Doktor der Philosophie promoviert, musste Österreich aber im Jahr 1938 verlassen. Mit seiner Frau Veza, die selbst Schriftstellerin war, emigrierte er nach London; seit den 1960er-Jahren pendelte er zwischen London und Zürich. Gemeinsam mit Veza lebte der vergleichsweise arme Autor und Übersetzer ein komplexes polyamouröses Leben. Im Jahr 1981 erhielt er den Nobelpreis für Literatur. Anlässlich der Preisverleihung stellte er in einer kurzen Rede heraus, was ihn und sein Werk geprägt hat: die Schriften von Kafka, Kraus, Musil und Broch. Canetti zog sich nach der Verleihung des Nobelpreises weitgehend aus der Öffentlichkeit zurück. Wer ihn sprechen wollte, wurde auf seine Werke verwiesen. Dort sei alles gesagt, meinte der Autor.

Vor allem das postum erschienene Werk *Party im Blitz. Die englischen Jahre* (2003) gibt Aufschluss über Canetti im Exil – einem Exil, das zum Dauerzustand werden sollte. Er verkehrte mit der geistigen, finanziellen und politischen Elite des Vereinigten Königreichs, wobei er, so scheint es jedenfalls, diejenigen bevorzugte, die wie er »von Außen« kamen: aus der sogenannten »Celtic fringe« (Cornwall, Wales, Irland, Schottland), aus katholischem oder Quäker-Milieu. Zu ihnen zählten Intellektuelle wie der Kunsthistoriker Ernst Gombrich, die Philosophin und Schriftstellerin Iris Murdoch, der Philosoph Bertrand Russell, der Anthropologe Franz Baermann Steiner, der Labour-Minister Douglas Jay, der Bildhauer Henry Moore, die Malerin Marie-Louise von Motesiczky, der konservative Politiker Enoch Powell, der Komponist Ralph Vaughan Williams, der jüdische Autor und Gelehrte H. G. Adler aus Prag und viele andere mehr.[169] Man versammelte sich zumeist in Hampstead, dem Stadtteil auf der nördlichen Anhöhe der Großstadt, der »Heath«.

Party im Blitz wirkt dicht und persönlich, aus zwei Gründen: Zum einen spricht Canetti offen über sein Verhältnis zu England. Es ist ambivalent, von Bewunderung und Hass zugleich geprägt. Zum anderen bedient er sich dabei eines besonderen Verfahrens: des charakterologischen Schreibens. Es entstammt einem antiken Text, der sich zwischen Literatur und Traktat bewegt: den *Charakteres ethikoi* des Theophrast von Eresos, verfasst im 3. Jahrhundert vor Christus. Theophrast, ein Schüler des Aristoteles, Philosoph und Biologe in einer Person, spricht dort erstmals vom Charakter des Menschen. Darunter versteht er typische Eigenschaften und Handlungen. Seine Charaktere heißen »der Schmeichler« oder »der Taktlose«, und sie zeichnen sich durch entsprechendes Verhalten aus. In *Der Ohrenzeuge* (1974) nimmt Canetti dieses charakterologische Wahrnehmungs- und Darstellungsverfahren unmittelbar auf. Er gibt seinen Charakteren eigenwillige Namen. Die »Königskünderin« beispielsweise erscheint als eigenartig antiquierte Figur, deren Existenz im Vereinigten Königreich der Nachkriegsjahre zweifelhaft geworden ist. Von ihr heißt es, sie wisse genau zwischen Herrschern und Untertanen zu unterscheiden. Es verblüfft, dass sich in ihrem Gefolge Bettler finden. Das Rätsel aber löst sich bald auf: Unter ihnen ist mancher frühere König. Die Königskünderin hängt einem ständisch orientierten

Gesellschaftsbild nach, das sich aristokratisch auch gegen die neue Zeit stemmt und verehrt, was längst vergangen ist.

In *Party im Blitz* entwickelt Canetti das charakterologische Schreiben weiter. Als Vorbild gelten ihm jetzt die gleichfalls postum erschienenen *Brief lives* des Antiquars John Aubrey (1626–1697). Es handelt sich dabei um 426 Kurzbiografien vor allem von Personen, die in Oxford gewesen waren oder studiert hatten, unter anderem von William Shakespeare und Robert Boyle. In *Party im Blitz* legt Canetti zum einen typisierende Kurzbeschreibungen dessen vor, was er als »typisch englisch« versteht, und dabei geht es ihm um Charakter, Mentalität, Stil der Engländer. Zum anderen verfertigt er für den postumen Band charakterologisch, anthropologisch und psychologisch orientierte Persönlichkeitsskizzen, die jedoch bewusst aus der subjektiven Wahrnehmung des Erzähler-Ich gespeist sind. Es ist mehr oder minder mit Canetti identisch, weiß sich den beschriebenen Persönlichkeiten verbunden – und dies, wiederum, nicht nur positiv, sondern in einer Mischung aus Zuneigung und kritischem Blick.

Zwei Personen werden ausschließlich negativ bewertet: T. S. Eliot und Margaret Thatcher, wobei Canetti Ersterem nur einmal begegnete und er Letztere bloß durch die Medien kannte. Beide jedenfalls bewertet er als Verfallserscheinungen und Bedrohungen Englands zugleich. Über Eliot spricht er mit Scham und Abscheu: »[…] ein Wüstling des Nichts, Ausläufer Hegels, Schänder Dantes (in welche Höllenregion würde dieser ihn sperren?), dünnlippig, kaltherzig, frühalt, Blakes unwürdig wie Goethes […].«[170] Eliot erscheint als unmäßig in seiner Kaltherzigkeit. Er gilt Canetti als Parasit, der reiche literarische Traditionen aussaugt, entkräftet und damit einen negativen englischen Charakterzug verstärkt: die »Vertrocknungen, das Leben als gesteuerte Mumie«, auch bezeichnet als »Gefühlsimpotenz«.[171] Diese folgt aus zu viel Maß und Gerechtigkeit und endet im Nichts. »Wüstling des Nichts« bezieht sich vermutlich ironisch auf Eliots Opus Magnum *The Waste Land / Das wüste Land* (1922). Rational ist dieses harte Urteil über Eliot nicht. Vielmehr bekennt Canetti selbst, dass er kaum die Tinte halten könne, wenn die Rede auf Eliot kommt. Allein sein Name löst kritische und ablehnende Reflexe aus. Eliot wird zu Canettis negativem Alter Ego: Er steht für eine Art gelehrten Dichtens, die Canetti als unfruchtbar erscheint. An diesem einen Autor wollte Canetti das kulturelle Elend Englands erkennen.

Während des Krieges erlebte England nach Canetti ein Aufflackern seiner Tugenden. Der Widerstand gegen die Nazis speiste sich womöglich aus dem charakteristisch englischen Hochmut, dem guten Dämon des Landes, den die Ideologie des braunen Pöbels abstieß und den Canetti allzu selbstverständlich zur Charaktereigenschaft »der Engländer« erklärt. Und diesen Hochmut gab es in zahlreichen Varianten: als Hochmut von Besitz und Rang wie etwa im Fall von Baronet Aymer Maxwell, dem, obwohl eben nur Baronet, seine adlige Herkunft viel bedeutet. Hinzu kommt der sterile schulphilosophische »Oxford-Hochmut«,[172] der sich am Beispiel der liebessüchtigen Iris Murdoch äußert. Diesem weltrettenden Hochmut wirkt seit Thatcher ein böser Dämon entgegen: die Selbstsucht. Thatcher löst bei Canetti einen ähnlichen rhetorischen Beißreflex aus wie Eliot. Sie steht bei ihm für philisterhafte Schäbigkeit, gilt als Predigerin von Egoismus und Kalkül, als Vernichterin von Städten, Schulen, Generationen. Ihre Gefolgsleute nennen sich Yuppies, »eine Sekte von Nadelgestreiften«,[173] die neuen Sklavenhalter, die jetzt nicht mehr Kolonien, sondern das eigene Land ausbeuten. Dazu gehört auch seine Kultur. Und so sind die Kreise der Intellektuellen Londons zerfallen, ja durch die Thatcher-Ära unwiederbringlich zerstört.

Jene Kreise trafen sich, so hat es den Anschein, im Wesentlichen auf Partys. Partys zählen zu den sozialen Phänomenen, die Canetti besonders faszinieren. Er nennt sie »Nichtberührungsfeste«.[174] Sorgsam beschreibt er ihre »Logik«: Für eine gelungene Party bedarf es einer Mischung aus Menschen, die sich kennen und nicht kennen, um die »Spannung des Nicht-Kennens« zu wahren.[175] Jeder Gast strebt danach, mit besonderen Menschen in Kontakt zu treten. Enthaltsamkeit, Bescheidenheit, wache Beobachtung, Achtsamkeit – das sind die Tugenden, die durch eine Party gefördert werden. In den 1940er- bis 1960er-Jahren werden Partys offenkundig zu allen denkbaren Anlässen gegeben, als »teaparty«, »dinner party«, »country house party«, »shooting party« oder sogar (wie auf einer Reise nach Marrakesch) als »travelling party«. Einmal erlebt Canetti auch eine »Party im Blitz«. Das Ereignis fand während des »Battle of Britain« statt, der Luftschlacht um England (1940/41). Nach dem Willen der Nazis hätte sie zur Kapitulation der Briten und zur Invasion der Insel führen sollen. Ort des amüsierten Treibens war das Haus des Bildhauers Henry Moore, das von Moores Mäzen Roland Penrose unterhalten wurde. Von Hampstead aus konnte man die Kämpfe der britischen und deutschen Flieger beobachten – wie bei einer sportlichen Veranstaltung. Canetti will nicht schildern, was er konkret sah, sondern

sich auf das Gefühl konzentrieren, das ihn und wohl auch andere Partygäste beherrschte:

Ich war sehr gespannt [...], hatte aber das Gefühl vollkommener Unschuld, so als ginge es nicht um Tod oder Leben von Menschen. Flugzeuge
und Menschen darin waren wie zu einer Einheit geworden. Wenn es nicht
so anders aussähe, könnte man moderne Himmelszentauren sagen.[176]

Canetti beschreibt eine eigentümliche Verbindung von Spannung und
Unschuld, Aufregung und Kälte. Er sieht sich als Teilnehmer eines Spek-
takels, dessen Konsequenzen er nicht abschätzen kann – wenn er auch
genau weiß, dass er auf der Seite der Engländer steht. Hätte man gewusst,
dass Hitler aufgrund des verlorenen Luftkriegs den Plan einer Landung
in England aufgeben würde, wären die Partygäste wohl noch ergriffener
gewesen. So erscheint der Luftkrieg als erhabenes Ereignis, als eine Art
moderner Kampf von Gladiatoren, oder, in diesem Fall: »Himmelszentauren« in einer kaum mehr begrenzten Arena, als Schauspiel, das die
Partygäste besonders exklusiv unterhält.

Die Prominenz der Partys in dieser Zeit erklärt sich wohl aus zweierlei: durch ein Bedürfnis nach sozialem Zusammenhalt und daher, dass
Institutionen wie Kaffeehäuser als Treffpunkt den Ansprüchen auf gewählte Gesellschaft nicht mehr genügten. Zwar war Canetti selbst häufig
dort zu sehen – im Café »Cosmos« an der Finchley Road oder im »Cof-
fee Cup« in Hampstead, aber er widmet den Kaffeehäusern literarisch
wenig Aufmerksamkeit. Im Gegensatz zu den zufälligen Begegnungen
in Kaffeehäusern boten die Partys Gelegenheit, Menschen gezielt miteinander bekannt zu machen. Ein arrangiertes Treffen von Canetti und
Bertrand Russell belegt diese Funktion der Partys. Mrs Phillimore, die
Witwe einer alten und reichen Familie, die im London der Kriegszeit
Party-Diplomatie betrieb, lud ein. Sie war offiziell von der Regierung
zur »politischen Gastgeberin« ernannt worden und sollte in dieser Funktion den Angehörigen verbündeter Regierungen, die im Londoner Exil
lebten, die Honneurs machen. »Alles an ihr war schwarz«,[177] vermerkt
Canetti und bezieht sich dabei sowohl auf das Äußere, die schwarzen
Augen und die vorspringende Stirn, als auch auf die sozialen Umgangsformen der Dame: Boshaft und scharfzüngig vermochte sie ihre Gäste zu
unterhalten und zu drangsalieren. Sie glaubte an Gespenster und schätzte
nur wenige Menschen, darunter George Bernard Shaw.

Zu Bertrand Russell unterhielt sie ein beinahe sadistisches Verhältnis. Mrs Phillimore war mit seiner Frau Alice, die er verlassen hatte, eng befreundet gewesen. Dafür verachtete Mrs Phillimore den Philosophen, der ihr gegenüber deshalb immer ein schlechtes Gewissen behielt. Doch Russell imponierte Canetti. Canetti begeisterte sich für schlechthin alle Merkmale Russells: seine kerzengerade Haltung, sein intelligentes Wesen, seine gepflegte Sprache und Rhetorik, den Umstand, dass dieser Spross des englischen Hochadels, der Duke of Bedford, einfach ein schlichter Philosoph sein wollte. Und in gewisser Weise schätzte Canetti Russell sogar für seine »unmoralische« Lebensform, die sich in der Verehrung schöner Frauen und einem meckernden, undisziplinierten Lachen ausdrückte. Russell unterläuft also schon als Charakter die typisch englische Schwäche der »Vertrocknung«, wie Canetti sie an Eliot diagnostiziert.

Ganz anders verhält es sich mit Iris Murdoch, mit der Canetti, so scheint es, eher nebenbei in eine wenig befriedigende Affäre geriet. Canetti beschreibt Murdoch äußerlich als hässlich und geschmacklos gekleidet. Ihr Verhalten ist egoistisch, überambitioniert, taktlos, liebes- und gefallsüchtig, dabei aber so leidenschaftslos gezügelt und akademisch, dass sie die »wahre« Leidenschaft und den »wahren« Schrecken von sich fernhält. Sie erscheint Canetti als »Oxford-Ragout«,[178] als epigonenhafte Verwerterin der dort dargebotenen Melange aus Wittgenstein, Heidegger und Simone Weil. Als einzig positive Eigenschaft beeindruckt der Umstand, dass sie gut zuhören kann – was zugleich ihr schülerinnenhaftes Wesen bestätigt. Canetti kannte sie durch seinen Freund Baermann Steiner, der sie liebte und heiraten wollte, aber früh verstarb. Canetti meinte (um nur seiner Selbstdarstellung zu folgen), dem Freund etwas schuldig zu sein, und tröstete sie.

Canettis *Party im Blitz* schildert Exilanten, die sich umstandslos mit skurrilen englischen Intellektuellen, Künstlern und Politikern mischen. Als spezifische soziale Gruppe sind sie kaum mehr zu erkennen. Dieser Umstand mag der Wirklichkeit entsprechen und damit zusammenhängen, dass London von jeher ein »melting pot« unterschiedlicher Kulturen war. Canettis *Party im Blitz* bietet ein subjektiv gefärbtes, wortgewaltiges und exzessives Panorama der intellektuellen Gesellschaft Hampsteads, die mehr sein wollte und war als Exil. Sie begegnete sich selbst neugierig, distanziert und leidenschaftlich – im Angesicht eines politischen Schreckens, den sie zugleich zu verstehen suchte.

Es ist auch diese Atmosphäre und es ist die intellektuelle Risikobereitschaft dieser Londoner Zirkel, aus denen sich noch die Werke W.G. Sebalds speisten.[179] Wenn Sebald etwa in seinem biografischen Roman *Austerlitz* (2001) von der Spurensuche des jüdischen Kunsthistorikers berichtet, so scheint er Biografien wie diejenigen Canettis oder H.G. Adlers vor Augen gehabt zu haben. Sebald selbst war deutscher Herkunft gewesen. Er galt als »*der* Repräsentant einer nicht-jüdischen Holocaustliteratur«,[180] dessen Werk zwar auf Deutsch verfasst ist, aber in herausragenden englischen Übersetzungen vorliegt.[181] Noch vor der Veröffentlichung von *Party im Blitz* publizierte Sebald – wohl in Unkenntnis von Canettis Werk – Kontrafakturen zu der ästhetisierenden und auf das »socialising« fokussierten Wahrnehmung des Luftkriegs. Sie musste ihm aus den Zirkeln der exilierten Juden und Deutschen bekannt gewesen sein. Der Luftkrieg war etwas Existenzielles: ein düsterer Teil der gemeinsamen Vergangenheit, der Exilierte, Briten und Deutsche miteinander verband – und schied. Und doch fehlt, wie Sebald moniert, das große »Kriegs- und Nachkriegsepos«, das sich der unvorstellbaren Gewalt des Luftkriegs widmet.[182] Es verwundert aber vielleicht nicht, dass Sebald sich dieses so schmerzhaften Themas nicht in epischer Form, sondern nüchtern, in zum Buch bearbeiteten Vorlesungen annimmt.

Sebald perspektiviert sein Thema doppelt: aus der Sicht des im Allgäu geborenen Jungen und des der deutschen Kultur verpflichteten Wissenschaftlers ebenso wie aus der Sicht des englischen Professors und Schriftstellers.[183] Ein ambivalentes Urteil spricht aus den Vorlesungen: die Klage über das unermessliche Leid, das die Sprengbomben und vor allem die Brandbomben zufügten – die aber letztlich zum Sieg der »richtigen Seite« beitrugen, ehe die andere zu diesem Mittel greifen konnte. Polemisch und überzogen beschreibt Sebald ein kollektives »Schweigekartell«, das es verbot, den Luftkrieg nach 1945 zu thematisieren – obwohl es durchaus öffentliche Auseinandersetzungen darüber gab:[184] Nur wenige Autoren wagten sich, Sebald zufolge, an das Tabu heran. Zu diesen Ausnahmen zählten Heinrich Böll (*Der Engel schwieg*, postum 1992), Hermann Kasack, Peter de Mendelssohn, Hans Erich Nossack und Arno Schmidt.[185]

Auf der anderen Seite steht der Wille zur Macht des »Bomber Harris« und seiner mit bürokratischer Akkuratesse ausgebildeten Geschwader: Sir Arthur Travers Harris (1892–1984) war seit 1942 Oberbefehlshaber der Royal Air Force gewesen und hatte das sogenannte »moral bombing« angeordnet, das Flächenbombardement gegen die Industrieanlagen, Infrastrukturen der Städte und nicht zuletzt gegen die Zivilbevölkerung, um ihren Willen zu Krieg und Kampf zu brechen. Sebald zitiert Canetti, um die Bombardements zu kritisieren: In *Masse und Macht* skizzierte Canetti den Exzess einer Macht, die sich an der Zahl ihrer Opfer bemisst.[186] Opfer gab es im Luftkrieg reichlich: verbrannte und erstickte Menschen, Menschenreste auf den Straßen Hamburgs, fliehende Mütter, die ihre verkohlten Kinder im Gepäck hatten, traumatisiert, hilflos.[187] Sebald sucht Orte und Topoi des Schmerzes auf, die den Bombenkrieg als sinnlosen, jeglicher Vernunft entleerten Zerstörungskrieg erscheinen lassen. Er zitiert ein Gespräch einer Bomberbesatzung aus der ersten Livereportage von einem Angriff auf Berlin durch den Home Service der BBC: »›By God, that looks like a bloody good show‹, sagt einer noch. ›Best I've ever seen‹, ein anderer. Und dann, fast mit einer Art Ehrfurcht: ›Look at that fire! Oh boy!‹«[188] Die Begeisterung für die »Show« und die geschilderte Ehrfurcht erinnern an das von Canetti in *Party im Blitz* beschworene Erhabene. Die Zitate und ihre Darstellung aber reißen einen Graben auf: einen Graben zwischen der ersten Generation der Londoner Exilanten und den Nachfolgenden, die beide Seiten kannten und das Zerstörungsspiel aus leidvoller Erfahrung nicht beklatschen wollen. Aus ihrer Sicht lässt es sich nicht als erhabenes Drama bestaunen.

Sebalds Vorlesungen sind wenig strukturiert, unsystematisch, tasten sich an das Thema heran, setzen die Ereignisse auch mit der eigenen Lebensgeschichte in Verbindung. So erzählt er etwa vom Absturz einer Dornier-Maschine in der Grafschaft Norfolk, seinem Wohnort: »Eines der vier Besatzungsmitglieder, die dabei ums Leben kamen, Oberleutnant Bollert, hatte denselben Geburtstag wie ich und war vom gleichen Jahrgang wie mein Vater.«[189] Der Vater hätte ebenso in dieser Maschine sitzen können. Beide wirken wie austauschbar. Eines freilich lässt Sebald dabei außer Acht: die Ideologie der faschistischen Kriegsführung, ihren Eroberungswillen, den es aus der Sicht der Alliierten zuallererst zu brechen galt – was offenbar jedes Mittel rechtfertigte, auch gegenüber der Zivilbevölkerung. Erst am Schluss der Vorlesungen, da Erfahrungen, Emotionen, Verdrängtes freigelegt sind, ruft Sebald ebendies in Erinnerung. Die deutsche Seite jedenfalls hat nicht recht und wäre womöglich grausamer verfahren als die englische: Luftmarschall Göring hätte London »ausradiert«,[190] hätte er die technischen Möglichkeiten gehabt. Und tatsächlich sinnierte Hitler über die Aussichten, ein erneutes »Feuer von London« auszulösen. Ein Inferno wäre die Folge gewesen, das Ästhetisierungen des Luftkriegs wie bei Canetti unmöglich gemacht hätte.

Canettis Kokettieren mit der Ästhetik des Schrecklichen unterscheidet ihn von den allermeisten Emigranten. Auf den Luftkrieg lassen sich die ästhetischen Vorstellungen der Zeit vor dem Zweiten Weltkrieg nicht ohne Weiteres übertragen. Canetti aber bleibt bei den antiken Kategorien des Schreibens und Deutens, gleich, ob es um den Luftkrieg geht oder um die Charakteristik der Zeitgenossen. Er klagt an, verspottet – und wird weltweit gelesen: als skrupelloser Autor, dessen lebensnahe Schimpfrede Vergnügen bereitet und der politisch auf der richtigen Seite steht. Vor allem bei den amerikanischen Exilanten war der Ton ein anderer. Sie stellten ihre öffentlichen Auftritte nach ihrer Ausreise aus Europa bald auf Propaganda um, wollten die USA zum Kriegseintritt bewegen und den Amerikanern im Krieg Mut zusprechen.

Grand Hotel (1932): Vicki Baum – Emigrantin nach Hollywoods Geschmack?

An der amerikanischen »Kulturindustrie« jedoch scheiterte mancher Autor. Eine der prominentesten Geschichten solchen Scheiterns schrieb Bertolt Brecht. Er hatte sich in Amerika um Exil bemüht, damit er dort Drehbuchautor werden konnte, hoffte auf den Broadway ebenso wie auf Hollywood. Er blieb der »Filmkolonie« dennoch fremd, schon allein deshalb, weil er sich weigerte, Englisch zu sprechen.[191] Die Pilgerstätten des American Dream versagten ihm den Erfolg.[192] Der englisch-amerikanische Autor Wystan Hugh Auden, der Brecht ohnehin für einen ungehobelten Kerl hielt, notierte kühl, Brecht sei ein großartiger Dichter, aber kein besonders guter Dramatiker gewesen, zerrissen zwischen christlichem Pessimismus und marxistischem Optimismus.[193] Zu den wenigen US-Erfolgen Brechts zählte ein Film, dessen Entstehung für ihn jedoch alles andere als einfach war: *Hangmen Also Die!* (1943), nach dem Erscheinen nominiert für zwei Akademiepreise. Das Skript über die Ermordung von Reinhard Heydrich (1904–1942), SS-Obergruppenführer, Reichsprotektor in Böhmen und Mähren und Organisator der Shoah, durch zwei tschechische Widerstandskämpfer entstand auf Anregung von und aus der Arbeit mit Fritz Lang (1890–1976).[194] Lang war damals eine Größe in Hollywood und ein Bewunderer Brechts gewesen. Doch konnte Brecht seine Beteiligung am Drehbuch nicht ausreichend nachweisen, sodass nach den Gesetzen Hollywoods seinem Koautor John Wexley (1907–1985) der Löwenanteil an Reputation und Honorar dafür zugesprochen wurde.

Vicki Baum (Geburtsname: Hedwig Baum, 1888–1960, Pseudonym: Frau Lorl) hingegen wurde von Hollywood hofiert.[195] Die über fünfzig Romane der ausgebildeten Harfenistin, Hobbyboxerin, Zeitschriftenredakteurin und Angestellten des Ullstein Verlags zählten grosso modo zur Neuen Sachlichkeit;[196] zehn von ihnen wurden verfilmt. Ihr Stil traf den Nerv der Zeit und auch des amerikanischen Publikums. Baum bildete – mit Marieluise Fleißer, Irmgard Keun, Anna Seghers und anderen – einen »neuen Autorinnentyp[us]« aus.[197] Weltanschaulich war sie liberal, verfasste Ghettogeschichten,[198] sammelte bei Banketten Spenden, selbst für spanische Kommunisten.[199] Das Schreiben für ein großes Publikum galt Baum als ästhetisch legitime Ausdrucksform, der Bestseller als erstrebenswert – was ästhetische Innovationen durchaus einschloss.[200] Kitsch erschien ihr als etwas Menschliches. Ihr Thema waren die Zeitumstände: die Emanzipation der modernen Frau, Mode, Konsum, Sport und Politik. Baums Sprache wirkt nicht selten übertrieben, die Kritik an Stadt, Provinz und Machthabern oberflächlich; die Figuren – speziell der frühen Romane wie zum Beispiel »stud. chem. Helene Willfüer« aus dem gleichnamigen Roman (1928) – erscheinen als zu heldenhaft. Als Jüdin, die sich jedoch nicht als solche verstand, und als geschiedene Frau, in zweiter Ehe lebend, zählte Baum im Nationalsozialismus zu den per se unerwünschten Autorinnen. Die Autorin selbst bewies Instinkt, bevor das große Unglück eintreten konnte: Sie zog im Jahr 1932 nach Amerika, aus Anlass eines Films, den Hollywood aus ihrem Roman *Menschen im Hotel* (1929) entwickeln wollte. Im Jahr 1938 absolvierte Baum die amerikanische Staatsbürgerprüfung.

Der Titel von Baums witziger und selbstironischer Autobiografie *Es war alles ganz anders* (1962) ist Programm: Amerika war für sie nicht selbstverständlich. Im Jahr 1931 begann ihr American Dream: *Menschen im Hotel* wurde ein großer Roman- und Bühnenerfolg, auch auf dem Broadway. Baum notiert dazu nüchtern: »Und es erging mir wie dem Zauberlehrling – ich konnte den alten Besen nicht verhindern [sic], sich fortzupflanzen, sich in Form zahlloser Nachahmungen zu vermehren.«[201] Ihr Verleger Nelson Doubleday und der Regisseur der Metropolitan Opera holten sie zur Feier des Broadway-Erfolgs vom Schiff in

New York ab. Zunächst ließ Baum in Amerika kein Fettnäpfchen aus. Sie fühlte sich wie ein europäischer Elefant in einem amerikanischen Porzellanladen, war falsch gekleidet, aß zu viel, trank zu wenig, verstand kaum Englisch, verkannte die sozialen Hierarchien der High Society, redete am amerikanischen Geschmack vorbei. In der Zeitung musste sie über sich lesen, sie sei »die typische deutsche Hausfrau«.[202] Sie aber verliebte sich auf der Stelle in New York, versuchte, sich anzupassen, setzte sich auf Diät, rasierte die Augenbrauen und färbte die Haare platinblond, um dem Chic der Zeit zu entsprechen. Ihr Alter mogelte sie um sechs Jahre herunter. »Keine Goethezitate mehr«, war die Devise – und fortan nannten die Zeitungen sie vertraulich »Vicki« und verliebten sich endlich auch in sie.[203] Baum wurde zur »erste[n] multimedial vermarktete[n] Bestsellerautorin«.[204]

Rückschläge gehörten dazu: Auf Anraten des Schauspielers und Regisseurs Ernst Lubitsch begann Vicki Baum noch im selben Jahr, in Hollywood Drehbücher zu schreiben, hatte jedoch keinen Erfolg. Obwohl sie Hollywood bei aller Hässlichkeit der Stadt als Domizil akzeptierte, mit dem französischen Chansonnier Maurice Chevalier und dem österreichischen Komponisten Oscar Straus aufs Engste befreundet war, lehnte Baum die Filmmetropole ab: die nicht existente Stadt, die Baracken, die sich großspurig »Filmstudios« nannten, die Touristen, die nach Glamour gierten, waren nicht nach dem Geschmack der Autorin. Die Filmindustrie aber wechselte vom Stumm- zum Tonfilm, suchte Geschichten, in denen sich viele Figuren unterbringen ließen. Ihre Handlung sollte trotzdem schlicht sein und Stars die Chance bieten, sich vielfältig in Szene zu setzen. Als »Ladenhüter« wurde Baum von der Filmfirma Paramount an Metro-Goldwyn-Mayer (MGM) weitergereicht und mit anderen Autoren in eine Baracke gesteckt, um aus ihrem Roman *Menschen im Hotel* das Treatment für *Grand Hotel* auszuarbeiten.[205]

Baums *Menschen im Hotel* erzählt von der Mondialisierung der Provinz und der Provinzialisierung der großen Welt. Ein Berliner Grand Hotel Ende der 1920er-Jahre gibt dafür mehr als nur die Kulisse ab. Es ist Thema und erzählerisches Zentrum des Romans – keine Novität in der Literatur der Zeit, aber dafür konsequent umgesetzt. Baums Hotel-Geschichte steht in der Tradition der Kolportage- und Gruppenromane,[206] nimmt am Beispiel der Hotelgäste das moderne Problem der psychischen Deformation des Menschen durch Bürokratie und fortschreitende Industrialisierung auf, schildert die Vergänglichkeit von Gla-

»Grand Hotel«, Regie: Edmund Goulding, 1932, Filmplakat

mour und Glück im Blick auf jene, die es scheinbar zu etwas gebracht haben. Ihre Zufallsbekanntschaften in der Lobby oder an der Hotelbar bieten Anlass zu erstaunlichen Szenen. Der todkranke Buchhalter Otto Kringelein aus Fredersdorf in Sachsen, den der Diminutiv im Namen angemessen kennzeichnet, wächst hier über sich hinaus. Er verprasst sein Erspartes, um das Leben zu genießen. Während er, der kleine Angestellte, nicht zum Standardpublikum eines Grand Hotel gehört, kurz vor dem Verfall aufblüht, sich verliebt und um Anerkennung kämpft, wird ein gaunerischer Baron erschossen, eine gealterte russische Primaballerina, Symbol der Vorkriegszeit,[207] ihres jugendlichen Geliebten beraubt, ein Fabrikbesitzer, Kringeleins Chef, des Mordes verdächtigt und hinter Gitter gesteckt. Gut geht die Sache für niemanden aus. Baum schreibt präzise und plastisch, hat eine Vorliebe für Details wie die Drehtür, die zugleich als entstaubtes Schicksalsrad erscheint.[208] Sie entwirft ein handlungsreiches zeittypisches Plot, das Schemata von Romanze, Großstadt- und Kriminalroman bedient,[209] auf achtundvierzig Stunden konzentriert ist und in einem Zug, ohne trennende Kapitel erzählt wird.[210] Von Vorsehung oder historischen Gesetzmäßigkeiten nach dem Motto »What goes up, must come down« ist hier keine Rede mehr. Die zahlreichen Figuren von *Menschen im Hotel* sind allesamt fast gleichermaßen wichtig. Sie leben selbstbestimmt nebeneinander her, und ihr Leben ist von Zufällen geprägt.

Nicht nur aufgrund seines Erfolgs beim Lesepublikum, sondern auch strukturell eignet sich Baums Roman für die Umsetzung auf der Bühne und im Film: Die Szenenfolge ist klar, die Zahl der Räume begrenzt, aber exklusiv, das Figurenarsenal reich und durch viele Handlungsstränge miteinander verbunden. Da Vicki Baum den Roman ohnehin schon zum Schauspiel verarbeitet hatte, musste William Absalom Drake (1899–1965) dies nur noch gemeinsam mit der Autorin zum Drehbuch umgestalten.[211] Unter der Regie von Edmund Goulding (1891–1959), der sich in der Tonfilm-Ära einen Namen als Spezialist für elegante Melodramen gemacht hatte, kaufte MGM einen »All-Star-Cast« zusammen – eine Strategie, die in der Folge stilbildend wurde. Greta Garbo spielte mit der Primaballerina Grusinskaya eine ihrer Galarollen, John Barrymore gab den jugendlichen Baron, und Joan Crawford akzeptierte sogar eine Nebenrolle, diejenige der aparten Sekretärin Flämmchen (im Film amerikanisiert zu »Flämmschen« oder »Miss Flame«), ein typisches Girl der Epoche. Der Film entproblematisiert den Roman. Er nimmt reflektierende Passagen wie den inneren Monolog Kringeleins zurück, spitzt die Szenen zu, lässt die politisch kontroverse Jazzmusik der Tanzbar nicht erklingen und verzichtet erstaunlicherweise auf Szenen mit großem kinematografischen Potenzial wie Gaigerns Fahrt mit dem Sportwagen oder Kringeleins Besuch im Sportpalast.[212] Hingegen bietet der Film den Darstellern Raum zum Spiel – wie etwa Garbo, die in einer berühmt gewordenen Szene die Insignien ihres Ruhms, Ballettschuhe und Perlen, liebkost und über Vergänglichkeit sinniert. Das »Ich will allein sein« der Primaballerina Garbo gehört seitdem zu den geflügelten Worten Hollywoods. Dr. Otternschlags so nüchterne wie irreführende Aussage: »Menschen kommen, Menschen gehen. Nie passiert etwas«, rahmt die Filmhandlung. Kringelein und Flämmchen stehen in ihrem Zentrum: Beide sprechen gepflegtes Amerikanisch, anders als etwa Preysing, der durch deutschen Akzent mit rollendem R wie eine Karikatur des deutschen Fabrikbesitzers wirkt. Kringelein und Flämmchen finden sich, erfüllen einander ihre Wünsche, verlassen die Szene als sympathische Neureiche, die das Personal großzügig mit Geld versorgen – auf der Suche nach dem nächsten Grandhotel, diesmal in Paris.

Der Roman half der Sache auf die Bühne: die Bühnen sorgten für Publizität des Romans. Film und Filmindustrie taten das Ihrige – und durch so viel sich wechselseitig verstärkende Sichtbarkeit wurde der Film ein großer Erfolg. Die Kritik war begeistert, wobei die Schauspieler im Mittelpunkt standen. Gleich im Erscheinungsjahr wurde der Film mit einem Oscar in der Kategorie »Bester Film« ausgezeichnet. MGM, die vergleichsweise wenig in die Produktion investiert hatten, profitierten trotz der Weltwirtschaftskrise erheblich. Schon deshalb verwundert es nicht, dass *Menschen im Hotel* gleich zweimal neu verfilmt wurde: als Nachkriegsdrama *Weekend at the Waldorf* (1945 wiederum von MGM, unter der Regie von Robert Z. Leonard, basierend auf Guy Boltons Adaptation des Romans und unter anderem mit Ginger Rogers) und als *Menschen im Hotel* (1959) in einer deutsch-französischen Koproduktion unter der Regie von Hollywood-Heimkehrer Gottfried Reinhardt, gleichfalls mit Starbesetzung (Michèle Morgan, O. W. Fischer, Heinz Rühmann, Gert Fröbe). *Menschen im Hotel* war ein »Popular Culture Classic« geworden – als Roman, auf der Bühne und im Film.[213]

Baum ihrerseits schrieb ab Mitte der 1930er-Jahre auf Englisch, veröffentlichte ihre Romane hauptsächlich bei Doubleday in New York oder bei Querido in Amsterdam, publizierte in Zeitungen und Zeitschriften wie dem *Theatre Magazine* und der *Pictorial Review*, in *Ladies' Home Journal* ebenso wie in der *Saturday Evening Post*. Im November 1937 stand die charmante, auch rhetorisch gewandte Dame auf der Liste der populärsten Rednerinnen des Landes. Wenn sie auch oft meinte, platten Optimismus zu predigen, um den Amerikanern angesichts der Weltlage Mut zuzusprechen und sie über die europäischen Verhältnisse aufzuklären, verdiente sie gut daran.[214] Sie wurde im Jahr 1938 Mitglied im Exil-P.E.N.-Club und zählte zu den militanten Humanisten unter den Ausgewanderten.[215] Als solche wollte auch Baum die USA zum Kriegseintritt gegen NS-Deutschland bewegen, verkaufte Kriegsanleihen, spendete für den Jewish Welfare Fund, den European Film Fund, finanzierte jungen Menschen aus dem Bekanntenkreis das Studium, verstand sich aber nicht als politische Autorin.[216]

Doch waren ihre Romane durchaus politisch. Das kanonische Hotel-Thema wurde zum Symbol der durch den Krieg bedrohten modernen Errungenschaften: Im Jahr 1944 veröffentlichte Baum bei Doubleday in New York *Hotel Berlin*, das von der Schauspielerin Gretl Dupont (Margarete Scherk, 1893–1965) ins Deutsche übersetzt wurde. Der Roman spielt im selben imaginären Hotel wie *Menschen im Hotel*, nur Jahre später, unter der Herrschaft der Nazis. Die Kulisse der Neuen Sachlichkeit ist verschoben: Nazi-Größen und Kollaborateure hausen in den Zimmern; der Widerstand steigt in Gestalt eines aparten jungen Studenten durch den Weinkeller ein – und kann dem Regime ein Schnippchen schlagen. Wie üblich tut die Liebe, in diesem Fall diejenige einer bekannten NS-Schauspielerin zu dem widerständischen Studenten, das Ihrige. Wieder verknüpft Baum zahlreiche Figuren und Handlungsfäden gekonnt; wieder überstehen die Mauern des Grand Hotel eine Geschichte des Untergangs. Der liberale, mitunter libertinäre Ort Hotel wird zum Außenposten einer Diktatur, die sich selbst als korrupt entlarvt.

Ähnlich ernst und politisch ist der dritte Hotel-Roman angelegt: *Hotel Shanghai* erschien im Jahr 1949 bei Bermann-Fischer und Querido in Amsterdam und ist dem niederländischen Dirigenten Peter van Anrooy (1879–1954), einem konsequenten Antifaschisten,[217] »in tiefer Verbundenheit« gewidmet.[218] Der Roman, der im Reportagestil »Bericht« genannt ist,[219] zielt auf den Beginn der Schlacht um Shanghai (13. August bis 9. November 1937). Schon während der Mandschurei-Krise (1931/32) war Shanghai zum Schauplatz kriegerischer Auseinandersetzungen zwischen China und Japan geworden, da die japanische Seite das demilitarisierte und auch von Japanern bewohnte internationale Hotel Shanghai strategisch für eigene Truppen genutzt hatte. China versprach sich von dem zivilen Schauplatz nun seinerseits Vorteile. Das Grand Hotel, nach dem Vorbild des Palace Hotel in der Nanking Road geschildert,[220] wird zu einem der ersten Bombenopfer. Ziviles Leben ist dort nicht mehr möglich. Dieser Krieg zielt auf Auslöschung, so die Botschaft. Seine Grausamkeit wird am Beispiel von neun Zivilisten deutlich, die den Bomben zum Opfer fallen. Im Mittelpunkt stehen die individuellen Schicksale der neun Opfer: Ruth Anderson, die den Geliebten Frank Taylor nach langer Trennung wiedersieht, der Japaner Yoshio Murato, den es – klischeehaft – in einer Verbeugung erwischt, Vater und Sohn Chang, streitend über chinesische Belange, der verarmte Emigrant Kurt Planke, die Abenteurerin Jelena Truberova, der Kuli Lung Yen und Dr. Hain, der als Untoter mit sprechendem Namen an vergangene Epochen erinnert und bereits in *Hotel Berlin* auftaucht.[221] Durch die Bombe werden sie jäh aus dem Leben gerissen. Baum dokumentiert die Brutalität dieses plötzlichen, für die Opfer unvorhersehbaren Todes nur. Sie zitiert Reaktionen wie diejenige Madame Tissauds, die sich bei einem Glas Absinth fatalistisch über die ewige Wiederkehr des Krieges äußert, und lässt das Schweigen der Erzählerin sprechen.

Baum blieb nicht die einzige aus dem deutschen Sprachraum kommende Autorin im Hollywood der 1930er- und 1940er-Jahre, wenn sie auch die erfolgreichste war. Viele ihrer Freunde und Freundinnen fanden dort ein Auskommen, darunter die Regisseure William Dieterle (geb. Wilhelm Dieterle, 1893–1972), Ewald André Dupont (1891–1956), Fritz Lang und Ernst Lubitsch, der Kameramann Karl Freund (1890 bis 1969), die Komponisten Arnold Schönberg (1874–1951) und Ernst Toch (1887–1964), der Schauspieler Walter Slezak (1902–1983) und Gina Kaus (1893–1985, Pseudonym Andreas Eckbrecht), Journalistin und Bestsellerautorin (*Katharina die Große*, New York, Viking Press, 1935), die in Hollywood Romane und Dramen für Filme adaptierte.[222] Baums Freundeskreis versuchte auch, jedoch vergeblich, Brecht für die »Filmkolonie« zu gewinnen: Salka Viertel (1889–1978), Salonière, Mentorin Garbos und Drehbuchautorin,[223] schrieb mit Brecht eine »strikt ›kommerzielle‹« Story über eine französische Widerstandskämpferin, um sie in Hollywood zu Geld zu machen – vergeblich.[224] Fritz Lang, ebenfalls mit Baum befreundet, setzte *Hangmen Also Die!* ins Werk, und Gretl Dupont spielte mit.

Einen Thomas Mann haben der Broadway und Hollywood in Vicki Baum nicht gesucht – und sie wollte bei aller Freundschaft mit dem Nobelpreisträger auch keiner sein. Sie bekannte sich zu einer witzigen Intellektualität, die immer dann zurücktrat, wenn es um den Broterwerb für die Familie ging. In solchen Fällen musste sie »Entspannungslektüre« für ein breites Publikum schreiben – ein voraussetzungsreiches Handwerk, wie sie betont.[225] Thomas Manns Kinder, Erika und Klaus Mann, bewunderten Baum für ihr Engagement und ihren Mut, ihre gründlichen Recherchen für die eigenen Bücher und ihre Weltläufigkeit, die ihr eine elegante und ironische Distanz zu gleich welcher Umwelt erlaubt, auch zu den »movies«.[226] Thomas Mann selbst schätzte die frühen Erzählungen der Kollegin, äußerte sich aber kritisch über ihr amerikanisches Werk. Erst im Jahr 1953 veröffentlichte sie, was bei ihm hätte Anklang finden können: *The Mustard Seed* (deutsch: *Kristall im Lehm*). Es handelt sich um einen psychosozialen Amerikaroman in englischer Sprache. Die neue Heimat zeichnet er kritisch,[227] attestiert der High Society Neurosen und überzogenen Materialismus und schildert Europa mit nostalgischem Blick.[228] Trafen sich Baum und Mann, aßen sie und sprachen übers Wetter.[229] Ob Neid dabei eine Rolle gespielt haben mag, darüber kann nur spekuliert werden: Mann war selbst auch wegen Hollywood in die USA gegangen, aber keines der großen Studios wollte den *Joseph*-Roman verfilmen, und so wuchs Manns Distanz zur Filmindustrie und ihren Kreisen.[230]

Baum und Mann legten ihre Autorenrolle in Amerika je anders an: Baum verstand sich als Publizistin, Belletristin und Salonière, der das politische Engagement jenseits des Romans äußerlich blieb. Mann hingegen nahm im Exil die Rolle des öffentlichen Intellektuellen an, der sowohl den Deutschen als auch den Amerikanern predigte, aus politischer und religiöser Überzeugung, im hohen Stil, dramatisch und überzeichnet, sofern es der Zweck gebot. Gemeinsam mit Albert Einstein zählte er zu den bekanntesten öffentlichen Vertretern eines »guten« Deutschlands. Zugleich entwickelte er sich zum Erfolgsautor, obwohl Hollywood ihn verschmähte: Unter den deutschsprachigen Exilanten verkaufte er die meisten Bücher.[231] Doch Mann publizierte auch anderes.

The City of Man (1941): Thomas Mann und sein amerikanischer Freundeskreis fordern die Weltdemokratie

Im Jahr 1941 erschien bei Viking Press in New York ein beeindruckendes, heute jedoch fast vergessenes Dokument: *The City of Man. A Declaration on World Democracy.*[232] Der Verlag verkündet mit großen Worten, dass dieser Text vielleicht einmal den Status anderer großer politischer Erklärungen haben werde, und versichert: »Unsere führenden Denker sind in dieser kritischen Stunde mit uns.«[233] Die »führenden Denker« sind siebzehn an der Zahl, darunter fünf Exilanten der NS-Zeit. Ihre Botschaft ist revolutionär und utopisch: Weil die westlichen Staaten, auch die demokratischen, bei der Lösung der Probleme in der Welt versagt haben, muss die Welt als Ganzes demokratisch werden. Der Liberalismus und der Drang nach Wohlstand haben alle Werte entwertet, sodass es ihrer Resakralisierung bedarf, und zwar nicht nur der Resakralisierung der Moral, sondern auch der Resakralisierung des Politischen.

Zu den »führenden Denkern«, die diese Erklärung verfassten und unterzeichneten, zählte auch Thomas Mann. Schon vor der Machtergreifung griff er die Nazis öffentlich an; kurz danach floh er mit seiner Familie über die Schweiz in die USA, entwurzelt, depressiv, voll Sorge um die in Europa versprengte Familie. Die Söhne Klaus und Golo kämpften im Krieg; Tochter Erika half in England. Im Jahr 1944 nahm Thomas Mann die amerikanische Staatsbürgerschaft an und behauptete zugleich in einem Interview von sich: »Wo ich bin, ist Deutschland. Ich trage meine deutsche Kultur in mir.«[234] Aus dem deutschen Nobelpreisträger wurde ein amerikanischer, auf Deutsch publizierender, des Englischen jedoch mächtiger Weltbürger.[235] Wiewohl politisch sozialliberal gesinnt, sympathisierte Mann mit linken Vorstellungen, hielt über die BBC fünfundfünfzig Ansprachen an deutsche Bürger (unter dem Titel *Deutsche Bürger! Radiosendungen für Deutschland*), um sie zur Umkehr zu bewegen. Franklin D. Roosevelt, den 32. Präsidenten der USA, verehrte Mann für seine antifaschistische Gesinnung und (später) für seinen harten Umgang mit den Kriegsverlierern.[236] Umgekehrt imponierte Mann als Repräsentant der deutschen Exilgruppen Roosevelt. Der Schriftsteller zählte zu den deutsch-amerikanischen Intellektuellen, denen der Präsident Gehör schenkte. Dafür gab es viele Gründe: Manns Werke, die durch den bekannten Verlag Alfred A. Knopf in den USA vertrieben wurden,[237] den

Nobelpreis, den er im Jahr 1929 erhalten hatte, die Propaganda Manns gegen die Nazis, Manns Einsatz für Flüchtlinge aus NS-Deutschland (für das American Committee for Christian German Refugees und das Emergency Rescue Committee)[238] sowie seine hervorragenden Verbindungen in das politisch, kulturell und kirchlich aktive Amerika.[239] Manns Freundin und Verehrerin, die Journalistin und Philanthropin Agnes E. Meyer (1887–1970), half außerdem mit Kontakten zu amerikanischen Eliteuniversitäten; er erhielt Ehrendoktorwürden der Harvard University und der Columbia University.

Literatur und Politik gingen seit der Machtergreifung der Nazis für Mann miteinander einher. Seine Briefe aus den Jahren 1939 und 1940 an Agnes Meyer verdeutlichen es: kaum ein Brief ohne Verfluchung des Schnurrbärtigen aus Braunau am Inn, Sorge um Englands Kriegstüchtigkeit, die Hoffnung auf Amerikas Kriegseintritt, Berichte aus dem Emergency Rescue Committee, Bitte um Geld für die Emigranten, etwa für den in der Schweiz festsitzenden Dramatiker Georg Kaiser, die Verleger Emil Oprecht und Walter Landauer (Querido)[240] und immer wieder die bange Frage: »Wann wird Deutschland mich wieder lesen können?«[241] Seine politische Diagnose bezieht sich jedoch nicht nur auf NS-Deutschland, sondern auf die gesamte Welt. Er notiert in einem Brief an Agnes Meyer vom 16. Januar 1940:

Daß im Hitlertum das ›tiefe‹, das ›überpolitische‹, anti-rationalistische und anti-civilisatorische Deutschland äusserst bösartig geworden ist, und dass es – das Hitlertum also – geschlagen werden muss, darüber sind wir uns ja wohl einig. Auch dass dies praktisch heisst, dass Deutschland geschlagen werden muss, werden Sie einräumen, denn gegen all unser Hoffen legt sich das unselige deutsche Volk mit all seiner Intelligenz und Lebenskraft für das Régime ins Zeug und wird sich nicht von ihm lossagen ehe ihm selbst der Atem ausgeht. Es ist noch lange nicht soweit, es wird die Gegner fürchterliche Opfer kosten, es dahin zu bringen, ja meiner privaten Meinung nach wird der kolossale russisch-deutsche Menschenblock überhaupt nicht zu besiegen sein, ohne dass Amerika in den Krieg eintritt und einen Ausgleich schafft. (Ich werde mich hüten, diese Meinung laut werden zu lassen.) [...] Die andere Gefahr, dass Hitler siegt, scheint mir die unmittelbarer drohende, – und in diesem Fall wird Amerika eine Schonfrist von vielleicht zwei Jahren haben, bis es auch mit seiner Freiheit zu Ende ist. Die mitleidigen Amerikaner werden sich noch nach ihrem seichten Rationalismus zurücksehen, wenn hier erst die Anti-Civilisation los ist.[242]

Die »Anti-Civilisation« bedroht die Zivilisation, weltweit. Thomas Mann fürchtet nichts so sehr wie Appeasement-Politik. Am 12. September 1940 schreibt er:

Man lebt, geht seinen Geschäften nach, hat ›abends Gäste‹, und dabei entscheiden diese Tage vielleicht über das Schicksal der Civilisation und die moralische Verfassung der Welt für Generationen.[243]

Der lakonische Bezug auf die abendlichen Gäste aus Goethes Ballade *Der Schatzgräber* (1797) dramatisiert die Sache. Die bürgerliche Zufriedenheit, die das Gedicht ausdrückt, ist gründlich gestört. Durch den Nationalsozialismus droht Unheil. Wie Vicki Baum bekannte sich auch Thomas Mann zum »militanten Humanismus«,[244] was aus seinen Briefen und seinem Engagement deutlich wird. Sechsmal traf er sich mit seinem Freundeskreis zu Konferenzen, um eine gemeinsame Erklärung zum erwünschten Kriegseintritt Amerikas zu diskutieren.[245]

Der Kreis wurde stetig erweitert und gab sich nach und nach so etwas wie eine eigene Ordnung mit Board und Chairman. Neben Mann gehörten der italienische Autor und Kritiker Giuseppe Antonio Borgese (1882–1952), Professor an verschiedenen amerikanischen Universitäten und seit 1939 Ehemann von Elisabeth Mann,[246] Lewis Mumford (1895 bis 1990), Utopie-Forscher, Technikhistoriker, Architekturkritiker und Mitherausgeber von *The Dial*, William Allan Neilson (1869–1946), ein in die USA emigrierter Schotte, Mediävist und Präsident des Smith College, und Karl Paul Reinhold Niebuhr (1892–1971), Theologe, Freund Paul Tillichs und Vertreter eines »christlichen Realismus«, dazu. Auch Robert Maynard Hutchins (1899–1977), amerikanischer Pädagoge, Präsident der University of Chicago, Anhänger des Aristotelismus und Thomismus, zählte zum Kreis. Doch er unterzeichnete die Erklärung am Schluss nicht. Vielmehr ergänzten weitere Freunde die Runde: der Journalist Herbert Sebastian Agar (1897–1980), Franklin Ridgeway Aydelotte (1880–1956), Direktor des Institute for Advanced Study (Princeton), Hermann Broch, Van Wyck Brooks (1886–1963), der Literaturkritiker, Ada Comstock (1876–1973), Präsidentin des Radcliffe College, William Yandell Elliott (1896–1979), Historiker und Präsidentenberater

und als solcher Mitglied von Roosevelts »Brain Trust«, Dorothy Canfield Fisher (1879–1958), eine bekannte Bestsellerautorin und Bildungs-
reformerin, der Literaturkritiker Christian Gauss (1878–1951), Oszkár
Jászi (1875–1957), ein ungarischer Sozialwissenschaftler, Historiker und
Politiker, Alvin Saunders Johnson (1874–1971), Gründungspräsident der
»University of Exile« an der New School, der zionistische Philosoph
und Historiker Hans Kohn (1891–1971) sowie der sozialistische Publizist Gaetano Salvemini (1873–1957).

Die Gruppe profilierte sich akademisch, politisch, publizistisch und
literarisch. Zwei ihrer amerikanischen Mitglieder waren unter den ersten
Rhodes Scholars in Oxford gewesen und hatten sich mit Europa angefreundet. Agar und Brooks hatten den Pulitzer-Preis erhalten. Borgese
und Salvemini gehörten der 1939 gegründeten italienisch-amerikani-
schen Mazzini Society an und sorgten für enge politische Verbindungen
zu antifaschistischen Aktivisten in Europa. Seit der zweiten Konferenz
der *City of Man*-Gruppe war Neilson als Chairman derselben tätig. Im
Executive Board saßen Agar, Elliott und Mumford. Für den Text ihrer
Erklärung zeichnete vor allem Borgese als Sekretär verantwortlich, wobei alle anderen mit Kommentaren und Korrekturen dazu beigetragen
haben, wie sie ausdrücklich betonen.

Ihre Erklärung gegen Nazi-Deutschland und für eine künftige Weltordnung baut die Gruppe geschickt auf. Der Text trägt auch, aber nicht
nur, Manns Handschrift. Rhetorisch kehren die Verfasser Phrasen des
Nationalsozialismus (zum Beispiel von der »solar period« des Menschen) gegen seine Parteigänger. Etablierte Begriffe füllen Mann und
seine Freunde neu (zum Beispiel »Pax Americana« als »Pax Humana«).
Der Titel der Erklärung ist Programm: »[...] die Stadt des Menschen
muss mehr sein als ein Bund von Nationen oder eine Vereinigung von
Kontinenten. Sie, eben jene Stadt des Menschen, muss die Nation des
Menschen werden, verkörpert in dem Universalstaat, dem Staat der Staaten.«[247] Alle Menschen sollen gleichermaßen Nachbarn sein, sich füreinander verantwortlich fühlen, sich lokal und familiär organisieren und
zugleich global denken – mit einem demokratisch gewählten Weltparl-
ament und einem ebenfalls demokratisch gewählten Weltpräsidenten,
für den Roosevelt Modell steht.[248] Diese Vision ruht auf einer komplexen Problemdiagnose, die – wie in Manns Briefen – von den feindlichen
Mächten des Zweiten Weltkriegs ihren Ausgang nimmt, aber zugleich
auf die Zukunft nach dem Krieg blickt. Dabei erscheint Nazi-Deutsch-

land als Aggressor, dem nicht mit Appeasement, sondern mit Krieg und Bestrafung zu begegnen ist. Zugleich aber deuten sich – wie in Manns Brief an Meyer aus dem Jahr 1940 – die imperialistischen Bestrebungen des kommunistischen Russlands und Chinas am Horizont an. Die Welt ist zusammengerückt, auch in ihren Problemen, und deshalb muss sie sich, so die *City of Man*-Gruppe, als Gemeinschaft begreifen. Diversität und Einheit sollen einander wechselseitig bedingen: »Unterschiedlichkeit in Einheit und Einheit in Unterschiedlichkeit werden die Symbole für föderalen Frieden in der universellen Demokratie sein.«[249] Die amerikanische Leitformel »E pluribus unum«, »Aus vielen eines«, klingt an.

So antikommunistisch die Gruppe argumentiert, so antikapitalistisch äußert sie sich zugleich. Moral soll den Markt kontrollieren und die neue Weltgesellschaft zusammenhalten: »Moral wird Priorität über die Wirtschaft haben, nicht die Wirtschaft über die Moral.«[250] Die Religion erscheint als Heilsbringer – wobei alle christlichen Kirchen und Gruppen, das Judentum sowie die asiatischen Religionen und Weisheitslehren gleichermaßen gemeint sind. Der Islam kommt nicht vor. Vielmehr erscheint der moralreligiöse Weltstaat als Gegenbild zum fanatisierten NS-Deutschland mit seiner Sakralisierung von Führer und Volk. Dieser Weltstaat bezieht seine Glaubensgründe aus dem einen Gott oder Geist, der sich nur je spezifisch entfaltet und in den heiligen Schriften der Welt niedergelegt ist. Solches Bekenntnis erinnert an die transzendentalistischen Äußerungen zu Religion, von denen Mann schon in den 1920er-Jahren fasziniert war.[251] Sie beförderten Manns Konversion, seine Mitgliedschaft in der sich als überkonfessionell begreifenden unitarischen Kirche ebenso wie seine Abneigung gegen Luther, der noch in den 1910er-Jahren in Form einer Büste in seinem Arbeitszimmer stand.[252] Tatsächlich wendet sich auch die Erklärung seines amerikanischen Freundeskreises gegen den deutschen Reformator, glorifizierte er doch, ex post und pauschal betrachtet, den autoritären Staat – was orthodoxe Lutheraner animierte, vor Hitler im Staub zu kriechen.[253]

Das Individuum steht im Zentrum des neuen Weltstaats der *City of Man*-Gruppe: Seine Ausbildung erscheint als zentral für das Gelingen des Unterfangens, das nicht dem vielfach beklagten »corrupted liberalism« das Wort reden will, sondern auf eine »vital democracy« setzt.[254] Das als degeneriert wahrgenommene zeitgenössische Amerika ist der Adressat: Der alte Amerikanismus soll durch einen neuen abgelöst werden. Als erster Staat soll das per se multiethnische Amerika die globale Öffnung wagen: gegen Isolationismus und Bequemlichkeit, gegen den kollektiven und individuellen Wohlstandsgötzen, für Freiheit, Gerechtigkeit und Frieden in der Welt – idealistisch, mit einem offensiven Bekenntnis zu Platos Philosophenstaat und zum sozialen Experiment zugleich. Es ist, als hätte der mannsche Freundeskreis bereits Karl Poppers zeitdiagnostische *Open Society and Its Enemies* (1943) gekannt. Popper nämlich polemisierte gegen die Idee des Philosophenstaats und plädierte für kleinschrittige soziale Lösungen. Doch die *City of Man*-Gruppe wollte bewusst auch auf große Ideen setzen, um die Welt zum Guten zu bewegen. Sie bekannte sich zum idealistischen Experiment – einem Experiment, das für die Exilgruppen so bürgerlich wie sozial und militant, so radikal wie humanistisch und schon aufgrund seiner erneuerten politischen Theologie erstaunlich ist.

Um den Weltstaat in die Tat umzusetzen, fordert die Gruppe ein »Committee on Europe«. Anders als andere zeitgenössische Parallelunternehmungen soll es bestimmte Anforderungen erfüllen: nicht nur akademisch oder von Exilanten besetzt sein, Demokratie und die Planung einer neuen Friedensordnung insgesamt angehen und über das Kriegsende hinausdenken.[255] Thomas Mann wirbt im Rahmen eines Propagandabanketts der Federal Union in New York am 22. Januar 1941 für die Broschüre und das Vorhaben der *City of Man*-Gruppe:

> Man gestatte mir, bei dieser Gelegenheit ein kleines Buch zu erwähnen, das erst vor wenigen Wochen unter dem Titel ›The City of Man‹ erschienen ist. Es ist die Frucht der Zusammenarbeit einer Anzahl amerikanischer Gelehrter und Schriftsteller und stellt das erste Vorstellungsbild einer künftigen besseren Welt dar, ein Aufriß, der sich auf diesen Grundgedanken der Union und der Weltdemokratie gründet. Und man darf es als symbolisch betrachten, daß dieses Dokument die Kollektivarbeit von Amerikanern und Europäern ist, deren tiefes Anliegen das Geschick unserer abendländischen Zivilisation ist.[256]

Das »tiefe [...] Anliegen« aber löste sich in Aktivitäten unterschiedlicher Seiten auf. Statt des eingeforderten »Committee on Europe« machte bald der ausschließlich mit deutschen Exilanten besetzte »Council for a Democratic Germany« (CDG, Rat für ein demokratisches Deutschland) von sich reden.[257] Auch Thomas Mann war an diesem Rat beteiligt gewesen, vermisste dort jedoch den kritischen Umgang mit den Verbrechen des Deutschen Reiches und zog sich enttäuscht zurück. Der CDG war am 2. Mai 1944 unter dem Vorsitz von Paul Tillich in New York gegründet worden; zu den neunzehn Gründungsmitgliedern zählten vor allem demokratische linke Politiker, aber auch Schriftsteller, darunter Bertolt Brecht und Elisabeth Hauptmann. Der CDG konkurrierte mit dem Nationalkomitee Freies Deutschland (NKFD), das im Juli 1943 von Offizieren und Intellektuellen, unter anderem von Johannes R. Becher und Theodor Plivier, mit ins Leben gerufen worden war. NKFD und CDG beanspruchten gleichermaßen, das deutsche Volk zu repräsentieren, wobei sich der CDG als demokratisch verstand und, ähnlich wie die *City of Man*-Gruppe, vergleichsweise religiös geprägt war. Doch auch diese Unterfangen scheiterten, da die Alliierten an einem souveränen Deutschland kein Interesse hatten und sich der Ost-West-Konflikt abzeichnete.

Im Jahr 1943, mitten in der Auseinandersetzung um Deutschland und die Weltordnung, begann Mann mit der Arbeit an *Doktor Faustus. Das Leben des deutschen Tonsetzers Adrian Leverkühn, erzählt von einem Freunde* (1947). Dieser Roman sollte unter anderem das Problem der deutschen Schuld behandeln, Manns »Lebens- und Geheimwerk« werden.[258] Mann ging – wie er in seinem Brief an Agnes Meyer vom 16. Januar 1940 andeutet – davon aus, dass der Teufelspakt eine »tief-altdeutsche Versuchung« ist,[259] die das Land vor allem in den 1930er-Jahren erfasst hatte. Die Musik schien ihm dabei in besonderem Maße verstrickt – eine Einschätzung, die Mann durch den *Protest der Richard-Wagner-Stadt München* gegen seine Rede zu Wagners 50. Todestag im Februar 1933 aus eigenem Erleben, oder besser: Erleiden, entwickelt hatte. Mann hatte dort seiner ambivalenten Einschätzung Wagners Ausdruck verliehen, eine »Spaltung« Wagners behauptet und ihm das Etikett eines revolutionären Kulturbolschewisten verliehen.[260] Am 4. April 1933 wurde Mann dafür aus dem Münchener Rotary-Club ausgeschlossen. Am 16. April 1933 initiierten Mit-Rotarier, der Dirigent Hans Knappertsbusch und der Komponist Hans Pfitzner, in den *Münchner Neuesten Nachrichten* den öffentlichkeitswirksamen *Protest der Wagner-Stadt München* gegen Mann, um Wagners »Genie« zu verteidigen und Mann zu schmähen. Einundvierzig Honoratioren unterschrieben. Zehn Tage nach der Veröffentlichung erließ Reinhard Heydrich einen »Schutzhaftbefehl« gegen Mann. Mann weilte zu diesem Zeitpunkt in der Schweiz und sollte bis in die 1950er-Jahre nicht mehr nach Deutschland zurückkehren. Die real existierenden Musiker hatten sich diskreditiert – durch Deutschtümelei, Innerlichkeitskult und mangelndes Engagement für die zivile Sache.

Doktor Faustus präsentiert entsprechend einen Musiker als Hauptfigur, der das »romantische Brimborium« (Wörter wie »Kunst« und »Inspiration«) hasst,[261] sich mit mathematischen Notensystemen wie Johann Conrad Beissels Harmonien auseinandersetzt und darin eine besondere Magie erblickt.[262] Adrian Leverkühn kokettiert mit dem Bösen – bis hin zu einer bewussten Ansteckung mit Syphilis und einem Pakt mit dem Teufel, der ihm die Erfindung einer rational durchorganisierten Musik, eines »Zwölftonsystems«, auf Kosten eines Menschenlebens ermöglicht: Ein heftiger Streit Arnold Schönbergs mit Thomas Mann war die Folge. Der ebenfalls in die USA emigrierte jüdische Musiker sah seine »Methode, mit zwölf Tönen zu komponieren«, in der fiktiven Erfindung Leverkühns plagiiert und in ein schlechtes Licht gerückt.[263] Leverkühn steht der Erzähler Dr. Serenus Zeitblom zur Seite, Humanist, Latein- und Griechischlehrer, schließlich Professor, Vater mehrerer Kinder und Daheimgebliebener, sozusagen ein Vertreter der »Inneren Emigration«. Zeitblom erzählt langsam, umständlich und selbstreflexiv. Er beschreibt die schwüle Atmosphäre im Münchener Fasching, Wahnsinn und Tod Leverkühns in der NS-Zeit. Mit der düsteren und kritischen Darstellung der Intellektuellen und Künstler im *Doktor Faustus* plädiert Mann ex negativo für eine ethische Orientierung der Kultur.

Literatur und politische Tätigkeit gingen Hand in Hand. Konsequent setzte Mann seine politische Tätigkeit fort, etwa in seinen von der politischen Prominenz besuchten Vorträgen in der Library of Congress seit 1942.[264] Im Februar und März 1945 schrieb er den berühmten Vortrag und Essay *Deutschland und die Deutschen*, der (vor allem) die Frage nach der Kollektivschuld der Deutschen behandelte: die Frage also, ob alle Deutschen gleichermaßen für die Gräuel der Nazi-Zeit verantwortlich zu machen seien. Mann trug seine für viele verstörende Antwort am 20. Mai 1945 vor, und zwar in der Library of Congress, vor Journalisten und Politikern. Er orientierte sich zum einen an Roosevelts Kurs, der vorsah, Deutschland und die Deutschen hart zu bestrafen, aber nicht gänzlich lebensunfähig zu machen (was die Linie Morgenthaus gewesen wäre). Zum anderen aber verstand Mann Deutschland und die Deutschen historisch evolutionär. Er fahndete nach den geistigen Ursprüngen des Nationalsozialismus in der deutschen Kultur selbst, attackierte die Künstler der »inneren Emigration«, all diejenigen, die mitgemacht oder zumindest geschwiegen hatten, und vertrat die Auffassung, dass es kein »anderes« oder »geheimes«, sondern eben nur ein faschistisches Deutschland gebe.

Im August 1945 folgte, was als »große Kontroverse« in die Literatur- und Kulturgeschichte einging. Der vor dem Nationalsozialismus viel gelesene, dann aufgrund von Angriffen durch die Nationalsozialisten in die »Innere Emigration« gegangene Schriftsteller Walter von Molo (1880 bis 1958) forderte Mann in einem öffentlich publizierten Brief (*Münchner Zeitung*, 13. August 1945) auf, nach Deutschland zurückzukehren. Dabei beschönigte er Verhalten und Gemütslage der Deutschen: Hass kenne dieses kultivierte Volk nicht. Vielmehr zeige es sich jetzt erleichtert, dass das durch die Nazis über sie gekommene Unheil vorbei sei. Mann solle also zurückkehren und als Arzt zur Gesundung des geistigen Körpers der Nation beitragen. Mann zögerte. Erst zwei Monate später erschien seine Antwort *Warum ich nicht nach Deutschland zurückkehre* im *Augsburger Anzeiger* (12. Oktober 1945). Er führt im Wesentlichen drei Gründe für seine Entscheidung an: erstens seine Enttäuschung über die deutschen Intellektuellen und Künstler, die sich im Jahr 1933 nicht gegen die neuen Machthaber wehrten. Sie hätten sich schändlich verhalten und in der Folge nur vernichtenswerten Schund produziert. Zweitens notiert Mann den Umstand, dass man die Geschichte der Nazi-Zeit mit ihren auch biografischen, individuellen Schrecken des Heimat- und Vertrauensverlustes nicht ungeschehen machen könne und er – drittens – in Deutschland fremdele.

Die in Deutschland gebliebenen Zeitgenossen sahen in Manns offenem Brief eine Provokation. Sie reagierten kritisch, mitunter auch polemisch, warfen Mann Vereinfachung vor – und Ungeduld oder, je nach Auslegung, Unterwürfigkeit. Allzu schnell habe er die amerikanische Staatsbürgerschaft angenommen, meinte der Essayist Otto Flake (1880 bis 1963), der sich als gebürtiger Lothringer nach 1945 vor allem für die deutsch-französische Freundschaft einsetzte. Molo und Flake rechtfertigten ihre eigene Kunst unter dem NS-Regime. Mann seinerseits reagierte verletzt. Er hielt eine Neujahrsansprache für »Deutsche Hörer« in der BBC (30. Dezember 1945), die ein weiteres Mal hart mit den Vertretern der »Inneren Emigration« ins Gericht ging und ihnen eine unangemessene Glorifizierung des eigenen Heldentums vorwarf. Er selbst neigte zum Vansittartismus. Damit ist eine Position gemeint, die auf den

Deutschland-Kritiker Sir Robert Vansittart zurückgeht und das deutsche Volk für mitschuldig am Zweiten Weltkrieg hält.[265] Wieder waren wütende Gegenreaktionen die Folge. Mann erschien als arrogant, kalt und fand – mit Ausnahme von Johannes R. Becher – kaum Fürsprecher.

Erst im Jahr 1947 besuchte Mann Europa, müde vom Amerika der sogenannten McCarthy-Ära mit ihren Kommunistenverfolgungen.[266] Deutschland mied er zunächst. Zugleich ereignete sich dort Ungewöhnliches: Die amerikanischen Besatzungsbehörden lancierten Meinungsumfragen zum »Fall Thomas Mann« unter Intellektuellen, politischen und administrativen Entscheidungsträgern, Schriftstellern und Journalisten, Bürgermeistern und Stadträten, Ärzten und Studienräten.[267] Für die Besatzungsbehörden wurde Mann zum Testfall. An ihm ließ sich nicht nur erproben, wie die befragten Gruppen zu den Exilanten standen, sondern auch, wie sie die USA beurteilten. Nur wenige der Befragten, unter ihnen Erich Kästner, begrüßten die Rückkehr der Exilanten. Mehrheitlich aber meinten die Befragten, die Exilanten brächten wenig Verständnis für das Leid der in Deutschland Verbliebenen auf. Sie sollten daher im Ausland bleiben und dort für ein besseres Ansehen Deutschlands werben – aus Manns Sicht blanker Zynismus.

Sein erster Besuch in Deutschland trug Mann trotz seiner kritischen Einstellung gegenüber der einstigen Heimat Antipathie in Amerika ein. Ausschlaggebend war die Verleihung der Ehrendoktorwürde der Universität Jena in Weimar 1949. Eine Ehrung durch Kommunisten galt im antikommunistisch gesinnten Amerika als verdächtig. Als Mann zudem die linken Drehbuchautoren und Regisseure der »Hollywood Ten« verteidigte, die sich weigerten, vor dem Ausschuss für unamerikanische Umtriebe auszusagen, und mit Haftstrafen und Berufsverbot belegt wurden, und den Weltfriedenskongress 1949 in New York unterstützte, nahm der politische Druck auf ihn zu.[268] Der Kongressmann Donald L. Jackson hielt im Juni 1951 eine Rede gegen Mann und forderte ihn zu einer systemkonformen Einstellung auf. Er solle sich des Exils würdig erweisen. Im Frühjahr 1952 kehrte Mann nach Europa zurück und ließ sich in Kilchberg am Zürichsee nieder, wo er im Jahr 1955 starb.

Manns Verhältnis zu Deutschland blieb problematisch, aus Enttäuschung, Misstrauen und aufgrund der Erwartungshaltungen, die ihm nach 1945 entgegengebracht wurden. Das galt für beide Deutschlands, in denen er sich mühte, mit seinen Büchern präsent zu sein.[269] Der Osten urteilte über den für kommunistische Standards allzu bürgerlichen Autor gespalten. Im Westen war Mann beides: Identifikationsfigur der wohl-meinenden und reformwilligen Bürger, zugleich aber ein Störfaktor bei dem Versuch, nach 1945 Normalität zu erzeugen. Die revolutionä-ren und weltbürgerlichen Ideen der *City of Man*-Gruppe blieben der Öffentlichkeit zwar verborgen, aber die BBC-Ansprachen waren für diejenigen, die es wissen wollten, klar genug. Thomas Mann war nicht nur ein weltbekannter Autor, sondern auch einer, der es politisch ernst meinte, sich für seine Idee weltweiter Demokratie einsetzte – und da-für den Konflikt sowohl mit der Obrigkeit des NS-Staats als auch mit den USA riskierte, vielfach emigrierte, sein Publikum dadurch aber nicht verlor, sondern vergrößerte.

Lieben für die Revolution: Klara Blum in Österreich, Russland und China

Andere Autoren kehrten gar nicht mehr nach Deutschland zurück und fielen dem Vergessen anheim. Zu ihnen gehört Klara Blum (Dhsu Bai-lan / Zhu Bailan, 1904–1971). Der Literaturgeschichte ist sie eine Un-bekannte. Nur ein kleiner Spezialistenzirkel kann mit ihrem Namen et-was anfangen. Dies liegt vermutlich an ihrem Lebensweg, der nach dem Zweiten Weltkrieg nicht in den Westen, sondern weit nach Osten führte: nach China, wo sie sich als Chinesin fühlte oder fühlen wollte. Sie war eine deutschsprachige Exilautorin ebenso wie eine fremdsprachige zu-nächst russische, später chinesische Autorin. Geboren in Czernowitz, war sie vieler Sprachen mächtig, übersetzte unter anderem aus dem Rus-sischen, Ungarischen und Georgischen, lernte aber in China nur ein rudimentäres Chinesisch. Ihre Publikationen, Lyrik und Prosa, Balladen ebenso wie Novellen, wurden in Österreich, Russland und der DDR ge-druckt. Blum kannte zwei Hauptthemen: Liebe und Befreiungskampf. Sie setzte sich für die Freiheit der Frauen ebenso wie für diejenige des Volkes ein, des jüdischen, russischen, afrikanischen oder chinesischen.

Blum war überzeugte Zionistin, zugleich aber Feministin und tech-nikbegeisterte Modernisiererin.[270] Die jüdischen Heiratstraditionen kri-tisierte sie, da sie deren Konsequenzen am Schicksal ihrer zwangsver-heirateten Mutter täglich spürte. Mit ihr floh sie im Jahr 1913 aus den zerrütteten Familienverhältnissen nach Wien, studierte Psychologie,[271] hielt Vorträge, schrieb für verschiedene jüdische Zeitungen (*Ostjüdische Zeitung*, Czernowitz, *Menorah*, Wien, *Jüdische Rundschau*, Berlin),[272] kritisierte die »Effektmittel« jüdischer Frauen, die »klirrenden Fußspangen« und das der Häuslichkeit verschriebene Leben.[273] Zahlreiche Gedichte Blums, die – wie ihre Lyrik überhaupt – von drastischen Bildern, Refrains, autofiktionalen Motiven und einem klassischen Aufbau leben, spiegeln diese Erfahrungen. Das Gedicht *Mutter* etwa zeichnet das Elend der faktischen und fiktiven Mutter in Versen und erklärt zugleich den Lebenswandel der Tochter: die Angst vor dem Verheiratetwerden, die Flucht nach Wien, das Studium, die Sehnsucht nach Freiheit und Gleichheit. *Czernowitzer Ghetto* variiert das Thema, konzentriert sich auf die jüdischen Existenzen, nimmt das Motiv des Wanderjuden auf, die vielfältigen Sprachen, das »buntscheckig Narrendeutsch, von Leid durchzogen«.[274] Das Jiddische setzt sie in ihren deutschsprachigen Gedichten bewusst ein: als Sprache, die eine bestimmte kulturelle und ethnische Gruppe auszeichnet und wie ein Signal oder eine Allegorie auf Fremdheit und Andersartigkeit wirkt.[275]

Im Jahr 1929 ging Blum nach Palästina, kehrte im selben Jahr enttäuscht zurück und wandte sich dem Sozialismus zu, beseelt von der Idee einer klassenlosen und geeinten jüdischen Gesellschaft.[276] Sie trat in die Sozialdemokratische Partei ein und publizierte in deren Parteiorgan *Arbeiter-Zeitung*. Anfang der 1930er-Jahre, als die Sozialdemokratie über eine Einheitsfront mit den Kommunisten stritt, radikalisierte sich Blum. Im Jahr 1934 wurde sie von der »Internationalen Vereinigung Revolutionärer Schriftsteller« für ihre *Ballade vom Ungehorsam* ausgezeichnet und reiste in die Sowjetunion. Ein Jahr später erhielt sie die russische Staatsbürgerschaft. Elf Jahre lang lebte sie in Moskau, arbeitete unter anderem bei der Internationalen Bibliothek und bei Radio Moskau mit, war als Redakteurin der Zeitschriften *Internationale Literatur* und *Das Wort* tätig, verdingte sich 1942/43 als Propagandistin der Roten Armee und veröffentlichte mehrere Gedichtbände in deutscher Sprache (*Die Antwort*, 1939, *Erst recht!*, 1939, *Wir entscheiden alles*, 1941, *Donauballaden*, 1942, *Schlachtfeld und Erdball*, 1944, *Ausgewählte Gedichte*, 1944). Doch litt sie unter der Säuberungskampagne Stalins: Aus der Deutschen Sektion des Sowjetischen Schriftstellerverbands wurde sie ausgeschlossen und nicht mehr gedruckt. Trotzdem oder auch deshalb wurde ihr bis zum Jahr 1945 die Ausreise aus der Sowjetunion verweigert.

Ein Grund dafür lag möglicherweise in einer nächsten großen Wende, die ihr Leben durch eine Liebesbeziehung mit einem chinesischen Revolutionär nahm. Im Jahr 1937 lernte sie den (verheirateten) Journalisten und Regisseur Zhu Xiangcheng kennen, mit dem sie zwölf Wochen liiert war, bis er spurlos verschwand. Sie hatte Anlass, ihn auf geheimer Mission auf dem Weg nach China zu vermuten. Davon, dass ihn die sowjetischen Behörden abfingen und dass er im Jahr 1943 im Gulag starb, wusste sie nichts. Wegen und für Zhu, den sie jahrzehntelang suchte und dem sie treu bleiben wollte, befasste sie sich mit China, begriff sich als Zhus Frau – und wollte Chinesin werden. Seit 1938 fanden sich Anspielungen auf China in ihrer Dichtung. Im selben Jahr erschien in Moskau *Pflaumenblüte*, ein wie üblich klassisch gebautes Gedicht (zehn Strophen à zwei Versen im Paarreim mit jeweils zehn oder neun Hebungen). Es greift Chinas Verehrung für das dort zu Beginn des Frühjahrs blühende Gewächs auf. Bei aller Zartheit steht es für Mut und Robustheit.[277] *Pflaumenblüte* ging angeblich bei KZ-Insassinnen von Hand zu Hand. Als Displaced Person zog Blum nach dem Krieg nach China, kämpfte für den weltweiten Kommunismus und das Land selbst. Auf den Text des Gedichts anspielend, stellt sich Blum im Jahr 1948 in einer chinesischen Zeitschrift als »Mei Furen«, als »Frau Pflaumenblüte« vor.[278]

Doch ist es vielleicht ein biografischer, besser: biografistischer Irrtum, allein in der Liebe zu Zhu den Grund für Blums Weg nach Osten zu sehen. Sie gelangte über Warschau, Prag, Budapest, Bukarest und Paris im Jahr 1947 nach China. Dieser Umweg gen Westen mutet eigentümlich an. Hat Blum möglicherweise doch versucht, sich dort eine Existenz aufzubauen und war gescheitert? Ein bislang unbekannter Brief an Manfred George (1893–1965), den Chefredakteur der Exilzeitung *Aufbau*, könnte dafür sprechen. Sie versuchte, mit *Aufbau* ins Geschäft zu kommen und schildert George in besagtem Brief vom 1. Oktober 1946 ihr Leben in aller Ausführlichkeit. Um sich als weltbekannte Autorin anzupreisen, notiert sie, dass einige ihrer Gedichte »ins Englische, Spanische, Russische, Tatarische, Yiddische, Persische und Äthiopische« übersetzt wurden.[279] Um die politische Position von *Aufbau* wissend, hebt sie hervor, dass sie in Russland vom Regime geistig unabhängig geblieben sei.[280] Blums Selbstaussage belegt ihre Distanz zu Stalin – eine Vermutung, die durch den Umstand unterstützt wird, dass sie sich besonders für Opfer der stalinistischen Säuberungen einsetzte.[281] Blum war offenbar auf der Suche nach einem besseren Kommunismus – oder eben doch nach einem Leben im Westen. In die DDR jedenfalls zog es sie trotz aller Kontakte dorthin nicht. Ihrem Brief an George war kein Erfolg beschieden. 1947 schreibt sie noch in Paris ein revolutionäres Heldengedicht über *Die Völkerfreunde* (Paris 1947). Auf einige Verse von Béla Balázs über Lord Byron reagierend, preist sie Gotthold Ephraim Lessing für seinen Kampf gegen die Orthodoxie, Byron für seine Parteinahme im griechischen Freiheitskampf ebenso wie den französischen Politiker Victor Schœlcher (1804–1893), der aus Abscheu vor der Sklaverei die elterliche Porzellanfabrik verkaufte, um sich fortan politisch für die Abschaffung unwürdiger Lebens- und Arbeitsformen einzusetzen.[282] Die ungleiche Reihe möglicher Vorbilder ist typisch für Blums Lyrik. Sie greift auf, was ihr gerade begegnet und passend scheint.

Ein jüdisches Flüchtlingsheim in Shanghai wurde Blums erste Anlaufstelle in China; ein Großteil der jüdischen Community, die während des Zweiten Weltkriegs bis zu hunderttausend europäische Juden umfasste, hatte das Land aber bereits verlassen.[283] In ihrem Gedicht *Herkunft* notiert sie autofiktional: »Ich bin nicht heimatlos. Ich bin zuhaus / In Ost und West in jeder Judengasse«.[284] In China machte Blum, die sich dort als Frau von Zhu und – wiederum – als weltbekannte Autorin einführte, Karriere: Im Jahr 1948 wurde sie Lektorin für Deutsch an der Tongji-Universität Shanghai, kurz darauf Bibliothekarin an der Shanghaier Fremdsprachenuniversität, 1952 Professorin an der Fudan-Universität Shanghai und im selben Jahr an der Universität Nanjing. Im Jahr 1957 wurde sie an die Zhongshan Universität (Guangzhou) versetzt.[285] Die chinesische Staatsbürgerschaft und ihren chinesischen Namen Zhu Bailan (sie schrieb ihn Dshu Bai-lan) nahm sie im Jahr 1954 an. Der Name, der »weiße Orchidee« bedeutet, sollte auf ihre Treue zu Zhu hinweisen, für Reinheit und edle Kultiviertheit stehen.

Vermittelt durch den ehemaligen Mitexilanten Friedrich Wolf (1888 bis 1953)[286] erschienen Blums Romane in der DDR, beim Greifenverlag sowie im Verlag Volk und Welt. Ihre Gedichte und Essays ließ sie vornehmlich in kommunistischen Organen drucken, auch in Österreich. Ihre Romane bekennen sich unumwunden zum sozialistischen Realismus, zu chronologischen Erzählordnungen, klarer Figurenzeichnung, eindeutiger Handlung und optimistischer Ausrichtung.[287] Die Revolution, so scheint es, wird allüberall siegen. Zugleich aber greift Blum Traditionen der kolonialen Literatur und der südchinesischen Liebesliteratur auf. Ihre Entscheidung für Südchina ist offenbar bewusst und gegen das ordnungsliebende Nordchina gefallen. Hitler-Deutschland taucht nur gelegentlich als ideologischer Nebenschauplatz auf; die DDR wird nicht thematisiert.

Schon Blums Roman *Der Hirte und die Weberin* (1951) erweist sich als Hommage an China – als eine nicht unkritische Hommage, die die polygame Heiratstradition ebenso wie den Konfuzianismus und die Opiumsucht attackiert. Im Mittelpunkt steht der an Zhu erinnernde gebildete chinesische Revolutionär und Regisseur Nju-Lang (»der Kuhhirte«), der sich für die Revolution im Jahr 1937 nach Europa begibt. Dort verliebt er sich in die polnische Jüdin Hanna Samoïlowa Bilkes (Klara Blums Pendant), die klischeehaft mit schwarzen Haaren und langer Nase gezeichnet wird. Der Roman beeindruckt durch sein konsequentes Umschreiben der chinesischen Legende von den Liebenden, die ihre Arbeit vernachlässigen, getrennt und aufgrund ihrer großen Liebe durch Vögel, die ihnen die Milchstraße als Brücke bauen, in der 7. Nacht des 7. Mondes wieder vereint werden.[288] Zugleich erstaunt, was nicht zu diesem Märchen passen will: die Verbindung von revolutionärem Elan, Ironie, Erzählfreude, humorvoller Ost-West-Pastichekunst und Tendenzen zur Selbstkanonisierung. So wird der kunstbegeisterte Revolutionär von seinem nüchternen Freund für seine hochfliegenden Bühnenvorhaben kritisiert, der Bordellweg heißt »Broadway«, das Shanghaier Regime wird als »Diktatur gemildert durch Schlamperei« gekennzeichnet.[289] Eine zarte chinesische Feministin namens Tzai-Yün korrespondiert zwar mit Frauenrechtlerinnen aus aller Welt, mit Agnes Smedley, Helene Stöcker, Ricarda Huch und den Amerikanerinnen der Young Women's Association in Shanghai, schreibt aber im chinesischen Stil, bildreich und mit traditionellen Wendungen wie »Ich bekomme täglich eine Falte Brief und manchmal auch viel viel.«[290] Blums Erzähler greift schon topisch gewordene Motive ihrer Lyrik auf: die Pflaumenblüte, die hier als Name eines revolutionären Theaters auftaucht, und den Verweis auf den »legitime[n] Bastard«,[291] das Kind Klara, das aus einer Ehe ohne Liebe entstand.

Hanna fragt sich (wohl analog zur Autorin), warum die Zeitschrift, in der sie üblicherweise publiziert, nach der Verbindung mit Nju-Lang keine Beiträge mehr von ihr annimmt.[292] Sie begeistert sich für Nju-Langs direkte Sprache (»Der Chineser redt punkt wie a litwakischer Yid«).[293] Dieser jedoch schwärmt gänzlich unrevolutionär von chinesischen Höflichkeitsformeln, der Kalligrafie und der reichen Architektur des Landes. Er sehnt sich nach einem beschaulichen Leben mit der Geliebten. Sie aber verweist auf die revolutionäre Pflicht. Das individuelle

Glück (formal auch durch die Tagebucherzählungen der beiden Liebenden im letzten Teil des Romans symbolisiert) wird dem Kollektiv geopfert. Der Roman nimmt die Autofiktion bloß zum Anlass; er wird zum Propagandatext, der diese Entwicklung zugleich reflexiv beobachtet.

In den Jahren 1957/58 erhielt Blum zwei begeisterte, wenn auch knappe Briefe von Lion Feuchtwanger aus Kalifornien über *Der Hirte und die Weberin*. Er lobt die »unvergessliche Ballade«, die in China seine Denk- und Erzählwelt einführt und zugleich ein eigenständiges Werk ist.[294] »Dass die chinesische Revolution aus dem Sehwinkel einer jüdischen Emigrantin gesehen wird, gibt der Darstellung doppelte Würze.« Feuchtwanger las das Buch mehrfach.[295] In China hingegen wurde es, falls überhaupt, wegen schiefer chinesischer Phonetik und entstellter kultureller Zusammenhänge kritisch wahrgenommen, die ironischen Porträts der Ausländer und Shanghais ausgenommen.[296] Blum »exotisiert« China in Unkenntnis und wohl auch aus Hilflosigkeit.[297]

Tatsächlich liegen die Stärken von Blums chinesischem Œuvre vermutlich vor allem in der Art und Weise, wie sie das Zusammentreffen östlicher und westlicher Kultur, die Konfrontation von Moderne und Tradition und das Leben der Frauen in beiden Zusammenhängen schildert. So handeln die fünf Novellen aus *Das Lied von Hongkong* (1959) zwar auch vom Elend der chinesischen Bauern und Matrosen, sie beleuchten aber zugleich die Geschlechterverhältnisse, nicht nur die chinesischen, sondern auch die britischen, die Abhängigkeit der »Kapitalistenfräulein« von ihren Vätern, Arbeitgebern, Verehrern und (künftigen) Ehemännern.[298] In den *Drei gerechten Konkubinen* verwebt Blum mehrere Erzählstränge kunstvoll, vage an Geschichten der chinesisch-amerikanischen Autorin Zhang Ailing erinnernd: Drei Konkubinen derselben reichen Familie verschwestern sich, laufen zu den Revolutionären über und treiben den »Fortschritt« voran, als mental unabhängige, kluge, arbeits- und bildungswillige Frauen mit körperlichen Sehnsüchten und Bedürfnissen. Das Projekt der Frauenbefreiung verfolgte Blum – wie sie eine Protagonistin sagen lässt – hier und an anderer Stelle als Parallelprojekt zur männlichen Revolution. Es ging darin aber nicht auf. Blum flicht Lieder und Dramen wie Arthur Schnitzlers *Anatol* in ihre Erzählungen ein. Sie dichtet über die Entstehung eines Revolutionslieds und befasst sich mit dem zeitgenössischen Pidginenglisch Hongkongs und Shanghais, den literarischen Gattungen der Revolution (Broschüren, Flugblättern, Übersetzungen der geheiligten Leittexte: des *Kommunisti-*

schen Manifests, Lenins *Staat und Revolution*, Sun Yat-sens *Drei Prinzipien*, Fotos und Bildern der Revolutionsführer), zeichnet nach, wie sich die Kommunistische Internationale zu Wasser und zu Land als ein globales Vorhaben ausbreitet. Dabei geht die Sache nicht immer mit sozialistischem Happy End aus: Im *Lied von Hongkong* sterben die Anführer des Matrosenstreiks von 1922 so naturgetreu wie in der Wirklichkeit.[299]

Der DDR-Ministerpräsident Otto Grotewohl dankte dem Greifenverlag im Jahr 1959 persönlich für die Übersendung des *Liedes von Hongkong*: »Das Buch gefällt mir. Ich halte es für geeignet, das Verständnis für die Entwicklung unseres großen chinesischen Brudervolkes und die Freundschaft zur Volksrepublik China zu vertiefen.«[300] Doch so einfach war es nicht. Zwar durfte Blum im Jahr 1959 für einen Besuch in die DDR reisen, ihre erste und einzige Auslandsreise überhaupt, aber wegen des Bruchs Chinas mit der Sowjetunion konnte ihr Roman *Der Schicksalsüberwinder. Ein Mosaik-Roman aus dem neuen China*, der der Kommunistischen Partei Chinas zum 40. Jahrestag ihrer Gründung (1. Juli 1961) gewidmet ist, dort nicht erscheinen.[301] In ihrem Gedicht *Der leuchtende Spiegel* preist Blums Sprecher die Errungenschaften der chinesischen Revolution, zeichnet China als das Volk »der Gerechten«, bedroht von Nachbarn und Feinden, etwa der britischen Kronkolonie und Taiwan:

Liegt vor Kanton ein riesiger spiegelnder See,
Dem mein Brief als ein Wölckchen entstieg.
Du mein irrender Lehrer! Bedenk und versteh: Keine Arbeitermacht will
den dritten Krieg.
Flieg nach Deutschland, Lichtwölkchen, flieg.[302]

Der leuchtende Spiegel erschien in chinesischer Übersetzung am 26. Mai 1964 in der Pekinger *Volkszeitung*. Ihre Übertragung von Li Djis revolutionärem Volksepos *Wang Gue und Li Hsiang-Hsiang* (Verlag für fremdsprachige Literatur, Peking 1954) ausgenommen, blieb das Gedicht der einzige in einem chinesischen Organ erschienene Blum-Text.[303] Blums Parteinahme für China wirkte sich günstig auf die Veröffentlichung aus.

Solche Parteinahme ist auch aus Blums kulturpolitischem Handeln belegt. Sie schlug sich auf die Seite der kommunistischen Regierungen. Mit einem so höflichen wie erzürnten Brief vom 22. März 1959 tritt sie aus dem österreichischen P.E.N.-Club aus. Dieser habe einige Kolle-

374

gen »wegen ihrer Anschauungen über die ungarischen Ereignisse des Jahres 1956 ausgeschlossen« und damit gegen Grundsätze des P.E.N., Meinungsfreiheit und Meinungsaustausch, verstoßen.[304] »Meine Anschauungen sind aber die gleichen [wie diejenigen der ausgeschlossenen Kollegen] und mein Austritt daher eine logische Konsequenz.«[305] Blum befürwortete die Niederschlagung des ungarischen Volksaufstands durch die Regierung. Sie hält dem P.E.N. darüber hinaus vor, dass der Club niemanden ausschließen würde, der sich weigerte, gegen die »unrechtmäßige« Besetzung Taiwans durch die USA zu protestieren. Der Austritt ist ein großer Schritt, war sie doch nach ihrer Übersiedlung nach China stolz auf ihre gerade erworbene Mitgliedschaft gewesen und präsentierte sich als weltbekannte Autorin.[306] Doch war die Sache als politischer Akt mit Bruno Frei (1897–1988), einem ehemaligen Mitglied des mexikanischen Heine-Klubs und nun chinesischem Auslandskorrespondenten des österreichischen Kommunistenorgans *Volksstimme*,[307] abgesprochen. Er reagierte umgehend und lobte das ihm schon bekannte Austrittsgesuch Blums in der kommunistischen Zeitschrift.[308] Vielleicht auch in der Folge ihres Austritts wurde Blum im Jahr 1963 in den Allchinesischen Schriftstellerverband aufgenommen. Blum hatte sich prochinesisch und für die militante Verteidigung des Sozialismus, gleich in welchem Land, positioniert.

Als überzeugte Revolutionärin unterstützte sie den »Befreiungskrieg der kommunistischen Völker« mit für sie beträchtlichen Summen: Im Jahr 1952 spendete sie dem Korea-Hilfsfonds der DDR einen Großteil ihres Honorars für den Roman *Der Hirte und die Weberin*.[309] In den Jahren 1965 und 1966 ließ sie insgesamt 3686,62 Mark der Deutschen Notenbank an die Ständige Vertretung der Nationalen Front für die Befreiung Südvietnams in der DDR überweisen. Für Blum blieb weniger als die Hälfte dieses Betrags (nämlich 1500 Mark der Deutschen Notenbank) als Honorar übrig.[310] Begeistert von der Kulturrevolution, tat sie sich Mitte der 1960er-Jahre mit südchinesischen Studierenden zusammen, ließ sich von deren Zerstörungsfreude anstecken, zerbrach ihre Schallplatten.[311] Sie waren als Luxusgut verfemt. In der *Roten Fahne*, dem Organ der Marxistisch-Leninistischen Partei Österreichs (MLPÖ), veröffentlichte Blum im Jahr 1967 Propagandaverse über Mao und die chinesische Revolution.[312] Sie wirkte daran mit, Maos Schriften auch im Westen zu verbreiten.[313]

In diesem Zusammenhang bezog sie gegen Chiang Kai-sheks Kuomintang und für Mao Zedong Position.[314] Doch wusste sie wenig von den Konflikten in der Kommunistischen Partei: Der Geliebte Zhu nämlich hatte für Wang Ming, den chinesischen Vertreter bei der Komintern, gearbeitet – und Wang Ming versuchte seinerseits, die KP Chinas auf die Moskauer Linie einzuschwören, was Mao störte. Im Jahr 1942 hatte eine Kampagne Maos gegen diese Linie Erfolg, was vermutlich zum Schattendasein und zur Gefährdung Zhus in Russland beitrug.[315] Wenn Blum für Mao Partei ergriff, begünstigte sie die Parteilinie, die ihrem Geliebten einst schadete. Angesichts von Blums Position überrascht die Aussage von Blums Erzähler im *Lied von Hongkong*: »Der sozialistische Aufbau wird bald einen anderen hervorbringen und der Kommunismus wieder einen anderen.«[316] Nimmt man diese Aussage als Selbstaussage ernst, dann will Blum keinen orthodoxen Sozialismus vertreten – wozu ihre Polemik gegen diktatorische Bestrebungen in Shanghai *(Der Hirte und die Weberin)* passt. Vielmehr geht sie davon aus, dass sich auch der Sozialismus weiterentwickeln muss.

Blums eindrucksvollstes Gedicht *Grimmiger Lebensbericht* greift alle Leitthemen ihres Lebens und Schreibens in der bekannten klassischen Form auf. Im fünfhebigen Jambus mit Kreuz- und Paarreim notiert sie, beinahe selbstironisch, über ihr faktisches und fiktives Ich: »Geboren auf Europas Hintertreppe, / Geneigt zu Pathos und Verstiegenheit.«[317] Gegengeschichten, Subversives von der Hintertreppe zu erzählen, war ihr Ziel. Ihr Pathos war, durch Ironie gebrochen, überhöht durch die Aussicht auf eine bessere Zukunft in der »permanenten Revolution«. Doch war die Zeit dafür wenig glücklich: »Ich fiel hinein ins zwanzigste Jahrhundert, / Ins Gaszeitalter, Bombensäkulum«,[318] heißt es präzise. »Im großen Amoklauf nach Recht und Freude«, beschließt der letzte Vers drastisch und ernüchtert.[319]

Blum erscheint als gewitzter Starrkopf mit Tendenz zum Kadavergehorsam gegenüber der kommunistischen Idee. Für diesen Kadavergehorsam schätzte man sie zunächst in Russland und später auch in China. Ihre Texte beeindrucken aber genau dann, wenn sie sich doch auch auf individuellen Ausdruck einlassen, mit jüdischen, österreichischen, chinesischen Schreibtraditionen spielen. Psychologie war ihr Können und Problem: Sie wollte den alten zugunsten des neuen Menschen zurückdrängen und kritisierte sogar Anna Seghers, in ihren Werken zu viel zu psychologisieren.[320] Blum schrieb zu entschieden als Propagandistin der internationalen Revolution, um über diese hinaus als Autorin bekannt zu bleiben.

Leben nach der Revolution? Arthur Koestler

Ein anderer Autor jüdischer Herkunft zweifelte hingegen frühzeitig an der Revolution: Arthur Koestler, Commander of the Order of the British Empire (1905–1983), geboren in Budapest, gestorben in London. Er schrieb vornehmlich auf Deutsch und Englisch, aber auch auf Ungarisch und Französisch.[321] Englische Literaturgeschichten verbuchen ihn ebenso als einen der ihren wie die deutschsprachige Exilliteraturforschung. Im Pariser Exil, einem von vielen, wohnte Koestler mit Walter Benjamin und anderen kommunistischen Emigranten in einem Haus.[322] In ihrem Schlüsselroman *Die Mandarins von Paris* (1954) setzte Simone de Beauvoir, die mit Koestler angeblich eine Affäre hatte, neben zahlreichen intellektuellen Freunden und Feinden der Pariser Szene auch Koestler ein Denkmal.[323] Scriassine heißt sein Alter Ego. Mit seinem brachialen Charme verführt er, der Renegat und Zweifler an der kommunistischen Sache, Anne Dubreuilh, eine Intellektuelle aus strengem katholischem Haus, leicht erkennbar als fiktives Ich der Autorin. Bezeichnenderweise gibt ein Hotel der Ritz-Kette die Kulisse ab, womit auch schon angedeutet ist, dass Scriassine, der tatsächlich zu den Amerikanern überläuft, mit dem Klassenfeind liebäugelt. Anne, die nach Höherem und unter existenzialistischem Gesichtspunkt Validem strebt, distanziert sich schnell.

Koestlers Entwicklung ähnelte zunächst derjenigen von Klara Blum, nahm aber Ende der 1930er-Jahre eine andere Wendung: In den 1920er-Jahren begeisterte er sich in Wien für den Zionismus und brach sogar sein Studium ab, um in einen palästinensischen Kibbuz zu gehen. Bald gelangweilt vom Kibbuz-Alltag und zunehmend kritisch gegenüber der zionistischen Bewegung, schrieb er Reportagen, die der Ullstein Verlag in der *Vossischen Zeitung* veröffentlichte. Koestler zog im Jahr 1930 als Redakteur für Ullstein und die *B.Z. am Mittag* nach Berlin. Er trat der Kommunistischen Partei bei, bereiste in den Jahren 1932/33 die Sowjetunion, begeistert von der Revolution und willens, alles, Hungersnöte und dergleichen, für notwendige Folgen des großen Aufbruchs zu halten. Infolge der stalinistischen Säuberungen und im Ausgang aus einem Intermezzo als Kriegsberichterstatter in Spanien, wo er von Francos Gerichten zum Tode verurteilt wurde und durch britische Diplomatie freikam, wandte er sich im Jahr 1937 vom Kommunismus ab. Gemeinsam mit Willi Münzenberg (1889–1940), dem zeitgleich von der roten Fahne gegangenen westlichen Chefpropagandisten der KP, gründete Koestler im Jahr 1938 die Pariser Exilzeitschrift *Die Zukunft*. Dieses antifaschistische und antistalinistische Organ warb für eine Einheitsfront gegen Hitler-Deutschland. Nach der Internierung im französischen Lager Le Vernet floh Koestler nach England, arbeitete wiederum als Journalist und gründete mit George Orwell, dem Autor des antikommunistischen Klassikers *Animal Farm* (1945), im Dezember 1945 die »League for the Defence of Democracy« zur Aufklärung über totalitäre Regime.[324]

Durch sein antistalinistisches Kultbuch *Darkness at Noon* (1940, deutsch *Sonnenfinsternis*, ins Englische übersetzt von Daphne Hardy), einer zuerst auf Englisch veröffentlichten Übersetzung aus einem deutschen Originalmanuskript,[325] wurde Koestler zur Persona non grata unter den französischen Linksintellektuellen. Zwar wird Moskau nicht erwähnt, und es könnte sich um jede andere Diktatur handeln, aber die Schilderungen haben doch Ähnlichkeit mit den von Stalin angeordneten »Säuberungsprozessen« der Jahre 1936 bis 1938. Der Roman beschreibt die Degeneration des Kommunismus, das Auseinanderdriften von karrieristischen Parteiideologen und Intelligenzija am Beispiel des Bolschewisten und ehemaligen Partisanenführers Rubaschow. Er wird – ähnlich wie die ehemaligen Revolutionäre Nikolaj Bucharin und Karl Radek – Opfer der Säuberungsaktion.[326] In der Form eines klassisch erzählten psychologischen Revolutions- und Gefangenenromans lenkt Koestler die Aufmerksamkeit auf die inhumane revolutionäre Anthropologie, die dem Handeln der Partei zugrunde liegt:[327] Sie unterstellt gesetzmäßige psychologische Abläufe im einzelnen Menschen und hält Psychologie und Ethik für lästige bürgerliche Reste, die es für die Revolution zu tilgen gilt.

Rubaschow, seit vierzig Jahren Kommunist aus Überzeugung, kämpft wie seine Parteigenossen gegen die Klassengesellschaft und die allerorten diagnostizierte Entfremdung. Doch wird er – typisch für die Terrorstrategie des Gulags – eines Nachts durch das Innenkommissariat in seiner Wohnung gefangen genommen. Er soll sich (wie viele Kampfgenossen) gegen die Partei und »Nummer Eins« verschworen haben, seinen Abfall vom Kommunismus gestehen und erschossen werden. Die Geschichte ist kafkaesk. Rubaschow wird zum betrogenen Rebellen:[328] Die Schergen des Regimes, die einen neuen amerikanischen Wagen fahren und von Natur aus brutal sind, bringen ihn in ein eigens für »Denunzianten« eingerichtetes Gefängnis, wo er durch psychische und physische Folter zermürbt wird. Nur durch wiederkehrende Verhöre wird die Isolationshaft in einer feuchten Dunkelzelle unterbrochen. Mit dem Leidensgenossen in der Nachbarzelle verständigt sich Rubaschow über Klopfzeichen. Sie tauschen Wahrnehmungen und Erinnerungen aus: über Kommunisten, die von Kommunisten unter dubiosen Umständen gefangen genommen, gefoltert und getötet wurden.

Rubaschow aber ist und bleibt Kommunist – und ein »querköpfiger Intelligenzler«,[329] der die *Leiden des jungen Werther* liest. Er fragt sich, ob Nummer Eins und die Partei noch auf kommunistischem Weg sind, zweifelt an den eigenen Taten – und an den Grundlagen der kommunistischen Ideologie. Rubaschow mustert die zentralen Annahmen dieser Ideologie und verwirft sie. Geschichte erscheint ihm – anders als Marx und Engels meinten – doch eher »Orakel als eine Wissenschaft« zu sein.[330] Er parodiert die rationale kommunistische Diagnose des Kapitalismus, der zwangsläufig zum »Sieg des Machtprinzips in Europa« führen wird.[331] Besonders irritiert Rubaschow das kommunistische Misstrauen gegenüber dem Subjekt: »Das Unendliche war eine politisch verdächtige Qualität; das Ich eine verdächtige Qualität. Die Partei anerkannte seine Existenz nicht.«[332] Hier verstrickt sich der Kommunismus im Allgemeinen, die Partei der Gegenwart im Besonderen in Widersprüche: Die Partei leugnet den freien Willen, betrachtet das Individuum als »Rad im Uhrwerk« der Ökonomie,[333] fordert aber seine freiwillige Selbstopferung für das höhere Prinzip, um dieses Uhrwerk abzustellen. Sie spricht den Menschen die Fähigkeit zu ethischem Urteilen ab, urteilt aber permanent selbst. »Irgendwo mußte ein Fehler in dieser Rechnung stecken; die Gleichung ging nicht auf.«[334] »Vielleicht«, so heißt es hypothetisch, lag der Fehler in der Annahme, der Mensch könne den ethischen Ballast über Bord werfen – und er bedarf seiner doch: »Vielleicht kam jetzt die Zeit der großen Finsternis.«[335]

Diese Einsicht wird in einem beeindruckenden Schlussbild verdeutlicht, das zugleich eine ikonisch gewordene Vorstellung der Partei parodiert: Die Partei will alle Individuen zu einer amorphen Einheit verschmelzen lassen, ein »ozeanische[s] Gefühl in dem unbegrenzten und dennoch endlichen Raum« erzeugen.[336] Rubaschow fühlt genau dies, jedoch aus anderem Grund als von den Parteistrategen gedacht. Als er ermordet wird, hört er die Schüsse, die wie Schläge gegen sein Ohr donnern, ihn wie ein Meer aufnehmen, wie Wellen hochheben, »ein Achselzucken der Unendlichkeit«.[337] Was im Gestus von Treu und Glauben an den Kommunismus daherkommt, wird so zur Absage an eine menschenfeindliche Ideologie. Das Bild vom ozeanischen Gefühl selbst allerdings geht auf Freud zurück,[338] womit Koestler die Bedeutung der Psychologie (und der Psychoanalyse) betont. Dieses unendliche Gefühl jedoch setzt keine Energie frei. Es hebt das Individuum nicht in der Masse oder der Revolution auf, sondern bedeutet Tod.

Sonnenfinsternis traf den Nerv der Zeit, vor allem den empfindlichen linksintellektuellen Nerv. Denn Koestler griff nicht nur den Stalinismus an, wie George Orwell und andere meinten,[339] sondern den intellektuellen Kern marxschen Denkens. Ernst Bloch attackierte den Roman wohl auch deshalb heftig als neue Literaturgattung, nämlich als solche des Verrats.[340] *Sonnenfinsternis* wurde, ausgehend von der Debatte über das kommunistische Menschenbild, in über dreißig Sprachen übersetzt und auch in der angloamerikanischen Presse, darunter dem *Spectator,* dem *Guardian,* dem *New Statesman* und der *Financial Times*, heftig diskutiert. In Frankreich spaltete Koestlers Text die Intellektuellen. Maurice Merleau-Ponty und andere pflichteten der Kritik am Stalinismus bei; die Anhänger der KP hingegen bekämpften Koestlers »Schmähschrift« auf ihren politischen Glauben.[341] Die KP wollte sogar alle Exemplare der französischen Erstausgabe *Le Zéro et l'Infini* (1946) aufkaufen, um ihre öffentliche Wahrnehmung zu verhindern, stachelte den Verkauf dadurch aber umso mehr an.

Auf der Suche nach einer überzeugenden Weltanschauung wandte sich Koestler der Verführungskraft von Glauben und Ideologien zu, vollzog in seinen *Sleepwalkers* (1959) die Entstehung der modernen Wissenschaften nach, was den Philosophen Stephen Toulmin zu einer begeisterten Rezension veranlasste.[342] Koestler attackierte den Buddhismus (*The Lotus and the Robot*, 1960 / *Von Heiligen und Automaten*, 1961), entwickelte aber auch neue Utopien über den Menschen und sein Miteinander (*The Ghost in the Machine*, 1967 / *Das Gespenst in der Maschine*, 1968) und dubiose Erbtheorien (*Der Krötenküsser*, 1971, *Der dreizehnte Stamm*, 1976). Der Parapsychologie stiftete er testamentarisch einen Lehrstuhl. Koestler starb aus freien Stücken gemeinsam mit seiner deutlich jüngeren Lebenspartnerin, was Spekulationen über seinen Anteil an ihrem Tod hervorrief. Vergewaltigungsvorwürfe brachten sein Erbe in Misskredit.

*

Die Exilanten spalteten sich nach Herkunft und Ideologie. Während Elias Canetti den Krieg zum ästhetischen Schauspiel erklärte, überantworteten Rose Ausländer, Nelly Sachs und Paul Celan das Leid der Lyrik. Vicky Baum und Thomas Mann äußerten sich im Roman auch über den Krieg, und sie setzten sich im bürgerlichen Rahmen politisch für den Sieg Amerikas ein. Die ehemaligen Zionisten Klara Blum und Arthur Koestler bekannten sich zum Kommunismus, schlugen aber bald unterschiedliche Wege ein: derjenige Blums führte immer tiefer in kommunistische Verwicklungen hinein – mit der Konsequenz, dass sie in Russland und China Propagandatexte schrieb. Koestler hingegen kehrte sich vom Kommunismus ab und regte auch das literarische Nachdenken über totalitäre Ordnungen mit an. Stefan Zweig hingegen hielt sich politisch zurück und leistete mit seiner Autobiografie Trauerarbeit: Mit dem Zweiten Weltkrieg war die Zivilisation Europas ein weiteres Mal untergegangen.

Weder literarisch noch politisch war die Literatur des Exils als Einheit greifbar, zu unterschiedlich schienen die Stile, Darstellungsabsichten, die Arten und Weisen des Umgangs mit den Ländern des Exils. Eines aber fällt auf: die geschärfte Aufmerksamkeit füreinander, für die Literatur der Zeit, die trauernden, angespannten Gemüter, die politischen Einstellungen der Flüchtlinge im eigenen Land und weltweit. Diese Aufmerksamkeit nahm in ungefähr vier Richtungen auch politisch Gestalt an: Da waren erstens die Zionisten, die für die Juden einen eigenen Staat gründen wollten, um die Weltprobleme zu lösen. Ein ähnlich politisiertes Projekt verfolgten – zweitens – die Kommunisten, die sich größtenteils im russischen oder mexikanischen Exil befanden. Andere Exilanten aber glaubten als gute Intellektuelle an den Humanismus – jedoch in zwei verschiedenen Varianten, die zu erheblichen Zerwürfnissen führten: Zweig vertrat einen pazifistischen Humanismus. Baum, Mann und andere hingegen wurden in Amerika zu militanten Humanisten. Sie wollten die Zivilisation mit Gewalt retten. Nach vielen Kriegsjahren ahnte man, dass der militärische Einsatz der Alliierten tatsächlich die einzige Möglichkeit war, um Hitler zu stoppen.

VIII.

Geteilte Welten, Gegenwelten, 1945–1989

»In Berlin konzentriert sich heute, wie in keiner anderen Hauptstadt der Welt, die ganze gewitterbeladene weltpolitische Spannung«, schreibt Peter Weiss in einer Reportage aus dem Jahr 1947.[1] Diese Spannung will sich entladen. Ost und West begegnen sich im Bauschutt der »Ruinenzentrale«. »Schreibmaschinenpistolen« knattern gegeneinander. Zwanzig Tageszeitungen und vierzig Wochen- und Monatszeitungen versuchen, einander zu übertönen, Publikum zu gewinnen, den »Mangel an Literarischem«, der im ganzen Land herrscht, zu kompensieren.

Seit Juni 1945 war das vormalige Deutsche Reich in vier Besatzungszonen unterteilt; von 1947 bis 1989 dominierte der Ost-West-Konflikt diese Zonen, politisch wie kulturell. Die »ehemaligen deutschen Ostgebiete«, darunter Ostpreußen, Pommern und Schlesien, wurden als »westliche und nördliche Gebiete« Polen zugeschlagen oder der UdSSR zugeordnet. Die DDR erkannte diese Grenzziehung im Jahr 1950 an; in der Bundesrepublik blieb sie umstritten. Die Grundgesetzänderung aus dem Jahr 1990 schrieb die Vollendung der deutschen Einheit (und damit auch die Abtrennung der Ostgebiete jenseits der Oder-Neiße-Grenze) fest.

Literatur reflektierte diese neuen Grenzen. *Solve* heißt Paul Celans Gedicht aus dem Jahr 1967, das vom »Entostete[n]« handelt.[2] Es liest sich wie eine negative Beschwörung einer imaginären Landschaft. Todeshauch liegt über geschändeten Gräbern, unaussprechlichem Grauen. *Besuch im Hades*, titelte Günther Anders im Jahr 1966 drastisch: Er reiste für sein Buch nach Auschwitz und Breslau, beschrieb nicht nur das Lager mit seiner Brutalität, sondern auch, wie in Breslau die Bevölkerung ausgetauscht wurde. Günter Grass widmete sich Danzig – ebenso wie die polnischen Schriftsteller Stefan Chwin und Paweł Huelle. Horst

Bienek thematisierte seine Geburtsstadt Gleiwitz. Adam Zagajewski und Julian Kornhauser berichteten vom Verlust der plurikulturellen und multilingualen Kultur des Ostens. *Die Mitte liegt ostwärts*, notierte der Historiker Karl Schlögel im Jahr 1986 und meinte den Titel wohl auch als Appell: als Appell wahrzunehmen, was kulturell an Östlichem und Westlichem Anteil hat. Nach 1945 nämlich war die politische Grenze bald auch zur kulturellen geworden. Als Medium der Umerziehung vom Nationalsozialismus zum Glauben entweder an die Demokratie oder den Kommunismus spielte die Literatur eine besondere Rolle.

Exilliteratur und Weltliteratur in der DDR: Der Aufbau Verlag und Wieland Herzfelde

Die Sowjetische Besatzungszone strebte danach, ein besseres Deutschland auf »Weltniveau« aufzubauen: staatlich verordnet, von den kommunistischen Künstlern, auch von einigen »inneren Emigranten« gewünscht. Man brach mit dem nationalsozialistischen Regime, setzte auf die antifaschistische und sozialistische Umerziehung der Menschen, die Heimkehr der avantgardistischen Exilanten, das klassische Erbe (Goethe, Schiller, Heine, Keller) und die kommunistische »Weltliteratur« (Tolstoj, Gor'kij und andere). Ästhetisch dominierte das Programm des sozialistischen Realismus wie der ungarische Kritiker und Philosoph Georg Lukács es seit den späten 1940er-Jahren vertrat. Aber auch die Versöhnung von Exilliteratur und »Innerer Emigration« spielte eine wichtige Rolle. Die Mischung war kontrovers, denn sozialistischer Realismus und Avantgarde harmonierten nicht unbedingt, und auch mit den in NS-Deutschland verbliebenen, mehr oder minder bürgerlichen Schriftstellern drohten Konflikte.

Ehemalige Nazis hatten in der Sowjetischen Besatzungszone weniger Chancen als im Westen: Texte einschlägiger NS-Autoren standen hier auf der »Liste der auszusondernden Literatur«, für deren Einsicht behördliche Erlaubnis eingeholt werden musste und die ansonsten zu vernichten war. Doch tolerierte man Mitläuferschaft auch jenseits des Eisernen Vorhangs bis zu einem gewissen Grad: Autoren wie der Lyriker und Dramatiker Horst Lommer (1904–1969) konnten ihre NSDAP-Mitgliedschaft unter dem Mäntelchen des Antifaschismus verbergen.[3] Hermann Kasack (1896–1966), in der NS-Zeit kommissarischer Leiter des S. Fischer Verlags (später Suhrkamp), gehörte im Jahr 1933 zu den achtundachtzig Unterzeichnern des »Gelöbnisses treuester Gefolgschaft« für Adolf Hitler. Dennoch verlieh ihm das Maxim-Gorki-Institut für Weltliteratur (Moskau) als Präsidenten der Deutschen Akademie für Sprache und Dichtung im Jahr 1960 die Leo-Tolstoi-Gedenkmedaille.

Nicht der literarische Markt sollte es aus der Sicht der Genossen richten, sondern der ästhetisierte Staat. Die DDR wollte ihre eigene Ästhetik hervorbringen, Kunst in den Dienst der Politik stellen. Freiheitsmomente und Widerspruch gegen das System waren dabei nicht ausgeschlossen, aber schlussendlich doch kontrolliert – und in die staatlich mit produzierte Ästhetik eingebaut. Johannes R. Becher, der seine künstlerische Arbeit immer wieder in den Dienst der Partei stellte und die Nationalhymne der DDR schrieb, war der wichtigste Schöpfer dieser Ästhetik. Seit September 1944 entwickelte er, damals noch in Moskau, einen Aktionsplan der KPD für den kulturellen Neuaufbau Deutschlands.[4] Am 8. August 1945 gründete er den Kulturbund zur demokratischen Erneuerung Deutschlands mit. Als Präsident des Bundes zielte er – anders als viele Genossen – weniger auf die Massen als auf die Künstler und Intellektuellen: auf diejenigen im Exil und diejenigen des Widerstands sowie der »Inneren Emigration«, um sie im Sinne der kommunistischen Sache zu einen.[5] Bechers Kulturbund stellte sich damit in die Tradition der »Free German League of Culture in Great Britain«, die im Jahr 1939 von emigrierten Kommunisten wie dem Historiker Jürgen Kuczynski und seiner Frau, der Ökonomin Marguerite Kuczynski, ins Leben gerufen worden war.

Zahlreiche kommunistische Künstler und Intellektuelle wirkten am ästhetischen Projekt DDR mit. Anna Seghers galt als Vorbild. Ihr Roman *Das siebte Kreuz* (1. Kapitel 1939 in *Internationale Literatur. Deutsche Blätter*, 1942/43 bei El Libro Libre und in englischer Sprache gedruckt) wurde auch durch seine Comic-Version (1942) und die Hollywood-Verfilmung (*The Seventh Cross*, 1944) zum modernen Klassiker.[6] Bertolt Brecht hingegen zählte zu den kontroversen Kulturschaffenden der DDR. Er, der »konservative Revolutionär«, stand mit der Partei nicht immer auf freundlichem Fuß.[7] Schon im Streit über die politische Rolle des Expressionismus bezog er sich auf Luther und Lao-Tse, um sich ein ästhetisches Rückzugsgebiet zu schaffen.[8] Im amerikanischen Exil, das von 1941 bis 1949 dauerte, verachtete er zwar den Klassenfeind. Dem Tribunal der McCarthy-Ära, das ihn wegen »unamerikanischer« Umtriebe befragte, erklärte er aber im Jahr 1947, er sei nie Mitglied der Kommunistischen Partei gewesen und habe auch nicht mit der kommunistischen Presse kollaboriert.[9] Dieses Bekenntnis war nicht nur der Situation des Verhörs geschuldet. Brecht kehrte einerseits nach Ostdeutschland zurück und spielte als Theaterfunktionär seine Rolle als Teil des linken Establishments. Andererseits aber wahrte er Verbindungen außerhalb der DDR. Er arbeitete mit Verlagen der Bundesrepublik und der Schweiz zusammen, behielt sein schweizerisches Bankkonto. Das war Brechts Form »dialektischen Denkens«, wie Wystan Hugh Auden ironisch bemerkte.[10] Hinzu kam Ärger mit dem DDR-Regime. Der Aufstand des 17. Juni war der Anlass. Brecht hegte Verständnis für die Nöte der protestierenden Arbeiterklasse, war ohnehin antistalinistisch gestimmt, wollte die Sozialistische Einheitspartei Deutschlands mit einem offenen Brief zur Umkehr bewegen – und scheiterte an den Verschränkungen von Macht und Presse. Aus seinem Brief wurde nicht die Kritik an der Partei, sondern nur die Solidaritätsadresse gedruckt.[11]

Andere Schriftsteller pendelten zwischen den Extremen, darunter Wieland Herzfelde, dem Else Lasker-Schüler das »e« an seinen Geburtsnamen Herzfeld gedichtet hatte und dessen Bruder John Heartfield mit seinen Fotomontagen zu DADA-Zeiten, kaum aber in der DDR reüssierte. Herzfeldes Fall ist besonders lehrreich für die frühe DDR und den Aufbau ihres ästhetischen Regimes. Als Mitbegründer des avantgardistischen Malik-Verlags (1916–1947, 1934–1939 Malik-Verlag / Publishing Company London), der unter anderem George Grosz, DADA, Theodor Plivier, Johannes R. Becher, Lev Tolstoj, Maksim Gor'kij, Il'ja Ėrenburg, Oskar Maria Graf und Bertolt Brecht publizierte, sowie des Exilverlags Aurora (New York, 1944, gemeinsam mit Ernst Bloch, Bertolt Brecht, Ferdinand Bruckner, Alfred Döblin, Lion Feuchtwanger, Oskar Maria Graf, Heinrich Mann, Berthold Viertel, Ernst Waldinger, Franz Carl Weiskopf gegründet), war Herzfelde in der DDR für alles Internationale und für die vormaligen Exilkünstler zuständig – in Kooperation mit dem Aufbau Verlag.[12]

Der Aufbau Verlag wurde schon am 16. August 1945 im Auftrag des becherschen Kulturbunds gegründet. Ab 1946 hielt der Kulturbund sämtliche Anteile der Aufbau GmbH, unterstützt durch die Sowjetische Militäradministration. Sie erteilte dem Verlag bereits am 18. August desselben Jahres die Drucklizenz und sorgte für die Zufuhr des schwer erhältlichen Druckpapiers. Aufbau wurde zum größten Literaturverlag der DDR mit zahlreichen Imprints. Herzfelde seinerseits kehrte im Jahr

1949 weitgehend mittellos nach Deutschland zurück – in die DDR, obwohl er wie Brecht mit dem Westen und dem liberalen Verlagswesen geliebäugelt hatte: Mit dem Münchner Verlag des für Exilliteratur begeisterten Kurt Desch wäre Herzfelde gern handelseinig geworden, was den Transfer von Malik und Aurora betraf.[13] Doch die Sache zerschlug sich. In der DDR gestalteten sich eigene verlegerische Vorhaben für Herzfelde schwierig. Als individualistischer und wenig anpassungsbereiter Westexilant betrachteten ihn die Funktionäre des neuen Staates zeitweilig kritisch und schlossen ihn im Jahr 1950 aus der Partei aus. Als Präsident des P.E.N.-Zentrums der DDR (1956–1970) erhielt er jedoch hohe Ehren und Orden. Herzfelde schrieb, übersetzte, edierte und wurde zum Professor für »Soziologie der modernen Weltliteratur« an der Universität Leipzig ernannt. Weltliteratur war auch in Ostdeutschland nach 1945 en vogue. Bei Aufbau selbst ist das Interesse daran durch die Reihe »Romane der Weltliteratur« (seit 1951) mit einer Erstauflage von sechs Titeln (unter anderem Mark Twain *Ein Yankee an König Artus'Hof*, Montesquieu *Wahrhaftige Geschichte*, Zola *Das Geld*, Gor'kij *Die Mutter*, Heinrich Mann *Professor Unrat*) belegt.[14] Der weltliterarische Kanon des Ostens, an dem Herzfelde seinen Anteil hatte, tendierte zum Realismus, vor allem demjenigen sozialistischer Prägung.

Gleich nach Herzfeldes Rückkehr bekannte sich der Aufbau Verlag zur Literatur des westlichen Exils, indem er Herzfeldes Roman *Immergrün. Merkwürdige Erlebnisse und Erfahrungen eines fröhlichen Waisenknaben* (1949) druckte.[15] Es handelt sich um eine eigentümliche Melange aus Romantik, Avantgarde und sozialistischem Realismus, um eine sozialistische Erleuchtungsgeschichte mit erheblichem Zukunftsoptimismus. Herzfeldes Biografie und Roman erweisen sich als weitgehend deckungsgleich. Der mit dem Autor nahezu identische Sprecher erzählt von einem Waisenknaben, der einen älteren Bruder und viele eigentümliche Väter hat, trotz des wahrgenommenen Unrechts und Elends nicht verzagt, mit Chuzpe überlebt und bald exotische Lektürevorlieben für Dramen, Gedichte, Romane und vor allem Rilke entwickelt. Karl May und die damals verbreiteten Geschichten über den Detektiv Nick Carter lehnt der Waisenknabe ebenso ab wie Zeitungen. Solche Produktionen gelten ihm als profan, käuflich, ideologisch, kriegstreiberisch, unkünstlerisch. Er desertiert im Ersten Weltkrieg und findet auf der Flucht das titelgebende Immergrün, ein Symbol für trotzigen und beharrlichen Lebenswillen.

Der Protagonist wird Bohemien in Berlin, Künstler, Autor, Verleger. Für Letzteres ist eine epochemachende Bekanntschaft ausschlaggebend: Im Jahr 1915 traf Herzfelde George Grosz, der sich ihm irritierenderweise als Kaufmann aus Holland vorstellte, modisch und »normal« gekleidet war, Toleranz und Objektivität pries. Mit seinen Zeichnungen bestückte Grosz im Jahr 1916 eine der ersten Publikationen des von Herzfelde neu gegründeten linken Malik-Verlags, bekannte sich zum Kommunismus, geriet mit der Reichswehr in Konflikt. Im Roman schildert Herzfelde das Zusammentreffen und die Folgen, ohne den Namen von Grosz ausdrücklich zu erwähnen. Dichtung und Wahrheit gehen fließend ineinander über. Herzfelde schildert seine Flucht nach Prag, von dort aus in die Schweiz und schlussendlich in die USA. Er begeistert sich für Jazz, Film und Indianergeschichten. Amerika verlässt er aus dem gleichen Grund, aus dem er 1933 aus Deutschland floh: weil er zu viel Feindliches wahrnimmt und »Soldat im Kampf um eine neue Welt bleiben« will.[16] Im Vertrauen auf die kommunistische Partei will er in Ostdeutschland Trauer- und Trümmerarbeit leisten. Die Zukunft aber wird in einem ehemaligen Berliner Herrenklub durch eine Art kommunistische Marienerscheinung verklärt: Eine Genossin, als »Stimme der Partei« bezeichnet und wohl mit Anna Seghers identisch, erinnert an die Toten. Sie spricht über ihre Sorgen, das schlechte Gewissen der Überlebenden, predigt Mut und Neuanfang. Ein Heiligenschein umstrahlt sie.

Tatsächlich erscheint der Roman zu einem guten Teil als Autofiktion, wobei die Reflexion über das eigene Werden im Vordergrund steht: Der Erzähler tritt als eine Art Zeitzeuge auf, schildert die Zusammenhänge realistisch, mit transponierter Rede und Gedankenzitaten. Nur anlässlich der Entwicklung vom Knaben zum jungen Mann weiß der Erzähler mehr als seine Figur. Hier kreuzen sich Bekenntnis- und Propagandaliteratur: Lenins Begriff vom »Kampf« durchzieht die Darstellung des Protagonisten wie ein roter Faden und weist der literarischen Zukunft die linientreue Richtung.

Immergrün war offenbar beides: ein individuelles und ein politisches Dokument. Der Roman erschien in der Aurora-Bücherei des Aufbau Verlags und wurde großzügig verschickt.[17] Es galt, das neue ästhetische Programm, das sozialistischen Realismus, Avantgarde und Exil gleichermaßen umschließen und die Kommunikation mit dem künstlerischen Westen auch im Kalten Krieg ermöglichen sollte, nach außen zu tragen. Das deutschsprachige Ausland reagierte entsprechend: Ernst Rowohlt,

Leiter des Rowohlt Verlags in Hamburg, dankt für den Roman, bezeichnet ihn unumwunden als autobiografisch und ignoriert die ideologischen Töne. Herzfelde wiederum nutzt den Dank, um an seine epochale Rolle im Verlagsgeschäft zu erinnern: »Wenn ich vom Malik-Verlag nur berichte, wie er entstand *(Kaufmann aus Holland)*, so, weil der damalige Anstoß bezeichnend für die gesamte lange Verlagstätigkeit ist.«[18] Thomas Mann hingegen formuliert begeistert und mit subtiler Kritik: »Es ist ein merkwürdiges Produkt: Wahrheit und Dichtung, Wirklichkeit und Traum in unscheidbarer, manchmal aber doch unterscheidbarer Verquickung [...].«[19] Den Verweis auf Grosz hat er verstanden, und er ordnet den Roman dezent als das ein, was er ist: als ein faszinierendes Dokument seiner Zeit, aber eben auch ein »Produkt« von Umbrüchen und Ideologie, von persönlichen und kollektiven Träumen.

Im Aufbau Verlag spielte Herzfelde mit seiner persönlichen Geschichte und seinen Kontakten eine wichtige Rolle. Er hielt Verbindungen zu ausländischen Zeitungen und Autoren, glaubte offenbar an die kommunistische Sache und zeigte doch ein gewisses Beharrungsvermögen, was die eigenen Vorstellungen von Exil, Avantgarde und Weltliteratur betraf. Immer wieder klagte er die Eigenständigkeit der Aurora-Bücherei im Aufbau Verlag ein. Er wollte einen eigenen »Prospekt der Aurora-Bücherei« gedruckt wissen.[20] Auch beharrte er auf dem Fortbestehen des Herausgebergremiums. Die Mitherausgeber benötigten Belegexemplare der Neudrucke, schrieb Herzfelde an Erich Wendt (1902 bis 1965), damals Präsidialmitglied im Kulturbund und mit Herzfelde per Du.[21]

Wendt und Walter Janka, im mexikanischen Exil Mitglied des berühmten Heine-Klubs und Leiter des Verlags El Libro Libre,[22] ab 1950 stellvertretender Geschäftsführer des Aufbau Verlags, seit 1953 dessen Leiter, spielten mit Herzfelde Katz und Maus um die Rechte und Auslandslizenzen von Aurora und Malik: Es ging unter anderem um Rechte von Aurora an Brechts *Furcht und Elend des Dritten Reiches* (1938),[23] um Rechte von Malik an der Übersetzung von Lev Tolstojs *Hadschi Murat* durch August Scholz, und immer wieder um Gor'kij.[24] Ein Gor'kij-Band des Malik-Verlags war zwar lenin-kritisch und trotzki-freundlich und hatte deshalb im Jahr 1947 für einen der ersten großen Zensurskandale der DDR gesorgt,[25] aber die Malik-Ausgaben präsentierten Gor'kij immerhin in deutscher Sprache. Schon deshalb waren die Übersetzungen aus dem Malik-Verlag Gegenstand besonderen Interesses. Sie motivierten Wendt angesichts einer geplanten Gor'kij-Gesamtausgabe im Jahr 1950 zu einer Reise nach Leipzig:

> Wir sind noch immer nicht zu einer Regelung der Gor'kij-Angelegenheit gekommen. Ich würde Dir sehr dankbar sein, wenn Du gelegentlich die Gor'kij-Verträge heraussuchst, sie in eine Mappe steckst und Deiner Frau zur Aufbewahrung gibst, bis ich nach Leipzig komme. Was hälst Du von dem Vorschlag?[26]

Eine Antwort Herzfeldes ist nicht überliefert. Seine Schweigsamkeit in Bezug auf rechtliche Fragen fällt auf. Im Jahr 1954 notiert Herzfelde auf Jankas Frage nach den Rechten Maliks an der Übersetzung von Gor'kijs *Werk der Artamonows* durch Klara Brauner nur noch knapp:[27] »Ich habe von Klara Brauner seit den Zeiten der Weimarer Republik nichts mehr gehört.«[28]

Sollbruchstellen anderer Art gab es viele: frühzeitige und zu hohe Honorarforderungen, die Herzfelde durch die Bitte ausglich, ihm Bücher aus dem Verlag zu schicken und den Preis vom Honorar abzuziehen, die Klage über die Probleme beim Druck von Kunstbüchern John Heartfields und, nicht zuletzt, das Befremden angesichts ideologischer Vorgaben des Verlags. Für das Nachwort zu Mark Twains *Yankee an König Artus' Hof* gab Lektor Max Schroeder (1900–1958) die Anweisung: »Es muß klargemacht werden, dass die Satire sich bei Mark Twain nicht nur gegen die mittelalterlichen Elemente (Kirche, Feudalismus), sondern auch schon gegen den platten Fortschrittshochmut der Yankees richtet.«[29]

Solcher Anweisung hätte es nicht bedurft, denn Herzfelde blieb der kommunistischen Sache treu – und wurde ausgerechnet gegenüber Grosz deutlich. Im Juni 1950 hoffte Herzfelde auf einen Besuch, vielleicht auch auf die langfristige Übersiedlung von Grosz in die DDR. Doch erfuhr er aus mehreren Quellen, dass Grosz die Teilnahme an einem Kongress der Zeitschrift *Der Monat* im Amerikanischen Sektor Berlins zugesagt hatte. Herzfelde redete Grosz ins Gewissen und forderte ihn zur Parteinahme für den Osten auf. Denn nur dort sah Herzfelde im Kalten Krieg pazifistische Bestrebungen am Werk:

> Ich bin natürlich überzeugt, dass Du nicht plötzlich ein Kriegshetzer geworden bist, halte es sogar für möglich, dass Du von der Sache gar nichts weisst und Dein Name einfach missbraucht wird. Hättest Du ihn

wirklich dafür hergegeben, so würde das eine politische Ahnungslosig-keit und Gutgläubigkeit verraten, die ich Dir nicht zutraute.[30]

Grosz verstarb im Jahr 1959 in West-Berlin. Herzfelde hingegen wurde zunehmend zum Chronisten in eigener Sache: Nach Querelen um seine *Tagebuchaufzeichnungen* veröffentlichte der Verlag eine Art herzfel-desches Sammelwerk mit dem Titel *Blätter aus fünf Jahrzehnten* mit *Immergrün*, Gedichten, zwanzig Seiten aus dem Tagebuch sowie ver-mischten Schriften (zu Seghers, Brecht, Becher).[31] Seit dem Tod seines Bruders John Heartfield im Jahr 1968 stand Herzfelde allein für die linke Avantgarde in der DDR. Aufbau-Lektor Günter Caspar fordert: »Nun fehlt vom Signet HH also die Hälfte. Und Du mußt die Fahne noch höher halten.«[32] Herzfelde tat es konsequent. Er beantragte – der Ver-lag war informiert – ein Parteiverfahren gegen die Witwe seines Bruders: Herzfelde wollte die vereinbarte Mitarbeit an Katalogen und Ausstellun-gen auch des Bruders einklagen,[33] mit dem er immer wieder erfolgreich zusammengearbeitet hatte.[34]

Herzfeldes DDR-Geschichte ist für zahlreiche Exilautoren, die im deutschen Osten lebten, typisch: Ins Land gekommen aus dem Exil, glaubten sie an kommunistische Ideale, suchten ein »besseres Deutsch-land« aufzubauen. Wenn sie sich auch gelegentlich für den Westen in-teressierten, blieben sie der Sache doch treu, warben dafür, bauten auf, verhärteten in ihrer Linientreue oder resignierten. Herzfelde jeden-falls wusste die Klaviatur des Genossenstaats zu spielen, auch zu eige-nen Gunsten. Er half, die Literatur des Exils für die DDR zu gewinnen, und versorgte den Staat umgekehrt mit »Weltliteratur«. In Ost wie West warb er für die Reputation der Exil- und der DDR-Literatur.

Expansion ostwärts: Aufbau, der Ostblock und 1989

Der Aufbau Verlag wollte seiner Literatur internationales Renom-mee verschaffen, Schaufenster des Staates nach Westen und Osten sein. Schon aufgrund der administrativen, politischen und ökonomischen Rahmenbedingungen der DDR war er aber vor allem nach Osten ge-richtet: Sowjetische Kulturoffiziere beförderten den Druck russischer Literatur im Verlag. Heinz Willmann (1906–1991), der Generalsekre-tär des Kulturbunds, und auch Erich Wendt schätzten russische Lite-ratur besonders.[35] Russische Genossen wiederum gaben englischer und französischer Literatur den Vorzug vor der deutschen. Empfahlen sowjetische Literaturfunktionäre Deutschsprachiges, so waren es die Klassiker wie Lessing, Goethe und Schiller oder DDR-Autoren, die Verfasser der aus ihrer Sicht einzig legitimen deutschsprachigen Literatur nach 1945. Die »Allunionsbibliotheken« hielten Literaturempfehlungen für die gesamte Sowjetunion bereit und orientierten sich dabei an den Lektüren der Familie Lenins.[36] In Fabriken und Schulen fanden von der Allrussischen Staatsbibliothek VGBIL (Allrussische Bibliothek für Ausländische Literatur) organisierte Literaturabende statt: Anlass dafür gaben die Geburts- und Todestage Erich Weinerts (5. Todestag 1958), Heinrich Manns (10. Todestag 1960), Bertolt Brechts (5. Todestag 1961), Gerhart Hauptmanns (15. Todestag 1961), Anna Seghers' (60. Geburtstag 1960), Gotthold Ephraim Lessings (180. Todestag 1961) und Arnold Zweigs (85. Geburtstag 1972). Doch liehen die Leser aus den Bibliotheken auch Werke von Autoren aus, die nicht unter diese Kriterien fielen, unter ihnen Friedrich Hölderlin, Karl May, Hermann Hesse, Erich Maria Remarque und Heinrich Böll.[37]

Nach dem Ende des amerikanischen »Trading with the Enemy Act«, der den Handel mit kriegsgegnerischen Staaten bis 1947 untersagte, exportierte Aufbau seine Bücher in ferne nicht kommunistische Länder, darunter Angola, Brasilien und die Vereinigen Staaten.[38] Bald jedoch wurden Geschäftskontakte dieser Art stärker durch die Behörden der DDR kontrolliert und eingeschränkt. Die sozialistischen Bruderländer, wo es zwar niemanden zum Sozialismus zu bekehren, aber als sozialistisches Deutschland zu beeindrucken galt, standen fortan im Mittelpunkt der internationalen Aktivitäten des Aufbau Verlags. Der erste Fünfjahresplan trat im Jahr 1951 in Kraft; neben dem Kulturbund war Aufbau fortan dem Amt für Literatur- und Verlagswesen sowie ab 1952 dem Druckerei- und Verlagskontor der DDR unterstellt. Ab 1955 wurde der Aufbau Verlag im Handelsregister als volkseigener Verlag geführt.[39] Vor dem Hintergrund kühler Kosten-Nutzen-Erwägungen konzentrierte sich der Verlag auf ausgewählte Vertragspartner, wobei Devisen eine nicht unerhebliche Rolle spielten. Delegationen und Feiern, organisiert auch durch das Ministerium für Auswärtige Angelegenheiten und die »Gesellschaft für kulturelle Verbindungen mit dem Ausland«, boten Gelegenheit zum literarischen Austausch. Der Aufbau Verlag ließ seine Kader reisen, baute Kontakte zu ausländischen Verlagen auf.

Regelmäßige Reiseberichte belegen die planerische Absicht. Sie beginnen in den 1950er-Jahren. Im Zuge von Verlagsreformen im Jahr 1956 verabredete die Leitung des Aufbau Verlags mit dem russischen Verlag Goslitisdat den Austausch von Lektoren, um die Qualität der Übersetzungen zu verbessern.[40] Unter den Titeln aber, die zur Übersetzung in Verlagen der Unionsrepuliken Russland, Kasachstan, Ukraine, Armenien, Litauen, Kirgisien, Aserbaidschan, Turkmenistan und Moldau vorgesehen waren, fanden sich nur Klassiker von Goethes *Werther* bis zu Seghers *Siebtem Kreuz*.[41] Auch im Fall Chinas sah es ähnlich aus: Im November 1985 besuchte eine DDR-Verlegerdelegation die Volksrepublik, und im Mai 1986 fand der Gegenbesuch statt. Die Verlegerdelegationen beschlossen den wechselseitigen Buchaustausch der Klassiker und der modernen Klassiker. Erzählungen und Novellen von Franz Fühmann, der vom Nationalsozialismus zum Sozialismus konvertiert war und später zu den kritischen Autoren der DDR gehörte, bildeten die Ausnahme.[42]

Mit Jugoslawien hingegen begann schon im Jahr 1956 ein reger Austausch aktueller Literatur: Aufbau verkaufte unter anderem Heinrich Manns *Kleine Stadt* sowie Hans Falladas *Wolf unter Wölfen* und erwarb bereits vor der Verleihung des Nobelpreises an den jugoslawischen Autor Ivo Andrić Übersetzungsrechte für seine Texte (*Das Fräulein, Die Brücke über die Drina* und andere Titel).[43] Bei einem Treffen mit dem Sekretär des jugoslawischen Schriftstellerverbands, Aleksandar Vučo (1897–1985), und der jugoslawischen Autorenagentur ging es um Marktanteile und Reputation:[44] um »die Placierung unserer Literatur in jugoslawischen Verlagen«.[45] Mit Erstaunen bemerkt Lektor Günter Caspar, wie dezentral das jugoslawische Verlagswesen in »Belgrad, Zagreb, Sarajevo, Novi Sad« organisiert ist und dass dort mehrere Sprachen und zwei Schrifttypen (Lateinisch, Kyrillisch) vorkommen. Aufbau sollte aus seiner Sicht aber nur große Verlage (wie »Nolit« in Belgrad und »Zora« in Zagreb) bespielen. Berechnend vermerkt er: »Mazedonien ist für uns uninteressant. Es ist der relativ zurückgebliebenste Teil Jugoslawiens mit den meisten Analphabeten und der geringsten Übersetzungsliteratur.«[46]

Volkserziehung war demnach nicht das Ziel ausländischer Aktivitäten des Aufbau Verlags. Vielmehr wollten seine Lektoren neue Absatzmärkte erschließen und Renommee im Kulturbetrieb erlangen. Beinahe erstaunt das Ausbleiben von Ideologie in den Reiseberichten des Aufbau Verlags, der doch schon in den 1960er-Jahren eine Phase der ideologischen Gleichschaltung, auch durch Maßnahmen der Administration und Zensur, kannte.[47] Jugoslawien blieb kein Einzelfall. Mit den ungarischen Verlagskontakten zielte Aufbau ebenfalls nur aufs Geschäftliche. Aufbau lehnte sogar eine Kooperation mit dem Verlag der Ungarischen Akademie der Wissenschaften ab – wegen der »verlagsrechtliche[n] und handelspolitische[n] Konsequenzen«: Ungarische Verlage nämlich durften in den Westen verkaufen, anders als Aufbau.[48] Die Möglichkeiten des Verkaufs gegen Devisen aber wollte man sich vorbehalten.

Erst in den 1970er-Jahren öffnete sich der Westen zusehends für Aufbau, wie ein Reisebericht des für das Vereinigten Königreich zuständigen Lektors Günther Klotz aus dem Jahr 1970 zeigt. Er entwarf einen Maßnahmenkatalog, um den Vertrieb in England in Gang zu setzen.[49] Zu den wichtigsten Maßnahmen zählten Anthologien, die wohlausgesuchte DDR-Literatur an den Leser bringen sollten: Wieder wurde Herzfelde als Schlüsselfigur positioniert. Als P.E.N.-Präsident veröffentlichte er gemeinsam mit dem heute vergessenen DDR-Autor Günther Cwojdrak die erste Anthologie dieser Art (*Cross-Section: Anthology of the PEN-Centre GDR*, 1970). Gleich zwei Lyrik-Anthologien, herausgegeben von Michael Hamburger, folgten (*East-German Poetry*, 1973; *German Poetry 1910–1975*, 1976). Im Jahr 1976 erschienen Kurzgeschichten,[50] weitere Lyrik und »Frauendichtung«.[51] Diese westlichen Kanones aber sahen anders aus als diejenigen, die in der DDR und für die östlichen Bruderländer angeboten wurden: Regimekritische und modernistische Autoren wie Jurek Becker, Wolf Biermann, Thomas Brasch, Volker Braun, Günter de Bruyn, Peter Hacks, Sarah Kirsch, Günter Kunert, Reiner Kunze, Irmtraud Morgner, Heiner Müller und auch Christa Wolf durften im Westen das Wort führen, während die Zeit in der DDR für einige von ihnen bald vorüber war.

Autoren, die in Konflikt mit dem ostdeutschen Regime gerieten, wechselten zu linken Verlagen der Bundesrepublik: vor allem zum Wagenbach Verlag, zu Rotbuch oder zur Europäischen Verlagsanstalt. Briefwechsel von Klaus Wagenbach (*1930), dem Gründer und Inhaber des gleichnamigen Verlags, mit Autoren der DDR dokumentieren ihre Distanz zum Regime, auch vor der Ausweisung Wolf Biermanns im Jahr 1976. Als Wagenbach beispielsweise im Dezember 1974 Sarah Kirsch und Reiner Kunze besuchen wollte, spöttelte Kunze über die bürokratischen Einreisebestimmungen:

[…] tatsächlich ist es ganz und gar nicht möglich, daß Du uns in Petzow besuchst, weil ›natürlich‹ wie der (über meine Unkenntnis empörte) zuständige Polizist mit echter innerer Empörung mitteilte, ich hier in Halle einen Antrag auf Deine Einreise stellen muß, welcher mindestens drei Wochen Bearbeitungszeit braucht, und zwar in normalen Zeiten, d. h. nicht vor Weihnachten.[52]

Die Grenze war in der Regel nicht durchlässig, es sei denn, der Staat wollte es anders. Helga M. Novak (Pseudonym von Maria Vigfusson, später Maria Karlsdottir, 1935–2013) machte in einem Brief an Wagenbach darauf aufmerksam, dass sie bereits vor Wolf Biermann am 17. März 1966 aus der DDR ausgewiesen wurde.

Die Begründung in meinem Fall war damals, – staatsfeindliche Gedichte im Band »reisende Anna«,[53] staatsfeindliche Äußerungen im Literaturinstitut, Leipzig, und Fraktionsbildung (das bezog sich darauf, daß ich Biermann und Havemann kannte, entfernt kannte oder wie man will, denn Fraktionsbildung war da nie).[54]

Novak zählte zu den interkulturellen Autoren vor der Erfindung der Interkulturalität – und blieb überall eine Außenseiterin. Sie war in der DDR aufgewachsen, aber mit einem Isländer verheiratet gewesen. Sie schrieb Lyrik, Balladen, Hörspiele und Erzählungen.[55] Nach ihrer Ausweisung aus der DDR ging sie nach Westdeutschland, nach Jugoslawien, Polen, wieder zurück nach Berlin und erhielt zahlreiche Literaturpreise (unter anderem den Literaturpreis der Stadt Bremen 1968, den Ernst-Reuter-Preis 1989 und den Droste-Preis 2012). Im Jahr 1991 legte sie durch einen Brief an den SPIEGEL ein weiteres Bekenntnis ab: Unter Druck hatte sie zweimal eine Erklärung unterschrieben, die sie als IM für die Staatssicherheit verpflichtete. Als IM gearbeitet hat sie dennoch nicht.

In den 1980er-Jahren lockerten sich die Zwangsmaßnahmen für Autoren etwas, und das starke politische Interesse ließ nach. Regimekritische Texte gelangten über den Eisernen Vorhang hinaus. Zu den Spitzentiteln im Lizenzgeschäft des Jahres 1987 zählten beispielsweise Christoph Heins *Horns Ende* (verkauft nach Tallinn, Bratislava und Madrid), Helga Königsdorfs *Respektloser Umgang* (verkauft nach Aix-en-Provence und Amsterdam), Erwin Strittmatters *Der Laden* (als regimetreuer Autor bezeichnenderweise nur im Osten, in Sofia und Prag verkauft), Christa

Wolfs Texte *Kassandra* (verkauft nach Sarajevo und Maribor), *Kind-heitsmuster* (verkauft nach Tel Aviv, São Paulo und Moskau) und *Störfall* (verkauft nach Kopenhagen, Amsterdam, Rom, Barcelona und Posen) zu den Spitzentiteln im Lizenzgeschäft.[56] Die Einreise ausländischer Gäste war zwar nur eingeschränkt möglich, wie der Plan aus dem November 1988 zeigt, französische Verleger einzuladen,[57] aber Aufbau versuchte, sich wie die westlichen und andere Verlage der Sowjetunion global zu positionieren.

Das Internationale Treffen sozialistischer Verlage vom 30. Oktober bis 2. November 1989 hingegen protokolliert den Zerfall.[58] Eingeladen hatten das Ministerium für Kultur, die Hauptverwaltung Verlage und der Buchhandel, der Aufbau Verlag Berlin und Weimar. Es kamen Vertreter von Verlagen aus allen Ländern des in Auflösung begriffenen Ostblocks. Sie diskutierten den weiteren Vertrieb, Vertriebsprobleme und Kooperationen, speziell im Bereich Gegenwartsliteratur. Zwei Entscheidungen belegen die Zerstückelung dessen, was sich über Jahrzehnte als gemeinsames literarisches Gesinnungs- und Vertriebsgebiet herausgebildet hatte: Erstens sollten existierende multinationale Reihen künftig im nationalen Rahmen weitergeführt werden. Zweitens wollten die Verleger dem bilateralen Austausch Vorrang vor gemeinsamen Absprachen geben.[59] Die meisten Verlage zerfielen oder wurden verkauft. Aufbau aber konnte auch unter einem neuen Eigentümer auf einen bemerkenswerten Autorenbestand zurückgreifen, neue Autoren anwerben, im bundesrepublikanischen und internationalen Markt bestehen.

Westintegration, »Suhrkamp-Kultur« und Boston Publishers Inc.

Nach 1989 trafen die DDR-Literatur und ihre Verlage auf eine heterogene bundesrepublikanische Literaturszene. Hier spielten viele Verlage mit, darunter Suhrkamp, Fischer, Hanser, Rowohlt, Luchterhand, Wagenbach. Ungezählte Institutionen förderten Literatur. Vorzensur gab es nicht, anders als in der DDR. Nach 1945 entwickelte sich in Westdeutschland aus der Hoffnung der Alliierten und einiger junger Autoren die Fiktion von der Stunde Null, von einer Literatur, die sich vom Faschismus entschieden lossagte.[60] Erneut gebrauchte man im Westen (wie im Osten, dort jedoch unter sozialistischem Vorzeichen) den durch die Nationalsozialisten entstellten Begriff der »Weltliteratur«: Diese wurde nun nicht mehr im NS-Sinne imperialistisch, sondern humanistisch verstanden.[61] Vor Umdeutung und beliebiger Revitalisierung war die Weltliteratur nicht gefeit, im Gegenteil: Offenbar bot der Begriff vieles, Gegensätzliches und Attraktives, sodass sich verfeindete Parteien gleichermaßen auf ihn berufen konnten. Ob sie damit tatsächlich die gewünschte Völkerverständigung ins Werk setzten, bleibt fraglich.

Vielmehr ist manches dem Vergessen anheimgefallen, auch dem bewussten Vergessen. Die NS-Dichterinnen Agnes Miegel (1879–1964) und Ina Seidel (1885–1974) waren von Joseph Goebbels und Hitler im Jahr 1944 auf die Gottbegnadeten-Liste derer gesetzt worden, die für das Regime Kriegsdienst mit der Feder, der Stimme oder dem Pinsel leisteten. Sie distanzierten sich nach 1945 nicht vom Nationalsozialismus und feierten trotzdem in Westdeutschland Erfolge. Auf dem westdeutschen Markt der Bestseller reüssierten verkaufsstarke Krimis wie diejenigen des ehemaligen Gestapo-Mannes und Kriegsreporters Heinz G. Konsalik (1921–1999), der vergebens um einen Posten bei der Reichsschrifttumskammer antichambriert hatte, sowie die Industrieromane von Karl Aloys Schenzinger, Verfasser des *Hitlerjungen Quex* (1932). Zu einem der ersten internationalen und vielfach übersetzten Bestseller der Nachkriegszeit wurde ein Archäologieroman mit dem stabreimenden Titel *Götter, Gräber und Gelehrte* (1949) aus der Feder des ehemaligen Kriegsberichterstatters Kurt Wilhelm Marek (Pseudonym: C. W. Ceram, 1915–1972).[62]

Einigen Autoren fiel der ideologische Farbenwechsel auch im Westen weniger leicht: Hanns Johst (1890–1978), der dichtende Apostel des Faschismus, feierte mit seinem Drama über den Frontkämpfer Albert Leo Schlageter einen der größten Erfolge der NS-Bühnengeschichte. Nach dem Zweiten Weltkrieg konnte er auch im Westen nicht mehr Fuß fassen. Gerd Gaiser (1908–1976), Mitglied der NSDAP, des NS-Lehrerbunds und Fliegeroffizier, publizierte in den 1940er-Jahren Lyrik. Nach Kriegsende wollte er sich mit Veröffentlichungen wie dem Roman *Schlußball* (1958) auch in anderen Gattungen einen Namen machen. Doch scheiterte er an der Gruppe 47, dem »Zentralcafé einer Literatur ohne Hauptstadt«.[63] Hier debattierte eine junge Autoren- und Kritikergeneration darüber, was Literatur in einer neuen demokratischen Weltordnung sei. Zwei ihrer Mitglieder, der Literaturkritiker Marcel Reich-Ranicki und der Literaturwissenschaftler Walter Jens, führten in den Feuilletons das Wort gegen die ehemaligen Nationalsozialisten in der schreibenden Zunft. Reich-Ranicki und Jens förderten stattdessen junge Autoren: Ingeborg Bachmann oder Heinrich Böll zum Beispiel. Über zehn Jahre später, im Bücherjahr 1959, war der ästhetische Anschluss an »die Welt« geschafft: Günter Grass' *Blechtrommel*, Heinrich Bölls *Billard um halb zehn* und Uwe Johnsons *Mutmaßungen über Jakob* legten allesamt Rechenschaft über die Conditio humana der Nachkriegszeit ab, über die Kontinuität nationalsozialistischer Verbindungen und Gedanken auch nach 1945, über das geteilte Deutschland und seine Ideologien.

Die Kulturdiplomatie unterstützte die demokratische Literatur deutscher Zunge und bediente sich ihrer zum Zweck der Völkerverständigung. Vor allem in Paris pflegte das Auswärtige Amt den Kultur- und Literaturkontakt: Konsul Wilhelm Hausenstein (1882–1957) lud gemeinsam mit seinem französischen Freund Robert Minder (1902–1980) deutschsprachige Autoren ein.[64] Minder war während des Krieges im Commissariat Général à l'Information für antideutsche Propaganda zuständig gewesen und wurde nach dem Krieg Germanistikprofessor an der Sorbonne. Auch die Schriftsteller selbst betätigten sich kulturdiplomatisch. Der erste gesamtdeutsche Schriftstellerkongress im Jahr 1947 regte die Gründung einer Deutschen Akademie für Sprache und Dichtung an. Sie wurde am 28. August 1949 in der Paulskirche ins Leben gerufen, sollte freie Gespräche ermöglichen und zum Aufbau einer demokratischen Kultur beitragen. Dazu gehörten die Reflexion der belasteten deutschen Sprache und Literatur, das Zusammenführen von Exilliteratur und »Innerer Emigration«, die Pflege internationaler Kontakte, die Zusammenarbeit mit Literaturkritik und Verlagslandschaft.

Unter den Verlagen trug der Suhrkamp Verlag in besonderer Weise zum Aufbau der neuen Literaturkultur bei. Zahlreiche Exilanten fanden hier ihren Publikationsort. Mit ihren Werken sorgten sie für eine üppige Backlist, für einen Vorrat lieferbarer Bücher, aus dem sich das Kapital des Verlags speiste.[65] Johann Heinrich (genannt »Peter«) Suhrkamp, von 1942 bis 1944 KZ-Häftling, erhielt im Herbst 1945 als einer der ersten deutschen Verleger im Britischen Sektor von Berlin eine Drucklizenz für den S. Fischer Verlag unter dem Namen »Suhrkamp Verlag, vormals S. Fischer«. Finanziell konnte das Unternehmen mit mäzenatischer Hilfe gelingen. Sie kam aus der Schweiz, von Georg Reinhart, einem Winterthurer Mäzen und Freund Hermann Hesses. Reinhart beteiligte sich mit 50 Prozent am Verlag, und zwar ohne Aussicht auf Gewinn, vielmehr mit immer neuen Zuschüssen.

Suhrkamp wurde für die mehr oder minder linksliberale Orientierung seines Programms bekannt. Seit Ende der 1950er-Jahre bemühte sich außerdem Siegfried Unseld, zuvor Lektor bei Suhrkamp und nun in die Verlagsleitung aufgestiegen, im Kontakt mit dem israelischen Religionshistoriker Gershom Scholem um eine Verbindung von bundesrepublikanischer und jüdischer Kultur.[66] Unseld führte den Verlag als Patriarch, Vater, Freund, Mäzen; er stellte Autorenpflege und -marketing ins Zentrum, beanspruchte, moderne Klassiker zu erzeugen – als zeitgemäße Gegenklassiker.[67] »Suhrkamp-Kultur« nannte der amerikanische Schriftsteller und Literaturwissenschaftler George Steiner das Ergebnis im Jahr 1973 und meinte damit den auf einer bestimmten intellektuellen Community beruhenden Kanon der Bundesrepublik.[68] Heute erinnern rund zehntausend grüne Archivkästen auf zweihundertfünfzig Quadratmetern des Deutschen Literaturarchivs Marbach an die ersten Jahrzehnte des Verlages. Er erscheint wie ein Gesamtkunstwerk, für das jede Notiz, jede Rechnung bedeutsam ist.[69]

Mitte der 1960er-Jahre überlegten Unseld und sein ehemaliger Lektor Hans Magnus Enzensberger gemeinsam, diesen Verlag für die Reflexion von Weltliteratur zu öffnen. Der Anlass war auch ein verlagspolitischer: Im Jahr 1963 übernahm Suhrkamp den westdeutschen Insel Verlag. Seit Beginn des 20. Jahrhunderts publizierte er – parallel zur seit den 1940er-Jahren laufenden »Bibliothek der Weltliteratur« im Manesse Verlag – »Weltliteratur«. Historisch oder theoretisch eingebettet waren solche Publikationen jedoch nicht.[70] Enzensberger schlug Unseld im Juli 1964 deshalb die Publikation von Bengt M. Holmquists (1932–1996) »Geschichte der Weltliteratur des 20. Jahrhunderts« vor. Er bewunderte den Autor, der sechs Literaturen im Original gelesen und darüber kundig geschrieben hatte. Doch rechnete Enzensberger dem Werk wenig Erfolg in Deutschland aus,[71] da August Strindberg, der schwedische Autor des Fin de Siècle schlechthin, im Mittelpunkt der Geschichte stand. Unseld war gleichwohl angetan und wollte Holmquists Werk in zwei Bänden bei Insel veröffentlichen.[72] Das Projekt zerschlug sich und wurde durch ein anderes ersetzt: Hanns Wilhelm Eppelsheimer (1890–1972), der Gründungsdirektor der Deutschen Bibliothek Frankfurt am Main, publizierte seine *Geschichte der europäischen Weltliteratur* im Jahr 1970 in Suhrkamps Insel Verlag.

Doch damit nicht genug. Suhrkamp nahm künftige Verlagsentwicklungen vorweg und wollte schon in den 1970er-Jahren ein, wenn nicht weltweiter, so doch mindestens binationaler Verlag werden. Der Blick richtete sich nach Westen, ins bewunderte Amerika: Im Jahr 1955 war Unseld bereits in das »International Seminar« der Harvard University eingeladen worden und unterhielt seitdem enge Kontakte in die USA. Das Harvard International Seminar wurde von Henry Kissinger geleitet. Enzensberger erinnert sich: »Ingeborg Bachmann war damals eines von den Kissinger-Girls, Siegfrid Unseld war ein Kissinger-Boy.«[73] Im Jahr 1979 rief Unseld das Bostoner Suhrkamp-Programm »Boston Publishers Inc.« ins Leben, aus Zuneigung zu Land und Leuten, die deutschsprachige Bücher jedoch kaum mehr berücksichtigten.[74] Am 1. Mai 1980 wurde das Programm offiziell gegründet.[75] Ziel war es, Suhrkamp als Marke für deutschsprachige Literatur und Intellektualität zu etablieren und zugleich amerikanische Autoren für Suhrkamp zu gewinnen. Der kaufmännische Geschäftsführer von Suhrkamp und Insel, Heribert Marré, vermerkt nüchterner: Boston Publishers Inc. diente der »Internationalisierung über die Sprachgrenzen hinaus«.[76] Schon drei Jahre später, im Jahr 1982, wurde das Vorhaben beendet, denn die Resonanz war gering und Kostendeckung nicht möglich.

Das Unterfangen scheiterte vermutlich schon am amerikanischen Buchmarkt. Er kennt keine Backlists, verlangt hohe Werbungskosten, orientiert sich entweder am Filmmarkt oder an den University Presses mit ihrer akademischen Anbindung. Hinzu kam die gesunkene Popularität deutschsprachiger Literatur selbst. Boston Inc. richtete sich an den Universitäten, vornehmlich an Harvard, aus. Es blieb bei der Publikation von Hermann Hesse als Maler, Heinrich Heines Gedichten, Bertolt Brecht, Max Frisch, Peter Handke, Thomas Bernhard, Theorie (unter anderen Walter Benjamin, Manfred Frank, Dieter Henrich, Wolf Lepenies) und einer bis heute für den angloamerikanischen Sprachraum mustergültigen Goethe-Ausgabe. Bedenkt man, dass Max Frischs Erzählung *Der Mensch erscheint im Holozän* (1979), im Jahr 1980 als eines der ersten Bücher bei Boston Inc. erschienen, von der *New York Review of Books* zur interessantesten und wichtigsten Erzählung des Jahres gewählt wurde, kann man das schnelle Ende dieses intellektuell anspruchsvollen Programms nur bedauern.[77] Suhrkamp aber hatte es immerhin versucht und den Weg in die internationale westliche Verlagswelt mit einigem verlegerischen Risiko vorgezeichnet.

Heinrich Böll – »der deutsche Hemingway«: Kultfigur und Druckverbot in der UdSSR

Im Ausgang aus den kritischen Debatten über Nachkriegsdeutschland entpuppte sich ein deutschsprachiger Autor als internationale Kultfigur: Heinrich Böll, der linke Autor mit Baskenmütze, erhielt im Jahr 1972 den Nobelpreis. Das Werk des 1917 Geborenen zählte zur Trümmer- und Heimkehrerliteratur. Wie Wolfgang Borchert, so hatte auch Böll im Krieg als Soldat gedient, war physisch und psychisch verletzt zurückgekehrt. Schon mit der Zeitschrift *Der Ruf* (1946–1949) schrieben Böll und Borchert bundesrepublikanische Literaturgeschichte, politisch links, moralisch humanitär. Das Programm des *Rufs* stellte jeden unter Ideologieverdacht, der meinte, die einzige Wahrheit zu verkünden. Seine Autoren plädierten für freie Willensentscheidung des Einzelnen, warnten vor der Irrationalität der Masse, priesen Nonkonformismus als Fortschritt. Die Neigung zur Akkumulation von Besitz und Kapital galt als amoralisch; sie widersprach einer Ethik, die sich an den Bedürfnissen aller Menschen orientieren wollte.

Böll erwarb sich in dieser Zeit den Ehrentitel »der deutsche Hemingway«, vor allem als Autor von Hörspielen, packenden und bitteren Kurzgeschichten wie *Wanderer, kommst du nach Spa...* (1950). Orientiert am Vorbild Truman Capotes und Ernest Hemingways, erzählt Böll hier von einem schwer verwundeten jungen Soldaten. Er wird in einem Notlazarett operiert, in dem er nach langem inneren Monolog und wider Willen seine eigene Schule erkennt: ein Gymnasium, das sich pompös nach Friedrich dem Großen nannte und seine Schüler auf den Kriegsdienst einstimmen wollte. Schemenhaft nimmt der Patient seine eigene Handschrift wahr, die an der Tafel verblieben ist: »Wanderer, kommst du nach Spa...«, steht dort – der Satz des Simonides für die spartanischen Kämpfer, die sich bei der Verteidigung der Thermopylen (480 v. Chr.) bis auf den letzten Mann opferten. Die Bildungsinstitutionen des Nationalsozialismus erzogen zu Rassismus und Militarismus. Humanität und Entwicklung des Selbst ließen sie nicht zu. »Milch«, sagt das erzählende Ich leise, als er in einem Feuerwehrmann den Hausmeister der Schule erkennt und sich selbst im Spiegel der Glühbirne als Embryo auf dem Operationstisch wahrnimmt.[78] Der junge Soldat hat sich durch seinen Einsatz für das Vaterland körperlich und geistig zurückentwickelt und zerstört.

Böll gehörte zu den tonangebenden Autoren der Gruppe 47, der mit Grass (1927–2015), Enzensberger (*1929) und Uwe Johnson (1934–1984) in den 1950er- und 1960er-Jahren die »Aura des Miefs« der frühen Bundesrepublik attackierte.[79] Das galt sowohl für Bölls Erzählung *Das Brot der frühen Jahre* (1955) als auch für seine Romane *Und sagte kein einziges Wort* (1953), *Haus ohne Hüter* (1954), *Billard um halb zehn* (1959), *Ansichten eines Clowns* (1963) und *Gruppenbild mit Dame* (1971). Böll ging es um eine Gesellschaft, die ihre Vergangenheit verdrängte, Neuanfänge suchte, doch alles beim Alten ließ und auf Verluste keine Rücksicht nahm. Der Roman *Ansichten eines Clowns*, der ein Leben zu einem Tag verdichtet, zeigt es im Zeitraffer – und spart nicht mit Selbstkritik: Mit der Figur des Clowns Hans Schnier aus reicher, kaputter Familie mit NS-Hintergrund wird nicht nur die Bonner Republik mit ihrer Verbindung von CDU und katholischer Kirche, sondern auch das nonkonformistische Programm des *Rufs* auf den Prüfstand gestellt. Hans vertritt es in Extremform, als allzu »reine Seele« – und scheitert an seinem Versuch, ein alternatives Leben mit der geliebten Marie aufzubauen. Das Ergebnis liegt am Tage: Es gibt kein richtiges Leben in der korrupten Republik.

In den späten 1960er- und den 1970er-Jahren wurde Böll für das bürgerliche Lager zunehmend problematisch: Im Jahr 1968 sprach er sich im Rahmen seiner Rede im Bonner Hofgarten gegen die Notstandsgesetze aus. Er positionierte sich nicht nur zugunsten der SPD, sondern wurde wegen einer Invektive gegen die Springer-Presse im Jahr 1971 auch beschuldigt, mit der RAF zu sympathisieren.

Das Nobelkomitee, das dem umstrittenen Autor kurz nach dieser Episode die höchste Würde verlieh, begründete Bölls Wahl zum Preisträger mit seiner Zeitkritik und seiner sensiblen Figurenzeichnung. In der nicht deutschsprachigen Presse sorgte die Preisverleihung für verständnisvolle Kommentare und pädagogische Hinweise an Deutschland: Für die *Nouvelles Littéraires* beschreibt René Wintzen, Chefredakteur verschiedener Zeitungen, Böll als Nachkriegsautor, der die »condition de soldat« ins Zentrum stellt. Aus Wintzens Sicht thematisiert Böll Deutschlands Verantwortung für ein friedliches Europa, schreibt als Realist mit Neigung zur Groteske in den Traditionen von Dickens, Swift und Hemingway. Die belgische Zeitung *Knack* bezeichnet Böll als »guten Deutschen«.[80] Bezüge zur RAF werden erstaunlich selten erwähnt. Nur im *Corriere della Sera* diskutiert der italienische Germanistikprofessor, Autor und Übersetzer Claudio Magris (*1939) Bölls Meinhof-Artikel ausführlich.[81]

Sein Böll erscheint als Christ, der die Grundrechte der Terroristen verteidigt.

Böll wurde zum meistgelesenen deutschsprachigen Nachkriegsautor, nicht nur wegen des Nobelpreises. Das Werk des menschenfreundlichen linken Schriftstellers entsprach dem Geschmack vieler Leserkreise. Seine Kurzgeschichten waren spannend, seine Romane beeindruckend, auch in ihrer Einfachheit. Sie hielten eine verträgliche Balance zwischen Allgemeinverständlichkeit und Intellektualität, Realismus und Gesellschaftskritik. In der Sowjetunion und Ungarn wurde Böll bereits seit den 1950er-Jahren (mit erheblichen Eingriffen durch die Zensur) übersetzt und in hohen Auflagen gedruckt – mit einer Ausnahme: den *Ansichten eines Clowns*, die wegen ihrer Kritik an der DDR problematisch schienen. Doch traf Bölls Kritik am westlichen Deutschland den kommunistischen Zeitgeist. Ein Ereignis allerdings veränderte die Lage schlagartig: Im Jahr 1974 empfing Böll den wegen seines Enthüllungsbuchs *Archipel Gulag* (1973) in den Westen ausgewiesenen Aleksandr Solženicyn.[82] Seitdem und bis zur Perestroika war Bölls Werk in der Sowjetunion mit Druckverbot belegt. Umgehend nach Aufhebung des Verbots, von 1989 bis 1996, erschienen Bölls *Gesammelte Werke* im Moskauer Verlag »Chudožestvennaja literatura« (»Schöne Literatur«).

In Brasilien gab es gleich mehrere Böll-Wellen: Der einflussreiche Exilant Anatol Rosenfeld machte Böll schon im Jahr 1958 durch eine Rezension bekannt. Nach dem Erhalt des Nobelpreises wurde er erst recht populär.[83] Bölls Tod im Jahr 1985 ermöglichte eine nächste Welle der postumen Rezeption seines Werkes, und durch zahlreiche Übersetzungen gelangten seine Bücher auch seit den frühen 2000er-Jahren in bemerkenswerter Zahl auf den brasilianischen Buchmarkt. In der Türkei ermöglichte ein staatliches Übersetzungsprogramm zwischen 1969 und 1974 fünf Böll-Übersetzungen ins Türkische, denen viele neue Auflagen folgten.[84] Böll zählte damit in der Türkei – zahlenmäßig nach Brecht, aber noch vor Stefan Zweig und Hermann Hesse – zu den meistübertragenen Autoren. Brasilianische und türkische Leser schätzten Bölls unaufdringliches Engagement. Der »Böllismo« vereinte Ost und West, Süd und Nord literarisch.

Günter Grass und das »Blechtrommeln« (1959)

Günter Grass hingegen war ein problematischer Fall. Geboren in Danzig, kannte er sich mit dem Völker-, Kulturen- und Sprachengemisch Ostmitteleuropas aus, gehörte aber dennoch der Waffen-SS an. Er ließ sich umerziehen, schockierte und begeisterte die Welt, indem er auf ihre blinden Flecken hinwies. Nicht nur ästhetisch reizvolle Darstellungen, sondern auch ideologische Provokationen brachten Grass immer wieder in die Schlagzeilen – weltweit. Es beginnt mit dem Gedicht *Polnische Fahne* (1955), das die offene Wunde Ostmitteleuropa aufreißt,[85] und der *Blechtrommel* (1959), dem Schelmen- und Schlüsselroman der jungen Bundesrepublik.[86] Hans Magnus Enzensberger erinnert sich:

> *Die Blechtrommel* war der Türöffner für die deutsche Literatur nach dem Krieg, Grass die Lokomotive. Die internationalen Verleger haben gedacht: Wenn es ein Phänomen wie Grass gibt, dann ist in Deutschland vielleicht noch mehr zu holen. Übrigens ist die *Blechtrommel* in Paris geschrieben worden. Er [Grass] war nicht der einzige, der sich damals für eine Weile aus Deutschland verabschiedet hat.[87]

Dieser »Türöffner« schlug »zu Hause« zunächst lautstark einige Türen zu, so diejenige zur »Inneren Emigration«. Andere Türen riss er auf: diejenigen gen Osten und diejenigen zu allem, was in der NS-Zeit als »entartet« galt, der Kunst und ihren Vorbildern. Die *Blechtrommel* erzählt dystopisch vom Zerstören einer nie heil gewesenen Welt und von der Unmöglichkeit, aus dem falschen Leben der NS-Zeit ein richtiges, bundesrepublikanisches zu errichten. Doch scheint auch ein utopisches Moment auf; es ist matriarchal geprägt: Wo nämlich Röcke fliegen, gezeugt und gegessen wird, ist Kaschubei, jene Minderheitenkultur der Region mit einer eigenen Sprache und Identität jenseits von Polen und Deutschen. Kaschubei bedeutet kuscheln und liebhaben, oder besser: Liebe machen. Kaschubisches kann nur unter kriminellen und heimlichen Umständen stattfinden; es ist eine verspätete Erscheinung, längst vorüber und verschwunden – und taucht doch in vielen Texten von Grass auf, so noch in der *Rättin* (1986), als Großmutter Anna Koljaiczek Geburtstag feiert. Kaschubisches jedoch missglückt notorisch. Oskar Matzerath, das Ergebnis einer halbkaschubischen Zeugung, geboren 1924 und die Hauptfigur des *Blechtrommel*-Romans, ist kleinwüchsig, eine groteske

Figur, die »von unten«, skeptisch und egoistisch auf die Welt blickt und sich ihr nach Gutdünken verweigert, Ähnlichkeiten mit Jesus und Hitler zugleich aufweist. Er bewegt sich in der Welt der »Normmenschen« wie ein Ebenbürtiger. Oskar hegt menschliche und nicht zuletzt sexuelle Bedürfnisse, die sich auch auf Minderjährige richten – ein doppelter Verstoß gegen das im Jahr 1959 geltende Gesetz: Oskar schläft mit seiner siebzehnjährigen Stiefmutter Marie und buhlt um Krankenschwester Dorothea.

Seine fiktionale Autobiografie, oder besser: seine episodenhaft erzählte Familiengeschichte beginnt im Jahr 1952 in einer Pflegeanstalt und reicht von 1900 bis zu seiner Entlassung im Jahr 1954. Oskar erzählt unzuverlässig und mitunter mithilfe seines Pflegers Bruno Münsterberg. Das erste Buch des Romans handelt von der Geburt Oskars im Danzig des Jahres 1924 und seinen ersten Lebensjahren. Schon das zweite Buch beginnt mit einem kriegerischen Eklat, der Reichspogromnacht des Jahres 1938, schildert den Kampf um die polnische Post in Danzig, Oskars Engagement als Trommler beim Fronttheater Meister Bebras und die Vertreibung aus Danzig. Das dritte Buch berichtet, wie Oskar mit seiner Restfamilie – die Vaterfiguren hat er in den Tod getrieben – in Düsseldorf Aufnahme findet, als Steinmetz und Malermodell arbeitet, sich bei Meister Bebras Konzertagentur verdingt. Er feiert seinen 30. Geburtstag und wird des Mordes an der Krankenschwester Dorothea angeklagt, den er jedoch nicht zu verantworten hat.

Oskar gibt sich zwar kindisch, spielt den Bettnässer, gelangt über die Artikulation von Morphemen kaum hinaus, lernt aber frühzeitig lesen, durchschaut alles und jeden. Er oszilliert zwischen dem russischen Wanderprediger Rasputin und Goethe, »[...] dem Gesundbeter und dem Alleswisser, zwischen dem Düsteren, der die Frauen bannte, und dem lichten Dichterfürsten, der sich so gern von den Frauen bannen ließ«.[88] Illusionslos und amoralisch beobachtet er, wie sich hier und da ideologische Bewegungen bilden, darunter auch der Nationalsozialismus. Die befreundete Familie Scheffler verreist auf dem KdF-Schiff »Wilhelm Gustloff«, Vater Jan Bronski kämpft für die polnische Sache, und Vater Matzerath bekennt sich zum Nationalsozialismus. Die Wahrnehmung des Erzählers ist deutlich: Im Grunde sind alle Menschen Mitläufer irgendeiner Bewegung – der nationalsozialistischen, der polnischen oder der kaschubischen. Oskar folgt Bebras Ratschlag, als Kleinwüchsiger selbst die Handlung zu bestimmen, auf die Bühne zu gehen, um

Übergriffen seitens der Normalwelt vorzubeugen. Er beschreibt sich als

eigenbrötlerische[n] Mensch[en], der aus privaten, dazu ästhetischen Gründen, auch seine Lehrers Bebra Ermahnung beherzigend, Farbe und Schnitt der Uniformen, Takt und Lautstärke der auf Tribünen üblichen Musik ablehnte und deshalb bloß auf einem bloßen Kinderspielzeug einigen Protest zusammentrommelte.[89]

Mit dem »Kinderspielzeug«, der rot-weißen Blechtrommel aus Metall, verweist der Roman nicht nur auf die Dingpoesie, sondern auch auf die militaristischen Traditionen Preußens. Für Oskar ist seine Blechtrommel Ausdrucksmittel und Erinnerungsinstrument zugleich. Mit ihr stört er Kundgebungen der Nationalsozialisten, indem er Walzer statt Marsch spielt. Für einen Widerständler will Oskar gleichwohl nicht gelten – ebenso wenig als Protagonist der »Inneren Emigration«: »Man soll den Widerstand sogar verinnerlichen können, das nennt man dann: Innere Emigration«, notiert Oskar höhnisch.[90] Weder die eine noch die andere Seite behagt ihm. Auch die moderne Malerei, die Malkunst Lankes, angelehnt an Grass' Lehrer Professor Pankoke, missfällt Oskar: zu schwarz, zu klagend erscheint sie ihm – zumal sie ihn selbst zur leidenden Kreatur schlechthin macht. Was bleibt, ist die Schwarze Köchin, eine mythische Gestalt, vor der sich Oskar fürchtet und die er erfolglos zu bannen sucht. Sie symbolisiert zugleich seine Angst davor, erwachsen zu werden. »Ist die Schwarze Köchin da? Jajaja! Du bist schuld und du bist schuld und du am allermeisten. Ist die Schwarze Köchin da ...«, lautet das Volkslied, das Oskar zitiert.[91] Sie, die Oskar früher noch verdrängen konnte, lässt ihn nun nicht mehr los. Die Schwarze Köchin, die Schuld, das Dunkle, Todesnahe, die Ahnung, dass es so nicht mehr weitergeht, holt ihn ein. Mit der Schwarzen Köchin endet der Roman. *Die Blechtrommel* wurde zum Skandalbuch, das Streit auslöste, nicht nur Literatur-, sondern auch Mentalitäts-, Gefühls- und Moralgeschichte schrieb und schon deshalb heute als »Bibel der jungen Bundesrepublik« bezeichnet wird.

Im Jahr 1958 erhielt Grass den Preis der Gruppe 47 für eine Lesung aus dem *Blechtrommel*-Skript. Später folgten unter anderen der französische Literaturpreis »Le meilleur livre étranger« (1962), und in seiner Rede zur Verleihung des Nobelpreises für Literatur bezieht sich Horace Engdahl ganz wesentlich auf *Die Blechtrommel*: »Die Publikation der *Blechtrommel* bedeutete eine Wiedergeburt des deutschen Romans. Seit den *Buddenbrooks* hat kein weiteres Debüt solche Aufregung bewirkt.«[92] Auf dem internationalen Markt der Übersetzungen verkaufte sich *Die Blechtrommel* stabil mit ein bis vier Übersetzungsauflagen pro Jahr.[93] Erste *Blechtrommel*-Nachahmungen und Parodien wie der Roman *Doppelgænger* (1978) des dänischen Erfolgsautors Klaus Rifbjerg erschienen schon in den 1970er-Jahren.[94] Wohl auch im Zusammenhang mit Volker Schlöndorffs *Blechtrommel*-Film (1979) stieg die Zahl der übersetzten *Blechtrommel*-Auflagen erstmals auf fünf im Jahr 1979 (mit Schwerpunkten in Amsterdam, Stockholm, Warschau und Madrid). Schlöndorffs Film erhielt die Goldene Palme (1979) und als erster deutscher Film den Oscar in der Kategorie »Bester fremdsprachiger Film« (1980). Doch immer wieder gab es Proteste gegen Grass' Roman in der Buch- und Filmversion. Im Jahr 1997 eröffnete ein Gericht in Oklahoma einen Prozess wegen Kinderpornografie gegen den Film, und in Ontario (Kanada) wurde er deshalb verboten. Möglicherweise sorgte nicht nur der Nobelpreis, sondern auch das kontroverse Diskutieren der *Blechtrommel* für erneute konjunkturelle Spitzen von sechs Übersetzungen im Jahr 1999 (mit Schwerpunkten in New York, Madrid, Amsterdam, Stockholm) und sieben Übersetzungen im Jahr 2005 (mit Schwerpunkten in Sankt Petersburg, Madrid, Rumänien und Shanghai).

Die *Danziger Trilogie*, die aus der *Blechtrommel* sowie *Katz und Maus* (1961) und *Hundejahre* (1963) besteht, ist mittlerweile in fünfundfünfzig Sprachen übersetzt, darunter so exotische wie Baskisch, Gälisch und Malaysisch. Im Ostblock aber erschien *Die Blechtrommel* ohne die Stellen, die im jeweiligen Land anstößig waren. So veröffentlichte Olga Trebičnik in Jugoslawien ihre das Humoristische betonende, die Blechtrommel zu »Kindertrommel« (»Dečji doboš«) verniedlichende Übersetzung bereits im Jahr 1963,[95] und die ungarische Übersetzung folgte im Jahr 1974, bezeichnenderweise gekürzt um jene Passagen, die die Rote Armee betreffen. Aus ähnlichen Gründen tat sich *Die Blechtrommel* in Polen schwer: Schon 1959 veröffentlichte die polnische Presse erste Verrisse, vor allem wegen der »despektierlichen« Darstellung der Verteidigung der Polnischen Post und der Kritik am Katholizismus.[96] Hier wie in Russland dauerte es lange, bis die *Blechtrommel* in Übersetzung publiziert wurde. Zwar erschien *Katz und Maus* schon im Jahr 1968, aber die *Blechtrommel* war erst im Jahr 1997 an der Reihe und wurde seitdem schon fünfmal (2000, 2001, 2002, 2008, 2009) neu aufgelegt. Von der Ab-

»Günter Grass, der Blechtrommler von Kalkutta«, Gemälde
von Shuvaprasanna Bhattacharya, 1994

lehnung des Autors gingen Literaturkritik und Leser direkt in die »Gras-
somania« über. Sie speiste sich auch aus dem mittel- und osteuropäischen
Interesse des Autors und traf speziell in Russland auf begeisterte Leser:[97]
Der autofiktionale Text *Beim Häuten der Zwiebel* (2006) löste in den
Medien und in Internetforen heftige Diskussionen aus – bis hin zu einer
Umfrage von »Echo Moskau«, wie mit Grass' Zugehörigkeit zur Waf-
fen-SS umzugehen sei.[98] Fünfundneunzig Prozent der Befragten äußer-
ten Verständnis für den Autor.

Indische Leser hingegen forderte Grass in besonderer Weise heraus.
Grass war in den 1970er-Jahren ausgesprochen populär. Er galt – nicht
nur, aber vor allem durch die *Blechtrommel* – als Held der Studenten-
bewegung und der intellektuellen Linken, die seine Bücher auf Englisch

lasen.[99] Im Jahr 1975 lud ihn die indische Regierung nach Neu-Delhi, Kolkata und Kerala ein; im Jahr 1978 kehrte er für einen mehrtägigen Zwischenhalt zurück. Mit Amitava Roy (*1947), Professor des Englischen in Kolkata, brachte er gemeinsam sein Stück *Die Plebejer proben den Aufstand* (1966) auf die Bühne. Außerdem wollte er ein Drama über den umstrittenen Unabhängigkeitskämpfer Subhas Chandra Bose (1897 bis 1945) schreiben. 1986 hatte Grass noch immer nicht genug. Er blieb mit seiner Frau fünf Monate in Kolkata. Speziell diese Stadt faszinierte ihn als Schimpfobjekt und Kultstätte zugleich. Er wollte herausfinden, ob sich nach elf Jahren etwas am Gegenstand seiner Faszination verändert hatte.[100] *Der Butt* (1977) und *Zunge zeigen* (1988) dokumentieren, wie Grass sich an der reizvollen Kloake reibt, an Kolkota als »Weltproblem«, einer Agglomeration von Armut und Ignoranz in schrecklicher Schönheit.[101]

Während sich politische Äußerungen eines Autors leicht attackieren und mit dem Etikett politischer Naivität belegen lassen, leistet die Literatur hier doch anderes: Sie zieht das Politische in die Kultur hinein, überhöht, verdeutlicht es, stilisiert es – im Fall von Grass mit der bekannten Neigung zur Groteske und Übertreibung. Kolkota erscheint als Allegorie der inhumanen Vernachlässigung, als Sinnbild, das dazu anstiftet, sich zu bekennen und zu äußern. Ein solches Sinnbild verschwindet nicht leicht aus dem kulturellen und politischen Gedächtnis der betroffenen Länder. In Indien war die Empörung über Grass groß, und seine Werke mit Indien-Bezug erhielten im Wesentlichen negative Kritiken.[102] Befreundete Intellektuelle hingegen versuchten, Verständnis für Grass' inszenierte Antipathie zu wecken: Der Autor Khushwant Singh und der Maler Shuvaprasanna Bhattacharya (*1947), der sich schon in den 1970er-Jahren bildnerisch mit Gewalt und Dreck in Kolkata auseinandergesetzt hatte, zugleich Grass' Stadtführer und Gastgeber im Jahr 1986, betonten den kreativen und teilnehmenden, ja liebenden Umgang von Grass mit der Stadt, die er zu porträtieren, durch eigene Lesungen und durch die Bezuschussung sozialer Projekte zu beleben suchte.[103] Bei Shuvaprasanna hatte Grass an einem Fest für die Göttin Kali teilgenommen, was ihn zu dem zentralen Motiv von *Zunge zeigen* inspirierte.[104]

Indische Leser begeisterten sich vor allem für Grass' sprechende Tiere. Auf sie ist in der Tat besonders zu achten, gleich ob Schnecke, Butt oder Rättin. In satirischer Tradition spielen sie ihre Rollen und predigen dem

Menschen auf ihre Art. Die Rättin beispielsweise verspricht keinen Fortschritt, sondern nur mehr Rückschritt und Zerstörung. Sie wird zum
Leitbild von Grass' Nobelvorlesung, in der er die Summe seines Werkes zieht:

> Man müßte nach Stockholm schreiben. Viele Menschen, Ärzte und Wis-
> senschaftler voran, müßten ausführlich nach Stockholm schreiben und
> alle Verdienste der Ratten auflisten, damit die Herren dort endlich be-
> greifen, wie armselig die Humanmedizin und die Biochemie und die
> Grundlagenforschung und was noch alles ohne das Rattengeschlecht
> aussähe. Deine Chancen, Rättin, stehen nicht schlecht.
>
> [...]
>
> Plötzlich wird, nachdem Neues aus der Wissenschaft angesagt ist, nicht
> irgendein Weltraum- und Satellitenquatsch gesendet, vielmehr ist aus-
> führlich von dir die Rede, weil du – freue dich! – endlich den Nobelpreis
> bekommen hast, und zwar für Verdienste auf dem Gebiet der Gen-For-
> schung. Umfassend erinnert der Sprecher an deine Vorgänger, die Pro-
> fessoren Watson und Crick, die dazumal – mehr als zwanzig Jahre ist es
> her – für die von ihnen aufgedeckte DNS-Struktur geehrt wurden und
> nach Stockholm reisen durften; doch dann, Rättin, würden wir mich im
> Dritten Programm hören, wie ich – wer sonst? – die Laudatio auf das
> verdiente Rattengeschlecht halte...[105]

Der Verweis ist doppelbödig angelegt: Zum einen nimmt Grass auf sein
eigenes Werk Bezug, auf die Schreibstrategien des Fortsetzungsromans
und der Intertextualität, wie Grass sie vor allem in der *Rättin* (1986) erprobt. Er stellt sich als Laudator des Rattengeschlechts vor. Zum anderen inszeniert Grass sich selbst als Ratte, die es nach ganz oben geschafft hat. Der Autor, der für Abgründiges, Verdrängtes, Ungewolltes,
für Überleben und Sich-Durchschlagen steht, erklärt sich zur Labor-
ratte, zu einem Wesen, an dem sich Menschheit stellvertretend erproben
lässt. Pathos regiert die Rede. Die Analogie von Autor- und Rattendasein
hat durchaus einen hintergründigen Witz. Sie bestätigt das Lob, mit dem
Grass ebenso oft bedacht wurde: dass er mutige, groteske, ja derbe Bilder
wähle und gelehrte, textgelehrte Geschichten schreibe. Mit der Rättin jedenfalls ist der dystopische Ton gesetzt.

Grass faszinierte und verstörte, gab selbst den »Blechtrommler«.
Lautstark äußerte er sich über kontroverse Themen wie das Danziger

Völkergemisch, die ideologische Anfälligkeit eines jeden, Sexualität von Behinderten und mit Minderjährigen, das Fortleben eines nationalsozialistischen Substrats in der Bundesrepublik und über Kolkota. Scharf reagierte die Öffentlichkeit auf einen der letzten Texte von Grass, das israelkritische Gedicht *Was gesagt werden muss* (2012). In israelischen Zeitungen und von zahlreichen Intellektuellen wurde es als antisemitisch und iranfreundlich verurteilt. Grass erhielt daraufhin Einreiseverbot für Israel. Der dem Zionismus kritisch gegenüberstehende Historiker Tom Segev (*1945) hingegen urteilte nüchtern, es handele sich schlicht um ein pathetisches, jedoch nicht antisemitisches Spätwerk, von dem zu hoffen sei, dass es nicht das Ansehen eines großartigen Autors zerstöre.[106]

Politisches Engagement erscheint im Fall von Grass als ambivalenter Akt: Grass nutzte seine Rolle als bekannter Autor, um politischen Anliegen Gehör zu verschaffen, schadete seinem Werk, bereicherte es aber auch – und blieb so im Gespräch. Er trat im Jahr 1982 in die SPD ein und im Jahr 1992 wieder aus, wurde im Jahr 1983 in die Berliner Akademie der Künste gewählt und verließ sie im Jahr 1989, weil sie eine Solidaritätsveranstaltung für Salman Rushdie nicht vorbehaltlos unterstützte. Er sprach sich für die Bombardements der NATO in Serbien aus, weil sie eine »humanitäre Katastrophe« verhindern sollten, und nahm in Kauf, zahlreiche serbische Leser zu verlieren.[107] Zu den kontroversesten Fällen dieser Art zählen jedoch kulturpolitische Aussagen in der Literatur selbst, wie schon *Die Blechtrommel* zeigte.

Wer Grass sagte, musste sich sogleich zu ihm oder gegen ihn bekennen. International verstörte der Autor auch deshalb besonders: Im Osten wollte man von der Übergriffigkeit der Roten Armee nichts wissen; in Indien eckte Grass' Schimpfrede auf Kolkota an. Sein spätes Israel-Gedicht wirkte unmäßig in seiner Kritik. Und doch faszinierten seine Romane in West wie Ost durch ihre groteske Form, ihre tiermenschlichen Figurenzeichnungen, ihren Anspielungsreichtum – und ihre Kritik. Die Wildheit, die Grass an Tier und Mensch zeigte, war jedoch nicht nur typisch für sein Werk, sondern auch charakteristisch für epochale Bewegungen: für die Entdeckung von Natur und Sexualität seit den 1960er-Jahren.

»Born to be wild«: Hermann Hesses *Steppenwolf* (1927) – Midlife-Crisis wird Jugendkult

Like a true nature's child
We were born
Born to be wild
We can climb so high
I never wanna die
Born to be wild
Born to be wild[108]

Das Naturkind der 1960er-Jahre feiert motorisiert. Sein Chopper ist selbst gebastelt aus der 1962er-Harley-Davidson-Serie FL-Panhead. »Captain America« heißt der Feuerstuhl mit verlängerter Teleskopgabel, Sissybar, Fischschwanzauspuffanlage und einem im Muster der amerikanischen Flagge dekorierten Tank. 1969 ließ Regisseur Dennis Hopper (1936–2010) diese Motorräder für den Kultfilm *Easy Rider* über die Route 66 durch die Weiten Amerikas knattern – »heavy metal thunder«, wie es im treibenden Rhythmus des Titelsongs »Born to be wild« heißt. Der Film handelt von zwei Abenteurern, die das Amerika jenseits der bürgerlichen Wohlanständigkeit (und nicht selten unter Drogen) erkunden: das Leben unter Hippies, die Wildnis, Bordelle. Durch den Film wurde »Born to be wild« zur Biker-Hymne und zu einem der bekanntesten Rocksongs aller Zeiten, geschrieben von Mars Bonfire (*1943, auch: Dennis Edmonton, geboren als Dennis Eugene McCrohan) und gesungen von einer Band, deren Frontmann sich als Outlaw inszenierte: Fritz Krauledat alias John Kay (*1944) stammt aus Ostdeutschland, trug Lederjacke und Sonnenbrille. Er war mit seiner Familie nach Kanada emigriert. Wie seine Bandmitglieder Jerry Edmonton (Schlagzeug), Goldy McJohn (Keyboard), Michael Monarch (Gitarre), Rushton Moreve und der ebenfalls aus Deutschland kommende Nick St. Nicholas (Bass) war er so sehr von Hermann Hesses Roman *Steppenwolf* (1927) beeindruckt gewesen, dass er seine Band danach benannte. In ihren Songs verteidigten Steppenwolf den Drogenkonsum und sangen gegen die Nixon-Ära an. Hesses *Steppenwolf* war zur Chiffre im Kampf gegen alles Bürgerliche, gegen die Enge der 1950er- und 1960er-Jahre geworden. Sein Name sollte – nicht nur in Amerika – eine

Peter Fonda (mit Jack Nicholson als Sozius) auf dem Chopper
»Captain America« der Marke Harley Davidson, Filmstill aus »Easy Rider«,
1969, Regie: Dennis Hopper

neue Ära einläuten, in der all das, was der Steppenwolf beklagt und woran er krankt, zerstört, durch Kreativität, Freiheit und Miteinander ersetzt ist.

Hermann Hesse (1877–1962), Schriftsteller und Maler aus dem Württembergischen mit wechselnder Staatsbürgerschaft (russisch, deutsch, schweizerisch), rang in seiner Jugend mit dem schwäbischen Pietismus, suchte alternative Lebens- und Glaubensmodelle, zog nach Basel, ins Tessin, reiste nach Indien, freundete sich mit Hugo Ball, Romain Rolland und André Gide an.[109] Er war aus seiner Erfahrung als Soldat im Ersten Weltkrieg Pazifist geworden, äußerte sich NS-kritisch, wenn er das Regime auch nicht offen attackierte. Nach zivilisations- und bildungskritischen Entwicklungsromanen wie *Peter Camenzind* (1904), *Unterm Rad* (1906) und *Demian* (1917) sowie dem Indien-Epos *Siddhartha* (1922) verfasste er mit *Steppenwolf* (1927) die Erzählung einer Midlife-Crisis: Sie warnt vor Krieg, vor eskalierenden Strömungen in einer durch Militarismus, Technik- und Männlichkeitskult geprägten Gesellschaft.

Im Mittelpunkt der individualpsychologischen und kollektiven Diagnose stehen die ewigen zwei Seelen, die in der menschlichen Brust wohnen: die animalische und humane, die dionysische und apollinische Seite des Menschen (hier: des Mannes). Von bürgerlichen Normen und eingeübten Verhaltensweisen werden sie mehr schlecht als recht zusammengehalten. Harry Haller, die renovierte Faust-Figur, deren animalische Seite der Erzählung den Titel gibt, erscheint als Alter Ego Hesses. Zeitgleich zur Niederschrift des Textes ließ er sich von J. B. Lang, einem Schüler C. G. Jungs, analysieren. Haller und Hesse sind gleichermaßen knapp fünfzig Jahre alt, pazifistisch gesinnt, in kleinbürgerlichem Milieu aufgewachsen und üben einen musischen Beruf aus. Sie leiden unter Phänomenen der Aufspaltung des Ich in viele Persönlichkeiten; bei Haller heißen sie »neue Freunde«. Nach zahlreichen privaten Schicksalsschlägen, ohne Familie, Heimat und Beruf, kämpft Haller mit Depressionen und Selbstmordgedanken. In einer utopischen fremden Stadt kuriert er sich. Die Therapiegeschichte des zerrissenen Bildungsbürgers wird narrativ komplex mit Herausgeberfiktion, intertextuellen Anspielungen auf Dantes *Göttliche Komödie* und in Traktatform erzählt. Mit den Mitteln von Psychoanalyse, hetero- und homosexuellen Ausschweifungen und Drogen sucht Haller sein Seelenheil. Seine Diagnose folgt der Archetypenlehre C. G. Jungs. Sie hilft, die scheinbaren Gegensätze der Welt (Bürgerliches versus Nicht-Bürgerliches, Rationalität versus Irrationalität) zu entlarven, und ernennt alles zum Symbol. Die Lösung ergibt sich aus einer Einsicht fernöstlicher Mystik: dass nämlich irrationales und rationales Verlangen, Lust und Askese miteinander zu vereinen seien, um zu innerer Ruhe und Distanz zu den eigenen Wünschen zu gelangen.

Die Hesse-Rezeption ist ein Phänomen und zeigt den nahezu weltweiten Bedarf an solchen Selbstfindungsgeschichten an. Hesses Publikum formiert sich vergleichsweise schnell, ist außergewöhnlich breit, umfasst Brasilien, die USA ebenso wie Indien, Japan, China, Südafrika. Die Hesse-Bewegung kennt mehrere kaum auseinanderzuhaltende Phasen der wechselseitigen Verstärkung, ausgehend vom *Steppenwolf,* aber auch von *Siddhartha.* In NS-Deutschland war *Der Steppenwolf* erstaunlicherweise nicht verboten und zugleich als kontroverses Kulturgut nach 1945 wieder aktivierbar gewesen. Im Jahr 1946 bot er einen der wesentlichen Anlässe dafür, Hesse den Nobelpreis für Literatur zu verleihen. Das Nobelpreiskomitee schätzte neben Hesses Stil vor allem die Art und Weise, wie er »classical humanitarian ideals« aktualisierte.[110] Hesse greift den Faden auf und erläutert, dass er keine »uniforme Humanität«, sondern Menschlichkeit in Vielfalt meint:

Mein Ideal ist nicht das Verwischen nationaler Charakteristiken, da dies zu einer intellektuell einförmigen Humanität führen würde. Im Gegenteil – möge Vielfalt in allen Formen und Farben lange auf unserer lieben Erde leben. Wie wunderbar ist die Existenz vieler Rassen, vieler Völker, vieler Sprachen und vieler unterschiedlicher Verhaltensweisen und Ansichten![111]

Mit dem Nobelpreis setzte eine zweite Welle der Hesse-Rezeption weltweit ein. Doch gerade einmal zehn Jahre danach hatte man nicht nur in Deutschland genug von Hesses Mystik: Im Jahr 1957 belegte Karlheinz Deschner Hesses Lyrik mit dem Kitsch-Verdikt.[112] Amerikanische Sittenwächter agitierten gegen die unsittliche *Steppenwolf*-Erzählung – und lösten unter amerikanischen Studenten erst recht Begeisterung für den kontroversen Text aus. In den späten 1960er- und frühen 1970er-Jahren las man an amerikanischen Universitäten Hesse.[113] Der Suhrkamp Verlag tat das seinige, um Hesse – speziell mithilfe des *Steppenwolfs* – als »angry old man« zu empfehlen, den nur das Haschisch von der gewaltsamen Revolte abhielt. Taiwan, das den USA nacheiferte, um sich auch kulturell von China zu lösen, nahm den amerikanischen *Steppenwolf*-Kult enthusiastisch auf – mit Übersetzungen von *Narziß und Goldmund* (1967), *Siddhartha* (1968), *Steppenwolf* und *Demian* (beide 1970).

An Hesse schieden sich Ost und West, Kommunismus und Kapitalismus. In China betrachtete man Autor und Werk distanziert. Hesses Affinitäten zum Osten und zu fernöstlicher Mystik riefen Misstrauen hervor. Er war in China nur akzeptabel, wenn man seine Äußerungen darüber nicht ernst nahm. Loben ließ sich Hesse aus chinesischer Sicht hingegen für seine Wertschätzung Chinas und seinen Humanismus, sofern er den Kapitalismus kritisierte.[114] Entsprechend spät begann die chinesische Publikationsgeschichte Hesses, nämlich im Jahr 1980 mit *Unterm Rand*. 1981/82 folgte *Peter Camenzind*. Ganz anders reagierten Intellektuelle in Japan, und zwar schon seit der ersten *Siddhartha*-Übersetzung aus dem Jahr 1924. Hesses Buddhismus-Rezeption begeisterte dort ebenso wie in Indien und Südkorea.[115] In Südkorea entwickelte sich nach dem Koreakrieg eine Hesse-Sonderkonjunktur: Auf eine erste Übersetzung von *Siddhartha* (1952) folgten zwischen 1977 und 1991 allein dreißig unterschiedliche Übersetzungen des *Demian*, die mitunter mehrfach und in verschiedenen Verlagen erschienen.[116] *Demian* war in Audioform erwerbbar, gab Cafés und einer Modemarke den Namen. Im Zentrum dieser Rezeption stand das rigide Bildungssystem, wie es *Demian* kritisierte, ein Problem auch in Korea. Jugendliche konnten daran fürs Leben scheitern. Hesse galt Koreanern als Bruder im Geiste und als Kritiker der Pennälerpein.

Hesses literarisches Angebot hielt für seine Leser viel bereit: weltentrückte Erzählungen aus Schwaben und Indien, Sozialisations- und Bildungsgeschichten, selbstanalytische Einlassungen, die auf einen so künstlerischen wie bürgerlichen Menschentypus zielten. Diese Texte waren allesamt nicht schwer zu verstehen, ging es doch um die Kritik an den Bildungsinstitutionen der Zeit ebenso wie an einer als allzu rationalistisch empfundenen Zivilisation.

Die reisende Avantgarde im real existierenden Kommunismus: Hans Magnus Enzensbergers *Tumult* (2014)

Deutschsprachige Autoren der 1960er-Jahre distanzierten sich vom Hesse-Kult, sofern sie sich als kritisch, kommunistisch und materialistisch verstanden. Sie suchten weniger spirituelle Erleuchtung, sondern wollten die internationale Revolution vorantreiben oder sie zumindest aus ästhetischer Distanz beobachten. Drogen kaufte man damals in Afghanistan, in den USA tanzte man für »Love and Happiness«, zog in den Ostblock oder nach Kuba, um sich in den Fußstapfen von Jean-Paul Sartre und Simone de Beauvoir den real existierenden Sozialismus anzuschauen. Zu den Polittouristen der linken Avantgarde zählte auch Hans Magnus Enzensberger. In seinem Erinnerungstext *Tumult* (2014) erzählt er 1968 als tausendtägige Zeitzeugengeschichte – ästhetisch, aus der sich selbst und die Ereignisse stetig reflektierenden Perspektive des Nachlebenden. Ihm stehen dafür nur noch Fragmente zur Verfügung: Gedankensplitter, Zuverlässiges und doch Unvollständiges, Schnipsel aus dem eigenen Keller, Material aus dem »Komposthaufen«, wie der Autor sein Archiv zärtlich nennt.[117]

Der Sprecher beziehungsweise die Figuren des erlebenden Ich, des ex post reflektierenden Ich und des »Wir« gehen dabei dichte Verhältnisse der Anziehung und Abstoßung ein. Sie sind angeleitet durch einen fiktiven, mit dem Ich und seinen Geschichten offenbar vertrauten Interviewpartner, der sich über zu viel Namedropping beschwert und dem Erzähler professionell misstraut. Die Darstellungsstruktur passt auch ästhetisch zum Gegenstand: zu den 1960er-Jahren, die einerseits der Agi-

416

tationsliteratur Vorschub leisteten, andererseits aber gerade auf dem Feld der subjektiven Darstellungsformen für Neues sorgten. Enzensbergers schillernde Ironie trägt dazu bei, aus dem Genre der 68er-Veteranenliteratur Funken zu schlagen, für Kontroverse im In- und Ausland zu sorgen. Zentral ist dabei die Frage, wie es um die öffentliche Persönlichkeit Enzensberger steht, der »die Bewegung« wesentlich mitbefeuert hatte. Mit seiner Zeitschrift *Kursbuch* (gegründet 1965) hatte er gemeinsam mit Karl Markus Michel Gegenöffentlichkeit geprobt, die Studentenbewegungen weltweit miteinander in Verbindung gebracht (auch durch die Veröffentlichung von Kontaktadressen) und der Kommune I in seiner Berliner Wohnung Unterschlupf geboten.[118] Zugleich aber war das Enzensberger-Ich »kein guter Kamerad«,[119] schrieb pessimistische Literatur und würdigte sogar das gegnerische Lager. Schon als Student hatte er durch Paris-Besuche von sich reden gemacht, Camus und Sartre in den berühmten Pariser Kaffeehäusern Café de Flore und Les Deux Magots aufgestöbert und später, im Jahr 1960, das *Museum der modernen Poesie*, eine Anthologie internationaler moderner Dichtung, herausgegeben. Enzensberger tritt damit in die Fußstapfen Heinrich Heines, über den sich einst Karl Marx und Georg Herwegh beklagten. Lyriker, die sich – wie Heine und Enzensberger – des Stilmittels der Ironie bedienten, galten politisch als unzuverlässig.

Als Literaturtourist spielt die Enzensberger-Figur eine komplexe Rolle. Zum einen ist er ein Fahnenflüchtiger, der den Dienst in der Kommune I quittiert, sich ihr verweigert, als teilnehmender Beobachter dabei und den Ereignissen zugleich fern ist. Er reist, um Deutschland zu entfliehen (»Nichts wie raus hier!«),[120] um seine Beziehung mit der psychisch angeschlagenen Russin Mascha zu kitten oder einfach abzutauchen. Während der kleine Bruder Ulrich und die (Ex-)Frau die Revolte proben, lässt sich der Autor in die Sowjetunion und in das Reich Fidel Castros einladen. Er reist auf Staatskosten und vermittelt durch den mysteriösen Giancarlo Vigorelli (1913–2005), Generalsekretär und Herausgeber der italienischen Zeitschrift *L'Europa Letteraria*, zugleich ein Kulturdiplomat, der Ost und West miteinander ins Gespräch bringen wollte. Die kommunistischen Staaten wollten sich in den spätern 1960er-Jahren offen zeigen, dem kapitalistischen Westen ihre konkurrenzfähige Kultur vorführen. Intellektuelle, die links, aber nicht zu kommunistisch und in der Regel keine Parteimitglieder waren, wurden für solche Visiten bevorzugt.

Neben Simone de Beauvoir, Jean-Paul Sartre, Julio Cortázar, Giulio Einaudi, Il'ja Ėrenburg, Evgenij Evtušenko, Giangiacomo Feltrinelli, William Golding, Abe Kōbō, Michel Leiris, Pablo Neruda, Luigi Nono, Hans Werner Richter, Nathalie Sarraute, Aleksandr Tvardowskij, Giuseppe Ungaretti und anderen passt Enzensberger in dieses Suchraster. Enzensbergers Sprecher-Figur aber bleibt zum Kommunismus und zu den erlauchten Kollegen auf Distanz. Die Stippvisiten nimmt er als Theater von zwei Seiten wahr: derjenigen der Einladenden und derjenigen der Besucher. Sie alle inszenieren sich auf ihre Weise.

Der russische Schriftstellerverband, der in jenem Palais residierte, das in Lev Tolstojs *Krieg und Frieden* der Familie Rostow gehörte, versorgte nicht nur einheimische Schriftsteller, sondern führte auch über jeden relevanten ausländischen Schriftsteller ein Dossier. Auch die »Saga von der Gruppe 47« war bekannt.[121] In Russland traf man sich offiziell, um »Probleme des zeitgenössischen Romans« zu diskutieren. Wie zu erwarten, empörten sich die sowjetischen Funktionärsdichter (Ėrenburg ausgenommen) über den »nouveau roman« und priesen den Sozialistischen Realismus als einzig denkbaren Stil.[122] Für die Erzähler-Figur war Russland selbst interessanter, nicht jedoch das politische, sondern das kulturelle und alltägliche Russland: das Völkergemisch am Moskauer Bahnhof, die nach Westmelodien tanzende Avantgarde in Leningrad, die Trinkbereitschaft der russischen Gastgeber, ein zufälliger und offener Austausch mit Nikita Chruschtschows Schwiegersohn. Besonders schwärmt Enzensbergers Sprecher-Figur von zwei Frauen: von Maschas Mutter Margarita Iossifovna Aliger (1915–1992), einer jüdischen Autorin mit bewegtem Leben und großer Menschenkenntnis, und Lilja Jurjevna Brik (1891–1978), Bildhauerin, Schauspielerin, Regisseurin, Mentorin aufstrebender Autoren und offenbar Geliebte oder Ehefrau mehrerer Männer, darunter der russische Futurist Vladimir Vladimirovič Majakovskij.[123] Lilja Brik führte den einzigen literarischen Salon in Moskau, unsozialistisch, mit gutem Essen, moderner Kunst an den Wänden sowie Gästen aus aller Welt und allen künstlerischen Metiers, vom Film bis zur Mode. »Sie hat Charme, und sie ist unbestechlich. […] Ohne Lilja Brik sähe es dort [in Moskau] noch grauer aus.«[124]

Über Kuba hingegen heißt es: »[…] ein Hauch von Kontroverse war nicht nur erlaubt, sondern sogar erwünscht.«[125] Castro beeindruckt seine Besucher in Habana mit Simultanschach und seinem Wissen über Genetik und Milchwirtschaft, während die Bevölkerung Rumba tanzt und die

Zeitungen Propaganda für die Revolution treiben. Auch die Tagung, zu der man eigentlich eingeflogen wurde, fördert nichts zutage, bleibt nebensächlich – eine Werbeveranstaltung für die Machthaber. Enzensberger aber will sich nützlich machen und ebendiese Machthaber in Fragen der internationalen Beziehungen unterweisen: der Autor als Diplomat und Politikprofessor in einem. Die Sache geht gründlich schief, und der Intellektuelle wird sogar einmal zur Arbeit mit Hacke und Schippe verpflichtet.

Unter politischem Aspekt erscheinen die beiden kommunistischen Länder als problematisch. Enzensbergers Sprecher-Figur notiert abgeklärt: selbstverliebte Herrscher, bedenkenlose Heldenverehrung und Lobpreis der Revolutionäre (bei gleichzeitiger Beseitigung aller Abtrünnigen und Kritiker), Alleinherrschaft der Partei oder des Máximo Líder, eintönige Sozialbauten, Zwangsarbeit, eine halb tote Kultur, der noch Bürgerliches anhaftet, Hunger und die Sehnsucht nach Überfluss, endlose Bürokratie und keine Aussicht, das Land verlassen zu dürfen. Joseph Brodsky wurde im Jahr 1964 zu fünf Jahren Zwangsarbeit verurteilt. Der russische Begleiter und Freund verschwand, starb unter ungeklärten Umständen. Der angeblich subversive Autor Heberto Padilla (1932–2000) wurde im März 1971 gemeinsam mit seiner Frau, der Autorin Belkis Cuza Malé, verhaftet, angeklagt und zu einem Geständnis vermeintlich konterrevolutionärer Tätigkeiten gezwungen.

Nüchtern heißt es am Schluss: »Es kommt darauf an, was [der Tumult] am Ende gebracht hat. Nicht nur mir, sondern den allermeisten, auch denen, die nichts mit ihm zu tun hatten.«[126] Enzensbergers Egogeschichte bilanziert negativ: eine zerbrochene Ehe, ein gelebter und gescheiterter Amour fou, sechs Tote.[127] Enzensberger erzählt 1968 als individuelles und kollektives Desaster, aber auch als tumultösen Anstoß zu einer großartigen Zivilisierungsgeschichte der Bundesrepublik: Langfristig wurden der Kuppeleiparagraf und der Paragraf 175 abgeschafft; militaristische und obrigkeitsstaatliche Umgangsformen schwanden.

Die Reisen in die kommunistischen Länder blieben nicht folgenlos. Die Avantgarde der 1960er-Jahre lernte sich kennen, meist oberflächlich, bestaunte sich, kritisierte, debattierte, beobachtete, was es zu beobachten gab, versuchte, die offiziellen Pfade zu verlassen, möglichst viel über Land und Leute mitzubekommen, gelegentlich jedenfalls. Wer Sartres Reisebericht aus der Sowjetunion aus dem Jahr 1954 liest, weiß die Unterschiede einzuschätzen: Sartre folgt der vorgegebenen Besuchsroute, huldigt der sowjetischen Variante des Kommunismus, preist die kollektive Kindererziehung, die Kritikfähigkeit und -willigkeit der kommunistischen Musterbürger, setzt sich kritisch mit Ėrenburgs epochalem *Tauwetter*-Roman (1954/1956) auseinander, der eine gewisse Öffnung des Systems beschreibt.[128] Enzensberger hingegen betrachtet Ėrenburg als Apologeten des Sowjetsystems, und auch der geltungssüchtige Pablo Neruda kommt nicht gut weg. Die Frauen hingegen, besonders die älteren (wie Margarita Aliger oder Lilja Brik), stehen über den Dingen, was auch an der Perspektive der männlichen Hauptfigur liegen kann. Sie weiß grundsätzlich schon vorher, wie die Sache ausgeht, sosehr sie in den Lauf der Dinge hineingerät, sich nicht wehrt, mitmacht (etwa bei der Zwangsarbeit auf Kuba), getrieben auch, aber nicht nur von ihrem Amour fou. Die Amour fou ist Symbol einer Zeit, die an der Zeit war. Energien hatten sich aufgestaut, die sich nur so und spontan entladen konnten. Sie waren nicht kontrollierbar.

In einer Hinsicht waltete aber doch Vernunft: beim Protest gegen die Inhaftierung Padillas. Zweiundsechzig Autoren unterzeichneten einen offenen Brief an Fidel Castro, darunter – von den einstigen Kuba-Reisenden – Sartre, Cortázar und Enzensberger selbst, der 1972 auch eine Anthologie mit Padillas Gedichten besorgte. Castro verdammte die Intellektuellen infolgedessen als imperialistische Spione und verspielte all die Sympathien, die ihm die Reisegruppe der 1960er-Jahre noch entgegengebracht hatte.[129] Die Korrektur der eigenen Ideologisierungsbereitschaft, der Blick für die Wirklichkeit – dies waren die Folgen des staatsfinanzierten Avantgarde-Tourismus der 1960er-Jahre, eine Folge, die der ursprünglichen Absicht widersprach und die »Amour fou 1968« drastisch ausnüchterte.

Eine Rezeptionsgeschichte von Enzensbergers *Tumult* lässt sich zwar heute noch nicht schreiben, aber eines ist deutlich: Literatur der linken Avantgarde fand nicht nur zwischen Marburg, Frankfurt und Berlin statt, sondern sie suchte gerade dann das Weite, wenn sie mehr als Politik im Sinn hatte. Solch literarischer Tourismus wirkte oberflächlich, führte aber doch unter den Autoren zu wechselseitiger Wahrnehmung und Zusammenarbeit – wie etwa im Falle von Enzensberger und Padilla. Auch korrigierte das touristische Erlebnis die eigene Phantasie. Wer die UdSSR und Kuba gesehen hatte, zweifelte am sozialistisch-realistischen Weltentwurf.

Auch aufgrund der misslungenen Revolte driftete die ästhetische

Avantgarde bald in andere Richtungen: »Neue Subjektivität«, Untergrund- und Popliteratur hießen die Stichworte. Von »Love, Peace, and Happiness« hatte man ebenso genug wie von politischen Experimenten. Eine Sängerin und Songschreiberin illustriert diese Entwicklung am eigenen Beispiel.

Intermezzo – Nicos *Nibelungen* (1969)

Kaum war 1968 vorbei, machte ein düsteres Musikalbum in Künstlerkreisen von sich reden: Nicos *Marble Index* (1969). In den 1950er-Jahren als erstes Supermodel gefeiert, als Muse Andy Warhols und 1965 als Sängerin der Kultband Velvet Underground bekannt geworden,[130] hatte sich Nico die Haare für das Album schwarz gefärbt, die Augen mit reichlich Kajalstift verdunkelt und mit Ponyfransen verhängt. Drogen, Jenseitsphantasien, Mysterienkult und Suizidgedanken bestimmten ihre Texte – durchaus zeittypisch, denkt man nicht nur an Velvet Underground, sondern auch an Nicos Freund Jim Morrison und seine Band The Doors. Bei ihm, Bob Dylan, Leonard Cohen und Lou Reed hatte sich Nico das Schreiben von Songs abgeschaut. *The Marble Index* war in Los Angeles und mit dem berühmten Produzenten John Cale entstanden, wurde von

Nico (eigentlich Christa Päffgen): Model, Schauspielerin und Sängerin von Velvet Underground. Aufnahme von 1965

421

Kritikern nur am Rande beachtet und blieb kommerziell erfolglos.[131] Die Songs des Albums hatte Nico selbst verfasst. Im Radio durften sie nicht gespielt werden, da sie als anstößig galten. Später aber feierten Punk und Dark Wave das Album als Vorläufer der eigenen Bewegung.

Nibelungen zählte zu den wichtigsten Songs des *Marble Index*. Mit ihrer sonoren Altstimme und a cappella zelebriert Nico einen neuen spirituellen Nibelungenmythos. Das Lied klingt monoton, wenn Nico es auch gebrochen mit reichlich Timbre singt. Jeder Wechsel der Tonhöhe, jeder Wechsel des Tempos, jede Pause ist mit Bedeutung aufgeladen. Das Lied handelt von einem Land, das als Existenzgrund, Sehnsuchtsort und Hölle zugleich gilt: »In a Nibelungen land where we cannot be.« Seiner Sinne ist das singende »Ich« nicht Herrin, es schläft und äußert sich wie im Traum. Das Unbewusste spricht. Zeilenstil, Wiederholungsstrukturen, Ellipsen, Paradoxa und Synästhesien dominieren den Song. Er ist mit einigem Kunstanspruch gebaut, setzt Reime und liedtypische Refrains bewusst und sparsam ein.

Mit den formalen Eigenschaften des Nibelungenlieds, der wichtigsten mittelhochdeutschen Aneignung der Nibelungensage, haben Nicos *Nibelungen* wenig gemein. Doch bezieht sich Nicos Lied auf ihren Gehalt und ihre öffentliche Wahrnehmung. Seit 1814 erschien das Nibelungenlied in immer neuen Sprachen und Versionen weltweit. Richard Wagners *Ring* und andere Adaptationen deuteten seine Geschichte aus. Mittelalterliches Heldentum, existenzielle Kämpfe, wirkungsmächtige Symbole, die parallel mit menschlichen Anliegen wie Liebe und familiäre Zusammengehörigkeit verhandelt werden – Motive und Topoi wie diese gehörten dazu. In Nicos *Nibelungen* ist all das entglitten; das singende Ich sucht vergeblich – nicht sehend oder hörend, bedroht durch seine Außenwelt – nach jenem Traumland der Nibelungen.

Der Umstand, dass ausgerechnet Nico, die im Jahr 1938 als Christa Päffgen in Köln geboren wurde († 1988), das Lied geschrieben hat und im Jahr 1968 singend zelebriert, lässt es als Selbstbekenntnis erscheinen: Mit ihrer solipsistischen Trance drängen Nicos *Nibelungen* die politischen Okkupationen des Nibelungenlieds zurück. Es handelt sich um bloß kontingente Erscheinungen der Geschichte. Vergessen ist die »Nibelungentreue«, die Reichskanzler Bernhard Fürst von Bülow im Jahr 1909 vom Deutschen Reich gegenüber Österreich-Ungarn einfordern wollte. Auch die Aneignung der Nibelungen durch den Nationalsozialismus, die Treue, auf die Hitler sein Volk und die SS einschwor, verhallt in Nicos Gegenschwüren. Nicos *Nibelungen* enthistorisieren und mystifizieren die Nibelungensage; sie tilgen alles Deutsche, politisch Problematische seiner Rezeption. Zugleich lösen sie das Jahr 1968 mit seinen politischen und emanzipatorischen Bewegungen in düsterem mystischem Nebel auf. Sie kündigen schemenhaft an, dass anderes an der Zeit ist.

»En bernhardie«: Thomas Bernhard und seine Fans

Dunkles und Düsteres, Einspruch und Widerspruch, Klage, Polemik und Suada gehörten in anderer Weise als bei Nico zu den Ausdrucksmitteln eines internationalen österreichischen Klassikers der Gegenwartsliteratur. Gemeint ist Thomas Bernhard. Kritik am imperfekten Menschen, Einsamkeit und ausgesuchte Kontakte zu wenigen Gleichgesinnten schienen ihm Nährboden einer Kreativität zu sein, die der »Hölle der Veröffentlichung« entgegenfiebert.[132] Die Erzählung *Wittgensteins Neffe* (1974) bringt die ethische Herausforderung auf den Punkt, der sich der Autor damit aussetzte: Wie viel Dagegen verträgt ein Mensch? Wann wird er, auch um des Selbsterhalts willen, mit seiner Umwelt kollaborieren, sich durch Zuneigung, Bewunderung, Preise, Geld, Öffentlichkeit einfangen und domestizieren lassen? Paul, im wirklichen Leben der Bruder Ludwig Wittgensteins, gilt der Versuchsanordnung in *Wittgensteins Neffe* zufolge als guter Mensch. Er, der Talentierte, der Musiker und Kritiker, schweigt, zieht sich zurück, stirbt in der Psychiatrie. Das Autoren-Ich der Erzählung hingegen, das dem Leser einen autofiktionalen Pakt anbietet, scheitert an der totalen Verweigerung. Es setzt sich den Menschen und ihren allzu menschlichen Neigungen aus, nimmt als Kritiker Österreichs sogar einen Staatspreis entgegen, besucht die verhassten Kaffeehäuser, um »schön« über ihre Widrigkeit zu schimpfen. Er lebt in und gegen Wien: gegen die Musik, die Nazis – beruhigt aber durch den »Lebensmenschen«, der die Welt zu verstehen hilft.[133]

Im zehn Jahre später erschienenen *Theatermacher* (1984) inszeniert sich ein eitler Regisseur, führt in »Utzbach wie Butzbach« die Welt vor.[134] Hier wie an anderer Stelle zeigt Bernhard als Meisterschüler des österreichischen Urpolemikers Karl Kraus im Humanexperiment, wie schlecht der Mensch ist. Es ist kein Zufall, dass sich Bernhard gerade mit dem einstigen Freund Elias Canetti, einem zweiten Meisterschüler von Kraus, in wechselseitigen Beschimpfungen überbot.[135] Bernhards Figuren sind keine guten Menschen, sondern eben ganz normale, mit Geltungsbedürfnissen, die aus dem reizvollen Versuch erwachsen, das Dagegen so weit wie möglich zu treiben.

Vergleichbares lässt sich aus dem realen Autorenleben berichten, ohne dass Figuren und Autor miteinander deckungsgleich wären. Bekannt ist, dass Unseld Bernhard viele Jahre als Mäzen zur Seite stand und die Imagepflege des liebevollen Misanthropen mit betrieb. Doch brach der Autor die gemeinsam getroffene Vereinbarung zu einer privilegierten Zusammenarbeit. Bernhard überließ dem Residenz Verlag ein Manuskript, desavouierte Suhrkamp dadurch aus Unselds Sicht und kündigte den Pakt zwischen Autor und Verleger am 25. November 1988 auf. Bernhard schließt mit dem legendären Euphemismus: »Ich war sicher einer der unkompliziertesten Autoren, die Sie jemals gehabt haben.«[136]

Wenig bekannt ist, wie intensiv Bernhard das eigene Publikationsgeschäft beobachtete und wie er die Internationalisierung des eigenen Werkes betrieb, als sollte sich alles Österreichische durch Ortswechsel, Übersetzung, Transfer, Kreuzung auflösen, aufheben, transzendieren. Bernhard orientierte sein Publizieren länder- und kulturspezifisch. Lizenzgeschäfte und Aufführungsgenehmigungen besprach Helene Ritzerfeld (1914–2000), selbst Autorin, erste Mitarbeiterin von Peter Suhrkamp und ab 1959 Leiterin der Abteilung Rechte und Lizenzen im Suhrkamp Verlag, direkt mit Bernhard. In besonders drängenden Fällen oder bei wichtigen Entwicklungen schaltete sich Unseld ein. Meistens genehmigte Bernhard Publikationen und Aufführungen im nicht deutschsprachigen Bereich großzügiger, lässiger, manchmal auch gleichgültiger als im deutschsprachigen, versuchte aber auch, sich eine Übersicht über Auslandsverträge und Übersetzungen zu verschaffen. Schon aus Freude an der Sache bestellte er die japanische Übersetzung von *Kalkwerk*: »Damit könnte er nämlich ungeheuer seiner Tante gegenüber angeben, und es sei ein Buch, das ihm Freude mache und ihn vor allen Dingen, da er es nicht lesen könne, nicht ablenke!«[137] Bernhard schätzte die internationale Publizität und kommentierte Publikationserfolge mit schnoddriger Wärme.

Die verlegerischen Planungen für den Vertrieb im Ausland waren ehrgeizig. Über den *Stimmenimitator* (1978) beispielsweise vermerkte Unseld mit ironischem Unterton:

Der Stimmenimitator imitiert weiterhin kräftig. In Holland und Italien sind von den Verlagen de Arbeiderspers und Adelphi die Rechte definitiv übernommen worden, in den USA, Knopf und Frankreich, Gallimard steht dies kurz bevor. Auch der Verkauf entwickelt sich gut. Die Dinge nehmen also ihren guten Gang, sie entwickeln sich so, wie wir uns das vorgenommen haben.[138]

Ließ Bernhard seine Stücke im deutschsprachigen Bereich einmal nicht spielen, so erlaubte er dies im nicht deutschsprachigen durchaus. Als Ritzerfeld am 6.2.1979 fragte, ob das rumänische Mic-Theater *Minetti* aufführen dürfe, das Bernhard für Aufführungen nicht freigegeben hatte,[139] antwortete dieser großzügig und amüsiert mit einem Wortspiel:

[...] ich bin natürlich mit einer Aufführung in Rumänien und in u. U. [sic], was vielleicht Ungarn ist, wenn nicht Uruguay, einverstanden, es darf nur nicht in Deutschland, Österreich und der Suisse gespielt werden.[140]

Ritzerfeld erbittet Bernhards Zustimmung, auch was die frühe Versendung von Leseexemplaren von *Vor dem Ruhestand* und dem *Weltverbesserer* ins Ausland betrifft. Von dorther »kommen ständig Anfragen nach diesen beiden Stücken«.[141] Bernhard repliziert munter:

[...] was das Ausland betrifft, so bin ich, alles in allem, mit Ihren Vorschlägen einverstanden und ich muss also nicht auf Details eingehen, betreffen sie Norwegen oder Honolulu, Isfahan oder den Archipel Corronado. Das ist natürlich gar nicht lustig.
Tatsächlich haben Sie mir eine Freude gemacht mit Ihrem Brief, weil Sie in ihm schreiben, Sie wollten mir eine Freude machen. Das genügt ja.[142]

Doch nicht immer war Bernhard so heiter gestimmt. Seine Übersetzer etwa beobachtete er genau. Den englischen und amerikanischen kam besondere Bedeutung zu, handelte es sich doch um große Öffentlichkeiten. Die Auswahl des richtigen Übersetzers dauerte lange. Gitta Honegger, eine in den USA lebende Österreicherin mit Verbindungen in die Theaterszene, bekam viele Aufträge. Ihre Übersetzungen waren jedoch nicht unumstritten. Überhaupt schien kein amerikanischer Übersetzer Bernhards neurotischen Ton und eigenwillige Komposita angemessen nachzubilden.[143] Gleichwohl sprach Bernhard Honegger ein »moralisches Veto-Recht« bei Theateraufführungen der übersetzten Stücke zu,[144] vermutlich, weil ihre Übersetzungen durch ihre Kontakte auch auf die Bühnen kamen.[145]

Prinzipiell fühlte sich Bernhard in der nicht deutschsprachigen Öffentlichkeit durch den Verlag notorisch unzureichend vertreten und überhaupt schlecht informiert. Unseld notiert lakonisch:

> Seine […] Klage: er erführe nichts von uns, was natürlich eine horrende Übertreibung ist, wenn man bedenkt, dass er nie wünschte, irgendeine Rezension zugeschickt zu bekommen. Aber er möchte das Außergewöhnliche hören. Zum Beispiel liegt ihm sehr viel daran zu beobachten, welche Wirkung er im Ausland habe. In Holland sei ein Film gesendet worden, die holländische Presse hätte ganze Seitenaufmacher gehabt, er hätte sehr viel Post aus Holland bekommen, doch vom Suhrkamp Verlag hätte sich niemand gemeldet. Für ihn ist das wichtigste Produktionsmittel die Bibliothek Suhrkamp. Das sei seine Reihe, hier gehöre er hin, dafür schreibe er. […]
> Er erwartet auch eine größere Aktivität im Ausland. Im Übrigen hätte ein kleines Theater in Chile (er erinnerte sich nicht mehr an den Namen) »Vor dem Ruhestand« spielen wollen. Sowohl die deutsche als auch die österreichische Botschaft hätten sich jedoch geweigert, »gerade für dieses Stück« Bücher zu liefern. Das ist natürlich eine etwas unglaubwürdige Sache, doch immerhin hat Herr Peter Schneider dies Bernhard berichtet. […][146]

Das internationale Bernhard-Phänomen, das sich allerdings vornehmlich auf den Nordwesten und Südeuropa erstreckte,[147] war Ergebnis von Planungen, Absprachen, hartnäckigem Insistieren des Autors, Agententätigkeit, Geschäftstüchtigkeit des Verlags, besonders des Verlegers. Zugleich entstand das Bernhard-Phänomen auch aus einer regen Fan-Kultur: durch begeisterte Lektoren, Übersetzer, Regisseure, die es verstanden, Bernhard dem jeweiligen Publikum nahezubringen.[148] Selbst die internationale Wissenschaft, die über ihn, so Bernhard, »den letzten Mist« erzähle, beschleunigte die mehr oder minder großen Bernhard-Wellen.[149] Umetikettierungen und stereotype Einbürgerungsversuche zählten zu den im internationalen Feuilleton üblichen Präsentationsstrategien: Bernhard galt in Frankreich als Existenzialist, wie er im Buche steht, in Bulgarien als »Nationalnihilist«, als »bester Schriftsteller des spanischen Realismus«,[150] als genauer Beobachter Ungarns.[151] Tatsächlich erzeugte die lokale Verbundenheit des bernhardschen Werkes eine produktive Spannung: Was allzu österreichisch schien, ließ sich doch transferieren. Nazis fand man überall und ein ignorantes Bildungsbürgertum auch. Wer kritisieren wollte – und wer wollte das nicht –, konnte in Bernhard einen Gesinnungsgenossen erblicken.

Für die französischen Kritiker war Bernhard daher comme il faut. Jedes Werk, jedes Theaterstück wurde mit Begeisterung kommentiert, wenn auch nicht unbedingt gut verkauft, die zweite Phase der Rezeption seit Mitte der 1980er-Jahre, *Le Neveu de Wittgenstein* und die *Maîtres anciens,* ausgenommen.[152] Marie Susini (1916–1993), Schriftstellerin, Bibliothekarin und Konservatorin der Bibliothèque nationale de France, bringt es im *Nouvel Observateur* auf den Punkt: »Wenn ein Buch nicht verstört, ist es kein Buch, sondern ein Produkt. Und Thomas Bernhard verstört immer.«[153] Die Feuilletons schätzten Bernhards Übertreibungskunst, sein Temperament, seine kultivierte Wut, seine luzide Polemik, seine Liebeserklärungen an alles Irre und Selbstmörderische, seine Neigung zur Philosophie Wittgensteins, seine Weltferne und sein Engagement gegen alles Etablierte, Braune, Österreichische. Schon im Jahr 1975 sprach der französische Journalist und Übersetzer Jean-Louis de Rambures in Bezug auf Bernhard und Peter Handke von der »österreichischen Invasion«.[154] Handke aber gilt im Vergleich mit Bernhard als weniger leidenschaftlich, Kafka als »cherubin de la Bibliothèque rose«.[155] Bernhard wurde mit Gérard de Nerval, Robert Walser und Artaud den »poètes maudits« und den philosophischen Autoren zugeordnet; er verband die Moderne, die Generation Musils mit der avantgardistischen Gegenwart Samuel Becketts.[156]

Bernhard erschien als Typus: als grantelnder Humanist. Schelte bezogen auch in Frankreich in erster Linie die Übersetzer, wenn sie den Bernhard-Ton nicht angemessen trafen.[157] Mit Anekdoten wie denjenigen, dass Bernhard in jedem seiner Häuser siebzig bis achtzig Paar Schuhe besaß und seiner Suppe den Vorzug vor einem Telefonat mit Helmut Kohl gab,[158] unterhielt die Kritik das Publikum. Solche Anekdoten bezeugten die Authentizität und Coolness des Autors, seine literarische Lebenseinstellung, seine Misogynie und seinen Nihilismus, seine Freude an schnellen Autos und am momentanen Genuss. »En bernhardie« wurde zum geflügelten Wort für solchen Lebensstil und einen frenetisch schreibenden Autor, »der eine Gegenwelt aufbaut«.[159] Bernhard machte Schule und zeugte Schüler, unter ihnen den Autor und Fotografen Hervé Guibert (1955–1991). Guibert bearbeitete seine eigene HIV-Erkrankung literarisch und nahm dazu Anleihen bei Bernhards Krankheitsdarstellungen, begriff die Krankheit als Conditio humana, schilderte sie und sich, nüchtern, mit Liebe zum psychologischen und pathologischen Detail.[160]

In England hingegen war die Bernhard-Kritik – ähnlich wie in den Niederlanden und Norwegen – gespalten und maßgeblich durch George Steiner inspiriert. Im Jahr 1976 attestierte er Bernhard für *Korrektur* einsame Größe. Hier schreibe ein neuer Kafka, Musil und Broch, meinte Steiner.[161] Sieben Jahre später warnte er aus Anlass der englischen Übersetzung von *Wittgensteins Neffe* vor Bernhards monotoner, selbstparodistischer, allzu intellektueller Suada.[162] Genau dieser Bernhard begeisterte aber den bekannten Sprachphilosophen Ian Hacking: Ihn interessiert die Fiktion vom anderen Wittgenstein, dem Solipsisten, der über manches nicht sprechen konnte oder wollte. Hacking nimmt Bernhards Text als philosophische Fiktion ernst und liest ihn als Gedankenexperiment: Was wäre aus Wittgenstein geworden, hätte er nicht geschrieben? Er lässt die Frage offen, ob tatsächlich nur das Schreiben die beiden Wittgensteins unterschied.[163]

Wurde Bernhard in England zu einem Geheimtipp einer marginalisierten Kaste von academics, so entstand in den USA ein regelrechter Bernhard-Fanclub.[164] »Bei einer Party von Lynn Nesbit hat Max Frisch von Thomas Bernhard als einem der bedeutendsten Autoren gesprochen«, notiert Unseld in seiner *Chronik 1970*.[165] Nesbit, seit 1989 Co-Chefin der Agentur Janklow & Nesbit Associates, war auch damals schon eine relevante Größe im Buchbetrieb. Carol Brown Janeway (1944–2015), Herausgeberin, Agentin, Übersetzerin und Lektorin bei Knopf, begeisterte sich für Bernhard, obwohl er in Amerika nur ein kleines Publikum erreichte. Dieses aber war intellektuell reizvoll. In Amerika wurde Bernhard Teil einer Gegenkultur, ein Antidotum gegen Kitsch, sperrig und reflexiv. Walter Abish (*1931), Sohn einer jüdischen Emigrantenfamilie und einer der bekanntesten Autoren der amerikanischen Postmoderne, lobt Bernhard als »verstörendsten« Autor aus Nachkriegsösterreich.[166] Er vergleicht ihn mit Verlaine, Trakl und Dostoevskij. Der Kritik und Literaturwissenschaft empfiehlt er, von nun an von einer neuen Epoche zu sprechen: dem »Age of Bernhard«.[167] Zwar hat sich die amerikanische Kritik nicht daran gehalten, aber Bernhard ist dort trotzdem ein österreichischer Autor der »amerikanischen Weltliteratur« geblieben.[168]

In Italien und Spanien aber, wo Bernhard erst seit den späten 1970er-Jahren übersetzt wurde,[169] kehrte sich das übliche Bild vom kauzigen Misanthropen um. Verantwortlich dafür waren Bernhards vielfach gelobte Übersetzer und Freunde. Claudio Magris, Experte für das Reich der Habsburger und seine kulturpolitischen Folgen, widmete dem am 12. Februar 1989 verstorbenen Bernhard einen Nachruf, der so gar nicht ins Bild des materialitätsversessenen Grantlers passen wollte: »Er war ein schüchterner und freundlicher Mann«, schreibt Magris.[170] Ihm galt Bernhard als ein geselliger Mensch voller Humor. Große Ereignisse beförderten Bernhards Popularität in Spanien: die skandalträchtige Premiere von *Heldenplatz* am Burgtheater im November 1988, der Tod Bernhards drei Monate später und sein rigides Testament, das jegliche Publikation aus dem Nachlass in Österreich verbot. Zusammengenommen lösten diese Ereignisse ein regelrechtes Bernhard-Fieber aus, eine Begeisterung für den wahrhaft pessimistischen und kritischen Autor. Auch spanische Autoren schrieben »en bernhardie«: Javier García Sánchez beispielsweise, ein Germanistikprofessor (*1955), imitiert Bernhards Wortwiederholungen, die monologisierende Suada, die rückbezüglichen Strukturen und nimmt das Thema des Wahnsinns auf (*La dama del viento sur*, 1985; *El mecanógrafo*, 1989). Mit unüberbietbarer Verve rühmt Bernhards Übersetzer Miguel Sáenz (*1932), Mitglied der Deutschen Akademie für Sprache und Dichtung, den verstorbenen Autor als »die gebildetste und liebenswerteste Person der Welt«.[171]

Der amerikanische Bernhard ist eine Kultfigur der Negativität, der französische der gefeierte Dichter des morbiden und düsteren Schreibens, der südeuropäische ein menschlicher und menschenfreundlicher Bernhard. Bernhards professionelle Leser haben vermutlich alle auf ihre Weise recht. Vielleicht ist es kein Zufall, dass nach Bernhards Tod im Jahr 1989, also nach dem »Age of Bernhard«, tatsächlich eine neue Epoche der deutschsprachigen Gegenwartsliteratur beginnt.

*

Nach 1945 setzte sich das Auseinanderfallen deutschsprachiger Literatur weiter fort: Exil und »Innere Emigration« vertrugen sich aus guten Gründen nicht recht. Österreich, die Schweiz, Ost- und Westdeutschland mussten sich politisch und kulturell erst ins Benehmen setzen. Hinzu kamen die Einflusssphären von Ost und West, entlang derer sich die Literatur der beiden deutschen Staaten spaltete. Man polemisierte gegeneinander, und wenige Autoren, darunter Thomas Mann, suchten in beiden Deutschlands präsent zu sein. In den 1950er-Jahren zeichnete sich in der Bundesrepublik eine demokratische, tendenziell linke Buchkultur ab, die engagierte und reflektierte Autoren schätzte. Im Osten lagen die Dinge einfacher: Wer hier reüssieren wollte, musste sich zum Kommunismus und zum sozialistischen Realismus bekennen – bis die Doktrin unscharf wurde. Suchte bundesrepublikanische Literatur den Anschluss an den Westen, an Frankreich und Amerika, so driftete ostdeutsche nach Polen, Ungarn, Russland und die Tschechoslowakei.

Durch den literarischen Tourismus der späten 1960er-Jahre traf man sich, beobachtete und misstraute einander jedoch auch. In den 1970er- und 1980er-Jahren dominierten einzelne »große« Autoren die internationale Bücherszenerie: Frisch, Böll, Grass, Handke und Bernhard zählten zu den Schriftstellern, die man international am stärksten wahrnahm. Nobelpreise an einige Protagonisten dieser Gruppe bestätigen die Diagnose. Bei aller Unterschiedlichkeit haben die Werke der genannten Autoren zweierlei gemeinsam: Sie sind häufig zu einem gewissen Teil autofiktional und erfinden starke männliche (oder, im Fall von Grass: tierische) Hauptfiguren. Ihre Schreibweisen sind, je nach Stil und Temperament, verschieden, aber jeweils für den Autor so charakteristisch, dass sie sich ohne Weiteres wiedererkennen lassen. Das Ende ihrer Ära fiel, mehr oder minder, mit dem Ende des Ost-West-Konflikts zusammen. Themen, Ausdrucksformen und Namen veränderten sich, und die neuen Autoren schienen auf einmal international viel stärker vernetzt als zuvor.

IX.

Nach 1989: Literatur deterritorial, interkulturell, multilingual

Nach 1989 endete zwar nicht die Geschichte, aber eine überschaubare Welt: eine Welt, die in kommunistische und kapitalistische Länder gespalten war. Mit dem Fall der Mauer trafen auch die Literaturen der entlang dieser Grenze getrennten deutschsprachigen Länder aufeinander. Literarisches Leben fand in einem sich einenden Deutschland unter neuen Bedingungen statt. Die Aufarbeitung der Literatur und Literaturpolitik unter dem Regime von SED und Stasi war eine der großen Aufgaben. Skeptische, vorsichtige Töne und tastende literarische Versuche waren an der Zeit. Heiner Müller orakelte auf dem Alexanderplatz am 4. November 1989 düster von künftigen »Modernisierungsopfern« und »Wendeverlierern«. All die Autoren, die sich, wie Volker Braun, einer der wichtigsten Dramatiker Ostdeutschlands, kritisch mit dem Regime auseinandergesetzt hatten, wollten das neue Deutschland nach 1989 nicht gleich enthusiastisch umarmen. Literarische Institutionen der DDR zerfielen oder wurden – wie der Aufbau Verlag – verkauft. Mit der viel beschworenen Lesekultur des Ostens hatte es ein Ende. Autoren und Genres wie die Frauenliteratur in der Nachfolge Maxie Wanders fürchteten um ihre Leserschaft.

Doch gewann der Osten eine Hauptstadt, auch eine kulturelle. Das vereinte Berlin wurde zum neuen Zentrum literarischer Auseinandersetzung und zum attraktiven Wohnort, nicht nur für deutschsprachige Autoren. Dabei bewährte sich die Lyrik – neben der Netzliteratur – als schnelles und knappes Beobachtungsmedium,[1] das es erstaunlich rasch in andere Sprachen und Kulturkreise schaffte: Durs Grünbein etwa, der wohl wichtigste deutschsprachige Lyriker seit den Wendejahren, fand in Michael Eskin einen kongenialen englischen Partner, Übersetzer und Kritiker. In den USA erschien Grünbein gar als »the public face

of poetry«, den das Thema des geeinten Deutschland in einem kosmopolitischen Europa beschäftigte.[2] In die Romanszene kam nach 1989
rege Bewegung. Die sogenannte Berlin- und Pop-Literatur (Christian
Kracht, Benjamin von Stuckrad-Barre) feierte die neue Freiheit.[3] Kritischer und dezenter widmete sich die Wendeliteratur Themen wie Heimat und Utopie sowie autobiografischen Reflexionen. Uwe Tellkamps
Turm (2009) erhielt gleich nach Erscheinen Rezensionen im gesamten
westeuropäischen Ausland; Guntram Vesper überraschte mit dem späten
Wenderoman *Frohburg* (2016). Dabei waren Wendeliteratur und Erinne-
rungsdiskurs eng miteinander verbunden: DDR-Reflexion ließ sich ohne
den Blick auf die Nazi-Zeit nicht betreiben.[4] Julia Francks preisgekrön-
ter und viel übersetzter Roman *Mittagsfrau* (2007) fügte wie in einem
Vexierbild alle großen Themen zusammen: den Krieg, die deutsch-jüdischen Beziehungen, das Verhältnis von Freiheit und Verantwortung,
dargeboten am Beispiel einer Mutter, die ihren kleinen Sohn auf einem
Bahnsteig zurücklässt.

1989 war einer jener Momente, die man mit »Kairos« beschreiben
mag: als historischen Augenblick, der genutzt werden wollte. Doch wenn
Utopie Wirklichkeit wird, liegt die Dystopie nicht fern. Literatur nach
1989 beobachtet diese Prozesse: die Auflösung des Ostblocks ebenso wie
die Anziehungs- und Abstoßungsprozesse der Völker und ihrer Literaturen. Nach einer kurzen Zeit der Hoffnung auf die große Aussöhnung
aller Menschen zersplitterte die Welt in politische und religiöse Einfluss-
zonen, in solche mit Demokratie, Diktatur oder Terror, in Gegenden des
Wohlstands und der Armut, deren Grenzen durch ein Land verliefen
und verlaufen. Die Welt scheint aus den Fugen geraten und brutalisiert.
Zugleich gibt es Grund zu neuer Hoffnung: Menschen fliehen Elend,
Unterdrückung und Gewalt, kommunizieren global miteinander, nutzen
die allerneuesten Medien, nehmen teil an Entwicklungen, selbst wenn sie
ihnen räumlich fern liegen. Damit einhergehend verstärkte sich die Bedeutung von Literatur als Reflexionsform, als etwas, das existenziell bedeutsam ist, schmerzt und manchmal schmunzeln lässt.[5]

Das Andere als Teil des Selbst

Bald nach 1989, nachdem die deutsch-deutsche Teilung Geschichte war,
geriet zunehmend eine Literatur in den Blick, die auf das aufmerksam
machte, was nicht deutsch war: Schon seit den 1960er-Jahren speiste sie

sich aus der Vertrautheit der Autoren mit anderen Kulturen, auch ethnischen, sprachlichen und kulturellen Minderheiten.[6] In der Folge entwickelte sich diese Literatur in einem ästhetisch anspruchsvollen Sinne zu interkultureller Literatur, die sich mit Andersheit auseinandersetzt.[7] Interkulturelle Gegenwartsliteratur verabschiedete sich von der Idee einer Nationalliteratur, um sie als Frage nach dem »globalen Wohl« neu zu stellen. Die Wahrnehmung und Darstellung des Anderen prägt solche Literatur: als Reflexionsform des Eigenen, das selbst längst porös und fragmentiert geworden ist, als Gegenbild und Ergänzung.[8] Wer andere Kulturen einbezieht, will unterschiedliche Perspektiven darbieten, Ausschnitte heterogener Welten schildern, zumeist geleitet durch eine Art ethnofiktionalen Blick und gelegentlich mithilfe von kulturellen Klischees, die man überwunden glaubte und die hier noch einmal vorgeführt oder parodiert werden.[9] Solche Parodien, Satiren und speziell Karikaturen können anecken, Sensibilitäten verletzen,[10] aber auch befreien.

»The Other sells« – das hat mittlerweile auch der Buchmarkt entdeckt. Veröffentlichungen über und aus der interkulturellen Literatur, unter diesem Aspekt meist marktstrategisch »Weltliteratur« genannt, machen Furore. Um nur zwei besonders lebendige Veröffentlichungen amerikanischer Herkunft zu nennen: Das Web-Magazin »World Literature Today« fahndet seit 1977 nach globaler Literatur und berichtet regelmäßig auch über deutschsprachige Texte, sofern sie in englischer Übersetzung vorliegen.[11] Im Jahr 2003 kam ein zweites Web-Journal hinzu: »Words Without Borders: The Online Magazine for International Literature«, das, gefördert durch das National Endowment for the Arts und den W. W. Norton Verlag, Literatur weltweit bespricht, im Original übrigens, ohne Rücksicht auf ihre Übersetzung ins Englische.[12] Buchmessen wie die Frankfurter setzen regelmäßig Impulse, um neue Länder für Verlage und Leser zu entdecken und den Buchdialog zu befördern.

Mit Stipendien der Villa Massimo, Grenzgänger-Stipendien der Robert Bosch Stiftung, Writers-in-residence-Posten diverser Träger und durch ihre Verlage gelangen deutschsprachige Autoren in kulturelle Zusammenhänge jenseits des eigenen Landes. Preise wie der seit 1969 existierende Neustadt International Prize for Literature und der von 1985 bis 2017 vergebene Adelbert-von-Chamisso-Preis rückten Autoren mit interkulturellem Profil in das Licht der Öffentlichkeit. Die Kulturdiplomatie selbst weiß Literatur als »soft power« einzusetzen. Das Auswärtige Amt befördert den interkulturellen Dialog und unterhält ein eigenes Kulturprogramm im Ausland mit literarischen Anteilen; das von ihm getragene Goethe-Institut bietet nicht nur Autoren eine internationale Plattform, sondern setzt sich mittels des Rezensionsorgans *New Books in German* und der Website »Bücher, über die man spricht« auch für die Verbreitung von Büchern ein.[13] Verständigung bleibt, gerade dort, wo sie nicht oder nur unzureichend gelingt und Grenzen des jeweiligen Verständnisses aufzeigt, ein literarisches und kulturpolitisches Projekt.

Als noch vergleichsweise junge Metropole zieht Berlin Autoren aus aller Welt an: Seit 2006 lebt beispielsweise die britische Schriftstellerin Sharon Dodua Otoo (*1972 in London) in Berlin. Sie schreibt vornehmlich auf Englisch und in den Traditionen von magischem Realismus und Afrofuturismus. Im Jahr 2016 erhielt sie für ihren Text über den Raketentechniker Helmut Gröttrup und seine Ehefrau *(Herr Gröttrup setzt sich hin)* den Ingeborg-Bachmann-Preis. Die Liste ließe sich fortsetzen, etwa mit der russischen Autorin und Fotografin Julia Kissina (*1966 in Kiew), die den künstlerischen Aufbruch im Moskau der 1990er-Jahre schildert (*Frühling auf dem Mond. Elephantinas Moskauer Jahre*, 2016). Aus diesen Gemengelagen entsteht ein reizvolles Problem: Das Etikett »deutschsprachige Literatur« ist für solche Literatur, die aus zwei oder mehr Ländern kommt und mindestens in diese hineinwirken will, zu eng. Ihre jeweilige Ortswahl erweist sich als Übergangserscheinung: Kosmopolitische Autoren können weiterziehen, in andere Kulturräume, die reizvoller sind als das flache Land der deutschen Hauptstadt. Solche Autoren nutzten den deutschsprachigen Kulturraum nur als einen Arbeits-, Inspirations- und Resonanzraum unter anderen.[14] Auch vor dem Hintergrund solcher Beobachtungen formulierte Feridun Zaimoğlu, der es als deutsch-türkischer Autor wissen muss, im Jahr 2006 kritisch: »Die Migrationsliteratur spielt schon längst keine Rolle mehr. Das ist ein toter Kadaver.«[15]

Deutsch-türkische Klassiker:
Emine Sevgi Özdamars *Mutterzunge* (1990) und Feridun Zaimoğlus *Kanak Sprak* (1995)

Türkisch-deutsche Literatur war eigentlich nie »Migrationsliteratur«. Sie befasste sich mit doppelten und dritten Identitäten, mit Reibungsflächen zwischen der deutschen, deutsch-türkischen und türkischen Bevölkerung in Deutschland wie in der Türkei. Solche Literatur benennt die Schwierigkeit, weder hier noch dort dazuzugehören, immer eine Minderheit zu sein, sei sie ethnisch oder kulturell. Literatur wie diese fragt, wo das Ich überhaupt sitzt.

Schon Anfang der 1990er-Jahre erschütterten selbstbewusste Autoren türkischer Herkunft den Literaturbetrieb gründlich und inspirierten wie nebenbei auch das Filmbusiness.[16] Sie entdeckten Konflikte, nicht nur in der Türkei, sondern vor allem auch in Deutschland. Beide Länder sind, literarisch betrachtet, nicht mehr zu trennen, sondern kulturell und politisch miteinander verwoben. Literarisch gehört der Islam längst zu Deutschland.[17] Zwei Bücher gelten als Gründungsdokumente des viel beschworenen »Turkish turn«, dem erstarkenden Interesse für Türkisches (und auch Kurdisches), in der deutschsprachigen Literatur:[18] Emine Sevgi Özdamars *Mutterzunge* (1990) und Feridun Zaimoğlus *Kanak Sprak* (1995), das *Mutterzunge* zugleich fort- und neu schreibt. Beide Texte zeichnet eines aus: ihre entschiedene Reflexion der Sprache. Sie thematisieren Sprachverlust, sprachliche Unsicherheit, vergleichen Sprachen, nehmen Sprache als beweglich und unfertig wahr, entwickeln neue Ausdrucksformen.[19] Das Türkische steht dabei im Fadenkreuz zwischen arabischer Hochsprache, deutscher Alltagssprache und »Kanakisch«, der Sprache einer ethnischen Minderheit in Deutschland. Auch im Ausgang von diesen beiden zentralen Texten bleibt die Reflexion auf Sprache ein zentrales Merkmal deutsch-türkischer Literatur, wie sich sowohl an den intellektuell anspruchsvollen Werken von Zafer Şenocak als auch an unterhaltsamen Romanen wie Yadé Karas Mauerroman *Selam Berlin* (2003) zeigen ließe.

Özdamar (*1946), als Achtzehnjährige ohne Deutschkenntnisse nach Deutschland gekommen, kehrte in die Türkei zurück, wurde Schauspielerin, kam wieder nach Berlin und etablierte sich als Grande Dame deutsch-türkischer Literatur. Sie erhielt zahlreiche Preise (unter anderem den Chamisso-Preis 1999 und den Kleist-Preis 2004). Ihr Repertoire reicht von Komödien bis hin zu den nachdenklichen Erzählungen in *Mutterzunge*, die autobiografisch gefärbt sind. Im Mittelpunkt steht eine große Suchbewegung: die Suche nach der verlorenen Muttersprache, der »Mutterzunge«, wie Özdamar Sprache mit Anspielung auf das Türkische nennt und »einkörpert«. Mit dem Sprachverlust gingen mentale und körperliche Veränderungen einher: andere Sehgewohnheiten etwa. Das dunkle Abendlicht Istanbuls erscheint plötzlich fremd. Die Erzäh-

435

lerin bewegt sich räumlich, sprachlich, kulturell in einer permanenten Transitzone.[20]

Özdamars Erzählerin schreibt gebrochenes Deutsch mit grammatischen Fehlern in fast jedem zweiten Satz. Pseudo-naiv, ironisch, mit wechselnden Perspektiven entlarvt sie ihre deutsche ebenso wie ihre türkische Umwelt. Sie greift mit diesem »Blick von unten« auf eine bewährte Wahrnehmungs- und Darstellungsform des Narren- oder Schelmenromans zurück. Mit dem Personal der unteren Schichten – Gefangenen, Kunden von Trinkhallen, Arbeitern – steht sie in einem permanenten, bilderreichen und assoziativen Dialog. Sie selbst präsentiert sich als Putzfrau, die sich in der Erzählung »Karriere einer Putzfrau – Erinnerungen an Deutschland« auch selbst auf die Bühne traut, Shakespeare, Brecht und der eigenen Chuzpe sei Dank. Übersetzungsarbeit steht im Zentrum der Erzählungen der vielen Rollen-Ichs, die aus Özdamars theatralen Erzählungen sprechen.[21] Die Erzählerin versucht, sich Wort für Wort die türkische Sprache zurückzuerobern, und will – in der Hoffnung, das Türkische möge auf diesem Wege wiederkehren – Arabisch lernen, die vormalige Schriftsprache auch der Türkei, die Kemal Atatürk im Jahr 1927 verboten hatte. »Großvaterzunge« heißt das Projekt, denn der Großvater schrieb nur in arabischer Schrift, die Enkelin hingegen nur in lateinischer.

Mit ihrem Westberliner »Meister« Ibn Abdullah begibt sich die Erzählerin auf einen kulturreligiösen Grenzgang, um Arabisch zu lernen. Sie diskutieren über Meinungsfreiheit, brechen Tabus, lieben sich in einer Moschee, rufen Klischees wie die sexuelle Gier der Orientalinnen auf. Gemeinsam fahnden sie nach Ähnlichkeiten zwischen der türkischen und der arabischen Sprache, tauschen Redewendungen und Legenden aus. Die Erzählung »Karagöz in Alamania – Schwarzauge in Deutschland« spielt eine solche Legende durch.[22] Ein Bauer reitet auf seinem Esel nach Deutschland, durchlebt Hoffnungen und Enttäuschungen des Emigranten. Dabei stellt sich der Esel als Spötter in antiker Tradition heraus. Humorvoll heißt es über die antike griechische Stadt Pergamon:

Der Esel sagt: »Der Bismarck hat sich von uns schenken lassen [sic]. Damals baute der Schnurrbart von Bismarck die Bagdad-Bahn bis zu den Ölfeldern, damit sie schnell Öl trinken können. Und der Sultan, der aus Angst vor Aufständen immer mit schlecht sitzenden Anzügen herumlief, schenkte ihm die Stadt Pergamon und sagte: ›In meinem Herzen gibt es soviele [sic] Steine, der deutsche Ketzer soll auch etwas davon haben.‹«[23]

Die Herrschenden erscheinen als gleichermaßen gierig, korrupt und gewalttätig. Begehrt werden Rohstoffe und Privilegien. Allerorten herrschen Unterdrückung, Kälte, Machtgier – in solchem Ausmaß, dass selbst ein steinernes Geschenk Bismarck nicht erweichen wird. Die Stadt Pergamon bedeutet ihm nichts, ist bloß Stein, wertlos. Wer clever ist, die Machtspiele hier wie dort durchschaut, so scheint es, setzt sich durch, gleich wo. Zwischen Türken und Deutschen gibt es, so betrachtet, keine Unterschiede. Die durch Emigration entstandenen sozialen Unterschiede ebnen sich auf Dauer ein, sind ein bloß kurzfristiges Hindernis. Die größte Pointe der erzählenden »Wörtersammlerin« besteht in einem Fund, der es erlaubt, türkische und deutsche Sprache in ein produktives Verhältnis zu setzen: »*Ruh* – ›*Ruh* heißt Seele‹, sagte ich« – das Türkische drückt einen wünschbaren Zustand der Seele aus, die Seelenruhe, ein Bild der antiken Stoa.[24] Türkisches und Deutsches scheinen etymologisch und philosophisch ursprungsgleich und anthropologisch identisch.

In Zaimoğlus *Kanak Sprak* hingegen driften Türkisch und Deutsch zugunsten einer dritten Sprache und Subkultur auseinander. Zaimoğlu (*1964), zum Zeitpunkt des Erscheinens seines Buches der prototypische »angry young man«, ist längst zu einem vielfach ausgezeichneten Doyen des Feuilletons (unter anderen Bachmann-Preis 2003, Stipendiat der Villa Massimo 2005) mit Gastprofessuren und Poetik-Dozenturen geworden. Sein kraftvoller Auftritt ließ die Literaturszene der 1990er-Jahre beben. *Kanak Sprak* heißt im Untertitel programmatisch *24 Mißtöne vom Rande der Gesellschaft*. »Kanak Sprak« oder »Kanakisch« ist schon ein geflügeltes Wort und beinahe ein Fachbegriff für migrantische Gruppensprache geworden. Die »Misstöne« verweisen auf den Aussagekern des Buches. Es will Kritik an der ethnozentrischen deutschen Wirklichkeit üben. Multikulturalität wird als Märchen entlarvt. Zugleich dokumentiert die aggressive Titelei Selbstbewusstsein. Sie übernimmt die Rhetorik der »black consciousness«-Bewegung.

Diejenigen, die in Deutschland abschätzig »Kanaken«, in der Türkei ebenso abschätzig »Deutschländer« heißen, geben sich hier ein Manifest in der Form von faktischen und fiktiven Interviews. Der Form nach erinnern sie an die Reportageliteratur der 1970er- und 1980er-Jahre, setzen aber auf Hybridität und Polyfonie.[25] Als gebildeter Deutschtürke mit Abitur und Ambitionen verdichtet der Autor sie zu vierundzwanzig Monologen. Seine Grundfrage lautet: *»Wie lebt es sich als Kanake in Deutschland[?]«*.[26] Der Rapper Abdurrahman, vierundzwanzig Jahre alt, antwortet so plakativ wie deutlich:

> 'n kanake als Freund rangiert ganz unten auf der multikultiliste, besser is'n jamaikanigger mit ner zottelperücke, noch besser'n schmalzlatino, und die ganze heiße oberfesche krone is denn'n yankee-nigger, auf den das ganze einheimische mösenmonopol abfährt.[27]

Kanaken stehen, ihrer Wahrnehmung Mitte der 1990er-Jahre nach, ganz hinten in der amourösen Fresskette. Zaimoğlu zeigt Porträts von Menschen mit Migrationshintergrund, darunter Arbeitslose, Rapper, ein Transsexueller, ein Kleinhehler, ein Dichter. Sie sprechen eine Art Creol, eine Mischung aus Hochtürkisch, Jiddisch, Rotwelsch, jugendlicher Kultsprache (»Germish«), norddeutschem Dialekt und Deutsch, bewegen sich in Ghettos, jedenfalls dem Selbstverständnis nach. Ihre reiche Gebärden- und Bildersprache ist für Nichteingeweihte nahezu unverständlich. Wie stark sie vom Deutschen abweicht und auf quasi-existenzialistische Gewaltausdrücke setzt, verdeutlicht die Selbstaussage des dreiundzwanzigjährigen Rappers Ali:

> Wer lehre und griff nicht annimmt ist wehrlos, dem sickert der üble notstand ein, so daß er in ner miesen alten haut steckt, aus der gibt's kein entrinnen, kein ammenwunder hilft dich häuten, wenn du plärrst vor schmerz. Raue schale mit weichem herz, das muß.[28]

Zaimoğlu legt Zeugnisse einer brutalisierten, männlich geprägten Subkultur vor. Sie ist von verzerrten Körperbildern und Szenarien der bedingungslosen Prüfung geprägt. Redewendungen wie »raue Schale, weicher Kern« verleihen dieser Subkultur ein menschliches Antlitz. Von Islamismus ist dabei – typisch für die 1990er-Jahre – erst am Rande die Rede. Nur eine Figur erweist sich schon zu diesem Zeitpunkt als radikaler Islamist: der zweiundzwanzigjährige Yücel, dessen Hasspredigt Zaimoğlus Buch beschließt.[29] Mit kursorischem Bezug auf das Vokabular der heiligen Schriften kritisiert er »die Gesellschaft« radikal als philister- und pharisäerhaft; er verschanzt sich hinter Gottes Wort, um sich zu unterscheiden. Doch ruft er nicht zu Terror auf, anders als die muslimischen Jugendlichen, die der Autor in seiner Erzählung *Gottes Krieger* (2004) schildert.[30]

Auch bei Özdamar spielen Islam und Islamismus nur Nebenrollen, eine Szene in *Mutterzunge* ausgenommen. Sie ereignet sich bei Ibn Abdullah und beleuchtet kurzzeitig eine der Erzählerin verschlossene Männerwelt. Hinter einem Vorhang darf Ibn Abdullahs Schülerin dem Unterricht der männlichen Schüler lauschen. Sie vernimmt einen Dialog von türkischen Liedern und Koran, der auch ein doppelter Monolog sein könnte, so grundverschieden sind die Stimmen. Der zitierte Koranabschnitt schildert den Tag des Jüngsten Gerichts und die Hölle, wobei Sure 11, Vers 106 im Mittelpunkt steht: »Was die Elenden anlangt, so sollen sie ins Feuer kommen.«[31] Allah erscheint hier als unerbittlich, als Rächergott. Die türkischen Lieder hingegen werben mit amourösen Bildern für die reine Liebe und schildern die Religion als höchste Form der Erfüllung. Unterschiedlicher könnten die Vorstellungen von derselben Religion nicht sein. Özdamars Erzählerin lässt den Kontrast von Koran und Lied unkommentiert. Mit der Schilderung des Liebesverhältnisses zwischen Ibn Abdullah und seiner Schülerin setzt sie wieder ein, ein radikaler Bruch, der zugleich den Koran und die Erzählweisen von *1001 Nacht* miteinander kontrastiert. Der zitierte Koran aber ist nicht der Koran, wie auch die Schülerin ahnt: Eine Sure steht nicht für das Ganze des Textes. Er gilt als Gottes direkte Rede. Der Kontrast der Sure zur türkischen Liedlyrik wird genutzt, um auf einen Islam hinzuweisen, der sinnenfeindlich ist und sich selbst von der Moderne verabschiedet hat, gleich, ob sie im Orient oder im Okzident stattfindet. Das ästhetische Erbe des Koran hingegen scheint vergessen.[32]

Özdamar und Zaimoğlu berichteten in den Werken der frühen 1990er-Jahre von einer mehrsprachigen Kultur, die ihre Eigendynamik und ihre Radikalität kannte. Mit ihrem Witz, der Suche nach dem Arabischen, ihren türkischen Legenden regte Özdamar ihre Leser an, der türkischen Kultur nachzuspüren und sie auch in Deutschland ernst zu nehmen. Zaimoğlu verschärfte den Ton und verlieh dem Milieu der jungen Deutschtürken öffentlich hörbare Stimmen. Islamismus und Terror aber haben zuvor nur schemenhaft erkennbare Konfliktlinien sichtbar gemacht. Im Angesicht dessen beschreibt sich Zaimoğlu als »machtlose[n] Stubenradikale[n]«, als Mahner mit spezialisiertem Publikum.[33] Ihm kommt es auf das Vergegenwärtigen literarischer Traditionen an – zugunsten einer zeit- und ortlosen Humanität. Der »Turkish turn« ist zum

»Humanitarian turn« geworden. Solche Humanität muss sich an kulturellen Unterschieden prüfen lassen, am Anderen, das sich möglicherweise nicht darunter verrechnen lassen will. Ilija Trojanow spürt solchen Vorstellungen vom radikal Anderen nach.

Koloniale Vielfalt im postkolonialen Gewand: Ilija Trojanows *Weltensammler* (2006)

Trojanow wurde im Jahr 1965 in Sofia geboren; im Alter von sechs Jahren floh er mit seinen Eltern nach Deutschland, lebte anschließend in Kenia, Bombay, Südafrika und Amerika, schreibt aber auf Deutsch. Seine Romane fußen auf Reportagen, autobiografischen Erlebnissen und Selbstversuchen. Für seinen Roman *Weltensammler* (2006) versetzte sich der Autor in eine historische Person, die Hauptfigur seines Romans werden sollte: Trojanow marschierte drei Monate lang zu Fuß durch Tansania, auf den Spuren des weltreisenden Kolonialoffiziers, Entdeckers und Orientalisten Sir Richard Francis Burton (1821–1890).[34] Das Ergebnis ist ein historischer Kolonialroman im postkolonialen Gewand,[35] ein Pionier-, Reise- und Abenteuerroman,[36] der unter anderem an Sten Nadolnys *Entdeckung der Langsamkeit* (1983) über John Franklins Fahndung nach der Nordwestpassage erinnert.[37]

Drei Reisen nach Indien, Mekka und Ostafrika geben den drei Teilen des Romans ihre Titel. Sie zeigen die Entwicklung Burtons vom neugierigen und karrieristischen Soldaten zum ruhmsüchtigen Entdecker, zu einem »gehetzte[n] Mann«, der »linkisch« und »maßlos« wirkt.[38] Findet er in Indien noch leicht Kontakt zur Bevölkerung, verschmilzt dort und in Mekka fast mit ihr, so gelingt diese Verbindung in Afrika nicht mehr. Die Rahmenerzählung bekräftigt diesen Eindruck. Sie spielt in Triest und handelt vom Ableben des starrsinnigen, vielleicht ungläubigen, vielleicht zum Islam konvertierten Briten. Doch bleibt der Glaube Burtons ein Geheimnis: Seine katholische Frau Isabel lässt seine Tagebücher verbrennen und ihm die letzte Ölung verpassen, um seine Seele für den Katholizismus zu retten.

Historische Richtigkeit wird hier nicht beansprucht. Es geht um die Assoziationen, die eine so kontroverse Person wie Burton weckt, und um das, was ihn möglicherweise antreibt. Erzählungen und Gegenerzählungen präsentieren seine Geschichte wie in einem Kaleidoskop: schillernd und vielschichtig. Auch die »Subalternen« kommen zu Wort: Die

Richard Francis Burton in persischem Gewand als »Mirza Abdullah, der Bashri«, ca. 1849–50

Perspektive des Kolonialherren wird durch die Kolonialisierten konterkariert.[39] Dabei gewinnen die Diener immer mehr Ausdrucksfähigkeit, während Burton verstummt: Der indische Diener Naukaram muss sich des (teuren) Schreibers Lahiya bedienen, um sich schriftlich zu äußern. Der Schreiber seinerseits fälscht die Geschichte »zur Wahrheit«.[40] Sidi

441

Mubarak Bombay, ehemals Sklave und Reiseleiter in Afrika, hingegen schreibt selbst; er ist Herr seines Textes. Mündlichkeit und Schriftlichkeit bilden hierarchische Verhältnisse aus. In Indien vermitteln gedrängte Dialoge den Eindruck von Stimmengewirr; in Arabien dominieren die inquisitorischen Gespräche des Gouverneurs. Er fahndet nach der Identität des dubiosen Burton.

Entsprechend wandelt sich die Darstellung von Burtons Einstellung sich selbst und anderen gegenüber. Naukaram bewundert seinen Herrn dafür, dass er sich der fremden Kultur hingibt: »Er hat sich uns ausgesetzt. Er konnte, wenn er sich so anzog, wie ich angezogen war, als einer von uns durchgehen«, urteilt der indische Diener über ihn.[41] Dieses Sich-Aussetzen erscheint als natürliche und unmittelbare Reaktion Burtons. Als junger Rebell geht er nach Indien. Dem kolonialen Ennui wirkt er entgegen, indem er zahlreiche Sprachen lernt, archäologische Forschungen unternimmt und sich in die Geheimnisse des Kamasutra einführen lässt – körperlich und ideell: Kundalini, eine Tempeltänzerin, wird seine Gefährtin, und sein indischer Lehrmeister schenkt ihm den Text des Kamasutra. Später wird Burton diesen Text übersetzen und edieren. Er berichtet von seinen Gesprächen mit der einheimischen Bevölkerung, deren »Stimme[n]« er als »Zuhörer« lauscht.[42] Er genießt den Nervenkitzel, denunziert Gefahrenquellen für das Empire, so etwa ein Bordell für Homosexuelle, in dem Offiziere der englischen Krone Geheimnisse ausplaudern. Burton kann sich schnell anpassen und sich in »dritten Räumen«, der kolonialen Mischkultur, orientieren.

Sein Sich-Aussetzen bringt eine radikale Akzeptanz des Anderen mit sich. Burton geht sogar so weit, Ehrenmorde zu verteidigen, weil sie die indische Gesellschaft stabilisieren: Alles Eingreifen brächte den Kolonialherren nur Ärger. Auch warnt er vor dem Gefühl der Überlegenheit, weil die Einheimischen stolz auf ihren Glauben und ihre Sitten blicken und in den Kolonialherren »gefährliche Ungläubige« sehen, an denen sie sich möglichst bald rächen wollen.[43] Seinem General wird Burton daher suspekt. Der Erzähler stellt beide Positionen gegeneinander:

Er [Burton] war ihr [der Fremde] verfallen, so sehr, daß er sie sogar bewahren wollte in ihrem zurückgebliebenen Zustand. [...] Der General war getrieben, die Fremde zu verändern, zu verbessern. Dieser Burton hingegen wollte die Fremde sich selbst überlassen, weil die Verbesserung der Fremde ihre Auslöschung bedeuten würde.[44]

Der General vertritt die Kolonialherren, die ihre Kultur für die überlegene und die indische für menschenfeindlich halten. Er möchte das Andere verbessern. Burton hingegen will konservieren, trotz eklatanter Probleme. Der Gang der Erzählung stützt Burtons Sichtweise: Er selbst versucht nämlich, Kundalini zu helfen, sie von ihrem unbedingten Glauben an ihren Gott und den Tempeldienst zu befreien – und sie geht daran zugrunde. Gefallen und Empfinden bleiben ihr Fremdwörter. Ihre Sozialisation erlaubt ausschließlich ein Rollenmodell: dasjenige der Pflichterfüllung.

Zugleich scheitert Burton selbst, weil er britische Sichtweisen nicht abstreifen kann. In Arabien pilgert er unter falscher Identität und als erster Ungläubiger nach Mekka. Er opfert seine Gesundheit, quält sich, riskiert sein Leben, bekommt Malaria, missachtet Befehle. In Ostafrika lässt er sich bei geringer Kenntnis des Landes und des Territoriums auf eine unterfinanzierte Expedition mit seinem Rivalen John Hanning Speke (1827–1864) ein, um die unvermessenen Flecken der Erde, darunter die Quellen des Nil, zu erkunden. Er verfolgt konkrete Zwecke, die mit der Reise selbst nichts zu tun haben: Ruhm, Adelstitel und eine lebenslange Rente. Seinem Diener Sidi Mubarak Bombay erscheint er als heruntergekommener Fremder, der Medizinflakons, eine Sardinendose, ja »die weggeworfene Zukunft sammelt«.[45] Aus dem Pionier ist ein Antiquar in eigener Sache geworden, dessen Ware, der zufällig gefundene Zivilisationsmüll, nicht nur nichts wert ist, sondern ihn selbst zur lächerlichen Figur macht. Die Afrikaner spotten über ihn und ziehen Speke vor, der ihnen als »,echter« Kolonialherr erscheint – mit eigenem Vermögen und unabhängig von Weisungen: Sidi Mubarak Bombay beschreibt Burton als Diener der englischen Krone und stellt ihn auf eine Stufe mit sich selbst. Herren hingegen bewähren sich aus der Sicht der Afrikaner durch Geld, Entscheidungsfreiheit und Verhalten. Dritte und erste Welt unterliegen demselben Gebaren von Herren und Knechten. In dieser Hinsicht unterscheidet sich Afrika nicht von England.

Trojanows Darstellung von Burtons kolonialen Unternehmungen in postkolonialer ebenso wie in historisierender Perspektive beschreibt kulturelles Handeln als Rollenhandeln. Rollentausch ist möglich, jedoch nur auf Zeit und mit erheblichen Opfern, wie das burtonsche Selbstexperiment belegt. Burton scheitert an der zähen Kultur Afrikas ebenso wie an den eigenen kolonialistischen Zielen, vielleicht auch an dem allzu oft erprobten Rollenwechsel, dem je anderen kulturellen Gewand, das sich eben nicht einfach nur überstreifen lässt, sondern Spuren hinterlässt. Die harschen Gegensätze des 19. Jahrhunderts, der Versuch, Kolonialreiche aufzubauen, klare Hierarchien zu etablieren, Kulturen zu »verbessern« oder auszulöschen, musste misslingen, weil sich Werte, Leben, Erziehungs- und Verständnisformen nicht ineinander übersetzen lassen. Nimmt man alle Perspektiven zusammen, so liest sich Trojanows *Weltensammler* wie ein emphatisches Plädoyer für Vielfalt, für das kreative Arbeiten mit ihr, ohne das Andere als Anderes zu verabsolutieren – eine Art mittlerer Poetik im Konzert postkolonialer Schreibpraxis und Theoriebildung.

»Ich möchte ein Eisbär sein«: Yoko Tawadas tierische Parodie der Migrantenliteratur

Eine bekannte Autorin nimmt Kanonisierungsprozesse wie diejenigen, die Trojanow beschreibt, ebenso kritisch in den Blick wie die Migrantenliteratur überhaupt. Sie durchbricht die Grenze zu einer anderen Kultur: derjenigen der Natur. Yoko Tawada (*1960 in Tokio), seit 1982 in Deutschland, gehört zu den Klassikerinnen der interkulturellen Literatur. Unter den wenigen in Deutschland lebenden asiatischen Autoren ragt sie heraus.[46] Tawada schreibt auf Japanisch und Deutsch, wird in beiden Länder gelesen und wurde mit vielen hochrangigen Literaturpreisen ausgezeichnet, darunter der renommierte japanische Akutagawa-Preis (1993), der Chamisso-Preis (1996) und der Kleist-Preis (2016). Im Schreiben verarbeitete sie jedoch bald mehr als ihre Erfahrungen von Alterität und Akkulturation. Kosmokulturalität, Bilingualität und Plurikulturalität zeichnen ihr Werk aus. Grenzüberschreitungen, Transgressionen sind ihr Thema – gleich, ob es sich um Ländergrenzen, Kultur, das Verhältnis von Mensch, Tier und Traumtier oder das Verschwimmen von Wirklichkeit und Fiktion handelt.[47] Sicher ist, dass nichts sicher ist.

Die Autorin bekennt sich zu sprachlicher und erzählerischer Artistik, zu Sprachspielen und Wortwitz. Dabei will sie Sprachen nicht einfach zur Deckung bringen, im Gegenteil: Sie vergrößert den Abstand, indem sie Sprachen miteinander kontrastiert.[48] Unterschiede zwischen der bildhaften und assoziativen Sprache des Fernen Ostens und der abstrakten Zeichensprache des Westens sind ein wesentliches Thema Tawadas.[49] Die Zunge (Seezunge) erscheint – wie in *Überseezungen* (2002) – als Sinnesorgan und Referenzobjekt.[50] Übersetzung bedeutet offenbar

Eisbär Knut aus dem Berliner Zoo, Februar 2007

Einkörperung in eine andere Sprache. Tawada setzt kulturelle Klischees wie den japanischen Schönheitskult parodistisch ein, um die Differenz der Kulturen herauszuarbeiten. Performative Mimikry, Pseudo-Naivität und verführerische autofiktionale Identifikationsangebote gehören zu ihrem literarischen Werkzeugkasten.[51] Europäische und östliche Mythen werden in gleicher Weise subjektiviert, dekontextualisiert,[52] umgeschrieben.[53] Tawada betreibt eine Art sensuelle, »fiktive Ethnologie«,[54] erfühlt sich Alltagsdinge und Vorstellungswelten – mit teilweise halluzinogener Qualität wie in *Das Bad* (1989), wo sie die Metamorphose einer Frau beschreibt.

Ihr Roman *Etüden im Schnee* (2014) ist weit von diesen Texten entfernt und arbeitet doch mit den gleichen Wahrnehmungs- und Darstellungstechniken. Tawada wendet sich hier erstmals konsequent der Tierwelt zu, schreibt eine moderne Tierfabel und stellt parodistisch auf die Probe, was zum guten Ton der kulturell offenen Menschenwelt mit ihren interkulturellen Erzählungen gehört. In drei Romanteilen erzählt sie Tiermenschgeschichte als Familiengeschichte: Großmutter, Tochter und Enkel Eisbär berichten über sich. Tawada greift damit zugleich ein Medienphänomen auf, nämlich die Geschichte des im Berliner Zoo geborenen Eisbären Knut (2006–2011), dessen Mutter Tosca 1986 aus

Kanada kam und der Eisbärengruppe im DDR-Staatszirkus angehörte. Der niedliche kleine Bär wurde zum Markenartikel des Zoos, inspirierte Songs mit anheimelnden Titeln wie »Knut ist gut«, erhielt nach seinem frühen Ableben ein Denkmal im Zoo, schaffte es als Meisterpräparat nicht nur ins Berliner Naturkundemuseum, sondern gab auch Anlass zur öffentlichen Diskussion über die artgerechte Haltung von Wildtieren.

Tawadas Knut hingegen ist weder gut noch wild, sondern menschlich, allzumenschlich, wie auch seine Vorfahren in mütterlicher Linie. Das Exil ist ihnen zur Conditio humana geworden. Es gibt kein Ankommen, nur ein Auskommen – oder nicht einmal das. Großmutter, Tosca und Knut fühlen sich unter den Menschen und unter den Tieren, etwa den Braunbären, in deren Gruppe sie eine ethnische Minderheit bilden, gleichermaßen fremd. Sie nehmen ihre Fremdheit sinnlicher und sensibler wahr als Menschen: durch den Geruch, der Lügen und Angst erkennen lässt, durch Geräusche, Geschmack und Instinkt. Vernunft ist ihnen nicht gegeben; sie haben kein Rationalisierungsvermögen. Vielmehr nehmen sie sich permanent als unpassend wahr: Sie empfinden sich als zu groß und zu fellig, zu hungrig und zu bedürftig nach Kälte, ungeeignet zur Akkulturation und doch Mittelpunkt des Geschehens.

Allesamt werden sie Stars: Großmutter tritt in einem Moskauer Zirkus auf, emigriert auf der Flucht vor dem sowjetischen Geheimdienst nach Westdeutschland, von dort nach Kanada und auf Wunsch des Ehegatten in die DDR. Ihre Dressur zum Zirkustier beschreibt sie in ihrer sagenumwobenen, verloren gegangenen Autobiografie als schmerzhaft: »Eine Autobiographie zu schreiben bedeutete, alles, was man nicht mehr weiß, zu erraten oder zu erfinden.«[55] Die »Wahrheit« kann und will sie sich nicht erschreiben. Vielmehr geht es um Zuspitzung: Zuckerstück und Peitsche waren ihr Leben, und selbst mit dem Schreiben endet der Zwang nicht. Ein ruchloser Verleger beutet sie aus, zahlt kein Honorar, verändert ihren Text eigenmächtig, und auch im Westen will man nichts als ihren Text, um ihn für antisowjetische Propaganda auszubeuten, in deren Zentrum der Missbrauch von Zirkustieren steht. Abgelenkt durch das Exil und die Verlockungen der Lektüre (Heines *Atta Troll*, Kafka) plagt sie sich mit Schreibschwierigkeiten: »Die Schriftstellerei war eine Akrobatik, die gefährlicher war als der Tanz auf einem dahinrollenden Ball.«[56] Auf der Flucht vor den Neonazis und dem Literaturbetrieb, der ihre Autobiografie zu »Weltliteratur« machen will, landet sie in Kanada. Mit ihrer Familie zieht sie in die DDR: »Sie war schon längst exilmüde.«[57]

Auch Tochter Tosca macht Karriere: Sie spielt im DDR-Kindertheater und im Zirkus, wo sie mit Spionage, Streiks und der Furcht vor der »Intelligenzija« zu kämpfen hat. Tosca allerdings ist weniger intelligent als ihre Mutter, bedarf der Hilfe der Menschen, auch beim Verfertigen ihrer Biografie. Barbara, eine kleine, jugendlich wirkende Dresseurin, übernimmt die Rolle der Biografin. Ihr Kind hatte sie – für sozialistische Länder nicht untypisch – der eigenen Mutter überlassen, um arbeiten zu können, und ist schon deshalb latent depressiv. In Tosca findet Barbara eine Freundin; mit ihrer gemeinsamen Nummer »Todeskuss« – Tosca holt mit der Zunge ein Stück Zucker von Barbaras Zunge – ziehen sie um die Welt, bis der Zirkus Union im Jahr 1999 aufgelöst wird und die Eisbärin im Berliner Zoo landet. Dort allerdings beginnt Toscas zweite künstlerische Karriere. Sie begreift sich nun doch als Autorin. Ihren Sohn Knut, dessen Namen schon die Großmutter vorherbestimmt hat, lehnt sie ab. Mit ihrer Tätigkeit ist die Aufzucht des kleinen Bären nicht vereinbar. Auch sollte er eine Berühmtheit werden, und zu viel Mutterliebe schadet aus ihrer Sicht der Entwicklung des künftigen Genius. Sie gibt ihn »bei einem anderen Tier in Pflege«: dem Homo sapiens.[58] Barbara nimmt Tosca für ihr Verhalten in Schutz und entdeckt in ihr eine Schwester im Geiste. Hier sind Frauen in Härte vereint.

Tierkundige vermuten, dass der Stress, dem Tosca im Zirkus ausgesetzt gewesen ist, ihren Mutterinstinkt zunichtegemacht hat. Stress wird im Roman als populäre Erklärungsformel entlarvt. Auch Pfleger Matthias (im wirklichen Leben: Thomas Dörflein, 1963–2008), kämpft mit dem Stress, unter den Knuts Versorgung ihn setzt, und er stirbt daran, so heißt es. Knut, der geborene Star, hat keine Aufgabe und stellt sich keine. Er liest Zeitung, um sich über die Zeitläufte auf dem Laufenden zu halten. Als passiver Teilnehmer des eigenen öffentlichen Schicksals wundert er sich über seine Popularität. Mit ihm kommt nicht nur das Leben der Bärenfamilie an sein Ende, sondern er scheitert schon daran, überhaupt in dieses Leben hineinzufinden, vielleicht, weil er als Tier in die Menschenwelt hineinsozialisiert wird. Knut liebt seine Ersatzmutter Matthias. Knuts Geschichte ist kein »animal narrative« mehr. Er schreibt Tiermenschgeschichte. Anders als Großmutter und Mutter protestiert er nicht einmal gegen Rhythmen und öffentliche Spiele, die die Menschen ihm aufnötigen. Er wäre selbst gern Partygast, Mensch unter Tieren, Tier unter Menschen.

Tawadas Transgressionen handeln nicht von der armen Kreatur, sosehr man die Tierdressur im Osten auch beklagen will. Ihre Transgressionen finden im zoologischen Glamour-Milieu statt. Hier wechseln kosmopolitische »animal stars« die Länder, wie es ihnen beliebt. Ihr Metier sind Luxusprobleme wie der Einfluss von Mutterliebe auf das künftige Genie und Exilmüdigkeit. Tawadas *Etüden im Schnee* lesen sich wie eine charmante Parodie des literarischen Kosmopolitismus. Zugleich erzählen sie eine Generationengeschichte der Kunst unter Bedingungen der Migration: Die erste Generation war engagiert und talentiert, die zweite schon weniger, und die dritte ruht sich, ungeliebt und doch verwöhnt, auf dem Ruhm der Ahnen aus. Ihr fehlen die harten Existenzbedingungen der freien Wildbahn, könnte man meinen.

»Eastern turn«: Herta Müller, *Atemschaukel* (2009) und das Taschentuch

Blickt man hingegen auf in deutscher Sprache schreibende oder hauptsächlich in Deutschland lebende Autoren und Autorinnen aus Ost- und Mitteleuropa, so dominiert ein anderer, ein ernster und melancholischer Ton, der bissige Satire, selten aber den leichtfüßigen Witz kennt. Hier geht es um unmenschliche Menschenhaltung. Die Ostzone gilt als Sozialisations- und Schreckensort. Für das Interesse an dieser Prägestätte literarischer Einbildungskraft kursiert der Begriff »Eastern turn« in der deutschsprachigen Literatur.[59]

Herta Müller (*1953), als Angehörige der deutschsprachigen Minderheit Rumäniens im Banat geboren, 1987 nach Deutschland geflohen und vielfach prämiert, gibt dieser Abstraktionsbewegung in ihrer Nobelpreisrede Ausdruck und verbindet sie mit einer warmherzigen Geste des Trostes: »HABT IHR EIN TASCHENTUCH?«,[60] lautet die sachliche Frage, die sich als große Frage nach Wohl und Behütetheit des konkreten Menschen entpuppt. Die fiktive (und möglicherweise auch reale) Mutter stellt sie der Tochter jeden Morgen beim Verlassen des Hauses. Müller richtet sie an ihre Leser. Ihre Frage erhält besonderen Nachdruck durch die Bedingungen, auf die das Taschentuch anspielt. Das unscheinbare Ding erscheint als Waffe im Kampf gegen das Böse, den wiederkehrenden Teufel Diktatur. Es ist der Verbündete im Schweigen und Aushalten von Zwangsmaßnahmen. Das Taschentuch trocknet nicht nur Tränen und ist ästhetisches Mittel der consolatio, des Trostes, sondern wird hier außerdem zum symbolischen Hilfsmittel für Opfer aller Diktaturen. Es wirkt wie eine Metapher für Müllers Schreiben, das auf »Verdichtung« und »Sachlichkeit« angesichts von »Heimatlosigkeit« und Einsamkeit unter Bedingungen von Zwangsherrschaft zielt.[61]

Dabei geht es Müller nicht um eine schlichte Anklage »des Regimes«. Vielmehr thematisiert sie ein »Knäuel aus Liebe und Verrat«,[62] wie es in ihrer Novellensammlung *Niederungen* (1982) heißt. Im Mittelpunkt stehen Menschen, die einander durch politisch verursachte Extrembedingungen, den Psychoterror des Geheimdienstes, den Verlust der Privatheit feind werden. Selbst die krebskranke Freundin ist davon nicht ausgenommen. Müller bietet dem Leser einen stabilen »autofiktionalen Pakt« in einer beinahe surrealen rumänischen und deutschen Umwelt an. Charakteristisch für diese Umwelt sind auch Sprachprägungen wie der Ausdruck »Herztier«, der ihrem zweiten Roman (1993) den Titel gibt: Es handelt sich um ein Kompositum aus dem Rumänischen »inimal« (Herz) und »animal« (Tier). Auch das Rumäniendeutsche taucht immer wieder wie eine Art Subtext in Müllers Texten auf, zum Beispiel durch Ausdrücke wie »strabanzen« und andere »Restbestände [...]«.[63] Jeder Mensch, so Müllers Erzähler, trägt sein Herztier in sich, ein Bedürfnis zu leben, zu lieben, zu ruhen – und wer es verliert, verliert seinen Charakter. Zugleich stellt das Herztier ein Problem für all diejenigen dar, die den Terror überlebten und gegenüber den Verstorbenen ein schlechtes Gewissen mit sich herumtragen. Müllers Denken und Schreiben zielt auf eine Tabuzone. Dabei beeindruckt vor allem die Nüchternheit ihres Stils, die fast magische Reduktion, die Umdeutung von Topoi, Märchen und Legenden.

Nur selten fallen ihre Texte so autobiografisch aus wie derjenige, in dem sie über die »Akte Christina« berichtet, die Akte, die die Securitate über sie erstellt hat. Müller weigerte sich, mit dem Geheimdienst zu kollaborieren, und wurde mehrfach Opfer von Folter, psychischer und physischer. Die Akte bereitet jedoch zwei andere Versionen über ihr Leben auf: erstens, dass sie von Prostitution und Schwarzhandel lebe (die rumänische Version), zweitens, dass sie eine Agentin des rumänischen Regimes sei (die Version für die Bundesrepublik), was ihre Einbürgerung in der Bundesrepublik erschwerte. Müller beschreibt das Nachleben der Securitate-Welt in der Bundesrepublik und in Rumänien: den dubiosen Besuch eines sogenannten Monteurs in ihrer Berliner Wohnung, den Einbruch im Lektorat ihres Verlags und die relative Ignoranz rumänischer Autoren gegenüber einer Vergangenheit, die das rumänische Gegenstück zur Gauck-Behörde erst nach und nach aufarbeitet.

Die Autorin selbst trug viel zu dieser Aufarbeitung bei, auch durch ihren Roman *Atemschaukel*, der ein Tabuthema der rumänischen Geschichte beleuchtet: die Deportation von siebzehn- bis fünfundvierzigjährigen Rumäniendeutschen in sowjetische Arbeitslager. Sie begann mit der Eroberung Rumäniens durch die Rote Armee im Sommer 1944. Das Thema war schon deshalb ein Tabu, weil es an die faschistische Vergangenheit Rumäniens erinnert. Auch war es wegen der Zugehörigkeit Rumäniens zum Ostblock nicht opportun. Gleichwohl reicht es unmittelbar in Müllers Biografie: Ihre Mutter war interniert gewesen, und Herta Müllers literarischem Freund, dem Autor Oskar Pastior (1927 bis 2006), widerfuhr das gleiche Schicksal. Doch alle Recherchen und Interviews mit Betroffenen schienen ins Leere zu laufen. Niemand konnte sich an die Deportationen erinnern. Pastior hingegen wusste Genaues zu sagen: Einzelheiten, Kleinigkeiten, Abläufe.[64] Mit ihm gemeinsam wollte Müller ein Buch über die Lager schreiben. Sie warb ein Stipendium der Bosch Stiftung ein, um die vormaligen Lager in der Ukraine aufzusuchen. Im Jahr 2006 starb Pastior; Müller verfasste *Atemschaukel* allein, auch als Trauerarbeit für den Freund.

Das Ergebnis ist als Roman ausgewiesen, versammelt aber, zusammengefasst durch eine Rahmenerzählung und gegliedert in vierundsechzig Abschnitte, hochartifizielle, bildlich, strukturell, rhythmisch und rhetorisch durchgearbeitete Short Stories aus dem Lageralltag und der Geschichte vom »Lager nach dem Lager«. *Atemschaukel* ruft Solženicyns *Ein Tag im Leben des Iwan Denissowitsch* (1962) ebenso auf wie seinen *Archipel Gulag* (1973), der die Omnipräsenz der Lager in der Sowjetunion beschreibt. Müllers Protagonist Leopold Auberg, siebzehn Jahre, homosexuell und aus Siebenbürgen, wird in das Arbeitslager Nowo-Gorlowka in der Ukraine deportiert, nachts am 15. Januar 1945 bei 15 Grad unter Null. Nach fünf Jahren gelingt ihm die Flucht über Österreich zurück nach Siebenbürgen. Erzählt wird chronologisch und zugleich achronisch, mit Vor- und Rückblenden. Die Rahmenerzählung fängt das Milieu in Siebenbürgen ein, das noch von faschistischen Vorstellungen gekennzeichnet ist. Diktatur ist hier überall, sie lässt sich auch im Traum nicht abschütteln. Vielmehr gehen Traumwelt und Wirklichkeit ineinander über. Als Lagerinsasse schafft sich Leopold fiktive Objekte, mit denen er einen fiktionalen Dialog führt und denen er sich hingibt. Sie verleihen den Kapiteln ihre Titel und heißen »Atemschaukel«, »Herzschaufel«, »Hungerengel«: »Er [der Hungerengel] lässt meinen Atem schaukeln. Die Atemschaukel ist ein Delirium und was für eins.«[65] Die »Atemschaukel« ist vielschichtig und das stärkste dieser fiktiven Objekte: Atem steht für Leben, und dieses Leben dauert, solange die Schaukel schwingt. Beherrscht aber ist das Ich, sieht man von den Herr-und-Knecht-Konstellationen, der Gewalt unter den Häftlingen und dem täglichen Mord im Lager ab, vom »Hungerengel« und der »Herzschaufel«. Sie bedeuten Ablenkung und Unterwerfung zugleich. Während den Dingen ein mystisches Leben innewohnt, sind Leopold und seine Mitinsassen dehumanisiert. Sie heißen »DIE MÖWE«, »DIE TANNE« und ähnlich. Stilmittel wie Chiasmen, Parataxe, Parallelismen und die fehlende Interpunktion erinnern an Pastiors dekonstruierenden Umgang mit Sprachmaterial.[66] Sie verdeutlichen, dass es keinen Ausweg aus dem Lager gibt, weder physisch noch mental oder sprachlich und literarisch.

Auch nach dem Lager ändert sich dies nicht. Vielmehr haben die Insassen das Überwachen und Strafen und den permanenten Hunger, die Auszehrung des Lagers verinnerlicht, erweisen sich als verroht, abgestumpft. Bürgerliche Lebensformen, Ehen, Familien sind zerbrochen. Auch nach dem Lager bleibt der Kapo Tur Prikulitsch der Kapo, wobei er mit seinem athletischen Körperbau Leopold perfiderweise gefällt. Irgendwann wird der Kapo durch einen Axthieb umgebracht: »Schade, dass ich es nicht war. Er hat es verdient«,[67] kommentiert Leopold. Als Kistennagler arbeitet er im Lagertakt weiter: »Der schwerste meiner Schätze ist mein Arbeitszwang. Er ist die Umkehr der Zwangsarbeit und ein Rettungstausch.«[68] Frei sein gelingt nicht. Die Angst beherrscht auch die aus dem Lager Geflohenen. Leopold führt Hefte über das Lager, schafft es aber nur zum »Lagerbiografen«, der den Gang der Dinge beschreibt. In der Sprache Müllers ist den Lagerinsassen das »Herztier« verloren gegangen. Das Lager erscheint als Exerzierplatz der dunklen Seite des Menschen, erweist sich als Conditio humana schlechthin. Es geht um Verrohung und Abstumpfung angesichts von Terror und Mord. *Atemschaukel* ist ein Tatsachen- und Schlüsselroman ebenso wie ein Anti-Bildungsroman, ein Roman über die Zerstörung einer sensiblen Persönlichkeit.[69]

Aufgrund der entschiedenen Ästhetisierung des Gulag hat *Atemschaukel* beides erfahren: heftige Kritik und höchstes Lob, nicht zuletzt durch die Auszeichnung Müllers mit dem Nobelpreis. Darüber hinaus wurde *Atemschaukel* zum zeithistorischen Dokument einer literatur-politischen Affäre um Pastior. Ausgerechnet er, einer der wenigen modernistischen Autoren im Ostblock und Teilnehmer der experimentellen Oulipo-Gruppe (L'Ouvroir de Littérature Potentielle / Werkstatt für potenzielle Literatur), der mit seinen Wortspielen zu den imaginären Gesprächspartnern von *Atemschaukel* gehört, soll zwischen 1961 und 1968 als IM für die Securitate gearbeitet haben. Unter dem Decknamen »Otto Stein« sind belastende Spitzelberichte, unter anderem über die rumäniendeutschen Autoren Georg Hoprich und Dieter Schlesak, überliefert. Besagter IM schreibt ihnen Neigungen zu formalistischer und hermetischer Dichtung zu. Das Idol Pastior, auch von Müller lange als vorbildlicher und entsagungsreicher Autor betrachtet, steht als positiver Maßstab nicht mehr zur Verfügung. Müller selbst hingegen kommt diesem Ideal sehr nahe. Für sie ist Rumänien, was für Thomas Bernhard Österreich ist: Hassobjekt und Quelle einer negativen Inspiration.

Atemschaukel, der Nobelpreis und die Pastior-Debatte machten Müller weltweit bekannt, wobei eindeutig Schwerpunkte in Osteuropa zu erkennen sind: In Helsinki, Tallinn, Vilnius, Bukarest, Zagreb, Ljubljana, Belgrad, Sofia und Tirana lagen die Übersetzungen von *Atemschaukel* bereits im Jahr 2009 auf den Büchertischen. In den Jahren 2010/11 erschienen, auch veranlasst durch den Nobelpreis, einunddreißig Übersetzungen, unter anderem in Sankt Petersburg, Baku, Paju, Bengalen, Tokio und São Paulo – Orte, wo Müller zuvor nicht bekannt gewesen war. In China wurde *Atemschaukel* gleich dreimal übersetzt und gab zur Reflexion über die Bedingungen des Schreibens im eigenen Land Anlass.[70] Müller nämlich unterstützt Dissidenten wie Liao Yiwu öffentlich.[71] Seit 2012 aber, mit Verebben der Nobel-Popularität, bleibt die Zahl der gedruckten Auflagen von Übersetzungen auf niedrigerem Niveau stabil.

In Rumänien hingegen gilt Müller als ambivalente Gestalt: Den einen ist sie zu wenig literarisch, die anderen zweifeln ihre Teilnahme am Leid der Banater Schwaben an. Sie lebe schon zu lange in Deutschland, meinen sie.[72] Ein Securitate-Spitzel, der Wanzen in Müllers Wohnung installiert haben will, wirft ihr zynischerweise vor, ein negatives Zerrbild der Securitate zu zeichnen.[73] Der Autor Mircea Cărtărescu, Literaturkritiker wie Cristina Modreanu und Nicolae Manolescu aber würdigen Müller. Sie schätzen ihren Nobelpreis langfristig als Chance für Rumänien und seine Schriftsteller ein, sofern sie Aufklärungsarbeit über das Securitate-System leisten und mit alten Seilschaften brechen.[74]

In *Atemschaukel* hat Müller ihr Lebensthema fortgeführt und eine Art Magnum Opus über die Existenzbedingungen von Siebenbürgendeutschen in der rumänischen Diktatur vorgelegt. Sprachlich arbeitet es mit den für Müller und die gemischte Identität charakteristischen rumänischdeutschen Komposita, ist zugleich realistisch und surrealistisch angelegt, um die Wirklichkeit zu treffen – im doppelten Sinne. Zeugnis, Anklage und Versuch der ästhetischen Aufhebung elenden Schicksals gehen miteinander einher. Was an *Atemschaukel* jedoch besonders beeindruckt, ist das fehlende Taschentuch. Trost hält der Roman nicht bereit.

»Schnittmenge« Ostmitteleuropa: Terézia Mora und die Darius-Kopp-Romane (2009, 2013)

Mit Bespitzelung hatte Terézia Mora (*1971) offenbar nicht zu kämpfen. Sie stammt aus der ungarischen Grenzregion kurz vor oder hinter der Wiener Neustadt (je nach Blickwinkel). Bereits im Jahr 1990 ging sie zum Studium nach Berlin. Mit ihrem Werk, das mit dem Ingeborg-Bachmann-Preis (1999), dem Grenzgänger-Stipendium (2011) und dem Deutschen Buchpreis (2013) zu den meistprämierten der Gegenwartsliteratur zählt, positioniert sie sich als »Mittel-Ost-Europäerin«.[75] Sie wird sowohl in Deutschland als auch in Ungarn gelesen. Ihre Umgebungen beschreibt sie mit quasi-ethnologischem Blick. In ihren Frankfurter Poetik-Vorlesungen *Nicht sterben* (2014) arbeitet Mora heraus, was ihre Selbstpositionierung literarisch bedeutet: Milieu, Sprache, Herkunft und die erlernten Rollen sind für sie erste Schritte hin zur Literatur und zu einem starken Begriff vom Autor beziehungsweise von einer Autorin, aus der Erfahrung spricht. Es geht – auch – um die westungarische Provinz als Erfahrungsraum, um Repression und die Auflösung der kommunistischen Systeme, um Misstrauen gegen Intellektuelle, um Härte, Gewalt und die »Wanderbewegung aus Osteuropa in den Westen«.[76] Mitteilen will Mora ihre Erfahrungen in einer zeittypischen Hybridsprache:

> dem Minderheitendeutsch aus dem ländlichen Ungarn vs. Nachwende-Ostberlinerisch vs. Nachwende-Westberlinerisch vs. Humboldt-Universitätshochdeutsch vs. und so weiter. Du kommst mit deiner Sprache, die von vornherein deterritorialisiert gewesen wäre, in eine Situation, in der auch in der Sprache der bereits anwesenden Mehrheit gerade eine starke Wandlung vor sich geht.[77]

Mora kennt die literaturtheoretischen Schlagworte des postkolonialen Diskurses: »deterritorialisiert« notiert sie und meint damit nicht nur die individuell erlernte, sondern auch kollektiv sich wandelnde Sprache.[78] Wir befinden uns in einer Zeit der Transformation, in der sich Überkommenes vergleichsweise rasch und stark verändert. Literatur versteht sie entsprechend als Drittes:[79] als »Schnittmenge« aus Ungarischem und Deutschem.[80] Schreiben bedeutet demnach auch, Lokalkolorit und Kulturspezifik abzustreifen. So heißt eine Figur in ihren Erzählungen eben nicht Ferenc oder Franz, sondern nach ihrer Rolle: Großvater. Territoriale Unterscheidungen gelten wenig: »Die Grenze verläuft zwischen Freiheit und Gefangenschaft, zwischen Macht und Ohnmacht.«[81]

In ihren Erzählungen und Romanen aber stellt Mora ein Personal vor, das sich weniger souverän positioniert, an lebenslang antrainierten Rollenbildern und seelisch eingeprägten Erfahrungsmustern scheitert, die auch mit Herkunft und Territorialität zu tun haben. Seit ihrer Emigrantennovelle *Alle Tage* (2004) taucht bei ihr die Figur des traurigen Osteuropäers auf, zuletzt in Gestalt der Flora Meier:

> Für die Flora-Aufzeichnungen musste ich in der Tat nichts anderes tun, als ein paarmal um den Block zu laufen. Klinische Fälle sind darunter nur die Frau mit der Zwangsstörung und die andere mit den Schneidemalen am Unterarm. Der Rest sind: wir. Das ist das, wie unsere Seelen – berechtigterweise – auf unser Leben reagieren. Strategien des Aushaltens, des Widerstandes. Nicht alles, aber manche davon sind im Grunde Reparaturversuche.[82]

Flora erscheint, technisch betrachtet, als Maßstab für Gestörtheit. Sie ist in allen Menschen vorhanden und Funktion ihrer Umgebung. Mit der Autorin teilt sie einige biografische Stationen, die im Fall der Autorin offenbar produktiv genutzt werden konnten, in Floras Fall jedoch ins Gegenteil ausschlagen: Flora ist begabt, aber zu wenig egoistisch und durchsetzungsstark, dafür hypersensibel und suizidgefährdet. Sie stammt aus Ungarn, hat als »Osteuropäerin« mit Vorurteilen der einheimischen deutschen Bevölkerung zu kämpfen,[83] arbeitet als Übersetzerin bei einem »böse[n] Filmproduzent[en]«,[84] gibt das Kreativ-Business wegen der vielen unerträglichen Zumutungen auf, jobbt gelegentlich, zieht sich in die Einsiedelei zurück, begeht Selbstmord.

Die Autorin notiert: »An dem Punkt, da ich beschlossen habe, sie würde Ungarin sein, habe ich auch beschlossen, dass es eine Trilogie sein würde.«[85] Doch steht erstaunlicherweise nicht Flora, sondern Darius Kopp, ein gedankenloser IT-Spezialist, im Mittelpunkt dieser Trilogie. Er kommt ebenfalls aus dem Osten, hat es aber scheinbar geschafft: Er ist unbeschadet durch die DDR gekommen, pflegt sein positives Selbstgefühl, kultiviert sich durch Flora – und wird erst durch ihren Rückzug und ihren Selbstmord nachdenklich. Flora ist, so die Autorin in ihren Vorlesungen, auch hier Funktion: eine »Nebenfigur«, »die dafür sorgte, dass die Hauptfigur überhaupt erzählbar wurde.«[86] Flora und Darius gelten der Autorin als janusköpfige Gestalt, gesplittet in zwei Identitäten, sich ergänzend und liebend.[87] Doch nur Darius erscheint als erste »richtige«, »vollständige«, »Innen-und-außen-Hauptfigur«.[88]

Vorbild für die Darius-Kopp-Trilogie sind die Rabbit-Romane von John Updike (1932–2009). Darüber hinaus vertraut die Autorin auf das, was für ihr Schreiben charakteristisch ist: auf kontrafaktisches Denken,[89] Mut zur Groteske und Reduktion, wie er sich auch aus der Lektüre des ungarischen Schriftstellers István Örkény (1912–1979) speist.[90] Erzählerisch setzt sie auf Stilisierung, auch der Dummheit: »Der Erzähler kann nicht statt der Figur der Nachdenkliche und Kultivierte sein. Das wäre unerträglich.«[91] Erzähler und Darius gehen ein ebenso symbiotisches Verhältnis ein wie Darius und Flora.[92] Darius steht zwischen dem Erzähler und Flora. Für Flora jedoch endet die Trilogie mit dem ersten Band *Der einzige Mann auf dem Kontinent* (2009).

Der einzige Mann auf dem Kontinent wirkt wie eine Parodie auf die New-Economy-Blase, ein komisierter Financial Thriller. Er erzählt packend von der Frage, was mit vierzigtausend Euro in bar geschehen soll, die Mister Bedrossian hinterließ. Es handelt sich um einen ehemaligen Geschäftspartner des Software-Start-ups Fidelis Wireless, das sich – typisch für die New Economy – in permanenter Selbstauflösung und Neugründung befindet.[93] Darius Kopp ist mittendrin: als Empfänger des Geldkoffers, als einer, dessen Karriere im Salesbusiness der Firma gescheitert ist. Der dicke Ossi passte nicht zu den ignoranten, reichen Schönen der Branche. Darius denkt in den Schemata von E-Commerce und kabelloser Kommunikation, verständigt sich im branchenüblichen Germish, stellt sich als gehetzter Workaholic dar, der sich nur gelegentlich eine Dosis Privatleben mit Flora genehmigt. Privates und Berufliches, Weibliches und Männliches, Emotionales und Rationales werden gegeneinander ausgespielt. Und doch ist der Text komplexer: Polemische Dialoge verleihen der Geschichte eine bissige Ironie, die sie von den üblichen Klagen über das mobile Quickie-Business abhebt.

In *Ungeheuer* (2013), dem zweiten Band der Trilogie, hat sich Flora bereits umgebracht. Neun Jahre lebten Flora und Darius zusammen; mit achtunddreißig Jahren erhängt sie sich im Wald. Darius ist zu diesem Zeitpunkt vierundvierzig Jahre alt; das Buch ist seiner Trauerarbeit und den von Flora überlieferten Zeugnissen gewidmet. Im Sinne eines Fortsetzungsromans führt *Das Ungeheuer* Merkmale des Vorgängertextes weiter. So taucht etwa der dubiose Eigentümer des Vierzigtausend-Euro-Koffers wieder auf. Zugleich aber setzt der Roman neu an, wird zum Psychokrimi, Roadmovie und »Jedermännchen«-Text ohne Höhepunkt oder Auflösung.[94] Der arbeitslose Darius isoliert sich selbst, will Floras Urne in Ungarn beerdigen, fährt – ähnlich wie die Protagonistinnen in Sibylle Lewitscharoffs Anti-Bulgarienroman *Apostoloff* (2009) – mit den Überresten der Verstorbenen durch halb Europa. Er will ihrem Schicksal nachforschen, ihr ungarisches Tagebuch beziehungsweise ihre Notizen lesen, die er in ihrem Laptop gefunden hat. Das Ergebnis ist eine postume Liebesgeschichte. Sie nimmt ihren Ausgang bei der Frage, was Flora zu ihrem Selbstmord bewegt hat, ob gar er, Darius, Schuld sei. *Das Ungeheuer* verschriftlicht eine Psychose. Darius muss erkennen, dass er in Floras Leben offenbar nur eine Nebenrolle spielte. Nach dem ersten Achtel des Textes teilt sich der Roman in die Darius-Handlung und Notizen. Nur kurzzeitig spiegeln sich beide Geschichten. Etablierte Rollenklischees kehren sich dabei um: »Sie war die wartende Frau gewesen, nun war er der wartende Mann.«[95] Fühlte er sich einst aufgehoben in ihrer Sanftmut, so beschreibt er sich im Ausgang der Lektüre nur mehr als ihr »Symbiont«.[96]

Erzählt wird nicht-chronologisch mit Streichungen und Sprachvarianz. Floras Skripte mischen psychoanalytische Fach- und sexualisierte Gossensprache, Deutsch und Ungarisch, geben Einblick in die Gedanken- und Gefühlswelt einer vielfach gespaltenen Person. »Ich bin ein Niemandskind. *Mutter tot, der Vater fort, weder Gott noch Heimatort«,*[97] notiert sie über sich. Ihre familiäre Heimatlosigkeit entspricht der territorialen: »Sag ein Bild für Osteuropa: Lungenentzündung in einem dreckigen Zug.«[98] Kälte, Dreck, Zug im doppelten Sinne, schwere Krankheit – Assoziationen wie diese verbindet sie mit Ungarn, einer unterentwickelten Region in Bewegung. Ihren zweiten Vornamen, der sie mit der grausamen Kaiserin Teodóra verbindet, lehnt sie ab, wird sich selbst Unperson. Ihre Sozialisation macht sie zum Opfer von Gewalt. »Das Gedemütigt-sein minimieren«,[99] lautet ihr einziges defensives Lebensziel. Sie verfehlt es.

Die Darius-Geschichte wird zu einer Parallelepisode eines zerstörten Lebens. Sie setzt sich mit Liebe auseinander, indem sie Erich Fromms *Kunst des Liebens* und Roland Barthes' *Fragmente einer Sprache der Liebe* exzerpiert. »*Liebe als Heilpotenz gegen den Wahnsinn*«,[100] steht in Floras Tagebuch. »Jemanden zu lieben ist ein hinreichender Grund, seine Existenz als sinnvoll zu empfinden.«[101] Mit diesem Argument versucht sie, sich vom Leben zu überzeugen. Darius wiederholt den Satz später, versucht verzweifelt, das schnelle Auseinanderdriften ihrer Leben zu verstehen.[102] Er hat Angst, Verletzendes über sich zu lesen, liest Gelesenes wieder und wieder, um es sich zu vergegenwärtigen.[103] Aber er kommt in ihren Dokumenten so gut wie nicht vor; sie konzentriert sich auf Erlebnisse der Erniedrigung. Auch ausgelöst durch »Trigger-Sätze[ ]« und graduelle psychische Sprünge verstrickt sie sich immer weiter in die Depression.[104] Flora wollte schildern, »[d]ass man final verzweifeln kann«.[105] Sie versucht, ihren Zustand in Skalen klinischer Depression zu bestimmen. Knappe Verweise auf Melancholie als Eigenschaft des genialischen Charaktertypus laufen ins Leere. Roland Barthes Liebessemiotik wird von Thomas Bernhards Suada, durch pessimistisches und misanthropisches Denken, überlagert. Die Wirkung von Tranquilizern und Psychopharmaka lässt nach.[106] »Man kann aufhören zu existieren, ohne tot zu sein.«[107] Selbst- und Fremdtötungsphantasien plagen Flora. Sie will sich töten, ohne dass andere Schaden nehmen. Ihre Notizen beendet sie ein halbes Jahr vor ihrem Tod. Darius trauert: »Dass ich im Paradies leben durfte, so viel, immerhin, habe ich begriffen.«[108]

Während der erste Darius-Kopp-Roman noch ins pralle Leben der 2000er-Jahre eintaucht, überführt der zweite die literarische »Schnittmenge« Ostmitteleuropa in intime Kommunikation.[109] Darius' »bessere Hälfte« entpuppt sich dabei als zu fragil für diese Welt, gescheitert am Versuch ihrer eigenen Deterritorialisierung. Anders als bei Sibylle Lewitscharoffs nachgeborenen Töchtern eines bulgarischen Vaters unterbleibt jede souveräne Geste der Selbstdistanzierung: »Nicht die Liebe vermag die Toten in Schach zu halten, denke ich, nur ein gutmütig gepflegter Haß«,[110] heißt es bei Lewitscharoff abgeklärt. Moras Protagonistin hingegen kehrt den Hass gegen sich selbst, verinnerlicht die Kälte, den Zug, den Dreck des Ostens.

Obwohl Flora der »Schnittmenge« Ostmitteleuropa nicht genügt, entspricht sie als Figur Moras Diktum von der Abstrahierung: Sie erscheint als Typus und Funktion, als Jederfrau, die um die Ecke und in uns selbst wohnt. Ihre ungarische Geschichte bleibt, aller Detektivarbeit zum Trotz, im Dunkeln. Während Herta Müller das Spezifische und Eigentümliche an Rumänien herausstellt, treibt Mora es zurück. Ungarisches erscheint nur mehr als Zeugnis einer vergangenen monokulturellen Welt im hässlichen Osten. Haben wir tatsächlich jede kulturelle Bindung aufgelöst, die Dominanzverhältnisse zwischen West und Ost, Nord und Süd eingeebnet? Spielen diese Fragen in der Welt von morgen keine Rolle mehr?

Orientalischer Orient, okzidentalisierter Orient, orientalisierter Okzident: Mathias Énards *Kompass* (2015) als Anti-Divan

Der französische Autor Mathias Énard fragt sich genau das. Es geht ihm um eine andere Schnittmenge: um das Verhältnis von Orient und Okzident. Zu diesem Zweck setzt er sich mit Kardinaltexten auseinander, die dieses Verhältnis bereits beleuchtet haben. Viele davon stammen, wie beispielsweise Goethes *West-östlicher Divan* oder die Werke der Autorin und Fotografin Annemarie Schwarzenbach, aus dem deutschsprachigen Bereich. In seinem Roman *Boussole* (*Kompass*, 2015), ausgezeichnet mit dem Prix Goncourt im selben Jahr und dem Leipziger Buchpreis zur Europäischen Verständigung (2016), erörtert Énards Protagonist, wie irreführend und im Grunde selbstsüchtig Goethes Annäherungen an den Orient sind, erklärt Schwarzenbach und andere zu seinen Vorbildern. Énard, selbst studierter Orientalist und Freund komplexer Erzählformen, schreibt seinen Roman in eine Zeit polemischer Auseinandersetzungen über den Orient hinein. Michel Houellebecqs *Soumission* (*Unterwerfung*, 2015) mit seiner dystopischen Phantasie von einem islamisierten Frankreich regte zu öffentlicher Polemik und Gegenpolemik an. Énard setzt anders an. Sein Roman beschreibt die wechselseitige Abhängigkeit von Orient und Okzident, löst etablierte Grenzen zwischen den Ländern und Literaturen auf.

Im Fieberwahn einer schlaflosen Nacht erzählt der schwer erkrankte, orientreisende österreichische Musikwissenschaftler Franz Ritter von seiner Liebe zu Sarah, einer schönen französischen Orientalistin, die ihm

Annemarie Schwarzenbach mit französischer archäologischer Delegation
in Afghanistan, Herbst 1939

unerwartet einen Sonderdruck eines selbstverfassten Forschungsbeitrags geschickt hat. Franz Ritter erinnert sich an gemeinsame Reisen nach Istanbul, Damaskus, Aleppo, Palmyra, verknüpft westliche und östliche Hör- und Leseerlebnisse miteinander, trauert über Zerstörung und Terror durch den »Islamischen Staat«, fragt nach dem Verhältnis der Welten. Das Thema bedarf mehrerer Ebenen, vielerlei Sichtungen, ethischer und wissenschaftlicher Debatten und der freien, achronischen Assoziation, um nicht zu einfach zu werden oder in westliche, »rationale« Stereotype zu verfallen. Die Form des Traumberichts eignet sich dafür in besonderer Weise. Sie erlaubt es, im Halbdunkel zu bleiben, Halbbewusstes zu äußern.

Sarah, die engagierte Feministin, Kafka-Verehrerin und Verfechterin orientalischer Autonomie, erweist sich als revolutionäre Denkerin. Es ist unklar, wie weit Franz Ritter, der sich als mittlerer, nicht immer aufmerksamer Leser und Nicht-Experte für Orientalisches entpuppt, ihr folgen kann. Sarah greift »die heilige postkoloniale Trinität, Saïd, Bhabha, Spivak« an.[111] Die Wissenschaftler Edward Saïd, Homi Bhabha und Gayatri Chakravorty Spivak stehen aus Sarahs Sicht gleichermaßen für Ansätze, die den Orient zum Abhängigen deklarieren, weil sie ihn als absolut anders begreifen. Sarah will nichts Geringeres, als die post-

459

koloniale Theoriebildung ablösen. Man müsse sich von der Idee einer »absoluten Andersartigkeit« des Islam verabschieden, meint sie. Sie fordert, die Verbrechen des Kolonialismus als solche zu benennen und zugleich zu würdigen, was der Okzident dem Orient verdankt. Franz Ritter fasst ihre Absicht zusammen: Wir brauchten »eine neue Vision [...], die den anderen in sich einschließe. Die beide umfasse.«[112] Sarah will die Geschichte der Begegnungen von Orient und Okzident aufarbeiten, gemeinsame Denkfiguren und Konstruktionen von Identität und Modernität verfolgen, nachweisen, dass Orient und Okzident immer schon vermischt waren. Wörter wie Orient und Okzident scheinen ihr nicht einmal mehr »heuristischen Wert« zu haben.[113] Die Wirklichkeit ist vielschichtiger.

Sarah geht es nicht nur um Wissenschaft, sondern um eine gemeinsame Ethik und Moral. Ihr Kollege Gianroberto Scarcia, ein auch real existierender Spezialist für persische Literatur, notiert in Anspielung auf Sartre:[114] »Wie Sie sagen, liebe Sarah, der Orientalismus muss ein Humanismus sein.«[115] Doch worauf soll sich solcher Humanismus gründen? »Ein Humanismus auf welcher Grundlage? Welcher Universalität?«,[116] fragt sich der Sprecher Énards. »Das Wissen und der Planet als neuer Horizont«,[117] heißt es knapp und vorsichtig. Naiv ist das Unterfangen nicht. Sarah und ihre Kollegen wissen um die Vielschichtigkeit des Orients. Diese zeigt sich im Bild des titelgebenden Kompasses: Seine sichtbare Magnetnadel zeigt nach Osten, aber die richtungweisende Nadel ist unter dem Anzeigenblatt versteckt. Sie steht für all das, was im Geheimen und doch passiert, was sich nicht lenken, zerstören, angleichen lässt, sondern seiner »Natur«, der Erdanziehung, folgt.

Für ihr Vorhaben, das tatsächlich sämtliche Grenzen und Begriffe einreißt und zugleich ethisch weitgehende Konsequenzen hat, nennt Sarah vor allem zwei Gewährspersonen aus ihrem »Katalog [...] von Abenteurern im Reich der Melancholie«:[118] den iranischen Autor und Übersetzer Sadegh Hedayat (Sādeq Hedāyat, 1903–1951) und die schweizerische Autorin und Fotografin Annemarie Schwarzenbach (1908–1942).[119] Beide siedelten in fernen Ländern, psychisch angeschlagen und in gewisser Weise heimatlos. Hedayat stammte aus aristokratischer und gelehrter Familie, lernte früh Französisch und ging nach Frankreich, um zu studieren, von Selbstzweifeln geplagt, pessimistisch. Zurück im Iran, gründete er die Künstlergruppe »Rab'eh« (»Vierer«); in Auseinandersetzung mit westlichen Entwicklungen wollte die Gruppe die persische

Kunst verändern. Hedayat, der unter anderem Schnitzler, Rilke und Kafka übersetzte und selbst als »Kafka Irans« galt,[120] schrieb Kurzgeschichten, Dramen sowie eine amüsante Satire über eine misslingende islamische Europa-Mission (*Karawane Islam*, 1933/34). Er setzte sich kritisch mit dem Islam auseinander. Im *Kompass* gilt er als einer der großen Traurigen, der die unterschiedlichen Niveaus der Zivilisationen, denen er sich verbunden fühlte, nicht verarbeiten konnte, sich von Paris – wie der Sprecher selbst – eingeschüchtert fühlte.

Schwarzenbach, Enfant terrible aus wohlhabender Familie, die mit NS-Deutschland sympathisierte, schlug den umgekehrten Weg ein.[121] Sie debütierte mit dem Roman *Freunde um Bernhard* (1931), war mit Erika und Klaus Mann gut bekannt, lebte bisexuell und reiste. Mit Klaus Mann fuhr sie nach Moskau, um am ersten Allunionskongress sowjetischer Schriftsteller teilzunehmen; es zog sie nach Istanbul, Persien, Afghanistan, Belgisch-Kongo und immer wieder in die USA. Sie wollte der »europäischen Tristesse« entkommen,[122] ihren Spleen leben, den wahren Orient suchen. Sie buchte sich in das berühmte Hôtel Baron in Aleppo ein. Der Sprecher und Sarah suchten es gemeinsam auf, der verehrten Dame auf den Spuren, ihren dort im Dezember 1933 verfassten Brief an Klaus Mann lesend. Mann hatte sie über den Tod einer Schulfreundin informiert – »fast ein Gefühl von Unsicherheit: es in Aleppo zu erfahren«, notiert sie und beklagt das Schwinden der »Zusammenhänge«.[123]

Vermittelt durch Franz Ritter, sinniert *Kompass* mehr über diese Geschichten als über die wissenschaftlichen und ethischen Fragen Sarahs. Hedayat und Schwarzenbach führen mitten hinein in europäische und orientalische Erlebniswelten. Franz Ritter setzt Sarahs Vorhaben dabei trotzdem ein Stück weit um, eher intuitiv und räsonierend als wissenschaftlich konsequent. In einer assoziativen Tour d'horizon durch orientalisierende Opern stellt er fest, dass es den Orient im Westen nur im Plural gab: als »ersten Orient«, den Orientalisten wie Joseph von Hammer-Purgstall (1774–1856) besucht hatten, als »zweiten Orient« von Autoren wie Goethe oder Victor Hugo, die nie dort gewesen sind, aber viel darüber gelesen haben, und als »dritten Orient« von Komponisten wie Berlioz und Wagner, deren Orient-Phantasien sich aus den Werken Goethes und Hugos speisen.[124]

Der *Kompass* huldigt Friedrich Rückerts Orient-Lyrik, August von Kotzebues (von Beethoven vertontem) Festspiel über *Die Ruinen von Athen* (1812) und Karl May, der Initiationslektüre so manches Orientalisten. Franz Ritter pendelt assoziativ zwischen Orient und deutsch-sprachiger Provinz, Tübingen und Hammer-Purgstalls Schloss Hainfeld in der Steiermark. Dabei ist es gleichgültig, ob der Sprecher und Sarah in Syrien Grabungsstätten untersuchen oder in Österreich mittelalterlichen Hexen und Vampirinnen auf der Spur sind: Die Kulturkreise überlagern sich.

Orient-Bilder unterliegen dem Wandel, und sie lassen sich weiter trei-ben, hin zu neuen Exotismen: Wien etwa ist längst nicht mehr »Haupt-stadt des Balkans«[125], sondern eine Stadt in der Mitte Europas. Grü-nen Veltliner trinkt man dort wie libanesischen Wein, beobachtet nicht nur das Verhältnis von Orient und Okzident, sondern auch die jüdi-sche Tradition der Stadt. Institutionen wie das Institut français d'études arabes und das Deutsche Archäologische Institut, das sich von einem Prunkstück des preußischen Kulturimperialismus zu einem internatio-nal vernetzten Gebilde mit lokalen Zentren und generöser Förderpolitik für Wissenschaftler aus aller Welt entwickelt hat, erscheinen als Brenn-punkte des multikulturellen Austauschs.

Doch immer wieder lässt sich der Sprecher ablenken: durch die Liebe, die Krankheit, die Angst, bald zu sterben, und das Radio, das die ganze Nacht über läuft und zu Exkursen, unter anderem über Thomas Manns *Doktor Faustus*, Anlass gibt.[126] Im Gespräch mit Sarah ging es ihm viel-fach ähnlich: Wetterte sie gegen Edward Saïd, fiel ihm bloß ein, dass er ein exzellenter Pianist war, der mit Daniel Barenboim das West-Eastern Divan Orchestra gegründet hat. Immer wieder unterläuft der Sprecher Sarahs radikale Postkolonialismus-Kritik. Zugleich arbeitet er halb be-wusst an der Frage, was Identität sei, hielte man nach dem Postkolonia-lismus eine neue orientalisch-okzidentale Epoche für möglich.

Dabei ist Franz Ritter schon selbst Orientale, beziehungsweise er bedient ein bestimmtes Orientalismus-Klischee: dasjenige des delirie-renden Opiumrauchers. Seine erste Opiumpfeife brachte Franz Ritter Novalis, Berlioz, Nietzsche und Trakl näher. Die Drogen-Dichtung er-weist sich als roter Faden des Romans: Jörg Fauser, »der deutsche Bur-roughs«,[127] beschreibt in *Rohstoff* (1984) Hippies, die im Istanbul der 1970er-Jahre Opium rauchen, abhängig werden, physisch und psy-chisch verfallen. Hedayat galt als drogensüchtig. Schwarzenbach hatte in den 1930er/1940er-Jahren Morphium genommen, war depressiv und in psychiatrischer Behandlung. Heines Gedicht *Morphine*, aus dem der Sprecher ausführlich zitiert, gibt – neben einem längeren Exkurs über

Gottfried Benn – dem Nachdenken über das Sterben die Richtung vor: »Gut ist der Schlaf, der Tod ist besser«.[128] Franz Ritter fragt sich, ob jemand Heines Hand hielt, als er starb. Der kranke Protagonist überträgt die Frage auf sich, sorgt sich, einsam aus dem Leben zu scheiden. Denn Sarah ist fern, falls sie sich überhaupt noch für ihn interessiert.

Die Selbstsorge bietet Anlass zu heftiger Polemik gegen Goethe. Franz Ritters Auseinandersetzung mit dem *West-Östlichen Divan* bildet den Höhepunkt des *Kompass*: Goethe gilt Franz Ritter als Gegenbild der eigenen Existenz und der eigenen Orient-Wahrnehmung. Wiederholt klagt er an: Goethe hat Christianes Hand nicht gehalten, als sie starb, hat Krankes immer gemieden, sich vom Tod abgekehrt. Goethes Orient-Begeisterung entstammte, notiert Franz Ritter wütend, allein dem Willen, das eigene Leben zu bejahen, neue Energie aufzusaugen, auch aus der Liebe zu der Schauspielerin und späteren Bankiersgattin Marianne Willemer. Deshalb wollte Franz Ritter Weimar nie besuchen. Die Stadt erscheint ihm als einziges Goethe-Museum, als Ort eben jenes Lebenskultes, der ihm zuwider ist:

> Eine Miniatur für Sammler. Ein Bild. Welche Kraft bei Goethe. Sich mit fünfundsechzig Jahren in den Divan von Hafis und in Marianne Willemer verlieben. Alles durch die Brille der Liebe sehen. Liebe bringt Liebe hervor. Die Leidenschaft als Motor. Goethe die Maschine des Begehrens. Dichtung als Kraftstoff.[129]

Stakkatohaft schimpft Franz Ritter über Goethe, bezeichnet ihn als alternde Lust-, Liebes- und Leidenschaftsmaschine. Alles will Goethe durch »die Brille der Liebe« sehen – zum Selbstzweck und für die Literatur, die zugleich »Kraftstoff« fur die Liebe wird. Mit dieser Suada reagiert Franz Ritter auf Sarah, deren E-Mail aus Weimar er morgens um 4.30 Uhr im Computer vorfindet. Sie erzählt von einem Besuch im Goethe-Haus, wo sie die erste Edition des *West-Östlichen Divan* bestaunte. Sarah erscheint analog zu Goethe: als energisch, stetig auf der Suche nach neuem exotischem »Kraftstoff«. Sie ist nicht da, um die Hand des Kranken, des Sterbenden zu halten, der sich damit in die Rolle Christianes imaginiert. Im *Kompass* wird nichts getan, sondern gezweifelt, nicht geliebt, sondern gelitten. Aus dem verzweifelten Erzählen gegen Angst und Einsamkeit scheint nur mehr vage Hoffnung auf.

Der *Kompass* erweist sich als nostalgischer Text: als Erinnerungsdokument. Es hält die vergangenen Schönheiten einer west-östlichen Welt fest, die im Verfall begriffen ist. Énard hat einen Anti-Houellebecq und einen Anti-Divan zugleich vorgelegt. Aus der Auseinandersetzung vor allem mit Goethe erprobt er im orientalisch-okzidentalen Selbstversuch eine ihm gemäße menschliche Weltwahrnehmung. Énards *Kompass* sendet einen starken Appell aus: Gegenwartsliteratur, die sich als deterritorial und kosmopolitisch begreift, muss literarische Traditionen der Weltbeschreibung prüfen und die Welt als gemeinsames globales Anliegen beschreiben. Doch bleibt es nicht bei der abstrakten Globalität. Der Einzelne ist es, der zählt, auch in seinem Siechtum.

*

In der Gegenwartsliteratur verlaufen Grenzen nicht mehr zwischen Erster, Zweiter oder Dritter Welt, sondern zwischen Lesern und Nichtlesern, Territorien mit und ohne Zensur. Potenziell gehört jeder dazu, ist Publikum oder selbst Autor, zumindest aber Stichwortgeber und Interviewpartner. Selbst die Tiere erhalten eine Stimme. Autoren schreiben nicht unbedingt selbst, sondern schreiben auf. Sie arbeiten sich an literarischen und ästhetischen Traditionen ab, suchen einerseits das Besondere der jeweiligen Kulturen, andererseits sind sie darum bemüht, dieses Besondere für Leser unterschiedlicher Herkunft zum Sprechen zu bringen. Eine ausschließliche Orientierung auf einen globalen und dominant angloamerikanischen Markt kann man dabei nicht feststellen. Vielmehr erweisen sich auch die westlichen und östlichen Kultursphären als historisch so reich und in ihren Problemlagen gegenwärtig als so komplex, dass ihnen viel Aufmerksamkeit zuteil wird.

Es geht darum, die sich schnell wandelnde Welt zumindest punktuell zu erfassen, Geschichten zu verdichten, um etwas übereinander zu erfahren: über gemeinsame Traditionen als Quelle für eine gemeinsame Zukunft. Immer wieder findet sich ein paradoxes Denk- und Schreibmuster: die Hoffnung, ein neuer Humanismus möge über die Menschen kommen – und der Zweifel daran, geschult am Postkolonialismus und seiner Wahrnehmung der unterschiedlichen Erfahrungen, Verhaltensmuster, Sprachen, Denk- und Schreibtraditionen.

Handelten die Autoren des Exils tatsächlich unterschiedliche Verständnisformen von Humanismus aus – man war wie Stefan Zweig pazifistischer oder wie Vicki Baum und Thomas Mann militanter Humanist –, so geht es heute um Varianten derselben Idee: Ist es möglich, Humanist zu sein, ohne allzu universalistisch zu werden und die Welt mit den eigenen Werten und Lebensformen zu überfordern? Im *Kompass* endet Sarahs Versuch, einen solchen Humanismus auszubuchstabieren, in Gestammel, visionärem Gestammel allerdings: Planetare Anliegen, gemeinsame Probleme, globale Anziehungskräfte – dergleichen soll den neuen Humanismus motivieren. Nimmt man dieses Anliegen ernst und denkt es weiter, so liegt eines auf der Hand: Ein solcher Humanismus kann nur als globaler Humanismus gedacht werden. Auf die Literatur käme dann die Aufgabe zu, aus der Unterschiedlichkeit der Kulturen dem gemeinsamen Horizont ästhetisch Ausdruck zu verleihen und das Unvereinbare zu markieren.

X.

Epilog: Literarische Zivilisation und der Staub der Geschichte. Fünfundzwanzig Thesen

Über tausend Jahre Literaturgeschichte zeigen, dass deutschsprachige Literatur in ein mehr oder minder globales Gespräch über das eingebunden ist, was uns alle angeht. Sie steht in literarischen Traditionen, die sich seit der Antike fortschreiben und verändern, entstammt einem lokalen, nationalen und kosmopolitischen Umfeld. Literatur wird gelesen, übersetzt, diskutiert, zu Comics, Graphic novels, Codes, Liedern, Opern, Musicals, Ikonen auf Kaffeetassen und neuer Literatur verarbeitet und verfilmt. Wenn sie mitunter auch als kulturelles Statussymbol im Bücherregal vermodert, so ist sie doch immer aktualisierbar. Weil sie Bildungsgut ist und jeder sie kennen könnte oder sollte, taugt sie als Gesprächsanlass, als Beispiel und Einwand. Wer auf Literatur verweist, vertraut auf die Zivilisation: auf das humanitäre und künstlerische Interesse eines jeden Menschen, der lesen, hören, sehen kann und will.

Doch auf die allermeisten Texte legt sich der Staub der Geschichte. August von Kotzebues Rührstücke feierten zwar auf den internationalen Bühnen des ausgehenden 18. und beginnenden 19. Jahrhunderts große Erfolge, gerieten aber langfristig in Vergessenheit. Der von demselben Publikum zunächst gering geschätzte *Faust* Goethes überlebte. Eine erste Erklärung dafür könnte heißen: Gute Unterhaltung befördert die Rezeption, aber nur für kurze Zeit. Doch greift diese Erklärung nicht zu kurz? Werke sind Effekte von Texteffekten, gespeist aus anderen Kulturen, Sprachen, Erinnerungen, Erzähl- und Wahrnehmungstraditionen. Ästhetisch und zivilisatorisch beanspruchen lässt sich weniger, was besonders gern gelesen, gesehen oder gehört wurde, sondern was den Geschmack der Zeit herausforderte. Dies liegt nicht nur an den Texten selbst, sondern auch an der Aufmerksamkeit des Publikums, an Vorlieben und Verboten. Galt beispielsweise Franz Kafkas *Schloss* in den kommunistischen Ländern einstmals als gefährlich und dekadent, so schlug diese Sichtweise in China nach der Kulturrevolution ins Gegenteil um: Kafkas Text wurde zum Zeugnis für das Leiden unter der Diktatur.

Genaue Lektüre beugt falschen, irreführenden, tendenziösen, ideologischen Beschreibungen vor oder vermag sie anzuprangern. Texte blitzen wie Diamanten in unterschiedlichen Farben, abhängig vom Lichteinfall. Doch gibt auch ein Diamant nicht jeden Farbton her, und unter bestimmtem Licht wirkt selbst er stumpf. Derartige – kultursoziologisch gesprochen: multifunktionale, ästhetisch formuliert: polyvalente – Texte sind selten, und vielleicht bedeutet eben ihre Rarität Schönheit. Diese Geschichte deutschsprachiger Literatur berücksichtigt solch polyvalente, aber auch schlichtere und vor allem hybride Texte, um Wahrnehmungs- und Aneignungsweisen jenseits von Deutschland, Österreich und der Schweiz zu beschreiben. Aus den Beobachtungen dieser Prozesse ergeben sich fünfundzwanzig Thesen und Spekulationen.

Eigenschaften

1. *Jenseits der Grenzen der eigenen Sprache ist Nichtwahrnehmung der Regelfall.* Wollen Autoren außerhalb ihres Sprach- und Kulturkreises sichtbar werden, bedarf es besonderer Anstrengungen. Sie können an vielem scheitern: an ähnlichen oder fremden Erzählmustern der Zielkultur, Konkurrenz mit einer starken einheimischen Literaturszene, schlechten Übersetzungen, mangelndem Rückhalt durch Verlage oder schlicht dem Desinteresse der Leser. Selbst berühmte Autoren erlebten außerhalb der Grenzen ihrer Sprache bemerkenswerte »Flops«, um es mit Hans Magnus Enzensberger zu sagen:[1] Theodor Fontanes *Effi Briest* etwa ging im Konzert der realistischen Romane Frankreichs und Englands unter. Die Übersetzungen des Textes ruinierten ihn mehr, als sie ihm halfen. Hermann Brochs Werke erschienen amerikanischen Verlagen als zu komplex, und selbst Thomas Mann konnte oder wollte nicht bei der Vermittlung helfen. Er selbst scheiterte – wie Bertolt Brecht – in Hollywood. Zu vielschichtig und kritisch erschienen ihre Texte. Auch Rose Ausländer reüssierte nicht auf dem amerikanischen Buchmarkt, obwohl sie auf Englisch dichtete. Klara Blum hingegen bemühte sich erst gar nicht, auf Chinesisch zu schreiben. Erst ein prochinesisches Propagandagedicht fand Eingang in die dortige Literatur, weil Blum damit den Erwartun-

gen ihrer Leser entsprach. Mustert man hingegen weithin verbreitete Texte, fällt Folgendes auf:

2. *Starke Figuren wandern besonders oft in die Literatur anderer Länder ein.* Schon der Prosaroman des 16. Jahrhunderts kennt und prägt solche Figuren: Faust, Eulenspiegel, Fortunatus, allesamt faszinierende moralische Negativexempel, die den etablierten Wertekanon infrage stellen. Vor allem seit dem 18. Jahrhundert beeindrucken die großen ebenso wie die dubiosen und empfindsamen Individuen: neu erweckte biblische Gestalten, Kain und Abel, der Messias selbst, sodann Werther, Karl Moor, Nathan, der renovierte Faust. Das 19. Jahrhundert entdeckt den indigenen Exoten Winnetou und erklärt ihn zum Typus des »edlen Wilden«; im 20. Jahrhundert treffen kontroverse Künstlergestalten wie Steppenwolf Harry Haller oder der kleinwüchsige Oskar Matzerath den Nerv des Publikums. Literatur bedient menschliche und allzu menschliche Selbstbespiegelungs-, aber auch Distanzierungsbedürfnisse. Identifikatorische Lektüreinteressen spielen eine große Rolle, weltweit. Literarische Figuren bergen Entdeckungs- und Enttäuschungspotenzial. Ihre Besonderheit liegt in der Abweichung vom Erwartbaren.

3. *Gewichtige historische und politische Themen sprechen ein bildungshungriges, mitunter auch politisch engagiertes internationales Publikum an.* Elias Canettis *Blendung*, die das Verrückte in einer von dummer Masse regierten Welt herausarbeitet, Herta Müllers *Atemschaukel*, ein Gulag- und Rumänien-Roman zugleich, ziehen ihre Leser an. Texte wie diese erlauben Geschichtsreflexion, Kulturkritik durch ästhetische Verdichtungen. Sie blicken auf das, was Menschen einst über Ereignisse oder historische Konstellationen dachten, was sie fühlten, an Ballast, Ungeordnetem, Erfreulichem weitergeben und mit Lesern der Gegenwart teilen können. Auch moralische Skandale mit kulturhistorischer Tragweite wie Werthers Selbstmord oder die Gretchen-Tragödie stimulieren die Lektüre. Solche Texte ermöglichen symptomatische Lektüren, erlauben es, Abläufe und Rollenmuster zu vergleichen, aber auch das herausstechende Einzelne zu erkennen, positiv wie negativ, so politisch wie bewusst apolitisch oder entpolitisiert.

4. *Textwahrnehmungen sind gattungsspezifisch, auch im östlichen Teil der Welt.* Bezeichnenderweise handelt es sich bei den Texten, die identifikatorische Rezeptionsmuster hervorrufen, zumeist um Ro-

mane, Dramen oder (Vers-)Epen. In der Form von Erzählungen, seien sie fragmentarisch oder vergleichsweise linear, und in der Form von Dialogen lassen sich offenbar am besten Figuren und Geschichten schildern. Goethes *Werther* und seine japanischen und chinesischen Umdeutungen zu fernöstlichen Briefromanen belegen eine die Kulturen überspannende Sensibilität für Gattungsspezifik. Sie gilt umgekehrt auch für formschöne oder hermetische Gedichte und Kurztexte, die mit eigentümlichen, bislang so nicht gekannten Formulierungen und Sprachbildern arbeiten. Zahlreiche Texte des Sturm und Drang, der Klassik, der Romantik sowie der klassischen Moderne gehören hierher. Rilkes *Duineser Elegien* fallen ebenso darunter wie die Celan-Texte. Texte wie diese tendieren dazu, eigene Codes auszubilden, die in die Gattungsschemata der Lyrik gebunden sind. Solche Codes leben in anderen Texte weiter, haben Wiedererkennungswert, schaffen Communities von Lesern und Freunden.

5. *Die aparte Gestaltung eines Textes sorgt jenseits der Landesgrenzen für Aufmerksamkeit, jedoch nicht immer.* Papier, Einband, Umfang, Verlag, digitale Aufbereitung oder Link, »frames« (Rahmen) eines Textes, hemmen oder verstärken das Leseinteresse. Goethes *Faust* erfuhr in Frankreich auch deshalb begeisterte Aufnahme, weil Eugène Delacroix ihn mit seinen Lithographien schmückte. Thomas Manns *Buddenbrooks* wurden erst durch ihren Neudruck in einem Band von einem Heimatroman zu dem Familienroman der Moderne. Doch nicht immer birgt ein schöner oder besonders handlicher Einband einen ebensolchen Text: Die erste englische Übersetzung von Rilkes *Duineser Elegien* etwa war so hölzern, dass selbst die edle grafische Gestaltung ihre Rezeption nicht beförderte.

6. *Der Autor lebt in anderen Sprachkulturen weiter.* Wer ein Werk aus einem anderen Sprach- und Kulturraum vorstellt, muss etwas über seinen Autor sagen, weil er in der Regel dort nicht bekannt ist. Biografismus hilft der Kulturvermittlung: Leser anderer Kulturen finden im Interesse eines Autors für ihre Weltregion, in Goethes Orient- und Kafkas China-Begeisterung Anknüpfungspunkte. Auch faszinieren multikulturelle Familiengeschichten: Diejenige über Thomas Manns brasilianische Mutter ließ den Autor nach Auffassung eines brasilianischen Journalisten zum brasilianischen Schriftsteller werden – mit Einreiseverbot allerdings, weil Mann als zu links galt. Autoren beeindrucken durch Moral (wie Anna Seghers) und

Authentizität (wie Franz Kafka, Nelly Sachs und Paul Celan), verschrecken oder faszinieren durch Amoral. Auch politisch kontroverse, »böse« Autoren wie Ernst Jünger und Gottfried Benn finden Freunde. Ohne Johannes R. Becher und Bertolt Brecht ließe sich keine Literaturgeschichte Ostdeutschlands schreiben, und Thomas Bernhards Wiener *Heldenplatz*-Skandal stieß die Wahrnehmung des Autors in Spanien erst an. Ist das Interesse allerdings erst einmal geweckt, leitet sich aus der Kulturvermittlung nicht die Lizenz ab, die vermittelten Texte auch biografistisch zu deuten – und das wissen die aufnehmenden Kulturen in aller Regel auch.

Translationen

7. *Sichtbarkeit und Anerkennung in der Ausgangskultur erweisen sich als Voraussetzungen für die Wahrnehmung in einer anderen Kultur.* Wer einen Text in andere Sprachen übersetzt oder ihn in anderen Sprachen liest, nimmt ihn bereits vermittelt, also sekundär wahr. Rezensionen oder Empfehlungen in der Sprache des Originals ermöglichen die Textwahrnehmung. Solche Rezeptionen auf zweiter Stufe sind oft schon mehr oder minder produktiv, schwanken zwischen Interpretation und Eigenkreation. Doch sind Sichtbarkeit und Anerkennung in ihrer Zeit nur Ermöglichungsbedingungen, keine Garanten für langfristige Rezeptionen. Man denke an den heute unbekannten Nobelpreisträger Paul Heyse. Vergleichbares trifft auf literarische Bewegungen, Dichterkreise oder Autorengruppen zu, die ihre Protagonisten zwar durch ihre Programmatik, interne und externe Dispute, Krönungsmessen, ästhetische Labels wahrnehmbar machen und mitunter sogar den Takt öffentlicher Aufmerksamkeit mitbestimmen können. Einen Automatismus der Rezeption aber setzen auch sie nicht in Gang: Emanuel Geibel, Protagonist des Münchner Dichterkreises »Die Krokodile« und von Fontane prominent für seine »Geibelei«, also für formal strenge Dichtung, gescholten, ist heute in Vergessenheit geraten. Ähnliches gilt für Angehörige der Gruppe 47 wie die Satirikerin Gisela Elsner.

8. *Je ferner der an deutschsprachiger Literatur interessierte Kulturkreis ist, desto eher nehmen seine Leser deutschsprachige Literatur durch andere Kulturen vermittelt wahr. Schichten der Rezeption überlagern sich.* In China um 1900 las man japanische *Werther*-Überset-

zungen, die ihrerseits nach den englischen verfertigt waren, und noch in den 1980er-Jahren übertrug man Kafka aus dem Englischen. In der Türkei und in Ägypten nahm man die französische Übersetzung und nur vielleicht das Original zur Hand. Es handelt sich um Tertiär- und Quartärrezeptionen der deutschsprachigen Originale. Dieser Befund erhellt einen weiteren.

9. *Literarisch gab und gibt es sprachliche und territoriale Einflussgebiete.* Bis in das 17. Jahrhundert hinein war eine Übersetzung ins Lateinische der literarische Ritterschlag, auch für deutschsprachige Literatur. Sie konnte auf Latein in Europa, von Gelehrten, Missionaren und gebildeten Kaufleuten weltweit gelesen werden. England entwickelte bereits im 16. Jahrhundert eine rege Übersetzerkultur. Was sich auf Englisch verbreitete, wurde nicht nur nach Nordamerika, sondern auch nach Indien und Japan und von dort aus nach China oder gleich nach Europa zurückgespült. Was aus Frankreich kam, fand – seit ungefähr 1680 und vor allem im 18. Jahrhundert – den Weg in andere europäische Länder, nach Russland, im 19. Jahrhundert auch nach Nordafrika und in die Türkei. Spanische Übersetzungen konnten auch die spanischsprachigen mittel- und südamerikanischen Länder, portugiesische Übersetzungen konnten Brasilien und einige Länder südlich der Sahara erreichen. Literarische Einflussverhältnisse wie diese wirken bis heute nach, wenn sie auch nicht mehr ausschließlich gelten und das Englische zur dominanten Literatursprache in der Welt geworden ist. Die digitalen Medien arbeiten solchen Dominanzverhältnissen entgegen, weil sie Literatur potenziell global verfügbar machen. Durch die sich verändernde Weltordnung aber schotten sich Kulturen ab, und vor allem das Chinesische wird immer wichtiger.

10. *Literaturrezeption bedarf des Milieus, oder: Ein fremdsprachiger Text kommt selten allein.* Wird ein Text außerhalb der Landesgrenzen wahrgenommen, geschieht dies zumeist in einem interessierten Umfeld von Bekannten oder Freunden. Als zu Beginn des 19. Jahrhunderts ein später berühmtes studentisches Quartett von der amerikanischen Westküste nach Göttingen aufbrach, war dies eine Pioniertat. Als sie in die USA zurückkamen, trafen sie auf aus dem Deutschen Bund geflüchtete Vormärzler wie Karl Follen. Follen wurde Harvard-Dozent und informierte die künftigen Mitglieder des Transcendental Club über deutschsprachige Literatur. Die exilierten Vor-

märzler halfen den Heimkehrern, das jenseits des Atlantiks Erlernte und Gesehene zu verbreiten und umgekehrt. Damit nahm auch die Lektüre und Diskussion deutschsprachiger Literatur des Sturm und Drang, der Weimarer Klassik und Romantik ihren Lauf. Vergleichbares gilt andernorts und zu anderen Zeiten: Kontakte zwischen Autoren und Verlagen, Lektoren, Übersetzern, Fan-Kreisen spielen noch heute eine große Rolle, wenn es um Rezeptionen außerhalb der angestammten Sprache geht. Die internationale Wahrnehmung Thomas Bernhards zeigt dies ebenso wie das Interesse an Herta Müller in vormaligen Diktaturen.

11. *Übersetzen bedeutet aneignen.* Bei den Übersetzungen von Literatur handelt es sich, streng genommen, immer um Übertragungen des Unübersetzbaren: Literatur geht sensibel mit ihren Herkunftssprachen um, spielt auf kulturelle Spezifika an, kann (und will) nicht alles so neutralisieren, dass es überall konsumierbar ist. Übersetzung meint hier in der Regel Translation: aneignen, umbesetzen, so werktreu die Übersetzer auch arbeiten und so gut sie die Zielsprachen kennen. Übersetzungen können – wie im Fall der amerikanischen Übersetzungen von Texten Thomas Manns durch Helen Tracy Lowe-Porter – stark verfremdet sein. Für die Kultur, in die übersetzt wird, ist zunächst ihre Lesbarkeit, ihre Qualität für den Leser entscheidend, um diesen Texten ein Publikum zu schaffen. Im Fall von Rilkes vielschichtigen *Duineser Elegien* hat man das Übersetzen erst versucht, als Übersetzungen nicht mehr eng am Original orientiert sein mussten. Hier wie in anderen Fällen stimulierte die Konkurrenz der Übersetzer untereinander die Wahrnehmung des Textes. Die Geschichte von Goethes *Faust* in England und den USA lässt sich ohne den Wettbewerb seiner Übersetzer nur unzureichend verstehen. Jede Übersetzung versucht, die vorliegenden zu überbieten. Auch beförderte eine Übersetzung die Übersetzung benachbarter Texte oder Autoren: Kaum werden Paul Celan und Nelly Sachs übersetzt, entdecken ihre Übersetzer und Verleger auch weniger bekannte Autoren und Autorinnen wie Rose Ausländer. Die »kleinen Autoren« reisen im Gepäck der »großen«.

12. *Mehrsprachige Autoren schreiben nicht unbedingt mehrsprachige Literatur, sind aber besonders sensibel für Anderssprachigkeit.* Mehrsprachige Autoren wie Thomas Mann, Elias Canetti, Rose Ausländer, Nelly Sachs, Paul Celan oder W. G. Sebald waren so sprachsensi-

bel, dass sie sich an eine Literatursprache gebunden fühlten und ihre Versuche in anderen Sprachen als unzureichend empfanden. Ausnahmen bestätigen die Regel: Vicki Baum war so begeistert von der amerikanischen Kultur, dass sie bald vornehmlich auf Englisch schrieb. Ludwig Strauss wurde das Hebräische zur zweiten Literatursprache. Rilke empfand das Dichten in anderen Sprachen als bereichernd. Térezia Mora konfrontiert ihr Publikum mit ihren beiden Literatursprachen Ungarisch und Deutsch. Herta Müller bildet eigentümliche rumänische Wendungen im Deutschen nach und macht durch den Gebrauch des rumänischen Deutsch auf Varianten der Sprache aufmerksam. Yoko Tawada hingegen befasst sich mit den mentalen Konzepten, die hinter Sprachen stehen, und vergleicht. Dieser mentale Zugang zeigt, dass die Kenntnis mehrerer Sprachen die Aufmerksamkeit von Autoren für die Möglichkeiten und Grenzen der eigenen Ausdrucksfähigkeit schärft, ihre Kreativität im Umgang mit Sprache prägt – und vielleicht auch erhöht.

Aufmerksamkeit: Kulturbetrieb und Wissenschaft

13. Bilder und Musik vermitteln Anreize zur Lektüre fremder Texte. Holzschnitte, Graphic novels, Comics, Mangas, Lieder und Filme transportieren Text in unmittelbar wahrnehmbarer Form. Sie bedienen sich der Bild- und Tonsprache der aufnehmenden Kultur, erleichtern auf diese Weise die Wahrnehmung, verkomplizieren oder verfremden sie. Von einer die Textlektüre behindernden Bilderflut oder von einer globalen Kakofonie kann jedoch keine Rede sein. Im Gegenteil: In Japan erhält die Literaturrezeption im Manga seit Goethes *Faust* besonderen Stellenwert. Frankreich ist für seine rege Szene der Graphic novels bekannt, die selbst die letzten Monate im Leben Stefan Zweigs ästhetisch dezent aufzubereiten wissen. Goethes und Heines Gedichte lebten weltweit auch von ihren Vertonungen; Goethes *Werther* und *Faust* stifteten große Operndramen. Filme, speziell solche aus Hollywood, verleihen Literatur besonderen Glamour, wenn sie auch für das Filmskript vereinfacht wird. Gelangen Texte wie Vicki Baums Hotelromane, Anna Seghers' *Siebtes Kreuz*, Karl Mays *Winnetou* und Günter Grass' *Blechtrommel* auf Zelluloid, ist ihnen Aufmerksamkeit überall dort sicher, wo es Kinos mit entsprechendem Programm oder Internet gibt. Texte reisen in diesem Fall auf den Spuren der Bilder, denn manchmal will, wer den Film sah, auch das Buch lesen.

14. *Es gibt einen Nobelpreiseffekt.* Weltweit anerkannte Preise befördern die internationale Sichtbarkeit und Wahrnehmung von Literatur. Der Nobelpreis hat, wie die Konjunkturgraphen von neuen und wieder aufgelegten Übersetzungen zeigen, stimulierende Wirkung auf das Publikum: Günter Grass' *Blechtrommel* erlebte nach der Preisverleihung an Grass eine weltweite Renaissance. Und Herta Müllers *Atemschaukel* hätte es kaum über Europa hinaus geschafft, wäre Stockholm nicht gewesen. Erst die Preisverleihung stimulierte Übersetzungen bis hin nach China. Umgekehrt ermöglichte es der Adelbert-von-Chamisso-Preis Autoren nichtdeutscher Herkunft, auch im deutschsprachigen Bereich besser wahrgenommen zu werden. Der Umstand, dass interkulturelle Literatur hier heute so viel gilt, ist auch dieser Einrichtung zu verdanken.

15. *Wissenschaftliche Vermittlung mehrt Ruhm und Ansehen von Autor und Werk, ja, ermöglicht seine Wahrnehmung manchmal erst.* Wissenschaftsschelte ist ein beliebter Topos unter Autoren, man denke an Thomas Bernhards Schimpfrede auf ein internationales Bernhard-Symposion. Doch sägen Schriftsteller damit an einem Ast, der sie ans Licht internationaler Wahrnehmung befördern könnte: Im 19. Jahrhundert gründeten amerikanische Studenten Dichtergesellschaften. Künftige Präsidenten Amerikas erfuhren im Zeichen Goethes ihre literarische und kulturelle Sozialisation. Ohne die »Auslandsgermanistik« wären Goethe, Schiller, Fontane, die Autoren der Klassischen Moderne und viele andere mehr nicht das geworden, was sie sind, und die mittelhochdeutsche Literatur wäre außerhalb der teutonischen Lande gänzlich unbekannt geblieben. Komparatistik, Ansätze der »World Literature«, Cultural und Regional Studies nehmen aktuelle Literatur auf, reaktualisieren Vergessenes.[2] Mittlerweile bekennen sich diese Disziplinen zumeist zu einem entschiedenen Polyperspektivismus: Deutschsprachige Literatur wird aus der jeweils eigenen Tradition und aus den eigenen Lesegewohnheiten heraus wahrgenommen. Man interpretiert ähnlich und doch anders, den Gepflogenheiten des Heimatlands, der jeweiligen Departments und Studiengänge folgend. Dabei gehören das Vereinigte Königreich und die USA heute zu den Schrumpfgebieten der Germanistik. Osteuropa, Russland, Südamerika, Afrika und China hingegen wach-

sen, womit sich auch umgekehrt in Verlagen, bei Lektoren, Agenten, Autoren, Wissenschaftlern, in Kultur- und Wissenschaftsförderung der räumliche und sprachliche Fokus verschiebt.

16. *Griffige Etiketten wie dasjenige der Weltliteratur erlauben es zwar, Literatur leichter zu katalogisieren, aber sie ächzen unter ihrer Gewichtigkeit, waren und sind der Großsprecherei verdächtig.* Als Schlözer, Wieland und Goethe von »Weltliteratur« redeten, meinten sie damit vieles: einen gewissen ästhetischen Rang, eine kulturelle Aufholjagd, die das kleine Weimarer Fürstentum ergriffen hatte, die neuen infrastrukturellen Möglichkeiten des schnellen und weitreichenden Austauschs. Der Begriff Weltliteratur beflügelte und stieß ab, schon im Zeitalter seiner Erfindung: War wirklich alles Weltliteratur, was darunterfallen sollte? Die revolutionären Autoren der 1830er- und 1840er-Jahren gebrauchten den Begriff auf ihre Weise: politisch links in der Gesäßgeografie der Paulskirche. Spätestens mit dem Nationalsozialismus wurde die Bezeichnung eines Buches als Weltliteratur verdächtig, imperialistisch gemeint zu sein. Dies jedoch hielt die Zeitgenossen nach 1945 nicht davon ab, den Begriff der Weltliteratur jeweils neu zu besetzen: im Sinne des sozialistischen Realismus (Wieland Herzfelde) oder zugunsten des großen humanistischen Projekts einer Völkerversöhnung (Fritz Strich). In diesen Fällen hatte Literatur vor allem dienende Funktion: Sie unterstand dem jeweiligen politischen Anliegen. Das genuin Literarische an der Weltliteratur war durch die Diskurse über sie verloren gegangen. Umgekehrt entwickelte die Literatur selbst ein nahezu globales Eigenleben, jedenfalls in bestimmten Zonen der Erde.

Territorialität: Global North

17. *Der »Western Canon« ist in Wirklichkeit ein »Northern Canon«.* Die Südhalbkugel scheint oft abgeschnitten oder auf die Erstwahrnehmung und -aneignung durch den Norden angewiesen. Das Kartenmaterial belegt es. Übersetzungen deutschsprachiger Literatur erscheinen, abgesehen von Brasilien, Indien oder Nordafrika, vornehmlich auf der nördlichen Hälfte der Erde. Südafrika, Saudi-Arabien, Australien, Neuseeland, Vietnam, weite Teile Mittel- und Südamerikas tauchen so gut wie nicht auf. Der Süden mag die Texte des Nordens mitlesen, aber dafür stehen ihm zumeist nur die Sprachen und Deutungsmuster

des Nordens zur Verfügung – und das heißt oft: der ehemaligen Kolonisatoren. Selten schaffen es weithin bekannte Texte, Goethes *Faust* oder Kafkas *Schloss*, ins Arabische, in indische Sprachen wie Hindi, Oriya, Panjabi oder Urdu oder in Turksprachen wie Tatarisch oder Tschuwaschisch. Und auch Autoren wie John Maxwell Coetzee oder Amitav Ghosh, die sich deutschsprachige Texte aneignen, schreiben auf Englisch. Vielleicht haben sich spezifisch südlichere Literaturen so weit von den nördlichen abgekoppelt, dass sie sich gar nicht mehr für die dortige Literatur interessieren? Vielleicht wundern sie sich umgekehrt über die geringe Wahrnehmung ihrer Werke im Norden? Anzeichen für ein wechselseitiges Interesse von Süd und Nord gibt es doch, wie die enthusiastische und eigenständige Aufnahme von Goethes *Werther* im Argentinien der 1830er-Jahre, von Heines *Buch der Lieder* im Venezuela des ausgehenden 19. Jahrhunderts und von Hesses *Siddhartha* in Asien seit den 1920er-Jahren zeigen.

18. *Globale Literaturentwicklungen finden versetzt statt, kennen Phasen von Dynamik und Stagnation.* In groben Zügen lässt sich für die Zeit ab 1670 von einer Entdeckung Nordamerikas (vor allem der Ostküste) durch deutschsprachige Autoren sprechen. Russland öffnete sich um 1700 für deutschsprachige Literatur, wobei damit vor allem die Städte im westlichen Russland gemeint sind. Seit dem ausgehenden 19. Jahrhundert entdeckte man, vermittelt durch die französische Literatur in Ägypten und dem Libanon, deutschsprachige Texte. Japan, China, Indien und Thailand zogen im 20. Jahrhundert nach, interessiert auch und vor allem an den Bildungsstätten und den professionalisierten Universitäten. Diese Entwicklungen verliefen nicht kontinuierlich, sondern kannten Brüche. Doch lebten Texte und literarische Kulturen, die einmal in einem Land angekommen waren, dort erstaunlich lange und notfalls im Geheimen fort: Die russische Zensur um 1800 etwa konnte Goethe und Schiller ebenso wenig zurückdrängen wie die Oktoberrevolution Rilke und Kafka.

Achronie und Zeitenwenden

19. *Wird jenseits von Mitteleuropa plötzlich deutschsprachige Literatur gelesen, dann läutet sie oft eine Zeitenwende mit ein.* Von Moderne oder Modernisierung zu sprechen, ist dabei nicht immer angemessen beziehungsweise zu europäisch gedacht. Als *Werther* in Russland,

Argentinien, Japan und China auftauchte, waren dort Prozesse der Veränderung und Auflösung ständischer Lebensformen im Gange. Menschen zeigten sich zunehmend als Individuen mit Gefühlen und Bedürfnissen. Der Briefroman spielte mit seinen Inszenierungen des Individuums dabei eine wichtige Rolle. Als Werk einer neutralen ausländischen Autorität erhielt *Werther* auch kulturpolitisch Gewicht. Aus literarischen Bewegungen entstanden Umstürze oder umgekehrt: Sie unterstützten die Rebellen. Die 4.-Mai-Bewegung in China, Atatürk in der Türkei und die Tauwetterperiode im Ostblock halfen, Literatur in diese Länder zu transportieren, und die politischen Administrationen beförderten die literarische Verständigung – mit einem Pferdefuß: Der Zensor war oft der erste Leser. Zugleich aber führten staatlich forcierte Übersetzerprogramme zu regelrechten Konjunkturen einzelner Autoren, etwa zu einer Heinrich-Böll-Welle in der Türkei.

20. *In sich globalisierenden Literaturen führen Texte Doppelleben.* Durch Übersetzungen und Textaneignungen verschieben sich die Zeitachsen. Texte existieren parallel in unterschiedlichen Wahrnehmungs- und Aneigungsstufen. Chronologische Ordnungsmuster sind zwar nach wie vor wichtige Referenzpunkte, zugleich aber notorisch schief. *Fortunatus*, *Werther* und *Faust* haben sich zu mehr oder minder großen Textnetzen mit Sub- und Subsubnetzen ausgebildet, die aus dem Literaturkontakt neu geknüpft werden können. Solche Aneignungen, Sub- und Subsubnetze waren immer schon eigenständig und durch ihre europäischen Verursacher nicht kontrollierbar, gleich, ob sie in China oder Venezuela weitergewebt wurden.

21. *»Northern scripts« sind »Global scripts« geworden. Sie kennen viele Eigentümer.* Welchen *Werther* hat man im Blick – denjenigen Goethes oder denjenigen von Guo Moruo? Warum liest man Heine aus Düsseldorf und nicht denjenigen aus Tambov? Westliche Erzählungen sind so weit in die Welt diffundiert, dass ihre Ursprünge in ihrer neuen Heimat oft längst vergessen sind. Selbst gebildeten Brasilianern wird es beispielsweise schwerfallen, den Ursprung des berühmten Kindermusicals mit dem Titel *Os Saltimbancos / Die Wanderkünstler* (1977) auszumachen. Es handelt sich um eine brasilianische Adaptation der *Bremer Stadtmusikanten*, jenes Märchens, das die Brüder Grimm aus unbekannter Quelle aufschrieben und als deutsches Märchen etikettierten. In der brasilianischen Version

stehen die Tiere nicht nur für das Elend alter Tiere, die kein Gnadenbrot erhalten und geschlachtet werden, sondern auch für die geknechtete Arbeiterklasse unter der Diktatur.

Global Mainstream und ästhetische Extraterritorialität

22. *Globale Literatur ist auch ein Markteffekt.* Verlage preisen die Übersetzungslizenzen solcher Texte an, von denen sie vermuten, dass sie Verlagen eines anderen Landes und Lesern in einer anderen Sprache zusagen. Der Aufbau Verlag etwa bot den kommunistischen Brüdern und Schwestern im Osten zunächst die deutschen Klassiker und dann erst kommunistische Bestseller an. Ähnlich operierte Suhrkamp in den USA: Man schickte Goethe vor, um Max Frisch und den ganzen Kanon der Literatur der 1950er- und 1960er-Jahre »nachzuschieben«. Nicht selten finden heute »Mainstream-Bücher«, marktgängige Schemaliteratur, kompatibel für eine globale Leserschaft, leicht übersetzbar, multimedial nutzbar, während der Frankfurter Buchmesse besonders schnell den Weg über die Tische von Lektoren und Agenten in »die Welt«.[3] Doch verändert sich dieser globale Mainstream: Der größte Abnehmer deutschsprachiger Literatur heißt gegenwärtig beispielsweise nicht Amerika, sondern China.[4] Wer global publizieren will, muss mittlerweile unterschiedliche Öffentlichkeiten im Blick behalten, ihre literarischen Traditionen und Vorlieben kennen und herausfordern.

23. *Auch für den globalen Austausch gilt: Literatur ist nur dann Literatur, wenn sie kein »Produkt« ist.* Literatur erscheint als besondere Ware. Sie ist nicht einfach kopierbar, ist patentiert, sobald sie publiziert wird, bedeutet – wie bildende Kunst und Musik auch – Originalität und Innovation in Reinform.[5] Ungewöhnliche Vermarktungsstrategien und öffentliches Tremolo sind ihr gemäß: Mit ihrer TV-Sendung machte die amerikanische Talkmasterin Oprah Winfrey einen großen Wirbel um Bücher, sehr erfolgreich zum Beispiel um Bernhard Schlinks *Vorleser* (1995). Doch trägt auch der umgekehrte Weg: die konsequente Zurückhaltung in der Öffentlichkeit. Patrick Süskinds Medienscheu zum Beispiel ist mittlerweile ebenso bekannt wie sein Roman *Das Parfum* (2004), der durch eine lateinische Übersetzung zum Klassiker wurde.

24. *Literatur entsteht im Spannungsfeld von ästhetischer Extraterrito-*

rialität, der bewussten Ablösung von konkreten Orten und Kulturen sowie ihrer konkreten räumlichen und kulturellen Einbettung. Multilinguale, plurikulturelle Literatur ist in zivilisatorischer Hinsicht bedeutsam. Wenn sich Konfliktlinien verschärfen, sei es durch den radikalen Islam, rechtspopulistische Bewegungen oder durch klimatische Entwicklungen, befindet sie sich auf einem bedeutsamen Beobachterposten. Sie erzählt, damit wir verstehen, warum wir uns nicht verstehen, missverstehen und uns gelegentlich vielleicht doch verständlich machen können. Das Distanzieren und Abstrahieren von konkreten Räumen und Kulturen erweist sich – wie bei Térezia Mora – in besonderer Weise als Chance. Solche Literatur kann Anderssprachigkeit und kulturelle Codes bewusst einsetzen und wechseln. Sie ist nicht nur eine »polarisierte Brechung« der Nationalliteraturen,[6] sondern legt die Vorstellung von einer Nationalliteratur, der sie angehören mag, bewusst ab. Literatur wie diese weiß, dass die Herkunft eines Textes aus einer bestimmten Kultur nicht notwendigerweise etwas über seine Eigenschaften aussagt.

25. *Seit dem ausgehenden 20. Jahrhundert wird mehr übersetzt, publiziert und – möglicherweise gelesen.* Statistiken belegen diesen Trend.[7] Er widerspricht der pauschalen Gegenwartsdiagnose von der Lesefaulheit des durch Film und digitale Medien verwöhnten Publikums. Gleich, ob man die Zahl der erstmals oder wieder aufgelegten Übersetzungen von Lessings *Nathan,* Goethes *Werther* oder *Faust,* Fontanes *Effi Briest,* Rilkes *Duineser Elegien* oder Kafkas *Schloss* betrachtet – in allen Fällen ist ihre Menge seit den 1970er-Jahren deutlich gewachsen. Dies allerdings gilt nicht für alle Texte. Salomon Gessners *Tod Abels,* ein Bestseller des 18. Jahrhunderts, ist aus den Kanones der deutschsprachigen Länder ebenso herausgefallen wie aus denjenigen der Rezeptionskulturen. Der Grund dafür liegt möglicherweise darin, dass der Text in seiner Bedeutung ex post durch Klopstocks *Messias* überholt wurde. Wer »heilige Poesie« der Zeit zur Hand nehmen will, greift heute wohl eher zu einem Epos über die Hauptfigur des Christentums als zu Gessners Bibelkrimi.

Globaler Humanismus: An die Monster

Die Wahrnehmungsgeschichte deutschsprachiger Literatur jenseits der Landesgrenzen ist von zivilisatorischen Brüchen und Aufbrüchen geprägt, auch ermöglicht von und beflügelt durch Literatur. Lektüre ermöglicht Verschiebungen, »Shifts« eingespielter Sichtweisen: neue Fragen, Neu- oder Umorientierungen des eigenen Sehens, Hörens, Fühlens, Denkens, Schreibens, Ordnens. In der Vergangenheit verstärkte oder gebar Literatur immer wieder Ideen, die zu solchen Verschiebungen Anlass gaben: diejenige vom edlen Wilden erfand die Literatur des 19. Jahrhunderts selbst mit, diejenige von der starken und selbstbestimmten Frau entnahm sie den Teutonen-Klischees aus der *Germania* des Tacitus und schrieb sie fort.

Die Literatur der Gegenwart träumt von einem solchen »Shift«. Sie weiß, informiert durch den Postkolonialismus und seine Kritik am Westen, um die Unterschiedlichkeit der Kulturen. Unzufrieden mit dem postkolonialen Beharren auf der »absoluten Andersheit« nichtwestlicher Kulturen, bringen Autoren seit geraumer Zeit Altehrwürdiges und Voraussetzungsreiches ins Spiel: den Humanismus. Er erinnert an Herders Menschheitsidee ebenso wie an Lessings familiäres Menschheitstableau im *Nathan*. In Krisenzeiten riefen Intellektuelle immer schon nach einem solchen Humanismus – und meinten doch je Unterschiedliches: Die Exilanten der 1930er- und 1940er-Jahre des 20. Jahrhunderts stritten über die Möglichkeiten eines pazifistischen und militanten Humanismus, und nach 1945 forderten Autoren und Wissenschaftler einen neuen Humanismus, von dem man nicht wusste, ob er sich nicht allzu sanft über die politischen Aktivitäten der Daheimgebliebenen legen würde.

Autoren der Gegenwart aber sind vorsichtig. Wie Mathias Énard, so schicken sie ihre Figuren vor, um Chancen und Grenzen des Humanismus zu erproben. Sie wollen »Humanismus« anders verstehen als zuvor: als globalen Humanismus, als einen Humanismus, der nicht einfach seine universellen Werte vortragen, sondern nach Gemeinsamkeiten der auseinanderdriftenden Welt fahnden will. Global wahrgenommene Erzählungen, planetare Probleme, das Wissen um die Unsicherheit der Zukunft könnten Gemeinsamkeit stiften, so die große Hoffnung. Der Literatur kommt dabei die Rolle zu, solche Gemeinsamkeiten ebenso wie mehr oder minder ephemere oder unauflösliche Unterschiede aufzuspüren. Jede Literatur bringt zu diesem Zweck ihre eigenen humanistischen und antihumanistischen Traditionen mit.

Deutschsprachige Literatur hätte zu diesem Weltkonzert der Literatur einiges beizutragen – und zugleich lehrt der Einblick in die Weltgeschichte dieser Literatur Demut: Verglichen mit der globalen Wahrnehmung englischer und französischer Literatur erweist sich deutschsprachige Literatur in der Welt als Randphänomen. Das war schon immer so: Deutschsprachige Länder galten Lesern aus aller Welt zwar als attraktive und global interessierte Provinzen, aber eben doch nur als Provinzen. Für die deutschsprachigen Länder war ihre Zersplitterung zwar auch produktiv. Sie erhöhte die Konkurrenz und Vielfalt. Zugleich aber war sie möglicherweise der Sichtbarkeit deutschsprachiger Literaturen nach außen abträglich. Ihre vielen Facetten ergaben für die Betrachter kein Gesamtbild. Den großen Städten Rom, Paris und London gebührte der Vorzug. Hier traf man sich, schrieb, druckte, übersetzte, vermittelte und diskutierte – für die vielen Leser, die der Sprache mächtig waren. Doch bleibt eine offene Frage, welche Infrastruktur für literarische Tätigkeit die produktivste ist: das Berlin der Salons oder das Weimar Goethes, der künstlerische Melting Pot London, den Elias Canetti genoss, oder das schweizerische Eremitendasein eines Hermann Hesse.

Auch wenn die Geschichte literarischer Infrastukturen noch zu schreiben ist, lässt sich eines festhalten: Selbst die Provinz kennt Höhepunkte. Ihr entstammt mitunter so Faszinierendes wie Goethes *Werther* – ein Buch, das selbst Frankensteins Monster berührt hat. Es bleibt zu hoffen, dass Monster auch künftig *Werther* lesen, aber das Morden bleiben lassen.

Nachwort und Dank

Manche Bücher erscheinen im Rückblick utopisch. Wider Erwarten trifft diese Einsicht auch auf dieses Buch zu. Während des Schreibens daran hat sich unsere Welt grundlegend gewandelt. War es unlängst noch selbstverständlich, Gegenwartsliteratur in ihrer Entwicklung hin zu einem globalen Markt und einer globalen Leserschaft zu beschreiben und zu kritisieren, so erscheint eine solche Entwicklung heute wieder als besondere Errungenschaft. Transgressionen und Kosmopolitismus sind, auch in der Literatur, nicht selbstverständlich.

Dieses Buch entstand, wie die Vorbemerkung ahnen lässt, aus langjährigen Recherchen. Der Idee nach ist es ungefähr zwanzig Jahre alt. Einige Vorarbeiten habe ich andernorts publiziert.[1]

Dass dieses Buch tatsächlich eines werden konnte, verdanke ich insbesondere den Bibliothekaren und dem Personal der Handschriftenabteilungen der Württembergischen Landesbibliothek Stuttgart, des Deutschen Literaturarchivs Marbach, der Herzog August Bibliothek Wolfenbüttel, der Staatsbibliothek zu Berlin, vor allem der immer hilfsbereiten Jutta Weber, der Philosophical Society (Philadelphia) und der Bibliothek der Institute für Linguistik und Literaturwissenschaft (Universität Stuttgart).

Ich danke den Forschungsstudenten, ohne die ich das Material für dieses Buch nicht hätte beschaffen und bewältigen können: Saskia Bodemer, Steffen Burk, Marja Sprengel, Simone Holz, Julia Mayer und Rebecca Zirngibl haben bei den ersten Recherchearbeiten geholfen. Über die Jahre haben Jasmin Azazmah, Florian Barth, Dilan Cakir, Falk Erdmann, Merisa Taranis, Martin Kuhn, Sandra Murr, Philipp Heiter und ich das »Team German Literature in the World (TGL Wo)« gebildet. Das Team hat sich dem Bibliografieren, Autopsieren und Aufbereiten von Übersetzungen deutschsprachiger Literatur gewidmet. Seine Ergebnisse sind über das Buch hinaus auf der Website www.germanliteratureglobal.com dokumentiert. Michael Resch, Thomas Bönisch und Björn Schembera vom Stuttgarter High Performance Computing Center danke ich herzlich für die Gestaltung und den Aufbau dieser Website!

Nashwa Abou Seada und Jasmin Azazmah haben bei der Recherche arabischer Rezeptionsdokumente und ihrer Übersetzung geholfen. Taciane Maria Murmel und Deborah Raymann de Souza haben Vergleichbares für Brasilien getan. Michael Kallesøe Schmidt half, die Bedeutung Nordeuropas für die Rezeption auch deutschsprachiger Texte zu erahnen. Ulrike Ganz fand wieder zu ihren Interessen für jiddische und hebräische Kultur und Literatur zurück und hat die in diesem Buch verarbeiteten jiddischen und hebräischen Texte übersetzt. Ohne Merisa Taranis wären Serbien und Kroatien, ohne Dilan Cakir wäre die Türkei kaum berücksichtigt worden. Innokentij Urupin hat russische Rezeptionsdokumente recherchiert und übersetzt. Qiu Xiaocui verdanke ich nicht nur einen anregenden Pekingaufenthalt, sondern auch viele Diskussionen über die Goethe-Bearbeitungen Guo Moruos. Außerdem half Qiu Xiaocui, chinesische Rezeptionsdokumente zu finden und zu übersetzen.

Den Doktoranden und den am Suhrkamp-Kolleg des Deutschen Literaturarchivs Marbach beteiligten Kollegen sowie der Internationalen Marbacher Sommerschule 2015 (»World Literature, Global Archives«) danke ich für anregende Gespräche und Hinweise. Ich danke Philip Ajouri, Andrea Albrecht, Artemis Alexiadou, Ljiljana Asimovic, Matthias Bauer, Friederike Barakat (Hanser Verlag), Matthew Bell, Toni Bernhart, Anne Bohnenkamp-Renken, Manuel Braun, Horst Bredekamp, Martina Brockmeier, Madeleine Brook, Peter J. Burgard, Lutz Danneberg, Élisabeth Décultot, Kirsten Dickhaut, Irene Dingel, Gunilla Eschenbach, Julia Franck, Petra Gehring, Ulrich Greiner, Julika Griem, Ina Hartwig, Christine Haug, Francesca Iannelli, Ursula Jelkmann, Jiang Aihong, Fotis Jannidis, Andreas Kablitz, Anna Kinder, Charlotte Klonk, Jonas Kuhn, Thomas Maissen, Hans-Harald Müller, Martin Mulsow, Matthias Naß, Angus Nicholls, Juliana Perez, Sanja Radanovic, Andrea Rapp, Ulrich Raulff, Jan Philipp Reemtsma, Simon Richter, Francesco Rossi, Judith Ryan, Hannelore Schlaffer, Benedict Schofield, Jörg Schönert, Reinhard Schulze, Paulo Soethe, Carlos Spoerhase, J. Anselm Steiger, Céline Trautmann-Waller, Tilman Venzl, Neil Vickers,

Liliane Weissberg, Joachim Whaley, Bethany Wiggin, Marcus Willand, Simone Winko, Marie Wokalek, Anja Wolkenhauer, Wu Xiaoxiao, Yu Yang, Zhao Leilian und Claus Zittel für ihr Interesse am Thema, für Diskussionen, Scherz und Spaß. Mein Amtsvorgänger Heinz Schlaffer hat es geschafft, sich literaturhistorisch kurz zu fassen; daran bin ich gescheitert – und danke ihm für die eine oder andere Tasse Kaffee, ohne die das Schreiben dieses langen Buches weniger freudvoll gewesen wäre.

Barbara Schneider-Kempf danke ich für viele Gespräche und den Einblick in die Verlagsarchive der Staatsbibliothek zu Berlin / Preußischer Kulturbesitz. Für die Genehmigung des Abdrucks aus einem Brief von Blaise Cendrars (Sturm-Archiv) danke ich Miriam Cendrars und Jean-Baptiste Gilou sowie Fabien Dubosson und Irmgard Wirtz Eybl vom Schweizerischen Literaturarchiv. Aus dem Archiv des Aufbau Verlags wird mit freundlicher Unterstützung des Aufbau Verlags zitiert. Die Thomas-Mann-Zitate aus demselben Archiv darf ich mit freundlicher Genehmigung der S. Fischer Verlage GmbH, Frankfurt am Main, zitieren. Susanne Schüssler danke ich für Diskussionen, Berichte aus dem Leben eines linken Verlags und die Erlaubnis, einiges aus dem Wagenbach-Archiv abzudrucken. Rita Jorek danke ich herzlich für die Genehmigung des Abdrucks eines Briefes von Helga M. Novak aus dem Wagenbach-Archiv. Reiner Kunze danke ich dafür, dass ich einen Brief aus demselben Archiv erwähnen darf.

Ulrich von Bülow, Jan Bürger und Marcel Lepper danke ich für ihre tatkräftige Hilfe bei Recherchen im Material des Deutschen Literaturarchivs Marbach. Ulrich von Bülow danke ich für die Genehmigung der Publikation von ungedrucktem Material aus den Beständen Klara Blum und Stefan Zweig. Für die Genehmigung der Zitate aus dem Siegfried Unseld Archiv danke ich Raimund Fellinger (Suhrkamp), im Besonderen für die freundliche Unterstützung des Abdrucks der Thomas-Bernhard-Zitate. Hans Magnus Enzensberger danke ich ebenfalls für die freundliche Genehmigung der Publikation von Ungedrucktem aus dem Siegfried Unseld Archiv.

Der Siggener Runde vom August 2016 und besonders Manuel Hartung danke ich für eine so inspirierende wie entspannende Diskussions- und Urlaubswoche, die Kraft gab, um diese Never-ending-Story niederzuschreiben. Den Bootsfreunden Sacrow danke ich für Ablenkung. Christoph Israel hat dankenswerterweise den »mittleren Leser« einzelner Kapitel gespielt.

Ein großer Dank gebührt Johannes Jacob, der mir deutlich mehr Zeit bei der Verfertigung dieses Buches gelassen hat, als ursprünglich geplant. Arno Matschiner hat das Vorhaben kundig und gelassen betreut. Annette Mayer war für die Bildredaktion zuständig und hat alle Nachfragen kenntnisreich und schnell beantwortet. Sibylle Auer hat den Text mit viel Sinn für die Sache und großer Genauigkeit lektoriert. Herzlichen Dank für die hervorragende Zusammenarbeit! Michaela Perkounigg danke ich für das gründliche und engagierte Korrektorat. Ernst Piper danke ich für seine Begleitung des Gesamtprojekts, für Anregungen und Kommentare vor allem zum Kapitel über die NS-Zeit und die Exilliteratur.

Mein Mann hat mich wie immer diskussionsfreudig und mit eigenen Lesefrüchten (Mathias Énard, Philip Roth, Michel Tournier) begleitet. Meinen Töchtern, die mein Arbeitszimmer verwüstet, Zeitpläne durcheinandergebracht und meinen Computer zum Absturz gebracht haben, ist dieses Buch gewidmet. Ich hoffe, ihre Welt wird langfristig wieder offener sein, als sie es derzeit ist.

Stuttgart, Juli 2017

Zeittafel: Deutschsprachige Literatur in der Welt

Diese Zeittafel nimmt einige wichtige Daten aus der Geschichte deutschsprachiger Literatur außerhalb der deutschsprachigen Länder auf. Sie soll zeigen, wie sehr sich eine solche Geschichte von Literaturgeschichten unterscheidet, die sich auf Literatur in diesen Ländern konzentrieren.

Die Liste erwähnt sämtliche Nobelpreise für Literatur, die an deutschsprachige Autoren verliehen wurden. Alle anderen Daten werden in diesem Buch besprochen und wären um viele weitere Daten dieser Art zu ergänzen.

98–104	Publius Cornelius Tacitus, *Germania*
1497	Jacob Locher überträgt Sebastian Brants *Narrenschiff* ins Lateinische
1592	Christopher Marlowe, *Doctor Faustus*
1599	Thomas Dekker, *Old Fortunatus*
1748	Erste Gesänge von Klopstocks *Messias* auf Französisch publiziert
1761	Michael Huber publiziert die erste französische Ubersetzung von Salomon Gessners *Der Tod Abels*
1773	August Ludwig Schlözer gebraucht den Begriff »Weltliteratur«
1788	Zarin Katharina II. veröffentlicht drei Lustspiele bei Friedrich Nicolai in Berlin
1813	Madame de Staël, *De l'Allemagne*
1814	Erste englische Übersetzung des *Nibelungenlieds*
1816	Englische Romantiker lesen in der Schweiz (deutsche) Geistergeschichten

1827	*Faust*-Lithographien von Ferdinand Victor Eugène Delacroix
1829	Charles Sealsfield, *Tokeah; or the White Rose*
1833/34, 1836	Thomas Carlyle, *Sartor Resartus*
1839	Philip James Bailey, *Festus*
1846	Hector Berlioz, *La damnation de Faust*
1865	Max Letteris, *Ben Abuja*
1886	26. Februar: Gründung der »English Goethe Society« in London
1902	Der Historiker Theodor Mommsen erhält den Nobelpreis für Literatur
1908	Der Philosoph Rudolf Eucken erhält den Nobelpreis für Literatur
1908	Ludwig Lejzer Zamenhof veröffentlicht seine Esperanto-Übersetzung *La Rabistoj* von Schillers *Räubern*
1910	Paul Heyse erhält den Nobelpreis für Literatur
1910	Herwarth Walden gründet den *Sturm* als erste internationale Zeitschrift der künstlerischen und literarischen Avantgarde
1911	Erste arabische Übersetzung eines deutschsprachigen literarischen Textes: Max Müllers Erzählung *Deutsche Liebe. Aus den Blättern eines Fremdlings* durch May Zyādā
1912	Gerhart Hauptmann erhält den Nobelpreis für Literatur
1919	Erste arabische Übersetzung von Goethes *Leiden des jungen Werther(s)* durch Aḥmad Riāḍ erscheint in Kairo
1919	Carl Spitteler erhält den Nobelpreis für Literatur
1922	Guo Moruos *Werther*-Übersetzung erscheint in China
1929	Thomas Mann erhält den Nobelpreis für Literatur
1931	Erste Übersetzung des *Faust* in Indien durch Syed Abid Hussain
1932	Premiere des Hollywood-Films *Grand Hotel* nach Vicki Baums *Menschen im Hotel*
1934	Die Zeitschrift *Aufbau* erscheint erstmals in New York
1937	Else Lasker-Schülers *Hebräerland* erscheint bei Emil Oprecht in Zürich
1941	Thomas Mann und sein Freundeskreis veröffentlichen *The City of Man. A Declaration on World Democracy*

1942	Stefan Zweig schickt das Manuskript von *Die Welt von gestern. Erinnerungen eines Europäers* an seinen Verleger und bringt sich mit Charlotte Altmann in Petrópolis um
1942	Am 11. März 1942 spielt Erwin Piscators »Studio Theatre of the New School of Social Research« Lessings *Nathan der Weise*, Regie: Ferdinand Bruckner
1942	Anna Seghers *Das siebte Kreuz* erscheint bei El Libro Libre in Mexiko
1946	Hermann Hesse erhält den Nobelpreis für Literatur
1947	Kafka-Essay von Ṭāhā Ḥusayn und damit Beginn der Kafka-Rezeption im arabischen Sprachraum
1956	*Nathan der Weise* erstmals in Südamerika gespielt (Deutsche Bühne, Buenos Aires)
1962	Katherine Anne Porters *Ship of Fools* erscheint als Adaptation von Sebastian Brants *Narrenschiff*
1966	Nelly Sachs und Samuel Agnon erhalten den Nobelpreis für Literatur
1969	*Easy Rider* mit dem Titelsong »Born to be wild« von Steppenwolf kommt in die Kinos
1969–1974	Vier Übersetzungen Heinrich Bölls in der Türkei
1970	Selbstmord Paul Celans in Paris
1971	Verfilmung von Felix Dahns *Kampf um Rom* in der »Inneren Referenz« der chinesischen KP »begutachtet«
1972	Heinrich Böll erhält den Nobelpreis für Literatur
1974	Druckverbot der Werke Bölls in Russland
1979	Boston Publishers Inc. wird gegründet
1981	Elias Canetti erhält den Nobelpreis für Literatur
1993	*Nathan der Weise* erstmals in Afrika gespielt (Addis Abeba)
1999	Günter Grass erhält den Nobelpreis für Literatur
2004	Elfriede Jelinek erhält den Nobelpreis für Literatur
2009	Herta Müller erhält den Nobelpreis für Literatur

Übersetzungen deutschsprachiger Werke

Übersetzungen deutschsprachiger Werke zeigen ihre Verbreitung jenseits der Landesgrenzen an. Direkte Bekanntschaften zwischen Autoren, Übersetzern und Druckern befördern solche Übersetzungen. Im 15. und 16. Jahrhundert stießen darüber hinaus Übersetzungen in das weithin gelesene Lateinische, im 17. und 18. Jahrhundert Übersetzungen ins Französische zumeist auch Übersetzungen in andere Sprachen an. Seit dem 19. Jahrhundert haben Übersetzungen ins Englische ähnliche Effekte. An ausgewählten Werken dokumentieren die folgenden Karten die Verbreitung von Übersetzungen europaweit und weltweit. Sie orientieren sich an den Druckorten der Übersetzungen. Zumeist – jedoch nicht immer – geben sie Aufschluss über die Sprache der jeweiligen Übersetzung, ihr Publikum und ein jeweils lokales oder nationales Interesse am Text. Wie man die Grafiken und Karten auswerten kann, in welchem Verhältnis die Übersetzungen zu ihrem Publikum und zu eigenständigen Neudeutungen der jeweiligen Werke stehen, zeigen die vorangehenden Kapitel. Wer mehr wissen möchte, schlage dort nach.

Die Grafiken und Karten sind zu einem großen Teil Gemeinschaftsarbeit des »Teams German Literature in the World (TGL Wo)«, das ich im Jahr 2013 an der Universität Stuttgart ins Leben rufen und leiten konnte. Dem Team gehörten Jasmin Azazmah, Florian Barth, Steffen Burk, Dilan Cakir, Falk Erdmann, Philipp Heiter, Martin Kuhn, Sandra Murr und Merisa Taranis an. Das Team hat Übersetzungen deutschsprachiger Texte weltweit aus Fachbibliografien, Bibliothekskatalogen, Fußnoten und Zufallsfunden aufgespürt, das Material so weit als möglich autopsiert, seinerseits zu neuen Bibliografien zusammengeführt und diese mit kartografischen und grafischen Tools veranschaulicht.

Die Grafiken und Karten nehmen sämtliche Auflagen der jeweiligen

Übersetzungen auf. Einige Druckorte kommen auch deshalb besonders oft vor. Anhand der Bibliografien zu den Übersetzungen, die den Karten zugrunde liegen, ließen sich viele Funde und Einsichten besser verfolgen. Doch ein Abdruck dieser Bibliografien würde den Umfang des vorliegenden Buches sprengen und ist daher ausgelagert. Gleiches gilt für die Konjunkturgraphen, die historisch nachzeichnen, wie viele Übersetzungen nach der Publikation eines deutschsprachigen Werkes entstanden sind. Wer die Bibliografien oder die Konjunkturgraphen einsehen möchte, kann dies online tun: www.germanliteratureglobal.com

Über die europäische und globale Verbreitung einzelner Übersetzungen informieren die nachstehenden Vektorgrafiken. Sie setzen jeweils nach dem Druck des Originals an und veranschaulichen die Zahl der Übersetzungen nach Auflagen: Je dicker der Pfeil, desto mehr Auflagen liegen vor.

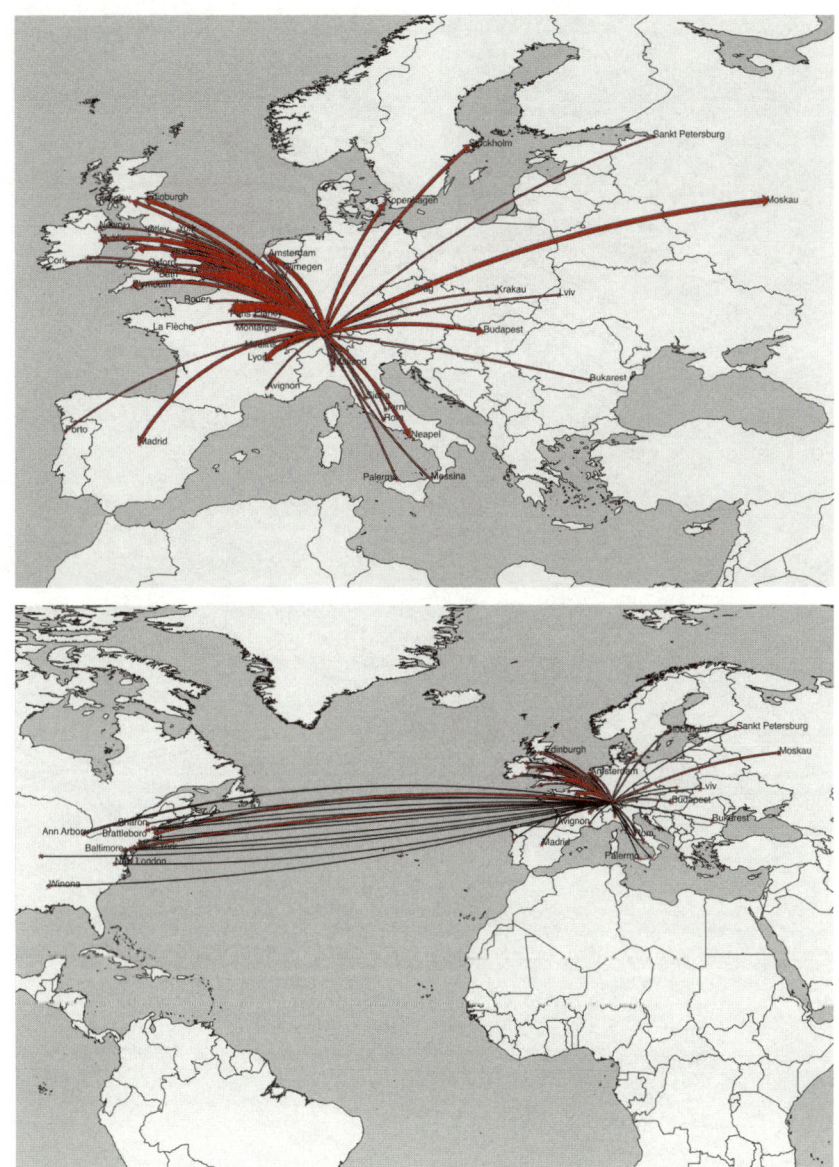

Übersetzungen von Salomon Gessner, *Der Tod Abels* (1758)

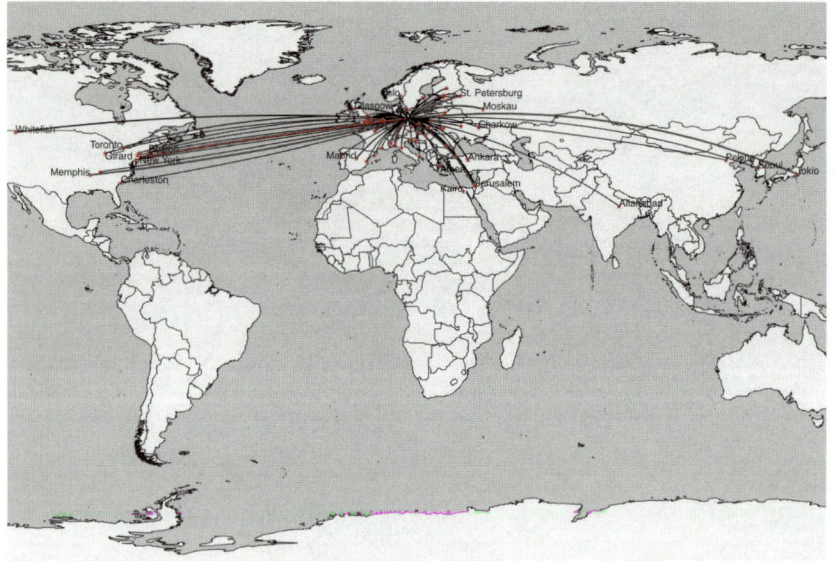

Übersetzungen von Gotthold Ephraim Lessing,
Nathan der Weise (1779)

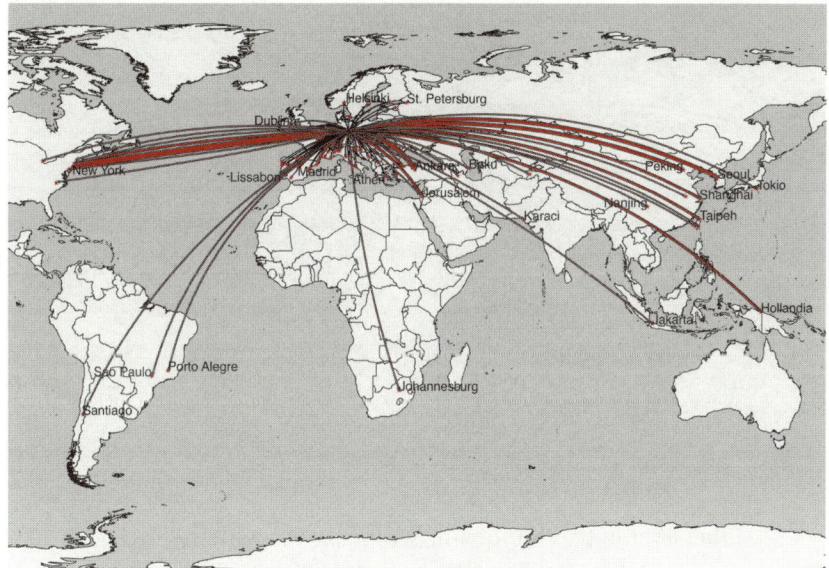

Übersetzungen von Johann Wolfgang von Goethe, *Die Leiden des jungen Werthers* (1774/1787)

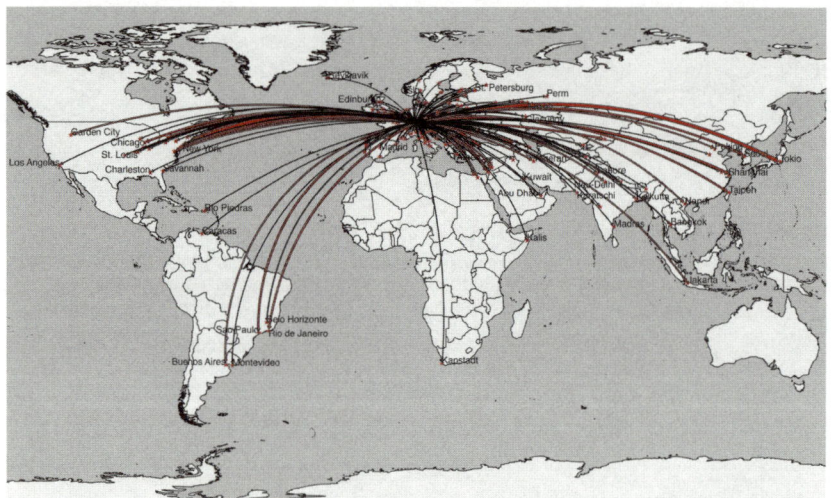

Übersetzungen von Johann Wolfgang von Goethe, *Faust.*
Der Tragödie erster Teil (1808)

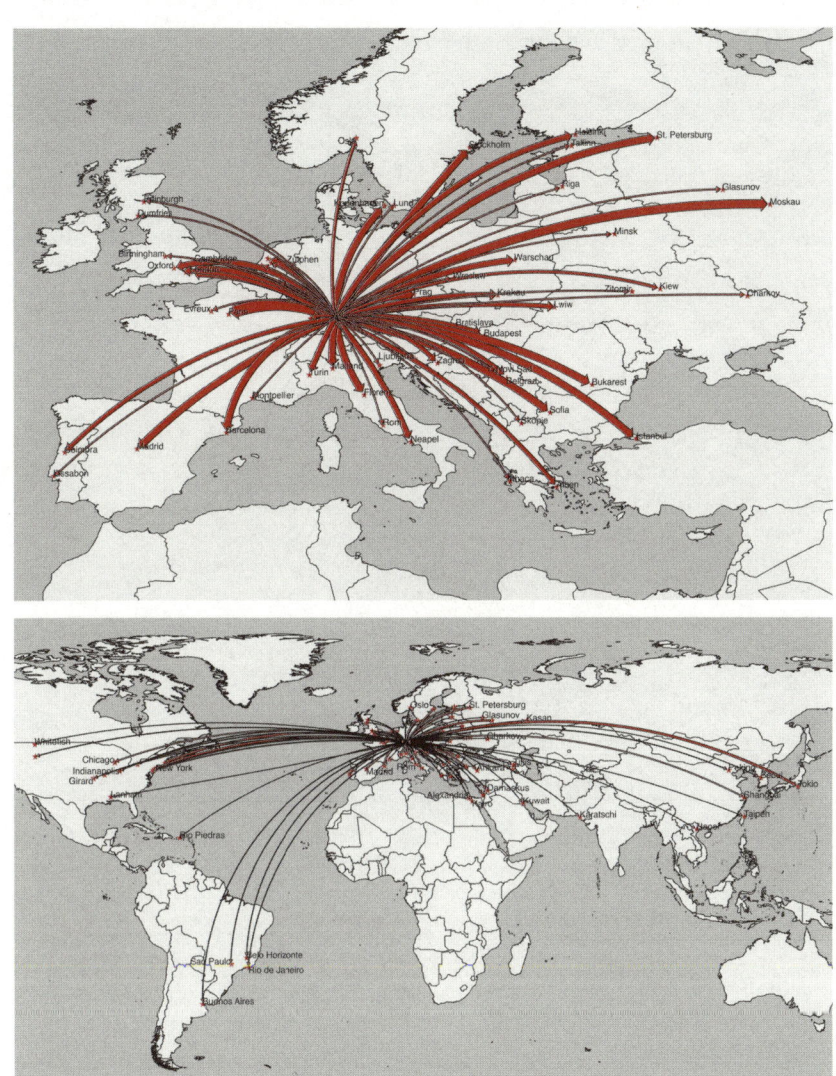

Übersetzungen von Johann Wolfgang von Goethe, *Faust.*
Der Tragödie zweiter Teil in fünf Akten (1832)

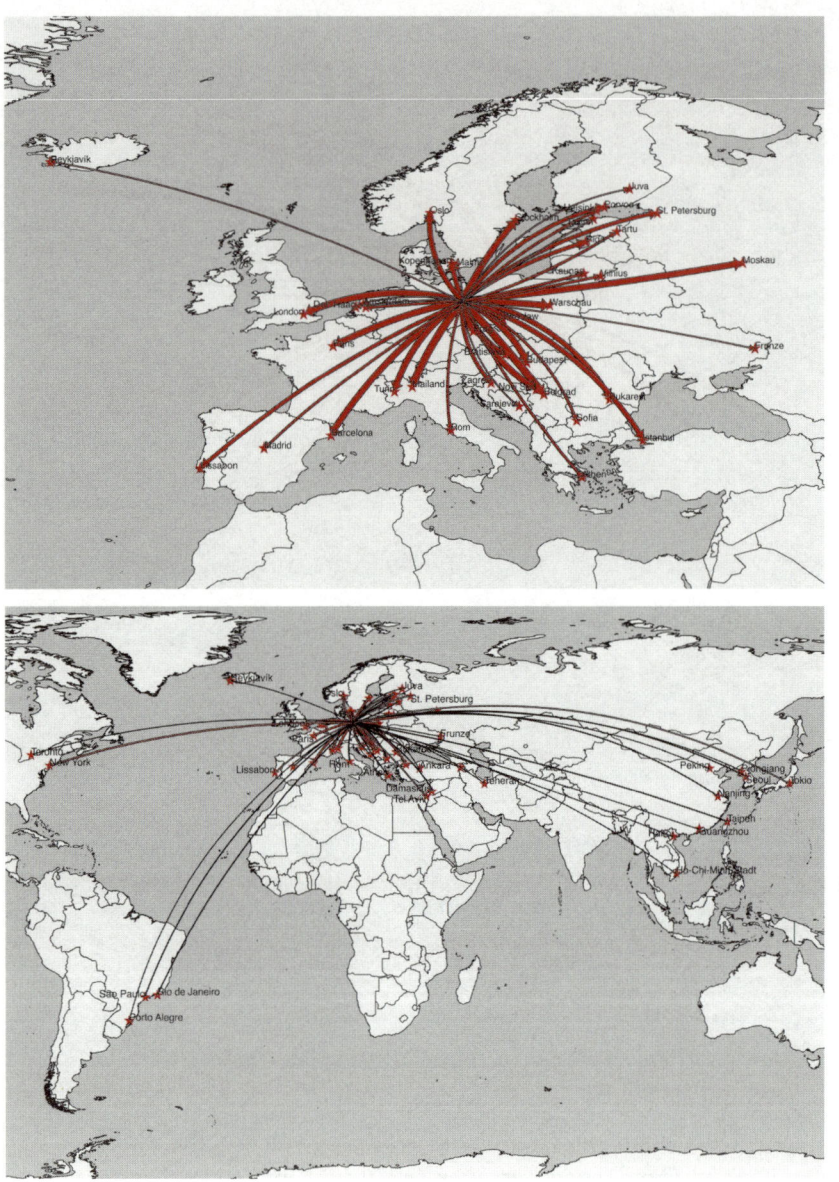

Übersetzungen von Thomas Mann, *Buddenbrooks* (1901)

Übersetzungen von Rainer Maria Rilke, *Duineser Elegien* (1923)

Übersetzungen von Franz Kafka, *Das Schloss* (1926)

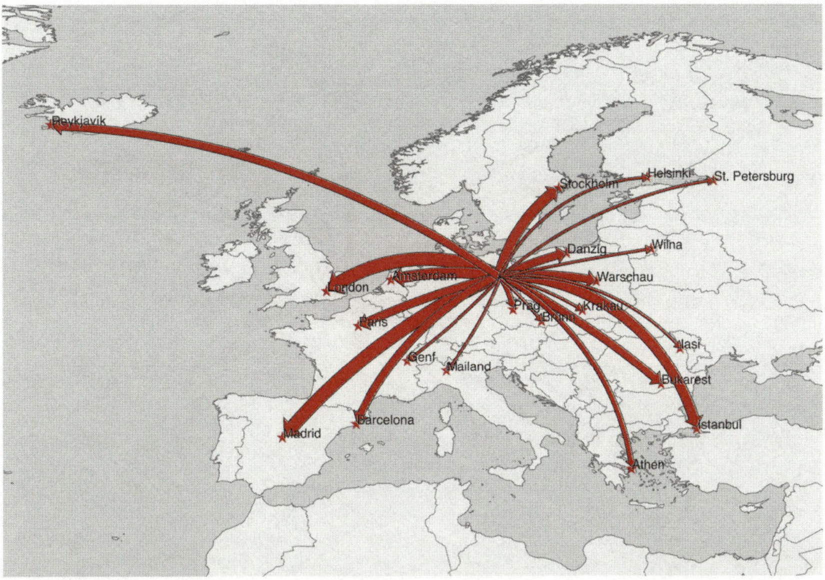

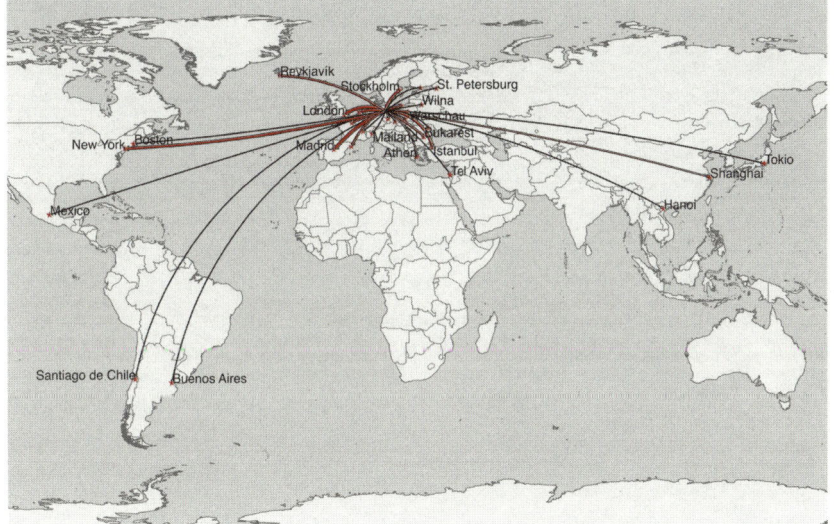

Übersetzungen von Günter Grass, *Die Blechtrommel* (1959)

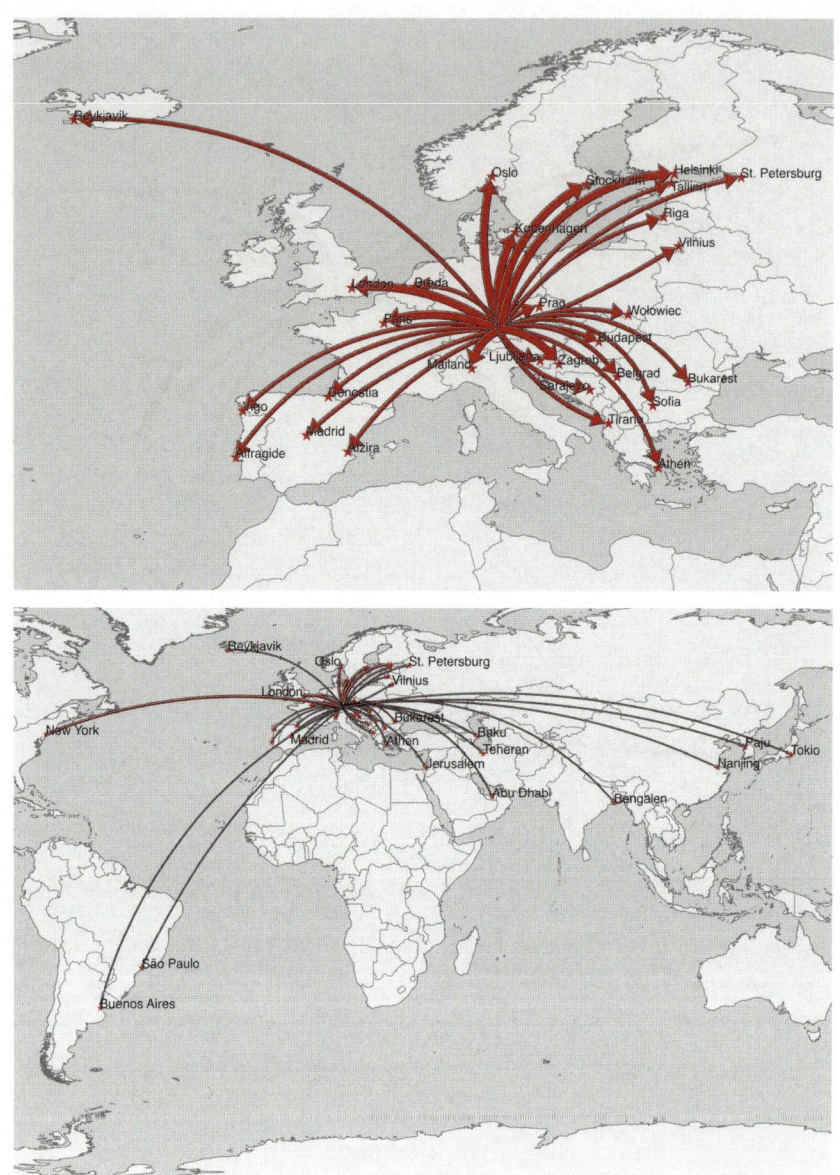

Übersetzungen von Herta Müller, *Atemschaukel* (2009)

Germanistik global

Germanistik, vor allem die sogenannte Auslandsgermanistik, vermittelt deutschsprachige Literatur weltweit (siehe das Kapitel über den Zeitraum von 1830 bis 1890 in diesem Buch). Ihr entstammen Übersetzer, Moderatoren, Kritiker, die solche Werke außerhalb der Landesgrenzen erst zur Sprache bringen. Folgende Daten illustrieren das Aufkommen germanistischer Interessen an Hochschulen weltweit. Es ist durch die Berufung von Lehrpersonal auf Professuren oder Lehrstühle sowie die Gründung von Instituten dokumentiert. Die Angaben orientierten sich an den Personendaten aus dem *Internationalen Germanistenlexikon 1800–1950* (hg. v. Christoph König, Berlin, New York, 2003) sowie an dem Internationalen Handbuch *Deutsch als Fremd- und Zweitsprache* (hg. v. Hans-Jürgen Krumm, Christian Fandrych, Britta Hufeisen, Claudia Riemer, Bielefeld ²2010). Angaben aus spezialisierten Fach- und Institutionengeschichten wurden ergänzt.

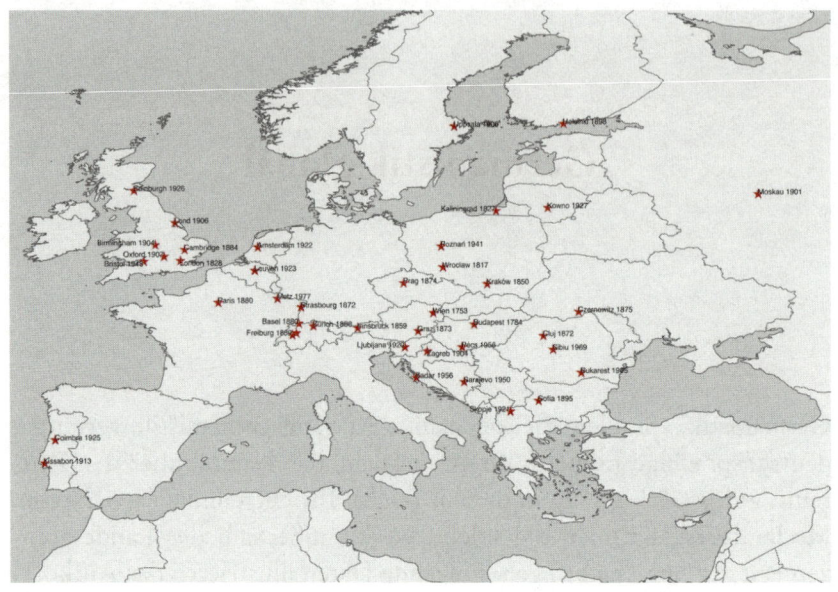

Europa

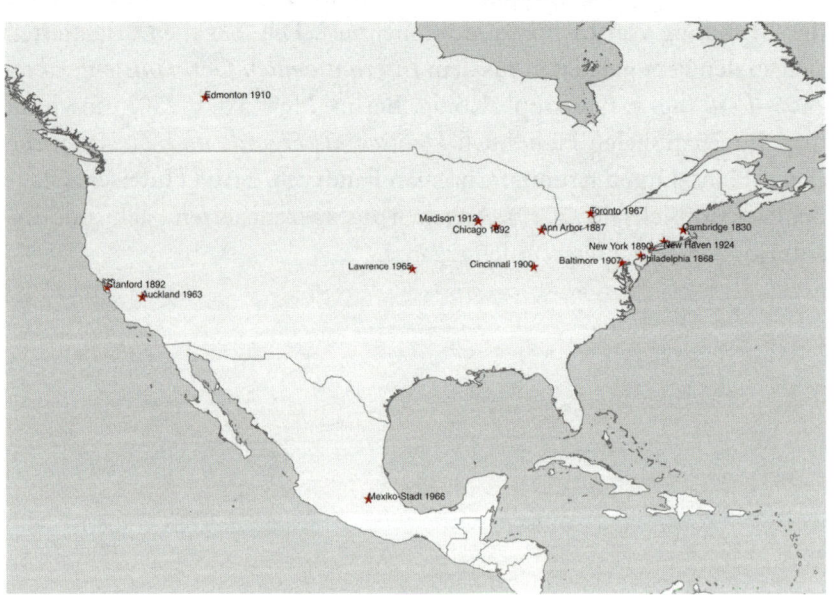

Nord- und Mittelamerika

Südamerika

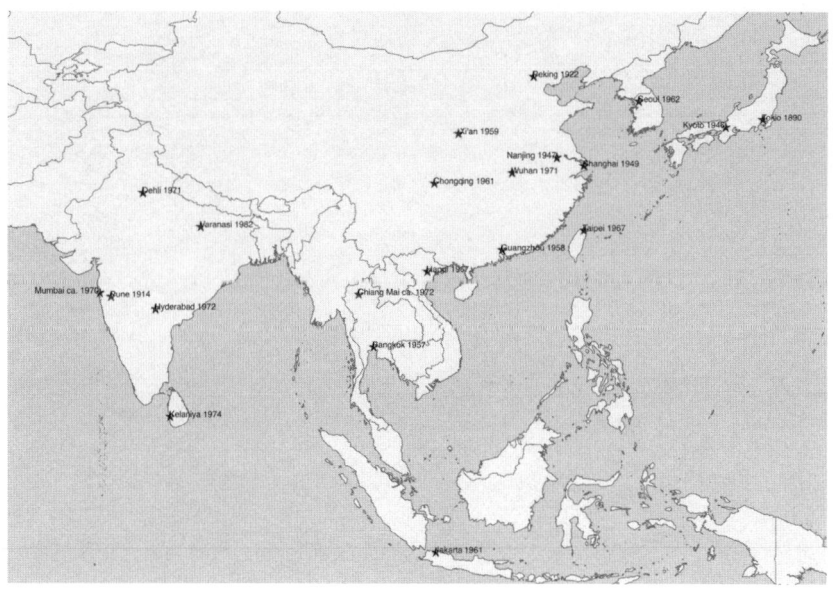

Südostasien und Japan

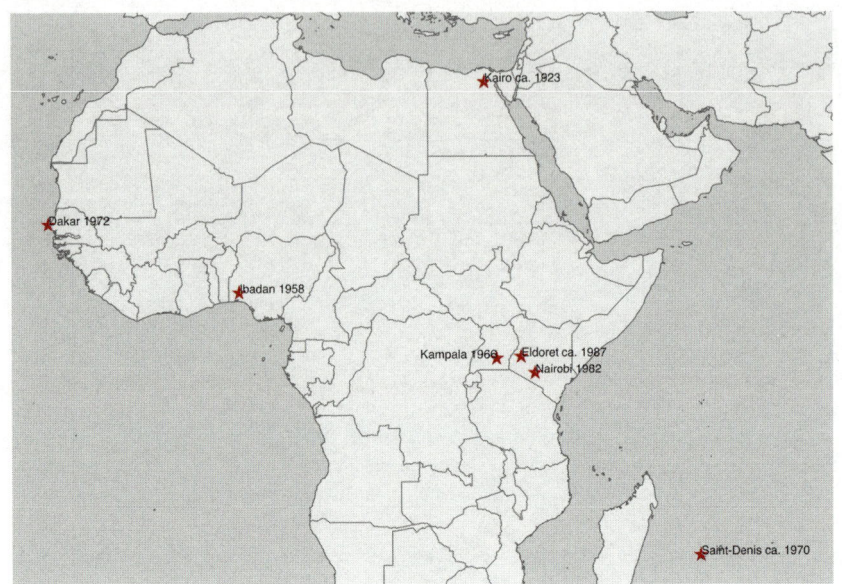

Afrika

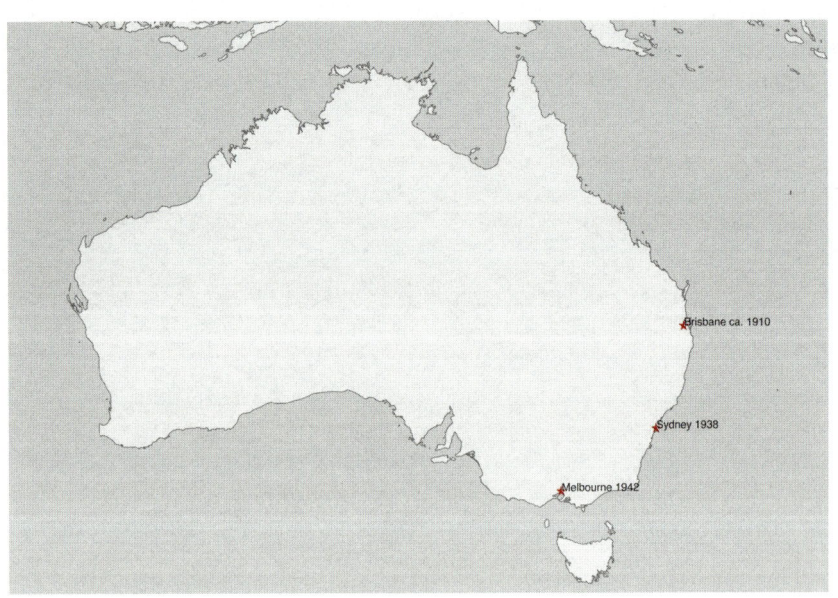

Australien

Anmerkungen

I. Prolog: Weltliteraturgeschichte als Geschichte der Literaturen weltweit

1 Mary Shelley: Frankenstein oder Der moderne Prometheus. Aus dem Englischen von Karl Bruno Leder und Gerd Leetz. Frankfurt M. 1988, Kapitel 15, S. 171.

2 Ebd., S. 172.

3 Ebd.

4 Ebd.

5 Mary Shelley: Letter II. Coligny – Geneva – Plainpalais. Campagne C******, near Coligny, 1st June, in: dies., P.B. Shelley: History of a six weeks' tour, hg. v. Jonathan Wordsworth. Oxford 1989, S. 98–106.

6 Über andere Geschichten lässt sich nur spekulieren. Schillers »Geisterseher« mag darunter gewesen sein, vielleicht auch Golem-Geschichten jüdischer Herkunft; Cathy S. Gelbin: Was Frankenstein's Monster Jewish?, in: Publications of the English Goethe Society 82/1 (2013), S. 16–25.

7 Shelley: Frankenstein (Anm. 1), S. 8: »These tales excited in us a playful desire of imitation.«

8 Siehe Kapitel V dieses Buches.

9 Leslie A. Adelson: »Against Between« – Ein Manifest gegen das Dazwischen [engl. 2001], in: Text und Kritik, Sonderband 9 (2006), S. 36–47; Dorothee Kimmich: Öde Landschaften und die Nomaden in der eigenen Sprache. Bemerkungen zu Franz Kafka, Feridun Zaimoğlu und der Weltliteratur als »littérature mineure«, in: Wider den Kulturenzwang. Migration, Kulturalisierung und Weltliteratur, hg. v. Özkan Ezli, Dorothee Kimmich, Annette Werberger u. Mitarb. v. Stefanie Ulrich. Bielefeld 2009, S. 297–316, hier S. 310.

10 George Steiner: Extraterritorial [1969], in: ders., Extraterritorial. Papers on Literature and the Language Revolution. New York 1972, S. 3–11.

11 Vgl. Markus Gasser: Eine Weltgeschichte in 33 Romanen. München 2015.

12 Anke S. Biendarra: Germans Going Global. Contemporary Literature and Cultural Globalization. Berlin, Boston 2012 (Interdisciplinary German Cultural Studies 12), S. 8.

13 Monika Schmitz-Emans: Weltliteratur im Comic, in: Intermedien: Zur kulturellen und artistischen Übertragung, hg. v. Alexandra Kleihaus, Barbara Naumann, Edgar Pankow. Zürich 2010 (Medienwandel – Medienwechsel – Medienwissen 14), S. 531–551.

14 Dazu Kapitel V in diesem Buch.

15 Johann Wolfgang von Goethe an Sulpiz Boisserée, Weimar, den 24. April 1831, in: Goethes Werke, hg. im Auftrag der Großherzogin Sophie von Sachsen, IV. Abtheilung, 48. Bd. Weimar 1909, S. 188–191, hier S. 190; Manfred Koch: Weimaraner Weltbewohner. Zur Genese von Goethes Begriff »Weltliteratur«. Tübingen 2002, S. 4.

16 Karl Marx, Friedrich Engels: Manifest der Kommunistischen Partei. Werke, Bd. 4. 7. Aufl. Berlin 1974, S. 459–493, hier S. 466.

17 Thomas O. Beebee: Introduction: Departures, Emanations, Intersections, in: German Literature as World Literature, hg. v. dems. New York u.a. 2014, S. 1–22; Steven Tötösy de Zepetnek, Tutun Mukherjee (Hg.): Companion to Comparative Literature, World Literatures, and Comparative Cultural Studies. Bangalore u.a. 2013.

18 Fritz Strich: Goethe und die Weltliteratur. Bern 1946.

19 B. Venkat Mani: Cosmopolitical Claims. Turkish-German Literatures from Nadolny to Pamuk. Iowa 2007, S. 7; Caroline Levine, B. Venkat Mani: What Counts as World Literature?, in: Modern Language Quarterly 74/2 (2013), S. 142–149.

20 Marko Juvan: Worlding Literatures between Dialogue and Hegemony, in: CLCWeb: Comparative Literature and Culture 15/5 (2013) http://docs.lib.purdue.edu/clcweb/vol15/iss5/10/.

21 George Steiner: Eine exakte Kunst. Und über die Flucht vieler Schriftsteller ins Englische. Die Heimkehr von Babel, in: Neue Rundschau 108/1 (1997), S. 107–125, hier S. 116f.; Hans Rudolf Vaget: Thomas Mann, der Amerikaner. Leben und Werk im amerikanischen Exil, 1938–1952. Frankfurt M. 2011, S. 32; Tim Parks: Worüber wir sprechen, wenn wir über Bücher sprechen. Aus dem Engl. v. Ulrike Becker, Ruth Keen. München 2016; The editors: World Lite. What is Global Literature?, in: n+1 17 (2013); Carlos Spoerhase: Der Roman und die Welt, in: Süddeutsche Zeitung, 23.12.2016, S. 14.

22 Alexander Beecroft: An Ecology of World Literature. From Antiquity to the Present Day. London, New York 2015, S. 280–282.

23 Robert F. Arnold: Weltliteraturgeschichte, in: Das literarische Echo 15/2 (1911), S. 847–854; dazu: Joseph P. Strelka: Weltliteratur als Maßstab und als Ziel, in: Russkaja germanistika. Ežegodnik Rossijskogo sojuza germanistov 5 (2009), S. 24–32, hier S. 26.

24 Andrea Albrecht: »Die Welt liegt zwischen den Menschen«. Literaturwissenschaftliche Kulturtransferforschung in Zeiten der Globalisierung, in: Alexandrinische Gespräche. Forschungsbeiträge ägyptischer und deutscher Germanist/inn/en, hg. v. Renate Riedner, Siegfried Steinmann. München 2008, S. 19–31; Robert Stockhammer: Welt oder Erde? Zwei Figuren des Globalen, in: Figuren des Globalen. Weltbezug und Welterzeugung in Literatur, Kunst und Medien, hg. v. Christian Moser, Linda Simonis. Göttingen 2014, S. 47–72.

25 Josef Benzing: Die Buchdrucker des 16. und 17. Jahrhunderts im deutschen Sprachgebiet. 2. verb. u. erg. Aufl. Wiesbaden 1982; Thomas Stäcker: VD 17 – mehr als eine Zwischenbilanz, in: Zeitschrift für Bibliothekswesen und Bibliographie 51 (2004), S. 213–221.

26 Karl Schlögel: Die Mitte liegt ostwärts. Europa im Übergang. München 2002; Klaus Garber: Schatzhäuser des Geistes. Alte Bibliotheken und Büchersamm-

lungen im Baltikum. Wien 2007; ders.: Das alte Königsberg. Erinnerungsbuch einer untergegangenen Stadt. Wien 2008.

27 Der regionalhistorische Zugang hatte in der NS-Zeit problematische Züge angenommen. Joseph Nadlers Literaturgeschichte (Literaturgeschichte der deutschen Stämme und Landschaften. Dichtung und Schrifttum der deutschen Stämme und Landschaften, 4 Bde. Berlin 1938–1941) stand beispielhaft dafür. In ihrer zweiten Fassung wurde sie der NS-Rhetorik amalgamiert. Hinzu kamen Forschungen unter dem Stichwort der »Grenzlandliteratur«, die schon in der Weimarer Republik en vogue waren und nationale Ressentiments bedienten. Siehe u. a. Jan Chodera: Die deutsche Polenliteratur 1918–1939. Poznań 1966. Die Forschung hat sich kritisch mit Nadler und der »Grenzlandliteratur« auseinandergesetzt und sich bemüht, die ideologischen Restbestände aus der Literaturgeschichtsschreibung zu tilgen; Wilhelm Kühlmann: Das humanistische Westfalen. Zur Bewußtseinsgeschichte von Regionalität in der Frühen Neuzeit, in: Martina Wagner-Egelhaaf: Region – Literatur – Kultur. Regionalforschung heute. Bielefeld 2001, S. 121–141; Klaus Garber: Wege in die Moderne. Historiographische, literarische und philosophische Studien aus dem Umkreis der alteuropäischen Arkadien-Utopie, hg. v. Stefan Anders, Axel E. Walter. Berlin 2012; Hartmut Kugler: Vorbemerkungen, in: Interregionalität der deutschen Literatur im europäischen Mittelalter, hg. v. dems. Berlin, New York 1995, S. 1–10, hier S. 2 f.

28 Ottmar Ette, Gesine Müller (Hg.): Worldwide. Archipels de la mondialisation. Madrid 2012; Ottmar Ette: Writing between Worlds. TransArea Studies and the Literatures-without-a-fixed-Abode. Berlin, Boston 2016 (Mimesis 64); Dorothee Kimmich: Öde Landschaften und die Nomaden der eigenen Sprache. Bemerkungen zu Franz Kafka, Feridun Zaimoğlu und der Weltliteratur als »littérature mineure«, in: Wider den Kulturenzwang. Migration, Kulturalisierung und Weltliteratur u. Mitarb. v. Stefanie Ulrich, hg. v. Özkan Ezli, Dorothee Kimmich, Annette Werberger. Bielefeld 2009, S. 297–316, hier S. 298–300.

29 Zur Kategorisierung in »große« und »kleine Literaturen« siehe Gilles Deleuze, Félix Guattari: Kafka. Für eine kleine Literatur. Aus dem Französischen übers. v. Burkhard Kroeber. Frankfurt M. 1976, S. 25; Pascale Casanova: La république mondiale des lettres. Paris 1999, S. 241 f.

30 Vgl. zur Kritik an Zentrum-Peripherie-Modellen Christopher Prendergast: The World Republic of Letters, in: Debating World Literature, hg. v. dems. London, New York 2004, S. 1–25, hier S. 18.

31 Johann Wolfgang Goethe: Faust. Eine Tragödie, hg. v. Albrecht Schöne. Frankfurt M. 1994 (Sonderausgabe der Goethe-Ausgabe des Deutschen Klassiker Verlags 7/1), Kapitel 21, V. S. 3587–3588.

32 Wout Dillen, Caroline Macé, Dirk van Hulle (Hg.): Texts beyond borders. Multilingualism and textual scholarship. Amsterdam, New York 2012; Jane Hiddleston, Wen-chin Ouyang: World Literatures. Creativity and World Literatures. Languages in Dialogue; www.creativeml.ox.ac.uk/research/world-literatures (14.12.2016).

33 Susan Arndt, Dirk Naguschewski, Robert Stockhammer (Hg.): Exophonie. Anders-Sprachigkeit (in) der Literatur. Berlin 2007 (Literatur Forschung 3).

34 Max Wehrli: Kleinstaat – Muttersprachen – Weltliteratur, in: Prinzipien der Literaturgeschichtsschreibung. Beiträge vom ersten deutsch-sowjetischen lite-

raturwissenschaftlichen Symposium in Göttingen vom 22.–28.6.81, hg. v. Reinhard Lauer, Horst Turk. Wiesbaden 1988, S. 87–96, hier S. 93–95.

35 Sigrid Weigel: Literatur der Fremde – Literatur in der Fremde, in: Sozialgeschichte der deutschen Literatur vom 16. Jahrhundert bis zur Gegenwart, Bd. 12: Gegenwartsliteratur seit 1968, hg. v. Klaus Briegleb. München, Wien 1992, S. 182–229.

36 Heinz Sieburg: Die deutsche Sprache als interkulturelles Konstrukt, in: Zwischen Provokation und Usurpation. Interkulturalität als (un)vollendetes Projekt der Literatur- und Sprachwissenschaften, hg. v. Dieter Heimböckel, Irmgard Honnef-Becker, Georg Mein u. dems. München 2010, S. 349–358.

37 Dazu das Forschungsprojekt »Marrying Cultures. Queens Consort and European Identities 1500–1800« (marryingcultures.eu; 21.12.2015), in diesem Zusammenhang besonders Clarissa Campbell Orr (Hg.): Queenship in Britain 1660–1837. Royal patronage, court culture and dynastic politics. Manchester, New York 2002.

38 Zum Begriff des Transfers aus multilateraler Perspektive siehe Katia Dmitrieva, Michel Espagne: Transferts culturels triangulaires France – Allemagne – Russie, hg. v. dens., Paris 1996; Sandra Pott, Sebastian Neumeister (Hg.): Triangulärer Transfer: Großbritannien, Frankreich und Deutschland um 1800. Germanisch-Romanische Monatsschrift 56/1 (2006).

39 Hier und im Folgenden nach Michael Werner, Bénédicte Zimmermann: Vergleich, Transfer, Verflechtung. Der Ansatz der Histoire croisée und die Herausforderung des Transnationalen, in: Geschichte und Gesellschaft 28 (2002), S. 607–636; dies.: Beyond Comparison. Histoire Croisée and the Challenge of Reflexivity, in: Michael Werner: History and Theory 45/1 (2006), S. 30–50; Mads Rosendahl Thomsen: Mapping World Literature. International Canonization and Transnational Literatures. New York 2008; Ulrike Freitag: Translokalität als ein Zugang zur Geschichte globaler Verflechtungen, in: h-soz-u-kult, 10.6.2005, http://hsozkult.geschichte.hu-berlin.de/forum/2005-06-001 (29.2.2016).

40 Eric Hayot: On Literary Worlds. Oxford 2012, S. 7.

41 Brenda Deen Schildgen, Gang Zhou, Sander L. Gilman: Introduction, in: Other Renaissances. A New Approach to World Literature, hg. v. dens. New York, Houndmills, Basingstoke 2006, S. 1–16, hier S. 9.

42 Jürgen Osterhammel: Sehr geehrte Frau Bundeskanzlerin!, in: Frankfurter Allgemeine Zeitung, 19.7.2014, Nr. 165, S. 11.

43 Shu-Mei Shih: Global Literature and the Technologies of Recognition, in: PMLA 119/1 (2004), S. 16–30; Wai Chee Dimock, Lawrence Buell (Hg.): Shades of the Planet. Princeton, Oxford 2007; Christie McDonald, Susan Rubin Suleiman: French Global. A New Approach to Literary History. New York 2010; Adam Barrows: The Cosmic Time of Empire. Modern Britain and World Literature. Berkeley 2011; Thérèse Migraine-George: From Francophonie to World Literature in French. Ethics, Poetics, Politics. Lincoln, London 2013; Zhang Lingxi: From Comparison to World Literature. New York 2015, S. 57–182; Joachim Küpper: Approaches to World Literature. Berlin 2013; Global Currents: Cultures of Literary Networks, 1050–1900; siehe auch www.global-currents.ca (16.1.2017).

44 Stefan Helgesson, Pieter Vermeulen: Introduction, in: dies., Institutions of

World Literature. Writing, Translation, Markets. New York, London 2016, S. 1–20, hier S. 1.

45 David Damrosch, David L. Pike (Hg.): The Longman Anthology of World Literature. New York u. a. 2008.

46 Philip Gaskell: Landmarks in European Literature. Edinburgh 1999.

47 Pamela A. Genova (Hg.). Twayne Companion to Contemporary World Literature. 2 Bde. New York u. a. 2003.

48 Wilfried Barner (Hg.): Ein Text und seine Leser. Weltliteratur für Liebhaber. Göttingen 1994.

49 Verena Auffermann, Gunhild Kübler, Ursula März, Elke Schmitter: Leidenschaften. 99 Autorinnen der Weltliteratur. München 2009. Aus dem deutschsprachigen Bereich werden Ilse Aichinger, Bettina von Arnim, Ingeborg Bachmann, Hedwig Courts-Mahler, Annette von Droste-Hülshoff, Marieluise Fleißer, Hildegard von Bingen, Elfriede Jelinek, Mascha Kaléko, Sarah Kane, Marie Luise Kaschnitz, Brigitte Kronauer, Friederike Mayröcker, Irmtraud Morgner, Herta Müller, Emine Sevgi Özdamar, Fanny Gräfin zu Reventlow, Anna Seghers, Johanna Spyri, Christa Wolf und Unica Zürn genannt.

50 David Damrosch: What Is World Literature? Princeton, Oxford 2003, S. 5: »mode of circulation and reading«.

51 B. Venkat Mani: Weltliteratur als »bibliomigrancy«. Auf Emine Sevgi Özdamars »Sprachzügen«, in: Text und Kritik 211 (2016), S. 59–70, hier S. 60 f.

52 Susan Stanford Friedman: Why Not Compare?, in: PMLA 126/3 (2011), S. 753–761.

53 Barbara Cassin (Hg.): Vocabulaire européen des philosophes. Dictionnaire des intraduisibles. Paris 2004; siehe auch Emily Apter: Against World Literature. On the Politics of Untranslatability. London, New York 2013.

54 Robert Weninger: Lost in Lit-Terra Incognita, or What Is and to What End Do We Study World Literature?, in: Comparative Literature 62/4 (2010), S. 315–335.

55 Sandra Pott: Poetiken. Poetologische Lyrik, Poetik und Ästhetik von Novalis bis Rilke. Berlin, New York 2004, S. 202–241; Theo Hermans (Hg.): The Manipulation of Literature. London, Sydney 1985; Peter Utz: Anders gesagt – autrement dit – in other words. München 2007.

56 Doris Bachmann-Medick: The Translational Turn in Literary and Cultural Studies, in: Translation Studies 2/1 (2009), S. 2–16.

57 Rakefet Sela-Sheffy: The Translator's Personae. Marketing Translatorial Images as Pursuit of Capital, in: Meta. Journal des traducteurs 53 (2008), S. 609–622.

58 Zohar Shavit: The Status of Translated Literature in the Creation of Hebrew Literature in Pre-State Israel (the Yishuv Period), in: Meta. Journal des traducteurs 43/1 (1998), S. 46–53; Lital Levy, Allison Schachter: Jewish Literature / World Literature: Between the Local and the Transnational, in: Papers of the Modern Language Association of America 130/1 (2015), S. 92–109, hier S. 96.

59 Robert Stockhammer: Das Schon-Übersetzte. Auch eine Theorie der Weltliteratur, in: Poetica 41/3-4 (2010), S. 257–291, S. 263 u. passim.

60 George Steiner: After Babel. Aspects of Language and Translation. London, New York, Toronto 1975, S. 473; Peter Burke, Ronnie Po-Chia Hsia (Hg.): Cultural Translation in Early Modern Europe. Cambridge 2007.

61 Ernst-August Gutt: Translation and Relevance: Cognition and Context. Oxford 1991.

62 Nitsa Ben-Ari: Representations of Translators in Popular Culture, in: Translation and Interpreting Studies 5 (2010), S. 220–242.

63 Siehe www.placingliterature.com (10.1.2017); Monika Schmitz-Emans: Topographien der Weltliteratur: »Museum«, »Atlas«, »Luftfracht« und »Imaginäre Bibliothek«, in: Topographien der Literatur. Deutsche Literatur im transnationalen Kontext, hg. v. Hartmut Böhme, Stuttgart 2005, S. 371–392.

64 Für englischsprachige Literatur siehe Franco Moretti: Atlas des europäischen Romans. Wo die Literatur spielte. Übers. v. Daniele dell'Agli. Köln 1999, S. 30; ders.: Graphs, Maps, Trees. Abstract Models for a Literary Theory. London, New York 2005; Jonathan Goodwin, John Holbo (Hg.): Reading Graphs, Maps, Trees. Critical Responses to Franco Moretti. Anderson 2011; Franco Moretti: Distant Reading. London, New York 2013.

65 Diesen Darstellungen unterliegen ausführliche Bibliografien, die ich mit einem Team von Forschungsstudenten erstellen konnte. Sie sind online einsehbar: www.germanliteratureglobal.com.

66 Simone Winko: Negativkanonisierung. August von Kotzebue in der Literaturgeschichtsschreibung des 19. Jahrhunderts, in: Kanon Macht Kultur. Theoretische, historische und soziale Aspekte ästhetischer Kanonbildungen. Akten des DFG-Symposions Steinheim. September 1996, hg. v. Renate von Heydebrand. Stuttgart 1998, S. 341–364; Johannes Birgfeld, Julia Bohnengel, Alexander Košenina (Hg.): Kotzebues Dramen. Ein Lexikon. Hannover 2011.

67 https://scalablereading.northwestern.edu/ (17.1.2017); siehe auch die Diskussionen in Matthew Jokers: Macroanalysis: Digital Methods and Literary History. University of Illinois Press, 2013; Matt Erlin, Lynn Tatlock (Hg.): Distant Readings. Topologies of German Culture in the Long Nineteenth Century. Rochester, New York 2014.

68 Anil Bhatti: Nicht-hermeneutische Wege in der Toleranzdiskussion, in: Kulturen des Dialogs, hg. v. Heinz-Dieter Assmann, Frank Baasner, Jürgen Wertheimer. Baden-Baden 2011, S. 29–41.

69 Einige dieser Begriffe sind erborgt von Jan-Dirk Müller: Die Frühe Neuzeit in der Literaturgeschichtsschreibung, in: Entdeckung der frühen Neuzeit. Konstruktion einer Epoche der Literatur- und Sprachgeschichte, hg. v. Marcel Lepper, Dirk Werle. Stuttgart 2011 (Beiträge zur Geschichte der Germanistik 1), S. 15–38, hier S. 19.

70 Siegfried Lokatis, Doreen Kunz, Fayçal Hamouda (Hg.): Buchgeschichten. Wege zur Weltliteratur. Leipzig 2013, S. 200–203; Saskia Bodemer: Bestsellermarketing. Erfolgsfaktoren auf dem literarischen Markt der Gegenwart. Süßkind – Schlink – Kehlmann. Stuttgart 2014.

71 Wolfgang Haubrichs: Geschichte der deutschen Literatur von den Anfängen bis zum Beginn der Neuzeit. Bd. 1: Von den Anfängen zum hohen Mittelalter. Teil I: Die Anfänge: Versuche volkssprachlicher Schriftlichkeit im frühen Mittelalter (ca. 700–1050/60), hg. v. Joachim Heinzle. 2., durchg. Aufl. Tübingen 1995, S. 61–68.

72 Siehe am Beispiel der österreichischen Länder Fritz Peter Knapp: Die Literatur des Früh- und Hochmittelalters in den Bistümern Passau, Salzburg, Brixen und Trient von den Anfängen bis zum Jahr 1273. Graz 1994 (Geschichte der Lite-

ratur in Österreich Bd. 1); Helmut Tervooeren, Jens Haustein (Hg.): Regionale Literaturgeschichtsschreibung. Aufgaben, Analysen und Perspektiven. Rostock 2003.

73 Manfred Eikelmann: Wissen und Literatur im Kontext der europäischen Tradition (Einleitung), in: Praktiken europäischer Traditionsbildung im Mittelalter. Wissen – Literatur – Mythos, hg. v. dems., Udo Friedrich u. Mitarb. v. Esther Laufer, Michael Schwarzbach. Berlin 2013, S. 11–27, hier S. 25.

74 Karl Bertau: Kulturelle Verspätung und translatio imperii. Zu einer Semantik historischer Wanderungsbewegungen auf der eurasischen Halbinsel Europa, in: Interregionalität der deutschen Literatur im europäischen Mittelalter, hg. v. Hartmut Kugler. Berlin 1995, S. 81–106.

75 Beate Kellner, Ludger Lieb, Peter Strohschneider (Hg.): Literarische Kommunikation und soziale Interaktion. Frankfurt M. 2001 (Mikrokosmos; Beiträge zur Literaturwissenschaft und Bedeutungsforschung 64).

76 Jan-Dirk Müller: Spielregeln für den Untergang. Die Welt des Nibelungenliedes. Tübingen 1998, S. 26.

77 Karl Bertau: Deutsche Literatur im europäischen Mittelalter. Bd. 1: 800–1197. München 1992; ders.: Kulturelle Verspätung und translatio imperii (Anm. 74).

78 Nils Borgmann: Matière de France oder Matière des Francs? Die germanische Heldenepik und die Anfänge der Chanson de Geste. Heidelberg 2013 (Beiträge zur älteren Literaturgeschichte); Fritz Peter Knapp (Hg.): Die Rezeption lateinischer Wissenschaft, Spiritualität, Bildung und Dichtung aus Frankreich. Bd. 1. Berlin, Boston 2014, S. 100 f.

79 René Pérennec: »da heine niht erzogen« – Translation und Erzählstil. ›Rezeptive Produktion‹ in Hartmanns ›Erec‹, in: Interregionalität der deutschen Literatur im europäischen Mittelalter, hg. v. Hartmut Kugler. Berlin 1995, S. 107–126.

80 Siehe dazu das statistische Material auf: www.germanliteratureglobal.com.

81 Eine weitere, jedoch weit weniger populäre Ausnahme bietet durch Übertragungen seit dem 15. Jahrhundert das Ritterepos »Wigalois« des Wirnt von Gravenberg (ca. 2. Jahrzehnt des 13. Jahrhunderts). Robert G. Warnock: Frühneuzeitliche Fassungen des altjüdischen »Artushofs«, in: Auseinandersetzungen um jiddische Sprache und Literatur. Jüdische Komponenten in der deutschen Literatur – die Assimilationskontroverse, hg. v. Walter Röll, Hans-Peter Bayerdörfer. Tübingen 1986, S. 13–19; Stephan Fuchs: Hybride Helden. Gwigalois und Willehalm. Beiträge zum Heldenbild und zur Poetik des Romans im frühen 13. Jahrhundert. Heidelberg 1997; Achim Jaeger: Ein jüdischer Artusritter. Studien zum jüdisch-deutschen »Widuwilt« (»Artushof«) und zum »Wigalois« des Wirnt von Gravenberg. Tübingen 2000.

82 Vgl. Werner Hoffmann: The Reception of the »Nibelungenlied« in the Twentieth Century, in: A Companion to the Nibelungenlied, hg. v. dems. Woodbridge 1998, S. 127–152.

83 William F. Carroll: »Der Welsche Gast« Thomasin von Zerclaeres und »Der Renner« Hugos von Trimberg. Perspektiven des Fremden in der didaktischen Literatur des 13. Jahrhunderts, in: Fremdes wahrnehmen – fremdes Wahrnehmen. Studien zur Geschichte der Wahrnehmung und zur Begegnung von Kulturen in Mittelalter und früher Neuzeit, hg. v. Wolfgang Harms, C. Stephen Jaeger. Stuttgart, Leipzig 1997, S. 137–152.

84 Lorenzo Lozzi Gallo: Thomasin von Zerklaere and German-Hungarian Relations in Thirteenth-Century German Literature, in: Amsterdamer Beiträge zur älteren Germanistik 72 (2014), S. 229–256.

85 Kathryn Starkey: A Courtier's Mirror. Cultivating Elite Identity in Thomasin von Zerclaere's »Welscher Gast«. Notre Dame 2013, S. 4, passim; siehe auch Welscher Gast Digital; http://digi.ub.uni-heidelberg.de/wgd/ (5.5.2017)

86 Bis zum 17. Jahrhundert zählt Hans Rudolf Velten 40 niederländische, 33 italienische, 22 deutsche, 12 französische, mehrere englische und spanische Versionen; ders.: Das Schlaraffenland – ein europäischer Mythos? Zur historischen Semantik einer literarischen »Dekonstruktion«, in: Praktiken europäischer Traditionsbildung im Mittelalter. Wissen – Literatur – Mythos, hg. v. dems., Udo Friedrich u. Mitarb. v. Esther Laufer, Michael Schwarzbach. Berlin 2013, S. 245–268, hier S. 249.

87 Ingeborg Glier (Hg.): Die deutsche Literatur im späten Mittelalter 1250–1370. München 1987 (Geschichte der deutschen Literatur von den Anfängen bis zur Gegenwart 3,2), S. 9 f.

88 Klaus Garber: Zur Konstitution der europäischen Nationalliteraturen. Implikationen und Perspektiven, in: Nation und Literatur im Europa der Frühen Neuzeit. Akten des I. Internationalen Osnabrücker Kongresses zur Kulturgeschichte der Frühen Neuzeit, hg. v. dems. Tübingen 1989 (Frühe Neuzeit 1), S. 1–55, hier S. 2–10.

II. Exportgut: Deutschsprachige Literatur als heiße Ware, 1450–1700

1 Peter Amelung: Das Bild des Deutschen in der Literatur der italienischen Renaissance (1400–1559). München 1964 (Münchener Romanistische Arbeiten 20), S. 30–39 u. passim.

2 Tacitus: Germania. Übersetzung, Erläuterungen und Nachwort von Manfred Führmann. Stuttgart 1971, 18. Mitgift und Ehe, S. 15.

3 Michael Giesecke: Der Buchdruck in der frühen Neuzeit. Eine historische Fallstudie über die Durchsetzung neuer Informations- und Kommunikationstechnologien. Frankfurt M. 1998, S. 21–28.

4 Ebd., S. 165.

5 Jan-Dirk Müller: Formen literarischer Kommunikation im Übergang vom Mittelalter zur Neuzeit, in: Die Literatur im Übergang vom Mittelalter zur Neuzeit, hg. v. Werner Röcke, Marina Münkler. München, Wien 2004 (Hansers Sozialgeschichte der deutschen Literatur vom 16. Jahrhundert bis zur Gegenwart 1), S. 21–53, hier S. 22.

6 Stephan Füssel: Early Modern German Printing, in: Early Modern German Literature 1350–1700. New York, Woodbridge 2007, S. 217–246.

7 Simon Schama: Embarrassement of Riches: An interpretation of Dutch Culture in the Golden Age. New York 1987; Lisa Jardine: Worldy Goods. A New History of the Renaissance. New York 1996; Raffaela Sarti: Vita di casa. Roma 1999.

8 Thomas Stäcker: VD 17 – mehr als eine Zwischenbilanz, in: Zeitschrift für

Bibliothekswesen und Bibliographie 51/4 (2004), S. 213–221; Volker Meid: Die deutsche Literatur im Zeitalter des Barock. Vom Späthumanismus zur Frühaufklärung 1570–1740. München 2009 (Geschichte der deutschen Literatur von den Anfängen bis zur Gegenwart 5), S. 41.

9 Jan-Dirk Müller: Die Frühe Neuzeit in der Literaturgeschichtsschreibung, in: Entdeckung der frühen Neuzeit. Konstruktionen einer Epoche der Literatur- und Sprachgeschichte seit 1750, hg. v. Marcel Lepper, Dirk Werle. Stuttgart 2011 (Beiträge zur Geschichte der Germanistik 1), S. 15–38, hier S. 36.

10 Jacov S. Lur'e (Hg.): Povest' o Drakule [Die Sage von Dracula]. Leningrad 1964.

11 Franz Nyenstädt: Monumenta Livoniae Antiquae, Bd. 2, Riga-Leipzig 1839, S. 67–68.

12 Marianne O. de Bopp: Deutsche Einwanderung nach Mexico in vier Jahrhunderten, in: The German Contribution to the Building of the Americas. Studies in Honor of Karl J. R. Arndt, hg. v. Gerhard K. Friesen, Walter Schatzberg. Worcester u. a. 1977, S. 21–46, hier S. 22.

13 Rotraud Ries: »Die nahen Fremden«. Juden in der Geschichte der Frühen Neuzeit. Eine Einführung, in: https://www.historicum.net/persistent/old-purl/2150 (24.03.2006); Martina Steer: Kultureller Austausch in der jüdischen Geschichte der Frühen Neuzeit, in: Kultureller Austausch. Bilanz und Perspektiven der Frühneuzeitforschung, hg. v. Michael North. Köln u. a. 2009, S. 25–41, hier S. 26.

14 Vgl. Jonathan Israel: European Jewry in the Age of Mercantilism 1550–1750. Oxford 1985.

15 Daniel Jütte: Das Zeitalter des Geheimnisses. Juden, Christen und die Ökonomie des Geheimen (1400–1800). Göttingen, Oakville 2011.

16 Hans Robert Jauss: Alterität und Modernität der mittelalterlichen Literatur. Gesammelte Aufsätze 1956–1976. München 1977, S. 10; Werner Röcke, Marina Münkler: Vorwort, in: Die Literatur im Übergang vom Mittelalter zur Neuzeit, hg. v. dens. München u. a. 2004 (Hansers Sozialgeschichte der deutschen Literatur vom 16. Jahrhundert bis zur Gegenwart 1), S. 9–20, hier S. 10.

17 Eckhard Bernstein: Vom lateinischen Frühhumanismus bis Conrad Celtis, in: Die Literatur im Übergang vom Mittelalter zur Neuzeit, hg. v. Werner Röcke, Marina Münkler. München u. a. 2004 (Hansers Sozialgeschichte der deutschen Literatur vom 16. Jahrhundert bis zur Gegenwart 1), S. 54–76, hier S. 59–61.

18 Gernot Michael Müller: Die »Germania generalis« des Conrad Celtis. Studien mit Edition, Übersetzung und Kommentar. Tübingen 2001 (Frühe Neuzeit 67), S. 429 f.; Jörg Robert: Konrad Celtis und das Projekt der deutschen Dichtung. Studien zur humanistischen Konstitution von Poetik, Philosophie, Nation und Ich. Tübingen 2003 (Frühe Neuzeit 76), S. 513 f.

19 Wolfgang Brückner, Peter Blickle, Dieter Breuer (Hg.): Literatur und Volk im 17. Jahrhundert. Probleme populärer Kultur in Deutschland. Teil I–II. Wiesbaden 1985 (Wolfenbütteler Arbeiten zur Barockforschung 13); Hans-Georg Kemper: Deutsche Lyrik der frühen Neuzeit. Bd. 1: Epoche- und Gattungsprobleme. Reformationszeit. Tübingen 1987; Klaus Garber: Zur Konstitution der europäischen Nationalliteraturen. Implikationen und Perspektiven, in: Nation und Literatur im Europa der Frühen Neuzeit. Akten des I. Internationalen Osnabrücker Kongresses zur Kulturgeschichte der Frühen Neuzeit, hg. v.

dems. Tübingen 1989 (Frühe Neuzeit 1), S. 1–55. Zitiert wird nach der zweiten Auflage in: ders., Literatur und Kultur im Europa der Frühen Neuzeit. Gesammelte Studien. München 2009, S. 15–70, hier S. 56; Klaus Garber: Die Idee der Nationalsprache und Nationalliteratur in der Frühen Neuzeit Europas, in: ders., Literatur und Kultur im Europa der Frühen Neuzeit. Gesammelte Studien. München 2009, S. 107–213.

20 Albrecht Classen: The German Volksbuch. Critical History of a Late Medieval Genre. Lewiston 1995.

21 Manuel Braun: Historie und Historien, in: Die Literatur im Übergang vom Mittelalter zur Neuzeit, hg. v. Werner Röcke, Marina Münkler. München, Wien 2004 (Hansers Sozialgeschichte der deutschen Literatur vom 16. Jahrhundert bis zur Gegenwart 1), S. 317–361, hier S. 329.

22 Peter Godman: Weltliteratur auf dem Index. Die geheimen Gutachten des Vatikans, u. Mitwirkung v. Jens Brandt. Berlin, München 2001, S. 321–329; Werner Fuld:»Das Buch der verbotenen Bücher«. Universalgeschichte des Verfolgten und Verfemten von der Antike bis heute. Berlin 2012.

23 Marina Münkler: Volkssprachlicher Früh- und Hochhumanismus, in: Die Literatur im Übergang vom Mittelalter zur Neuzeit, hg. v. Werner Röcke, ders. München u. a. 2004 (Hansers Sozialgeschichte der deutschen Literatur vom 16. Jahrhundert bis zur Gegenwart 1), S. 77–96, hier S. 90.

24 Caspar Hirschi: Eine Kommunikationssituation zum Schweigen. Sebastian Brant und die Eidgenossen, in: Sebastian Brant und die Kommunikationskultur um 1500, hg. v. Klaus Bergdolt, Joachim Knape, Anton Schindling, Gerrit Walther. Wiesbaden 2010 (Wolfenbütteler Arbeiten zur Renaissanceforschung 26), S. 219–250, hier S. 221.

25 Münkler: Volkssprachlicher Früh- und Hochhumanismus (Anm. 23), S. 94.

26 Lothar Schmitt: Sebastian Brant, Albrecht Dürer und das »Narrenschiff«, in: Sebastian Brant und die Kommunikationskultur um 1500, hg. v. Klaus Bergdolt, Joachim Knape, Anton Schindling, Gerrit Walther. Wiesbaden 2010 (Wolfenbütteler Arbeiten zur Renaissanceforschung 26), S. 349–412; Annika Rockenberger: Albrecht Dürer, Sebastian Brant und die Holzschnitte des »Narrenschiff«-Erstdrucks (Basel 1494), in: Gutenberg-Jahrbuch 86 (2011), S. 312–329.

27 Michael Rupp:»Narrenschiff« und »Stultifera navis«. Deutsche und lateinische Moralsatire von Sebastian Brant und Jakob Locher in Basel 1494–1498. Münster u. a. 2002.

28 Andrew Pettegree, Malcolm Walsby and Alexander Wilkinson (Hg.): French vernacular books. Books published in the French language before 1601. Leiden, Boston 2007, Bd. 1, S. 215.

29 Virgile Rossel: Histoire des relations littéraires entre la France et l'Allemagne. Genève 1970, S. 23 f.

30 Münkler: Volkssprachlicher Früh- und Hochhumanismus (Anm. 23), S. 94.

31 Mark Schorer: We're All on the Passenger List, in: New York Times Book Review. 01.04.1962, S. 1, 5, hier S. 1.

32 Katherine Anne Porter: Das Narrenschiff. Aus dem Engl. übers. v. Susanna Rademacher. Überarb. u. komm. Neuausgabe. Nachwort v. Elke Schmitter. Zürich 2010, S. 5.

33 Ebd., S. 188.

34 Robert A. Nowlan, Gwendolyn W. Nowlan: Film Quotations. 11,000 Lines Spoken on Screen, Arranged by Subject, and Indexed. Jefferson, North Carolina 2013, S. 574.

35 Anja Hill-Zenk: Der englische Eulenspiegel. Die Eulenspiegel-Rezeption als Beispiel des englisch-kontintentalen Buchhandels im 16. Jahrhundert. Berlin, New York 2010, S. 13; Graham Jefcoate: Deutsche Drucker und Buchhändler in London. Berlin, New York 2015 (Hermaea NF 122), S. 2f.

36 Ebd., S. 515–517.

37 Ebd., S. 541–549.

38 George W. Brandt, Wiebe Hogendoorn: Theatre in Europe. A documentary history: German and Dutch Theatre, 1600–1848. Cambridge 1993; Ralf Haekel: Die Englischen Komödianten in Deutschland: Eine Einführung in die Ursprünge des Berufsschauspiels. Heidelberg 2004; ders.: Neue Quellen zur Geschichte der Englischen Komödianten in Deutschland, in: Jahrbuch der Deutschen Shakespeare-Gesellschaft 2004, S. 180–185. Bei den folgenden Abschnitten handelt es sich um eine Teilübersetzung meines Beitrags: Cross-cultural inventions of drama on the basis of the novel in prose, or world literature before world literature: the case of Fortunatus, erscheint in: Poetics and Politics. Net Structures and Agencies in Early Modern Drama, hg. v. Toni Bernhart, Jaša Drnovšek, Sven Thorsten Kilian, Joachim Küpper und Jan Mosch. Boston u. a. 2017 (im Druck).

39 Dirk Niefanger: »Von allen Kunstverständigen hoch gepriesen«. Thesen zur Wirkung des niederländischen Theaters auf die deutsche Schauspielkunst des 17. Jahrhunderts, in: Niederländisch-deutsche Kulturbeziehungen 1600–1830, hg. v. Jan Konst, Inger Leemans, Bettina Novak. Göttingen 2009, S. 153–166.

40 Dimitri Cvetaev: Protestantstvo i protestanty v Rossii do ėpochi preobrazovanij [Die Protestanten und der Protestantismus in Russland vor der Epoche der Reformen]. Moskau 1890, S. 735 f.; Dimitrij Lichačev: Stanovlenie teatra [Die Formation des Theaters], in: Istorija vsemirnoj literatury: v 8 tomach, Bd. 4, Moskau 1987 (Russkaja literatura XVII v.), S. 357–359; Erich Sommer: Die Deutschen und das russische Theater, in: Tausend Jahre Nachbarschaft. Rußland und die Deutschen, hg. v. Manfred Hellmann, Alfred Eisfeld. München 1988, S. 240–264.

41 Sommer: Die Deutschen und das russische Theater (Anm. 40), S. 240–263, hier S. 240f.

42 Meid (Anm. 8), S. 100.

43 Ebd., S. 100. Siehe auch Niefanger (Anm. 39); vgl. ders.: Geschichtsdrama der Frühen Neuzeit 1495–1773. Tübingen 2005.

44 Ralf Haekel: Von Bottom zu Pickelhering. Die Kunst des komischen Schauspiels in Shakespeares »A Midsummer Night's Dream« und Gryphius' »Absurda Comica«, in: Anthropologie und Medialität des Komischen im 17. Jahrhundert (1580–1730), hg. v. Stefanie Arend, Thomas Borgstedt, Nicola Kaminski, Dirk Niefanger. Amsterdam u. a. 2008 (Chloe; Beihefte zum Daphnis 40), S. 207–221.

45 Albrecht Classen: Die Rezeption des deutschen »Fortunatus« in England. Thomas Dekker und seine Dramatisierung des »Volksbuchs«, in: Neohelicon 21/1 (2005), S. 289–311.

46 [Anon.:] Von Fortunato und seynem Seckel auch Wunschhütlein. Mit einem Vorwort von Renate Noll-Wiemann. Hildesheim, New York 1974, unpg. [Diiij verso].

47 Walter Haug: »O Fortuna«. Eine historisch-semantische Skizze zur Einführung, in: Fortuna, hg. v. dems., Burghart Wachiner. Tübingen 1995 (Fortuna vitrea 15), S. 1–22.

48 Manuel Braun: Ehe, Liebe, Freundschaft. Semantik der Vergesellschaftung im frühneuhochdeutschen Prosaroman, Tübingen 2001 (Frühe Neuzeit 60).

49 Dazu Jörg Jungmayer: Bibliographie, in: Fortunatus. Studienausgabe nach der editio princeps von 1509. Mit Materialien zum Verständnis des Textes, hg. v. Hans-Gert Roloff. Stuttgart 1981, S. 323–350.

50 Harold S. Jantz: German Thought and Literature in New England, 1620–1820, in: The Journal of English and Germanic Philology 41/1 (1942), S. 1–45, hier S. 15.

51 Sidney R. Homan, jr.: »Doctor Faustus«, Dekker's »Old Fortunatus« and the Morality Plays, in: Modern Language Quaterly 26/4 (1965), S. 497–505, hier S. 498 f.

52 Ward L. Halsteadt: Surviving Original Materials in Dekker's »Old Fortunatus«, in: Notes and Queries 182/17 (1942), S. 30 f.; Albrecht Classen: Die Weltwirkung des »Fortunatus«, in: Fabula 35 (1990), S. 209–225, hier S. 219.

53 Thomas Dekker: The Pleasant Comedie of Old Fortunatus, in: The Dramatic works of Thomas Dekker, ed. by Fredson Bowers. Cambridge 1953, S. 122, v. 224 und S. 122, v. 217.

54 Ebd., S. 121, v. 174.

55 Ralf Haekel: Die Englischen Komödianten in Deutschland (Anm. 38), S. 111–113.

56 Comoedia von Fortunato / seinem Seckel und / Wuenschhuetlein / Darinnen erstlich drey verstorbene Seelen als Geister / darnach die Tugend und Schwande eingefuehret werden, in: Spieltexte der Wanderbühne, hg. v. Manfred Brauneck (Ausgaben deutscher Literatur des XV. bis XVIII. Jahrhunderts). Berlin 1972, Bd. II, S. 190–267.

57 Haekel: Die Englischen Komödianten (Anm. 38), S. 117 f.

58 Alfred Noe (Hg.): Spieltexte der Wanderbühne. Sechster Band; Kommentar zu Band I–V. Berlin, New York 2007, S. 16.

59 Paul Harms: Die deutschen Fortunatus-Dramen und ein Kasseler Dichter des 17. Jahrhunderts. Hamburg u. a. 1892, S. 54.

60 Zu Fortunatus: Birgitt Hilberg: Manuscripta poetica et romanensia, Manuscripta theatralia. Wiesbaden 1993. S. 78. Landesbibliothek Kassel (http://orka.bibliothek.uni-kassel.de/viewer/image/1296566484811/133/LOG_0007/), (2011); Paul Harms: Die deutschen Fortunatus-Dramen und ein Kasseler Dichter des 17. Jahrhunderts. Hamburg u. a. 1892; siehe auch Heinrich Schleichert: Landgraf Moritz der Gelehrte von Hessen-Kassel und das deutsche Theater. Kassel 1924 (http://orka.bibliothek.uni-kassel.de/viewer/image/1422951884036/125/), S. 55–57.

61 John C. Ransmeier: Uhland's Fortunat and the Histoire de Fortunatus et de Ses Enfants Author(s), in: PMLA, 25/ 2 (1910), S. 355–366, hier S. 357.

62 Hans-Jörg Uther: Fortunatus, in: Enzyklopädie des Märchens. Begründet v. Karl Ranke, hg. v. Rolf Wilhelm Brednich, Hermann Bausinger, Heidrun Alz-

heimer, Wolfgang Brückner, Daniel Drascek, Helge Gerndt, Ines Köhler-Zülch, Klaus Roth, Hans-Jörg Uther. Bd. 5, Berlin u. a. 1987, S. 7–14; Classen: ebd., S. 224.

63 Paul Nissler: A Short Survey of the Creation and Development of Common German-Latin American Space: Humboldt, Emigration, Exile and Contemporary Interactions, in: German Literature at World Literature, hg. v. Thomas O. Beebee. New York u. a. 2014, S. 157–175.

64 Jörg Denzer: Die Konquista der Augsburger Welser-Gesellschaft in Südamerika (1528–1556). München 2005, S. 17; Rainer Kössling, Günter Wartenberg (Hg.): Joachim Camerarius. Tübingen 2003 (Leipziger Studien zur klassischen Philologie), S. 313.

65 Franz Obermeier: Hans Staden und sein Brasilienbuch. Vorwort, in: Hans Staden, Wahrhaftige Historia. Zwei Reisen nach Brasilien (1548–1555). Kritische Ausgabe, hg. v. Franz Obermeier. Kiel 2007 (Fontes Americanae 1), S. I-LXVI, hier S. VIII, III.

66 Michael Harbsmeier: Von Nutzen und Nachteil des Studiums älterer Reiseberichte. Zur Wiederentdeckung Hans Stadens im 19. und 20. Jahrhundert, in: Die Wiederentdeckung Lateinamerikas. Die Erfahrung des Subkontinents in Reiseberichten des 19. Jahrhunderts, hg. v. Walther Bernecker, Gertrut Krömer. Frankfurt M. 1997, S. 79–105; Markus Klaus Schäffauer: Die Vision der Gegessenen: Hans Staden, Autor des Kannibalismus, in: Portugal und das Heilige Römische Reich (16.–18. Jahrhundert), hg. v. Alexandra Curvelo, Madalena Simões. Aschendorff, Münster 2011, S. 105–126; Eve M. Duffy, Alida Metcalf: The Return of Hans Staden. A Go-between in the Atlantic World. Baltimore 2012.

67 Erhard Schüttpelz: Die Moderne im Spiegel des Primitiven. Weltliteratur und Ethnologie (1870–1960). München 2005, S. 18.

68 Michaela Holdenried: Künstliche Horizonte. Alterität in literarischen Repräsentationen Südamerikas. Berlin 2004 (Philologische Studien und Quellen 183), S. 111.

69 Christian Kiening: Das wilde Subjekt. Kleine Poetik der Neuen Welt. Göttingen 2006 (Historische Semantik 9), S. 59 f.

70 Hans Staden: Wahrhaftige Historia. Zwei Reisen nach Brasilien (1548–1555). Kritische Ausgabe, hg. v. Franz Obermeier. Kiel 2007 (Fontes Americanae 1), Cap. XXVI, XXIX [unpag.].

71 Zur Reiseliteratur aus de Brys Offizin siehe Anna Greve: Die Autorität der Alten. Die Rezeption der »Grands« und »Petits Voyages« (1590–1634) aus der Werkstatt de Bry in der illustrierten Reiseliteratur des 17. und 18. Jahrhunderts, in: Wolfenbütteler Barock-Nachrichten 42/1,2 (2015), S. 101–129.

72 Theodorvs de Bry: Ad Lectorem Praefatio, in: America tertia pars. Memorabilis provinciae Brasiliae historia [...]. Germanico primùm sermone scriptam à Joanne Stadio, nunc autem Latinitate donatam à Teucrio Annaeo Priuato Colchanthe [J.A. Lonicer]. Frankfurt M. 1592, [unpag.].

73 Holdenried: Künstliche Horizonte (Anm. 68), S. 119.

74 Franz Obermeier: Brasilien in Illustrationen des 16. Jahrhunderts. U. Mitarb. v. Roswitha Kramer. Frankfurt M. 2000 (americana eystettensia; Serie B 11), S. 86–91.

75 Obermeier: Hans Staden (Anm. 65), S. XXXVIIIf.

76 Franz Obermeier: Die Illustrationen in Stadens Wahrhaftige Historia von 1557. São Paulo 2000.

77 Carlo Ross: Abenteurer und Rebell. Ulrich Schmidl und die Entdeckung Lateinamerikas. Eine Romanbiographie. Regensburg 1996; Georg Bremer: Unter Kannibalen. Die unerhörten Abenteuer der deutschen Konquistadoren Hans Staden und Ulrich Schmidel. Zürich 1996; Heinrich Fromm: Ulrich Schmidl. Landsknecht, Geschichtsschreiber und Mitbegründer von Buenos Aires. Wiefelstede 2010.

78 Ulrich Schmidel: Wahrhafte Historie einer wunderbaren Schifffahrt welche Ulrich Schmidel von Straubing von 1534 bis 1554 in Amerika oder Neue Welt bei Brasilia oder Rio Della Plata getan. Mit 16 zeitgenössischen Darstellungen, hg. v. Fernando Amado Aymoré. Wiesbaden 2010, Kap. 52, S. 201; Fernanco Amado Aymoré: Einleitung, in: ebd., S. 9–59, hier S. 27.

79 Ebd., Kap. 9, S. 58 f.: Drei Spanier wurden gehenkt, und »in derselben Nacht gesellten sich drei andere Spanier zusammen, die sind kommen zu diesen drei Gehenkten zum Galgen, haben ihnen die Schenkel vom Leib gehaut und große Stücke Fleisch aus ihnen geschnitten zu Ersättigung ihres großen Hungers. Item hatte auch ein Spanier seinen Bruder, der in der Stadt Buenos Aires gestorben war, aus übermäßigem Hunger gegessen.«

80 Irene Dingel, Wolf-Friedrich Schäufele (Hg.): Kommunikation und Transfer im Christentum der Frühen Neuzeit. Mainz 2008 (Veröfflichungen des Instituts für Europäische Geschichte, Beiheft 74); Andreas Pietsch, Barbara Stollberg-Rilinger (Hg.): Konfessionelle Ambiguität. Uneindeutigkeit und Verstellung als religiöse Praxis in der Frühen Neuzeit. Gütersloh 2013 (Schriften des Vereins für Reformationsgeschichte 214).

81 Volker Reinhardt: Luther, der Ketzer. Rom und die Reformation. München 2016, S. 327.

82 Margit Kern: Transkulturelle Imaginationen des Opfers in der Frühen Neuzeit. Übersetzungsprozesse zwischen Mexiko und Europa. Berlin u. a. 2013.

83 Eckhard Bernstein: Humanistische Intelligenz und kirchliche Reformen, in: Die Literatur im Übergang vom Mittelalter zur Neuzeit, hg. v. Werner Röcke, Marina Münkler. München u. a. 2004 (Hansers Sozialgeschichte der deutschen Literatur vom 16. Jahrhundert bis zur Gegenwart 1), S. 166–197, hier S. 188.

84 Gerhard Hahn: Literatur und Konfessionalisierung, in: Die Literatur im Übergang vom Mittelalter zur Neuzeit, hg. v. Werner Röcke, Marina Münkler. München, Wien 2004 (Hansers Sozialgeschichte der deutschen Literatur vom 16. Jahrhundert bis zur Gegenwart 1), S. 242–262, hier S. 250.

85 Barbara Könneker: Die deutsche Literatur der Reformationszeit. Kommentar zu einer Epoche. München 1975, S. 7 f.; Albrecht Dröse: Anfänge der Reformation, in: Die Literatur im Übergang vom Mittelalter zur Neuzeit, hg. v. Werner Röcke, Marina Münkler. München, Wien 2004 (Hansers Sozialgeschichte der deutschen Literatur vom 16. Jahrhundert bis zur Gegenwart 1), S. 198–241, hier S. 198.

86 Aleksej Ivanovič Sobolevskij: Zapadnoe vlijanie na literaturu Moskovskoj Rusi XV–XVII vekov [Westlicher Einfluss auf die Literatur der Moskauer Rus des 15.–17. Jahrhunderts]. Den Haag 1966 (Russian Reprint Series XVIII); T. N. Kopreeva: Zapadnye istočniki v rabote novgorodskich knižnikov konca XV – načala XVI vekov [Westliche Quellen in der Arbeit der Nowgoroder Buch-

schreiber am Ende des 15. bis Anfang des 16. Jahrhunderts], in: Fedorovskie čtenija 1979. Moskau 1982, S. 138–152; D. Dmitriev: Nemeckie pervopečatnye biblii v russkich perevodach XVI v. [Russische Übersetzungen der deutschen Bibelerstdrucke im 16. Jahrhundert], in: Nemcy v Rossii. Problemy kul'turnogo vzaimodejstvija, hg. v. Ljudmila V. Slavgorodskaja, Rossijskaja Akademija Nauk. St. Petersburg 1998, S. 14–17.

87 Ivan Snegirev: Lubočnye kartinki russkogo naroda v moskovskom mire [Lubok-Bilder des deutschen Volkes in der Moskauer Welt]. Moskau 1861.

88 Marian Szyrocki: Die deutsch-polnischen literarischen Beziehungen in der frühbürgerlichen Zeit, in: Renaissanceliteratur und frühbürgerliche Revolution. Studien zu den sozial- und ideologiegeschichtlichen Grundlagen europäischer Nationalliteratur, hg. v. Robert Weimann, Werner Lenk, Joachim-Jürgen Slomka. Berlin u.a. 1976, S. 203–219.

89 Zum Folgenden Elida Maria Szarota: Dichter des 17. Jahrhunderts über Polen, in: Neophilologus 55 (1972), S. 359–374.

90 Zum Folgenden Peter R. Frank: Spiegelungen Polens in der deutschen Literatur von Opitz bis zu Grass. Skizzen zum Image / Mirage eines Volkes und zum historischen Hintergrund, in: Erkennen und Deuten. Essays zur Literatur und Literaturtheorie. Edgar Lohner in memoriam. Unter Mitarbeit zahlreicher Fachgeleherter, hg. v. Martha Woodmansee, Walter F. W. Lohnes. Berlin 1983, S. 172–195.

91 Jaroslav Bužga: Einige Anmerkungen zu Christian Weises historischem Drama über König Wenzel, in: Poet und Praeceptor. Christian Weise (1642–1708) zum 300. Todestag. 2. Internationales Christian-Weise-Symposium 21.–24. Oktober 2008 in Zittau, hg. v. Peter Hesse. Dresden 2009, S. 189–194.

92 Herbert Schöffler: Deutsches Geistesleben zwischen Reformation und Aufklärung. Von Martin Opitz zu Christian Wolff. Frankfurt M. 3. Aufl. 1974 (1. Aufl. 1956), S. 30–39, 57–65.

93 Erich Trunz: Dichtung und Volkstum in den Niederlanden im 17. Jahrhundert. Ein Vergleich mit Deutschland und ein Überblick über die niederländisch-deutschen Beziehungen in diesem Jahrhundert. München 1937, S. 42 f.

94 Ferdinand van Ingen: Do ut des. Holländisch-deutsche Wechselbeziehungen im 17. Jahrhundert, in: Deutsche Barockliteratur und europäische Literatur. Zweites Jahrestreffen des Internationalen Arbeitskreises für deutsche Barockliteratur in der Herzog August Bibliothek Wolfenbüttel, hg. v. Martin Bircher, Eberhard Mannack. Hamburg 1977 (Dokumente des Internationalen Arbeitskreises für deutsche Barockliteratur 3), S. 72–115, hier S. 83.

95 Ebd., S. 111.

96 Ebd., S. 95.

97 Daniel Georg Morhof: Unterricht von der Teutschen Sprache und Poesie. Faks. der 2. Ausgabe von 1700, hg. v. Henning Boetius. Bad Homburg, Berlin, Zürich 1969, S. 131; van Ingen: Do ut des (Anm. 94), S. 78.

98 Péter Ötvös: Martin Opitz in Siebenbürgen, in: Geschichte der ungarischen Literatur. Eine historisch-poetologische Darstellung, hg. v. Ernő Kulcsár Szabó. Berlin, Boston 2013, S. 67–70.

99 Georg Braungart: Opitz und die höfische Welt, in: Martin Opitz (1597–1639). Nachahmungspoetik und Lebenswelt, hg. v. Thomas Borgstedt, Walter Schmitz. Tübingen 2002, S. 31–52.

100 Klaus Garber: Paris, die Hauptstadt des europäischen Späthumanismus. Jacques Auguste de Thou und das Cabinet Dupuy, in: Res Publica Litteraria. Die Institution der Gelehrsamkeit in der frühen Neuzeit, hg. v. Sebastian Neumeister. Wiesbaden 1987 (Wolfenbütteler Arbeiten zur Barockforschung 14), S. 71–92.

101 Rossel (Anm. 29), S. 330.

102 Jörg Robert: Martin Opitz und die Konstitution der Deutschen Poetik. Norm, Tradition und Kontinuität zwischen »Aristarch« und »Buch von der Deutschen Poeterey«, in: Euphorion 98 (2004), S. 281–322.

103 Zum Folgenden Leonard Foster: Kleine Schriften zur deutschen Literatur im 17. Jahrhundert, in: Daphnis 6/4 (1977), S. 119–160.

104 Irmgard Scheitler: Die Rezeption des Genfer Psalters im protestantischen Deutschland im 17. und 18. Jahrhundert, in: Der Genfer Psalter und seine Rezeption in Deutschland, der Schweiz und den Niederlanden, hg. v. Eckhard Grunewald, Henning P. Jürgens, Jan R. Luth. Tübingen 2004, S. 263–281.

105 Jörg-Ulrich Fechner: Martin Opitz und der Genfer Psalter, in: Der Genfer Psalter und seine Rezeption in Deutschland, der Schweiz und den Niederlanden, hg. v. Eckhard Grunewald, Henning P. Jürgens, Jan R. Luth. Tübingen 2004, S. 295–315.

106 Zu den folgenden Schätzungen: Stäcker (Anm. 8).

107 Helmuth Kiesel, Paul Münch: Gesellschaft und Literatur im 18. Jahrhundert. Voraussetzungen und Entstehung des literarischen Marktes. München 1977 (Beck'sche Elementarbücher), S. 186–191.

108 Aleksandr M. Pančenko: Russkaja stichotvornaja kul'tura XVII veka [Russische dichterische Kultur des 17. Jahrhunderts]. Leningrad 1973, S. 35–40; S. Dubinin: Samarskie sonety Paulja Flemimga i istoki russko-nemeckich literaturnych svjazej [Paul Flemings Samaraer Sonette und Quellen der russisch-deutschen literarischen Beziehungen], in: Nemcy v Rossii. Problemy kul'turnogo vzaimodejstvija, hg. v. Ljudmila V. Slavgorodskaja. St. Petersburg 1998, S. 26–36.

109 Svetlana Semjačko: Drevnerusskaja »Povest' o bražnike« i zapadnoevropejskie varianty obrabotki ètogo sjužeta [Die altrussische »Erzählung vom Trinker« und westeuropäische Varianten der Behandlung dieses Sujets], in: Nemcy v Rossii. Problemy kul'turnogo vzaimodejstvija, hg. v. Ljudmila V. Slavgorodskaja, St. Petersburg 1998, S. 7–13.

110 Hans Rudolf Velten: Utopien im 16. Jahrhundert, in: Die Literatur im Übergang vom Mittelalter zur Neuzeit, hg. v. Werner Röcke u. Marina Münkler. München, Wien 2004 (Hansers Sozialgeschichte der deutschen Literatur vom 16. Jahrhundert bis zur Gegenwart 1), S. 529–571, hier S. 545.

111 Tobias Bulang: Die andere Enzyklopädie – Johann Fischarts Geschichtklitterung, in: Arcadia 48/2 (2013), S. 282–303.

112 Meid (Anm. 8), S. 47.

113 Zum Folgenden Peter R. Frank: Spiegelungen Polens in der deutschen Literatur von Opitz bis zu Grass. Skizzen zum Image / Mirage eines Volkes und zum historischen Hintergrund, in: Erkennen und Deuten. Essays zur Literatur und Literaturtheorie. Edgar Lohner in memoriam. Unter Mitarbeit zahlreicher Fachgelehrter, hg. v. Martha Woodmansee, Walter F. W. Lohnes. Berlin 1983, S. 172–195.

114 Dieter Breuer: Grimmelshausen-Handbuch. München 1999, S. 261.

115 Anatol Rosenfeld: Letras Germânicas. São Paulo 1993, S. 21: »Tricentenário de um grande romance«.

116 Hermann Wellenreuther: Citizens in a Strange Land. A Study of German-American Broadsides and their Meaning for Germans in North America, 1730–1830. Philadelphia 2013.

117 Robert E. Ward: German-American Literature, in: The German Contribution to the Building of the Americas. Studies in Honor of Karl J.R. Arndt, hg. v. Gerhard K. Friesen, Walter Schatzberg. Worcester u.a. 1977, S. 373–391.

118 Corinne P. Earnest, Russel D. Ernest: Papers for Birth Dayes. Guide to the Fraktur Artists and Scriveners. Albuquerque 1989.

119 Liliane Weissberg: Das Eigene und das Fremde, in: Jahrbuch der Deutschen Schillergesellschaft 53 (2009), S. 367–376, hier S. 367.

120 Allan Anders Seipt: Schwenkfeld Hymnology and the Sources of the first Schwenkfelder Hymn-Book Printed in America. Philadelphia 1909 (Americana Germanica), S. 12f.

121 Johanna Johansson: The language milieu of the Old Order Amish: Preserving Pennsylvania Deitsch, in: Major versus Minor, hg. v. Theo D'haen, Iannis Goerlandt, Roger D. Sell. Amsterdam 2015, S. 25–42.

122 Marion Dexter Learned: The Life of Franz Daniel Pastorius. The Founder of Germantown. Philadelphia 1908; Mark Häberlein: Pastorius, Franz Daniel, in: Neue Deutsche Biographie. Bd. 20, Berlin 2001, S. 97f.

123 Harrison T. Meserole (Hg.): Seventeenth-Century American Poetry. New York 1968 (The Stuart Editions), S. 294f., hier S. 294.

124 Außerdem legt er die gartenliterarische Sammlung »Deliciae Hortenses« (1705–1711) an, deren Texte teilweise mit denjenigen des »Beehive« deckungsgleich sind; Francis Daniel Pastorius: Deliciae Hortenses or Garden-Recreations and Voluptates Apianae, hg. v. Christoph E. Schweitzer. Columbia, S.C. 1982 (Studies in German Literature, Linguistics and Culture V. 2).

125 Meserole (Anm. 123), S. 293–304.

126 Silke Langwasser: Die Old Order Amisch. Glaubensgemeinschaft zwischen Beharrlichkeit und Entwicklung. Marburg 2008.

127 David Weaver-Zercher: The Amish in the American Imagination. Baltimore 2001.

128 Johannes Kelpius: A Method of Prayer. A Mystical Pamphlet from Colonial America, hg. v. Kirby Don Richards, Philadelphia 2006; Peter Kafer: Charles Brockden Brown's Revolution and the Birth of American Gothic. Pennsylvania 2004.

129 John Greenleaf Whittier: The Pennsylvania pilgrim, and other poems. Boston 1873, S. 21–65, hier S. 33

130 Robert P. Sutton: Communal Utopias and the American Experience. Religious Communities, 1732–2000. Westport 2003, S. 1–16, bes. S. 7f.

131 Karl J. R. Arndt: George Rapp's Harmony Society, 1785–1847. Philadelphia 1965; Anne Taylor: Visions of Harmony: A Study of Nineteenth-Century Millenarianism. Oxford u.a. 1987; vgl. auch Frederic J. Baumgartner: Longing for the End: A History of Millennialism in Western Civilization. New York 1999.

132 Eberhard Reichmann, Ruth Reichmann: The Harmonists. Two Points of View, in: Emigration and settlement patterns of German communities in North America, hg. v. Eberhard Reichmann. Max Kade German-American Center Publications 8/8 (1995), S. 371–380, hier S. 372.

133 Marguerite Young: Angel in the Forest. New York 1945, S. 302: »The spirits […] were almost a torment too great to bear.«

134 http://www.archives.upenn.edu/people/1700s/helmuth_justus_h_c.html (16.11.2015).
135 http://www.hymnary.org/person/Helmuth_JHC1 (16.11.2015).
136 Robert E. Ward: German-American Literature, in: The German Contribution to the Building of the Americas. Studies in Honor of Karl J. R. Arndt, hg. v. Gerhard K. Friesen, Walter Schatzberg. Worcester u. a. 1977, S. 373–391.
137 Fritz Nies: Geschäft des Königs, Dichters, Hungerleiders. Übersetzerischer Literaturimport in Frankreichs Grand Siècle, in: Germanisch-Romanische Monatsschrift 53/3 (2003), S. 295–308; Stefanie Stockhorst: Wege und Techniken des Übersetzens im 18. Jahrhundert. Methodische Perspektiven der Aufklärungsforschung, in: Die Bedeutung der Rezeptionsliteratur für Bildung und Kultur der Frühen Neuzeit (1400–1750), hg. v. Alfred Noe, Hans-Gert Roloff. Bern u. a. 2012 (Jahrbuch für Internationale Germanistik A, 109), S. 443–464.

III. Die Entdeckung der Außenwelt als Innenwelt, 1680–1770

1 Gita Dharampal-Frick: Indien im Spiegel deutscher Quellen der Frühen Neuzeit (1500–1750). Studien zu einer interkulturellen Konstellation. Tübingen 1994 (Frühe Neuzeit 18), S. 95–108; Sebastian Conrad: Enlightenment in Global History. A Historiographical Critique, in: American Historical Review 117/4 (2012), S. 999–1027; Iwan-Michelangelo D'Aprile (Konzeption): Aufklärung global – globale Aufklärungen, in: Das Achtzehnte Jahrhundert 40/2 (2016), S. 159–164.
2 Monika Neugebauer-Wölk, Renko Geffart, Markus Meumann (Hg.): Aufklärung und Esoterik. Unter Mitarb. v. Holger Zaunstöck. Hamburg 1999 (Studien zum 18. Jahrhundert 24).
3 Timothy Charles W. Blanning: The Culture of Power and the Power of Culture. Old Régime Culture 1660–1789. Oxford u. a. 2002.
4 Helmut Zedelmaier: »Historia literaria«. Über den epistemologischen Ort des gelehrten Wissens in der ersten Hälfte des 18. Jahrhunderts, in: Das Achtzehnte Jahrhundert 23, 1998, S. 11–21.
5 Wolfgang Martens: Die Botschaft der Tugend. Die Aufklärung im Spiegel der deutschen Moralischen Wochenschriften. Stuttgart 1968; Misia Sophia Doms, Bernhard Walcher (Hg.): Periodische Erziehung des Menschengeschlechts. Moralische Wochenschriften im deutschsprachigen Raum. Frankfurt M. u. a. 2012.
6 Christopher Balme: The Theatrical Public Sphere. Cambridge 2014.
7 Fania Oz-Salzberger: The Enlightenment in Translation. Regional and European Aspects, in: European Review of History 13/3 (2006), S. 385–409.
8 Joachim Whaley: Germany and the Holy Roman Empire. The peace of Westphalia to the dissolution of the Reich, 1648–1806, 2. Bd. Oxford 2012, S. 461.
9 Steffen Martus: Aufklärung. Das deutsche 18. Jahrhundert. Ein Epochenbild. Berlin 2015.
10 Martin Mulsow: Prekäres Wissen – Eine andere Ideengeschichte der Frühen Neuzeit. Berlin 2012.
11 Albrecht Schöne: Säkularisation als sprachbildende Kraft. Studien zur Dichtung deutscher Pfarrersöhne. Göttingen 1968 (Palaestra 226).

12 Volker Meid: Die deutsche Literatur im Zeitalter des Barock. Vom Späthumanismus zur Frühaufklärung 1570–1740. München 2009 (Geschichte der deutschen Literatur von den Anfängen bis zur Gegenwart 5), S. 42.

13 Stephan Füssel: Die Reformbestrebungen im Buchhandel bis zur Gründung des Börsenvereins (1765–1825), in: Der Börsenverein des Deutschen Buchhandels 1825–2000. Buchhändler-Vereinigung, hg. v. dems., Georg Jäger, Hermann Staub, Monika Estermann. Frankfurt M. 2000, S. 17–29, hier S. 19 f.

14 Christine Haug: Das Hallesche Verlagsunternehmen Johann Justinus und Johann Jakob Gebauer. Ein Baustein zur transnationalen Buchhandels- und Verlagsgeschichte im 18. Jahrhundert, in: Merkur und Minerva. Der Hallesche Verlag Gebauer im Europa der Aufklärung, hg. v. Daniel Fulda, ders. Wiesbaden 2014 (Buchwissenschaftliche Beiträge), S. 13– 42, hier S. 19.

15 Jeffrey Freedman: Zwischen Frankreich und Deutschland. Buchhändler als Kulturvermittler, in: Kulturtransfer im Epochenumbruch Frankreich-Deutschland 1770 bis 1815, hg. v. Hans-Jürgen Lüsebrink, Rolf Reichardt. 2 Bde. Leipzig 1997, hier Bd. 1, S. 445–498; Haug: Das Hallesche Verlagsunternehmen (Anm. 14), S. 19.

16 Haug: Das Hallesche Verlagsunternehmen (Anm. 14), S. 18.

17 Joseph Kohnen: Druckerei-, Verlags- und Zeitungswesen in Königsberg zur Zeit Kants und Hamanns. Das Unternehmen Johann Jakob Kanters, in: Königsberg. Beiträge zu einem besonderen Kapitel der deutschen Geistesgeschichte des 18. Jahrhunderts. Frankfurt M., Berlin, Bern u. a. 1994, S. 1–19.

18 Helmuth Kiesel, Paul Münch: Gesellschaft und Literatur im 18. Jahrhundert. Voraussetzungen und Entstehung des literarischen Markts in Deutschland. München 1977, S. 186–191.

19 Ebd.

20 Marlies Prüsener: Lesegesellschaften im 18. Jahrhundert. Ein Beitrag zur Lesergeschichte, in: Archiv für Geschichte des Buchwesens 13 (1972), S. 369–594, hier S. 421 f.

21 Peter Brockmeier, Roland Desné (Hg.): Voltaire und Deutschland. Quellen und Untersuchungen zur Rezeption der französischen Aufklärung. Mit einem Geleitwort v. Alfred Grosser. Stuttgart 1979 (Internationales Kolloquium zum Zweihundertsten Todestag Voltaires 1978, Mannheim); Jochen Schlobach: Französische Aufklärung und deutsche Fürsten, in: Zeitschrift für Historische Forschung 17 (1990), S. 327–349; Marc Fumaroli: Quand l'Europe parlait français. Paris 2001.

22 Günther Lottes, Iwan-Michelangelo D'Aprile (Hg.): Hofkultur und aufgeklärte Öffentlichkeit. Potsdam im 18. Jahrhundert im europäischen Kontext. Berlin 2006.

23 Sandra Richter: Lob des Optimismus. Geschichte einer Lebenskunst. München 2009, S. 42 f.

24 Herbert Jaumann: Der Refuge und der Journalismus um 1700: Gabriel d'Artis (ca. 1650–1730), in: The Berlin Refuge 1680–1780. Learning and Science in European Context, hg. v. Sandra Pott, Martin Mulsow, Lutz Danneberg. Leiden, Boston 2003 (Brill's Studies in Intellectual History 114), S. 155–182.

25 Max Weber: Die protestantische Ethik und der »Geist« des Kapitalismus, hg. v. Klaus Lichtblau, Johannes Weiß. Weinheim 2000, S. 80.

26 Anne Goldgar: Impolite Learning. Conduct and Community in the Republic of Letters 1680–1750. New Haven, London 1995, S. 74–87.

27 Nouvelle Bibliothèque Germanique ou histoire Littéraire de l'Allemagne, de la Suisse, & des Pays du Nord 26, hg. v. Jean Henri, Samuel Formey. O.O. 1760, S. 247; Sandra Pott: »Le Bayle de l'Allemagne«. Christian Thomasius und der Europäische Refuge. Konfessionstoleranz in der wechselseitigen Rezeption für ein kritisches Bewahren der Tradition(en), in: Thomasius im literarischen Feld. Neue Beiträge zur Erforschung seines Werkes im historischen Kontext, hg. v. Manfred Beetz, Herbert Jaumann. Tübingen 2003, S. 131–158, hier S. 132.

28 Christian Thomasius: Von der Nachahmung der Franzosen (1687), in: ders: Kleine Deutsche Schriften, hg. v. Julius Otto Opel. Halle 1894, S. 70–120, hier S. 80.

29 Detlef Döring, Kurt Nowak (Hg.): Gelehrte Gesellschaften im mitteldeutschen Raum (1650–1820). Teil 1. Stuttgart 2000 (Abhandlungen der Sächsischen Akademie der Wissenschaften zu Leipzig. Philologisch-Historische Klasse).

30 Über die »Belle Wolfienne« siehe Sandra Pott: Reformierte Morallehren und deutsche Literatur von Jean Barbeyrac bis Christoph Martin Wieland. Tübingen 2002, S. 120–140, hier S. 125; Jens Häseler: Formey et Crousaz, ou comment fallait-il combattre le scepticisme?, in: The Return of Scepticism: From Hobbes and Descartes to Bayle, hg. v. Gianni Paganini. Dordrecht u.a. 2003, S. 449–461, hier S. 453–459.

31 Marie-Hélène Quéval: Johann Christoph Gottsched und Pierre Bayle – Ein philosophischer Dialog. Gottscheds Anmerkungen zu Pierre Bayles Historisch-critischem Wörterbuch, in: Diskurse der Aufklärung. Luise Adelgunde Victorie und Johann Christoph Gottsched, hg. v. Gabriele Ball, Helga Brandes, Katherine R. Goodman. Wiesbaden 2006 (Wolfenbütteler Forschungen 112), S. 145–168.

32 Klaus Garber: Zur Konstitution der europäischen Nationalliteraturen. Implikationen und Perspektiven, in: Nation und Literatur im Europa der Frühen Neuzeit. Akten des I. Internationalen Osnabrücker Kongresses zur Kulturgeschichte der Frühen Neuzeit, hg. v. dems. Tübingen 1989 (Frühe Neuzeit 1), S. 1–55. Zitiert wird nach der zweiten Auflage in: ders., Literatur und Kultur im Europa der Frühen Neuzeit. Gesammelte Studien. München 2009, S. 15–70.

33 Peter K. Kapitza: Ein bürgerlicher Krieg in der gelehrten Welt. Zur Geschichte des Querelle des Anciens et des Modernes in Deutschland. München 1981; vgl. auch Thomas Pago: Johann Christoph Gottsched und die Rezeption der »Querelle des Anciens et des Modernes« in Deutschland. München 2003.

34 Jaumann (Anm. 24).

35 Helga Brandes: Johann Christoph und Luise Adelgunde Victoria Gottsched und der deutsch-französische Aufklärungsdiskurs, in: Ostpreußen, Westpreußen, Danzig, hg. v. Jens Stüben. München 2007 (Schriften des Bundesinstituts für Kultur und Geschichte im östlichen Europa 30), S. 237–257, hier S. 244; Helga Brandes: Im Westens viel Neues. Die französische Kultur im Blickpunkt der beiden Gottscheds, in: Diskurse der Aufklärung. Luise Adelgunde Victorie und Johann Christoph Gottsched, hg. v. Gabriele Ball, ders., Katherine R. Goodman. Wiesbaden 2006 (Wolfenbütteler Forschungen 112), S. 191–211.

36 Catherine Julliard: Gottsched et Boileau: La convergence des esthétiques?, in: Recherches sur le monde germanique. Regards, approches, objets, hg. v. M.

Grimberg, M.-T. Mourey, E. Rothmund, W. Sabler, A.-M. Saint-Gill, M. Silhouette. Paris 2003, S. 55–65; vgl. dies.: Gottsched et l'esthétique théâtrale française. La réception allemande des théories françaises. Wien 1998, S. 79f. u. passim.

37 Catherine Julliard: Johann Christoph Gottsched et l'esthétique théâtrale de Pierre Corneille, in: Pierre Corneille et l'Allemagne. L'œuvre dramatique de Pierre Corneille dans le monde germanique (XVIIe–XIXe siècles), hg. v. Jean-Marie Valentin in Zusammenarbeit mit Laure Gauthier. Paris 2007, S. 219–242.

38 Johann Christoph Gottsched: Ausgewählte Werke, 6. Bd. 1. Teil, hg. v. Joachim Birke und Brigitte Birke. Berlin, New York 1973 (Anm. III. Cap., § 9), S. 174–175.

39 Susanne Kord: Little Detours. The Letters and Plays of Luise Gottsched (1713–1762). Rochester, Woodbridge 2000, S. 6–28.

40 Jean Henri Samuel Formey: Eloge de Mme Gottsched, suivie du Triomphe de la philosophie, par la même. Berlin 1767.

41 Detlef Döring: Johann Christoph Gottscheds Tod und Begräbnis, in: Johann Christoph Gottsched in seiner Zeit. Neue Beiträge zu Leben, Werk und Wirkung, hg. v. Manfred Rudersdorf. Berlin 2007, S. 338–375, hier S. 352f., S. 355.

42 Rüdiger Otto: Gottsched und die zeitgenössische Publizistik, in: Johann Christoph Gottsched (1700–1766). Philosophie, Poetik und Wissenschaft, hg. v. Eric Acherman. Berlin 2014 (Werkprofile 4), S. 293–338, hier S. 318f.

43 Louis Riccoboni: Réflexions historiques et critiques sur les différentes théâtres de l'Europe. Paris 1738, S. 125, 220.

44 Élie Cathérine Fréron: Lettres sur quelques écrits de ce tems. Bd. 5. London 1751, S. 194–195.

45 Ursula Goldenbaum: Appell an das Publikum. Die öffentliche Debatte in der deutschen Aufklärung 1687–1796. Berlin 2004, Teil I, S. 587.

46 Boswells Große Reise. Deutschland und die Schweiz 1764, hg. u. mit einer Einleitung u. Anmerkungen v. Frederick Albert Pottle. Deutsch von Fritz Güttinger. Konstanz 1955, Wittemberg, 30. September 1764, S. 141.

47 Ebd., Berlin, 1. August 1764, S. 64.

48 Döring: Gottscheds Tod (Anm. 41), S. 341.

49 Rainer Schlösser: Luise Gottscheds Lustspiel »Die Hausfranzösin« und das Französische in Deutschland, in: Romanistik in Geschichte und Gegenwart 3/1, hg. v. Johannes Kramer, Hans-Josef Niederehe. Hamburg 1997, S. 49–62.

50 Die Ausführungen folgen Werner Rieck: Polonica im Schrifttum Johann Christoph Gottscheds. Ein Beitrag zu deutsch-polnischen Beziehungen in der Frühzeit der deutschen Aufklärung, in: Europa in der Frühen Neuzeit. Festschrift für Günter Mühlpfordt. Bd. 3: Aufbruch zur Moderne, hg. v. Erich Donnert. Weimar, Köln, Wien 1997, S. 537–554.

51 Helen Watanabe-O'Kelly: Religion and the Consort: Two Electresses of Saxony and Queens of Poland (1697–1757), in: Queenship in Europe 1660–1815, hg. v. Clarissa Campbell Orr. Cambridge u. a. 2004, S. 252–275.

52 Ulf Lehmann: Der Gottschedkreis und Russland. Deutsch-russische Literaturbeziehungen im Zeitalter der Aufklärung. Berlin 1966.

53 Ulf Lehmann: Der Gottschedkreis und die Moskauer und Petersburger Aufklärung, in: Studien zur Geschichte der russischen Literatur des 18. Jahrhunderts, hg. v. Helmut Graßhoff, dems. Berlin 1963, S. 86–95.

54 Helmut Graßhoff: Gottsched als Popularisator und Übersetzer russischer Literatur, in: Zeitschrift für Slawistik 15 (1970), S. 189–207.

55 Zum Folgenden siehe Kiril Taranovskij: Rannie russkij jamby i ich nemeckie obrazcy [Die frühen russischen Jamben und ihre deutschen Muster], in: Russkaja literatura XVIII veka i ee meždunarodnye svjazi: Pamjati čl.-korr. P. N. Berkova (XVIII vek; sb. 10). Leningrad 1975, S. 31–38; Pavel Naumovič Berkov: Nemeckaja literatura v Rossii v XVIII v. [Deutsche Literatur in Russland im 18. Jahrhundert], in: Pavel Naumovič Berkov. Problemy istoričeskogo razvitija literatur. Leningrad 1981, S. 118–143. Besonders wichtig als Quelle, auch für die russisch-deutschen Literaturbeziehungen, ist P. Bucharkin [otv. red.]: Russko-evropejskie literaturnye svjazi. XVIII vek [Russisch-europäische literarische Beziehungen im 18. Jahrhundert]. St. Petersburg 2008.

56 Lindsey Hughes: Catherine I of Russia, Consort to Peter the Great, in: Queenship in Europe 1660–1815, hg. v. Clarissa Campbell Orr. Cambridge u. a. 2004, S. 131–154.

57 Peter Kirchner: Lomonosov und Johann Christian Günther, in: Zeitschrift für Slawistik 6 (1961), S. 483–497.

58 Theodor Süpfle: Geschichte des deutschen Kultureinflusses auf Frankreich. Von den ältesten germanischen Einflüssen bis auf die Zeit Klopstocks. Bd. 1. Genf 1971 (Nachdruck der Aufl. Gotha 1886–1890), S. 147.

59 Steffen Martus: Werkpolitik. Zur Literaturgeschichte kritischer Kommunikation vom 17. bis ins 20. Jahrhundert. Berlin, New York 2007 (Historia Hermeneutica 3), S. 115–168; Detlef Döring: Der Literaturstreit zwischen Leipzig und Zürich in der Mitte des 18. Jahrhunderts. Neue Untersuchungen zu einem alten Thema, in: Bodmer und Breitinger im Netzwerk der europäischen Aufklärung, hg. v. Anett Lütteken, Barbara Mahlmann-Bauer. Göttingen 2009 (Das achtzehnte Jahrhundert; Supplementa 16), S. 60–104, hier S. 69–73.

60 Jurij Lotman: Sotvorenie Karamzina. Moskau 1987.

61 Marie-Christine Skincke: Sweden and European Drama 1772–1796. A study of translations and adaptations. Stockholm 1981, S. 41–43.

62 Virgile Rossel: Histoire des relations littéraires entre la France et l'Allemagne. Genève 1970, S. 54–55.

63 Ulf Lehmann: Die Fabel bei Chemnicer und Gellert, in: Studien zur Geschichte der russischen Literatur des 18. Jahrhunderts, hg. v. Helmut Graßhoff. Bd. 2. Berlin 1968, S. 233–244.

64 Marija Tronskaja. Basni Pfeffelja v Rossii XVIII v [Fabeln von Pfeffel in Russland im 18. Jahrhundert], in: Russko-evropejskie literaturnye svjazi, hg. v. Jurij Levin. Moskau, Leningrad 1966, S. 136–143.

65 Nikolai Kopanev: Rasprostranenie francuzskoj knigi v Moskve v seredine XVIII veka [Verbreitung des französischen Buches in Moskau in der Mitte des 18. Jahrhunderts], in: Francuzskaja kniga v Rossii XVIII veke, hg. v. Sergey Luppov. Leningrad 1986, S. 59–172.

66 Paul Leemann-van Elck: Salomon Gessner, in: Der Schweizer Sammler 4 (1930), S. 45–47, hier S. 46; Olaf Kyrre-Olsen: Salomon Geszners skrifter i Danmark og Norge. Bergen 1903, S. 25–46.

67 Georgios Polioudakis: Die Übersetzung deutscher Literatur ins Neugriechische vor der Griechischen Revolution von 1821. Frankfurt M. u. a. 2008 (Maß und Wert 4), S. 206 f.

68 John Hibberd: Salomon Gessner: His creative achievement and influence. Cambridge 1976, S. 30.
69 Rossel: Histoire des relations littéraires (Anm. 62), S. 62.
70 Hibberd: Gessner (Anm. 68), S. 54 f.
71 Rita Lüchinger: Salomon Gessner in Italien. Sein literarischer Erfolg im 18. Jahrhundert. Bern u.a. 1981 (Europäische Hochschulschriften, Reihe I: Deutsche Sprache und Literatur 443), S. 109.
72 Giulia Cantarutti: Die vergessene Bibliothek eines ›Letterato buon cittadino‹ und die Anfänge der Gessner-Verehrung in Italien, in: Geselligkeit und Bibliothek. Lesekultur im 18. Jahrhundert, hg. v. Wolfgang Adam, Markus Fauser in Zus. m. Ute Pott. Göttingen 2005 (Schriften des Gleimhauses Halberstadt 4) S. 217–251, hier S. 249.
73 Giulia Cantarutti: Aurelio de' Giorgi Bertolas »Idea della bella letteratura alemanna«, in: Der Kanon in der deutschen Sprach- und Literaturwissenschaft. Bern u.a. 2009 (Ricerche di cultura europea 24), S. 221–229.
74 Clarissa Campbell Orr: Charlotte of Mecklenburg-Strelitz, Queen of Great Britain and Electress of Hanover: Northern Dynasties and the Northern Republic of Letters, in: Queenship in Europe 1660–1815. The Role of Consort, hg. v. ders. Cambridge u.a. 2004, S. 368–402, hier S. 386 f.
75 Ebd., S. 381.
76 Hibberd (Anm. 68), S. 136 f.
77 Bertha Reed: The Influence of Solomon Gessner upon English literature. Philadelphia 1905 (Americana Germanica 3), S. 63–87.
78 Ebd., S. 88–110.
79 Dazu der Abschnitt zu Goethes »Faust« im nachfolgenden Kapitel.
80 Edward Ziegler Davis: Translations of German Poetry in American Magazines 1741–1810. Philadelphia 1905 (Americana Germanica 1); Scott Holland Goodnight: German Literature in American Magazines prior to 1846. Madison, Wisconsin 1907, S. 20.
81 Liliane Weissberg: Erfahrungsseelenkunde als Akkulturation: Philosophie, Wissenschaft und Lebensgeschichte bei Salomon Maimon, in: Der ganze Mensch. Anthropologie und Literatur im 18. Jahrhundert, hg. v. Hans-Jürgen Schings. Stuttgart, Weimar 1994, S. 298–329, hier S. 327.
82 Frances Malino: Jewish Enlightenment in Berlin and Paris, in: Jewish Emancipation Reconsidered. The French and German Models, hg. v. Michael Brenner. Tübingen 2003, S. 27–34; Martina Steer: Kultureller Austausch in der jüdischen Geschichte der Frühen Neuzeit, in: Kultureller Austausch. Bilanz und Perspektiven der Frühneuzeitforschung, hg. v. Michael North. Köln, Weimar, Wien 2009, S. 25–41, hier S. 35 f.
83 Andreas Benjamin Kilcher: Die Wissenschaft des Judentums und die Frage der deutsch-jüdischen Literatur, in: Handbuch der deutsch-jüdischen Literatur, hg. v. Hans Otto Horch. Berlin, Boston 2016, S. 71–82.
84 Ernst-Peter Wieckenberg: Juden als Autoren des »Magazins zur Erfahrungsseelenkunde«. Ein Beitrag zum Thema »Juden und Aufklärung in Berlin«, in: Rahel Levin Varnhagen. Die Wiederentdeckung einer Schriftstellerin, hg. v. Barbara Hahn, Ursula Isselstein. Göttingen 1987, S. 128–140; Liliane Weissberg: Literary Therapy. Lazarus Bendavid and the Possibilities of Jewish Authorship, in: International Congress on the Enlightenment. Transactions

of the Ninth International Congress on the Enlightenment. Münster 23–29
July 1995. Oxford 1996 (Studies on Voltaire and the Eighteenth Century 346),
S. 197–201.

85 Uta Lohmann: David Friedländers Freundschaft mit dem Kreis der »Berliner
Mittwochsgesellschaft« und seine »Aufklärung über Juden«, in: Berliner Auf-
klärung. Kulturwissenschaftliche Studien. Bd. 4, hg. v. Ursula Goldenbaum,
Alexander Košenina. Hannover 2011, S. 95–113.

86 Liliane Weissberg: Weibliche Körpersprache. Bild und Wort bei Henriette
Herz, in: Von einer Welt in die andere, hg. v. Jutta Dick, Barbara Hahn. Wien
1993, S. 71–92, hier S. 77.

87 Liliane Weissberg: Kein Ort, nirgends. Gedanken zum Berliner literarischen
Salon, in: Jahrbuch für Historische Bildungsforschung 9 (2003), S. 119–144;
dies.: Der Berliner Salon, oder: Ein deutsch-jüdischer Mythos, in: Frauen. Jüdischer Almanach des Leo Baeck Instituts 14, hg. v. Gisela Dachs. Frankfurt M.
2006, S. 25–32.

88 Barbara Hahn: Demarcations and Projections: Goethe in Berlin Salons, in:
Goethe in German-Jewish Culture. Rochester, Woodbridge 2001, S. 31–43.

89 Weissberg: Kein Ort, nirgends (Anm. 87), S. 127.

90 Liliane Weissberg: Juden oder Hebräer? Religiöse und politische Bekehrung bei
Herder, in: Johann Gottfried Herder. Geschichte und Kultur, hg. v. Martin Bollacher. Würzburg 1994, S. 191–211.

91 Dazu u.a. – mit dem Versuch, Herder für die Postcolonial Theory zu gewinnen – John Kenneth Noyes: Herder, Postcolonial Theory and the Antinomy of
Universal Reason, in: The Cambridge Journal of Postcolonial Literary Inquiry
1/1 (2014), S. 107–122.

92 Liliane Weissberg: Moses Mendelssohn, in: German Writers from the Enlight-
enment to Sturm und Drang, 1720–1764, hg. v. James Hardin, Christoph E.
Schweitzer. Detroit 1990 (Dictionary of Literary Biography 79), S. 195–204;
Ritchie Robertson: The ›Jewish Question‹ in German Literature 1749–1939.
Emancipation and its Discontents. Oxford 1999, S. 54–76.

93 Barouch Mevorah: Johann Kasper Lavaters Auseinandersetzung mit Moses
Mendelssohn über die Zukunft des Judentums, in: Zion. Quarterly Journal for
Research on Jewish History 30 (1965), S. 158–170.

94 Michael A. Meyer: Die Anfänge des modernen Judentums. Jüdische Identität
in Deutschland 1749–1824. Aus dem Engl. übers. v. Ernst-Peter Wieckenberg.
München 1994, S. 34 f.

95 Liliane Weissberg: Moritz Daniel Oppenheim, Johann Wolfgang Goethe und
die Erfindung des jüdischen Bürgertums, in: Trumah. Ikonisierungsprozesse
jüdischer Selbstwahrnehmung 22 (2014), S. 69–91, hier S. 87 f.

96 Willi Goetschel: Lessing, Mendelssohn, Nathan: German-Jewish Myth-Building as an Act of Emancipation, in: Lessing Yearbook 32 (2000), S. 341–360, hier
S. 345 f.

97 Sigrid Habersaat: Verteidigung der Aufklärung. Friedrich Nicolai in religiösen
und politischen Debatten. Würzburg 2001 (Epistemata; Würzburger wissenschaftliche Schriften; Reihe Literaturwissenschaft 316), S. 83.

98 Alexander Altmann: Moses Mendelssohn. A biographical study. Philadelphia,
London 1973, S. 35, 264 f.

99 Rossel (Anm. 62), S. 77.

100 Shmuel Feiner: Lessing's »Nathan the Wise«. A View from Jerusalem, in: Lessing Yearbook 40 (2012/2013), S. 157–166, hier S. 162.

101 Hans-Peter Bayerdörfer: »Drama der Weisheit« – Zur Bühnengeschichte von Lessings »Nathan« zwischen 1879/80 und 1914, in: Mit Lessing zur Moderne. Soziokulturelle Wirkungen des Aufklärers um 1900. Beiträge zur Tagung des Lessing-Museums und der Lessing Society im Lessing-Jahr 2004, hg. v. Wolfgang Albrecht, Richard E. Schade. Kamenz 2004, S. 123–143, hier S. 127.

102 Hans-Friedrich Wessels: Lessings »Nathan der Weise«. Seine Wirkungsgeschichte bis zum Ende der Goethezeit. Königstein Ts. 1979, S. 332.

103 Reinhart Meyer: Das französische Theater in Deutschland, in: Aufklärungen. Frankreich und Deutschland im 18. Jahrhundert. Bd. 1, hg. v. Gerhard Sauder, Jochen Schlobach. Heidelberg 1986 (Annales Universitatis Saraviensis; Reihe Philosophische Fakultät 19), S. 145–165, hier S. 147–150.

104 Renata Häublein: Die Entdeckung Shakespeares auf der deutschen Bühne des 18. Jahrhunderts. Adaptation und Wirkung der Vermittlung auf dem Theater. Tübingen 2005 (Theatron 46), S. 12–27.

105 Franz M. Eybl: Die Lessing-Rezeption im Wien des 18. Jahrhunderts als kulturelle Umcodierung, in: Lessing Yearbook 32 (2000), S. 141–153, hier S. 142.

106 Gad Kaynar: Lessing and Non-Lessing on the Israeli stage. Notes on Some Theological, Political and Theatrical Aspects, in: Lessing Yearbook 32 (2000/2001), S. 361–370, hier S. 364.

107 Dazu Barbara Fischer: Nathans Ende? Von Lessing bis Tabori. Zur deutschjüdischen Rezeption von »Nathan der Weise«. Göttingen 2000, S. 125 f.

108 Ebd., S. 143 f.

109 Anat Feinberg: Vom bösen Nathan und edlen Shylock. Überlegungen zur Konstruktion jüdischer Bühnenfiguren in Deutschland nach 1945, in: Literarischer Antisemitismus nach Auschwitz, hg. v. Klaus-Michael Bogdal, Klaus Holz u. Matthias N. Lorenz. Stuttgart, Weimar 2007, S. 263–282.

110 Na'ama Sheffi: Vom Deutschen ins Hebräische. Übersetzungen aus dem Deutschen im jüdischen Palästina 1882–1948. Göttingen 2011 (Jüdische Religion, Geschichte und Kultur 14), S. 65–67.

111 George Lachmann-Mosse: German Jews beyond Judaism, Cincinnati 1985, S. 15; Hans-Peter Bayerdörfer: Nathan am Broadway. Ferdinand Bruckners Lessing-Inszenierung – Gastgeschenk eines deutschen Juden an ein Immigrationsland, in: Conditio Judaica, Teil 5: Deutschjüdische Exil- und Emigrationsliteratur im 20. Jahrhundert, hg. v. Itta Shedletzky, Hans Otto Horch. Tübingen 1993, S. 165–183, hier S. 165.

112 Vgl. auch Chaim Shoham: »Nathan der Weise« unter Seinesgleichen: Zur Rezeption Lessings in der hebräischen Literatur des 19. Jahrhunderts in Osteuropa, in: Lessing Yearbook 12 (1980), S. 1–30, hier S. 8.

113 Jan Kühne: »Deutschland besser selbst«? Nathan der Weise in Israel, in: Lessing und das Judentum. Lektüren, Dialoge, Kontroversen im 18. und 19. Jahrhundert, hg. v. Dirk Niefanger, Gunnar Och, Bianca Schiwzcyk. Hildesheim 2015, S. 431–457.

114 Kaynar (Anm. 106), S. 364 f.

115 Chaim Shoham: Thesen zur Rezeption Lessings in der hebräischen Literatur Osteuropas im 19. Jahrhundert. Ein Diskussionsbeitrag, in: Das Bild Lessings in der Geschichte, hg. v. Herbert G. Göpfert. Heidelberg 1981, S. 163–165.

116 Kaynar (Anm. 106), S. 361–370.

117 Ebd., S. 365.

118 Anat Feinberg: Deutsche Stücke auf israelischen Bühnen, in: Theater heute 9 (1986), S. 17–19.

119 Diana Dressel: Intiṣār Al-Faḍīla aw Ḥādithat Al-Ibna Al-Isrā'īliyya As an Adaptation of »Nathan der Weise«, in: Journal of Semitic Studies 51 (2006), S. 349–371.

120 David G. John: Lessing, Islam and »Nathan der Weise« in Africa, in: Lessing Yearbook 32 (2000), S. 245–260, hier S. 246–256.

121 Ebd.

122 Hugh Barr Nisbet: Zu den Anfängen der Toleranz in Europa, in: Ohne Wort keine Vernunft – keine Welt. Bestimmt Sprache Denken? Schriftsteller im Wortwechsel mit Johann Georg Hamann, hg. v. Susanne Schulte. Münster 2011, S. 279–294.

123 Anne Lagny: Die schwierige Einbürgerung eines deutschen Klassikers: Französische Inszenierungen von Lessings Dramen in den 80er Jahren, in: Lessing Yearbook 32 (2000), S. 99–115.

124 Wolfgang Albrecht: ›La lecture de ses œuvres es saine.‹ Einige Thesen zur französischen Lessing-Rezeption in der zweiten Hälfte des 19. Jahrhunderts, in: Lessing Yearbook 32 (2000), S. 83–97, hier S. 87 f.

125 Lagny (Anm. 123), S. 105–107.

126 Jean-Gabriel Carasso: »Nathan le Sage … et François le Tranquille«, in: Théâtre Public 79 (1988), S. 68; Lagny (Anm. 123), S. 109, 116.

127 Preface, in: Nathan the Wise. A Philosophical Drama. Translated into English by Rudolf Erich Raspe. London 1781, [unpag.], S. 1 f., hier S. 2.

128 J. G. Robertson: Gotthold Ephraim Lessing (1930), in: ders., Essays and Addresses on Literature. London 1935, S. 103–117, hier S. 103 f. Siehe dazu z. B. die prominente Serie »German Theatre«, die in ihren sechs Bänden aus den Jahren 1776 bis 1816 zehn Stücke Kotzebues und neun andere Werke enthält.

129 Carl Niekerk: Lessing in the Netherlands: The Case of Theodorus Cornelis van Stockum, in: Lessing Yearbook 32 (2000), S. 179–195, hier S. 182 f.

130 Fischer: Nathans Ende? (Anm. 107), S. 139.

131 Ann Schmiesing: The Reception of Lessing's Drama in Norway, in: Lessing Yearbook 32 (2000), S. 195–207, hier S. 202.

132 Matthias Hanke: Lessing in Böhmen, in: Lessing Yearbook 32 (2000), S. 155–169, hier S. 160.

133 Zit. n. Donara Karapetjan: Anmerkungen zur Lessing-Rezeption in Armenien, in: Lessing Yearbook 32 (2000), S. 261–267, hier S. 261.

134 Ebd., S. 262 f.

135 Ronetti Roman: Manasse. Drama in patru acte. Bukarest [1900].

136 Vladimir Konovalov: Lessing v russkoj kritike i ėstetike XIX veka [Lessing in der russischen Kritik und Ästhetik des 19. Jahrhunderts], in: Deutsch-russische Sprach- und Literaturbeziehungen im 18. und 19. Jahrhundert, hg. v. Herbert Jelitte u. a. Frankfurt M. 1994, S. 113–125; Rostislav Danilevskij: Kanonizacija legendy. G. Ė. Lessing v rannem sovetskom literaturovedenni [Kanonisierung einer Legende. Lessing in der frühen sowjetischen Literaturwissenschaft], in: XX vek. Dvadcatye gody. Iz istorii meždunarodnych svjazej russkoj literatury, hg. v. G. Time. St. Petersburg 2006, S. 41–61.

137 Herbert Rowland: »Laocoon«, »Nathan the Wise«, and the Context of Their Critical Reception in Nineteenth-Century American Reviews, in: Practicing Progress. The Promise and Limitations of Enlightenment, hg. v. Richard E. Schade. Amsterdam 2007, S. 153–172, hier S. 156.

138 Herbert Rowland: Lessing in der Reichsgermanistik in den USA, in: Mit Lessing zur Moderne. Soziokulturelle Wirkungen des Aufklärers um 1900. Beiträge zur Tagung des Lessing-Museums und der Lessing Society im Lessing-Jahr 2004, hg. v. Wolfgang Albrecht, Richard E. Schade. Kamenz 2004, S. 191–203, hier S. 194 f.

139 Hans-Peter Bayerdörfer: Nathan am Broadway. Ferdinand Bruckners Lessing-Inszenierung – Gastgeschenk eines deutschen Juden an ein Immigrationsland, in: Conditio Judaica, Teil 5: Deutschjüdische Exil- und Emigrationsliteratur im 20. Jahrhundert, hg. v. Itta Shedletzky, Hans Otto Horch. Tübingen 1993, S. 165–183, hier S. 171.

140 Edwin Roedder: »Nathan der Weise« auf der englischen Bühne, in: Monatshefte für deutschen Unterricht 34/5 (1942), S, 235–240.

141 Bayerdörfer: Nathan am Broadway (Anm. 139), S. 173–183.

142 Ebd., S. 181 f.

143 Robert Kelz: German Buenos Aires Asunder: Lessing on stage in the Argentine capital, 1934–1962, in: Lessing Yearbook 40 (2013/2014), S. 167–186.

144 Liliane Weissberg: Ist Humanität ein deutsches Wort? Hannah Arendt liest Lessing, in: Lessings Grenzen, hg. v. Ulrike Zeuch. Wiesbaden 2005, S. 267–280, hier S. 267 f.

145 Ebd., S. 271.

146 Hannah Arendt: »Von der Menschlichkeit in finsteren Zeiten«. Rede am 28. September 1959 bei der Entgegennahme des Lessing-Preises der Freien und Hansestadt Hamburg, in: Hannah Arendt. Rede am 28. September 1959 bei der Entgegennahme des Lessing-Preises der Freien und Hansestadt Hamburg. Mit einem Essay von Ingeborg Nordmann. Hamburg 1999, S. 7–54, hier S. 32.

147 Ebd., S. 52.

148 Terukai Takahashi: Lessing in Japan. Eine gescheiterte Rezeption und ihre Zukunftsvision, in: Lessing Yearbook 32 (2000), S. 283–305.

149 15. Oktober 1825, Gespräch Goethe mit Eckermann, in: Johann Peter Eckermann: Gespräche mit Goethe in den letzten Jahren seines Lebens, hg. v. Heinz Schlaffer, München 1986 (Johann Wolfgang Goethe: Sämtliche Werke nach Epochen seines Schaffens, hg. v. Karl Richter. München 1986, Bd.19), S. 148; Wolfgang Schamoni: Die erste japanische Lessing-Monographie: Akashi Shigetarôs »Resshingu« (1893), in: NOAG (2003), S. 127–154.

150 Takahashi Teruaki: Lessing in Japan, in: Lessing Yearbook 32 (2000), S. 283–305, hier S. 298; Schamoni (Anm. 149), S. 150 f.

151 Ilija Trojanow: Weltbürgertum heute. Rede zu einer kosmopolitischen Kultur [Thalia Theater, 2010]. What Being a Citizen of the World Means Today: On Cosmopolitan Culture. Translated by Seiriol Dafydd, hg. v. Julian Preece, dems. Oxford 2013 (Contemporary German writers and filmmakers 2,2), S. 15–43, hier S. 40.

152 Inger Leemans: The translation machine. Mechanisms of cultural transfer between the German lands and the Netherlands 1750–1840, in: Niederländisch-Deutsche Kulturbeziehungen 1600–1830. Mit 7 Abbildungen, hg. v. Jan Konst,

Inger Leemans, Bettina Noak. Göttingen 2009 (Berliner Mittelalter- und Frühneuzeitforschung 7), S. 343–356, hier S. 346.

153 Ebd., S. 353.

154 Rossel: Histoire des relations littéraires (Anm. 62), S. 56 f.

155 Robert Darnton: Literaten im Untergrund: Lesen, Schreiben und Publizieren im vorrevolutionären Frankreich, München 1985; Jeffrey Freedman: Books Without Borders in Enlightenment Europe. French Cosmopolitanism and German Literary Markets. Philadelphia, PA 2012.

156 Freedman: Books Without Borders (Anm. 155), S. 175.

157 Hans-Gert Roloff: »Wir, Moses und ich« oder »Der Buchhändler und der Jude«, in: Literarische Zusammenarbeit, hg. v. Bodo Plachta. Tübingen 2001, S. 25–47.

158 Ute Schneider: Friedrich Nicolais Allgemeine Deutsche Bibliothek als Integrationsmedium der Gelehrtenrepublik. Wiesbaden 1995, S. 314 f.

159 Dazu u. a. Matthias Buschmeier: Das rollende Büro. Nicolais Technik des statistischen Reiseberichts, in: Materialität auf Reisen. Zur kulturellen Transformation der Dinge, hg. v. Philip Bracher, Florian Hertweck, Stefan Schröder. Berlin 2006 (Reiseliteratur und Kulturanthropologie 8), S. 129–156; István Gombocz: Reiseerlebnis und Gesellschaftskritik in Friedrich Nicolais Roman »Leben und Meinungen des Herrn Magisters Sebaldus Nothanker«, in: Daphnis 35 (2006), S. 301–319.

160 Ute Van Runset: Das französische Theater in der »Bibliothek der schoenen Wissenschaften und der freyen Künste« 1757–1765, in: Die französische Literatur in den deutschen Zeitschriften des 18. Jahrhunderts, hg. v. Pierre-André Bois, Roland Krebs, Jean Moes. Bern u. a. 1997, S. 109–122.

161 Alexander Košenina: Zur deutschen Übersetzung zweier Romane Thomas Amorys und der sich anschließenden Fehde zwischen Wieland und Nicolai, in: Daphnis 18 (1989), S. 179–198.

162 Annelies Grasshoff: Der Berliner Aufklärer Friedrich Nicolai und sein livländischer Rezensent der »Allgemeinen deutschen Bibliothek« August Wilhelm Hupel, in: Zeitschrift für Slawistik 32/4 (1987), S. 489–509.

163 Freedman: Books Without Borders (Anm. 155), S. 209–217.

164 Rossel: Histoire des relations littéraires (Anm. 62), S. 79–84.

165 Kurt Günther: Wieland und Rußland, I, II, in: Zeitschrift für Slawistik, 13/4 (1968), S. 496–511; ebd. 13/5 (1968), S. 695–712; R. Danilevskij: Viland v russkoj literature [Wieland in der russischen Literatur], in: Alekseev M. Pavlovič (otv. red.). Ot klassicizma k romantizmu. Iz istorii meždunarodnych svjazej russkoj literatury. Leningrad 1970, S. 342–355.

166 Konrad Bittner: J. G. Herder und A. N. Radiščev, in: Zeitschrift für slavische Philologie 25/1 (1956), S. 8–53.

167 Campbell Orr: Charlotte (Anm. 74), S. 385.

168 Orie William Long: The attitude of eminent Englishmen and Americans toward Werther, in: Modern Philology 14/8 (1916), S. 455–466, hier S. 455.

169 Georg Herzfeld: William Taylor von Norwich. Eine Studie über den Einfluss der neueren deutschen Literatur in England. Tübingen 1897, S. 19 f.

170 Roxana Klapper: The German Influence on Shelley. Salzburg 1975 (Salzburg Studies in English Literature 43), S. 46.

171 John Quincy Adams to Charles Follen, October 24, 1831, in: Eliza Lee Cabot: The Life of Charles Follen. Boston 1844, S. 202; Lieselotte E. Kurth-Voigt: The

Reception of C.M. Wieland in America, in: The Contribution to the Buildings of the Americas. Studies in Honor of Karl J.R. Arndt, hg. v. Gerhard K. Friesen, Walter Schatzberg. Worcester, Hannover 1977, S. 97–132, hier S. 97.

172 Kurth-Voigt (Anm. 171), S. 98 f.

173 Charles Brockden Brown: Wieland; or the transformation. An American tale. Together with Memoires of Carwin the biloquist. A fragment. Ed. with an introduction by Fred Lewis Pattee. New York, London 1926, S. 21: »juster notions of moral duty«.

174 Kurth-Voigt (Anm. 171), S. 125.

175 Edgar Allan Poe: Marginalia 229, in: ders., The Brevities: Pinakidia, Marginalia, Fity Suggestions and Other Works, hg. m. e. Einleitung und Anmerkungen v. Burton R. Pollin. New York 1985, S. 378: »reformist demigods«.

176 Michel Espagne: Le creuset allemand. Histoire interculturelle de la Saxe XVIIIe–XIXe siècles. Paris 2000, S. 235.

177 Johann Wolfgang Goethe: Rameaus Neffe. Ein Dialog von Diderot. Aus dem Manuskript übersetzt, in: Goethe. Kunsttheoretische Schriften und Übersetzungen. Bd. I: Übersetzungen, hg. v. Siegfried Seidel. Berlin, Weimar 1977, S. 567–730, hier S. 568.

178 Ebd.

179 Ebd., S. 619.

180 Ebd., S. 663.

181 Goethe: Anmerkungen über Personen und Gegenstände, deren in dem Dialog »Rameaus Neffe« erwähnt wird«, in: ebd., S. 666–706, hier S. 672 f.

182 Ebd., S. 567.

183 Ebd., S. 700 f.

184 Ebd., S. 700 f.

IV. Kleine Welt ganz groß, 1770–1830

1 Burkhard Henke: Goethe®. Advertising, Marketing, and Merchandising the Classical, in: Unwrapping Goethe's Weimar. Essays in Cultural Studies and Local Knowledge, hg. v. Burkhard Henke, Susanne Kord, Simon Richter. Rochester, Woodbridge 2000, S. 15–33, hier S. 15–17; Marcus Ventzke: Der Weimarer Musenhof und seine ungeratenen Kinder – zur Entwicklung eines kulturellen Exportmodells, in: Goethe-Jahrbuch 119 (2002), S. 132–147.

2 Elihu Goodwin Holland: To Weimar, in: The Knickerbocker 5 (1860), S. 492–494, hier S. 492 [Hervorhebungen im Original].

3 Ann T. Gardiner: Cultural Transfer as Performance: Achim von Arnim and Mme de Staël, in: Das »Wunderhorn« und die Heidelberger Romantik: Mündlichkeit, Schriftlichkeit, Performanz. Heidelberger Kolloquium der Internationalen Arnim-Gesellschaft, hg. v. Walter Pape. Tübingen 2005, S. 255–271, hier S. 268 f.

4 Michel Espagne: »De l'Allemagne«, in: Deutsche Erinnerungsorte, hg. v. Étienne François, Hagen Schulze. München 2011, Bd. 1, S. 225–241.

5 Germaine de Staël: Über Deutschland. Nach der Übersetzung von Robert Habs, hg. u. eingel. v. Sigrid Metken. Stuttgart 2013, S. 48.

6 Ebd., S. 45.

7 Ebd., S. 119.
8 Johann Wolfgang von Goethe: Annalen oder Tag- und Jahreshefte [1804], in: Goethes sämtliche Werke, hg. und eingel. v. Karl Goedeke, Bd. 26. Stuttgart 1882 (Bemerkung von Madame de Staël anlässlich eines Abendessens bei Herzogin Amalie), S. 93.
9 Goethe an Anne de Staël, Weimar, Mitte Januar 1804 [?], in: Goethes Briefe. Undatiertes und Nachträge, hg. im Auftrage der Großherzogin Sophie von Sachsen, Abt. 4, Bd. 30. Weimar 1905, Brief 4810, S. 80.
10 Goethe an Anna de Staël, Carlsbad, 26. May 1808, in: Goethes Briefe. Januar 1808–Juni 1809, hg. im Auftrage der Großherzogin Sophie von Sachsen, Abt. 4, Bd. 20. Weimar 1905, Brief 5542, S. 67 f.
11 York-Gothart Mix: »Sein Ruhm ist eine natürliche Tochter des Scandals.« A.W. Schlegels Positionierung im literarischen Feld um 1800 (Bürger, Schiller, Voß), in: Der Europäer August Wilhelm Schlegel. Romantischer Kulturtransfer – romantische Wissenswelten, hg. v. ders., Jochen Strobel. Berlin, New York 2010 (Quellen und Forschungen zur Literatur- und Kulturgeschichte 62, 296), S. 45–56, hier S. 51 f.
12 Albert Meier: Sind die Alpen unübersteiglich? Überlegungen zur Transnationalität der Romantik, in: Akten des XI. Internationalen Germanistenkongresses Paris 2005. »Germanistik im Konflikt der Kulturen«, hg. v. Jean-Marie Valentin u. Mitarb. v. Stéphane Pesnel. Bd. 8: »Universal-, Global- und Nationalkulturen«, hg. v. Young Eun Chang, Konrad Ehlich, Fabrice Malkani. Jahrbuch für Internationale Germanistik; Reihe A, Kongressberichte 84. Bern u. a. 2007, S. 177–181.
13 Achim Hölter: August Wilhelm Schlegels Göttinger Mentoren, in: Der Europäer August Wilhelm Schlegel. Romantischer Kulturtransfer – romantische Wissenswelten, hg. v. York-Gothart Mix, Jochen Strobel. Berlin, New York 2010 (Quellen und Forschungen zur Literatur- und Kulturgeschichte 62, 296), S. 13–29, hier S. 20–22.
14 André Billaz: Le »Cours de littérature dramatique« de A.W. Schlegel. Notes sur la traduction française de 1814, in: Revue d'Histoire littéraire de la France 70/4 (1970), S. 610–618.
15 Stefanie Stockhorst: Henry Crabb Robinsons doppeltes Deutschlandbild. Zur Funktionsweise deutsch-englischer Literaturbeziehungen um 1800, in: Weimarer Beiträge 51/1 (2005), S. 254–269; dies.: Was leistet ein »cultural turn« in der komparatistischen Imagologie? Henry Crabb Robinson als Vermittler deutscher Dichter- und Gelehrtenkultur nach England, in: arcadia 40 (2005), S. 354–374; James Vigus: Henry Crabb Robinson's initiation into the »mysteries of the new school«: A Romantic journey, in: Romantic localities: Europe writes place, hg. v. Christoph Bode, Jacqueline Labbe. London 2010, S. 145–156.
16 Stefanie Stockhorst: Zwischen Kantianismus und Schellingianismus. Henry Crabb Robinsons Privatvorlesungen über Philosohie für Madame de Staël 1804 in Weimar, in: Germaine de Staël und ihr erstes deutsches Publikum. Literaturpolitik und Kulturtransfer um 1800, hg. v. Gerhard R. Kaiser. Heidelberg 2008 (Ereignis Weimar-Jena 18), S. 359–393.
17 Stefanie Stockhorst: Gelehrte Geselligkeit und europäischer Kulturtransfer. Zur Deutung des produktiven Zusammentreffens von Henry Crabb Robinson und Germaine de Staël in Weimar, in: »Weimar ist ja unser Athen«. Mit

Seume in Weimar. Vorträge des Colloquiums zu Johann Gottfried Seume in Oßmannstedt 2007, hg. v. Jörg Drews, Gabi Pahnke. Bielefeld 2010, S. 119–140.

18 Julia von Rosen: Deutsche Ästhetik in »De l'Allemagne«. Eine Transferstudie am Beispiel der Kant-Interpretationen Mme. de Staëls, in: Madame de Staël und die Internationalität der deutschen Romantik. Fallstudien zur interkulturellen Vernetzung, hg. v. Udo Schöning, Frank Seemann. Göttingen 2003, S. 173–202, hier S. 198; Stockhorst: Gelehrte Geselligkeit (Anm. 17), S. 136.

19 Jürgen Fohrmann: Das Projekt der deutschen Literaturgeschichte. Entstehung und Scheitern einer nationalen Poesiegeschichtsschreibung zwischen Humanismus und Deutschem Kaiserreich. Stuttgart 1989.

20 De Staël: Über Deutschland (Anm. 5), S. 151.

21 Ebd., S. 147.

22 Ebd., S. 202.

23 Ebd., S. 221.

24 Virgile Rossel: Histoire des relations littéraires entre la France et l'Allemagne. Genf 1970, S. 138–140.

25 Jörn Albrecht: »Rede des toten Christus vom Weltengebäude herab, daß kein Gott sei«: Traum oder Alptraum? Eine Frage an Mme de Staël (und an alle Übersetzer), in: La sfuggente logica dell'anima. Il sogno in letteratura, hg. v. Hermann Dorowin, Rita Svanderlik, Leonardo Tofi. Perugia 2014, S. 87–96, hier S. 94–96.

26 Robyn L. Schiffmann: »Werther« and the epistolary novel, in: European romantic review 4 (2008), S. 421–438; Heinz Schlaffer: Die Vorzüge der »Leiden des jungen Werthers«, in: Sinn und Form 67/2 (2015), S. 195–204.

27 Caitríona Ò Dochartaigh: Goethe's Translations from the Gaelic »Ossian«, in: The reception of Ossian in Europa, hg. v. Howard Gaskill. London u. a. 2004, S. 156–175; Howard Gaskill: »Arise, O magnificent effulgence of Ossian's soul!«: Werther the Translator in English Translation, in: Translation and literature 22 (2013), S. 302–321.

28 Paul Kahl: »...after he grows mad is in love with Ossian«? Goethes »Werther« und Macphersons Dichtung, in: Lichtenberg-Jahrbuch (2007), S. 156–177.

29 Bernhard J. Dotzler: Werthers Leser, in: Modern Language Notes 114 (1999), S. 445–470.

30 Georg Jäger: Die Wertherwirkung. Ein rezeptionsästhetischer Modellfall, in: Historizität in Sprach- und Literaturwissenschaft. Vorträge und Berichte der Stuttgarter Germanistentagung 1972, in Verbindung mit Hans Fromm, Karl Richter, hg. v. Walter Müller-Seidel. München 1974, S. 393–399, hier S. 393.

31 Ebd., S. 384–399; Katja Mellmann: Das Buch als Freund – der Freund als Zeugnis, in: Hans-Edwin Friedrich: Bürgerlichkeit im 18. Jahrhundert. Tübingen 2006, S. 201–240.

32 Johann Wolfgang von Goethe: Dichtung und Wahrheit, in: Aus meinem Leben, Dichtung und Wahrheit, hg. v. Klaus-Detlef Müller. Frankfurt M. 1986 (Sämtliche Werke. Briefe, Tagebücher und Gespräche. Vierzig Bände, hg. v. Karl Eibl. Frankfurt M. 1985, Abt. 1, Bd. 14), S. 641.

33 Klaus R. Scherpe: Werther und Wertherwirkung. Zum Syndrom bürgerlicher Gesellschaftsordnung im 18. Jahrhundert. Bad Homburg u. a. 1970; Ariane Martin: Die kranke Jugend. J.M.R. Lenz und Goethes »Werther« in der Rezeption des Sturm und Drang bis zum Naturalismus. Würzburg 2002; Bing-

jun Wang: Rezeptionsgeschichte des Romans »Die Leiden des jungen Werther« von Johann Wolfgang Goethe in Deutschland seit 1945. Frankfurt M. u. a. 1991 (Europäische Hochschulschriften; Reihe I, Serie I, Bd. 1259).

34 Mit ausführlicher Bibliografie und Schwerpunkt auf deutschen und französischen »Werther«-Adaptationen siehe Stuart Pratt Atkins: The Testament of Werther in Poetry and Drama. Cambridge 1949; Manfred Gsteiger: Wandlungen Werthers und andere Essays zur vergleichenden Literaturwissenschaft. Bern 1980; Yves Chevrel: Le »mythe de Werther« dans la littérature européenne, in: Space and boundaries of literature, hg. v. Roger Bauer. München 1990, S. 337–344.

35 Johann Wolfgang Goethe: Hanswursts Hochzeit (1774 oder 1775), in: Sämtliche Werke nach Epochen seines Schaffens, »Der junge Goethe 1757–1775«, Münchener Ausgabe, hg. v. Gerhard Sauder, Bd. 1.2, S. 131 f. München 1987; Wolfgang Bunzel: Rück-Wirkung: Goethes literarische Reaktionen auf die Rezeption seines Romans »Die Leiden des jungen Werthers«. Eine historische Fallstudie als Baustein zu einer künftigen Theorie der Autor/Lese-Kommunikation, in: Spuren, Signaturen, Spiegelungen. Zur Goethe-Rezeption in Europa, hg. v. Bernhard Beutler, Anke Bosse. Köln 2000, S. 129–167, hier S. 139 f.

36 Angelika Müller-Scherf: Wertherporzellan. Lotte und Werther auf Meißner Porzellan im Zeitalter der Empfindsamkeit. Petersberg 2009, Abb. 10, S. 119.

37 Johann Wolfgang von Goethe: Römische Elegien, in: Gedichte 1756–1799, hg. v. Friedmar Apel, Dieter Borchmeyer. Frankfurt M. 1987 (Sämtliche Werke. Briefe, Tagebücher und Gespräche. Vierzig Bände, hg. v. Karl Eibl. Frankfurt M. 1985, Abt. 1, Bd. 1), S. 400.

38 Johann Wolfgang von Goethe: Venezianische Epigramme, in: Italien und Weimar 1786–1790, hg. v. Hans J. Becker u. a. München 1990 (Sämtliche Werke nach Epochen seines Schaffens. Münchner Ausgabe, hg. v. Karl Richter. München 1985, Bd. 3.2), S. 132.

39 Siehe den Konjunkturgrafen auf www.germanliteratureglobal.com.

40 David P. Phillips: The Influence of Suggestion on Suicide: Substantive and Theoretical Implications of the Werther Effect, in: American Sociological Review 39 (1974), S. 340–354; Steffen Martus: Johann Wolfgang Goethe »Die Leiden des jungen Werthers« als Medienskandal, in: Literaturskandale, hg. v. Hans-Edwin Friedrich. Frankfurt M. u. a. 2009, S. 29–43.

41 Benjamin Greenberg, Rael D. Strous: Werther's Syndrome: Copycat Self-Immolation in Israel with a Call for Responsible Media Response, in: Israel Medical Association Journal 14/8 (2012), S. 467–469.

42 Parallel zu den statistischen Übersichten dieses Buches und der Website http://worldlit.cdh.ucla.edu/ hat eine Gruppe an der University of California, Los Angeles eine Statistik zur weltweiten Rezeption von Goethes »Werther« erstellt, wobei sich diese Website vor allem aus den bibliographischen Angaben des WordCat speist; dazu David D. Kim, Nickolas de Carlo: Project One: WorldLiterature@UCLA Tracking International Publics with Goethe, in: Transit 10/1 (2015).

43 Joost J. Kloek: Innovation or Confirmation of the Norm? Goethe's Werther in Holland 1775–1800, in: Utrecht Publications in General and Comparative Literature 24 (1989), S. 151–164.

44 John R. Eyck: Where Werther went: what happens when a ›minor‹ literature

transposes a ›major‹ character, in: Cultural transfer through translation, hg. v. Stefanie Stockhorst. Amsterdam 2010 (Internationale Forschungen zur allgemeinen und vergleichenden Literaturwissenschaft 131), S. 167–182, hier S. 170 f.

45 Joost J. Kloek: Over Werther geschreven … Nederlands reacties op Goethes Werther 1775–1800. Proeve van historisch receptive-onderzoek. 2 Bde. Utrecht 1985, Bd. 1, S. 236.

46 François Hemsterhuis: Twee particuliere brieven aan prinses Amalia von Gallitzin (»Diotime«), Leyde ce Mardi: 1 dec: 1789, La Hâye ce 4 dec: 1789, in: Over Werther geschreven …: Nederlandse Reacties op Goethes Werther 1775–1800. Proeve an historisch receptive-onderzoek, hg. v. Joost Jakobus Kloek. Utrecht 1985, Bd. 2, S. 68–70, hier S. 68: »même trop quelquefois«.

47 Hermann Strehler: Zur italienischen Erstausgabe von Goethes Werther, in: Gutenberg-Jahrbuch (1971), S. 277–280.

48 Steven P. Sondrup: Wertherism and »Die Leiden des jungen Werther«, in: European romanticism. Literary cross-currents, modes and models. Detroit, Michigan 1990, S. 163–179, hier S. 168 f.

49 Oscar Caeiro: El »Werther« argentine, in: Boletín de estudios germánicos, hg. v. Universidad Nacional de Cuyo, Facultad de filosofía y letras, Instituto de lenguas y literaturas modernas, sección lenguag y literatura alemañas 197/9 (1973), S. 195–206.

50 Jonathan M. Hess: Fictions of a German-Jewish Public: Ludwig Jacobowski's »Werther the Jew« and Its Readers, in: Jewish Social Studies 11/2 (2005), S. 202–230. Zum Roman auch Ariane Martin: Die kranke Jugend. J.M.R. Lenz und Goethes Werther in der Rezeption des Sturm und Drang bis zum Naturalismus. Würzburg 2002, S. 328–333.

51 Bernd W. Seiler: Goethe, Napoleon und der »junge Werther«, in: Deutsche Vierteljahrsschrift für Literaturwissenschaft und Geistesgeschichte 3 (2009), S. 396–408, hier S. 401–404.

52 Christian Helmreich: La traduction des »Souffrances du jeune Werther« en France (1776–1850), in: Revue Germanique Internationale (1999), S. 179–193, hier S. 182 f.

53 Pierre Grappin: Aspekte der Rezeption Werthers in Frankreich im 18. Jahrhundert, in: Historizität in Sprach- und Literaturwissenschaft. Vorträge und Berichte der Stuttgarter Germanistentagung 1972, hg. v. Walter Müller-Seidel. München 1974, S. 411–421.

54 Orie W. Long: Werther in America, in: Studies in Honor of Johan Albrecht Walz. Freeport, New York 1941, S. 86–116, hier S. 89.

55 Robyn L. Schiffmann: A concert of Werthers, in: Eighteenth-Century Studies 43/2 (2010), S. 207–222, hier S. 212; Susanne Kord: From Sentiment to Sexuality. English Werther-Stories, the French Revolution, and German Vampires, in: (Re-)Writing the radical enlightenment, revolution and cultural transfer in the 1790s Germany, Britain and France, hg. v. Maike Oergel. Berlin, New York 2012 (Spectrum Literaturwissenschaft 32), S. 25–42, hier S. 29.

56 Theodor Süpfle: Goethes literarischer Einfluss auf Frankreich, in: Goethe-Jahrbuch 8 (1887), S. 203–222, hier S. 219.

57 Pierre Perrin: Werthérie. Paris 1791, Bd. 2, S. 2: »[…] les hommes sont bien inférieurs à un chien«.

58 Ebd., S. 34: »La maladie du pays«.

59 Ebd., S. 262: »C'est l'amour qui l'a tuée.«

60 Mme de Staël: De l'Allemagne (Anm. 5), S. 339.

61 Helmreich: La traduction des »Souffrances du jeune Werther« (Anm. 52).

62 Maria Antónie Gaspar Teixeira: Zur »Werther«-Rezeption in Portugal, in: Revista portuguesa de estudos germanísticos, Runa 26 (1996), S. 579–585.

63 Alphonse de Lamartine: Raphaël. Pages de la Vingtième année. Préface de Lord Hide. Paris 1990, S. 25.

64 Alfred de Musset: Bekenntnisse eines Kindes seiner Zeit. Nach der Übersetzung v. Mario Spiro, hg. v. dems. Berlin 1915, S. 15.

65 Dagmar Giersberg: »Je comprend les Werthers«. Goethes Briefroman im Werk Flauberts. Würzburg 2003.

66 Gustave Flaubert: Lehrjahre des Herzens. Nach der Übersetzung v. Walter Widmer. München 1957, S. 545; Schlaffer: Die Vorzüge (Anm. 26), S. 195 f.

67 Syndy McMillen Conger: The Sorrows of Young Charlotte: Werther's English Sisters 1785–1805, in: Goethe Yearbook 3 (1986), S. 21–56.

68 Roswitha Burwick: Goethe's »Werther« and Mary Shelley's »Frankenstein«, in: The Wordsworth Circle, hg. v. Dep. Of English. Philadelphia 1993, S. 47–52.

69 Kord: From Sentiment to Sexuality (Anm. 55).

70 Conger: The Sorrows of Young Charlotte (Anm. 67), S. 43.

71 Anna Seward: October 1762, Extracts from Miss Seward's Literary Correspondance, in: Poetical Works (Bd. 1) Edinburgh 1810, S. li; Conger: The Sorrows of Young Charlotte, S. 42, fn. 39.

72 http://graduate.engl.virginia.edu/enec981/dictionary/02sewardM1.html (o. J.)

73 Anne Seward: Written in the Blank Page of the Sorrows of Werter, in: The Collected Poems of Anna Seward, hg. v. Lisa L. Moore. London, New York 2016. Bd. 2, S. 173.

74 Jane Austen: Love and Friendship, in: Love and Friendship. And Other Early Works, hg. v. The Women's Press Limited. London 1978, S. 1–35, hier S. 19.

75 Anne Seward: October 1762, Extracts from Miss Seward's Literary Correspondance, in: The Poetical Works of Anne Seward, hg. v. Walter Scott (Bd. 1). Edinburgh 1810, S. li; Conger: The Sorrows of Young Charlotte, S. 42, fn. 39.

76 Jean-Marie Carré: Goethe en Angleterre. Paris 1920, S. 3 f.

77 Bruce Duncan: Goethes »Werther« and the Critics. Rochester, Woodbridge 2005, S. 21.

78 Orie William Long: English and American Imitations of Goethe's »Werther«, in: Modern Philology 14/4 (1916), S. 193–216.

79 Viktor Link: »Werther« auf englischen und amerikanischen Bühnen: Ein Aspekt der Goethe-Rezeption im 18. Jahrhundert, in: Anglia 113/2 (1995), S. 184–204.

80 Frederic Reynolds: Werter. A Tragedy. As performed at the Theatres-Royal, Bath, Bristol, Covent-Garden and Dublin. Dublin 1786, S. 60: »His eye balls roll! He trembles in his shroud.«

81 Ebd.: »The suicide alone is shut from Grace.«

82 Roxana Klapper: The German Influence on Shelley. Salzburg 1975 (Salzburg Studies in English Literature 43), S. 14–16.

83 Long: English and American Imitations (Anm. 78), S. 12.

84 Lady Eglantine Wallace: Letter to a Friend with a Poem called The Ghost of Werther. London 1787, S. 21: »You thought it virtue nature to deny.«

85 Ebd., S. 23.

86 Ebd., S. 2.
87 Ebd., S. 10.
88 Link: »Werther« auf englischen und amerikanischen Bühnen (Anm. 79), S. 203–205.
89 William Makepeace Thackeray: Sorrows of Werther, in: A Victorian Anthology, 1837–1895, hg. v. Edmund Clarence Stedman. Boston, New York 1895, S. 305.
90 Thomas Carlyle: The Foreign Review 2 (1828), S. 80–127.
91 Long: Werther (Anm. 54), S. 88.
92 Long: English and American Imitations (Anm. 78), S. 1.
93 Christoph Schweizer: Goethe's Werther und the First American Novel, William Hill Brown's »The Power of Sympathy«, in: Yearbook of German-American Studies 38 (2003), S. 21–28.
94 William Hill Brown: The Power of Sympathy, in: The Power of Sympathy by William Hill Brown / The Coquette by Hannah W. Foster, hg. v. William S. Osborne. New Haven 1970, S. 27–130, hier S. 102.
95 Ebd., S. 129: »Here rest their heads, consigned to parent earth, / Who to one common father owed their birth, / Unknown this union. Natur still presides, / And sympathy unites, whom Fate divides.«
96 Long: Werther (Anm. 54), S. 100 f.
97 Orest Somov: O romantičeskoj poèzii. Opyt v trech častjach [Über die romantische Dichtung. Ein Versuch in drei Teilen]. St. Petersburg 1823; bekannt wurde vor allem dieser Beitrag von Edgar Quinet: De l'avenir de l'art. I. De l'art en Allemagne, in: Revue des Deux Mondes, 1.6.1832, S. 493–514.
98 V. A. Somov: Nemeckaja kniga v russkoj cenzure konca XVIII v. [Deutsches Buch in der russischen Zensur am Ende des 18. Jahrhunderts], in: Nemcy v Rossii. Problemy kul'turnogo vzaimodejstvija, hg. v. Ljudmila Slavgorodskaja. St. Petersburg 1998, S. 192–196.
99 Gerhard Giesemann: Kotzebue in Rußland. Frankfurt M. 1971, S. 49, passim.
100 Svetlana Mel'nikova: A.F.F. fon Kocebu – pervyj direktor Nemeckogo Imperatorskogo teatra v Sankt-Peterburge XIX v. [A.F.F. von Kotzebue als der erste Direktor des Kaiserlichen Deutschen Theaters in St. Petersburg im 19. Jahrhundert], in: Nemcy v Rossii. Problemy kul'turnogo vzaimodejstvija, hg. v. Ljudmila Slavgorodskaja. St. Petersburg 1998, S. 274–278.
101 Sergei Durylin: G-ža de Stal' i ee russkie otnošenija [Madame de Staël und ihre russischen Beziehungen], in: Russkaja kul'tura i Francija, hg. v. Pavel I. Lebedev-Poljanskij, Bd. 3. Moskau 1939 (Literaturnoe nasledstvo 33/34), S. 215–330; Piotr R. Zaborov: Žermena de Stal' i russkaja literatura pervoj treti XIX v. [Germaine de Staël und russische Literatur im ersten Drittel des 19. Jahrhunderts], in: Rannie romantičeskie vejanija. Iz istorii meždunarodnych svjazej russkoj literatury, hg. v. Michail P. Alekseev. St. Petersburg 1972, S. 168–221; Vasilij Ivanovich Kulešov: Literaturnye svjazi Rossii i Zapadnoj Evropy v XIX veke [Literaturbeziehungen zwischen Russland und Westeuropa im 19. Jahrhundert], Moskau 1977, S. 102–104.
102 S. Fedorovskij: Perevody i peredelki stichotvorenij Gete v russkoj literature [Gedichtübersetzungen und Nachdichtungen von Goethe in der russischen Literatur], in: Zapiski Imp. Char'kovskogo universiteta 2 (1902), S. 1–95; Zinaida Viktorovna Žitomirskaja: Iogann Vol'fgang Gëte: Bibliografičeskij ukazatel' russkich perevodov i kritičeskoj literatury na russkom jazyke [Johann

Wolfgang Goethe: Bibliographisches Verzeichnis russischer Übersetzungen und kritischer Literatur in russischer Sprache]. Moskau 1972. – Siehe auch die ausführliche Bestandsaufnahme in Viktor Žirmunskij: Gete v russkoj literature [Goethe in der russischen Literatur]. St. Petersburg 1937.

103 Martin Schneider: Das Spiel mit dem »Fremden« Text – Werther und Lotte in Rußland, in: Der russische Werther. Analysen und Materialien zu einem Kapitel deutsch-russischer Literaturbeziehungen. München 1988, S. 7–37, hier S. 14 f.
104 Michail Vasil'evič Suškov: Der russische Werther – Eine halbwahre Geschichte, in: Wolfram Eggeling, Martin Schneider: Der russische Werther. Analysen und Materialien zu einem Kapitel deutsch-russischer Literaturbeziehungen. Mit 3 Illustrationen. München 1988, S. 75–100, hier S. 75.
105 Holger Siegel: Ein russischer Wertherroman am Ausgang des 18. Jahrhunderts, in: Goethe-Jahrbuch (2005), S. 97–105.
106 Suškov: Der russische Werther (Anm. 104), S. 75.
107 Ebd., S. 83.
108 Ebd.
109 Jerzy Kasprzyk: Die Reaktion auf Goethes »Werther« in Polen vor Mickiewicz, in: Goethe und die Welt der Slawen. Vorträge der ersten internationalen Konferenz des »Slawenkomitees«. Gießen 1981, S. 260–267.
110 Dragoslava Perišić: Goethe bei den Serben. München 1968 (Slavistische Beiträge 17), S. 80–102.
111 Istvan Poth: Iz kulturne i knjizevne proslosti srba u madarskoj, in: Pesta i Budim kao kulturna sredista srpska u prvoj polovini 19. veka, 2011.
112 Perišić: Goethe (Anm. 110), S. 179–184.
113 Ebd., S. 276; Miljan Mojašević: Einige Randbemerkungen zum serbischen Werther, in: Serta Slavica. In memoriam Aloisii Schmaus, hg. v. Wolfgang Gesemann, Johannes Holthusen, Erwin Koschmieder, Ilse Kuhnert, Peter Rehder, Erwin Wedel u. Mitwirkung v. Jiři Daňhelka, Radosav Medenica, Stavro Skendi. München 1971, S. 512–517.
114 Predrag Protić: Vorwort, in: Laza K. Lazarević, Pripovetke. Beograd 2001, S. IV–VII.
115 Aizawa Keiichi: Zur Konstruktion der Nicht-Intimität in Goethes »Werther«. Zwei Überlegungen aus japanischer Sicht, in: Über die Grenzen hinweg, hg. v. Inoue Sūichi, Ueda Kōji. München 2004, S. 75–93, hier S. 75; Uwe Schmelter: Goethe – eine deutsche Ikone in Japan zwischen Tradition und modernem Deutschlandbild, in: Goethe-Jahrbuch der Goethe-Gesellschaft in Japan 51 (2009), S. 5–13.
116 Hikaru Tsuji: Ich lese »Werther« auf Japanisch, in: Veröffentlichungen des Japanisch-Deutschen Zentrums Berlin 15 (1993), S. 34–48, hier S. 47.
117 Naoji Kimura: Carlyle als Vermittlung Goethes in Japan, in: euro-sinica 8 (1997), S. 67–98, hier S. 85 f.
118 Richard John Bowring: Mori Ōgai and the modernization of Japanese culture. Cambridge u. a. 1979, S. 259–269; Mori-Ōgai-Gedenkstätte, Humboldt-Universität zu Berlin; www.iaaw.hu-berlin.de/de/region/ostasien/seminar/mori (15.1.2017).
119 Naoji Kimura: Jenseits von Weimar. Goethes Weg zum Fernen Osten. Bern u. a. 1997 (euro-sinica 8), S. 247.
120 Hier Naoji Kimura: Goethes »Werther« und die japanische Romantik, in: Fern-

östliche Brückenschläge. Zu deutsch-chinesischen Literaturbeziehungen im 20. Jahrhundert, hg. v. Adrian Hsia, Sigrid Hoefert. Bern 1992 (euro-sinica 3,3), S. 213–231, hier S. 217.

121 Ebd., S. 226 f.

122 Naoji Kimura: Carlyle als Vermittler Goethes in Japan, in: Symposium »Goethe und die Weltkultur«. Veröffentlichungen des Japanisch-Deutschen Zentrums Berlin. Berlin 1993. Bd. 15, S. 72–82.

123 Natsume Soseki: Kokoro. Roman. Aus dem Japanischen übers. u. m. e. Nachwort v. Oskar Benl. Kommentierte Neuausgabe d. Aufl. v. 1976. Zürich 2016, S. 348.

124 Ebd., S. 352.

125 Barbara Ascher: Aspekte der Werther-Rezeption in China (Die ersten Jahrzehnte des 20. Jahrhunderts), in: Goethe und China – China und Goethe. Bericht des Heidelberger Symposions, hg. v. Günther Debon, Adrian Hsia. Bern u. a. 1985 (euro-sinica 1), S. 139–153, hier S. 139.

126 Zhao Bizhen: Kete Zhuan [Goethe], in: ders: Deyizhi Wenhao Liudajia Liezhuan [Sechs deutsche Dichterfürsten], Shanghai 1903.

127 Ah Ying: Guanyu Gede Zuopin Chuqi De Zhongyi [Zu früheren chinesischen Übersetzungen der Werke Goethes], in: Gesammelte Essays von Ah Ying. Beijing 1981, S. 754–759, hier S. 754 f.

128 Wei Maoping: Deyu Wenxue Hanyishi Kaobian. Waqin he Minguo Shiqi [Zur Übersetzung und Rezeption der deutschsprachigen Literatur in China. Späte Qing-Dynastie und Republik China]. Shanghai 2003, S. 77–79.

129 Adrian Hsia: Zum Verständnis eines chinesischen Werther-Dramas, in: Goethe und China – China und Goethe. Bericht des Heidelberger Symposions, hg. v. Günther Debon, Adrian Hsia. Bern u. a. 1985 (euro-sinica 1), S. 183–194, hier S. 192.

130 Guo Moruo: Vorwort, in: Goethe: Die Leiden des jugendlichen Werther, übers. v. Guo Moruo. Shanghai 1922, S. 1–13.

131 Tian Han, Zhong Baihua, Guo Moruo: Sanye Ji [Kleeblatt], Shanghai 1920.

132 Tian, in: Tian, Zhong, Guo, Kleeblatt (Anm. 131), S. 3; Lin Jia: Friedrich Schillers Rezeption in China. Exemplifiziert an Tian Han und Guo Moruo. In: Literaturstraße. Chinesisch-deutsches Jahrbuch für Sprache, Literatur und Kultur, hg. v. Zhang Yushu et al. Würzburg 2005, Bd. 6, S. 17–34, hier S. 21.

133 Ascher: Aspekte der Werther-Rezeption (Anm. 125), S. 150.

134 Terry Siu-han Yip: The reception of »Werther« and the rise of the epistolary novel in China, in: Tamkang Review 1991, S. 287–304.

135 Wolfgang Kubin: Yu Dafu (1896–1945): Werther und das Ende der Innerlichkeit, in: Goethe und China – China und Goethe. Bericht des Heidelberger Symposions, hg. v. Günther Debon, Adrian Hsia. Bern u. a. 1985 (euro-sinica 1), S. 155–181.

136 Yip: The reception of »Werther« (Anm. 134), S. 293–296.

137 Hsia: Zum Verständnis eines chinesischen Werther-Dramas (Anm. 129).

138 Ascher: Aspekte der Werther-Rezeption (Anm. 125), S. 152 f.

139 Wolfgang Kubin: Die Jagd nach dem Tiger. Sechs Versuche zur modernen chinesischen Literatur. Bochum 1984, S. 1–52.

140 Abdo Abboud: Deutsche Romane im arabischen Orient. Eine komparatistische Untersuchung zur Rezeption von Heinrich Mann, Thomas Mann, Hermann Hesse und Franz Kafka. Mit einem Überblick über die Rezeption der

deutschen Literatur in der arabischen »Welt«. Frankfurt M., Bern, New York, Nancy 1984 (Analysen und Dokumente; Beiträge zur Neueren Literatur 18), S. 22 f., 28–32.

141 Ebd., S. 23 f.

142 Rudolf Fischer: Schillers Widerhall in der russischen Literatur. Berlin 1958; Jurij Lotman: Neue Materialien über die Anfänge der Beschäftigung mit Schiller in der russischen Literatur, in: Wissenschaftliche Zeitschrift der Ernst-Moritz-Arndt-Universität Greifswald 8 (1958/59), S. 419–434; Edmund Kostka: Schiller in Russian Literature. Philadelphia 1965; Hans-Bernd Harder: Schiller in Russland. Materialien zu einer Wirkungsgeschichte, 1789–1814. Bad Homburg 1969; Rotislav Jurevic Danilevskij: Schiller in der russischen Literatur: 18. Jahrhundert, erste Hälfte 19. Jahrhundert. Dresden 1998; Sergej I. Dubinin: Russkonemeckie akademičeskie svjazi načala XIX v.: žurnal »Avrora« i ego redaktor F. Ch. Rejngard [Russisch-deutsche akademische Beziehungen am Anfang des 19. Jahrhunderts: die Zeitschrift »Avrora« und ihr Redakteur F. Ch. Rejngard], in: Nemcy v Rossii. Russko-nemeckie naučnye i kul'turnye svjazi, hg. v. G. Smagna. St. Petersburg 2000, S. 113–123.

143 Andreas B. Kilcher: Ha-Gila. Hebräische und jiddische Schiller-Übersetzungen im 19. Jahrhundert, in: Monatshefte 100/1 (2008), S. 67–87; Anat Feinberg: Schweizer Freiheitskämpfer als hebräische Helden. Schillers »Wilhelm Tell« in der Übersetzung von Chajim Nachman Bialik, in: Rück-Blick auf Deutschland. Ansichten hebräischsprachiger Autoren, hg. v. Anat Feinberg. München 2009, S. 50–91, hier S. 50.

144 Dieter Kühn: Schillers Schreibtisch in Buchenwald. Frankfurt M. 2005, S. 7.

145 Kilcher: Hebräische und jiddische Schiller-Übersetzungen (Anm. 143), S. 70.

146 Friedrich Schiller: Die Sendung Moses, in: Schillers Werke. Nationalausgabe. 17. Bd. Historische Schriften, Erster Teil, hg. v. Karl-Heinz Hahn. Weimar 1970, S. 377–397, hier S. 380.

147 Ebd., S. 378.

148 Ebd., S. 395.

149 Friedrich Schiller: Die Räuber. Nationalausgabe. Weimar 1953, 1. Akt, 2. Szene, S. 22.

150 Kilcher: Hebräische und jiddische Schiller-Übersetzungen (Anm. 143), S. 69 f.

151 M. Nevzorov: Kritičeskoe rassmotrenie Šillerovoj tragedii »Razbojniki« [Kritische Betrachtung von Schillers Tragödie »Die Räuber«], in: Drug junošestva, fevral' (1811), S. 94–154.

152 Rita Unfer Lukoschik: Friedrich Schiller in Italien (1785–1861). Eine quellengeschichtliche Studie. Berlin 2004 (Schriften zur Literaturwissenschaft 22), S. 40–56.

153 Edmund Kostka: Schiller in Italy. Schiller's reception in Italy. 19th and 20th centuries. New York u. a. 1997 (California studies in German and European romanticism 3), S. 3–5.

154 Antje Helbing: Schillerrezeption in Dänemark. Würzburg 2016 (Epistemata; Reihe Literaturwissenschaft 809), S. 21 u. passim.

155 Harald Graf: Den Flug des Denkers hemme ferner keine Schranke. Schiller in Schweden zwischen Aufklärung und Romantik 1790–1809. Göttingen 2014, S. 352–354.

156 Auch Raymond Dhaleines (1899–1980) französische Übersetzung (1942/1961/

1968/2002) und diejenige der Serbin Alka Škiljan (1920–2010), die während einer Phase politischer Entspannung in Serbien entstand (1966/1987/1990/1996/2010), wurden vielfach aufgelegt.

157 Henry Mackenzie: An Account of the German Theatre. Transcriptions of the Royal Society of Edinburgh 2, 1790, S. 154–192; Ellwood Comly Parry: Friedrich Schiller in America. A Contribution to the Literature of Poet's Centenary. Philadelphia 1905 (America Germanica 3), S. 8.

158 Sander L. Gilman: »Very little Faust…« Parodies of German Drama on the Mid-Nineteenth Century British Stage, in: Arcadia 8 (1973, S. 8–44, hier S. 23 f.

159 Detlev Blanke: Causes of the relative success of Esperanto, in: Language Problems and Language Planning 33/1 (2009), S. 251–266, hier S. 252–254.

160 Andrea Künzli: L.L. Zamenhof (1859–1917). Esperanto, Hillelismus (Homeranismus) und die »jüdische Frage« in Ost- und Westeuropa. Wiesbaden 2010 (Jüdische Kultur. Studien zur Geistesgeschichte, Religion und Literatur 23), S. 157 f.

161 Ulrich Lins: Esperanto oder das Dilemma des Dr. Zamenhof, in: Jüdischer Almanach des Leo Baeck Instituts. Sprachen, hg. v. Gisela Dachs. Frankfurt M. 2007, S. 127–141, hier S. 132–136.

162 Sabine Fiedler: Die Esperanto-Übersetzung in Geschichte und Gegenwart, in: Geschichte der Übersetzung. Beiträge zur Geschichte der neuzeitlichen, mittelalterlichen und antiken Übersetzung, hg. v. Bogdan Kovtyk. Berlin 2002 (Angewandte Sprach- und Übersetzungswissenschaft 3), S. 17–36, S. 18.

163 Marjorie Boulton: Zamenhof. Creator of Esperanto. London 1960, S. 168.

164 Friedrich Schiller: Ode an die Freude, in: Gedichte, hg. v. Georg Kurscheidt. Frankfurt M. 1992 (Werke und Briefe in zwölf Bänden, hg. v. Otto Dann u.a.), Bd. 1, S. 410–413, hier S. 412.

165 Manfred Koch: Weimaraner Weltbewohner. Zur Genese von Goethes Begriff ›Weltliteratur‹. Tübingen 2002 (Communicatio 29), S. 44 f. u. S. 50.

166 Andrea Albrecht: Kosmopolitismus. Weltbürgerdiskurse in Literatur, Philosophie und Publizistik um 1800. Berlin, New York 2005 (spectrum Literaturwissenschaft 1).

167 Jürgen Osterhammel: Cosmopolis und Imperium, in: Frankfurter Allgemeine Zeitung, 30.10.2013, Nr. 252, S. N3; siehe auch: Cosmopolitan Geographies. New Locations in Literature and Culture, hg. v. Vinay Dharwadker, New York, London 2001.

168 Wolfgang Schamoni: »Weltliteratur« – zuerst 1773 bei August Ludwig Schlözer, in: Arcadia 43 (2008), S. 288–298.

169 August Ludwig Schlözer: Isländische Litteratur und Geschichte Teil I. Göttingen u.a. 1773, S. 2.

170 Hans-J. Weitz: Miszelle: ›Weltliteratur‹ zuerst bei Wieland, in: Arcadia 22 (1987), S. 206–208.

171 Hans Adler: Weltliteratur – Nationalliteratur – Volksliteratur. Johann Gottfried Herders Vermittlungsversuch als kulturpolitische Idee, in: Nationen und Kulturen. Zum 250. Geburtstag Johann Gottfried Herders, hg. v. Regine Otto. Würzburg 1996, S. 271–284, hier S. 283.

172 Hugo Blank: Zwischen Mailand und Weimar von 1817 bis 1832, in: Goethe und Manzoni. Deutsch-italienische Kulturbeziehungen um 1800, hg. v. Werner Ross. Tübingen 1989, S. 1–13.

173 Zum »Divan« siehe Anil Bhatti: Der Orient als Experimentierfeld. Goethes »Divan« und der Aneignungsprozess kolonialen Wissens, in: Goethe-Jahrbuch 126 (2009), S. 115–128; »Denn das Leben ist die Liebe…«, hg. v. Hendrik Birus, Anne Bohnenkamp in Verbdg. mit Christoph Perels, Andrea Polaschegg, Joachim Seng. Frankfurt M. 2014.

174 Siegfried Seifert: Goethe und die Kulturvermittlung durch Journale, in: Goethe und die Weltkultur, hg. v. Klaus Manger. Heidelberg 2003, S. 101–158, hier S. 133; Goethes Zeitschrift »Ueber Kunst und Alterthum«. Von den Rhein- und Main-Gegenden zur Weltliteratur, hg. v. Hendrik Birus, Anne Bohnenkamp, Wolfgang Bunzel. Frankfurt M. 2016.

175 Anke Bosse: China und Goethes Konzept der »Weltliteratur«, in: Jahrbuch des Freien Deutschen Hochstifts 2009, S. 231–251, hier S. 231; Xiaoqiao Wu: »Hingesunken alten Träumen« – Goethes »Chinesisch-deutsche Jahres- und Tageszeiten« aus chinesischer Sicht, in: China in der deutschen Literatur 1827–1988, hg. v. Uwe Japp und Aihong Jiang. Frankfurt M. 2012, S. 23–34; Daniel Purdy: Goethe, Rémusat, and the Chinese Novel: Translation and the Circulation of World Literature, in: German Literature as World Literature, hg. v. Thomas O. Beebee. New York u. a. 2014, S. 43–60.

176 Johann Wolfgang von Goethe: Schema zu Kunst und Alterthum VI. Bdes. 3s Stück [1829–1830], in: Goethes Werke, hg. im Auftrag der Großherzogin Sophie von Sachsen, Weimar 1907, Abt. 2, Bd. 42, S. 500; Angus Nicholls: Between Natural and Human Science: Scientific Method in Goethe's ›Noten und Abhandlungen zum West-östlichen Divan‹, in: Publications of the English Goethe Society, 80/1 (2011), S. 1–18.

177 Johann Wolfgang von Goethe im Gespäch mit Johann Peter Eckermann (31. Januar 1827), in: Johann Peter Eckermann. Gespräche mit Goethe in den letzten Jahren seines Lebens 1823–1832, hg. v. Christoph Michel. Frankfurt M. 1999 (Sämtliche Werke. Briefe, Tagebücher und Gespräche, hg. v. Karl Eibl. Frankfurt M. 1985, Abt. 2, Bd. 12), S. 225.

178 John K. Noyes: The World Map and the World of Goethe's »Weltliteratur«, in: Acta Germanica 38 (2010), S. 128–145.

179 Johann Wolfgang von Goethe: Tagebucheintrag vom 15. Januar 1827, in: Goethes Werke, hg. im Auftrag der Großherzogin Sophie von Sachsen. Weimar 1900, Abt. 3, Bd. 11, S. 8.

180 Dieter Lamping: Die Idee der Weltliteratur. Ein Konzept Goethes und seine Karriere. Stuttgart 2010, S. 14 f.

181 Johann Wolfgang von Goethe im Gespäch mit Johann Peter Eckermann (4. Januar 1827), in: Johann Peter Eckermann. Gespräche mit Goethe in den letzten Jahren seines Lebens 1823–1832, hg. v. Christoph Michel. Frankfurt M. 1999 (Sämtliche Werke. Briefe, Tagebücher und Gespräche, hg. v. Karl Eibl. Frankfurt M. 1985, Abt. 2, Bd. 12), S. 224 f.; Hendrik Birus: Goethes Idee der Weltliteratur. Eine historische Vergegenwärtigung, in: Weltliteratur heute. Konzepte und Perspektiven, hg. v. Manfred Schmeling. Würzburg 1995 (Saarbrücker Beiträge zur Vergleichenden Literatur- u. Kulturwissenschaft 1), S. 5–28, hier S. 4.

182 Johann Wolfgang von Goethe: Dichtung und Wahrheit, in: Aus meinem Leben, Dichtung und Wahrheit, hg. v. Klaus-Detlef Müller. Frankfurt M. 1986 (Sämtliche Werke. Briefe, Tagebücher und Gespräche. Vierzig Bände, hg. v. Friedmar Apel, Dieter Borchmeyer. Frankfurt M. 1985, Abt. 1, Bd. 14), S. 445; Anne

Bohnenkamp: Volkspoesie, Weltpoesie, Weltliteratur, in: Goethes Zeitschrift, hg. v. Hendrik Birus, Anne Bohnenkamp, Wolfgang Bunzel. Frankfurt M. 2016, S. 87–118, hier S. 94 u. S. 112.

183 Johann Wolfgang von Goethe an Carl Jacob Ludwig Iken, 23. Februar 1826 (Konzept), in: Goethes Werke hg. im Auftrag der Großherzogin Sophie von Sachsen. Weimar 1907, Abt. 4, Bd. 40, S. 302 f.; Birus: Goethes Idee der Weltliteratur (Anm. 181), S. 3.

184 Bohnenkamp: Volkspoesie, Weltpoesie, Weltliteratur (Anm. 182), S. 112.

185 Johann Wolfgang von Goethe: Tagebucheintrag vom 5.4.1830, in: Ästhetische Schriften 1824–1832, hg. v. Anne Bohnenkamp. Frankfurt M. 1998 (Sämtliche Werke. Briefe, Tagebücher und Gespräche, hg. v. Karl Eibl. Frankfurt M. 1985, Abt. 1, Bd. 22), S. 868; Birus: Goethes Idee der Weltliteratur (Anm. 181), S. 12. Siehe auch Bethany Wiggin: World Literatur and the Eighteenth-Century Novel: Amsterdam, Leipzig 1701, in: Seminar. A Journal of Germanic Studies 49/2, S. 112–130, hier S. 117 f.

186 Bernhard J. Dotzler: Goethe und sein Ende. Das Medium »Welt-Literatur«, in: Klassik und Anti-Klassik. Goethe und seine Epoche, hg. v. Ortrud Gutjahr, Harro Segeberg. Würzburg 2001, S. 89–107.

187 Johann Wolfgang von Goethe: Maximen und Reflexionen, in: Sämtliche Werke. Briefe, Tagebücher und Gespräche, hg. v. Karl Eibl. Frankfurt M. 1985, Bd. 17, S. 807 f.

188 Harald Fricke: »Lichter des poetischen Himmels«. Weltliteratur im Spiegel von Goethes »Sprüchen in Prosa«, in: Geistiger Handelsverkehr. Komparatistische Aspekte der Goethezeit, hg. v. Anne Bohnenkamp, Matías Martínez. Göttingen 2008, S. 173–192.

189 Anne Bohnenkamp: Rezeption der Rezeption. Goethes Entwurf einer »Weltliteratur« im Kontext seiner Zeitschrift »Über Kunst und Altertum«, in: Spuren, Signaturen, Spiegelungen. Zur Goethe-Rezeption in Europa, hg. v. Bernhard Beutler, Anke Bosse. Köln u. a. 2000, S. 187–205, hier S. 198; Bosse: China und Goethes Konzept der ›Weltliteratur‹ (Anm. 175), S. 251.

190 Gonthier-Louis Fink: Weltbürgertum und Weltliteratur. Goethes Antwort auf den revolutionären Messianismus und die nationalen Eingrenzungstendenzen seiner Zeit, in: Goethe und die Weltliteratur, hg. v. Klaus Manger. Heidelberg 2003, S. 173–225, hier S. 203 f.

191 Seifert (Anm. 174), hier S. 131.

192 Wilhelm Graeber: Liberalismus und Internationalität: Der Beitrag des »Globe« zur ›Weltliteratur‹, in: Märkte, Medien und Vermittler. Fallstudien zur interkulturellen Vernetzung von Literatur und Film, hg. v. Manfred Engelbert. Göttingen 2001, S. 131–144.

193 Johann Wolfgang von Goethe an Thomas Carlyle, 8.8.1828, in: Goethes Werke hg. im Auftrag der Großherzogin Sophie von Sachsen. Weimar 1909, Abt. 4, Bd. 44, S. 257; Birus: Goethes Idee der Weltliteratur (Anm. 181), S. 13.

194 Johann Wolfgang von Goethe an Carl Friedrich Zelter, 4.3.1829, in: Die letzten Jahre. Briefe, Tagebücher und Gespräche von 1823 bis zu Goethes Tod, hg. v. Horst Fleig. Frankfurt M. 1993 (Sämtliche Werke. Briefe, Tagebücher und Gespräche, hg. v. Karl Eibl. Frankfurt M. 1985, Abt. 2, Bd. 11), S. 106; Birus: Goethes Idee der Weltliteratur (Anm. 181), S. 11.

195 Johann Wolfgang von Goethe an Carl Friedrich Zelter, 28.3.1829, in: Die letz-

ten Jahre. Briefe, Tagebücher und Gespräche von 1823 bis zu Goethes Tod, hg. v. Horst Fleig. Frankfurt M. 1993 (Sämtliche Werke. Briefe, Tagebücher und Gespräche, hg. v. Karl Eibl. Frankfurt M. 1985, Abt. 2, Bd. 11), S. 106; Birus: Goethes Idee der Weltliteratur (Anm. 181), S. 11.

196 Goethe an Hirtzig, 11.11.1829, FA II 11, S. 192 f.; Birus: Goethes Idee der Weltliteratur (Anm. 181), S. 18.

197 Johann Wolfgang von Goethe: Edinburgh Reviews, in: Ästhetische Schriften 1824–1832, hg. v. Anne Bohnenkamp. Frankfurt M. 1998 (Sämtliche Werke. Briefe, Tagebücher und Gespräche, hg. v. Karl Eibl. Frankfurt M. 1985, Abt. 1, Bd. 22), S. 491; Birus: Goethes Idee der Weltliteratur (Anm. 181), S. 12.

198 David Barry: The Political-Cultural Dimension of Goethe's Weltliteratur and the Tragedy of Translation, in: The German Quarterly 74/2 (2001), S. 164–185, hier S. 172.

199 Dieter Borchmeyer: Welthandel – Weltfrömmigkeit – Weltliteratur. Goethes Alters-Futurismus. Festvortrag zur Eröffnung des Goethezeitportals in der Ludwig-Maximilians-Universität München am 19.1.2004; http://www.goethezeitportal.de/db/wiss/goethe/borchmeyer_weltliteratur.pdf, S. 9–12.

200 Vgl. David Thomas Barry: Accomodating ›Helena‹. Reading Goethe's Faust II at the intersection of Weltliteratur and his late morphological writings, in: MLR 108/4 (2013), S. 1177–1198.

201 Marina Münkler: Narrative Ambiguität. Die Faustbücher des 16. bis 18. Jahrhunderts. Göttingen 2011.

202 Ruth Schirmer-Imhoff: Faust in England, in: Anglia 70 (1951), S. 150–185, hier S. 151.

203 Eliza Marian Butler: The Fortunes of Faust. Cambridge u. a. 1979, S. 1–209; George W. Brandt (Hg.): German and Dutch theatre, 1600–1848, zusammengestellt v. ders., Wiebe Hogendoorn. Cambridge 1993, S. 73.

204 Butler: The Fortunes of Faust (Anm. 203), S. 120.

205 Goethe: Faust II, in: Johann Wolfgang Goethe, Faust. Texte, hg. v. Albrecht Schöne. Frankfurt M. 1999, V. 12110, S. 464.

206 Goethe: Faust I, in: Johann Wolfgang Goethe, Faust. Texte, hg. v. Albrecht Schöne. Frankfurt M. 1999, V. 1237, S. 61.

207 Annemarie Gethmann-Siefert, Barbara Stemmrich-Köhler: »Faust«: Die absolute ›philosophische Tragödie‹ und die ›gesellschaftliche Artigkeit‹ des »West-Östlichen Divan«. Zu Editionsproblemen der Ästhetik-Vorlesungen, in: Hegel-Studien 18 (1983), S. 23–64.

208 Siehe Kapitel 7 dieses Buches.

209 Thomas Mann: Warum ich nicht nach Deutschland zurückkehre, in: ders., Reden und Aufsätze 4, Gesammelte Werke. Frankfurt M. 1975, Bd. 12, S. 953–962, hier S. 960.

210 Johann Wolfgang von Goethe im Gespräch mit Johann Peter Eckermann, 6.5.1827, in: Johann Peter Eckermann. Gespräche mit Goethe in den letzten Jahren seines Lebens 1823–1832, hg. v. Christoph Michel. Frankfurt M. 1999 (Sämtliche Werke. Briefe, Tagebücher und Gespräche, hg. v. Karl Eibl. Frankfurt M. 1985, Abt. 2, Bd. 12), S. 615.

211 Heinz Siegfried Bluhm: The Reception of Goethe's Faust in England after the middle of the nineteenth century, in: The Journal of English and Germanic Philology 34/2 (1935), S. 201–212.

212 De Staël: Über Deutschland (Anm. 5), S. 274.

213 Douglas Lafayette Milburn jr.: German Drama in England 1750–1800 – With a List of German Plays Published and Performed. Zugl. Diss. Universität Rice, Huston 1964; Sander L. Gilman: Very little Faust ... Parodies of German Drama on the Mid-Nineteenth Century British Stage, in: Arcadia 8 (1973), S. 18–44, hier S. 19, Anm. 2.

214 Hertha Marquardt: Henry Crabb Robinson und seine deutschen Freunde. Brücke zwischen England und Deutschland im Zeitalter der Romantik. Nach Briefen, Tagebüchern und anderen Aufzeichnungen unter Mithilfe v. Kurt Schreinert. Göttingen 1964, Bd. 1 (Palaestra 237).

215 Stanley M. Vogel: German Literary Influences on the American Transcendentalists. New Haven 1955, S. 20.

216 Frederick Burwick: »An orphic tale«: Goethe's Faust Translated by Coleridge, in: International Faust Studies: Adaptation, Reception, Translation, hg. v. Lorna Fitzsimmons. London 2008, S. 124–148.

217 William Frederick Hauhart: The reception of Goethe's Faust in England in the first half of the nineteenth century. New York 1966, S. 122.

218 Adolf Ingram Frantz: Half a Hundred Thralls to Faust. A Study on the British and the American Translators of Goethe's »Faust«. Chapel Hill 1949, S. 237–244.

219 Horst Frenz: Bayard Taylor and the Reception of Goethe in America, in: The Journal of English and Germanic Philology 41/2 (1942), S. 125–139.

220 Liselotte E. Kurth-Voigt: Continued Existence, Reincarnation, and the Power of Sympathy in Classical Weimar. Rochester 1999, S. 98.

221 Gilman (Anm. 213), S. 31–35.

222 Sarah Austin: Fragments from the German Prose Writers. New York 1841, S. 275.

223 Klapper: The German Influence on Shelley (Anm. 82), S. 16–38.

224 Ebd., S. 22.

225 Alfred Droop: Die Belesenheit Percy Bysshe Shelleys. Weimar 1906, S. 128f.

226 Fred Parker: »Much in the mode of Goethe's Mephistopheles«: Faust and Byron, in: International Faust Studies, hg. v. Lorna Fitzsimmons, S. 107–123.

227 Lord Byron: Manfred, in: ders., The Complete Poetical Works, hg. v. Jerome J. McGann. Vol. IV. Oxford 1986, S. 53–102, hier S. 102.

228 Gilman (Anm. 213), S. 20.

229 Alfred Crowquill: Faust, a serio-comic poem with twelve outline illustrations. London ³1834, unpag. [vii].

230 Ebd., S. viii.

231 Matthew Arnold: Goethe and His Influence, in: Quarterly Review 1887; Bluhm: The Reception of Goethe's Faust (Anm. 211), S. 206.

232 Schirmer-Imhoff: Faust in England (Anm. 202), S. 174.

233 Philip James Bailey: Festus. A Poem. London 1848, S. 5.

234 Schirmer-Imhoff: Faust in England (Anm. 202), S. 163f.

235 Suzette Henke: James Joyce and Philip James Bailey's »Festus«, in: James Joyce Quarterly 9/4 (1972), S. 445–451.

236 Vogel: German Literary Influences (Anm. 215), S. 94f., 99f.

237 Ralph Waldo Emerson: Goethe, or the Writer, in: The Collected Works of Ralph Waldo Emerson. Representative Men: Seven Lectures, hg. v. Wallace E.

Williams, Douglas Emory Wilson. Cambridge u. a. 1987. Bd. 4, S. 151–166, hier S. 157: »international intercourse of the whole earth's population«.

238 Ebd.: »The wonder of the book is its superior intelligence. [...] The Greeks said, that Alexander went as far as Chaos; Goethe went, only the other day, as far; and one step farther he hazarded, and brought himself safe back.«

239 Sigrid Bauschinger: Die Posaune der Reform. Deutsche Literatur im Neuengland des 19. Jahrhunderts. Bern 1989, S. 107.

240 Margaret Fuller: Woman in the Nineteenth Century. Eingleitet v. Bernard Rosenthal. New York 1971, S. 127: »the finest expression ever yet given to what I have called the lyrical element in Woman«.

241 Ebd., S. 128: »a pure and perfected intelligence embodied in feminine form«.

242 Ebd., S. 126: »lovely little girl, pure in instinct, ignorant in mind«.

243 Thomas de Quincey: Goethe [1836], in: ders., Literarische Portraits. Schiller, Herder, Lessing, Goethe, hg., übers. u. komm. v. Peter Klandt. Hannover 1998, S. 64–104; Thomas de Quincey: Schiller [1837], in: ders., Literarische Portraits. Schiller, Herder, Lessing, Goethe, hg., übers. u. komm. v. Peter Klandt. Hannover 1998, S. 6–31.

244 Robert E. Cazden: A Social History of the German Book Trade in America to the Civil War. Berlin, New York 2009, S. 307.

245 Mareike Henning: »Über Steindrücke«. Die Anfänge der Lithographie in Deutschland und Goethes Reaktionen, in: Goethes Zeitschrift, hg. v. Hendrik Birus, Anne Bohnenkamp, Wolfgang Bunzel. Frankfurt M. 2016, S. 84–86.

246 Robert Vilain: »Faust, Part One« and France: Stapfer's Translation, Delacroix's Litographs, Goethe's Responses, in: Publications of the English Goethe Society 81/2 (2012), S. 73–135, hier S. 77 f.

247 Johann Wolfgang von Goethe: Faust I, in: Johann Wolfgang Goethe, Faust. Texte, hg. v. Albrecht Schöne. Frankfurt M. 1999, V. 350 f., S. 28.

248 Johann Wolfgang von Goethe im Gespräch mit Johann Peter Eckermann, 29.11.1826, in: Johann Peter Eckermann. Gespräche mit Goethe in den letzten Jahren seines Lebens 1823–1832, hg. v. Christoph Michel. Frankfurt M. 1999 (Sämtliche Werke. Briefe, Tagebücher und Gespräche, hg. v. Karl Eibl. Frankfurt M. 1985, Abt. 2, Bd. 12), S. 182.

249 Vilain: »Faust, Part One« and France (Anm. 246), S. 111 u. passim.

250 Ebd., S. 119.

251 Gérard de Nerval: Faust, tragédie de Goethe. Paris 1828.

252 Johann Wolfgang von Goethe im Gespräch mit Johann Peter Eckermann, 3.1.1830, in: Johann Peter Eckermann. Gespräche mit Goethe in den letzten Jahren seines Lebens 1823–1832, hg. v. Christoph Michel. Frankfurt M. 1999 (Sämtliche Werke. Briefe, Tagebücher und Gespräche, hg. v. Karl Eibl. Frankfurt M. 1985, Abt. 2, Bd. 12), S. 373; Claudia Liebrand: »Im Deutschen [...] mag ich den Faust nicht mehr lesen«. Goethes Konzept von Weltliteratur, in: Globalisierung und Gegenwartsliteratur. Konstellationen – Konzept – Perspektiven, hg. v. Wilhelm Amann, Georg Mein, Rolf Parr. Heidelberg 2010, S. 17–28, hier S. 26.

253 Lea Marquart: Goethes Faust in Frankreich. Studien zur dramatischen Rezeption im 19. Jahrhundert. Heidelberg 2009.

254 Rémy Stricker: Les premières mises en musique du »Faust de Goethe«, in: Faust ou la mélancolie du savoir, hg. v. Jean-Yves Masson. Paris 2003, S. 82–91.

255 Laure Schnapper: Le Faust de Gonoud, Timothée Picard (Boito) und Marjorie
     Berthomier (Ferruccio Busoni), in: Faust ou la mélancolie du savoir, hg. v. Jean-
     Yves Masson, Paris 2003. S.126–133.
256 Johann Wolfgang von Goethe: Gedichte von einem polnischen Juden [1772],
     in: Ästhetische Schriften, hg. v. Apel Friedmar. Frankfurt M. 1998 (Sämtliche
     Werke. Briefe, Tagebücher und Gespräche, hg. v. Karl Eibl. Frankfurt M. 1985,
     Abt. 1, Bd. 18); Hans Otto Horch: Die Juden und Goethe, in: »Außerdem wa-
     ren sie ja auch Menschen«. Goethes Begegnungen mit Juden und Judentum,
     hg. v. Annette Weber. Berlin, Wien 2000, S. 117–131, hier S. 125–127; William
     Daniel Wilson: Goethes Haltung zur Judenemanzipation und jüdische Hal-
     tungen zu Goethe, in: »Außerdem waren sie ja auch Menschen«. Goethes Be-
     gegnungen mit Juden und Judentum, hg. v. Annette Weber. Berlin, Wien 2000,
     S. 19–45.
257 Albert Assaraf: L'hérétique: Elicha ben Abouya ou l'autre absolu, Paris 1991;
     Alon Goshen-Gottstein: The Sinner and the Amnesiac: the rabbinic invention
     of Elisha ben Abuya and Eleazar ben Arach. Stanford 2000.
258 Yehuda Arie Klausner: The first Hebrew »Faust«, in: German Life and Letters
     X (1956/57), S. 275–284, hier S. 284.
259 Svetlana Natkovich: Elisha Ben Abuya, the Hebrew Faust: On the First He-
     brew Translation of »Faust« Within the Setting of the Maskilic Change in Self-
     Perception, in: Naharaim 8/1 (2014), S. 48–73, hier S. 58.
260 Samuel Meisels: Goethe im Ghetto. Wien 1932, S. 41.
261 Max Letteris: Ben Abuja. Goethes Faust. Eine Tragödie. In einer hebräischen
     Umdichtung. Wien 1865, S. 223.
262 Natkovich: Elisha Ben Abuya, the Hebrew Faust (Anm. 259), S. 55.
263 Ebd., S. 67 f.
264 Ebd., S. 71.
265 Johann Wolfgang von Goethe: Faust. Bearbeitet und übers. ins Jiddische von
     A. Tannenbaum. New York 1900.
266 Johann Wolfgang von Goethe: Faust. Ins Jiddische übers. v. David Moses
     Hermalin, in: Geklibene Schriften von I. W. Goethe. New York 1911, Bd. 2,
     S. 8–199.
267 Johann Wolfgang von Goethe: Faust. Eine Tragödie in zwei Theilen. Erster
     Theil. Ins Jiddische übersetzt v. L. Kuperman. New York, Philadelphia 1920,
     S. XXIV.
268 Chaim Zhitlowsky: Iyov un Faust. Eine literarische Abhandlung, in: ders., Ge-
     sammelte Schriften. Warschau 1931, Bd. 11, S. 44.
269 Har Nechoschet: Goethe's »Faust« auf Hebräisch, in: Jedioth Chadaschoth,
     6.8.1943, S. 7.
270 Dalia Korpel: For the love of truth, in: Haaretz, 20.3.2002; http://www.
     haaretz.com/for-the-love-of-truth-1.49966 (10.2.2017).
271 Johann Wolfgang von Goethe: Faust. Ins Hebräische übers. v. Nitsa Ben-Ari.
     Tel Aviv 2006, S. 23.
272 Erwin Theodor Rosenthal: O »Fausto« no Brasil, in: Fausto e a América Latina,
     hg. v. Helmut Galle, Marcus Mazzari. São Paolo 2010, S. 301–312.
273 Daniel Wilson: Diabolical entrapment: Mephisto, the angels and the homo-
     erotic in Goethe's Faust II, in: Goethe's Faust. Theatre of Modernity, hg. v.
     Hans Schulte, John Noyes, Pia Kleber. Cambridge 2011, S. 174–193.

274 Álvares de Azevedo: Macário. Rio de Janeiro 2015, S. 91 f.: »Que vida! não é assim? Pois bem! Escuta, Macário. Há homens para quem essa vida é mais suave que a outra. O vinho é como o ópio, é o Letes do esquecimento…/ A embriaguez é como a morte…«

275 Ebd., S. 92: »Cala-te. Ouçamos.«

276 Zit. n. Helmut Galle, Marcus Mazzari (Hg.): Fausto e a América Latina. São Paulo 2010, S. 301–312; S. 339–352; S. 395–417.

277 Marlen Eckl: Goethe in den Tropen – Kulturvermittlung im brasilianischen Exil, in: Études germaniques 252/4 (2008), S. 773–789, hier S. 285 f.

278 Ebd., S. 786 f.

279 Paulo Astro Soethe: Goethe war ein sertanejo. Das selbstreflexive Deutschlandbild von João Guimarães Rosa, in: Wechselseitige Perzeptionen Deutschland – Lateinamerika im 20. Jahrhundert, hg. v. Peter Birle, Friedhelm Schmidt-Welle. Frankfurt M. 2007 (Bibliotheca Inero-Americana 116), S. 171–193.

280 João Guimarães Rosa: Grande Sertão. Aus dem Portugiesischen von Curt Meyer-Clason. Köln, Berlin 1964, S. 14.

281 Ebd., S. 550; siehe auch Gabriele Hofmann-Ortega Lleras: Die produktive Rezeption von Thomas Manns »Doktor Faustus«. Einzeltextanalysen zu João Guimarães Rosa, Clarice Lispector, Michel Tournier, Danièle Sallenave. Heidelberg 1995 (Studia Romanica 84), S. 14–40; Fani Schiffer Durães: O mito de Fausto em Grande Sertão: Veredas. Rio de Janeiro 1999 (Coleção Afrânio Peixoto da Academia Brasileira de Letras); Paulo Astor Soethe: Faustos encontros sob o signo de Goethe: um pacto entre Brasil e Alemanha, in: Fausto e a América Latina, hg. v. Helmut Galle, Marcus Mazzari, S. 395–417.

282 Altan Alperen, Tahsin Aktas: »Faust«-Rezeption in der Türkei unter dem Aspekt des türkisch-islamischen Kulturkreises, in: Orient und Okzident. Zur Faustrezeption in nicht-christlichen Kulturen, hg. v. Jochen Golz, Adrian Hsia. Köln, Weimar, Wien 2008, S. 91–101.

283 Pınar Nedret: 1900–1983 Yılları arasında türkçe'de Goethe ve Faust tercümeleri üzernine bir inceleme. Istanbul 1984, S. 348.

284 Cemal Sakalli: Goethes Rezeption in der Türkei. Dargestellt am Beispiel der literaturkritischen Schriften, in: Akten des X. Internationalen Germanistenkongresses: Zeitenwende – Die Germanistik auf dem Weg vom 20. ins 21. Jahrhundert, hg. v. Peter Wiesing. Bern u. a. 2002, S. 279–287.

285 Nedret Pınar: Eine Untersuchung über Goethe und über die »Faust«-Übersetzungen im Türkischen in den Jahren 1900 bis 1983. Istanbul 1984; Alperen: »Faust«-Rezeption (Anm. 282), S. 91.

286 Nedal Al-Mousa: The Fortunes of Faust in Arabic Literature. A comparative study, in: New comparison 26 (1998), S. 103–117.

287 Lale Behzadi: Ausblick und Spiegelung: Goethes »Faust« in der arabischen Literatur, in: Orient und Okzident. Zur Faustrezeption in nicht-christlichen Kulturen, hg. v. Jochen Golz, Adrian Hsia. Köln, Weimar, Wien 2008, S. 67–76.

288 Aleya Khattab: Die faustische Frau in der arabischen Literatur. »Die Frau, die über den Teufel triumphierte« von Taufik Al-Hakim, in: Orient und Okzident, hg. v. Jochen Golz, Adrian Hsia, S. 77–90.

289 Taufik Al-Ḥakīm: Die Frau, die über den Teufel triumphierte, in: ders., Von Wundern und heller Verwunderung und von denen, die es mit Himmel und Hölle halten, übers. v. Horst Lother. Berlin 1970, S. 110–117, hier S. 110.

290 Ebd., S. 111.

291 Ebd., S. 115, 117.

292 Ebd., S. 51–57.

293 Anandita Sharma: Zur ›hinduistischen‹ Rezeption von Goethes »Faust (Teil I)«, in: Orient und Okzident, hg. v. Jochen Golz, Adrian Hsia, S. 103–110; Adrian Hsia: The Reception of Faust in Asia, in: International Faust Studies, hg. v. Lorna Fitzsimmons. London 2008, S. 149–160. Die zweite Hindi-Übersetzung erschien deutlich später: J. W. v. Goethe, übers. v. Arvind Kumar. Delhi 2002. Weitere Übersetzungen erschienen in Bengali: Goethe. Fausta Part 1, übers. v. Ganguli, Kanai Lal. Kalkutta 1961; in Punjabi: Goethe. Foust, übers. v. Sant Singh Sekhon. Chandigarh 1995.

294 Naoji Kimura: Jenseits von Weimar. Goethes Weg zum Fernen Osten. Bern u. a. 1997 (euro-sinica 8), S. 160–163 u. passim.

295 Siehe oben. Richard John Bowring: Mori Ôgai and the modernization of Japanese culture. Cambridge u. a. 1979, S. 259–269; Mori-Ôgai-Gedenkstätte, Humboldt-Universität zu Berlin; www.iaaw.hu-berlin.de/de/region/ostasien/seminar/mori (15.1.2017).

296 Nora Bartels: Goethes »Faust« bei Mori Rintarō und Guo Moruo. Vorstudien zum Verständnis ihrer Übersetzungen, in: Japonica Humboldtiana 15 (2013), S. 77–150, hier S. 77–114.

297 Monika Schmitz-Emans: Goethes »Faust« und seine produktive Rezeption durch Osamu Tezuka, in: Orient und Okzident. Zur Faustrezeption in nicht-christlichen Kulturen, hg. v. Jochen Golz, Adrian Hsia. Köln, Weimar, Wien 2008, S. 181–203, hier S. 131; siehe auch Yoshito Takahashi: Osuma Tezukas »Neo-Faust« und der »Homunculus-Plan«. Ein Versuch der Rekonstruktion des unvollendeten zweiten Teils, in: Orient und Okzident. Zur Faustrezeption in nicht-christlichen Kulturen, hg. v. Jochen Golz, Adrian Hsia. Köln, Weimar, Wien 2008, S. 205–217.

298 Schmitz-Emans: Goethes »Faust« (Anm. 297), S. 131; siehe auch Yoshito Takahashi: Osuma Tezukas »Neo-Faust« und der »Homunculus-Plan«. Ein Versuch der Rekonstruktion des unvollendeten zweiten Teils, in: Orient und Okzident. Zur Faustrezeption in nicht-christlichen Kulturen, hg. v. Jochen Golz u. Adrian Hsia. Köln, Weimar, Wien 2008, S. 205–217.

299 Wolfgang Schadewaldt: Zur Entstehung der Elfenszene im zweiten Teil des Faust, in: Deutsche Vierteljahrsschrift für Literaturwissenschaft und Geistesgeschichte 29 (1955), S. 227–236.

300 Zhang, Yi: Rezeptionsgeschichte der deutschsprachigen Literatur in China von den Anfängen bis zur Gegenwart. Bern u. a. 2007 (Deutsch-ostasiatische Studien zur interkulturellen Literaturwissenschaft 5), S. 257.

301 Chen Quan: Fushide Jingshen [»Fausts« Geist], in: Shidai zhi Bo. Zhanguoce Pai Wenhua Lunzhu Jiyao [Welle der Zeiten. Abriss der Zhanguoce-Schule], Beijing 1995, S. 359–367.

302 Ye Jun: Die Veränderung der »Faust«-Rezeption als Spiegel der Entwicklung des nationalen Aufbaus im modernen China (1920er–1940er Jahre), in: Orient und Okzident, hg. v. Jochen Golz, Adrian Hsia (Anm. 297), S. 233–247.

303 Die »Faust I«-Übersetzung wurde im Jahr 1928 im Shanghaier Chuangzao Verlag veröffentlicht.

304 Guo Moruo: Nachwort zur Übersetzung Faust I, in: Goethe, Faust, übers. v. Guo Moruo, Shanghai 1947, S. 367–370.

305 Guo Moruo: Nachwort zur Übersetzung Faust II, in: Goethe, Faust, übers. v. Guo Moruo. Shanghai 1947, S. 373–378, hier S. 376; dazu auch Bartels (Anm 295), S. 80, Fn. 17. – Im Jahr 1935 wurde die gesamte Faust-Übersetzung von Zhou in Shanghai publiziert. Im Vorwort (S. 9) schreibt Zhou, dass es damals noch keine chinesische Übersetzung des gesamten »Faust« gab. Vorhanden war nur »Faust« I von Guo, den er bei seiner Übersetzung zurate gezogen hat.

306 Bartels (Anm. 296), S. 119.

307 Guo Moruo: Vorwort, in: Goethe, Faust, übers. v. Guo Moruo. Shanghai 1947, S. 1–22, hier S. 13 f.

308 Yang Wuneng: Goethe in China. Das Goethe-Jahr 1932 und die neuerliche Goethe-Verehrung, in: Goethe-Jahrbuch 115 (1998), S. 198–210, hier S. 203 f., 206.

309 Ebd., S. 206 f.

310 Zhang: Rezeptionsgeschichte der deutschsprachigen Literatur in China (Anm. 300), S. 259.

311 Paul M. Malone: They Sold Their Soul for Rock'n'Roll: Faustian Rock Musicals, in: International Faust Studies, hg. v. Lorna Fitzsimmons. London 2008, S. 216–230.

V. Ideale, wirkliche und fremde Welten, 1830–1890

1 Alfred Baskerville: The Poetry of Germany. Consisting of selections from upwards of seventy of the most celebrated poets. Translated into English verse. Leipzig 1858, S. 241 f.; Jeffrey L. Sammons: Kuno Francke's Edition of the German Classics (1913–15): A Historical and Critical Overview. New York u. a. 2009, S. 147.

2 William Clarke: Academic Charisma and the Origins of the Research University. Chicago, London 2006, S. 456.

3 Siehe dazu das Kartenmaterial im Anhang. Die Angaben zur Gründung von Germanistiken sind den personenbezogenen Daten des Internationalen Germanistenlexikons 1800–1950 (hg. v. Christoph König. Berlin, New York, 2003) sowie dem Internationalen Handbuch »Deutsch als Fremd- und Zweitsprache« (hg. v. Hans-Jürgen Krumm, Christian Fandrych, Britta Hufeisen, Claudia Riemer. Bielefeld ²2010) entnommen und durch Angaben aus gängigen biobibliografischen Lexika ergänzt.

4 Beatrice Marguerite Victory: Benjamin Franklin and Germany. Philadelphia 1915 (Americana Germanica 21), S. 50.

5 Stanley M. Vogel: German Literary Influence on the American Transcendentalists. New Haven 1955, S. 157 f.

6 Henry A. Pochmann: German Culture in America. Philosophical and Literary Influences 1600–1900. Westport 1978, S. 114–124.

7 Orie William Long: Literary Pioneers. Early American Explorers of European Culture. Cambridge MA 1935, S. 11.

8 https://www.gsas.harvard.edu/programs_of_study/germanic_languages_and_literatures.php (28.3.2017).

9 Jeffrey Sammons: Die amerikanische Germanistik. Historische Betrachtungen zur gegenwärtigen Situation, in: Germanistik international. Vorträge und

Diskussionen auf dem Internationalen Symposium »Germanistik im Ausland« vom 23. bis 25. Mai 1977 in Tübingen, hg. v. Richard Brinkmann. Tübingen 1978, S. 105–120, hier S. 107; siehe auch Albert Bernhardt Faust: The German Element in the United States with Special Reference to its Political, Moral, Social, and Educational Influence. Boston, New York 1909; Peter Uwe Hohendahl (Hg.): German Studies in the United States. A Historical Handbook. New York 2003.

10 Für Informationen darüber danke ich Ursula Jelkmann (Stuttgart), die als DAAD-Lektorin an der Chulalongkorn-Universität tätig war.

11 Thomas Carlyle: Sartor Resartus. The Life and Opinions of Herr Teufelsdr[ö]ckh (Large Printed Edition). O.O. 2008, S. 12 f.: »scientific watch-tower«.

12 David Lee Maulsby: The Growth of Sartor Resartus. Maldon, MA 1899.

13 Lore Metzger: Sartor Resartus. A Victorian Faust, in: Comparative Literature 13/4 (1961), S. 316–331, hier S. 319.

14 Carlyle: Sartor (Anm. 11), S. 16: »neither calm nor clear«.

15 Ebd., S. 51. [Kursivierungen im Original].

16 Ebd., S. 43: »Man is a Tool-using animal [...] of which truth Clothes are but one example.«

17 Ebd., S. 42 [Kursivierung im Original].

18 Ebd., S. 71: »that Man is properly the only object that interests man«.

19 Carlyle and Goethe, Craigenputtock, Dumfries, den 10. Juni 1831, in: Goethes Briefwechsel mit Thomas Carlyle. Mit Abbildungen. Dachau 1914, S. 131–137, hier S. 136.

20 Carlyle: Sartor (Anm. 11), S. 17f.

21 Ebd., S. 108f.

22 Carlisle Moore: Sartor Resartus and the Problem of Carlyle's »Conversion«, in: PMLA 70/4, S. 662–681; Walter L. Reed: The Pattern of Conversion in Sartor Resartus, in: ELH 38 /3 (1971), S. 411–431, hier S. 412.

23 Carlyle: Sartor (Anm. 11), S. 167.

24 Felix C.H. Sprang: »Thought will not work except in Silence«: Carlyle's »Sartor Resartus« and the Symbol as a Conciliator between Speech and Silence, in: Anglistentag 2009 Klagenfurt, hg. v. Jörg Helbig, René Schallegger. Trier 2010, S. 433–442.

25 Carlyle: Sartor (Anm. 11), S. 229: »[...] all Symbols are properly Clothes; [...] all Forms whereby Spirit manifests itself to sense, whether outwardly or in the imagination, are Clothes [...].«

26 Jerry A. Dibble: The Pythia's Drunken Song. Thomas Carlyle's »Sartor Resartus« and the Style Problem in German Idealist Philosophy. The Hague, Boston, London 1978; John B. Lamb: »Spiritual Refranchisement«. »Sartor Resartus« in the Politics of »Bildung«, in: Studies in Philology 107, 2 (2010), S. 259–282; Richard Eldridge: Idealism in nineteenth-century British and American literature, in: The Impact of Idealism. The Legacy of Post-Kantian German Thought, hg. v. Nicholas Boyle, Liz Disley. Vol. III: Aesthetics and Literatur, hg. v. Christopher Jamme, Ian Cooper. Cambridge 2013, S. 121–144, hier S. 133–135.

27 Ernst Cassirer: Der Mythus des Zwanzigsten Jahrhundert. Die Vorbereitung: Carlyle. In: ders., Vom Mythus des Staates. Hamburg 2002 (Nachdruck der Ausgabe Zürich 1949), S. 246–289.

28 Lee C.R. Baker: The Open Secret of »Sartor Resartus«: Carlyle's Method of Converting His Reader, in: Studies in Philology 83/2 (1986), S. 218–235, hier S. 224.

29 Henry Adams: The Education of Henry Adams. Introduction by James Truslow Adams. New York 1931, S. 406.

30 Harold Bloom: The Anatomy of Influence. Literature as a Way of life. New Haven, S. 112.

31 Jorge Luis Borges: This craft of verse, hg. v. Calin-Andrei Mihailescu. London 2000, S. 104.

32 John H. Groth: German Backgrounds of American Transcendentalism. Prolegomena to the Study of Influence. Seattle 1940; René Wellek: Confrontations. Studies in intellectual and literary relations between Germany, England, and the United States during the nineteenth century. Princeton 1965; Sigrid Bauschinger: Die Posaune der Reform. Deutsche Literatur im Neuengland des 19. Jahrhunderts. Bern, Stuttgart 1989.

33 Vogel (Anm. 5), S. 84.

34 Ralph Waldo Emerson: Europe and European Books, in: The Dial 3 (1843), S. 511–521; Bauschinger (Anm. 32), S. 55.

35 Kurt Wanner: Einleitung, in: Bettina von Arnim, Ist Dir bange vor meiner Liebe? Briefe an Philipp Hössli, nebst dessen Gegenbriefen und Tagebuchnotizen, hg. v. Kurt Wanner. Frankfurt M. 1997, S. 11 f.

36 Zit. n. Vogel (Anm. 5), S. 87.

37 Ebd., S. 88.

38 Bauschinger (Anm. 32), S. 48.

39 Margaret Fuller: Woman in the Nineteenth Century. With an introduction by Bernard Rosenthal. New York 1971, S. 15 [Hervorhebung im Original]: »Frailty, thy name is MAN[.]«

40 Ebd., S. 25: »great moral law«.

41 Ebd., S. 57 f. [Hervorhebung im Original]: »Germany did not need to *learn* a high view of Woman; it was inborn in that race. Woman was to the Teuton warrior his priestess, his friend, his sister, — in truth, a wife. […] The idea of Woman in their literature is expressed both to a greater height and depth than elsewhere.«

42 Ebd., S. 124 f.: »great apostle of individual culture«.

43 Pochmann: German Culture (Anm. 6), S. 387 f.

44 Nathaniel Hawthorne: The Celestial Railroad (1843), in: ders., The Celestial Railroad and Other Stories. With an Afterword by R.P. Blackmur. New York 1963, S. 185–202, hier S. 194.

45 Dazu das Kapitel zu Nicolai und Wieland in diesem Buch.

46 The First Century of German Language Printing in the United States of America, ed. by Karl John Richard Arndt, Reimer C. Eck. Complied by Gerd-J. Bötte a. Werner Tannhof using a preliminary compilation by Annelies Müller. Göttingen 1989; Deutsch-amerikanische Kalender des 18. und 19. Jahrhunderts. Bibliographie und Kommentar, hg. v. York-Gothart Mix, in Zus. m. Bianca Eyers, Gabriele Krieg. Berlin, Boston 2012.

47 Robert E. Cazden: A Social History of the German Book Trade in America to the Civil War. Berlin, New York 2009, S. 154.

48 Friedrich Gerhard: Der deutsche Buchhandel und die deutsche Presse in den

Vereinigten Staaten Nord-Amerikas, in: Börsenblatt, 27. April 1852, S. 541–548; Cazden (Anm. 47), S. 207.

49 Gottlieb Betz: Die Deutschamerikanische Patriotische Lyrik der Achtundvierziger und Ihre Historische Grundlage. Philadelphia 1916 (Americana Germanica 22), S. 44.

50 Robert E. Cazden: Johann Georg Wesselhöft and the German Book Trade in America, in: The German Contribution to the Building of the Americas. Studies in Honor of Karl J.R. Arndt, hg. v. Gerhard K. Friesen u. Walter Schatzberg. Worcester, Hanover 1977, S. 217–234.

51 Cazden (Anm. 47), S. 139 ff.

52 Ebd., S. 602.

53 Ansgar Reiss: Radikalismus und Exil. Gustav Struve und die Demokratie in Deutschland und Amerika. Stuttgart 2004, S. 253 f.

54 Carol Jean Poore: German-American Socialist Literature in the Late Nineteenth Century. Diss. Universität Wisc. Madison 1979.

55 Helga Eßmann, Udo Schöning: Weltliteratur in deutschen Versanthologien des 19. Jahrhunderts. Berlin 1996 (Göttinger Beiträge zur Internationalen Übersetzungsforschung 11).

56 Später erschienen außerdem G. A. Zimmermann: Deutsche in Amerika. Beiträge zur Geschichte der deutsch-amerikanischen Literatur. Hg. v. Germania-Männerchor. Chicago 1892; M.D. Learned: The German American Turner Lyric. Baltimore 1897; Henry E. Legler: A Wisconsin Group of German Poets. Madison 1904; H[einrich] A[rmin] Rattermann: Deutsch-amerikanisches Biographikon und Dichter-Album der ersten Hälfte des 19. Jahrhunderts. Cincinnati, Ohio 1911.

57 Gottlieb Betz: Die Deutschamerikanische Patriotische Lyrik der Achtundvierziger und Ihre Historische Grundlage. Philadelphia 1916 (Americana Germanica 22), S. 25.

58 Henry Phillips jr.: Poems Translated from the Spanish and German. Philadelphia 1878. Mit der gedruckten Notiz auf dem Titelblatt: »One hundred copies printed, exclusively for Private Circulation.«

59 Cazden (Anm. 47), S. 145. Die Rinaldo-Rinaldini-Rezeption weltweit wäre eigens zu erforschen, denn der Text war vielerorts, auch in Russland, beliebt; dazu Olga Belobrova: Nemeckij trivial'nyj roman v russkoj čitatel'skoj srede pervoj poloviny XIX v. (Na materiale sočinenij H.A. Vul'piusa) [Der deutsche Trivialroman und die russische Leserschaft in der ersten Hälfte des 19. Jh. (Am Beispiel der Werke von C.A. Vulpius)], in: Nemcy v Rossii. Problemy kul'turnogo vzaimodejstvija, hg. v. Ljudmila V. Slavgorodskaja. St. Petersburg 1998, S.123–128.

60 Martin Henry Haertel: German Literature in American Magazines 1846 to 1880. Madison, Wisc. 1908, S. 183. Zu Marlitt siehe Katrin Kohl: E. Marlitt's Bestselling Poetics, in: The German Bestseller in the Late Nineteenth Century, hg. v. Charlotte Woodford, Benedict Schofield. Rochester, New York 2012, S. 183–205.

61 Manfred Beller: Eingebildete Nationalcharaktere. Vorträge und Aufsätze zur literarischen Imagologie, hg. v. Elena Agazzi in Zusammenarbeit mit Raul Calzoni. Göttingen 2006, S. 211–222.

62 Wynfrid Kriegleder: Charles Sealsfield: Österreicher? Tscheche? Amerikaner?

Schweizer? Deutscher? Oder: All of the above? In: Praesent 2014. Das literarische Geschehen in Österreich von Juli 2012 bis Juni 2013, hg. v. Michael Ritter. Wien 2013, S. 36–49, hier S. 36.

63 Jeffrey L. Sammons: Sealsfield auf Amerikanisch. Ein Bericht, in: Charles Sealsfield, Friedrich Gerstäcker, Karl May und andere. Übersetzungen, Bearbeitungen, Adaptationen, hg. v. Wynfried Kriegleder, Alexander Ritter. Wien 2014 (Sealsfield Bibliothek 10), S. 7–22.

64 Karl J. R. Arndt: Sealsfield's early reception in England and America, in: Charles Sealsfield. Journalistik und Vermischte Schriften, hg. v. Karl J. R. Arndt. Hildesheim, New York 1991 (Charles Sealsfield, Sämtliche Werke 24), S. 41–60, hier S. 43 f.

65 Walter Grünzweig: Das demokratische Kanaan. Charles Sealsfields Amerika im Kontext amerikanischer Literatur und Ideologie. München 1987 (American Studies; A Monograph Series 62), S. 243 f.

66 Wynfrid Kriegleder: Von »Tokeah« (Philadelphia 1829) zum »Legitimen« (Zürich 1833) oder die unvollständige Metamorphose von einem amerikanischen zu einem europäischen Roman, in: Charles Sealsfield im Schweizer Exil 1831–1864. Republikanisches Refugium und internationale Literatenkarriere, hg. v. Alexander Ritter. Wien 2008 (Sealsfield Bibliothek 6), S. 181–198, hier S. 60 f.

67 Walter Grünzweig: »Where Millions of Happy People Might Live Peacefully«: Jacksons Westen in Charles Sealsfield's »Tokeah«; or, The White Rose, in: Amerikastudien / American studies 28 (1983), S. 219–236.

68 W. G. Sebald: Unheimliche Heimat. Essays zur österreichischen Literatur. Salzburg, Wien 1991, S. 29 f.

69 Bernd Fischer: Zum historischen Gehalt von Charles Sealsfields Indianerromanen, in: Neue Sealsfield-Studien. Amerika und Europa in der Biedermeierzeit, hg. v. Franz B. Schüppen. Stuttgart 1995, S. 175–193, hier S. 183 f.

70 Ebd.; Lars-Peter Linke: Reise, Abenteuer und Geheimnis. Zu den Romanen Charles Sealsfields. Bielefeld 1999, S. 118–121.

71 Charles Sealsfield: The Indian Chief or, Tokeah and the White Rose. Bearb. v. John Krumpelmann. Drei Bde. in zwei Bdn. Hildesheim, New York 1972, II, S. 92: »the young, noble-looking man, whose dress and attitude bespoke more the military character of a civilized nation, than of Indians.«

72 Albert B. Faust: Charles Sealsfied (Carl Postl). Der Dichter beider Hemisphären. Sein Leben und seine Werke. Weimar 1897, S. 252 f.

73 Theodor Mundt: Geschichte der Literatur der Gegenwart. Berlin 1843, Anm. 80; Jeffrey L. Sammons: Sealsfield auf Amerikanisch. Ein Bericht, in: Charles Sealsfield, Friedrich Gerstäcker, Karl May und andere. Übersetzungen, Bearbeitungen, Adaptationen, hg. v. Wynfried Kriegleder, Alexander Ritter. Wien 2014 (Sealsfield Bibliothek 10), S. 7–22, hier S. 8.

74 Ekkehard Bartsch: Karl Mays Winnetou – Die Entwicklung einer Literarischen Gestalt, in: Auf der See gefangen. Karl Mays gesammelte Werke, 80. Bd. Bamberg 1998, S. 429–488.

75 Jeffrey L. Sammons: Ein Fall von fehlender Interregionalität: Die Abwesenheit des Amerikaschriftstellers Karl May in Amerika, in: Literatur und Regionalität, hg. v. Anselm Maler. Frankfurt M., New York 1997, S. 167–179, hier S. 168 f.

76 Gábor Kerekes: Ein Überblick über die Rezeption der Werke Karl Mays in Ungarn, in: Charles Sealsfield, Friedrich Gerstäcker, Karl May und andere. Übersetzungen, Bearbeitungen, Adaptationen, hg. v. Wynfried Kriegleder, Alexander Ritter. Wien 2014 (Sealsfield Bibliothek 10), S. 282–287.

77 Nike K. Pokorn: The Godless World of »Winnetou«. The Ideological Imperative in Socialism, in: Translationswissenschaftliches Kolloquium. Beiträge zur Übersetzungs- und Dolmetschwissenschaft 3 (2014), S. 97–118.

78 Karl May: Vinetu: Priča o putovanju. Übers. v. Svetomir Ristić und Svetozar Rančić. Beograd 1960.

79 Aleksandar Hecl: Vinetu, in: Vinetus, in: Pioniri: List Najmlađih u Jugoslaviji (1961/62); zweite Auflage durch YU Strip Nr. 139/1 (1978).

80 Ulrich von Thüna: Übersetzungen, in: Karl-May-Handbuch, hg. v. Gert Ueding in Zusammenarbeit mit Reinhard Tschapke. Stuttgart 1987, S. 646–650, hier S. 646.

81 Ann Haugo: Colonial Audiences and Native Women's Theatre: Viewing Spiderwoman Theatre's »Winnetou's Snake Oil Show from Wigman City«, in: Journal of Dramatic Theory and Criticism 14/1 (1999), S. 131–141.

82 Hartmut Steinecke: »Weltliteratur« – Zur Diskussion der Goetheschen »Idee« im Jungen Deutschland, in: Das Junge Deutschland. Kolloqium zum 150. Jahrestag des Verbots vom 10. Dezember 1835, hg. v. Joseph A. Kruse, Bernd Kortländer. Hamburg 1987, S. 156–158; Sandra Pott: Poetiken. Poetologische Lyrik, Poetik und Ästhetik von Novalis bis Rilke. Berlin, New York 2004, S. 173–184.

83 Michael Werner, Jan Christoph Hauschild: »Der Zweck des Lebens ist das Leben selbst«: Heinrich Heine. Eine Biographie. Köln 1997; Yigal Lossin: Heinrich Heine. Wer war er wirklich? Neu-Isenburg 2006, S. 86–114.

84 Ralph Häfner: Die Weisheit des Silen. Heinrich Heine und die Kritik des Lebens. Berlin u. a. 2006, S. 393.

85 Jakob Hessing: Der Traum und der Tod: Heinrich Heines Poetik des Scheiterns. Göttingen 2005; Bernd Witte: Jüdische Tradition und literarische Moderne. München 2007, S. 39 u. passim.

86 Kaiserin Elisabeth: An den Meister, in: dies., Das poetische Tagebuch. Wien 1984 (Fontes rerum Austriacarum; Erste Abtlg.: Scriptores 12), S. 250 f.

87 Kaiserin Elisabeth: Aufruf, in: dies., Das poetische Tagebuch. Wien 1984 (Fontes rerum Austriacarum; Erste Abtlg.: Scriptores 12), S. 291 f.

88 Dietrich Schubert: »Jetzt wohin ?« Heinrich Heine in seinen verhinderten und errichteten Denkmälern. Köln u. a. 1999, S. 115–144.

89 Liliane Weissberg: Heinrich Heine Writes About His Life, in: MLN 122 (2007), S. 563–572, hier S. 563 f.

90 Gerhard R. Kaiser: Deutsche Berichterstattung aus Paris. Neue Funde und Tendenzen. Heidelberg 2008, S. 55.

91 Virgile Rossel: Histoire des relations littéraires entre la France et l'Allemagne. Genf 1970, S. 174 f.

92 Dominique Bourel: Heinrich Heine und der Einfluss deutscher Juden auf die französische Kultur im 19. Jahrhundert, in: Heinrich Heine in Jerusalem. Internationale Konferenz 2001 im Konrad-Adenauer-Konferenzzentrum in Mishkenot Sha'ananim, hg. v. Naomi Kaplanski, Elisheva Moatti, Itta Shedletzky. Hamburg 2006, S. 138–154.

93 Michel Espagne: Les Juifs allemand de Paris à l'époque de Heine. La translation ashkénaze. Paris 1996.

94 Serge Koster: Heine, Balzac und Nucingen, in: Heinrich Heine in Jerusalem. Internationale Konferenz 2001 im Konrad-Adenauer-Konferenzzentrum in Mishkenot Sha'ananim. Hamburg 2006, S. 122–137, hier S. 122 f.

95 Heinrich Heine: Deutschland. Ein Wintermärchen, Caput V, in: ders: Historisch-kritische Gesamtausgabe der Werke, hg. v. Manfred Windfuhr, 4. Bd. Hamburg 1985, S. 100–103.

96 Marianne Bockel: Jules Laforgue – ein Übersetzer Heines, in: Cahiers Heine 3 (1984), S. 137–143.

97 Jeffrey L. Sammons: Heinrich Heine. Stuttgart 1991, S. 160.

98 Sonja Gesse-Harm: Zwischen Ironie und Sentiment. Heinrich Heine im Kunstlied des 19. Jahrhunderts. Stuttgart 2006; Dietmar Gotschnigg: Heines Auseinandersetzung mit musikalischen Zeitgenossen. Felix Mendelssohn Bartholdy, Giacomo Meyerbeer und Richard Wagner, in: Musicologica austriaca. Jahresschrift der Österreichischen Gesellschaft für Musikwissenschaft 25 (2006), S. 55–67; Heinrich Heine in zeitgenössischen Vertonungen, hg. v. Andrea Harrandt, Erich Wolfgang Partsch. Tutzing 2008; Rufus Hallmark: German Lieder in the Nineteenth Century. New York 2009; siehe auch Georg Schirmers: Heinrich Heines »Buch der Lieder«. Buchausgaben, Übersetzungen, Illustrationen, Vertonungen. Ausstellung in der UB Hagen, in: ProLibris 3 (2008), S. 105 f.

99 Lydia Fritzlar: Heinrich Heine und die Diaspora. Der Zeitschriftsteller im kulturellen Raum der jüdischen Minderheit. Berlin, New York 2013 (Europäischjüdische Studien; Beiträge 3); Na'ama Roken: Prosaic Conditions. Heinrich Heine and the Spaces of Zionist Literature. Evaston 2013.

100 Heinrich Heine: Reisebilder, Kapitel 31, in: ders: Historisch-kritische Gesamtausgabe der Werke, hg. v. Manfred Windfuhr, 7. Bd. Hamburg 1986, S. 74.

101 Jeffrey L. Sammons: Heinrich Heine, The Elusive Poet. New Haven u. a. 1969, S. 26.

102 Sven H. Rossel: Heinrich Heine I Danmark – Med Sælig Henblik På »Buch der Lieder«, in: Der nahe Norden. Otto Oberholzer zum 65. Geburtstag. Eine Festschrift, hg. v. Wolfgang Butt u. Bernhard Glienke. Frankfurt M. u. a. 1985, S. 99–107.

103 Michael Perraudin: Illusion Lost and Found. The Experiential World of Heine's »Buch der Lieder«, in: A Companion to the Works of Heinrich Heine, hg. v. Roger F. Cook. Rochester, Woodbridge 2002, S. 37–54.

104 Markus Winkler: »Die Grenadiere«. Heine und Schumann, in: Übergänge. Zwischen Künsten und Kulturen. Internationaler Kongress zum 150. Todesjahr von Heinrich Heine und Robert Schumann, hg. v. Henriette Herwig. Stuttgart 2007, S. 275–288.

105 Sol Liptzin: The English Legend of Heine. New York 1954, S. 8.

106 John E. Wallis: Translator's Preface, in: Heinrich Heine, Book of song. A translation by John E. Wallis. London 1856, unpag. [S. 3–7], hier S. 3.

107 Heinrich Heine: Brief an Campe, in: ders., Säkularausgabe. Werke, Briefwechsel, Lebenszeugnisse, 23. Bd., komm. u. bearb. v. Fritz H. Eisner. Berlin 1976, S. 449 f.

108 George Eliot: German Wit: Heinrich Heine, in: Westminster Review 65, Januar 1856, S. 1–18, hier S. 4: »before this [sic] volumes are put within the reach of

immature minds, there is need of a friendly penknife to exercise a strict censorship.«

109 Carmen Gómez García: Heine als Wegbereiter einer neuen Dichtkunst in Spanien. Geschichte der ersten Leser von Heine, in: Harry ... Heinrich ... Henri ... Heine. Deutscher, Jude, Europäer, hg. v. Dietmar Goltschnigg, Charlotte Grollegg-Edler, Peters Revers. Berlin 2008 (Philologische Studien und Quellen 208), S. 423–433, hier S. 430 f.

110 José Cubría: Heine y Augusto Ferrán. El »Lyrisches Intermezzo« y »Die Heimkehr« en »La Soledad«, in: Revista de Filología Alemana 7 (1999), S. 105–124.

111 Maria Manuela Gouveia Delille: Die doppelzügige Rezeption Heinrich Heines in der portugiesischen Literatur. Von der Jahrhundertwende bis zum Zweiten Krieg, in: Harry ... Heinrich ... Henri ... Heine. Deutscher, Jude, Europäer, hg. v. Dietmar Goltschnigg, Charlotte Grollegg-Edler, Peters Revers. Berlin 2008 (Philologische Studien und Quellen 208), S. 435–448.

112 Andrea Pagni: Traduccíon y transculturación en el siglo XIX. »Atala« de Chateaubriand por Simón Rodríguez (1801) y el »Canconiero« de Heine por José A. Pérez Bonalde (1885), in: Iberoamericana 24/2,3 (2000), S. 88–103, hier S. 97–100.

113 Mirjana Stančić: Heinrich Heine's Jewish Reception in Croatia in the 19th and Early 20th Centuries, in: The Jewish Reception of Heinrich Heine, hg. v. Mark H. Gelber. Tübingen 1992 (Conditio Judaica 1), S. 153–162.

114 Sol Liptzin: Heine and the Yiddish Poets, in: The Jewish Reception of Heinrich Heine, hg. v. Mark H. Gelber. Tübingen 1992 (Conditio Judaica 1), S. 67–76.

115 http://www.findagrave.com/cgi-bin/fg.cgi?page=gr&GSln=edelstadt&GSfn=david&GSiman=1&GScid=57306&GRid=60647225& (12.12.2016); David Edelstadt: [Mein letzter Wille], in: ders., Folks-gedikhṭe. New York 1892, S. 33: »My will and testament – Oh, good friend, when I will die carry to my grave our flag, the free flag with the red colors sprinkled with the blood of working men and there under the red flag sing for me the song, the free song, my song of battle that sounds like the chains of the enslaved Christian and Jew; Even in my grave I will hear my free song, my song of the storm, even there will I shed my tears for the enslaved Christian and Jew and when I hear the heavy sounds of the last battle of blood and pain I will from the grave sing to the people and will inspire their heart.«

116 Liptzin: Heine and the Yiddish Poets (Anm. 114), S. 73–76.

117 Jeffrey L. Sammons: Jewish Reception as the Last Phase of American Heine Reception, in: The Jewish Reception of Heinrich Heine, hg. v. Mark H. Gelber. Tübingen 1992 (Conditio Judaica 1), S. 197–214, hier S. 199.

118 Ebd., S. 199 f.

119 Jeffrey L. Sammons: Retroactive Dissimilation: Louis Untermeyer, the »American Heine«, in: ders., Heinrich Heine. Alternative Perspectives 1985–2005. Würzburg 2006, S. 223–242.

120 Im 21. Gedicht des »Lyrischen Intermezzo« wird aus »Lied« »Leid«; Walter Baumann: Roses from the Steel Dust. Collected Essay on Ezra Pound. Orno, Maine 2000, S. 169.

121 Jurij Tynjanov: Tjutčev i Gejne [Tjutčev und Heine], in: Kniga i revoljucija, 4 (1922), S. 13–16; Georgij Čulkov: Tjutčev i Gejne [Tjutčev und Heine], in: Iskusstvo 1 (1923), S. 356–364; Andrei Fedorov: Russkij Gejne [Der russische

Heine], in: Russkaja poėzija XIX veka, hg. v. Boris Ėjchenbaum, Jurij Tynjanov. Leningrad 1929.

122 Jakov I. Gordon: Heine in Russland. 1830–1860. Hamburg 1982; Tamara Kazakova: Heinrich Heine und sein »Buch der Lieder« in Russland, in: Heinrich Heines Gedichte aus dem »Buch der Lieder« in Übersetzungen russischer Dichter des 19. und 20. Jahrhunderts, hg. v. Tamara Kazakowa, Regine Dehnel. Berlin 2002, S. 12–31.

123 Eberhard Reißner: Die Deutsch-russischen Literaturbeziehungen, in: Tausend Jahre Nachbarschaft. Rußland und die Deutschen. München 1988, S. 209–221.

124 J. Gordon: Heine in Russland, 1830–1960. Hamburg 1982, S. 25 f.

125 Renate Lachmann: Heine und Puškin, in: Heine-Jahrbuch 51 (2012), S. 69–85, hier S. 78–81.

126 Michail Perepelkin: Loreleja s Saratovskoj ulicy (lirika Gejne glazami samarskoj čitatelnicy i poėtessy rubeža XIX-XX vv.): [Lorelei von Saratovskaja-Strasse (Lyrik von Heine mit den Augen einer Samarer Leserin und Dichterin der Jahrhundertwende)], in: Rossijsko-germanskie svjazi: istorija i sovremennost', hg. v. Lenar Chramkov. Samara 2002, S. 82–88.

127 Jurij Mann: Russkaja filosofskaja ėstetika [Russische philosophische Ästhetik]. Moskau 1969; Evgenij A. Majmin: Poėty-ljubomudry i »nemeckaja škola« [Dichter-Weisheitsfreunde und die »deutsche Schule«], in: Voprosy literatury i fol'klora. Voronež 1972; Zachar A. Kamenskij: Moskovskij kružok ljubomudrov [Der Moskauer Zirkel der Weisheitsfreunde]. Moskau 1980.

128 Heinrich König: Literarische Bilder aus Russland. Stuttgart 1837, S. 172–173.

129 Vasilij I. Kulešov: Literaturnye svjazi Rossii i Zapadnoj Evropy v XIX veke (pervaja polovina) [Literaturbeziehungen von Russland und Westeuropa in der ersten Hälfte des 19. Jahrunderts]. Moskau 1965.

130 Michail Petrovskij: O vlijanii Gofmana na russkuju literaturu [Über den Einfluss von Hoffmann auf die russische Literatur], in: Besedy. Sbornik obščestva ljubitelej literatury v Moskve. Moskau 1915, S. 40–62; Sergeĭ I. Rodzevič: K istorii russkogo romantizma (Ė.T.A. Gofman i 30–40-e gody v našej rature) [Zur Geschichte der deutschen Romantik. E.T.A. Hoffmann und die 1830er- bis 1840er-Jahre in unserer Literatur], in: Russkij filologičeskij vestnik 77/1–2 (1917), S. 194–237; P. Morozov: Gofman v Rossii [Hoffmann in Russland], in: Gofman Ė.T.A. Izbrannye sočinenija, Bd. 5. Moskau, St. Petersburg 1923, S. 39–50; Teodor Levit: Gofman v russkoj literature [Hoffmann in der russischen Literatur], in: Gofman Ė.T.A. Sobranie sočinenij. Bd. 6. Moskau 1930, S. 333–371.

131 Zinaida Žitomirskaja: Gofman Ė.T.A. Bibliografija russkich perevodov i kritičeskich statej [E.T.A. Hoffmann – Bibliographie russischer Übersetzungen und kritischer Beiträge]. Moskau 1964; Alla Botnikova: Ė.T.A. Gofman i russkaja literatura (pervaja polovina XIX veka). K probleme russko-nemeckich literaturnych svjazej [E.T.A. Hoffmann und die russische Literatur der ersten Hälfte des 19. Jahrhunderts]. Zum Problem der russisch-deutschen Literaturbeziehungen]. Voronež 1977; Alla Botnikova: Ė.T.A. Gofman i russkaja literatura [E.T.A. Hoffmann und die russische Literatur], in: Botnikova A. Nemeckij romantizm: dialog chudožestvennych form. Voronež 2004, S. 205–236.

132 Sergei Ignatov: Pogorel'skij i Gofman [Pogorel'skij und Hoffmann]. Warschau 1914.

133 Pavel Sakulin: Iz istorii russkogo idealizma. Knjaz' Odoevskij. Myslitel'. Pisatel' [Aus der Geschichte des russischen Idealismus. Fürst Odoevskij: Denker. Schriftsteller]. Moskau 1913.

134 Ivan Zamotin: »Goluboj cvetok« v poėzii Žukovskogo. K istorii romantičeskich motivov v russkoj literature [»Die blaue Blume« in der Dichtung von Žukovskij. Zur Geschichte der romantischen Motive in der russischen Literatur]. L'vov 1902; Sergej Štejn: Puškin i Gofman. Sravnitel'noe istoriko-literaturnoe issledovanie [Puškin und Hoffmann. Eine vergleichende literaturhistorische Studie]. Derpt 1927; Dmitrij Jakubovič: O »Pikovoj dame« [Über »Pique Dame«], in: Puškin, hg. v. Innokenti Oksenov. Leningrad 1833, S. 57–68; Z. Serapionova: Gofmanovskie motivy v »Peterburgskich povestjach« N.V. Gogolja [Hoffmann'sche Motive in den »Petersburger Erzählungen« von Gogol']. Leningrad 1939; L. Izrailevič: K voprosu o vlijanii Gofmana na Gogolja [Zur Frage vom Einfluss Hoffmanns auf Gogol']. Leningrad 1939.

135 Peter Sprengel: Geschichte der deutschsprachigen Literatur 1870–1900. Von der Reichsgründung bis zur Jahrhundertwende. München 1998 (Geschichte der deutschen Literatur von den Anfängen bis zur Gegenwart IX, 1), S. 176–185.

136 Felix Dahn: Aufruf, in: Emil Sembritzki, Kolonial- Gedicht- und Liederbuch. Berlin 1911, S. 8f.

137 Todd Kontje: Felix Dahn's »Ein Kampf um Rom«. Historical Fiction as Melodrama, in: The German Bestseller in the Late Nineteenth Century, hg. v. Charlotte Woodford, Benedict Schofield. Rochester, New York 2012, S. 39–57, hier S. 54.

138 Su Xiu: Wo de Peiyin Shengya [Mein Leben der Synchronisation]. Shanghai 2014, S. 14–17.

139 Kjell Espmark: Der Nobelpreis für Literatur. Prinzipien und Bewertungen hinter den Entscheidungen. Göttingen 1988: »who shall have produced in the field of literature the most outstanding work in an ideal direction«.

140 Paul Heyse: Einleitung, in: Deutscher Novellenschatz, hg. v. dems., Hermann Kurz, 1. Bd. München 1871, S. 5–22; Thomas Weitin: Selektion und Distinktion. Paul Heyses und Hermann Kurz' Deutscher Novellenschatz als Archiv, Literaturgeschichte und Korpus, in: Archiv/Fiktionen. Verfahren des Archivierens in Literatur und Kultur des langen 19. Jahrhunderts, hg. v. Daniela Gretz, Nicolas Pethes. Freiburg 2016, S. 385–408.

141 Sprengel (Anm. 135), S. 364f.

142 Thomas O. Beebee: From Nobel to Nothingness: The Negative Monumentality of Rudolf C. Eucken and Paul Heyse, in: German Literature as World Literature, hg. v. dems. New York u.a. 2014, S. 115–133.

143 Vera Miltchina: Un cosmopolite russe entre la France et l'Allemagne. Alexandre Tourgueniev, in: Philologiques 4. Transferts culturels triangulaires France-Allemagne-Russie, hg. v. Katia Dmitrieva, Michel Espagne. Paris 1996, S. 167–186.

144 John G. Robertson: Current German Literature, in: Cosmopolis. An International Monthly 3 (1896), S. 357–373; Julia Schroda: »Cosmopolis« – drei Jahre »Internationale Revue« im Dienst der europäischen Verständigung (1896–1898), in: Krisenwahrnehmung in Deutschland um 1900. Zeitschriften als Foren der Umbruchszeit im wilhelminischen Reich, hg. v. Michel Grunewald, Uwe Puschner. Bern, Berlin, Frankfurt M., Wien 2010, S. 420–437.

145 Walter Müller-Seidel: Theodor Fontane. Soziale Romankunst in Deutschland. Stuttgart 1975, S. 352.

146 Helen Chambers: Spuren von Fontane in der britischen Presse 1855–1899, in: dies., Fontane-Studien. Gesammelte Aufsätze zu Romanen, Gedichten und Reportagen. Dt. Übers. v. Christine Herschel. Würzburg 2014, S. 15–37, hier S. 18.

147 Edith H. Krause: Theodor Fontane. Eine rezeptionsgeschichtliche und übersetzungskritische Untersuchung. Bern u. a. 1989 (New York University Ottendorfer Series NF 34), S. 18, passim; Helen Chambers: Fontane-Rezeption im westeuropäischen Raum, in: dies., Fontane-Studien. Gesammelte Aufsätze zu Romanen, Gedichten und Reportagen. Dt. Übers. v. Christine Herschel. Würzburg 2014, S. 75–85. Siehe auch Kap. 4.2.3 Die Fontane-Rezeption im außerdeutschen Raum (Helen Chambers, Wieńczisław A. Niemirowski), hg. v. Christian Grawe, Helmuth Nürnberger. Stuttgart 2000, S. 964–981, hier S. 964.

148 Chambers: Spuren (Anm. 146), S. 24.

149 Evgenij Michajlovič Volkov: Roman T. Fontane »Effi Briest«. Moskau 1979.

150 Fançoise Wuilmart: Traduction et prise de sens … »Effi Briest« aux mains de trois générations, in: Autour de la traduction. Perspectives littéraires européennes, hg. v. Enrico Monti, Peter Schnyder. Paris 2011, S. 251–263.

151 Helen Chambers: Douglas Parmées englische Übersetzung von Theodor Fontanes »Effi Briest«, in: dies., Fontane-Studien. Gesammelte Aufsätze zu Romanen, Gedichten und Reportagen. Dt. Übers. v. Christine Herschel. Würzburg 2014, S. 61–73.

152 Peter Utz: Anders gesagt – autrement dit – in other words. München 2007, S. 160–164.

153 Barbara Kienbaum: Die Frauengestalten in Theodor Fontanes Berliner Romanen. Rolle und Funktion in der Darstellung des Konflikts zwischen Individuum und Gesellschaft. Diss. Michigan State Univ. 1978; Sabina Becker: Literatur als »Psychographie«. Entwürfe weiblicher Identität in Theodor Fontanes Romanen, in: »Realismus?« Zur deutschen Prosaliteratur des 19. Jahrhunderts, hg. v. Nobert Oellers, Hartmut Steinecke (Zeitschrift für deutsche Philologie 120. 2001; Sonderheft). Berlin 2001, S. 90–110.

154 Dirk Mende: Frauenleben. Bemerkungen zu Fontanes »L'Adultera« nebst Exkursionen zu »Cécile« und »Effi Briest«, in: Fontane aus heutiger Sicht. Analysen und Interpretationen seines Werks. Zehn Beiträge, hg. v. Hugo Aust. München 1980, S. 183–213; Irmela von der Lühe: »Wer liebt, hat recht«. Fontanes Berliner Gesellschaftsroman »L'Adultera«, in: Fontane-Blätter 1 (1996), S. 116–133; Gerhard Neumann: Speisesaal und Gemäldegalerie. Die Geburt des Erzählens aus der bildenden Kunst. Fontanes Roman »L'Adultera«, in: Roman und Ästhetik im 19. Jahrhundert. Festschrift für Christian Grawe zum 65. Geburtstag, hg. v. Timothy J. Mehigan, Gerhard Sauder. St. Ingbert 2001, S. 139–170; Sabina Becker: »Wiederhergestellte« Weiblichkeit, alternative Männlichkeit. Fontanes Roman »L'Adultera«, in: »Weiber weiblich, Männer männlich«? Zum Geschlechterdiskurs in Theodor Fontanes Romanen, hg. v. Sabina Becker, Sascha Kiefer. Tübingen 2005, S. 127–158; Franziska Schößler: Der jüdische Börsianer und das unmögliche Projekt der Assimilation. Zu Fontanes Roman »L'Adultera«, in: Poetische Ordnungen. Zur Erzählprosa des deutschen Realismus, hg. v. Ulrich Kittsteiner, Stefanie Kugler. Würzburg 2007, S. 93–119.

155 Theodor Fontane: Effi Briest, in: Theodor Fontane. Sämtliche Romane, Erzählungen, Gedichte, hg. v. Walter Keitel, Helmuth Nürnberger, 4. Bd. München 1974 (2. Auflage), S. 7–296, hier S. 105.

156 Christian Hehle: »Ich stehe und falle mit Gieshübler«. Die Verführung der Effi Briest, in: Theodorus victor. Theodor Fontane, der Schriftsteller des 19. am Ende des 20. Jahrhunderts. Eine Sammlung von Beiträgen, hg. v. Roland Berbig. Frankfurt M. u. a. 1999, S. 139–162.

157 Joachim Küpper: Moderne, Romantik, Postmoderne. Bemerkungen zu Fontanes »Effi Briest«, in: Literaturstraße 9 (2008), S. 127–150.

158 Hugo Aust, Hubertus Fischer: Einführung, in: Fontane und Polen, Fontane in Polen. Referate der wissenschaftlichen Frühjahrstagung der Theodor Fontane Gesellschaft e.V. vom 26. bis 29. Mai 2005 in Karpacz (Krummhübel). Würzburg 2008, S. 5–10.

159 Paweł Huelle: Castorp. Roman. Aus dem Polnischen von Renate Schmidgall. München 2005, S. 141.

160 Ebd., S. 211.

161 Ebd., S. 236.

162 Amos Oz: So fangen Geschichten an. Aus dem Hebräischen von Ruth Achlama. Frankfurt M. 1997, S. 19–25.

163 Augustus J. Prahl: The Goethe Club of the City of New York 1873–1878, in: Monatshefte 44/6 (1952), S. 291–302, hier S. 295–299.

164 Augustus J. Prahl: The Goethe Societies of Baltimore and Washington, in: Society for the History of Germans in Maryland, annual Report 29 (1958), S. 58–63, hier S. 58.

165 Darunter waren auch primär akademische Veranstaltungen wie die American Goethe Society (1931, ursprünglich: »The Goethe Society of Maryland and the District of Columbia«) Augustus J. Prahl: The Goethean Literary Society of Franklin and Marshall College, in: American-German Review 16 (1949), S. 29f.; Dieter Cunz: Die Maryländer Goethe Gesellschaft, in: Monatshefte 38/6 (1946), S. 367–370, hier S. 369.

166 Prahl: The Goethean Literary Society of Franklin and Marshall College (Anm. 163), S. 30.

167 John R. Davis: The Victorians and Germany. Frankfurt M., 2007; Susanne Stark: »Behind Inverted Commas.« Translation and Anglo-German Cultural Relations in the Nineteenth Century. Clevedon 1999.

168 Juliette Wood: Folklore Studies at the Celtic Dawn. The Role of Alfred Nutt as Publisher and Scholar, in: Folklore 110 (1999), S. 3–12.

169 Hans-Joachim Klimkeit: Friedrich Max Müller (1823–1900), in: Klassiker der Religionswissenschaft: von Friedrich Schleiermacher bis Mircea Eliade, hg. v. Axel Michaels. München 1997, S. 28–40, 362–364.

170 Peter Edgerly Firchow: Shakespeare, Goethe and the War of the Professors, 1914–1918, in: Strange Meetings: Anglo-German Literary Encounters from 1910–1960. Washington D.C. 2008, S. 56–97.

171 John R. Davis, Angus Nicholls: Friedrich Max Müller. The Career and Intellectual Trajectory of a German Philologist in Victorian Britain, in: Publications Of The English Goethe Society 85/ 2–3 (2016), S. 67–97.

172 Wolfgang Kießling: Alemania Libre in Mexiko. Bd. 1: Ein Beitrag zur Geschichte des antifaschistischen Exils. Berlin 1974, S. 50–57, 103–117.

173 R. Fuerth-Feistmann: Die Geburt des Heine-Klubs, in: Heines Geist in Mexico, hg. v. Heinrich-Heine-Klub, Mexiko-Stadt 1946, S. 11.

174 Birgit Maier-Katkin: »Dem verbotenen Geist ein Zentrum schaffen«. Anna Seghers and Her Networks in Exile, in: Networks of Refugees from Nazi Germany. Continuities, Reorientations, and Collaborations in Exile, hg. v. Helga Schreckenberger. Leiden, Boston 2016 (Amsterdamer Beiträge zur neueren Germanistik 87), S. 199–213.

175 Wolfgang Kießling: Es begann mit der »Galgentoni« – Theater im Heinrich-Heine-Klub (Mexiko), in: Handbuch des deutschsprachigen Exiltheaters 1933–1945, hg. v. Frithjof Trapp, Werner Mittenzwei, Henning Rischbieter, Hansjörg Schneider. Bd. 1: Verfolgung und Exil deutschsprachiger Theaterkünstler. München 1999, S. 423–435.

176 Anna Seghers: Abschied vom Heine-Klub, in: Heines Geist in Mexiko, hg. v. Heinrich-Heine-Klub Mexiko. Mexiko-Stadt 1946, S. 5–10, hier S. 7.

177 Egon Erwin Kisch: Eine Tat des kollektiven Optimismus, in: Heines Geist in Mexiko, hg. v. Heinrich Heine-Klub Mexiko. Mexiko-Stadt 1946, S. 12.

178 Seghers: Abschied (Anm. 176), S. 8.

179 Matteo Galli: Internationale Rezeption und Wirkung, in: Thomas Mann Handbuch. Leben – Werk – Wirkung, hg. v. Andreas Blödorn, Friedhelm Marx. Stuttgart 2015, S. 384–387, hier S. 387.

VI. Welt im Umbruch, 1890–1930

1 Isaac B. Singer: Nobel Lecture, 8.12.1978; http://www.nobelprize.org/nobel_prizes/literature/laureates/1978/singer-lecture.html (12.2.2017): »All the dismal prophecies of Oswald Spengler have become realities since the Second World War. No technological achievements can mitigate the disappointment of modern man, his loneliness, his feeling of inferiority, and his fear of war, revolution and terror. Not only has our generation lost faith in Providence but also in man himself, in his institutions and often in those who are nearest to him.«

2 Szilàrd Mihàlyne: Nietzsche in Rußland, in: Deutsche Studien: Vierteljahreshefte 46 (1974), S. 159–163; Nietzsche in Russia, hg. v. Bernice G. Rosenthal. Princeton 1986; Edith W. Clowes: The Revolution of Moral Consciousness. Nietzsche in Russian Literature, 1890–1914. DeKalb 1988.

3 Helmuth Kiesel: Geschichte der deutschsprachigen Literatur 1918–1933. München 2017 (Geschichte der deutschen Literatur 10).

4 Anushka Gokhale: Itinerar durchs koloniale (K)Erbenfeld. Deutschsprachige Indienreisende während der britischen Kolonialherrschaft, in: German Studies in India. Beiträge aus der Germanistik in Indien 2 (2010), S. 101–109.

5 Todd Kontje: German Orientalisms. Ann Arbor 2014; Gabriele Dürbeck: Postkoloniale Studien in der Germanistik. Gegenstände, Positionen, Perspektiven, in: Postkoloniale Germanistik. Bestandsaufnahme, theoretische Perspektiven, Lektüren. Bielefeld 2014, S. 19–70.

6 Susanne Zantop: Kolonialphantasien im vorkolonialen Deutschland (1770–1870). Berlin 1999.

7 John Philip Short: Magic Lantern Empire. Colonialism and Society in Germany. New York 2012, S. 112.

8 Florian Krobb: Defining Germanness Overseas. Colonialism and Nationhood in Nineteenth-Century Germany, in: (Post-)Colonialism across Europe. Transcultural History and National Memory, hg. v. Dirk Göttsche, Axel Dunker. Bielefeld 2014, S. 167–186, hier S. 178 f.

9 Joachim Warmbold: Germania in Africa, in: Studies in Modern German Literature 22 (1989), S. 49–58; Helga Abret: Zwischen Propaganda und Kritik. Frieda von Bülows Kolonialroman »Tropenkoller« (1896), in: L'Allemand au contact de la diversité linguistique en Afrique (2006), S. 101–125.[*]

10 Medardus Brehl: Vernichtung der Herero. Diskurse der Gewalt in der deutschen Kolonialliteratur. München 2007; Stefan Hermes: »Fahrt nach Südwest«. Die Kolonialkriege gegen die Herero und Nama in der deutschen Literatur (1904–2004). Würzburg 2009.

11 Medardus Brehl: »Grenzläufer« und »Mischlinge«. Abgrenzung und Entgrenzung kollektiver Identitäten in der deutschen Kolonialliteratur, in: Maskerade des (Post-)Kolonialismus. Verschattete Repräsentationen »der Anderen« in der deutschsprachigen Literatur und im Film, hg. v. Ortrud Gutjahr, Stefan Hermes. Würzburg 2011, S. 77–94, hier S. 82–85.

12 Reingard Nethersole: Die deutschsprachige Literatur im südlichen Afrika, in: Deutschsprachige Literatur des Auslandes, hg. v. Erwin Theodor Rosenthal. Bern u. a. 1989, S. 25–46, hier S. 36 f.

13 Marianne Bechhaus-Gerst, Mechthild Leutner (Hg.): Frauen in den deutschen Kolonien, Berlin 2009, S. 15.

14 Adda von Liliencron: Kriegsklänge der Kaiserlichen Schutztruppe in Deutsch-Süd-West-Afrika. Hamburg 1906.

15 Manuel Junge: Das Afrika- und Afrikanerbild in den Texten der Adda Freifrau von Liliencron. Ein literaturhistorischer Beitrag zur kolonialen Fremdwahrnehmung im Deutschen Kaiserreich um 1900, in: Attitudes to War. Literatur und Film von Shakespeare bis Afghanistan, hg. v. Claudia Glunz, Thomas Schneider. Göttingen 2012, S. 41–58.

16 Adda von Liliencron: Inkas. Auf Märchenfahrt nach dem sonnendurchglühten Afrika. Mit Bildern von Anna Noël geb. Pogge. Berlin 1910.

17 Adda von Liliencon: Getreu bis zuletzt. Erzählungen aus dem Leben unserer Südwestafrikaner. Berlin 1912.

18 Vgl. Rebekka Habermas: Skandal in Togo. Ein Kapitel deutscher Kolonialherrschaft. Frankfurt M. 2016, S. 17–19.

19 Adda von Liliencron: Nach Südwestafrika. Erlebnisse aus dem Hererokrieg nach Briefen von Mitkämpfern. Stuttgart 1906, S. 148.

20 Adda von Liliencron: Unsre Braven. Fünf Bilder aus dem Leben unsrer braven Truppen in Südwestafrika. Mühlhausen i. Thür. 1904; dies.: Bei der Schutztruppe. Kriegsbild aus Südwestafrika. Mühlhausen i. Thür. 1906.

21 Adda von Liliencron: Reiterbriefe aus Südwest. Briefe und Gedichte aus dem Feldzuge in Südwest-Afrika in den Jahren 1904–1906. Leipzig 1907, S. 4 u. passim.

22 Uoffz. L.: Dampfer Aachen, 6.5.1904, in: ebd., S. 6.

23 Uoffz. L.: Omaruru, 13.7.1904, in: Liliencron, Reiterbriefe (Anm. 21), S. 11.

24 Uoffz. L.: Okawitombika, in: Liliencron, Reiterbriefe (Anm. 21), S. 14.

25 Uoffz. G.: Kanus, 25.5.1905, in: Liliencron, Reiterbriefe (Anm. 21), S. 40.

26 Adda v. Liliencron: Der Entscheidungskampf am Waterberg. Stuttgart 1907, unpag. [S. 3]; dies.: Bis in das Sandfeld hinein. Afrikanisches Zeitbild bis zum Schluß des Jahres 1904. Stuttgart 1908, unpag. [S. 3].

27 Liliencron: Bis in das Sandfeld (Anm. 26), S. 149.

28 Ebd., S. 148.

29 Brehl:»Grenzläufer« (Anm. 11), S. 77 f.

30 Dirk Göttsche: Remembering Africa. The Rediscovery of Colonialism in Contemporary German Literature. Rochester, New York 2013; Michaela Holdenried: Fantastische Tropen. Narrative Figurationen der Inversion in postkolonialen Afrika-Romanen, in: Vielheit und Einheit der Germanistik weltweit, hg. v. Ortrud Gutjahr. Frankfurt M. 2012, S. 85–89.

31 Thomas Mann: Lübeck als geistige Lebensform. Die Entstehung der Buddenbrooks. Lübeck 1926, S. 23; Monika Schmitz-Emans: Ein »Stück Seelengeschichte« Deutschlands und Europas. Thomas Manns »Buddenbrooks« im europäischen Kontext, in: Revue de littérature comparée 72/4 (1998), S. 459–489.

32 Gürsel Aytaç: Thomas Mann in der Türkei, in: Rezeption der Deutschen Gegenwartsliteratur im Ausland, hg. v. Dietrich Papenfuss, Jürgen Söring. Stuttgart 1976, S. 189–196.

33 Orhan Pamuk: Cevdet und seine Söhne. Aus dem Türkischen von Gerhard Maier. München 2011, S. 659–663, hier S. 663.

34 Ebd., S. 658.

35 Anna Kinder: Geldströme. Literatur und Ökonomie im Romanwerk Thomas Manns. Berlin, Boston 2013 (Quellen zur Literatur- und Kulturgeschichte 76/310).

36 Ernest Schonfield: »Buddenbrooks« as Bestseller, in: The German Bestseller in the Late Nineteenth Century, hg. v. Charlotte Woodford. New York 2012, S. 94–112, hier S. 105.

37 Niels Brunse: »Buddenbrooks« i dansk perspektiv, in: Übersetzung als Kulturvermittlung im deutsch-dänischen Kontext, hg. v. Klaus Bohnen, Jan Schlosser. Kopenhagen 2004, S. 43–56, hier S. 43 f.

38 Monika Schmitz-Emans: Ein »Stück Seelengeschichte« Deutschlands und Europas: Thomas Manns »Buddenbrooks« im europäischen Kontext, in: Revue de littérature comparée 72 (1998), S. 459–489, hier S. 481 f.

39 Rudolf Freudenberg: Thomas Mann auf Englisch. Zu einer Fehlertypologie beim Übersetzen literarischer Texte, in: Beiträge zu Linguistik und Phonetik, hg. v. Angelika Braun. Stuttgart 2001, S. 366–391; David Horton: Thomas Mann in English. A Study in Literary Translation. London u. a. 2013, S. 221.

40 Solomon Apt: Thomas Mann in Russland. Rede aus Anlass der Verleihung der Ehrendoktorwürde der Philosophischen Fakultät der Universität zu Köln im Januar 1989, in: Thomas-Mann-Jahrbuch 3 (1990), S. 266–275, hier S. 270.

41 Nino Kwirikadse: Zur Semantik des Titels als Detail des Romans in den georgischen und russischen Übersetzungen von Thomas Manns »Buddenbrooks«, in: Wechselwirkungen. Deutschsprachige Literatur und Kultur im regionalen und internationalen Kontext. Beiträge der internationalen Konferenz des Germanistischen Instituts der Universität Wien, hg. v. Zoltán Szendi. Wien 2012, S. 393–408.

42 Vladimir Avetisjan: Thomas Mann in Rußland. Wege der Forschung, in: Vom Nachruhm. Beiträge zur Lübecker Festwoche 2005 aus Anlaß des 50. Todesta-

ges von Thomas Mann, hg. v. Ruprecht Wimmer, Hans Wißkirchen. Frankfurt M. 2007, S. 57–76, hier S. 58 f.

43 Ludmila Gluchowa: Von zu verbietenden zu empfehlenswerten Werken. Deutschsprachige Literatur in den Beständen sowjetischer Bibliotheken und ihre Rezeption durch die Leser, in: Stürmische Aufbrüche und enttäuschte Hoffnungen. Russen und Deutsche in der Zwischenkriegszeit, hg. v. Karl Eimermacher, Astrid Volpert. München 2006, S. 479–515, hier S. 495.

44 Hans Wißkirchen: Die frühe Rezeption von Thomas Manns »Buddenbrooks«, in: »In Spuren gehen …«. Festschrift für Helmut Koopmann, hg. v. Andrea Bartl, Jürgen Eder, Harry Fröhlich u. a. Tübingen 1998, S. 301–321, hier S. 307–310.

45 Fredrik Böök: Presentation, in: Nobel Lectures. Literature 1901–1967, hg. v. Horst Frenz. Singapore u. a. 1999, S. 260–262, hier S. 260: »unsurpassed German realistic novel in the grand style«.

46 Thomas Mann: Speech at the Nobel Banquet at Grand Hôtel, Stockholm, 10. Dezember 1929; https://www.nobelprize.org/nobel_prizes/literature/laureates/1929/mann-speech_ty.html (03.02.2017).

47 Anat Feinberg: Der Zauberer in der Wüste. Der israelische Blick auf Thomas Mann und seine Werke, in: Thomas-Mann-Studien 30 (2004), S. 127–148, hier S. 133, 143.

48 Susanne Thimann: Brasilien als Rezipient deutschsprachiger Prosa des 20. Jahrhunderts. Bestandsaufnahme und Darstellung am Beispiel der Rezeption Thomas Manns, Stefan Zweigs und Hermann Hesses. Frankfurt M. 1989, S. 83 f., 94 f.; Maria T. D. Mingocho: Thomas Mann in portugiesischen Zeitschriften der 30er und 40er Jahre, in: Estudos sobre Cultura e Literatura Portuguesa a Alemã (1997), S. 267–280.

49 Marcel Vejmelka: Kreuzwege: Querungen. João Guimarães Rosas »Grande sertão: veredas« und Thomas Manns »Doktor Faustus« im interkulturellen Vergleich. Berlin 2005, S. 29.

50 Izabela M. Furtado Kestler: Herbert Moritz Caro: exílio e vidano Brasil, in: Revista Contingentia 2 (2007), S. 6–14.

51 Paulo Soethe: Thomas Mann e a cena intellectual no Brasil: encontros e desencontros, in: Pandaemonium germanicum 14/2 (2009), S. 28–53.

52 Susanne Thimann: Brasilien als Rezipient deutschsprachiger Prosa des 20. Jahrhunderts. Bestandsaufnahme und Darstellung am Beispiel der Rezeption Thomas Manns, Stefan Zweigs und Hermann Hesses. Frankfurt M. 1989, S. 83 f., S. 94 f.

53 Herbert Caro an Thomas Mann, o. O., 14.10.1941, in: Karl-Josef Kuschel, Frido Mann u. Paulo Astor Soethe, Mutterland. Die Familie Mann und Brasilien. Düsseldorf 2009, S. 243 f.

54 Thomas Mann an Herbert Caro, Pacific Palisades, 5.5.1942, in: Karl-Josef Kuschel, Frido Mann u. Paulo Astor Soethe, Mutterland. Die Familie Mann und Brasilien. Düsseldorf 2009, S. 245 f.

55 Gabriel García Márquez: The Solitude of Latin America. Nobel Lecture, 8.12.1982; http://www.nobelprize.org/nobel_prizes/literature/laureates/1982/marquez-lecture.html (10.2.2017): »I do not mean to embody the illusions of Tonio Kröger, whose dreams of uniting a chaste north to a passionate south were exalted here, fifty-three years ago, by Thomas Mann. But I do believe that those

clear-sighted Europeans who struggle, here as well, for a more just and humane homeland, could help us far better if they reconsidered their way of seeing us.«

56 Thomas Mann: On Myself and other Princeton Lectures. An annotated edition based on Mann's lecture type scripts, ed. by James N. Bade, in: Historisch-Kritische Arbeiten zur deutschen Literatur, hg. v. Herbert Kraft. Frankfurt M. 1996, S. 143: »Success is misunderstanding«; Wißkirchen (Anm. 44), S. 320f.

57 Hubert van den Berg: Mapping old traces of the new. Towards a historical topography of early twentieth-century avant-garde(s) in the European cultural field(s), in: Arcadia 41/2 (2006), S. 331–349; Sascha Bru, Gunther Martens (Hg.): The invention of politics in the European Avant-Garde (1906–1940). Amsterdam u. a. 2006.

58 Wolfgang Asholt, Walter Fähnders: »Die ganze Welt ist eine Manifestation«. Die europäische Avantgarde und ihre Manifeste. Darmstadt 1997; Klaus Beekman, Jan de Vries (Hg.): Avant-Garde and Criticism. Amsterdam, New York 2007.

59 Kate Winskell: The Art of Propaganda, in: Art History 18 (1995), S. 315–344; Hubert F. van den Berg: »Berlin ist die Hauptstadt der Vereinigten Staaten von Europa«. Zur Internationalität der Zeitschrift und Galerie »Der Sturm«, in: Akten des XI. Internationalen Germanistenkongresses Paris 2005, hg. v. Jean-Marie Valentin. Bern u. a. 2007, S. 59–63.

60 Moira Paleari: »Herwarth Walden: Ein Essayist der Moderne«, in: Wege des essayistischen Schreibens im deutschsprachigen Raum (1900–1920), hg. v. Marina Marzia Brambilla und Maurizio Pirro. Amsterdam 2010, S. 225–244.

61 Lothar Schreyer: Erinnerungen an Sturm und Bauhaus. Was ist des Menschen Bild? München 1956, S. 7.

62 Ulrich Raulff: Kreis ohne Meister. Stefan Georges Nachleben. München 2009, S. 35.

63 Hubert F. van den Berg: »Der Sturm« und die niederländische Literatur der Avantgarde. Eine kleine Bestandsaufnahme, in: Der Aufbruch in die Moderne. Herwarth Walden und die europäische Avantgarde, hg. v. Irene Chytraeus-Auerbach, Elke Uhl. Berlin 2013, S. 79–114, hier S. 81.

64 Guillaume Apollinaire an Herwarth Walden, Paris, 18.5.1914 [Postkarte], Sturm-Archiv I.

65 Andreas Kramer: »Paris liegt einfach am Bayrischen Platz / zu Berlin.« Französische Avantgarde und entgrenzte Lyrik im deutschen Expressionismus, in: Frankreich und der deutsche Expressionismus, hg. v. Frank Krause. Göttingen 2008, S. 25–58, hier S. 38.

66 Blaise Cendrars an Herwarth Walden, Paris, 2.5.1914, Sturm-Archiv I, Staatsbibliothek zu Berlin – Preußischer Kulturbesitz, Bl. 1–3, hier Bl. 3.

67 Umberto Boccioni an Herwarth Walden, Mailand, 8.3.1912, Sturm-Archiv I, Staatsbibliothek zu Berlin – Preußischer Kulturbesitz, Bl. 1–3, hier Bl. 1.

68 Hansgeorg Schmidt-Bergmann: »Ja, wir sind jung, und unsere Kunst ist unersehen revolutionär« – »Der Sturm«. Zweite Ausstellung, in: Der Aufbruch in die Moderne. Herwarth Walden und die europäische Avantgarde, hg. v. Irene Chytraeus-Auerbach, Elke Uhl. Berlin 2013, S. 45–53, hier S. 46.

69 Umberto Boccioni an Herwarth Walden, Mailand, 15.11.1912, Sturm-Archiv I, Staatsbibliothek zu Berlin – Preußischer Kulturbesitz, Bl. 1–3.

70 Marina Bressan: Theodor Däubler: Vermittler zwischen Italien und Deutschland für »Der Sturm« und »Die Aktion«, in: Der Aufbruch in die Moderne.

Herwarth Walden und die europäische Avantgarde, hg. v. Irene Chytraeus-Auerbach, Elke Uhl. Berlin 2013, S. 115–136, hier S. 118.

71 Van den Berg: »Der Sturm« (Anm. 63), S. 84.

72 Kees van Wijk: Een Europee platform voor de avant-garde: de »Internationale Revue i10« (1927–1929), in: Tijdschrift voor tijdschriftstudies (2001), S. 107–123.

73 Peter Sprengel: Geschichte der deutschsprachigen Literatur 1900–1918. Von der Jahrhundertwende bis zum Ende des Ersten Weltkriegs. München 2004 (Geschichte der deutschen Literatur von den Anfängen bis zur Gegenwart IX, 2), S. 685–689.

74 Petra Jenny Vock: »Der Sturm muß brausen in dieser toten Welt« – Herwarth Waldens »Sturm« und die Lyriker des »Sturm«-Kreises in der Zeit des Ersten Weltkriegs. Kunstprogrammatik und Kriegslyrik einer expressionistischen Zeitschrift im Kontext. Trier 2006.

75 Van den Berg: »Der Sturm« (Anm. 63), S. 94–96.

76 Herwarth Walden: Gedichte, in: Zenit 12 (1922), S. 33.

77 Vladimir D. Sedel'nik: Dada in Russland – Erdichtung oder Wirklichkeit?, in: Stimmen der Slavischen Kultur 1 (2008), S. 66–80.

78 Sina Walden: Der unbekannte Herwarth Walden. Mit einem Faksimile seines letzten Briefes vom 10.10.1941, in: Der Aufbruch in die Moderne. Herwarth Walden und die europäische Avantgarde, hg. v. Irene Chytraeus-Auerbach, Elke Uhl. Berlin 2013, S. 157–171, hier S. 161 f.

79 Maya Koreneva: Izistorii vosprijatija nemeckogo ėkspressionizma v Rossii 1920-ch gg. [Aus der Geschichte der Wahrnehmung des deutschen Expressionismus in Russland in den 1920er Jahren], in: XX vek. Dvadcatyegody: Izistorii meždunarodnychsvjazej russkoj literatury, hg. v. G. Time. St. Petersburg 2006, S. 299–353.

80 Valentin Belenčikov: Russland und die deutschen Expressionisten 1910–1925. Teil 1: Prosa. Frankfurt M. u. a. 1993; Valentin Belenčikov: Russland und die deutschen Expressionisten 1910–1925. Teil 2: Lyrik. Frankfurt M. u. a. 1994.

81 G. Lundberg: Leongard Frank kak predstavitel' realizma [Leonhard Frank als Vertreter des Realismus], in: Novyj mir 10 (1927), S. 201–205; Asja A. Lācis: B. Brecht, in: Sovetskijteatr 6 (1932); Deutschland – Sowjetunion. Aus fünf Jahrzehnten kultureller Zusammenarbeit, hg. v. Heinz Sanke. Berlin 1966; Gerhard Schaumann: Ė. Piskator v sovetskoj kritike 20–30-ch godov [E. Piskator in der sowjetischen Kritik 1920–30er Jahre], in: Literatura, umění a revoluce. (1976), S. 237–244; Jurij Murav'ev: Sovetsko-germanskievsjazi v oblastiliteratury i iskusstva vgody Vejmarskoj respubliki [Sowjetisch-deutsche Beziehungen im Bereich der Literatur und Kunst in den Jahren der Weimarer Republik], in: Slavjano-germanskie kul'turnyesvjazi i otnošenija. Moskau 1969, S. 177–200.

82 Walden: Der unbekannte Herwarth Walden (Anm. 78).

83 Monika Schmitz-Emans: Notation als Kunst. Akustische Poesie und die Inszenierung von Schrift, in: Poetica 38 (2006), S. 451–482, hier S. 455, passim.

84 Manfred Engel, Dorothea Lauterbach: Französische Gedichte, in: Rilke-Handbuch. Leben – Werk – Wirkung, hg. v. Manfred Engel, Dorothea Lauterbach. Stuttgart, Weimar 2004, S. 435–453.

85 Jürgen Lehmann: Rußland, in: Rilke-Handbuch. Leben – Werk – Wirkung, hg. v. Manfred Engel, Dorothea Lauterbach. Stuttgart, Weimar 2004, S. 98–112, hier

S. 102–105; Thomas Schmidt (Hg.): Rilke und Russland. Marbacherkatalog 69. Marbach a. N. 2017.

86 Viktor Žmegač: Bemerkungen zur Rezeptionsgeschichte Rilkes, in: Literatur und Theater im Wilhelminischen Zeitalter, hg. v. Hans-Peter Bayerdörfer, Karl-Otto Conrady, Helmut Schanze. Tübingen 1978, S. 62–77, hier S. 63; Ulrike Bürger: Strukturen der Rezeptionsgeschichte. Zu Rilkes »Duineser Elegien«, in: Annali, Sezione Germanica 7/1–2 (1997), S. 245–270, hier S. 246, passim.

87 Materialien zu Rilkes »Duineser Elegien«, hg. v. Ulrich Fülleborn, Manfred Engel. Bd. 1: Selbstzeugnisse, Bd. 2: Forschungsgeschichte, Bd. 3: Rezeptionsgeschichte. Frankfurt 1980–1982; Manfred Engel: Rainer Maria Rilkes »Duineser Elegien« und die moderne deutsche Lyrik. Zwischen Jahrhundertwende und Avantgarde. Stuttgart 1986.

88 Sandra Pott: Poetiken. Poetologische Lyrik von Novalis bis Rilke. Berlin u. a. 2003; Jochen Schmidt: Dichtung als esoterische Sinnstiftung. Rilkes Sonette an Orpheus, in: Poetologische Lyrik von Klopstock bis Grünbein, hg. v. Olaf Hildebrand. Köln u. a. 2003, S. 219–241; Christoph König: »O komm und geh«. Skeptische Lektüren der »Sonette an Orpheus« von Rilke. Göttingen 2014.

89 Lehmann: Russland (Anm. 85), S. 109.

90 Konstantin Azadovskij: Rilke und Russland: Briefe, Erinnerungen, Gedichte. Übers. v. Ulrike Hirschberg. Berlin 1986; Konstantin Azadovskij: Ril'ke i Rossija [Rilke und Russland]. Moskau 2011; Konstantin Azadovskij, Petr A. Družinin: Stalinskaja Rilkeana (Istorijaodnoj dissertacii) [Stalinsche Rilkeana (Geschichte einer Dissertation)], in: NLO 129 (2014), 122–173.

91 Maija Judina: Luči Bežestvennoj Ljubvi. Literatura noenasledie [Strahlen der göttlichen Liebe]. Literarischer Nachlass. Moskau 1999, S. 536–538.

92 Jelena Muzyčenko: »Duinskie elegii« R. M. Ril'ke v russkich perevo dach (istoričeskij stilistiko-sopostativel'nyi i perevodovedčeskij aspekty). Magdan 2015.

93 Jekatarina Slesareva: Rilke und Russland heute, in: Rilke-Perspektiven. »aus einem Wesen hinüberwandelnd in ein nächstes«, hg. v. Hans-Albrecht Koch, Alberto Destro. Overath 2004, S. 248–260, hier S. 254.

94 Mirko Krivokapić: Rilke u Jugoslaviji, in: Rajner Marija Rilke u Jugoslaviji. Bibliografia 1908–1975, hg. v. Radislav Cajić, Silvija Durić. Beograd 1979.

95 Emilia Staitschweva: Die »Duineser Elegien« und das Rilke-Gedicht von Teodor Trajanov, in: Ein Leben für Dichtung und Freiheit. Festschrift zum 70. Geburtstag von Joseph P. Strelka, hg. v. Karlheinz Auckenthaler, Hans H. Rudnick, Klaus Weissenberger. Tübingen 1997, S. 598 f.

96 Kenzo Miyashita: Die Rezeption der »Duineser Elegien« in Japan, in: Rilkes »Duineser Elegien«, hg. v. Ulrich Fülleborn, Manfred Engel. Forschungsgeschichte. Bd. 2. Frankfurt M. 1982, S. 349–361; Mizue Motoyoshi: Rilke in Japan und Japan in Rilke, in: Rilke und die Weltliteratur, hg. v. Manfred Engel, Dieter Lamping. Zürich 1999, S. 299–319, hier S. 304.

97 Sandra Meyer: »The Story that gave this Land its Life«. The Translocation of Rilke's »Duino Elegies« in Amitav Ghosh's »The Hungry Tide«, in: Postcolonial translocations. Cultural representation and critical spatial thinking. Amsterdam u. a. 2013, S. 147–161.

98 Leo Simeons: R. M. Rilke en Albert Verwey, in: Acta Germanica 7 (1912), S. 130, zit. nach einem ins Deutsche übersetzten Ausschnitt, in: Rilkes Duineser

Elegien. Rezeptionsgeschichte, hg. v. Ulrich Fülleborn u. Manfred Engel. Bd. 3. Frankfurt M. 1982, S. 217.

99 Alain Bosquet, in: Rilkes Duineser Elegien. Rezeptionsgeschichte, hg. v. Ulrich Fülleborn, Manfred Engel. Bd. 3. Frankfurt M. 1982, S. 298 f.

100 Claudio Magris: Dall'estetismo allo sperimentalismo. Rainer Maria Rilke nel primo centenario della nascita, Rundfunkvortrag, in: L'Approdo Letterario 21 (1975), S. 119, zit. nach einem ins Deutsche übersetzten Ausschnitt, in: Rilkes Duineser Elegien. Rezeptionsgeschichte, hg. v. Ulrich Fülleborn, Manfred Engel. Bd. 3. Frankfurt M. 1982, S. 158 f.

101 René Char: An Michel Guérin, 15.10.1976, zit. nach einem ins Deutsche übersetzten Ausschnitt, in: Rilkes Duineser Elegien. Rezeptionsgeschichte, hg. v. Ulrich Fülleborn, Manfred Engel. Bd. 3. Frankfurt M. 1982, S. 302 f.

102 Times Literary Supplement, 28.7.1927, S. 518, zit. nach einem ins Deutsche übersetzten Ausschnitt, in: Rilkes Duineser Elegien. Rezeptionsgeschichte, hg. v. Ulrich Fülleborn, Manfred Engel. Bd. 3. Frankfurt M. 1982, S. 91–93.

103 Jeremy Adler: Rilke auf Englisch, in: Literatur und Kritik 121 (1978), S. 494–500.

104 Wystan Hugh Auden: In Time of War. A sonnet sequence with a verse commentary, zit. nach einem ins Deutsche übersetzten Ausschnitt, in: Rilkes Duineser Elegien. Rezeptionsgeschichte, hg. v. Ulrich Fülleborn, Manfred Engel. Bd. 3. Frankfurt M. 1982, S. 219 f.

105 Stephen Spender: Rilke and the angels, Eliot and the shrines, zit. nach einem ins Deutsche übersetzten Ausschnitt, in: Rilkes Duineser Elegien. Rezeptionsgeschichte, hg. v. Ulrich Fülleborn, Manfred Engel. Bd. 3. Frankfurt M. 1982, S. 227–229.

106 Kathleen L. Komar: Rainer Maria Rilke: German Speaker, World Author, in: German Literature as World Literature, hg. v. Thomas O. Beebee. New York u. a. 2014, S. 85–100, hier S. 89.

107 Steven Weisenburger: A Gravity's Rainbow Companion. Athens 1988; Gabriele Schwab: Subjects Without Selves: Transitional Texts in Modern Fiction. Cambridge 1994; Sascha N. S. Pöhlmann: »Gravity's Rainbow«. The Literary Encyclopedia, 24.10.2006, in: http://www.litencyc.com/php/sworks.php?rec=true&UID=4900 (5.2.2017).

108 Elisabeth Klein: Pynchons Deutschland. Weimar 1994.

109 Thomas Pynchon: Gravity's Rainbow. London 2000, S. 510, 475. – Die deutschen Übersetzungen folgen Thomas Pynchon: Die Enden der Parabel. Übers. v. Elfriede Jelinek, Thomas Piltz. Hamburg 2015.

110 Thomas Moore: The style of connectedness: Gravity's rainbow and Thomas Pynchon. Columbia 1987.

111 Pynchon: Die Enden der Parabel (Anm. 109), S. 162.

112 Ebd., S. 158 f.

113 Ebd., S. 162; Charles Hohman: Thomas Pynchon's »Gravity's Rainbow«. A Study of Its Conceptual Structure and of Rilke's Influence. New York u. a., S. 85 f.; Thomas Moore: The style of connectedness: Gravity's rainbow and Thomas Pynchon. Columbia 1987.

114 Pynchon: Die Enden der Parabel, (Anm. 109), S. 159.

115 Rainer M. Rilke: Die Zehnte Elegie, in: ders., Sämtliche Werke, hg. v. Rilke-Archiv in Verb. mit Ruth Sieber-Rilke, besorgt d. Ernst Zinn. Bd. 1. Frankfurt M. 1994, S. 721–726, hier S. 725.

116 Pynchon: Die Enden der Parabel (Anm. 109), S. 161.
117 Andreas Selmeci: Das Schwarzkommando. Thomas Pynchon und die Geschichte der Herero. Darmstadt 1995.
118 Pynchon: Gravity's Rainbow (Anm. 109), S. 119f.; Rilke: Die Neunte Elegie, in: ders., Sämtliche Werke, hg. v. Rilke-Archiv in Verb. mit Ruth Sieber-Rilke, besorgt d. Ernst Zinn. Bd. 1. Frankfurt M. 1994, S. 717–720, hier S. 718.
119 Pynchon: Die Enden der Parabel (Anm. 109), S. 162.
120 Ebd.
121 Ebd.
122 Ebd., S. 166.
123 Ebd., S. 1007.
124 Ebd., S. 1007. [Hervorhebung in Original].
125 Ebd., S. 1115.
126 Komar: Rainer Maria Rilke (Anm. 106), S. 90.
127 Ebd., S. 86f.
128 Kathleen L. Komar: Rilke in America: A Poet Re-created, in: Unreading Rilke. Unorthodox Approaches to a Cultural Myth, hg. v. Hartmut Heep. New York u. a. 2001, S. 149–170, hier S. 154.
129 Sister Act 2: In göttlicher Mission (USA, 1993). Kinostart (Deutschland): 03.03.1994. Produktion: Scott Rudin, Dawn Steel. Regie: Bill Duke. Darsteller: Whoopi Goldberg, Kathy Najimy, Maggie Smith u. a. Min: 00.54.56–00.55.38.
130 Komar: Rainer Maria Rilke (Anm. 106), S. 90.
131 Birgit van Puymbroeck: »The Age of a Mistaken Nationalism«. Histoire croisée, Cross-National Exchange, and an Anglo-French Network of Periodicals, in: MLR 107/3 (2012), S. 681–698.
132 Thomas Borgard: Europa, Amerika in »transition« (1927–1938): Literatursprachliche Interkulturalität und Transgression des Avantgardesubjekts, in: Europa! Europa! The Avant-Garde, Modernism and the Fate of a Continent, hg. v. Sascha Bru, Jan Baetens, Benedikt Hjartarson u. a. Berlin 2009, S. 464–477.
133 Hierzu Alice F. Carse: The Reception of German Literature in America as Exemplified by the New York Times. New York 1973, S. 437, passim; siehe auch Wolfgang E. Heinsohn: The Reception of German Literature in America as Exemplified by the New York Times. New York 1973; Peter Ackroyd: T. S. Eliot. A Life. New York 1984, S. 109–177; David Goldie: A Critical Difference. T. S. Eliot and John Middleton Murry in English Literary Criticism, 1919–1928. Oxford 1998, S. 69–127.
134 Thomas S. Eliot: Preface, in: The Criterion 1922–1939. Vol. I. London 1967, [unpag.], S. 3.
135 Hermann Hesse: Recent German Poetry, in: The Criterion 1/1 (1922), S. 89–94, hier S. 89: »My labour, although instructive, has been no pleasure to me, and I do not intend to go on with it any longer.«
136 Ebd., S. 90: »Europe is seen by the youth of to-day as a very sick neurotic [...].«
137 »American Periodicals«, in: The Criterion 1/3 (1923), S. 311f.
138 Arthur W. Wheen: Literatur-Geschichte als Geisteswissenschaft. By Herbert Cysarz, in: The Criterion 7 (1928), S. 432–435.
139 Jeroen Vanheste: Guardians of the Humanist Legacy. The Classicism of T. S. Eliot's »Criterion« Network and its Relevance to our Postmodern World. Leiden, Boston 2007, S. 30f.

140 Alec W. G. Randall: German Periodicals, in: The Criterion 4/4 (1926), S. 217–219.
141 Ebd., S. 411–413.
142 Ebd., S. 217–219.
143 Alec W.G. Randall: German Periodicals, in: The Criterion 4/3 (1926), S. 616–619, hier S. 616: »the best representative of the German Symbolist school«.
144 Caspar Kuhlmann: Besuch bei T.S. Eliot (1947/48), zit. nach einem ins Deutsche übersetzten Ausschnitt, in: Rilkes Duineser Elegien: Rezeptionsgeschichte, hg. v. Ulrich Fülleborn, Manfred Engel. Bd. 3. Frankfurt M. 1982, S. 248.
145 Alec W.G. Randall: Besorgt von Rudolf Borchardt: »Ewiger Vorrat Deutscher Poesie«, in: The Criterion 4/4 (1926), S. 787–789.
146 Ebd., S. 83
147 George Caffrey: Rudolf Borchardt [1927], in: The Criterion 5 (1927), S. 81–87, hier S. 81: »Borchardt's vigorous opposition to George in ideals of taste, vision of life, including even religion and politics, denotes the progress, not seen but only heard, of an unusually fierce battle for intellectual supremacy.«
148 Max Rychner: German Chronicle, in: The Criterion 4/4 (1929), S. 726–732, hier S. 727: »danger in this feverish Orientalism«.
149 Ebd., S. 730 f.: »Conservative powers in the best sense are not in danger in Germany; but it seems to me that it is not only permissible but necessary to have an interpretation of the »West« which includes the province of German culture [...].«
150 Michael Hamburger: Hölderlin in England, in: ders., Zwischen den Sprachen. Essays und Gedichte. Frankfurt M. 1966, S. 63–101, hier S. 80–101.
151 Isaac B. Singer: Verloren in Amerika. Vom Schtetl in die Neue Welt. Übers. v. Ellen Otten. München 1985, S. 102.
152 Franz Kafka: Schema zur Charakteristik kleiner Literaturen, in: ders., Tagebücher 1910–1923, hg. v. Max Brod. Frankfurt M. 1976, S. 154.
153 Evelyn T. Beck: Kafka and the Yiddish Theatre. Its Impact on His Work. Madison 1971; Gerhard Lauer: Die Erfindung einer kleinen Literatur. Kafka und die jiddische Literatur, in: Franz Kafka und die Weltliteratur, hg. v. Manfred Engel, Dieter Lamping. Göttingen 2006, S. 125–143, hier S. 125–129.
154 Lauer: Die Erfindung einer kleinen Literatur (Anm. 153), S. 141–143.
155 Franz Kafka: Rede über die jiddische Sprache, in: ders., Gesammelte Werke. Hochzeitsvorbereitungen auf dem Lande und andere Prosa aus dem Nachlaß, hg v. Max Brod. Frankfurt M. 1966, S. 421–426, hier S. 422 f.; Vivian Liska: When Kafka says We. Uncommon Communities in German-Jewish Literature. Indianapolis u. a. 2009, S. 27–31.
156 Jizchak Löwy: Zwei Prager Dichter, in: Literarische Blätter 34 (1934), S. 557 f.
157 Irene Eber: The Critique of Western Judaism in »The Castle« and Its Transposition in Two Chinese Translations, in: Franz Kafka und China, hg. v. Adrian Hsia. Bern u. a. 1996, S. 41–72, hier S. 44 f.
158 Andreas B. Kilcher: Kafka und das Judentum, in: Kafka-Handbuch Leben – Werk – Wirkung, hg. v. Bettina von Jagow, Oliver Jahraus. Göttingen 2008, S. 194–211; David Suchoff: Kafka's Jewish Languages. The Hidden Openness of Tradition. Philadelphia 2012, S. 171 u. passim; Eli Schonfeld: »Am-ha-aretz«: The Law of the Singular. Kafka's Hidden Knowledge, in: Kafka and the Universal, hg. v. Arthur Cools, Vivian Liska. Berlin u. a. 2016, S. 107–129.

159 Walter Benjamin: Über Kafka. Texte, Briefzeugnisse, Aufzeichnungen, hg. v. Hermann Schweppenhäuser. Frankfurt M. 1981.

160 Eber (Anm. 157), S. 52 f.

161 Rainer Stach: Kafka. Die frühen Jahre. Frankfurt M. 2014, S. 166 f.

162 Ebd., S. 170.

163 Ebd., S. 185.

164 Waldemar Fromm: Kafka-Rezeption, in: Kafka-Handbuch. Leben – Werk – Wirkung, hg. v. Bettina von Jagow, Oliver Jahraus. Göttingen 2008, S. 250–272.

165 Ritchie Robertson: The Creative Dialogue between Brod and Kafka, in: Kafka, Zionism, and Beyond, hg. v. Mark H. Gelber. Tübingen 2004, S. 283–296, hier S. 284.

166 Peter U. Beicken: Franz Kafka. Eine kritische Einführung in die Forschung. Frankfurt M. 1974, S. 22, passim.

167 Franz Kafka: Das Schloss, hg. v. Malcolm Pasley. New York 1982, S. 333.

168 Ebd., S. 288.

169 Ebd.

170 Françoise Tabery: Kafka en France: essai de bibliographie annotée, hg. v. Françoise Tabery. Paris 1991; Hélène Cusa: Die Kafka-Rezeption in Frankreich (I. Teil), in: Franz Kafka – Visionär der Moderne. Göttingen 2008, S. 65–74.

171 Kerstin Gernig: Die Kafka-Rezeption in Frankreich. Ein diachroner Vergleich der französischen Übersetzungen im Kontext der hermeneutischen Übersetzungswissenschaft. Würzburg 1999, S. 71–76.

172 Ebd., S. 81–91.

173 Was Kafka am Radschlagen liebte. Gespräch zwischen Georges-Arthur Goldschmidt und Rainer Stach, in: Frankfurter Allgemeine Zeitung, 23.08.2014, S. 16.

174 Abdo Abboud: Deutsche Romane im arabischen Orient. Eine komparatistische Untersuchung zur Rezeption von Heinrich Mann, Thomas Mann, Hermann Hesse und Franz Kafka. Mit einem Überblick über die Rezeption der deutschen Literatur in der arabischen »Welt«. Frankfurt M. 1984, S. 102–118.

175 Atef Botros: Kafka. Ein jüdischer Schriftsteller aus arabischer Sicht. Wiesbaden 2009, S. 10 f., S. 76.

176 Ebd., S. 107.

177 Peter U. Beicken: Die Aufnahme in einzelnen Ländern: Vereinigte Staaten von Amerika, in: Kafka-Handbuch. Das Werk und seine Wirkung, hg. v. Hartmut Binder. Bd. 2. Stuttgart 1979, S. 776–786, hier S. 779.

178 Thomas Mann: Hommage, Princeton, June 1940, in: Franz Kafka, The Castle. Definitive Edition. New York 1969, S. 9–17, hier S. 9: »For a romantic he [Kafka] is too clear-cut, too realistic, too well attached to life and to a simple, native effectiveness in living.«

179 Ebd., S. 10: »religious humorist«.

180 Ebd.: »The Castle is through and through an autobiographical novel«.

181 Ebd., S. 14.

182 Wystan H. Auden: K.'s quest, in: The Kafka Problem. New directions. Norfolk, Conn. 1947, S. 47–52.

183 Dieter Jakob: Die Aufnahme in einzelnen Ländern: England, in: Kafka-Handbuch. Das Werk und seine Wirkung, hg. v. Hartmut Binder. Bd. 2. Stuttgart 1979, S. 667–678, hier S. 669.

184 Marlen Eckl: Goethe in den Tropen – Kulturvermittlung im brasilianischen Exil, in: Études germaniques 252/4 (2008), S. 773–789, hier S. 778 f.
185 Shimon Sandbank: Reading Kafka. A Personal Story, in: Kafka and the Universal, hg. v. Arthur Cools, Vivian Liska. Berlin u. a. 2016, S. 273–282, hier S. 274–277.
186 Zhang Yi: Rezeptionsgeschichte der deutschsprachigen Literatur in China von den Anfängen bis zur Gegenwart. Bern u. a. 2007, S. 214–216, hier S. 214.
187 Eber (Anm. 157), S. 69–71.
188 Weiyan Meng: Reception of Kafka on the Chinese Mainland, in: Franz Kafka und China, hg. v. Adrian Hsia. Bern u. a. 1996, S. 179–207.
189 Zhang: Rezeptionsgeschichte der deutschsprachigen Literatur (Anm. 186), S. 215 f.
190 Weiyan Meng: Kafka und China. München 1986; Adrian Hsia: Kafka und China. Bern u. a. 1996; Adrian Hsia: China as Ethical Construct and Reflector of Europe's Self-Perception: A Historical Survey up to Kafka's Times, in: Franz Kafka und China, hg. v. Adrian Hsia. Bern u. a. 1996, S. 5–26; Ren Weidong: Kafka in China. Rezeptionsgeschichte eines Klassikers der Moderne. Frankfurt M. u. a. 1997.
191 Josef Cermák: Die Kafka-Rezeption in Böhmen (1913–1949), in: Germano-slaciva 1 (1994), S. 127–144.
192 Jan Watrak: Die Kafka-Rezeption in Polen. Übersetzungen und Adaptionen nach 1956, in: Franz Kafka und die Prager deutsche Literatur. Deutungen und Wirkungen, hg. v. Hartmut Binder. Bonn 1988, S. 87–94; Beate Sommerfeld: Kafka-Nachwirkungen in der polnischen Literatur: unter besonderer Berück-sichtigung der achtziger und neunziger Jahre des zwanzigsten Jahrhunderts. Frankfurt M. 2007; Adam Krzemiński: Die Kafka-Rezeption in Polen, in: Franz Kafka – Visionär der Moderne. Göttingen 2008, S. 85–92; Irena Światłowska: Zur Rezeptionsgeschichte Franz Kafkas in Polen, in: Franz Kafka und Robert Walser im Dialog. Berlin 2010, S. 317–334.
193 Aleksandr O. Filippov-Čechov: Franc Kafka v russkojkul'ture [Franz Kafka in der russischen Kultur]. Moskau 2012.
194 Vladislav A. Pronin: Kafka, Solženicyn i šestidesjatniki [Kafka, Solženicyn und die Sechziger], in: Russkaja germanistika, hg. v. Natalija S. Babenko, Aleksandr V. Belobratov. Bd. 3. Moskau 2007, S. 208–214.
195 Mirko Krivokapić: Die Anfänge der Kafka-Rezeption im serbokroatischen Sprachraum, in: Franz Kafka in der kommunistischen Welt. Kafka-Symposium. Klosterneuburg 1991, hg. v. Norbert Winkler, Wolfgang Kraus. Wien u. a. 1993, S. 62–73, hier S. 63.
196 Hans Mayer: Kafka und kein Ende, in: ders., Ansichten zur Literatur der Zeit. Hamburg 1962, S. 54–70.
197 Sandbank: Reading Kafka (Anm. 185).
198 Martin Brady, Helen Hughes: Kafka adapted to film, in: The Cambridge Companion to Kafka, hg. v. Julian Preece. Cambridge 2002, S. 226–241; Iris Bruce: Kafka and popular culture, in: The Cambridge Companion to Kafka, hg. v. Julian Preece. Cambridge 2002, S. 242–246; G. S. Evans, Alice Whittenburg: After Kafka. Kafka criticism and scholarship as a resource in an attempt to promulgate a new literary genre, in: Journal of the Kafka Society of America 31, 32/1,2 (2009), S. 18–26.
199 Shimon Sandbank: After Kafka. The Influence of Kafka's Fiction. London u. a.

1989; Monika Schmitz-Emans: Franz Kafka. Epoche – Werke – Wirkung. München 2010, S. 212–218.

200 Nadine Gordimer: The Idea of Gardening. Review of Life & Times of Michael K by J. M. Coetzee, in: New York Review of Books, 2.2.1984, S. 3–6, hier S. 3; Rüdiger Zymner: Coetzee und Kafka, in: Franz Kafka und die Weltliteratur, hg. v. Manfred Engel, Dieter Lamping. Göttingen 2006, S. 339–349, hier S. 341.

201 Knapp erwähnt nur in Johannes Hösle: Die Aufnahme in einzelnen Ländern: Italien, in: Kafka-Handbuch. Das Werk und seine Wirkung, hg. v. Hartmut Binder. Bd. 2. Stuttgart 1979, S. 722–732, hier S. 725; Schmitz-Emans (Anm. 199), S. 213.

202 James Whitlark: Behind the Great Wall. A Post-Jungian Approach to Kafkaesque Literature. London 1991, S. 131.

203 Saskia E. Ziolkowski: Kafka and Italy: a new perspective on the Italian literary landscape, in: Kafka for the twenty-first century, hg. v. Stanley Corngold, Ruth V. Gross. London 2011, S. 237–249.

204 Tommaso Landolfi: Il babbo di Kafka, in: ders., La Spada. Preceduta da una ristampa de »Il mare delle blatte« e altrestorie. Florenz 1942, S. 131–134, hier S. 134: »Il future grande scrittore«.

205 Ebd.: »Con ciò Kafka credeva d'essere liberato«.

VII. Heimat als Nazi-Land, Muttersprache als Feindessprache, 1930–1960

1 Emanuel Geibel: Deutschlands Beruf, in: ders., Emanuel Geibels gesammelte Werke. In acht Bänden. Bd. 4. Stuttgart 1883, S. 214 f.

2 Birgit Bödeker: Weltliteratur im Dritten Reich. Zur Rezeption deutschsprachiger Literatur, in: Weltliteratur in deutschen Versanthologien des 20. Jahrhunderts, hg. v. ders., Helga Essmann. Berlin 1997, S. 297–311, hier S. 300.

3 Ebd., S. 303.

4 Ernst Fischer: Das Zentrum in der Weimarer Republik, in: Handbuch PEN. Geschichte und Gegenwart der deutschsprachigen Zentren, hg. v. Dorothée Bores, Sven Hanuschek. Berlin, Boston 2014, S. 103 f.

5 Wolfgang Schlicker: Die »Deutsche Akademie«, in: Jahrbuch für Volkskunde und Kulturgeschichte 20 (1977), S. 43–66; Edgar Harvolk: Eichenzweig und Hakenkreuz. Die Deutsche Akademie in München (1924–1962) und ihre volkskundliche Sektion. München 1990; Eckhard Michels: Von der Deutschen Akademie zum Goethe-Institut. Sprach- und auswärtige Kulturpolitik 1923–1960. München 2005.

6 W. Daniel Wilson: Verbindungsmann zum NS-Regime. Hans Wahl, der Antisemitismus und die Goethe-Gesellschaft, in: Publications of the English Goethe Society 84/3 (2015), S. 203–222, hier S. 219.

7 Reinhard Bollmus: Das Amt Rosenberg und seine Gegner. Studien zum Machtkampf im nationalsozialistischen Herrschaftssystem. Stuttgart 1970 (²2006); Ernst Piper: Alfred Rosenberg. Hitlers Chefideologe. München 2005.

8 Michael H. Kater: Das »Ahnenerbe« der SS 1935–1945. Ein Beitrag zur Kultur-

politik des Dritten Reiches. 4. Auflage. München 2006; Heather Pringle: The Master Plan: Himmler's Scholars and the Holocaust. New York, 2006.

9 Jan-Pieter Barbian: Literaturpolitik im »Dritten Reich«. Institutionen, Kompetenzen, Betätigungsfelder, Nördlingen 1995; Frank-Rutger Hausmann: »Auch im Krieg schweigen die Musen nicht«. Die Deutschen Wissenschaftlichen Institute im Zweiten Weltkrieg. Göttingen 2001.

10 Josef Thomik: Nationalsozialismus als Ersatzreligion. Die Zeitschriften »Weltliteratur« und »Die Weltliteratur« (1935/1944) als Träger nationalsozialistischer Ideologie. Zugleich ein Beitrag zur Affäre Schneider/Schwerte, bearb. u. hg. v. Josef Schreier. Aachen 2009, S. 38 u. passim.

11 Ebd., S. 39 f. u. passim.

12 Ludwig Jäger: Seitenwechsel. Der Fall Schneider / Schwerte und die Diskretion der Germanistik. München 1998.

13 Renate Wall (Hg.): Lexikon deutschsprachiger Schriftstellerinnen im Exil. 1933 bis 1945. Freiburg 1995 (Bd. 1 und 2); Renate Heuer, Andrea Boelke-Fabian (Hg.): Lexikon deutsch-jüdischer Autoren. Berlin 2013 (Bd. 1–21); Opferdatenbank der Seite http://www.holocaust.cz/de/opferdatenbank/ (20.5.2016); siehe Raul Hilberg: Täter, Opfer, Zuschauer. Die Vernichtung der Juden 1933–1945. Aus dem Amerikanischen von Hans Günter Holl. Frankfurt M. 1992.

14 Johann Holzner: Zur Ästhetik der Unterhaltungsliteratur im Exil am Beispiel Vicki Baum, in: Schreiben im Exil. Zur Ästhetik der deutschen Exilliteratur 1933–1945, hg. v. Alexander Stephan, Hans Wagener. Bonn 1985, S. 236–249, hier S. 236.

15 Els Andringa: Deutsche Exilliteratur im niederländisch-deutschen Beziehungsgeflecht. Eine Geschichte der Kommunikation und Rezeption. Berlin, Boston 2014 (Studien und Texte zur Sozialgeschichte der Literatur 137), S. 76–88.

16 Jürgen Serke: Böhmische Dörfer. Wanderungen durch eine verlassene literarische Landschaft. Wien 1987, S. 327; Jeremy Adler: The World of My Father's Memory Writing. The ›Gesamtkunstwerk‹ of H. G. Adler, in: H. G. Adler. Life, Literature, Legacy, hg. v. Julia Creet, Sara R. Horowitz, Amira Bojadzija-Dan. Evanston 2016, S. 23–47, hier S. 23 f.

17 Jeremy Adler: »Die Wahrheit verpflichtet«, in: H. G. Adler – Der Wahrheit verpflichtet. Interviews, Gedichte, Essays, hg. v. Jeremy Adler. Gerlingen 1998, S. 205–234, hier S. 207 f.; Marcel Atze: »Wie Adler berichtet.« Das Werk H. G. Adlers als Gedächtnisspeicher für die Literatur, in: H. G. Adler. Text und Kritik 163 (2004), hg. v. Heinz Ludwig Arnold, S. 17–30, hier S. 17.

18 Imre Kertész: Dossier K. Eine Ermittlung. Reinbek 2006, S. 11; Thomas Taterka: Dante Deutsch. Studien zur Lagerliteratur. Berlin 1999.

19 Helmut Koopmann: Im Elend. Von den Krankheiten des Exils, in: Thomas Mann und das »Herzasthma des Exils«. (Über-)Lebensformen in der Fremde. Die Davoser Literaturtage 2008, hg. v. Thomas Sprecher. Frankfurt M. 2010 (Thomas-Mann-Studien 41), S. 41–70; Brigitte Boothe: Sie fanden nicht einmal Freunde. Psychoanalyse des Exils, in: ebd., S. 71–92.

20 Margarita Pazi: Zur deutschsprachigen Literatur Israels, in: Deutsch-jüdische Exil- und Emigrationsliteratur im 20. Jahrhundert, hg. v. Itta Shedletzky, Hans Otto Horch. Tübingen 1993 (Conditio Judaica 5), S. 81–94.

21 Doerte Bischoff: Exilanten oder Emigranten? Reflexionen über eine problematische Unterscheidung anlässlich einer Lektüre von Werfels »Jacobowsky und

der Oberst« mit Hannah Arendt, in: Literatur und Exil. Neue Perspektiven, hg. v. ders., Susanne Komfort-Hein. Berlin, Boston 2013, S. 213–238.

22 Jan Kühne: Deutschsprachige jüdische Literatur in Mandats-Palästina/Israel (1933–2014), in: Handbuch der deutsch-jüdischen Literatur, hg. v. Hans Otto Horch. Berlin, Boston 2016, S. 201– 220, hier S. 205.

23 Jürgen Nieraad: Deutschsprachige Literatur in Israel, in: Stimmen aus Jerusalem. Zur deutschen Sprache und Literatur in Palästina / Israel, hg. v. Hermann Zabel u. Mitarb. v. Andreas Disselnkötter, Sandra Wellinghoff. Berlin 2006 (Deutsch-Israelische Bibliothek 2), S. 260–281, hier S. 262 f.

24 Lina Barouch: Between German and Hebrew. The Counter languages of Gershom Scholem, Werner Kraft and Ludwig Strauss. Berlin, Boston 2016.

25 Sabina Becker: Transnational, interkulturell und interdisziplinär: Das Akkulturationsparadigma der Exilforschung, in: Literatur und Exil. Neue Perspektiven, hg. v. ders., Susanne Komfort-Hein. Berlin, Boston 2013, S. 49–69.

26 Joseph Horowitz: Artists in Exile. Refugees from Twentieth-Century War and Revolution Transformed the American Performing Arts. New York 2008, S. 398–402; Hans Rudolf Vaget: Vom »Herzasthma des Exils«. Zur Pathographie der amerikanischen Jahre Thomas Manns, in: Thomas Mann und das »Herzasthma des Exils«. (Über-)Lebensformen in der Fremde. Die Davoser Literaturtage 2008, hg. v. Thomas Sprecher. Frankfurt M. 2010 (Thomas-Mann-Studien 41), S. 17–39, hier S. 22 f.

27 Hermann Broch: Robert Musil und das Exil (Juni 1939), in: Freundschaft im Exil. Thomas Mann und Hermann Broch, hg. v. Paul Michael Lützeler. Frankfurt M. 2004 (Thomas-Mann-Studien 31), S. 83.

28 Paul Michael Lützeler: Einleitung. »Optimistische Verzweiflung«: Thomas Mann und Hermann Broch im Exil, in: Freundschaft im Exil. Thomas Mann und Hermann Broch, hg. v. dems. Frankfurt M. 2004 (Thomas-Mann-Studien 31), S. 9–31.

29 Bettina Bannasch, Gerhild Rochus (Hg.): Handbuch der deutschsprachigen Exilliteratur. Von Heinrich Heine bis Herta Müller. Berlin, Boston 2013.

30 Elke-Vera Kotowski: Weit von wo? Der Kulturtransfer jüdischer Emigration aus dem deutschsprachigen Raum. Eine Einführung in die vorliegende Publikation, in: Das Kulturerbe deutschsprachiger Juden. Eine Spurensuche in den Ursprungs-, Transit- und Emigrationsländern, hg. v. Elke-Vera Kotowski. Berlin, München, Boston 2015, S. 1–20, hier S. 7.

31 Michael Thimann: Caesars Schatten. Die Bibliothek von Friedrich Gundolf – Rekonstruktion und Wissenschaftsgeschichte. Heidelberg 2003.

32 Caroline Jessen: Die Bibliotheken von Karl Wolfskehl, in: www.dla-marbach. de/bibliothek/projekte/die-bibliotheken-von-karl-wolfskehl (12.12.2016).

33 Maria Assunção Pinto Correia: Ein großes Bestiarium der Weltliteratur. Franz Bleis Büchersammlung in Lissabon, in: Franz Blei. Mittler der Literaturen, hg. v. Dietrich Harth. Hamburg 1997, S. 213–222.

34 Caroline Jessen: »Vergangenheiten haben ihr eigenes Beharrungsvermögen«. Josef Kastein and the Troublesome Persistence of a Canon of German Literature in Palestine/Israel, in: Leo Baeck Institute Yearbook 57/1 (2012), S. 35–51.

35 Helmut Peitsch: »No Politics«? Die Geschichte des deutschen PEN-Zentrums in London 1933–2002. Göttingen 2006 (Schriften des Erich Maria Remarque-Archivs 20).

36 Helmut Peitsch: Versuchte Gleichschaltung durch das NS-Regime, die Auf-
    lösung und Flucht ins Exil (1933–1945), in: Handbuch PEN. Geschichte und
    Gegenwart der deutschsprachigen Zentren, hg. v. Dorothée Bores, Sven Hanu-
    schek. Berlin, Boston 2014, S. 148.
37 Dazu Sigrid Bauschinger: Else Lasker-Schüler. Ihr Werk und ihre Zeit. Heidel-
    berg 1980, S. 328–330; Doerte Bischoff: Exile, Trauma, and the Modern Jewish
    Experience: The Example of Else Lasker-Schüler, in: Placeless Topographies.
    Jewish Perspectives on the Literature of Exile, hg. v. Bernhard Greiner. Tübin-
    gen 2003, S. 127–148, hier S. 138–143.
38 Silvia Schlenstedt: Das Hebräerland – der Dichterin Palästina-Projekt neu
    gelesen, in: Deine Sehnsucht war die Schlange, hg. v. Anne Linsel, Peter von
    Matt gem. mit der Else-Lasker-Schüler-Gesellschaft. Wuppertal 1997 (Else-
    Lasker-Schüler-Almanach 3), S. 123–152; Sabine Graf: Poetik des Trans-
    fers.»Das Hebräerland« von Else Lasker-Schüler. Köln u. a. 2009 (Litera-
    tur – Kultur – Geschlecht 49), S. 266; Yvonne Al-Taie:»Vorführung meiner
    Blutsverwandten«. Else Lasker-Schülers arabische Chiffren jüdischer Identi-
    tät, in: Zeitschrift für Deutsche Philologie 133/4 (2014), S. 553–571; Doerte
    Bischoff: Avantgarde und Exil. Else Lasker-Schülers »Hebräerland«, in: Exil
    und Avantgarden, hg. im Auftrag der Gesellschaft für Exilforschung v. Claus-
    Dieter Krohn, Erwin Rothermund, Lutz Winckler, Wolf Koepke. Mün-
    chen 1998 (Exilforschung. Ein internationales Jahrbuch 16), S. 105–126, hier
    S. 110–123.
39 Justin Steinfeld:»Hebräerland«, Else Lasker-Schüler und der Duce, in: Das
    Wort 2/9 (1937), S. 68–72; Bauschinger: Else Lasker-Schüler (Anm. 37), S. 330.
40 Wolfgang Kießling: Alemania Libre in Mexiko. Bd. 1: Ein Beitrag zur Ge-
    schichte des antifaschistischen Exils. Berlin 1974, S. 220–242; Olivia C. Díaz
    Pérez: Mexiko als antitotalitärer Mythos. Das Werk von Anna Seghers zwi-
    schen Nationalsozialismus, mexikanischem Exil und Wirklichkeit der DDR.
    Tübingen 2016 (Stauffenburg Colloquium 80), S. 42–62.
41 Erwin Rotermund: Deutsche Literatur im Exil 1933–1945, in: Geschichte der
    deutschen Literatur vom 18. Jahrhundert bis zur Gegenwart, hg. v. Viktor
    Žmegač unter Mitwirkung von Kurt Bartsch, Heidrun Ehrke-Rotermund,
    Dietmar Goltschnigg, Hermann Kurzke, Dieter Mayer, Gerhard Melzer, John
    Mitfull, Gerd Müller, Erwin Rotermund. Königstein Ts. 1974. Bd. III: 1918–
    1980 (Studienbuch Literaturwissenschaft), S. 186–317, S. 210 f.
42 Gerson Roberto Neumann:»Brasilien ist nicht weit von hier!« Die Thema-
    tik der deutschen Auswanderung nach Brasilien in der deutschen Literatur im
    19. Jahrhundert (1800–1871). Frankfurt M. 2005, S. 188–238 u. passim.
43 Einen Überblick gibt Izabel Maria Furtado Kestler: Die Exilliteratur und das
    Exil deutschsprachiger Schriftsteller und Publizisten in Brasilien. Frankfurt
    M. u. a. 1992; Patrik von zur Mühlen: Exil und Brasilien. Die deutschsprachige
    Emigration 1933–1945, in: Exil in Brasilien. Die deutschsprachige Emigration
    1933–1945. Eine Ausstellung des Deutschen Exilarchivs 1933–1945. Die Deut-
    sche Bibliothek, Frankfurt M. u. a. 1994, S. 11–105.
44 Paulo Astor Soethe: Deutschsprachiges Laientheater in Brasilien, in: Alltag und
    Festtag deutscher Theater im Ausland vom 17.–20. Jahrhundert, hg. v. Horst
    Fassel, Paul S. Ulrich. Berlin 2007, S. 281–289.
45 Ursula Prutsch, Klaus Zeyringer: Die Welten des Paul Frischauer. Ein »lite-

rarischer Abenteurer« im historischen Kontext: Wien – London – Rio – New York – Wien. Köln, Weimar 1997, S. 188 f.

46 Marlen Eckl: »Das Paradies ist überall verloren«. Das Brasilienbild von Flüchtlingen des Nationalsozialismus. Frankfurt M. 2010, S. 148–178.

47 Christian Nymphius: Die Stefan-Zweig-Rezeption in der UdSSR. Mainz 1996, S. 73, 116, 170 f.

48 Susanne Thimann: Brasilien als Rezipient deutschsprachiger Prosa des 20. Jahrhunderts. Bestandsaufnahme und Darstellung am Beispiel der Rezeptionen Thomas Manns, Stefan Zweigs und Hermann Hesses. Frankfurt M. u. a. 1989 (Bonner romanistische Arbeiten 31), S. 136 f.

49 Stefan Zweig: Brasilien. Ein Land der Zukunft. Mit einem Nachwort von Volker Michels. Berlin 2013, S. 13.

50 Michaela Holdenried: Vom »Volk ohne Raum« ins »Land der Zukunft«. Stefan Zweigs melancholische brasilianische Utopie, in: Ibero-amerikanisches Jahrbuch für Germanistik 4 (2010), S. 139–150.

51 Zweig: Brasilien (Anm. 49), S. 23.

52 Albert Dines: Tod im Paradies. Die Tragödie des Stefan Zweig. Aus dem Portugiesischen v. Marlen Eckl. Frankfurt M. u. a. 2006, S. 623.

53 Alberto Dines: Der Tod des Entdeckers des Paradieses, in: Stefan Zweig heute, hg. v. Mark Gelber. New York u. a. 1987, S. 181–200.

54 Susanne Klengel, Holger Siever (Hg.): Das Dritte Ufer. Vilém Flusser und Brasilien. Kontexte – Migration – Übersetzungen. Würzburg 2009; Michaela Holdenried: Vom »Volk ohne Raum« ins »Land der Zukunft«. Stefan Zweigs melancholische brasilianische Utopie, in: Ibero-amerikanisches Jahrbuch für Germanistik 4 (2010), S. 139–150, hier S. 140 f.; Heike Muranyi: Brasilien als insularer Raum. Literarische Bewegungsfiguren im 19. und 20. Jahrhundert. Berlin 2013 (Potsdamer inter- und transkulturelle Texte 5), S. 130–167.

55 Zweig: Brasilien (Anm. 49), S. 190.

56 Stefan Zweig: Die Welt von gestern. Erinnerungen eines Europäers. Stockholm 1946, S. 9.

57 Mark H. Gelber: Stefan Zweig und die Judenfrage von heute, in: Stefan Zweig heute, hg. v. Mark Gelber. New York u. a. 1987, S. 160–180, hier S. 161 f.

58 Zweig: Die Welt von gestern (Anm. 56), S. 10.

59 Johann Holzner: Friedensbilder in der österreichischen Exilliteratur, in: Zagreber Germanistische Beiträge 4 (1995), S. 35–50, hier S. 36 f.

60 Stefan Zweig an Klaus Mann, Rio [1940], in: Karl-Josef Kuschel, Frido Mann u. Paulo Astor Soethe: Mutterland. Die Familie Mann und Brasilien. Düsseldorf 2009, S. 247.

61 Stefan Zweig an Klaus Mann, Petópolis, 14.10.1941, in: Kuschel, Mann, Soethe, Mutterland (Anm. 60), S. 248.

62 Zweig: Welt von gestern (Anm. 56), S. 493.

63 Stefan Zweig: Declaração, Petrópolis, 22.2.1942, DLA Marbach. A: Zweig, 76.1487, 1 Bl. Entw. mit 1 Abschr. 1 Bl.

64 Marlen Eckl: »A flor do exilio« – A amizade de Stefan Zweig e Ernst Federer vista a partir do »Diário Brasileiro« de Feder, in: WebMosaica. Revista do Instituto cultural Judaico Marc Chagall 4/2 (2012), S. 61–70, hier S. 66.

65 Russ Kick (Hg.): The Graphic Canon. Von Gilgamesch über Shakespeare bis

Gefährliche Liebschaften. Aus dem Amerikanischen Englisch von Klaus Binder u. a. Berlin 2013.

66 Laurent Seksik: Vorgefühl der nahen Nacht. Aus dem Französischen von Hanna van Laak. München 2001, S. 27.

67 Ebd., S. 206.

68 Ebd., S. 18.

69 Guillaume Sorel (Zeichnung), Laurent Seksik (Text): Die letzten Tage von Stefan Zweig. Aus dem Französischen von Edmund Jacoby. Berlin 2012 (²2016), S. 43.

70 Rose Ausländer: Selbstporträt, in: dies., Ich höre das Herz des Oleanders. Gedichte 1977–1979, hg. v. Helmut Braun. Frankfurt M. 1984, S. 203.

71 Almut Hille: Identitätskonstruktionen. Die »Zigeunerin« in der deutschsprachigen Literatur des 20. Jahrhunderts. Würzburg 2005, hier S. 174.

72 Natalia Shchyhlevska: Deutschsprachige Autoren aus der Bukowina. Die kulturelle Herkunft als bleibendes Motiv in der Identitätssuche deutschsprachiger Autoren aus der Bukowina. Frankfurt M. u. a. 2004 (Studien zur Deutschen und Europäischen Literatur des 19. und 20. Jahrhunderts 55).

73 Zur Biografie siehe Florence Heymann: Quand la terre était encore ronde: la Bucovine de Rose Ausländer, in: Études Germaniques 58 (2003), S. 149–158.

74 Maria Behre: Prozeßphilosophische Aspekte im Werk Rose Ausländers, in: Études Germaniques 58 (2003), S. 281–302.

75 Gregor Ackermann: Czernowitz und New York. Unbekanntes von Rose Ausländer. Bibliographie Grillen III, in: Juni 19 (1993), S. 135–141.

76 Rose Ausländer: Die Erde war ein atlasweißes Feld. Gedichte 1927–1956. Frankfurt M. 1985, hier S. 23.

77 Rémy Colombat: Les images poetologiques de Rose Ausländer, in: Études Germaniques 58 (2003), S. 339–361, hier S. 349 f.

78 Cilly Helfrich: »Es ist ein Aschensommer in der Welt«. Rose Ausländer. Biographie. Berlin 1995, S. 235 f.

79 George Guţu: Die Buche – Zur Geschichte einer Anthologie, in: Deutsche Regionalliteraturen in Rumänien 1918–1944, hg. v. Peter Motzan, Stefan Sienerth. München 1997, S. 149–176; Andrei Corbea-Hoisie: Ein Literatenstreit in Czernowitz (1939–1940), in: Études Germaniques 58 (2003), S. 363–378.

80 Helmut Braun: Zum Beziehungsgeflecht der Czernowitzer Dichter. Aus dem Nachlass von Rose Ausländer […], in: Zeitschrift der Germanisten Rumäniens 13–14 (2005), S. 340–369.

81 George Guţu: Alfred Margul-Sperbers Mentorenrolle für Rose Ausländer und Paul Celan, in: Zeitschrift der Germanisten Rumäniens 11–12 (2003), S. 69–88, hier S. 71 f.

82 Irmela von der Lühe: Rose Ausländer – Stationen des Exils im Leben einer Dichterin, in: »Weil Wörter mir diktieren: Schreib uns.« Literaturwissenschaftliches Jahrbuch 1999, hg. v. Helmut Braun. Köln 2000, S. 181–198.

83 Jacques Lajarrige: Dire l'enfermement – le cycle »Gettomotive« (1942–1944) de Rose Ausländer, in: Études Germaniques 58 (2003), S. 317–338.

84 Stéphane Mosès: Else Lasker-Schüler, Rose Ausländer, Paul Celan. Drei Jerusalem-Gedichte, in: Études Germaniques 58 (2003), S. 197–209.

85 Klaus Werner: »Geh mir aus der Sonne«: Rose Ausländers Dichterporträts, in: Études Germaniques 58 (2003), S. 233–246, hier S. 235.

86 Rose Ausländer: »Zu di Chaverijrim in der Wait« (1947), besprochen in Joseph
    A. Kruse: An die Freunde in der Ferne. Ein jiddisches Gedicht und Übertagun-
    gen aus dem Jiddischen von Rose Ausländer, in: Von Franzos zu Canetti. Jüdi-
    sche Autoren aus Österreich. Neue Studien, hg. v. Mark H. Gelber, Hans Otto
    Horch, Sigurd Paul Scheichl. Tübingen 1996 (Conditio Judaica 14), S. 107–114,
    hier S. 113 f.

87 Laurent Cassagnau: Rose Ausländer et la poésie américaine, in: Études Germa-
    niques 58 (2003), S. 211–232.

88 Rose Ausländer: Abstract Painting, in: dies., Die Erde war ein atlasweißes Feld.
    Gedichte 1927–1956, hg. v. Helmut Braun. Frankfurt M. 1985, S. 326.

89 Silvia Candida: Die offene Tür. Rose Ausländer und Marianne Moore – Über-
    legungen zu einer dichterischen Freundschaft, in: »Weil Wörter mir diktieren:
    Schreib uns.« Literaturwissenschaftliches Jahrbuch 1999. Rose Ausländer Stif-
    tung. Köln 2000, S. 97–115; Francesca Melini: Marianne Moore und Rose Aus-
    länder. Chronik einer Freundschaft, in: Zeitschrift der Germanisten Rumäniens
    15/16 (2009), S. 162–174, hier S. 163–168.

90 Leslie Morris: Omissions Are Not Accidents: Marianne Moore, Rose Auslän-
    der und die amerikanische Moderne, in: Gebt unseren Worten nicht euren Sinn.
    Köln, 2001, S. 97–110.

91 Matthias Bauer: Trauma oder Rettung. Rose Ausländer und die englische
    Sprache, in: »Blumenworte welkten«. Identität und Fremdheit in Rose Auslän-
    ders Lyrik, hg. v. Jens Birkmeyer. Bielefeld 2008, S. 201–222, hier S. 218.

92 Rose Ausländer: Hunger, in: dies., Hügel aus Äther unwiderruflich. Gedichte
    und Prosa 1966–1975, hg. v. Helmut Braun. Frankfurt M. 1984, S. 29.

93 Ibon Zubiaur: Rose Ausländer »Poemas«, in: Cuadernos hispanoamericanos
    (2004), S. 187–196.

94 Mireille Tabah: La réception de Rose Ausländer en Allemagne après la Shoah,
    in: Études Germaniques 58 (2003), S. 183–196.

95 Die »schwarze Milch« taucht schon oder auch bei Ausländer »Ins Leben« auf
    (Gesammelte Werke I. Frankfurt M. 1985, S. 66): »Mit schwarzer Milch und
    schwerem Wermutwein« heißt es dort. Marc Sagnol: La Morariugasse de Rose
    Ausländer, in: Études Germaniques 58 (2003), S. 159–173, hier S. 164 f.

96 Rose Ausländer: Paul Celans Grab, in: dies., Hügel aus Äther unwiderruf-
    lich. Gedichte und Prosa 1966–1975, hg. v. Helmut Braun. Frankfurt M. 1984,
    S. 242.

97 Amir Eshel: Aporias of Time. A Rhetorical Figure in the Poetry of Jewish
    Authors after the Shoa, in: The Conscience of Humankind. Literature and
    Traumatic Experiences, hg. v. Elrud Ibsch in Kooperation mit Douwe Fok-
    kema, Joachim van der Thüsen. Vol. 3 of the Proceedings of the xvth Congress
    of the International Comparative Literature Association »Literature as Cultural
    Memory«. Leiden 16.–22. August 1997. Amsterdam, Atlanta, GA (Literature as
    Cultural Memory 3), S. 25–36.

98 Rose Ausländer: Pieta. Für Nelly Sachs, in: dies., Hügel aus Äther unwiderruf-
    lich. Gedichte und Prosa 1966–1975, hg. v. Helmut Braun. Frankfurt M. 1984,
    S. 239.

99 Zdenek Marecek: Rose Ausländer in tschechischen Übertragungen von Otto
    F. Babler, Zlata Kufnerová. Einige Parallelen zwischen Brünn und Czernowitz,
    in: Reise in die Nachbarschaft. Zur Wirkungsgeschichte der deutschsprachigen

Literatur aus der Bukowina und Galizien nach 1918 (Transkulturelle Forschungen an den Österreich-Bibliotheken im Ausland 2), hg. v. Manfred Müller, Larissa Cybenko. Wien u. a. 2009, S. 75–79.

100 Dazu Celan-Handbuch. Leben – Werk – Wirkung, hg. v. Markus May, Peter Goßens, Jürgen Lehmann. Stuttgart, Weimar 2008, S. 349–372; Evelyn Dueck: L'étranger intime. Les traductions français de l'œuvre de Paul Celan (1971–2010). Berlin, Boston 2014 (Communicatio 42), S. 7.

101 Paul Celan: Der Meridian und andere Prosa. Frankfurt M. 1983, S. 40–62, hier S. 50.

102 Jürgen Lehmann: Der Übersetzer Celan, in: Celan-Handbuch. Leben – Werk – Wirkung, hg. v. Markus May, Peter Goßens, Jürgen Lehmann. Stuttgart, Weimar 2008, S. 180 f.

103 Alfred Bodenheimer, Shimon Sandbank (Hg.): Poetik der Transformation. Paul Celan – Übersetzer und übersetzt. Tübingen 1999 (Conditio Judaica 28).

104 Michael Eskin: Ethics and Dialogue in the Works of Levinas, Bakhtin, Mandel'shtam, and Celan. Oxford 2000, S. 150 f.; Florence Pennone-Autze: Paul Celans Übersetzungspoetik. Entwicklungslinien in seinen Übertragungen französischer Lyrik. Tübingen 2007 (Untersuchungen zur deutschen Literaturgeschichte 128), S. 1 f.

105 Leonard M. Olschner: Der feste Buchstab. Erläuterungen zu Paul Celans Übertragungen. Göttingen 1985; Pennone-Autze: Paul Celans Übersetzungspoetik (Anm. 104), S. 5; Rémy Colombat: La »Jeune Parque« de Paul Celan, in: Paul Celan. Poésie et poétique, hg. v. dems., Jean-Pierre Lefebvre, Jean-Marie Valentin. Paris 2002, S. 133–152.

106 Pennone-Autze: Paul Celans Übersetzungspoetik (Anm. 104), S. 5, 469.

107 Christoph König: »Give the Word«. Zur Kritik der Briefe Paul Celans in seinen Gedichten, in: Euphorion 97/4 (2003), S. 473–498, hier S. 479.

108 Gisèle Celan-Lestrange an Paul Celan, 10.8.1952, in: Paul Celan – Gisèle Celan-Lestrange Briefwechsel. Mit einer Auswahl von Briefen Paul Celans an seinen Sohn Eric. Aus dem Französischen von Eugen Helmlé, hg. u. komm. v. Bertrand Badiou in Verbindung mit Eric Celan. Anmerkungen übersetzt und für die deutsche Ausgabe eingerichtet v. Barbara Wiedmann. 2. Bd.: Kommentar. Frankfurt M. 2001, S. 58.

109 Paul Celan an Gisèle Celan-Lestrange, [Paris] Mittwoch, den 13. August 1952, in: Paul Celan – Gisèle Celan-Lestrange Briefwechsel. Mit einer Auswahl von Briefen Paul Celans an seinen Sohn Eric. Aus dem Französischen von Eugen Helmlé, hg. u. komm. v. Bertrand Badiou in Verbindung mit Eric Celan. Anmerkungen übersetzt und für die deutsche Ausgabe eingerichtet v. Barbara Wiedmann. 1. Bd.: Briefe. Frankfurt M. 2001, S. 27 f., hier S. 28.

110 Dueck: L'étranger intime (Anm. 100), S. 166 f.

111 Cornelia Epping-Jäger: »Diese Stimme mußte angefochten werden«. Paul Celans Lesung vor der Gruppe 47 als Stimmereignis, in: Berührungen. Komparatistische Perspektiven auf die frühe Nachkriegsliteratur, hg. v. Günter Butzer, Joachim Jacob. München 2012, S. 263–280.

112 Paul Celan: Die Goll-Affäre, hg. v. Barbara Wiedemann. Frankfurt M. 2000.

113 Paul Celan an Peter Szondi, Kermorvan, Trébabu par Le Conquet (Finistère), 11. August 1961, in: Paul Celan – Peter Szondi. Briefwechsel. Mit Briefen von Gisèle Celan-Lestrange an Peter Szondi und Auszügen aus dem Briefwechsel

zwischen Peter Szondi und Jean und Mayotte Bolack, hg. v. Christoph König. Frankfurt M. 2005, S. 39–41, hier S. 39.

114 Paul Celan – Gisèle Celan-Lestrange Briefwechsel. Mit einer Auswahl von Briefen Paul Celans an seinen Sohn Eric. Aus dem Französischen von Eugen Helmlé, hg. u. komm. v. Bertrand Badiou in Verbindung mit Eric Celan. Anmerkungen übersetzt und für die deutsche Ausgabe eingerichtet v. Barbara Wiedmann. 2. Bd.: Kommentar. Frankfurt M. 2001, S. 59.

115 Ute Allmendinger: »Wege im Schatten-Gebräch Deiner Hand«. Die Graphikerin und Malerin Gisèle Celan-Lestrange und ihr Dialog mit Paul Celan, in: à l'image du temps. Nach dem Bilde der Zeit. Gisèle Celan-Lestrange und Paul Celan. Zur Ausstellung im Hölderlinturm Tübingen vom 18. März 2001 bis 30. September 2001, Valérie Lawitschka in Verbdg. m. Eric Celan, Bertrand Badiou. Tübingen 2001, S. 55–67, hier S. 56 f.

116 Sabine Könneker: »Sichtbares, Hörbares«. Die Beziehung zwischen Sprachkunst und bildender Kunst am Beispiel Paul Celans. Bielefeld 1995, S. 125.

117 Paul Celan an Gisèle Celan-Lestrange, [Paris] Dienstag, 3. Oktober 67, in: Paul Celan – Gisèle Celan-Lestrange Briefwechsel, 1. Bd. (Anm. 109), S. 499.

118 Gisèle Celan-Lestrange an Paul Celan, [Paris] 10. Oktober 1967, in: Paul Celan – Gisèle Celan-Lestrange Briefwechsel, 1. Bd. (Anm. 109), S. 501–503, hier S. 501.

119 Jacques Derrida: Schibboleth. Für Paul Celan, hg. v. Peter Engelmann. Übers. aus d. Französischen von Wolfgang S. Baur. Wien 2002; Michael G. Levine: Spectral gatherings. Derrida, Celan, and the covenant of the word, in: Diacritics 38/1–2 (2008), S. 64–91. Siehe auch Roland Reuß: Im Zeithof. Celan-Provokationen. Frankfurt M., Basel 2001.

120 Paul Celan – Gisèle Celan-Lestrange Briefwechsel, 2. Bd. (Anm. 108), S. 350.

121 Ebd.

122 Gisèle Celan-Lestrange an Paul Celan, [Paris] 4. Oktober 1967, in: Paul Celan – Gisèle Celan-Lestrange Briefwechsel, 1. Bd. (Anm. 109), S. 499 f.

123 Paul Celan – Gisèle Celan-Lestrange Briefwechsel. Mit einer Auswahl von Briefen Paul Celans an seinen Sohn Eric. Aus dem Französischen von Eugen Helmlé, hg. u. komm. v. Bertrand Badiou in Verbindung mit Eric Celan. Anmerkungen übersetzt und für die deutsche Ausgabe eingerichtet v. Barbara Wiedmann. 2. Bd.: Kommentar. Frankfurt M. 2001, S. 338, 350.

124 Paul Celan an Gisèle Celan-Lestrange, [Paris, 8.1.1968], in: Paul Celan – Gisèle Celan-Lestrange Briefwechsel, 1. Bd. (Anm. 109), S. 520.

125 Gisèle Celan-Lestrange an Paul Celan, [Paris] Dienstag [9.?1.1968], in: Paul Celan – Gisèle Celan-Lestrange Briefwechsel, 1. Bd. (Anm. 109), S. 523.

126 Paul Celan an Gisèle Celan-Lestrange, [Paris, 10.1.1968], in: Paul Celan – Gisèle Celan-Lestrange Briefwechsel, 1. Bd. (Anm. 109), S. 523–525, hier S. 523.

127 Gisèle Celan-Lestrange an Paul Celan, [Paris] Dienstag [14.1.1968], in: Paul Celan – Gisèle Celan-Lestrange Briefwechsel, 1. Bd. (Anm. 109), S. 525 f., hier S. 525.

128 Ebd.

129 Paul Celan an Gisèle-Lestrange, [Paris, März 1968?], in: Paul Celan – Gisèle Celan-Lestrange Briefwechsel, 1. Bd. (Anm. 109), S. 526–536.

130 Gisèle Celan-Lestrange an Paul Celan, [Paris] Montag [8.?4.1968], in: Paul Celan – Gisèle Celan-Lestrange Briefwechsel, 1. Bd. (Anm. 109), S. 537.

131 Gisèle Celan-Lestrange an Paul Celan, [Paris] Dienstag [8.?10.1968], in: Paul Celan – Gisèle Celan-Lestrange Briefwechsel, 1. Bd. (Anm. 109), S. 545 f., hier S. 546.

132 Gisèle Celan-Lestrange an Paul Celan, [Paris] 29.10.1968, in: Paul Celan – Gisèle Celan-Lestrange Briefwechsel, 1. Bd. (Anm. 109), S. 547–550, hier S. 548.

133 Ebd.

134 Gisèle Celan-Lestrange an Paul Celan, [Paris] Mittwoch, 18.12.1968, in: Paul Celan – Gisèle Celan-Lestrange Briefwechsel, 1. Bd. (Anm. 109), S. 557–559, hier S. 558.

135 Monika Schmitz-Emans: Paul Celan im Spiegel der Buchkunst, in: Celan-Referenzen. Prozesse einer Traditionsbildung in der Moderne. Mit 3 Abbildungen, hg. v. Natalia Blum-Barth, Christine Waldschmidt. Göttingen 2016, S. 229–251, hier S. 238.

136 Die folgenden Zitate beziehen sich auf Paul Celan: Schwarzmaut, [Paris, 9.6.1967], in: Paul Celan – Gisèle Celan-Lestrange Briefwechsel, 1. Bd. (Anm. 109), S. 526 f.

137 Die folgenden Zitate entstammen Paul Celan: Muschelhaufen, in: Paul Celan – Gisèle Celan-Lestrange Briefwechsel, 1. Bd. (Anm. 109), S. 528 f.

138 Pennone-Autze: Paul Celans Übersetzungspoetik (Anm. 104), S. 444 f.

139 Marlies Janz: Vom Engagement absoluter Poesie. Zur Lyrik und Ästhetik Paul Celans. Frankfurt 1976 (Berlin, Freie Univ., Diss., 1974); Klaus Voswinckel: Paul Celan. Verweigerte Poetisierung der Welt. Versuch einer Deutung. Heidelberg 1974; Hans Peter Bayerdörfer: Poetischer Sarkasmus. »Fadensonnen« und die Wende zum Spätwerk, in: Paul Celan. Text und Kritik 53/54 (1977), S. 42–54; Pennone-Autze: Paul Celans Übersetzungspoetik (Anm. 104), S. 481.

140 Paul Celan an Gisèle Celan-Lestrange, [Paris, 18.?3.1970], in: Paul Celan – Gisèle Celan-Lestrange Briefwechsel, 1. Bd. (Anm. 114), S. 587. – Nachfolgende Zitate aus dem Original beziehen sich auf diesen Brief.

141 Zit. n. Gertraude Wilhelm: Nelly Sachs, in: Die Literatur-Nobelpreisträger. Ein Panorama der Weltliteratur im 20. Jahrhundert, hg. v. Gertraude Wilhelm. Düsseldorf 1983, S. 301–304, hier S. 301; Aris Fioretos: Flucht und Verwandlung. Nelly Sachs, Schriftstellerin, Berlin/Stockholm. Eine Bildbiographie. Aus dem Schwedischen von Paul Berf. Berlin 2010.

142 Anders Osterling: The Nobel Prize in Literature 1966. Award Ceremony Speech, in: Nobel Lectures, Literature 1901–1967, hg. v. Horst Frenz. Amsterdam 1969, S. 611–613, hier S. 611.

143 Ebd., S. 613: »distinctive narrative art with motifs from the life of the Jewish people«.

144 Amos Oz: Eine Geschichte von Liebe und Finsternis. Aus dem Hebräischen von Ruth Achlama. Frankfurt M. 2008, S. 126. Siehe auch Amos Oz: The Silence of Heaven. Agnon's Fear of God. Princeton, N.J. 2000.

145 Oz: Eine Geschichte (Anm. 144), S. 137.

146 Anders Österling: The Nobel Prize in Literature (Anm. 142), S. 613: »outstanding lyrical and dramatic writings which interpret Israel's destiny with touching strength«.

147 Kathrin M. Bower: Ethics and Remembrance in the Poetry of Nelly Sachs and Rose Ausländer. New York 2000, S. 244 f.

148 Schwedische Gedichte. Ausgewählt und übertragen von Nelly Sachs. Neuwied, Berlin 1965.

149 Dora Osborne: ›Zuneigung und Sachverstand‹: Regarding Michael Hamburger and W. G. Sebald, in: Oxford German Studies 42/3 (2013), S. 309–325.

150 https://www.nobelprize.org/nobel_prizes/literature/laureates/1966/sachs-speech-ty.html (14.2.2017).

151 Dorothee Ostermeier: Sprache des Dramas – Drama der Sprache. Tübingen 1997 (Conditio Judaica 16), S. 89–122.

152 Gisela Bezzel-Dischner: Poetik des modernen Gedichts. Zur Lyrik von Nelly Sachs. Berlin, Zürich 1970 (Frankfurter Beiträge zur Germanistik 10); Annette Jael Lehmann: Im Zeichen der Shoah. Aspekte der Dichtungs- und Sprachkrise bei Rose Ausländer und Nelly Sachs. Tübingen 1999 (Stauffenburg Colloquium 47), S. 176, 181.

153 Karl-Josef Kuschel: Hiob und Jesus. Die Gedichte der Nelly Sachs als theologische Herausforderung, in: Nelly Sachs. Neue Interpretationen, hg. v. Michael Kessler, Jürgen Wertheimer. Tübingen 1994 (Stauffenburg Colloquium 30), S. 203–224.

154 Winfried Menninghaus: Meridian des Schmerzes. Zum Briefwechsel Paul Celan/Nelly Sachs, in: Poetica 26/6 (1994), S. 169–179, hier S. 172.

155 Martine Benoit: Présence de Nelly Sachs dans la »Niemandsrose« de Paul Celan, in: Nelly Sachs, éthique et modernité. Actes du colloque international 2007, hg. v. André Lerousseau. Lille 2007, S. 125–136.

156 Paul Celan – Gisèle Celan-Lestrange Briefwechsel. Mit einer Auswahl von Briefen Paul Celans an seinen Sohn Eric. Aus dem Französischen von Eugen Helmlé, hg. u. komm. v. Bertrand Badiou in Verbindung mit Eric Celan. Anmerkungen übersetzt und für die deutsche Ausgabe eingerichtet v. Barbara Wiedmann. 2. Bd.: Kommentar. Frankfurt M. 2001, S. 344.

157 Theodor W. Adorno: Kulturkritik und Gesellschaft, in: ders., Prismen. München 1963, S. 11–30, hier S. 26; zur Wirkung des Satzes Petra Kiedaich (Hg.): Lyrik nach Auschwitz. Adorno und die Dichter. Stuttgart 1995; Burkhardt Lindner: Was heißt: Nach Auschwitz? Adornos Datum, in: Deutsche Nachkriegsliteratur und der Holocaust, hg. v. Stephan Braese, Holger Gehle, Doron Kiesel, Hanno Loewy. Frankfurt M., New York 1998 (Wissenschaftliche Reihe des Fritz Bauer Instituts 6), S. 283–300.

158 Hermann Korte: »Es ist in aller Trauer der tiefste Hang zur Sprachlosigkeit«. Der Holocaust in der Lyrik nach 1945, in: Literatur und Holocaust. Text und Kritik 144 (1999), hg. v. Heinz Ludwig Arnold, S. 33–39.

159 Theodor W. Adorno: Kulturkritik und Gesellschaft, in: ders., Gesammelte Schriften, Band 10.1: Kulturkritik und Gesellschaft I. »Prismen. Ohne Leitbild«. Frankfurt M. 1977, S. 30.

160 Hans Magnus Enzensberger: Die Steine der Freiheit, in: Merkur 13/8 (1959), S. 770–775, hier S. 771 f.; Dieter Lamping: Sind Gedichte über Auschwitz barbarisch? Über die Humanität der Holocaust-Lyrik, in: ders., Literatur und Theorie: Über poetologische Probleme der Moderne. Göttingen 1996, S. 102 f.

161 Theodor W. Adorno: Engagement [1962], in: Zur Dialektik des Engagements. Aufsätze zur Literatur des 20. Jahrhunderts II. Frankfurt M. 1973, S. 7–30, hier S. 23; Ruth Kranz-Löber: In der Tiefe des Hohlwegs. Die Shoah in der Lyrik von Nelly Sachs. Würzburg 2001, S. 36–38.

162 Hans Magnus Enzensberger: Tumult. Berlin 2015, S. 203.
163 Ebd.
164 Daniel Daugherty: Die Faust im Wappen. Elias Canettis Suche nach dem »wahren Wort«. Würzburg 2011.
165 Ritchie Robertson: The great hater, in: Times Literary Supplement, Nr. 5344, 2.9. 2005, S. 6–7, hier S. 7.
166 Elias Canetti: Die Blendung. München 1992, S. 510.
167 Salman Rushdie: Die Schlange der Gelehrsamkeit windet sich, verschlingt ihren Schwanz und beißt sich selbst entzwei, in: Hüter der Verwandlung. Beiträge zum Werk von Elias Canetti. München 1985, S. 85–89, hier S. 86 f.
168 Manfred Durzak: Der Erzähler Elias Canetti – ein interkultureller, ein europäischer Autor?, in: ders., Literatur im interkulturellen Kontext. Würzburg 2013, S. 87–101, hier S. 91.
169 Jeremy Adler: Das bittere Brot. H. G. Adler, Elias Canetti und Franz Baermann Steiner im Londoner Exil. Göttingen 2015.
170 Elias Canetti: Party im Blitz. Die englischen Jahre. München, Wien 2003, S. 8.
171 Ebd., S. 10.
172 Ebd., S. 240 f.
173 Ebd., S. 198.
174 Ebd., S. 20.
175 Ebd., S. 20.
176 Ebd., S. 155.
177 Ebd., S. 92.
178 Ebd., S. 175.
179 Lynn L. Wolff: H. G. Adler and W. G. Sebald: From History and Literature to Literature as Historiography, in: Monatshefte 103/2 (2011), S. 257–275.
180 Michaela Holdenried: Zeugen – Spuren – Erinnerung. Zum intertextuellen Resonanzraum von Grenzerfahrungen in der Literatur jüdischer Überlebender. Jean Améry und W. G. Sebald, in: Autobiographisches Schreiben in der deutschsprachigen Gegenwartsliteratur. Bd. 2: Grenzen der Fiktionalität und der Erinnerung, hg. v. Christoph Parry, Edgar Platen. München 2007, S. 74–97, hier S. 75.
181 Anne Fuchs: Die Schmerzensspuren der Geschichte: Zur Poetik der Erinnerung in W. G. Sebalds Prosa. Köln 2004, S. 10; Lynn L. Wolff: The ›solitary mallard‹. On Sebald and translation, in: Journal of European Studies 41/3–4 (2011), S. 323–340, hier S. 336.
182 W. G. Sebald: Luftkrieg und Literatur. Mit einem Essay zu Alfred Andersch. Frankfurt M. 2001, S. 6.
183 Julia Hell: The Angel's Enigmatic Eyes, or The Gothic Beauty of Catastrophic History in W. G. Sebald's »Air War and Literature«, in: Criticism 46/3 (2004), S. 361–293, hier S. 367.
184 Susanne Vees-Gulani: Trauma and Guilt. Literature of Wartime Bombing in Germany. Berlin, New York 2003; Volker Hage: Zeugen der Zerstörung. Die Literaten und der Luftkrieg. Essays und Gespräche. Frankfurt M. 2003; Marcel Atze: »…und wer spricht über Dresden?« Der Luftkrieg als öffentliches und literarisches Thema der Zeit des ersten Frankfurter Auschwitz-Prozesses 1963–1965, in: Sebald-Lektüre, hg. v. dems., Franz Loquai. Eggingen 2005, S. 105–115; Timm Menke: W. G. Sebald Luftkrieg und Literatur und die

Folgen. Eine kritische Bestandsaufnahme, in: Bombs Away! Representing the Air War over Europe and Japan, hg. v. Wilfried Wilms, William Rasch. Amsterdam 2006 (Amsterdamer Beiträge zur Neueren Germanistik 60), S. 149–163; Gregor Streim: Der Bombenkrieg als Sensation und als Dokumentation. Gert Ledigs Roman »Vergeltung« und die Debatte um W. G. Sebalds »Luftkrieg und Literatur«, in: Krieg in den Medien, hg. v. Heinz-Peter Preußer. Amsterdam 2005 (Amsterdamer Beiträge zur Neueren Germanistik 57/1), S. 293–315; Lynn Wolff: W. G. Sebald's Hybrid Poetics. Literature as Historiography. Boston, Berlin 2014, S. 82 f.

185 Sebald: Luftkrieg (Anm. 182), S. 17 f.

186 Ebd., S. 26 f.

187 Ebd., S. 35 u. passim.

188 Ebd., S. 29.

189 Ebd., S. 83 f.

190 Ebd., S. 109 f.

191 Salka Viertel: Das unbelehrbare Herz. Erinnerung an ein Leben mit Künstlern des 20. Jahrhunderts. Von der Autorin überarbeitete Übersetzung aus dem Amerikanischen v. Helmut Degner. Mit einem Nachwort von Michael Lentz. Frankfurt M. 2011, S. 356.

192 Helfried Seliger: Das Amerikabild Bertolt Brechts. Bonn 1974; Patty Lee Parmalee: Brecht's America. With a Foreword by John Willett. Columbus, Ohio 1980; James K. Lyon: Bertolt Brecht in America. Princeton N. J. 1980; Bruce Cook: Brecht in Exile. New York 1983.

193 Lyon: Brecht in America (Anm. 192), S. 238 (Lyon zitiert aus einem Brief Audens vom 11. März 1971 an ihn selbst); siehe auch John Willett: Brecht in Context. London 1984, S. 59–72.

194 James K. Lyon: Hangmen Also Die, in: Brecht Handbuch. Bd. 3: Prosa, Filme, Drehbücher, hg. v. Jan Knopf. Stuttgart, Weimar 2002, S. 457–465; ders.: »Hangmen Also Die« Once Again – Dispelling the Last Doubts about Brecht's Role as Author, in: The Brecht Yearbook 30 (2005), S. 1–6.

195 http://www.univie.ac.at/biografiA/daten/text/bio/baum.htm (von Susanne Blumesberger; eingesehen am 8.4.2016).

196 Sabina Becker: Neue Sachlichkeit. 2 Bde. Köln, Weimar, Wien 2000; dies., »Zu den Problemen der Realität zugelassen«. Autorinnen der Neuen Sachlichkeit, in: Autorinnen der Weimarer Republik, hg. v. Walter Fähnders u. Helga Karrenbrock. Bielefeld 2003, S. 187–213; Heather Valencia: Vicki Baum: »A First-Rate Second-Hand Writer«?, in: German Novelists of the Weimar Republic. Intersections of Literature and Politics, hg. v. Karl Leydecker. Rochester, NY 2007, S. 292–252.

197 Sabina Becker: Großstädtische Metamorphosen. Vicki Baums Roman »Menschen im Hotel«, in: Jahrbuch zur Literatur der Weimarer Republik 5 (1999/2000), S. 167–194, hier S. 177.

198 David A. Brenner: Neglected »Women's« Texts and Contexts: Vicki Baum's Jewish Ghetto Stories, in: Women in German Yearbook 13 (1997), S. 101–120.

199 Nicole Nottelmann: Die Karrieren der Vicki Baum. Eine Biographie. Köln 2007, S. 251 f.

200 Lynda J. King: Best-Sellers by Design. Vicki Baum and the House of Ullstein. Detroit 1988; Julia Bertschik: »Kolportageliteratur mit Hintergründen«. Zur

Problematik literarischer Wertung am Beispiel von Vicki Baum (1888–1960), in: Im Schatten der Literaturgeschichte. Autoren, die keiner mehr kennt?, hg. v. Jattie Enklaar, Hans Elster u. Mitarb. v. Evelyne Tax. Amsterdam, New York 2005 (Duitse Kroniek 54), S. 193–206, hier S. 205.

201 Vicki Baum: Es war alles ganz anders. Erinnerungen. Berlin, Frankfurt M., Wien 1962, S. 404.

202 Ebd., S. 416.

203 Ebd., S. 436 f.

204 Nicole Nottelmann: Strategien des Erfolgs. Narratologische Analysen exemplarischer Romane Vicki Baums. Würzburg 2002, S. 288; Christa Gürtler: Doch keine »150-prozentige Amerikanerin« – Vicki Baums kritische Liebesbeziehung zu Amerika, in: Lifestyle – Mode – Unterhaltung oder doch etwas mehr? Die andere Seite der Schriftstellerin Vicki Baum (1888–1960), hg. v. Susanne Blumesberger, Jana Mikota. Wien 2013 (Neue Ergebnisse der Frauenbiografieforschung 13), S. 255–268, hier S. 256 f.

205 Baum: Es war alles ganz anders (Anm. 201), S. 452.

206 Maren Lieckhardt: Narrative Strategien der Verinnerlichung im öffentlichen Raum – Vicki Baums »Menschen im Hotel« zwischen neusachlichem Funktionalismus und existenziellem Erleben, in: Jahrbuch zur Kultur und Literatur der Weimarer Republik 15 (2011/12), S. 71–97; Johannes Pankau: Vicki Baums »Menschen im Hotel« im Kontext der Neuen Sachlichkeit, in: Lifestyle – Mode – Unterhaltung oder doch etwas mehr? Die andere Seite der Schriftstellerin Vicki Baum (1888–1960), hg. v. Susanne Blumesberger, Jana Mikota. Wien 2013 (Neue Ergebnisse des Frauenbiografieforschung 13), S. 82–111, hier S. 94 f.

207 Becker: Großstädtische Metamorphosen (Anm. 197), hier S. 182.

208 Werner Fuld über Vicki Baum: Menschen im Hotel, in: Romane von gestern – heute gelesen, hg. v. Marcel Reich-Ranicki. Frankfurt M. 1989, Bd. 2 (1918–1933), S. 153–158, hier S. 153.

209 Nottelmann: Strategien (Anm. 204), S. 140–195.

210 Elizabeth Boa: The meaning of time in Thomas Mann's »Der Zauberberg« und Vicki Baum's »Menschen im Hotel«, in: About time. Conceptualizing and Representing Temporality in German, Swiss and Austrian Culture. Konstanz 2013 (Germanistik in Ireland 8), S. 13–26.

211 Jörg Thunecke: Kolportage ohne Hintergründe: Der Film »Grand Hotel« (1932). Exemplarische Darstellung der Entwicklungsgeschichte von Vicki Baums Roman »Menschen im Hotel« (1929), in: Die Resonanz des Exils. Gelungene und mißlungene Rezeption deutschsprachiger Exilautoren, hg. v. Dieter Severin. Amsterdam-Atlanta, GA 1992 (Amsterdamer Publikationen zur Sprache und Literatur 99), S. 134–153, hier S. 139.

212 Ebd., S. 139.

213 Lynda J. King: »Menschen im Hotel« / »Grand Hotel«. Seventy Years of a Popular Culture Classic, in: The Journal of American Culture 23/2 (2000), S. 17–23.

214 Nottelmann: Die Karrieren (Anm. 199), S. 253.

215 Johann Holzner: Friedensbilder in der österreichischen Exilliteratur, in: Zagreber Germanistische Beiträge 4 (1995), S. 35–50, hier S. 40.

216 Nottelmann: Die Karriere (Anm. 199), S. 282 f.

217 Ebd., S. 254.

218 Vicki Baum: Hotel Shanghai. Amsterdam 1949 [unpag., S. 7].

219 Ebd., S. 12.

220 Zhang Yi: Vicki Baum wieder entdecken. Über die China-Darstellungen im Roman »Hotel Shanghai«, in: Literaturstraße 13 (2012), S. 267–277, hier S. 269; Stefan Scherer: Globalisierung in der Zwischenkriegszeit. China im Weltstadtroman des Exils: Vicki Baums »Hotel Shanghai« (1939), in: China in der deutschen Literatur 1827–1988, hg. v. Uwe Japp, Aihong Jiang. Frankfurt M. u. a. 2012, S. 125–141.

221 Inge Stephan: Bilder und Nachbilder vom Exil in Shanghai in Literatur und Film. Vicki Baum – Ulrike Ottinger – Ursula Krechel, in: Deutsch-chinesische Annäherungen. Kultureller Austausch und gegenseitige Wahrnehmung in der Zwischenkriegszeit, hg. v. Almut Hille, Gregor Streim, Pan Lu. Köln, Weimar, Wien 2011, S. 187–203, hier S. 193; Patrick Pfannkuche: Vicki Baums Romane: Mode, Hochstapelei, Sexualität. Kassel 2013, S. 32.

222 Gina Kaus: Von Wien nach Hollywood. Frankfurt M. 1990; Hartmut Vollmer: Vicki Baum und Gina Kaus. Ein Porträt zweier Erfolgsschriftstellerinnen der Zwischenkriegszeit, in: Wien – Berlin. Mit einem Dossier zu Stefan Großmann, hg. v. Bernhard Fetz. Wien 2001, S. 45–57; Edda Ziegler: Die verbrannten Dichterinnen. Schriftstellerinnen gegen den Nationalsozialismus. Düsseldorf 2007, S. 157–164; Volker Weidermann: Das Buch der verbrannten Bücher. Köln 2008, S. 75–77; Veronika Hofeneder: Der produktive Kosmos der Gina Kaus. Schriftstellerin – Pädagogin – Revolutionärin. Hildesheim u. a. 2013; Stefanie von Steinaecker: »A little lower than the Angels«. Vicki Baum und Gina Kaus: Schreiben zwischen Anpassung und Anspruch. Bamberg 2011 (Bamberger Studien zu Literatur, Kultur und Medien 1).

223 Katharina Prager: »Ich bin nicht gone Hollywood!« Salka Viertel, ein Leben in Theater und Film. Blickpunkte, 12. Bd. Wien 2007; Nicole Nottelmann: Ich liebe dich. Für immer. Greta Garbo und Salka Viertel. Berlin 2011; Jana Mikota: Journalistic Production of the New Woman. Vicki Baum (1888–1960) and Gina Kaus (1893–1985), in: Discovering Women's History. German-Speaking Journalists (1900–1950), hg. v. Christa Spreizer. Oxford u. a. 2014 (Women in German Literature 15), S. 205–223; Helga Schreckenberger: Arbeit in Hollywood, in: »Kometen des Geldes«. Ökonomie und Exil, hg. v. Ursula Seeber, Veronika Zwerger, Claus-Dieter Krohn. München 2015 (Exilforschung 33), S. 213–227.

224 Viertel: Das unbelehrbare Herz (Anm. 191), S. 383–385.

225 Baum: Es war alles ganz anders (Anm. 201), S. 476.

226 Erika und Klaus Mann: Escapeto Life. Deutsche Kultur im Exil, München 1991, S. 307; siehe auch Nottelmann: Die Karrieren (Anm. 199), S. 255 f.; Claudia Lenschen-Ramos: »Aus der Fremde die Heimat beschreiben«. Erika Mann und Vicki Baum im amerikanischen Exil, in: Fremdverstehen in Sprache, Literatur und Medien, hg. v. Ernest W. B. Hess-Lüttich, Christoph Siegrist, Stefan Bodo Würffel. Frankfurt M. 1996 (Cross Cultural Communication 4), S. 209–223.

227 Robert F. Bell: Depicting the Host Country: Vicki Baum's »The Mustard Seed«, in: Kulturelle Wechselbeziehungen im Exil – Exile across Cultures, hg. v. Helmut F. Pfanner. Bonn 1986 (Studien zur Literatur der Moderne 14), S. 139–150.

228 Alexandra Tyrolf: »Ein Zeitstück, nichts weiter« – Über Vicki Baums Autobiografie »Es war alles ganz anders«, in: Lifestyle – Mode – Unterhaltung oder

doch etwas mehr? Die andere Seite der Schriftstellerin Vicki Baum (1888–1960), hg. v. Susanne Blumesberger, Jana Mikota. Wien 2013 (Neue Ergebnisse der Frauenbiografieforschung 13), S. 235–254.

229 Nottelmann: Die Karrieren (Anm. 199), S. 261 f.
230 Hans Rudolf Vaget: Thomas Mann, der Amerikaner. Leben und Werk im amerikanischen Exil 1938–1952. Frankfurt M. 2011, 349–375.
231 Vaget: Vom »Herzasthma des Exils« (Anm. 26), S. 30.
232 Hans Rudolf Vaget hat erstmals auf diesen Text hingewiesen; ders., Thomas Mann, der Amerikaner (Anm. 230), S. 235.
233 The City of Man. A Declaration on World Democracy v. Herbert Agar, Frank Aydelotte, G. A. Borgese, Hermann Broch, Van Wyck Brooks, Ada L. Comstock, William Yandell Elliott, Dorothy Canfield Fisher, Christian Gauss, Oscar Jászi, Alvin Johnson, Hans Kohn, Thomas Mann, Lewis Mumford, William Allan Neilson, Reinhold Niebuhr, Gaetano Salvemini. New York 1941, unpag. [S. 114]: »Our leading thinkers are with us in the critical hour.«
234 New York Times, 22. Feb. 1938; zit. n. Vaget: Thomas Mann (Anm. 230), S. 15: »Where I am, there is Germany. I carry my German culture in me.«
235 Lutz Hagestedt: Sinn für Überholtes. Aspekte der Repräsentationssemantik in Thomas Manns ›Deutschlandreden‹, in: Die Erfindung des Schriftstellers Thomas Mann, hg. v. Michael Ansel, Hans-Edwin Friedrich, Gerhard Lauer. Berlin, New York 2009, S. 352–370.
236 Vaget: Thomas Mann (Anm. 230), S. 19 u. passim.
237 Ebd.; Tilmann Lahme: Die Manns. Geschichte einer Familie. Frankfurt M. 2015, S. 148 f. u. passim.
238 Vaget: Thomas Mann (Anm. 230), S. 349 f., Heinrich Detering: Thomas Manns amerikanische Religion. Frankfurt M. 2012, S. 86–90.
239 Zur Faszination, die Mann für die unitarische Kirche empfand und lebte, siehe Detering (Anm. 238).
240 Thomas Mann an Agnes E. Meyer, Pacific Palisades, 11.6.1941, in: Thomas Mann – Agnes E. Meyer. Briefwechsel 1937–1955, hg. v. Hans Rudolf Vaget. Frankfurt M. 1992, S. 288.
241 Thomas Mann an Agnes E. Meyer, Princeton, N.L., 3.11.1939, in: Thomas Mann – Agnes E. Meyer. Briefwechsel 1937–1955, hg. v. Hans Rudolf Vaget. Frankfurt M. 1992, S. 179 f., hier S. 178.
242 Thomas Mann an Agnes E. Meyer, Princeton, N.J., 16.1.1940, in: Thomas Mann – Agnes E. Meyer. Briefwechsel 1937–1955, hg. v. Hans Rudolf Vaget. Frankfurt M. 1992, S. 195 f.
243 Thomas Mann an Agnes E. Meyer, Brentwood, 12.9.1940, in: Thomas Mann – Agnes E. Meyer. Briefwechsel 1937–1955, hg. v. Hans Rudolf Vaget. Frankfurt M. 1992, S. 233 f., hier S. 233.
244 Vaget: Thomas Mann (Anm. 230), S. 19.
245 Dazu die »Note« in: The City of Man (Anm. 233), S. 97–113.
246 Lahme: Die Manns (Anm. 237), S. 196.
247 The City of Man (Anm. 233), S. 24: »[...] the City of Man must be much more than a League of Nations or a coalescence of continents. It must be the Nation of Man embodied in the Universal State, the State of States.«
248 Darauf lässt eine Widmung Manns schließen, die er Roosevelt in den Druck seiner Broschüre »War and Democracy« hineinschrieb: »To F.D.R., President

of the U.S. and of a coming better world«, überreicht am 14. Januar 1941 – offenbar in hoffnungsfroher Antizipation eines künftigen Weltstaates. Thomas Mann: Tagebücher 1940–1943, hg. v. Peter de Mendelssohn. Frankfurt M. 1982, Washington, White House, 14.1.1941, S. 210 f.; Hans Rudolf Vaget: Zu Gast im Weißen Haus: Thomas Mann und Franklin D. Roosevelt, in: Düsseldorfer Beiträge zur Thomas Mann-Forschung. Schriftenreihe der Thomas Mann Gesellschaft Düsseldorf, hg. v. Miriam Albrecht, Sebastian Hansen, Melanie Keuthen, Heike Spies, Frank Weiher. Düsseldorf 2011, S. 81–111, hier S. 97. – Hans Rudolf Vaget danke ich für den Hinweis auf die Tagebuchstelle.

249 The City of Man (Anm. 233), S. 27: »Diversity in unity and unity in diversity will be the symbols of federal peace in universal democracy.«

250 Ebd., S. 58: »Moral will have the primacy over economics, not economics over morals.«

251 Detering: Thomas Manns amerikanische Religion (Anm. 238), S. 52–63.

252 Ebd., S. 117.

253 The City of Man (Anm. 233), S. 44.

254 Ebd., S. 30 f.

255 Ebd., S. 107–107.

256 Thomas Mann: The Rebirth of Democracy. The Growing Union of the English-Speaking World, in: ders., An die gesittete Welt. Politische Schriften und Reden im Exil. Nachwort v. Hanno Helbling. Frankfurt M. 1986, S. 399–403, hier S. 401; dt. Rückübers. von Peter de Mendelssohn unter dem Titel »Die Wiedergeburt der Demokratie«, ebd., S. 403–408, hier S. 405: »May I be allowed to mention on this occasion a little book which appeared only a few weeks ago under the title ›The City of Man‹, as the product of the collaborations of a number of American and European scholars and writers? It is the first vision of a future better world, an outline which is based on this fundamental idea of Union and World Democracy. And it may be regarded as symbolic that this document is the collective work of Americans and Europeans deeply concerned about the destiny of our occidental civilization.«

257 Karl O. Paetel: Zum Problem einer deutschen Exilregierung, in: Vierteljahrshefte für Zeitgeschichte (VfZ) 3 (1956), S. 286 f.; Claus-Dieter Krohn: Der Council for a Democratic Germany, in: Was soll aus Deutschland werden? Der Council for a Democratic Germany in New York 1944–1945. Aufsätze und Dokumente, hg. v. Ursula Langkau-Alex, Thomas M. Ruprecht., Bd. 15. Frankfurt M. 1995 (Quellen und Studien zur Sozialgeschichte), S. 47 f.; Petra Liebner: Paul Tillich und der Council for a Democratic Germany (1933 bis 1945), Bd. 902. Frankfurt M. 2001.

258 Thomas Mann: Die Entstehung des Doktor Faustus, in: ders., Gesammelte Werke in dreizehn Bänden, Bd. XI: Reden und Aufsätze 3.2. Frankfurt M. 1974, S. 145, 301, hier S. 298.

259 Thomas Mann: Warum ich nicht nach Deutschland zurückkehre, in: ders., Reden und Aufsätze 4, Gesammelte Werke 12. Frankfurt M. 1974, S. 953–962, hier S. 960.

260 Den Fall rekonstruieren Georg Bollenbeck: Tradition, Avantgarde, Reaktion. Deutsche Kontroversen um die kulturelle Moderne 1880–1945. Frankfurt M. 1999, S. 11–16; Hans Rudolf Vaget: Wagnerian Self-Fashioning. The Case of Adolf Hitler, in: New German Critique 101/34 (2007), S. 95–114; ders., Im

Schatten Wagners. Thomas Mann über R. Wagner. Texte und Zeugnisse. Frankfurt M. 2010.

261 Thomas Mann: Doktor Faustus. Das Leben des deutschen Tonsetzers Adrian Leverkühn, erzählt von einem Freunde, in: ders., Große kommentierte Frankfurter Ausgabe. Bd. X, 1, hg. v. Ruprecht Wimmer. Frankfurt M. 2007, S. 42.

262 Ebd., S. 97–106; Theodor Karst: Johann Conrad Beißel in Thomas Manns Roman Doktor Faustus, in: Jahrbuch der deutschen Schillergesellschaft 12 (1968), S. 543–585.

263 Hans Rudolf Vaget: »Etwas wahrhaft Ergreifendes«. Thomas Manns Beziehung zu Roger Sessions, in: Thomas Manns »Doktor Faustus« – Neue Ansichten, neue Einsichten, hg. v. Heinrich Detering, Friedhelm Marx, Thomas Sprecher. Frankfurt M. 2013 (Thomas-Mann-Studien 46), S. 219–226.

264 Vaget: Thomas Mann (Anm. 230), S. 237–240.

265 Ebd., S. 25, 415–442.

266 Hans Rudolf Vaget: Vorzeitiger Antifaschismus und andere unamerikanische Umtriebe. Aus der geheimen Akte des FBI über Thomas Mann, in: Horizonte. Festschrift für Herbert Lehnert zum 65. Geburtstag, hg. v. Hannelore Mundt, Egon Schwarz, William J. Lillyman. Tübingen 1990, S. 193–204.

267 Sonja Valentin: »Steine in Hitlers Fenster«. Thomas Manns Radiosendungen »Deutsche Hörer!« (1940–1945). Göttingen 2015, S. 294.

268 Vaget: Vom »Herzasthma des Exils« (Anm. 26), S. 26; Ruprecht Wimmer: Thomas Manns langer Abschied von Amerika, in: Thomas Mann, die Deutschen und die Politik, hg. v. Heinrich Oberreuter, Ruprecht Wimmer. München 2008, S. 59–82.

269 Thomas Mann an Walter Janka, Pacific Palisades, 11.2.1952, Archiv des Aufbau-Verlags, Sign. SBB, IIIA, Dep. 38, Verlagsleitung/Autorenschriftwechsel 1949–1956, Mappe E/E0297a, Bl. 116r.: »Sie wissen ja, – denn ich habe es oft ausgesprochen –[,] wie sehr mir daran gelegen war, da[ß] der Vertrieb meiner Bücher sich nicht auf die ›westliche‹ Sphäre Deutschlands beschänkt, sondern da[ß] diese Bücher die Möglichkeit haben, allen Deutschen, die Interesse daran nehmen, vor Augen zu kommen […].«

270 Nora Chelaru: Das zionistische Judenbild der Klara Blum in den Periodika »Ostjüdische Zeitung« (Czernowitz) und »Der jüdische Arbeiter« (Wien), 1924–1933. Studie und Texte, in: Kulturen an den »Peripherien« Mitteleuropas (am Beispiel der Bukowina und Tirols), hg. v. Andrei Corbea-Hoisie, Sigurd Paul Scheichl. Iasi, Konstanz 2015 (Jassyer Beiträge zur Germanistik 18), S. 307–332.

271 Frank Quilitzsch: Legende von Dshe-Nu. Das Schicksal der deutschsprachigen jüdisch-chinesischen Schriftstellerin Klara Blum, in: Argonautenschiff 7 (1998), S. 203–215, hier S. 203.

272 Nora Chelaru: Klara Blum als Feuilletonistin und Journalistin für die »Ostjüdische Zeitung« (1924–1929), in: Zeitungsstadt Czernowitz. Studien zur Geschichte der deutschsprachigen Presse der Bukowina (1848–1940), hg. v. Andrei Corbea-Hoisie, Ion Lihaciu, Markus Winkler. Kaiserslautern, Mehlingen 2014; Nora Chelaru: Das zionistische Judenbild der Klara Blum (Anm. 270), S. 307.

273 Klara Blum: Sensationen für das Judentum. Ein Wiener Wochenbericht [Ostjüdische Zeitung, 6.1.1927, Nr. 852], abgedruckt in: Chelaru, Das zionistische Judenbild (Anm. 270), S. 316–318, hier S. 318; dies., Vortrag [Ostjüdische Zeitung, 10.7.1927, Nr. 927], abgedruckt in: ebd., 320 f., hier S. 321.

274 Klara Blum: Czernowitzer Ghetto, in: dies., Liebesgedichte, hg. v. Bernhard Albers. Einführung von Zhidong Yang. Aachen 2012, S. 42–47, hier S. 43.

275 Christina Pareigis: Glasperlenhebräisch. Das Fremd-Wort in den Schriften von Klara Blum und Gertrud Kolmar, in: »Not an essence but a positioning«. German-Jewish Women Writers (1900–1938). München 2009, S. 151–164; dies., »Buntscheckig Narrendeutsch«. Sprachbegegnungen in Klara Blums früher Lyrik und Prosa, in: Zeitschrift für interkulturelle Germanistik 3 (2012), S. 49–59.

276 Zur Biografie siehe Adrian Hsia: Zwei Enden des Himmels. Das bewegte Leben der jüdisch-chinesischen Schriftstellerin Klara Blum, in: Die Zeit, 5.1.1990, S. 57; Zhidong Yang: Klara Blum – Zhu Bailan (1904–1971). Leben und Werk einer österreichisch-chinesischen Schriftstellerin. Frankfurt M. u. a. 1996 (Forschungen zur Literatur- und Kulturgeschichte 55); Zhidong Yang: Klara Blum – Zhu Bailan (1904–1971), in: dies., Liebesgedichte, hg. v. Bernhard Albers. Einführung von Zhidong Yang. Aachen 2012, S. 7–25, hier S. 9.

277 Klara Blum: Pflaumenblüte, Moskau 1983, DLA Marbach, D: Blum, Konv. Gedichte, Dx86.158.

278 Hsia: Zwei Enden (Anm. 276).

279 Klara Blum an Manfred George, Paris, 1. Oktober 1946, DLA Marbach, D: Blum, Dx75.2264, 2 Bl.

280 Klara Blum an Manfred George, Paris, 1. Oktober 1946, DLA Marbach, D: Blum, Dx75.2264, 2 Bl., hier Bl. 1 verso: »Es gibt manches, was mir in Russland imponiert hat, aber auch manches, was ich ablehne. So bin ich, trotz meines langjährigen dortigen Asylaufenthaltes völlig unabhängig geblieben.«

281 Siglinde Bolbecher: »Vom Kinderblick der Zukunft überstrahlt…«. Die Dichterin Klara Blum, in: An der Zeiten Ränder. Czernowitz und die Bukowina. Geschichte, Literatur, Verfolgung, Exil, hg. v. Cécile Cordon, Helmut Kusdat. Wien 2002, S. 295–300, hier S. 299.

282 Klara Bum: Die Völkerfreunde, Paris 1947, DLA Marbach, D: Blum, Konv. Gedichte, Dx86.158.

283 Marcia Reynders Ristaino: Port of Last Resort. The Diaspora Communities of Shanghai. Stanford 2001.

284 Klara Blum: Herkunft, in: dies., Liebesgedichte, hg. v. Bernhard Albers. Einführung von Zhidong Yang. Aachen 2012, S. 50f., hier S. 51.

285 Yang Zhidong: Blum, Klara, in: Internationales Germanistenlexikon 1800–1950, Bd. 1, hg. u. eing. v. Christoph König. Berlin 2003, S. 204–205.

286 Wolf ist selbst eine spannende Figur. Als Arzt setzte er sich für die Akzeptanz von Abtreibungen ein. Sein thematisch einschlägiges Drama »Cyankali« (1929) wurde u. a. in Paris, New York und Tokio gezeigt.

287 Zhidong: Klara Blum, 1996 (Anm. 285), S. 185–188.

288 Ebd., S. 167–170.

289 Klara Blum: Der Hirte und die Weberin. Rudolstadt 1951, S. 12, 36.

290 Ebd., S. 31.

291 Ebd., S. 75.

292 Ebd., S. 109.

293 Ebd., S. 67.

294 Lion Feuchtwanger an Klara Blum, Pacific Palisades, 15. März 1957, DLA Marbach, D: Blum, Dx86.169/1; der Brief wird auch zitiert von Adrian Hsia:

China-Bilder in der europäischen Literatur. Würzburg 2010, S. 164; Quilitzsch (Anm. 271), S. 208.

295 Lion Feuchtwanger an Klara Blum, Pacific Palisades, 25. April 1958, DLA Marbach, D: Blum, Dx86.169/2.

296 Hsia: China-Bilder (Anm. 294) S. 165.

297 Adrian Hsia: Die ewige Fremde. Klara Blum und ihr Nachlaß-Roman aus China, in: Begegnungen mit dem ›Fremden‹. Grenzen – Traditionen – Vergleiche. Internationaler Germanisten-Kongreß in Tokyo, Emigranten- und Immigrantenliteratur, Bd. 8, Sektion 14, hg. v. Eijirō Iwasaki. München 1991, S. 235–241, hier S. 241.

298 Klara Blum: Das Lied von Hongkong, in: dies., Das Lied von Hongkong. Novellen. Mit 8 Scherenschnitten von Dhang Jung-schou und Lo Shuee-jü. Rudolstadt 1959, S. 49–136, hier S. 81.

299 Zhidong: Klara Blum, 1996 (Anm. 285), S. 212.

300 O. Grotewohl an den Greifenverlag, Berlin, 25.7.1959 (Kopie: Abschrift von Abschrift), DLA Marbach, D: Blum, Briefe an sie von verschiedenen Autoren, Politische Organisationen, Dx86.175.

301 Das bis heute unveröffentlichte Originalmanuskript liegt in Marbach. Klara Blum: Schicksalsüberwinder. Ein Mosaik-Roman aus dem neuen China. Mit Scherenschnitten von Lo Shuee-yü mit Widmung für die Kommunistische Partei Chinas, 7.1.1961. DLA Marbach, D: Blum, D86159. Ein Auszug ist in NDL 9/10 (1961), S. 5773 erschienen. Zur historischen Situation und ihrer Problematik siehe Thomas Lange: Emigration nach China: Wie aus Klara Blum Dshu Bailan wurde, in: Exilforschung. Ein internationales Jahrbuch, Bd. 3: Gedanken an Deutschland im Exil und andere Themen, hg. im Auftrag der Gesellschaft für Exilforschung v. Thomas Koebner, Wulf Köpke, Joachim Radkau. München 1985, S. 339–348, hier S. 345; Zhidong: Klara Blum, 1996 (Anm. 285), S. 192–209.

302 Dshu Bai-lan (Klara Blum): Der leuchtende Spiegel. Antwort an Arnold Zweig, DLA Marbach, D: Blum, Konv. Gedichte, Dx86.158, 3 Bl. mit einem chinesischen Einblatt-Druck, hier Bl. 3.

303 Hsia: China-Bilder (Anm. 294), S. 169.

304 Klara Blum an Franz Theodor Csokor, Kanton, 22. März 1956, DLA Marbach, D: Blum, Dx86.161. 3 Bl. (Original und Kopie), hier Bl. 1 f.; siehe auch Quilitzsch (Anm. 271), S. 211.

305 Blum an Csokor (Anm. 304); siehe auch Quilitzsch (Anm. 271), S. 211.

306 Hsia: China-Bilder (Anm. 294), S. 162.

307 Dazu das Kapitel zu den internationalen Dichtergesellschaften in diesem Buch.

308 Bruno Frei an Klara Blum, o.O., 30. März 1959, DLA Marbach, D: Blum, Dx86.170, 1 Bl. Kopie.

309 Prof. D. K. Linser, der Vorsitzende, an Prof. Klara Blum, Berlin, den 19. Juni 1952, DLA Marbach, D: Blum, Briefe an sie von verschiedenen Autoren, Politische Organisationen, Dx86.172/1; siehe auch Quilitzsch (Anm. 271), S. 206.

310 Elsholz, Leiter der Finanzabteilung, an Klara Blum, Berlin, 18.11.1965, DLA Marbach, D: Blum, Briefe an sie von verschiedenen Autoren, Politische Organisationen, Dx86.172/2; ders. an dies., Berlin 9.1.1966, DLA Marbach, D: Blum, Briefe an sie von verschiedenen Autoren, Politische Organisationen, Dx86.172/3; Traan Huu Kha an Klara Blum, Berlin, 14.5.1966, DLA Marbach,

D: Blum, Briefe an sie von verschiedenen Autoren, Politische Organisationen, Dx86.172/4.

311 Hsia: China-Bilder (Anm. 294), S. 170; Quilitzsch (Anm. 271), S. 209 f.

312 DLA Marbach, D: Blum, Konv. Gedichte, Dx86.158, 2 Bl. mit einer Beilage (Mai 1967).

313 Quilitzsch (Anm. 271), S. 213.

314 Blum: Der Hirte und die Weberin (Anm. 289), S. 87 f.; Klara Blum: Die drei gerechten Konkubinen, in: dies., Das Lied von Hongkong. Novellen. Mit 8 Scherenschnitten von Dhang Jung-schou und Lo Shuee-jü. Rudolstadt 1959, S. 137–156, hier S. 186 u. passim.

315 Hsia: China-Bilder (Anm. 294), S. 157.

316 Blum: Das Lied von Hongkong (Anm. 298), S. 135.

317 Klara Blum: Grimmiger Lebensbericht, in: dies., Liebesgedichte, hg. v. Bernhard Albers. Einführung von Zhidong Yang. Aachen 2012, S. 52–54, hier S. 52.

318 Ebd.

319 Ebd., S. 54.

320 Klara Blum: Zwei Stimmen zu einem Werk II, in: Das Wort 6/1-3 (1938), S. 137–140, hier S. 139.

321 John Atkins: Arthur Koestler. London 1956; Harold Harris (Hg.): Astride the two cultures. Arthur Koestler at 70. London 1975; David Cesarani: Arthur Koestler. The Homeless Mind. London 1998; Christian Buckard: Arthur Koestler. Ein extremes Leben 1905–1983. München 2004; Michel Laval: L'homme sans concessions. Arthur Koestler et son siècle. Paris 2005.

322 Catherine Stodolsky: Emigrationsalltag im 15. Arrondissement: Walter Benjamin, Arthur Koestler, Lisa Fittko, in: Fluchtziel Paris. Die deutschsprachige Emigration 1933–1940, hg. v. Anne Saint Sauveur-Henn. Berlin 2002, S. 73–80.

323 Cesarani: Koestler (Anm. 321), S. 278.

324 Horst Komuth: Manès Sperber, Arthur Koestler und George Orwell. Der Totalitarismus als Geißel des 20. Jahrhunderts. Würzburg 1987 (Neue Würzburger Studien zur Soziologie 6), S. 83.

325 Thomas Rüther: Die Signaturen der Lebensgefahr, in: Frankfurter Allgemeine Sonntagszeitung, 24. April 2016, S. 47; Michael Scammell: A Different ›Darkness at Noon‹, in: New York Review of Books, 7. April 2016, S. 22.

326 Joseph P. Strelka: Arthur Koestler. Autor – Kämpfer – Visionär. Tübingen 2006, S. 53.

327 Roger Berkowitz: Approaching Infinity: Dignity in Arthur Koestler's »Darkness at noon«, in: Philosophy and Literature 33 (2009), S. 296–314.

328 Heinz Wetzel: Revolution and the Intellectual: Büchner's Danton and Koestler's Rubashov, in: Mosaic 10/4 (1977), S. 23–33; Alfred Hoelzel: Betrayed Rebels in German Literature: Büchner, Toller, and Koestler, in: Orbis Litterarum 34 (1979), S. 238–358.

329 Arthur Koestler: Sonnenfinsternis. London 1946, S. 314.

330 Ebd., S. 308.

331 Ebd., S. 309.

332 Ebd., S. 500.

333 Ebd.

334 Ebd.

335 Ebd., S. 502.

336 Ebd., S. 503.
337 Ebd., S. 507.
338 Gianna Zocco: The Hot-House Atmosphere of Cell Number 40[4]: Space and Identity in Arthur Koestler's »Darkness at Noon«, in: Arcadia 49/1 (2014), S. 139–157, hier S. 153.
339 Thomas Koebner: Arthur Koestlers Abkehr vom Stalinismus, in: Exilforschung. Ein internationales Jahrbuch 1 (1983), S. 95–108.
340 Ernst Bloch: Verrat und Verräter, in: Freies Deutschland (Mexico) 3, 1942, S. 19 f.
341 Martine Poulain: A Cold War Best-Seller: The Reaction to Arthur Koestler's »Darkness at Noon« in France from 1945 to 1950, in: Libraries and Culture 36/1 (2001), S. 172–184.
342 Stephen Toulmin: Arthur Koestler's Theodicy, in: Encounter 2 (1979), S. 46–57.

VIII. Geteilte Welten, Gegenwelten, 1945–1989

1 Peter Weiss: Vier Reportagen aus Deutschland 1947, in: Peter Weiss Jahrbuch 8 (1999), S. 7–20, hier S. 7.
2 Paul Celan: Solve, in: ders., Gesammelte Werke in fünf Bänden. 2. Bd. Gedichte II, hg. v. Beda Allemann, Stefan Reichert u. Mitw. v. Rolf Bücher. Frankfurt M. 1983, S. 82; Elżbieta Katarzyna Dzikowska: Breslau in Wrocław. Poetische Korrespondenzen, in: Gedächtnis und Literatur in den geschlossenen Gesellschaften des Real-Sozialismus zwischen 1945 und 1989. Göttingen 2007, S. 93–106, S. 100 f.
3 Carsten Wurm: Der frühe Aufbau-Verlag 1945–1961. Konzepte und Kontroversen. Leipzig 1996, S. 40.
4 Rolf Harder: Zum Anteil Johannes R. Bechers an der Herausbildung einer Konzeption zur politisch-moralischen Vernichtung des Faschismus, in: Weimarer Beiträge 5 (1983), S. 724–733.
5 Wurm: Der frühe Aufbau-Verlag (Anm. 3), S. 35 f.
6 Thomas von Steinaecker: Nachwort. Ein Welterfolg, in: Anna Seghers, William Sharp, Das siebte Kreuz. Mit den Originalillustrationen von 1942. Berlin 2015, S. 71–75; Carsten Wurm: Jeden Tag ein Buch. 50 Jahre Aufbau-Verlag 1945–1995. Berlin 1995, S. 143.
7 Peter Demetz: Introduction, in: Brecht. A Collection of Critical Essays, hg. v. dems. Englewood Cliffs 1962, S. 1–15, hier S. 2.
8 Heinrich Detering: Bertolt Brecht und Laotse. Göttingen 2008.
9 From the Testimony of Berthold Brecht (Accompanied by Counsel, Mr. Kenny, and Mr. Crum). Hearings of the House Committee on Un-American Activities, October 30, 1947, in: Brecht. A Collection of Critical Essays, hg. v. Peter Demetz. Englewood Cliffs 1962, S. 30–42; James K. Lyon: Bertolt Brecht in America. Princeton N. J. 2014.
10 Lyon: Bertolt Brecht in America (Anm. 9), S. 302.
11 Ronald Hayman: Brecht. A Biography. New York 1983, S. 369.
12 Jo Hauberg, Giuseppe De Siati, Thies Ziemke (Hg.): Der Malik-Verlag, 1916–1947. Chronik des Verlages. Kiel 1986; Frank Hermann: Malik – zur Geschichte eines Verlages 1916–1947. Düsseldorf 1989; Ulrich Faure: Im Knotenpunkt des

Weltverkehrs. Herzfelde, Heartfield, Grosz und der Malik-Verlag 1916–1947. Berlin 1992; Germaine Stucki-Volz: Der Malik-Verlag und der Buchmarkt der Weimarer Republik. Bern 1993.

13 Wurm: Der frühe Aufbau-Verlag (Anm. 3), S. 77.

14 Thematischer Plan für das Jahr 1951 (Zusammenfassung). Verlagsleitung/Planung 1951, Archiv des Aufbau-Verlags, Sign. SBB, IIIA, Dep. 38, Mappe 001a, Blatt 2v, 3r.

15 Wieland Herzfelde: Immergrün. Merkwürdige Erlebnisse und Erfahrungen eines fröhlichen Waisenknaben. Berlin 1949, S. 100.

16 Ebd., S. 247.

17 Wurm: Der frühe Aufbau-Verlag (Anm. 3), S. 78.

18 Wieland Herzfelde an Ernst Rowohlt, 9.1.1950, Archiv des Aufbau-Verlags, Sign. SBB, IIIA, Dep. 38, Verlagsleitung/Autorenschriftwechsel 1949–1956, Mappe 0632, Bl. 108r.

19 Thomas Mann an Wieland Herzfelde, 24.2.1950 [Abschrift], Archiv des Aufbau-Verlags, Sign. SBB, IIIA, Dep. 38, Verlagsleitung/Autorenschriftwechsel 1949–1956, Mappe 0632, Bl. 102r.

20 Wieland Herzfelde an Erich Wendt, Leipzig, 7.11.1949, Archiv des Aufbau-Verlags, Sign. SBB, IIIA, Dep. 38, Verlagsleitung/Autorenschriftwechsel 1949–1956, Mappe 0632, Bl. 120r.

21 Wieland Herzfelde an Erich Wendt, Leipzig, 8.12.1949, Archiv des Aufbau-Verlags, Sign. SBB, IIIA, Dep. 38, Verlagsleitung/Autorenschriftwechsel 1949–1956, Mappe 0632, Bl. 113r.

22 Christoph Links: Verleger-Spuren. Drei Begegnungen mit Walter Janka, in: Walter Janka: Zu Kreuze kriechen kann ich nicht. Erinnerungen und Lebenszeugnisse, hg. v. Heike Schneider. Berlin 2014, S. 104–106.

23 Erich Wendt an Wieland Herzfelde, Berlin 10.12.1949, Archiv des Aufbau-Verlags, Sign. SBB, IIIA, Dep. 38, Verlagsleitung/Autorenschriftwechsel 1949–1956, Mappe 0632, Bl. 117r.

24 Walter Janka an Wieland Herzfelde, Berlin, 15.5.1951, Archiv des Aufbau-Verlags, Sign. SBB, IIIA, Dep. 38, Verlagsleitung/Autorenschriftwechsel 1949–1956, Mappe 0632, Bl. 80r.

25 Dazu Igor J. Polianski: Gorkis Fluch, in: Zensurspiele. Heimliche Literaturgeschichte aus der DDR, hg. v. Simone Barck, Siegfried Lokatis. Halle 2008, S. 36–38.

26 Erich Wendt an Wieland Herzfelde, Berlin, 27.1.1950, Archiv des Aufbau-Verlags, Sign. SBB, IIIA, Dep. 38, Verlagsleitung/Autorenschriftwechsel 1949–1956, Mappe 0632, Bl. 105r.

27 Walter Janka an Wieland Herzfelde, Berlin, 28.4.1954, Archiv des Aufbau-Verlags, Sign. SBB, IIIA, Dep. 38, Verlagsleitung/Autorenschriftwechsel 1949–1956, Mappe 0632, Bl. 14r.

28 Wieland Herzfelde an Walter Janka, Leipzig, 15.4.1954, Archiv des Aufbau-Verlags, Sign. SBB, IIIA, Dep. 38, Verlagsleitung/Autorenschriftwechsel 1949–1956, Mappe 0632, Bl. 15r.

29 Max Schroeder an Wieland Herzfelde, Berlin, 3.10.1951, Archiv des Aufbau-Verlags, Sign. SBB, IIIA, Dep. 38, Verlagsleitung/Autorenschriftwechsel 1949–1956, Mappe 0632, Bl. 67r.

30 Wieland Herzfelde an George Grosz, o.O., 5.6.1950 [Abschrift], Archiv des

Aufbau-Verlags, Sign. SBB, IIIA, Dep. 38, Verlagsleitung/Autorenschrift-wechsel 1949–1956, Mappe 0632, Bl. 95r; Archiv des Aufbau-Verlags, Sign. SBB, IIIA, Dep. 38, Verlagsleitung/Autorenschriftwechsel 1949–1956, Mappe 1000/1050, Bl. 8r.

31 Günter Caspar: Vertrag mit Wieland Herzfelde, 1.11.1960, Archiv des Aufbau-Verlags, Sign. SBB, IIIA, Dep. 38, Verlagsleitung/Autorenschriftwechsel 1949–1956, Mappe 1000/1091, Bl. 159r.

32 Günter Caspar an Wieland Herzfelde, Berlin, 27.4.1968, Archiv des Aufbau-Verlags, Sign. SBB, IIIA, Dep. 38, Verlagsleitung/Autorenschriftwechsel 1949–1956, Mappe 1000/1621, Bl. 76 f.

33 Aus einer Gedankenskizze von Prof. Wieland Herzfelde betr.: Heartfield-Erbe [Abschrift]; Archiv des Aufbau-Verlags, Sign. SBB, IIIA, Dep. 38, Verlagslei-tung/Autorenschriftwechsel 1949–1956, Mappe 0633, Bl. 7r, 8r.

34 Wurm: Der frühe Aufbau-Verlag (Anm. 3), S. 173 f.

35 Ebd., S. 56.

36 R. Krendel: Lenin – čitatel' chudožestvennoj literatury [Lenin als Leser von Belletristik], in: Bibliotekar 11 (1970).

37 Olga Libowa, Ludmila Gluchowa: Zeiterprobte Literaturdenkmäler und vir-tuelle Realitäten – Werke deutschsprachiger Autoren in russischen Büchereien im Spiegel von Bibliothekspresse und Leserinteressen (1946–1990), in: Tau-wetter, Eiszeit und gelenkte Dialoge: Russen und Deutsche nach 1945, hg. v. Karl Eimermacher, Astrid Volpert. München 2006, S. 1057–1087, hier S. 1077; Walentin Michalkowitsch: Chruschtschow contra Chuzijew und Remarque. Die »Sechziger« und das Phänomen des sowjetischen Remarquismus, in: Tau-wetter, Eiszeit und gelenkte Dialoge: Russen und Deutsche nach 1945, hg. v. Karl Eimermacher, Astrid Volpert. München 2006, S. 1189–1208.

38 Dazu die zahlreichen Briefwechsel in den Ordnern Verlagsleitung/Auslands-schriftwechsel 1946–1980, Archiv des Aufbau-Verlags, Sign. SBB, IIIA, Dep. 38, Mappen 198–252.

39 Wurm: Der frühe Aufbau-Verlag (Anm. 3), S. 83–85.

40 Gespräch mit Rybin, Archiv des Aufbau-Verlags, Sign. SBB, IIIA, Dep. 38, Cheflektorat/Reisen/Messen 1956, Mappe 1014, Bl. 2r–6r.

41 Liste von Werken deutscher Autoren, die zur Herausgabe in den Verlagen der Unionsrepubliken im Jahre 1957 vorgesehen sind, Archiv des Aufbau-Ver-lags, Sign. SBB, IIIA, Dep. 38, Cheflektorat/Reisen/Messen 1956, Mappe 1014, Bl. 8r–9r.

42 Protokoll der Arbeitsbesprechung zwischen der Delegation des Volkslite-raturverlages, Peking und der Verlegerdelegation der Deutschen Demokra-tischen Republik, Berlin, 29.5.1986, Archiv des Aufbau-Verlags, Sign. SBB, IIIA, Dep. 38, Verlagsleitung/Reisebericht China 1985, Mappe 2869, Bl. 16r–20r.

43 Jugoslawien, Stand am 15.10.1956, Archiv des Aufbau-Verlags, Sign. SBB, IIIA, Dep. 38, Cheflektorat/Reisen/Messen 1956, Mappe 1013, Bl. 3r.

44 Bericht über die Jugoslawienreise von Caspar und Düwel, 23.10.–11.11.1956, Archiv des Aufbau-Verlags, Sign. SBB, IIIA, Dep. 38, Cheflektorat/Reisen/Messen 1956, Mappe 1013, Bl. 15r–19r.

45 Bericht über die Verhandlungen zur Herausgabe moderner deutscher Literatur in Jugoslawien, 22. November 1956 Ca/Pi, Archiv des Aufbau-Verlags, Sign.

SBB, IIIA, Dep. 38, Cheflektorat/Reisen/Messen 1956, Mappe 1013, Bl. 5r.–10r (gez. Günter Caspar), hier Bl. 5r.

46 Ebd.

47 Simone Barck, Martina Langermann, Siegfried Lokatis: »Jedes Buch ein Abenteuer«. Zensur-System und literarische Öffentlichkeiten in der DDR bis Ende der sechziger Jahre. Berlin 1997 (Zeithistorische Studien 9), S. 175 u. passim. Siehe auch Siegfried Lokatis: Der rote Faden. Kommunistische Parteigeschichte und Zensur unter Walter Ulbricht. Köln u. a. 2003; Siegfried Lokatis, Theresia Rost, Grit Steuer (Hg.): Vom Autor zur Zensurakte. Abenteuer im Leseland DDR. Halle 2014.

48 Fritz-Georg Voigt an Genosse Takács, Berlin, 29.5.1979, Verlagsleitung/Auslandsschriftwechsel 1974–1980, Archiv des Aufbau-Verlags, Sign. SBB, IIIA, Dep. 38, Mappe 252, Bl. 3r.

49 Reisebericht Teil I zur durchgeführten Auslandsdienstreise nach Großbritannien vom 29.10.1970 bis 12.11.1970, Berlin 19.11.1970 (Günther Klotz), Archiv des Aufbau-Verlags, Sign. SBB, IIIA, Dep. 38, Cheflektorat/Reisen/Messen 1956, Mappe 1016, Bl. 26r–31r.

50 Hubert Witt: Thinking it over: 30 Stories from the German Democratic Republic. Berlin 1977.

51 Jack Zipes: Time for Dreams. Poetry from the German Democratic Republic, hg. v. Günther Deicke. Berlin 1976; Joanna Bankier, Carol Cosma, Doris Earnshaw, Joan Keefe, Deirdre Lashgari, Kathleen Weaver (Hg.): The Other Voice: Twentieth-Century Women's Poetry in Translation. New York, Norton 1976.

52 Reiner Kunze an Klaus Wagenbach, Halle, 14.12.1974, Archiv des Wagenbach-Verlags, SBB, Ordner »70er Jahre Autoren Übersetzer« [Unterstreichung im Original].

53 Gemeint ist Novaks »Ballade von der reisenden Anna«, 1965.

54 Helga Novak an Klaus Wagenbach, Frankfurt, 9.11.1976, Archiv des Wagenbach-Verlags, SBB, Ordner »70er Jahre Autoren Übersetzer«, 2 Bl.

55 Ursula Bessen: Helga M. Novak, in: Kritisches Lexikon zur deutschsprachigen Gegenwartsliteratur. (69. Nachlieferung), hg. v. Heinz Ludwig Arnold. München 2001, S. 1–14.

56 Zum Jahresbericht 1987, Archiv des Aufbau-Verlags, Slgn. SBB, IIIA, Dep. 38, Cheflektorat/Lizenzvergabe/Statistiken/Schriftwechsel, Bl. 8r.

57 Volkmar Heisig, Sektorleiter Auslandsarbeit, Ministerrat der Deutschen Demokratischen Republik, Ministerium für Kultur, and Christoph Links, Berlin, Archiv des Aufbau-Verlags, Sign. SBB, IIIA, Dep. 38, Verlagsleitung/Einreise von Gästen, Mappe 2854, 12.8.1988.

58 Protokoll, Ministerium für Kultur der DDR, HV Verlage und Buchhandel, Archiv des Aufbau-Verlags, Slgn. SBB, IIIA, Dep. 38, Verlagsleitung/Internationales Treffen sozialistischer Verlage, Mappe 2954, Bl. 3r–5r.

59 Christoph Links: Mit der Mauer fiel auch die Zensur. Aufbruch in eine neue Verlagswelt, in: Goodbye, DDR. Erinnerungen an den Mauerfall, hg. v. Elke Bitterhof. Berlin 2014, S. 231–235.

60 Elena Agazzi, Erhard Schütz (Hg.): Handbuch Nachkriegskultur. Literatur, Sachbuch und Film in Deutschland (1945–1962). Bern, Boston 2013; Christian Adam: Der Traum vom Jahre Null. Autoren, Bestseller, Leser: Die Neuordnung der Bücherwelt in Ost und West nach 1945. Berlin 2016.

61 Siehe etwa Heinz Kindermann: Das Goethebild des 20. Jahrhunderts. Wien, Stuttgart 1952, S. 5–7.

62 Adam (Anm. 60), S. 158–166, 239–250; siehe auch Eckhard Grunewald (Hg.): Götter, Gräber und Gelehrte. Archäologie des Romans der Archäologie. Begleitbuch zur Ausstellung der Landesbibliothek Oldenburg. Oldenburg 2004.

63 Hans Magnus Enzensberger: Die Clique, in: Almanach der Gruppe 47, 1947–1962, hg. v. Hans Werner Richter in Zusammenarbeit mit Walter Mannzen. Reinbek bei Hamburg 1962, S. 22–27, hier S. 27.

64 Zu dieser Freundschaft der Vortrag von Angèle Licchini, Linda Mannewitz und Anahide Movallali im Rahmen des Master-Workshops »Arbeit im Archiv«, Sorbonne Nouvelle-Paris 3 und Universität Stuttgart. Stuttgart 14.3.2016.

65 Jan Bürger: Die Suhrkamp-Insel. Über die ersten beiden Stationen einer neuen Ausstellungsreihe, in: Jahrbuch der deutschen Schillergesellschaft 55 (2011), S. 78–88, hier S. 79.

66 Liliane Weissberg: Über Haschisch und Kabbala. Gershom Scholem, Siegfried Unseld und das Werk von Walter Benjamin, in: Marbacher Magazin 140 (2012), S. 19–21.

67 Tobias Amslinger, Marja-Christine Grüne, Anke Jaspers: Mythos und Magazin. Das Siegfried Unseld Archiv als literaturwissenschaftlicher Forschungsgegenstand, in: Literatur – Verlag – Archiv, hg. v. Irmgard M. Wirtz, Ulrich Weber, Magnus Wieland. Göttingen 2015, S. 185–215.

68 George Steiner: Adorno. Love and Cognition, in: Times Literary Supplement, 9.3.1973, S. 253–255.

69 Ben Hutchinson: Unseld's archive. Unpublished documents from the writers the define Germany's ›Suhrkamp Culture‹, in: Times Literary Supplement, 23.4.2010, S. 14–15.

70 In einem Gespräch mit Werner Weber erzählt Unseld von den gescheiterten Plänen; Siegfried Unseld: Reisebericht Zürich-Winterthur-Stockholm vom 7. bis 12. Dezember 1966; Deutsches Literaturarchiv Marbach/Siegfried Unseld Archiv (SUA).

71 Hans Magnus Enzensberger an Siegfried Unseld, Tjöme, 19.7.1964; SUA/01 Verlagsleitung/Autorenkonvolute/Enzensberger, Hans Magnus/1964.

72 Siefried Unseld: Reisebericht Stockholm, 10.–13. Juli 1965; SUA Reiseberichte Siegfried Unseld 1965.

73 Hans Magnus Enzensberger: Wiedersehen mit den Fünfzigern. Ein Gespräch mit Jan Bürger, in: Zeitschrift für Ideengeschichte 4 (2015), S. 95–110, hier S. 99.

74 Siegfried Unseld, [?] am 18.1.1980 von Burgel Zeeh an Klaus Peters geschickt, Deutsches Literaturarchiv/Siegfried Unseld Archiv: Suhrkamp, 01 Verlagsleitung, USA, Ordner SV Boston 1979–1982.

75 Vom 3.–12.4.1979, 23.11.–2.12. und 9.4.–5.5.1980 war Unseld u. a. in Boston, die Reiseberichte liegen der Chronik von 1979 (SUA) bei.

76 Heribert Marré, 5.11.1979, Deutsches Literaturarchiv/Siegfried Unseld Archiv: Suhrkamp, 01 Verlagsleitung, USA, Ordner SV Boston 1979–1982. In der Chronik Unselds (SUA) wird der Aufbau von Boston Inc. beziffert, z.B. am 1.7.1980: »Dr. Marré gibt mir die Nachricht, daß wir am 4.1. der Spedition Hamacher den Auftrag gegeben haben, die Erstausstattung für Suhrkamp-Boston zu verschiffen. 22.834 Exemplare bzw. 5.300 kg im Werte von etwa

DM 135.000.– werden am 11. Januar in Bremerhaven verladen und kommen am 21. Januar in Boston an. Frachtkosten: DM 3.000.–.«

77 Matthew Bell: Introduction, in: The Essential Goethe. Johann Wolfgang von Goethe, hg. v. dems. Princeton, Oxford 2016, S. VII–XXXI, hier S. VIIf.

78 Heinrich Böll: Wanderer, kommst du nach Spa…, in: Heinrich Böll: Werke. Romane und Erzählungen 1: 1947–1951, hg. v. Bernd Balzer. Köln 1987, S. 487–497, hier S. 497.

79 Hans Magnus Enzensberger: Wilhelm Meister auf Blech getrommelt, in: Von Buch zu Buch – Günter Grass in der Kritik. Eine Dokumentation, hg. v. Gert Loschütz. Neuwied, Berlin 1968, S. 8–12, hier S. 10.

80 Een Schrijver moet alles geven anders moet hij zwijgen. Nobelprijs voor Heinrich Böll, in: Knack 2/44, 1.11.1972.

81 Claudio Magris: Il Nobel al tedesco Böll, in: Corriere Della Sera, 20.10.1973, S. 3; Vittoria Brunelli: L'eco in Germania, in: ebd.

82 Peter Bruhn, Henry Glade: Heinrich Böll in der Sowjetunion 1952–1979. Einführung in die sowjetische Böll-Rezeption und Bibliographie der in der UdSSR in russischer Sprache erschienenen Schriften von und über Heinrich Böll. Berlin 1980.

83 Theodor Erwin: Heinrich Böll e a literatura de escombros, in: Perfis e Sombras: Estudos de Literatura Alemã. São Paulo 1990, S. 216–220; Paulo Astor Soethe: »Nele tem-se a impressão de que amargura rima com travessura«: contribuição bibliográfica ao estudo da recepção de Heinrich Böll no Brasil. Humanas, Curitiba 3 (1994), S. 105–111; ders., Heinrich Böll: sátira e fé. LL Journal, 7/1 (2012), S. 1–14.

84 Musa Yaşar Sağlam: Zur Rezeption der deutschen Literatur in der Türkei, in: Ege Forschungen zur deutschen Sprach- und Literaturwissenschaft 4 (2002), S. 289–296, hier S. 291.

85 Benedikt Engels: Das lyrische Umfeld der »Danziger Trilogie« von Günter Grass. Würzburg 2015, S. 51f.

86 Volker Neuhaus, Daniela Hermes (Hg.): Die »Danziger Trilogie« von Günter Grass. Texte, Daten, Bilder. Frankfurt M. 1991; Klaus von Schilling: Schuldmotoren. Artistisches Erzählen in Günter Grass' »Danziger Trilogie«. Bielefeld 2002.

87 Hans Magnus Enzensberger: Wiedersehen (Anm. 73), S. 107f.

88 Günter Grass: Die Blechtrommel. Roman. Neuwied 1959, S. 82.

89 Ebd., S.115.

90 Ebd., S. 114f.

91 Ebd., S. 568.

92 Horace Engdahl: Award Ceremony Speech, 10.12.1999, http://www.nobelprize.org/nobel_prizes/literature/laureates/1999/presentation-speech.html: »[The] Publication of ›The Tin Drum‹ meant a second birth for the German novel of the twentieth century. Not since Thomas Mann's ›Buddenbrooks‹ had a first book caused such a stir.«

93 Siehe Anhang.

94 Maria Krysztofiak: Skandinavien und Mitteleuropa. Literarische Wahlverandtschaften. Wrocław, Görlitz 2005, S. 125–137.

95 Dazu und zum Folgenden Nikolina Zobenica: Recepcija romana Gintera Grasa Limeni doboš u nemačkoj i srpskoj književnosti. Novi Sad 2010.

96 Janina Gesche: »Die Blechtrommel« von Günter Grass im Spiegel der deut-

schen, polnischen und schwedischen Literaturkritik, in: Literatur des Ostseeraums in interkulturellen Prozessen, hg. v. Regina Hartmann in Verbindung m.
Walter Engel u. a. Bielefeld 2005, S. 273–291, hier S. 279–281.

97 Dazu und zum Folgenden Gennady Vassiliev: Günter Grass: Geschichte der
Rezeption in der Sowjetunion und in Russland. Vortrag [2007]; http://www.d-
lecture.de/grass_tagung/gvassiliev/index.htm (6.6.2015); Alexander W. Belobratow: Die Rezeption von Günter Grass in Russland nach 1985. Manuskript
[2013]; http://germanyrussia.ru/cities/14/412?lang=de (6.6.2015).

98 Amir Eshel: Zukünftigkeit. Die zeitgenössische Literatur und die Vergangenheit. Aus dem Englischen v. Irmgard Hölscher. Berlin 2012, S. 66 f.

99 Übersetzungen in die Sprachen Indiens sind rar und erfolgen spät. So gibt es
nur zwei Texte auf Hindi: Jeebh Dikhana [Zunge zeigen]. Translated into Hindi
by Vishnu Khare. New Delhi 1994; Meri Shatabdi [Mein Jahrhundert]. Translated into Hindi by Amrit Mehta. New Delhi 2001.

100 S. Anandan: Grass's Sojourn in God's Own Country, in: The Hindu, 14.4.2015;
M. K. Nidheesh.: Günter Grass, an Enigma, in: The New Indian Express,
14.4.2015; http://www.newindianexpress.com/cities/kochi/Gunter-Grass-an-
Enigma/2015/04/14/article2763033.ece (20.10.2016).

101 »Kalkutta braucht seinen eigenen bengalischen James Joyce«. Interview [Gün-
ter Grass] mit Subhoranjan Dasgupta (1986), in: »Ich will in das Herz Kalkuttas
eindringen«. Günter Grass in Indien und Bangladesch, hg. v. Martin Kämpchen.
Eggingen 2005, S. 117–126, hier S. 117.

102 Siegfred Mews: Günter Grass and His Critics: From The Tin Drum to Crabwalk. New York 2008, S. 235–249.

103 Khushwant Singh: Gunter Grass and Calcutta, in: Notes on the Great Indian
Circus. New Delhi, New York 2001, S. 188–192.

104 Shuvaprasanna: Das neue Mitglied der Familie, in: »Ich will in das Herz Kalkuttas eindringen«. Günter Grass in Indien und Bangladesch, hg. v. Martin Kämpchen. Eggingen 2005, S. 81–90.

105 Günter Grass: Die Rättin, in: Grass. Das literarische Werke in 17 Bänden, hg.
v. Volker Neuhaus, Danila Hermes. Band XI. Göttingen 1997, S. 182 f.; ders.,
»Fortsetzung folgt…« http://www.nobelprize.org/nobel_prizes/literature/
laurcatcs/1999/lecture-g.html (1.1.2017).

106 Tom Segev: Gunter Grass' poem is more pathetic than anti-semitic, in: http://
www.haaretz.com/israel-news/gunter-grass-poem-is-more-pathetic-than-anti-
semitic-1.422674 (20.1.2017).

107 Bernhard Küppers: Magere Ernte. Bücherrückgabe an Grass, in: Süddeutsche
Zeitung, 10.5.1999, Nr. 106, S. 18.

108 Steppenwolf: Born to be wild http://steppenwolf.com/rt-505-steppenwolf-
song-lyrics.html (5.2.2017).

109 Siegfried Unseld: Hermann Hesse. Werk und Wirkungsgeschichte. Revidierte
und erweiterte Fassung der Ausgabe von 1973. Frankfurt M. 1985, S. 113.

110 http://www.nobelprize.org/nobel_prizes/literature/laureates/1946/hesse-facts.
html (17.2.2017).

111 Hermann Hesse: Banquet Speech; http://www.nobelprize.org/nobel_prizes/
literature/laureates/1946/hesse-speech.html (17.2.2017): »My ideal, however, is
not the blurring of national characteristics, such as would lead to an intellectu-
ally uniform humanity. On the contrary, may diversity in all shapes and colours

live long on this dear earth of ours. What a wonderful thing is the existence of many races, many peoples, many languages, and many varieties of attitude and outlook!«

112 Karlheinz Deschner: Kitsch, Konvention und Kunst. Eine literarische Streitschrift. München 1957.

113 Rudolf Koester: USA, in: Hermann Hesses weltweite Wirkung. Internationale Rezeptionsgeschichte. 3. Bd., hg. v. Martin Pfeifer. Frankfurt M. 1991, S. 168–183; siehe auch David G. Richards: Exploring the Divided Self. Hermann Hesse's »Steppenwolf« and its Critics. Columbia 1996.

114 Adrian Hsia: Hermann Hesse und China. Darstellung, Materialien und Interpretationen. Frankfurt M. 1981, S. 10.

115 Taku Takaki: Richard Wagner. Tokio 1969, S. 117; Younsoon Kim-Park: Die Beziehungen der Dichtung Hermann Hesses zu Ostasien. Rezeption, Einflüsse und Parallelen. Inaugural-Dissertation an der Ludwig-Maximilians- Universität zu München. München 1977, S. 158–168.

116 Soon-Kil Hong: Korea, in: Hermann Hesses weltweite Wirkung. Internationale Rezeptionsgeschichte. 3. Bd., hg. v. Martin Pfeifer. Frankfurt M. 1991, S. 193–203, hier S. 195 f.; Inn-Ung Lee, Young Im Lee: Korea, in: ebd., S. 204–215, hier S. 204.

117 Enzensberger: Wiedersehen (Anm. 73), S. 95.

118 Ingrid Karsunke, Karl Markus Michel (Hg.): Bewegung in der Republik 1965–1984. Eine Kursbuch Chronik. Frankfurt M. u.a. 1985; Henning Marmulla: Enzensbergers Kursbuch. Eine Zeitschrift um 1968. Berlin 2011.

119 Die Selbstaussage, er tauge nicht zum ›guten Kameraden‹ fand vielfach Gehör in der internationalen Presse und ist zu einem Markenzeichen Enzensbergers geworden; siehe nur die prominent platzierten Beiträge von Jean-Jacques Schuhl: Hans Magnus Enzensberger »La poésie est minoritaire. Et alors?«, in: Le Monde, 26.10.2007, Nr. 19519, S. 12 f.; Philip Oltermann: Hans Magnus Enzensberger »I have always been incapable of being a good comrade. I can't stay in line. It's not my character. It may be a defect, but I can't help it«, in: Guardian, 15.5.2010, S. 10 f.

120 Enzensberger: Wiedersehen (Anm. 73), S. 98.

121 Hans Magnus Enzensberger: Tumult. Berlin 2015, S. 11.

122 Ebd., S. 11, 14.

123 Vassili Katanjan: Lilja Brik. Žizn'. Moskau 2007; Arkadij Vaksberg: Požar serca. Kogo ljubila Lili Brik. Moskau 2010.

124 Enzensberger: Tumult (Anm. 121), S. 209.

125 Ebd., S. 137.

126 Ebd., S. 243.

127 Ebd., S. 276 f.

128 Jean-Paul Sartre: Meine Reise in die Sowjetunion [Interview, das Sartre der Pariser Zeitung »Libération« gegeben hat], in: Glaube und Vernunft 14 (1954), S. 1–17.

129 Enzensberger: Tumult (Anm. 121), S. 262 f.

130 Ari [d.i. Ari Boulogne/Päffgen]: L'amour n'oublie jamais. Paris 2001.

131 Richard Witts: Nico. The Life and Lies of an Icon. London 1993, S. 228–230.

132 Thomas Bernhard: Am Ortler, in: ders., Midland in Stilfs. Frankfurt M. 1971, S. 93 f.; Siegfried Unseld: Der Autor und sein Verleger. Frankfurt M. 1985, S. 50.

133 Thomas Bernhard: Wittgensteins Neffe. Eine Freundschaft. Frankfurt M. 1982, S. 30 f.
134 Thomas Bernhard: Der Theatermacher, in: ders., Werke. Bd. 19: Dramen V, hg. v. Martin Huber, Bernhard Judes, Manfred Mittermayer. Berlin 2011, S. 97–221, hier S. 101.
135 Manfred Mittermayer: Thomas Bernhard. Eine Biographie. Wien 2015, S. 337 f.
136 Bernhard an Unseld, Wien, 25. November 1988, in: Thomas Bernhard – Siegfried Unseld. Der Briefwechsel, hg. v. Raimund Fellinger, Martin Huber, Julia Ketterer. Frankfurt M. 2009, Nr. 524, S. 806.
137 Telefonprotokoll Unseld vom 22.4.1982, SUA: Suhrkamp /01 VL/ Autorenkonvolut, BW, Verschiedenes, Thomas Bernhard 1982.
138 Unseld an Bernhard, Frankfurt am Main, 30. November 1978, in: Thomas Bernhard – Siegfried Unseld. Der Briefwechsel, hg. v. Raimund Fellinger, Martin Huber, Julia Ketterer. Frankfurt M. 2009, Nr. 370, S. 547 f.
139 Ritzerfeld an Bernhard, 6.2.1979, SUA: Suhrkamp /01 VL/ Autorenkonvolut, BW, Verschiedenes, Thomas Bernhard 1979.
140 Bernhard an Ritzerfeld, 8.2.79, SUA: Suhrkamp /01 VL/ Autorenkonvolut, BW, Verschiedenes, Thomas Bernhard 1979.
141 Notiz an Unseld von Ritzerfeld vom 5.9.79, SUA: Suhrkamp /01 VL/ Autorenkonvolut, BW, Verschiedenes, Thomas Bernhard 1979.
142 Bernhard an Ritzerfeld, Antwort auf diverse Anfragen von Ritzerfeld am 31. Januar 80, SUA: Suhrkamp /01 VL/ Autorenkonvolut, BW, Verschiedenes, Thomas Bernhard 1980.
143 Mark Anderson: My Dinner with Auersberger, in: The New York Times Book Review, Nr. 7, 12.2.1988, S. 11 f.; Robert Craft: The Comedian of Horror, in: The New York Review of Books, Nr. 14, 27.9.1990, S. 40–48, hier S. 46.
144 Aus dem Reisebericht Unseld. Palma de Mallorca, 13./14. Februar, SUA: Suhrkamp /01 VL/ Autorenkonvolut, BW, Verschiedenes, Thomas Bernhard 1982.
145 Donald G. Daviau: Bernhard in Amerika, in: Literarisches Kolloquium Linz 1984. Thomas Bernhard. Materialien, hg. v. Alfred Pitterschatscher. Linz 1985. S. 113–159, hier S. 115.
146 Bericht über ein von Bernhard eingefordertes Gespräch von Unseld: »Reisebericht Dr. Unseld, Bochum – Bonn«, 25.–27. März 1981, SUA: Suhrkamp /01 VL/Autorenkonvolut, BW, Verschiedenes, Thomas Bernhard 1981. – Peter Schneider ist ein deutschsprachiger Autor (*1940), ehemaliger linker Aktivist und Redenschreiber Willy Brandts.
147 Russland, die Ukraine, die Tschechei und andere Länder nahmen Bernhard kaum wahr, da seine Wahrnehmungs- und Deutungswelt dem literarischen Markt der Zeit und der Zensur offenbar nicht passten; siehe dazu die Beiträge von Milan Tvrdik und Dimiti Satonsky, in: Kontinent Bernhard. Zur Thomas-Bernhard-Rezeption in Europa, hg. v. Wolfram Bayer u. Mitarb. v. Claude Porcell. Wien u. a. 1995; Alexander W. Belobratow: Bernhard bei uns daheim. Russische Lesarten und andere Katastrophen, in: Österreich und andere Katastrophen. Thomas Bernhard in memoriam. Beiträge des Internationalen Kolloquiums an der Universität des Saarlandes vom 10. bis 12. Juni 1999, hg. v. Pierre Béhar, Jeanne Benay in Zus.arbeit mit der Thomas-Bernhard-Privatstiftung Wien. St. Ingbert 2001 (Beiträge zur Robert-Musil-Forschung und zur neueren österreichischen Literatur 15), S. 357–379. Polen, wo man Bernhard dank des

Engagements der Literaturwissenschaftler Norbert Honsza und Karol Sauerland sowie des Regisseurs Krystian Lupa schon zu Beginn der 1970er-Jahre lesen konnte, stellt – ebenso wie Ungarn – eine Ausnahme dar; Stefan H. Kaszýnski: Seit drei Jahrzehnten präsent. Zur Rezeption in Polen, in: Kontinent Bernhard. Zur Thomas-Bernhard-Rezeption in Europa, hg. v. Wolfram Bayer u. Mitarb. v. Claude Porcell. Wien u. a. 1995, S. 430–444.

148 Wolfram Bayer: Vorwort, in: Kontinent Bernhard. Zur Thomas-Bernhard-Rezeption in Europa, hg. v. ders. u. Mitarb. v. Claude Porcell. Wien u. a. 1995, S. 9–15. Einen Überblick vermittelt Jens Dittmar (Hg.): Thomas Bernhard Werkgeschichte. Aktualisierte Neuausgabe 1990. Frankfurt M. 2002.

149 Bernhard über ein internationales Bernhard-Kolloquium in Graz, an dem u. a. Wendelin Schmidt-Dengler, Otto Lederer, Claudio Magris und Luciana Zagari teilnahmen, Reisebericht Unseld, Wien – Paris, 16.–19. Dezember 1985, SUA: Suhrkamp /01 VL/ Autorenkonvolut, BW, Verschiedenes, Thomas Bernhard 1985.

150 Siehe die Beiträge in: Wolfram Bayer (Hg.): Kontinent Bernhard. Zur Thomas-Bernhard-Rezeption in Europa. U. Mitarb. v. Claude Porcell. Wien u. a. 1995.

151 Gábor Kerekes: Thomas Bernhard und Ungarn, in: Österreich und andere Katastrophen. Thomas Bernhard in memoriam. Beiträge des Internationalen Kolloquiums an der Universität des Saarlandes vom 10. bis 12. Juni 1999, hg. v. Pierre Béhar, Jeanne Benay in Zus.arbeit mit der Thomas-Bernhard Privatstiftung Wien. St. Ingbert 2001 (Beiträge zur Robert-Musil-Forschung und zur neueren österreichischen Literatur 15), S. 47–73.

152 Jacques Le Rider: Bernhard in Frankreich, in: Thomas Bernhard. Literarisches Kolloquium. Materialien, hg. v. Johann Lachinger, Alfred Pittertschatscher. Weitra 1994, S. 160–173; Claude Porcell: Die Verklärung des heiligen Bernhard. Zur Rezeption der Erzählprosa in Frankreich, in: Kontinent Bernhard. Zur Thomas-Bernhard-Rezeption in Europa, hg. v. Wolfram Bayer u. Mitarb. v. Claude Porcell. Wien u. a. 1995, S. 241–268, hier S. 245.

153 Marie Susini: Thomas l'incroyant, in: Le Nouvel Observateur, 16.11.1984, S. 64: »Si un livre ne dérange pas, ce n'est pas un livre, c'est un produit. Et Thomas Bernhard toujours dérange.«

154 Jean-Louis de Rambures: L'Invasion autrichienne, in: Le Monde, 17.1.1975, S. 20.

155 André Clavel: Thomas Bernhard le trouble-fête, in: Les Nouvelles Littéraires, 61. Jg., Nr. 2876, 3.–9.3.1983, S. 33.

156 Ute Weinmann: Ist ein toter Dichter ein besserer Dichter? Zur Thomas-Bernhard-Rezeption in Frankreich, in: Österreich und andere Katastrophen. Thomas Bernhard in memoriam. Beiträge des Internationalen Kolloquiums an der Universität des Saarlandes vom 10. bis 12. Juni 1999, hg. v. Pierre Béhar, Jeanne Benay in Zus.arbeit mit der Thomas-Bernhard-Privatstiftung Wien. St. Ingbert 2001 (Beiträge zur Robert-Musil-Forschung und zur neueren österreichischen Literatur 15), S. 335–355.

157 Jean-Louis de Rambures: Thomas Bernhard face à la mort, in: Le Monde, 30.09.1983, S. 21 (über die französische Ausgabe »Le souffle – un décision« in der Übersetzung Albert Kohns).

158 Brigitte Salino: »Thomas Bernhard aspirait les gens, il les avalait«, in: Le Monde, 14.1.2012, S. 3–5, hier S. 3.

159 Jacques Le Rider: La mort de l'écrivain autrichien Thomas Bernhard, in: Le
     Monde, 18.2.1989, S. 24 f., hier S. 25: »qui construit un anti-monde«.
160 Walter Wagner: Hervé Guibert und Thomas Bernhard: eine Wahlverwandt-
     schaft, in: Thomas Bernhard. Literarisches Kolloquium. Materialien, hg. v.
     Johann Lachinger, Alfred Pittertschatscher. Weitra 1994, S. 117–133.
161 George Steiner: Comic sections, in: The Times Literary Supplement, 13.2.1976,
     S. 158.
162 George Steiner: Visibly deranged, in: The Times Literary Supplement, 22.7.1983,
     S. 788.
163 Ian Hacking: Solipsism, in: London Review of Books, 4.2.1988, S. 13 f.
164 Della Couling: Champagner mit einer Prise Strychnin. Bernhard Theaterstücke
     in England, in: Kontinent Bernhard. Zur Thomas-Bernhard-Rezeption in Eu-
     ropa, hg. v. Wolfram Bayer u. Mitarb. v. Claude Porcell. Wien u. a. 1995, S. 425–
     429, hier S. 427; Donald G. Daviau: Bernhard in Amerika, in: Thomas Bern-
     hard. Literarisches Kolloquium. Materialien, hg. v. Johann Lachinger, Alfred
     Pittertschatscher. Weitra 1994, S. 119–159.
165 Siegfried Unseld: Chronik 1970. Mit den Chroniken Buchmesse 1967, Buch-
     messe 1968 und der Chronik eines Konflikts 1968, hg. v. Raimund Fellinger.
     Bd. 1. Frankfurt M. 2010, S. 190.
166 Walter Abish: Embraced by Death, in: The New York Times Book Review,
     16.2.1986, S. 12: »Thomas Bernhard is by far the most disturbing and original
     literary figure to have emerged in postwar Austria.«
167 Ebd.
168 Ruth Franklin: The Art of Extinction. The bleak laughter of Thomas Bernhard,
     in: The New Yorker, 25.12.2006 und 1.1.2007, S. 128–133.
169 Luigi Reitani: Wenn die Metaphysik zur Politik wird. Zur Bernhard-Rezeption
     in Italien, in: Kontinent Bernhard. Zur Thomas-Bernhard-Rezeption in Eu-
     ropa, hg. v. Wolfram Bayer u. Mitarb. v. Claude Porcell. Wien u. a. 1995, S. 297–
     318; Carlos Fortea: Der beste Schriftsteller des spanischen Realismus, in: Kon-
     tinent Bernhard. Zur Thomas-Bernhard-Rezeption in Europa, hg. v. Wolfram
     Bayer u. Mitarb. v. Claude Porcell. Wien u. a. 1995, S. 319–337.
170 Claudio Magris: Bernhard il ribelle geometra della tenebra, in: Corriere della
     sera, 17.2.1989, S. 3: »Era un uomo timido e gentile, ipersensibile e facile a esser
     ferito e a ferire, ma anche pieno di estro, di humour, e col quale era piacevole
     stare insieme.«
171 Miguel Sáenz: Por fin, in: El País, 17.2.1989, S. 32: »la persona más educada y
     amable del mundo«.

IX. Nach 1989: Literatur deterritorial, interkulturell, multilingual

1 Karen Leeder: Heimat in der neuen deutschen Lyrik, in: Gedächtnis und Identität. Die deutsche Literatur nach der Vereinigung. Würzburg 2008, S. 135–153.
2 Adam Kirsch: The Poet After the Fall, in: The New York Review of Books 15
   (2010), S. 53–57, hier S. 56.
3 Moritz Baßler: »Das Zeitalter der neuen Literatur«. Popkultur als literarisches
   Paradigma, in: Chiffre 2000 – Neue Paradigmen der Gegenwartsliteratur. Bonn

ANMERKUNGEN

2005, S. 185–199; Clemens Kammler: Deutschsprachige Literatur seit 1989/90. Ein Rückblick, in: Deutschsprachige Gegenwartsliteratur seit 1989. Zwischenbilanzen – Analysen – Vermittlungsperspektiven, hg. v. dems., Torsten Pflugmacher. Heidelberg 2004, S. 13–35, hier S. 20 f.

4 Dazu die Beiträge in: Das »Prinzip Erinnerung« in der deutschsprachigen Gegenwartsliteratur nach 1989, hg. v. Carsten Gansel, Pawel Zimniak. Göttingen 2010.

5 David E. Wellbery: Introduction, in: A New History of German Literature, hg. v. David E. Wellbery, Judith Ryan. London u. a. 2004, S. xvii–xxv, hier S. xviii.; Richard Kämmerlings: Das kurze Glück der Gegenwart. Deutschsprachige Literatur seit ’89. Stuttgart 2011, S. 43.

6 Carmine Chiellino (Hg.): Interkulturelle Literatur in Deutschland. Ein Handbuch. Stuttgart u. a. 2007; neue Autoren entdecken Michael Hofmann, Iulia-Karin Patrut: Einführung in die interkulturelle Literatur. Darmstadt 2015.

7 Norbert Mecklenburg: Interkulturelle Literaturwissenschaft, in: Handbuch interkulturelle Germanistik, hg. v. Alois Wierlacher, Andrea Bogner. Stuttgart u. a. 2003, S. 433–439, hier S. 437 f.

8 Ortrud Gutjahr: Einleitung zur Teilsektion »Interkulturalität und Alterität«, in: Akten des X. Internationalen Germanistenkongresses. Zeitenwende – Die Germanistik auf dem Weg vom 20. ins 21. Jahrhundert, hg. v. Peter Wiesinger. Bd. 9. Bern u. a. 2003, S. 15–20.

9 Vgl. dazu auch Elke Sturm-Trigonakis: Comparative Cultural Studies and the New »Weltliteratur«. West Lafayette 2013; dies., Contemporary German-Based Hybrid Texts as a New World Literature, in: German Literature as World Literature, hg. v. Thomas O. Beebee. New York u. a. 2014, S. 177–195.

10 Deniz Göktürk: Jokes and Butts: Can We Imagine Humor in a Global Public Sphere?, in: PMLA 123/5, Special Topic: Comparative Radicalization (2008), S. 1707–1711.

11 www.worldliteraturetoday.org (10.2.2017).

12 www.wordswithoutborders.org (12.2.2017); dazu Rajini Srikanth: Collecting and Translating the Non-Western Other. The Perils and Possibilities of a World Literature Website, in: The Comparatist (2010), S. 127–152.

13 http://www.goethe.de/kue/lit/prj/lit/deindex.htm (23.8.2016).

14 B. Venkat Mani: Cosmopolitical Claims. Turkish-German Literatures from Nadolny to Pamuk. Iowa City 2007; mit Blick auf kosmopolitische Tendenzen in der englischsprachigen Literatur siehe Sigrid Löffler: Die neue Weltliteratur und ihre großen Erzähler. München 2014.

15 Feridun Zaimoğlu, Julia Abel: Migrationsliteratur ist ein toter Kadaver. Ein Gespräch, in: Literatur und Migration. Text und Kritik, hg. v. Heinz Ludwig Arnold. München 2006, S. 159–166, hier S. 162.

16 Deniz Göktürk: Beyond Paternalism: Turkish German Traffic in Cinema, in: The German Cinema Book, hg. v. Tim Bergfelder, Erica Carter, Deniz Göktürk. London 2002, S. 248–256.

17 Deniz Göktürk: 2000. Spectacles of Multiculturalism, in: A New History of German Literature, hg. v. David E. Wellbery, Judith Ryan. Cambridge Mass., London 2004, S. 965–970.

18 Leslie A. Adelson: The Turkish Turn in Contemporary German Literature. Toward a New Critical Grammar of Migration. New York 2005.

19 Immacolata Amodeo: Die Heimat heißt Babylon. Zur Literatur ausländischer Autoren in der Bundesrepublik Deutschland. Opladen 1996, S. 120 f.; Christian Begemann: »Kanakensprache«. Schwellenphänomene in der deutschsprachigen Literatur ausländischer AutorInnen der Gegenwart, in: Schwellen. Germanistische Erkundungen einer Metapher, hg. v. Nicholas Saul, Daniel Steuer, Frank Möbus, Birgit Illner. Würzburg 1999, S. 209–220, hier S. 218 f.

20 Yasemin Yildiz: Beyond the Mother Tongue. The postmonolingual condition. New York 2012, S. 155.

21 Ortrud Gutjahr: Inszenierungen eines Rollen-Ich. Emine Sevgi Özdamars theatrales Erzählverfahren, in: Text und Kritik 211 (2016), hg. v. Yasemin Dayıoğlu-Yücel, Ortrud Gutjahr, S. 8–18.

22 Zum gleichnamigen Theaterstück Bettina Brandt: Emine Sevgi Özdamar als Theatermacherin. Eine Vorstudie zu »Karagöz in Alamania«, in: Text und Kritik 211 (2016), hg. v. Yasemin Dayıoğlu-Yücel, Ortrud Gutjahr, S. 26–36.

23 Emine Sevgi Özdamar: Mutterzunge. Erzählungen. Berlin 2013 (1. Aufl. 1990), S. 98.

24 Ebd., S. 50 [Kursivierungen im Original].

25 Manuel Günter: »Wir sind Bastarde, fremd…«. Feridun Zaimoğlus Kanak Sprak und die performative Struktur von Identität, in: Sprache und Literatur in Wissenschaft und Unterricht 83 (1999), S. 15–28, hier S. 17 f.; Tom Cheesman: Akçam – Zaimoğlu – ›Kanak Attak‹: Turkish Lives and Letters in German, in: German Life and Letters 55/2 (2002), S. 180–195.

26 Feridun Zaimoğlu: Kanak Sprak. 24 Mißtöne vom Rande der Gesellschaft. Hamburg 1995, S. 9.

27 Ebd., S. 22.

28 Ebd., S. 33.

29 Karin E. Yeşilada: Gottes Krieger und Jungfrauen: Islam im Werk Feridun Zaimoğlus, in: Islam in der deutschen und türkischen Literatur, hg. v. Michael Homann, Klaus von Stosch. Paderborn u. a. 2012, S. 175–192, hier S. 181–183.

30 Feridun Zaimoğlu: Gottes Krieger, in: Zwölf Gramm Glück: Erzählungen. Köln 2004, S. 122–156; Yeşilada: Gottes Krieger (Anm. 29), S. 183.

31 Özdamar: Mutterzunge (Anm. 23), S. 33.

32 Navid Kermani: Folgt nicht den Dichtern! Der Koran und die Poesie [2006], in: ders., Zwischen Koran und Kafka. West-östliche Erkundungen. München 2014, S. 19–43, hier S. 35; ders., Gott ist schön. Das ästhetische Erleben des Koran. München 1999.

33 »Die Bürger lassen sich nicht verscheissern«. Autor Feridun Zaimoğlu attackiert Erdoğan, Merkel und die Gewaltkultur vieler Einwanderer. Für den Saisonstart am Schauspielhaus hat er »Antigone« entsprechend überarbeitet. Tagesanzeiger, 6.9.2016; http://www.tagesanzeiger.ch/kultur/theater/ich-sehe-blutige-kaempfe-auf-uns-zukommen/story/21752470 (10.2.2017).

34 http://trojanow.de/autor/biographie/ (28.8.2016).

35 Michaela Holdenried: Zur Poetik des Törlü Gjuvetch. Polyglossie im postkolonialen Kontext am Beispiel von Ilija Trojanows »Der Weltensammler«, in: Polyglotte Texte. Formen und Funktionen literarischer Mehrsprachigkeit von der Antike bis zur Moderne, hg. v. Weertje Willms, Evi Zemanek. Berlin 2014, S. 259–274.

36 Keiko Hamazaki: Die neue Weltliteratur: Literatur der »anderen« Welt, in:

Weltliteratur heute, hg. v. Motoi Hatsumi. München 2008, S. 210–223, hier S. 221.

37 Alexander Honold: Ankunft in der Weltliteratur. Abenteuerliche Geschichtsreisen mit Ilija Trojanow und Daniel Kehlmann, in: Neue Rundschau 118 (2007), S. 82–104.

38 Ebd., S. 358.

39 Gayatri C. Spivak: Can the Subaltern Speak?, in: Marxism and the Interpretation of Culture, hg. v. Cary Nelson, Larry Grossberg. Urbana 1988, S. 271–313; Holdenried: Törlü Gjuvetch (Anm. 35), S. 273.

40 Ilija Trojanow: Der Weltensammler. München 2006, S. 140.

41 Ebd., S. 77.

42 Ebd., S. 134 u. passim.

43 Ebd., S. 135.

44 Ebd., S. 131.

45 Ebd., S. 503 f.

46 Ulrike Reeg: Autor/innen aus dem asiatischen Kulturraum, in: Interkulturelle Literatur in Deutschland. Ein Handbuch, hg. v. Carmine Chiellino. Stuttgart u. a. 2007, S. 263–273.

47 Sigrid Weigel: Laudatio auf Yoko Tawada, in: Bayerische Akademie der Schönen Künste. Jahrbuch 10 (1996), S. 373–377.

48 Almut Todorow: Das Streunen der gelebten Zeit: Emine S. Özdamar, Herta Müller, Yoko Tawada, in: Migrationsliteratur. Schreibweisen einer interkulturellen Moderne, hg. v. Klaus Schenk, ders., Milan Tvrdík. Tübingen 2004, S. 25–50, hier S. 44 f.; Andrea Albrecht: Bilinguale Sprachspiele zwischen Ost und West: Yoko Tawada und Xiaolu Guo, in: Gegenwartsliteratur. Ein germanistisches Jahrbuch. Schwerpunkt: Herta Müller, hg. v. Paul Michael Lützeler, Erin McGlothin. Tübingen 2011, S. 276–300, hier S. 281–285.

49 Yoko Tawada: Ein chinesisches Wörterbuch, in: Überseezungen. 4. Aufl. Tübingen 2013 (1. Aufl. Tübingen 2002), S. 31.

50 Linda Koiran: Schreiben in fremder Sprache. Yoko Tawada und Galsan Tschinag. Studien zu den deutschsprachigen Werken von Autoren asiatischer Herkunft. München 2009, S. 292–298.

51 Claudia Breger: Mimikry als Grenzverwirrung. Parodistische Posen bei Yoko Tawada, in: Über Grenzen. Limitation und Transgression in Literatur und Ästhetik, hg. v. Claudia Benthien, Irmela Marei Krüger-Fürhoff. Stuttgart u. a. 1999, S. 176–206, hier S. 189–191; Andrea Krauß: ›Talisman‹ – Tawadische Sprachtheorie, in: Migration und Interkulturalität, hg. v. Aglaia Blioumi. München 2002, S. 55–77, hier S. 57.

52 Christine Ivanovic: Aneignung und Kritik. Yoko Tawada und der Mythos Europa, in: Études Germaniques 63/1 (2008), S. 131–152.

53 Michaela Holdenried: Eine Poetik der Interkulturalität? Zur Transgression von Grenzen am Beispiel von Yoko Tawadas Schreibverfahren und Sprachpragmatik, in: Yoko Tawada. Fremde Wasser. Vorlesungen und wissenschaftliche Beiträge, hg. v. Ortrud Gutjahr. Tübingen 2012, S. 172.

54 Aglaia Blioumi: Identität im Gehäuse der Sprache. Konfigurationen literarischer Übersetzung in Werken Yoko Tawadas, in: Identität und Alterität, hg. v. Joanna Flinik, Barbara Widawska. Frankfurt M. 2014, S. 161–173, hier S. 163.

55 Ebd., S. 80.

56 Yoko Tawada: Etüden im Schnee. Tübingen 2014, S. 40.

57 Ebd., S. 135.

58 Ebd., S. 204.

59 Brigid Haines: The Eastern turn in Contemporary German, Swiss and Austrian Literature, in: Debate 16/2 (2008), S. 135–149; siehe auch dies., German-language writing from eastern and central Europe, in: Contemporary German Fiction. Writing in the Berlin Republic, hg. v. Stuart Taberner. Cambridge 2007, S. 215–229.

60 Herta Müller: Jedes Wort weiß etwas vom Teufelskreis, in: Frankfurter Allgemeine Zeitung, 7.12.2009; http://www.faz.net/aktuell/feuilleton/buecher/autoren/herta-muellers-nobelvorlesung-jedes-wort-weiss-etwas-vom-teufelskreis-1902079.html?printPagedArticle=true#pageIndex_2 [4.2.2017; Hervorhebung im Original].

61 www.nobelprize.org/nobel_prizes/literature/laureates/2009/press_ty.html (9.9.2012).

62 Herta Müller: Cristina und ihre Attrappe oder Was (nicht) in den Akten der Securitate steht. Göttingen 2009, S. 30.

63 Norbert Otto Eke: In jeder Sprache sitzen andere Augen. Herta Müllers exzentrisches Schreiben, in: Unterwegs. Zur Poetik des Vagabundentums im 20. Jahrhundert, hg. v. Hans Richard Brittnacher, Magnus Klaue. Köln u. a. 2008, S. 247–259, hier S. 251; Katja Schubert: »Ich habe in meinen Büchern noch keinen Satz auf rumänisch geschrieben, aber selbstverständlich schreibt das Rumänische immer mit.« Anmerkungen zu Texten von Herta Müller, in: Littératures sans domicile fixe / Literatur(en) ohne festen Wohnsitz, hg. v. Wolfgang Asholt, Marie-Claire Hoock-Demarle, Linda Koiran, Katja Schubart. Tübingen 2010, S. 115–125.

64 Ernest Wichner: Geschichte und Geschichten. Mit Herta Müller und Oskar Pastior auf Recherche-Reise in der Ukraine, in: Andruck. Eine Betriebsbesichtigung 50/3 (2005), S. 135–138.

65 Herta Müller: Atemschaukel. München 2009, S. 87.

66 Grazziella Predoiu: Die Trauer des Verwirrens und die Trauer des Entwirrens. Sinnverweigerung und Sinnwucherung in den Texten Oskar Pastiors, in: Wahrnehmung der deutsch(sprachig)en Literatur aus Ostmittel- und Südosteuropa – ein Paradigmenwechsel? Neue Lesarten und Fallbeispiele, hg. v. Peter Motzan, Stefan Sienerth. München 2009, S. 127–143.

67 Müller: Atemschaukel (Anm. 65), S. 273.

68 Ebd., S. 295.

69 Edith Konradt: Da komm ich nicht weg. Herta Müllers »Atemschaukel« im Spannungsfeld von Historie, Biografie und Fiktion, in: Spiegelungen. Zeitschrift für deutsche Kultur und Geschichte Südosteuropas 5 (2010), S. 30–45, hier S. 40.

70 Huang Keqin: Das Dorf in der Wahrnehmung eines Kindes. Eine Interpretation von Herta Müllers Titelerzählung »Niederungen«, in: Literaturstraße. Chinesisch-deutsches Jahrbuch für Sprache, Literatur und Kultur 23 (2012), S. 354–354.

71 Herta Müller: Es ist ein großes Glück, dass er in Deutschland ist, in: Frankfurter Allgemeine Zeitung, 22.6.2012.

72 www.welt.de/kultur/article4791021/Rumaenien-tut-sich-mit-Herta-Mueller-sehr-schwer.html (10.9.2012).

73 www.faz.net/aktuell/feuilleton/ceaucescus-sturz-vor-20-jahren-der-kurze-weg-von-der-anklage-bis-zur-hinrichtung-1900864.html (8.9.2012).
74 Mircea Cartarescu: Das Regime hat mir meine Jugend gestohlen, in: Frank-furter Allgemeine Zeitung, 3.11.2009; http://www.faz.net/aktuell/feuilleton/buecher/im-gespraech-mircea-cartarescu-das-regime-hat-mir-meine-jugend-gestohlen-1872187.html (4.2.2017).
75 Terézia Mora: Nicht sterben. Frankfurt Poetik-Vorlesungen. München 2014, S. 101.
76 Ebd., S. 34.
77 Ebd., S. 13.
78 Ebd.
79 Jonathan Rutherford: The Third Space. Interview with Homi Bhabha, in: Iden-tity: Community, Culture, Difference, hg. v. ders. London 1990.
80 Mora: Nicht sterben (Anm. 75), S. 70 f.
81 Ebd., S. 27.
82 Ebd., S. 144.
83 Terézia Mora: Der einzige Mann auf dem Kontinent. München 2009, S. 58.
84 Ebd., S. 14.
85 Ebd., S. 91.
86 Ebd., S. 78.
87 Ebd., S. 85.
88 Ebd., S. 78.
89 Ebd., S. 64.
90 Laura Tráser-Vas: Terézia Moras »Seltsame Materie«: Immigrantenliteratur oder Minderheitenliteratur? In: Trans. Internet-Zeitschrift für Kulturwissenschaften 15 (2004), S. 1–10, hier S. 3.
91 Mora: Der einzige Mann (Anm. 83), S. 84.
92 Ebd., S. 88.
93 Szilvia Lengl: Terézia Mora: Wir sprechen, also sind wir. Das Schreiben als Überlebensstrategie, in: Interkulturelle Literatur in deutscher Sprache. Zehn Autorenporträts, hg. v. Carmine Chiellino, Szilvia Lengl. Bern u. a. 2016, S. 165–196, hier S. 190–195.
94 Hubert Spiegel: Der einsamste Mann auf dem Kontinent, in: Frankfurter Allge-meine Zeitung, 6.9.2013.
95 Terézia Mora: Das Ungeheuer. München 2013, S. 73.
96 Ebd., S. 97.
97 Ebd., S. 277 [Kursivierungen im Original].
98 Ebd., S. 107.
99 Ebd., S. 104.
100 Ebd., S. 327 [Kursivierungen im Original].
101 Ebd., S. 327.
102 Ebd., S. 359.
103 Ebd., S. 573.
104 Ebd., S. 152.
105 Ebd., S. 147.
106 Ebd., S. 664.
107 Ebd., S. 668, 660.
108 Ebd., S. 681.

109 Ebd., S. 155.
110 Sibylle Lewitscharoff: Apostoloff. Frankfurt M. 2009, S. 247.
111 Mathias Énard: Kompass. Übers. v. Holger Fock, Sabine Müller. München 2016, S. 303.
112 Ebd., S. 304.
113 Ebd., S. 206.
114 Scarcia (*1933) ist Emeritus der Università Ca'Foscari Venezia; http://unive. academia.edu/GianrobertoScarcia (5.12.2016).
115 Énard: Kompass (Anm. 111), S. 341.
116 Ebd.
117 Ebd.
118 Ebd., S. 53.
119 Maxime F. Farzaneh: Rencontres avec Sadegh Hedayat: le parcour d'un initiation. Paris 1993; Sadeq Hedayat: An Anthology, hg. v. Ehsan Yarshater. New York 1979.
120 Navid Kermani: Der Auftrag der Literatur. Hedayat und Kafka, in: ders., Zwischen Koran und Kafka. West-östliche Erkundungen. München 2014, S. 229–244, hier S. 231–237.
121 Areti Georgiadou: Das Leben zerfetzt sich mir in tausend Stücke. Annemarie Schwarzenbach. Frankfurt M. u. a. 1996; Elvira Willems: Annemarie Schwarzenbach. Autorin, Reisende, Fotografin. Freiburg 1999; Dominique L. Miermont: Annemarie Schwarzenbach – Eine beflügelte Ungeduld. Eine Biographie. Zürich 2008; Sofie Decock: Papierfähnchen auf einer imaginären Weltkarte. Topo- und Tempografien in den Asien- und Afrikaschriften Annemarie Schwarzenbachs. Bielefeld 2010; Mirella Carbone (Hg.): Annemarie Schwarzenbach. Werk, Wirkung, Kontext. Akten der Tagung in Sils/Engadin vom 16. bis 19. Oktober 2008. Mit einer Schwarzenbach-Bibliographie 2005–2009. Bielefeld 2010. Darüber hinaus: Walter Fähnders, Sabine Rohlf (Hg.): Annemarie Schwarzenbach. Analysen und Erstdrucke. Mit einer Schwarzenbach-Bibliographie. Bielefeld 2005.
122 Énard: Kompass (Anm. 111), S. 118.
123 Annemarie Schwarzenbach (»Miro«) an Klaus Mann, Hotel Baron, Alep, Syrie, Le 6 Dez. 33, in: »Wir werden es schon zuwege bringen, das Leben«. Annemarie Schwarzenbach an Erika und Klaus Mann. Briefe 1930–1942, hg. v. Uta Fleischmann. Pfaffenweiler 1993, S. 104f., hier S. 104.
124 Énard: Kompass (Anm. 111), S. 74f.
125 Ebd., S. 19.
126 Ebd., S. 276–279.
127 Ebd., S. 66.
128 Ebd., S. 348.
129 Ebd., S. 355.

X. Epilog: Literarische Zivilisation und der Staub der Geschichte. Fünfundzwanzig Thesen

1 Hans Magnus Enzensberger: Meine Lieblingsflops, gefolgt von einem Ideen-Magazin. Berlin 2011, S. 7 f.

2 Marcel Lepper: Welche Auslandsgermanistik? Einladung zu einer Diskussion, in: Jahrbuch der Deutschen Schillergesellschaft 52 (2008), S. 13–17, hier S. 15.

3 Sigrid Löffler: Buchmarkt und literarische Moden im deutschsprachigen Raum. Wie in der heutigen Literatur Wandel erzeugt wird, in: Wende, Bruch, Kontinuum. Die moderne österreichische Literatur und ihre Paradigmen des Wandels, hg. v. Renata Cornejo, Ekkehard W. Haring. Wien 2006, S. 251–269, hier S. 254 f.; Saskia Bodemer: Bestsellermarketing: Erfolgsfaktoren auf dem literarischen Markt der Gegenwart. Süskind – Schlink –Kehlmann. Stuttgart 2014, S. 94.

4 Aktuelle Daten können jeweils der Website des Börsenvereins des deutschen Buchhandels entnommen werden: www.boersenverein.de.

5 Dazu und zum Folgenden Bodemer: Bestsellermarketing (Anm. 3), S. 95 f.

6 David Damrosch: How to Read World Literature. Chichester 2009, S. 2: »elliptical refraction«.

7 Siehe Website www.germanliteratureglobal.com.

Nachwort und Dank

1 – »Critica perennis«. Zur Gattungsspezifik gelehrter Kommunikation im Umfeld der »Bibliothèque Germanique« (1720–1741), in: Die Praktiken der Gelehrsamkeit in der Frühen Neuzeit, hg. v. Martin Mulsow u. Helmut Zedelmaier. Tübingen 2001 (Frühe Neuzeit 64), S. 249–273.

– Reformierte Morallehren und deutsche Literatur von Jean Barbeyrac bis Christoph Martin Wieland. Tübingen 2002 (Frühe Neuzeit 75).

– (mit Martin Mulsow u. Lutz Danneberg) The Berlin Refuge 1680–1780. Learning and Science in European Context. Leiden, Köln, New York 2003 (Brill's Studies in Intellectual History 114).

– »Le Bayle de l'Allemagne«. Christian Thomasius und der europäische Refuge. Konfessionstoleranz für ein kritisches Bewahren der Tradition(en), in: Thomasius im literarischen Feld. Neue Beiträge zur Erforschung seines Werkes im historischen Kontext, hg. v. Manfred Beetz u. Herbert Jaumann. Tübingen: Niemeyer 2003 (Hallesche Beiträge zur Europäischen Aufklärung 20), S. 131–158.

– Poetiken. Poetologische Lyrik, Poetik und Ästhetik von Novalis bis Rilke. Berlin, New York 2004.

– La *Cosmographei* [sic] (1544) de Sebastian Münster, une approche protestante de la cosmographie au tournant du Moyen Age et des Temps Modernes?, in: Anglophonia. French Journal of English Studies: Protestantisme(s) et autorité / Protestantism and Authority 17 (2005), S. 75–85.

– (mit Sebastian Neumeister) Triangulärer Transfer: Großbritannien, Frankreich und Deutschland um 1800. Germanisch-Romanische Monatsschrift 56/1 (2006).

– DVD »Weltliteratur« der ZEIT Akademie 2013.

– Cross-cultural inventions of drama on the basis of the novel in prose, or world literature before world literature: the case of Fortunatus, in: Poetics and Politics. Net Structures and Agencies in Early Modern Drama, hg. v. Toni Bernhart, Jaša Drnovšek, Sven Thorsten Kilian, Joachim Küpper, Jan Mosch. Erscheint Boston, Berlin 2017.

Literatur

1. Quellen

a) Ungedruckte Quellen

STAATSBIBLIOTHEK ZU BERLIN / PREUSSISCHER KULTURBESITZ

Sturm-Archiv

Guillaume Apollinaire an Herwarth Walden, Paris, 18.5.1914, 5 Bl.
Umberto Boccioni an Herwarth Walden, Mailand, 8.5.1912, 3 Bl.
Blaise Cendrars an Herwarth Walden, Paris, 2. Mai 1914, 3 Bl.
Filippo Tommaso Marinetti an Herwarth Walden, Mailand, 26. April 1912, 3 Bl.

Archiv des Aufbau-Verlags

Protokoll, Ministerium für Kultur der DDR, HV Verlage und Buchhandel, Mappe
    2954.
Zwei Briefe von Wieland Herzfelde an Erich Wendt, Leipzig, 1949.
Zwei Briefe von Erich Wendt an Wieland Herzfelde, Berlin, 1949–1950.
Wieland Herzfelde an Ernst Rowohlt, 9.1.1950.
Wieland Herzfelde an George Grosz, o.O., 5.6.50 [Abschrift].
Thomas Mann an Wieland Herzfelde, 24.2.1950 [Abschrift].
Thematischer Plan für das Jahr 1951 (Zusammenfassung).
Walter Janka an Wieland Herzfelde, Berlin, 15.5.1951
Max Schroeder an Wieland Herzfelde, Berlin, 3.10.1951.
Wieland Herzfelde an Walter Janka, Leipzig, 15.4.1954.
Thomas Mann an Walter Janka, Pacific Palisades, 11.2.1952.
Walter Janka an Wieland Herzfelde, Berlin, 28.4.1954.
Bericht über die Jugoslawienreise von Caspar und Düwel, 23.10.–11.11.1956.
Bericht über die Verhandlungen zur Herausgebe moderner deutscher Literatur in
    Jugoslawien, 22.11.1956.
Bericht über Jugoslawien, 15.10.1956.
Gespräch mit Rybin von Glaswisdat, 1956.
Liste von Werken deutscher Autoren, 1957.
Gedankenskizze von Prof. Wieland Herzfelde betr.: Heartfield-Erbe [Abschrift].
Vertrag von Günter Caspar mit Wieland Herzfelde, 1.11.1960.
Günter Caspar an Wieland Herzfelde, Berlin, 27.4.1968.

Reisebericht Teil I zur durchgeführten Auslandsdienstreise nach Großbritannien vom 29.10.1970 bis 12.11.1970, Berlin 19.11.1970 (Günther Klotz).
Fritz-Georg Voigt an Genosse Takács, Berlin, 29.5.1979.
Protokoll der Arbeitsbesprechung zwischen der Delegation des Volksliteraturverlages, Peking und der Verlegerdelegation der Deutschen Demokratischen Republik, Berlin, 29.5.1986.
Jahresbericht 1987.
Notiz zur Einreise von Gästen: Volkmar Heisig, Sektorleiter Auslandsarbeit, Ministerrat der Deutschen Demokratischen Republik, Ministerium für Kultur, Berlin, 12.8.1988.

Archiv des Wagenbach-Verlags

Helga Novak an Klaus Wagenbach, Frankfurt, 9.11.1976.
Reiner Kunze an Klaus Wagenbach, Halle, 14.12.1974.

DEUTSCHES LITERATURARCHIV MARBACH

Klara Blum an Manfred George, Paris, 1.10.1946, Dx75.2264, 2 Bl.
Dshu Bai-lan (Klara Blum): Der leuchtende Spiegel. Antwort an Arnold Zweig, mit einem chinesischen Einblatt-Druck, Dx86.158, 3 Bl.
Blum, Klara: Die Völkerfreunde, Paris 1947, Dx86.158.
Blum, Klara: Pflaumenblüte, Moskau 1983, Dx86.158.
Blum, Klara: Schicksalsüberwinder. Ein Mosaik-Roman aus dem neuen China. Mit Scherenschnitten von Lo Shuee-yü mit Widmung für die Kommunistische Partei Chinas, 7.1.1961, Dx86.159.
Klara Blum an Franz Theodor Csokor, Kanton, 22.3.1956, Dx86.161. 3 Bl.
Elsholz, Leiter der Finanzabteilung, an Klara Blum, Berlin, 18.11.1965, Dx86.172/2.
Elsholz, Leiter der Finanzabteilung, an Klara Blum, Berlin 9.1.1966, Dx86.172/3.
Bruno Frei an Klara Blum, o.O., 30.3.1959, Kopie, Dx86.170, 1 Bl.
Lion Feuchtwanger an Klara Blum, Pacific Palisades, 15.3.1957.
Lion Feuchtwanger an Klara Blum, Pacific Palisades, 25.4.1958, Dx86.169/2.
Otto Grotewohl an den Greifenverlag, Berlin, 25.7.1959, Dx86.175.
Traan Huu Kha an Klara Blum, Berlin, 14.5.1966, Dx86.172/4.
Prof. D.K. Linser, der Vorsitzende, an Prof. Klara Blum, Berlin, 19.6.1952, Dx86.172/1.
Stefan Zweig: Declaração, Petrópolis, 22.2.1942, A: Zweig, 76.1487, 1 Bl. Entw. Mit 1 Abschr. 1 Bl.

Siegfried Unseld Archiv (SUA)

Thomas Bernhard an Helene Ritzerfeld, 8.2.79, 01 VL/ Autorenkonvolut, BW, Verschiedenes, Thomas Bernhard 1979.
Thomas Bernhard an Helene Ritzerfeld, Antwort auf diverse Anfragen von Ritzerfeld am 31. Januar 1980, 01 VL/ Autorenkonvolut, BW, Verschiedenes, Thomas Bernhard 1980.
Bericht über ein von Thomas Bernhard eingefordertes Gespräch von Unseld, 1981.
Bericht von Thomas Bernhard über ein internationales Bernhard-Kolloquium in Graz, 1985.

Hans Magnus Enzensberger an Siegfried Unseld, Tjöme, 19.7.1964.
Heribert Marré, 5.11.1979, 01 Verlagsleitung, USA, Ordner SV Boston 1979–1982.
Helene Ritzerfeld an Thomas Bernhard, 6.2.1979.
Notiz von Helene Ritzerfeld an Siegfried Unseld vom 5.9.1979.
Reisebericht von Siegfried Unseld, 7./12.12.1966.
Siegfried Unseld, Chronik von 1979.
Siegfried Unseld [?], am 18.1.1980 von Burgel Zeeh an Klaus Peters geschickt.
Reisebericht Siegfried Unseld. Palma de Mallorca, 13./14.2.1982.
Telefonprotokoll Unseld vom 22.4.1982.
Bericht von Burgel Zeeh über Reise mit Thomas Bernhard, 4./5.8.1983.
Literaturarchiv/Siegfried Unseld Archiv: Suhrkamp, 01 Verlagsleitung, USA, Ordner SV. Boston 1979–1982.

b) Websites

www.archives.upenn.edu/people/1700s/helmuth_justus_h_c.html (16.11.2015).
www.boersenverein.de (10.5.2016).
www.findagrave.com/cgibin/fg.cgi?page=gr&GSln=edelstadt&GSfn=david&GSiman=1&GScid=57306&GRid=60647225& (12.12.2016).
www.goethe.de/kue/lit/prj/lit/deindex.htm (23.8.2016).
www.graduate.engl.virginia.edu/enec981/dictionary/02sewardM1.html (o. J.)
www.gsas.harvard.edu/programs_of_study/germanic_languages_and_literatures.php (28.3.2017).
www.holocaust.cz/de/opferdatenbank/ (20.5.2016).
www.hymnary.org/person/Helmuth_JHC1 (16.11.2015).
www.iaaw.hu-berlin.de/de/region/ostasien/seminar/mori (15.1.2017).
www.trojanow.de/autor/biographie/ (28.8.2016).
www.unive.academia.edu/GianrobertoScarcia (5.12.2016).
www.univie.ac.at/biografiA/daten/text/bio/baum.htm (8.4.2016).
www.welt.de/kultur/article4791021/Rumaenien-tut-sich-mit-Herta-Mueller-sehr-schwer.html (10.9.2012).
worldlit.cdh.ucla.edu/ (20.5.2017).
www.worldliteraturetoday.org (10.2.2017).
www.wordswithoutborders.org (12.2.2017)

c) Filme

Sister Act 2: In göttlicher Mission (USA, 1993). Produktion: Scott Rudin, Dawn Steel. Regie: Bill Duke.
Easy Rider (USA, 1969). Produktion: Peter Fonda, William Hayward, Bert Schneider. Regie: Dennis Hopper.
Grand Hotel (USA, 1932). Produktion: Irving Thalberg. Regie: Edmund Goulding.
Kampf um Rom (Deutschland, Italien, Rumänien, 1968). Produktion: Artur Brauner. Regie: Robert Siodmak.

d) Gedruckte oder digital verfügbare Quellen

»Die Bürger lassen sich nicht verscheissern«. Autor Feridun Zaimoğlu attackiert Erdoğan, Merkel und die Gewaltkultur vieler Einwanderer. Für den Saisonstart am Schauspielhaus hat er »Antigone« entsprechend überarbeitet. Tagesanzeiger, 6.09.2016; http://www.tagesanzeiger.ch/kultur/theater/ich-sehe-blutige-kaempfe-auf-uns-zukommen/story/21752470 (10.2.2017).

»Kalkutta braucht seinen eigenen bengalischen James Joyce«. Interview [Günter Grass] mit Subhoranjan Dasgupta (1986), in: »Ich will in das Herz Kalkuttas eindringen«. Günter Grass in Indien und Bangladesch, hg. v. Martin Kämpchen. Eggingen 2005, S. 117–126.

Abish, Walter: Embraced by Death, in: The New York Times Book Review, 16.2.1986, S. 12.

Adams, Henry: The Education of Henry Adams. Introduction by James Truslow Adams. New York 1931.

Adler, Jeremy: »Die Wahrheit verpflichtet«, in: H.G. Adler – Der Wahrheit verpflichtet. Interviews, Gedichte, Essays, hg. v. Jeremy Adler. Gerlingen 1998, S. 205–234.

– The World of My Father's Memory Writing. The »Gesamtkunstwerk« of H.G. Adler, in: H.G. Adler. Life, Literature, Legacy, hg. v. Julia Creet, Sara R. Horowitz, Amira Bojadzija-Dan. Evanston 2016, S. 23–47.

Adorno, Theodor W.: Engagement [1962], in: Zur Dialektik des Engagements. Aufsätze zur Literatur des 20. Jahrhunderts II. Frankfurt M. 1973, S. 7–30.

– Kulturkritik und Gesellschaft, in: ders., Gesammelte Schriften, Band 10.1: Kulturkritik und Gesellschaft I. »Prismen. Ohne Leitbild«. Frankfurt M. 1977, S. 30.

– Kulturkritik und Gesellschaft, in: ders., Prismen. München 1963, S. 11–30.

Agar, Herbert, Aydelotte, Frank, Borgese, G.A., Broch, Hermann, Brooks, Van Wyck, Comstock, Ada L., Elliott, William Yandell, Fisher, Dorothy Canfield, Gauss, Christian, Jászi, Oscar, Johnson, Alvin, Kohn, Hans, Mann, Thomas, Mumford, Lewis, Neilson, William Allan, Niebuhr, Reinhold, Salvemini, Gaetano: The City of Man. A Declaration on World Democracy. New York 1941.

Al-Ḥakīm, Taufik: Die Frau, die über den Teufel triumphierte, in: ders., Von Wundern und heller Verwunderung und von denen, die es mit Himmel und Hölle halten, übers. v. Horst Lother. Berlin 1970, S. 110–117.

Anandan, S.: Grass's Sojourn in God's Own Country, in: The Hindu, 14.4.2015.

Anderson, Mark: My Dinner with Auersberger, in: The New York Times Book Review, Nr. 7, 12.2.1988, S. 11 f.

[Anon.:] Mann finds US Sole Peace Hope, in: New York Times, 22.2.1938, S. 13.

– Von Fortunato und seynem Seckel auch Wunschhütlein. Mit e. Vorwort von Renate Noll-Wiemann. Hildesheim u. a. 1974.

Arendt, Hannah: »Von der Menschlichkeit in finsteren Zeiten«. Rede am 28. September 1959 bei der Entgegennahme des Lessing-Preises der Freien und Hansestadt Hamburg, in: Hannah Arendt. Rede am 28. September 1959 bei der Entgegennahme des Lessing-Preises der Freien und Hansestadt Hamburg. Mit einem Essay von Ingeborg Nordmann. Hamburg 1999, S. 7–54.

Ari [d.i. Ari Boulogne/Päffgen]: L'amour n'oublie jamais. Paris 2001.

Ariodante und Ginevra. Fortunatus. Hilberg, Birgitt: Manuscripta poetica et romanensia, Manuscripta theatralia. Wiesbaden 1993. S. 78. Landesbibliothek Kassel (http://orka.bibliothek.uni-kassel.de/viewer/image/1296566484811/133/LOG_ 0007/), (2011).

Auden, Wystan Hugh: K.'s quest, in: The Kafka Problem. New directions. Norfolk, Conn. 1947.

– In Time of War. A sonnet sequence with a verse commentary, zit. nach einem ins Deutsche übersetzten Ausschnitt, in: Rilkes Duineser Elegien. Rezeptionsgeschichte, hg. v. Ulrich Fülleborn, Manfred Engel. Bd. 3. Frankfurt M. 1982, S. 219 f.

Ausländer, Rose: Hunger, in: dies., Hügel aus Äther unwiderruflich. Gedichte und Prosa 1966–1975, hg. v. Helmut Braun. Frankfurt M. 1984, S. 29.

– Paul Celans Grab, in: dies., Hügel aus Äther unwiderruflich. Gedichte und Prosa 1966–1975, hg. v. Helmut Braun. Frankfurt M. 1984.

– Pieta. Für Nelly Sachs, in: dies., Hügel aus Äther unwiderruflich. Gedichte und Prosa 1966–1975, hg. v. Helmut Braun. Frankfurt M. 1984, S. 239.

– Selbstporträt, in: dies., Ich höre das Herz des Oleanders. Gedichte 1977–1979, hg. v. Helmut Braun. Frankfurt M. 1984, S. 203.

– »Zu di Chaverijrim in der Wait« (1947), besprochen in Joseph A. Kruse: An die Freunde in der Ferne. Ein jiddisches Gedicht und Übertagungen aus dem Jiddischen von Rose Ausländer, in: Von Franzos zu Canetti. Jüdische Autoren aus Österreich. Neue Studien, hg. v. Mark H. Gelber, Hans Otto Horch, Sigurd Paul Scheichl. Tübingen 1996 (Conditio Judaica 14), S. 107–114.

Austen, Jane: Love and Friendship, in: Love and Friendship. And Other Early Works, hg. v. The Women's Press Limited. London 1978, S. 1–35.

Austin, Sarah: Fragments from the German Prose Writers. New York 1841.

Azevedo, Álvares de: Macário. Rio de Janeiro 2015.

Bachčanjan, Vagrič, Dovlatov, Sergej, Sagalovskij, Naum: Demarš entuziastov [Proteste der Enthusiasten]. Paris 1985.

Badiou, Bertrand (Hg.): Paul Celan – Gisèle Celan-Lestrange Briefwechsel. Mit einer Auswahl von Briefen Paul Celans an seinen Sohn Eric. Aus dem Französischen von Eugen Helmlé, hg. u. komm. v. Bertrand Badiou in Verbindung mit Eric Celan. Anmerkungen übersetzt und für die deutsche Ausgabe eingerichtet v. Barbara Wiedmann. 2 Bände. Frankfurt M. 2001.

Bailey, Philip James: Festus. A Poem. London 1848.

Bankier, Joanna, Cosma, Carol, Earnshaw, Doris, Keefe, Joan, Lashgari, Deirdre, Weaver, Kathleen (Hg.): The Other Voice: Twentieth-Century Women's Poetry in Translation. New York u. a.1976.

Baskerville, Alfred: The Poetry of Germany. Consisting of selections from upwards of seventy of the most celebrated poets. Translated into English verse. Leipzig 1858.

Baum, Vicki: Hotel Shanghai. Amsterdam 1949.

– Es war alles ganz anders. Erinnerungen. Berlin u. a. 1962.

Bernhard, Thomas: Am Ortler, in: ders., Midland in Stilfs. Frankfurt M. 1971.

– Wittgensteins Neffe. Eine Freundschaft. Frankfurt M. 1982.

– Der Theatermacher, in: ders., Werke. Bd. 19: Dramen V, hg. v. Martin Huber, Bernhard Judes, Manfred Mittermayer. Berlin 2011, S. 97–221.

Bloch, Ernst: Verrat und Verräter, in: Freies Deutschland (Mexico) 3, 1942, S. 19 f.

Blum, Klara: Zwei Stimmen zu einem Werk II, in: Das Wort 6/1–3 (1938), S. 137–140.

- Der Hirte und die Weberin. Rudolstadt 1951.
- Das Lied von Hongkong, in: dies., Das Lied von Hongkong. Novellen. Mit 8 Scherenschnitten von Dhang Jung-schou und Lo Shuee-jü. Rudolstadt 1959, S. 49–136.
- Die drei gerechten Konkubinen, in: dies., Das Lied von Hongkong. Novellen. Mit 8 Scherenschnitten von Dhang Jung-schou und Lo Shuee-yü. Rudolstadt 1959, S. 137–156.
- Czernowitzer Ghetto, in: dies., Liebesgedichte, hg. v. Bernhard Albers. Einführung von Zhidong Yang. Aachen 2012, S. 42–47.
- Grimmiger Lebensbericht, in: dies., Liebesgedichte, hg. v. Bernhard Albers. Einführung von Zhidong Yang. Aachen 2012, S. 52–54.
- Herkunft, in: dies., Liebesgedichte, hg. v. Bernhard Albers. Einführung von Zhidong Yang. Aachen 2012, S. 50f.

Böll, Heinrich: Wanderer, kommst du nach Spa..., in: ders., Werke. Romane und Erzählungen 1: 1947–1951, hg. v. Bernd Balzer. Köln 1987, S. 487–497.

Böök, Frederik: Presentation, in: Nobel Lectures. Literature 1901–1967, hg. v. Horst Frenz. Singapore u. a. 1999, S. 260–262.

Borges, Jorge Luis: This craft of verse, hg. v. Calin-Andrei Mihailescu. London 2000.

Boswell, James: Boswells Große Reise. Deutschland und die Schweiz 1764, hg. u. mit einer Einleitung u. Anmerkungen v. Frederick Albert Pottle. Deutsch von Fritz Güttinger. Konstanz 1955, Wittemberg, 30. September 1764.

Brecht, Bertolt: Testimony of Berthold Brecht (Accompanied by Counsel, Mr. Kenny, and Mr. Crum). Hearings of the House Committee on Un-American Activities, October 30, 1947, in: Brecht. A Collection of Critical Essays, hg. v. Peter Demetz. Englewood Cliffs 1962, S. 30–42.

Brown, Charles Brockden: Wieland; or The transformation. An American tale. Together with Memoires of Carwin the biloquist. A fragment. Ed. with an introduction by Fred Lewis Pattee. New York u. a. 1926.

Brown, William Hill: The Power of Sympathy, in: The Power of Sympathy by William Hill Brown/ The Coquette by Hannah W. Foster, hg. v. William S. Osborne. New Haven 1970, S. 27–130.

Butler, Eliza Marian: The Fortunes of Faust. Cambridge u. a. 1979.

Byron, Lord: Manfred, in: ders., The Complete Poetical Works, hg. v. Jerome J. McGann. Vol. IV. Oxford 1986, S. 53–102.

Canetti, Elias: Die Blendung. München 1992.
- Party im Blitz. Die englischen Jahre. München u. a. 2003.

Carlyle an Goethe, Craigenputtock, Dumfries, den 10. Juni 1831, in: Goethes Briefwechsel mit Thomas Carlyle. Mit Abbildungen. Dachau 1914, S. 131–137.

Carlyle, Thomas: Sartor Resartus. The Life and Opinions of Herr Teufelsdr[ö]ckh (Large Printed Edition). O.O. 2008.

Cartarescu, Mircea: Das Regime hat mir meine Jugend gestohlen, in: Frankfurter Allgemeine Zeitung, 3.11.2009; http://www.faz.net/aktuell/feuilleton/buecher/im-gespraech-mircea-cartarescu-das-regime-hat-mir-meine-jugend-gestohlen-1872187.html (4.2.2017).

Celan, Paul: Der Meridian und andere Prosa. Frankfurt M. 1983.
- Solve, in: ders. Gesammelte Werke in fünf Bänden. 2. Bd. Gedichte II, hg. v. Beda Allemann, Stefan Reichert u. Mitw. v. Rolf Bücher. Frankfurt M. 1983.
- Die Goll-Affäre, hg. v. Barbara Wiedemann. Frankfurt M. 2000.

Char, René: An Michel Guérin, 15.10.1976, zit. nach einem ins Deutsche übersetzten Ausschnitt, in: Rilkes Duineser Elegien. Rezeptionsgeschichte, hg. v. Ulrich Fülleborn, Manfred Engel. Bd. 3. Frankfurt M. 1982, S. 302f.

Conger, Syndy McMillen: The Sorrows of Young Charlotte: Werther's English Sisters 1785–1805, in: Goethe Yearbook 3 (1986), S. 21–56.

Crowquill, Alfred: Faust, a serio-comic poem with twelve outline illustrations. London 1834.

Dahn, Felix: Aufruf., in: Emil Sembritzki, Kolonial-Gedicht- und Liederbuch. Berlin 1911.

De Bry, Theodorvs: Ad Lectorem Praefatio, in: America tertia pars. Memorabilis provinciae Brasiliae historia [...]. Germanico primùm sermone scriptam à Joanne Stadio, nunc autem Latinitate donatam à Teucrio Annaeo Priuato Colchanthe [J.A. Lonicer]. Frankfurt M. 1592.

Dekker, Thomas: The Pleasant Comedie of Old Fortunatus, in: The Dramatic works of Thomas Dekker, ed. by Fredson Bowers. Cambridge 1953, S. 122, v. 224 und S. 122, v. 217.

Eckermann, Johann Peter: Gespräche mit Goethe in den letzten Jahren seines Lebens, hg. v. Heinz Schlaffer, München 1986.

– Gespräche mit Goethe in den letzten Jahren seines Lebens 1823–1832, hg. v. Christoph Michel. Frankfurt M. 1999.

Eglinton Wallace, Lady: Letter to a Friend with a Poem called The Ghost of Werther. London 1787.

Edelstadt, David: [Mein letzter Wille], in: ders., Folḳs-gedikhṭe. New York 1892, S. 33.

Eliot, Thomas S.: Preface, in: The Criterion 1922–1939. Vol. I. London 1967.

Énard, Mathias: Kompass. Übers. v. Holger Fock, Sabine Müller. München 2016.

Enzensberger, Hans Magnus: Die Steine der Freiheit, in: Merkur 13/8 (1959), S. 770–775.

– Die Clique, in: Almanach der Gruppe 47, 1947–1962, hg. v. Hans Werner Richter in Zusammenarbeit mit Walter Mannzen. Reinbek bei Hamburg 1962, S. 22–27.

– Wilhelm Meister auf Blech getrommelt, in: Von Buch zu Buch – Günter Grass in der Kritik. Eine Dokumentation, hg. v. Gert Loschütz. Neuwied u.a. 1968, S. 8–12.

– Tumult. Berlin 2015.

– Wiedersehen mit den Fünfzigern. Ein Gespräch mit Jan Bürger, in: Zeitschrift für Ideengeschichte 4 (2015), S. 95–110.

Fellinger, Raimund, Huber, Martin, Ketterer, Julia (Hg.): Thomas Bernhard – Siegfried Unseld. Der Briefwechsel. Frankfurt M. 2009.

Flaubert, Gustave: Lehrjahre des Herzens. Nach der Übersetzung v. Walter Widmer. München 1957.

Fontane, Theodor: Effi Briest, in: Theodor Fontane. Sämtliche Romane, Erzählungen, Gedichte, hg. v. Walter Keitel, Helmuth Nürnberger, 4. Bd. München 1974 (2. Auflage), S. 7–296.

Formey, Jean Henri Samuel: Eloge de Mme Gottsched, suivie du Triomphe de la philosophie, par la même. Berlin 1767.

– Nouvelle Bibliothèque Germanique ou histoire Littéraire de l'Allemagne, de la Suisse, & des Pays du Nord. O.O. 1760.

Fréron, Élie Cathérine: Lettres sur quelques écrits de ce tems. Bd. 5. London 1751.

Fuller, Margaret: Woman in the Nineteenth Century. With an introduction by Bernard Rosenthal. New York 1971.

Geibel, Emanuel: Deutschlands Beruf, in: ders., Emanuel Geibels gesammelte Werke. In acht Bänden. Bd. 4, Stuttgart 1883.

Goethe, Johann Wolfgang von: Goethes sämtliche Werke, hg. und eingel. v. Karl Goedeke, Bd. 26. Stuttgart 1882.

– Faust. Bearbeitet und übers. ins Jiddische von A. Tannenbaum. New York 1900.

– Goethes Werke, hg. im Auftrag der Großherzogin Sophie von Sachsen. Weimar 1900, Abt. 3, Bd. 44.

– Goethes Briefe. Januar 1808–Juni 1809, hg. im Auftrage der Großherzogin Sophie von Sachsen, Abt. 4, Bd. 20. Weimar 1905.

– Goethes Briefe. Undatiertes und Nachträge, hg. im Auftrage der Großherzogin Sophie von Sachsen, Abt. 4, Bd. 30. Weimar 1905.

– Goethes Werke hg. im Auftrag der Großherzogin Sophie von Sachsen. Weimar 1907, Abt. 4, Bd. 40.

– Schema zu Kunst und Alterthum VI. Bdes. 3s Stück [1829–1830], in: Goethes Werke, hg. im Auftrag der Großherzogin Sophie von Sachsen, Weimar 1907, Abt. 2, Bd. 42, S. 500.

– Goethes Werke hg. im Auftrag der Großherzogin Sophie von Sachsen. Weimar 1909, Abt. 4, Bd. 44.

– Faust. Ins Jiddische übers. v. David Moses Hermalin, in: Geklibene Schriften von I.W. Goethe. New York 1911, Bd. 2, S. 8–199.

– Faust. Eine Tragödie in zwei Theilen. Erster Teil. Ins Jiddische übersetzt v. L. Kuperman. New York u. a. 1920.

– Fausta Part 1, übers. v. Ganguli, Kanai Lal. Kalkutta 1961.

– Rameaus Neffe. Ein Dialog von Diderot. Aus dem Manuskript übersetzt, in: Goethe. Kunsttheoretische Schriften und Übersetzungen. Bd. I: Übersetzungen, hg. v. Siegfried Seidel. Berlin u. a. 1977, S. 567–730.

– Sämtliche Werke. Briefe, Tagebücher und Gespräche. Vierzig Bände, hg. v. Karl Eibl. Frankfurt M. 1985.

– Maximen und Reflexionen, in: Sämtliche Werke. Briefe, Tagebücher und Gespräche, hg. v. Karl Eibl. Frankfurt M. 1985, Bd. 17.

– Dichtung und Wahrheit, in: Aus meinem Leben, Dichtung und Wahrheit, hg. v. Klaus-Detlef Müller. Frankfurt M. 1986.

– Römische Elegien, in: Gedichte 1756–1799, hg. v. Friedmar Apel, Dieter Borchmeyer. Frankfurt M. 1987.

– Hanswursts Hochzeit (1774 oder 1775), in: Sämtliche Werke nach Epochen seines Schaffens, »Der junge Goethe 1757–1775«, Münchener Ausgabe, hg. v. Gerhard Sauder, München 1987, Bd. 1.2, S. 131 f..

– Venezianische Epigramme, in: Italien und Weimar 1786–1790, hg. v. Hans J. Becker u. a. München 1990.

– Die letzten Jahre. Briefe, Tagebücher und Gespräche von 1823 bis zu Goethes Tod, hg. v. Horst Fleig. Frankfurt 1993.

– Edinburgh Reviews, in: Ästhetische Schriften 1824–1832, hg. v. Anne Bohnenkamp. Frankfurt M. 1998.

– Gedichte von einem polnischen Juden [1772], in: Ästhetische Schriften, hg. v. Apel Friedmar. Frankfurt M. 1998.

– Ästhetische Schriften 1824–1832, hg. v. Anne Bohnenkamp Frankfurt M. 1998.

- Faust. Texte, hg. v. Albrecht Schöne. Frankfurt M. 1999.
- Faust, übers. v. Sant Singh Sekhon. Chandigarh 1995.
- Faust, übers. v. Arvind Kumar. Delhi 2002.
- Faust, ins Hebräische übers. v. Nitzah Ben-Ari. Tel Aviv 2006.

Gottsched, Johann Christoph: Ausgewählte Werke, 6. Bd. 1. Teil, hg. v. Joachim Birke und Brigitte Birke. Berlin u. a. 1973.

Grass, Günter: Die Blechtrommel. Roman. Neuwied 1959.
- Die Rättin, in: Grass. Das literarische Werke in 17 Bänden, hg. v. Volker Neuhaus, Danila Hermes. Band XI. Göttingen 1997, S. 182 f.
- Jeebh Dikhana [Zunge zeigen]. Translated into Hindi by Vishnu Khare. New Delhi 1994.
- »Fortsetzung folgt...« www.nobelprize.org/nobel_prizes/literature/laureates/1999/lecture-g.html (1.1.2017).
- Meri Shatabdi [Mein Jahrhundert]. Translated into Hindi by Amrit Mehta. New Delhi 2001.

Guo, Moruo: Vorwort, in: Goethe: Die Leiden des jugendlichen Werther, übers. v. Guo Moruo. Shanghai 1922, S. 1–13.
- Nachwort zur Übersetzung Faust I, in: Goethe, Faust, übers. v. Guo Moruo, Shanghai 1947, S. 367–370.
- Nachwort zur Übersetzung Faust II, in: Goethe, Faust, übers. v. Guo Moruo. Shanghai 1947, S. 373–378.
- Vorwort, in: Goethe, Faust, übers. v. Guo Moruo. Shanghai 1947, S. 1–22.

Hawthorne, Nathaniel: The Celestial Railroad (1843), in: ders., The Celestial Railroad and Other Stories. New York 1963, S. 185–202.

Hecl, Aleksandar: Vinetu, in: Vinetus in: Pioniri: List Najmlađih u Jugoslaviji (1961/62); zweite Auflage durch YU Strip Nr. 139/1 (1978).

Hedayat, Sadeq: An Anthology, hg. v. Ehsan Yarshater. New York 1979.

Hegel, Georg Wilhelm Friedrich an Friedrich Immanuel Niethammer, Jena, 13. Oktober 1806, in: Briefe von und an Hegel, 1785–1815, hg. v. Johannes Hoffmeister. Hamburg 1969. Bd. 1, S. 120.

Heine, Heinrich: Brief an Campe, in: ders., Säkularausgabe. Werke, Briefwechsel, Lebenszeugnisse, 23. Bd., komm. u. bearb. v. Fritz H. Eisner. Berlin 1976.
- Deutschland. Ein Wintermärchen, Caput V, in: ders: Historisch-kritische Gesamtausgabe der Werke, hg. v. Manfred Windfuhr, 4. Bd. Hamburg 1985, S. 100–103.
- Reisebilder, Kapitel 31, in: ders: Historisch-kritische Gesamtausgabe der Werke, hg. v. Manfred Windfuhr, 7. Bd. Hamburg 1986.

Hemsterhuis, François: Twee particuliere brieven aan prinses Amalia von Gallitzin (›Diotime‹), Leyde ce Mardi: 1 dec: 1789, La Hâye ce 4 dec: 1789, in: Over Werther geschreven...: Nederlandse Reacties op Goethes Werther 1775–1800. Proeve an historisch receptive-onderzoek, hg. v. Joost Jakobus Kloek. Utrecht 1985, Bd. 2, S. 68–70.

Herzfelde, Wieland: Immergrün. Merkwürdige Erlebnisse und Erfahrungen eines fröhlichen Waisenknaben. Berlin 1949.

Hesse, Hermann: Recent German Poetry, in: The Criterion 1/1 (1922), S. 89–94.
- Banquet Speech; www.nobelprize.org/nobel_prizes/literature/laureates/1946/hesse-speech.html (17.2.2017).

Heyse, Paul: Einleitung, in: Deutscher Novellenschatz, hg. v. dems., Hermann Kurz, 1. Bd. München 1871, S. 5- 22.

Holland, Elihu Goodwin: To Weimar, in: The Knickerbocker 5 (1860), S. 492–494.

Huelle, Paweł: Castorp. Roman. Aus dem Polnischen von Renate Schmidgall. München 2005.

Judina, Marija: Luči Bežestvennoj Ljubvi. Literatur noenasledie [Strahlen der göttlichen Liebe. Literarischer Nachlass]. Moskau 1999.

Kafka, Franz: Rede über die jiddische Sprache, in: ders., Gesammelte Werke. Hochzeitsvorbereitungen auf dem Lande und andere Prosa aus dem Nachlaß, hg v. Max Brod. Frankfurt M. 1966, S. 421–426.

– Schema zur Charakteristik kleiner Literaturen, in: ders., Tagebücher 1910–1923, hg. v. Max Brod. Frankfurt M. 1976.

– Das Schloss, hg. v. Malcolm Pasley. New York 1982.

Kaiserin Elisabeth: An den Meister, in: dies., Das poetische Tagebuch. Wien 1984 (Fontes rerum Austriacarum; Erste Abtlg.: Scriptores 12).

– Aufruf, in: dies., Das poetische Tagebuch. Wien 1984 (Fontes rerum Austriacarum; Erste Abtlg.: Scriptores 12).

Kisch, Egon Erwin: Eine Tat des kollektiven Optimismus, in: Heines Geist in Mexiko, hg. v. Heinrich Heine-Klub Mexiko, Mexiko-Stadt 1946.

Koestler, Arthur: Sonnenfinsternis. London 1946.

Kuhlmann, Caspar: Besuch bei T.S. Eliot (1947/48), zit. nach einem ins Deutsche übersetzten Ausschnitt, in: Rilkes Duineser Elegien: Rezeptionsgeschichte, hg. v. Ulrich Fülleborn, Manfred Engel. Bd. 3. Frankfurt M. 1982, S. 248.

Landolfi, Tommaso: Il babbo di Kafka, in: ders., La Spada. Preceduta da una ristampa de »Il mare delle blatte« e altrestorie. Florenz 1942, S. 131–134.

Learned, M.D.: The German American Turner Lyric. Baltimore 1897.

Leemann-van Elck, Paul: Salomon Gessner, in: Der Schweizer Sammler 4 (1930), S. 45–47.

Gotthold Ephraim Lessing: Nathan der Weise, in: ders., Ausgewählte Werke, 2. Bd. Stuttgart 1890.

Letteris, Max: Ben Abuja. Goethes Faust. Eine Tragödie. In einer hebräischen Umdichtung. Wien 1865.

Lewitscharoff, Sibylle: Apostoloff. Frankfurt M. 2009.

Liliencron, Adda von: Bis in das Sandfeld hinein. Afrikanisches Zeitbild bis zum Schluß des Jahres 1904. Stuttgart 1908.

– Unsre Braven. Fünf Bilder aus dem Leben unsrer braven Truppen in Südwestafrika. Mühlhausen i. Thür. 1904.

– Reiterbriefe aus Südwest. Briefe und Gedichte aus dem Feldzuge in Südwest-Afrika in den Jahren 1904–1906. Leipzig 1907.

– Bei der Schutztruppe. Kriegsbild aus Südwestafrika. Mühlhausen i. Thür. 1906.

– Kriegsklänge der Kaiserlichen Schutztruppe in Deutsch-Süd-West-Afrika. Hamburg 1906.

– Nach Südwestafrika. Erlebnisse aus dem Hererokrieg nach Briefen von Mitkämpfern. Stuttgart 1906.

– Der Entscheidungskampf am Waterberg. Stuttgart 1907.

– Inkas. Auf Märchenfahrt nach dem sonnendurchglühten Afrika. Mit Bildern von Anna Noël geb. Pogge. Berlin 1910.

– Getreu bis zuletzt. Erzählungen aus dem Leben unserer Südwestafrikaner. Berlin 1912.

Mann, Erika, Mann Klaus: Escapeto Life. Deutsche Kultur im Exil. München 1991.

Mann, Thomas: Lübeck als geistige Lebensform. Die Entstehung der Buddenbrooks. Lübeck 1926.
- Speech at the Nobel Banquet at Grand Hôtel, Stockholm, 10. Dezember 1929; https://www.nobelprize.org/nobel_prizes/literature/laureates/1929/mann-speech_ty.html (3.2.2017).
- Tagebücher 1940–1943, hg. v. Frankfurt M. 1982, Washington, White House, 14.1.41, S. 210 f.
- Hommage, Princeton, June 1940, in: Franz Kafka, The Castle. Definitive Edition. New York 1969, S. 9–17.
- Die Entstehung des Doktor Faustus, in: ders.: Gesammelte Werke in dreizehn Bänden, Bd. XI. Reden und Aufsätze 3.2. Frankfurt M. 1974, S. 145–301.
- Warum ich nicht nach Deutschland zurückkehre, in: ders., Reden und Aufsätze 4, Gesammelte Werke 12. Frankfurt M. 1974, S. 953–962.
- Warum ich nicht nach Deutschland zurückkehre, in: ders., Reden und Aufsätze 4, Gesammelte Werke. Frankfurt M. 1975, Bd. 12, S. 953–962.
- The Rebirth of Democracy. The Growing Union of the English-Speaking World, in: ders., An die gesittete Welt. Politische Schriften und Reden im Exil. Nachwort v. Hanno Helbling. Frankfurt M. 1986, S. 399–403.
- On Myself and other Princeton Lectures. An annotated edition based on Mann's lecture type scripts, ed. by James N. Bade, in: Historisch-Kritische Arbeiten zur deutschen Literatur, hg. v. Herbert Kraft. Frankfurt M. 1996.
- Doktor Faustus. Das Leben des deutschen Tonsetzers Adrian Leverkühn, erzählt von einem Freunde, in: ders.: Große kommentierte Frankfurter Ausgabe. Bd. X, 1, hg. v. Ruprecht Wimmer. Frankfurt M. 2007.
Márquez, Gabriel García: The Solitude of Latin America. Nobel Lecture, 8.12.1982; http://www.nobelprize.org/nobel_prizes/literature/laureates/1982/marquez-lecture.html (10.2.2017).
May, Karl: Vinetu: Priča o putovanju. Übers. v. Svetomir Ristić und Svetozar Rančić. Beograd 1960.
Meserole, Harrison T. (Hg.): Seventeenth-Century American Poetry. New York 1968 (The Stuart Editions).
Mora, Terézia: Der einzige Mann auf dem Kontinent. München 2009.
- Das Ungeheuer. München 2013.
- Nicht sterben. Frankfurt Poetik-Vorlesungen. München 2014.
Morhof, Daniel Georg: Unterricht von der Teutschen Sprache und Poesie. Faks. D. 2. Ausgb. Von 1700, hg. v. H. Boetius. Bad Homburg u.a. 1969.
Müller, Herta: Atemschaukel. München 2009.
- Cristina und ihre Attrappe oder Was (nicht) in den Akten der Securitate steht. Göttingen 2009.
- Es ist ein großes Glück, dass er in Deutschland ist, in: Frankfurter Allgemeine Zeitung, 22.06.2012.
- Jedes Wort weiß etwas vom Teufelskreis, in: Frankfurter Allgemeine Zeitung, 7.12.2009; http://www.faz.net/aktuell/feuilleton/buecher/autoren/herta-muellers-nobelvorlesung-jedes-wort-weiss-etwas-vom-teufelskreis-1902079.html?printPagedArticle=true#pageIndex_2 [4.2.2017; Hervorhebung im Original].
Musset, Alfred de: Bekenntnisse eines Kindes seiner Zeit. Nach der Übersetzung v. Mario Spiro, hg. v. dems. Berlin 1915.
Nerval, Gérard de: Faust, tragédie de Goethe. Paris 1828.

Noe, Alfred (Hg.): Spieltexte der Wanderbühne. Sechster Band; Kommentar zu Band I-V. Berlin, New York 2007.

Nowlan, Robert A., Nowlan, Gwendolyn W.: Film Quotations. 11,000 Lines Spoken on Screen, Arranged by Subject, and Indexed. Jefferson, North Carolina 2013.

Nyenstädt, Franz: Monumenta Livoniae Antiquae, Bd. 2, Riga-Leipzig 1839.

Özdamar, Emine Sevgi: Mutterzunge. Erzählungen. Berlin 2013 (1. Aufl. 1990).

Oz, Amos: The Silence of Heaven. Agnon's Fear of God. Princeton, N.J. 2000.

– Eine Geschichte von Liebe und Finsternis. Aus dem Hebräischen von Ruth Achlama. Frankfurt M. 2008.

Pamuk, Orhan: Cevdet und seine Söhne. Aus dem Türkischen von Gerhard Maier. München 2011.

Perrin, Pierre: Werthérie. Paris 1791, Bd. 2.

Phillips, Henry jr.: Poems Translated from the Spanish and German. Philadelphia 1878.

Poe, Edgar Allan: Marginalia 229, in: ders., The Brevities : Pinakidia, Marginalia, Fifty Suggestions and Other Works, hg. m. e. Einleitung und Anmerkungen v. Burton R. Pollin. New York 1985, S. 378.

Porter, Katherine Anne: Das Narrenschiff. Aus dem Engl. übers. v. Susanna Rademacher. Überarb. u. komm. Neuausgabe. Nachw. v. Elke Schmitter. Zürich 2010.

Pynchon, Thomas: Die Enden der Parabel. Übers. v. Elfriede Jelinek, Thomas Piltz. Hamburg 2015.

Quincey, Thomas de: Goethe [1836], in: ders., Literarische Portraits. Schiller, Herder, Lessing, Goethe, hg., übers. u. komm. v. Peter Klandt. Hannover 1998, S. 64–104.

– Schiller [1837], in: ders., Literarische Portraits. Schiller, Herder, Lessing, Goethe, hg., übers. u. komm. v. Peter Klandt. Hannover 1998, S. 6–31.

Quinet, Edgar: De l'avenir de l'art. I. De l'art en Allemagne, in: Revue des Deux Mondes, 1.6.1832, S. 493–514.

Raspe, Rudolf Erich: Preface, in: Nathan the Wise. A Philosophical Drama. Translated into English by Rudolf Erich Raspe. London 1781, [unpag.], S. 1f.

Reynolds, Frederic: Werter. A Tragedy. As performed at the Theatres-Royal, Bath, Bristol, Covent-Garden and Dublin. Dublin 1786.

Rilke Rainer Maria: Duineser Elegien, in: ders.: Sämtliche Werke, hg. v. Rilke-Archiv in Verb. mit Ruth Sieber-Rilke, besorgt d. Ernst Zinn. Bd. 3. Frankfurt M. 1984.

Roman, Ronetti: Manasse. Drama in patru acte. Bukarest ca. 1900.

Rosa, João Guimarães: Grande Sertão. Aus dem Portugiesischen von Curt Meyer-Clason. Köln, Berlin 1964.

Rushdie, Salman: Die Schlange der Gelehrsamkeit windet sich, verschlingt ihren Schwanz und beißt sich selbst entzwei, in: Hüter der Verwandlung. Beiträge zum Werk von Elias Canetti. München 1985, S. 85–89.

Rutherford, Jonathan: The Third Space. Interview with Homi Bhabha, in: Identity: Community, Culture, Difference, hg. v. ders. London 1990.

Sachs, Nelly: Award Ceremony Speech, www.nobelprize.org/nobel_prizes/literature/laureates/1966/sachs-speech-ty.html (14.2.2017).

– Hölle ist nackt aus Schmerz, in: dies., Späte Gedichte. Frankfurt M. 1965.

Sarti, Raffaela: Vita di casa. Roma 1999.

Sartre, Jean-Paul: Meine Reise in die Sowjetunion [Interview, das Sartre der Pariser Zeitung »Libération« gegeben hat], in: Glaube und Vernunft 14 (1954), S. 1–17.

Schiller, Friedrich: Die Räuber. Nationalausgabe. Weimar, 1953.

– Die Sendung Moses, in: Schillers Werke. Nationalausgabe. 17. Bd. Historische Schriften, Erster Teil, hg. v. Karl-Heinz Hahn. Weimar 1970, S. 377–397.

– Ode an die Freude, in: Gedichte, hg. v. Georg Kurscheidt. Frankfurt M. 1992 (Werke und Briefe in zwölf Bänden, hg. v. Otto Dann u. a.), Bd. 1, S. 410–413.

Schorer, Mark: We're All on the Passenger List, in: New York Times Book Review. 01. 04. 1962, S. 1, 5.

Sebald, W.G.: Luftkrieg und Literatur. Mit einem Essay zu Alfred Andersch. Frankfurt M. 2001.

Seghers, Anna: Abschied vom Heine-Klub, in: Heines Geist in Mexiko, hg. v. Heinrich Heine-Klub Mexiko, Mexiko-Stadt 1946, S. 5–10.

Seksik, Laurent: Vorgefühl der nahen Nacht. Aus dem Französischen von Hanna van Laak. München 2001.

Seward, Anne: October 1762, Extracts from Miss Seward's Literary Correspondance, in: The Poetical Works of Anne Seward, hg. v. Walter Scott. Bd. 1. Edinburgh 1810.

– Written in the Blank Page of the Sorrows of Werter, in: The Collected Poems of Anna Seward, hg. v. Lisa L. Moore. London u. a. 2016. Bd. 2.

Singer, Isaac B.: Nobel Lecture, 8.12.1978; http://www.nobelprize.org/nobel_prizes/literature/laureates/1978/singer-lecture.html (12.2.2017).

– Verloren in Amerika. Vom Schtetl in die Neue Welt. Übers. v. Ellen Otten. München 1985.

Sorel, Guillaume (Zeichnung), Seksik, Laurent (Text): Die letzten Tage von Stefan Zweig. Aus dem Französischen von Edmund Jacoby. Berlin 2012 (²2016).

Soseki, Natsume: Kokoro. Roman. Aus dem Japanischen übers. u. m. e. Nachwort v. Oskar Benl. Kommentierte Neuausgabe d. Aufl. v. 1976. Zürich 2016.

Spender, Stephen: Rilke and the angels, Eliot and the shrines, zit. nach einem ins Deutsche übersetzten Ausschnitt, in: Rilkes Duineser Elegien. Rezeptionsgeschichte, hg. v. Ulrich Fülleborn, Manfred Engel. Bd. 3. Frankfurt M. 1982, S. 227–229.

Staden, Hans: Wahrhaftige Historia. Zwei Reisen nach Brasilien (1548–1555). Kritische Ausgabe, hg. v. Franz Obermeier. Kiel 2007 (Fontes Americanae 1).

Staël, Germaine de: Über Deutschland. Nach der Übersetzung von Robert Habs, hg. u. eingel. v. Sigrid Metken. Stuttgart 2013.

Su, Xiu: Wo de Peiyin Shengya [Mein Leben der Synchronisation]. Shanghai 2014.

Tacitus: Germania. Übersetzung, Erläuterungen und Nachwort von Manfred Fuhrmann. Stuttgart 1971.

Tawada, Yoko: Ein chinesisches Wörterbuch, in: Überseezungen. 4. Aufl. Tübingen 2013 (1. Aufl. Tübingen 2002).

– Etüden im Schnee. Tübingen 2014.

Thackeray, William Makepeace: Sorrows of Werther, in: A Victorian Anthology, 1837–1895, hg. v. Edmund Clarence Stedman. Boston, New York 1895, S. 305.

Tian, Han, Zhong, Baihua, Guo, Moruo: Sanye Ji [Kleeblatt], Shanghai 1920.

Times Literary Supplement, 28.7.1927, S. 518, zit. nach einem ins Deutsche übersetzten Ausschnitt, in: Rilkes Duineser Elegien. Rezeptionsgeschichte, hg. v. Ulrich Fülleborn, Manfred Engel. Bd. 3. Frankfurt M. 1982, S. 91–93.

Trojanow, Ilija: Der Weltensammler. München 2006.

Tsuji, Hikaru: Ich lese »Werther« auf Japanisch, in: Veröffentlichungen des Japanisch-Deutschen Zentrums Berlin 15 (1993), S. 34–48.

Unseld, Siegfried: Reisebericht Stockholm, 10.–13. Juli 1965; SUA Reiseberichte Siegfried Unseld 1965.

– Chronik 1970. Mit den Chroniken Buchmesse 1967, Buchmesse 1968 und der Chronik eines Konflikts 1968, hg. v. Raimund Fellinger. Bd. 1. Frankfurt M. 2010.

– Der Autor und sein Verleger. Frankfurt M. 1985.

– Hermann Hesse. Werk und Wirkungsgeschichte. Revidierte und erweiterte Fassung der Ausgabe von 1973. Frankfurt M. 1985.

– Unseld an Bernhard, Frankfurt am Main, 30. November 1978, in: Thomas Bernhard – Siegfried Unseld. Der Briefwechsel, hg. v. Raimund Fellinger, Martin Huber, Julia Ketterer. Frankfurt M. 2009, Nr. 370.

Uther, Hans-Jörg: Fortunatus, in: Enzyklopädie des Märchens. Begründet v. Karl Ranke, hg. v. Rolf Wilhelm Brednich, Hermann Bausinger, Heidrun Alzheimer, Rolf W. Brednich, Wolfgang Brückner, Daniel Drascek, Helge Gerndt, Ines Köhler-Zülch, Klaus Roth, Hans-Jörg Uther. Bd. 5, Berlin u. a. 1987, S. 7–14.

Wallis, John E.: Translator's Preface, in: Heinrich Heine, Book of song. A translation by John E. Wallis. London 1856, unpag. [S. 3–7].

Weigel, Sigrid: Laudatio auf Yoko Tawada, in: Bayerische Akademie der Schönen Künste. Jahrbuch 10 (1996), S. 373–377.

Whittier, John Greenleaf: The Pennsylvania pilgrim, and other poems. Boston 1873.

Witt, Hubert (Hg.): Thinking it over: 30 Stories from the German Democratic Republic. Berlin 1977.

Young, Marguerite: Angel in the Forest. New York 1945.

Zaimoğlu, Feridun: Kanak Sprak. 24 Mißtöne vom Rande der Gesellschaft. Hamburg 1995.

– Gottes Krieger, in: Zwölf Gramm Glück: Erzählungen. Köln 2004, S. 122–156.

– »Migrationsliteratur ist ein toter Kadaver«. Ein Gespräch, in: Literatur und Migration. Text und Kritik, hg. v. Heinz Ludwig Arnold. München 2006, S. 159–166.

Zweig, Stefan: Die Welt von gestern. Erinnerungen eines Europäers. Stockholm 1946.

– Brasilien. Ein Land der Zukunft. Mit einem Nachwort von Volker Michels. Berlin 2013.

2. Forschungsliteratur

Abboud, Abdo: Deutsche Romane im arabischen Orient. Eine komparatistische Untersuchung zur Rezeption von Heinrich Mann, Thomas Mann, Hermann Hesse und Franz Kafka. Mit einem Überblick über die Rezeption der deutschen Literatur in der arabischen »Welt«. Frankfurt M. u. a. 1984 (Analysen und Dokumente; Beiträge zur Neueren Literatur 18).

Abret, Helga: Zwischen Propaganda und Kritik. Frieda von Bülows Kolonialroman »Tropenkoller« (1896), in: L'Allemand au contact de la diversité linguistique en Afrique (2006), S. 101–125.

Ackermann, Gregor: Czernowitz und New York. Unbekanntes von Rose Ausländer. Bibliographie Grillen III, in: Juni 19 (1993), S. 135–141.

Ackroyd, Peter: T.S. Eliot. A Life. New York 1984.

Adam, Christian: Der Traum vom Jahre Null. Autoren, Bestseller, Leser: Die Neuordnung der Bücherwelt in Ost und West nach 1945. Berlin 2016.

Adelson, Leslie A.: The Turkish Turn in Contemporary German Literature. Toward a New Critical Grammar of Migration. New York 2005.

Adler, Hans: Weltliteratur – Nationalliteratur – Volksliteratur. Johann Gottfried Herders Vermittlungsversuch als kulturpolitische Idee, in: Nationen und Kulturen. Zum 250. Geburtstag Johann Gottfried Herders, hg. v. Regine Otto. Würzburg 1996, S. 271–284.

Adler, Jeremy: Rilke auf Englisch, in: Literatur und Kritik 121 (1978), S. 494–500.

– Das bittere Brot. H.G. Adler, Elias Canetti und Franz Baermann Steiner im Londoner Exil. Göttingen 2015.

Agazzi, Elena, Schütz, Erhard (Hg.): Handbuch Nachkriegskultur. Literatur, Sachbuch und Film in Deutschland (1945–1962). Bern u. a. 2013.

Ah Ying: Guanyu Gede Zuopin Chuqi De Zhongyi [Zu früheren chinesischen Übersetzungen der Werke Goethes], in: Gesammelte Essays von Ah Ying. Beijing 1981, S. 754–759.

Al-Mousa, Nedal: The Fortunes of Faust in Arabic Literature. A comparative study, in: New comparison 26 (1998), S. 103-117.

Al-Shammary, Zahim M. M.: Lessing und der Islam. Tübingen 2011.

Al-Taie, Yvonne: »Vorführung meiner Blutsverwandten«. Else Lasker-Schülers arabische Chiffren jüdischer Identität, in: Zeitschrift für Deutsche Philologie 133/4 (2014), S. 553–571.

Albrecht, Andrea: Kosmopolitismus. Weltbürgerdiskurse in Literatur, Philosophie und Publizistik um 1800. Berlin u. a. 2005 (spectrum Literaturwissenschaft 1).

– Bilinguale Sprachspiele zwischen Ost und West: Yoko Tawada und Xiaolu Guo, in: Gegenwartsliteratur. Ein germanistisches Jahrbuch. Schwerpunkt: Herta Müller, hg. v. Paul Michael Lützeler, Erin McGlothin. Tübingen 2011, S. 276–300.

Albrecht, Jörn: »Rede des toten Christus vom Weltengebäude herab, daß kein Gott sei«: Traum oder Alptraum? Eine Frage an Mme de Staël (und an alle Übersetzer), in: La sfuggente logica dell'anima. Il sogno in letteratura, hg. v. Hermann Dorowin, Rita Svanderlik, Leonardo Tofi. Perugia 2014, S. 87–96.

Albrecht, Wolfgang: »La lecture de ses œuvres es saine.« Einige Thesen zur französischen Lessing-Rezeption in der zweiten Hälfte des 19. Jahrhunderts, in: Lessing Yearbook 32 (2000), S. 83–97.

Allmendinger, Ute: »Wege im Schatten-Gebräch Deiner Hand«. Die Graphikerin und Malerin Gisèle Celan-Lestrange und ihr Dialog mit Paul Celan, in: à l'image du temps. Nach dem Bilde der Zeit. Gisèle Celan-Lestrange und Paul Celan. Zur Ausstellung im Hölderlinturm Tübingen vom 18. März 2001 bis 30. September 2001, Konz. Valérie Lawitschka in Verbdg. m. Eric Celan, Bertrand Badiou. Tübingen 2001, S. 55–67.

Alperen, Altan, Aktas, Tahsin: »Faust«-Rezeption in der Türkei unter dem Aspekt des türkisch-islamischen Kulturkreises, in: Orient und Okzident. Zur Faustrezeption in nicht-christlichen Kulturen, hg. v. Jochen Golz, Adrian Hsia. Köln, Weimar, Wien 2008, S. 91–101.

Alt, Peter-André: Schiller. Leben, Werk, Zeit. München ³2009 (Erstaufl. 2000).

Altmann, Alexander: Moses Mendelssohn. A biographical study. Philadelphia u. a. 1973.

Amelung, Peter: Das Bild des Deutschen in der Literatur der italienischen Renaissance (1400–1559). München 1964 (Münchener Romanistische Arbeiten 20).

Amodeo, Immacolata: Die Heimat heißt Babylon. Zur Literatur ausländischer Autoren in der Bundesrepublik Deutschland. Opladen 1996.

Amslinger, Tobias, Grüne, Marja-Christine, Jaspers, Anke: Mythos und Magazin. Das Siegfried Unseld Archiv als literaturwissenschaftlicher Forschungsgegenstand, in: Literatur – Verlag – Archiv, hg. v. Irmgard M. Wirtz, Ulrich Weber, Magnus Wieland. Göttingen 2015, S. 185–215.

Andringa, Els: Deutsche Exilliteratur im niederländisch-deutschen Beziehungsgeflecht. Eine Geschichte der Kommunikation und Rezeption. Berlin, Boston 2014 (Studien und Texte zur Sozialgeschichte der Literatur 137), S. 76–88.

Apt, Solomon: Thomas Mann in Russland. Rede aus Anlass der Verleihung der Ehrendoktorwürde der Philosophischen Fakultät der Universität zu Köln im Januar 1989, in: Thomas-Mann-Jahrbuch 3 (1990), S. 266–275.

Apter, Emily: Against World Literature. On the Politics of Untranslatability. London, New York 2013.

Arend, Stefanie, Sittig, Claudius (Hg.): Was ein Poëte kan! Studien zum Werk von Paul Fleming (1609–1640). Berlin, Boston 2012 (Frühe Neuzeit 168).

Arndt, Karl J. R.: George Rapp's Harmony Society, 1785–1847. Philadelphia 1965.

– Sealsfield's early reception in England and America, in: Charles Sealsfield. Journalistik und Vermischte Schriften, hg. v. Karl J.R. Arndt. Hildesheim, New York 1991 (Charles Sealsfield, Sämtliche Werke 24), S. 41–60.

– Eck, Reimer C. (Hg.): The First Century of German Language Printing in the United States of America, Complied by Gerd-J. Bötte u. Werner Tannhof using a preliminary compilation by Annelies Müller. Göttingen 1989.

Ascher, Barbara: Aspekte der Werther-Rezeption in China (Die ersten Jahrzehnte des 20. Jahrhunderts), in: Goethe und China – China und Goethe. Bericht des Heidelberger Symposions, hg. v. Günther Debon, Adrian Hsia. Bern u.a. 1985 (euro-sinica 1), S. 139–153.

Asholt, Wolfgang, Fähnders, Walter: »Die ganze Welt ist eine Manifestation«. Die europäische Avantgarde und ihre Manifeste. Darmstadt 1997.

Assaraf, Albert: L'hérétique: Elicha ben Abouya ou l'autre absolu, Paris 1991.

Atkins, John: Arthur Koestler. London 1956.

Atkins, Stuart Pratt: The Testament of Werther in Poetry and Drama. Cambridge 1949.

Atze, Marcel: »Wie Adler berichtet.« Das Werk H.G. Adlers als Gedächtnisspeicher für die Literatur, in: H.G. Adler. Text und Kritik 163 (2004), hg. v. Heinz Ludwig Arnold, S. 17–30.

– »…und wer spricht über Dresden?« Der Luftkrieg als öffentliches und literarisches Thema der Zeit des ersten Frankfurter Auschwitz-Prozesses 1963–1965, in: Sebald-Lektüre, hg. v. dems., Franz Loquai. Eggingen 2005, S. 105–115.

Aurnhammer, Achim: Torquato Tasso im deutschen Barock. Tübingen 1994 (Frühe Neuzeit 13).

Aust, Hugo, Fischer, Hubertus: Einführung, in: Fontane und Polen, Fontane in Polen. Referate der wissenschaftlichen Frühjahrstagung der Theodor Fontane Gesellschaft e.V. vom 26. bis 29. Mai 2005 in Karpacz (Krummhübel). Würzburg 2008, S. 5–10.

Avetisjan, Vladimir: Thomas Mann in Rußland. Wege der Forschung, in: Vom Nachruhm. Beiträge zur Lübecker Festwoche 2005 aus Anlaß des 50. Todestages von Thomas Mann, hg. v. Ruprecht Wimmer, Hans Wisskirchen. Frankfurt M. 2007, S. 57–76.

Aytaç, Gürsel: Thomas Mann in der Türkei, in: Rezeption der Deutschen Gegenwartsliteratur im Ausland, hg. v. Dietrich Papenfuss, Jürgen Söring. Stuttgart 1976.

Azadovskij, Konstantin: Rilke und Russland: Briefe, Erinnerungen, Gedichte. Übers. v. Ulrike Hirschberg. Berlin 1986.

– Ril'ke i Rossija [Rilke und Russland]. Moskau 2011.

– Družinin, Petr A.: Stalinskaja Rilkeana (Istorijaodnoj dissertacii) [Stalin'sche Rilkeana (Geschichte einer Dissertation)], in: NLO 129 (2014), 122–173.

Bachmann-Medick, Doris: The Translational Turn in Literary and Cultural Studies, in: Translation Studies 2/1 (2009), S. 2–16.

Baker, Lee C.R.: The Open Secret of »Sartor Resartus«: Carlyle's Method of Converting His Reader, in: Studies in Philology 83/2 (1986), S. 218–235.

Balme, Christopher: The Theatrical Public Sphere. Cambridge 2014.

– Pacific Performances. Theatricality and cross-cultural encounter in the South Seas. Basingstoke 2007.

Bannasch, Bettina, Rochus, Gerhild (Hg.): Handbuch der deutschsprachigen Exilliteratur. Von Heinrich Heine bis Herta Müller. Berlin u. a. 2013.

Barbian, Jan-Pieter: Literaturpolitik im »Dritten Reich«. Institutionen, Kompetenzen, Betätigungsfelder. Nördlingen 1995.

Barck, Simone, Langermann, Martina, Lokatis, Siegfried: »Jedes Buch ein Abenteuer«. Zensur-System und literarische Öffentlichkeiten in der DDR bis Ende der sechziger Jahre. Berlin 1997 (Zeithistorische Studien 9).

Barouch, Lina: Between German and Hebrew. The Counter languages of Gershom Scholem, Werner Kraft and Ludwig Strauss. Berlin u. a. 2016.

Barry, David: The Political-Cultural Dimension of Goethe's Weltliteratur and the Tragedy of Translation, in: The German Quarterly 74/2 (2001), S. 164–185.

– Accomodating »Helena«. Reading Goethe's Faust II at the intersection of Weltliteratur and his late morphological writings, in: MLR 108/4 (2013), S. 1177–1198.

Bartels, Nora: Goethes »Faust« bei Mori Rintarō und Guo Moruo. Vorstudien zum Verständnis ihrer Übersetzungen, in: Japonica Humboldtiana 15 (2013), S. 77–150.

Bartsch, Ekkehard: Karl Mays Winnetou – Die Entwicklung einer Literarischen Gestalt. In: Auf der See gefangen. Karl Mays gesammelte Werke, 80. Bd. Bamberg 1998, S. 429–488.

Baßler, Moritz: »Das Zeitalter der neuen Literatur«. Popkultur als literarisches Paradigma, in: Chiffre 2000 – Neue Paradigmen der Gegenwartsliteratur. Bonn 2005, S. 185–199.

Bauer, Matthias: Trauma oder Rettung. Rose Ausländer und die englische Sprache, in: »Blumenworte welkten«. Identität und Fremdheit in Rose Ausländers Lyrik, hg. v. Jens Birkmeyer. Bielefeld 2008, S. 201–222.

Baumann, Walter: Roses from the Steel Dust. Collected Essay on Ezra Pound. Orno u. a. 2000.

Baumgartner, Frederic J.: Longing for the End: A History of Millennialism in Western Civilization. New York 1999.

Bauschinger, Sigrid: Else Lasker-Schüler. Ihr Werk und ihre Zeit. Heidelberg 1980.

- Die Posaune der Reform. Deutsche Literatur im Neuengland des 19. Jahrhunderts. Bern u. a.1989.

Bayer, Wolfram: Vorwort, in: Kontinent Bernhard. Zur Thomas-Bernhard-Rezeption in Europa, hg. v. ders. u. Mitarb. v. Claude Porcell. Wien u. a. 1995, S. 9–15.

Bayer, Wolfram (Hg.): Kontinent Bernhard. Zur Thomas-Bernhard-Rezeption in Europa. Unter Mitarb. v. Claude Porcell. Wien u. a. 1995.

Bayerdörfer, Hans Peter: Poetischer Sarkasmus. »Fadensonnen« und die Wende zum Spätwerk, in: Paul Celan. Text und Kritik 53/54 (1977), S. 42–54.

- Nathan am Broadway. Ferdinand Bruckners Lessing-Inszenierung – Gastgeschenk eines deutschen Juden an ein Immigrationsland, in: Conditio Judaica, Teil 5: Deutschjüdische Exil- und Emigrationsliteratur im 20. Jahrhundert, hg. v. Itta Shedletzky, Hans Otto Horch. Tübingen 1993, S. 165–183.

- »Drama der Weisheit« – Zur Bühnengeschichte von Lessings »Nathan« zwischen 1879/80 und 1914, in: Mit Lessing zur Moderne. Soziokulturelle Wirkungen des Aufklärers um 1900. Beiträge zur Tagung des Lessing-Museums und der Lessing Society im Lessing-Jahr 2004, hg. v. Wolfgang Albrecht, Richard E. Schade. Kamenz 2004, S.123–143.

Bechhaus-Gerst, Marianne, Leutner, Mechthild: Frauen in den deutschen Kolonien. Berlin 2009.

Beck, Evelyn T.: Kafka and the Yiddish Theatre. Its Impact on His Work. Madison 1971.

Becker, Sabina: Großstädtische Metamorphosen. Vicki Baums Roman »Menschen im Hotel«, in: Jahrbuch zur Literatur der Weimarer Republik 5 (1999/2000), S. 167–194.

- Neue Sachlichkeit. 2 Bde. Köln u. a. 2000.

- Literatur als »Psychographie«. Entwürfe weiblicher Identität in Theodor Fontanes Romanen, in: »Realismus?« Zur deutschen Prosaliteratur des 19. Jahrhunderts, hg. v. Nobert Oellers, Hartmut Steinecke (Zeitschrift für deutsche Philologie 120. 2001; Sonderheft). Berlin 2001, S. 90–110.

- »Zu den Problemen der Realität zugelassen«. Autorinnen der Neuen Sachlichkeit, in: Autorinnen der Weimarer Republik, hg. v. Walter Fähnders u. Helga Karrenbrock. Bielefeld 2003, S. 187–213.

- »Wiederhergestellte« Weiblichkeit, alternative Männlichkeit. Fontanes Roman »L'Adultera«, in: »Weiber weiblich, Männer männlich«? Zum Geschlechterdiskurs in Theodor Fontanes Romanen, hg. v. Sabina Becker, Sasche Kiefer. Tübingen 2005, S. 127–158.

- Transnational, interkulturell und interdisziplinär: Das Akkulturationsparadigma der Exilforschung, in: Literatur und Exil. Neue Perspektiven, hg. v. ders., Susanne Komfort-Hein. Berlin u. a. 2013, S. 49–69.

Beebee, Thomas O.: From Nobel to Nothingness: The Negative Monumentality of Rudolf C. Eucken and Paul Heyse, in: German Literature as World Literature, hg. v. dems. New York u. a. 2014, S. 115–133.

Beecroft, Alexander: An Ecology of World Literature. From Antiquity to the Present Day. London, New York 2015

Beekman, Klaus, Vries, Jan de (Hg.): Avant-Garde and Critcism. Amsterdam u. a. 2007.

Begemann, Christian: ›Kanakensprache‹. Schwellenphänomene in der deutschsprachigen Literatur ausländischer AutorInnen der Gegenwart, in: Schwellen. Germanistische Erkundungen einer Metapher, hg. v. Nicholas Saul, Daniel Steuer, Frank Möbus, Birgit Illner. Würzburg 1999, S. 209–220.

Behre, Maria: Prozeßphilosophische Aspekte im Werk Rose Ausländers, in: Études Germaniques 58 (2003), S. 281–302.

Behzadi, Lale: Ausblick und Spiegelung: Goethes »Faust« in der arabischen Literatur, in: Orient und Okzident. Zur Faustrezeption in nicht-christlichen Kulturen, hg. v. Jochen Golz, Adrian Hsia. Köln, Weimar, Wien 2008, S. 67–76.

Beicken, Peter U.: Franz Kafka. Eine kritische Einführung in die Forschung. Frankfurt M. 1974, S. 22, passim.

– Die Aufnahme in einzelnen Ländern: Vereinigte Staaten von Amerika, in: Kafka-Handbuch. Das Werk und seine Wirkung, hg. v. Hartmut Binder. Bd. 2. Stuttgart 1979, S. 776–786.

Belenčikov, Valentin: Russland und die deutschen Expressionisten 1910–1925. Teil 1: Prosa. Frankfurt M. u. a. 1993.

– Russland und die deutschen Expressionisten 1910–1925. Teil 2: Lyrik. Frankfurt M. u. a. 1994.

Bell, Matthew: Introduction, in: The Essential Goethe. Johann Wolfgang von Goethe, hg. v. dems. Princeton, Oxford 2016, S. VII–XXXI.

Bell, Robert F.: Depicting the Host Country: Vicki Baum's »The Mustard Seed«, in: Kulturelle Wechselbeziehungen im Exil – Exile across Cultures, hg. v. Helmut F. Pfanner. Bonn 1986 (Studien zur Literatur der Moderne 14), S. 139–150.

Beller, Manfred: Eingebildete Nationalcharaktere. Vorträge und Aufsätze zur literarischen Imagologie, hg. v. Elena Agazzi in Zusammenarbeit mit Raul Calzoni. Göttingen 2006, S. 211–222.

Belobratow, Alexander W.: Bernhard bei uns daheim. Russische Lesarten und andere Katastrophen, in: Österreich und andere Katastrophen. Thomas Bernhard in memoriam. Beiträge des Internationalen Kolloquiums an der Universität des Saarlandes vom 10. bis 12. Juni 1999, hg. v. Pierre Béhar, Jeanne Benay in Zus.arbeit mit der Thomas-Bernhard-Privatstiftung Wien. St. Ingbert 2001 (Beiträge zur Robert-Musil-Forschung und zur neueren österreichischen Literatur 15), S. 357–379.

– Die Rezeption von Günter Grass in Russland nach 1985. Manuskript [2013]; http://germanyrussia.ru/cities/14/412?lang=de (6.6.2015).

Belobrova, Olga: Nemeckij trivial'nyj roman v russkoj čitatel'skoj srede pervoj poloviny XIX v. (Na materiale sočinenij H.A. Vul'piusa) [Der deutsche Trivialroman und die russische Leserschaft in der ersten Hälfte des 19. Jh. (Am Beispiel der Werke von C.A. Vulpius)], in: Nemcy v Rossii. Problemy kul'turnogo vzaimodejstvija, hg. v. Ljudmila V. Slavgorodskaja. St. Petersburg 1998, S.123–128.

Benjamin, Walter: Über Kafka. Texte, Briefzeugnisse, Aufzeichnungen, hg. v. Hermann Schweppenhäuser. Frankfurt M. 1981.

Benoit, Martine: Présence de Nelly Sachs dans la »Niemandsrose« de Paul Celan, in: Nelly Sachs, éthique et modernité. Actes du colloque international 2007, hg. v. André Lerousseau. Lille 2007, S. 125–136.

Berg, Hubert F. van den: Mapping old traces of the new. Towards a historical topography of early twentieth-century avant-garde(s) in the European cultural field(s), in: Arcadia 41/2 (2006), S. 331–349.

– »Berlin ist die Hauptstadt der Vereinigten Staaten von Europa«. Zur Internationalität der Zeitschrift und Galerie »Der Sturm«, in: Akten des XI. Internationalen Germanistenkongresses Paris 2005, hg. v. Jean-Marie Valentin. Bern u. a. 2007, S. 59–63.

– »Der Sturm« und die niederländische Literatur der Avantgarde. Eine kleine Bestandsaufnahme, in: Der Aufbruch in die Moderne. Herwarth Walden und die europäische Avantgarde, hg. v. Irene Chytraeus-Auerbach, Elke Uhl. Berlin 2013, S. 79–114.

Berkov, Pavel Naumovič: Nemeckaja literatura v Rossii v XVIII v. [Deutsche Literatur in Russland im 18. Jahrhundert], in: Pavel Naumovič Berkov. Problemy istoričeskogo razvitija literatur. Leningrad 1981, S. 118–143.

Berkowitz, Roger: Approaching Infinity: Dignity in Arthur Koestler's »Darkness at noon«, in: Philosophy and Literature 33 (2009), S. 296–314.

Bernstein, Eckhard: Vom lateinischen Frühhumanismus bis Conrad Celtis, in: Die Literatur im Übergang vom Mittelalter zur Neuzeit, hg. v. Werner Röcke, Marina Münkler. München u. a. 2004 (Hansers Sozialgeschichte der deutschen Literatur vom 16. Jahrhundert bis zur Gegenwart 1), S. 54–76.

– Humanistische Intelligenz und kirchliche Reformen, in: Die Literatur im Übergang vom Mittelalter zur Neuzeit, hg. v. Werner Röcke, Marina Münkler. München u. a. 2004 (Hansers Sozialgeschichte der deutschen Literatur vom 16. Jahrhundert bis zur Gegenwart 1), S. 166–197.

Bertschik, Julia: »Kolportageliteratur mit Hintergründen«. Zur Problematik literarischer Wertung am Beispiel von Vicki Baum (1888–1960), in: Im Schatten der Literaturgeschichte. Autoren, die keiner mehr kennt?, hg. v. Jattie Enklaar, Hans Elster u. Mitarb. v. Evelyne Tax. Amsterdam, New York 2005 (Duitse Kroniek 54), S. 193–206.

Bessen, Ursula: Helga M. Novak, in: Kritisches Lexikon zur deutschsprachigen Gegenwartsliteratur (69. Nachlieferung), hg. v. Heinz Ludwig Arnold. München 2001, S. 1–14.

Beßlich, Barbara: Wege in den ›Kulturkrieg‹. Zivilisationskritik in Deutschland 1890–1914. Darmstadt 2000.

Betz, Gottlieb: Die Deutschamerikanische Patriotische Lyrik der Achtundvierziger und ihre historische Grundlage. Philadelphia 1916 (Americana Germanica 22).

Bezzel-Dischner, Gisela: Poetik des modernen Gedichts. Zur Lyrik von Nella Sachs. Berlin, Zürich 1970 (Frankfurter Beiträge zur Germanistik 10).

Bhatti, Anil: Der Orient als Experimentierfeld. Goethes »Divan« und der Aneignungsprozess kolonialen Wissens, in: Goethe-Jahrbuch 126 (2009), S. 115–128.

Billaz, André: Le »Cours de littérature dramatique« de A.W. Schlegel. Notes sur la traduction française de 1814, in: Revue d'Histoire littéraire de la France 70/4 (1970), S. 610–618.

Birus, Hendrik, Bohnenkamp, Anne, Perels, Christoph, Polaschegg, Andrea, Seng, Joachim (Hg.): Denn das Leben ist die Liebe… Marianne von Willemer und Goethe im Spiegel des West-östlichen Divans. Frankfurt M. 2014.

– Bohnenkamp, Anne, Bunzel, Wolfgang (Hg.): Goethes Zeitschrift »Ueber Kunst und Alterthum«. Von den Rhein- und Main-Gegenden zur Weltliteratur, Frankfurt M. 2016.

Birus, Hendrik: Goethes Idee der Weltliteratur. Eine historische Vergegenwärtigung, in: Weltliteratur heute. Konzepte und Perspektiven, hg. v. Manfred Schmeling. Würzburg 1995 (Saarbrücker Beiträge zur Vergleichenden Literatur- u. Kulturwissenschaft 1), S. 5–28.

Bischoff, Doerte: Avantgarde und Exil. Else Lasker-Schülers »Hebräerland«, in: Exil und Avantgarden, hg. im Auftrag der Gesellschaft für Exilforschung v. Claus-

Dieter Krohn, Erwin Rothermund, Lutz Winckler, Wolf Koepke. München 1998 (Exilforschung. Ein internationales Jahrbuch 16), S. 105–126.

– Exile, Trauma, and the Modern Jewish Experience: The Example of Else Lasker-Schüler, in: Placeless Topographies. Jewish Perspectives on the Literature of Exile, hg. v. Bernhard Greiner. Tübingen 2003, S. 127–148.

– Exilanten oder Emigranten? Reflexionen über eine problematische Unterscheidung anlässlich einer Lektüre von Werfels »Jacobowsky und der Oberst« mit Hannah Arendt, in: Literatur und Exil. Neue Perspektiven, hg. v. ders., Susanne Komfort-Hein. Berlin, Boston 2013, S. 213–238.

Bittner, Konrad: J. G. Herder und A.N. Radiščev, in: Zeitschrift für Slavische Philologie 25/1 (1956), S. 8–53.

Blank, Hugo: Zwischen Mailand und Weimar von 1817 bis 1832, in: Goethe und Manzoni. Deutsch-italienische Kulturbeziehungen um 1800, hg. v. Werner Ross. Tübingen 1989, S. 1–13.

Blanke, Detlev: Causes of the relative success of Esperanto, in: Language Problems and Language Planning 33/1 (2009), S. 251–266.

Blanning, Timothy Charles W.: The Culture of Power and the Power of Culture. Old Régime Culture 1660–1789. Oxford u. a. 2002.

Blioumi, Aglaia: Identität im Gehäuse der Sprache. Konfigurationen literarischer Übersetzung in Werken Yoko Tawadas, in: Identität und Alterität, hg. v. Joanna Flinik, Barbara Widawska. Frankfurt M. 2014, S. 161–173.

Bloom, Harold: The Anatomy of Influence. Literature as a Way of Life. New Haven 2012.

Bluhm, Heinz Siegfried: The Reception of Goethe's Faust in England after the middle of the nineteenth century, in: The Journal of English and Germanic Philology 34/2 (1935), S. 201–212.

Boa, Elizabeth: The meaning of time in Thomas Mann's »Der Zauberberg« und Vicki Baum's »Menschen im Hotel«, in: About time. Conceptualizing and representing temporality in German Swiss and Austrian culture. Konstanz 2013 (Germanistik in Ireland 8), S. 13–26.

Bockel, Marianne: Jules Laforgue – ein Übersetzer Heines, in: Cahier Heine 3 (1984), S. 137–143.

Bodemer, Saskia: Bestsellermarketing: Erfolgsfaktoren auf dem literarischen Markt der Gegenwart. Süskind – Schlink – Kehlmann. Stuttgart 2014.

Bodenheimer, Alfred, Sandbank, Shimon (Hg.): Poetik der Transformation. Paul Celan – Übersetzer und übersetzt. Tübingen 1999 (Conditio Judaica 28).

Bödeker, Birgit: Weltliteratur im Dritten Reich. Zur Rezeption deutschsprachiger Literatur, in: Weltliteratur in deutschen Versanthologien des 20. Jahrhunderts, hg. v. ders., Helga Essmann. Berlin 1997, S. 297–311.

Bohnenkamp, Anne: Rezeption der Rezeption. Goethes Entwurf einer ›Weltliteratur‹ im Kontext seiner Zeitschrift ›Über Kunst und Altertum‹, in: Spuren, Signaturen, Spiegelungen. Zur Goethe-Rezeption in Europa, hg. v. Bernhard Beutler, Anke Bosse. Köln u. a. 2000, S. 187–205.

– Volkspoesie, Weltpoesie, Weltliteratur, in: Goethes Zeitschrift über Kunst und Altertum, hg. v. Hendrik Birus, Anne Bohnenkamp, Wolfgang Bunzel. Frankfurt M. 2016, S. 87–118.

Bolbecher, Siglinde: »Vom Kinderblick der Zukunft überstrahlt…«. Die Dichterin Klara Blum, in: An der Zeiten Ränder. Czernowitz und die Bukowina. Geschichte, Literatur, Verfolgung, Exil, hg. v. Cécile Cordon, Helmut Kusdat. Wien 2002, S. 295–300.

Bollenbeck, Georg: Tradition, Avantgarde, Reaktion. Deutsche Kontroversen um die kulturelle Moderne 1880–1945. Frankfurt M. 1999.

Bollmus, Reinhard: Das Amt Rosenberg und seine Gegner. Studien zum Machtkampf im nationalsozialistischen Herrschaftssystem. Stuttgart 1970 (²2006).

Boothe, Brigitte: Sie fanden nicht einmal Freunde. Psychoanalyse des Exils, in: Thomas Mann und das »Herzasthma des Exils«. (Über-)Lebensformen in der Fremde. Die Davoser Literaturtage 2008, hg. v. Thomas Sprecher. Frankfurt M. 2010 (Thomas-Mann-Studien 41), S. 71–92.

Borchmeyer, Dieter: Welthandel – Weltfrömmigkeit – Weltliteratur. Goethes Alters-Futurismus. Festvortrag zur Eröffnung des Goethezeitportals in der Ludwig-Maximilians-Universität München am 19.1.2004; http://www.goethezeitportal.de/db/wiss/goethe/borchmeyer_weltliteratur.pdf, S. 9–12.

Borgard, Thomas: Europa, Amerika in »transition« (1927–1938): Literatursprachliche Interkulturalität und Transgression des Avantgardesubjekts, in: Europa! Europa! The Avant-Garde, Modernism and the Fate of a Continent, hg. v. Sascha Bru, Jan Baetens, Benedikt Hjartarson u. a. Berlin 2009, S. 464–477.

Bosse, Anke: China und Goethes Konzept der ›Weltliteratur‹, in: Jahrbuch des Freien Deutschen Hochstifts 2009, S. 231–251.

Botnikova, Alla: Ė.T.A. Gofman i russkaja literatura (pervaja polovina XIX veka). K probleme russko-nemeckich literaturnych svjazej [E.T.A. Hoffmann und die russische Literatur der ersten Hälfte des 19. Jahrhunderts]. Zum Problem der russisch-deutschen Literaturbeziehungen]. Voronež 1977.

– Ė.T.A. Gofman i russkaja literatura [E.T.A. Hoffmann und die russische Literatur], in: Botnikova A. Nemeckij romantizm: dialog chudožestvennych form. Voronež 2004, S. 205–236.

Botros, Atef: Kafka. ein jüdischer Schriftsteller aus arabischer Sicht. Wiesbaden 2009.

Boulton, Marjorie: Zamenhof. Creator of Esperanto. London 1960.

Bourel, Dominique: Heinrich Heine und der Einfluss deutscher Juden auf die französische Kultur im 19. Jahrhundert, in: Heinrich Heine in Jerusalem. Internationale Konferenz 2001 im Konrad Adenauer-Konferenzzentrum in Mishkenot Sha'ananim, hg. v. Naomi Kaplanski, Elisheva Moatti, Itta Shedletzky. Hamburg 2006, S. 138–154.

Bower, Kathrin M.: Ethics and remembrance in the poetry of Nelly Sachs and Rose Ausländer. New York 2000.

Bowring, Richard John: Mori Ôgai and the modernization of Japanese culture. Cambridge u. a. 1979.

Brady, Martin, Hughes, Helen: Kafka adapted to film, in: The Cambridge Companion to Kafka, hg. v. Julian Preece. Cambridge 2002, S. 226–241.

Brandes, Helga: Im Westens viel Neues. Die französische Kultur im Blickpunkt der beiden Gottscheds, in: Diskurse der Aufklärung. Luise Adelgunde Victorie und Johann Christoph Gottsched, hg. v. Gabriele Ball, ders., Katherine R. Goodman. Wiesbaden 2006 (Wolfenbütteler Forschungen 112), S. 191–211.

– Johann Christoph und Luise Adelgunde Victoria Gottsched und der deutsch-französische Aufklärungsdiskurs, in: Ostpreußen, Westpreußen, Danzig, hg. v. Jens Stüben. München 2007 (Schriften des Bundesinstituts für Kultur und Geschichte im östlichen Europa 30), S. 237–257.

Brandt, Bettina: Emine Sevgi Özdamar als Theatermacherin. Eine Vorstudie zu »Karagöz in Alamania«, in: Text und Kritik 211 (2016), hg. v. Yasemin Dayıoğlu-Yücel, Ortrud Gutjahr, S. 26–36.

Brandt, George W. (Hg.): German and Dutch theatre, 1600–1848, zusammengestellt v. ders., Wiebe Hogendoorn. Cambridge 1993.

– Hogendoorn, Wiebe: Theatre in Europe. A documentary history: German and Dutch Theatre, 1600–1848. Cambridge 1993.

– Hogendoorn, Wiebe (Hg.): German and Dutch theatre 1600–1848. Cambridge 1993.

Braun, Helmut: Zum Beziehungsgeflecht der Czernowitzer Dichter. Aus dem Nachlass von Rose Ausländer [...], in: Zeitschrift der Germanisten Rumäniens 13–14 (2005), S. 340–369.

Braun, Manuel: Ehe, Liebe, Freundschaft. Semantik der Vergesellschaftung im frühneuhochdeutschen Prosaroman, Tübingen 2001.

– Historie und Historien, in: Die Literatur im Übergang vom Mittelalter zur Neuzeit, hg. v. Werner Röcke, Marina Münkler. München, Wien 2004 (Hansers Sozialgeschichte der deutschen Literatur vom 16. Jahrhundert bis zur Gegenwart 1), S. 317–361.

Braungart, Georg: Opitz und die höfische Welt, in: Martin Opitz (1597–1639). Nachahmungspoetik und Lebenswelt, hg. v. Thomas Borgstedt, Walter Schmitz. Tübingen 2002, S. 31–52.

Breger, Claudia: Mimikry als Grenzverwirrung. Parodistische Posen bei Yoko Tawada, in: Über Grenzen. Limitation und Transgression in Literatur und Ästhetik, hg. v. Claudia Benthien, Irmela Marei Krüger-Fürhoff. Stuttgart u. a. 1999, S. 176–206.

Brehl, Medardus: Vernichtung der Herero. Diskurse der Gewalt in der deutschen Kolonialliteratur. München 2007.

– »Grenzläufer« und »Mischlinge«. Abgrenzung und Entgrenzung kollektiver Identitäten in der deutschen Kolonialliteratur, in: Maskerade des (Post-)Kolonialismus. Verschattete Repräsentationen »der Anderen« in der deutschsprachigen Literatur und im Film, hg. v. Ortrud Gutjahr, Stefan Hermes. Würzburg 2011, S. 77–94.

Bremer, Georg: Unter Kannibalen. Die unerhörten Abenteuer der deutschen Konquistadoren Hans Staden und Ulrich Schmidel. Zürich 1996.

Brenner, David A.: Neglected »Women's« Texts and Contexts: Vicki Baum's Jewish Ghetto Stories, in: Women in German Yearbook 13 (1997), S. 101–120.

Bressan, Marina: Theodor Däubler: Vermittler zwischen Italien und Deutschland für »Der Sturm« und »Die Aktion«, in: Der Aufbruch in die Moderne. Herwarth Walden und die europäische Avantgarde, hg. v. Irene Chytraeus-Auerbach, Elke Uhl. Berlin 2013, S. 115–136.

Breuer, Dieter: Grimmelshausen-Handbuch. München 1999.

Broch, Hermann: Robert Musil und das Exil (Juni 1939), in: Freundschaft im Exil. Thomas Mann und Hermann Broch, hg. v. Paul Michael Lützeler. Frankfurt M. 2004 (Thomas-Mann-Studien 31).

Brockmeier, Peter, Desné, Roland, Voss, Jürgen (Hg.): Voltaire und Deutschland. Quellen und Untersuchungen zur Rezeption der französischen Aufklärung. Mit einem Geleitwort v. Alfred Grosser. Stuttgart 1979 (Internationales Kolloquium zum 200. Todestag Voltaires 1978, Mannheim).

Bru, Sascha, Martens, Gunther (Hg.): The invention of politics in the European Avant-Garde (1906–1940). Amsterdam u. a. 2006.

Bruce, Iris: Kafka and popular culture, in: The Cambridge Companion to Kafka, hg. v. Julian Preece. Cambridge 2002, S. 242–246.

Brückner, Wolfgang, Blickle, Peter, Breuer, Dieter (Hg.): Literatur und Volk im 17. Jahrhundert. Probleme populärer Kultur in Deutschland. Teil I–II. Wiesbaden 1985 (Wolfenbütteler Arbeiten zur Barockforschung 13).

Bruhn, Peter, Glade, Henry: Heinrich Böll in der Sowjetunion 1952–1979.

Brunse, Niels: »Buddenbrooks« i dansk perspektiv, in: Übersetzung als Kulturvermittlung im deutsch-dänischen Kontext, hg. v. Klaus Bohnen, Jan Schlosser. Kopenhagen 2004, S. 43–56.

Bucharkin, P. (Hg.): Russko-evropejskie literaturnye svjazi. XVIII vek [Russisch-europäische literarische Beziehungen im 18. Jahrhundert]. St. Peterburg 2008.

Buckard, Christian: Arthur Koestler. Ein extremes Leben 1905–1983. München 2004.

Bürger, Jan: Die Suhrkamp-Insel. Über die ersten beiden Stationen einer neuen Ausstellungsreihe, in: Jahrbuch der deutschen Schillergesellschaft 55 (2011), S. 78–88.

Bürger, Ulrike: Strukturen der Rezeptionsgeschichte. Zu Rilkes »Duineser Elegien«, in: Annali, Sezione Germanica 7/1–2 (1997), S. 245–270.

Bulang, Tobias: Die andere Enzyklopädie – Johann Fischarts Geschichtklitterung, in: Arcadia 48/2 (2013), S. 282–303.

Bunzel, Wolfgang: Rück-Wirkung: Goethes literarische Reaktionen auf die Rezeption seines Romans »Die Leiden des jungen Werthers«. Eine historische Fallstudie als Baustein zu einer künftigen Theorie der Autor/Leser-Kommunikation, in: Spuren, Signaturen, Spiegelungen. Zur Goethe-Rezeption in Europa, hg. v. Bernhard Beutler, Anke Bosse. Köln 2000, S. 129–167.

Burke, Peter, Po-Chia Hsia, Ronnie (Hg.): Cultural Translation in Early Modern Europe. Cambridge 2007.

Burwick, Frederick: »An orphic tale«: Goethe's Faust Translated by Coleridge, in: International Faust Studies: Adaptation, Reception, Translation, hg. v. Lorna Fitzsimmons. London 2008, S. 124–148.

Burwick, Roswitha: Goethe's »Werther« and Mary Shelley's »Frankenstein«, in: The Wordsworth Circle, hg. v. Department of English. Philadelphia 1993, S. 47–52.

Buschmeier, Matthias: Das rollende Büro. Nicolais Technik des statistischen Reiseberichts, in: Materialität auf Reisen. Zur kulturellen Transformation der Dinge, hg. v. Philip Bracher, Florian Hertweck. Stefan Schröder. Berlin 2006 (Reiseliteratur und Kulturanthropologie 8), S. 129–156.

Bužga, Jaroslav: Einige Anmerkungen zu Christian Weises historischem Drama über König Wenzel, in: Poet und Praeceptor. Christian Weise (1642–1708) zum 300. Todestag. 2. Internationales Christian-Weise-Symposium 21.–24. Oktober 2008 in Zittau, hg. v. Peter Hesse. Dresden 2009, S. 189–194.

Caeiro, Oscar: El »Werther« argentine, in: Boletín de estudios germánicos, hg. v. Universidad Nacional de Cuyo, Facultad de filosofía y letras, Instituto de lenguas y literaturas modernas, sección lenguag y literatura alemañas 197/9 (1973), S. 195–206.

Caffrey, George: Rudolf Borchardt [1927], in: The Criterion.1922–1939, 5 (1967), S. 81–87.

Candida, Silvia: Die offene Tür. Rose Ausländer und Marianne Moore – Überlegungen zu einer dichterischen Freundschaft, in: »Weil Wörter mir diktieren: Schreib uns.« Literaturwissenschaftliches Jahrbuch 1999. Rose Ausländer Stiftung. Köln 2000, S. 97–115.

Cantarutti, Giulia: Die vergessene Bibliothek eines ›Letterato buon cittadino‹ und die Anfänge der Gessner-Verehrung in Italien, in: Geselligkeit und Bibliothek. Lesekultur im 18. Jahrhundert, hg. v. Wolfgang Adam, Markus Fauser in Zus. m. Ute Pott. Göttingen 2005 (Schriften des Gleimhauses Halberstadt 4), S. 217–251.

– Aurelio de' Giorgi Bertolas »Idea della bella letteratura alemanna«, in: Der Kanon in der deutschen Sprach- und Literaturwissenschaft. Bern u. a. 2009 (Ricerche di cultura europea 24), S. 221–229.

Carasso, Jean-Gabriel: »Nathan le Sage… et François le Tranquille«, in: Théâtre Public 79 (1988), S. 68.

Carbone, Mirella (Hg.): Annemarie Schwarzenbach. Werk, Wirkung, Kontext. Akten der Tagung in Sils/Engadin vom 16. bis 19. Oktober 2008. Mit einer Schwarzenbach-Bibliographie 2005–2009. Bielefeld 2010.

Carré, Jean-Marie: Goethe en Angleterre. Paris 1920.

Carse, Alice F.: The Reception of German Literature in America as Exemplified by the New York Times. New York 1973.

Cassagnau, Laurent: Rose Ausländer et la poésie américaine, in: Études Germaniques 58 (2003), S. 211–232.

Cassin, Barbara (Hg.): Vocabulaire européen des philosophes. Dictionnaire des intraduisibles. Paris 2004.

Cassirer, Ernst: Der Mythus des zwanzigsten Jahrhundert. Die Vorbereitung: Carlyle. In: ders., Vom Mythus des Staates. Hamburg 2002 (Nachdruck der Ausgabe Zürich 1949), S. 246–289.

Cazden, Robert E.: Johann Georg Wesselhöft and the German Book Trade in America, in: The German Contribution to the Building of the Americas. Studies in Honor of Karl J.R. Arndt, hg. v. Gerhard K. Friesen u. Walter Schatzberg. Worcester, Hanover 1977, S. 217–234.

– A Social History of the German Book Trade in America to the Civil War. Berlin u. a. 2009.

Cermák, Josef: Die Kafka-Rezeption in Böhmen (1913–1949), in: Germanoslavica 1 (1994), S. 127–144.

Cesarani, David: Arthur Koestler. The Homeless Mind. London 1998.

Chambers, Helen: Spuren von Fontane in der britischen Presse 1855–1899, in: dies., Fontane-Studien. Gesammelte Aufsätze zu Romanen, Gedichten und Reportagen. Dt. Übers. v. Christine Herschel. Würzburg 2014, S. 15–37.

– Douglas Parmées englische Übersetzung von Theodor Fontanes »Effi Briest«, in: dies., Fontane-Studien. Gesammelte Aufsätze zu Romanen, Gedichten und Reportagen. Dt. Übers. v. Christine Herschel. Würzburg 2014, S. 61–73.

– Fontane-Rezeption im westeuropäischen Raum, in: dies., Fontane-Studien. Gesammelte Aufsätze zu Romanen, Gedichten und Reportagen. Dt. Übers. v. Christine Herschel. Würzburg 2014, S. 75–85.

Chelaru, Nora: Klara Blum als Feuilletonistin und Journalistin für die »Ostjüdische Zeitung« (1924–1929), in: Zeitungsstadt Czernowitz. Studien zur Geschichte der deutschsprachigen Presse der Bukowina (1848–1940), hg. v. Andrei Corbea-Hoisie, Ion Lihaciu, Markus Winkler. Kaiserslautern, Mehlingen 2014.

– Das zionistische Judenbild der Klara Blum in den Periodika »Ostjüdische Zeitung« (Czernowitz) und »Der jüdische Arbeiter« (Wien), 1924–1933. Studie und

Texte, in: Kulturen an den »Peripherien« Mitteleuropas (am Beispiel der Buko-wina und Tirols), hg. v. Andrei Corbea-Hoisie, Sigurd Paul Scheichl. Iasi, Kons-tanz 2015 (Jassyer Beiträge zur Germanistik 18).

Chen, Quan: Fushide Jingshen [»Fausts« Geist], in: Shidai zhi Bo. Zhanguoce Pai Wenhua Lunzhu Jiyao [Welle der Zeiten. Abriss der Zhanguoce-Schule], Beijing 1995, S. 359–367.

Chevrel, Yves: Le »mythe de Werther« dans la littérature européenne, in: Space and boundaries of literature, hg. v. Roger Bauer. München 1990, S. 337–344.

Chiellino, Carmine (Hg.): Interkulturelle Literatur in Deutschland. Ein Handbuch. Stuttgart u. a. 2007.

Classen, Albrecht: Die Weltwirkung des »Fortunatus«, in: Fabula 35 (1990), S. 209–225.

– The German Volksbuch. Critical History of a Late Medieval Genre. Lewiston 1995.

– Die Rezeption des deutschen »Fortunatus« in England. Thomas Dekker und seine Dramatisierung des »Volksbuchs«, in: Neohelicon 21/1 (2005), S. 289–311.

Clavel, André: Thomas Bernhard le trouble-fête, in: Les Nouvelles Littéraires, 61. Jg., Nr. 2876, 3.–9.03.1983, S. 33.

Clowes, Edith W.: The Revolution of Moral Consciousness. Nietzsche in Russian Literature, 1890–1914. DeKalb 1988.

Colombat, Rémy: La »Jeune Parque« de Paul Celan, in: Paul Celan. Poésie et poé-tique, hg. v. dems., Jean-Pierre Lefebvre, Jean-Marie Valentin. Paris 2002, S. 133–152.

– Les images poetologiques de Rose Ausländer, in: Études Germaniques 58 (2003), S. 339–361.

Conrad, Sebastian: Enlightenment in Global History. A Historiographical Critique, in: American Historical Review 117/4 (2012), S. 999–1027.

Cook, Bruce: Brecht in Exile. New York 1983.

Corbea-Hoisie, Andrei: Ein Literatenstreit in Czernowitz (1939–1940), in: Études Germaniques 58 (2003), S. 363–378.

Correia, Maria Assunção Pinto: Ein großes Bestiarium der Weltliteratur. Franz Bleis Büchersammlung in Lissabon, in: Franz Blei. Mittler der Literaturen, hg. v. Diet-rich Harth. Hamburg 1997, S. 213–222.

Couling, Della: Champagner mit einer Prise Strychnin. Bernhards Theaterstücke in England, in: Kontinent Bernhard. Zur Thomas-Bernhard-Rezeption in Europa, hg. v. Wolfram Bayer u. Mitarb. v. Claude Porcell. Wien u. a. 1995, S. 425–429.

Craft, Robert: The Comedian of Horror, in: The New York Review of Books, Nr. 14, 27.9.1990, S. 40–48.

Cubría, José: Heine y Augusto Ferrán. »El Lyrisches Intermezzo« y »Die Heim-kehr« en »La Soledad«, in: Revista de Filología Alemana 7 (1999), S. 105–124.

Čulkov, Georgij: Tjutčev i Gejne [Tjutčev und Heine], in: Iskusstvo 1 (1923), S. 356–364.

Cunz, Dieter: Die Maryländer Goethe Gesellschaft, in: Monatshefte 38/6 (1946), S. 367–370.

Cusa, Hélène: Die Kafka-Rezeption in Frankreich (I. Teil), in: Franz Kafka – Visio-när der Moderne. Göttingen 2008.

Cvetaev, Dimitri: Protestantstvo i protestanty v Rossii do ėpochi preobrazovanij [Die Protestanten und der Protestantismus in Russland vor der Epoche der Re-formen]. Moskau 1890.

Damrosch, David: What Is World Literature? Princeton, Oxford 2003,
– How to Read World Literature. Chichester 2009.

Danilevskij, Rostislav: Viland v russkoj literature [Wieland in der russischen Literatur], in: Alekseev M. Pavlovič (otv. red.). Ot klassicizma k romantizmu. Iz istorii meždunarodnych svjazej russkoj literatury. Leningrad 1970, S. 342–355.

– Schiller in der russischen Literatur: 18. Jahrhundert, erste Hälfte 19. Jahrhundert. Dresden 1998.

– Kanonizacija legendy. G. È. Lessing v rannem sovetskom literaturovedenni [Kanonisierung einer Legende. Lessing in der frühen sowjetischen Literaturwissenschaft], in: XX vek. Dvadcatye gody. Iz istorii meždunarodnych svjazej russkoj literatury, hg. v. G. Time. St. Petersburg 2006, S. 41–61.

Darnton, Robert: Literaten im Untergrund: Lesen, Schreiben und Publizieren im vorrevolutionären Frankreich, München 1985.

Daugherty, Daniel: Die Faust im Wappen. Elias Canettis Suche nach dem »wahren Wort«. Würzburg 2011.

Daviau, Donald G.: Bernhard in Amerika, in: Literarisches Kolloquium Linz 1984. Thomas Bernhard. Materialien, hg. v. Alfred Pitterschatscher. Linz 1985. S. 113–159.

– Bernhard in Amerika, in: Thomas Bernhard. Literarisches Kolloquium. Materialien, hg. v. Johann Lachinger, Alfred Pittertschatscher. Weitra 1994, S. 119–159.

Davis, Edward Ziegler: Translations of German Poetry in American Magazines 1741–1810. Philadelphia 1905 (Americana Germanica 1).

Davis, John R.: The Victorians and Germany. Frankfurt M., 2007.

– Nicholls, Angus: Friedrich Max Müller. The Career and Intellectual Trajectory of a German Philologist in Victorian Britain, in: Publications of the English Goethe Society 85/ 2–3 (2016), S. 67–97.

Decock, Sofie: Papierfähnchen auf einer imaginären Weltkarte. Topo- und Tempografien in den Asien- und Afrikaschriften Annemarie Schwarzenbachs. Bielefeld 2010.

Delille, Maria Manuela Gouveia: Die doppelzügige Rezeption Heinrich Heines in der portugiesischen Literatur. Von der Jahrhundertwende bis zum Zweiten Krieg, in: Harry … Heinrich … Henri … Heine. Deutscher, Jude, Europäer, hg. v. Dietmar Goltschnigg, Charlotte Grollegg-Edler, Peters Revers. Berlin 2008 (Philologische Studien und Quellen 208), S. 435–448.

Demetz, Peter: Introduction, in: Brecht. A Collection of Critical Essays, hg. v. dems. Englewood Cliffs 1962, S. 1–15.

Denzer, Jörg: Die Konquista der Augsburger Welser-Gesellschaft in Südamerika (1528–1556). München 2005.

Derrida, Jacques: Schibboleth. Für Paul Celan, hg. v. Peter Engelmann. Übers. aus d. Französischen von Wolfgang S. Baur. Wien 2002.

Deschner, Karlheinz: Kitsch, Konvention und Kunst. Eine literarische Streitschrift. München 1957.

Detering, Heinrich: Bertolt Brecht und Laotse. Göttingen 2008.

– Thomas Manns amerikanische Religion. Frankfurt M. 2012.

Dharampal-Frick, Gita: Indien im Spiegel deutscher Quellen der Frühen Neuzeit (1500–1750). Studien zu einer interkulturellen Konstellation. Tübingen 1994 (Frühe Neuzeit 18), S. 95–108.

Dharwadker, Vinay (Hg.): Cosmopolitan Geographies. New Locations in Literature and Culture. New York u. a. 2001.

Dibble, Jerry A.: The Pythia's Drunken Song. Thomas Carlyle's »Sartor Resartus« and the Style Problem in German Idealist Philosophy. Boston u. a. 1978.

Dines, Alberto: Der Tod des Entdeckers des Paradieses, in: Stefan Zweig heute, hg. v. Mark Gelber. New York u. a. 1987, S. 181–200.

– Tod im Paradies. Die Tragödie des Stefan Zweig. Aus dem Portugiesischen v. Marlen Eckl. Frankfurt M. u. a. 2006.

Dittmar, Jens (Hg.): Thomas Bernhard Werkgeschichte. Aktualisierte Neuausgabe 1990. Frankfurt M. 2002.

Dmitriev, D.: Nemeckie pervopečatnye biblii v russkich perevodach XVI v. [Russische Übersetzungen der deutschen Bibelerstdrucke im 16. Jahrhundert], in: Nemcy v Rossii. Problemy kul'turnogo vzaimodejstvija, hg. v. Ljudmila V. Slavgorodskaja, Rossijskaja Akademija Nauk. St. Petersburg 1998, S. 14–17.

Dochartaigh, Caitríona Ò: Goethe's Translations from the Gaelic »Ossian«, in: The reception of Ossian in Europa, hg. v. Howard Gaskill. London u. a. 2004, S. 156–175.

Döring, Detlef: Nowak, Kurt (Hg.): Gelehrte Gesellschaften im mitteldeutschen Raum (1650–1820). Teil 1. Stuttgart 2000 (Abhandlungen der Sächsischen Akademie der Wissenschaften zu Leipzig. Philologisch-Historische Klasse).

– Döring, Detlef: Johann Christoph Gottscheds Tod und Begräbnis, in: Johann Christoph Gottsched in seiner Zeit. Neue Beiträge zu Leben, Werk und Wirkung, hg. v. Manfred Rudersdorf. Berlin 2007, S. 338–375.

– Der Literaturstreit zwischen Leipzig und Zürich in der Mitte des 18. Jahrhunderts. Neue Untersuchungen zu einem alten Thema, in: Bodmer und Breitinger im Netzwerk der europäischen Aufklärung, hg. v. Anett Lütteken, Barbara Mahlmann-Bauer. Göttingen 2009 (Das achtzehnte Jahrhundert; Supplementa 16), S. 60–104.

Doms, Misia Sophia, Bernhard Walcher (Hg.): Periodische Erziehung des Menschengeschlechts. Moralische Wochenschriften im deutschsprachigen Raum. Frankfurt M. u. a. 2012.

Dornheim, Nicolás J.: Die deutschsprachige Literatur in Spanisch-Amerika. Wege der kulturellen Begegnung in Auswahl, in: Deutsche in Lateinamerika – Lateinamerika in Deutschland, hg. v. Karl Kohut, Dietrich Briesemeister, Gustav Siebenmann. Frankfurt M. 1996, S. 139–256.

Dotzler, Bernhard J.: Werthers Leser, in: Modern Language Notes 114 (1999), S. 445–470.

– Goethe und sein Ende. Das Medium »Welt-Literatur«, in: Klassik und Anti-Klassik. Goethe und seine Epoche, hg. v. Ortrud Gutjahr, Harro Segeberg. Würzburg 2001, S. 89–107.

Dressel, Diana: Intiṣār Al-Faḍīla aw Ḥādithat Al-Ibna Al-Isrā'īliyya As an Adaptation of »Nathan der Weise«, in: Journal of Semitic Studies 51 (2006), S. 349–371.

Dröse, Albrecht: Anfänge der Reformation, in: Die Literatur im Übergang vom Mittelalter zur Neuzeit, hg. v. Werner Röcke, Marina Münkler. München, Wien 2004 (Hansers Sozialgeschichte der deutschen Literatur vom 16. Jahrhundert bis zur Gegenwart 1), S. 198–241.

Droop, Alfred: Die Belesenheit Percy Bysshe Shelleys. Weimar 1906.

Dubinin, Sergej I.: Samarskie sonety Paulja Flemimga i istoki russko-nemeckich literaturnych svjazej [Paul Flemings Samaraer Sonette und Quellen der russisch-deutschen literarischen Beziehungen], in: Nemcy v Rossii. Problemy kul'turnogo vzaimodejstvija, hg. v. Ljudmila V. Slavgorodskaja. St. Petersburg 1998, S. 26–36.

– Russko-nemeckie akademičeskie svjazi načala XIX v.: žurnal »Avrora« i ego redaktor F. Ch. Rejngard [Russisch-deutsche akademische Beziehungen am Anfang des 19. Jahrhunderts: die Zeitschrift »Avrora« und ihr Redakteur F. Ch. Rejngard], in: Nemcy v Rossii. Russko-nemeckie naučnye i kul'turnye svjazi, hg. v. G. Smagna. St. Petersburg 2000, S. 113–123.

Dueck, Evelyn: L'étranger intime. Les traductions français de l'œuvre de Paul Celan (1971–2010). Berlin u. a. 2014 (Communicatio 42).

Dürbeck, Gabriele: Postkoloniale Studien in der Germanistik. Gegenstände, Positionen, Perspektiven, in: Postkoloniale Germanistik. Bestandsaufnahme, theoretische Perspektiven, Lektüren. Bielefeld 2014, S. 19–70.

Duffy, Eve M., Metcalf, Alida: The Return of Hans Staden. A Go-between in the Atlantic World. Baltimore 2012.

Duncan, Bruce: Goethes »Werther« and the Critics. Rochester u. a. 2005.

Durães, Fani Schiffer: O mito de Fausto em Grande Sertão: Veredas. Rio de Janeiro 1999 (Coleção Afrânio Peixoto da Academia Brasileira de Letras).

Durylin, Sergei: G-ža de Stal' i ee russkie otnošenija [Madame de Staël und ihre russischen Beziehungen], in: Russkaja kul'tura i Francija, hg. v. Pavel I. Lebedev-Poljanskij, Bd. 3. Moskau 1939 (Literaturnoe nasledstvo 33/34), S. 215–330.

Durzak, Manfred: Der Erzähler Elias Canetti – ein interkultureller, ein europäischer Autor?, in: ders., Literatur im interkulturellen Kontext. Würzburg 2013, S. 87–101.

Dzikowska, Elżbieta Katarzyna: Breslau in Wrocław. Poetische Korrespondenzen, in: Gedächtnis und Literatur in den geschlossenen Gesellschaften des Real-Sozialismus zwischen 1945 und 1989. Göttingen 2007, S. 93–106.

Earnest, Corinne P., Ernest, Russel D.: Papers for birth days. Guide to the Fraktur artists and scriveners. Albuquerque 1989.

Eber, Irene: The Critique of Western Judaism in »The Castle« and Its Transposition in Two Chinese Translations, in: Franz Kafka und China, hg. v. Adrian Hsia. Bern u. a. 1996, S. 41–72.

Eckhard Michels: Von der Deutschen Akademie zum Goethe-Institut. Sprach- und auswärtige Kulturpolitik 1923–1960. München 2005.

Eckl, Marlen: Goethe in den Tropen – Kulturvermittlung im brasilianischen Exil, in: Études germaniques 252/4 (2008), S. 773–789.

– »Das Paradies ist überall verloren«. Das Brasilienbild von Flüchtlingen des Nationalsozialismus. Frankfurt M. 2010.

– »A flor de exilio« – A amizade de Stefan Zweig e Ernst Federervista a partir do »Diário Brasileiro« de Feder, in: WebMosaica. Revista do Instituto cultural Judaico Marc Chagall 4/2 (2012), S. 61–70.

Eke, Norbert Otto: In jeder Sprachen sitzen andere Augen. Herta Müllers ex-zentrisches Schreiben, in: Unterwegs. Zur Poetik des Vagabundentums im 20. Jahrhundert, hg. v. Hans Richard Brittnacher, Magnus Klaue. Köln u. a. 2008, S. 247–259.

Eldridge, Richard: Idealism in nineteenth-century British and American literature, in: The Impact of Idealism. The Legacy of Post-Kantian German Thought, hg. v. Nicholas Boyle, Liz Disley. Vol. III: Aesthetics and Literatur, hg. v. Christopher Jamme, Ian Cooper. Cambridge 2013, S. 121–144.

Eliot, George: German Wit: Heinrich Heine, in: Westminster Review 65, Januar 1856, S. 1–18.

Emerson, Ralph Waldo: Europe and European Books, in: The Dial 3 (1843), S. 511–521.

– Goethe, or the Writer, in: The Collected Works of Ralph Waldo Emerson. Representative Men: Seven Lectures, hg. v. Wallace E. Williams, Douglas Emory Wilson. Cambridge u. a. 1987. Bd. 4, S. 151–166.

Engdahl, Horace: Award Ceremony Speech, 10.12.1999, www.nobelprize.org/nobel_prizes/literature/laureates/2009/press_ty.html (9.9.2012).

Engel, Manfred: Rainer Maria Rilkes »Duineser Elegien« und die moderne deutsche Lyrik. Zwischen Jahrhundertwende und Avantgarde. Stuttgart 1986.

– Lauterbach, Dorothea: Französische Gedichte, in: Rilke-Handbuch. Leben – Werk – Wirkung, hg. v. Manfred Engel, Dorothea Lauterbach. Stuttgart u. a. 2004, S. 435–453.

Engels, Benedikt: Das lyrische Umfeld der »Danziger Trilogie« von Günter Grass. Würzburg 2015.

Epping-Jäger, Cornelia: »Diese Stimme mußte angefochten werden«. Paul Celans Lesung vor der Gruppe 47 als Stimmereignis, in: Berührungen. Komparatistische Perspektiven auf die frühe Nachkriegsliteratur, hg. v. Günter Butzer, Joachim Jacob. München 2012, S. 263–280.

Erwin, Theodor: Heinrich Böll e a literatura de escombros, in: Perfis e Sombras: Estudos de Literatura Alemã. São Paulo 1990, S. 216–220.

Eshel, Amir: Aporias of Time. A Rhetorical Figure in the Poetry of Jewish Authors after the Shoa, in: The Conscience of Humankind. Literature and Traumatic Experiences, hg. v. Elrud Ibsch in Kooperation mit Douwe Fokkema, Joachim van der Thüsen. Vol. 3 of the Proceedings of the XVth Congress of the International Comparative Literature Association »Literature as Cultural Memory«. Leiden 16.–22. August 1997. Amsterdam, Atlanta, GA (Literature as Cultural Memory 3), S. 25–36.

– Zukünftigkeit. Die zeitgenössische Literatur und die Vergangenheit. Aus dem Englischen v. Irmgard Hölscher. Berlin 2012.

Eskin, Michael: Ethics and Dialogue in the Works of Levinas, Bakhtin, Mandel'shtam, and Celan. Oxford 2000.

Espagne, Michel: Les Juifs allemand de Paris à l'époque de Heine. La translation ashkénaze. Paris 1996.

– Le creuset allemand. Histoire interculturelle de la Saxe XVIIIe–XIXe siècles. Paris 2000.

– »De l'Allemagne«, in: Deutsche Erinnerungsorte, hg. v. Étienne François, Hagen Schulze. München 2011, Bd. 1, S. 225–241.

Espmark, Kjell: Der Nobelpreis für Literatur. Prinzipien und Bewertungen hinter den Entscheidungen. Göttingen 1988.

Eßmann, Helga, Schöning, Udo: Weltliteratur in deutschen Versanthologien des 19. Jahrhunderts. Berlin 1996 (Göttinger Beiträge zur Internationalen Übersetzungsforschung 11).

Evans, G.S., Whittenburg, Alice: After Kafka. Kafka criticism and scholarship as a resource in an attempt to promulgate a new literary genre, in: Journal of the Kafka Society of America 31, 32/1,2 (2009), S. 18–26.

Eybl, Franz M.: Die Lessing-Rezeption im Wien des 18. Jahrhunderts als kulturelle Umcodierung, in: Lessing Yearbook 32 (2000), S. 141–153.

Eyck, John R.: Where Werther went: what happens when a ›minor‹ literature transposes a ›major‹ character, in: Cultural transfer through translation, hg. v. Stefanie Stockhorst. Amsterdam 2010 (Internationale Forschungen zur allgemeinen und vergleichenden Literaturwissenschaft 131), S. 167–182.

Fähnders, Walter, Rohlf, Sabine (Hg.): Annemarie Schwarzenbach. Analysen und Erstdrucke. Mit einer Schwarzenbach-Bibliographie. Bielefeld 2005.

Farzaneh, Maxime F.: Rencontres avec Sadegh Hedayat: le parcour d'un initiation. Paris 1993.

Faure, Ulrich: Im Knotenpunkt des Weltverkehrs. Herzfelde, Heartfield, Grosz und der Malik-Verlag 1916–1947. Berlin 1992.

Faust, Albert Bernhardt: Charles Sealsfied (Carl Postl). Der Dichter beider Hemisphären. Sein Leben und seine Werke. Weimar 1897.

– The German Element in the United States with Special Reference to its Political, Moral, Social, and Educational Influence. Boston u. a. 1909.

Fechner, Jörg-Ulrich: Martin Opitz und der Genfer Psalter, in: Der Genfer Psalter und seine Rezeption in Deutschland, der Schweiz und den Niederlanden, hg. v. Eckhard Grunewald, Henning P. Jürgens, Jan R. Luth. Tübingen 2004, S. 295–315.

Fedorov, Andrei: Russkij Gejne [Der russische Heine], in: Russkaja poèzija XIX veka, hg. v. Boris Èjchenbaum, Jurij Tynjanov. Leningrad 1929.

Fedorovskij, S.: Perevody i peredelki stichotvorenij Gete v russkoj literature [Gedichtübersetzungen und Nachdichtungen von Goethe in der russischen Literatur], in: Zapiski Imp. Char'kovskogo universiteta 2 (1902), S. 1–95.

Feinberg, Anat: Deutsche Stücke auf israelischen Bühnen, in: Theater heute 9 (1986), S. 17–19.

– Der Zauberer in der Wüste. Der israelische Blick auf Thomas Mann und seine Werke, in: Thomas-Mann-Studien 30 (2004), S. 127–148.

– Vom bösen Nathan und edlen Shylock. Überlegungen zur Konstruktion jüdischer Bühnenfiguren in Deutschland nach 1945, in: Literarischer Antisemitismus nach Auschwitz, hg. v. Klaus-Michael Bogdal, Klaus Holz u. Matthias N. Lorenz. Stuttgart u. a. 2007, S. 263–282.

– Schweizer Freiheitskämpfer als hebräische Helden. Schillers »Wilhelm Tell« in der Übersetzung von Chajim Nachman Bialik, in: Rück Blick auf Deutschland. Ansichten hebräischsprachiger Autoren, hg. v. Anat Feinberg. München 2009, S. 50–91.

Feiner, Shmuel: Lessing's »Nathan the Wise«. A View from Jerusalem, in: Lessing Yearbook 40 (2012/2013), S. 157–166.

Fiedler, Sabine: Die Esperanto-Übersetzung in Geschichte und Gegenwart, in: Geschichte der Übersetzung. Beiträge zur Geschichte der neuzeitlichen, mittelalterlichen und antiken Übersetzung, hg. v. Bogdan Kovtyk. Berlin 2002 (Angewandte Sprach- und Übersetzungswissenschaft 3), S. 17–36.

Filippov-Čechov, Aleksandr O.: Franc Kafka v russkojkul'ture [Franz Kafka in der russischen Kultur]. Moskau 2012.

Fink, Gonthier-Louis: Weltbürgertum und Weltliteratur. Goethes Antwort auf den revolutionären Messianismus und die nationalen Eingrenzungstendenzen seiner Zeit, in: Goethe und die Weltliteratur, hg. v. Klaus Manger. Heidelberg 2003, S. 173–225.

Fioretos, Aris: Flucht und Verwandlung. Nelly Sachs Schriftstellerin, Berlin/Stockholm. Eine Bildbiographie. Aus dem schwedischen von Paul Berf. Berlin 2010.

Firchow, Peter Edgerly: Shakespeare, Goethe and the War of the Professors, 1914–1918, in: Strange Meetings: Anglo-German Literary Encounters from 1910–1960. Washington D.C. 2008, S. 56–97.

Fischer, Barbara: Nathans Ende? Von Lessing bis Tabori. Zur deutsch-jüdischen Rezeption von »Nathan der Weise«. Göttingen 2000.

Fischer, Bernd: Zum historischen Gehalt von Charles Sealsfields Indianerromanen, in: Neue Sealsfield-Studien. Amerika und Europa in der Biedermeierzeit, hg. v. Franz B. Schüppen. Stuttgart 1995, S. 175–193.

Fischer, Ernst: Das Zentrum in der Weimarer Republik, in: Handbuch PEN. Geschichte und Gegenwart der deutschsprachigen Zentren, hg. v. Dorothée Bores, Sven Hanuschek. Berlin, Boston 2014.

Fischer, Rudolf: Schillers Widerhall in der russischen Literatur. Berlin 1958.

Fleischmann, Uta (Hg.): »Wir werden es schon zuwege bringen, das Leben«. Annemarie Schwarzenbach an Erika und Klaus Mann. Briefe 1930–1942. Pfaffenweiler 1993.

Fohrmann, Jürgen: Das Projekt der deutschen Literaturgeschichte. Entstehung und Scheitern einer nationalen Poesiegeschichtsschreibung zwischen Humanismus und Deutschem Kaiserreich. Stuttgart 1989.

Follen, Eliza Lee Cabot: The Life of Charles Follen. Boston 1844.

Fortea, Carlos: Der beste Schriftsteller des spanischen Realismus, in: Kontinent Bernhard. Zur Thomas-Bernhard-Rezeption in Europa, hg. v. Wolfram Bayer u. Mitarb. v. Claude Porcell. Wien u. a. 1995, S. 319–337.

Foster, Leonard: Kleine Schriften zur deutschen Literatur im 17. Jahrhundert, in: Daphnis 6/4 (1977), S. 119–160.

Frank, Peter R.: Spiegelungen Polens in der deutschen Literatur von Opitz bis zu Grass. Skizzen zum Image / Mirage eines Volkes und zum historischen Hintergrund, in: Erkennen und Deuten. Essays zur Literatur und Literaturtheorie. Edgar Lohner in memoriam. Unter Mitarbeit zahlreicher Fachgelehrter hg. v. Martha Woodmansee, Walter F. W. Lohnes. Berlin 1983. S. 172–195.

Franklin, Ruth: The Art of Extinction. The bleak laughter of Thomas Bernhard, in: The New Yorker, 25.12.2006 und 1.01.2007, S. 128–133.

Frantz, Adolf Ingram: Half a Hundred Thralls to Faust. A Study on the British and the American Translators of Goethe's »Faust«. Chapel Hill 1949.

Freedman, Jeffrey: Zwischen Frankreich und Deutschland. Buchhändler als Kulturvermittler, in: Kulturtransfer im Epochenwandel Frankreich-Deutschland 1770 bis 1815, hg. v. Hans-Jürgen Lüsebrink, Rolf Reichardt. 2 Bde. Leipzig 1997.

– Books Without Borders in Enlightenment Europe. French Cosmopolitanism and German Literary Markets. Philadelphia, PA 2012.

Frenz, Horst: Bayard Taylor and the Reception of Goethe in America, in: The Journal of English and Germanic Philology 41/2 (1942), S. 125–139.

Freudenberg, Rudolf: Thomas Mann auf Englisch. Zu einer Fehlertypologie beim Übersetzen literarischer Texte, in: Beiträge zu Linguistik und Phonetik, hg. v. Angelika Braun. Stuttgart 2001, S. 366–391.

Fricke, Harald: »Lichter des poetischen Himmels«. Weltliteratur im Spiegel von Goethes »Sprüchen in Prosa«, in: Geistiger Handelsverkehr. Komparatistische

Aspekte der Goethezeit, hg. v. Anne Bohnenkamp, Matías Martínez. Göttingen 2008, S. 173–192.

Fritzlar, Lydia: Heinrich Heine und die Diaspora. Der Zeitschriftsteller im kulturellen Raum der jüdischen Minderheit. Berlin, New York 2013 (Europäisch-jüdische Studien; Beiträge 3).

Fromm, Heinrich: Ulrich Schmidl. Landsknecht, Geschichtsschreiber und Mitbegründer von Buenos Aires. Wiefelstede 2010.

Fromm, Waldemar: Kafka-Rezeption, in: Kafka-Handbuch. Leben – Werk – Wirkung, hg. v. Bettina von Jagow, Oliver Jahraus. Göttingen 2008, S. 250–272.

Fuchs, Anne: Die Schmerzensspuren der Geschichte: Zur Poetik der Erinnerung in W.G. Sebalds Prosa. Köln 2004.

Fülleborn, Ulrich, Engel, Manfred (Hg.): Materialien zu Rilkes »Duineser Elegien«. Bd. 1: Selbstzeugnisse, Bd. 2: Forschungsgeschichte, Bd. 3: Rezeptionsgeschichte. Frankfurt M. 1980–1982.

Füssel, Stephan: Die Reformbestrebungen im Buchhandel bis zur Gründung des Börsenvereins (1765–1825), in: Der Börsenverein des Deutschen Buchhandels 1825–2000. Buchhändler-Vereinigung, hg. v. dems., Georg Jäger, Hermann Staub, Monika Estermann. Frankfurt M. 2000, S. 17–29.

– Early Modern German Printing, in: Early Modern German Literature 1350–1700. New York u. a. 2007, S. 217–246.

Fuerth-Feistmann, R.: Die Geburt des Heine-Klubs, in: Heines Geist in Mexico, hg. v. Heinrich Heine-Klub, Mexiko 1946.

Fuld, Werner: Die Drehtür als Schicksalsrad. Werner Fuld über Vicki Baum: Menschen im Hotel, in: Romane von gestern – heute gelesen, hg. v. Marcel Reich-Ranicki. Frankfurt M. 1989, Bd. 2 (1918–1933), S. 153–158.

– »Das Buch der verbotenen Bücher«. Universalgeschichte des Verfolgten und Verfemten von der Antike bis heute. Berlin 2012.

Fulda, Daniel: »Die Geschichte trägt der Aufklärung die Fackel vor.« Eine deutsch-französische Bild-Geschichte. Halle 2016.

Galle, Helmut, Mazzari, Marcus (Hg.): Fausto e a América Latina. São Paulo 2010.

Galli, Matteo: Internationale Rezeption und Wirkung, in: Thomas Mann Handbuch. Leben – Werk – Wirkung, hg. v. Andreas Blödorn, Friedhelm Marx. Stuttgart 2015, S. 384–387.

Gansel, Carsten, Zimniak, Pawel (Hg.): Das »Prinzip Erinnerung« in der deutschsprachigen Gegenwartsliteratur nach 1989, Göttingen 2010.

Garber, Klaus: Paris, die Hauptstadt des europäischen Späthumanismus. Jacques Auguste de Thou und das Cabinet Dupuy, in: Res Publica Litteraria. Die Institution der Gelehrsamkeit in der frühen Neuzeit, hg. v. Sebastian Neumeister. Wiesbaden 1987 (Wolfenbütteler Arbeiten zur Barockforschung 14), S. 71–92.

– Zur Konstitution der europäischen Nationalliteraturen. Implikationen und Perspektiven, in: Nation und Literatur im Europa der Frühen Neuzeit. Akten des I. Internationalen Osnabrücker Kongresses zur Kulturgeschichte der Frühen Neuzeit, hg. v. dems. Tübingen 1989 (Frühe Neuzeit 1), S. 1–55. Zitiert wird nach der zweiten Auflage in: ders., Literatur und Kultur im Europa der Frühen Neuzeit. Gesammelte Studien. München 2009, S. 15–70, hier S. 56.

– Die Idee der Nationalsprache und Nationalliteratur in der Frühen Neuzeit Europas, in: ders., Literatur und Kultur im Europa der Frühen Neuzeit. Gesammelte Studien. München 2009, S. 107–213.

García, Carmen Gómez: Heine als Wegbereiter einer neuen Dichtkunst in Spanien. Geschichte der ersten Leser von Heine, in: Harry ... Heinrich ... Henri ... Heine. Deutscher, Jude, Europäer, hg. v. Dietmar Goltschnigg, Charlotte Grollegg-Edler, Peters Revers. Berlin 2008 (Philologische Studien und Quellen 208), S. 423–433.

Gardiner, Ann T.: Cultural Transfer as Performance: Achim von Arnim and Mme de Staël, in: Das »Wunderhorn« und die Heidelberger Romantik: Mündlichkeit, Schriftlichkeit, Performanz. Heidelberger Kolloquium der Internationalen Arnim-Gesellschaft, hg. v. Walter Pape. Tübingen 2005, S. 255–271.

Gaskill, Howard: »Arise, O magnificent effulgence of Ossian's soul!«: Werther the Translator in English Translation, in: Translation and literature 22 (2013), S. 302–321.

Gelber, Mark H.: Stefan Zweig und die Judenfrage von heute, in: Stefan Zweig heute, hg. v. Mark Gelber. New York u. a. 1987, S. 160–180.

Georgiadou, Areti: Das Leben zerfetzt sich mir in tausend Stücke. Annemarie Schwarzenbach. Frankfurt M. u. a. 1996.

Gerhard, Friedrich: Der deutsche Buchhandel und die deutsche Presse in den Vereinigten Staaten Nord-Amerikas, in: Börsenblatt, 27. April, 1852, S. 541–548.

Gernig, Kerstin: Die Kafka-Rezeption in Frankreich. Ein diachroner Vergleich der französischen Übersetzungen im Kontext der hermeneutischen Übersetzungswissenschaft. Würzburg 1999.

Gesche, Janina: »Die Blechtrommel« von Günter Grass im Spiegel der deutschen, polnischen und schwedischen Literaturkritik, in: Literatur des Ostseeraums in interkulturellen Prozessen, hg. v. Regina Hartmann in Verbindung m. Walter Engel u. a. Bielefeld 2005, S. 273–291.

Gesse-Harm, Sonja: Zwischen Ironie und Sentiment. Heinrich Heine im Kunstlied des 19. Jahrhunderts. Stuttgart 2006.

Gethmann-Siefert, Annemarie, Stemmrich-Köhler, Barbara: »Faust«: Die absolute »philosophische Tragödie« und die »gesellschaftliche Artigkeit« des »West-Östlichen Divan«. Zu Editionsproblemen der Ästhetik-Vorlesungen, in: Hegel-Studien 18 (1983).

Geulen, Eva: Das Ende der Kunst. Lesarten eines Gerüchts nach Hegel. Frankfurt M. 2002.

Giersberg, Dagmar: »Je comprend les Werthers«. Goethes Briefroman im Werk Flauberts. Würzburg 2003.

Giesecke, Michael: Der Buchdruck in der frühen Neuzeit. Eine historische Fallstudie über die Durchsetzung neuer Informations- und Kommunikationstechnologien. Frankfurt M. 1998.

Giesemann, Gerhard: Kotzebue in Rußland. Frankfurt M. 1971.

Gilman, Sander L.: Very little Faust... Parodies of German Drama on the Mid-Nineteenth Century British Stage, in: Arcadia 8 (1973), S. 18–44.

Gluchowa, Ludmila: Von zu verbietenden zu empfehlenswerten Werken. Deutschsprachige Literatur in den Beständen sowjetischer Bibliotheken und ihre Rezeption durch die Leser, in: Stürmische Aufbrüche und enttäuschte Hoffnungen. Russen und Deutsche in der Zwischenkriegszeit, hg. v. Karl Eimermacher, Astrid Volpert. München 2006, S. 479–515.

Godman, Peter: Weltliteratur auf dem Index. Die geheimen Gutachten des Vatikans, u. Mitwirkung v. Jens Brandt. Berlin, München 2001, S. 321–329.

Göktürk, Deniz: Beyond Paternalism: Turkish German Traffic in Cinema, in: The

German Cinema Book, hg. v. Tim Bergfelder, Erica Carter, Deniz Göktürk. London 2002, S. 248–256.

- 2000. Spectacles of Multiculturalism, in: A New History of German Literature, hg. v. David E. Wellbery, Judith Ryan. Cambridge Mass., London 2004, S. 965–970.

- Jokes and Butts: Can We Imagine Humor in a Global Public Sphere?, in: PMLA 123/5, Special Topic: Comparative Radicalization (2008), S. 1707–1711.

Goetschel, Willi: Lessing, Mendelssohn, Nathan: German-Jewish Myth-Building as an Act of Emancipation, in: Lessing Yearbook 32 (2000), S. 341–360.

Göttsche, Dirk: Remembering Africa. The Rediscovery of Colonialism in Contemporary German Literature. Rochester u. a. 2013.

Gokhale, Anushka: Itinerar durchs koloniale (K)Erbenfeld. Deutsprachige Indienreisende während der britischen Kolonialherrschaft, in: German Studies in India. Beiträge aus der Germanistik in Indien 2 (2010), S. 101–109.

Goldenbaum, Ursula: Appell an das Publikum. Die öffentliche Debatte in der deutschen Aufklärung 1687–1796. Berlin 2004.

Goldgar, Anne: Impolite Learning. Conduct and Community in the Republic of Letters 1680–1750. New Haven u. a. 1995.

Goldie, David: A Critical Difference. T.S. Eliot and John Middleton Murry in English Literary Criticism, 1919–1928. Oxford 1998.

Gombocz, István: Reiseerlebnis und Gesellschaftskritik in Friedrich Nicolais Roman »Leben und Meinungen des Herrn Magisters Sebaldus Nothanker«, in: Daphnis 35 (2006), S. 301–319.

Goodnight, Scott Holland: German Literature in American Magazines prior to 1846. Madison u. a. 1907.

Gordimer, Nadine: The Idea of Gardening. Review of Life & Times of Michael K by J.M. Coetzee, in: New York Review of Books, 02.02.1984, S. 3–6.

Gordon, Jakov I.: Heine in Russland. 1830–1860. Hamburg 1982.

Goshen-Gottstein, Alon: The Sinner and the Amnesiac: the rabbinic invention of Elisha ben Abuya and Eleazar ben Arach. Stanford 2000.

Gotschnigg, Dietmar: Heines Auseinandersetzung mit musikalischen Zeitgenossen. Felix Mendelssohn-Bartholdy, Giacomo Meyerbeer und Richard Wagner, in: Musicologica austriaca. Jahresschrift der Österreichischen Gesellschaft für Musikwissenschaft 25 (2006), S. 55–67.

Graeber, Wilhelm: Liberalismus und Internationalität: Der Beitrag des »Globe« zur ›Weltliteratur‹, in: Märkte, Medien und Vermittler. Fallstudien zur interkulturellen Vernetzung von Literatur und Film, hg. v. Manfred Engelbert. Göttingen 2001, S. 131–144.

Graf, Harald: Den Flug des Denkers hemme ferner keine Schranke. Schiller in Schweden zwischen Aufklärung und Romantik 1790–1809. Göttingen 2014.

Graf, Sabine: Poetik des Transfers. »Das Hebräerland« von Else Lasker-Schüler. Köln u. a. 2009 (Literatur – Kultur – Geschlecht 49).

Graham Jefcoate: Deutsche Drucker und Buchhändler in London. Berlin u. a. 2015.

Grappin, Pierre: Aspekte der Rezeption Werthers in Frankreich im 18. Jahrhundert, in: Historizität in Sprach- und Literaturwissenschaft. Vorträge und Berichte der Stuttgarter Germanistentagung 1972, hg. v. Walter Müller-Seidel. München 1974, S. 411–421.

Grasshoff, Annelies: Der Berliner Aufklärer Friedrich Nicolai und sein livländischer

Rezensent der »Allgemeinen deutschen Bibliothek« August Wilhelm Hupel, in: Zeitschrift für Slawistik 32/4 (1987), S. 489–509.

Graßhoff, Helmut: Gottsched als Popularisator und Übersetzer russischer Literatur, in: Zeitschrift für Slawistik 15 (1970), S. 189–207.

Greenberg, Benjamin, Strous, Rael D.: Werther's Syndrome: Copycat Self-Immolation in Israel with a Call for Responsible Media Response, in: Israel Medical Association Journal 14/8 (2012), S. 467–469.

Greve, Anna: Die Autorität der Alten. Die Rezeption der »Grands« and »Petits Voyages« (1590–1634) aus der Werkstatt de Bry in der illustrierten Reiseliteratur des 17. und 18. Jahrhunderts, in: Wolfenbütteler Barock-Nachrichten 42/1,2 (2015), S. 101–129.

Groth, John H.: German Backgrounds of American Transcendentalism. Prolegomena to the Study of Influence. Seattle 1940.

Grünzweig, Walter: »Where Millions of Happy People Might Live Peacefully«: Jacksons Westen in Charles Sealsfield's »Tokeah«; or, The White Rose, in: Amerikastudien / American studies 28 (1983), S. 219–236.

– Das demokratische Kanaan. Charles Sealsfields Amerika im Kontext amerikanischer Literatur und Ideologie. München 1987 (American Studies; A Monograph Series 62).

Grunewald, Eckhard (Hg.): Götter, Gräber und Gelehrte. Archäologie des Romans der Archäologie. Begleitbuch zur Ausstellung der Landesbibliothek Oldenburg. Oldenburg 2004.

Gsteiger, Manfred: Wandlungen Werthers und andere Essays zur vergleichenden Literaturwissenschaft. Bern 1980.

Günter, Manuel: »Wir sind Bastarde, fremd...«. Feridun Zaimoğlus Kanak Sprak und die performative Struktur von Identität, in: Sprache und Literatur in Wissenschaft und Unterricht 83 (1999), S. 15–28, hier S. 17 f.; Tom Cheesman: Akçam – Zaimoğlu – »Kanak Attak«: Turkish Lives and Letters in German, in: German Life and Letters 55/2 (2002), S. 180–195.

Günther, Kurt: Wieland und Rußland, I, II, in: Zeitschrift für Slawistik, 13/4 (1968), S. 496–511.

Gürtler, Christa: Doch keine »150-prozentige Amerikanerin« – Vicki Baums kritische Liebesbeziehung zu Amerika, in: Lifestyle – Mode – Unterhaltung oder doch etwas mehr? Die andere Seite der Schriftstellerin Vicki Baum (1888–1960), hg. v. Susanne Blumesberger, Jana Mikota. Wien 2013 (Neue Ergebnisse des Frauenbiografieforschung 13), S. 255–268.

Gutjahr, Ortrud: Einleitung zur Teilsektion »Interkulturalität und Alterität«, in: Akten des X. Internationalen Germanistenkongresses. Zeitenwende – Die Germanistik auf dem Weg vom 20. ins 21. Jahrhundert, hg. v. Peter Wiesinger. Bd. 9. Bern u. a. 2003, S. 15–20.

– Inszenierungen eines Rollen-Ich. Emine Sevgi Özdamars theatrales Erzählverfahren, in: Text und Kritik 211 (2016). hg. v. Yasemin Dayıoğlu-Yücel, Ortrud Gutjahr, S. 8–18.

Guțu, George: Die Buche – Zur Geschichte einer Anthologie, in: Deutsche Regionalliteraturen in Rumänien 1918–1944, hg. v. Peter Motzan, Stefan Sienerth. München 1997, S. 149–176.

– Alfred Margul-Sperbers Mentorenrolle für Rose Ausländer und Paul Celan, in: Zeitschrift der Germanisten Rumäniens 11–12 (2003), S. 69–88.

Habermas, Rebekka: Skandal in Togo. Ein Kapitel deutscher Kolonialherrschaft. Frankfurt M. 2016.

Habersaat, Sigrid: Verteidigung der Aufklärung. Friedrich Nicolai in religiösen und politischen Debatten. Würzburg 2001 (Epistemata; Reihe Literaturwissenschaft 316).

Habjan, Jernej, Fabienne Imlinger (Hg.): Globalizing Literary Genres. London, New York 2015.

Hacking, Ian: Solipsism, in: London Review of Books, 4.02.1988, S. 13 f.

Häfner, Ralph: Die Weisheit des Silen. Heinrich Heine und die Kritik des Lebens. Berlin u. a. 2006.

Haekel, Ralf: Die Englischen Komödianten in Deutschland. Eine Einführung in die Ursprünge des Berufsschauspiels. Heidelberg 2004.

– Quellen zur Geschichte der Englischen Komödianten in Deutschland, in: Jahrbuch der Deutschen Shakespeare-Gesellschaft 2004, S. 180–185.

– Von Bottom zu Pickelhering. Die Kunst des komischen Schauspiels in Shakespeares »A Midsummer Night's Dream« und Gryphius' »Absurda Comica«, in: Anthropologie und Medialität des Komischen im 17. Jahrhundert (1580–1730), hg. v. Stefanie Arend, Thomas Borgstedt, Nicola Kaminski, Dirk Niefanger. Amsterdam u. a. 2008 (Chloe; Beihefte zum Daphinis 40), S. 207–221.

Haertel, Martin Henry: German Literature in American Magazines 1846 to 1880. Madison, Wisc. 1908.

Häseler, Jens: Formey et Crousaz, ou comment fallait-il combattre le scepticisme?, in: The Return of Scepticism: From Hobbes and Descartes to Bayle, hg. v. Gianni Paganini. Dordrecht u. a. 2003, S. 449–461.

Häublein, Renata: Die Entdeckung Shakespeares auf der deutschen Bühne des 18. Jahrhunderts. Adaptation und Wirkung der Vermittlung auf dem Theater. Tübingen 2005 (Theatron 46).

Hage, Volker: Zeugen der Zerstörung. Die Literaten und der Luftkrieg. Essays und Gespräche. Frankfurt M. 2003.

Hagestedt, Lutz: Sinn für Überholtes. Aspekte der Repräsentationssemantik in Thomas Manns ›Deutschlandreden‹, in: Die Erfindung des Schriftstellers Thomas Mann, hg. v. Michael Ansel, Hans-Edwin Friedrich, Gerhard Lauer. Berlin, New York 2009, S. 352–370.

Hahn, Barbara: Demarcations and Projections: Goethe in Berlin Salons, in: Goethe in German-Jewish Culture. Rochester, Woodbridge 2001, S. 31–43.

Hahn, Gerhard: Literatur und Konfessionalisierung, in: Die Literatur im Übergang vom Mittelalter zur Neuzeit, hg. v. Werner Röcke, Marina Münkler. München, Wien 2004 (Hansers Sozialgeschichte der deutschen Literatur vom 16. Jahrhundert bis zur Gegenwart 1), S. 242–262.

Haines, Brigid: German-language writing from eastern and central Europe, in: Contemporary German Fiction. Writing in the Berlin Republic, hg. v. Stuart Taberner. Cambridge 2007, S. 215–229.

– The Eastern turn in Contemporary German, Swiss and Austrian Literature, in: Debate 16/2 (2008), S. 135–149.

Hallmark, Rufus: German Lieder in the Nineteenth century. New York 2009.

Halsteadt, Ward L.: Surviving Original Materials in Dekker's ›Old Fortunatus‹, in: Notes and Queries 182/17 (1942), S. 30 f..

Hamazaki, Keiko: Die neue Weltliteratur: Literatur der »anderen« Welt, in: Weltliteratur heute, hg. v. Motoi Hatsumi. München 2008, S. 210–223.

Hamburger, Michael: Hölderlin in England, in: ders., Zwischen den Sprachen. Essays und Gedichte. Frankfurt M. 1966, S. 63–101.

Hanke, Matthias: Lessing in Böhmen, in: Lessing Yearbook 32 (2000), S. 155–169.

Hans-Bernd Harder: Schiller in Russland. Materialien zu einer Wirkungsgeschichte, 1789–1814. Bad Homburg 1969.

Harbsmeier, Michael: Von Nutzen und Nachteil des Studiums älterer Reiseberichte. Zur Wiederentdeckung Hans Stadens im 19. und 20. Jahrhundert, in: Die Wiederentdeckung Lateinamerikas. Die Erfahrung des Subkontinents in Reiseberichten des 19. Jahrhunderts, hg. v. Walther Bernecker, Gertrut Krömer. Frankfurt M. 1997, S. 79–105.

Harder, Rolf: Zum Anteil Johannes R. Bechers an der Herausbildung einer Konzeption zur politisch-moralischen Vernichtung des Faschismus, in: Weimarer Beiträge 5 (1983), S. 724–733.

Harms, Paul: Die deutschen Fortunatus-Dramen und ein Kasseler Dichter des 17. Jahrhunderts. Hamburg u. a. 1892.

Harrandt, Andrea, Partsch, Erich Wolfgang: Heinrich Heine in zeitgenössischen Vertonungen. Tutzing 2008.

Harris, Harold (Hg.): Astride the two cultures. Arthur Koestler at 70. London 1975.

Harvolk, Edgar: Eichenzweig und Hakenkreuz. Die Deutsche Akademie in München (1924–1962) und ihre volkskundliche Sektion. München 1990.

Hauberg, Jo, Siati, Giuseppe De, Ziemke, Thies (Hg.): Der Malik-Verlag, 1916–1947. Chronik des Verlages. Kiel 1986; Frank Hermann: Malik – zur Geschichte eines Verlages 1916–1947. Düsseldorf 1989.

Haug, Christine: Das Hallesche Verlagsunternehmen Johann Justinus und Johann Jakob Gebauer. Ein Baustein zur transnationalen Buchhandels- und Verlagsgeschichte im 18. Jahrhundert, in: Merkur und Minerva. Der Hallesche Verlag Gebauer im Europa der Aufklärung, hg. v. Daniel Fulda, ders. Wiesbaden 2014 (Buchwissenschaftliche Beiträge), S. 13–42.

Haug, Walter: »O Fortuna«. Eine historisch-semantische Skizze zur Einführung, in: Fortuna, hg. v. dems., Burghart Wachiner. Tübingen 1995, S. 1–22.

Haugo, Ann: Colonial Audiences and Native Women's Theatre: Viewing Spiderwoman Theatre's »Winnetou's Snake Oil Show from Wigman City«, in: Journal of Dramatic Theory and Criticism 14/1 (1999), S. 131–141.

Hauhart, William Frederick: The reception of Goethe's Faust in England in the first half of the nineteenth century. New York 1966.

Hausmann, Frank-Rutger: »Auch im Krieg schweigen die Musen nicht«. Die Deutschen Wissenschaftlichen Institute im Zweiten Weltkrieg. Göttingen 2001.

Hayman, Ronald: Brecht. A Biography. New York 1983.

Hehle, Christian: »Ich stehe und falle mit Gieshübler«. Die Verführung der Effi Briest, in: Theodorus victor. Theodor Fontane, der Schriftsteller des 19. am Ende des 20. Jahrhunderts. Eine Sammlung von Beiträgen, hg. v. Roland Berbig. Frankfurt M.u. a. 1999, S. 139–162.

Heier, Edmund: Das Lavaterbild im Russland des 18. Jahrhunderts. Göttingen 1977 (Kirche im Osten. Studien zur osteuropäischen Kirchengeschichte und Kirchenkunde 20).

Heinsohn, Wolfgang E.: The Reception of German Literature in America as Exemplified by the New York Times. New York 1973.

Helbing, Antje: Schillerrezeption in Dänemark. Würzburg 2016 (Epistemata; Reihe Literaturwissenschaft 809).

Helen Chambers: Fontanerezeption im westeuropäischen Raum, in: Fontane-Handbuch, hg. v. Christian Grawe, Helmuth Nürnberger. Stuttgart 2000, S. 964–975.

Helfrich, Cilly: »Es ist ein Aschensommer in der Welt«. Rose Ausländer. Biographie Berlin 1995.

Hell, Julia: The Angel's Enigmatic Eyes, or The Gothic Beauty of Catastrophic History in W.G. Sebald's »Air War and Literature«, in: Criticism 46/3 (2004), S. 361–293.

Helmreich, Christian: La traduction des »Souffrances du jeune Werther« en France (1776–1850), in: Revue Germanique Internationale (1999), S. 179–193.

Henke, Burkhard: Goethe®. Advertising, Marketing, and Merchandising the Classical, in: Unwrapping Goethe's Weimar. Essays in Cultural Studies and Local Knowledge, hg. v. dems. Rochester 2000.

– Kord, Susanne, Richter, Simon (Hg.): Goethe's Weimar. Essays in Cultural Studies and Local Knowledge, Rochester u. a. 2000.

Henke, Suzette: James Joyce and Philip James Bailey's »Festus«, in: James Joyce Quarterly 9/4 (1972), S. 445–451.

Henkel, Arthur: »Warum habt ihr das gethan?« Napoleon über Werther. Brief an einen Freund, in: ders., Goethe-Erfahrungen. Studien und Vorträge. Stuttgart 1982, S. 181–189.

Henning, Mareike: »Über Steindrücke«. Die Anfänge der Lithographie in Deutschland und Goethes Reaktionen, in: Goethes Zeitschrift, hg. v. Hendrik Birus, Anne Bohnenkamp, Wolfgang Bunzel. Frankfurt M. 2016, S. 84–86.

Hermes, Stefan: »Fahrt nach Südwest«. Die Kolonialkriege gegen die Herero und Nama in der deutschen Literatur (1904–2004). Würzburg 2009.

Herzfeld, Georg: William Taylor von Norwich. Eine Studie über den Einfluss der neueren deutschen Literatur in England. Tübingen 1897.

Hess, Jonathan M.: Fictions of a German-Jewish Public: Ludwig Jacobowski's »Werther the Jew« and Its Readers, in: Jewish Social Studies 11/2 (2005), S. 202–230. Zum Roman auch Ariane Martin: Die kranke Jugend. J.M.R. Lenz und Goethes Werther in der Rezeption des Sturm und Drang bis zum Naturalismus. Würzburg 2002, S. 328–333.

Hessing, Jakob: Der Traum und der Tod: Heinrich Heines Poetik des Scheiterns. Göttingen 2005.

Heuer, Renate, Andrea Boelke-Fabian (Hg.): Lexikon deutsch-jüdischer Autoren. Berlin 2013 (Bd. 1–21).

Heymann, Florence: Quand la terre était encore ronde: la Bucovine de Rose Ausländer, in: Études Germaniques 58 (2003), S. 149–158.

Hibberd, John: Salomon Gessner: His creative achievement and influence. Cambridge 1976.

Hilberg, Raul: Täter, Opfer, Zuschauer. Die Vernichtung der Juden 1933–1945. Aus dem Amerikanischen von Hans Günter Holl. Frankfurt M. 1992.

Hill-Zenk, Anja: Der englische Eulenspiegel. Die Eulenspiegel-Rezeption als Beispiel des englisch-kontintentalen Buchhandels im 16. Jahrhundert. Berlin, New York 2010.

Hille, Almut: Identitätskonstruktionen. Die »Zigeunerin« in der deutschsprachigen Literatur des 20. Jahrhunderts. Würzburg 2005.

Hirschi, Caspar: Eine Kommunikationssituation zum Schweigen. Sebastian Brant und die Eidgenossen, in: Sebastian Brant und die Kommunikationskultur um 1500, hg. v. Klaus Bergdolt, Joachim Knape, Anton Schindling, Gerrit Walther. Wiesbaden 2010 (Wolfenbütteler Arbeiten zur Renaissanceforschung 26), S. 219–250.

Hölter, Achim: August Wilhelm Schlegels Göttinger Mentoren, in: Der Europäer August Wilhelm Schlegel. Romantischer Kulturtransfer – romantische Wissenswelten, hg. v. York-Gothart Mix, Jochen Strobel. Berlin, New York 2010 (Quellen und Forschungen zur Literatur- und Kulturgeschichte 62, 296), S. 13–29.

Hösle, Johannes: Die Aufnahme in einzelnen Ländern: Italien, in: Kafka-Handbuch. Das Werk und seine Wirkung, hg. v. Hartmut Binder. Bd. 2. Stuttgart 1979, S. 722–732.

Hofeneder, Veronika: Der produktive Kosmos der Gina Kaus. Schriftstellerin – Pädagogin – Revolutionärin. Hildesheim u. a. 2013.

Hofmann, Michael, Patrut, Iulia-Karin: Einführung in die interkulturelle Literatur. Darmstadt 2015.

Hohendahl, Peter Uwe (Hg.): German Studies in the United States. A Historical Handbook. New York 2003.

Hohman, Charles: Thomas Pynchon's »Gravity's Rainbow«. A Study of Its Conceptual Structure and of Rilke's Influence. New York u. a. 1986.

Holdenried, Michaela: Künstliche Horizonte. Alterität in literarischen Repräsentationen Südamerikas. Berlin 2004 (Philologische Studien und Quellen 183).

– Zeugen – Spuren – Erinnerung. Zum intertextuellen Resonanzraum von Grenzerfahrungen in der Literatur jüdischer Überlebender. Jean Améry und W. G. Sebald, in: Autobiographisches Schreiben in der deutschsprachigen Gegenwartsliteratur. Bd. 2: Grenzen der Fiktionalität und der Erinnerung, hg. v. Christoph Parry, Edgar Platen. München 2007, S. 74–97.

– Vom »Volk ohne Raum« ins »Land der Zukunft«. Stefan Zweigs melancholische brasilianische Utopie, in: Ibero-amerikanisches Jahrbuch für Germanistik 4 (2010), S. 139–150.

– Eine Poetik der Interkulturalität? Zur Transgression von Grenzen am Beispiel von Yoko Tawadas Schreibverfahren und Sprachpragmatik, in: Yoko Tawada. Fremde Wasser. Vorlesungen und wissenschaftliche Beiträge, hg. v. Ortrud Gutjahr. Tübingen 2012, S. 172.

– Fantastische Tropen. Narrative Figurationen der Inversion in postkolonialen Afrika-Romanen, in: Vielheit und Einheit der Germanistik weltweit, hg. v. Ortrud Gutjahr. Frankfurt M. 2012, S. 85–89.

– Zur Poetik des Törlü Gjuvetch. Polyglossie im postkolonialen Kontext am Beispiel von Ilija Trojanows »Der Weltensammler«, in: Polyglotte Texte. Formen und Funktionen literarischer Mehrsprachigkeit von der Antike bis zur Moderne, hg. v. Weertje Willms, Evi Zemanek. Berlin 2014, S. 259–274.

Holzner, Johann: Zur Ästhetik der Unterhaltungsliteratur im Exil am Beispiel Vicki Baum, in: Schreiben im Exil. Zur Ästhetik der deutschen Exilliteratur 1933–1945, hg. v. Alexander Stephan, Hans Wagener. Bonn 1985, S. 236–249.

– Friedensbilder in der österreichischen Exilliteratur, in: Zagreber Germanistische Beiträge 4 (1995), S. 35–50.

Homan, Sidney R. jr.: »Doctor Faustus«, Dekker's »Old Fortunatus« and the morality plays, in: Modern Language Quarterly 26/4 (1965), S. 497–505.

Hong, Soon-Kil: Korea, in: Hermann Hesses weltweite Wirkung. Internationale Rezeptionsgeschichte. 3. Bd., hg. v. Martin Pfeifer. Frankfurt M. 1991, S. 193–203.

Honold, Alexander: Ankunft in der Weltliteratur. Abenteuerliche Geschichtsreisen mit Ilija Trojanow und Daniel Kehlmann, in: Neue Rundschau 118 (2007), S. 82–104.

Horch, Hans Otto: Die Juden und Goethe, in: »Außerdem waren sie ja auch Menschen«. Goethes Begegnungen mit Juden und Judentum, hg. v. Annette Weber. Berlin, Wien 2000, S. 117–131.

Horowitz, Joseph: Artists in Exile. Refugees from Twentieth-Century War and Revolution Transformed the American Performing Arts. New York 2008, S. 398–402.

Horton, David: Thomas Mann in English. A Study in Literary Translation. London u. a. 2013.

Hsia, Adrian: Hermann Hesse und China. Darstellung, Materialien und Interpretationen. Frankfurt M. 1981, S. 10.

– Zum Verständnis eines chinesischen Werther-Dramas, in: Goethe und China – China und Goethe. Bericht des Heidelberger Symposions, hg. v. Günther Debon, Adrian Hsia. Bern u. a. 1985 (euro-sinica 1), S. 183–194.

– Zwei Enden des Himmels. Das bewegte Leben der jüdisch-chinesischen Schriftstellerin Klara Blum, in: Die Zeit, 5.1.1990, S. 57.

– Die ewige Fremde. Klara Blum und ihr Nachlaß-Roman aus China, in: Begegnungen mit dem ›Fremden‹. Grenzen – Traditionen – Vergleiche. Internationaler Germanisten-Kongreß in Tokyo, Emigranten- und Immigrantenliteratur, Bd. 8, Sektion 14, hg. v. Eijirō Iwasaki. München 1991, S. 235–241.

– China as Ethical Construct and Reflector of Europe's Self-Perception: A Historical Survey up to Kafka's Times, in: Franz Kafka und China, hg. v. Adrian Hsia. Bern u. a. 1996, S. 5–26.

– Kafka und China. Bern u. a. 1996.

– The Reception of Faust in Asia, in: International Faust Studies, hg. v. Lorna Fitzsimmons. London 2008, S. 149–160.

– China-Bilder in der europäischen Literatur. Würzburg 2010.

Huang, Keqin: Das Dorf in der Wahrnehmung eines Kindes. Eine Interpretation von Herta Müllers Titelerzählung »Niederungen«, in: Literaturstraße. Chinesisch-deutsches Jahrbuch für Sprache, Literatur und Kultur 23 (2012), S. 354.

Hughes, Lindsey: Catherine I of Russia, Consort to Peter the Great, in: Queenship in Europe 1660–1815, hg. v. Clarissa Campbell Orr. Cambridge u. a. 2004, S. 131–154.

Hutchinson, Ben: Unseld's archive. Unpublished documents from the writers the define Germany's ›Suhrkamp Culture‹, in: Times Literary Supplement, 23.4.2010, S. 14–15.

Ignatov, Sergei: Pogorel'skij i Gofman [Pogorel'skij und Hoffmann]. Warschau 1914.

Ingen, Ferdinand van: Do ut des. Holländisch-deutsche Wechselbeziehungen im 17. Jahrhundert, in: Deutsche Barockliteratur und europäische Literatur. Zweites Jahrestreffen des Internationalen Arbeitskreises für deutsche Barockliteratur in der Herzog August Bibliothek Wolfenbüttel, hg. v. Martin Bircher, Eberhard Mannack. Hamburg 1977 (Dokumente des Internationalen Arbeitskreises für deutsche Barockliteratur 3), S. 72–115.

Israel, Jonathan: European Jewry in the Age of Mercantilism 1550–1750. Oxford 1985.

Ivanovic, Christine: Aneignung und Kritik. Yoko Tawada und der Mythos Europa, in: Études Germaniques 63/1 (2008), S. 131–152.

Iwan-Michelangelo D' Aprile (Konzeption): Aufklärung global – globale Aufklärungen, in: Das Achtzehnte Jahrhundert 40/2 (2016), S. 159–164.

Izrailevič, L.: K voprosu o vlijanii Gofmana na Gogolja [Zur Frage vom Einfluss Hoffmanns auf Gogol']. Leningrad 1939.

Jäger, Georg: Die Wertherwirkung. Ein rezeptionsästhetischer Modellfall, in: Historizität in Sprach- und Literaturwissenschaft. Vorträge und Berichte der Stuttgarter Germanistentagung 1972, in Verbindung mit Hans Fromm, Karl Richter, hg. v. Walter Müller-Seidel. München 1974, S. 393–399.

Jäger, Ludwig: Seitenwechsel. Der Fall Schneider/Schwerte und die Diskretion der Germanistik. München 1998.

Jahn, Bernhard: Raumkonzepte in der Frühen Neuzeit. Zur Konstruktion von Wirklichkeit in Pilgerberichten, Amerikareisebeschreibungen und Prosaerzählungen. Frankfurt M. u. a. 1993.

Jakob, Dieter: Die Aufnahme in einzelnen Ländern: England, in: Kafka-Handbuch. Das Werk und seine Wirkung, hg. v. Hartmut Binder. Bd. 2. Stuttgart 1979, S. 667–678.

Jakubovič, Dmitrij: O »Pikovoj dame« [Über »Pique Dame«], in: Puškin, hg. v. Innokenti Oksenov. Leningrad 1833, S. 57–68.

Jantz, Harold S.: German Thought and Literature in New England, 1620–1820, in: The Journal of English and Germanic Philology 41/1 (1942), S. 1–45.

Janz, Marlies: Vom Engagement absoluter Poesie. Zur Lyrik und Ästhetik Paul Celans. Frankfurt 1976 (Berlin, Freie Univ., Diss., 1974).

Jardine, Lisa: Worldy Goods. A New History of the Renaissance. New York 1996.

Jaumann, Herbert: Der Refuge und der Journalismus um 1700: Gabriel d'Artis (ca. 1650–1730), in: The Berlin Refuge 1680–1780. Learning and Science in European Context, hg. v. Sandra Pott, Martin Mulsow, Lutz Danneberg. Leiden, Boston 2003 (Brill's Studies in Intellectual History 114), S. 155–182.

Jauss, Hans Robert: Alterität und Modernität der mittelalterlichen Literatur. Gesammelte Aufsätze 1956–1976. München 1977.

Jessen, Caroline: »Vergangenheiten haben ihr eigenes Beharrungsvermögen«. Josef Kastein and the Troublesome Persistence of a Canon of German Literature in Palestine/Israel, in: Leo Baeck Institute Yearbook 57/1 (2012), S. 35–51.

– Die Bibliotheken von Karl Wolfskehl, in: www.dla-marbach.de/bibliothek/projekte/die-bibliotheken-von-karl-wolfskehl (12.12.2016).

Johansson, Johanna: The language milieu oft the Old Order Amish: Preserving Pennsylvania Deitsch, in: Major versus Minor, hg. v. Theo D'haen, Iannis Goerlandt, Roger D. Sell. Amsterdam 2015, S. 25–42.

John, David G.: Lessing, Islam and »Nathan der Weise« in Africa, in: Lessing Yearbook 32 (2000), S. 245–260.

Jütte, Daniel: Das Zeitalter des Geheimnisses. Juden, Christen und die Ökonomie des Geheimen (1400–1800). Göttingen, Oakville 2011.

Julliard, Catherine: Gottsched et l'esthétique théâtrale française. La réception allemande des théories françaises. Wien 1998.

– Gottsched et Boileau: La convergence des esthétiques?, in: Recherches sur le monde germanique. Regards, approches, objets, hg. v. M. Grimberg, M.-T. Mourey, E. Rothmund, W. Sabler, A.-M. Saint-Gill, M. Silhouette. Paris 2003, S. 55–65.

– Johann Christoph Gottsched et l'esthétique théâtrale de Pierre Corneille, in: Pierre Corneille et l'Allemagne. L'œuvre dramatique de Pierre Corneille dans le monde germanique (XVIIe–XIXe siècles), hg. v. Jean-Marie Valentin in Zusammenarbeit mit Laure Gauthier. Paris 2007, S. 219–242.

Junge, Manuel: Das Afrika- und Afrikanerbild in den Texten der Adda Freifrau von Liliencron. Ein literaturhistorischer Beitrag zur kolonialen Fremdwahrnehmung im Deutschen Kaiserreich um 1900, in: Attitudesto War. Literatur und Film von Shakespeare bis Afghanistan, hg. v. Claudia Glunz, Thomas Schneider. Göttingen 2012, S. 41–58.

Jungmayer, Jörg: Bibliographie, in: Fortunatus. Studienausgabe nach der editio princeps von 1509. Hg. v. Hans-Gert Roloff. Stuttgart 1981, S. 323–350.

Kablitz, Andreas: Zwischen Rhetorik und Ontologie. Struktur und Geschichte der Allegorie im Spiegel der jüngeren Literaturwissenschaft. Heidelberg 2016 (Neues Forum für Allgemeine und Vergleichende Literaturwissenschaft 50).

Kämmerlings, Richard: Das kurze Glück der Gegenwart. Deutschsprachige Literatur seit '89. Stuttgart 2011.

Kafer, Peter: Charles Brocken Brown's Revolution and the Birth of American Gothic. Pennsylvania 2004.

Kahl, Paul: »...after he grows mad is in love with Ossian«? Goethes »Werther« und Macphersons Dichtung, in: Lichtenberg-Jahrbuch (2007), S. 156–177.

Kaiser, Gerhard R.: Deutsche Berichterstattung aus Paris. Neue Funde und Tendenzen. Heidelberg 2008.

Kamenskij, Zachar A.: Moskovskij kružok ljubomudrov [Der Moskauer Zirkel der Weisheitsfreunde]. Moskau 1980.

Kaminski, Nicola: Ex Bello Ars oder Ursprung der »Deutschen Poeterey«. Heidelberg 2004.

Kammler, Clemens: Deutschsprachige Literatur seit 1989/90. Ein Rückblick, in: Deutschsprachige Gegenwartsliteratur seit 1989. Zwischenbilanzen – Analysen – Vermittlungsperspektiven, hg. v. dems., Torsten Pflugmacher. Heidelberg 2004, S. 13–35.

Kapitza, Peter K.: Ein bürgerlicher Krieg in der gelehrten Welt. Zur Geschichte des Querelle des Anciens et des Modernes in Deutschland. München 1981.

Karapetjan, Donara: Anmerkungen zur Lessing-Rezeption in Armenien, in: Lessing Yearbook 32 (2000), S. 261–267.

Karpel, Dalia: Fort the love of truth, in: Haaretz, 20.3.2002; http://www.haaretz.com/for-the-love-of-truth-1.49966 (10.2.2017).

Karst, Theodor: Johann Conrad Beißel in Thomas Manns Roman Doktor Faustus, in: Jahrbuch der deutschen Schillergesellschaft 12 (1968), S. 543–585.

Karsunke, Ingrid, Michel, Karl Markus (Hg.): Bewegung in der Republik 1965–1984. Eine Kursbuch Chronik. Frankfurt M. u. a. 1985.

Kaspryk, Jerzy: Die Reaktion auf Goethes »Werther« in Polen vor Mickiewicz, in: Goethe und die Welt der Slawen. Vorträge der ersten internationalen Konferenz des »Slawenkomitees«. Gießen 1981, S. 260–267.

Kaszýnski, Stefan H.: Seit drei Jahrzehnten präsent. Zur Rezeption in Polen, in: Kontinent Bernhard. Zur Thomas-Bernhard-Rezeption in Europa, hg. v. Wolfram Bayer u. Mitarb. v. Claude Porcell. Wien u. a. 1995, S. 430–444.

Kater, Michael H.: Das »Ahnenerbe« der SS 1935–1945. Ein Beitrag zur Kulturpolitik des Dritten Reiches. 4. Auflage. München 2006.

Kaus, Gina: Von Wien nach Hollywood. Frankfurt M. 1990.

Kaynar, Gad: Lessing and Non-Lessing von the Israeli stage. Notes on Some Theological, Political and Theatrical Aspects, in: Lessing Yearbook 32 (2000/2001), S. 361–370.

Kazakowa, Tamara: Heinrich Heine und sein »Buch der Lieder« in Russland, in: Heinrich Heines Gedichte aus dem »Buch der Lieder« in Übersetzungen russischer Dichter des 19. und 20. Jahrhunderts, hg. v. Tamara Kazakowa, Regine Dehnel. Berlin 2002, S. 12–31.

Keiichi, Aizawa: Zur Konstruktion der Nicht-Intimität in Goethes »Werther«. Zwei Überlegungen aus japanischer Sicht, in: Über die Grenzen hinweg, hg. v. Inoue Sūichi, Ueda Kōji. München 2004, S. 75–93.

Kelpius, Johannes: A Method of Prayer. A Mystical Pamphlet from Colonial America, hg. v. Kirby Don Richards, Philadelphia 2006.

Kelz, Robert: German Buenos Aires Asunder: Lessing on stage in the Argentine capital, 1934–1962, in: Lessing Yearbook 40 (2013/2014), S. 167–186.

Kerekes, Gábor: Thomas Bernhard und Ungarn, in: Österreich und andere Katastrophen. Thomas Bernhard in memoriam. Beiträge des Internationalen Kolloquiums an der Universität des Saarlandes vom 10. bis 12. Juni 1999, hg. v. Pierre Béhar, Jeanne Benay in Zus.arbeit mit der Thomas-Bernhard Privatstiftung Wien. St. Ingbert 2001 (Beiträge zur Robert-Musil-Forschung und zur neueren österreichischen Literatur 15), S. 47–73.

– Ein Überblick über die Rezeption der Werke Karl Mays in Ungarn, in: Charles Sealsfield, Friedrich Gerstäcker, Karl May und andere. Übersetzungen, Bearbeitungen, Adaptationen, hg. v. Wynfried Kriegleder, Alexander Ritter. Wien 2014 (Sealsfield Bibliothek 10), S. 282–287.

Kermani, Navid: Gott ist schön. Das ästhetische Erleben des Koran. München 1999.

– Folgt nicht den Dichtern! Der Koran und die Poesie [2006], in: ders., Zwischen Koran und Kafka. West-östliche Erkundungen. München 2014, S. 19–43.

– Der Auftrag der Literatur. Hedayat und Kafka, in: ders., Zwischen Koran und Kafka. West-östliche Erkundungen. München 2014, S. 229–244.

Kertész, Imre: Dossier K. Eine Ermittlung. Reinbek 2006.

Kestler, Izabel Maria Furtado: Die Exilliteratur und das Exil deutschsprachiger Schriftsteller und Publizisten in Brasilien. Frankfurt M. u. a. 1992.

– Herbert Moritz Caro: exílio e vidano Brasil, in: Revista Contingentia 2 (2007), S. 6–14.

Khattab, Aleya: Die faustische Frau in der arabischen Literatur. »Die Frau, die über den Teufel triumphierte« von Taufik Al-Hakim, in: Orient und Okzident, hg. v. Jochen Golz, Adrian Hsia, S. 77–90.

Kick, Russ (Hg.): The Graphic Canon. Von »Gilgamesch« über Shakespeare bis »Gefährliche Liebschaften«. Aus dem amerikanischen Englisch von Klaus Binder u. a. Berlin 2013.

Kiedaich, Petra (Hg.): Lyrik nach Auschwitz. Adorno und die Dichter. Stuttgart 1995.

Kienbaum, Barbara: Die Frauengestalten in Theodor Fontanes Berliner Romanen. Rolle und Funktion in der Darstellung des Konflikts zwischen Individuum und Gesellschaft. Diss. Michigan State Univ. 1978.

Kiening, Christian: Das wilde Subjekt. Kleine Poetik der Neuen Welt. Göttingen 2006 (Historische Semantik 9).

Kiesel, Helmuth, Münch, Paul: Gesellschaft und Literatur im 18. Jahrhundert. Voraussetzungen und Entstehung des literarischen Marktes. München 1977 (Beck'sche Elementarbücher).

Kiesel, Helmuth: Geschichte der deutschsprachigen Literatur 1918–1933. München 2017 (Geschichte der deutschen Literatur 10).

Kießling, Wolfgang: Alemania Libre in Mexiko. Bd. 1: Ein Beitrag zur Geschichte des antifaschistischen Exils. Berlin 1974.

– Es begann mit der »Galgentoni« – Theater im Heinrich-Heine-Klub (Mexiko), in: Handbuch des deutschsprachigen Exiltheaters 1933–1945, hg. v. Frithjof Trapp, Werner Mittenzwei, Henning Rischbieter, Hansjörg Schneider. Bd. 1: Verfolgung und Exil deutschsprachiger Theaterkünstler. München 1999, S. 423–435.

Kilcher, Andreas Benjamin: Ha-Gila. Hebräische und jiddische Schiller-Übersetzungen im 19. Jahrhundert, in: Monatshefte 100/1 (2008), S. 67–87.

– Kafka und das Judentum, in: Kafka-Handbuch Leben – Werk – Wirkung, hg. v. Bettina von Jagow, Oliver Jahraus. Göttingen 2008, S. 194–211.

– Die Wissenschaft des Judentums und die Frage der deutsch-jüdischen Literatur, in: Handbuch der deutsch-jüdischen Literatur, hg. v. Hans Otto Horch. Berlin, Boston 2016, S. 71–82.

Kim-Park, Younsoon: Die Beziehungen der Dichtung Hermann Hesses zu Ostasien. Rezeption, Einflüsse und Parallelen. Inaugural-Dissertation an der Ludwig-Maximilians-Universität München. München 1977.

Kimura, Hier Naoji: Goethes »Werther« und die japanische Romantik, in: Fernöstliche Brückenschläge. Zu deutsch-chinesischen Literaturbeziehungen im 20. Jahrhundert, hg. v. Adrian Hsia, Sigrid Hoefert. Bern 1992 (euro-sinica 3,3), S. 213–231.

Kimura, Naoji: Carlyle als Vermittler Goethes in Japan, in: Symposium »Goethe und die Weltkultur«. Veröffentlichungen des Japanisch-Deutschen Zentrums Berlin. Berlin 1993. Bd. 15, S. 72–82.

– Carlyle als Vermittlung Goethes in Japan, in: euro-sinica 8 (1997), S. 67–98.

– Jenseits von Weimar. Goethes Weg zum Fernen Osten. Bern u. a. 1997 (euro-sinica 8).

Kinder, Anna: Geldströme. Literatur und Ökonomie im Romanwerk Thomas Manns. Berlin u. a. 2013 (Quellen zur Literatur- und Kulturgeschichte /6/310).

Kindermann, Heinz: Das Goethebild des 20. Jahrhunderts. Wien u. a. 1952.

King, Lynda J.: Best-Sellers by Design. Vicki Baum and the House of Ullstein. Detroit 1988.

– »Menschen im Hotel« / »Grand Hotel«. Seventy Years of a Popular Culture Classic, in: The Journal of American Culture 23/2 (2000), S. 17–23.

Kirchner, Peter: Lomonosov und Johann Christian Günther, in: Zeitschrift für Slawistik 6 (1961), S. 483–497.

Kirsch, Adam: The Poet After the Fall, in: The New York Review of Books 15 (2010), S. 53–57.

Klapper, Roxana: The German Influence on Shelley. Salzburg 1975 (Salzburg Studies in English Literature 43).

Klausner, Yehuda Arie: The first Hebrew »Faust«, in: German Life and Letters X (1956/57), S. 275–284.

Klein, Elisabeth: Pynchons Deutschland. Zum Problem der Fiktionalisierung von Geschichte. Weimar 1994.

Klengel, Susanne, Siever, Holger (Hg.): Das Dritte Ufer. Vilém Flusser und Brasilien. Kontexte – Migration – Übersetzungen. Würzburg 2009.

Klimkeit, Hans-Joachim: Friedrich Max Müller (1823–1900). In: Klassiker der Religionswissenschaft: von Friedrich Schleiermacher bis Mircea Eliade, hg. v. Axel Michaels. München 1997, S. 28–40, 362–364.

Kloek, Joost J.: Over Werther geschreven ... Nederlands reacties op Goethes Werther 1775–1800. Proeve van historisch receptive-onderzoek. 2 Bde. Utrecht 1985, Bd. 1.

– Innovation or Confirmation of the Norm? Goethe's Werther in Holland 1775–1800, in: Utrecht Publications in General and Comparative Literature 24 (1989), S. 151–164.

Koch, Manfred: Weimaraner Weltbewohner. Zur Genese von Goethes Begriff ›Weltliteratur‹. Tübingen 2002 (Communicatio 29).

Koebner, Thomas: Arthur Koestlers Abkehr vom Stalinismus, in: Exilforschung. Ein internationales Jahrbuch 1 (1983), S. 95–108.

König, Christoph: »Give the Word«. Zur Kritik der Briefe Paul Celans in seinen Gedichten, in: Euphorion 97/4 (2003), S. 473–498.

– (Hg.): Internationales Germanistenlexikon 1800–1950. Berlin u. a. 2003.

– »O komm und geh«. Skeptische Lektüren der »Sonette an Orpheus« von Rilke. Göttingen 2014.

König, Heinrich: Literarische Bilder aus Russland. Stuttgart 1837.

Könneker, Barbara: Die deutsche Literatur der Reformationszeit. Kommentar zu einer Epoche. München 1975.

Könneker, Sabine: »Sichtbares, Hörbares«. Die Beziehung zwischen Sprachkunst und bildender Kunst am Beispiel Paul Celans. Bielefeld 1995.

Koester, Rudolf: USA, in: Hermann Hesses weltweite Wirkung. Internationale Rezeptionsgeschichte. 3. Bd., hg. v. Martin Pfeifer. Frankfurt M. 1991, S. 168–183.

Kössling, Rainer, Wartenberg, Günter (Hg.): Joachim Camerarius. Tübingen 2003 (Leipziger Studien zur klassischen Philologie).

Kohl, Katrin: E. Marlitt's Bestselling Poetics, in: The German Bestseller in the Late Nineteenth Century, hg. v. Charlotte Woodford, Benedict Schofield. Rochester u. a. 2012, S. 183–205.

Kohnen, Joseph: Druckerei-, Verlags- und Zeitungswesen in Königsberg zur Zeit Kants und Hamanns. Das Unternehmen Johann Jakob Kanters, in: Königsberg. Beiträge zu einem besonderen Kapitel der deutschen Geistesgeschichte des 18. Jahrhunderts. Frankfurt M., Berlin, Bern u. a. 1994, S. 1–19.

Koiran, Linda: Schreiben in fremder Sprache. Yoko Tawada und Galsan Tschinag. Studien zu den deutschsprachigen Werken von Autoren asiatischer Herkunft. München 2009, S. 292–298.

Komar, Kathleen L.: Rilke in America: A Poet Re-created, in: Unreading Rilke. Unorthodox Approaches to a Cultural Myth, hg. v. Hartmut Heep. New York u. a. 2001, S. 149–170.

– Rainer Maria Rilke: German Speaker, World Author, in: German Literature as World Literature, hg. v. Thomas O. Beebee. New York u. a. 2014, S. 85–100.

Komuth, Horst: Manès Sperber, Arthur Koestler und George Orwell. Der Totalitarismus als Geißel des 20. Jahrhunderts. Würzburg 1987 (Neue Würzburger Studien zur Soziologie 6).

Konovalov, Vladimir: Lessing v russkoj kritike i ėstetike XIX veka [Lessing in der russischen Kritik und Ästhetik des 19. Jahrhunderts], in: Deutsch-russische Sprach- und Literaturbeziehungen im 18. und 19. Jahrhundert, hg. v. Herbert Jelitte u. a. Frankfurt M. 1994, S. 113–125.

Konradt, Edith: Da komm ich nicht weg. Herta Müllers »Atemschaukel« im Spannungsfeld von Historie, Biografie und Fiktion, in: Spiegelungen. Zeitschrift für deutsche Kultur und Geschichte Südosteuropas 5 (2010), S. 30–45.

Kontje, Todd: Felix Dahn's »Ein Kampf um Rom«. Historical Fiction as Melodrama, in: The German Bestseller in the Late Nineteenth Century, hg. v. Charlotte Woodford, Benedict Schofield. Rochester, New York 2012, S. 39–57.

– German Orientalisms. Ann Arbor 2014.

Koopmann, Helmut: Im Elend. Von den Krankheiten des Exils, in: Thomas Mann und das »Herzasthma des Exils«. (Über-)Lebensformen in der Fremde. Die Davoser Literaturtage 2008, hg. v. Thomas Sprecher. Frankfurt M. 2010 (Thomas-Mann-Studien 41), S. 41–70.

Kopanev, Nikolai: Rasprostranenie francuzskoj knigi v Moskve v seredine XVIII veka [Verbreitung des französischen Buches in Moskau in der Mitte des 18. Jahrhunderts], in: Francuzskaja kniga v Rossii XVIII veke, hg. v. Sergey Luppov. Leningrad 1986, S. 59–172.

Kopreeva, T. N.: Zapadnye istočniki v rabote novgorodskich knižnikov konca XV – načala XVI vekov [Westliche Quellen in der Arbeit der Novgoroder Buchschreiber am Ende des 15. bis Anfang des 16. Jahrhunderts], in: Fedorovskie čtenija 1979. Moskau 1982, S. 138–152.

Kord, Susanne: Little Detours. The Letters and Plays of Luise Gottsched (1713–1762). Rochester u. a. 2000.

– From Sentiment to Sexuality. English Werther-Stories, the French Revolution, and German Vampires, in: (Re-)Writing the radical enlightenment, revolution and cultural transfer in the 1790s Germany, Britain and France, hg. v. Maike Oergel. Berlin u. a. 2012 (Spectrum Literaturwissenschaft 32), S. 25–42.

Koreneva, Maya: Izistorii vosprijatija nemeckogo ėkspressionizma v Rossii 1920-ch gg. [Aus der Geschichte der Wahrnehmung des deutschen Expressionismus in Russland in den 1920er Jahren], in: XX vek. Dvadcatyegody: Izistorii meždunarodnychsvjazej russkoj literatury, hg. v. G. Time. Sankt Petersburg 2006, S. 299–353.

Korte, Hermann: »Es ist in aller Trauer der tiefste Hang zur Sprachlosigkeit«. Der Holocaust in der Lyrik nach 1945, in: Literatur und Holocaust. Text und Kritik 144 (1999), hg. v. Heinz Ludwig Arnold, S. 33–39.

Košenina, Alexander: Zur deutschen Übersetzung zweier Romane Thomas Amorys und der sich anschließenden Fehde zwischen Wieland und Nicolai, in: Daphnis 18 (1989), S. 179–198.

Koster, Serge: Heine, Balzac und Nucingen, in: Heinrich Heine in Jerusalem. Internationale Konferenz 2001 im Konrad Adenauer-Konferenzzentrum in Mishkenot Sha'ananim. Hamburg 2006, S. 122–137.

Kostka, Edmund: Schiller in Russian Literature. Philadelphia 1965.

– Schiller in Italy. Schiller's reception in Taly. 19th and 20th centuries. New York u. a. 1997 (California studies in German and European romanticism 3).

Kotowski, Elke-Vera: Weit von wo? Der Kulturtransfer jüdischer Emigration aus dem deutschsprachigen Raum. Eine Einführung in die vorliegende Publikation, in: Das Kulturerbe deutschsprachiger Juden. Eine Spurensuche in den Ursprungs-, Transit- und Emigrationsländern, hg. v. Elke-Vera Kotowski. Berlin u. a. 2015, S. 1–20.

Kramer, Andreas: »Paris liegt einfach am Bayrischen Platz/zu Berlin.« Französische Avantgarde und entgrenzte Lyrik im deutschen Expressionismus, in: Frankreich und der deutsche Expressionismus, hg. v. Frank Krause. Göttingen 2008, S. 25–58.

Kranz-Löber, Ruth: In der Tiefe des Hohlwegs. Die Shoah in der Lyrik von Nelly Sachs. Würzburg 2001, S. 36–38.

Krause, Edith H.: Theodor Fontane. Eine rezeptionsgeschichtliche und übersetzungskritische Untersuchung. Bern u. a. 1989 (New York University Ottendorfer Series NF 34).

Krauß, Andrea: »Talisman« – Tawadische Sprachtheorie, in: Migration und Interkulturalität, hg. v. Aglaia Blioumi. München 2002, S. 55–77.

Krendel', R.: Lenin – čitatel' chudožestvennoj literatury [Lenin als Leser von Belletristik], in: Bibliotekar 11 (1970).

Kriegleder, Wynfrid: Charles Sealsfield: Österreicher? Tscheche? Amerikaner? Schweizer? Deutscher? Oder: All of the obove? In: Praesent 2014. Das literarische Geschehen in Österreich von Juli 2012 bis Juni 2013, hg. v. Michael Ritter. Wien 2013, S. 36–49.

Kriegleder, Wynfried: Von »Tokeah« (Philadelphia 1829) zum »Legitimen« (Zürich 1833) oder die unvollständige Metamorphose von einem amerikanischen zu einem europäischen Roman, in: Charles Sealsfield im Schweizer Exil 1831–1864. Republikanisches Refugium und internationale Literatenkarriere, hg. v. Alexander Ritter. Wien 2008 (Sealsfield Bibliothek 6), S. 181–198.

Krivokapić, Mirko: Rilke u Jugoslaviji, in: Rajner Marija Rilke u Jugoslaviji. Bibliografia 1908–1975, hg. v. Radislav Cajić, Silvija Durić. Beograd 1979.

– Die Anfänge der Kafka-Rezeption im serbokroatischen Sprachraum, in: Franz Kafka in der kommunistischen Welt. Kafka-Symposium. Klosterneuburg 1991, hg. v. Norbert Winkler, Wolfgang Kraus. Wien u. a. 1993, S. 62–73.

Krobb, Florian: Defining Germanness Overseas. Colonialism and Nationhood in Nineteenth-Century Germany, in: (Post-)Colonialism across Europe. Transcultural History and National Memory, hg. v. Dirk Göttsche, Axel Dunker. Bielefeld 2014, S. 167–186.

Krohn, Claus-Dieter: Der Council für a Democratic Germany, in: Was soll aus Deutschland werden? Der Council for a Democratic Germany in New York 1944–1945. Aufsätze und Dokumente, hg. v. Ursula Langkau-Alex, Thomas M. Ruprecht., Bd. 15. Frankfurt M. 1995 (Quellen und Studien zur Sozialgeschichte), S. 47 f.

Krysztofiak, Maria: Skandinavien und Mitteleuropa. Literarische Wahlverandtschaften. Wrocław u. a. 2005.

Krzemiński, Adam: Die Kafka-Rezeption in Polen, in: Franz Kafka – Visionär der Moderne. Göttingen 2008, S. 85–92.

Kubin, Wolfgang: Die Jagd nach dem Tiger. Sechs Versuche zur modernen chinesischen Literatur. Bochum 1984.

– Yu Dafu (1896–1945): Werther und das Ende der Innerlichkeit, in: Goethe und China – China und Goethe. Bericht des Heidelberger Symposions, hg. v. Günther Debon, Adrian Hsia. Bern u. a. 1985 (euro-sinica 1), S. 155–181.

Kühn, Dieter: Schillers Schreibtisch in Buchenwald. Frankfurt M., 2005.

Kühne, Jan: »Deutschland besser selbst«? Nathan der Weise in Israel, in: Lessing und das Judentum. Lektüren, Dialoge, Kontroversen im 18. und 19. Jahrhundert, hg. v. Dirk Niefanger, Gunnar Och, Bianca Schiwzcyk. Hildesheim 2015, S. 431–457.

– Deutschsprachige jüdische Literatur in Mandats-Palästina/Israel (1933–2014), in: Handbuch der deutsch-jüdischen Literatur, hg. v. Hans Otto Horch. Berlin, Boston 2016, S. 201– 220.

Künzli, Andrea: L. L. Zamenhof (1859–1917). Esperanto, Hillelismus (Homeranismus) und die »jüdische Frage« in Ost- und Westeuropa. Wiesbaden 2010 (Jüdische Kultur. Studien zur Geistesgeschichte, Religion und Literatur 23).

Küpper, Joachim: Moderne, Romantike, Postmoderne. Bemerkungen zu Fontanes »Effi Briest«, in: Literatustraße 9 (2008), S. 127–150.

Küppers, Bernhard: Magere Ernte. Bücherrückgabe an Grass, in: Süddeutsche Zeitung, 10. 05. 1999, Nr. 106, S. 18.

Kulešov, Vasilij Ivanovich: Literaturnye svjazi Rossii i Zapadnoj Evropy v XIX veke (pervaja polovina) [Literaturbeziehungen von Russland und Westeuropa in der ersten Hälfte des 19. Jahrunderts]. Moskau 1965.

– Literaturnye svjazi Rossii i Zapadnoj Evropy v XIX veke [Literaturbeziehungen von Russland und Westeuropa im 19. Jahrhundert], Moskau 1977.

Kurth-Voigt, Lieselotte E.: The Reception of C.M. Wieland in America, in: The Contribution to the Buildings of the Americas. Studies in Honor of Karl J.R. Arndt, hg. v. Gerhard K. Friesen, Walter Schatzberg. Worcester, Hannover 1977, S. 97–132.

– Continued Existence, Reincarnation, and the Power of Sympathy in Classical Weimar. Rochester 1999.

Kuschel, Karl-Josef: Hiob und Jesus. Die Gedichte der Nelly Sachs als theologische Herausforderung, in: Nelly Sachs. Neue Interpretationen, hg. v. Michael Kessler, Jürgen Wertheimer. Tübingen 1994 (Stauffenburg Colloquium 30), S. 203–224.

– »Strategische Aufwertung«: Lessings Bilder vom Islam im Zeitalter der Aufklärung, in: Islam in der deutschen und türkischen Literatur, hg. v. Michael Hofmann, Klaus von Stosch. Paderborn u. a. 2012 (Beiträge zur komparatistischen Theologie 4), S. 19–35.

– Mann, Frido, Soethe, Paulo Astor: Mutterland. Die Familie Mann und Brasilien. Düsseldorf 2009.

Kwirikadse, Nino: Zur Semantik des Titels als Detail des Romans in den georgischen und russischen Übersetzungen von Thomas Manns »Buddenbrooks«, in: Wechselwirkungen. Deutschsprachige Literatur und Kultur im regionalen und internationalen Kontext. Beiträge der internationalen Konferenz des Germanistischen Instituts der Universität Wien, hg. v. Zoltán Szendi. Wien 2012, S. 393–408.

Kyrre-Olsen, Olaf: Salomon Geszners skrifter i Danmark og Norge. Bergen 1903.

Lachmann-Mosse, George: German Jews beyond Judaism, Cincinnati 1985.

Lachmann, Renate: Heine und Puškin, in: Heine-Jahrbuch 51 (2012), S. 69–85.

Lagny, Anne: Die schwierige Einbürgerung eines deutschen Klassikers: Französische Inszenierungen von Lessings Dramen in den 80er Jahren, in: Lessing Yearbook 32 (2000), S. 99–115.

Lahme, Tilmann: Die Manns. Geschichte einer Familie. Frankfurt M. 2015.

Lajarrige, Jacques: Dire l'enfermement – le cycle »Gettomotive« (1942–1944) de Rose Ausländer, in: Études Germaniques 58 (2003), S. 317–338.

Lamartine, Alphonse de: Raphaël. Pages de la Vingtième année. Préface de Lord Hide. Paris 1990.

Lamb, John B.: »Spiritual Refranchisement«. »Sartor Resartus« and the Politics of »Bildung«, in: Studies in Philology 107, 2 (2010), S. 259–282.

Lamping, Dieter: Sind Gedichte über Auschwitz barbarisch? Über die Humanität der Holocaust-Lyrik, in: ders.: Literatur und Theorie: Über poetologische Probleme der Moderne. Göttingen 1996, S. 102 f.

– Franz Kafka als Autor der Weltliteratur, in: Franz Kafka und die Weltliteratur, hg. v. Manfred Engel, Dieter Lamping. Göttingen 2006, S. 9–23.

– Die Idee der Weltliteratur. Ein Konzept Goethes und seine Karriere. Stuttgart 2010.

Lange, Thomas: Emigration nach China: Wie aus Klara Blum Dshu Bailan wurde, in: Exilforschung. Ein internationales Jahrbuch, Bd. 3: Gedanken an Deutschland im Exil und andere Themen, hg. im Auftrag der Gesellschaft für Exilforschung v. Thomas Koebner, Wulf Köpke, Joachim Radkau. München 1985, S. 339–348.

Langwasser, Silke: Die Old Order Amisch. Glaubensgemeinschaft zwischen Beharrlichkeit und Entwicklung. Marburg 2008.

Lauer, Gerhard: Die Erfindung einer kleinen Literatur. Kafka und die jiddische Literatur, in: Franz Kafka und die Weltliteratur, hg. v. Manfred Engel, Dieter Lamping. Göttingen 2006, S. 125–143.

Laval, Michel: L'homme sans concessions. Arthur Koestler et son siècle. Paris 2005.

Learned, Marion Dexter: The Life of Franz Daniel Pastorius. The Founder of Germantown. Philadelphia 1908; Mark Häberlein: Pastorius, Franz Daniel, in: Neue Deutsche Biographie. Bd. 20, Berlin 2001.

Lee, Inn-Ung, Lee, Young Im: Korea, in: Hermann Hesses weltweite Wirkung. Internationale Rezeptionsgeschichte. 3. Bd., hg. v. Martin Pfeifer. Frankfurt M. 1991, S. 204–215.

Leeder, Karen: Heimat in der neuen deutschen Lyrik, in: Gedächtnis und Identität. Die deutsche Literatur nach der Vereinigung. Würzburg 2008, S. 135–153.

Leemans, Inger: The translation machine. Mechanisms of cultural transfer between the German lands and the Netherlands 1750–1840, in: Niederländisch-Deutsche Kulturbeziehungen 1600–1830. Mit 7 Abbildungen, hg. v. Jan Konst, Inger Leemans, Bettina Noak. Göttingen 2009 (Berliner Mittelalter- und Frühneuzeitforschung 7), S. 343–356.

Legler, Henry E.: A Wisconsin Group of German Poets. Madison 1904.

Lehmann, Annette Jael: Im Zeichen der Shoah. Aspekte der Dichtungs- und Sprachkrise bei Rose Ausländer und Nelly Sachs. Tübingen 1999 (Stauffenburg Colloquium 47).

Lehmann, Jürgen: Rußland, in: Rilke-Handbuch. Leben – Werk – Wirkung, hg. v. Manfred Engel, Dorothea Lauterbach. Stuttgart u. a. 2004, S. 98–112.

– Der Übersetzer Celan, in: Celan-Handbuch. Leben – Werk – Wirkung, hg. v. Markus May, Peter Goßens, Jürgen Lehmann. Stuttgart, Weimar 2008, S. 180 f.

Lehmann, Ulf: Der Gottschedkreis und die Moskauer und Petersburger Aufklärung, in: Studien zur Geschichte der russischen Literatur des 18. Jahrhunderts, hg. v. Helmut Graßhoff, dems. Berlin 1963.

– Der Gottsched-Kreis und Russland. Deutsch-russische Literaturbeziehungen im Zeitalter der Aufklärung. Berlin 1966.

– Die Fabel bei Chemnicer und Gellert, in: Studien zur Geschichte der russischen Literatur des 18. Jahrhunderts, hg. v. Helmut Graßhoff. Bd. 2. Berlin 1968, S. 233–244.

Lengl, Szilvia: Terézia Mora: Wir sprechen, also sind wir. Das Schreiben als Überlebensstrategie, in: Interkulturelle Literatur in deutscher Sprache. Zehn Autorenporträts, hg. v. Carmine Chiellino, Szilvia Lengl. Bern u. a. 2016, S. 165–196.

Lenschen-Ramos, Claudia: »Aus der Fremde die Heimat beschreiben«. Erika Mann und Vicki Baum im amerikanischen Exil, in: Fremdverstehen in Sprache, Literatur und Medien, hg. v. Ernest W.B. Hess-Lüttich, Christoph Siegrist, Stefan Bodo Würffel. Frankfurt M. 1996 (Cross Cultural Communication 4), S. 209–223.

Lepper, Marcel: Welche Auslandsgermanistik? Einladung zu einer Diskussion, in: Jahrbuch der Deutschen Schillergesellschaft 52 (2008), S. 13–17.

Levine, Michael G.: Spectral gatherings. Derrida, Celan, and the covenant of the word, in: Diacritics 38/1–2 (2008), S. 64–91.

Levit, Teodor: Gofman v russkoj literature [Hoffmann in der russischen Literatur], in: Gofman È.T.A. Sobranie sočinenij. Bd. 6. Moskau 1930, S. 333–371.

Libowa, Olga, Gluchowa, Ludmila: Zeiterprobte Literaturdenkmäler und virtuelle Realitäten – Werke deutschsprachiger Autoren in russischen Büchereien im Spiegel von Bibliothekspresse und Leserinteressen (1946–1990), in: Tauwetter, Eiszeit und gelenkte Dialoge: Russen und Deutsche nach 1945, hg. v. Eimermacher Karl, Volpert Astrid. München 2006, S. 1057–1087.

Lichačev, Dimitirij: Stanovlenie teatra [Die Formation des Theaters], in: Istorija vsemirnoj literatury: v 8 tomach, Bd. 4, Moskau 1987 (Russkaja literatura XVII v.), S. 357–359.

Liebner, Petra: Paul Tillich und der Council for a Democratic Germany (1933 bis 1945), Bd. 902. Frankfurt M. 2001 (Europäische Hochschulschriften).

Liebrand, Claudia: »Im Deutschen […] mag ich den Faust nicht mehr lesen«. Goethes Konzept von Weltliteratur, in: Globalisierung und Gegenwartsliteratur. Konstellationen – Konzept – Perspektiven, hg. v. Wilhelm Amann, Georg Mein, Rolf Parr. Heidelberg 2010, S. 17–28.

Lieckhardt, Maren: Narrative Strategien der Verinnerlichung im öffentlichen Raum – Vicki Baums »Menschen im Hotel« zwischen neusachlichem Funktionalismus und existenziellem Erleben, in: Jahrbuch zur Kultur und Literatur der Weimarer Republik 15 (2011/12), S. 71–97.

Lin, Jia: Friedrich Schillers Rezeption in China. Exemplifiziert an Tian Han und Guo Moruo. In: Literaturstraße. Chinesisch-deutsches Jahrbuch für Sprache, Literatur und Kultur. Hrsg. von Zhang Yushu et al. Würzburg 2005, Bd. 6, S. 17–34.

Lindner, Burkhardt: Was heißt: Nach Auschwitz? Adornos Datum, in: Deutsche Nachkriegsliteratur und der Holocaust, hg. v. Stephan Braese, Holger Gehle, Doron Kiesel, Hanno Loewy. Frankfurt M. u. a. 1998 (Wissenschaftliche Reihe des Fritz Bauer Instituts 6), S. 283–300.

Link, Viktor: »Werther« auf englischen und amerikanischen Bühnen: Ein Aspekt der Goethe-Rezeption im 18. Jahrhundert, in: Anglia 113/2 (1995), S. 184–204.

Linke, Lars-Peter: Reise, Abenteuer und Geheimnis. Zu den Romanen Charles Sealsfields. Bielefeld 1999.

Links, Christoph: Mit der Mauer fiel auch die Zensur. Aufbruch in eine neue Verlagswelt, in: Goodbye, DDR. Erinnerungen an den Mauerfall, hg. v. Elke Bitterhof. Berlin 2014, S. 231–235.

– Verleger-Spuren. Drei Begegnungen mit Walter Janka, in: Walter Janka: Zu Kreuze kriechen kann ich nicht. Erinnerungen und Lebenszeugnisse, hg. v. Heike Schneider. Berlin 2014, S. 104–106.

Lins, Ulrich: Esperanto oder das Dilemma des Dr. Zamenhof, in: Jüdischer Almanach des Leo Baeck Instituts. Sprachen, hg. v. Gisela Dachs. Frankfurt M. 2007, S. 127–141.

Liptzin, Sol: The English Legend of Heine. New York 1954.

– Heine and the Yiddish Poets, in: The Jewish Reception of Heinrich Heine, hg. v. Mark H. Gelber. Tübingen 1992 (Conditio Judaica 1), S. 67–76.

Liska, Vivian: When Kafka says We. Uncommon Communities in German-Jewish Literature. Indianapolis u. a. 2009, S. 27–31.

Löffler, Sigrid: Buchmarkt und literarische Moden im deutschsprachigen Raum. Wie in der heutigen Literatur Wandel erzeugt wird, in: Wende, Bruch, Kontinuum. Die moderne österreichische Literatur und ihre Paradigmen des Wandels, hg. v. Renata Cornejo, Ekkehard W. Haring. Wien 2006, S. 251–269.

– Die neue Weltliteratur und ihre großen Erzähler. München 2014.

Lleras, Gabriele Hofmann-Ortega: Die produktive Rezeption von Thomas Manns »Doktor Faustus«. Einzeltextanalysen zu João Guimarães Rosa, Clarice Lispector, Michel Tournier, Danièle Sallenave. Heidelberg 1995 (Studia Romanica 84).

Lohmann, Uta: David Friedländers Freundschaft mit dem Kreis der »Berliner Mittwochsgesellschaft« und seine »Aufklärung über Juden«, in: Berliner Aufklärung. Kulturwissenschaftliche Studien. Bd. 4, hg. v. Ursula Goldenbaum, Alexander Košenina. Hannover 2011, S. 95–113.

Lokatis, Siegfried: Der rote Faden. Kommunistische Parteigeschichte und Zensur unter Walter Ulbricht. Köln u. a. 2003.

– Rost, Theresia, Steuer, Grit (Hg.): Vom Autor zur Zensurakte. Abenteuer im Leseland DDR. Halle 2014.

Long, Orie William: English and American Imitations of Goethe's »Werther«, in: Modern Philology 14/4 (1916), S. 193–216.

– The attitude of eminent Englishmen and Americans toward Werther, in: Modern Philology 14/8 (1916), S. 455–466.

– Literary Pioneers. Early American Explorers of European Culture. Cambridge MA 1935.

– Werther in America, in: Studies in Honor of Johan Albrecht Walz. Freeport u. a.1941, S. 86–116.

Lossin, Yigal: Heinrich Heine. Wer war er wirklich? Neu-Isenburg 2006.

Lotman, Jurij: Neue Materialien über die Anfänge der Beschäftigung mit Schiller in der russischen Literatur, in: Wissenschaftliche Zeitschrift der Ernst-Moritz-Arndt-Universität Greifswald 8 (1958/59), S. 419–434.

– Sotvorenie Karamzina. Moskau 1987.

Lottes, Günther, D'Aprile, Iwan-Michelangelo (Hg.): Hofkultur und aufgeklärte Öffentlichkeit. Potsdam im 18. Jahrhundert im europäischen Kontext. Berlin 2006.

Löwy, Jizchak: Zwei Prager Dichter, in: Literarische Blätter 34 (1934), S. 557 f.

Lüchinger, Rita: Salomon Gessner in Italien. Sein literarischer Erfolg im 18. Jahrhundert. Bern u. a. 1981 (Europäische Hochschulschriften, Reihe I: Deutsche Sprache und Literatur 443).

Lühe, Irmela von der: »Wer liebt, hat recht«. Fontanes Berliner Gesellschaftsroman »L'Adultera«, in: Fontane-Blätter 1 (1996), S. 116–133.

– Rose Ausländer – Stationen des Exils im Leben einer Dichterin, in: »Weil Wörter mir diktieren: Schreib uns.« Literaturwissenschaftliches Jahrbuch 1999, hg. v. Helmut Braun. Köln 2000, S. 181–198.

Lützeler, Paul Michael: Einleitung. »Optimistische Verzweiflung«: Thomas Mann und Hermann Broch im Exil, in: Freundschaft im Exil. Thomas Mann und Hermann Broch, hg. v. dems. Frankfurt M. 2004 (Thomas-Mann-Studien 31), S. 9–31.

Lukoschik, Rita Unfer: Friedrich Schiller in Italien (1785–1861). Eine quellengeschichtliche Studie. Berlin 2004 (Schriften zur Literaturwissenschaft 22), S. 40–56.

Lundberg, G.: Leongard Frankkakpredstavitel' realizma [Leonhard Frank als Vertreter des Realismus], in: Novyj mir 10 (1927), S. 201–205.

Lyon, James K.: Bertolt Brecht in America. Princeton N.J. 1980.

– Hangmen Also Die, in: Brecht Handbuch. Bd. 3: Prosa, Filme, Drehbücher, hg. v. Jan Knopf. Stuttgart, Weimar 2002, S. 457–465.

– »Hangmen Also Die« Once Again – Dispelling the Last Doubts about Brecht's Role as Author, in: The Brecht Yearbook 30 (2005), S. 1–6.

– Bertolt Brecht in America. Princeton, N.J. 2014.

Mackenzie, Henry: An Account of the German Theatre. Transcriptions of the Royal Society of Edinburgh 2, 1790.

Magris, Claudio: Il Nobel al tedesco Böll, in: Corriere della Sera, 20.10.1973, S. 3.

– Dall'estetismo allo sperimentalismo. Rainer Maria Rilke nel primo centenario della nascita, Rundfunkvortrag, in: L'Approdo Letterario 21 (1975), S. 119, zit. nach einem ins Deutsche übersetzten Ausschnitt in: Rilkes Duineser Elegien. Rezeptionsgeschichte, hg. v. Ulrich Fülleborn, Manfred Engel. Bd. 3. Frankfurt M. 1982, S. 158 f.

– Bernhard il ribelle geometra della tenebra, in: Corriere della Sera, 17.02.1989, S. 3.

Maier-Katkin, Birgit: »Dem verbotenen Geist ein Zentrum schaffen«. Anna Seghers and Her Networks in Exile, in: Networks of Refugees from Nazi Germany. Continuities, Reorientations, and Collaborations in Exile, hg. v. Helga Schreckenberger. Leiden, Boston 2016 (Amsterdamer Beiträge zur neueren Germanistik 87), S. 199–213.

Majmin, Evgenij A.: Poėty-ljubomudry i »nemeckaja škola« [Dichter-Weisheitsfreunde und die »deutsche Schule«], in: Voprosy literatury i fol'klora. Voronež 1972.

Malino, Frances: Jewish Enlightenment in Berlin and Paris, in: Jewish Emancipation Reconsidered. The French and German Models, hg. v. Michael Brenner. Tübingen 2003, S. 27–34.

Malone, Paul M.: They Sold Their Soul for Rock'n'Roll: Faustian Rock Musicals, in: International Faust Studies, hg. v. Lorna Fitzsimmons. London 2008, S. 216–230.

Mani, B. Venkat: Cosmopolitical Claims. Turkish-German Literatures from Nadolny to Pamuk. Iowa City 2007. Löffler, Sigrid: Die neue Weltliteratur und ihre großen Erzähler. München 2014.

Mann, Jurij: Russkaja filosofskaja ėstetika [Russische philosophische Ästhetik]. Moskau 1969.

Marecek, Zdenek: Rose Ausländer in tschechischen Übertragungen von Otto F. Babler, Zlata Kufnerová. Einige Parallelen zwischen Brünn und Czernowitz, in: Reise in die Nachbarschaft. Zur Wirkungsgeschichte der deutschsprachigen Literatur aus der Bukowina und Galizien nach 1918 (Transkulturelle Forschungen an den Österreich-Bibliotheken im Ausland 2), hg. v. Manfred Müller, Larissa Cybenko. Wien u. a. 2009, S. 75–79.

Marmulla, Henning: Enzensbergers Kursbuch. Eine Zeitschrift um 1968. Berlin 2011.

Marquardt, Hertha: Henry Crabb Robinson und seine deutschen Freunde. Brücke zwischen England und Deutschland im Zeitalter der Romantik. Nach Briefen, Tagebüchern und anderen Aufzeichnungen unter Mithilfe v. Kurt Schreinert. Göttingen 1964, Bd. 1 (Palaestra 237).

Marquart, Lea: Goethes Faust in Frankreich. Studien zur dramatischen Rezeption im 19. Jahrhundert. Heidelberg 2009.

Martens, Wolfgang: Die Botschaft der Tugend. Die Aufklärung im Spiegel der deutschen Moralischen Wochenschriften. Stuttgart 1968.

Martin, Ariana: Die kranke Jugend. J.M.R. Lenz und Goethes »Werther« in der Rezeption des Sturm und Drang bis zum Naturalismus. Würzburg 2002.

Martus, Steffen: Werkpolitik. Zur Literaturgeschichte kritischer Kommunikation vom 17. bis ins 20. Jahrhundert. Berlin u. a. 2007 (Historia Hermeneutica 3).

– Johann Wolfgang Goethes »Die Leiden des jungen Werthers« als Medienskandal, in: Literaturskandale, hg. v. Hans-Edwin Friedrich. Frankfurt M. u. a. 2009, S. 29–43.

– Aufklärung. Das deutsche 18. Jahrhundert. Ein Epochenbild. Berlin 2015.

Maulsby, David Lee: The Growth of Sartor Resartus. Maldon, Mass. 1899.

May, Markus, Goßens, Peter, Lehmann, Jürgen (Hg.): Celan-Handbuch. Leben – Werk – Wirkung. Stuttgart, Weimar 2008.

Mayer, Hans: Kafka und kein Ende, in: ders., Ansichten zur Literatur der Zeit. Hamburg 1962, S. 54–70.

Mecklenburg, Norbert: Interkulturelle Literaturwissenschaft, in: Handbuch interkulturelle Germanistik, hg. v. Alois Wierlacher, Andrea Bogner. Stuttgart u. a. 2003, S. 433–439.

Meid, Volker: Die deutsche Literatur im Zeitalter des Barock. Vom Späthumanismus zur Frühaufklärung 1570–1740. München 2009 (Geschichte der deutschen Literatur von den Anfängen bis zur Gegenwart 5).

Meier, Albert: Sind die Alpen unübersteiglich? Überlegungen zur Transnationalität der Romantik. In: Akten des XI. Internationalen Germanistenkongresses Paris 2005: »Germanistik im Konflikt der Kulturen«, hg. v. Jean-Marie Valentin u. Mitarb. v. Stéphane Pesnel. Bd. 8: »Universal-, Global und Nationalkulturen«. Betreut. v. Young Eun Chang, Konrad Ehlich, Fabrice Malkani. Jahrbuch für Internationale Germanistik; Reihe A, Kongressberichte 84. Bern u. a. 2007, S. 177–181.

Meisels, Samuel: Goethe im Ghetto. Wien 1932.

Mel'nikova, Svetlana: A.F.F. fon Kocebu – pervyj direktor Nemeckogo Imperatorskogo teatra v Sankt-Peterburge XIX v. [A.F.F. von Kozebue als der erste Direktor des Kaiserlichen Deutschen Theaters in St. Petersburg im 19. Jahrhundert], in: Nemcy v Rossii. Problemy kul'turnogo vzaimodejstvija, hg. v. Ljudmila Slavgorodskaja. St. Petersburg 1998, S. 274–278.

Melini, Francesca: Marianne Moore und Rose Ausländer. Chronik einer Freundschaft, in: Zeitschrift der Germanisten Rumäniens 15/16 (2009), S. 162–174.

Mellmann, Katja: Das Buch als Freund – der Freund als Zeugnis, in: Hans-Edwin Friedrich: Bürgerlichkeit im 18. Jahrhundert. Tübingen 2006, S. 201–240.

Mende, Dirk: Frauenleben. Bemerkungen zu Fontanes »L'Adultera« nebst Exkursionen zu »Cécile« und »Effi Briest«, in: Fontane aus heutiger Sicht. Analysen und Interpretationen seines Werks. Zehn Beiträge, hg. v. Hugo Aust. München 1980, S. 183–213.

Meng, Weiyan: Kafka und China. München 1986.

– Reception of Kafka on the Chinese Mainland, in: Franz Kafka und China, hg. v. Adrian Hsia. Bern u. a. 1996, S. 179–207.

Menke, Timm: W.G. Sebald Luftkrieg und Literatur und die Folgen. Eine kritische Bestandsaufnahme, in: Bombs Away! Representing the Air War over Europe and Japan, hg. v. Wilfried Wilms, William Rasch. Amsterdam 2006 (Amsterdamer Beiträge zur Neueren Germanistik 60), S. 149–163.

Menninghaus, Winfried: Meridian des Schmerzes. Zum Briefwechsel Paul Celan/ Nelly Sachs, in: Poetica 26/6 (1994), S. 169–179.

Metzger, Lore: Sartor Resartus. A Victorian Faust, in: Comparative Literature 13/4 (1961), S. 316–331.

Mevorah, Barouch: Johann Kasper Lavaters Auseinandersetzung mit Moses Mendelssohn über die Zukunft des Judentums, in: Zion. Quarterly Journal for Research on Jewish History 30 (1965), S. 158–170.

Mews, Siegfried: Günter Grass and His Critics: From The Tin Drum to Crabwalk. New York 2008, S. 235–249.

Meyer, Michael A.: Die Anfänge des modernen Judentums. Jüdische Identität in Deutschland 1749–1824. Aus dem Engl. übers. v. Ernst-Peter Wieckenberg. München 1994.

Meyer, Reinhart: Das französische Theater in Deutschland, in: Aufklärungen. Frankreich und Deutschland im 18. Jahrhundert. Bd. 1, hg. v. Gerhard Sauder, Jochen Schlobach. Heidelberg 1986 (Annales Universitatis Saraviensis; Reihe Philosophische Fakultät 19), S. 145–165.

Meyer, Sandra: »The Story that gave this Land its Life«. The Translocation of Rilke's »Duino Elegies« in Amitav Gosh's »The Hungry Tide«, in: Postcolonial translocations. Cultural representation and critical spatial thinking. Amsterdam u. a. 2013, S. 147–161.

Miermont, Dominique L.: Annemarie Schwarzenbach – Eine beflügelte Ungeduld. Eine Biographie. Zürich 2008.

Mihàlyne, Szilàrd: Nietzsche in Rußland, in: Deutsche Studien: Vierteljahreshefte 46 (1974), S. 159–163.

Mikota, Jana: Journalistic Production of the New Woman. Vicki Baum (1888–1960) and Gina Kaus (1893–1985), in: Discovering Women's History. German-Speaking Journalists (1900–1950), hg. v. Christa Spreizer. Oxford u. a. 2014 (Women in German Literature 15), S. 205–223.

Milburn, Douglas Lafayette jr.: German Drama in England 1750–1800 – With a List of German Plays Published and Performed. Zugl. Diss. Universität Rice, Huston 1964.

Miltchina, Vera: Un cosmopolite russe entre la France et l'allemagne. Alexandre Tourgueniev, in: Philologiques 4. Transferts culturels triangulaires France-Alemagne-Russie, hg. v. Katia Dmitrieva, Michel Espagne. Paris 1996, S. 167–186.

Mingocho, Maria T. D.: Thomas Mann in portugiesischen Zeitschriften der 30er und 40er Jahre, in: Estudos sobre Cultura e Literatura Portuguesa a Alemã (1997), S. 267–280.

Mittermayer, Manfred: Thomas Bernhard. Eine Biographie. Wien 2015.

Mix, York-Gothart: »Sein Ruhm ist eine natürliche Tochter des Scandals.« A.W. Schlegels Positionierung im literarischen Feld um 1800 (Bürger, Schiller, Voß), in: Der Europäer August Wilhelm Schlegel. Romantischer Kulturtransfer – romantische Wissenswelten, hg. v. York-Gothart Mix, Jochen Strobel. Berlin, New

York 2010 (Quellen und Forschungen zur Literatur- und Kulturgeschichte 62, 296), S. 45–56.

– (Hg.): Deutsch-amerikanische Kalender des 18. und 19. Jahrhunderts. Bibliographie und Kommentar, in Zus. m. Bianca Eyers, Gabriele Krieg. Berlin u. a. 2012.

Miyashita, Kenzo: Die Rezeption der »Duineser Elegien« in Japan, in: Rilkes »Duineser Elegien«, hg. v. Ulrich Fülleborn, Manfred Engel. Forschungsgeschichte. Bd. 2. Frankfurt M. 1982, S. 349–361.

Mojašević, Miljan: Einige Randbemerkungen zum serbischen Werther, in: Serta Slavica. In memoriam Aloisii Schmaus, hg. v. Wolfgang Gesemann, Johannes Holthusen, Erwin Koschmieder, Ilse Kuhnert, Peter Rehder, Erwin Wedel u. Mitwirkung v. Jiři Daňhelka, Radosav Medenica, Stavro Skendi. München 1971, S. 512–517.

Neugebauer-Wölk, Monika, Geffart, Renko, Meumann, Markus (Hg.): Aufklärung und Esoterik. Unter Mitarb. v. Holger Zaunstöck. Hamburg 1999 (Studien zum 18. Jahrhundert 24).

Moore, Carlisle: Sartor Resartus and the Problem of Carlyle's »Conversion«, in: PMLA 70/4, S. 662–681.

Moore, Thomas: The style of connectedness: Gravity's rainbow and Thomas Pynchon. Columbia 1987.

Morozov, P.: Gofman v Rossii [Hoffmann in Russland], in: Gofman Ė.T.A. Izbrannye sočinenija, Bd. 5. Moskau, St. Petersburg 1923, S. 39–50.

Morris, Leslie: Omissions Are Not Accidents: Marianne Moore, Rose Ausländer und die amerikanische Moderne, in: Gebt unseren Worten nicht euren Sinn. Köln, 2001, S. 97–110.

Mosès, Stéphane: Else Lasker-Schüler, Rose Ausländer, Paul Celan. Drei Jerusalem-Gedichte, in: Études Germaniques 58 (2003), S. 197–209.

Motoyoshi, Mizue: Rilke in Japan und Japan in Rilke, in: Rilke und die Weltliteratur, hg. v. Manfred Engel, Dieter Lamping. Zürich 1999, S. 299–319.

Mühlen, Patrik von zur: Exil und Brasilien. Die deutschsprachige Emigration 1933–1945, in: Exil in Brasilien. Die deutschsprachige Emigration 1933–1945. Eine Ausstellung des Deutschen Exilarchivs 1933–1945. Die Deutsche Bibliothek, Frankfurt M. u. a. 1994, S. 11–105.

Müller, Gernot Michael: Die »Germania generalis« des Conrad Celtis. Studien mit Edition, Übersetzung und Kommentar. Tübingen 2001 (Frühe Neuzeit 67).

Müller, Jan-Dirk: Volksbuch/Prosaroman im 15./16. Jahrhundert – Perspektiven der Forschung, in: Internationales Archiv für Sozialgeschichte der deutschen Literatur, 1. Sonderheft (1985), S. 1–128.

– Formen literarischer Kommunikation im Übergang vom Mittelalter zur Neuzeit, in: Die Literatur im Übergang vom Mittelalter zur Neuzeit, hg. v. Werner Röcke, Marina Münkler. München, Wien 2004 (Hansers Sozialgeschichte der deutschen Literatur vom 16. Jahrhundert bis zur Gegenwart 1), S. 21–53.

– Die Frühe Neuzeit in der Literaturgeschichtsschreibung, in: Entdeckung der frühen Neuzeit. Konstruktionen einer Epoche der Literatur- und Sprachgeschichte seit 1750, hg. v. Marcel Lepper, Dirk Werle. Stuttgart 2011 (Beiträge zur Geschichte der Germanistik 1), S. 15–38.

Müller-Scherf, Angelika: Wertherporzellan. Lotte und Werther auf Meißner Porzellan im Zeitalter der Empfindsamkeit. Petersberg 2009.

Müller-Seidel, Walter: Theodor Fontane. Soziale Romankunst in Deutschland. Stuttgart 1975.

Münkler, Marina: Volkssprachlicher Früh- und Hochhumanismus, in: Die Literatur im Übergang vom Mittelalter zur Neuzeit, hg. v. Werner Röcke, ders. München u. a. 2004 (Hansers Sozialgeschichte der deutschen Literatur vom 16. Jahrhundert bis zur Gegenwart 1), S. 77–96.

– Narrative Ambiguität. Die Faustbücher des 16. bis 18. Jahrhunderts. Göttingen 2011.

Mulsow, Martin: Prekäres Wissen – Eine andere Ideengeschichte der Frühen Neuzeit. Berlin 2012.

Mundt, Theodor: Geschichte der Literatur der Gegenwart. Berlin 1843.

Muranyi, Heike: Brasilien als insularer Raum. Literarische Bewegungsfiguren im 19. und 20. Jahrhundert. Berlin 2013 (Potsdamer inter- und transkulturelle Texte 5).

Murav'ev, Jurij: Sovetsko-germanskiesvjazi v oblastiliteratury i iskusstva vgody Vejmarskoj respubliki [Sowjetisch-deutsche Beziehungen im Bereich der Literatur und Kunst in den Jahren der Weimarer Republik], in: Slavjano-germanskie kul'turnyesvjazi i otnošenija. Moskau 1969, S. 177–200.

Muzyčenko, Jelena: »Duinskie elegii« R.M. Ril'ke v russkich perevo dach (istoričeskij stilistiko-sopostatativel'nyi i perevodovedčeskij aspekty). Magdan 2015.

Natkovich, Svetlana: Elisha Ben Abuya, the Hebrew Faust: On the First Hebrew Translation of »Faust« within the Setting of the Maskilic Change in Self-Perception, in: Naharaim 8/1 (2014), S. 48–73.

Nechoschet, Har: Goethe's »Faust« auf Hebräisch, in: Jedioth Chadaschoth, 6.8.1943.

Nedret, Pınar: 1900–1983 Yılları arasında türkçe' de Goethe ve Faust tercümeleri üzernine bir inceleme. Istanbul 1984.

– Eine Untersuchung über Goethe und über die »Faust«-Übersetzungen im Türkischen in den Jahren 1900 bis 1983. Istanbul 1984.

Nethersole, Reingard: Die deutschsprachige Literatur im südlichen Afrika, in: Deutschsprachige Literatur des Auslandes, hg. v. Erwin Theodor Rosenthal. Bern u. a. 1989, S. 25–46.

Neuhaus, Volker, Hermes, Daniela (Hg.): Die »Danziger Trilogie« von Günter Grass. Texte, Daten, Bilder. Frankfurt M. 1991.

Neumann, Gerhard: Speisesaal und Gemäldegalerie. Die Geburt des Erzählens aus der bildenden Kunst. Fontanes Roman »L'Adultera«, in: Roman und Ästhetik im 19. Jahrhundert. Festschrift für Christian Grawe zum 65. Geburtstag, hg. v. Timothy J. Mehıgan, Gerhard Sauder. St. Ingbert 2001, S. 139–170.

Neumann, Gerson Roberto: »Brasilien ist nicht weit von hier!« Die Thematik der deutschen Auswanderung nach Brasilien in der deutschen Literatur im 19. Jahrhundert (1800–1871). Frankfurt M. 2005.

Nevzorov, M.: Kritičeskoe rassmotrenie Šillerovoj tragedii »Razbojniki« [Kritische Betrachtung von Schillers Tragödie »Die Räuber«], in: Drug junošestva, fevral' (1811), S. 94–154.

Nicholls, Angus: Between Natural and Human Science: Scientific Method in Goethe's »Noten und Abhandlungen zum West-östlichen Divan«, in: Publications of the English Goethe Society, 80/1 (2011), S. 1–18.

Nidheesh, M. K.: Günter Grass, an Enigma, in: The New Indian Express, 14.04.2015; http://www.newindianexpress.com/cities/kochi/Gunter-Grass-an-Enigma/2015/04/14/article2763033.ece (20.10.2016).

Niefanger, Dirk: Geschichtsdrama der Frühen Neuzeit 1495–1773. Tübingen 2005.

- »Von allen Kunstverständigen hoch gepriesen«. Thesen zur Wirkung des niederländischen Theaters auf die deutsche Schauspielkunst des 17. Jahrhunderts, in: Niederländisch-deutsche Kulturbeziehungen 1600–1830, hg. v. Jan Konst, Inger Leemans, Bettina Novak. Göttingen 2009, S. 153–166.

Niekerk, Carl: Lessing in the Netherlands: The Case of Theodorus Cornelis van Stockum, in Lessing Yearbook 32 (2000), S. 179–195.

Niemirowski, Wieńczisław A.: Fontanerezeption im osteuropäischen Raum, in: Fontane-Handbuch, hg. v. Christian Grawe, Helmuth Nürnberger. Stuttgart 2000, S. 976–981.

Nieraad, Jürgen: Deutschsprachige Literatur in Israel, in: Stimmen aus Jerusalem. Zur deutschen Sprache und Literatur in Palästina/Israel, hg. v. Hermann Zabel u. Mitarb. v. Andreas Disselnkötter, Sandra Wellinghoff. Berlin 2006 (Deutsch-Israelische Bibliothek 2), S. 260–281.

Nies, Fritz: Geschäft des Königs, Dichters, Hungerleiders. Übersetzerischer Literaturimport in Frankreichs Grand Siècle, in: Germanisch-Romanische Monatsschrift 53/3 (2003), S. 295–308.

Nisbet, Hugh Barr: Zu den Anfängen der Toleranz in Europa, in: Ohne Wort keine Vernunft – keine Welt. Bestimmt Sprache Denken? Schriftsteller im Wortwechsel mit Johann Georg Hamann, hg. v. Susanne Schulte. Münster 2011, S. 279–294.

Nissler, Paul: A Short Survey of the Creation and Development of Common German-Latin American Space: Humboldt, Emigration, Exile and Contemporary Interactions, in: German Literature at World Literature, hg. v. Thomas O. Beebee. New York u. a. 2014, S. 157–175.

Nottelmann, Nicole: Strategien des Erfolgs. Narratologische Analysen exemplarischer Romane Vicki Baums. Würzburg 2002.

- Die Karrieren der Vicki Baum. Eine Biographie. Köln 2007.

- Ich liebe dich. Für immer. Greta Garbo und Salka Viertel. Berlin 2011.

Noyes, John Kenneth: The World Map and the World of Goethe's »Weltliteratur«, in: Acta Germanica 38 (2010), S. 128–145.

- Herder, Postcolonial Theory and the Antinomy of Universal Reason, in: The Cambridge Journal of Postcolonial Literary Inquiry 1/1 (2014), S. 107–122.

Nymphius, Christian: Die Stefan-Zweig-Rezeption in der UdSSR. Mainz 1996.

Obermeier, Franz: Brasilien in Illustrationen des 16. Jahrhunderts. U. Mitarb. v. Roswitha Kramer. Frankfurt M. 2000 (americana eystettensia; Serie B 11), S. 86–91.

- Die Illustrationen in Stadens Wahrhaftige Historia von 1557. São Paulo 2000.

- Hans Staden und sein Brasilienbuch. Vorwort, in: Hans Staden, Wahrhaftige Historia. Zwei Reisen nach Brasilien (1548–1555). Kritische Ausgabe, hg. v. Franz Obermeier. Kiel 2007 (Fontes Americanae 1), S. I–LXVI.

Oeste de Bopp, Marianne: Deutsche Einwanderung nach Mexico in vier Jahrhunderten, in: The German Contribution to the Building of the Americas. Studies in Honor of Karl J. R. Arndt, hg. v. Gerhard K. Friesen, Walter Schatzberg. Worcester u. a. 1977, S. 21–46.

Österling, Anders: The Nobel Prize in Literature 1966. Award Ceremony Speech, in: Nobel Lectures, Literature 1901–1967, hg. v. Horst Frenz. Amsterdam 1969, S. 611–613.

Ötvös, Péter: Martin Opitz in Siebenbürgen, in: Geschichte der ungarischen Literatur. Eine historisch-poetologische Darstellung, hg. v. Ernö Kulcsár Szabó. Berlin, Boston 2013, S. 67–70.

Olschner, Leonard M.: Der feste Buchstab. Erläuterungen zu Paul Celans Übertragungen. Göttingen 1985.

Oltermann, Philip: Hans Magnus Enzensberger »I have always been incapable of being a good comrade. I can't stay in line. It's not my character. It may be a defect, but I can't help it«, in: Guardian, 15.5.2010, S. 10 f.

Orr, Clarissa Campbell: Charlotte of Mecklenburg-Strelitz, Queen of Great Britain and Electress of Hanover: Northern Dynasties and the Northern Republic of Letters, in: Queenship in Europe 1660–1815. The Role of Consort, hg. v. ders. Cambridge u. a. 2004, S. 368–402.

Osborne, Dora: »Zuneigung und Sachverstand«: Regarding Michael Hamburger and W.G. Sebald, in: Oxford German Studies 42/3 (2013), S. 309–325.

Osterhammel, Jürgen: Cosmopolis und Imperium, in: Frankfurter Allgemeine Zeitung, 30.10.2013, Nr. 252, S. N3.

Ostermeier, Dorothee: Sprache des Dramas – Drama der Sprache. Tübingen 1997 (Conditio Judaica 16).

Oz-Salzberger, Fania: The Enlightenment in Translation. Regional and European Aspects, in: European Review of History 13/3 (2006), S. 385–409.

Oz, Amos: So fangen Geschichten an. Aus dem Hebräischen von Ruth Achlama. Frankfurt M. 1997, S. 19–25.

Paetel, Karl O.: Zum Problem einer deutschen Exilregierung, in: Vierteljahrshefte für Zeitgeschichte (VfZ) 3 (1956), S. 286 f.

Pagni, Andrea: Traduccíon y transculturación en el siglo XIX. »Atala« de Chateaubriand por Simón Rodríguez (1801) y el »Canconiero« de Heine por José A. Pérez Bonalde (1885), in: Iberoamericana 24/2,3 (2000), S. 88–103.

Pago, Thomas: Johann Christoph Gottsched und die Rezeption der »Querelle des Anciens et des Modernes« in Deutschland. München 2003.

Paleari, Moira: »Herwarth Walden: Ein Essayist Der Moderne«, in: Wege des essayistischen Schreibens im deutschsprachigen Raum (1900–1920), hg. v. Marina Marzia Brambilla und Maurizio Pirro. Amsterdam 2010, S. 225–244.

Pančenko, Aleksandr M.: Russkaja stichotvornaja kul'tura XVII veka [Russische dichterische Kultur des 17. Jahrhunderts]. Leningrad 1973.

Pankau, Johannes: Vicki Baums »Menschen im Hotel« im Kontext der Neuen Sachlichkeit, in: Lifestyle – Mode – Unterhaltung oder doch etwas mehr? Die andere Seite der Schriftstellerin Vicki Baum (1888–1960), hg. v. Susanne Blumesberger, Jana Mikota. Wien 2013 (Neue Ergebnisse des Frauenbiografieforschung 13), S. 82–111.

Pareigis, Christina: Glasperlenhebräisch. Das Fremd-Wort in den Schriften von Klara Blum und Gertrud Kolmar, in: »Not an essence but a positioning«. German-Jewish Women Writers (1900–1938). München 2009, S. 151–164.

– »Buntscheckig Narrendeutsch«. Sprachbegegnungen in Klara Blums früher Lyrik und Prosa, in: Zeitschrift für interkulturelle Germanistik 3 (2012), S. 49–59.

Parker, Fred: ›Much in the mode of Goethe's Mephistopheles‹: Faust and Byron, in: International Faust Studies, hg. v. Lorna Fitzsimmons, S. 107–123.

Parmalee, Patty Lee: Brecht's America. With a Foreword by John Willett. Columbus u. a.1980.

Parry, Ellwood Comly: Friedrich Schiller in America. A Contribution to the Literature of Poet's Centenary. Philadelphia 1905 (America Germanica 3).

Pastorius, Francis Daniel: Deliciae Hortenses or Garden-Recreations and Voluptates

Apianae, hg. v. Christoph E. Schweitzer. Columbia, S.C. 1982 (Studies in German Literature, Linguistics and Culture V. 2).

Pazi, Margarita: Zur deutschsprachigen Literatur Israels, in: Deutsch-jüdische Exil- und Emigrationsliteratur im 20. Jahrhundert, hg. v. Itta Shedletzky, Hans Otto Horch. Tübingen 1993 (Conditio Judaica 5), S. 81–94.

Peitsch, Helmut: »No Politics«?. Die Geschichte des deutschen PEN-Zentrums in London 1933–2002. Göttingen 2006 (Schriften des Erich Maria Remarque-Archivs 20).

– Versuchte Gleichschaltung durch das NS-Regime, die Auflösung und Flucht ins Exil (1933–1945), in: Handbuch PEN. Geschichte und Gegenwart der deutschsprachigen Zentren, hg. v. Dorothée Bores, Sven Hanuschek. Berlin/Boston 2014, S. 148.

Pennone-Autze, Florence: Paul Celans Übersetzungspoetik. Entwicklungslinien in seinen Übertragungen französischer Lyrik. Tübingen 2007 (Untersuchungen zur deutschen Literaturgeschichte 128).

Perepelkin, Michail: Loreleja s Saratovskoj ulicy (lirika Gejne glazami samarskoj čitatelnicy i poėtessy rubeža XIX–XX vv.): [Lorelei von Saratovskaja-Straße (Lyrik von Heine mit den Augen einer Samarer Leserin und Dichterin der Jahrhundertwende)], in: Rossijsko-germanskie svjazi: istorija i sovremennost', hg. v. Lenar Chramkov. Samara 2002, S. 82–88.

Pérez, Olivia C. Díaz: Mexiko als antitotalitärer Mythos. Das Werk von Anna Seghers zwischen Nationalsozialismus, mexikanischem Exil und Wirklichkeit der DDR. Tübingen 2016 (Stauffenburg Colloquium 80).

Perišić, Dragoslava: Goethe bei den Serben. München 1968 (Slavistische Beiträge 17).

Petrovskij, Michail: O vlijanii Gofmana na russkuju literaturu [Über den Einfluss von Hoffmann auf die russische Literatur], in: Besedy. Sbornik obščestva ljubitelej literatury v Moskve. Moskau 1915, S. 40–62.

– Illusion Lost and Found. The Experiential World of Heine's »Buch der Lieder«, in: A Companion to the Works of Heinrich Heine, hg. v. Roger F. Cook. Rochester, Woodbridge 2002, S. 37–54.

Pettegree, Andrew, Walsby, Malcolm, Wilkinson, Alexander (Hg.): French Vernacular books. Books published in the French language before 1601. Leiden u.a. 2007, Bd. 1.

Pfannkuche, Patrick: Vicki Baums Romane: Mode, Hochstapelei, Sexualität. Kassel 2013.

Phillips, David P.: The Influence of Suggestion on Suicide: Substantive and Theoretical Implications of the Werther Effect, in: American Sociological Review 39 (1974), S. 340–354.

Piper, Ernst: Alfred Rosenberg. Hitlers Chefideologe. München 2005.

Pochmann, Henry A.: German Culture in America. Philosophical and Literary Influences 1600–1900. Westport 1978.

Pokorn, Nike K.: The Godless World of »Winnetou«. The Ideological Imperative in Socialism, in: Translationswissenschaftliches Kolloquium. Beiträge zur Übersetzungs- und Dolmetschwissenschaft 3 (2014), S. 97–118.

Polianski, Igor J.: Gorkis Fluch, in: Zensurspiele. Heimliche Literaturgeschichte aus der DDR, hg. v. Simone Barck, Siegfried Lokatis. Halle 2008, S. 36–38.

Polioudakis, Georgios: Die Übersetzung deutscher Literatur ins Neugriechische vor der Griechischen Revolution von 1821. Frankfurt M. u.a. 2008 (Maß und Wert 4).

Poore, Carol Jean: German-American Socialist Literature in the Late Nineteenth Century. Diss. Universität Wisc. Madison 1979.

Porcell, Claude: Die Verklärung des heiligen Bernhard. Zur Rezeption der Erzählprosa in Frankreich, in: Kontinent Bernhard. Zur Thomas-Bernhard-Rezeption in Europa, hg. v. Wolfram Bayer u. Mitarb. v. Claude Porcell. Wien u. a. 1995, S. 241–268.

Poth, Istvan: Iz kulturne i knjizevne proslosti srba u madarskoj, in: Pesta i Budim kao kulturna sredista srpska u prvoj polovini 19. veka, 2011.

Pott, Sandra: Reformierte Morallehren und deutsche Literatur von Jean Barbeyrac bis Christoph Martin Wieland, Tübingen 2002.

– »Le Bayle de l'Allemagne«. Christian Thomasius und der Europäische Refuge. Konfessionstoleranz in der wechselseitigen Rezeption für ein kritisches Bewahren der Tradition(en), in: Thomasius im literarischen Feld. Neue Beiträge zur Erforschung seines Werkes im historischen Kontext, hg. v. Manfred Beetz, Herbert Jaumann. Tübingen 2003, S. 131–158.

– Poetiken. Poetologische Lyrik, Poetik und Ästhetik von Novalis bis Rilke. Berlin u. a. 2004.

Poulain, Martine: A Cold War Best-Seller: The Reaction to Arthur Koestler's »Darkness at Noon« in France from 1945 to 1950, in: Libraries and Culture 36/1 (2001), S. 172–184.

Prager, Katharina: »Ich bin nicht gone Hollywood!«. Salka Viertel, ein Leben in Theater und Film. Blickpunkte, 12. Bd. Wien 2007.

Prahl, Augustus J.: The Goethean Literary Society of Franklin and Marshall College, in: American-German Review 16 (1949), S. 29 f..

– The Goethe Club of the City of New York 1873–1878, in: Monatshefte 44/6 (1952), S. 291–302.

– The Goethe Societies of Baltimore and Washington, in: Society for the History of Germans in Maryland, annual Report 29 (1958), S. 58–63.

Predioiu, Grazziella: Die Trauer des Verwirrens und die Trauer des Entwirrens. Sinnverweigerung und Sinnwucherung in den Texten Oskar Pastiors, in: Wahrnehmung der deutsch(sprachig)en Literatur aus Ostmittel- und Südosteuropa – ein Paradigmenwechsel? Neue Lesarten und Fallbeispiele, hg. v. Peter Motzan, Stefan Sienerth. München 2009, S. 127–143.

Pringle, Heather: The Master Plan: Himmler's Scholars and the Holocaust. New York, 2006.

Pronin, Vladislav A.: Kafka, Solženicyn i šestidesjatniki [Kafka, Solženicyn und die Sechziger], in: Russkaja germanistika, hg. v. Natalija S. Babenko, Aleksandr V. Belobratov. T. III. Moskau 2007, S. 208–214.

Protić, Predrag: Vorwort, in: Laza K. Lazarević, Pripovetke. Beograd 2001, S. IV–VII.

Prüsener, Marlies: Lesegesellschaften im 18. Jahrhundert. Ein Beitrag zur Lesergeschichte, in: Archiv für Geschichte des Buchwesens 13 (1972), S. 369–594.

Prutsch, Ursula, Zeyringer, Klaus: Die Welten des Paul Frischauer. Ein »literarischer Abenteurer« im historischen Kontext: Wien – London – Rio – New York – Wien. Köln u. a. 1997.

Purdy, Daniel: Goethe, Rémusat, and the Chinese Novel: Translation and the Circulation of World Literature, in: German Literature as World Literature, hg. v. Thomas O. Beebee. New York u. a. 2014, S. 43–60.

Puymbroeck, Birgit van: »The Age of a Mistaken Nationalism«. Histoire croisée, Cross-National Exchange, and An Anglo-French Network of Periodicals, in: MLR 107/3 (2012), S. 681–698.

Pynchon, Thomas: Gravity's Rainbow. London 2000.

Quéval, Marie-Hélène: Johann Christoph Gottsched und Pierre Bayle – Ein philosophischer Dialog. Gottscheds Anmerkungen zu Pierre Bayles Historisch-critischem Wörterbuch, in: Diskurse der Aufklärung. Luise Adelgunde Victorie und Johann Christoph Gottsched, hg. v. Gabriele Ball, Helga Brandes, Katherine R. Goodman. Wiesbaden 2006 (Wolfenbütteler Forschungen 112), S. 145–168.

Quilitzsch, Frank: Legende von Dshe-Nu. Das Schicksal der deutschsprachigen jüdisch-chinesischen Schriftstellerin Klara Blum, in: Argonautenschiff 7 (1998), S. 203–215.

Rambures, Jean-Louis de: L'Invasion autrichienne, in: Le Monde, 17.01.1975, S. 20.

– Thomas Bernhard face à la mort, in: Le Monde, 30.9.1983, S. 21.

Randall, Alec W. G.: German Periodicals, in: The Criterion 4/4 (1926), S. 217–219.

– Besorgt von Rudolf Borchardt: »Ewiger Vorrat Deutscher Poesie«, in: The Criterion 4/4 (1926), S. 787–789.

– German Periodicals, in: The Criterion 4/3 (1926), S. 616–619.

Ransmeier, John C.: Uhland's Fortunat and the Histoire de Fortunatus et de Ses Enfans Author(s), in: PMLA, 25/ 2 (1910), S. 355–366.

Rattermann, H.A.: Deutsch-amerikanisches Biographikon und Dichter-Album der ersten Hälfte des 19. Jahrhunderts. Cincinnati/Ohio 1911.

Raulff, Ulrich: Kreis ohne Meister. Stefan Georges Nachleben. München 2009.

Read, Herbert: American Periodicals, in: The Criterion 1/3 (1923), S. 311 f.

Reed, Bertha: The Influence of Solomon Gessner upon English literature. Philadelphia 1905 (Americana Germanica 3).

Reed, Walter L.: The Pattern of Conversion in Sartor Resartus, in: ELH 38 /3 (1971), S. 411–431.

Reeg, Ulrike: Autor/innen aus dem asiatischen Kulturraum, in: Interkulturelle Literatur in Deutschland. Ein Handbuch, hg. v. Carmine Chiellino. Stuttgart u. a. 2007, S. 263–273.

Reichmann, Eberhard, Reichmann, Ruth: The Harmonists. Two Points of View, in: Emigration and settlement patterns of German communities in North America, hg. v. Eberhard Reichmann. Max Kade German-American Center Publications 8/8 (1995), S. 371–380.

Reinhardt, Volker: Luther, der Ketzer. Rom und die Reformation. München 2016.

Reiss, Ansgar: Radikalismus und Exil. Gustav Struve und die Demokratie in Deutschland und Amerika. Stuttgart 2004.

Reißner, Eberhard: Die Deutsch-russischen Literaturbeziehungen, in: Tausend Jahre Nachbarschaft. Rußland und die Deutschen. München 1988, S. 209–221.

Reitani, Luigi: Wenn die Metaphysik zur Politik wird. Zur Bernhard-Rezeption in Italien, in: Kontinent Bernhard. Zur Thomas-Bernhard-Rezeption in Europa, hg. v. Wolfram Bayer u. Mitarb. v. Claude Porcell. Wien u. a. 1995, S. 297–318.

Ren, Weidong: Kafka in China. Rezeptionsgeschichte eines Klassikers der Moderne. Frankfurt M. u. a. 1997.

Reuß, Roland: Im Zeithof. Celan-Provokationen. Frankfurt M. u. a. 2001.

Riccoboni, Louis: Réflexions historiques et critiques sur les différentes théâtres de l'Europe. Paris 1738.

Richards, David G.: Exploring the Divided Self. Hermann Hesse's »Steppenwolf« and its Critics. Columbia 1996.

Richter, Sandra: Lob des Optimismus. Geschichte einer Lebenskunst. München 2009.

– Cross-cultural inventions of drama on the basis of the novel in prose, or world literature before world literature: the case of Fortunatus, erscheint in: Poetics and Politics. Net Structures and Agencies in Early Modern Drama, hg. v. Toni Bernhart, Jaša Drnovšek, Sven Thorsten Kilian, Joachim Küpper und Jan Mosch. Boston u. a. 2017 (im Druck).

Rider, Jacques Le : La mort de l'écrivain autrichien Thomas Bernhard, in: Le Monde, 18.2.1989, S. 24f.

– Bernhard in Frankreich, in: Thomas Bernhard. Literarisches Kolloquium. Materialien, hg. v. Johann Lachinger, Alfred Pittertschatscher. Weitra 1994, S. 160–173.

Rieck, Werner: Polonica im Schrifttum Johann Christoph Gottscheds. Ein Beitrag zu deutsch-polnischen Beziehungen in der Frühzeit der deutschen Aufklärung, in: Europa in der Frühen Neuzeit. Festschrift für Günter Mühlpfordt. Bd. 3: Aufbruch zur Moderne, hg. v. Erich Donnert. Weimar, Köln, Wien 1997, S. 537–554.

Ries, Rotraud: »Die nahen Fremden«. Juden in der Geschichte der Frühen Neuzeit. Eine Einführung, in: https://www.historicum.net/persistent/old-purl/2150 (24.03.2006).

Ristaino, Marcia Reynders: Port of Last Resort. The Diaspora Communities of Shanghai. Stanford 2001.

Robert, Jörg: Konrad Celtis und das Projekt der deutschen Dichtung. Studien zur humanistischen Konstitution von Poetik, Philosophie, Nation und Ich. Tübingen 2003 (Frühe Neuzeit 76).

– Martin Opitz und die Konstitution der Deutschen Poetik. Norm, Tradition und Kontinuität zwischen »Aristarch« und »Buch von der Deutschen Poeterey«, in: Euphorion 98 (2004), S. 281–322.

Robertson, John G.: Current German Literature, in: Cosmopolis. An International Monthly 3 (1896), S. 357–373.

– Gotthold Ephraim Lessing (1930), in: ders., Essays and Addresses on Literature. London 1935, S. 103–117.

Robertson, Ritchie: »The Jewish Question« in German Literature 1749–1939. Emancipation and its Discontents. Oxford 1999, S. 54–76.

– The Creative Dialogue between Brod and Kafka, in: Kafka, Zionism, and Beyond, hg. v. Mark H. Gelber. Tübingen 2004, S. 283–296.

– The great hater, in: Times Literary Supplement, Nr. 5344, 2.09. 2005, S. 6–7.

Rockenberger, Annika: Albrecht Dürer, Sebastian Brant und die Holzschnitte des »Narrenschiff«-Erstdrucks (Basel 1494), in: Gutenberg-Jahrbuch 86 (2011), S. 312–329.

Röcke, Werner, Münkler, Marina: Vorwort, in: Die Literatur im Übergang vom Mittelalter zur Neuzeit, hg. v. dens. München u. a. 2004 (Hansers Sozialgeschichte der deutschen Literatur vom 16. Jahrhundert bis zur Gegenwart 1), S. 9–20.

Rodzevič, Sergeï I.: K istorii russkogo romantizma (Ė. T. A. Gofman i 30–40-e gody v našej literature) [Zur Geschichte der deutschen Romantik. E. T. A. Hoffmann und 1830 bis 40er-Jahre in unserer Literatur], in: Russkij filologičeskij vestnik 77/1–2 (1917), S. 194–237.

Roedder, Edwin: »Nathan der Weise« auf der englischen Bühne, in: Monatshefte für deutschen Unterricht 34/5 (1942), S, 235–240.

Roken, Na'ama: Prosaic Conditions. Heinrich Heine and the Spaces of Zionist Literature. Evaston 2013.

Roloff, Hans-Gert: »Wir, Moses und ich« oder »Der Buchhändler und der Jude«, in: Literarische Zusammenarbeit, hg. v. Bodo Plachta. Tübingen 2001, S. 25–47.

Rosen, Julia von: Deutsche Ästhetik in »De l'Allemagne«. Eine Transferstudie am Beispiel der Kant-Interpretationen Mme. de Staëls, in: Madame de Staël und die Internationalität der deutschen Romantik. Fallstudien zur interkulturellen Vernetzung, hg. v. Udo Schöning, Frank Seemann. Göttingen 2003, S. 173–202.

Rosendahl Thomsen, Mads: Mapping World Literature. International Canonization and Transnational Literatures. New York 2008.

Rosenfeld, Anatol: Letras Germânicas. São Paulo 1993.

Rosenthal, Bernice G. (Hg.): Nietzsche in Russia. Princeton 1986.

Rosenthal, Erwin Theodor: O »Fausto« no Brasil, in: Fausto e a América Latina, hg. v. Helmut Galle, Marcus Mazzari. São Paulo 2010, S. 301–312.

Ross, Carlo: Abenteurer und Rebell. Ulrich Schmidl und die Entdeckung Lateinamerikas. Eine Romanbiographie. Regensburg 1996.

Rossel, Sven H.: Heinrich Heine I Danmark – Med Sælig Henblik På »Buch der Lieder«, in: Der nahe Norden. Otto Oberholzer zum 65. Geburtstag. Eine Festschrift, hg. v. Wolfgang Butt u. Bernhard Glienke. Frankfurt M. u. a. 1985, S. 99–107.

Rossel, Virgile: Histoire des relations littéraires entre la France et l'Allemagne, Paris 1897. Nachdruck Genève 1970.

Rotermund, Erwin: Deutsche Literatur im Exil 1933–1945, in: Geschichte der deutschen Literatur vom 18. Jahrhundert bis zur Gegenwart, hg. v. Viktor Žmegač unter Mitwirkung von Kurt Bartsch, Heidrun Ehrke-Rotermund, Dietmar Goltschnigg, Hermann Kurzke, Dieter Mayer, Gerhard Melzer, John Mitfull, Gerd Müller, Erwin Rotermund. Königstein Ts. 1974. Bd. III: 1918–1980 (Studienbuch Literaturwissenschaft), S. 186–317, S. 210 f.

Rowland, Herbert: Lessing in der Reichsgermanistik in den USA, in: Mit Lessing zur Moderne. Soziokulturelle Wirkungen des Aufklärers um 1900. Beiträge zur Tagung des Lessing-Museums und der Lessing Society im Lessing-Jahr 2004, hg. v. Wolfgang Albrecht, Richard E. Schade. Kamenz 2004, S. 191–203.

– »Laocoon«, »Nathan the Wise«, and the Context of Their Critical Reception in Nineteenth-Century American Reviews, in: Practicing Progress. The Promise and Limitations of Enlightenment, hg. v. Richard E. Schade. Amsterdam 2007, S. 153–172.

Runset, Ute Van: Das französische Theater in der »Bibliothek der schoenen Wissenschaften und der freyen Künste« 1757–1765, in: Die französische Literatur in den deutschen Zeitschriften des 18. Jahrhunderts, hg. v. Pierre-André Bois, Roland Krebs, Jean Moes. Bern u. a. 1997, S. 109–122.

Rupp, Michael: »Narrenschiff« und »Stultifera navis«. Deutsche und lateinische Moralsatire von Sebastian Brant und Jakob Locher in Basel 1494–1498. Münster u. a. 2002.

Rychner, Max: German Chronicle, in: The Criterion 4/4 (1929), S. 726–732.

Sáenz, Miguel: Por fin, in: El País, 17.2.1989, S. 32.

Sağlam, Musa Yaşar: Zur Rezeption der deutschen Literatur in der Türkei, in: Ege Forschungen zur deutschen Sprach- und Literaturwissenschaft 4 (2002), S. 289–296.

Sagnol, Marc: La Morariugasse de Rose Ausländer, in: Études Germaniques 58 (2003), S. 159–173.

Sakalli, Cemal: Goethes Rezeption in der Türkei. Dargestellt am Beispiel der literaturkritischen Schriften, in: Akten des X. Internationalen Germanistenkongresses: Zeitenwende – Die Germanistik auf dem Weg vom 20. ins 21. Jahrhundert, hg. v. Peter Wiesing. Bern u. a. 2002, S. 279–287.

Sakulin, Pavel: Iz istorii russkogo idealizma. Knjaz' Odoevskij. Myslitel'. Pisatel' [Aus der Geschichte des russischen Idealismus. Fürst Odoevskij: Denker. Schriftsteller]. Moskau 1913.

Salino, Brigitte: »Thomas Bernhard aspirait les gens, il les avalait«, in: Le Monde, 14.01.2012, S. 3–5.

Sammons, Jeffrey L.: Heinrich Heine, The Exlusive Poet. New Haven u. a. 1969.

– Die amerikanische Germanistik. Historische Betrachtungen zur gegenwärtigen Situation, in: Germanistik international. Vorträge und Diskussionen auf dem Internationalen Symposium »Germanistik im Ausland« vom 23. bis 25. Mai 1977 in Tübingen, hg. v. Richard Brinkmann. Tübingen 1978, S. 105–120.

– Heinrich Heine. Stuttgart 1991.

– Jewish Reception as the Last Phase of American Heine Reception, in: The Jewish Reception of Heinrich Heine, hg. v. Mark H. Gelber. Tübingen 1992 (Conditio Judaica 1), S. 197–214.

– Ein Fall von fehlender Interregionalität: Die Abwesenheit des Amerikaschriftstellers Karl May in Amerika, in: Literatur und Regionalität, hg. v. Anselm Maler. Frankfurt M. u. a. 1997, S. 167–179.

– Retroactive Dissimilation: Louis Untermeyer, the »American Heine«, in: ders., Heinrich Heine. Alternative Perspectives 1985–2005. Würzburg 2006, S. 223–242.

– Kuno Francke's Edition of the German Classics (1913–15): A Historical and Critical Overview. New York u. a. 2009.

– Sealsfield auf Amerikanisch. Ein Bericht, in: Charles Sealsfield, Friedrich Gerstäcker, Karl May und andere. Übersetzungen, Bearbeitungen, Adaptationen, hg. v. Wynfried Kriegleder, Alexander Ritter. Wien 2014 (Sealsfield Bibliothek 10), S. 7–22.

Sandbank, Shimon: After Kafka. The Influence of Kafka's Fiction. London u. a. 1989.

– Reading Kafka. A Personal Story, in: Kafka and the Universal, hg. v. Arthur Cools, Vivian Liska. Berlin u. a. 2016, S. 273–282.

Sanke, Heinz (Hg.): Deutschland – Sowjetunion. Aus fünf Jahrzehnten kultureller Zusammenarbeit. Berlin 1966.

Satonsky, Dimiti: Der sowjetische Bernhard oder die Macht der Tradition. Zur Rezeption in Rußland und in der Ukraine, in: Kontinent Bernhard. Zur Thomas-Bernhard-Rezeption in Europa, hg. v. Wolfram Bayer u. Mitarb. v. Claude Porcell. Wien u. a. 1995, S. 463–477.

Saul, Nicholas: Goethe and Colonialism: The Wanderjahre and Cooper, in: Goethe and the English-speaking World. Essays from the Cambridge Symposium for his 250th Birthday, hg. v. Boyle, Nicholas, Guthrie, J. London 2002, S. 85–98.

Scammell, Michael: A Different »Darkness at Noon«. in: »New York Review of Books«, 7 April 2016, S. 22.

Schadewaldt, Wolfgang: Zur Entstehung der Elfenszene im zweiten Teil des Faust, in: Deutsche Vierteljahrsschrift für Literaturwissenschaft und Geistesgeschichte 29 (1955), S. 227–236.

Schäffauer, Markus Klaus: Die Vision der Gegessenen: Hans Staden, Autor des Kannibalismus, in: Portugal und das Heilige Römische Reich (16.–18. Jahrhundert), hg. v. Alexandra Curvelo, Madalena Simões. Aschendorff u. a. 2011, S. 105–126.

Schama, Simon: Embarassement of Riches. An interpretation of Dutch Culture in the Golden Age. New York 1987.

Schamoni, Wolfgang: Die erste japanische Lessing-Monographie: Akashi Shigetarôs »Resshingu« (1893), in: NOAG (2003), S. 127–154.

– »Weltliteratur« – zuerst 1773 bei August Ludwig Schlözer, in: Arcadia 43 (2008), S. 288–298.

Schaumann, Gerhard: Ė. Piskator v sovetskoj kritike 20–30-ch godov [E. Piscator in der sowjetischen Kritik 1920–30er-Jahre], in: Literatura, umění a revoluce. (1976), S. 237–244.

Scheitler, Irmgard: Die Rezeption des Genfer Psalters im protestantischen Deutschland im 17. und 18. Jahrhundert, in: Der Genfer Psalter und seine Rezeption in Deutschland, der Schweiz und den Niederlanden, hg. v. Eckhard Grunewald, Henning P. Jürgens, Jan R. Luth. Tübingen 2004, S. 263–281.

Scherer, Stefan: Globalisierung in der Zwischenkriegszeit. China im Weltstadtroman des Exils: Vicki Baums »Hotel Shanghai« (1939), in: China in der deutschen Literatur 1827–1988, hg. v. Uwe Japp, Aihong Jiang. Frankfurt M. u. a. 2012, S. 125–141.

Scherpe, Klaus R.: Werther und Wertherwirkung. Zum Syndrom bürgerlicher Gesellschaftsordnung im 18. Jahrhundert. Bad Homburg u. a. 1970.

Schiffmann, Robyn L.: »Werther« and the epistolary novel, in: European romantic review 4 (2008), S. 421–438.

– A concert of Werthers, in: Eighteenth-Century Studies 43/2 (2010), S. 207–222.

Schilling, Klaus von: Schuldmotoren. Artistisches Erzählen in Günter Grass' »Danziger Trilogie«. Bielefeld 2002.

Schirmer-Imhoff, Ruth: Faust in England, in: Anglia 70 (1951), S. 150–185.

Schirmers, Georg: Heinrich Heines »Buch der Lieder«. Buchausgaben, Übersetzungen, Illustrationen, Vertonungen. Ausstellung in der UB Hagen, in: ProLibris 3 (2008).

Schlaffer, Heinz: Die Vorzüge der »Leiden des jungen Werthers«, in: Sinn und Form 67/2 (2015), S. 195–204.

Schleichert, Heinrich: Landgraf Moritz der Gelehrte von Hessen-Kassel und das deutsche Theater. Kassel 1924 (http://orka.bibliothek.uni-kassel.de/viewer/image/1422951884036/125/), S. 55–57.

Schlenstedt, Silvia: Das Hebräerland – der Dichterin Palästina-Projekt neu gelesen, in: Deine Sehnsucht war die Schlange, hg. v. Anne Linsel, Peter von Matt gem. mit der Else-Lasker-Schüler-Gesellschaft. Wuppertal 1997 (Else Lasker Schüler-Almanach 3), S. 123–152.

Schlicker, Wolfgang: Die »Deutsche Akademie«, in: Jahrbuch für Volkskunde und Kulturgeschichte 20 (1977), S. 43–66.

Schlobach, Jochen: Französische Aufklärung und deutsche Fürsten, in: Zeitschrift für Historische Forschung 17 (1990), S. 327–349; Marc Fumaroli: Quand l'Europe parlait français. Paris 2001.

Schlösser, Rainer: Luise Gottscheds Lustspiel »Die Hausfranzösin« und das Französische in Deutschland, in: Romanistik in Geschichte und Gegenwart 3/1, hg. v. Johannes Kramer, Hans-Josef Niederehe. Hamburg 1997, S. 49–62.

Schlözer, August Ludwig: Isländische Litteratur und Geschichte Teil I. Göttingen u. a. 1773.

Schmelter, Uwe: Goethe – eine deutsche Ikone in Japan zwischen Tradition und modernem Deutschlandbild, in: Goethe-Jahrbuch der Goethe-Gesellschaft in Japan 51 (2009), S. 5–13.

Schmidel, Ulrich: Wahrhafftige Historie einer wunderbaren Schifffahrt welche Ulrich Schmidel von Straubing von 1534 bis 1554 in Amerika oder Neue Welt bei Brasilia oder Rio Della Plata getan. Mit 16 zeitgenössischen Darstellungen, hg. v. Fernando Amado Aymoré. Wiesbaden 2010.

Schmidt-Bergmann, Hansgeorg: »Ja, wir sind jung, und unsere Kunst ist unersehen revolutionär« – »Der Sturm«. Zweite Ausstellung, in: Der Aufbruch in die Moderne. Herwarth Walden und die europäische Avantgarde, hg. v. Irene Chytraeus-Auerbach, Elke Uhl. Berlin 2013, S. 45–53.

Schmidt, Jochen: Dichtung als esoterische Sinnstiftung. Rilkes Sonette an Orpheus, in: Poetologische Lyrik von Klopstock bis Grünbein, hg. v. Olaf Hildebrand. Köln u. a. 2003, S. 219–241.

Schmidt, Thomas (Hg.): Rilke und Russland. Marbacherkatalog 69. Marbach a. N. 2017.

Schmiesing, Ann: The Reception of Lessing's Drama in Norway, in: Lessing Yearbook 32 (2000), S. 195–207.

Schmitt, Lothar: Sebastian Brant, Albrecht Dürer und das »Narrenschiff«, in: Sebastian Brant und die Kommunikationskultur um 1500, hg. v. Klaus Bergdolt, Joachim Knape, Anton Schindling, Gerrit Walther. Wiesbaden 2010 (Wolfenbütteler Arbeiten zur Renaissanceforschung 26), S. 349–412.

Schmitz-Emans, Monika: Ein »Stück Seelengeschichte« Deutschlands und Europas. Thomas Manns »Buddenbrooks« im europäischen Kontext, in: Revue de littérature comparée 72/4 (1998), S. 459–489.

– Notation als Kunst. Akustische Poesie und die Inszenierung von Schrift, in: Poetica 38 (2006), S. 451–482.

– Goethes »Faust« und seine produktive Rezeption durch Osamu Tezuka, in: Orient und Okzident. Zur Faustrezeption in nicht-christlichen Kulturen, hg. v. Jochen Golz, Adrian Hsia. Köln u. a. 2008, S. 181–203.

– Franz Kafka und die Weltliteratur, in: Kafka Handbuch. Leben – Werk – Wirkung, hg. v. Bettina v. Jagow, Oliver Jahraus. Göttingen 2008, S. 273–292.

– Franz Kafka. Epoche – Werke – Wirkung. München 2010.

– Paul Celan im Spiegel der Buchkunst, in: Celan-Referenzen. Prozesse einer Traditionsbildung in der Moderne. Mit 3 Abbildungen, hg. v. Natalia Blum-Barth, Christine Waldschmidt. Göttingen 2016, S. 229–251.

Schnapper, Laure: Le Faust de Gonoud, Timothée Picard (Boito) und Marjorie Berthomier (Ferruccio Busoni), in: Faust ou la mélancolie du savoir, hg. v. Jean-Yves Masson, Paris 2003. S.126–133.

Schneider, Martin: Das Spiel mit dem »Fremden« Text – Werther und Lotte in Rußland, in: Der russische Werther. Analysen und Materialien zu einem Kapitel deutsch-russischer Literaturbeziehungen. München 1988, S. 7–37.

Schneider, Ute: Friedrich Nicolais Allgemeine Deutsche Bibliothek als Integrationsmedium der Gelehrtenrepublik. Wiesbaden 1995.

Schöffler, Herbert: Deutsches Geistesleben zwischen Reformation und Aufklärung. Von Martin Opitz zu Christian Wolff. Frankfurt M. 3. Aufl. 1974 (1. Aufl. 1956).

Schöne, Albrecht: Säkularisation als sprachbildende Kraft. Studien zur Dichtung deutscher Pfarrersöhne. Göttingen 1968 (Palaestra 226).

Schößler, Franziska: Der jüdische Börsianer und das unmögliche Projekt der Assimilation. Zu Fontanes Roman »L'Adultera«, in: Poetische Ordnungen. Zur Erzählprosa des deutschen Realismus, hg. v. Ulrich Kittsteiner, Stefanie Kugler. Würzburg 2007, S. 93–119.

Schonfeld, Eli: »Am-ha-aretz«: The Law of the Singular. Kafka's Hidden Knowledge, in: Kafka and the Universal, hg. v. Arthur Cools, Vivian Liska. Berlin u. a. 2016.

Schonfield, Ernest: »Buddenbrooks« as Bestseller, in: The German bestseller in the late nineteenth century, hg. v. Charlotte Woodford. New York 2012, S. 94–112.

Schreckenberger, Helga: Arbeit in Hollywood, in: »Kometen des Geldes«. Ökonomie und Exil, hg. v. Ursula Seeber, Veronika Zwerger, Claus-Dieter Krohn. München 2015 (Exilforschung 33), S. 213–227.

Schreyer, Lothar: Erinnerungen an Sturm und Bauhaus. Was ist des Menschen Bild?. München 1956.

Schroda, Julia: »Cosmopolis« – drei Jahre »Internationale Revue« im Dienst der europäischen Verständigung (1896–1898), in: Krisenwahrnehmung in Deutschland um 1900. Zeitschriften als Foren der Umbruchszeit im wilhelminischen Reich, hg. v. Michel Grunewald, Uwe Puschner. Bern, Berlin, Frankfurt M., Wien 2010, S. 420–437.

Schubert, Dietrich: »Jetzt wohin?« Heinrich Heine in seinen verhinderten und errichteten Denkmälern. Köln u. a. 1999, S. 115–144.

Schubert, Katja: »Ich habe in meinen Büchern noch keinen Satz auf Rumänisch geschrieben aber selbstverständlich schreibt das Rumänische immer mit.« Anmerkungen zu Texten von Herta Müller, in: Littératures sans domicile fixe/ Literatur(en) ohne festen Wohnsitz, hg. v. Wolfgang Asholt, Marie-Claire Hoock-Demarle, Linda Koiran, Katja Schubart. Tübingen 2010, S. 115–125.

Schüttpelz, Erhard: Die Moderne im Spiegel des Primitiven. Weltliteratur und Ethnologie (1870–1960). München 2005.

Schuhl, Jean-Jacques: Hans Magnus Enzensberger »La poésie est minoritaire. Et alors?«, in: Le Monde, 26.10.2007, Nr. 19519, S. 12 f.

Schweizer, Christoph: Goethe's Werther und the First American Novel, William Hill Brown's »The Power of Sympathy«, in: Yearbook of German-American Studies 38 (2003), S. 21–28.

Sealsfield, Charles: The Indian Chief or, Tokeah and the White Rose. Bearb. v. John Krumpelmann. Drei Bde. in zwei Bdn. Hildesheim, New York 1972.

Sebald, W.G.: Unheimliche Heimat. Essays zur österreichischen Literatur. Salzburg u. a. 1991.

Sedel'nik, Vladimir D.: Dada in Russland – Erdichtung oder Wirklichkeit?, in: Stimmen der Slavischen Kultur 1 (2008), S. 66–80.

Segev, Tom: Gunter Grass' poem is more pathetic than anti-semitic, in: http:// www.haaretz.com/israel-news/gunter-grass-poem-is-more-pathetic-than-anti-semitic-1.422674 (20.1.2017).

Seibt, Gustav: Goethe und Napoleon. Eine historische Begegnung. München 2008.

Seifert, Siegfried: Goethe und die Kulturvermittlung durch Journale, in: Goethe und die Weltkultur, hg. v. Klaus Manger. Heidelberg 2003, S. 101–158.

Seiler, Bernd W.: Goethe, Napoleon und der »junge Werther«, in: Deutsche Vierteljahrsschrift für Literaturwissenschaft und Geistesgeschichte 3 (2009), S. 396–408.

Seipt, Allan Anders: Schwenkfeld Hymnology and the Sources of the first Schwenkfelder Hymn-Book Printed in America. Philadelphia 1909 (Americana Germanica).

Seliger, Helfried: Das Amerikabild Bertolt Brechts. Bonn 1974.

Selmeci, Andreas: Das Schwarzkommando. Thomas Pynchon und die Geschichte der Herero. Darmstadt 1995.

Semjačko, Svetlana: Drevnerusskaja »Povest' o bražnike« i zapadnoevropejskie varianty obrabotki ėtogo sjužeta [Altrussische »Erzählung vom Trinker« und westeuropäische Variante der Behandlung dieses Sujets], in: Nemcy v Rossii. Problemy kul'turnogo vzaimodejstvija, hg. v. Ljudmila V. Slavgorodskaja, St. Petersburg 1998, S. 7–13.

Serapionova, Z.: Gofmanovskie motivy v »Peterburgskich povestjach« N.V. Gogolja [Hoffmann'sche Motive in den »Petersburger Erzählungen« von Gogol']. Leningrad 1939.

Serke, Jürgen: Böhmische Dörfer. Wanderungen durch eine verlassene literarische Landschaft. Wien 1987.

Sharma, Anandita: Zur ›hinduistischen‹ Rezeption von Goethes »Faust (Teil I)«, in: Orient und Okzident, hg. v. Jochen Golz, Adrian Hsia, S. 103–110.

Shchyhlevska, Natalia: Deutschsprachige Autoren aus der Bukowina. Die kulturelle Herkunft als bleibendes Motiv in der Identitätssuche deutschsprachiger Autoren aus der Bukowina. Frankfurt M. u. a. 2004 (Studien zur Deutschen und Europäischen Literatur des 19. und 20. Jahrhunderts 55).

Sheffi, Na'ama: Vom Deutschen ins Hebräische. Übersetzungen aus dem Deutschen im jüdischen Palästina 1882–1948. Göttingen 2011 (Jüdische Religion, Geschichte und Kultur 14).

Shoham, Chaim: »Nathan der Weise« unter Seinesgleichen: Zur Rezeption Lessings in der hebräischen Literatur des 19. Jahrhunderts in Osteuropa, in: Lessing Yearbook 12 (1980), S. 1–30.

– Thesen zur Rezeption Lessings in der hebräischen Literatur Osteuropas im 19. Jahrhundert. Ein Diskussionsbeitrag, in: Das Bild Lessings in der Geschichte, hg. v. Herbert G. Göpfert. Heidelberg 1981, S. 163–165.

Short, John Philip: Magic Lantern Empire. Colonialism and Society in Germany. New York 2012.

Shuvaprasanna: Das neue Mitglied der Familie, in: »Ich will in das Herz Kalkuttas eindringen«. Günter Grass in Indien und Bangladesch, hg. v. Martin Kämpchen. Eggingen 2005, S. 81–90.

Siegel, Holger: Ein russischer Wertherroman am Ausgang des 18. Jahrhunderts, in: Goethe-Jahrbuch (2005), S. 97–105.

Sighn, Khushwant: Gunter Grass and Calcutta, in: Notes on the Great Indian Circus. New Delhi, New York 2001, S. 188–192.

Simeons, Leo: R.M. Rilke en Albert Verwey, in: Acta Germanica 7 (1912), S. 130, zit. nach einem ins Deutsche übersetzten Ausschnitt in: Rilkes Duineser Elegien. Rezeptionsgeschichte, hg. v. Ulrich Fülleborn u. Manfred Engel. Bd. 3. Frankfurt M. 1982, S. 217.

Sina, Kai, Spoerhase, Carlos (Hg.): Nachlassbewusstsein. Literatur, Archiv, Philologie 1750–2000. Göttingen 2017).

Skincke, Marie-Christine: Sweden and European Drama 1772–1796. A study of translations and adaptations. Stockholm 1981.

Slesareva, Jekatarina: Rilke und Russland heute, in: Rilke-Perspektiven. »aus einem Wesen hinüberwandelnd in ein nächstes«, hg. v. Hans-Albrecht Koch, Alberto Destro. Overath 2004, S. 248–260.

Snegirev, Ivan: Lubočnye kartinki russkogo naroda v moskovskom mire [Lubok-Bilder des deutschen Volkes in der Moskauer Welt]. Moskau 1861.

Sobolevskij, Aleksej Ivanovič: Zapadnoe vlijanie na literaturu Moskovskoj Rusi XV–XVII vekov [Westlicher Einfluss auf die Literatur der Moskauer Rus des 15.–17. Jahrhundert]. Den Haag 1966 (Russian Reprint Series XVIII).

Soethe, Paulo Astor: »Nele tem-se a impressão de que amargura rima com travessura«: contribuição bibliográfica ao estudo da recepção de Heinrich Böll no Brasil. Humanas, Curitiba 3 (1994), S. 105–111.

– Deutschsprachiges Laientheater in Brasilien, in: Alltag und Festtag deutscher Theater im Ausland vom 17.–20. Jahrhundert, hg. v. Horst Fassel, Paul S. Ulrich. Berlin 2007, S. 281–289.

– Goethe war ein sertanejo. Das selbstreflexive Deutschland-Bild von João Guimarães Rosa, in: Wechselseitige Perzeptionen Deutschland – Lateinamerika im 20. Jahrhundert, hg. v. Peter Birle, Friedhelm Schmidt-Welle. Frankfurt M. 2007 (Bibliotheca Inero-Americana 116), S. 171–193.

– Thomas Mann e a cena intellectual no Brasil: encontros e desencontros, in: Pandaemonium germanicum 14/2 (2009), S. 28–53.

– Faustos encontros sob o signo de Goethe: um pacto entre Brasil e Alemanha, in: Fausto e a América Latina, hg. v. Helmut Galle, Marcus Mazzari. São Paulo 2010, S. 395–417.

– Heinrich Böll: sátira e fé. LL Journal, 7/1 (2012), S. 1–14.

Sommer, Erich Franz: Die Deutschen und das russische Theater, in: Tausend Jahre Nachbarschaft. Russland und die Deutschen, hg. v. Manfred Hellmann, Alfred Eisfeld. München 1988, S. 240–263.

Sommerfeld, Beate: Kafka-Nachwirkungen in der polnischen Literatur. Unter besonderer Berücksichtigung der achtziger und neunziger Jahre des zwanzigsten Jahrhunderts. Frankfurt M. u. a. 2007 (Posener Beiträge zur Germanistik. Bd. 14).

Somov, Orest: O romantičeskoj poėzii. Opyt v trech častjach [Über die romantische Dichtung. Ein Versuch in drei Teilen]. St. Petersburg 1823.

Somov, V. A.: Nemeckaja kniga v russkoj cenzure konca XVIII v. [Deutsches Buch in russischer Zensur am Ende des 18. Jahrhunderts], in: Nemcy v Rossii. Problemy kul'turnogo vzaimodejstvija, hg. v. Ljudmila Slavgorodskaja. St. Petersburg 1998, S. 192–196.

Sondrup, Steven P.: Wertherism and »Die Leiden des jungen Werther«, in: European romaniticism. Literary cross-currents, modes and models. Detroit, Mich. 1990, S. 163–179.

Spiegel, Hubert: Der einsamste Mann auf dem Kontinent, in: Frankfurter Allgemeine Zeitung, 6.9.2013.

Spivak, Gayatri C.: Can the Subaltern Speak?, in: Marxism and the Interpretation of Culture, hg. v. Cary Nelson, Larry Grossberg. Urbana 1988, S. 271–313.

Sprang, Felix C.H.: »Thought will not work except in Silence«: Carlyle's »Sartor Resartus« and the Symbol as a Conciliator between Speech and Silence, in: Anglistentag 2009 Klagenfurt, hg. v. Jörg Helbig, René Schallegger. Trier 2010, S. 433–442.

Sprengel, Peter: Geschichte der deutschsprachigen Literatur 1870–1900. Von der Reichsgründung bis zur Jahrhundertwende. München 1998 (Geschichte der deutschen Literatur von den Anfängen bis zur Gegenwart IX, 1).

– Geschichte der deutschsprachigen Literatur 1900–1918. Von der Jahrhundertwende bis zum Ende des Ersten Weltkriegs. München 2004 (Geschichte der deutschen Literatur von den Anfängen bis zur Gegenwart IX, 2).

Srikanth, Rajini: Collecting and Translating the Non-Western Other. The Perils and Possibilities of a World Literature Website, in: The Comparatist (2010), S. 127–152.

Stach, Rainer: Kafka. Die frühen Jahre. Frankfurt M. 2014.

Stäcker, Thomas: VD 17 – mehr als eine Zwischenbilanz, in: Zeitschrift für Bibliothekswesen und Bibliographie 51/4 (2004), S. 213–221.

Staitschweva, Emilia: Die »Duineser Elegien« und das Rilke-Gedicht von Teodor Trajanov, in: Ein Leben für Dichtung und Freiheit. Festschrift zum 70. Geburtstag von Joseph P. Strelka, hg. v. Karlheinz Auckenthaler, Hans H. Rudnick, Klaus Weissenberger. Tübingen 1997, S. 598–599.

Stančić, Mirjana: Heinrich Heine's Jewish Reception in Croatia in the 19th and Early 20th Centuries, in: The Jewish Reception of Heinrich Heine, hg. v. Mark H. Gelber. Tübingen 1992 (Conditio Judaica 1), S. 153–162.

Stark, Susanne: »Behind Inverted Commas.« Translation and Anglo-German Cultural Relations in the Nineteenth Century. Clevedon 1999.

Steiger, Anselm (Hg.): Gedächtnisorte der Reformation. Sakrale Kunst im Norden (16. bis 18. Jahrhundert). 2 Bde. Regensburg 2016.

Steer, Martina: Kultureller Austausch in der jüdischen Geschichte der Frühen Neuzeit, in: Kultureller Austausch. Bilanz und Perspektiven der Frühneuzeitforschung, hg. v. Michael North. Köln u. a. 2009, S. 25–41.

Steinaecker, Stefanie von: »A little lower than the Angels«. Vicki Baum und Gina Kaus: Schreiben zwischen Anpassung und Anspruch. Bamberg 2011 (Bamberger Studien zu Literatur, Kultur und Medien 1).

Steinaecker, Thomas von: Nachwort. Ein Welterfolg, in: Anna Seghers, William Sharp, Das siebte Kreuz. Mit den Originalillustrationen von 1942. Berlin 2015, S. 71–75.

Steinecke, Hartmut: »Weltliteratur« – Zur Diskussion der Goetheschen »Idee« im Jungen Deutschland, in: Das Junge Deutschland. Kolloqium zum 150. Jahrestag des Verbots vom 10. Dezember 1835, hg. v. Joseph A. Kruse, Bernd Kortländer. Hamburg 1987, S. 156–158.

Steiner, George: Extraterritorial [1969], in: ders., Extraterritorial. Papers on Literature and the Language Revolution. New York 1972, S. 3–11.

– Adorno. Love and Cognition, in: Times Literary Supplement, 9.3.1973, S. 253–255.

– Comic sections, in: The Times Literary Supplement, 13.2.1976, S. 158.

– Visibly deranged, in: The Times Literary Supplement, 22.7.1983, S. 788.

Steinfeld, Justin: »Hebräerland«, Else Lasker-Schüler und der Duce, in: Das Wort 2/9 (1937), S. 68–72.

Štejn, Sergej: Puškin i Gofman. Sravnitel'noe istoriko-literaturnoe issledovanie [Puškin und Hoffmann. Eine vergleichende literarhistorische Studie]. Derpt 1927.

Stephan, Inge: Bilder und Nachbilder vom Exil in Shanghai in Literatur und Film. Vicki Baum – Ulrike Ottinger – Ursula Krechel, in: Deutsch-chinesische Annäherungen. Kultureller Austausch und gegenseitige Wahrnehmung in der Zwischenkriegszeit, hg. v. Almut Hille, Gregor Streim, Pan Lu. Köln u. a. 2011, S. 187–203.

Stockhammer, Robert: Das Schon-Übersetzte. Auch eine Theorie der Weltliteratur, in: Poetica 41/3–4 (2010), S. 257–291.

– Welt oder Erde? Zwei Figuren des Globalen, in: Figuren des Globalen. Weltbezug und Welterzeugung in Literatur, Kunst und Medien, hg. v. Christian Moser, Linda Simonis. Göttingen 2014, S. 47–72.

Stockhorst, Stefanie: Henry Crabb Robinsons doppeltes Deutschlandbild. Zur Funktionsweise deutsch-englischer Literaturbeziehungen um 1800, in: Weimarer Beiträge 51/1 (2005), S. 254–269.

– Was leistet ein »cultural turn« in der komparatistischen Imagologie? Henry Crabb Robinson als Vermittler deutscher Dichter- und Gelehrtenkultur nach England, in: arcadia 40 (2005), S. 354–374.

– Zwischen Kantianismus und Schellingianismus. Henry Crabb Robinsons Privatvorlesungen über Philosophie für Madame de Staël 1804 in Weimar, in: Germaine de Staël und ihr erstes deutsches Publikum. Literaturpolitik und Kulturtransfer um 1800, hg. v. Gerhard R. Kaiser. Heidelberg 2008 (Ereignis Weimar-Jena 18), S. 359–393.

– Gelehrte Geselligkeit und europäischer Kulturtransfer. Zur Deutung des produktiven Zusammentreffens von Henry Crabb Robinson und Germaine de Staël in Weimar, in: »Weimar ist ja unser Athen«. Mit Seume in Weimar. Vorträge des Colloquiums zu Johann Gottfried Seume in Oßmannstedt 2007, hg. v. Jörg Drews, Gabi Pahnke. Bielefeld 2010, S. 119–140.

– Wege und Techniken des Übersetzens im 18. Jahrhundert. Methodische Perspektiven der Aufklärungsforschung, in: Die Bedeutung der Rezeptionsliteratur für Bildung und Kultur der Frühen Neuzeit (1400–1750), hg. v. Alfred Noe, Hans-Gert Roloff. Bern u. a. 2012 (Jahrbuch für Internationale Germanistik A, 109), S. 443–464.

Stodolsky, Catherine: Emigrationsalltag im 15. Arrondissement: Walter Benjamin, Arthur Koestler, Lisa Fittko, in: Fluchtziel Paris. Die deutschsprachige Emigration 1933–1940, hg. v. Anne Saint Sauveur-Henn. Berlin 2002, S. 73–80.

Strehler, Hermann: Zur italienischen Erstausgabe von Goethes Werther, in: Gutenberg-Jahrbuch (1971), S. 277–280.

Streim, Gregor: Der Bombenkrieg als Sensation und als Dokumentation. Gert Ledigs Roman »Vergeltung« und die Debatte um W.G. Sebalds »Luftkrieg und Literatur«, in: Krieg in den Medien, hg. v. Heinz-Peter Preußer. Amsterdam 2005 (Amsterdamer Beiträge zur Neueren Germanistik 57/1), S. 293–315.

Strelka, Joseph P.: Arthur Koestler. Autor – Kämpfer – Visionär. Tübingen 2006.

Stricker, Rémy: Les premières mises en musique du »Faust« de Goethe, in: Faust ou la mélancolie du savoir, hg. v. Jean-Yves Masson. Paris 2003, S. 82–91.

Stucki-Volz, Germaine: Der Malik-Verlag und der Buchmarkt der Weimarer Republik. Bern 1993.

Sturm-Trigonakis, Elke: Comparative Cultural Studies and the New »Weltliteratur«. West Lafayette 2013.

– Contemporary German-Based Hybrid Texts as a New World Literature, in: German Literature as World Literature, hg. v. Thomas O. Beebee. New York u. a. 2014, S. 177–195.

Suchoff, David: Kafka's Jewish Languages. The Hidden Openness of Tradition. Philadelphia 2012.

Süpfle, Theodor: Geschichte des deutschen Kultureinflusses auf Frankreich. Von den ältesten germanischen Einflüssen bis auf die Zeit Klopstocks. Bd. 1. Genf 1971 (Nachdruck der Aufl. Gotha 1886–1890).

– Goethes literarischer Einfluss auf Frankreich, in: Goethe-Jahrbuch 8 (1887), S. 203–222.

Susini, Marie: Thomas l'incroyant, in: Le Nouvel Observateur, 16.11.1984, S. 64.

Suškov, Michael Vasil'evič: Der russische Werther – Eine halbwahre Geschichte, in: Wolfram Eggeling, Martin Schneider: Der russische Werther. Analysen und Materialien zu einem Kapitel deutsch-russischer Literaturbeziehungen. Mit 3 Illustrationen. München 1988, S. 75–100.

Sutton, Robert P.: Communal Utopias and the American Experience. Religious Communities, 1732–2000. Westport 2003.

Światłowska, Irena: Zur Rezeptionsgeschichte Franz Kafkas in Polen, in: Franz Kafka und Robert Walser im Dialog. Berlin 2010, S. 317–334.

Szarota, Elida Maria: Dichter des 17. Jahrhunderts über Polen, in: Neophilologus 55 (1972), S. 359–374.

Szyrocki, Marian: Die deutsch-polnischen literarischen Beziehungen in der frühbürgerlichen Zeit, in: Renaissanceliteratur und frühbürgerliche Revolution. Studien zu den sozial- und ideologiegeschichtlichen Grundlagen europäischer Nationalliteratur, hg. v. Robert Weimann, Werner Lenk, Joachim-Jürgen Slomka. Berlin u. a. 1976, S. 203–219.

Tabah, Mireille: La réception de Rose Ausländer en Allemagne après la Shoah, in : Études Germaniques 58 (2003), S. 183–196.

Tabery, Françoise: Kafka en France: essai de bibliographie annotée, hg. v. Françoise Tabery. Paris 1991.

Takahashi, Terukai: Lessing in Japan. Eine gescheiterte Rezeption und ihre Zukunftsvision, in: Lessing Yearbook 32 (2000), S. 283–305.

Takahashi, Yoshito: Osuma Tezukas »Neo-Faust« und der »Homunculus-Plan«. Ein Versuch der Rekonstruktion des unvollendeten zweiten Teils, in: Orient und Okzident. Zur Faustrezeption in nicht-christlichen Kulturen, hg. v. Jochen Golz, Adrian Hsia. Köln, Weimar, Wien 2008, S. 205–217.

Takaki, Taku: Richard Wagner. Tokio 1969.

Taranovskij, Kiril: Rannie russkij jamby i ich nemeckie obrazcy [Die frühen russischen Jamben und ihre deutschen Muster], in: Russkaja literatura XVIII veka i ee meždunarodnye svjazi: Pamjati čl.-korr. P. N. Berkova (XVIII vek; sb. 10). Leningrad 1975, S. 31–38.

Taterka, Thomas: Dante Deutsch. Studien zur Lagerliteratur. Berlin 1999.

Taylor, Anne: Visions of Harmony: A Study of Nineteenth-Century Millenarianism. Oxford u. a. 1987.

Teixeira, Maria Antónie Gaspar: Zur »Werther«-Rezeption in Portugal, in: Revista portuguesa de estudos germanísticos, Runa 26 (1996), S. 579–585.

Thimann, Michael: Caesars Schatten. Die Bibliothek von Friedrich Gundolf – Rekonstruktion und Wissenschaftsgeschichte. Heidelberg 2003.

Thimann, Susanne: Brasilien als Rezipient deutschsprachiger Prosa des 20. Jahrhunderts. Bestandsaufnahme und Darstellung am Beispiel der Rezeptionen Thomas Manns, Stefan Zweigs und Hermann Hesses. Frankfurt M. u. a. 1989.

Thomasius, Christian: Von der Nachahmung der Franzosen (1687), in: ders: Kleine Deutsche Schriften, hg. v. Julius Otto Opel. Halle 1894, S. 70–120.

Thomik, Josef: Nationalsozialismus als Ersatzreligion. Die Zeitschriften »Weltliteratur« und »Die Weltliteratur« (1935/1944) als Träger nationalsozialistischer Ideologie. Zugleich ein Beitrag zur Affäre Schneider/Schwerte, bearb. u. hg. v. Josef Schreier. Aachen 2009.

Thüna, Ulrich von: Übersetzungen, in: Karl-May-Handbuch, hg. v. Gert Ueding in Zusammenarbeit mit Reinhard Tschapke. Stuttgart 1987, S. 646–650.

Thunecke, Jörg: Kolportage ohne Hintergründe: Der Film »Grand Hotel« (1932). Exemplarische Darstellung der Entwicklungsgeschichte von Vicki Baums Roman »Menschen im Hotel« (1929), in: Die Resonanz des Exils. Gelungene und mißlungene Rezeption deutschsprachiger Exilautoren, hg. v. Dieter Severin. Amsterdam, Atlanta, GA 1992 (Amsterdamer Publikationen zur Sprache und Literatur 99), S. 134–153.

Todorow, Almut: Das Streunen der gelebten Zeit: Emine S. Özdamar, Herta Müller, Yoko Tawada, in: Migrationsliteratur. Schreibweisen einer interkulturellen Moderne, hg. v. Klaus Schenk, ders., Milan Tvrdík. Tübingen 2004, S. 25–50.

Toulmin, Stephen: Arthur Koestler's Theodicy, in: Encounter 2 (1979), S. 46–57.

Tráser-Vas, Laura: Terézia Moas »Seltsame Materie«: Immigrantenliteratur oder Minderheitenliteratur? In: Trans. Internet-Zeitschrift für Kulturwissenschaften 15 (2004), S. 1–10.

Trojanow, Ilija: Weltbürgertum heute. Rede zu einer kosmopolitischen Kultur [Thalia Theater, 2010]. What Being a Citizen of the World Means Today: On Cosmopolitan Culture. Translated by Seiriol Dafydd, hg. v. Julian Preece, dems. Oxford 2013 (Contemporary German writers and filmmakers 2,2), S. 15–43.

Tronskaja, Marija: Basni Pffeffelja v Rossii XVIII v [Fabeln von Pfeffel in Russland im 18. Jahrhundert], in: Russko-evropejskie literaturnye svjazi, hg. v. Jurij Levin. Moskau u. a.1966, S. 136–143.

Trunz, Erich: Dichtung und Volkstum in den Niederlanden im 17. Jahrhundert. Ein Vergleich mit Deutschland und ein Überblick über die niederländisch-deutschen Beziehungen in diesem Jahrhundert. München 1937.

Tvrdik, Milan: Ein Autor für Germanisten. Bernhard in Tschechien, in: Kontinent Bernhard. Zur Thomas-Bernhard-Rezeption in Europa, hg. v. Wolfram Bayer u. Mitarb. v. Claude Porcell. Wien u. a. 1995, S. 445–450.

Tynjanov, Jurij: Tjutčev i Gejne [Tjutčev und Heine], in: Kniga i revoljucija, 4 (1922), S. 13–16.

Tyrolf, Alexandra: »Ein Zeitstück, nichts weiter« – Über Vicki Baums Autobiografie »Es war alles ganz anders«, in: Lifestyle – Mode – Unterhaltung oder doch etwas mehr? Die andere Seite der Schriftstellerin Vicki Baum (1888–1960), hg. v. Susanne Blumesberger, Jana Mikota. Wien 2013 (Neue Ergebnisse der Frauenbiografieforschung 13), S. 235–254.

Utz, Peter: Anders gesagt – autrement dit – in other words. München 2007.

Vaget, Hans Rudolf: Vorzeitiger Antifaschismus und andere unamerikanische Umtriebe. Aus der geheimen Akte des FBI über Thomas Mann, in: Horizonte. Festschrift für Herbert Lehnert zum 65. Geburtstag, hg. v. Hannelore Mundt, Egon Schwarz, William J. Lillyman. Tübingen 1990, S. 193–204.

– Thomas Mann – Agnes E. Meyer. Briefwechsel 1937–1955. Frankfurt M. 1992.

- Wagnerian Self-Fashioning. The Case of Adolf Hitler, in: New German Critique 101/34 (2007), S. 95–114.
- Vom »Herzasthma des Exils«. Zur Pathographie der amerikanischen Jahres Thomas Manns, in: Thomas Mann und das »Herzasthma des Exils«. (Über-)Lebensformen in der Fremde. Die Davoser Literaturtage 2008, hg. v. Thomas Sprecher. Frankfurt M. 2010 (Thomas-Mann-Studien 41), S. 17–39.
- Im Schatten Wagners. Thomas Mann über R. Wagner. Texte und Zeugnisse. Frankfurt M. 2010.
- Thomas Mann, der Amerikaner. Leben und Werk im amerikanischen Exil 1938–1952. Frankfurt M. 2011, S. 349–375.
- Zu Gast im Weißen Haus: Thomas Mann und Franklin D. Roosevelt, in: Düsseldorfer Beiträge zur Thomas Mann-Forschung. Schriftenreihe der Thomas Mann Gesellschaft Düsseldorf, hg. v. Miriam Albrecht, Sebastian Hansen, Melanie Keuthen, Heike Spies, Frank Weiher. Düsseldorf 2011, S. 81–111.
- »Etwas wahrhaft Ergreifendes«. Thomas Manns Beziehung zu Roger Sessions, in: Thomas Manns »Doktor Faustus« – Neue Ansichten, neue Einsichten hg. v. Heinrich Detering, Friedhelm Marx, Thomas Sprecher. Frankfurt M. 2013 (Thomas-Mann-Studien 46), S. 219–226.

Vaksberg, Arkadij: Požar serca. Kogo ljubila Lili Brik. Moskau 2010.

Valencia, Heather: Vicki Baum: »A First-Rate Second-Hand Writer«?, in: German Novelists of the Weimar Republic. Intersections of Literature and Politics, hg. v. Karl Leydecker. Rochester, NY 2007, S. 292–252.

Valentin, Sonja: »Steine in Hitlers Fenster«. Thomas Manns Radiosendungen »Deutsche Hörer!« (1940–1945). Göttingen 2015.

Vanheste, Jeroen: Guardians of the Humanist Legacy. The Classicism of T. S. Eliot's »Criterion« Network and its Relevance to our Postmodern World. Leiden, Boston 2007.

Vassiliev, Gennady: Günter Grass: Geschichte der Rezeption in der Sowjetunion und in Russland. Vortrag [2007]; http://www.d-lecture.de/grass_tagung/gvassiliev/index.htm (6.6.2015).

Vees-Gulani, Susanne: Trauma and Guilt. Literature of Wartime Bombing in Germany. Berlin, New York 2003.

Vejmelka, Marcel: Kreuzwege: Querungen. João Guimarães Rosas »Grande sertão: veredas« und Thomas Manns »Doktor Faustus« im interkulturellen Vergleich. Berlin 2005.

Velten, Hans Rudolf: Utopien im 16. Jahrhundert, in: Die Literatur im Übergang vom Mittelalter zur Neuzeit, hg. v. Werner Röcke u. Marina Münkler. München, Wien 2004 (Hansers Sozialgeschichte der deutschen Literatur vom 16. Jahrhundert bis zur Gegenwart 1), S. 529–571.

Ventzke, Marcus: Der Weimarer Musenhof und seine ungeratenen Kinder. Zur Entwicklung eines kulturellen Exportmodells, in: Goethe-Jahrbuch 119 (2002), S. 132–147.

Victory, Beatrice Marguerite: Benjamin Franklin and Germany. Philadelphia 1915 (Americana Germanica 21).

Viertel, Salka: Das unbelehrbare Herz. Erinnerung an ein Leben mit Künstlern des 20. Jahrhunderts. Von der Autorin überarbeitete Übersetzung aus dem Amerikanischen v. Helmut Degner. Mit einem Nachwort von Michael Lentz. Frankfurt M. 2011.

Vigus, James: Henry Crabb Robinson's initiation into the ›mysteries of the new school‹: A Romantic journey, in: Romantic localities: Europe writes place, hg. v. Christoph Bode, Jacqueline Labbe. London 2010, S. 145–156.

Vilain, Robert: »Faust, Part One« and France: Stapfer's Translation, Delacroix's Litographs, Goethe's Responses, in: Publications of the English Goethe Society 81/2 (2012), S. 73–135.

Vittoria Brunelli: L'eco in Germania, in: Corriere della Sera, 20.10.1973, S. 3.

Vock, Petra Jenny: »Der Sturm muß brausen in dieser toten Welt« – Herwarth Waldens »Sturm« und die Lyriker des »Sturm«-Kreises in der Zeit des Ersten Weltkriegs. Kunstprogrammatik und Kriegslyrik einer expressionistischen Zeitschrift im Kontext. Trier 2006.

Vogel, Stanley M.: German Literary Influence on the American Transcendentalists. New Haven 1955.

Volkov, Evgenij Michajlovič: Roman T. Fontane »Effi Briest«. Moskau 1979.

Vollmer, Hartmut: Vicki Baum und Gina Kaus. Ein Porträt zweier Erfolgsschriftstellerinnen der Zwischenkriegszeit, in: Wien – Berlin. Mit einem Dossier zu Stefan Großmann, hg. v. Bernhard Fetz. Wien 2001, S. 45–57.

Vortriede, Werner: Bettinas englisches Wagnis, in: Euphorion 51 (1957), S. 271–294.

Voswinckel, Klaus: Paul Celan. Verweigerte Poetisierung der Welt. Versuch einer Deutung. Heidelberg 1974.

Wagner, Walter: Hervé Guibert und Thomas Bernhard: eine Wahlverwandtschaft, in: Thomas Bernhard. Literarisches Kolloquium. Materialien, hg. v. Johann Lachinger, Alfred Pittertschatscher. Weitra 1994, S. 117–133.

Walden, Sina: Der unbekannte Herwarth Walden. Mit einem Faksimile seines letzten Briefes vom 10.10.1941, in: Der Aufbruch in die Moderne. Herwarth Walden und die europäische Avantgarde, hg. v. Irene Chytraeus-Auerbach, Elke Uhl. Berlin 2013, S. 157–171.

Walentin, Michalkowitsch: Chruschtschow contra Chuzijew und Remarque. Die »Sechziger« und das Phänomen des sowjetischen Remarquismus, in: Tauwetter, Eiszeit und gelenkte Dialoge: Russen und Deutsche nach 1945, hg. v. Karl Eimermacher, Astrid Volpert. München 2006, S. 1189–1208.

Wall, Renate (Hg.): Lexikon deutschsprachiger Schriftstellerinnen im Exil. 1933 bis 1945. Freiburg 1995 (Bd. 1 und 2).

Walter, Hans Albert: Deutsche Exilliteratur. Bde. 1–4. Düsseldorf 1978 ff.

Wang, Bingjun: Rezeptionsgeschichte des Romans »Die Leiden des jungen Werther« von Johann Wolfgang Goethe in Deutschland seit 1945. Frankfurt M. u. a. 1991 (Europäische Hochschulschriften; Reihe I, Serie I, Bd. 1259).

Wanner, Kurt: Einleitung, in: Bettina von Arnim, Ist Dir bange vor meiner Liebe? Briefe an Philipp Hössli, nebst dessen Gegenbriefen und Tagebuchnotizen, hg. v. Kurt Wanner. Frankfurt M. 1997.

Ward, Robert E.: German-American Literature, in: The German Contribution to the Building of the Americas. Studies in Honor of Karl J.R. Arndt, hg. v. Gerhard K. Friesen, Walter Schatzberg. Worcester u. a. 1977, S. 373–391.

Warmbold, Joachim: Germania in Africa, in: Studies in Modern German Literature 22 (1989), S. 49–58.

Watanabe-O'Kelly, Helen: Religion and the Consort: Two Electresses of Saxony and Queens of Poland (1697–1757), in: Queenship in Europe 1660–1815, hg. v. Clarissa Campbell Orr. Cambridge u. a. 2004, S. 252–275.

Watrak, Jan: Die Kafka-Rezeption in Polen. Übersetzungen und Adaptionen nach 1956, in: Franz Kafka und die Prager deutsche Literatur. Deutungen und Wirkungen, hg. v. Hartmut Binder. Bonn 1988, S. 87–94.

Weaver-Zercher, David: The Amish in the American Imagination. Baltimore 2001.

Weber, Max: Die protestantische Ethik und der »Geist« des Kapitalismus, hg. v. Klaus Lichtblau, Johannes Weiß. Weinheim 2000.

Wei Maoping: Deyu Wenxue Hanyishi Kaobian. Waqin he Minguo Shiqi [Zur Übersetzung und Rezeption der deutschsprachigen Literatur in China. Späte Qing-Dynastie und Republik China]. Shanghai 2003.

Weidermann, Volker: Das Buch der verbrannten Bücher. Köln 2008.

Weinmann, Ute: Ist ein toter Dichter ein besserer Dichter? Zur Thomas-Bernhard-Rezeption in Frankreich, in: Österreich und andere Katastrophen. Thomas Bernhard in memoriam. Beiträge des Internationalen Kolloquiums an der Universität des Saarlandes vom 10. bis 12. Juni 1999, hg. v. Pierre Béhar, Jeanne Benay in Zus.arbeit mit der Thomas-Bernhard-Privatstiftung Wien. St. Ingbert 2001 (Beiträge zur Robert-Musil-Forschung und zur neueren österreichischen Literatur 15), S. 335–355.

Weisenburger, Steven: A Gravity's Rainbow Companion. Athens 1988; Gabriele Schwab: Subjects Without Selves: Transitional Texts in Modern Fiction. Cambridge 1994.

Weiss, Peter: Vier Reportagen aus Deutschland 1947, in: Peter Weiss Jahrbuch 8 (1999), S. 7–20.

Weissberg, Liliane: Moses Mendelssohn, in: German Writers from the Enlightenment to Sturm und Drang, 1720–1764, hg. v. James Hardin, Christoph E. Schweitzer. Detroit 1990 (Dictionary of Literary Biography 79), S. 195–204.

– Weibliche Körpersprache. Bild und Wort bei Henriette Herz, in: Von einer Welt in die andere, hg. v. Jutta Dick, Barbara Hahn. Wien 1993, S. 71–92.

– Juden oder Hebräer? Religiöse und politische Bekehrung bei Herder, in: Johann Gottfried Herder. Geschichte und Kultur, hg. v. Martin Bollacher. Würzburg 1994, S. 191–211.

– Erfahrungsseelenkunde als Akkulturation: Philosophie, Wissenschaft und Lebensgeschichte bei Salomon Maimon, in: Der ganze Mensch. Anthropologie und Literatur im 18. Jahrhundert, hg. v. Hans-Jürgen Schings. Stuttgart, Weimar 1994, S. 298–329.

– Literary Therapy. Lazarus Bendavid and the Possibilities of Jewish Authorship, in: International Congress on the Enlightenment. Transactions of the Ninth International Congress on the Enlightenment. Münster 23–29 July 1995. Oxford 1996 (Studies on Voltaire and the Eighteenth Century 346), S. 197–201.

– Kein Ort, nirgends. Gedanken zum Berliner literarischen Salon, in: Jahrbuch für Historische Bildungsforschung 9 (2003), S. 119–144.

– Ist Humanität ein deutsches Wort? Hannah Arendt liest Lessing, in: Lessings Grenzen, hg. v. Ulrike Zeuch. Wiesbaden 2005, S. 267–280.

– Der Berliner Salon, oder: Ein deutsch-jüdischer Mythos, in: Frauen. Jüdischer Almanach des Leo Baeck Instituts 14, hg. v. Gisela Dachs. Frankfurt M. 2006, S. 25–32.

– Heinrich Heine Writes About His Life, in: MLN 122 (2007), S. 563–572.

– Das Eigene und das Fremde, in: Jahrbuch der Deutschen Schillergesellschaft 53 (2009), S. 367–376.

– Über Haschisch und Kabbala. Gershom Scholem, Siegfried Unseld und das Werk von Walter Benjamin, in: Marbacher Magazin 140 (2012), S. 19–21.

– Moritz Daniel Oppenheim, Johann Wolfgang Goethe und die Erfindung des jüdischen Bürgertums, in: Trumah. Ikonisierungsprozesse jüdischer Selbstwahrnehmung 22 (2014), S. 69–91.

Weitin, Thomas: Selektion und Distinktion. Paul Heyses und Hermann Kurz' Deutscher Novellenschatz als Archiv, Literaturgeschichte und Korpus, in: Archiv/Fiktionen. Verfahren des Archivierens in Literatur und Kultur des langen 19. Jahrhunderts, hg. v. Daniela Gretz, Nicolas Pethes. Freiburg 2016, S. 385–408.

Weitz, Hans-J.: Miszelle: »Weltliteratur« zuerst bei Wieland, in: Arcadia 22 (1987), S. 206–208.

Wellbery, David E.: Introduction, in: A New History of German Literature, hg. v. David E. Wellbery, Judith Ryan. London u. a. 2004, S. xvii–xxv.

Wellek, René: Confrontations. Studies in intellectual and literary relations between Germany, England, and the United States during the nineteenth century. Princeton 1965.

Wellenreuther, Hermann: Citizens in a Strange Land. A Study of German-American Broadsides and Their Meaning for Germans in North America, 1730–1830. Philadelphia 2013.

Werle, Dirk: Ruhm und Moderne. Eine Ideengeschichte (1750–1930), Frankfurt M. 2014 (Das Abendland. Neue Folge 38).

Werner, Klaus: »Geh mir aus der Sonne«: Rose Ausländers Dichterporträts, in: Études des Germaniques 58 (2003), S. 233–246.

Werner, Michael, Hauschild, Jan Christoph: »Der Zweck des Lebens ist das Leben selbst«: Heinrich Heine. Eine Biographie. Köln 1997.

Wessels, Hans-Friedrich: Lessings »Nathan der Weise«. Seine Wirkungsgeschichte bis zum Ende der Goethezeit. Königstein Ts. 1979.

Wetzel, Heinz: Revolution and the Intellectual: Büchner's Daton and Koestler's Rubashov, in: Mosaic 10/4 (1977), S. 23–33; Alfred Hoelzel: Betrayed Rebels in German Literature: Büchner, Toller, and Koestler, in: Orbis Litterarum 34 (1979), S. 238–358.

Whaley, Joachim: Germany and the Holy Roman Empire. The peace of Westphalia to the dissolution of the Reich, 1648–1806, 2. Bde. Oxford 2012.

Wheen, Arthur W.: Literatur-Geschichte als Geisteswissenschaft. By Herbert Cysarz, in: The Criterion 7 (1928), S. 432–435.

Whitlark, James: Behind the Great Wall. A Post-Jungian Approach to Kafkaesque Literature. London 1991.

Wichner, Ernest: Geschichte und Geschichten. Mit Herta Müller und Oskar Pastior auf Recherche-Reise in der Ukraine, in: Andruck. Eine Betriebsbesichtigung 50/3 (2005), S. 135–138.

Wiekenberg, Ernst-Peter: Juden als Autoren des »Magazins zur Erfahrungsseelenkunde«. Ein Beitrag zum Thema ›Juden und Aufklärung in Berlin‹, in: Rahel Levin Varnhagen. Die Wiederentdeckung einer Schriftstellerin, hg. v. Barbara Hahn, Ursula Isselstein. Göttingen 1987, S. 128–140.

Wiggin, Bethany: World Literature and the Eighteenth-Century Novel: Amsterdam, Leipzig, 1701, in: Seminar. A Journal of Germanic Studies 49/2, S. 112–130.

Wijk, Kees van: Een Europee platform voor de avant-garde: de »Internationale Revue i10« (1927–1929), in: Tijdschrift voor tijdschriftstudies (2001), S. 107–123.

Wilhelm, Gertraude: Nelly Sachs, in: Die Literatur-Nobelpreisträger. Ein Panorama der Weltliteratur im 20. Jahrhundert, hg. v. Gertraude Wilhelm. Düsseldorf 1983, S. 301–304.

Willems, Elvira: Annemarie Schwarzenbach. Autorin, Reisende, Fotografin. Freiburg 1999.

Willett, Johan: Brecht in Context. London 1984.

Wilson, William Daniel: Goethes Haltung zur Judenemanzipation und jüdische Haltungen zu Goethe, in:»Außerdem waren sie ja auch Menschen«. Goethes Begegnungen mit Juden und Judentum, hg. v. Annette Weber. Berlin, Wien 2000, S. 19–45.

– Diabolical entrapment: Mephisto, the angels and the homoerotic in Goethe's Faust II, in: Goethe's Faust. Theatre of Modernity, hg. v. Hans Schulte, John Noyes, Pia Kleber. Cambridge 2011, S. 174–193.

– Verbindungsmann zum NS-Regime. Hans Wahl, der Antisemitismus und die Goethe-Gesellschaft, in: Publications of the English Goethe Society 84/3 (2015), S. 203–222.

Wimmer, Ruprecht: Thomas Manns langer Abschied von Amerika, in: Thomas Mann, die Deutschen und die Politik, hg. v. Heinrich Oberreuter, Ruprecht Wimmer. München 2008, S. 59–82.

Winkler, Markus:»Die Grenadiere«. Heine und Schumann, in: Übergänge. Zwischen Künsten und Kulturen. Internationaler Kongress zum 150. Todesjahr von Heinrich Heine und Robert Schumann, hg. v. Henriette Herwig. Stuttgart 2007, S. 275–288.

Winko, Simone: Negativkanonisierung. August von Koetzebue in der Literaturgeschichtsschreibung des 19. Jahrhundertsm in: Kanon Macht Kultur. Theoretische, historische und soziale Aspekte ästhetischer Kanonbildungen. Akten des DFG-Symposions Steinheim. September 1996, hg. v. Renate von Heydebrand. Stuttgart 1998, S. 341–364.

Winskell, Kate: The Art of Propaganda, in: Art History 18 (1995), S. 315–344.

Wißkirchen, Hans: Die frühe Rezeption von Thomas Manns»Buddenbrooks«, in: »In Spuren gehen…«. Festschrift für Helmut Koopmann, hg. v. Andrea Bartl, Jürgen Eder, Harry Fröhlich u. a. Tübingen 1998, S. 301–321.

Witte, Bernd: Jüdische Tradition und literarische Moderne. München 2007.

Witts, Richard: Nico. The Life and Lies of an Icon. London 1993.

Wolff, Lynn L.: H.G. Adler and W.G. Sebald: From History and Literature to Literature as Historiography, in: Monatshefte 103/2 (2011), S. 257–275.

– The»solitary mallard«. On Sebald and translation, in: Journal of European Studies 41/3–4 (2011), S. 323–340.

– W.G. Sebald's Hybrid Poetics. Literature as Historiography. Boston u. a. 2014.

Wood, Juliette: Folklore Studies at the Celtic Dawn. The Role of Alfred Nutt as Publisher and Scholar, in: Folklore 110 (1999), S. 3–12.

Wu, Xiaoqiao:»Hingesunken alten Träumen« – Goethes»Chinesisch-deutsche Jahres- und Tageszeiten« aus chinesischer Sicht, in: China in der deutschen Literatur 1827–1988, hg. v. Uwe Japp und Aihong Jiang. Frankfurt M. 2012, S. 23–34.

Wuilmart, Fançoise: Traduction et prise de sens… »Effi Briest« aux mains de trois générations, in: Autour de la traduction. Perspectives littéraires européennes, hg. v. Enrico Monti, Peter Schnyder. Paris 2011, S. 251–263.

Wurm, Carsten: Der frühe Aufbau-Verlag 1945–1961. Konzepte und Kontroversen. Leipzig 1996.

– Jeden Tag ein Buch. 50 Jahre Aufbau-Verlag 1945–1995. Berlin 1995.

Yang, Wuneng: Goethe in China. Das Goethe-Jahr 1932 und die neuerliche Goethe-Verehrung, in: Goethe-Jahrbuch 115 (1998), S. 198–210.

Yang, Zhidong: Klara Blum – Zhu Bailan (1904–1971). Leben und Werk einer österreichisch-chinesischen Schriftstellerin. Frankfurt M. u. a. 1996 (Forschungen zur Literatur- und Kulturgeschichte 55).

– Blum, Klara, in: Internationales Germanistenlexikon 1800–1950, Bd. 1, hg. u. eing. v. Christoph König. Berlin 2003, S. 204–205.

– Klara Blum – Zhu Bailan (1904–1971), in: dies., Liebesgedichte, hg. v. Bernhard Albers. Einführung von Zhidong Yang. Aachen 2012, S. 7–25.

Ye, Jun: Die Veränderung der »Faust«-Rezeption als Spiegel der Entwicklung des nationalen Aufbaus im modernen China (1920er – 1940er Jahre), in: Orient und Okzident, hg. v. Jochen Golz, Adrian Hsia, S. 233–247.

Yeşilada, Karin E.: Gottes Krieger und Jungfrauen: Islam im Werk Feridun Zaimoğlus, in: Islam in der deutschen und türkischen Literatur, hg. v. Michael Homann, Klaus von Stosch. Paderborn u. a. 2012, S. 175–192.

Yildiz, Yasemin: Beyond the Mother Tongue. The postmonolingual condition. New York 2012.

Yip, Terry Siu-han: The reception of »Werther« and the rise of the epistolary novel in China, in: Tamkang Review 1991, S. 287–304.

Zaborov, Piotr R.: Žermena de Stal' i russkaja literatura pervoj treti XIX v. [Germaine de Staël und russische Literatur im ersten Drittel des 19. Jahrhunderts], in: Rannie romantičeskie vejanija. Iz istorii meždunarodnych svjazej russkoj literatury, hg. v. Michail P. Alekseev. St. Petersburg 1972, S. 168–221.

Zamotin, Ivan: »Goluboj cvetok« v poèzii Žukovskogo. K istorii romantičeskich motivov v russkoj literature [»Die blaue Blume« in der Dichtung von Žukovskij. Zur Geschichte der romantischen Motive in der russischen Literatur]. L'vov 1902.

Zantop, Susanne: Kolonialphantasien im vorkolonialen Deutschland (1770–1870). Berlin 1999.

Zedelmaier, Helmut: »Historia literaria«. Über den epistemologischen Ort des gelehrten Wissens in der ersten Hälfte des 18. Jahrhunderts, in: Das Achtzehnte Jahrhundert 23, 1998, S. 11–21.

Zhang, Yi: Rezeptionsgeschichte der deutschsprachigen Literatur in China von den Anfängen bis zur Gegenwart. Bern u. a. 2007 (Deutsch-ostasiatische Studien zur interkulturellen Literaturwissenschaft 5).

– Vicki Baum wieder entdecken. Über die China-Darstellungen im Roman »Hotel Shanghai«, in: Literaturstraße 13 (2012), S. 267–277.

Zhao, Bizhen: Kete Zhuan [Goethe], in: ders., Deyizhi Wenhao Liudajia Liezhuan [Sechs deutsche Dichterfürsten], Shanghai 1903.

Zhitlowsky, Chaim: Iyov un Faust. Eine literarische Abhandlung, in: ders., Gesammelte Schriften. Warschau 1931, Bd. 11.

Ziegler, Edda: Die verbrannten Dichterinnen. Schriftstellerinnen gegen den Nationalsozialismus. Düsseldorf 2007.

Zimmermann, G. A.: Deutsche in Amerika. Beiträge zur Geschichte der deutsch-amerikanischen Literatur, hg. v. Germania-Männerchor. Chicago 1892.

Ziolkowski, Saskia E.: Kafka and Italy: a new perspective on the Italian literary landscape, in: Kafka for the twenty-first century, hg. v. Stanley Corngold, Ruth V. Gross. London 2011, S. 237–249.

Zipes, Jack: Time for Dreams. Poetry from the German Democratic Republic, hg. v. Günther Deicke. Berlin 1976.

Žirmunskij, Viktor: Gete v russkoj literature [Goethe in der russischen Literatur]. St. Petersburg 1937.

Žitomirskaja, Zinaida: Gofman È.T.A. Bibliografija russkich perevodov i kritičeskich statej [E.T.A. Hoffmann – Bibliographie russischer Übersetzungen und kritischer Beiträge]. Moskau 1964.

– Iogann Vol'fgang Gëte: Bibliografičeskij ukazatel' russkich perevodov i kritičeskoj literatury na russkom jazyke [Johann Wolfgang Goethe: Bibliographisches Verzeichnis russischer Übersetzungen und kritischer Literatur in russischer Sprache]. Moskau 1972.

Žmegač, Viktor: Bemerkungen zur Rezeptionsgeschichte Rilkes, in: Literatur und Theater im Wilhelminischen Zeitalter, hg. v. Hans-Peter Bayerdörfer, Karl-Otto Conrady, Helmut Schanze. Tübingen 1978, S. 62–77.

Zobenica, Nikolina: Recepcija romana Gintera Grasa Limeni doboš u nemačkoj i srpskoj književnosti. Novi Sad 2010.

Zocco, Gianna: The Hot-House Atmosphere of Cell Number 40[4]: Space and Identity in Arthur Koestler's »Darkness at Noon«, in: Arcadia 49/1 (2014), S. 139–157.

Zubiaur, Ibon: Rose Ausländer »Poemas«, in: Cuadernos hispano americanos (2004), S. 187–196.

Zymner, Rüdiger: Coetzee und Kafka, in: Franz Kafka und die Weltliteratur, hg. v. Manfred Engel, Dieter Lamping. Göttingen 2006, S. 339–349.

Personenregister

Bildnachweis

Johann Wolfgang von Goethe. Detail aus Heinrich Christoph Kolbe: *Johann Wolfgang von Goethe, vor dem Vesuv,* 1826, Öl/Lwd., Thüringer Universitäts- und Landesbibliothek Jena. Foto: akg-images

Thomas Mann, 1955. Foto: Bildarchiv Pisarek/akg-images

Weltkarte nach Mercators Projektion, Leipzig o. J. (1878). Foto: akg-images

Abbildungen Text

S. 13 Filmstill aus »Bride of Frankenstein«, USA 1935, Regie: James Whale. Produktion: Carl Laemmle Jun. Universal Pictures

S. 31 Thomasîn von Zerklaere, »Welscher Gast« (A), Universitätsbibliothek Heidelberg, Bayern [Regensburg?], um 1256, Cod. Pal. germ. 389, fol. 116r.

S. 40 Sebastian Brant: *Daß Narrenschyff ad Narragoniam,* Basel 1494, Titelholzschnitt. Foto: akg-images

S. 44 »Ship of Fools«, USA 1965, Regie: Stanley Kramer. Produktion: Stanley Kramer Productions, Filmplakat. Foto: Columbia Pictures/Album/akg-images

S. 48 [Anonymus]: *Fortunatus,* Augsburg 1509, Titelholzschnitt. Foto: Bahnmüller/Interfoto

S. 56 Monteiro Lobato: *Aventuras de Hans Staden.* Illustracões Luiz Maia. Sao Paulo 1927, Titelbild. Foto: Editora Globo

S. 70 Vernon Park, Philadelphia, 2008. Foto: Concord/Creative Commons by CC-BY-3.0

S. 80 Adolph von Menzel: *Die Tafelrunde in Sanssouci,* 1850 (Alte Nationalgalerie Berlin, 1945 verbrannt). Foto: akg-images

S. 101 Moritz Daniel Oppenheim: *Lavater und Lessing bei Moses Mendelssohn,* 1856, Öl/Lwd., The Magnes Collection of Jewish Art and Life, Berkeley, Inv.Nr. 75.18. Foto: akg-images

S. 125 François Gérard: *Corinne au Cap Misène,* 1819–1821, Öl/Lwd., Sammlung Juliette Recamier, Musée des Beaux-Arts de Lyon, Inv.Nr. A 2840

S. 131 Porzellan, Meißen um 1790. Privatbesitz/Foto: Dr. Angelika Müller-Scherf

S. 137 Alexandre Vincent Sixdeniers, *Napoleon I. Bonaparte und sein Sohn,* 19. Jh., Schabblatt nach einem Gemälde von Carl von Steuben, Österreichische Nationalbibliothek, Sign. Pg III/9/8. Foto: Österreichische Nationalbibliothek/Interfoto

S. 151 »Lotte«-Kaugummi. Foto: Lotte Black Black Gum

S. 162 L. L. Zamenhof beim Esperanto-Weltkongress, 1908 in Dresden. Foto: Osmo Buller, Gxenerala Direktoro de UEA/Creative Commons by CC-BY-SA-3.0-migrated

S. 164 Horazens Briefe. Aus dem Lateinischen übersezt und mit historischen Einleitungen und anderen nöthigen Erläuterungen versehen von C. M. Wieland. Erster Theil, neue verbesserte Ausgabe. Leipzig 1790, unpag. [S. 11]. Foto: Deutsches Literaturarchiv Marbach

S. 181 Plakatwerbung für Mephisto Cigars, D-H Cigar Label 1897. Foto: www.BillerAntik.de

S. 183 Eugène Delacroix: *Méphistophélès dans les aires*, Tafel 1, in: Johann Wolfgang von Goethe, Faust. Paris 1828. Foto: akg-images

S. 195 Osamu Tezuka: Faust. Tokio: Asahi Shimbun Publishing 1950, Coverbild. Foto: Asahi Shimbun Publishing

S. 226 Aleksandar Hecl: Vinetu. In: YU Strip Nr. 139/1 (1978). Foto: Comic Art Gallery Mladen Novaković Collection

S. 229 Villa Achilleion von Elisabeth, Kaiserin von Österreich, auf der Insel Korfu: Heine-Tempel, Holzstich, 1892. Foto: Archivio GBB/Contrasto/laif

S. 239 »Kampf um Rom«, Deutschland/Italien/Rumänien 1968, Regie: Robert Siodmak, Constantin Film, Filmplakat, art: Peltzer, 1968. Foto: bpk

S. 286 Lady Gaga, 8. August 2009. Foto: Jun Sato/WireImage/Getty Images

S. 305 Micha Ullmann: Bibliothek. Denkmal. Mahnmal zur Erinnerung an die Bucherverbrennung. Berlin, Bebelplatz 1994/95. Foto: Jost/ullstein bild

S. 319 Laurent Seksik (Text), Guillaume Sorel (Grafik): *The Last Days of Stefan Zweig*. Salammbo UK 2016, S. 21. Foto: Salammbo

S. 331 Gisèle Celan-Lestrange: Radierung nach Paul Celan, »HÖRRESTE, SEHRESTE«, in: Paul Celan, Schwarzmaut. Radierungen von Gisèle Celan-Lestrange. Frankfurt M. 1990, unpag. Foto: Suhrkamp Verlag, Berlin

S. 333 Gisèle Celan-Lestrange: Radierung nach Paul Celan, »MUSCHELHAUFEN«, in: Ebd. Foto: Suhrkamp Verlag, Berlin

S. 335 Sondermarke Nelly Sachs, 100 Pfennig, Entwurf: Günter Jacki, Ausgabedatum: 5. November 1991. Foto: Schöning/imago

S. 336 Briefmarke Nelly Sachs, 300 Pfennig, Entwurf: Gerd Aretz, Oliver Aretz, Ausgabedatum: 1. November 2001. Foto: Schöning/imago

S. 336 Briefmarke Nelly Sachs, 70 Cent, Entwurf: Daniela Haufe, Detlef Fiedler, Ausgabedatum: 7. April 2016. Foto: Schöning/imago

S. 352 »Grand Hotel«, USA 1932, Regie: Edmund Goulding, Produktion: Irving Thalberg, Metro-Goldwyn-Mayer, Filmplakat. Foto: M.G.M./Album/akg-images

S. 408 Shuvaprasanna Bhattacharya, »Günter Grass, der Blechtrommler von Kalkutta«, Gemälde 1994. Foto: ArtsAcre Foundation

S. 413 Filmstill aus »Easy Rider«, USA 1969, Regie: Dennis Hopper. Produktion: Peter Fonda. Pando Company, Raybert Productions. Foto: Picture Alliance

S. 421 Nico, 19. August 1965. Foto: United Archiv/Picture Alliance

S. 441 Richard Francis Burton in persischem Gewand als »Mirza Abdullah, der Bashri«, ca. 1849–50. Aus: Burton, Isabel, Lady; Wilkins, William Henry, *The romance of Isabel, Lady Burton, the story of her life*. New York 1904, S. 50

S. 445 Eisbär Knut, Februar 2007. Foto: Peter Griesbach/dpa/Picture Alliance

S. 459 Annemarie Schwarzenbach mit französischer archäologischer Delegation in Afghanistan, Herbst 1939. Foto: Ella Maillart, Musée de l'Elysee, Lausanne, Inv.Nr. 102518

Karten

S. 493–506: Team German Literature in the World/Sandra Richter